北方考古学の新地平
―北海道島・環オホーツク海域における編年体系の見直し―

柳澤　清一

六一書房

序　言

　　かつて、北海道島の先史考古学を開拓した河野広道は、戦前の研究と戦後の新しい発掘成果を踏まえ、アイヌ民族成立の前史について、
　　　「斜里地方が擦紋土器文化の段梯に移行した頃と前後して、オホーツク海岸を南下して来た新来の民族が、斜里地区の海岸要地の処々を占拠した。この新来の民族は(中略)オホーツク式土器民族と呼ばれている。(その)文化は、(中略)少なくとも数百年間継続したであろうと推定されるが、鎌倉期もしくは鎌倉期を距ること遠からざる頃に、忽然と消滅し去ってしまった。(中略)衰滅の原因については不明であるが、恐らく元の樺太侵略以後、(中略)オホーツク式土器人の大陸基地が覆滅して、交通が中絶したことが大きな原因をなしているのではないかと想像される。(中略)この時に乗じて擦紋式土器人の側からの大反撃にあって主力は滅ぼされ、残党は後者に吸収されてしまったのであろう」
という仮説を発表した。今から50余年も前のことである。

　　この仮説はその後、1970年以降に発見された新資料をもとに、オホーツク文化が終焉を迎えた年代や原因について、大幅な修正が加えられた。しかし、オホーツク文化の方が先に衰退し、擦文文化によって同化・吸収されたという基本的な編年観は、そのまま現在の通説に継承されている。したがって河野の旧き学説は、「亡失」されたオホーツク式土器の「型」別編年案とともに、北方圏の考古学研究史上において最も先駆的であり、重要な位置を占めることは疑いない。

　　しかし現在の通説が説くように、オホーツク文化は擦文文化に圧倒されて衰退し、ほんとうに先に消滅したのであろうか。大方の研究者の意見によると、例えば道東部のオホーツク文化は、その末期(8又は9世紀)に擦文文化の強い影響を受けて衰退し、融合的なトビニタイ文化へと変貌する。そして12・13世紀(鎌倉期)の頃には、すっかり擦文文化に同化・吸収された。したがって、後代に成立したアイヌ民族の母体は、すべからく北海道島内に広く拡散した擦文文化人に求められるという。

　　はたして、これは実証された先史時代の事実であろうか。ちなみに、アイヌ民族の精神世界を象徴する神々として、「フクロウ」と「ヒグマ」、そして「シャチ」が挙げられる。これらはオホーツク文化においても、トーテム的な具象物として、竪穴や貝塚から揃って発見されている。しかしながら、アイヌ文化の母体をなすはずの擦文文化の遺跡からは、これまで一度も発見されたことが無い。これは、いかにも奇妙な現象と言えよう。

　　この物証に基づく、動かし難い事実に留意すれば、オホーツク文化を300～400年前に消滅したとみなす通説の北方編年案には、何処かに根本的な問題点が隠れていると、容易に想像されるであろう。著者は1999年以来、通説の北方編年案を検証しながら、新旧の序列を逆転させた新しい編年体系の可能性を探って来た。この試みについて、あれこれ寸評する向きはあるが、いまだ本邦先史考古学の立場から、具体的な物証に基いた反論は示されていない。

この編年構想を発表してから10年目を迎える現在、通説を逆転させた新しい北方編年体系は、すでに型式論・キメラ(折衷)土器論、層位差・地点差論などに基づく多くの根拠を有している。またそれに加えて、史料とクロスチェックされたB-Tm火山灰の実年代(A.D. 923～947年)を組み込み、最も精密な編年体系として正式に提案できる段階に、ようやく到達したように思われる。

　その結果、六国史等に記載された北方系異族(粛慎・靺鞨)をめぐる考古学・文献史学の学説に関しても疑義が生じることになる。すなわち、律令国家体制の交易相手を「粛慎＝オホーツク人」(7世紀:「江の浦式」・刻文土器)とみなす通説に対して、「粛慎」とは十和田式系の人々に他ならないという旧来の仮説が、あらためて提起されるのである。

　こうした学説の見直しは、それと相関的に編成されたサハリン島の土器編年体系の見直しを必然とし、さらに、遙かアムール川流域から松花江・牡丹江流域を視野に入れた、環オホーツク海域先史土器編年の再編作業へと向かうことになる。

　ところで、藤原清衡によって奉納された「中尊寺供養願文」(1126年)には、「粛慎・挹婁の海蛮」なる文言が登場する。この「粛慎・挹婁」とは、いかなる集団を意味するのか。これから提案する新しい北方編年案によると、それは8・9世紀には消滅しなかった道北・サハリン島南西部の「オホーツク」系集団の末裔に係わり、『諏訪大明神絵詞』に記載された「唐子」や後代の「西エンヂュウ」に繋がるという仮説が、自ずから導かれるのである。

　「北からはじまる中世」が問われる現在、その導き手とされる藤原三代と「粛慎」＝「オホーツク人」の末裔との関係が、遥か環オホーツク海域における先史土器編年体系の再構築によって将来に判明するならば、それは通説的な北日本史像の刷新をもたらすと期待されよう。

　以下、旧著で試みた本邦先史考古学の方法に則り、通説に代る北東アジアを視野に入れた環オホーツク海域編年体系の構築を主題として、ひたすら煩瑣な資料分析の筆を進めたいと思う。

目　　次

第1章　北方編年体系の疑問点を探る

第1節　北方編年小考
― ポスト擦紋期の土器群について ― ……………………………………………1頁

第2節　北方編年研究ノート
― 道東「オホーツク式土器」編年と、その周辺 ― ……………………16頁

第2章　道東・道北を対比した広域編年の試案

第1節　南千島から利尻島へ
― 道東・道北編年の対比 (1) ― ………………………………………………71頁

第2節　礼文・利尻島から知床・根室半島へ
― 道東・道北編年の対比 (2) ― ………………………………………………96頁

第3節　モヨロ貝塚から内路遺跡へ
― 道東・道北編年の対比 (3) ― ………………………………………………134頁

第3章　道東における遺跡編年案の見直し

第1節　川西遺跡と二ツ岩遺跡における通説編年の検証
― 擬似的な「共伴」事例の謎を解く ― ………………………………175頁

第2節　二ツ岩遺跡編年の再検討
― 擦紋Ⅲ期における道東と道央の対比 ― ……………………………221頁

第3節　チャシコツ岬遺跡群編年の再検討
―「ヒグマ祭祀遺構」土器をめぐって ― ……………………………260頁

第4章　トビニタイ・カリカリウス土器群と擦紋末期土器の編年

第1節　トビニタイ・カリカリウス土器群の細分試案 ………………293頁

第2節　斜里地方におけるトビニタイ土器群編年の予察
― ピラガ丘・須藤遺跡からオタフク岩遺跡へ ― ……………………343頁

第3節　擦紋末期土器とトビニタイ土器群Ⅱの成立 (予察)
― 根室半島から知床半島・斜里方面へ ― ……………………………378頁

第5章　道東における貼付紋系土器編年の検討

第1節　トビニタイ土器群Ⅱの小細別編年案について …………………………………415頁

第2節　ソーメン紋土器の小細別編年案について
　　　　－竪穴の骨塚・床面土器を中心として－ ……………………………461頁

第3節　「カリカリウス土器群」の小細別編年案について …………………………………477頁

終章　環オホーツク海域編年への展望

第1節　北海道島・南千島における北大式～擦紋末期の広域編年
　　　　－北海道島人とオホーツク人の接触を探る－ ……………………………509頁

第2節　新しい青苗砂丘遺跡編年と北方古代史研究
　　　　－交差対比編年から見た「粛慎」とは－ ……………………………557頁

第3節　道北・道央から見た環オホーツク海域編年の予察
　　　　－北海道島とサハリン島、アムール川・松花江流域を結ぶ－ ……………………596頁

引用・参考文献 …………………………………………………………………………635頁

索引 ………………………………………………………………………………………653頁

初出一覧 …………………………………………………………………………………671頁

あとがき …………………………………………………………………………………673頁

凡　　例

1．本書は、過去に発表した北方考古学に関する論文の中から12篇を選び、それに2007年7月〜2008年1月にかけて書き下ろした論文5篇（編集・校正中）を加えて6章に編成し、一書としてまとめた。

2．既に発表した論文の初出書誌、および脱稿の日付は、巻末に記したとおりである。ただし、本文の内容は、研究の進展をふまえて旧稿の記述を適宜に補訂し、字句や文章の表現についても、全体の構成にあわせて可能な限り統一性をもたせるようにした。

3．初出論文の末尾に記載した「謝辞」は省略した。「追記」については、一部でそのままとしたものがあり、要旨は掲載した。書き下ろし論文では、すべてそのまま再掲した。

4．図版と付表は適宜に修正を施し、図が不鮮明なものについては可能な限り差し替えた。ただし行論の都合上、限られた紙幅に多くの資料を配列する必要があるため、掲載した資料の大部分は縮尺不同である。また、誤字・脱字・校正漏れについては、これを訂正・補記した。

5．引用・参考文献は、日本語・中国語・ロシア語の順に配列し、巻末にまとめた。本文中では、原則として筆者の姓と発表年にとどめた。巻末の邦文文献は、筆者・編者の50音順・年代順に従って配列した。同一の場合、また同年に発表したものに関しては、a・b・cの細別記号を任意に与えて区別した。

6．文中の人名については、原則として敬称を付し、故人の場合はそれを略した。また、本文中に重出した場合には、「氏」を付して名前を略した。また、複数の場合は「・」で示し、「氏」を付した。

7．文中に引用した主要な遺跡名に関しては、凡例の次ページに地図を付し、そこに一括して掲載することとした。なお、旧稿中に示した遺跡地図については、そのまま掲載した。

8．索引は、遺跡名・土器型式名・土器分類呼称・編年案・人名・引用文献・その他の事項について、適宜に選定して巻末に附した。

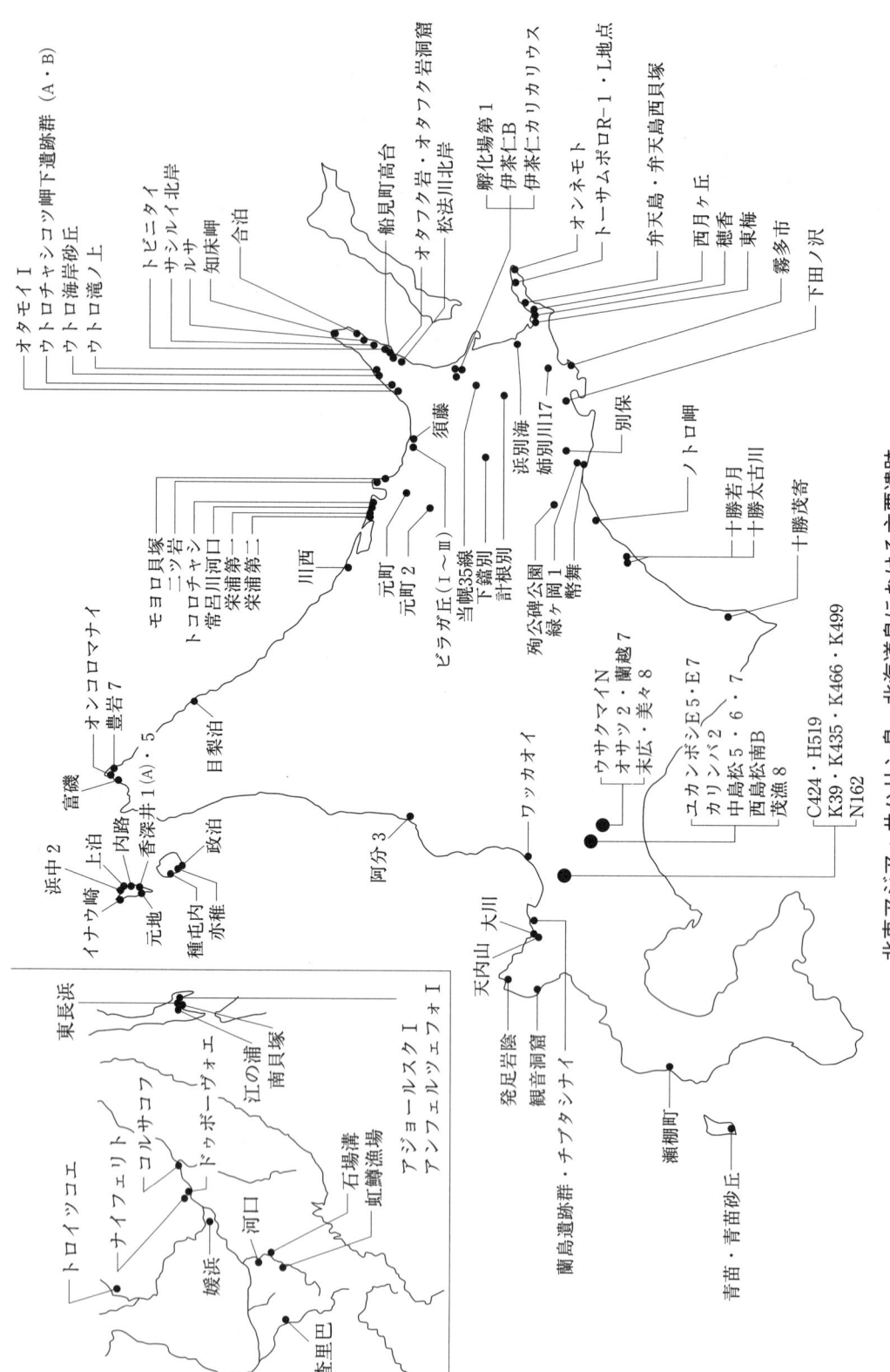

北東アジア・サハリン島・北海道島における主要遺跡

第1章　北方編年体系の疑問点を探る

第1節　北方編年小考 − ポスト擦紋期の土器群について −

はじめに

　モヨロ貝塚の発掘調査から半世紀を迎える今、北方編年の現状をどのように捉えればよいであろうか。現在は、ソーメン紋を持つ「オホーツク式土器」(河野1955・1958)を8〜9世紀代に比定し、擦文土器はその前後の数百年間、ほぼ12〜13世紀頃まで存続したと推定する説が有力である(宇田川1988・右代1991，大沼1996a・b，中田1996・澤井1998ほか)。

　一方、浮紋に富む「オホーツク式土器」の方が新しいとした山内・佐藤説(山内1933・1939b，佐藤1972)は、今ではすっかり「忘失」されており、学史を語る際にも、しばしば等閑に付されている(種市1980ほか)。

　しかしながら年代学的な秩序にもとづいて、環オホーツク海域における先史時代の歴史を解明するには、「オホーツク式土器」を最後の土器文化と見做した両氏の説を検証し、その否定的な評価を見直す以外に、適当な方法が無いように思われる。

　そこで小論では、はじめに通説の編年案に対して素朴な疑問点を述べる。ついで、ソーメン紋土器の変遷を推論し、それを踏まえて、トビニタイ・カリカリウス土器群と擦紋土器の年代的な関係について、新しい角度から観察したいと思う。

1．問題点の所在

　1977年より以前は、まだ最後の土器文化と「融合型式（土器）」(大場・児玉1958：58-63，石附1969)をめぐって、諸説が鋭く対立していた。その前後の頃から相いついで重要な遺跡が調査され、1982年には『二ツ岩』(野村・平川編1982)と『伊茶仁カリカリウス遺跡発掘調査報告書』(椙田1982a)が同時に刊行された。そして、その成果を踏まえて、金盛典夫・椙田光明両氏が新しい道東編年案（金盛・椙田1984）を発表すると、「最後の土器文化」めぐる長い論争は終焉を迎えた。

　今では両氏の編年案をもとにした、宇田川洋氏や右代啓視氏の編年案(宇田川1988・右代1991)が、通説として広く支持されている。近年の論考を通覧しても、編年案の基本的な部分に関してはほとんど変化が認められない(椙田1996・大西1996a・b，澤井1998ほか)。

　そこで試みに、金盛・椙田両氏の1984・1996年の論考から、土器の標本例と竪穴住居跡（以下，

竪穴）の平面プランを選び、それに若干の資料を補い、編年図表を作成してみた（**第1図**）。このうち2・5～8・13・14例は、双方の論文に引用された資料である。また9・10・15・17例は、1996論文で使用されており、1・3・4例と11・12・16例は、両氏の編年観を参照して筆者が挿入したものである。

　では、この図表に見える通説の道東編年案は、どのように組み立てられているであろうか。その骨格を作っているのは、擦文土器の編年であると思われる。縦の編年軸は、これで押さえられる。つぎに、この編年軸に対して、擦文土器と「共伴」した「オホーツク式土器」や「トビニタイ土器群」を配列し、これを横の編年軸とする。そして、欠落した時期に適当な標本例を挿入すると、かなり細かな編年体系が整うことになる。

　つぎに、この仮設編年案が妥当であるかどうか、その検証が必要になる。そこで竪穴を広く集成して、大きさや平面プラン、柱穴の位置や形状、骨塚や粘土貼り床の有無、炉址の形態など、可能なかぎり細かな点まで比較と分析を行う。その結果、特に矛盾する点は見当たらないので、この編年案は大筋で妥当である、という結論に達する。

　そこで、編年の「鍵」となる標本例を選び出し、代表的な竪穴プランを並べると、第1図のような編年図表が出来上がる。これが想定される通説編年の組み立て方である。実際の編年案は、もっと複雑な資料操作を経て作成されているのであろう。その点は措くとして、ここで注意したいのは、この編年図表には、特に疑問とすべき点が見当たらないのか、ということである。

　たとえば竪穴について観察してみよう。不思議に思えるのは、図示された材料の範囲では、「トビニタイ土器群」が擦文土器に同化・融合したとされる末期（晩期：宇田川1988）になると、火処施設が再び伝統的な地床炉へ「先祖返り」していることである（第1図）。その流れをやや図式的に表すと、つぎのようになる[註1]。

(1)　擦紋Ⅱ・Ⅲ期：石囲(地床)炉の盛行（B・C・D）
(2)　擦紋Ⅳ(中)期　：石囲(地床)炉の廃絶、カマドの全盛（E）
(3)　擦紋Ⅳ(末)期　：カマドの廃絶、地床炉への復帰（F）

　こうした流れについては、擦紋土器の変遷を軸にして考える限り、特に矛盾点は見出せないであろう。しかし、トビニタイ文化が擦紋文化に同化・融合される、まさにその時期に、なぜ神聖視されていたであろう「火処」施設の基本形式が、カマドから地床炉へ「先祖返り」したのか。実に奇妙な現象といえよう。その理由については、これまで納得のいく十分な説明は行われていない（宇田川1988：302-309，澤井1998ほか）。

　つぎに土器について観察しよう。擦紋土器における、「6（擦文Ⅱ）→ 8→10→11（擦紋Ⅲ）→14→15・17（擦紋Ⅳ）」という変遷は、誰もが認めるものであって、特に疑問とすべき点はない。しかし「2例→6例」の序列はどうであろうか。2例は、類例に乏しい土器である。これは北見市の開成9遺跡例（野村・平川編1982：116-117）に対比されている。並行する刻線や刻紋などの要素

第1節　北方編年小考　3

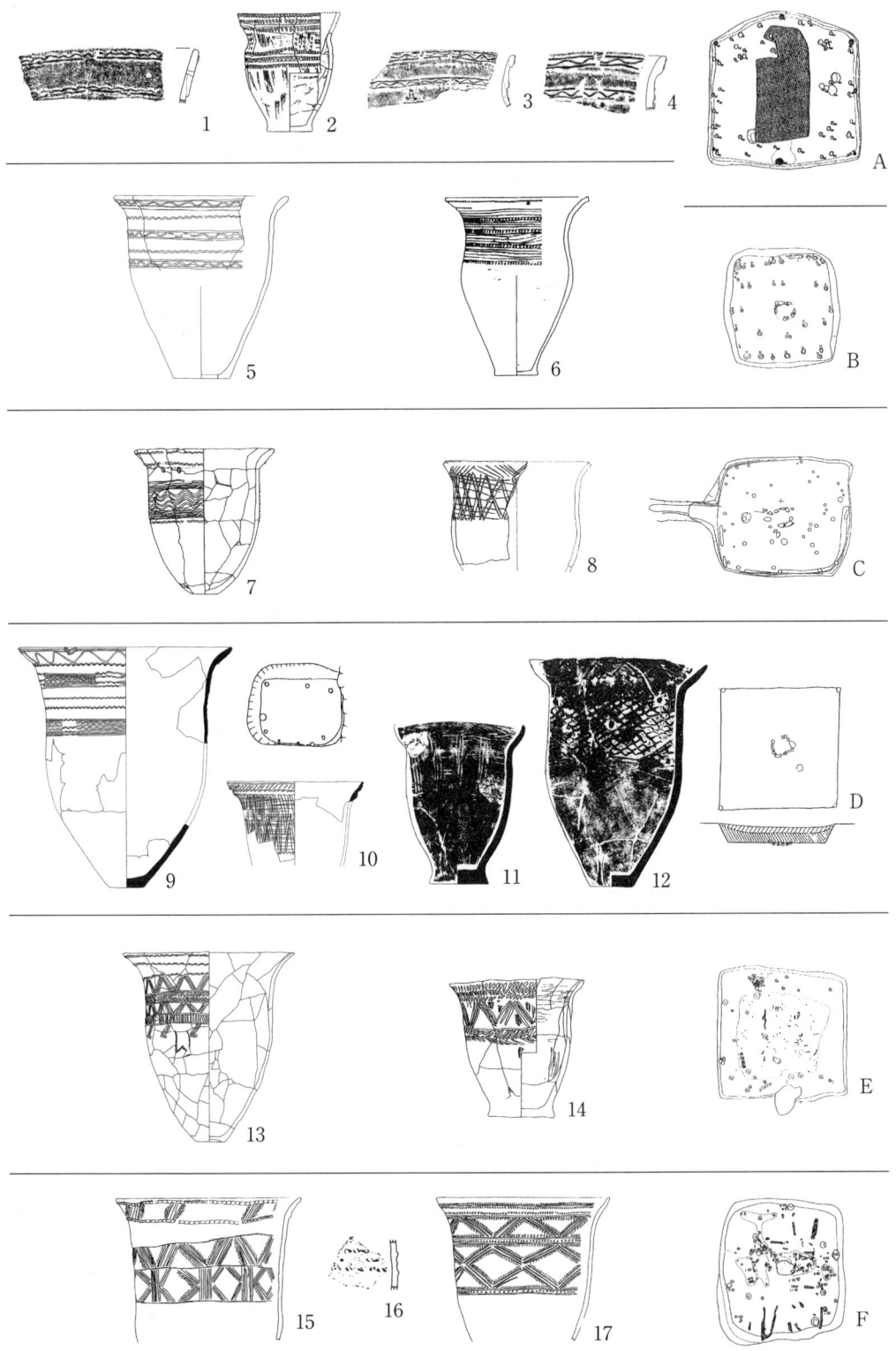

第1図　通説のオホーツク式・トビニタイ土器群・擦文土器の編年案と竪穴プラン

は確かに 6 例と共通している。しかしながら 2 例は、紋様を三角刺突紋で縦に区切っており、その点で開成 9 遺跡例と大きく異なっている。この特徴は、擦文第 1・2 期の標本例（駒井編1964：152-157）には見当たらない。これは道東における在地手法であって、2 例は、そのやや新しい時期に属す例と思われる。したがって、横走する沈線紋の発達した 6 例と 2 例のどちらが古いのか。あるいは並行するのか、今のところ決め手に欠けるのではないか、という疑問が持たれる。

また、ソーメン紋土器とトビニタイ土器群にも、種々の疑問点がある。たとえば、1 例と 3・4 例は同時期とされているが、型式学的には区別すべきであろう。骨塚上部の焼土内の土器（1）→床面上の土器（3・4）という出土状況からみても、明らかに年代差があるように思われる。

つぎに 5 例との関係である。通説では「3・4 例 → 5 例」とされているが、帯状のバンド・ソーメン紋の形態からみて、両例が並行する可能性もあるのではなかろうか。さらに、「5 例 → 7 例 → 9・12 例 → 13 例」という変遷は、どの遺跡においても、いまだ証明されていない。これは擦文土器の編年（縦軸）に合わせて、標本例を配列しているのであって、型式学上の吟味が充分でないように思われる。

そこで、細かな点についても触れておきたい。7 例の口縁部に見える貼付紋は、なぜ遥か昔に消滅したはずのソーメン紋土器に酷似しているのか。また、9 例の大きな波線紋（大波状紋）はどこから現れ、どのような変遷を示すのであろうか。そして擦文末期になると、なぜソーメン紋土器以前に流行した、昔の擬縄紋の手法がにわかに復活し、盛んに施されるようになるのか（15・16）。さらに 15・16 例などの擦文末期の土器に見える小さな底部が、なぜ遥か昔に消滅したはずのトビニタイ土器群 II（7・9・12）に酷似しているのか。この疑問は、ラッパ状に外反した口縁部（15・17）に関しても、そのまま当てはまることである。

このように通説の編年案では、いまだ大方に注意されていない諸々の疑問点がある。しかしながら、以上に引用した諸資料が、遺構内で伴って発見されたという事実は疑えない。それはその通りであろう。しかしながら「伴出」したものが、すべて同時代に製作・使用され、廃棄されたものであるという一般的な保障は、実はどこにも存在しない。

遺構内で「伴出」した資料が、はたして時期的な「共伴」関係にあるのかどうかは、型式学的な分析を尽くして検証しなければ、本来は分からないことであろう。以下、系統を異にする三つの貼付紋系土器群の関係が、型式学的にどのように捉えられるのか。通説による先入観を離れ、資料に則して予察を試みたい。

2．ソーメン紋土器の変遷について

北海道の「オホーツク式土器」の編年といえば、道東部においては、専ら藤本強氏の編年案が用いられている（藤本1966：28-41）。その由来については、ほとんど関心が持たれていないが、間接的ながら、河野広道が戦後に発表した編年案（河野1955：57-60）にたどれるであろう。

藤本氏の「オホーツク式」5 細分案のうち、c 群〜e 群の標本例には、図示された範囲だけで

も実に多様な資料が含まれている。一方、市町村史の概説の中で河野が示した標本例は、点数は限られているが、細別単位をほぼ的確に捉えており、きわめて優れている。その点で、北方圏における『日本先史土器図譜』(山内1939a—1941) としての役割を期待できるであろう(註2)。

ここで、その点について詳細には述べられないが、道東部に分布するソーメン紋土器は、特に肥厚した口縁部の装飾法の変遷に注目すると、つぎのように分類される (**第2図**)。

　(1)類 (1・2)
　　：直線、波線による2〜3条の貼付紋を単独で施紋するもの。擬縄貼付紋を挿入する例もある。
　(2)類 (3・4)
　　：上下2条の上付きの波線、または下付の波線を施したもの。
　(3)類 a (5)
　　：上付き・下付きの波線に直線を加えた、一帯型のバンド・ソーメン紋を持つもの。
　(3)類 b (6, 10)
　　：バンド・ソーメン紋を複帯化したもの。
　(3)類 c (7〜9)
　　：口縁部を広帯化(口頸部帯の形成)して、バンド・ソーメン紋を分帯化させたもの。

この細分試案のうち、(3)類aより以前に関しては、別稿で詳細に述べる予定であるが、層位差・地点差および型

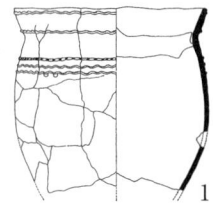
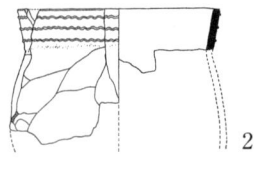
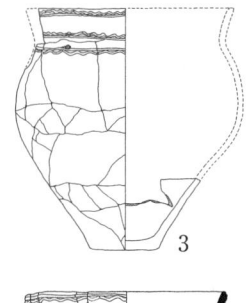
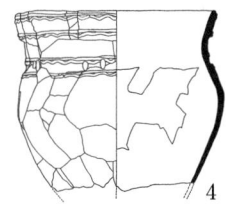
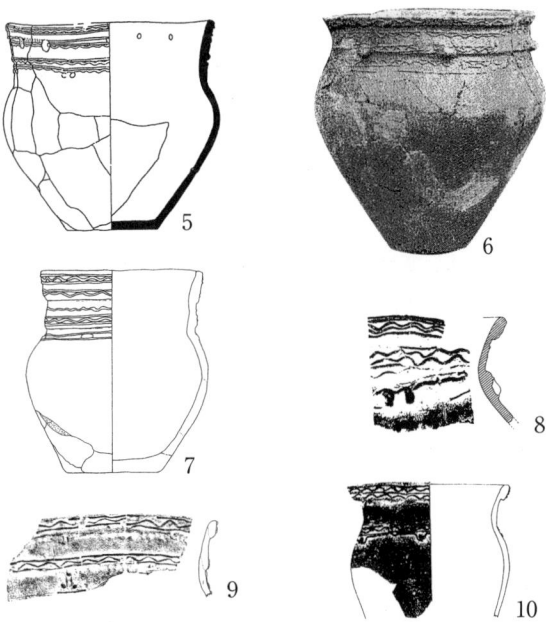

第2図　ソーメン紋土器の編年試案

6　第1章　北方編年体系の疑問点を探る

式差によって、ほぼ確実に編年することができる。しかし仮に(3)類b・cとしたものは、一般的に竪穴の埋土中や床面上から(2)類・(3)類aと混在して発見されることが多い。残念ながら竪穴に伴う単純な一括資料は少ない。(3)類cは図からも分かるように、一見して多様な類型（7～9）を含むので、数段階に細分される可能性があるように思われる。

　ソーメン紋土器の「小細別」(柳澤1990a：57-69)は、筆者の腹案では、究極的に7～8単位くらい抽出できると予想される。たとえば「1例→2例」→「3例→4例」とか、「4例→5例→6例」、そして「7例→9例」などの変遷が、当面における細分研究の対象になるであろう。

3．瘤付き土器の対比

　以上でソーメン紋土器は、その出現から衰退まで、少なくとも(1)～(3)類期（5小細別）以上に細分されると想定された。それでは、同じく貼付紋系に属するトビニタイ・カリカリウス遺跡の土器群は、ソーメン紋土器と年代学的にみて、どのように関係するのであろうか。初めに、紋様の要素について観察してみたい。

　第3図の資料は、口頸部と胴部に瘤状の貼付紋を持つ例である。1～3例はソーメン紋土器、6例は「トビニタイ土器群Ⅱ」、4・5例が「カリカリウス土器群」である。先の仮分類にしたがうと、「ソーメン紋土器(2)類（1・2）→ソーメン紋土器(3)類b（3）」、という変遷が想定される。

　これに対してカリカリウス遺跡の5例は、やや紋様構成が特異に見える。「波線＋直線」に挟まれたバンド・ソーメン紋の特徴からみて、ソーメン紋土器の(3)類に近似することは疑いない。胴部にバンド・ソーメン紋が転写されているので、本例は(3)類bの3例に後続し、(3)類c（第2図7・9）に並ぶ可能性が想定されよう。そのとおりならば、系統を異にするものの、「1例→2例→3例→5例」、という変遷序列が仮設される。

　これに対して、同じカリカリウス遺跡の4例の紋様も特異である。口頸部にのみ、「直線＋貼り瘤」の紋様が施されている。これはソーメン紋土器やトビニタイ土器群Ⅱには見当たらない。

第3図　瘤付き貼付紋系土器の実例

その由来はよく分からないが、包含層の土器内容から判断すると、1・2例よりは確実に新しいように思われる。おそらく3例((3)類b)か、5例((3)類c)の時期に比定されるものであろう。

このように観察すると、瘤状の貼付紋を持つ土器の変遷は、

(1) ソーメン紋土器(1)類（？）
(2) ソーメン紋土器(2)類（1→2）
(3) ソーメン紋土器(3)類b（5）→カリカリウス土器群（5：(3)類c）≒4？

という流れで捉えられる。

つぎに、瘤の付け方に注意すると、やはりスムーズな変化が認められる。口頸部に対して独立的に施す1例、それに短い貼付線を加えた2例へ。口縁の下縁に突き出す瘤を持つ3例は、おそらく2例に後続して派生的に登場したものと思われる。

そこで、カリカリウス遺跡の資料を一覧すると、ソーメン紋土器(3)類に対比される、瘤を上下にずらした独特な土器（5）がある。そして、それに酷似した土器（1〜3：(2)・(3)類）も豊富に出土している。カリカリウス土器群との並行関係は、こうした出土状況からも間接的に裏づけられる。

それでは、トビニタイ土器群Ⅱとの関係は、どのように捉えられるであろうか。広い地域の資料を一覧しても、瘤状の貼付紋を持つ土器はほとんど見つからない。見落としている可能性もあるが、今のところ6例が唯一の完形品のようである。

ただし、その瘤はソーメン状の貼付線を渦巻き状に盛り上げて作られでおり、以上の資料とは明らかに異なる。紋様は交互にずらして配置されている。この手法は、カリカリウス遺跡の5例と同じものであろう。胴部の紋様は、粗雑なネット状のソーメン紋を三分帯に編成している。瘤は共通していても、ソーメン紋土器の(3)類a・bとは紋様構成が明らかに異なる。したがって6例の時期は、5例に近接するものの、それよりもやや新しくなると思われる。この点は後にあらためて触れたい。

以上、ソーメン紋土器とカリカリウス土器群は、(2)類〜(3)類期にかけての交流が想定された。またトビニタイ土器群Ⅱは、少なくとも(3)類期の頃に、ソーメン紋土器と並行的に存在したと考えられた。これはごく初歩的な観察であるから、さらに視点を変えて分析を続けたい。

4．キメラ的な紋様手法による対比

「トビニタイ土器群Ⅱ」（菊池1972a）は、いったいどれ位の年代幅を有するのであろうか。一般的には、藤本e群やカリカリウス土器群に似たもの（幅の狭い分帯型）が古く、ピラガ丘・元町遺跡で擦紋Ⅲと「共伴」したもの（幅広い一帯型）が新しいと考えられている。しかしながら、トビニタイ土器群Ⅱそれ自体の変遷は、これまで何故か精密に検討されたことがない。細別系統としての「始め」も、「終わり」も不明のまま、様々に解釈的な議論がなされているように思われる。

はたしてビニタイ土器群Ⅱは、通説のとおりカリカリウス土器群に後続するのであろうか。そ

8　第1章　北方編年体系の疑問点を探る

れとも先に見通したように、ソーメン紋土器と並行するのであろうか。ここでは特異な紋様手法に着目して、この疑問を解く糸口を探ってみたい。

第4図のうち左側は、ソーメン紋土器（1～4）とカリカリウス土器群（5）である。右側は「中間的なもの」（前出）を含むトビニタイ土器群Ⅱ（6～8・11）とカリカリウス土器群（9・10）である。時期的には、ソーメン紋土器(1)類の1例から、(2)類の2・3例を経て(3)類の4例まで、紋様の構成、器形や口縁部の断面形など、変遷の流れはスムーズにたどれる。

一方、トビニタイ土器群Ⅱにおいても、「6例→7例→8例」から11例まで、型式学的にほぼ連続的な変化がたどれる。両系統の変遷は対応しているように思えるが、見掛け上である恐れもある。そこで注目されるのが、トビニタイ土器群Ⅱの特異な紋様構成法である。

まず6例を観察したい。ネット・ソーメン紋を凸凹型に対向させて、幅広い一帯型の紋様を構成している

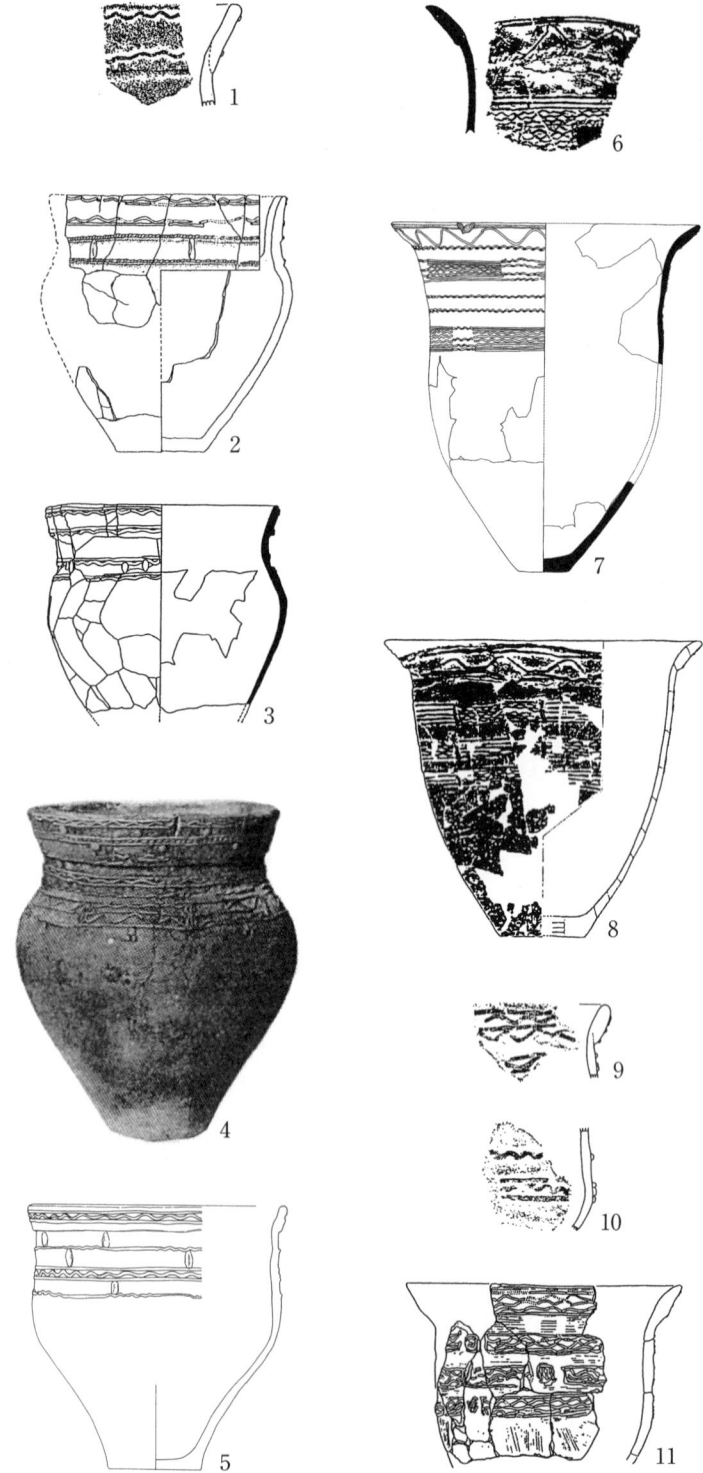

第4図　紋様手法から見た貼付紋系土器の変遷

第 1 節 北方編年小考 9

と推測される。7例は、特徴がやや異なる。紋様はやはり幅広く構成されるが、「ネット・ソーメン紋＋波線」のモチーフを上・下2帯に施し、その間を2条の波線で埋めている。これはモチーフの交互配置を意識した手法と言えよう。8例では、中間の波線が「並行線＋波線」の帯状紋に置換されている。同じように異種モチーフを交互に反復し、また、その位置を上下にずらしている点が注意される（交互ずらし配置法）。

　これは念の入ったキメラ的な紋様手法である。数は少ないが、類例はソーメン紋土器にも、カリカリウス土器群にも見られる。先にカリカリウス遺跡の5例から観察してみたい。その紋様は上から順に、ソーメン紋と直線・波線を交互に配列し、その間を瘤状の貼付紋で繋いで構成されている。バンド・ソーメン紋の間に貼付線を入れるのは、7例に共通する手法である。5例に伴出した土器にも類例がある（9・10）。また、直線・波線で構成された5例の貼付線でも、モチーフずらしの手法が認められる。この点も6〜8例や11例に共通する特徴と言えよう。時期的にみると、5・9・10例は、7例か8例に近い時期のものと思われる。

　つぎにソーメン紋土器の4例である。これは斜里町内(森町3遺跡)で発見されたと伝えられているが（宇田川編1981・斜里町立知床博物館編2003）、詳しいことは分からない。帯状のソーメン紋とボタン状の貼付紋を多用した土器である。器形は甕形を呈し、大きく三段に分かれる。上から順に、2条と1条のバンド・ソーメン紋が施され、肩部のみが矩形の帯状紋となっている。注目されるのは、まさにこの部分である。

　ソーメン紋土器において矩形のモチーフを反復するのは、おそらく4例の他に稀であろう。しかも矩形紋の内部をみると、大波線と小波線を上下に逆転させ、それを反復施紋していることが分かる。本来ならば、肩部はバンド状のソーメン紋や直線・波線の貼付紋を施す部位である。そこを選び、わざわざ矩形に仕立て直し、その内部に異種モチーフをずらして施紋する手法は、オホーツク式に特有のものとは言えない。トビニタイ土器群との交流を想定しない限り、説明できないと思われる。4例も5例も、ソーメン紋土器(3)類期に対比される。したがって、カリカリウス土器群とトビニタイ土器群の「中間的なもの（一部）」も、同時代に存在し、交流していたと考えられよう。はたして、このような見方が成り立つのであろうか。ここで斜里周辺を離れ、ソーメン紋土器の本場である網走方面へ移動したい。

　一般にトコロチャシ遺跡の資料は、ソーメン紋土器の代表例として引用されている。事実そのとおりであるが、あまり注意されていない異質な土器もある。数は少ないようであるが、それだけに注目すべきものであろう。

　第5図の1・3・4例はその実例である。これらは擬縄貼付紋土器やソーメン紋土器(1)・(2)類を主体とした土器群とともに、竪穴住居跡の床面上から出土している。1例のように並行する直線間にボタン状の貼付紋を持つ土器は、カリカリウス遺跡にも豊富にある。トコロチャシ遺跡では、「1例→3例」への変化が想定され、それぞれ2例・4例にほぼ対比される。3例の直線間に大きな鋸歯状の波線を挿入すると、4例の口縁部の紋様が出来あがる。その肩部を見ると、ボタン状の貼付紋を中継する下付きの波線が2条1単位で、反復して施紋されている。このモチー

フは擬縄貼付紋土器にも見られるが、2条1単位とする例は道東に存在しない。モチーフを左右に断続して反復する点では、7例のトビニタイ土器群Ⅱに類似するとも言える。しかし、これは相似的な関係（他人の空似）を示すものであろう。

つぎに5例に移りたい。これは4例の直系であるかどうか疑問がある。しかし、2条の大波線とボタン貼付紋で構成された口縁部の紋様は、2例と関係があるように思われる。これは典型的なソーメン紋土器の器形に対して、トビニタイ的な要素を取り入れたものと解釈できよう。大波状紋は、ごく一般的にトビニタイ土器群Ⅱに見られるものである。

このモチーフの由来をたどると、6例の粗雑な擬縄貼付紋？を伴う大きな鋸歯状の波線紋から、それを波線に変更した7例を経て、8〜11例に至ると想定される。これは擬縄貼

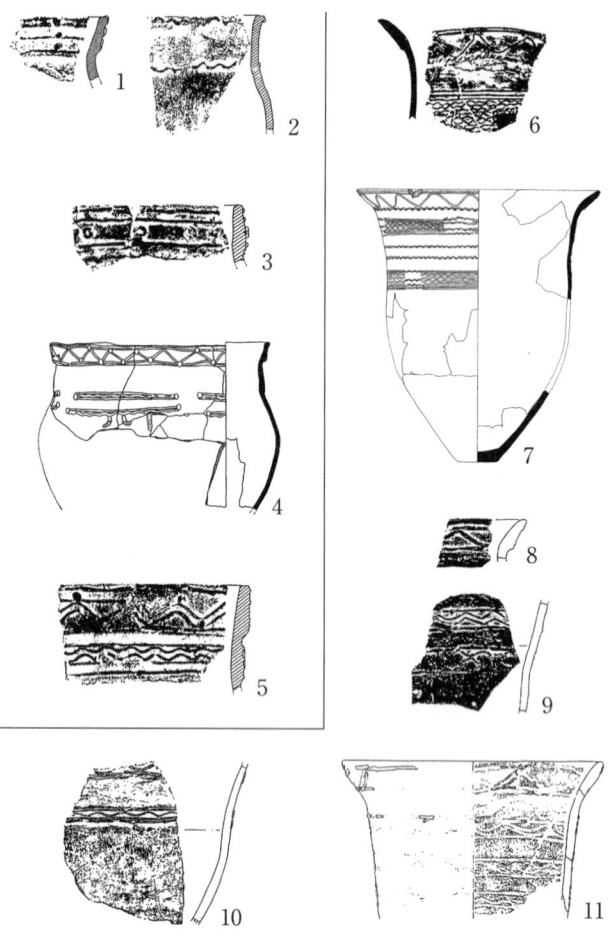

第5図　ソーメン紋土器とトビニタイ土器群の対比案(1)

付紋がソーメン紋よりも古い要素であるという、一般的な見方にもとづく捉え方である。

11例で注目されるのは、口縁部が肥厚に乏しく、大波状紋が2本線で構成されていることである。類例は、ソーメン紋土器の5例やトビニタイ土器群Ⅱの9例にも見られる。貼付線の2本扱いが、どの時期にどこで登場するのかは、判然としないが、ある時期に広く拡散したのであろう。ソーメン紋土器の古い時期には2本線扱いが見当たらないので、(3)類以降に流行した可能性があるように思われる。

この想定はともかく、相対的な序列からみれば、「1例＝2例→3＝4例→5例」と「6例→7例→8〜11例」は、部分的に並行すると思われる。これらはいずれも、ソーメン紋土器(1)〜(3)類の中に収まる。したがって以上の観察からも、カリカリウス土器群とトビニタイ土器群Ⅱ、および「中間的なもの」の一部は、やはりソーメン紋土器(1)〜(3)類と同時代に存在した、と考えられよう。

5. ソーメン紋土器とその並行土器の予察

さて、再び紋様の要素に注目してみたい。ソーメン紋土器とカリカリウス土器群・トビニタイ土器群Ⅱには、ネット状のソーメン紋が共通して見られる。これは北方圏の土器に関心を持つ人ならば、誰でも最初に気づくことであろう。一般には、記載した順に一系統の変遷を示すと考えられている。しかし、そのような捉え方は、土器論上の証明を欠いているのではなかろうか。そこで**第6図**の資料を見ながら、ネット・ソーメン紋について少し検討してみたい。

トビニタイ土器群では、ネット状のソーメン紋や擬縄貼付紋を胴部に施す例が多い。形態的には、ネット部分の大きさに大小2種類がある。時期的には小さいものが古く、大きなものは、古いものからやや新しいものまで存在するようである。実例の範囲では、「1・2例→4例」への変遷として捉えられる。2例より大きなタイプもあるが、それも1・2例の範囲にほぼ収まるように思われる。

ところで4例は、1～3例と紋様構成が明らかに異なる。胴部のネット

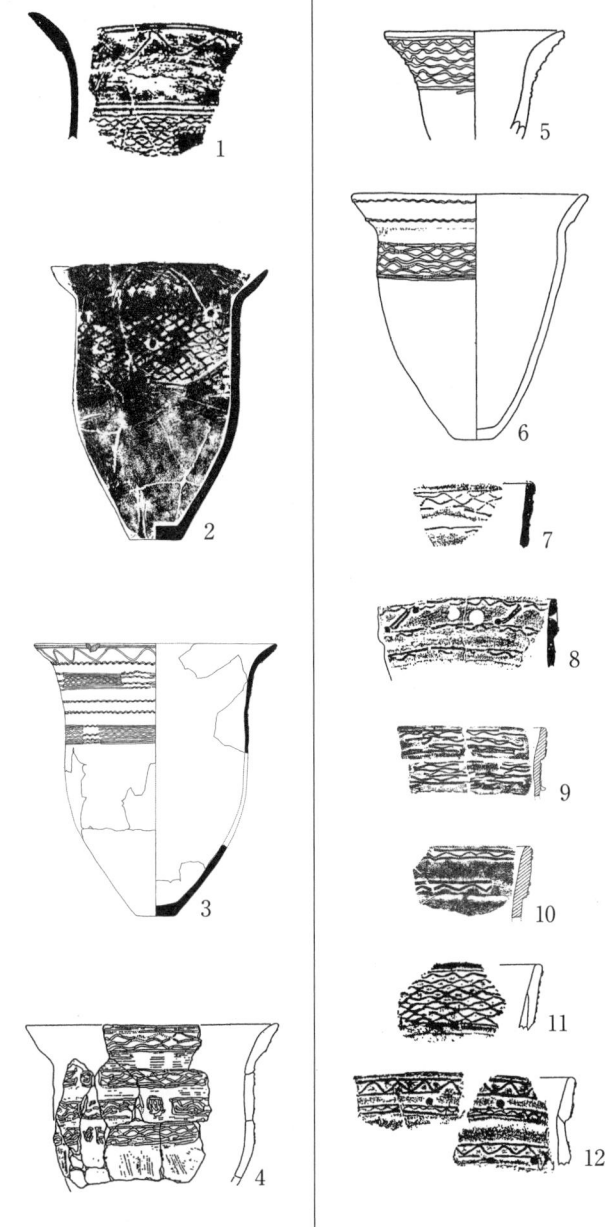

第6図 ソーメン紋土器とトビニタイ土器群の対比案(2)

紋は、細いソーメン紋でやや粗雑に作られ、バンド状に3帯構成されている。古い時期のトビニタイ土器群Ⅱでは、1・2例のように、胴部には幅広い一帯型の紋様が施される。3例や4例のように明確に分帯したものは新しい。前者は2帯型であるが、後者は3帯型である。これは先にも触れたように、ソーメン紋土器(3)類の新しい時期にまで下る可能性があると考えられる。

そこで、古い時期のネット状のソーメン紋を観察したい。5例は、知床半島のサシルイ北岸遺

跡の1号竪穴から発見されたものである。口頸部には擦紋末期土器のように、粗雑なネット・ソーメン紋が幅広く施されている。稀な紋様構成の土器といえよう。これと伴出した6例は、肥厚した口縁部に2条の波線を有し、胴部にやや幅広いバンド状のネット・ソーメン紋を持つ。口縁部の形態や紋様は、ソーメン紋土器(1)類（第2図1）のそれに酷似している。

これに対して胴部の紋様は、トビニタイ土器群Ⅱの典型といえる。また大きく外反して急激に窄まり、不自然に小さな底部をとりつける器形は、やはり擦紋末期の土器によく似ている。6例の成り立ちは、このように単純ではないらしい。

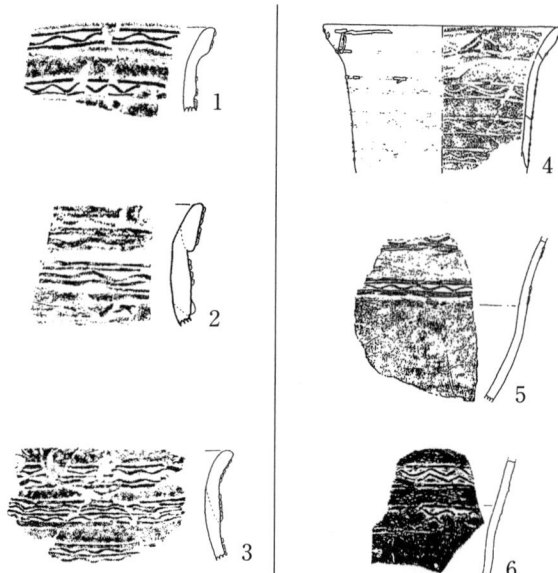

第7図　ソーメン紋土器とトビニタイ土器群の対比案(3)

少なくとも、ソーメン紋土器(1)類とトビニタイ土器群Ⅱの要素が併存し、それに擦紋土器の伝統も関与しているように思われる。6例はおそらく、複数の土器系統が融合した、一種のキメラ(折衷)土器なのであろう[註3]。古い時期における貼付紋系土器群の並行関係を端的に示唆する、貴重な一例として注意しておきたい。

ところでネット状のソーメン紋は、ソーメン紋土器にも見られる。たとえば5例に近い、やや粗雑なつくりの7例や、ネット紋が上下に圧縮されたような9例、それに11例のように整然としたネット紋を構成するものまで、種々の例が知られている。しかし、これに伴う土器は一様でない。擬縄貼付紋土器からソーメン紋土器(2)類までが含まれる。本来は、どのような土器に伴うのか分からないが、変遷それ自体は、「5例→7例→9例→11例」の順序でスムーズにたどれる。この流れは型式学的にも飛躍していないので、7例はソーメン紋土器(2)類の8例に、9例はソーメン紋土器(3)類の10・12例に、それぞれ伴うものと推定される。

想定したこの序列は、トビニタイ土器群Ⅱの変遷案と比べても矛盾しない。たとえば2例の幅広いネット状のソーメン紋には、ボタン状の貼付紋が付けられている。古いソーメン紋土器の8例や12例にも、同じボタン状の貼付紋が施されている。一目瞭然であるとはいえないが、「1例→2例→3例」と「5・6例→7・8例→9・10・12例」の関係は、型式学的にも整合しており、11例と12例が3例に近接していることは疑えない。したがって以上の観察から、ソーメン紋土器(1)～(3)類とトビニタイ土器群Ⅱが同時代に並存していた可能性はさらに高まったと考えられよう。

つぎに、竪穴資料を用いて両者の関係を検討してみたい。**第7図**の左側は二ツ岩遺跡の2号竪穴の資料である。1・3例は床面上で発見されている。3例と同一個体は埋土中にもある。2例は埋土の出土品である。これに対して右側の3点は、先に引用した下鐺別遺跡（弟子屈町）の資料

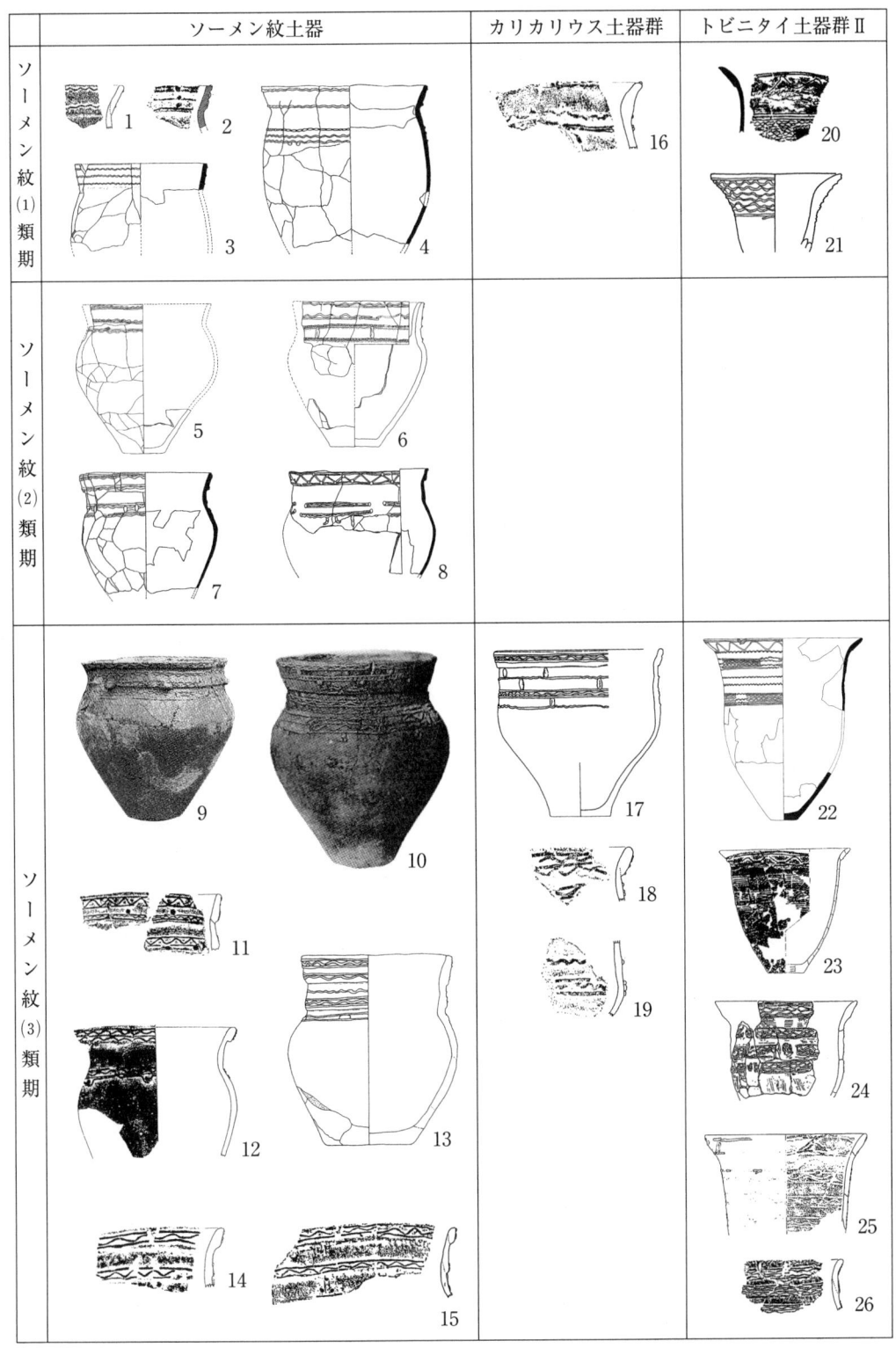

第8図 ソーメン紋土器とトビニタイ・カリカリウス土器群の編年案（暫定的）

第1表　ソーメン紋土器と並行土器群の編年試案（暫定的）

	ソーメン紋土器	カリカリウス土器群	トビニタイ土器群
(1)類期	(1)類（1～4）	＋（16）	＋（20・21）
(2)類期	(2)類（5～8）	＋	＋
(3)類期	(3)類a・b・c（9～15）	＋（17～19）	＋（22～25, 26）

（　）：第8図の資料番号

である。4・5例が床面上で、6例が埋土から出土している。

　いずれもバンド状のソーメン帯を複段に施紋するものである。これらは出土状況からみて、近い時期に属すものと思われる。注目されるのは3例である。口縁部の断面形は、1・2例のように肥厚していない。外反の度合いは小さく作図されているが、形状そのものは、1・2例よりも明らかに4例に似ている。

　バンド状のソーメン紋帯に注意すると、5例の直線は2本で構成され、内部に波線を有する。これは2例のそれに酷似している。部分的な要素ではあるが、5例もソーメン紋土器とトビニタイ土器群Ⅱの交流を示唆する貴重な資料と言えよう。1～3例と4～6例を比べると、ほとんど年代差は感じられない。それは紋様の要素や構成法がきわめて近似しているからと思われる。

　3例のように、1・2例や4～6例とも異なる「中間的な土器」が存在することからみても、トビニタイ土器群Ⅱとソーメン紋土器が並行する可能性はかなり高いと考えられよう。

　以上の予察的な分析を踏まえて、ソーメン紋土器とトビニタイ・カリカリウス土器群の関係を整理すると、**第8図**と**第1表**のようになる。そこで、最後に注意しておきたい点は、これら3系統の貼付紋土器に共通して伴う擦紋土器が、どの遺跡にも存在しないことである。詳細は別稿に譲り、やや飛躍して述べると、擦紋土器は佐藤達夫が精細に論じたとおり、いずれの貼付紋系の土器群よりも先に消滅したのではなかろうか（佐藤1972：478-485）。

　また菊池徹夫氏は、トビニタイ土器群に「Ⅰ→Ⅱ」の変遷序列をつとに認めているが（菊池1972a：452-459）、この編年考案についても、現在までの否定的な評価を見直す必要があるように思われる。

おわりに

　「オホーツク式土器」と擦紋土器では、いったいどちらが新しいのか。この議論の始まりは古く、戦前の『ミネルヴァ』論争の頃まで遡る。それから60余年の歳月が流れ、今では擦文土器を新しいと考える編年案が通説化している。それによると、最後のオホーツク式とされるソーメン文土器は、部分的に並行しつつ「カリカリウス土器群」へ移行し、それから「トビニタイ土器群Ⅱ」に変化して、さらに擦文土器と融合して「トビニタイ土器群Ⅰ」となり、やがて同化・吸収されて消滅した、と説明される。

小論では、この通説の編年観から意識的に離れ、土器論上の観点に立って資料の分析と比較に努めた。その結果、ソーメン紋土器とトビニタイ土器群Ⅱやカリカリウス土器群は、年代的に並行関係にあり、擦紋土器は、それより早く消滅した可能性が高いと考察された。

　これはまるで覆水を盆に戻すような、奇矯な発言と受け取られるかも知れない。しかしながら、遥か筑波嶺からの情報発信で、はたして覆水が、「忘失」された本邦先史考古学の盆に戻るのかどうか。敢えて通説の見直しを試みたしだいである。

註

(1) 以下、擦紋土器の編年（擦紋Ⅰ〜Ⅳ）については佐藤達夫の編年案（佐藤1972）に準拠する。細分記号は宇田川洋氏の表記法を用いる（宇田川1977ａ）。なお、擦紋Ⅳの新しい時期とⅤ期については便宜的に一括し、「末期」として扱う。1972年以後、新資料が大幅に増加しており、見直しと細分を進める必要があると考えている。

(2) 柳澤（1985・1986・1988：2006ｃ：7 -17・49-55・214-228）などを参照されたい。

(3) この土器現象について佐藤達夫は、オホーツク式第Ⅱ〜Ⅲ期における移住民の土着化・混交の問題として考察し、それに擦紋人の関与を想定している（佐藤1972：482-485）。

図版出典

第1図　1〜4：野村・平川編（1982）　5・6：椙田（1982ａ）　7・8：金盛（1976ａ）　9・10：米村（1971）　11・12：大場（1960）　13・14：金盛（1981）　15〜17：椙田（1987）

第2図　1：駒井・吉田（1964）　2・5：佐藤（1964ｂ）　3・9：野村・平川編（1982）　4・7・10：東京大学文学部考古学研究室編（1972）　6：河野（1955）　8：駒井編（1964）

第3図　1：野村・平川編（1982）　2：駒井編（1964）　3：河野（1955）　4・5：椙田（1982ａ）　6：荒生・小林（1986）

第4図　1・2：野村・平川編（1982）　3：駒井編（1964）　4・6：宇田川編（1981）　5・9・10：椙田（1982ａ）　7：米村（1971）　8：涌坂（1991）　11：荒生・小林（1986）

第5図　1〜5：駒井編（1964）　6：宇田川編（1981）　7：金盛（1976ａ）　8〜11：澤・宇田川ほか（1971）

第6図　1：宇田川編（1981）　2：大場（1960）　3：米村（1971）　4：荒生・小林（1986）　5・6：宇田川（1975）　7・8：八幡ほか（1965）　9・10：駒井編（1964）　11・12：八幡ほか（1974）

第7図　1〜3：野村・平川編（1981）　4〜6：澤・宇田川ほか（1971）

第8図　1・2・7・8：駒井編（1964）　3：佐藤（1964ｂ）　4：駒井・吉田（1964）　5・6・14・15・26：野村・平川編（1982）　9：河野（1955）　10・20：宇田川編（1981）　11：八幡ほか（1974）　12・13：東京大学文学部考古学研究室（1972）　16〜19：椙田（1982ａ）　21：宇田川（1975）　22：米村（1971）　23：涌坂（1991）　24：荒生・小林（1986）　25：澤・宇田川ほか（1971）

第2節　北方編年研究ノート
　　　　－道東「オホーツク式土器」編年と、その周辺－

はじめに

　「オホーツク式土器」の研究は「縄紋式土器」に比べると歴史が浅い。それでも北方圏の先史土器に対する関心は、1930年代に入ると俄かに高まりを見せている。例えば、犀川会による『北海道原始文化聚英』(犀川会編1933)の刊行、米村喜男衛によるモヨロ貝塚(1933年)の発掘、そして馬場脩による千島諸島の調査(1934・1936年)などの活動が特筆されよう。

　それでは、このような動向は、いったいどのような事情から生まれたのか。1930年代といえば、山内清男が「亀ケ岡式土器の分布」云々の論文(山内1930)や「日本遠古之文化」(山内1932—33)を連載で発表していた、まさにその時期に当たる。

　その頃に畿内では、山内の先鋭な論文の発表に対して機敏な反応を示し、官費を投入して宮滝遺跡(1930—1939)や橿原神宮遺跡(1938—1941)などの重要遺跡の調査が相ついで実施された。私見によれば、こうした調査の目的の一つは、『記紀』に記された先住異族(縄紋人)と神武東征伝承との係わりを、考古学的に解明することにおかれていたと考えられる(柳澤1990b・1995)。

　畿内における官製の発掘調査と、道内における犀川会(民間)の活発な活動の、あい呼応した動きは、単なる偶然の出来事ではあるまい。日本列島における先史文化の体系的な把握が、『記紀』の伝承や国体史学による制約を易々と超越し、無名に等しい少壮学徒の手によって、驚くべき水準で、独創的に提出された。まさにその時に即応して、北方圏の「先住民」と大和の「先住異族」への学的な関心が、畿内と北辺において、あい呼応して高揚したと解釈されよう。

　ところで北海道島にあって、北方圏の先史文化とアイヌ民族(先住民)の文化探求に足跡を残した考古学者や民族学者は、今日に至るまでに多数にのぼる。なかでも、通説とされる今日の学説の基を築いたのは、やはり河野広道博士であると思われる。道内では、どの時代の文物を扱うにせよ、アイヌに関する諸々の問題と正面から向き合うことになる。考古学的にみるとその命題は、アイヌが用いた木器や鉄鍋に接続する、先住民の残した「最後の土器文化」は何か、という設問に集約される。

　河野博士は、擦文土器を以ってその答えとなし、この土器の使用者こそ、「北海道アイヌ」に繋がると主張した(河野1935)。一方、オホーツク式土器は、樺太と千島から南下した文化が合流して生まれたものである。これは擦文土器と多少は融合しても、「幾百年間」も併行的に存続した、「本質的に異なる系統に属する」ものであると規定した(河野・名取1938)。

　これに対して山内博士は、「日本遠古之文化 Ⅳ．6–11」(山内1933)の誤謬を修正しつつ、最新の河野・名取説を暗に批判して、「浮文に富むオホーツク式」は、農耕が到達しえなかったオ

ホーツク海の沿岸に限られて分布しており、その時代に擦紋土器はすでに廃用されていた、と論じた（山内1939：43）。この説は戦後も一貫して保持され、晩年には、佐藤達夫の新しい北方編年研究（佐藤1964a・b）の成果を踏まえて、再び強調された（山内1964・1969：132-133）。

　道内における「最後の土器文化」は、擦紋土器とオホーツク式のいずれであるのか。その結論は、そのままアイヌ民族とアイヌ文化の歴史的な理解を大きく左右することになる。もしも、土器編年体系を誤って構築すれば、北方圏の歴史は根底から揺らぐことになりかねない。この意味で、敗戦後に誕生した北方圏の新考古学が、ひたすら続縄紋土器と擦紋土器、そしてオホーツク式の編年秩序の確立に最大限の努力を傾けて来たことは、当然の営みであったと言えよう。

　戦後に再開されたモヨロ貝塚の発掘調査（1947～1951）の後も、山内博士は一貫して沈黙を守りとおした。一方、協同して研究を進めていた佐藤達夫は、博士の学説を精緻に論証した環オホーツク海域編年案（佐藤1972：462-488）を発表した。しかし、それは佐藤が逝去した1977年以後、ほとんど顧みられなくなっている。だが、佐藤の先鋭な指摘に富む編年案を一方的に退け、擦文土器を「最後の土器文化」と見做す通説の編年案には、何も問題がないのであろうか。

　理化学的な成果をも援用しながら、最新の諸資料を用いて整えられた通説の編年案（右代1991・1995ほか）は、北方編年体系の大筋を正しく捉えており、その問題点は、ごく細部に限られると了解されているようである。それでも少し詳しく見直すと、意外に大小の疑問点や大きな矛盾が伏在していることに気づく。通説の編年案が真の定説となるためには、そうした諸々の問題点をすべて解決しておく必要があるであろう。

　そこで小論では、いまだ諸氏の見解が鋭く対立していた1972年の『常呂』刊行以前に戻り、通説の編年案を見直す立場から、特に道東北部域における編年体系について、予察的に検討したいと思う。

1．「オホーツク式土器」編年の原点

　現在、「オホーツク式土器」の編年といえば、藤本強氏の編年案（藤本1966）が専ら引用されている。ここではその先駆をなす、河野博士の戦後の編年案について、特に注目したい[註1]。博士の編年案は、『斜里町史』（1955）と『網走市史』（1958）に相ついで発表されたが、内容的にみると大きな変化は見られない。戦前の自説を修正しつつ、より洗練された形式で展開されている。

　執筆に際して重視されたのは、1948年のモヨロ貝塚、それ以後に実施された斜里周辺・知床半島の調査成果であった[註2]。なかでも、知床半島西岸のウトロチャシコツ岬遺跡群（以下，岬下遺跡・岬上遺跡と略す）では、精密な発掘によってアイヌ文化からオホーツク式土器（刻文期）、後北式にいたる7つ文化層を層位的に捉えることに成功した。これにより、モヨロ貝塚における10号竪穴住居跡（以下、竪穴と表記）と貝塚地点等の層位事実が追証され、遺跡単位で編年秩序を確実に対比できるようになった。

　ウトロチャシコツ岬遺跡群の資料については後述するが、その精密な分析を踏まえて、『斜里

『町史』の中でオホーツク式土器の編年は、つぎのように解説された（第9図）。

　(1)　Ａ型土器（型紋土器）
　　　　：櫛歯や小枝。笹。茅、骨。爪、その他一定の型に作られた施紋具を用いて、型紋を付けたもの（1）(註3)
　(2)　Ｂ型土器（刻紋土器）
　　　　：舟窩状刻紋や断続または交叉する沈線紋を有するもの（3・4）
　(3)　Ｃ型土器（擬縄貼付紋土器）
　　　　：土器の上部に縄を模した紐状の貼付紋を有するもの（図なし）
　(4)　Ｄ型（ソーメン貼付紋土器）
　　　　：口縁・肩部の周縁に革紐状・ソーメン状の細い粘土紐を貼付した型式である（8・9）

　さらに河野博士は、これらの4型、すなわちオホーツク式土器の4単位の細別型式が、斜里町の周辺域にも存在すること、またウトロチャシコツ岬下遺跡の竪穴住居跡では、
　(1)　「下層の第5層と第6層からＡ型とＢ型を、第4層からＢ型とＣ型」
　(2)　「第3層からＤ型の革紐状のもの」
　(3)　「第2層からＤ型のソーメン状のもの」
が出土したことを紹介し、『斜里町史』におけるオホーツク式土器4型の編年案が、明確な層位上の根拠を持つことを明らかにしている。

　しかし町史の編纂上の制約によるのであろうか、Ｃ型の標本例は図示されていない。3年後に刊行された『網走市史』では、不鮮明であったＡ型の標本が2例と交換された。Ｂ型では5例が追加され、Ｃ型の標本例（6・7）も補充された。これでオホーツク式土器4型の標本例がすべて揃い、その解説も補足された。

　博士は、網走でもオホーツク式土器が4型に細分できると述べ、各型の間、各型の内部において、細部の変遷が見られることを、あらためて強調している。これは北方編年の研究史上においてきわめて重要な指摘であると思われるが、これまで特に注意されていない（駒井編1964：157-167, 藤本1966ほか）。偶々見落とされていることも、ある意味で想像しにくい。

　その点は別の機会に述べるとして、ここで4型編年案の内容を摘要してみよう（以下, ゴチック・アンダーライン，（　）内の記述：筆者）。

　(1)　擬縄貼付紋のＣ型土器は、「Ａ型（刻紋）との混合形（まゝ）であるAC型や、Ｂ型との混合型であるBC型を示すことも稀でないが、単純なＡ型又はＢ型の方が古い時代の所産で、AC又はBC型はその（両型）の末期に出現した形式（まゝ）である。」（河野1955）
　(2)　「擬縄貼付紋は、出現の初期には太く、年代が下ると共に細くなって次のＤ型に移行し

第2節 北方編年研究ノート 19

第9図 「オホーツク式土器」編年の標本資料（河野1955・1958より編成）

20　第1章　北方編年体系の疑問点を探る

　　　てゆく。」(河野1955)「擬縄貼付紋の形は縄を垂下したもの、結び目状のもの、肩部を一
　　　周するものなどあり、またときには瘤状突起をその間に配する場合もある。」(河野1958)
　(3)　ソーメン状の貼付紋は、「擬縄紋から変化した」(河野1958)ものであり、「革紐状のもの
　　　が、ソーメン状のものよりも古い型式である。」(河野1955)

　このようにオホーツク式土器の編年は、4型よりも更に細分し得ることが明確に指摘されている。この点において、ほぼ定説として引用されている藤本強氏の編年案(藤本1966：28-44)とは、明らかに異なることが了解されよう。標本例は部分的に欠落している。それを博士の記述をもとに補い、型式学的に想定される序列で並べると、つぎのような編年案となる。

　　(1)　A型（型押紋）　　　　　　　　　：第9図1・2
　　(2)　B型（刻紋）　　　　　　　　　　：第9図3～5
　　(3)　AC型（型押紋＋擬縄貼付紋）　　　：標本例なし
　　　　BC型(註4)（刻紋＋太い擬縄貼付紋）　：**第10図1・2**
　　(4)　C型（擬縄貼付紋＋瘤状突起）　　　：第10図3
　　(5)　C型（擬縄貼付紋）　　　　　　　：第9図6
　　(6)　C型（細い擬縄貼付紋）　　　　　：第9図7
　　(7)　D型（革紐状のソーメン紋）　　　：岬下遺跡の第3層土器
　　(8)　D型（ソーメン紋）　　　　　　　：岬下遺跡の第2層土器（第9図8・9）

　各型の標本例は、『日本先史土器図譜』(山内1939～1941)のごとく、オホーツク式土器の細別型式にふさわしい典型的な完形品が選択されている。もちろん、これで細別型式がすべて例示されたわけではない。例えばA型以前、A・B型間、A型・B型内では、明らかに細分を徹底する必要がある。そうした作業を推進しつつ、各細別に内包される小細別(柳澤1990a：57-69)を充填すれば、河野博士の「型」(「細別型式」)別編年を精密な体系に編成することも、十分に可能であろ

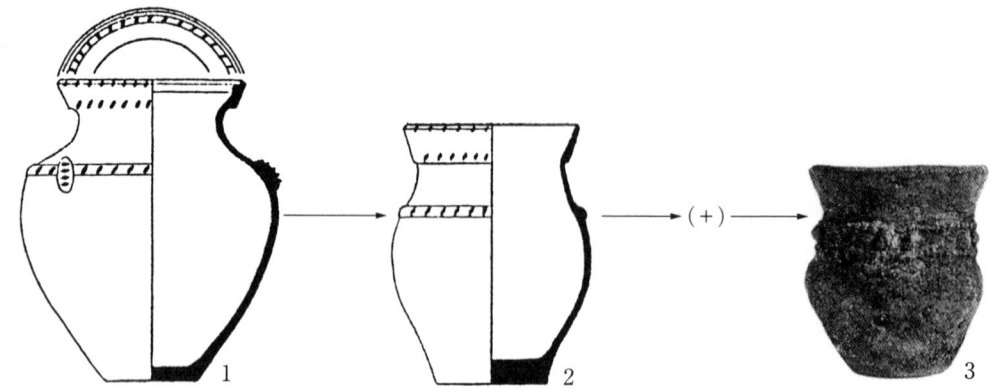

第10図　オホーツク式土器のBC型からC型への変遷（模式図）

さてこの編年案は、戦後において最も早い時期に提出されたものである。モヨロ貝塚の調査成果が取り入れられており、発掘の際の所見をいち早く活字化したものと評価されるかも知れない[註5]。しかしながら、擬縄貼付紋土器をソーメン紋土器から独立させており、その系統的な変遷を認め、さらに細分を志向している事実まで無視することはできない。
　その後に発表された、いわゆる東大編年(駒井編1964)や藤本編年(藤本1966)の内容と比べれば、この点は明瞭に理解できるであろう。
　したがって河野博士の「オホーツク式土器」編年(河野1955・1958)は、モヨロ貝塚編年の単なる焼き直しではあり得ない。まったく独自の新体系を発表したものである、と評価すべきであろう。この意味において、「オホーツク式土器」の編年研究の原点を、あらためて河野博士の『斜里町史』編年に求めておきたい。
　以下、この博士の編年構想に沿いながら、遺跡・遺構単位の編年を仮設して、その細かな対比を試みる。

2．モヨロ貝塚の編年

　モヨロ貝塚の発掘調査は、敗戦直後の1947年に史跡指定を解除して実施され、翌48年と51年にも継続された[註6]。今ではほとんど「忘失」されているが、この3次におよぶ調査は、「日本文化の試金石」と称して実施された登呂遺跡調査の北方版として、特別の意義を持つものであった(柳澤1990b)。
　しかし、その成果の公表は遅れ、13年後にようやく『オホーツク海沿岸・知床半島の遺跡』下巻の「別篇」として発表された。『斜里町史』の刊行から、実に9年後のことであった。モヨロ貝塚の資料は、この他にも膨大な量が集積されている。ここでは、「別篇」で公表された資料に限定して、モヨロ貝塚編年の原点の姿を推論したい。

1）1948年の貝塚調査資料

　「別篇」の記述によると、貝塚の上層では、「オホーツク式土器」(以下、オホーツク式)に擦紋土器が混じり、貝層中はオホーツク式のみで、貝層下になると前北式も伴出したと指摘されている(名取・大場1964)。調査規模の割に図示された土器は非常に少ない。その出土状況や量的な変動についても、詳細はほとんど分からない。
　層位差にもとづいて、貝塚地点の土器は大きく3細分される(**第11図**)。

　　(1)　下層（第4層砂層）　：1〜3
　　(2)　貝層（第3層貝殻層）：4〜8
　　(3)　上層（第1層黒土層）：9・10

22 第1章 北方編年体系の疑問点を探る

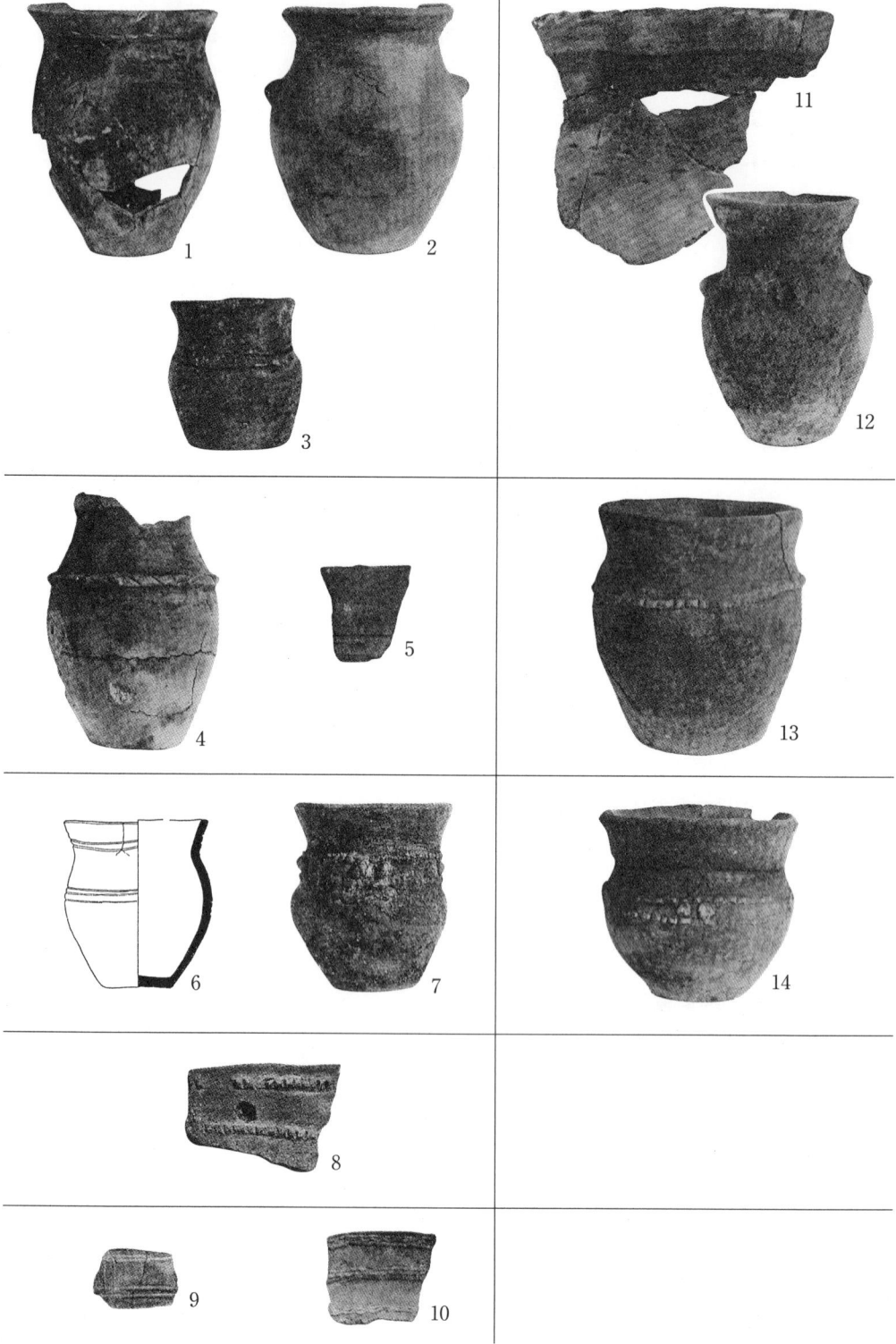

第11図 モヨロ貝塚第1次調査で発見された貝塚および墳墓の土器

資料を少し観察してみよう。まず貝層下の1～3例である。1・2例は口縁部や胴部に舟形の刻紋を持つ。2例には大きな瘤が付けられている。これは河野編年のB型に当たる。3例の頸部には、2本の沈線が施されている。これは道北系の刻紋・沈線紋土器であろう。1・2例とは明確に区別しなければならない。

つぎに貝層中の土器である。内容的には多様性に富む。貝層は場所によって上下に分かれ、その間に黒土層を挟むという。おそらく新旧2つの貝層があり、黒土層は、その中間期に当たると考えられる。この層序に留意して土器を分類すると、大きく3期に分けられる。

その第一は、口縁部に刻紋？を持ち、胴部に太い隆起線をめぐらせ、これに擬縄風の刻目を施すものである（4）。これは、河野編年のBC型に当たるものであろう。第二は、頸部や胴部に沈線をめぐらすもの。5例では刻紋が施されている。6例については、佐藤達夫が墳墓に関係する貝層出土の土器として紹介している（佐藤1964b）。これは4例に比べると、刻紋や肥厚した口縁部が無く、箍状の隆起線の部分が沈線に置換されていると考えられる。6例は、系統的にみると3例に繋がり、刻目を持つ4例よりは新しいものと思われる。

つぎに7例である。頸部には擬縄貼付紋が2条めぐり、その間に瘤状の貼付紋を施している。先の河野編年では、C型の一例と見做す資料である。8例もC型である。擬縄貼付紋は口縁部へ上昇している。こうした施紋部位の変化は、器種によるのか、それとも時期差に係わるのか、気になるところである。後者の可能性を想定し、7例とは区別しておきたい。

ここで上層の土器に移る。まず9・10例であるが、報告では9例を擦紋土器と認定し、それが最上層から出土したことから、モヨロ貝塚は「擦紋文化の年代に終わっている」、と指摘している（名取・大場1964）。しかし9例のような擦紋土器が、はたして実在するのであろうか。寡聞にして類例を知らない[註7]。これは沈線紋系の新しい土器かと疑われる。もしそうであれば、モヨロ貝塚では最下層（3）から最上層（9）まで、沈線紋を用いた異系統の土器が伴うことになろう。

つぎに10例である。これは「直線＋波線」の貼付紋を3条持つ、典型的なD型のソーメン紋土器である。大型の甕の破片と推定される。これは壺形の土器が卓越する下層には見られない。新しい器種と言えよう。

以上の観察をもとに、貝塚地点の資料を細分すると、つぎのように編年される。

(1)　下層：a_1（1・2）、a_2（3）
(2)　貝層：b_1（4）、b_2（5・6）、b_3（7）、b_4（8）
(3)　上層：c_1（9）、c_2（10）

貝塚地点の土器はこの他にもある。貝層内や貝層下から検出された墳墓に伴う土器である。いずれも貝塚地点の土器に類似している。副葬品として図示された資料は少ないが、墳墓の土器は、下層と貝層中の土器にほぼ該当すると思われる[註8]。

例えば11・12例は、B型の1・2例（a_1類）に酷似している。また、BC型の13例は4例（b_1類）に、

そしてC型の14例は7例（b₃類）に対比できるであろう。

ところで以上の土器は、河野編年のBC型・D型のいずれかに該当する。しかし、刻紋・沈線紋系の土器は道北に由来するものであるから、どの型にも収まらない。これは、どの時期に伴うのであろうか。この土器に関する「地域差」編年説（大井1972a：17-30・天野1979：75-92ほか）がはたして妥当であるのかどうか、以下、出土状況に則して検討してみたい。

2）10号竪穴

この竪穴は、貝塚地点と並行して調査されたものである。長さ14m、幅10mの大きさで、ややくずれた六角形を呈し、多量の土器が出土した（第12図）。粘土貼りの床面上には、複数の骨塚や石積みがある。石囲炉は壊れているらしく、大きな石が散在している。床面下では、ほぼ同じ大きさの下層の竪穴が検出され、さらにその下から二つの炉祉が発見されている（河野1958：53-59）。

まさに貝塚で確認された層位編年を追証する、お誂え向きの出土事例であったが、下層竪穴の本格的な調査は行われなかった。そこから刻紋土器の完形品が2点採集されている（1・2）。これに対して上層の竪穴では、10数個の完形土器が床面上から出土している（3～13）。その他の遺物を含めて、この竪穴を調査した佐藤達夫が、広域的な編年体系を念頭において、要点を押さえた示唆に富む簡潔な報告をまとめている（佐藤1964b）。その一部を以下に摘要する（下線・ゴチ：筆者）。

(1) 床面には、もと15個の土器があったと考えられる。器形は胴部が張り、口縁がやや外に開く平縁で、平底の甕形が多い。、口縁部は大部分が肥厚する。文様は細い粘土紐による浮文で、口縁部、肩、口縁から肩にかけて施される。

(2) 近年の（トコロチャシ遺跡の）調査により、床面出土の完形土器のあるもの（12・13）は、「その他のものより新しい型式であることが層位的に明らかにされた。」

(3) 完形土器には、口縁部に刻紋、肩部にやや太目の浮文を持つものがある(3)。「刻紋は古い文様要素であって、古い時期に浮文と組み合わされることがあるが、細い浮文と併用される例は少ない。一群中では比較的古かるべき位置に属しよう。」

(4) 「これらの細別は、竪穴出土の一群の土器に認められるので、個々の細別の存続年限は甚だ短かったものと推定される。」

この細別編年に関する記述は、これまでまったく注意されていないが、佐藤達夫が構想した環オホーツク海域編年案（佐藤1946b，1972）の原点をなすものとして注目しておきたい。

床面の土器は一様でない。これを細分するには、先に触れた岬下遺跡の資料が不可欠になる。佐藤は河野博士の指導を受けていたから、博士が発表した最新の「オホーツク式土器」編年案（河野1955・1958）をとうぜん参照し、それを自ら検証し、咀嚼していたであろう。例えば、胴部に細い擬縄貼付紋を持つ3例を正確に弁別している。これは、河野編年のC型（第9図6・7）やBC型（第10図参照）の摘出に留意し、さらにモヨロ貝塚における、「C型（第11図7）→D型（第11図8）」

の層位序列を重視しての考案と思われる。

　佐藤は型式学的に弁別すべき細別型式として、明確に4単位を指摘している。これを河野博士の型別編年案に対比すると、つぎのようになる。

　　(a)　10号竪穴の下層　　　：A型（刻紋）：1・2
　　(b)　10号竪穴の上層床面：BC型（刻紋＋擬縄貼付紋）：3、C型（擬縄貼付紋）＝4・5
　　(c)　10号竪穴の上層床面：D型（ソーメン紋）：6〜11
　　(d)　10号竪穴の上層床面：D型（ソーメン紋）：12・13

　このうち(b)類の3例は、先にBC型と見做した標本例（第10図1・2，第11図4）とは別種の土器である。擬縄貼付紋は細く、刻紋の施し方も異なる。器形も広口であって、甕形を呈する「古いBC型」に後続して登場した「新しいBC型」に相当するのであろう。現在でもその類例に乏しいが、佐藤が指摘したように「古かるべき」別の細別に属するものと考えられる。

　これに対して擬縄貼付紋を持つ4例は、細別として抽出されていない。貝塚地点では、「貝層の擬縄貼付紋土器（第11図8）→上層のソーメン紋土器（同図10）」、という序列が確認されている。したがって型式論上の観点からは、4例を別の細別単位として指摘できたはずである。この点に関しては、トコロチャシ遺跡におけるC型（擬縄貼付紋土器）の混出状況を考慮しつつ、筆を控えたのではあるまいか。また、その他の事情も係わると推測されるが、それについては別の機会に述べたいと思う。

　この点はともかく、佐藤の編年案で注目されるのは、何よりも3例を「古かるべき」土器として、正確に弁別し摘出したことである。河野博士のC型土器（第11図7）には、舟窩状の刻紋が無い。それを有する3例は、そのC型よりも確実に古いと考えねばならない。そこであらためて擬縄貼付紋を持つ土器に注目すると、

　　(1)　「古いBC型」（第11図4）から「新しいBC型」（第12図3）、
　　(2)　貝層のC型（第11図7）を経て、上層のC型（第11図8）やトコロチャシ遺跡のC型へ、
　　(3)　そして「直線＋波線＋直線」のD型へ、

中間の小細別を適当に補うと、以上のようにスムーズな変遷がたどれる。その間を型式学的に観察すると、かなり年代的な距離があると考えられる。佐藤は、床面土器の「存続年限は甚だ短かった」と想定している。しかしこの点に関しては、その後の新資料を検討すると、再考の余地があるように思われる。

　ここでは、ソーメン紋を欠く擬縄貼付紋の土器を二つに分け、第12図の3例を先のb_1類に、4例をb_2類に比定して明確に区別しておきたい。さらに5例も、b_2類に含まれるかも知れない。このように捉えると、10号竪穴の報告された資料はつぎのように編年される。

26 第1章 北方編年体系の疑問点を探る

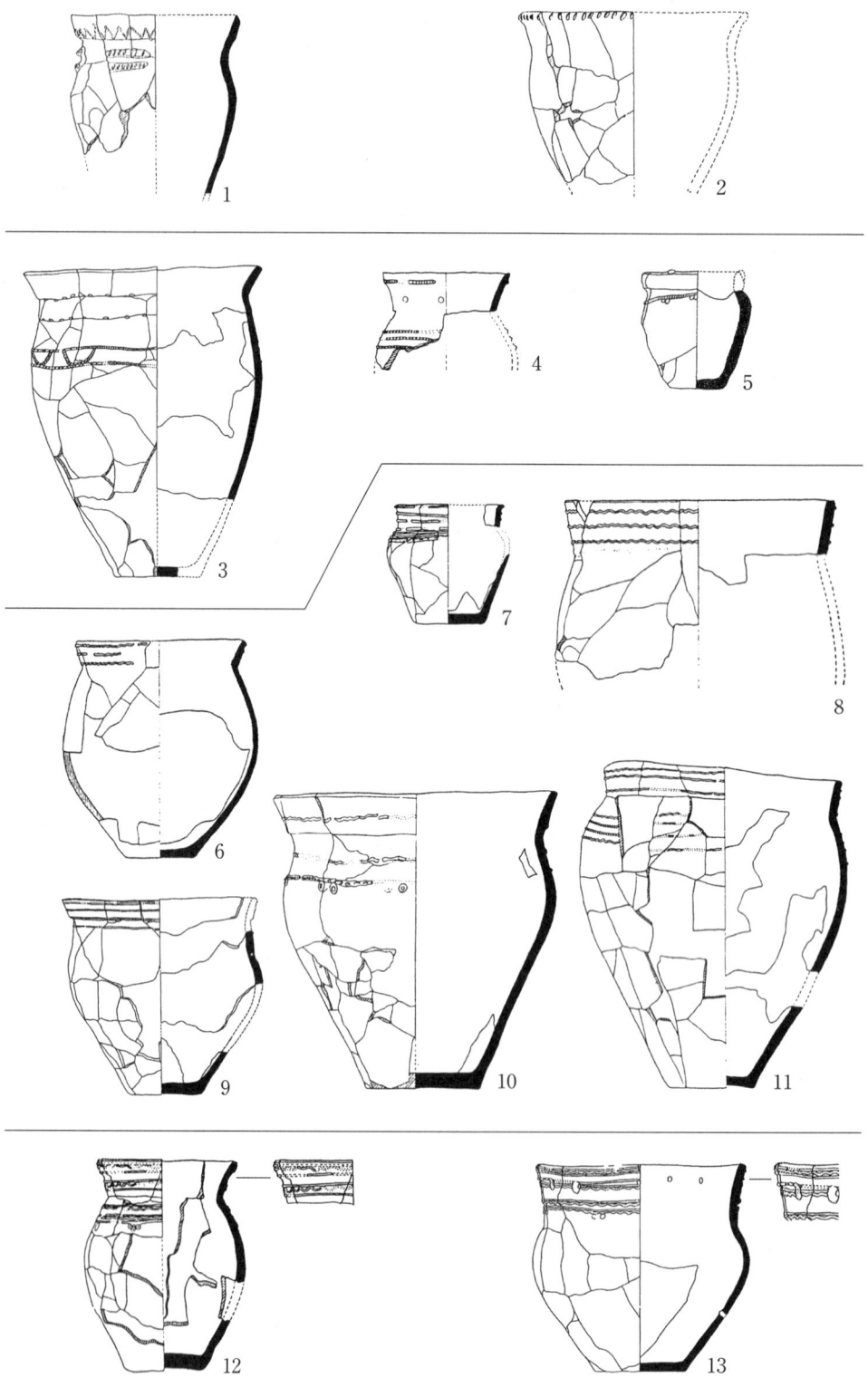

第12図 モヨロ貝塚第1次調査で発見された10号竪穴の土器

(1)　A型（刻紋土器）　　　　　：１・２
　(2)　BC(新)型（中間の型）　　　：３
　(3)　C型（擬縄貼付紋土器）　　：４・５
　(4)　D型（ソーメン紋土器）　　：６～11
　(5)　D型（ソーメン紋土器）　　：12・13

3）21号竪穴と墳墓

　つぎに1951年に調査されたモヨロ貝塚の遺構資料について検討したい。オホーツク式は竪穴と土壙から出土している。まず竪穴の資料である。21号竪穴は３期の遺構面が重複しているらしい。前北式とそれ以前、そして最上層のオホーツク式の３面が区別されている。柱穴や炉祉などは、どの時期においても確認されていない。したがって、この遺構は竪穴ではなく、別の機能を担っていた可能性が想定されよう。

　そこで資料の観察に入りたい。**第13図**の１・２例と９・10例は、上層面のオホーツク式である。明らかに２単位に細分される。２例は櫛歯の型押紋が施されており、１例とともに河野編年のＡ型に比定される。これに対して９・10例は、ずっと新しい時期の土器である。広口の甕形土器で、９例の口端部には刻目文、10例では擬縄貼付紋が施されている。胴部には、どちらも貼付線による幅広い紋様が作られている。並行する直線、または波線を２本めぐらす。９例では、その間にボタン状の貼付紋を繋いだ直線（ボタン連繋線）が加えられる。10例には、斜めの波線（区切り斜線）が２本施されている。

　両例は一見して、器形・紋様ともにb_1類とした擬縄貼付紋土器（第12図３）に似ている。しかし口縁部や胴部から伝統的な刻紋が消えている。口径も大きくなり、擬縄貼付紋の幅も拡大している。細い擬縄帯（８）よりも、直線（９）や波線（10）の貼付線は新しい要素と言える。特にソーメン紋と変わりない波線（10）は、BC型のb_1類よりも、確実に新しい要素と考えられる。ただし、９・10列の口縁部にはソーメン紋が施されていないから、両例をＤ型（ソーメン紋土器）とは認められない。

　このように細部に違いはあるものの、９・10例は同時期のものと見做せる。したがって21号竪穴では、

　(1)　A型（型押紋）　　　　　　　：１・２
　(2)　BC・D型の中間型（擬縄貼付紋）：９・10

という序列が想定される。

　つぎに墳墓の資料（３・４・11）を観察したい。３基の墳墓から各１点が検出されている。一見して二時期に分けられる。２号・３号墓の刻紋土器（３，４）と、それより新しい１号墓のソーメン紋土器（11）である。

　墳墓の周囲からは同時期の破片とともに、６例のような刻紋・沈線紋土器も採集されている。沈線内には刺突文が施される。これは、貝層地点のb_2類（第11図５・６）にほぼ対比されるものと

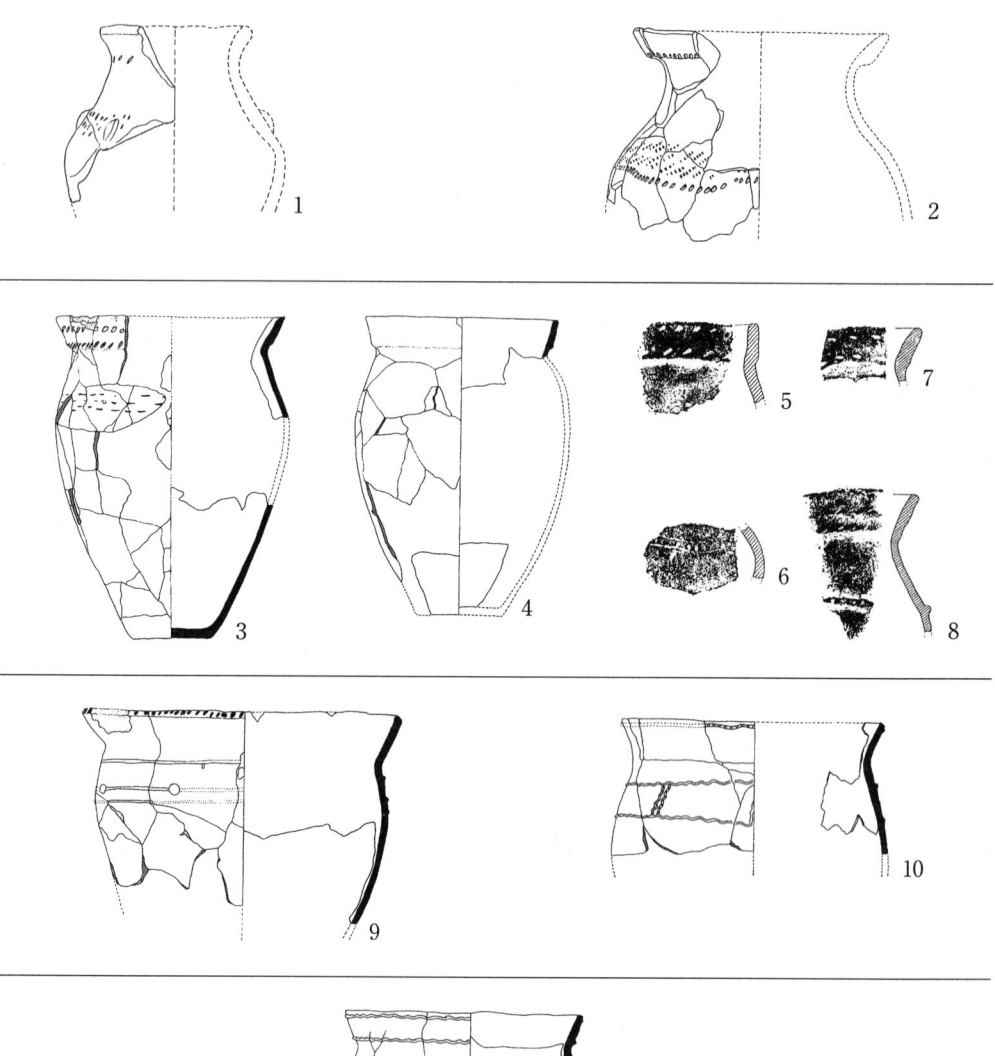

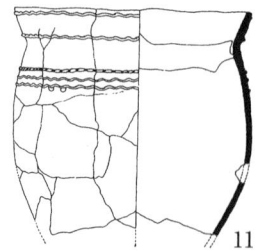

28　第1章　北方編年体系の疑問点を探る

第13図　モヨロ貝塚第3次調査で発見された遺構の土器

思われる。8例も、注目すべき土器である。肥厚した口縁部には、細かな刻紋が2条付けられている。胴部には細い擬縄貼付紋がめぐるらしい。この特徴は、10号竪穴のb_1類（第12図3）に似ている。おそらく、その直前の段階に位置するのであろう（3→（+）→8）。

以上の墳墓と21号竪穴の資料を年代順に並べると、つぎのような編年案が得られる。

(1)　A型（型押紋）　　　　　　　　　　：1・2
　(2)　B型（刻紋）　　　　　　　　　　　：3＝4・5
　(3)　BC(古)型（刻紋＋擬縄貼付紋）　　　：8
　(4)　BC・D型の中間型（擬縄貼付紋）　　 ：9・10
　(5)　D型（ソーメン紋）　　　　　　　　：11

4）モヨロ貝塚編年の編成

　モヨロ貝塚では、膨大な量の完形土器が採集されているから、限られた資料でオホーツク式の編年を検討することは、いささか憚られる。しかし、まず戦後の発掘調査で発見された基本資料から、戦前の採集品や発掘資料の分析に進むのが、当然の順序となろう。そこで以上の分析を踏まえて、貝塚地点と墳墓・竪穴の資料を年代順に配列すると、**第14図**のようになる。

　A型の型押紋土器、B型の刻紋土器から、D型のソーメン紋土器に至るまで、幾つか小細別（柳澤1988・2006c：207-208, 214-245）の欠落する部分はあるが、変遷の流れはかなりスムーズに捉えられる。

　(1)　A型 →B型
　　　：型押紋の消失（1→2～4）。舟形刻紋と瘤状貼付紋の発達。口縁部の舟形刻紋は、横位（4）から縦位（6・7）へ。肥厚する口縁部が一般化する（3・4→6・7）。
　(2)　B型 →BC(古)型
　　　：瘤状の貼付紋が減少し、代わって太い箍状の貼付線が発達する。胴部の舟形刻紋は刻目紋に変わり、太い貼付線による一種の擬縄貼付紋が創出される（2・3・6→9・10）。口縁部の肥厚が明瞭化。縦位2段の刻紋が口縁部の上下端に施され、やがて痕跡化する（6→9, 10→13）。箍状の擬縄貼付紋も細くなる（9・10→13）。壺形の器形はこの時期まで盛行する。甕形の器形は、やや口径の小さなものが目立つ。
　(3)　BC(古)型 →BC(新)型
　　　：口縁部には、刻紋が残存するらしく、胴部では、箍状のタイプから並行タイプの細い擬縄貼付紋帯が出現する（13→14）。
　(4)　BC(新)型 →C(古)型
　　　：残存していた刻紋が消滅し、胴部を中心に並行タイプの擬縄貼付紋が付けられる（14→17→18）。口縁部に擬縄貼付紋を持つもの（16）もあるが、今のところ類例に乏しい。
　(5)　C(古)型 →C・D型の中間型（仮称）
　　　：やはり類例に乏しい。並行タイプの擬縄貼付紋が広帯化し、新たに直線・波線の貼付線を用いるものが登場する。口縁部の装飾は単独で施紋され、複線化しない（17→18→19, 20）。広口の器形が発達する。口頸部が伸張し、胴部の幅が拡大する。

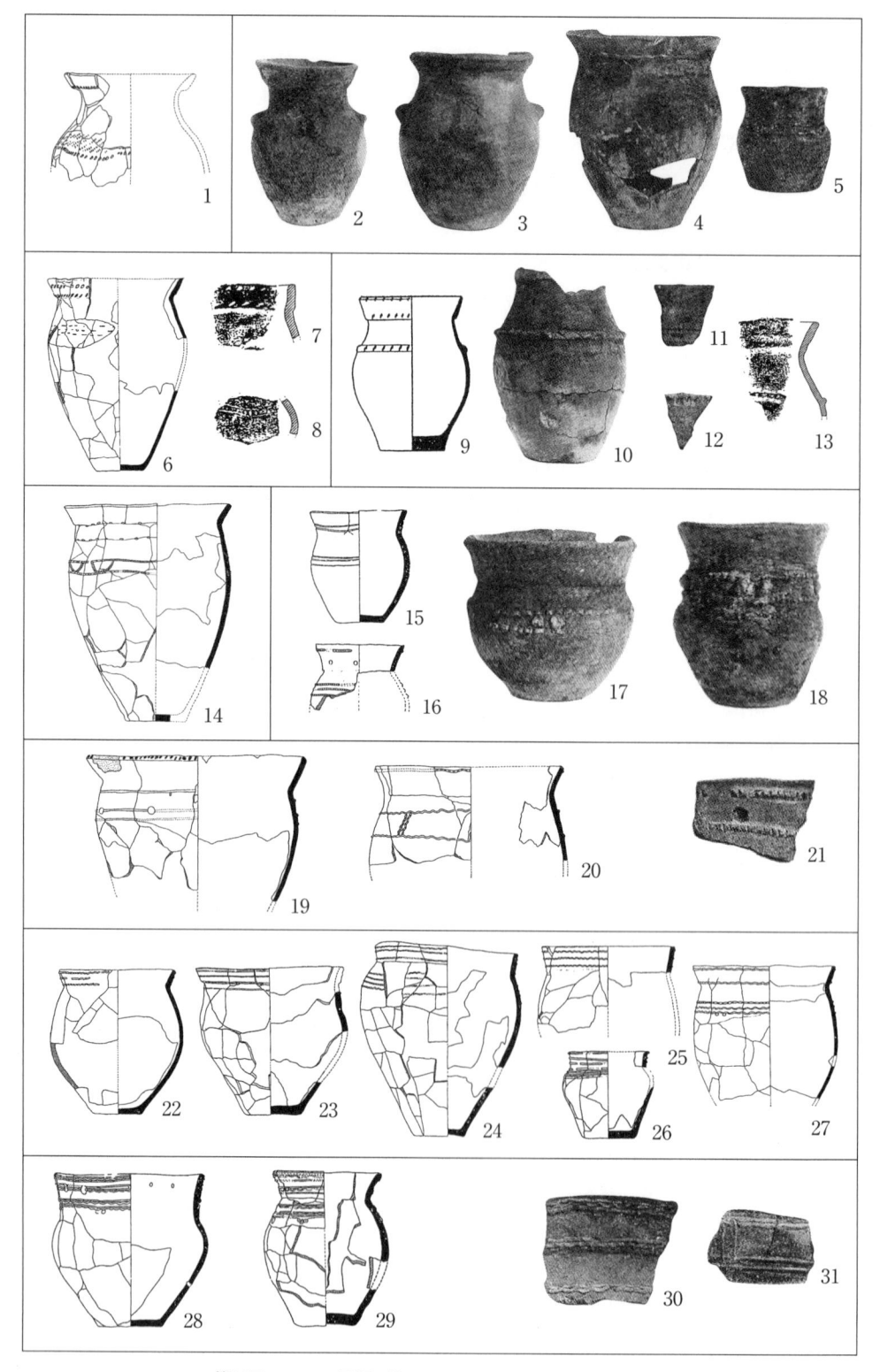

第1章　北方編年体系の疑問点を探る

第14図　モヨロ貝塚（第1〜3次調査）出土土器の編年案

(6) C・D型の中間型 →C(新)型
　　　：口頸部に並行タイプの擬縄貼付紋が登場する（19→20→21）。

 (7) C(新)型 →D型
　　　：擬縄貼付紋は口縁部と胴部に残存するが、これに代わって、波線・直線の貼付紋線が多用される。胴部では挿入線（19）や区切り斜線（20）が一時姿を消すらしく、肥厚した口縁部は2条以上に複線化する（22～27）。新しいものでは、「直線＋波線＋直線」を単位としたバンド状の貼付紋帯（バンド・ソーメン紋）が多用される（22～27→28～30）。

　以上のように観察すると、モヨロ貝塚の資料は道北の刻紋・沈線紋系の土器を一貫して伴いながら、独自の系統的な変遷を示すことが認められよう。サハリン島の江の浦式（伊東1942）との関連性は、A型・B型からBC(新)型まで明瞭に捉えられる。しかしC(古)型より新しくなると、「オホーツク式土器」（河野1955・1958）の地域色が鮮明になり、それ以後、サハリン島との関連性は希薄化するように思われる。

　そうした推移を、土器系統論上の観点からどのように捉えて、考古学的な考察を試みればよいのか。これは「オホーツク式土器」とは、いったい何であるのか、という大きなテーマに関わるので、将来の課題としておきたい。ともかくモヨロ貝塚において、サハリン島から拡散した土器群の変遷が、一遺跡内において異系統の土器を伴いながら一貫して追跡できることは、編年体系の見直しに際して、まず留意しておくべき点であろう。

　それでは、以上に述べたモヨロ貝塚の土器変遷の流れは、他遺跡でも同様に認められるであろうか。

3．ウトロチャシコツ岬遺跡群の編年

　1959年に河野博士は斜里町史の編纂に伴い、ウトロチャシコツ岬遺跡群（以下、岬下遺跡・岬上遺跡ほか）の西側の竪穴群を発掘調査した。モヨロ貝塚調査の翌年のことである。この調査には佐藤達夫が助手として協力しており、日誌に精密な記録が残されている（宇田川編1981：157-169・235-251[註9]）。この調査の一部は『斜里町史』（河野1955：20-23）にも速報されており、佐藤の精細な記録が引用されている（第15図）。

1）岬下遺跡1号竪穴

　河野博士の記述と佐藤達夫の日誌を参照すると、岬下遺跡の1号竪穴の南半では7層の床面が確認され、少なくとも7回に亘って利用されたという。第7層は後北式の時期で、第6層から第2層までがオホーツク式の時期となる。そして最上層（1層）は、江戸時代初頭のアイヌ文化期に属すと捉えて、土器の細分を試みている。それを摘要すると、以下のとおりである。

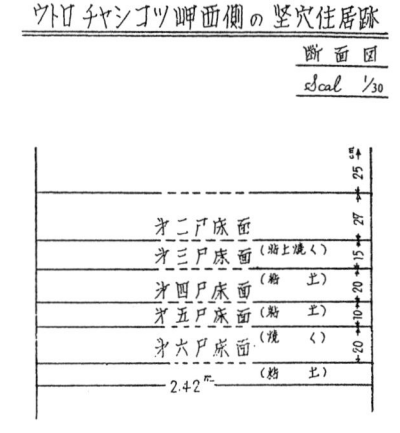

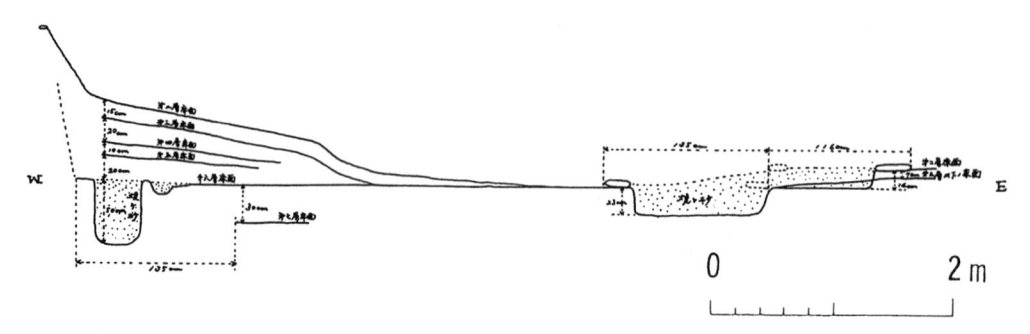

第15図　ウトロチャシコツ岬下遺跡1号竪穴の層序・断面図（河野1955・宇田川1981より編成）

第2層：変化に富むソーメン状貼付紋を主体とし、瘤状や動物形の貼付紋が付けられる。
第3層：ソーメン状貼付紋、擬縄貼付紋、舟窩状の刻紋の3種。
第4層：5層とほぼ同じ。
第5層：舟窩状刻紋・爪形紋、太い擬縄貼付紋を口縁部に巡らすものが3種。
第6層：舟窩状刻紋・櫛目様型紋・沈線紋の3種。

そして先にも述べたように河野博士は、第6層と第5層の資料をオホーツク式のA型とB型とし、第4層をB型・C型、そして3層の土器を二細分して、皮紐状の貼付紋を用いたD型とソーメン状の貼付紋を施したD型を明確に区別している（河野1955：57-60）。D型のソーメン紋土器を除いて、竪穴出土のオリジナル資料は、『斜里町史』には残念ながら掲載されていない。しかしながら、藤本強氏の編年案（藤本1966）に先行するオホーツク式編年の原点をなす標本例として、岬下遺跡の1号竪穴資料の重要性は見落とせない。

　第16図は、公表された資料の代表例を層位別に配列したものである。河野博士の『斜里町史』の記述からみて、これらの資料の大半は、町史原稿の執筆に先立って整理され、参照されていた

と考えられる。佐藤の日誌によると、7期に分層された資料のうち、「東4層は、西7層に相当する」、あるいは「東部4層は、西部6層に相当」する、と明記されている（句読点：筆者）。

しかし宇田川洋氏が公表した資料では、東部・西部と東・西各層は区別されていない。『斜里町史』の中でも、その違いは特に意識されていない。したがって、第15図下段の層位断面図にも明らかなように、細かな層位を把握したのは間違いなく佐藤の手腕によると考えられる。東西の区別は、おそらく竪穴内の担当地点の違いを反映しているのであろう。

そこで、公表された資料を比べると、東4層の土器には、型押紋（8・9）と舟窩状の刻紋（10）の二者が含まれている。これは明らかに時期が異なる。したがって前者が東部7層に、後者が西6層の舟窩状刻紋（1）対比されるものと思われる。

この想定の妥当性は確認できないが、岬下遺跡の竪穴資料は、河野博士の対比案を参照し、モヨロ貝塚の層位編年を援用して細分すると、つぎのような順序で編成される。

(1) 東4層（古：8・9）＝西7層（未提示）
(2) 東4層（新：10・11）＝西6層（1・2）
(3) 西5層（3～5）、4層（6・7）
(4) 西3層（古：12・13）
(5) 西3層（中：14；擬縄貼付紋，15；擬縄貼付紋＋ソーメン紋）
     ＝東3層（古：16；革紐状のソーメン紋）
(6) 東3層（新：17；ネット・ソーメン紋）
(7) 東2層（18～25：ソーメン紋）

このように1号竪穴の資料を編年すると、明らかに通説に反することになる。したがって、大井晴男氏のような解釈的な異論が提出されるのかも知れない（大井1984a：38-42）。しかしながら、トビニタイ土器群Ⅱに酷似した17例が、火災で消失した東2層の竪穴床面（＝ソーメン紋土器：18～25）の下から出土していることは、何人も否定できない事実と言えよう。

また擦紋土器は、オタフク岩遺跡（涌坂1991）のように、どの層からも1点も出土していない。したがって、トビニタイ遺跡の2号竪穴資料の一部に対比される17例の存在は、佐藤の擦紋土器編年（佐藤1972）において格別な意味を有していたことは、想像に難くないと考えられる。

そこで17例を観察してみたい。あまり類例のない器形である。口縁部が外反する点は、トビニタイ土器群Ⅱに似ている。しかし、それが少しカリパー気味に立ち上がるのは、22・25例に類似しており、ソーメン紋土器に近い形態のようにも思える。

また、口縁部に施された貼付紋は、2本直線の間に波線を挿入して構成されている。これはトビニタイ土器群Ⅱとソーメン紋土器の双方に共通しており、どちらの系統とも言い切れない。互いによく似ており、東2層土器（21・22・25）の口縁部紋様と17例との間には、型式学的に有意な差異は認められない。

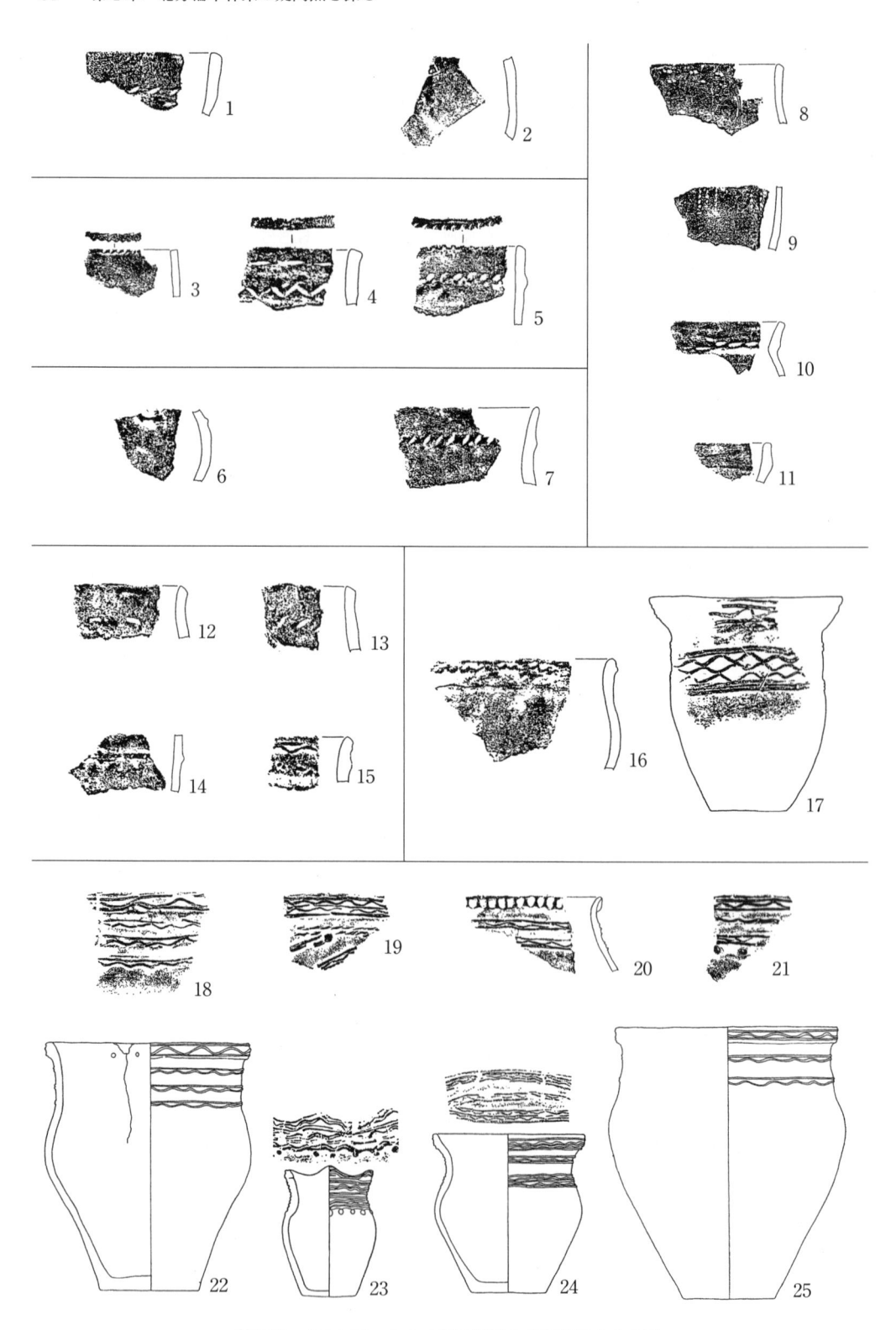

34　第1章　北方編年体系の疑問点を探る

第16図　ウトロチャシコツ岬下遺跡1号竪穴出土の土器

ただし胴部については少し事情が異なる。17例では、上下とも太さの異なる2本の直線が全周しており、その間を3本の波線でネット状に埋めている。ネット・ソーメン紋は、本来トビニタイ土器群Ⅱに発達するものであり、菊池徹夫氏が示した標式資料にも含まれている（菊池1972a）。

17例とまったく瓜二つといえるトビニタイ土器群Ⅱは、今のところ知られていない。しかしトビニタイ遺跡では、胴部と口縁部が瓜二つに見える完形土器が発見されている（前出：451-13例）。標津町のカリカリウス遺跡（椙田1982a）にも、その好例がある。したがって17例は、ソーメン紋土器よりもトビニタイ土器群Ⅱに近似していると言えよう。層位的にみると、「17例→18～25例」という序列は疑いないが、年代的には、かなり近接しているように思われる。

目下の観察によれば、13・15例に後続して17例が使用され、そこにモヨロ貝塚方面から18～25例を持つ住民が進出して竪穴を占拠し、そこを再利用したかと推測される。トビニタイ土器群Ⅱに酷似した17例から、やや地方色を帯びたソーメン紋土器（18・21～23・25）への移行は、系統を異にした住民の融合ないし交代を想定しなければ、理解するのは難しいであろう。

トビニタイ遺跡では、「ソーメン紋土器→トビニタイ土器群Ⅱ」という序列が、竪穴の重複関係から明確に指摘されている（駒井編1964：123-140）。一方、同じ知床半島の対岸に位置する岬下遺跡では、明白な層位差を示しつつ、これとは逆転した、「トビニタイ土器群Ⅱに酷似した土器→ソーメン紋土器」、という序列が想定された。そのとおりならば、岬下遺跡の1点の土器（17）は、通説の北方編年を見直す有効な「鍵」になると期待されよう。

そこで、先のモヨロ貝塚編年を援用して岬下遺跡の編年を整理しておきたい。

(1) 西3層（新）：14・15 →東3層：16・17
　　　　　　＝トビニタイ遺跡2号竪穴のトビニタイ土器群Ⅱ（一部）
(2) モヨロ貝塚上層のソーメン紋土器（第11図10）
　　　　　　＝同貝塚10号竪穴の新しいソーメン紋土器（第12図12・13）
(3) 東2層のソーメン紋土器：18～23・25、24

2）岬上遺跡の竪穴

ウトロチャシコツ岬の台地上に営まれた岬上遺跡には24ケ所の竪穴が存在したという。河野博士は岬の先端にあるA号と丘陵の頂部にあるB号を調査したが、未報告に終わっている。幸い、宇田川氏がその資料の一部を紹介している（第17図）。わずか4点の破片（24～27）ながら、注目すべきものと思われる（宇田川編1981）。残念ながら、どの竪穴から出土したのかは不明である。

少し観察すると、26例の口縁部の紋様は東3層の28例に酷似している。また24・25は、明らかにトビニタイ土器群Ⅱの特徴を備えている。しかし先に注意した、トビニタイ土器群Ⅱに発達するネット・ソーメン紋やバンド・ソーメン紋などは見当たらない。型式学的にみると、24・25例が28例より新しく、29～33例に並行する可能性は少ないように思われる。

そこで他遺跡の資料と比べてみたい。例えば、24例の大きな波線に注目すると、その類例はオ

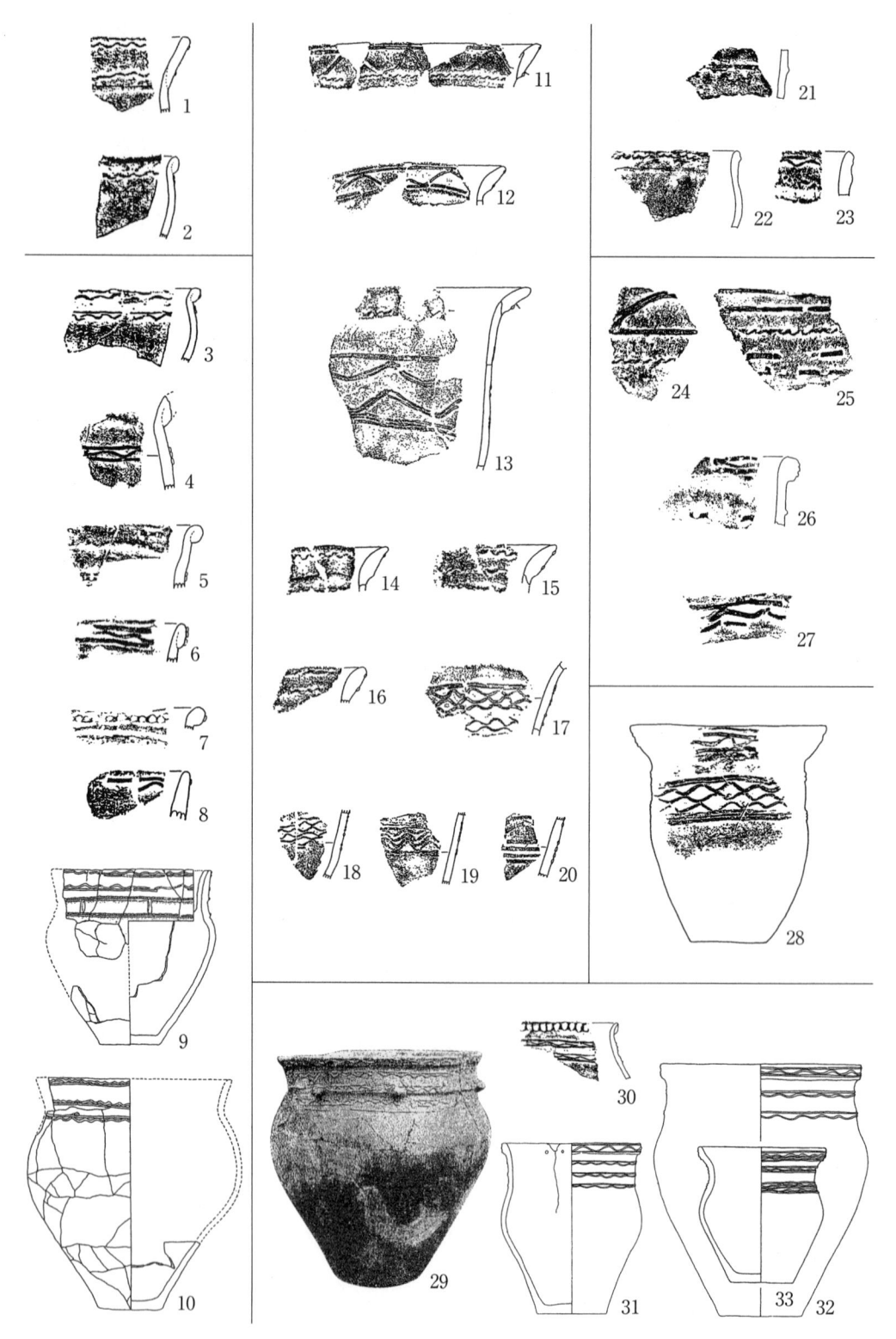

36　第1章　北方編年体系の疑問点を探る

第17図　ウトロチャシコツ岬上遺跡の竪穴土器群と参照資料

タフク岩遺跡の4号竪穴（13）に存在する。24例は図が逆かも知れない。全体の紋様構成についてはよく分からない。大きな波線を施す手法は13例と24例に共通している。ただし、13例の大波線は2本引きである。それと同じ扱い方は東3層の28例にも認められる。

　類似する要素は他にもある。例えば、ネット・ソーメン紋などは、オタフク岩遺跡3号竪穴（17・18）と岬下遺跡（28）とで共通している。しかし、オタフク岩遺跡に特徴的な口縁部の大波状線（11・12）は、岬下遺跡にはまったく見当たらない。こうした違いは、小細別レベルの時期差に係わるのであろう。しかし、時期的な混在の有無に係わりなく、両者の類似性からみて、岬遺跡群の貼付紋土器群（24〜28）とオタフク岩遺跡のトビニタイ土器群Ⅱ（13・17・18）が、年代的にみて接近した関係があることは、まず疑えないと思われる。

　そこで注意したい点は、28例とソーメン紋土器の29〜33例の間に確実な層位差が認められること。そして、それを手掛りにすると、オタフク岩遺跡（11〜20）と岬上遺跡（21〜27）の資料が、ソーメン紋土器（31・32）以前に位置すると考えられることである。

　そこでさらに、ソーメン紋土器とトビニタイ土器群Ⅱの関係を検討しておきたい。1〜10例は、モヨロ貝塚に近い二ツ岩遺跡の1号竪穴から出土したものである。9例や10例に見えるように、その大半は、「直線＋波線」をモチーフ単位としたソーメン紋土器である（3〜10）。これらが岬下遺跡の29〜33例より古いことは、すでにモヨロ貝塚で層位的に証明されている。例えば9例から29例へ、あるいは7例から30例へ、また10例から31・32例へ、変遷はスムーズにたどれる。

　ところで二ツ岩遺跡では、3〜10例よりも古い1本引きの波線を用いた土器が僅かに発見されている。1例と2例である。型式学的にみれば1例は9例へ、そして2例は3例へ変化したと想定されよう。そこで1・2例を「古い部分」と見做せば、3〜10例のソーメン紋は、より新しい「中位の部分」として区別できる。さらに、岬下遺跡のソーメン紋土器（29〜33）は、これに後続する「新しい部分」に比定される。

　このように、ソーメン紋土器の「古い部分」（ソーメン紋土器1）から、中間の段階「中位の部分」（ソーメン紋土器2）を経て、「新しい部分」（ソーメン紋土器3）への変遷は、二ツ岩遺跡と岬下遺跡の資料を比べると、スムーズにたどることができる。

　それでは、岬下・岬上遺跡の24〜28例の資料は、ソーメン土器のどの時期に並行するのであろうか。まず、「古い部分」に比定した二ツ岩遺跡の2例である。これは23例とは系列が異なるから、細かな対比は難しい。23例は、26・27例より下位から発見されているので、時期的には2例に近いのであろう。つぎに3・5例と6例である。これは一見して、26例、27・28例などに類似しており、それらと近い関係にあると思われる。

　岬上遺跡の24・25例と二ツ岩遺跡の資料対比は困難である。それは将来の課題としておきたい。他方、29〜33例に先行する9・10例に伴出した3〜7例は、層位的に下位から発見された28例と並行する可能性がある。そして28例に酷似した岬上遺跡の26例も、ほぼ同時期のものと考えられる。そのように観察すると、以上の3遺跡の資料は、つぎのように対比される。

(1)　二ツ岩遺跡1号竪穴(古)：1・2（ソーメン紋土器1）
　　　＝岬下遺跡1号竪穴西3層：23？≒東3層（古）：22
　　　＝オタフク岩遺跡3号竪穴（13〜15？）
　(2)　二ツ岩遺跡1号竪穴(新)：3〜7・8〜10（ソーメン紋土器2）
　　　＝岬下遺跡1号竪穴の東3層（新）：28
　　　＝岬上遺跡竪穴：26・27≒オタフク岩遺跡（17・18）
　(3)　岬下遺跡1号竪穴東2層：31・32、29・30、33（ソーメン紋土器3）
　　　＝二ツ岩遺跡1号竪穴（欠落）

　通説の編年案では、11〜20例に代表されるトビニタイ土器群Ⅱは、ソーメン紋土器と一部で並行し、その後に独自の展開を示すと考えられている（金盛・椙田1984，右代1991ほか）。しかし以上の対比案によれば、トビニタイ土器群Ⅱは、少なくとソーメン紋土器の中位の時期から並行的に存在していたことになる。これは部分的ではあるが、通説とは逆転した編年案となる。はたして、このような編年案が成り立つのであろうか。

　これはきわめて重大な問題を孕むから、しだいに掘り下げることにして、再び網走方面へ戻り、編年を遺構単位で対比する作業を続けたい。

4．トコロチャシ遺跡の編年

　トコロチャシ遺跡は、モヨロ貝塚と栄浦遺跡群の間に位置している。常呂川の河口を臨む台地上の遺跡には大小の竪穴跡が遺存しており、オホーツク式期の3基の竪穴が調査されている。そのうち1号竪穴は、藤本編年（藤本1966：31-33）において、「d群」（外側竪穴）→「e群」（内側竪穴）の年代差を証明する標式遺構として重視されている。

1）1号竪穴

　報告書によると、この竪穴は炉祉や炭化材列、平面プランが重なって検出され、入れ子状に再利用されたと指摘されている（駒井編1964：8-14）。なるほど、その可能性は疑いないが、付図を細かくみると、再利用は一度に限らないように思える。竪穴プランの頂部と基部のラインは、不鮮明なところもあるが、最大で4列に分かれるようである。つまり大小4軒の竪穴が断続的に、同一地点で営まれた可能性が想定される。

　しかし、これは図面上の推測に止まる。そこで床面上から出土した遺物を比べると、内側・外側のどちらのプランでも、実にバライテーに富む土器群が含まれている[註10]。まず、古い竪穴とされた外側のプランでは、**第18図**に示したように、大まかに5つの細別が認められる。

　(1)　BC(新)型（刻紋＋擬縄貼付紋？）　：1〜3

(2)　C（新）型（擬縄貼付紋）　　　　：4〜7
　　(3)　D型（ソーメン紋土器1）　　　　：8〜12
　　(4)　D型（ソーメン紋土器2）　　　　：13・14
　　(5)　D型（ソーメン紋土器3）　　　　：15・16

　これらは、いずれも床面上から出土したものである。一方、内側の新しいプランでも、藤本編年の捉え方とは異なり、ほぼ同じ内容の資料が発見されている[註11]。完形土器を含む主要なものを第19図に示した。1・2例は埋土中から、その他は、すべて床面上からの出土である。外側プランと同じ基準で細分すると、同じように5細別が認められる。

　　(1)　BC（新）型（刻紋＋？）　　　　：1・2
　　(2)　C（新）型（擬縄貼付紋）　　　　：3〜5
　　(3)　D型（ソーメン紋土器1）　　　　：7〜10、11？
　　(4)　D型（ソーメン紋土器2）　　　　：12・13・15
　　(5)　D型（ソーメン紋土器3）　　　　：14・16

　先に触れたように報告書では、外側の竪穴が古く、内側の方が新しいと指摘している。確かに竪穴の新旧関係はその通りであろう。しかしながら、床面上から出土したと報告された土器には、そのような新旧の序列は認められない。生活具として利用された可能性のある完形品だけを比べても、その点はまったく変わらない。つまり床面上で発見された土器は、藤本d群・e群の標式資料として些か疑問があると言えよう。

　それに加えて、藤本d・e群よりも古いBC（新）型の破片は、新しい内側の竪穴からも発見されている（1・2）。それらから擬縄貼付紋の新しい土器（3・5）登場するまでの間には、型式学的にみると相当な距離があると思われる。そのように懸け離れた「古い土器」が、なぜ「床面」上から発見されたのか。これを混在とみなすことは容易であろう。しかし、どのような状態で出土した場合に、ある土器を混在とし、あるいは共伴と見做せるのか。どのような事例にも当てはまる合理的な出土状況論上の根拠は、誰にも見つけられないであろう。

　そこで、「古い土器」に関連して注目したいのは、オホーツク式期の竪穴では、しばしば入れ子状に竪穴を再利用する事例が目立つことである。先に触れたモヨロ貝塚の10号竪穴は、上下に重複して同一地点を利用する典型例であった[註12]。そして上層竪穴の炉址は破壊されており、その骨塚と床面上の土器には、明らかに型式学的に連続しない3つ以上の細別が含まれていた。つまり上層の竪穴も、何らかの形で再利用された可能性が想定される。

　こうした明白な再利用の事例を念頭におくと、トコロチャシ遺跡の1号竪穴の資料についても、藤本編年のd・e群の細分案とは、まったく別の見方が必要になるであろう。例えば、最初にBC型期の小規模な竪穴が営まれていたと仮定する。そして、その放棄された窪地を再利用し

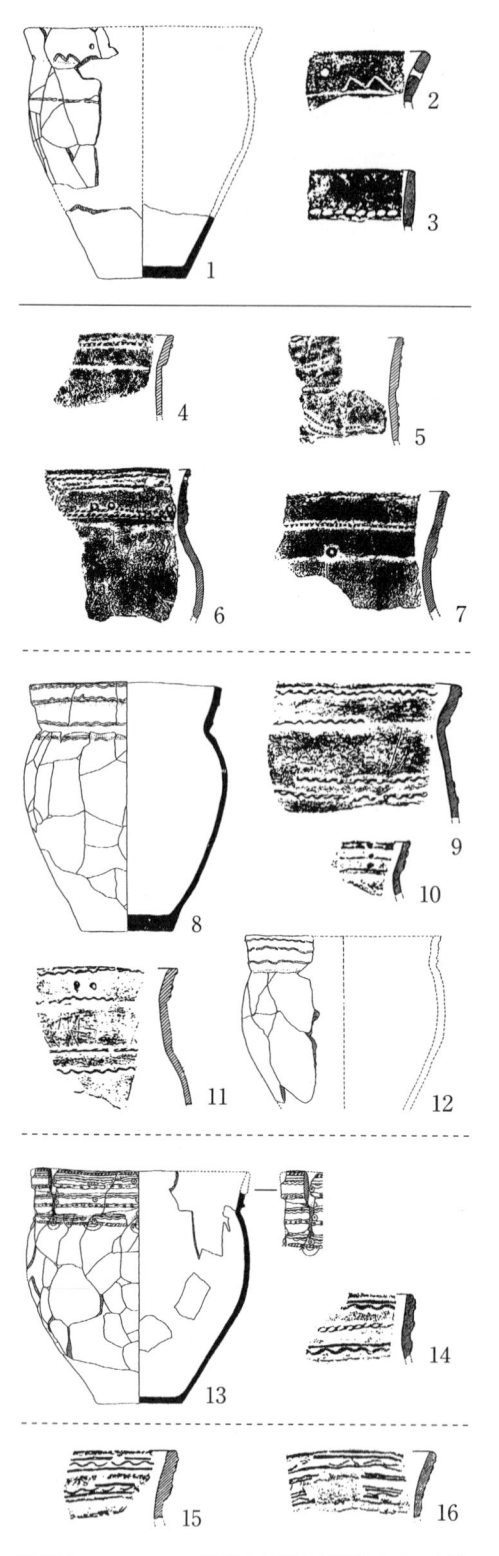

40　第1章　北方編年体系の疑問点を探る

第18図　トコロチャシ遺跡1号竪穴(外側)出土の土器

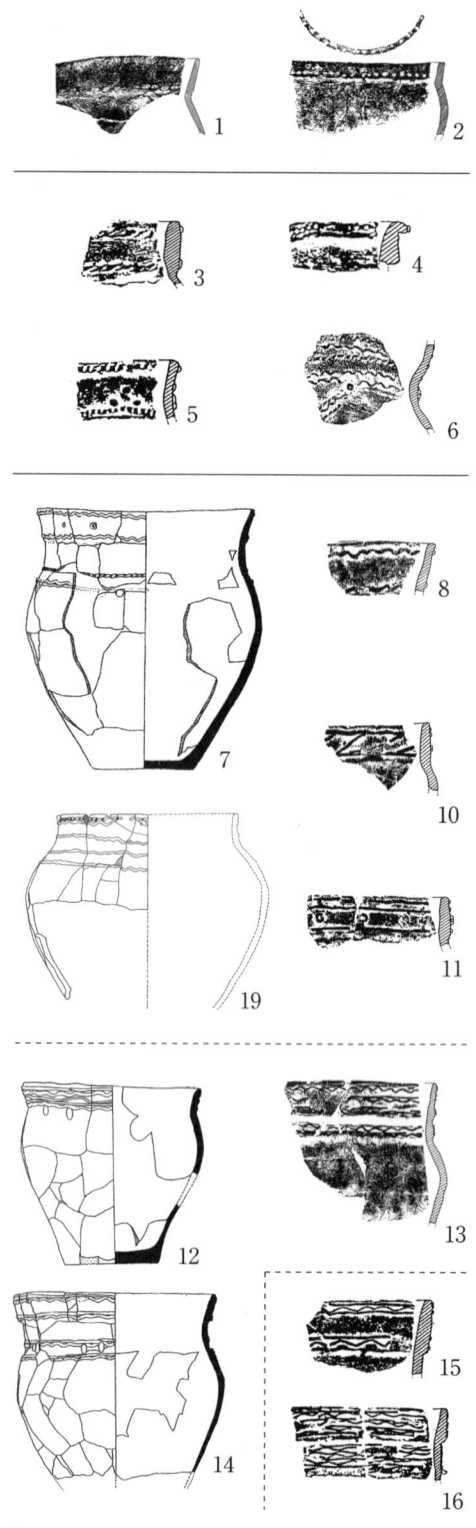

第19図　トコロチャシ遺跡1号竪穴(内側)出土の土器

て、擬縄貼付紋土器の時期に大型の竪穴が構築された。さらに、それが数回にわたって改築、または改修され、ソーメン紋土器の時期まで断続的に再利用されたと想定したらどうであろうか。

その結果、複雑なプロセスを経て遺棄され、撹乱されて混在した土器群が、埋土中や床面上の土器として、様々な比率で共存して発見されることとなった。そのように推論した方が、内側・外側プランに共通した多様な5細別の土器群を合理的に捉えられるのではなかろうか。おそらく、他遺跡の重複竪穴の土器群についても、同様の推論が成り立つであろう[註13]。この問題は別の機会に論じることにして、つぎの竪穴へ移りたい。

2）2号竪穴

この竪穴は1号竪穴の西方に位置している。プランは亀甲型に近い。主軸の長さは11m余りで、内部には2本の溝が断続的にめぐっている。一部では、3重になっている可能性もある。報告では、重複関係について特に触れていない。このような溝の巡り方からみて、その可能性があるのではあるまいか。

しかし、床面上の土器は1号竪穴より遥かに単純な内容を示している（**第20図**）。擬縄貼付紋土器とソーメン紋土器に限定される。擬縄貼付紋土器（19〜24）は纏まっており、ほぼ一時期のものと見做せる。それとソーメン紋土器1・2が同じくらい含まれている。擬縄貼付紋土器は、1号竪穴の「新しい部分」（74）に比べると、やや古い様相を示している。その変遷序列は、「19〜24例→25〜30例→31〜33例」という流れで捉えられる。

複数の溝がめぐることから、この竪穴も再利用された可能性が高いと思われる。そのとおりならば、擬縄貼付紋土器とソーメン紋土器の二者は、竪穴の断続的な利用によって混在し、堆積上の理由から床面上で伴出したものと認められよう。

この竪穴資料で注目されるのは、埋土中から出土した34・35例である。34例のソーメンの扱い方をみると、口縁部は2本引きの波線である。頸部では、やや粗雑なネット紋が帯状に貼付されている。1号竪穴の(3)類期（17・18）と比べると、ソーメン状の貼付線の数やネット紋の幅は異なるものの、時期的には近接していると思われる。

一方、35例の口縁部と胴部の紋様は幅が狭い。これは17・18例に類似しているが、頸部に34例とよく似たネット・ソーメン紋が施されている。両例の器形はどちらも砲弾型でなく、壺形を呈している。そのため17・18例とは、やや紋様構成を異にするようにも思えるが、ネット・ソーメン紋の採用にはトビニタイ土器群Ⅱの影響を想定する必要があろう。

以上の観察を整理すると、トコロチャシ遺跡の竪穴編年はつぎのようになる。

(1) BC(新)型（刻紋＋擬縄貼付）：1、BC(新)型（刻紋＋擬縄貼付？）：2〜4
(2) C(新)型（擬縄貼付紋）　　　：5〜8、19〜24
(3) D型（ソーメン紋土器1）　　：9〜12・25〜30
(4) D型（ソーメン紋土器2）　　：13〜16、31〜33

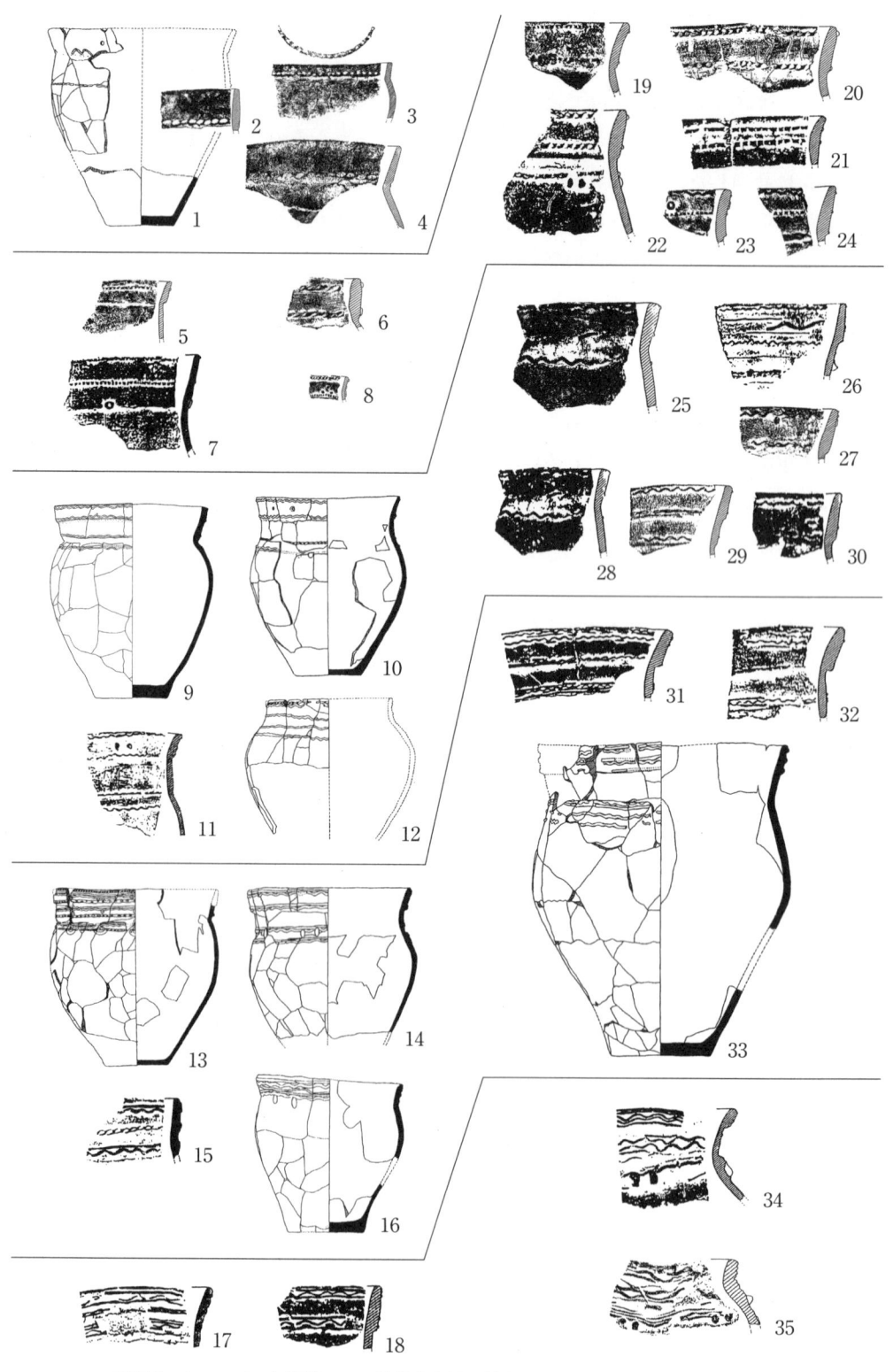

42　第1章　北方編年体系の疑問点を探る

第20図　トコロチャシ遺跡1・2号竪穴土器の対比（1〜18：1号，19〜36：2号）

(5) D型（ソーメン紋土器3）
　　　　：17・18≒34・35＝トビニタイ土器
　　　　　群Ⅱ？

5．栄浦第二遺跡の編年

　栄浦第二遺跡は、竪穴数が2000余を数える巨大な遺跡である。六角形を呈するものだけでも、50基余が確認されているから、オホーツク文化の遺跡としては、モヨロ貝塚を遥かに凌ぐ規模を持つ。さらに古い擦紋・続縄紋期の遺構も営まれているため、新しいオホーツク式期の竪穴から発見される土器は、きわめて複雑な様相を示す。『常呂』（東京大学文学部考古学研究室編1972）で報告された9基の竪穴のうち、以下、6基の資料について検討してみたい。

1）4号竪穴

　4号竪穴は長さ12m余りの大きさで、角の丸い六角形を呈している。炉址は「コ」の字形の粘土貼床の中央に設けられ、壁際には1条の溝がめぐる。重複している痕跡もないので、オホーツク式期の竪穴としては、最も単純な形状のプランが残されている。

　しかし、床面上の土器は破片資料が目立ち、その内容も一様でない。**第21図**の資料を一覧しても、どの資料が竪穴の時期を示すのか、見当をつけるのは難しい。大きく見ると3種の土器が含まれている。まず見落としやすいのは、若干の刻紋を持つ土器である。1～3例であるが、時期的にはB型以前に属するものであろう。その時期には、本址ほど大型の竪穴は知られていないから、両例は、何らかの事情で混在したか、または破壊された古い竪穴に由来するものと考えられる。

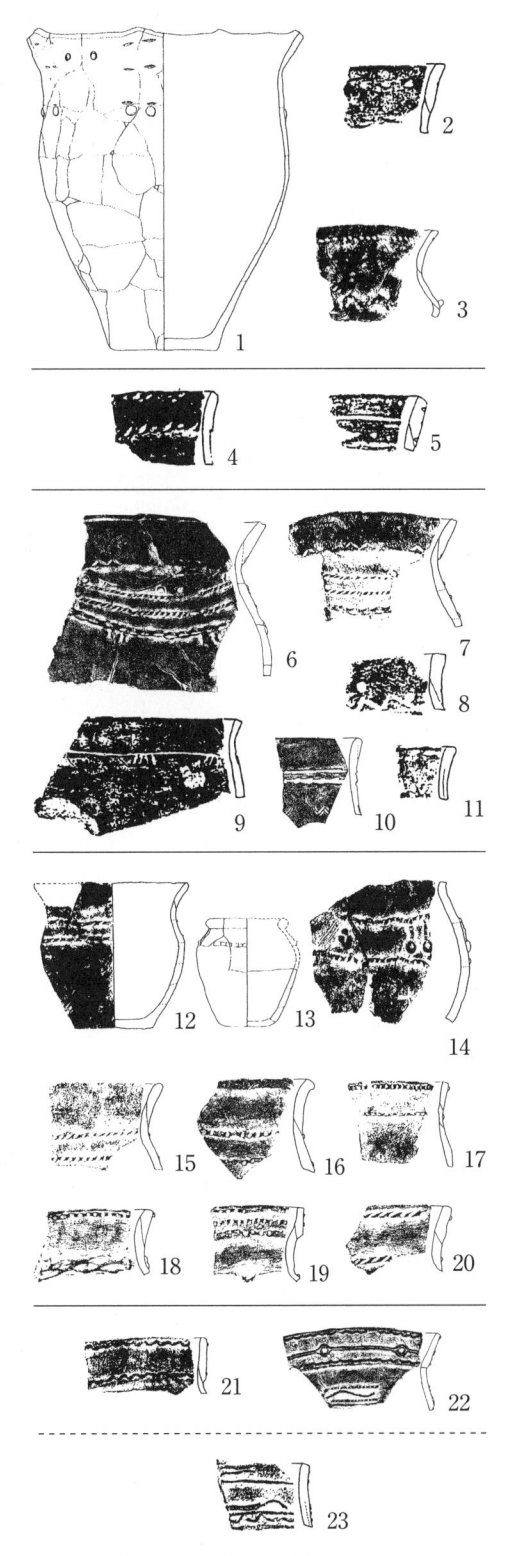

第21図　栄浦第二遺跡4号竪穴出土の土器

つぎに、BC(古)型の土器（6・7）である。これも量的に少ない。「ᴧ」形の小さな刻紋が、口縁部の下端に施されている。その類例は、表土や埋土中からも発見されている（6・7＝8・9）。両層には、BC(古)型も1点（4）含まれている。また床面上では、モヨロ貝塚の貝層でBC(古)型に伴出した刻紋・沈線紋系の土器（5）が出土している。このように観察すると、埋土と床面上の遺物は混在していると考えられよう。

さて、報告された資料の中で最も纏まりがよいのは、C型の擬縄貼付紋土器である（12～20）。これは大きく3類に分けられる。

(1) 胴部に幅の狭い帯状の擬縄貼付紋を持つもの（12・14・15）。単線のタイプ（13）を含む。
(2) 口縁部に単線の擬縄貼付線を持つもの（16～18）
(3) 肥厚した口縁部の上下端に擬縄貼付線を持つもの（19・20）

この他に、ソーメン紋土器1・2に比定される資料も含まれている（21・22, 23）。表土や埋土からの出土は、ごく僅かに止まるようである。

このように4号竪穴では、少なくとも8種類の土器が混在して発見されており、利用されていた時期を特定できない。竪穴の平面プランや規模から判断すると、BC(古)型〜C型（6・7, 12～20）の、いずれかの時期に営まれたと推定される。ともかく巨大な竪穴の中に実に多様な土器が含まれる事例として、ここで記憶に止めておきたい。

2）5号竪穴

つぎに擦紋期の5号竪穴に注目したい。一辺が約3.2mの小さな方形プランで、中央のやや北西寄りの所に地床炉が設けられている。柱穴やカマド跡は検出されていない。注意されていないが、この竪穴の周囲から興味深い遺構が発見されている。大小の円礫を旧表土面上に配置したもので、その周囲から多数の黒曜石片とオホーツク式の破片が発見されている（東京大学文学部考古学研究室編1972：286-290）。

その土器は沈線や貼付紋を有し、「5号竪穴址の表土層からも出土する同形式（まゝ）の土器破片と同性質のものと考えられた、」という。第22図の5〜8例、9・10、11〜14例が、埋土・表土層の土器として報告されたものである。沈線紋を持つものは10例に、そして貼付紋のものは11・14例に、それぞれ比定されよう。5〜14例のどれが、5号竪穴の旧表土面の土器に合致するのか、残念ながら報告書の記述からは特定できない。配石の系統性と時期を考慮すれば、竪穴の営まれた時期から最も隔たる11〜14例が、旧表土面の土器と一致する可能性が最も高いと考えられよう。

竪穴の床面上にも、オホーツク式らしき破片が1片含まれている。しかし主体を占めるのは、1例の完形品に代表される擦紋Ⅲ期末の土器である。これは竪穴の時期を示すものと思われる。そのとおりならば、5号竪穴とその周辺域では、「擦紋Ⅲ期末（1）→オホーツク式（11〜14）」の

序列が層位的に確認されていることになる。したがって不鮮明さは残るものの、5号竪穴の編年はつぎのように仮設される。

(1) 5号竪穴の床面上の土器：擦紋Ⅲ末期（1～4）
(2) 表土・埋土の土器
 a．BC(古)型（刻紋＋？：5）
 b．BC(新)型（刻紋＋擬縄貼付紋？：9）
 c．C(中)型（擬縄貼付紋：11・12・14≒13）
(3) 配石址？（11～14の類似例）

7・8例や10例は、異系統の土器かと思われる。これは在地系の土器に伴うのか、それとも単独で一時期を構成するのか。その点については、資料に乏しい現状ではよく分からない。ただ8例に注目すると、口頸部に施された米粒状の刻紋は、モヨロ貝塚10号竪穴のBC(新)型土器の点状の刻紋（第12図3）に類似していることに気づく。しかし、5例の「ハ」の字刻紋は密接して施紋されている。おそらく本例は、モヨロ貝塚例よりも古いものであろう。そのとおりならば、5～8例などは、9例のBC(新)型よりも先行した位置を占めることになる。資料の増加を待って、あらためて検討してみたい。

なお少し補足すると、14例の粗雑

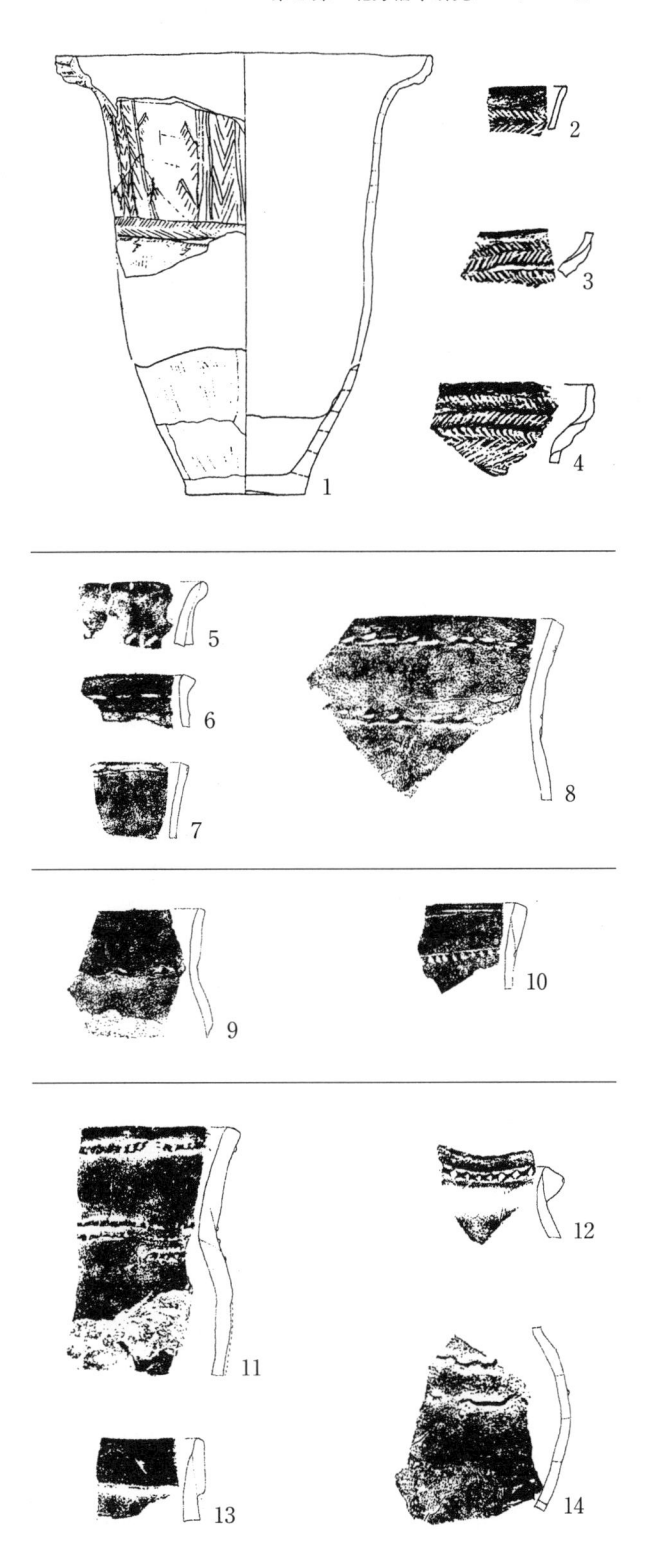

第22図　栄浦第二遺跡5号竪穴出土の土器

な貼付線は、一見するとソーメン紋期のものに見えるかも知れない。しかし、このように粗雑な貼付線は、モヨロ貝塚の21号竪穴例（第14図19・20）に対比され、擬縄貼付紋の時期に遡るものと思われる。おそらく13例も、その時期の肥厚口縁を持つ壺形土器なのであろう。

3）7号・8号竪穴

両竪穴は7mほど離れて並んでいる。ともにオホーツク式期に属すものである。7号は長軸が約10mを測り、六角形を呈する。これに対して8号は、約9mの大きさで、底辺が丸みを持つ五角形に近いプランであったと報告されている。最初に、内容が比較的に単純な8号から検討したい。

第23図に示したように、床面上からは大きく見て3種類の土器が出土している。

まず、a）口縁部下に刻紋を有し、その周囲に円形の貼付紋を持つ4・5例、b）擬縄貼付紋の9例と11例、c）ソーメン紋土器1に比定される14・15例である。いずれも破片資料であって、どの土器が竪穴の時期を示すのかは分からない。その点は4号竪穴の場合と変わらない。懸け離れた時期の小片が、床面から混在して発見されたに過ぎないと思われる。

少し資料を観察しておきたい。4例の胴部には、貼付線がわずかに残される。口縁部に施された米粒状の刻紋は、トコロチャシ遺跡1号竪穴例（第19図2）に対比されるものと思われる。口縁部下には、小さな円形貼付紋が施されているので、4例はトコロチャシ例より新しいであろう。ここでは一応、4例をBC（新）型の1例とみておきたい。

一方、表土と埋土でも多様な土器が発見されている。例によって、擦紋土器や続縄紋土器がかなり含まれている。それらを除くと、大きく4つの

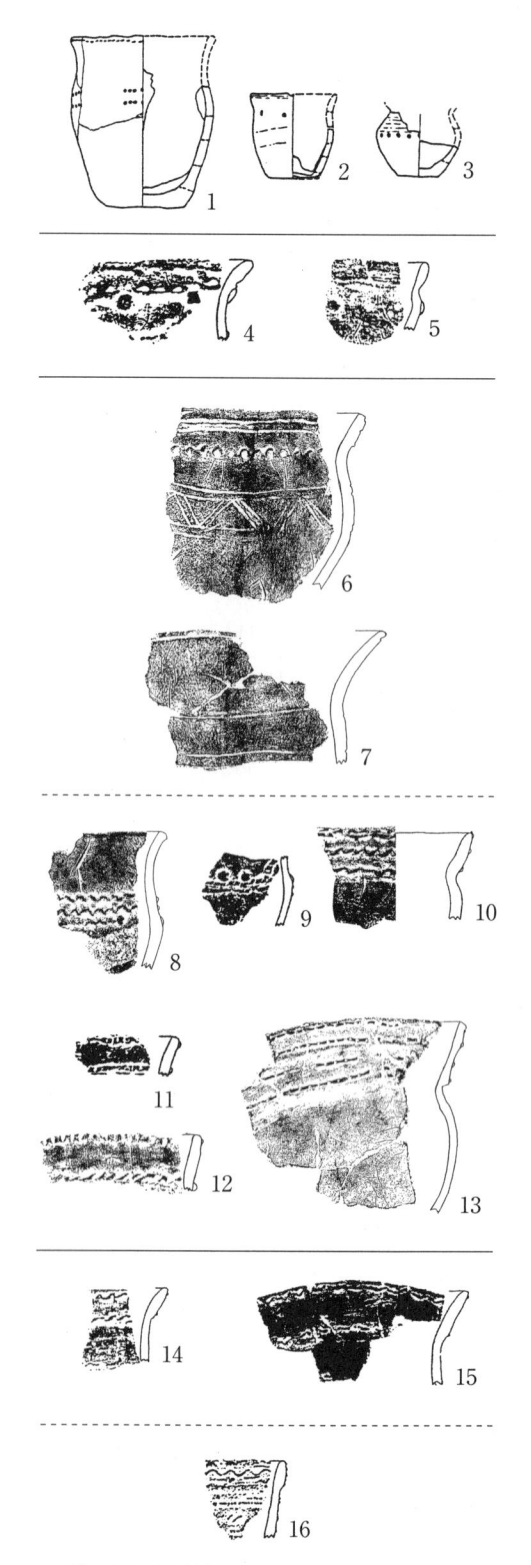

第23図　栄浦第二遺跡8号竪穴出土の土器

土器群が区別される。

　まず、最も古いのは１～３例である。これはＡ型(型押紋)の時期に属す。ついで最も新しいのは、Ｄ型のソーメン紋土器２（16）である。図示された範囲では、これより新しい資料は見当たらない。それでは、両者の中間を占める土器にはどのようなものが存在するのか。

　まず、擬縄貼付紋土器の12例である。同じ13例に比べると、貼付線に加えられた刻み目はやや粗雑である。少し古いものであろう。床面上で検出された10例は、より擬縄貼付線が稚拙に施されているが、時期的には近接しているものと思われる。つぎに、胴部と口頸部にやや太めの波線を持つ８例と10例である。これらは一見すると、ソーメン紋土器（14～16）の一種と誤解するかも知れない。しかしソーメン紋土器には、両例のような貼付紋を用いる例は知られていない。10例のように幅広い紋様帯を構成する場合には、通常はネット・ソーメン紋が施される。

　また８例のように、口縁部の紋様帯を欠落するソーメン紋土器も知られていない。したがって８・10例は、それよりも古い土器、つまり擬縄貼付紋土器に伴うものと考えられる。はたして、実際はどのような土器に伴うのか。良好な共伴事例を待って検討したい。ここでは仮に、10例を11～13例に、そして８例を９例に伴うものと捉えておく。

　さて問題になるのは、沈線紋で主紋様を構成する６例と７例である。これは表土または埋土から出土したものである。６例は指圧式の浮紋を伴う肥厚口縁を有し、その中央に並行線を施している。このような装飾は、サハリン島の「江の浦Ａ式」(伊東1942)に類似している。年代的には、肥厚口縁を持つ４・５例に近接するか、それより少し遅れるものと思われる。

　これに対して肥厚口縁や刻紋を欠く７例は、モヨロ貝塚の層位序列（刻紋土器＋刻紋・沈線紋系土器→擬縄貼付紋土器→ソーメン紋土器）を念頭におくと、型式学的には、擬縄貼付紋土器の前に位置づけられる。道北において、この種の土器が纏まって出土した事例は寡聞にして知らない。一方、道東部において、これが広大な栄浦遺跡群内において、単独で一時期を構成するのかどうか、その点も判然としない。７例がどのような土器群を母体として、どの地域に登場し、その後どのような変化を遂げるのか。トビニタイ土器群の成立に関連して、きわめて興味深く思われる。

　その点は後に触れるとして、纏まった資料が存在しないとなれば、６例は在地系の土器群と伴出する可能性が想定される。その候補としては、器形や施紋の位置などに注意すると、擬縄貼付紋土器が最もふさわしいように思われる。

　具体例では古い時期の８・９例か、または新しい10・11～12例が候補となる。しかし、いずれに伴うのか、積極的な証拠は見当たらない。７例の口端部にはやや太い沈線がめぐるが、11～13例のような口縁部の装飾帯は存在しない。これに対して８例は７例と同じく、口縁部の装飾紋を有しない。器形が外反し、紋様が胴部に幅広く施される点は共通している。

　このように観察すると、７例の沈線紋土器と伴出する在地系の土器は、８例や９例などの古い擬縄貼付紋土器である可能性が高いと考えられよう。

　６・７例の位置については、現時点ではこのように観察される。道北編年との対比作業を精密に行わないと、時期を取り違える恐れもある。その点は、これからの課題としておき、漠然とし

ているが、ここでは6例と7例を、BC(新)型の4・5例と擬縄貼付紋土器の11～12例の中間に収まるもの、と捉えておきたい。

以上の予察をもとに8号竪穴の資料を整理すると、つぎのような編年案となる。

　(1)　A型？（型押紋）：1～3
　(2)　BC(新)型（刻紋＋貼付紋・擬縄貼付紋？）：4・5→又は≒6
　(3)　ポストBC(新)型期の沈線紋系土器　　　：7≒又は→8・9？
　(4)　C（古・中・新）型の擬縄貼付紋土器　　：8・9→10～13
　(5)　D型（ソーメン紋土器1）　　　　　　　：14・15
　(6)　D型（ソーメン紋土器2）　　　　　　　：16

つぎに7号竪穴の資料に移りたい。この竪穴は部分的に二重の溝がめぐっており、建て替えられた可能性がある。床面上の土器は例によって多様である（**第24図**）。いずれも破片資料であって、竪穴の時期を特定するのは難しい。

まず3・4例を観察したい。これは沈線の外側（3）、または内側（4）に米粒状の刻紋を持つ、道北系の土器と思われる。8号竪穴には見当たらない資料である。おそらくBC(新)型の1・2例に先行するか、それと並行するものであろう。つぎに後続する土器をみると、床面から表土に至るまで、一様にソーメン紋土器1・3の資料（19～22, 23～25）が揃って出土している。この状況から判断すると、本址の資料はかなり混在していると認められる。

さて問題になるのは、以上の資料の中間に位置する5～10例、11～13例、14～16例、そして17・18例などである。

8号竪穴と同様に、擬縄貼付紋や沈線紋を持つ土器が含まれている。しかし、その内容はやや異なる。4・5例をみると、ともに軽く肥厚した口縁が幅広く素紋扱いされ、それ以下を欠いている。時期を示す特徴に乏しい。1・2例か3例に伴う可能性があるように思われる。類似資料の増加を待ちたい。

つぎに6～9例である。7～9例は、先に8号竪穴で注意した沈線紋系土器（第23図7）によく似ている。ちなみに7例に近似した土器は、香深井1(A)遺跡の表土層（報告書：第30図3）から出土しており、道北の刻紋・沈線紋土系土器との系統的な関連が予想される。また6例も、道東では稀な土器と思われる。これは、やや太い隆起線の上に2ケ1単位の点刻紋、その下に沈線を持つ土器である。口頸部にも間隔をあけて米粒状の刻紋が施されている。これに類似した装飾の土器は、やはり香深井1(A)遺跡の魚骨層Ⅰや黒褐色砂質土層の中にかなり散見する。

したがって6例や7例からみて、同じく魚骨層Ⅰ～表土層に酷似する例を欠く8～10例は、香深井1(A)遺跡の最も新しいオホーツク式土器よりも、さらに新しい可能性を秘めているように思われる。その年代的な位置は、7号竪穴の類似土器の観察から、擬縄貼付紋土器のいずれかの時期、おそらくその(古)～(中)段階に収まると予想される。おそらく6例も、両層のいずれかの土

第2節 北方編年研究ノート 49

器と並行するのであろう。

　つぎに擬縄貼付紋土器を一覧すると、8号竪穴とは異なるものが含まれている。大まかに細分すると、a）口端部ないし口縁部に1本の擬縄貼付紋を持つもの（10～12）、b）肥厚した口縁部に2本の擬縄貼付紋を施すもの（14～16）、の二者が区別される。胴部にのみ擬縄貼付紋を持つタイプが欠けているので、擬縄貼付紋土器の（中～新）段階に比定される。より細かな時期は分からないが、11～16例の間にかなりの年代幅があることは、型式学的にみて十分に予測されるところである。例えば「11・13例→（+～+）→14例→15・16例」という流れを想定すると、「中間の部分」にも、細かな時期差が隠れていることが了解されよう。

　ところで、ここで仮に擬縄貼付紋の「中位の部分」に比定した資料（11～13）は、上段の沈線紋系の土器と系統的な関係があるように見える。例えば、器形や擬縄貼付紋を施す位置からみて、香深井1(A)遺跡の表土層の土器(註14)に後続する6例から、擬縄貼付紋を持つ12例へ、あるいは「6例→12例」という変遷が、若干の中間型式を挿入すると想定できそうである。また、「5例→9例→11例」への変遷も、かなりスムーズにたどれるように思われる。

　つまり栄浦第二遺跡では、沈線紋土器（7～9）が擬縄又は直線の貼付紋を取り入れて「浮文化」し、しだいに擬縄貼付紋土器へ系統的に移行する流れが想定されるのである。このように観察すると、7号（7～10）と先の8号の沈線紋系土器（第23図7）は、やはりBC(新)型（4・5）と擬縄貼付紋土器(新：15・16)の間に収まるものと考えられる。

　そこで、モヨロ貝塚の21号竪穴の土器（第13図9・10）に、あらためて注目してみたい。貼

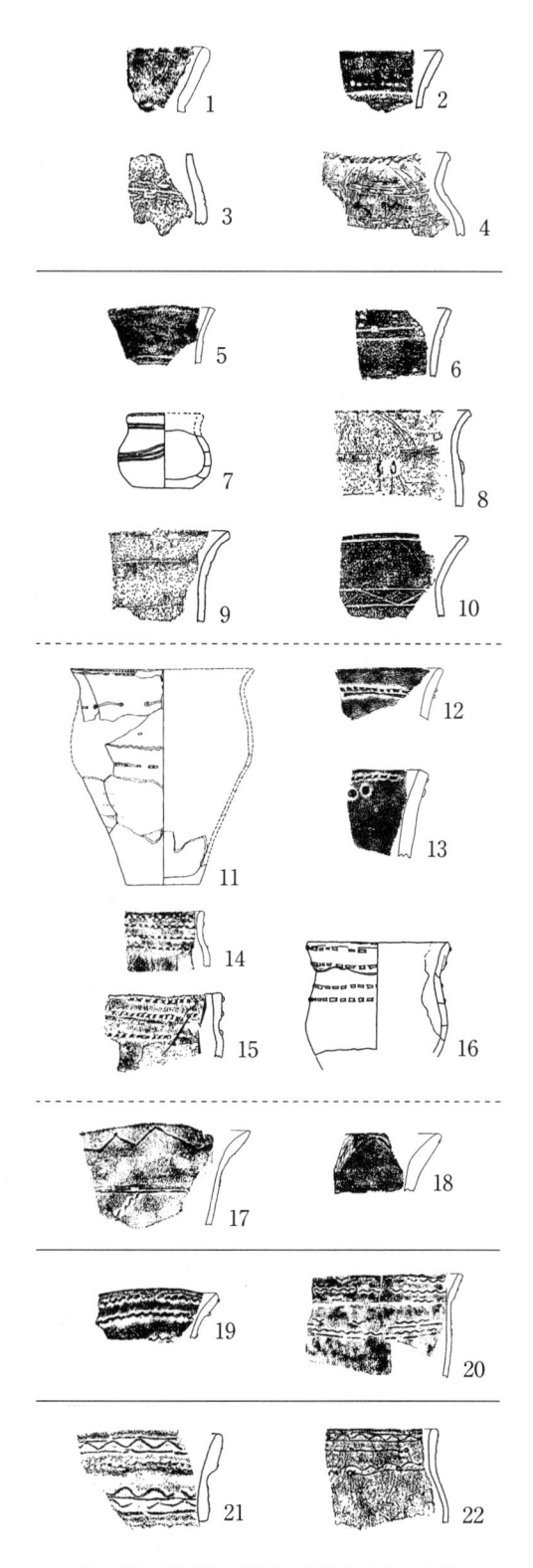

第24図　栄浦第二遺跡7号竪穴出土の土器

付線で胴部に幅広く紋様を構成する2点の完形土器は、一見して、7号竪穴の7例や8・9例と器形が酷似していると認められる。これらの沈線を貼付線に置換して、装飾に少し手を加えれば、容易にモヨロ貝塚例と瓜二つの土器を作ることができる。

　したがってモヨロ貝塚においても、刻紋・沈線紋系土器から沈線紋土器を経て貼付紋土器へ移行する傍系的な流れが伏在していると考えられよう。仮説的な課題として、ここで述べておきたい。

　さて、このように観察を進めると、問題になるのがトビニタイ土器群に類似した17例や18例である。これはいったい、竪穴のどの土器に伴うのであろうか。通説では、トビニタイ土器群Ⅱはソーメン紋土器(19〜22)と部分的に並行し、大方はそれに後続するものと考えられている(金盛・椙田1984、宇田川1988・右代1991ほか)。

　それでは、鋸歯状・大波状の貼付紋を口縁部に持つ17例や18例は、どこに位置するのであろうか。はたして、ソーメン紋土器3の23〜25例に並行し、また後続して、トビニタイ土器群Ⅱに変化するのであろうか。両例は一見すると、トビニタイ土器群Ⅱに属するように思えるが、口縁部の大波状紋の形態や扱い方は明らかに異なる。

　どちらも波状のモチーフの上下を画す描線(貼付線)を欠いている。18例の胴部の紋様は分からないが、17例では、上下に2本一単位の幅広い紋様帯が構成され、それを区切る革紐状の波線が加えられている。別の同一資料をみると、その中間には水平な革紐状の波線が施される。この紋様の全体からみると、17例はトビニタイ土器群Ⅱではなく、明らかにⅠとⅡの「中間的なもの」(Ⅰ-Ⅱ)に比定される。

　これは擦紋末期に比定されているが、不思議なことに胴部の幅広い紋様帯や外反する口縁部の形態は、遥か昔に編年されている沈線紋系土器によく似ている。図示の資料では、「8〜10例→11〜13例→17・18例」への流れが想定される。特に、9例・11例・17例の幅広い胴部紋様と、10例に見える鋸歯紋の伝統が、トビニタイ土器群Ⅰ-Ⅱの17例に連続する要素であることに注目したい。このように捉えると、17・18例は11〜13例に後続し、かつ19・20例に先行する位置を占めるという予測が成り立つことになる。

　少し記述を略しての煩雑な分析になったが、以上の観察から7号・8号竪穴の資料の編年は、つぎのように整理される。

(1)　BC(新)型（刻紋＋擬縄貼付紋）　　　　　　：1≒刻紋・沈線紋系土器（2・3）
(2)　BC(新)型/ポストBC(新)型？に並ぶ土器　：4、5？
(3)　(1・2)類に後続する沈線紋系の土器　　　：6、7〜10←香深井1(A)遺跡表土層の刻紋・沈線紋土器の一部
(4)　沈線が「浮文化」したと推定される擬縄貼付紋土器(中)：11〜13
(5)　C型（擬縄貼付紋土器(新)）：14〜16≒トビニタイ土器群Ⅰ-Ⅱ：17・18
(6)　D型（ソーメン紋土器1）：19・20
(7)　D型（ソーメン紋土器3）：21・22

4）11号・12号竪穴

　両竪穴は、ともにソーメン紋土器の時期に属する。11号は方形プランで、12号は角の丸い六角形のプランである。ともにオホーツク式の時期に属し、時期的にもきわめて近い。しかしプランだけをみると、あたかも擦紋・オホーツク期の竪穴が主軸をずらして並んでいるような印象を与える。

　遺物は床面と埋土から豊富に発見されているが、ここでは、特に表土・埋土中として一括された土器群に注目したい（**第25図**）。床面の土器は比較的に単純であるのに対して、埋土には例によって様々な土器が含まれている。擦紋土器や続縄紋土器を除いて、大まかに細分すると以下のようになる。

(1)　BC(古)型（刻紋＋？）　　　　　　：1
(2)　BC(新)型（刻紋＋？）　　　　　　：2、3
(3)　沈線紋系土器　　　　　　　　　　：4・5、6・7
(4)　C型（擬縄貼付紋土器(古～中)）　：8～10
(5)　C型（擬縄貼付紋土器(新)）　　　：11・12
(6)　D型（ソーメン紋土器1）　　　　　：13・14
(7)　D型（ソーメン紋土器2）　　　　　：15・16
(8)　D型（ソーメン紋土器3）　　　　　：17・18

　古手の土器群のうち(3)類では、口頸部に2本の沈線を持つもの（4・5）と、括れ部に1本沈線を施すもの（6・7）の二者が区別される。一方(2)類でも、(1)類の退化形と推測される2例と、口縁部の上端に刻み目、下端に「∧」形のモチーフを施す3例の違いが目に止まる。それぞれどちらに伴うのか、あるいは同時期に属するのか、よく分からない。可能性としては2例と3・4例、そして3例と6・7例が伴出するように思われるが、良好な出土事例を待ちたい。

　8例～12例は、すでに7・8号竪穴で出土していたものと変わりない。それぞれ記載した順序で変遷はスムーズにたどれる。13例から18例に至るソーメン紋土器も、無理なく変遷がだどれる。道北系の沈線紋系土器（第24図7～10）は、表土・埋土中の土器として図示されていない。これまでの観察からすれば、擬縄貼付紋土器の年代幅からみても、それに沈線紋系土器が伴うと予想されるが、不在の理由は何であろうか。未発表資料の中に含まれているのではなかろうか。

　さて、以上で述べた6基の竪穴資料の分析を踏まえて、栄浦第二遺跡の編年案を図表化すると、**第26図**のように整理される。この図の資料を用いて、あらためて土器変遷の流れをたどりたい。

　図示した擬縄貼付紋土器（4～8，13・14，18～24，32～35）より先行すると思われる土器には、大きく2種類が区別される。まず在地の刻紋土器の伝統を継承するBC(新)型である。標本例では、1・2・11・31例などである。これらの土器群は、トコロチャシ遺跡の資料も念頭におく

と、ある程度の年代幅を持つものと予想される。

これに対して、道北の刻紋・沈線紋土器に後続すると推定される沈線紋系土器も、今のところ一遺跡の遺構内での一括資料に欠けるが、栄浦第二遺跡の様々な実例からみて、確実に存在すると思われる。例えば3例・12例、16・17例、そして30例？などである。これらの土器群が一定の地域において、年代幅を有して一系統の変遷を示すのか、それともBC(新)型以降の在地系の土器群に客体的に伴出するのか。今のところ、その点を捉えるための情報は不足している。一方、最古の擬縄貼付紋土器の姿も不鮮明であるから、それとの関係も不明である。また、それ以降、沈線紋系土器がどのような変遷をたどるのか、今後の重要な課題となるであろう。

擬縄貼付紋それ自体は、BC(新)型の時期に存在するが、刻紋土器の要素を払拭した時期に入ると、1・2例や11・31例に見える「∧」形のモチーフや鎹(カスガイ)紋などは姿を消す。やがて沈線紋系土器の波及に伴う影響も薄らぎ、栄浦遺跡群では、モヨロ貝塚方面と共通した土器内容を示すようになるらしい。

擬縄貼付紋土器は、すべての竪穴から豊富に出土している。その貼付線の施される部位の違いから見て、明らかに年代的な推移があると観察された。しかし、竪穴単位で一括扱いできるような良好な土器セットは、残念ながらほとんど知られていない。

一般に擬縄貼付線は、初め括れ部から腹部にかけて施紋される（「古い部分」：5・6）。やがて、頸部から口端部へ向かって施され

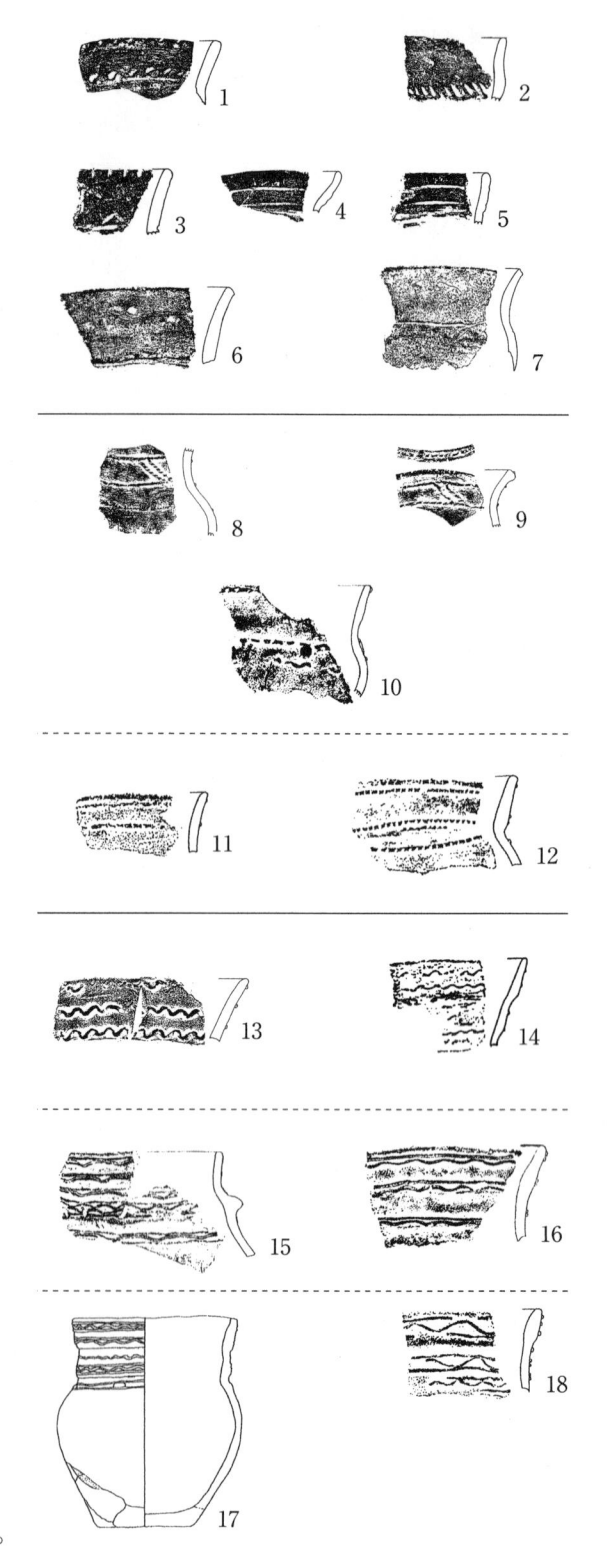

第25図　栄浦第二遺跡11・12号竪穴出土の土器

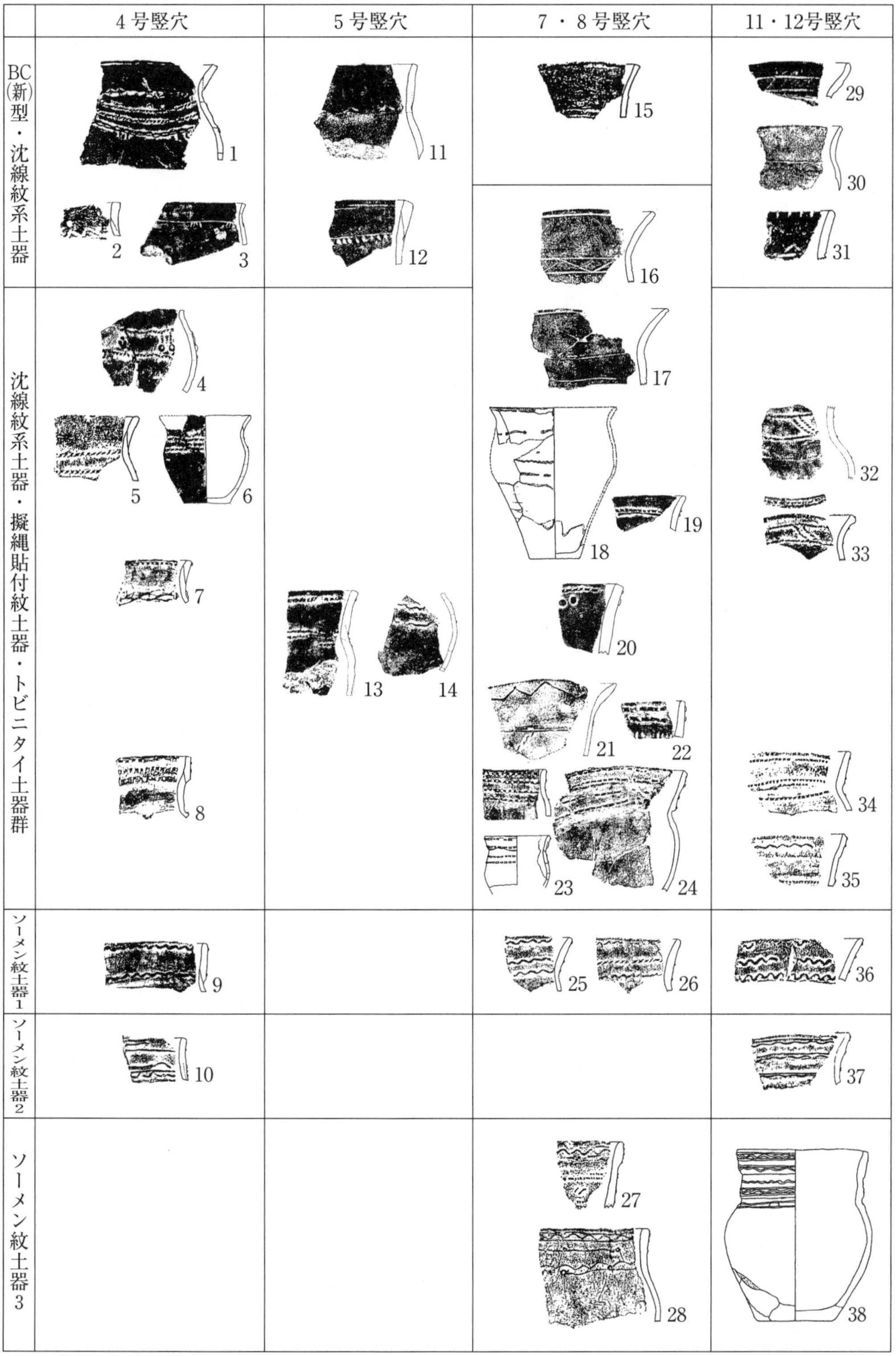

	4号竪穴	5号竪穴	7・8号竪穴	11・12号竪穴
BC(新)型・沈線紋系土器	1, 2, 3	11, 12	15, 16	29, 30, 31
沈線紋系土器・擬縄貼付紋土器・トビニタイ土器群	4, 5, 6, 7, 8	13, 14	17, 18, 19, 20, 21, 22, 23, 24	32, 33, 34, 35
ソーメン紋土器1	9		25, 26	36
ソーメン紋土器2	10			37
ソーメン紋土器3			27, 28	38

第26図　栄浦第二遺跡の編年案（暫定的）

(「中位の部分」：7・13・14，18〜19，20)、最後に、やや肥厚した口縁部帯が作られ、そこに複数の擬縄貼付線が施されるに至る (「新しい部分」：8，22〜24，34・35)。

やがて擬縄貼付紋の施紋法はさらに洗練され、器形や紋様の構成も一段とソーメン紋土器へ傾斜し、ついに明確に肥厚した口縁部や胴部に、専らソーメン紋を貼付する土器群が、道東部の広い範囲で一斉に登場するに至る (9，25・26，36)。

その後、大きく2段階の変遷を経て、土器文化としてのオホーツク式の変遷が、栄浦第二遺跡において終焉の時を迎えるに至る (10・37→27・28，38)。さて、このよう変遷を想定すると、最後に問題になるのが、ソーメン紋土器・トビニタイ土器群Ⅱと擦紋土器との関係である。

6．道東における「オホーツク式」編年の見直し

1) 遺跡対比編年から見た疑問

常呂川の周辺から知床半島にいたる地域では、どこでもA型 (刻紋土器) からD型 (ソーメン紋土器) まで、一通りのオホーツク式が発見されている。しかし遺跡によって、あるいは遺構によって、出土資料の種類、時期・量には著しい違いがみられる。一般的には、ごく古い時期の資料は少なく、新しい時期になると豊富に発見されるようになる。まだD型の細かな変遷は遺構単位で捉えられないが、その後半に入ると、竪穴の大きさや骨塚在り方などに顕著な変化が現れることは、周知の事実と認められている (菊池1978・平川1984，右代1991，澤井1995ほか)。

こうした変動は、ソーメン紋土器以前にも、おそらく規模の大小を別にすれば、何度か繰り返された可能性があるように思われる。例えば、BC型からC型の中頃にかけて、オホーツク式は、サハリン島の集団と袂を分かち、土着化の傾向を強めると言われている。それに呼応するように道東部一帯では、大きな文化的・社会的な変動があったらしい。それを反映して、この時期の纏まった資料は、どの地域においてもほとんど発見されていない。オホーツク式の分布は、一時的に局地化した可能性が想定される。道北部でも、ほぼ同時期に大きな変動があったらしく、刻紋・沈線紋系土器の動きが千島(クリル)諸島へ向って活発化するようである。

こうした地域間を貫く広域的な変動の様子は、今のところ、道東部遺跡の一般的な観察と比較から漠然と推測されるに過ぎない。**第27図**に配列した資料を逆転編年説の視点から見直すと、自ずと従来とは異なる北方圏史の枠組みと説明が求められることになるが、ここでそれぞれの資料の関係性について説明を繰り返すことは省きたい。

河野博士の提案にしたがい、BC型 (1〜3，20・21，29) やC型 (6〜8・10〜12，23・24，31〜34) を独立した細別単位として認める。そして、その中間に沈線紋系土器 (4・5，30) を挿入したことは、通説の編年案と最も大きく異なる点である。また、トビニタイ土器群Ⅰ-Ⅱ (9，22) を擬縄貼付紋土器(新)(10・12，23・24) と並べたことも、通説ではとうてい認められない提案であろう。

それ以上に大きな問題となるのは、トビニタイ土器群Ⅱとソーメン紋土器の関係である。

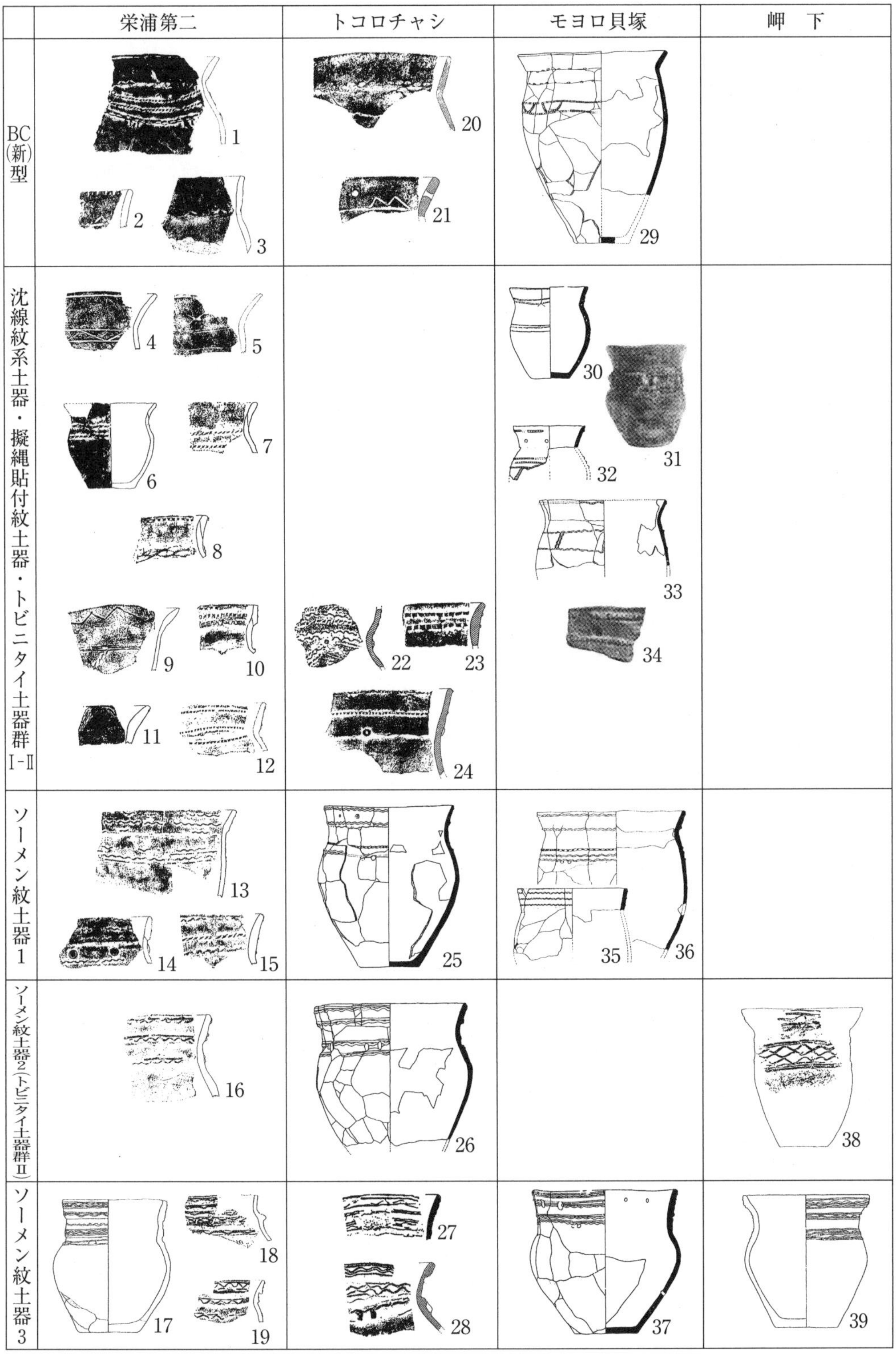

	栄浦第二	トコロチャシ	モヨロ貝塚	岬 下
BC(新)型	1, 2, 3	20, 21	29	
沈線紋系土器・擬縄貼付紋土器・トビニタイ土器群I-II	4, 5, 6, 7, 8, 9, 10, 11, 12	22, 23, 24	30, 31, 32, 33, 34	
ソーメン紋土器1	13, 14, 15	25	35, 36	
ソーメン紋土器2(トビニタイ土器群II)	16	26		38
ソーメン紋土器3	17, 18, 19	27, 28	37	39

第27図 道東部におけるオホーツク式の編年案（暫定的）

図示した仮標本の資料では、岬下遺跡の層位差にしたがい、トビニタイ系の土器 (38) とソーメン紋土器 2 (16・26) が並行関係にあると想定している。この遺跡で確認された層位差は、この編年案の縦軸を成している。一方、擬縄貼付紋土器 (12＝24＝34＝欠落) とソーメン紋土器 3 (17～19＝27＝28＝37＝39) の対比は横軸に当たる。

　このように、ソーメン紋土器とトビニタイ土器群Ⅱの並行関係は、縦・横の編年軸と層位的な事実に支えられており、しかるべき根拠を有している。

　しかし、これは余りに常識外れの編年案であって、とうてい認めがたいと強く批判されるであろう。それは甘受するとしても、これまでに試みた種々の分析からみて、通説の編年案にも多々疑問点があり、改めて検討を要することが明らかになったと思われる。

　そこで今度は視点を変え、通説編年の要として重視されている女満別町元町遺跡の資料を観察し、さらに疑問点を掘り下げたい。

2）元町遺跡の「共伴」とされる資料について

　この遺跡は、大場利夫によって調査された (大場1960)。方形プランの竪穴の埋土から、1・2例の完形土器が発見されている (第28図)。1例は、擦紋Ⅲ6期[註15] (佐藤1972) の標式資料である。一方2例は、トビニタイ土器群Ⅱ (菊池1972a) の標本資料に選ばれたものである。両例は言うまでもなく系統を異にするから、型式論上の比較によって所属の時期は検証できない。

　通説の編年案では当初から、出土状況論の観点から一様に両例を「共伴」と見做してきた (大井1970：37-39・石附1976ほか)。これに対して佐藤達夫は、両者はまったく異なる時期のものと見做している (佐藤1972：470-472)。はたして「共伴」なのか、それとも「混在」であるのか、意見は鋭く対立していたが、今では、一方的に佐藤説が「忘失」されている。

　その理由はいくつか想定される。1976年のピラガ丘遺跡の調査によって、「共伴」説に有利な証拠が提出されたこと (金盛1976a・b)。ついで二ツ岩遺跡の報告書で、ソーメン土器と擦文第1・2の「共伴」事例が報告されたこと (野村ほか1982) が、直ちに想起されよう。

　この結果、佐藤説は急速に「忘失」され、「共伴」説が幅広く支持されるようになり、やがて通説化した。なるほど、ピラガ丘遺跡と二ツ岩遺跡の出土事例を参照すると、元町遺跡で1・2例が「共伴」したことは、紛れもない事実に思えるのであろう。しかしながら両例は、ほんとうに竪穴内で生活財として共用されたものであろうか。

　元町遺跡の調査が実施されたのは、今から40余年も昔のことである。したがって報告書の記述は、ごく概略的な水準に止まっている。例えば1例は東壁から、2例は西南壁から出土したとある。しかし壁際の堆積土のどのレベルから、どのような状態で、それぞれが出土したのか。詳しいことは記載されていない。

　壁は内側に緩く傾斜している。厚く堆積した埋土層 (黒色土層) は、中間に火山灰層を挟むが、単純に一層として扱われている。特に、竪穴の壁付近の土層がまったく分層されない堆積状態は、かなり珍しい事例と言えよう。あらためて壁際における、両例の詳しい出土状態が知りたい

ところである。

　また「南壁中」からは、仰臥身展葬の人骨も出土しており、東壁の中央には入り口が推定され、しかも人為的に破壊された跡があったと指摘されている。したがって後世の撹乱や何らかの営みによって、土器をはじめ各種の遺物が混入または混在した可能性も、一応は想定しておく必要があろう。

　このように考えると、発掘時の曖昧で不完全な情報をもとに、1例と2例が「共伴」したと安易に即断するのは、いささか問題があるように思われる。

　そこで、この疑問を解くために出土遺物に注目したい。擦紋期の一般的な竪穴に比べ、その量は著しく少ない。石鏃と石槍、石斧が各1点と包丁型の石器が2点、それに完形土器の2点が図示されたに止まる。破片資料などは残念ながら掲載されていない。

　遺物は1例の土器を除いて、広い意味でオホーツク式の系統に属するものである。竪穴に属す要素では、「コ」の字形の石囲炉や粘土貼りの床面、斜めに穿たれた柱穴などが、オホーツク系又はトビニタイ系と認められる。したがって擦紋系といえるのは、方形の竪穴プランと床面下に敷かれた小石（集石？）、それに1例の土器だけである。

　ところで、この竪穴ではカマド跡が発見されていない。道東部の擦紋期の竪穴では、しばしばカマドを欠くといわれている（前田1985）。先に触れた栄浦第二遺跡5号竪穴（擦紋Ⅲ末期）でも、カマドは無く地床炉のみであった。しかし、元町遺跡に近い湖南遺跡では、同じトビニタイ土器群Ⅱを伴出した竪穴（擦紋Ⅳ期）の西南壁からカマド跡が検出されている。

　もっとも元町遺跡では、東壁が約1.3メートル破壊されている。そこにカマドが存在したとすれば、故意に破壊されたことになろう。そのように想定すると、粘土貼りの床面や斜めの柱穴、石囲炉などのオホーツク文化的な要素が、なぜ擦紋系の竪穴にわざわざ持ち込まれたのか。その理由があらためて問われることになろう。

　そこで例えば、放棄された擦紋Ⅲ期の竪穴（窪地）をトビニタイ人が再利用したと想定してみてはどうであろうか。その際にカマドも破壊され、「小石敷き」の旧い床面上に粘土を貼り、新たに石囲炉を設けた。そして、トビニタイ期で検出例がある斜めの柱穴を穿ち、上屋を建てたと解釈するのである。これは少し想像に過ぎると、あるいは指摘されるかも知れない。しかしながら、この竪穴を再発掘すれば、この想定に合致するような新事実が判明する可能性が高いように思われる。一つの仮説として、ここで提出しておきたい。

　つぎに視点を変え、一般に「共伴」したと認定されている1・2例に注目したい。カマドの有無に係わりなく、両例がはたして同時期であるかどうかは、正しく見究めなければならない。3〜17例を参照しながら検討してみよう。まず2例の観察から入りたい。

　その紋様の特徴としては、a）口縁部の大波状の貼付紋、b）波線で縁取られた幅広いネット・ソーメン紋、c）ポッチ状の貼付紋の付加、の三点があげられる。これに類似した土器は、道東部の広い範囲に分布している。知床半島では、オタフク岩遺跡4号竪穴から好例が出土している（9〜13）。この竪穴では、擦紋土器やソーメン紋土器などは一切伴わない。一時期に限定されな

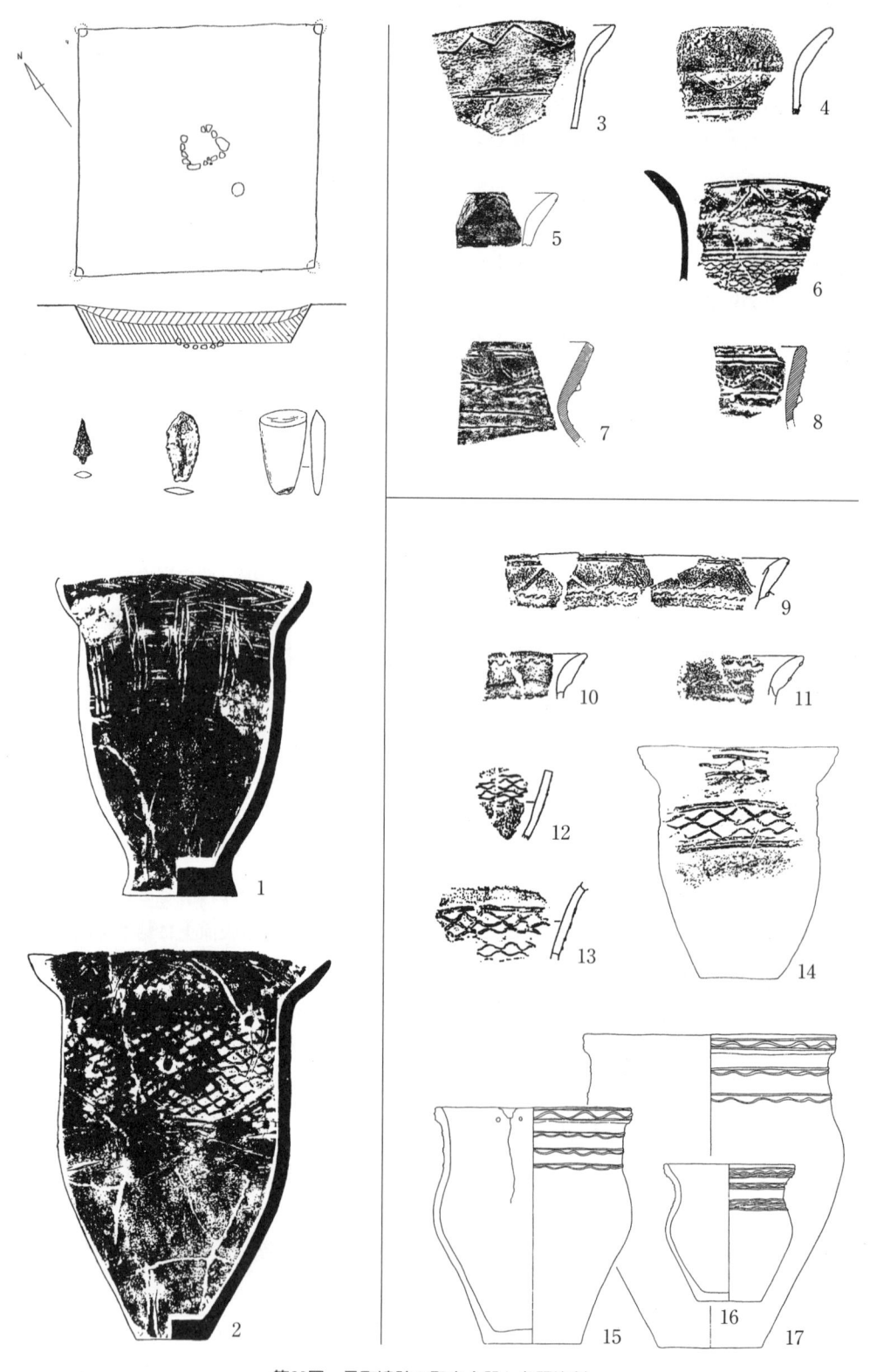

58 第1章 北方編年体系の疑問点を探る

第28図 元町遺跡の竪穴土器と参照資料

第2節 北方編年研究ノート

いものの、純粋にトビニタイ土器群Ⅱだけが纏まって出土している。

9例に見える大波状の貼付紋は、水平な1描線と大波状の2描線、小波状の3描線をもって構成されている（柳澤1977・1990a：2006c：169-183）。元町遺跡の2例も同じである。また胴部のネット・ソーメン紋は、オタフク岩遺跡の12・13例に酷似している。破片のため器形を比べられない。口縁部の傾きは似ている。カリパー度に違いがあるように見えるが、12・13例の胴部は実測図よりも直立し、2例に酷似していると推測される。底部の形態は分からない。おそらく小さなものであろう。全体的にみて、元町例とオタフク岩例には、それほど大きな違いはないように見える。細かな差異としては、ボタン状の貼付紋やネット・ソーメン紋の上下を飾る貼付紋の有無などが挙げられる。この違いからみると、両者の年代はかなり接近していると思われる。

さて、オタフク岩遺跡の大波状の貼付線（9）は、先に検討した岬下遺跡の編年によって、15～17例より古いと考えられる。したがって、口縁部の紋様が9例に酷似する2例も、14～17例より古いと考えられる。つまりオタフク岩遺跡の9・12・13例は、ほぼ2例に対比され、15～17例がそれに後続するという変遷観（岬下遺跡竪穴の層位事実）が、再び仮説として想定されることになる。それでは、この仮説は他遺跡でも成り立つであろうか。

そこで先ず、トコロチャシ遺跡の資料に注目したい。7例は1号竪穴（内側）、8例は2号竪穴から採集されたものである。おそらく同一個体であろう。8例の器形は、一般のソーメン紋土器とやや異なるように見える。7例はもう少し外反するかも知れない。そうであれば、トビニタイ土器群Ⅱに似ていることになろう。紋様構成もソーメン紋土器としては特異である。口縁部と頸部に大小の波線が付けられている。これはソーメン紋土器に稀なモチーフであり、トビニタイ土器群Ⅱでは一般的である。年代的にも対応しているので、トビニタイ系のモチーフがソーメン紋土器に採用されている可能性があると考えられよう。

7・8例で注目されるのは、大波線に刻み目が施されていることである。作出はやや粗雑であるが、擬縄貼付紋の一種と見做せる。擬縄貼付紋は、ソーメン紋土器の時期まで残存する古かるべき要素と認められるので、両例は、ソーメン紋土器1～2に比定される。したがって系統を異にするが、7例→8例→14例からソーメン紋土器3の15～17例への変遷が想定されることになる。

さらに浜中町の姉別川流域では、口縁部に1・3描線を欠く大波線のみの土器が採集されている（4）。一方、旧常呂町の栄浦第二遺跡には、4例に類似した刻み目を持たない5例や、より古拙な鋸歯状の大波線を施した3例がある。これらは、栄浦第二遺跡の沈線紋系土器（第24図6-9）に後続し、擬縄貼付紋土器の「新しい部分」に並ぶと、先に想定したものである。

ここで諸例の相対序列を示すと、「3例→4・5例→6≒7例→8例≒9・12・13例≒14例→2例→15・16例、17例」の順となり、口縁部や胴部の紋様の変遷は、土器系統の差異を超えてスムーズにたどれる。元町遺跡の2例のごとき大波線を持つ貼付紋土器が登場するまでには、つぎのようなプロセスが想定される。

（1）口縁部の主紋様（大波線）を作るのは2描線のみで、その上下を画す1・3描線を欠い

ている段階（3〜5）＝擬縄貼付紋土器(新)
(2) 口縁部に1・3描線を有するが、2描線または3描線が疑縄貼紋になるもの（6・7, 8）
(3) 口縁部に1・3描線を有し、3描線がソーメン状の波線になる段階（2, 9）

　「疑縄貼付紋→ソーメン紋」の変遷は、モヨロ貝塚の発掘調査以来、ごく一般的に認められている。さらに、12・13例の幅広いネット・ソーメン紋はほぼ2例に対比される。また、「14例→15〜17例」の層位差も確実であると認められる。したがって(1)類から(3)類に至る変遷は、資料を補足して細かに論証を試みる必要はあるが、いちおう層位と型式の両面からみて矛盾は無いと考えられる。

　通説によれば、2例のトビニタイ土器群Ⅱは、ソーメン紋土器やカリカリウス土器群に後続するものと考えられている（金盛・椙田1984, 右代1991ほか）。しかし以上の観察では、2例のトビニタイ土器群Ⅱはソーメン紋土器2の段階に対比される可能性があると想定された。これは通説とまさに正反対の編年案になる。疑問は、いよいよ深められて来た感がある。

　そこで今度は、擦紋土器の側から元町資料の位置を探ってみたい。1例の擦紋土器はⅢ期でも新しいものである。佐藤達夫は2例と切り離し、1例を擦紋Ⅲの第6段階の標式資料として提示している（佐藤1972：470-471・478）。その変遷をたどると、横走沈線の地紋上に描かれた三角紋や斜格子紋が、粗雑なものから精密なものに至るまで、数段階の変遷が捉えられる。

　例えば**第29図**でみると、擦紋Ⅲ初期の5・6例から7・8例を経て、Ⅲ$_6$期標本の9例へ。それから、より新しい10・11例へ変遷すると思われる。土器系列でみると、「5例≒6例→8例」であり、さらに「9例→10・4例」という序列が想定される。この変化はスムーズであり、型式学的にみて矛盾する点は見い出せない。

　小破片ながら5・6例を観察すると、明らかにピラガ丘遺跡の12・13例に酷似している。ほぼ擦紋Ⅲ$_2$〜$_3$期に比定されるであろう。一方10・11例は、Ⅲ$_6$期とされた元町遺跡の9例よりも刻線の密度が増しており、確実に新しいものと思われる。これは、「並行する沈線紋が消失する」Ⅳ期（佐藤1972：472）の直前に位置し、Ⅲ$_7$期頃に位置するものであろう。問題なるのは、その間に位置するトコロチャシ遺跡の8例と姉生川流域の11例である。

　どちらも、口縁部には2本のやや丸みを帯びた陵線があり、そこに斜めの刻紋が付けられている。8例では、この陵線のあいだを素紋扱いとし、11例では、長い刻目を対向させて斜めに施している。類例はきわめて少ない。資料の探索は充分でないが、道西部では1点（1）、道東では両例に止まっている。おそらく大多数の擦紋Ⅲの中では、異色の装飾法なのであろう。

　そこで気になるのは、こうした装飾法の由来である。不思議なことに、オホーツク式のB型やBC(古)型の中には、口縁部に類似の装飾を持つ土器が含まれている。例えば破片資料ながら、知床半島域の14〜16例などが好例として挙げられる。口縁部に2条の浮紋による陵線があり、そこに刻目紋がつけられている。16例では、稜線のあいだに刻紋が施されている。断面の形状もよく似ている。胴部にも紋様があると想像される。舟窩状の刻紋か、18例に見られるような隆起線

第 2 節　北方編年研究ノート　61

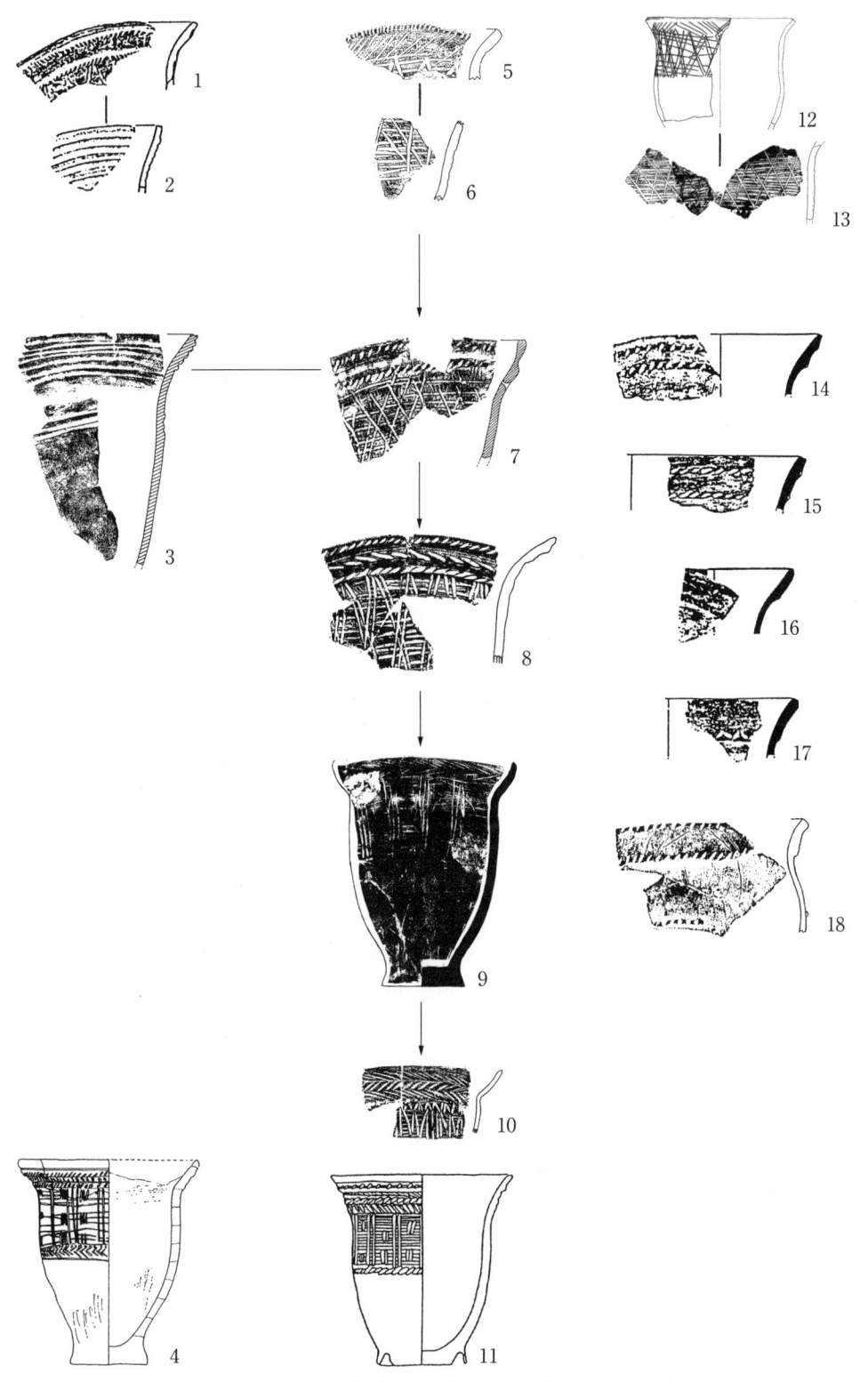

第29図　トコロチャシ遺跡・元町遺跡、および参照資料の対比

(擬縄貼付紋の原型）がおそらく一周するものと思われる。

14～16例は、いずれもBC(古)型に比定される土器である。これらがサハリン島の「江ノ浦A式」（伊東1942）に類似していることも見逃せない。時期的にも近いものであろう。また系統的にも密接な関係があると考えられる。これと18例の新旧を明らかにする情報は今のところない。

そこで18例に注目したい。口縁部には、上下の端部にかかるように刻み目が施されている。一方胴部には、やや細い隆起線がめぐり、これにも刻み目が付けられている。これに対して擦紋土器の11例でも、口縁部に2条の刻紋がめぐり、胴部には紋様帯の下限を画す刻紋が施されている。胴部の紋様を除くと、両例の紋様構成が似ていることは一目瞭然である。

このように比べると、7・8例と14～16例の口縁部の類似性が、はたして偶然であるのかどうか、疑問に思えてくる。7・8例の胴部紋様は擦紋Ⅲ$_{4\cdot5}$期の範囲に収まる。それと比べた14～16例も、また17・18例なども、刻紋土器を細かく細分しないと分からないが、年代的には並行するか、または近い時期に位置する可能性があるように思われる。

そこで、想像を混えた仮説になるが、7・8例は、オホーツク式と擦紋土器の接触によって創出さた一種の「キメラ」（佐藤1974）と考えてみたい。そのよう想定すると、BC(古)型の17例の頸部にある「∧」形のモチーフが、擦紋Ⅲの10例の頸部に施されている事情も、中間の資料を補えば明快に理解できるように思われる。この場合は、オホーツク式から紋様要素を借用し、それを擦紋土器に転写していると解釈することになる。

はたして7・8例が、擦紋Ⅲと刻紋土器を融合させたキメラ(折衷)土器であるならば、他遺跡にも同様の土器が存在すると推測されよう。

3）ピラガ丘遺跡第Ⅲ地点の資料

斜里町のピラガ丘遺跡第Ⅲ地点は、1973年に発掘調査された擦紋Ⅲ期とトビニタイ土器群Ⅱ期の複合集落址である。幸いこの遺跡では、まさにキメラ(折衷)土器の名にふさわしい完形品が出土している。**第30図**の7例と8例である。まず7例に注目したい。その口縁部には、縦位の刻紋が上下に施されている。写真図版でみると、口縁部は、モヨロ貝塚の11・12例のごとく、稜線で以って明瞭に画され、肥厚している。瓜二つとは言えないが、この部分は、特にモヨロ貝塚の12例に酷似している。したがって口縁部には、擦紋的な特徴と指摘できるような要素がまったく認められない。

一方、幅広く構成された胴部の紋様は、その下限を画す点刻紋を除くと2例に共通する要素は存在しない。横走沈線や松葉状のモチーフなど、どこから見ても擦紋Ⅲに比定される特徴のみである。したがって7例は、オホーツク系の口縁部と擦紋系の胴部を折衷したキメラ(折衷)土器と捉えられるであろう。完形土器として観察できる貴重な一例として注目しておきたい。

つぎに8例である。幅狭な口縁部には、点状の刻紋が口端部に乗るように施されている。図面が小さく、写真図版も無いのではっきりしないが、点刻紋の幅は狭いものの12～14例のように上・下2段になるらしい。また、口唇上には沈線が施されている。このような装飾を持つ例は、

第2節 北方編年研究ノート 63

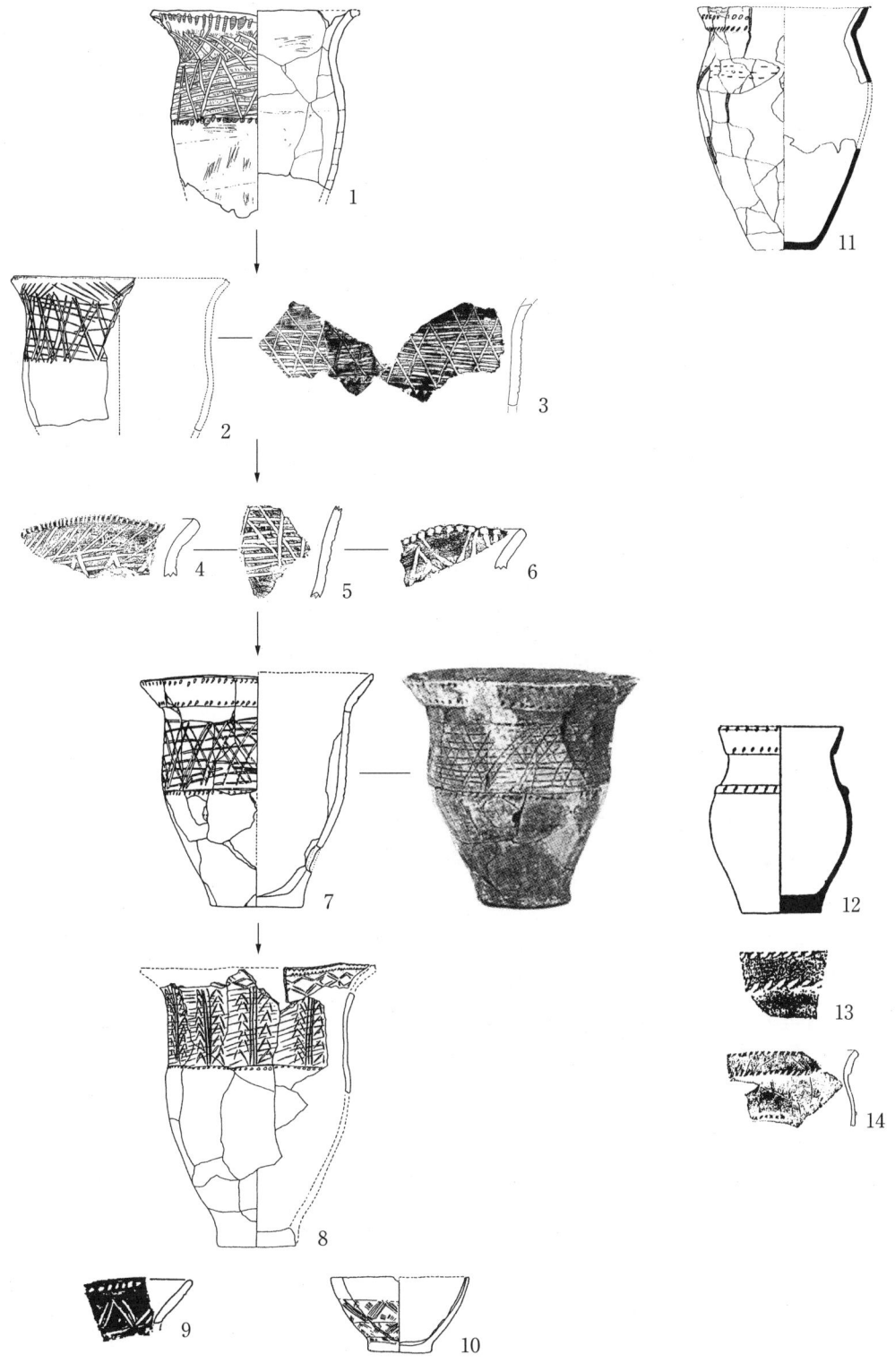

第30図 ピラガ丘遺跡第Ⅲ地点出土土器と参照資料

今のところ道東の擦紋Ⅲには知られていない。これは狭い口端部にBC(古)型の刻紋を取り入れたものではなかろうか。

その下にある対向する鋸歯状紋も注目される。一般的な擦紋Ⅲでは、こうしたモチーフが、この部位に施されることはない。10例のような鋸歯紋を持つ杯形土器が包含層内で伴出しているので、鋸歯紋は、これから借用して口端部下に転写されたものと推定される。この他に、深鉢形土器に鋸歯紋を転写したと思われる例（9）もある。その類例は、栄浦第二遺跡でも発見されている（6）。これらは、いずれも擦紋Ⅲ期（2～5）に比定されるものである。

そこで各資料を年代順に整理すると、つぎのように編年される。

  (1) 擦紋Ⅱ(新)期　：1
  (2) Ⅲ$_{1\sim2}$期　　　：2・3、4～6 ≒ 7 ……………12 ?
  (3) Ⅲ$_6$期　　　　：8 = 9・10 ?

もちろん刻紋土器の編年は、これから精密化しなければならないが、以上のキメラ的な土器を「鍵」とした場合、擦紋Ⅲと刻紋土器のBC型の一部は並行する可能性があると考えられよう。先には、トビニタイ土器群Ⅱとソーメン紋土器の並行関係を想定した。これを第一の対比軸とし、さらにキメラ(折衷)土器を「鍵」として第二の対比軸を仮設すると、北方編年の基本的な枠組みは、つぎのように編成される。

  (1) 擦紋Ⅲ……………………BC(古)型（刻紋土器）
  (2) 擦紋Ⅳ(古・中)……………C(古・中)型（擬縄貼付紋土器）
  (3) 擦紋Ⅳ(新)………………… C(新)型（擬縄貼付紋土器）≒トビニタイ土器群Ⅰ-Ⅱ
  (4) ポスト擦紋土器（消滅）……D型（ソーメン紋土器）　≒トビニタイ土器群Ⅱ（一部）

このような逆転した編年案が成り立つならば、擦紋土器とオホーツク式、そしてトビニタイ土器群Ⅱの相互の関係は、通説編年のとおりに説明できなくなるであろう。疑問が一段と深まったところで、1977年以後に「忘失」された調査事例に移りたい。

4）下鐺別遺跡と岐阜第二遺跡の対比

擦紋土器がオホーツク式より新しいことは、オタフク岩洞窟やオタモイ1遺跡、常呂川河口遺跡などで層位的に証明されたと報告されている（涌坂1991・松田・荻野1993，武田1996a）。それらについては、これから順序を踏まえて、個別的に細かく検討して行きたいと思う。ここでは、以上の遺跡とは正反対の事実が報告された例に注目したい。

最初に弟子屈町の下鐺別遺跡(B地点)である（第31図）。この遺跡では、擦紋期の方形プランの竪穴と隅丸方形？のトビニタイ期の竪穴が重複して発見されている（澤・宇田川ほか1971）。遺物は

第 2 節　北方編年研究ノート　65

非常に乏しく、大小の土器片が出土したに止まる。古い 3 号竪穴からは、擦紋Ⅲ期（1）と時期不詳の土器片（2）が出土している。表土では、1 例より新しい擦紋Ⅲ末？〜Ⅳ前半期の破片（8、9・10）が出土している。これらは 3 号竪穴の埋土中の土器（2）とも、おそらく関係するのであろう。

一方、新しい 1 号竪穴からは、トビニタイ土器群Ⅱの半完形品や大破片（3・4）が検出されている。表土（1・2 号竪穴を覆う）でも、それに酷似した資料（5〜7）が採集されている。これは竪穴廃絶後における混入や遺棄を推測させる資料である（3・4＝5〜7）。

そこで公表された図面（第32図）を参照すると、3 号竪穴が完全に埋没してから、その埋土を切って 1 号竪穴が構築されていることが分かる。したがって、3 号竪穴の 1 例（擦紋Ⅲ₁〜₂）と 1 号竪穴の 3・4 例（トビニタイ土器群Ⅱ（新））の間には、相当な年代差があると考えられる（1→2・8〜10→3・4＝5〜7）。宇田川洋氏も報告書の「結語」において、切り合いの「層位的な事実から、擦紋・オホーツクのそれぞれ一時期における新旧関係が理解できた」、と明快に指摘されている（宇田川1971a）。

つぎに弟子屈町から常呂川を下り、旧常呂町に所在する岐阜第二遺跡の 8 号竪穴の資料に注目したい。報告書によると、床面から擦紋Ⅳ₉期頃に比定される土器（11・12）が出土し、表土からやや風変わりなトビニタイ土器群Ⅱ（13〜15）が検出されている。この層では、擦紋土器や続縄紋土器も混在している。したがって、単純に「擦紋Ⅳ→トビニタイ土器群Ⅱ」という序列が捉えら

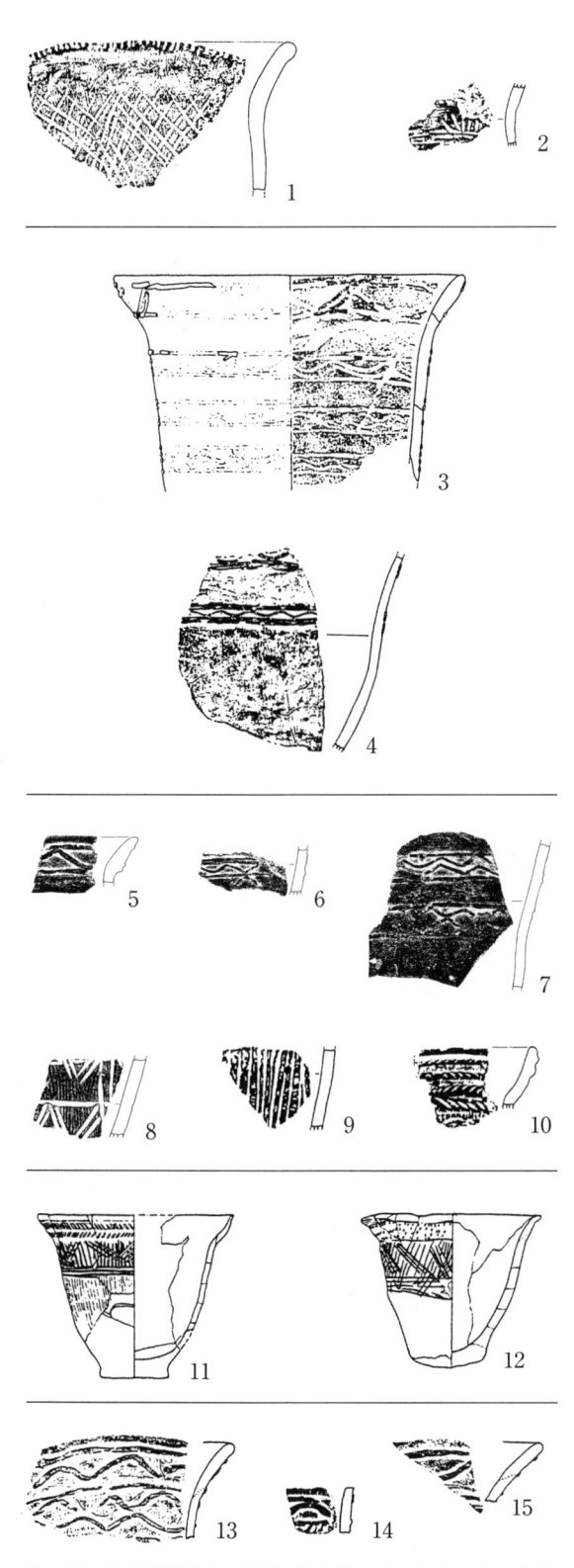

第31図　下鐺別遺跡（B地点）・岐阜第 2 遺跡竪穴出土の土器

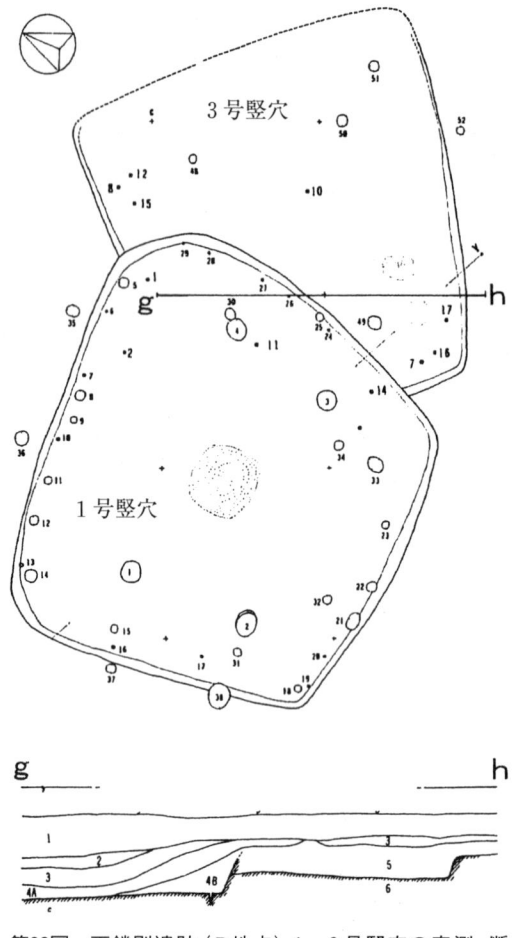

66　第1章　北方編年体系の疑問点を探る

第32図　下鐺別遺跡（B地点）1・3号竪穴の実測・断面図（澤ほか1971を改編）

れたわけではない。

　しかしながら岐阜第二遺跡では、トビニタイ土器群Ⅱの出土は、今のところこの8号竪穴に限定されている。また、ソーメン紋土器の出土もまったく伝えられていない。なぜ、擦紋Ⅳ期の竪穴の床面よりも上位から、トビニタイ土器群Ⅱの古手の資料が出土したのであろうか。その理由が気になるところである。下鐺別遺跡の層位事実を根拠にして層位差を認めると、岐阜第二遺跡では、擦紋末期の土器からトビニタイ土器群Ⅱへと土器系統が移行することなる。

　そのように捉えれば、先に検討した「擦紋Ⅲ＝オホーツク式のBC(古)型」なる編年案の蓋然性が必然的に高まることになろう。そこで以下に、通説編年では「忘失」されている「擦紋Ⅲ・Ⅳ→トビニタイ土器群Ⅱ」の序列を証明する層位事例をまとめておきたい。

　(1)　ウトロチャシコツ岬下遺跡の竪穴
　　　　：キメラ風のトビニタイ土器群Ⅱ→D型：ソーメン紋土器3　（第17図28→29〜33）

第2表　道東北部における北方編年の試案（暫定的）

オホーツク式	トビニタイ土器群	擦紋土器
A型		+
B型		+
BC(古)型		Ⅲ
BC(新)型		?
C(古)型		Ⅳ
C(中)型	+	Ⅳ
C(新)型	Ⅰ-Ⅱ・Ⅰ	Ⅳ・Ⅴ
D型(古〜新) （ソーメン紋土器1〜3）	Ⅱ （「中間的なもの」の一部を含む）	消滅 （ポスト擦紋期）

(2) 栄浦第二遺跡5号竪穴
　　：擦紋Ⅲ末 →BC(新)型、C(中)型（第22図1→9・10, 11〜14）
(3) 下鐺別遺跡1・2号竪穴
　　：擦紋Ⅲ$_{1〜2}$ →トビニタイ土器群Ⅱ→擦紋Ⅲ末〜Ⅳ前半（第31図1→3・4→8〜10）
(4) 岐阜第二遺跡8号竪穴
　　：擦紋Ⅳ$_9$ →トビニタイ土器群Ⅱ（第31図11・12→13〜15）

　これら4遺跡の層位編年には、特に矛盾する点は見当たらない。これを縦軸として、キメラ(折衷)土器にもとづく「擦紋Ⅲ＝BC(古)型」の編年を横軸にすると、ソーメン紋土器やトビニタイ土器群Ⅱが擦紋土器よりも新しいとする編年観は、十分に成り立つ可能性があると了解されるであろう。
　また、両者に共通して伴う擦紋土器は、これまで通説編年の立場から一度も指摘されたことがない。したがって「浮文に富む土器」（ソーメン紋土器）（山内1939）は、佐藤達夫が精緻に論証を試みたように（佐藤1972：472-485）、擦紋土器の廃用後に登場した可能性が高いと考えられよう。しかし、これは通説をまさに逆転させる考案である。今後、様々な資料を用いて、広域交差編年論的な視点から、この仮説の妥当性を反復検証して行かなければならない。
　以上、煩雑な説明をかさねながら、型式論と層位論の両面から道東北部域の編年について予察を試みた。まとめると**第2表**のような編年案となる。

おわりに

　モヨロ貝塚の発掘調査から半世紀を迎え、21世紀を目前にして、北方考古学の世界では、先史社会集団の移動論や家族論など、難度の高い、魅力的なテーマがさかんに論じられている。そうした近年の諸研究からみれば、1977年以前の編年問題を蒸し返すことは、単なる時代錯誤の議論

と受け取られるかも知れない。

　それは承知のこととして、小稿では、あえて通説とは逆転した編年案（逆転編年説）の可能性を探ってみた。地理的にも時期的にも、少ない資料を点綴しただけであるから、この編年案が暫定的であることは言うまでもない。新資料を検討していくと、様々な修正が必要になるであろう。

　時には、編年体系それ自体の見直しも、あるいは必要になるかも知れない。そうした事態も、あらかじめ予想しておかなければならない。北方考古学の編年研究には、伏在しているものを含めて、一筋縄では解決できない多くの難問が、方々に山積していると思われるからである。

　それはともかく、通説化した編年の枠組みに止まって小論を読むかぎり、多岐にわたる論点は、ほとんど問題とされないであろう。この半世紀の間に、通説編年を補強する証拠は、考古学のみならず、理化学の領域まで含めて、幅広く十分に整えられている。そのように考える人が、いまや多数を占めるに違いない。

　しかしながら筆者の目からみると、擦紋土器にしても、オホーツク式やトビニタイ・カリカリウス土器群にしても、その編年作業は、とうてい究極のレベルまで達成されているとは言いがたい。実は、これら三者の年代学上の関係については、ごく大まかな仮説が提出されているに止まっていると思われる。そうした現状認識のもとに、諸々の疑問点や問題点を克服するには、菊池徹夫氏のトビニタイ土器群の編年案（Ⅰ→Ⅱ）に対する、これまでの否定的な評価を見直し、逆転編年説の立場から、北海道島における小細別編年網の達成をめざした新しい研究の展開が求められよう。

　佐藤達夫の環オホーツク海域を視野に入れた北方編年案（佐藤1972）には、そうした作業を進めるための重要な道標が示されている。しかしその意義は、いまや残念ながら「忘失」された状態にある。近年における資料の増加に伴い、佐藤説は種々の修正を必要としているが、サハリン島から千島（クリル）諸島へ拡散した先史土器群を、系統的、年代的、地理的に、矛盾なく体系的に解明するための「鍵」は、本州島、サハリン島・極東地域、千島（クリル）諸島をも視野に入れた、氏の環オホーツク海域編年案の構想をおいて他には見当たらない。

　1972年以前に報告された資料から、この画期的な編年構想をどのように読み解き、また、現在の資料から、それをどのように見直すと、21世紀にふさわしい北方先史土器編年の「新地平」が拓けるのか。当面は、通説編年に対する数々の疑問を糧としながら進む以外に、適当な方法は無いように思われる。

註

(1) 戦前の北方編年案は、『ドルメン』と『人類学先史学講座』に発表されている（河野1933a・1935）。その原型となるのは、おそらく杉山寿栄男の「北海土器」分類案であろう（杉山1932）。ただし、これには河野広道の教示が盛り込まれている。なお本稿では、以下、「オホーツク式土器」（オホーツク式）の呼称を一般的な通称として、便宜的に用いたい。その用語の示す土器系統の範囲と、その呼称法上の問題については、多くの

(2) この調査は、1949年(昭和24)の7月から8月にかけて、斜里・宇登呂・遠根別・朱円など、知床半島の西部域の諸遺跡に対して組織的に実施された。その概要は、『河野広道ノート』に詳しく掲載されている（宇田川編1981）。いずれの遺跡においても、佐藤達夫の精細な図面が掲載されており、発掘日誌も引用されている。それらは調査・観察、記録における、学生、佐藤達夫の尋常ならざる力量を伝えていて興味深い。

(3) 以下の「オホーツク式土器」の各型と標本例の対比は、筆者の判断による。

(4) 道東部では、AC型の良好な実例に接していない。BC型は、後で触れるようにモヨロ貝塚に好例がある。それより新しいものとしては、ウトロ海岸砂丘遺跡1号竪穴の床面土器の一部があげられる（駒井編1964：fig 84-1ほか）。

(5) 『網走市史』（河野1958）では、「オホーツク式土器」の編年に関して、モヨロ貝塚で認められた層位事実を利用したことが明記されている（河野1955：123）。また、モヨロ貝塚の調査成果はこれより早く、いくつかの啓蒙書に紹介されている（児玉1948・名取1948ほか）。おそらく、それらも参照されたであろう。

(6) この調査には、原田淑人・駒井和愛・名取武光・河野広道・児玉作左衛門・米村喜男衛・大場利夫など、錚々たる研究者が参集しており、東京大学文学部の考古学科に転じてまもない佐藤達夫も、10号竪穴の調査に参加している。

(7) なお写真図版にも、擦紋土器は掲載されていない。報告書では、わざわざ他地点の資料が紹介されており、はたして貝塚地点で変容していない真の擦紋土器が出土しているのかどうか、疑問に思われる。未発表の資料に含まれているのであろうか。

(8) 副葬品の項で説明されているが、出土層位は残念ながら特定できない。また、図版中の墳墓写真にある土器についても、出土層位と時期は明らかでない。なお、貝塚地点の土器と墳墓の土器の対応関係については、調査直後に名取武光が指摘している（名取1948）。

(9) 佐藤達夫が調査助手に招かれたのは、河野広道とともに従事したモヨロ貝塚10号竪穴での働きぶりが認められたからと思われる。知床・斜里方面の調査活動では河野の懇切な指導があり、その翌年に卒業論文「オホーツク文化私考」（1950）をまとめている。『オホーツク海沿岸・知床半島の遺跡』（1964）の刊行以前、そして以後における北方考古学の展開を理解するうえで、敗戦後も北方編年に強い関心を寄せていた山内清男（吉崎1984）と河野広道に対して、佐藤達夫が私淑し、研鑽を重ねていたことは、あらためて注意されてよいであろう。

(10) 栄浦第二遺跡では、オホーツク式期の竪穴から多様な土器が出土している。これは他遺跡に見られない特異な現象であって、遺跡形成史の観点から、その原因を正しく解明しなければならない。逆転編年説の立場から、どのように通説編年の見直しを進めることができるか、それが「鍵」になるであろう。

(11) 1・2号竪穴の土器が区別しがたいほど似ていることは、すでに金盛典夫氏が指摘している（金盛1976b）。ただし、両竪穴から出土したd・e群に比定される土器の時間差は、きわめて短いと考えられている。

(12) 竪穴プランの重複例は、モヨロ貝塚やウトロチャシコツ岬下遺跡をはじめとして、道東部の広い範囲で発見されている。モヨロ貝塚より以西では川西遺跡、知床半島では合泊遺跡やトビニタイ遺跡、根室半島ではオンネモト遺跡などがあげられる。一方擦文文化では、藤本強氏が指摘したように、重複する竪穴の例は皆無に等しい（藤本1982a）。なお竪穴の再利用については、青柳文吉・椙田光明の両氏がつとに注目し、オホーツク文化に特有な居住パターンに由来すると指摘している（青柳1995・椙田1996）。

(13) 註(12)を参照されたい。

(14) 大井・大場（1976）の第31図6を参照されたい。

⒂　以下、擦紋土器の佐藤編年案については、便宜的な理由から、宇田川洋氏が提案した表記法（宇田川1980a）に準じることとする。

図版出典

第9図　1～3・5～9：河野（1955・1958）　4：宇田川編（1981）
第10図　1・2：大場（1956）　3：名取・大場（1964）
第11図　1～5・7～10・11～14：名取・大場（1964）　6：佐藤（1964b）
第12図　1～13：佐藤（1964b）
第13図　1～11：駒井・吉田（1964）
第14図　1・6～8・13・19・20：駒井・吉田（1964）　2～5・10～12・17・18・21・30・31：名取・大場（1964）　9：大場（1956）　14～16・22～29：佐藤（1964b）
第15図　宇田川編（1981）・河野（1955）
第16図　1～25：宇田川編（1981）
第17図　1～10：野村・平川編（1982）　11～20：宇田川（1971b）　21～28・30～32：宇田川編（1981）　29：河野（1955）
第18図～第20図：駒井編（1964）
第21図～26図：東京大学文学部考古学研究室編（1972）
第27図　1～19：東京大学文学部考古学研究室編（1972）　20～28：駒井編（1964）　29・30・32・35・37：佐藤（1964b）　31・34：名取・大場（1964）　33・36：駒井・吉田（1964）　38・39：宇田川編（1981）
第28図　1・2：大場（1960）　3・5・7・8：東京大学文学部考古学研究室編（1972）　4：豊原・福士（1980）　6・14～17：宇田川編（1981）　9～13：宇田川（1971b）
第29図　1・2：上屋（1994）　3・7：駒井編（1964）　4～6・18：東京大学文学部考古学研究室編（1972）　8・10・11：豊原・福士（1980）　9：大場（1960）　12・13：金盛（1976a）　14～17：大沼・本田（1970）
第30図　1・14：東京大学文学部考古学研究室編（1972）　2～10：金盛（1976a）　11：駒井・吉田（1964）　12：大場（1956）　13：藤本（1966）
第31図　1～10：澤・宇田川ほか（1971）　11～15：東京大学文学部考古学研究室編（1972）
第32図　澤・宇田川ほか（1971）

第2章　道東・道北を対比した広域編年の試案

第1節　南千島から利尻島へ －道東・道北編年の対比 (1)－

はじめに

　1999年秋に釧路で開催された日本考古学協会の大会において、千歳市のウサクマイN遺跡から発見されたソーメン紋土器が公開され、多くの研究者に注目された。札幌低地帯の一角から、ソーメン紋土器が出土するとは、これまで誰もが想像していなかったに違いない。しかも少し離れたところから、皇朝十二銭の富寿神寶(初鋳814年)も出土したという。これはまさに、通説の北方編年にとっては、お誂え向きの出土事例と評価されよう。

　遥かオホーツク海と根室・釧路の沿岸域に分布するソーメン紋土器が、いかなる事情から札幌低地帯の一角に現れたのであろうか。それを明らかにするには、通説の北方編年案においても、幾つかの解決すべき問題があると推察される。一方、皇朝十二銭よりも、ソーメン紋土器の方が新しいと考える立場では、道東のみならず道北・道央、道南を結ぶ、全道レベルの北海道島の編年案を構築することが、早急に求められるであろう。

　そこで小稿では、先の道東編年の見直し案(柳澤1999a・b)を踏まえ、南千島と利尻島の周知の資料に焦点を当て、ソーメン紋土器とトビニタイ土器群Ⅱ、擦紋土器の関係をあらためて検討してみたい。それから香深井1(A)遺跡や元地遺跡の資料をもとに、通説化した道北編年案の疑問点を探り、新しい道東編年案と対比したい。また最後に、ウサクマイN遺跡のソーメン紋土器についても、少しく触れる予定である。

1. ソーメン紋土器以前の千島(クリル)諸島の土器

　千島(クリル)諸島の遺跡が盛んに踏査され、発掘されたのは、遥か60余年も昔のことである。戦後はロシアに領有され、日本独自のオホーツク文化の調査は行われていない。近年はロシア側の調査例も増加しているが、いずれも僅かな資料が紹介されているに止まる。

　北海道島に比べると、利用できる資料は圧倒的に少ない。しかも南千島に片寄っており、千島(クリル)諸島を一望した編年体系の見通しを立てることさえ、思うようにならないのが実状である。通説の北海道島の編年案を見直しながら、将来の発掘調査に期待をかけるほかはない。

　ここでは、これまでに公表された資料の中から、特に南千島の特異な資料に注目したい。

1）「南千島」の一例

　第33図1は、『北海道原始文化聚英』（河野編1933b）に「南千島」出土の土器として掲載されているものである。誰もが周知している土器と思われるが、これまで特に注意されたことはない。原図版はピントが甘く、拡大鏡を用いても装飾の細部に分からないところがある。

　かなり大きな壺形土器と推定されるが、データは記載されていない。口縁は幅広くやや肥厚しているようであり、頸部から大きく外反している。その上端には、皮紐状のソーメン紋（河野1955）が施されている。下端にも、その一部が残っているが、剥落した部分には、細い沈線が引かれているように見える。

　貼付紋の下に沈線のある土器は、枝幸町の目梨泊遺跡や旧湧別町の川西遺跡、根室市のオンネモト遺跡など、広い範囲からかなり出土している。いわゆる「融合形式」（石附1976）の擦紋土器を除くと、この種の描線は、擬縄貼付紋土器やソーメン紋土器に限って認められる。その系統上の由来をさぐると、道北から道東、南千島方面へと拡散した、古い刻紋・沈線紋系の土器に遭遇する。この広域的に拡散した土器は、時期が新しくなるにつれて、しだいに沈線紋系から浮紋化する傾向を強め、やがて貼付紋系土器へ移行する様子が窺える[註1]。あたかも下書き線のように見える残存した「南千島」例の沈線は、その終末段階の姿を示しているのであろう。

　ところで、知床半島西海岸の中央部にオロンコ岩洞穴という遺跡がある。そこでは、この沈線紋が浮文化するプロセスを物語る非常に興味深い資料が出土している。この遺跡は墓域としても利用されたらしく、墳墓が検出されている。また、骨角器や石器・鉄鍋などの生活用具も豊富に発見されている。土器類の大半はオホーツク式土器[註2]で占められ、河野広道のオホーツク式の「型」別編年案（河野1955・1958）にしたがうと、B型（舟形刻紋）やC型（擬縄貼付紋）、D型（ソーメン紋）、そして続縄紋土器などに分類される。

　この中で特に注目されるのは、**第34図**の擬縄貼付紋土器（1・2）と沈線紋土器（3）とソーメン紋土器（4～6）である。編年

第33図　「南千島」出土の擬縄貼付紋土器の一例

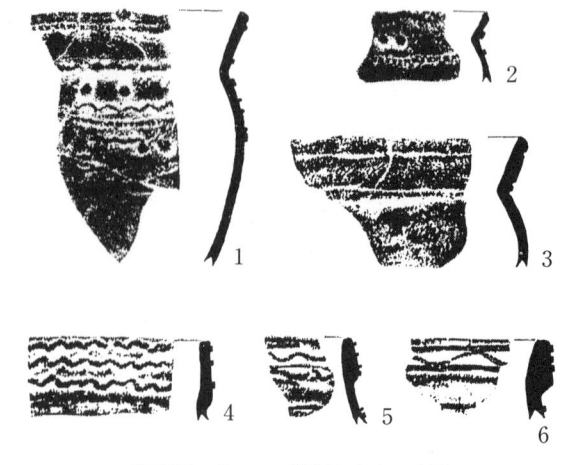

第34図　オロンコ岩洞穴出土の土器

的にみると、これらはどのあたりに位置するのであろうか。試みに、1例の口縁部に引かれた直線と擬縄貼付紋を皮紐状のソーメン紋に取り替えてみよう。それから頸部を独立させ、そこに沈線仕立ての紋様帯を嵌め込む。さらに胴部の装飾紋を外して、代わりに五つ玉の貼付紋を施すと、「南千島」例とそっくりの土器ができあがる。このプロセスには中間の段階があると推定されるが、「1例→「南千島」例（プロト・ソーメン紋土器）→ソーメン紋土器（4，5・6）」という序列は、まず確実であると思われる[註3]。

つぎに、1例と器形が酷似する3例に注目したい。2本の下書き沈線の上に皮紐状のソーメン紋を貼りつけると、口縁部は「南千島」例と区別できなくなる。これは3例が「南千島」例と系統的に密接な関係を有するからであろう。これまで、擬縄貼付紋土器に稀に伴う沈線紋系の土器はほとんど注意されていないが、栄浦第二遺跡・川西遺跡・オンネモト遺跡など、常呂周辺から根室半島までの広い範囲で発見されている。ただし時期的には、やや幅があるように見える。

いずれも1・2例のような擬縄貼付紋器に伴うものと思われる。「南千島」例には、この擬縄貼付紋が見当たらない。しかし口縁部のソーメン紋の形状が、皮紐状から断面が蒲鉾型に変わり、口縁部の肥厚が一般化すると、ソーメン紋土器へと移行する。そのプロセスは、オロンコ岩遺跡の資料に対して、「南千島」例とモヨロ貝塚の採集品を挿入すると、つぎのようにスムーズに捉えられる。

(1)　擬縄貼付紋土器（C型）　　　　　：オロンコ岩遺跡（1・2＝3）
(2)　（モヨロ貝塚例）　　　　　　　　：（註3）を参照
(3)　プロト・ソーメン紋土器（C型末期）：「南千島」例（第33図）
(4)　ソーメン紋土器1（D型）　　　　：オロンコ岩遺跡（4）
(5)　ソーメン紋土器3（D型）　　　　：オロンコ岩遺跡（5・6）

つぎに胴部を観察したい。「南千島」例の肩に当たる部分には、五つ玉のボタン状の貼付紋が等間隔に配列されている。類例は少ないが、トコロチャシ遺跡の付近で出土した完形土器に好例がある（菊池1989）。図を省いているが、これはソーメン紋土器3に比定されるもので、南千島例よりはずっと新しい。栄浦第一遺跡には、ソーメン紋土器1に比定される例がある（右代1990）。ただし、そのボタン状貼付紋には刺突が施されている。

ところで、ボタン状ないしポッチ状の貼付紋は、沈線紋土器や擬縄貼付紋土器ではごく一般的に用いられる。通常は1～3個が1単位となり、「南千島」例のように5個で1単位になる例は寡聞にして知らない。このタイプは、「南千島」例の時期になって初めて登場したのではなかろうか。

つぎに頸部の紋様である。並行線に挟まれた鋸歯状モチーフは栄浦第二遺跡に好例がある。**第35図**の1・4・8例などの沈線紋系土器である。いずれも竪穴の埋土中から出土しており、時期を特定できない。BC(新)型より新しく、D型よりも古く、C型の擬縄貼付紋土器（5～7，9・

74　第2章　道東・道北を対比した広域編年の試案

10）に伴うものと思われる（柳澤1999b：62-64，76-82）。

　形態的には、並行線・鋸歯状文のどちらも、1条と2条の二タイプが区別される。型式学的には単線の方が古く、複線化したものが新しいように思える。この見方は、香深井1(A)遺跡の層位事実(註4)によって傍証される。他方、栄浦第二遺跡では、双線タイプ（4）→単線タイプ（1）という変遷も想定される。

　4例や8例の鋸歯状紋は、「南千島」例に類似している。しかし、「南千島」例の並行線は単線であり、鋸歯状文は山形の独立モチーフとして描かれている。この点からみて4・8例の直系であるとは単純に言えない。仮に1例が擬縄貼付紋土器に伴うならば、「南千島」例と系統的に無関係であるとは考えにくくなる。

　そこで視点を変え、「南千島」例の髭状の刻線に注目したい。擦紋土器において、鋸歯状紋に髭状の刻線が付けられるのは、どの時期であろうか。佐藤達夫の擦紋土器編年案（佐藤1972：467-478）を参照すると、Ⅰ・Ⅱ・Ⅲ期の標本例で刻点を持つ例がある。

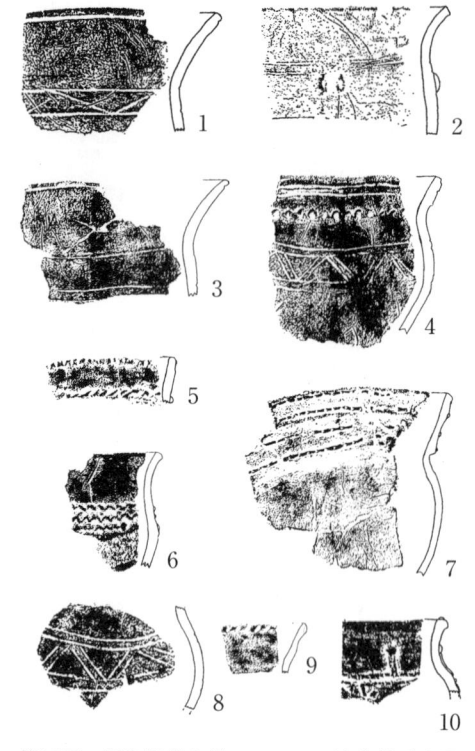

第35図　鋸歯状紋を持ついわゆる沈線紋系土器とその伴出資料

しかし、髭状の刻線を持つものは見当たらない。Ⅳ期でも、その前半には類例が無く、末葉になると刻点タイプが復活し、髭状の刻線を持つ例が登場する。刻点は「擦紋Ⅴ」の古い例にも存続するが、新しいものでは、鋸歯状紋に沿って髭状(線状)の刻線を盛んに施すようになる（第36図1～7，佐藤：478-479）。

　一方、髭状の刻線を伴う鋸歯状紋には形態的な変化がある。1～2本の沈線（1・3，8）や2本の擬縄貼付紋（6・7）、皮紐状のソーメン紋（5）の間に挿入され、3～4本か、それ以上の刻線で描かれるものなど、様々である。「南千島」例と瓜二つのタイプは見当たらない。しかし、3本刻線の鋸歯状紋（1・8）や髭状の刻線（3・6・7）などは、「南千島」例に酷似する要素と言える。8例などでは並行線を単線に代え、鋸歯状紋を分離して山形のモチーフを施紋する。さらに、それに髭状の刻線を加えると、「南千島」例の頸部紋様と瓜二つになる。

　さて第36図に示した資料は、誰もが終末期の擦紋土器と認めるものである。その一部には、「南千島」例と同じ皮紐状のソーメン紋（4・5）や擬縄貼付紋（3・6・7）が施されている。これらには、「トビニタイ土器群Ⅰ」（菊池1972：452-453）が含まれている（4～7）。その器形をみると、口縁部は屈曲を失って軽く外反し（佐藤1972：478-479）、頸部以下はやや直線的に窄まる。これはトビニタイ土器群Ⅱに繋がる特徴と言えよう（3，4～7）。紋様帯が複段化し（1・3）、頸部が無紋扱いされて独立化するなどの、注目すべき変化も認められる（3～6）。ほとんど刻線

紋に終始していた紋様描線（柳澤1977・1990a・2006c：169-183）が、浮紋化の傾向を帯びていることには、きわめて重要な意味があると思われる（1～3→4～7）。

いずれの変化も、明らかに擦紋土器自身の変容を示すものである。これはおそらく、C型の擬縄貼付紋土器の広域的な拡散に伴い、各地で擦紋土器とオホーツク式土器が接触したことから生じた現象であったと考えられる。そのとおりならば、擦紋末期の土器と擬縄貼付紋土器は、言うまでもなく時期的に並行していたと認められよう（柳澤1999b：82-94）。

それでは、「南千島」例の頸部の紋様帯は、どのように成立したと考えられるか。以上の分析を踏まえると、この紋様帯に関しては、沈線紋系土器の鋸歯状文（第35図1，8）と「擦紋Ⅴ」（佐藤1972：前出）の髭付き鋸歯状文（第36図6・7）を合体したものと解釈するのが、最も合理的であるように思われる。

つまり、沈線紋系土器の鋸歯状文を擦紋風に3本仕立てとし、並行線を単線に変え、鋸歯状文を左右に分離して山形モチーフとする。それに擦紋Ⅴの髭状の刻線を施し、擬縄貼付紋土器の頸部に嵌め込む。そのような複雑な操作が行われた、と想定できるのではなかろうか。

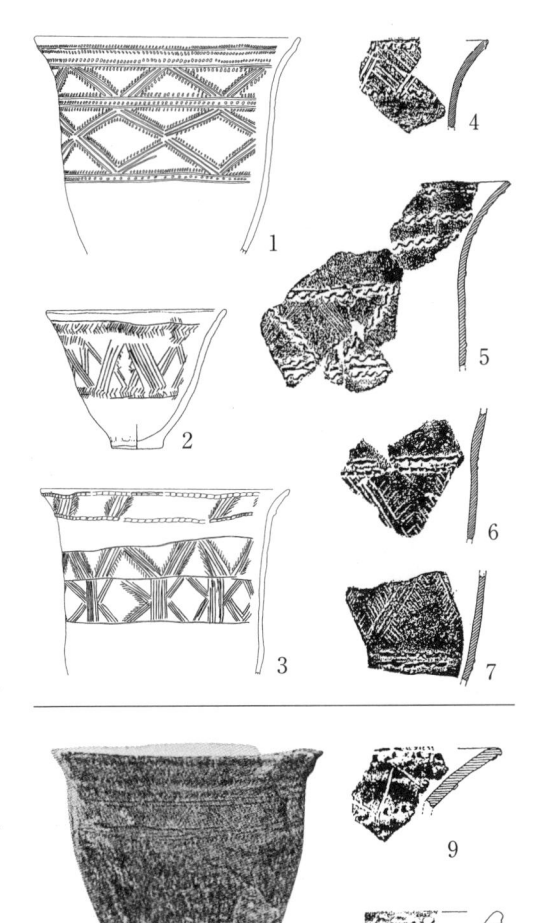

第36図　鋸歯状紋を持つ擦紋Ⅳ・Ⅴ期の土器

このように考えれば、「南千島」例は、擬縄貼付紋・沈線紋・擦紋土器の各要素を合成した、一種のキメラ（折衷）土器と認められよう。これは擦紋末期における鋸歯状紋（9・10）とともに、渡島半島域の集団とモヨロ貝塚―幣舞遺跡以東における道東の諸集団の歴史を探るうえで、きわめて重要な資料になると思われる。

2）エトロフ島の一例

以上に引用した「南千島」例は、長い間孤立した資料であったが、1974年にゴールベフがエトロフ島の調査を行い、初めてその類例が発見された。レイドボⅠ遺跡の擬縄貼付紋土器（第37図）がそれである。

口縁部には4条、頸部には2条、そして胴部には3条のやや太いの擬縄貼付紋が施されている。

第37図　エトロフ島ロイドボI遺跡出土の擬縄貼付紋土器

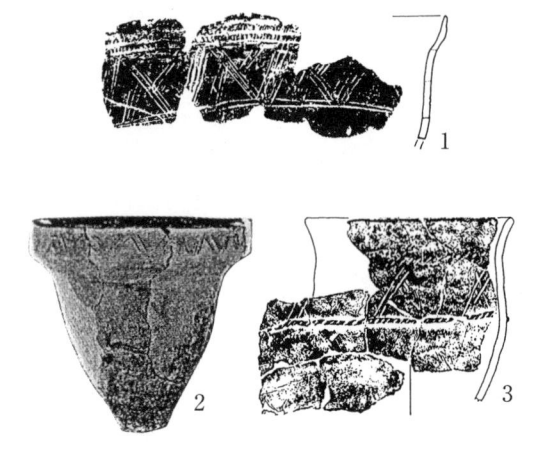

第38図　鋸歯状紋と擬縄貼付紋を持つ擦紋末期の土器

　その下には、「∧」形の連接鋸歯状文が垂下され、さらに魚紋が施されている。
　刻線による動物モチーフを持つ土器は、B型：刻紋土器の時期には存在するが、C型：擬縄貼付紋土器の時期には知られていない。擬縄貼付紋土器で胴部の下半に鋸歯状の「∧」形紋を持つ例は、おそらくレイドボI遺跡が唯一であろう。「南千島」例とは異なり、「∧」形紋の上下を画する沈線は見当たらない。描き方はやや雑に見える。形態的には、山形をなすA型と「人」の字形に近いB型の、二種類が区別される。
　A型モチーフの類例は、エトロフ島内で戦前に発掘されている。留別周辺遺跡の竪穴住居跡から採集された2例である（名取1974）。一見して擦紋土器とも、トビニタイ土器とも言い難い。いかにも風変わりな肥厚口縁の土器という印象を受ける。モヨロ貝塚にも器形を異にするが、類似のモチーフを持つ土器がある（大場1956：18図b154）。
　A型のモチーフは、別文献の写真（大井編1982：168）を見ると、少し間隔をおいて独立的に扱われているように見える。この点でレイドボI遺跡例と異なる。ただし、「∧」形紋の上を画す擬縄貼付紋は無く、また施紋された位置も違う。名取はこの土器を「擦文土器の影響を受けたオホーツク式土器」と理解しており（名取1974）、石附喜三男は、「擦文式土器の千島における変形」であると発言している（前出：168）。
　これには精巧でない「貼付式浮文土器」が伴うと指摘されているので、擬縄貼付紋ないしプロトソーメン紋段階の土器が伴っていると推定される。もしそのとおりならば、2例はレイドボI遺跡例に近い時期と考えられる。また、内耳土器の連続鋸歯状文（菊池1980：第46図）や道南における擦紋末期の鋸歯状紋（青苗貝塚など）との類似性を考慮しても、年代的にみて大きな齟齬はないと思われる。
　つぎにB型のモチーフである。根室市の弁天島西貝塚にその好例がある（第38図3）。2条の幅

広い擬縄貼付紋の間に、間隔をおいて、B型の大きなモチーフが施されている。ただし、斜行描線は「人」の字形に描かれ、交点が中央よりにずれている。知床半島のオタモイ1遺跡には、このずらし描線を用いた「鋸歯状文+擬縄貼付紋」を持つ擦紋土器がある(1)。

こうした描線が互い違いになる鋸歯状文は、擦紋Ⅳでも終わりに近い時期に現れ、擦紋Ⅴにも見られる。したがって、その手法を用いた1例と3例は、時期的にレイドボⅠ遺跡例と並行するか、または近い時期と推定される。1例は擬縄貼付紋を持つが、皮紐状の貼付紋や髭状の刻線などの要素は見当たらない。その鋸歯状文は、なお擦紋Ⅳ期の特徴を止めており、終末段階に近いと思われる。レイドボⅠ遺跡の擬縄貼付紋は太く、「南千島」例より古いと見做せるから、擦紋Ⅳ期の終末より少し古い時期に比定できるであろう。

ちなみに擦紋Ⅳ期の甕形土器や高杯には、Aタイプの鋸歯状文を持つものがある。それは沈線系土器の鋸歯状紋(第35図1・4ほか)と、どのような係わりがあるのか。その点は、まだはっきり捉えられない。しかし、時期的に近い関係にあることは注目に値しよう。レイドボⅠ遺跡や留別周辺遺跡の鋸歯状文が、沈線紋系土器、擦紋土器のどちらに深く関わるにせよ、擬縄貼付紋土器との並行関係が疑問になる恐れは、まずないことと思われる。

したがってレイドボⅠ遺跡例は、擦紋Ⅳと擬縄貼付紋土器の並行関係を示唆する、貴重なキメラ(折衷)土器と評価できるであろう。

3)モヨロ貝塚編年と南千島の土器

モヨロ貝塚から採集された土器は膨大な数になる。そのうち1948年と翌々年の調査で採集された資料は、層位差と地点差、型式差を拠り所として、遺跡単位の編年が容易に編成できる(柳澤1999b:55-64)。**第39図**は、その一部を摘要したものである。

資料の序列を型式学的に整理すると、
   (1)   BC(新)型(1)→C型(2)
   (2)   沈線紋系土器との係わり、並行関係が推定されるC型(3・4)
   (3)   D型:ソーメン紋土器1(9・10)
   (4)   D型:ソーメン紋土器3(11・12≒13・14)
となる。オロンコ岩の擬縄貼付紋土器(5)は、型式学的にみて、1・2例より明らかに新しいものと思われる。

しかし3・4例との新旧関係ははっきりしない。口端部の作り方から見れば、5列も6例も、3・4例よりは新しいであろう。5例=6例ならば、どちらも擬縄貼付紋が多段化したレイドボⅠ遺跡の7例よりは古いと認められる。8の「南千島」例は、口縁部に皮紐状のソーメン紋を持つ。この点で、7のレイドボⅠ遺跡例よりは確実に新しいと考えられる。

したがって、「5+6例→7例→8例」という編年が想定される。3・4例と5・6例は年代的に近い可能性があるから、これらの土器は、モヨロ貝塚の1・2例と9〜12例の間に収まる。またオロンコ岩遺跡の13・14例は、ソーメン紋土器3に比定されるものであるが、モヨロ貝塚10

号竪穴の最新段階の11・12例よりも、型式学的にはやや下るものと思われる（9・10→11・12→13・14）。

以上の分析によれば、7・8例などの南千島のキメラ(折衷)土器が擦紋末期に並行し、ソーメン紋土器1以前に位置するのは確実である。したがって道東のみならず、南千島においても、擦紋土器はソーメン紋土器やトビニタイ土器群Ⅱよりも早く消滅したと考えられよう。

ところで、通説の道東編年の拠り所とされる二ツ岩遺跡では、変容した土師器や古い擦紋土器がソーメン紋土器と共伴したと報告されており、東大編年の擦紋第1・2（駒井編1964：152-157）に対比されている（野村・平川編1982）。この意見にしたがうと、7例や8例のキメラ(折衷)土器は、擦紋第1の古い部分か、または、それ以前に位置することになる(註5)。

それでは、その時期の札幌低地帯に、はたして髭状の刻線を持つ3本沈線の鋸歯状文が存在するであろうか。確かに二ツ岩遺跡において、変容した土師器や擦紋土器が竪穴の床面上や骨塚上部から伴出したという事実は疑いない。しかしながら伴出すれば、そのまま「共伴」であると認める考え方には、何も問題が無いのであろうか。

仮に、二ツ岩遺跡の出土状況を「共伴」と認めた場合、「南千島」例やレイドボⅠ遺跡のキメラ(折衷)土器は、どのように説明されるのであろうか。これを擦紋第1より以前、すなわち広い意味での北大式に対比するのは困難であろう。

著名な元町遺跡の「共伴」事例（大場1960）とともに、二ツ岩遺跡の事例についても、改めて見直す必要があるのではなかろうか（柳澤1999b：84-89）。

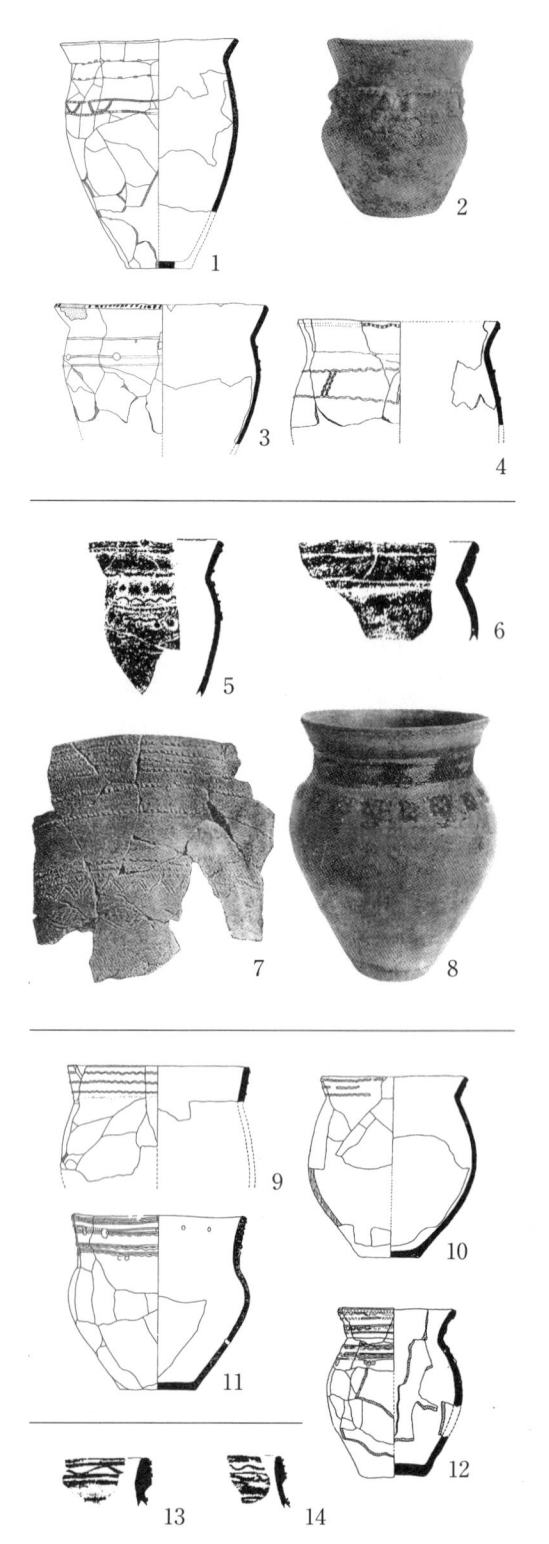

第39図　知床半島・南千島の資料を挿入したモヨロ貝塚編年案

第1節　南千島から利尻島へ　79

2．亦稚貝塚第3ブロック出土の土器について

　利尻島の亦稚貝塚は、『香深井遺跡 上』が刊行された直後の1977年に緊急調査された遺跡である。翌年には早くも報告書が刊行され、その豊富な内容により大いに注目された。香深井1(A)遺跡との比較において、また、道北編年を本州島と対比する際の要になる遺跡としても、これまで亦稚貝塚の特定資料は、つねに取り上げられて来た（青柳1996：305，小野1998a：358-359）。

　しかしその影に隠れて、これまで注意されなかった資料もある。その中から3点の完形品を選び、利尻島でも通説の道北編年案が成り立つかどうかを検討してみよう。

1）ボタン付きのネガ窓枠紋土器

　亦稚貝塚では、ススヤ式期の竪穴1基と貝塚、3地点の包含層が検出されている。報告書によれば、この3つの包含層には、層位的にみると、

(1)　第1ブロック（円形刺突文・刻文：亦稚Ⅰ）
(2)　第2ブロック（刻文＋沈線文：亦稚Ⅱ）
(3)　第3ブロック（貼付文・線描文：亦稚Ⅲ）

という序列が認められるという（岡田ほか1978：107-108）。

　第3ブロックのH・Ⅰ区を広く被う焼土層から、**第40図**1の土器が出土している。その周囲には、1例を囲むように摩擦式浮文や「沈線＋刻紋」の完形品や破片資料がまとまっており、いずれも亦稚貝塚における「最も新しい時期」に属すもの、と捉えられている。2例も、第3ブロックと推定される撹乱土からの採集品である。ソーメン紋とボタン状の貼付紋を持つ。一見して、1例と近い時期と認められよう。ボタン状の貼付紋の付け方が特異で、道東でも稀な土器である。1例に類似したものも発見されていない。

　これはソーメンと直線の組み合わせ方からみて、第3期に比定されることは疑いない。しかし窓枠状の無紋部は別である。これはソーメン紋土器では、ごく稀なモチーフに属する。二ツ岩遺跡の1号竪穴から、わずかに一例が出土しているに過ぎない（**第41図**6）、これはソーメン紋土器3に比定されるから、亦稚貝塚の1例と時期的には一致する。

　それでは、亦稚貝塚のネガ状の窓枠紋は、二ツ岩遺跡のソーメン紋土器（6）に由来するのであろうか。器形はまったく異なる。胴部の紋様も、二ツ岩例は分帯型であり、亦稚貝塚例は一帯型であるから、類似性に乏しい。ボタン状の貼付紋の用い方も異なる。むしろトビニタイ

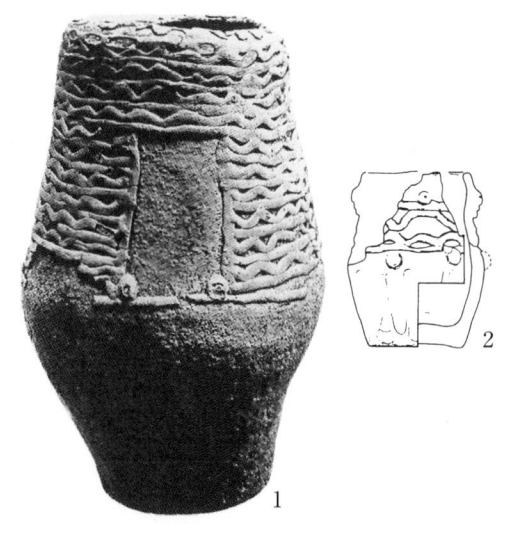

第40図　亦稚貝塚出土のソーメン紋土器

土器群Ⅱの方に、赤稚貝塚例と類似した特徴が顕著に認められる。例えば窓枠状の無紋部である。ここでは詳細に及ばないが、これは先行するトビニタイ土器群Ⅰ（須藤遺跡ほか）やトビニタイ土器群Ⅰ-Ⅱ（「中間的なもの」：1例）に見られるので、これらからトビニタイ土器群Ⅱに継承されたものが、ソーメン紋土器に取り入れられたと考えられる（1→2・3→+→4≒5＝6）。

そこで4例に注目したい。その窓枠作る円形貼付紋連繋線は、もとは沈線紋系土器や擬縄貼付紋土器に施紋されていた要素である。5例では、その部分が太い直線になっており、ソーメン紋土器3期の6例では、それが2本の波状ソーメン紋に変換されている。須藤遺跡の包含層資料には、2本の貼付線の間にドーナツ状の貼付紋を挿入する例がある。赤稚貝塚例は、須藤例に後続する土器や4例などを変形して、無紋の窓枠部を作っているように思われる。

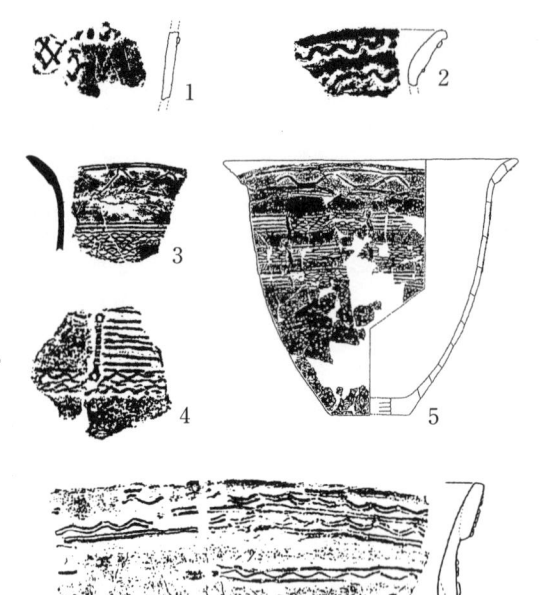

第41図　窓枠紋モチーフを持つトビニタイ土器群とソーメン紋土器

このように観察すると、トビニタイ土器群Ⅱと赤稚貝塚の1例は、意外に近い関係にあると考えられよう。そこで赤稚貝塚のソーメン紋土器を観察してみたい。写真図版によると、1例のソーメン紋には撫で付けられたような痕跡があり、断面はやや平坦であるように見える。トビニタイ土器の貼付紋の断面も一般に四角い、あるいは方形になると指摘されている（菊地1972a：註21・1977，青柳1996ほか）。

2例については、写真図版が無いためよく分からないが、胴部の紋様構成からみると、1例よりは古いものと見做せる。やはりソーメンは押し付けられており、その断面はやや平坦に見える。このような窓枠紋や断面形の特徴をトビニタイ系と見做すならば、赤稚貝塚の1・2例もまた、一種のキメラ(折衷)土器と認められることになるであろう。

エトロフ島の周辺から見ると、遥か500km余りも離れた道北地方の離島に、何故このような異質な紋様手法の土器が出現したのであろうか。その謎を解くには、まず何よりも優先的に、通説の道北編年に隠れている問題点を探らなければならない。

ここで、トビニタイ土器群と赤稚貝塚のソーメン紋土器の関係を整理しておくと、つぎのようになる。

(1)　ソーメン紋土器1＝トビニタイ土器群Ⅰ・Ⅱの「中間的なもの」（第41図3）
(2)　ソーメン紋土器2（第40図2）＝トビニタイ土器群Ⅱ
(3)　ソーメン紋土器3（第40図1≒6）＝トビニタイ土器群Ⅱ（第41図5）

2）海獣紋を持つ刻紋土器

つぎに窓枠紋を持つ土器と伴出した**第42図**1の土器を観察したい。小さな壺形の土器で、最大径は肩部にある。実測図では分からないが、口縁部と頸部の境は、沈線を引いたように軽く段になるらしい。その部分に古手の「∧」形の刻紋が等間隔に施紋されている。肩部にはクジラまたはイルカ、アシカ類と推定された海獣紋が八頭分、鋭い沈線で刻まれている。

報告書では、この土器は「沈線文系の土器群」の仲間として、先の窓枠紋の土器とともに「亦稚Ⅲ」に比定し、同時期のものと認めている（岡田ほか1978：45，107）。なるほど、**第43図**の出土状況からみれば、海獣紋土器と窓枠紋土器が伴出していることは微塵も疑いがないから、これ以上に明白な「共伴」事実は無いと考えられたのであろう。

だが、この二つの土器を「共伴」とみなした場合、はたして通説の道北編年は成り立つのであろうか。海獣紋土器の「∧」形の刻紋の類例を探索すると、礼文島の香深井1(A)遺跡はもちろん、稚内から知床半島を経て根室半島や南千島まで、きわめて広い範囲に分布しており、決して珍しいモチーフではない。

そこで、このモチーフの年代的な位置を検討してみたい。まず、栄浦第二遺跡の動物骨集積の土器から検討したい。**第44図**1～5例である。この他に擬縄貼付紋の小破片も含まれているが、完形土器とし

第42図　亦稚貝塚第3ブロック出土の海獣紋土器

第43図　亦稚貝塚第3ブロック焼骨付近の土器出土状況（岡田ほか編1978より）

ては、a. ソーメン紋土器3（3）、b. 舟形刻紋と∧形の刻紋の土器（4・5）の二者がある。骨類の集積された特殊な場所において、3例と5例が明らかに伴出している状況は、まさに亦稚貝塚に酷似している。両者の関係を「共伴」と認めれば、

(1)　ソーメン紋土器1期：栄浦第二遺跡の動物骨集積址（3例＝5例）
(2)　ソーメン紋土器2期：（欠落）
(3)　ソーメン紋土器3期：亦稚貝塚第3ブロック焼土層（第43図：第40図1＋第42図1）

という編年案が成り立つことになる。

しかしながら栄浦第二遺跡には、この明白な出土事実にもとづく編年案と、まさに正反対の層位事実が1972年に報告されている（東京大学文学部考古学研究室編1972：328-338）。先にも引用した9

号竪穴の資料である（6〜15）。この竪穴は重複しており、「下層オホーツク面(14・15)→上層オホーツク面(10〜13)→埋土中（6〜9）」、という順序で土器が出土している。11例は、ソーメン紋土器3に比定されるから、埋土中の7例（ソーメン紋土器1）よりも新しい。これは単純に混入したものと考えてよいであろう。擦紋Ⅳの13例も、その可能性があるかも知れない。しかし13例は、擬縄貼付紋を持つ10例と年代的に近いと想定しておいても、大きな矛盾はなさそうである。

ここで特に注目したいのは、擬縄貼付紋を持つ12例や10例が、8〜9例よりも下位の層準から発見されていることである。ソーメン紋土器1の7例は、動物骨集積址の3例と同時期と見做せる。したがって3例と伴出した5例や、5例に先行すると思われる14例の間には、層位的に見ると、少なくとも8・9例や10・11例に相当する土器群が介在すると考えられる。

そのとおりならば、動物骨集積址のソーメン紋土器（3）と「∧」形の刻紋土器（5）が共伴するかどうかは、非常に疑問になって来る。亦稚貝塚の二つの完形土器（第43図）についても、当然ながら同じ疑問が生じることになろう。

3）モヨロ貝塚編年との対比

以上の観察から、亦稚貝塚の海獣紋土器の出土状況に関しては、何らかの事情でソーメン紋土器と混在した疑いが持たれた。それでは、道東部の「∧」形紋を持つ刻紋土器を観察しても、このような捉え方が可能であろうか。

そこで**第45図**を参照したい。これは、先に引用した「モヨロ貝塚編年」を軸として、それに若干の資料（6〜9，15）を加えて作成したものである。狭い範囲に注釈を要する資料を配列しているため、少し無理をしているところがある。

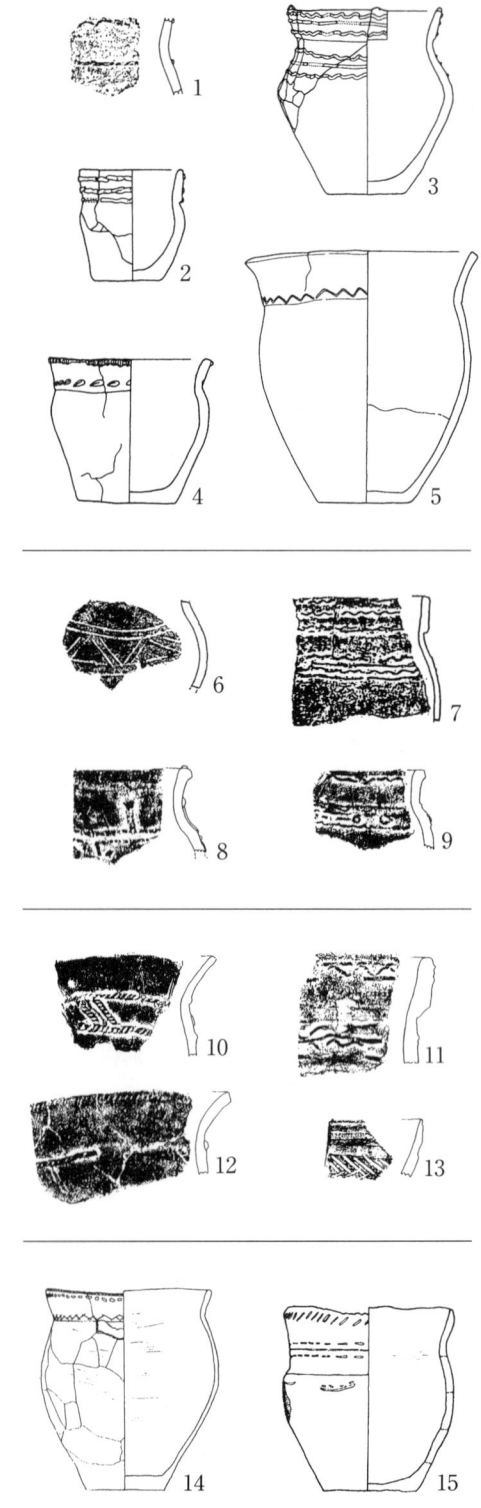

第44図　栄浦第二遺跡の「∧」形紋を持つ刻紋土器と参照資料

1・2例と3・4例は、モヨロ貝塚の貝層下土層から出土している。型押紋や刻紋を施し、肩部に大きな貼り瘤を持つ土器である。11例は、上位の貝層から採集されたBC型の刻紋土器であり、13例はそれに伴出した刻紋・沈線紋系土器である。11例の口縁部に注意すると、写真が不鮮明で紋様が施されているかどうか、はっきりしない。胴部には箍状の太い貼付帯がめぐり、鋭い刻紋が施されている。その一部は「＜」形で矢羽状になっている。

疎らな「∧」形紋を持つ15例には、この箍状にめぐる貼付帯がなく、代わって数条の擬縄貼付紋が施されている。14例では、箍の部分が退化して細くなっているが、時期的には15例に接近していると推定される。

5例は、モヨロ貝塚21号竪穴の資料である。これは口縁部に縦の舟形刻紋、胴部に横位の舟形刻紋を持つ。型式学的には1・2例や3例に近く、箍状の貼付紋がめぐる10・11・14・15例よりは古いと考えられる。したがってモヨロ貝塚では、貝塚地点の層序を援用すると、1・2例≒3・4例→5例→10・11＋13例→14例、15例という編年が仮設できる。

つぎに、オロンコ岩洞窟の資料（6・7）に注目したい。5例のごとき刻紋土器は、やがて横位に刻紋を施すようになり、6例のような3条タイプに変わる。7例は、後述の香深井1(A)遺跡の魚骨層資料を参照すると、6例に伴う可能性が高い。道東では、やや古手の「∧」形の刻紋を持つ土器である。根室市トーサムポロL遺跡の8例と目梨泊遺跡の9例の胴部には、鎹(カスガイ)形の把手を下に向けたような貼付紋がある。これは刻紋土器のごく古い時期には存在しない、異系統色の強い紋様要素と思われる(註6)。

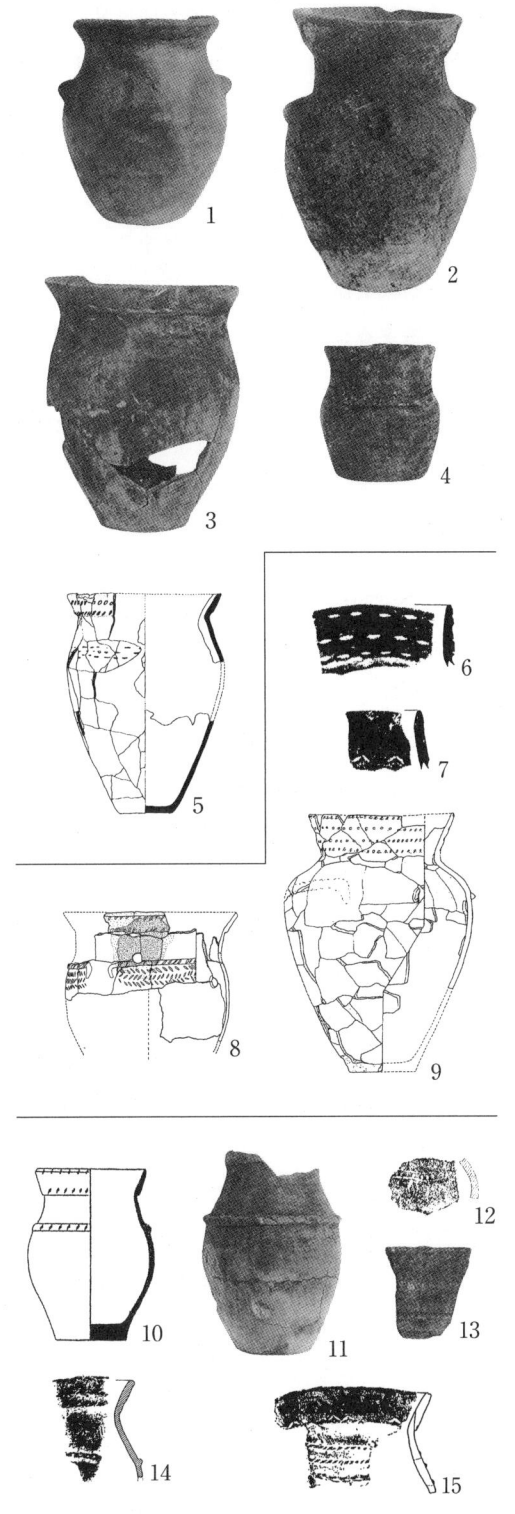

第45図 モヨロ貝塚における「∧」形紋を持つ刻紋土器の位置

型式学的には、モヨロ貝塚の採集品等も考慮すると、5例や6例から別系列の土器や異系統の
モチーフを持つ8・9例などが絡み合いながら、10・11例などに変化する様子がうかがえる。
8・9例と10・11例の新旧を層位的に証明する事実は、残念ながら知られていない。10・11例に
は15例が後続し、やがて真の擬縄貼付紋土器に接続するから、以上に想定した新旧関係には、特
に矛盾する点は無いと思われる。
　以上、モヨロ貝塚編年の補足をごく簡単に試みた。これにしたがうと、道東では、「∧」形紋
を持つ刻紋土器（7→(+)→15）から、C型：擬縄貼付紋土器の諸段階を経て、D型：ソーメン紋土
器が登場するまで、かなりの年代幅が想定されることになる。赤稚貝塚の海獣紋土器とソーメン
紋土器の間には、新旧のC型土器が介在するから、両者は、何らかの特殊な事情で併存している
疑いが濃厚になったと言えよう。すると通説の道北編年案も、そのまま成り立つのかどうか、と
うぜん疑問が生じることになる。そこで、再び道北のフィールドへ戻りたい。

3．香深井1(A)遺跡・元地遺跡編年の試み

　香深井1(A)遺跡の膨大な土器資料は、層位的な分類とセリエーション法により、統計的に整然
と編年されている（大井・大場編1976・1981，天野1977a・1979）。しかしながら、藤本強氏がつとに指
摘したように、複雑な遺跡の形成過程と層序及び出土状況を考慮しながら、このセリエーション
編年案を検証するのは容易でない（藤本1982b）。最初の試みとして、ここでは報告された層序に
拠りながら、特定の資料の型式学的な縦横の関係性について検討してみたい。

1）香深井1(A)遺跡の「∧」形紋を持つ刻紋土器と海獣紋土器の対比

　再び、海獣紋土器に施された「∧」形の刻紋に注目したい。第46図1～17は、魚骨層Ⅳより上
位層から採集されたものである。16・17例を除いて、いずれも「∧」形紋を持つ刻紋土器に伴う
か、又はその前後の時期のものを選んである。したがって、スペースの関係から省いた資料が多
数ある。層位順に資料を並べると、つぎのようになる。

　　(1)　1号d竪穴埋土：刻紋土器（1）
　　(2)　1号c竪穴埋土：刻紋土器（3）
　　(3)　魚骨層Ⅲ：刻紋土器（5，6・8）
　　(4)　魚骨層Ⅱ／Ⅲo：摩擦式浮文＋刻紋土器（10）、沈線紋器（12・13）
　　(5)　魚骨層Ⅱ：刻紋土器（14）
　　(6)　魚骨層Ⅰ：刻紋＋沈線紋系土器（16・17）

　(1)類から(3)類までの変遷は比較的スムーズにたどれる。しかし、(3)類期でも新しい段階の6・
8例と(4)類期の10例、並びに12・13例の間には、明らかに型式学的にみてヒアタスがある。さら

に、(5)類期の14例と15例が問題である。14例は、(3)類期の8例に近い土器である。15例も、胴部に5例のごとき横位の舟形刻紋を持っており、口縁部の特徴は7例に近い。14・15例が12・13例に後続し、にわかに先祖返りしたとは考えにくい。何らかの事情で混在したのではあるまいか。

　14・15例は、先に引用したオロンコ岩遺跡の刻紋土器（第45図6・7）に酷似している。これは偶然ではあるまい。モヨロ貝塚の層序に依拠した道東編年案では、刻紋土器からソーメン紋土器が登場するまで、かなりの年代幅が見込まれる。その点に留意すると、香深井1(A)遺跡の14・15例は、やはり混入した可能性が高いと考えるべきであろう。そこで両例を除いて、魚骨層Ⅱの別資料を介在させると、12・13例から16・17例への変遷はスムーズに捉えられる。

　つぎに「∧」形刻紋の変遷をたどると、「2例→4例→7例、9例→11例」となる。9例までは刻紋土器の系統である。11例になると口端部の肥厚が消えて、「∧」形もやや大きくなり、沈線も鋭く引かれる。口縁部の断面形は平頭タイプになり、12例や13例と等しくなる。11例はおそらく、この両例に伴うのであろう。

　このように想定した場合、亦稚貝塚の海獣紋土器（第42図1）は、香深井1(A)遺跡のどの層準に比定されるのであろうか。7例の口縁下部には、やや貼付紋状の膨らみがある。断面図では明らかでないが、その痕跡は9例にもあるように見える。海獣紋土器では、この下の部分が沈線を引いたように、ごく軽い段になっている。「∧」形モチーフの形状は9例に近い。しかし、その器形は11例と同様に異なるようである。「∧」形に「－」を挿入した11例の刻線は、海獣紋土器には見られない[註7]。その口縁部の幅

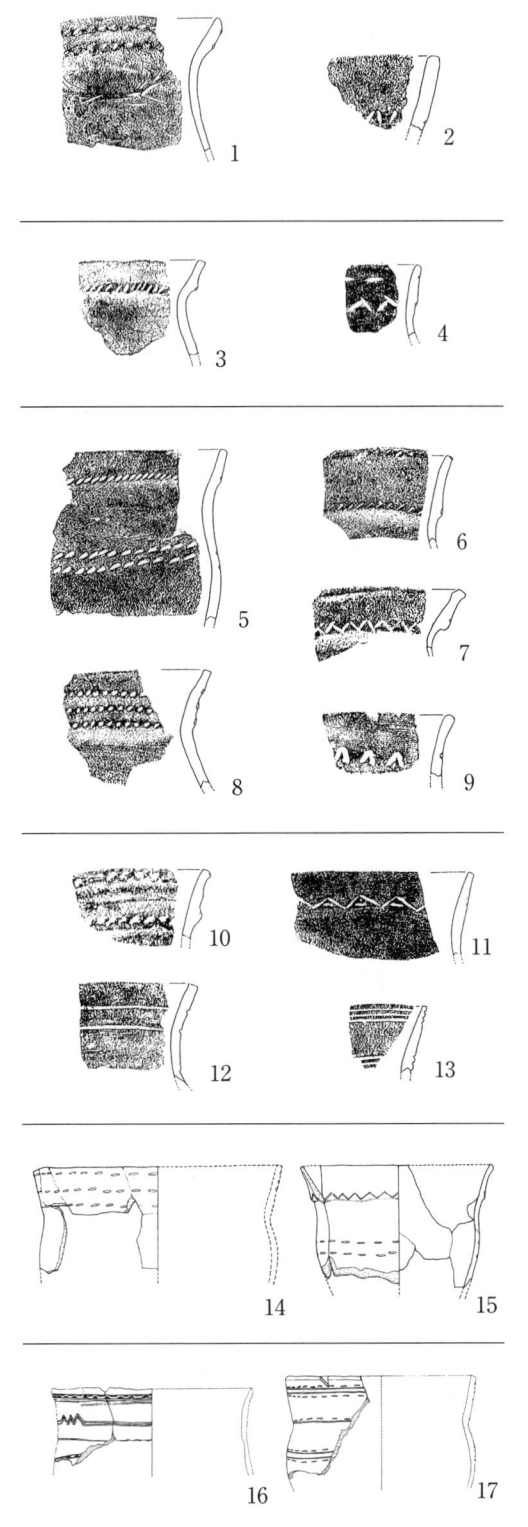

第46図　香深井1(A)遺跡の「∧」形紋を持つ刻紋土器とその伴出資料

は11例よりも広く、むしろ9例に近いことが注意される。

　適当な比較資料に乏しいが、以上の観察によると海獣紋土器は、ほぼ9例と11例の間に収まるように思える。これに伴出した他の土器からみても、この想定は矛盾しない。海獣紋土器とソーメン紋土器は、多数の焼けた黒曜石を含む焼土層の中央から、意識的に埋置したような状態で出土したという。その周囲では人工遺物も、自然遺物も、群を抜いて豊富に発見されており、イノカ風のクマの彫刻品なども出土している。報告者は、この一角を「祭祀的な意味を持つ」地点と捉えているが（岡田ほか1978：41）、まさに、その指摘のとおりなのではあるまいか。

　二つの完形土器は以上の分析によれば、まったく時期が異なると考えられる[註8]。なぜ何世紀も前の刻紋土器を、新しいソーメン紋土器の横にわざわざ安置したのか。これは儀礼的な意味を想定しなければ、とうてい理解できない行為と言えよう。こうした捉え方は、あるいは想像に過ぎると批判されるかも知れない。しかし香深井1(A)遺跡の層序にしたがい、また道東の類似した出土事例を参照すると、この儀礼説は、あながち荒唐無稽な発案であるとは言えなくなるであろう[註9]。

2）魚骨層Ⅰより上層の香深井1(A)遺跡編年

　先に魚骨層Ⅳに後続する1号竪穴から魚骨層Ⅰまでの層について、大筋の編年見通しを立ててみた。今度は、それより上層の資料を観察してみたい。

　第47図の1～2例は(6)類期とした魚骨層Ⅰの土器である。この層には大きくみて、2種類の土器が含まれている。刻紋を伴う1例と、それを欠いた2例である。型式学的には、1例→2例の序列が想定される。3～10例は、その上層の「黒褐色砂質土層」と一括された層準から出土したものである。層序にしたがうと、「1・2例→3・4例、5～10例」の順に変遷する。少し細かくみると、中間資料を欠いているが、「2例→7・8例」への流れも想定できる。問題になるのは、同一層に包含されていた擦紋Ⅳ期の3・4例と、やや粗雑なボタン状の貼付紋連繋線を持つ9例の関係である。

　9例のような土器は、1・2例を出土した魚骨層Ⅰ以下の層には存在しない。「黒褐色砂質土層」になると初めて登場する。この貼付線と沈線を併用した土器は、これ以後にどのように変化するのであろうか。先に引用した「南千島」例とは、一見してかなり距離があると認められる。最も似ているのは、先に引用した栄浦第二遺跡の資料（第44図9）である。これは9例より浮紋化が進んでいるが、ソーメン紋土器より古いことは、モヨロ貝塚編年を参照するまでもなく確実であると言える（第44図14→10→9→7）。

　つぎに、擦紋Ⅳ期の「古い部分」に比定される第47図の3・4例である。層位的にみて1・2例より新しいことは疑えない。では、両例とオホーツク式はどのように関係するのか。報告書の記述を参照すると、魚骨層Ⅰ・Ⅱを切って構築された4号竪穴の埋土には、古い擦紋Ⅳ期の完形土器と、1例よりやや新しい土器が含まれている。竪穴の時期は擦紋Ⅳ期に比定されるので、層序にしたがうと、「魚骨層Ⅱ→Ⅰ→4号竪穴：擦紋Ⅳ(古)→1例に後続する刻紋土器＋擦紋Ⅳ」

の順序で編年される。

　黒褐色砂質土層は、竪穴の埋土より上位に堆積しており、竪穴は、その「いずれのレベルから掘り込まれ」ていると、指摘されている（大井・大場編1976：230）。したがって擦紋Ⅳの3・4例は、1・2例よりも確実に新しいことになる。

　それでは、黒褐色砂質土層の様々なオホーツク式との関係はどのように捉えるべきか。報告書に掲載された各地点の破片資料（5～10）から、その点を明らかにするのは困難である。ただし擦紋Ⅳの大半は、「大規模な撹乱」が認められたE12区から出土している。この区では、「黒褐色砂質土層」中から立派な炉址が検出されている。壁面やカマド、床面などは不明であるが、居住活動か、それに類する営みがあったことは確実と思われる。この点を考慮すると、擦紋Ⅳはこの

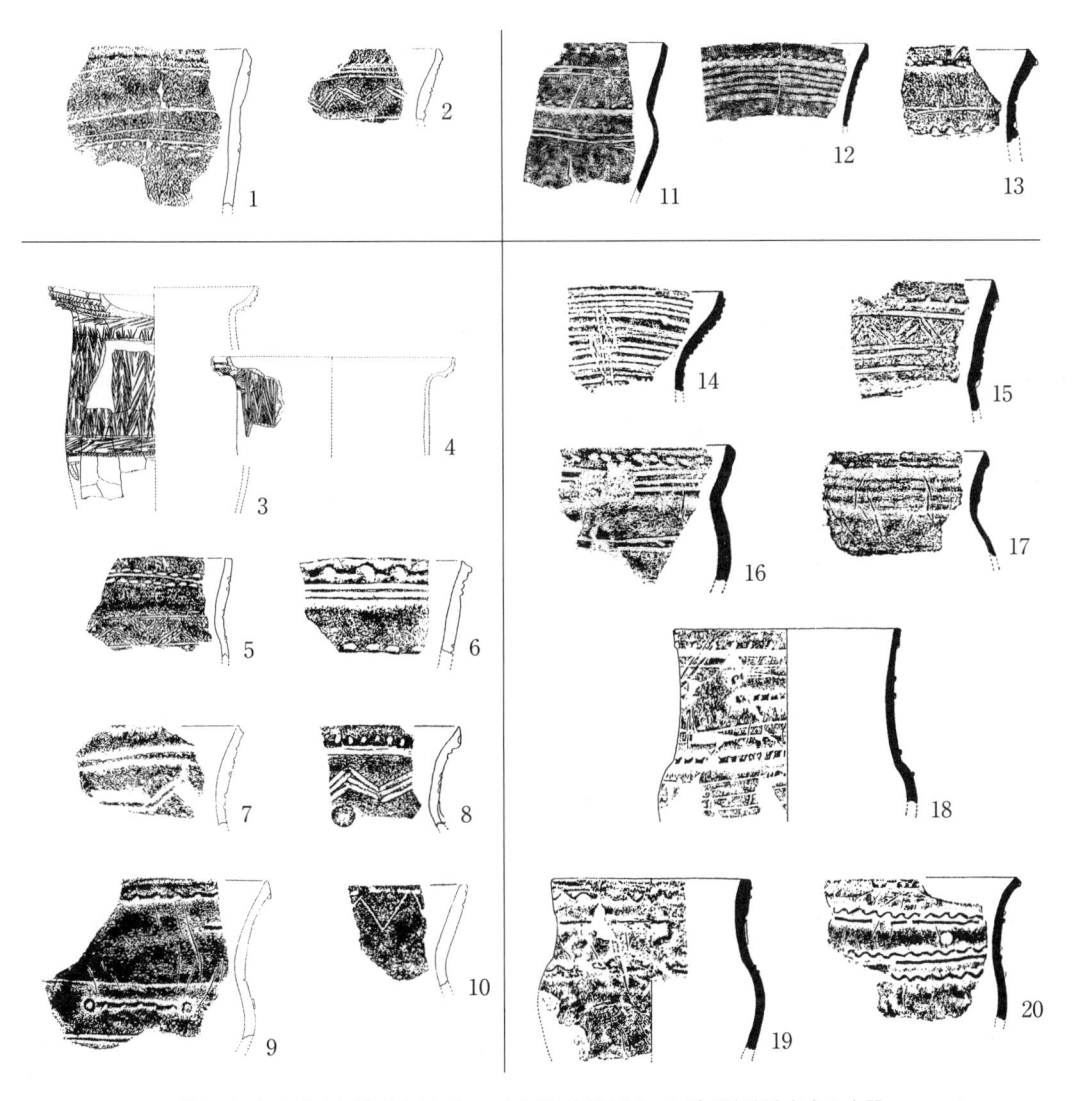

第47図　香深井1⒜遺跡魚骨層Ⅰ・黒褐色砂質土層および元地遺跡出土の土器

炉址と関連するものであり、5～8例よりは新しい時期に比定できるであろう。

4号竪穴に伴うオホーツク式も、古い層から混入したものと捉えれば、「黒褐色砂質土層のオホーツク式→擦紋Ⅳ」という編年を仮設しても、特に問題は無いように思われる。それでは、類例に乏しい9例の位置はどう考えればよいか。これは型式学的にみると、5～8例よりも新しい特徴を有している。胴部の刻み目を入れた貼付線や、三角断面の口端部に見える波状の貼付線？に見える要素などからみて、先の栄浦第二遺跡例（第44図9）に対比できるであろう。黒褐色砂質土層や表土層には、稀ではあるが、擬縄貼付紋を施した土器が含まれている。9例は5～8例よりも、むしろ擬縄貼付紋系の土器に接近したところに位置するように思われる。ちなみに胴部の貼付線に加えられた粗雑な刻み目は、擬縄貼付紋のそれにやがて繋がるものであろう。

このように観察した場合、図示した範囲の黒褐色砂質土層の土器は、
　(1)　魚骨層Ⅰの土器（1・2）
　(2)　黒褐色砂質土層の刻紋・沈線紋土器（5～8，9）
　(3)　炉址に関係する？擦紋Ⅳ（3・4）
の順に変遷したと想定される。

それでは、この上位層の編年は元地遺跡でも成り立つであろうか。

3）元地遺跡魚骨層資料との対比

元地遺跡の魚骨層の資料は、速報で一部が公表されに止まっており、全容の発表が久しく待望されている（大井1972a）。第47図の右側に示した11～20例は、その中でも注目される資料である。層位順に並べると、以下のように分類される。ただし(3)期の内容は、一時期の土器群としては余りに多様である。スペース上の理由から省いた土器もある。また、未掲載の資料の中には、かなり重要なものも含まれていると推測される。ここでは仮に(3)期の土器を、a～e類に細分しておきたい。

　(1)　魚骨層Ⅰ″：刻紋・沈線紋土器（11）と摩擦式浮紋の土器（12）
　(2)　魚骨層Ⅰ′：刻紋・沈線紋土器（13）
　(3)　魚骨層Ⅰ層
　　　a．擦紋Ⅱ末～Ⅲ（古）、b．刻紋・沈線文紋土器（15・16）、c．摩擦式浮文の土器（17）、
　　　d．刻紋と擬縄貼付紋を持つ土器（18）、e．ソーメン紋土器（19・20）

魚骨層の上にある黒土層については様々な問題がある。これは別の機会に諸々の準備を済ませてから述べるとして、以上の層序によると、オホーツク式の変遷は、「11・12例→13例→14～20例」となる。19・20例は、香深井1（A）遺跡の資料では欠落している。擦紋Ⅱ末～Ⅲ期の土器（14）に後続するものは香深井1（A）遺跡にある。魚骨層Ⅲo・Ⅲ・Ⅳ層を切って構築された3号竪穴の埋土中から、刻紋・沈線紋土器や摩擦式浮紋土器（第46図10の仲間）とともに発見されている。

それは完形品や大型の破片を含む良好な資料である。擦紋Ⅲ期でも「中位の部分」に比定されるが、これには「接触式土器」（大井1972a）の大破片も伴出したと報告されている。一方、元地遺跡の19例は、3号竪穴の資料よりは遥かに古い段階のものである。香深井1(A)遺跡の層序では、おそらく魚骨層Ⅲ層以前の時期に属するであろう。

　そのような古い土器が、なぜ香深井1(A)遺跡の魚骨層Ⅰに近接する元地遺跡の魚骨層Ⅰから発見されたのか。その理由が問われよう。元地遺跡と香深井1(A)遺跡の編年上の関係については、これまで特に疑問視されたことはない。しかし、19例の存在に象徴されるように、ほんとうに両遺跡の編年案には何も問題が無いのであろうか。

　そこで資料の細かな観察に入りたい。まず層序にしたがうと、「1・2例→3～10例」であり、かつ「11・12例→13例→14、15～17、18、19・20例」への変遷が捉えられる。つぎに舟形刻紋に沈線を伴う1例と、それを分離した11例を比べると、「1例→11例」の関係が想定される。

　層位によると「11例→13例」であるから、口端部の幅が広くなり、三角形に削いだような形態に変化した理解できる。この特徴は、2例や6・8・9例、そして15例や17例にも共通して認められる。層位的には「13例→15例＝16例」であり、連描された鋸歯状文の変化については、「1例＝2例→6例≒7・8例」、という序列が想定される。

　15例の「∧」形の二重刻線は、2例や5・8例の鋸歯状文を左右に分離したものであるから、最も新しいと考えられる。そこで層位差と型式差を拠りどころにして、「∧」形のモチーフを持つ土器を対比すると、

　　(1)　香深井1(A)遺跡の魚骨層1（1＋2）→元地遺跡の魚骨層Ⅰ″（11＋12）
　　(2)　元地遺跡の魚骨層Ⅰ′（13）→香深井1(A)遺跡の黒褐色砂質土層（6～8）
　　(3)　元地遺跡魚骨層Ⅰ（15＝16）

という編年が仮設できる。さらにモヨロ貝塚では、「刻紋・沈線紋系土器や擬縄貼付紋土器→ソーメン紋土器」の序列が層位的に確定している（柳澤1999b）。したがって道北の礼文島においても、「9例、18例→19・20例」の編年は、十分に成り立つ可能性があると考えられよう。

　以上のように両遺跡の資料を対比すると、道北のオホーツク式が、通説のとおりに元地遺跡の「接触式土器」（黒土層）をもって終焉するのかどうか、あらためて疑問に思えて来る。元地遺跡の魚骨層Ⅰ以後、オホーツク式はどのような変遷をたどり、いつ頃に終焉を迎えるのであろうか。

4）元地遺跡のいわゆる沈線紋系土器の行方

　香深井1(A)遺跡と元地遺跡の層位編年にも、大方に認知されていない疑問点があることは、以上の分析で明らかになった。また、道北の刻紋・沈線紋土器とソーメン紋土器が並行しないことも、細かな論証は十分ではないが、明らかになったと言えよう。

　それでは、元地遺跡や香深井1(A)遺跡の沈線紋を多用する土器群のその後は、どう捉えられるであろうか。道東編年を根拠にして、擬縄貼付紋土器やソーメン紋土器が入れ替わりに登場した、と想定すればよいのであろうか。いわゆる「元地式」（山浦1983ほか）問題を念頭において、

この疑問を解くためには、まだ基本となる良好な層位資料や確かな共伴事例が、絶対的に不足しているように思われる。

しかし以上の行論においては、通説と正反対になる疑問を示したのであるから、それに関しての、現時点での見通しを述べておかなければならない。そこで、**第48図**の資料を用いて予察したい。1・2例は元地遺跡の魚骨層Ⅰ、3例は栄浦第二遺跡、4例は「南千島」、5例は目梨泊遺跡、6・7例はトコロチャシ遺跡の資料である。雄武町付近から南千島に至る地域には、3・5例の系統を引く刻紋を欠いた沈線紋系土器の散漫な分布が認められる。

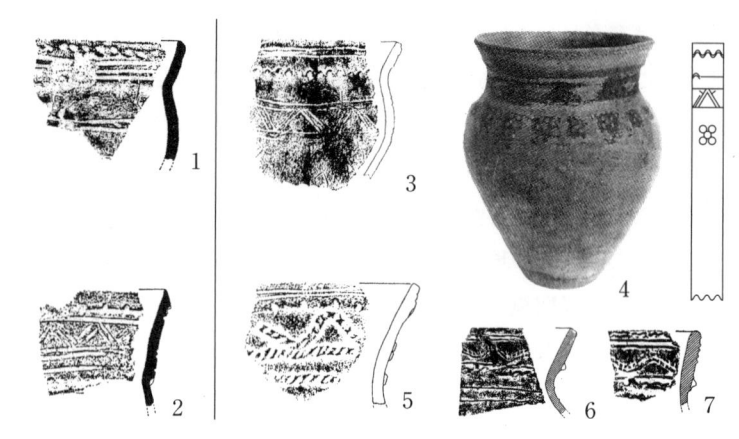

第48図　道北部におけるいわゆる沈線紋系土器と道東部の貼付紋系土器

それらは多くの場合、在地の土器群に混じって発見されており、単独で一時期を構成するのかどうか、現時点ではよく分からない。常呂川河口遺跡や目梨泊遺跡などでは、かなり豊富に出土しており、その可能性があるように思われる。またモヨロ貝塚や、遥か根室半島域でも沈線紋系の土器が発見されており、その広域的な分布性が注目される。

さて図の資料に戻ると、3例や5例は紋様のあり方が特異であり、その由来、編年上の位置が気になる。胴部や頸部に施された鋸歯紋系のモチーフが「南千島」の4例やトコロチャシ遺跡の6・7例に類似するのは、時期が異なるだけに少し不思議に思える。

もちろん、両者の間に系統的な関連を求めるには、多くの資料を参照して、それぞれの特徴について細かく比較しなければならない。それは将来の課題として、ここではやや飛躍的に見通しを述べておきたい。想定される変遷過程に中間的な複数の段階を挿入すると、1例から3例を経て4例へ、あるいは2例から5例を経て6・7例に至る変遷は、かなりスムーズにたどれると推測される。

試みにそのプロセスを示すと、つぎのような変形操作が行われたと想定される。

(1)　元地遺跡例から「南千島」例への変化（1例→3例→4例）

　　1例の口端部を広帯化して、そこに2条の沈線を加える。胴部の並行線を拡大して、そこに「∧」形の刻紋（2）や鋸歯状のモチーフを挿入すると3例となる。つぎに3例の2条沈線を引き継ぎ、そこに皮紐状のソーメンを貼付紋して、口端部の指押による波線を外す。頸部を独立化して、そこに鋸歯状文を分離した「∧」形の沈線紋を転写し、擦紋末期の髭状の刻線を施す。さらに空白になった肩部にボタン状の貼付紋を付けると、4例その

ものとなる

(2) 元地遺跡例からトコロチャシ遺跡例への変化（2例→5例→6，7例）

まず3例の場合と同様に、2例の口縁部を肥厚・広帯化させて、2条の沈線を加える。口端部下の刻み目は踏襲する。口頸部の並行線を粗雑な擬縄貼付紋に替え、「∧」形の刻紋を擬縄貼付紋による鋸歯紋に更新すると5例となる。つぎに口縁部を拡大し、そこに口頸部の連続鋸歯状紋を転写して細い刻み目を加え、その上下に直線の貼付線を加えると、6・7例の原形がほぼ出来上がる。ただし、最後の口縁部の拡大と転写に至るまでには、相当な中間段階が欠けていると考えられる。

6例や7例は道東地方においても稀な土器である。しかもその要素や構成法を見ると、擬縄貼付紋土器であるとか、ソーメン紋土器であるとか、単純には言い切れないように思われる。なぜ類例に乏しいのか。また、なぜトビニタイ系の装飾モチーフを併せ持つのか。通説の編年案では、そうした点については、ほとんど関心を示さない。しかし、そこには編年体系の根幹に係わる問題が伏在しているのではなかろうか。それを議論することは、予察としての小論の目的から離れることになる。別の機会に述べることにしたい。

さて、以上に推論した広域的な土器変遷の見通しは、乏しい材料を押しての現時点での仮説に止まる。しかし、それが妥当であるならば、道北・道東土器の並存を説く通説が成り立つ余地はほとんど無くなるであろう。

5）道東・道北編年の対比

以上、南千島から亦稚貝塚を経由して、香深井1(A)・元地両遺跡の資料について、いささか駆け足で細かな分析を試みた。例示した論点には大きな矛盾点は無いと思われる。しかし、通説の編年に大きな矛盾が隠れているとは、にわかに信じ難いことであろう。

そこで、これまで引用した資料の中から、大まかに東西の並行関係が想定できるものを選び、編年図表を作成してみた。**第49図**がそれである。道東編年ではモヨロ貝塚や栄浦第二遺跡、ウトロチャシコツ岬下遺跡など、三つの遺跡編年と遺構編年を対比して、若干の参照資料を挿入してある。これは層位差と地点差、および型式差にもとづく編年案である。

少し資料を説明しておくと、13・14例は岬下竪穴の東2層（床面）からの出土品である。その下の東3層（床面）から、トビニタイ土器群IIに酷似した11例が検出されている。亦稚貝塚の23例には、トビニタイ土器群に特有な窓枠状の無紋部がある。岬下遺跡の11例は、この23例に先行するものであって、その前後の土器にも窓枠紋を持つものが存在する（第41図3～6）。

目下のところ13・14例に並行し、道北地方で最も新しいと思われる土器は、亦稚貝塚の22例の仲間である（23～25）。同時期の資料は、利尻島内の鷲泊遺跡でも採集されている（大場1968）。しかし、それに後続する土器には寡聞にして接していない。

したがって道北地方の島嶼部では、道東地方よりやや早く土器文化が終焉した可能性があるよ

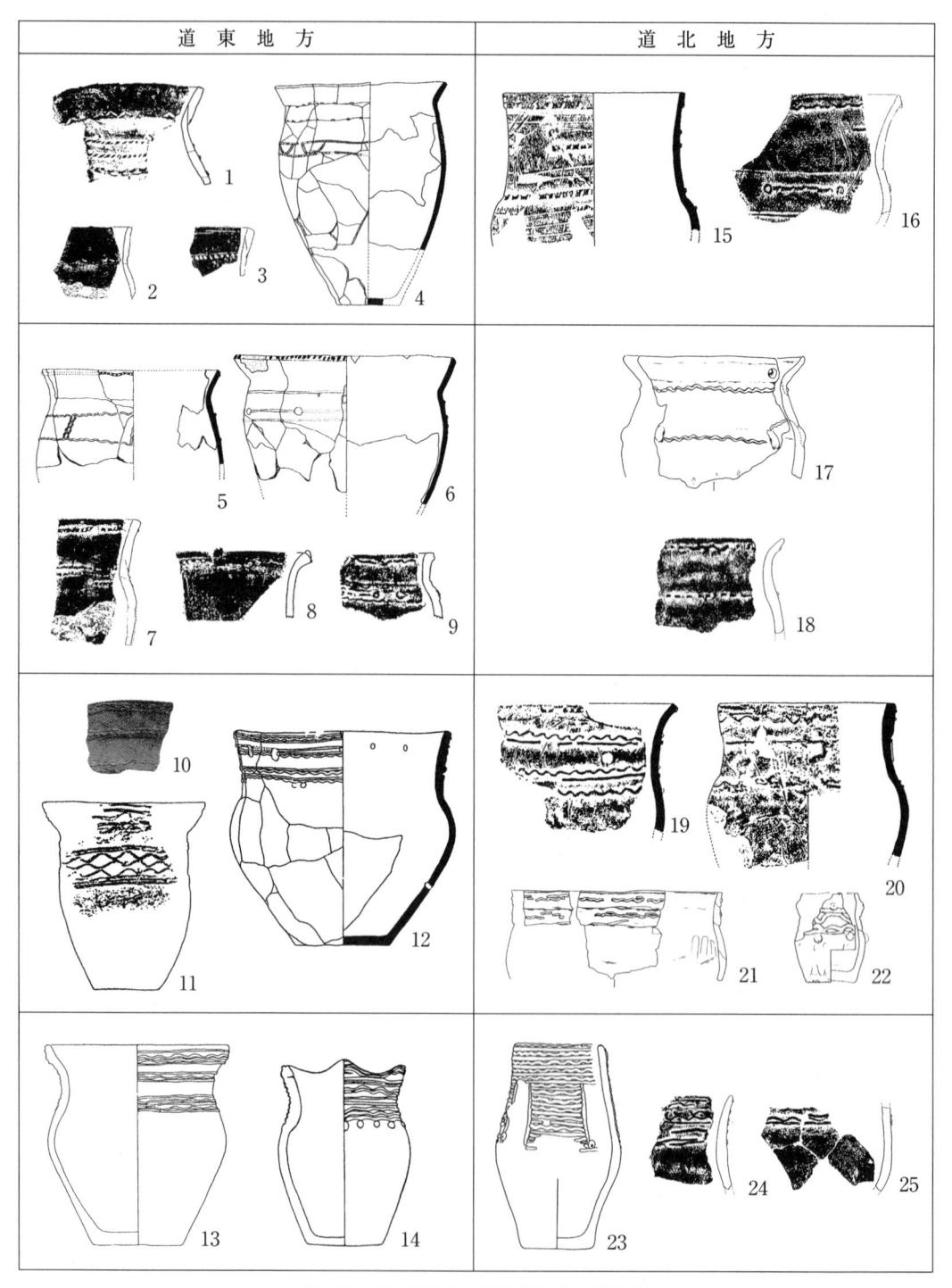

第49図　道東編年案と道北編年案の対比案

うに思われる。そして先行する擦紋土器の終末期には、道東・道北ではかなりの地域差があり、各々地域で文化的に錯綜した状況があったと推察される。この問題は道南とサハリン島の情勢と

も相関しており、これからしだいに検討を進めて行きたいと思う。

6）ウサクマイN遺跡のソーメン紋土器について

　最後に、ウサクマイN遺跡のソーメン紋土器に言及しておきたい。新聞等の報道や速報的な資料によると、この土器の器形は道北のソーメン紋土器に似ている。しかし写真をよく見ると、ソーメン紋の断面には、明らかに平坦に見える部分がある。トビニタイ土器群Ⅱでは、一般にソーメン状の貼付紋の断面が平坦になると、つとに指摘されている（菊池1972：450-455）。

　この特徴は、亦稚貝塚のネガ窓枠紋土器やバンド・ソーメン紋を持つ土器に通じる。不思議なことである。なぜトビニタイ的な貼付紋手法が認められるのであろうか。いささか飛躍した想像になるが、ウサクマイN遺跡のソーメン紋土器は、亦稚貝塚の最後の土器と系統的な関係を有するのではなかろうか。

　稚内周辺から礼文・利尻島を経由して千歳市のウサクマイN遺跡へ、海路による交易ルートが道央の一角に通じていたとすれば、きわめて興味深いことになろう。今やアムール川流域と、その北方域においてさえ、「貼付文土器」の出土が伝えられる時代である（前田1994）。「西エンヂユウ」と呼ばれたアイヌ系集団（河野1931）が、サハリン島南部と小樽近辺を拠点として盛んに交易活動を展開するまで、環オホーツク海域と日本海を舞台にして、北海道島と礼文・利尻島の集団は、それぞれどのような歩みをたどったのであろうか。

　「浮文の多い式」（山内1933・1939）と呼ばれた貼付紋系土器が廃絶した後、北海道島の先史社会集団の動向は、考古学的にみると、どのように捉えられるのであろうか。今もなお地中には、数世紀に及ぶ空白の先史世界が埋存され、発見されるその時を待ち望んでいるように思われる。

おわりに

　道北と道東の間には、これまで「オホーツク式土器」の変遷に著しい地方差があると考えられて来た。しかし道北には、道東系の擬縄貼付紋やソーメン紋を施した土器群が広く分布している。これは戦前から周知されていた事実であって、交差編年上の吟味を等閑に附した1977年以後の通説編年を、そのまま鵜呑みにするのは難しい。

　礼文島や利尻島は、言うまでもなく道北地方の最西端に位置する。そのような島嶼域にまで、なぜ道東系の擬縄貼付紋土器やソーメン紋土器が波及しているのか。またその末期には、なぜトビニタイ土器群Ⅱに類似した貼付手法が突然に現れるのか。その謎めいた事情こそ、ウサクマイN遺跡の新資料とともに、これから津軽海峡以北の環オホーツク海域的な視点に立って解明すべき、最も重要な課題となるであろう。

　通説の道北編年は、ほぼ定説と認められているようであるが、上述のように、その論拠はいまだ盤石であるとは言えない。小稿では、この編年案に対する様々な疑問点のうち、ごく一部を取り上げたに止まる。これから材料を替え、またフィールドを移動しながら、二千年紀にふさわし

い環オホーツク海域編年の再構築へ向けて、しだいに議論を深めて行きたい。

註

(1) この問題については、前稿でモヨロ貝塚21号竪穴資料を用いて言及するところがあった（柳澤1999b：76-79）。

(2) この用語の使用については、柳澤1999b：註(1)を参照されたい。以下、本稿でもそれにしたがう。

(3) 1例に後続し、南千島例より古いか、または並行すると思われる土器が、モヨロ貝塚で採集されている（大場1958：第41図b.12）。これは口縁部に並行線が施され、その間に分離した「∧」モチーフを施す例である。これとは別に、頸部に同じモチーフを施す破片資料もある（第25図b.133上）。その下半はおそらく、別個体の破片であると推測される。

(4) 香深井1(A)遺跡では、つぎのような序列で鋸歯状モチーフを持つ土器が検出されている（単線タイプ：1号a竪穴埋土（168図2）→魚骨層（141図15）→複線タイプ：魚骨層1（98図6）→双線タイプ：黒褐色砂質土層（56図458図17・）。なお、魚骨層Ⅲの双線タイプ（第251図5）は時期が懸け離れており、上記の類例とは別に由来を検討する必要があるかも知れない。

(5) この問題点については、つとに菊池徹夫氏が疑問を表明されている（大井編1982：159）。通説を見直す際、学史上の「定点」として注意しておきたい。

(6) ロシアのザバイカリエ地方のシルカ川流域・アングン川中流域のブルホトゥイ文化やトロイコツエ文化の土器には、把手状の貼付紋に酷似したモチーフを持つ「《ひげ》付き土器」がある（菊池俊彦1990：38-41）。今のところ中間地帯の資料は知られていないが、北海道における類例は、戦後、いち早く想定されたように（駒井1952：37-44）、「《ひげ》付き土器」と系統的な関連を持つと考えられる。

(7) これと酷似する例が、枝幸町の目梨泊遺跡の24号墓から出土している。「−」の代わりに沈線を引いく例は、栄浦第二遺跡のピット29（墓）等にある（武田1992）。この墓に葬られた遺体の胸部には蕨手状の鉄製刀子が副葬されており、モヨロ貝塚2号墓の胸部「蕨手刀」とともに、その由来と年代的な位置が注目される。なおモヨロ貝塚の報告書では、その「蕨手刀」が「頸部」から出土したと記載されている。しかし図面をみると、胸部の誤りであるように思われる（駒井・吉田1964：72-73）。

(8) 第3ブロックの諸資料について、小野裕子氏は、「何らかの層位的な混乱か、あるいは分層上の問題が存在している」、と推論している（小野1998a）。確かに、その可能性も想定されるが、同ブロックがはたして「同時期に形成された」のかどうか、個々の資料をあらためて吟味する必要もあるであろう。黒曜石が多量に混じる層位差を示す事例としては、栄浦第二遺跡5号竪穴上の配石址があげられる（東京大学考古学研究室編1972：285-290，柳澤1999b：75-76）。

(9) 異なる時期の土器が骨塚上やその内部、あるいは周辺で出土した事例として、二ツ岩遺跡2号竪穴・栄浦第二遺跡23号竪穴・常呂川河口遺跡14号竪穴などがある。その出土状態について武田修氏は、「なぜ、骨塚の上にわざわざそのような時代の違う物を置くのかな」、「非常に不思議な感じがしました」、と興味深いコメントを述べている（武田1995：51）。これらは赤稚貝塚の第3ブロックの事例とともに、後代アイヌにおける「送り」儀礼の起源と、その歴史的な展開を究明するうえで、きわめて重要な意義を持つことになるであろう。

　なお、同時代における「異文化土器の採取」や骨塚への安置に関しては、つとに天野哲也氏が注目し、「信仰的な意味」ないし異「集団間の関係を象徴する意味をおびていたのかもしれない」との見解を表明されている（天野1998：37，注3）。小論の発表後に、天野哲也氏よりご教示をいただいた。筆者が本文中及び註(9)において言及した論点は、そうした儀礼的な営みが「古い土器」に対しても行われていること、そして、そ

れらを編年上の論拠とする通説の編年体系には、根本的な問題点が伏在しているのではないか、という問い掛けにおかれている。同じ材料を扱いながらも、立論の主旨は異なることを補記しておきたい。また、年代的な位置づけが変われば、諸々の解釈も見直しが必要になると思われる（2008．2．2追記）。

図版出典

第33図　1：犀川会編（1933）
第34図　1〜6：大場利夫ほか（1967）
第35図　1〜10：東大文学部考古学研究室編（1972）
第36図　1〜3：椙田（1987）　4〜7，9・10：駒井編（1964）　8：大井編（1982）
第37図　1：ゴルブノフ（1995）
第38図　1：松田・荻野（1993）　2：大井編（1982）　3：北地文化研究会（1979）
第39図　1・9〜12：佐藤（1964b）　2：名取・大場（1964）　3・4：駒井・吉田（1964）　5・6・13・14：大場利夫ほか（1967）　7：ゴルブノフ（1995）　8：犀川会編（1933）
第40図　1・2：岡田ほか（1978）
第41図　1・2：金盛（1976a）　3：大場（1960）　4：宇田川編（1981）　5：涌坂（1991）　6：野村・平川編（1982）
第42・43図：岡田ほか（1978）
第44図　1〜5：武田（1995）　6〜15：東京大学文学部考古学研究室編（1972）
第45図　1〜4・11〜13：名取・大場（1964）　5・14：駒井・吉田（1964）　6・7：大場利夫ほか（1967）　8：天野（1997）　9：佐藤（1994）　10：大場（1956）　15：駒井編（1964）
第46図　1〜17：大井・大場編（1976）
第47図　1〜10：大井・大場編（1976）　11〜20：大井（1972a）
第48図　1・2：大井・大場編（1976）　3：東京大学文学部考古学研究室編（1972）　4：犀川会編（1933）　5：佐藤（1994）　6・7：駒井編（1964）
第49図　1〜3・7〜9：東京大学文学部考古学研究室編（1972）　4：佐藤（1964b）　5・6：駒井・吉田（1964）　10：駒井編（1964）　11・13・14：宇田川編（1981）　12：佐藤（1972）　15・16・21〜25：岡田ほか（1978）　17・19・20：大井（1972a）　18：大井・大場編（1976）

第2節　礼文・利尻島から知床・根室半島へ
－ 道東・道北編年の対比 (2) －

はじめに

　礼文島から根室半島の先まで、海岸線の距離はどれ位あるであろうか。正確なデータは分からないが、ほぼ700キロ余りになるであろう。本州でいえば、津軽の外ヶ浜から、磐城の白河関までの距離にほぼ等しい。この長大なオホーツク海沿岸には、通説によれば8～9世紀頃に、道東のソーメン紋土器と道北の「沈線文系土器」が対峙していたという。

　しかし、擬縄貼付紋土器やソーメン紋土器は道北にも広く分布しており、その事実は周知のように戦前から知られていた。礼文や利尻などの離島でも、戦後の調査であらためて確認されており、最近では、道南のウサクマイN遺跡からも、ソーメン紋土器の発見が伝えられている。浜頓別町より以西では、この時期の集落址はまだ発見されていないが、道東の貼付紋系土器の広がりとその影響の及ぶ範囲は、千島列島(クリル諸島)から遥か利尻島にいたるまで、明瞭に捉えられる。

　それでは、東西に対峙していたという「オホーツク式土器」(河野1955・1958)の境界は、オホーツク海沿岸のどの辺りに位置するのであろうか。この問題について、これまで明快に説明されたことはない。それには何か、土器論上のしかるべき理由があるのであろうか。

　先に筆者は、これまでの地域差を強調する「オホーツク式土器」編年案(大井1973：259-265・1981：535, 天野1979：87-91ほか)に対して素朴な疑問を述べ、『常呂』(1972)以前に立ち戻って両地域の編年案を見直し、その対比を試みた(柳澤1999a・1999b・2000)。小論ではこの予察を踏まえ、礼文島から根室半島へ向かって、旧稿とは逆のコースをたどり、「オホーツク式土器」と擦紋土器・トビニタイ土器群の編年について、あらためて検討してみたい。

1．香深井1(A)遺跡・元地遺跡編年の見直し

　道北の「オホーツク式土器」(以下, 通称としてのオホーツク式)編年は、広い視野に立って編成されているが、その根本は、元地遺跡と香深井1(A)遺跡の層位事実、並びにその解釈によって支えられている(大井1972a, 大井・大場編1976・1981)。元地遺跡の資料は、今から約30年も昔に公表されたものであり、その一部が速報されたに止まっている。これに対して香深井1(A)遺跡では、膨大な資料の分析が精力的に進められ、土器文様と器種・組成、整形技法などに焦点を当てた、統計的なセリエーション編年案が公表されている。

　この編年案は、周知のように幅広く支持されているが、はたして何も問題は無いのであろうか。

例えば、発掘区における個々の"取り上げ層位"の扱い方や対比についてはどうであろうか。この問題は整理の際に、いつでもどこでも悩みの種になる。様々な撹乱要因を伴う"取り上げ層位"を解釈して、報告用の「層位」を編成することは、ごく一般的に行われている。

しかし香深井1(A)遺跡のように、広い面積の調査が数次にわたって行われ、しかも地点よって堆積状況が異なり(-それはきわめて詳細に解説されてはいるが-)、非常に複雑な様相を示す場合、年代幅のある複数の"取り上げ層位"を一括して報告書における「層位」となし、土器群の変遷を統計的に処理して編年案を編成することには、様々なリスクが伴うのではあるまいか。

確かに"取り上げ層位"や"報告書の「層位」"が、遺物の年代的な変化や地点差をストレートに表す場合もある。しかし広い面積を発掘した場合は、むしろ、その反対になることが多いのではなかろうか。遺物の混在は、いつでもどこでも常態であるから、統計的な処理を試みる前に型式学的な吟味を尽くし、混在したものを可能な限り特定する作業が求められよう。

早水台遺跡の報告の後、1970年代の頃から、「層位は型式に優先する」という誤った理論が喧伝されている。しかし、土器の分類や編年作業において、このような考え方は禁物と言うべきであろう[註1]。香深井1(A)遺跡や元地遺跡にも、これはもちろん当て嵌まることである。

それでは層位と型式の差異をそれぞれに吟味し、相互に検証しながら、然るべく判断する姿勢に立つと、両遺跡の編年はどのように対比されるであろうか。これは前稿（柳澤1999b：76-82, 2000：22-26）でも予察した問題であるが、小論ではより詳しく検討してみたい。

1）香深井1(A)遺跡

第50図に示した1〜25例は、香深井(A)遺跡の上位3層から採集された資料である。報告書を一覧すると、どの層にも異なる時期の資料が、かなりの比率で含まれている。その大部分は、もともと別層位か別地点に包含されており、何らかの事情で上層の遺物と混在したと推定される[註2]。それに該当すると思われる資料は付図から割愛してある。

また、いわゆる「接触様式」（大井1970）なども省いてある。これについては、機会をあらためて考察したい。例示した点数は、スペースの制約もあり、どの層においても少ない。黒褐色砂質土層では、古手の資料の一部を除いてある。魚骨層Ⅰでは、特に新しいと思われる部分の資料を選択してある。

このように図示した資料は限られるが、3層間の土器変遷の流れを捉えるには充分であると思われる。層位的にみれば、「魚骨層Ⅰ→黒褐色砂質土層→表土」の順に新しくなる[註3]。それに準拠し、資料の変遷をたどると、一応、つぎのような流れが想定されることになる。

(1) 刻紋・沈線文紋土器（22〜25）
(2) 刻紋・沈線文紋土器・摩擦式浮紋土器（10〜20）　擦紋Ⅳ（古：21）[註4]
(3) 刻紋・沈線文紋土器（4〜9）
(4) 皮紐状ソーメン紋を施した？刻紋・沈線文紋土器（2）

98　第2章　道東・道北を対比した広域編年の試案

| 表　土 | 魚骨層Ⅰ |

（黒褐色砂質土層）

黒褐色砂質土層

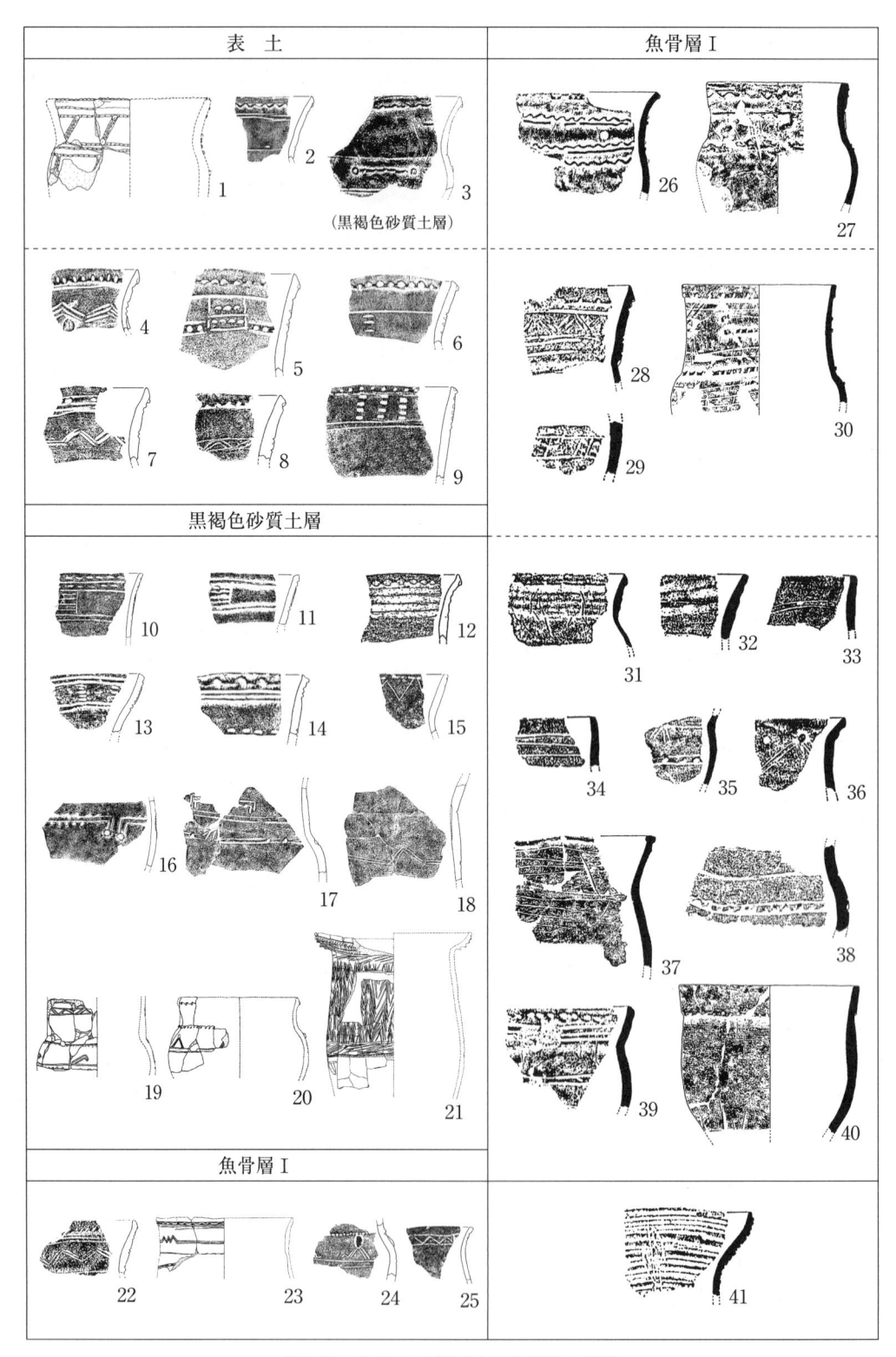

魚骨層Ⅰ

第50図　香深井1(A)遺跡と元地遺跡の資料

（5） 擬縄貼付紋土器（1）

　まず、異系統の擦紋Ⅳ（21）や擬縄貼付紋土器（1）を除いて、沈線紋系土器の変化を細かく追ってみよう。魚骨層Ⅰには、三角紋（「∧」形紋）を基本にしたバライティーに富むモチーフがある。これは上層に向かって、それぞれつぎのような変化を示す。

(1)　鋸歯状文(A)：22→（　）→ 4
(2)　鋸歯状文(B)：23→（　）→ 7
(3)　三角紋(A) ：24→20→18→ ?
(4)　三角紋(B) ：25→（　）→15→ ?

　仮に三角紋(A)と呼んだモチーフを比べると、黒褐色砂質土層では2種類が区別される。魚骨層Ⅰに近い19・20例と、三角紋を一筆書きしている18例である。17例は、18例に類似した幅広い並行線帯を有する。その内部にはモチーフが施されない。一筆書きの18例に近い描線の扱いと言えよう。24例や19・20例では、間隔をおいて三角紋が並べられており、明らかに描き方が異なる。

　この点から、24例に近い19・20例が古く、表土3例への接近を示す胴部に並行線紋を持つ17例や18例が新しいと考えられる。つまり黒褐色砂質土層の土器では、混在資料を除いた場合でも年代幅が予想されるということである。

　つぎに、残りの10～14例を比べてみよう。摩擦式浮紋の手法を残す12例と、並行沈線紋の14例では、おそらく時間差が想定できるであろう。一方、刻紋を伴う梯子状紋の10例と、それが浮線化した11例でも、新旧の差があると予想される。こうした差異は、必ずしも直系的ではないが、大筋の流れを示していると考えても、大過はないであろう。

(1)　口端部に指押紋を持つもの：12、14→ 5、 6
(2)　梯子紋（窓枠紋）　　　　：10・11＋13→ 5
(3)　縦の連珠紋　　　　　　　：13＋10・11→ 6、9

　6例の並行線帯や梯子紋に由来する5例の矩形紋の中には、13・14例に見える縦・横の連珠紋（米粒状の刻紋）が施されている。図示していないが、連珠紋は魚骨層Ⅰから連続的に見られる要素である。5・6例のそれは、実例からいえば、13例などから転写したものと解釈できよう。

　このように、魚骨層Ⅰから表土層に向かって、モチーフや紋様要素の変遷が、報告された層位の制約を越えて、かなりスムーズに追うことができる。そこで視点を変えて、つぎに口端部の形態を観察したい。特に22例のように外面が角張り、若干削いだように見えるものに注目したい。これは摩擦式浮紋土器と親縁関係にある土器群である。

　その流れは、例示した資料の範囲では、

(1)　魚骨層Ⅰ（22）

(2) 黒褐色砂質土層（12≒14）
(3) 表土層（4～7，8，9）
(4) 〃 （2←3）

とたどれる。削いだような形状はしだいに明瞭になる。そこに施される要素も、斜めの細い刻み目紋（22）から、間隔をおいた指押による多様な刺突紋（14）の貼付帯に変わる。さらに、小振りながら微妙に形態が異なる刺突紋帯（7・8・9）となり、やがて、それが皮紐状のソーメン紋に見える形状に移行する（2←3）、という変化が指摘される

10～14例などから4～9例への変化は、きわめてスムーズであり、層位的にも上下の関係で捉えられる。問題は、表土と黒褐色砂質土層に跨る2例と3例の位置づけである。2例では、口端部の刺突紋等の要素が消失しているので、両者には時間差があると予想できる。そこで3例の胴部にある円形貼付紋の連繫線に注目したい。

幅広い並行線に挟まれたこのモチーフは、どのような経緯で登場したのであろうか。この部分の紋様帯は、初め24例のように扱われていたが、より上層になると、19・20例から17・18例のように変化する。17例には、頸部に鎹(カスガイ)紋が施されており、16例では、それに円形貼付紋や刺突紋が加えられている。

では鎹（カスガイ）形の連繫線から、どのようにして3例の如き直線タイプの連繫線に変化したのか。図示した資料の範囲から、その流れを追うことは難しい。道東部には、浮線で作られた古い鎹(カスガイ)紋がある。それに後続して、3例のような直線タイプの新しい連繫線（柳澤1999b：第5図9）が登場するが、それは刻紋土器の末期から擬縄貼付紋土器の古手の時期に比定されるものである。

1例に見えるような典型的な擬縄貼付紋土器の紋様手法が波及していることから考えると、この頃、道東から道北へかなり強い影響が及んだことは確実と言えよう。直線タイプの連繫線もまた、その流れに乗って波及し、宗谷の富磯貝塚例（佐藤1964：拓本図165）などを中継ぎとして、礼文島にも登場したのではあるまいか。つまり16例や17・18例に後続する、例えば6例の仲間のような土器が存在し、それが並行線帯の内部に道東系の直線タイプの連繫線を取り入れる。さらに、口端部の刺突紋を変化させて皮紐状のソーメン紋に置換する、という変化が想定されるのである。

このように推論すると、魚骨層Ⅰの24例から2例を経て3例にいたる変遷は、肝心の直前例を欠いているものの、スムーズに理解できるであろう。ところで3例の連繫線には、間隔をおいた粗雑な刻み目が加えられている。これは4～9例などの刺突紋の名残とも思えるが、それよりも1例の擬縄貼付紋土器に見える刻み目手法と系統的に関係するのではなかろうか。今後の課題としておきたい。

その点はともかく、目下のところ積極的な証拠は乏しいが、1例と2例、そして3例は年代的に近い可能性が高いように思われる。また数点の資料ながら、例示した中では新しい時期に属することは疑いないと思われる。これらの土器に続いて、礼文・利尻島に道東系のソーメン紋土器

が登場するまで、時期的にはかなりの隔たりがある。この点は、つぎの元地遺跡の分析に入るまえに、あらかじめ強調しておきたいところである（柳澤1999a, 1999b：70-84）。

　以上の観察をまとめると、香深井１(A)遺跡の上層土器は、つぎのように大まかに編年されることになる。

　(1)　魚骨層Ｉ（新：22〜25：摩擦式浮紋を伴う）
　(2)　黒褐色砂質土層（古〜新：10・13？）
　(3)　表土層（古：4〜9）
　(4)　表土層（新：1，2）　←　（3：黒褐色砂質土層）

　さて問題になるのは、擦紋Ⅳ(古)に比定した21例である。これはいったいどの土器に伴うのであろうか。層序が示すところによれば、擦紋Ⅳは、「魚骨層Ｉ」より新しく、「表土層(新)」より古いと言えよう。表土層には、擦紋Ⅳのプライマリーな包含層は検出されていない。この点も考慮すると、擦紋Ⅳ(古)は、魚骨層Ｉと表土層(古)の間に位置する可能性が高いと考えられる。
　つまり、香深井１(A)遺跡で最も新しい時期に比定される、皮紐状のソーメン紋を持つ２例や擬縄貼付紋土器(1)よりも、擦紋Ⅳ(古)の21例の方が層位的には古く、少なくとも新しくはならないわけである。通説編年によれば、香深井１(A)遺跡のオホーツク式はいわゆる「接触様式」土器をもって終焉を迎えたはずである。しかし層序と型式の両面からみると、道東の影響を受けた擬縄貼付紋土器こそ、図示した範囲では、「最後の土器」と想定されることになる。
　このような通説に反する見方が、はたして実際に成立するであろうか。それを傍証する事実は、道北はもちろん、道東にも色々あるが、それについては別の機会に譲りたい。香深井１(A)遺跡編年の見直しは、どの層においても、以上に述べたような、報告された「層序」を踏まえての個体資料の型式学的な連鎖の吟味が基本となる。それと同時に、元地遺跡や亦稚貝塚など、礼文・利尻島内の諸遺跡との比較と検証が必須の作業になると思われる（柳澤2000：18-28）。

２）元地遺跡

　元地遺跡の調査概報（大井1972a）では、上の黒土層から魚骨層Ｉ″いたる整然とした層序が示され、その序列に沿って、土器も年代順に出土したと論じられた。大方の人々が、おそらくそのとおりに受け止めているであろう。だが、速報された層序と資料は、はたして道北地方の複雑な複系統の土器変遷の流れを、何の混乱もなく示しているであろうか。上から順にあげると、かなり厚い粘土層や客土層が上部にある。その直下には、海岸へ向かって急激になだれ、厚さを増す一様でない「黒土層」がある。ついで魚骨層Ｉ、魚骨層Ｉ′・魚骨層Ｉ″が重なりあうように順に堆積している。報告された資料は必ずしも多くない。それでも一覧すると、魚骨層Ｉ′・Ｉ″では細かな時期差を容易に読み取ることができる。
　しかし上位の黒土層と魚骨層Ｉでは、その様相は一変する。内容は格段に複雑であって、とて

も一時期の単純な土器組成を示しているとは思われない。いわゆる「接触様式」と擦紋Ⅲを伴う「黒土層」については、後述するとして、ここでは特に「魚骨層Ⅰ」の資料（26～41）に注目したい。報告された範囲では、この層の土器は大きく4類に分けられる。

 (1) 擦紋Ⅱ末～Ⅲ？（古：41）
 (2) ソーメン紋土器（26・27）
 (3) 擬縄貼付紋を伴う刻紋・沈線紋土器とその仲間（28～30）
 (4) 摩擦式浮紋土器を伴う刻紋・沈線紋土器（31～40）

　擬縄貼付紋からソーメン紋への変化は、モヨロ貝塚で層位的に確認されているから、道北でも、(3)類→(2)類の編年が想定できる（柳澤1999b：55-58）。28・29例がはたして30例に伴うのかどうか、この点は問題になるであろう。その前にまず、(4)類の位置を検討しよう。
　香深井1(A)遺跡の黒褐色砂質土層の中には、(4)類に酷似した土器がある。例えば、35例や38例などであるが、これらは並行沈線の内部に刻紋を持っており、19例にほぼ対比される。また、施紋された位置は異なるが、36例のようなドーナツ貼付紋から垂下した大きな三角紋（「∧」形紋）は、20例と関係があると推測される。35例なども、19・20例とごく近い関係にあると思われる。
　黒褐色砂質土層には、31例や34例に近い刻紋・沈線文紋土器もかなり含まれており、両者が時期的に接近していることは疑いない。しかし元地遺跡の報告資料の中には、10～15例に対比できるような資料が見当たらない。地点差が関係しているのであろうか。それとも、未報告の資料に含まれているのであろうか。この点は、元地遺跡の本報告を待たなければ分からない。しかし、年代的に幅がある黒褐色砂質上層の一部に対して、(4)類（31～40）が近接する、あるいは部分的に並行する可能性はかなり高いと思われる。
　型式学的な繋がりからみて、並行沈線内に施紋された三角紋の変遷は、19＝20→35＝38？と想定できる。(3)類とした29例などは、三角紋が「区切り斜線」に変化しており、刻紋もその内部に加えられるなど、さらに新しい特徴が認められる。35例や38例に後続するからであろう。同じく(3)類とした28例なども、三角連紋が頸部の並行線内に施されており、削いだように角張る口端部には、30例と同じく、疎らな突刺紋ないし刻み目紋がある。やはり(4)類よりも新しく、かつ香深井1(A)遺跡の4～9例よりも、とりわけ、頸部に三角紋を持つ8例よりも新しいと認められよう。
　この口端部の装飾は30例にも見られる。39例の口端部にある数珠つなぎの指押による？装飾などは、香深井1(A)遺跡の5・6例などに由来するものと思われる。乏しい資料の比較ではあるが、このように観察すると、香深井1(A)遺跡と元地遺跡魚骨層Ⅰ（一部）の間には密接な関係があると考えられよう[註5]。
　古い順に並べると、つぎのようになる。

 (1) 魚骨層Ⅰ（古：31～40）：(4)類

(2)　魚骨層Ⅰ（中：28・29, 30）：(3)類
　(3)　魚骨層Ⅰ（新：26・27）　　　：(2)類

　では、この仮編年と香深井1(A)遺跡編年を一度に対比すると、どうなるであろうか。魚骨層Ⅰ（新）の26・27例は、モヨロ貝塚等の層位事実から、表土（新：1, 2）→魚骨層Ⅰ（新：26・27）となる。28・29、30例と4～9例については、先の比較から新旧関係が型式学的に捉えられる。
　そこで、表土層の2例にいたる系統的な変化を考慮すると、28例の口端部は、2例、3例と4～8例のちょうど中間に収まる点が注意される。つぎに器形の面では、22・24例から、19・20例→14・17・18例→4～8例→28例→3例→2例→26例へのスムーズな変化が追える。したがって魚骨層Ⅰ（中）の28～30例は、表土（古）の4～9例より新しく、表土（新）の1例、2例（←3例）よりも古いと考えられる。
　そこで両遺跡の資料を古い順に整理すると、つぎのような編年案になる。

　(1)　香深井1(A)遺跡：魚骨層Ⅰ（新：22～25）
　(2)　香深井1(A)遺跡：黒褐色砂質土層（古：19・20＝元地遺跡魚骨層Ⅰ（新：31～40），新：16～18,
　　　古～新：10～15）
　(3)　香深井1(A)遺跡：表土（古：4～9）
　(4)　元地遺跡：魚骨層Ⅰ（中：28・29, 30）
　(5)　香深井1(A)遺跡の擦紋Ⅳ（古：21）
　(6)　香深井1(A)遺跡：表土（新：1, 2←3）
　(7)　元地遺跡：魚骨層Ⅰ（新：26・27）

3）道北編年の疑問点

　さて、香深井1(A)遺跡と元地遺跡の資料は、型式差と層位差をそれぞれに勘案すると、以上のように対比された。それでは、擦紋Ⅲ・Ⅳとオホーツク式の関係は、どのように捉えればよいか。元地遺跡の報告によると、擦紋Ⅱ末？～Ⅲ（古）の41例は、魚骨層Ⅰで唯一の資料であると指摘されている。魚骨層Ⅰ′・Ⅰ″には擦紋土器が見当たらないようである。26～40例のうち、41例に伴うのは、いったいどの土器なのであろうか。また、混入の可能性はないのであろうか。
　大井氏は41例と26・27例の共伴関係を想定している（大井1972a：25-27）。しかし香深井1(A)遺跡では、元地遺跡の(3)類土器（31～40）に近い土器（19・20）とともに、広義の黒褐色砂質土層の中から、21例のごとき良好な擦紋Ⅳ（古）期の完形土器がまとまって出土している。地点ごとに詳細な分析ができない以上、問題はあるものの、香深井1(A)遺跡では、擦紋Ⅳ（古）と刻紋・沈線紋系土器の「新しい部分」が年代的に近い関係にあると想定される。一方元地遺跡では、擦紋Ⅱ末？～Ⅲ（古）とソーメン紋土器が「共伴」したと報告される。
　これは明らかに矛盾を孕んだ話であろう。いったい、どちらの遺跡が正しい土器変遷の秩序を

示しているのか。元地遺跡の魚骨層Ⅰは時期を異にし、年代的にも間隙のある3種の土器を含んでいる。これに対して香深井1(A)遺跡の「黒褐色砂質土層」の土器は、表土層と魚骨層Ⅰの土器に挟まれており、少なくともオホーツク式の変遷は、ある時期までかなりスムーズにたどれる。したがって後者の方が、より真実の土器変遷を反映している可能性があるのではあるまいか。この問題については、下位層の土器を検討する際に、あらためて考察してみたい。

さて、以上の観察によれば、擦紋Ⅳ(古：21)は、少なくとも1・2例より古く、刻紋・沈線紋系土器の4〜20例のいずれよりも新しい可能性が高いと思われる。一方、擦紋Ⅱ末？〜Ⅲ(古：41)は、香深井1(A)遺跡のいずれの土器（1〜25）とも並行しない、という仮説が導かれることになる。

では、このような通説と異なる編年案を仮設した場合、道東の遺跡では、それが矛盾なく通用するであろうか。ロケーションを移動して検討してみよう。

2．知床半島編年と元町・トビニタイ遺跡の編年

道東部の旧常呂町や斜里周辺では、トコロチャシやニツ岩、須藤、ピラガ丘などの諸遺跡の資料を用いて、オホーツク式と擦紋・トビニタイ土器群の編年体系が組み立てられている。しかし調査年は古くとも、モヨロ貝塚の10号竪穴や貝層から出土した資料の重要性は、今でも変わらないのではあるまいか（佐藤1964b：78-81）(註6)。またそれと同様に、知床半島の古い調査資料についても、あらためて相応の目配りが求められよう。

1）ウトロチャシコツ岬下遺跡の資料

知床半島にはオホーツク文化の遺跡が多数知られているが、ウトロチャシコツ岬下遺跡（以下，岬下遺跡）の詳細な調査データについては、『河野広道ノート　考古篇1』の中で紹介されるまで、ほとんど知られていなかった（宇田川編1981）。

この遺跡の調査は、モヨロ貝塚に続いて1959年に実施されている。その結果、間歇的に7期にわたって利用された1号竪穴が発見された。佐藤達夫の精密な分層発掘によって遺物はきちんと採集されているが、公表されたものはその一部に止まる（第51図1〜5）。

1・2例は「東3層」から出土したものである。3・4例は「東2層」から発見されたものである。層位的にみると、「1、2例→3〜5例」の順に変遷したと想定できる。しかし、拓図から貼付紋の断面形が平坦に見える2例と、皮紐状の貼付紋の1例では、明らかに時期が異なる（1→2）。描線の種類だけでなく、口縁部の作りからみても、時期的な隔たりはかなりあると思われる。

これに対して若干の問題を孕むのが、焼失した竪穴住居跡（以下，竪穴）の床面上（東2層）から出土した3・5例と、その下層（東3層）から発見された2例の関係である。この層位差からみて、とうぜん年代差があると想定されるが、両者の違いは、1例と2例に比べると明らかに小さい。

第2節 礼文・利尻島から知床・根室半島へ 105

2例の口縁部に施された貼付線は小ぶりの波状紋である。やや粗雑な印象も受けるが、波形の高さや大きさは3例とあまり変わらない。一方、胴部の幅広いネット・ソーメン紋は、その上下を2本の貼付線で画している。こうした特徴は1例の古さを示すメルクマールとなる。ネット紋は大柄である。このタイプのものは、トコロチャシ遺跡やモヨロ貝塚の代表的なソーメン紋土器には稀である。しかし、トビニタイ土器群Ⅱ（菊池1972）では、どの遺跡でも普通にあるモチーフと認められる。器形・紋様構成、貼付紋の断面形など、どの点を比べても、2例とソーメン紋土器との差異は、誰の目にも一目瞭然である。したがって、やや風変わりな器形ではあるが、2例をトビニタイ土器群Ⅱと見做しても、特に問題は無さそうである。

そのように観察したうえで、直上層の土器を比べると、必ずしもその特徴は一致しない。例えば3例と6例では、胴部紋様の貼付線の扱い方が異なる。口縁部も同じことが言える。この差異は型式学的にみると、小細別レベルの差異を示すと考えられる。4例の胴部紋様は3例に等しいが、口縁部には螺旋技法が用いられている。この点で若干異なるが、全体的には6例よりも3例に近いと見做せる。いずれもソーメン紋土器3に比定されるが、相対的な序列としては、3～5例→6例への変遷が想定される。

このように、年代差を含む資料が竪穴や骨塚内で混在して発見される事例は、道東の広い範囲で古くから知られている。もちろんその一方で、ほとんど純粋に一時期の土器のみを出土する竪穴も確実に存在する。その理由はいろいろ考えられるが、ここでは深入りせずに、そうした事実を指摘するに止めておきたい。

以上の観察を整理すると、岬下遺跡東2・3

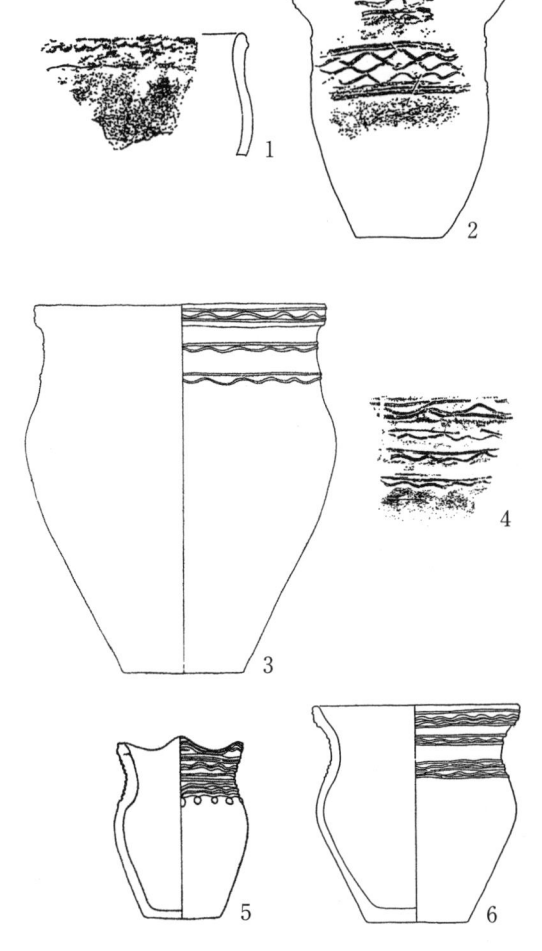

第51図　ウトロチャシコツ岬下遺跡と元町遺跡の竪穴資料

層の資料は、つぎのように編年される。

(1) 擬縄貼付紋土器（1）　　：東3層(古)
(2) (不明の空白期間)
(3) トビニタイ土器群Ⅱ（2）：東3層(新)
(4) ソーメン紋土器3（3〜5）：東2層(古)
(5) ソーメン紋土器3（6）　　：東2層(新)

　下層にはトビニタイ土器群Ⅱ、上層にはソーメン紋土器3という歴然とした層序は、いったい何を物語るのであろうか。一つの竪穴が間歇的に、あるいは連続的に利用され、その間に土器系統の移行が認められるわけである。この事実は、これから北方編年の新体系を構築して行くうえで、後述するトビニタイ遺跡の事例とともに、近い将来に、きわめて重要な意味を持つことになるであろう（柳澤1999a・1999b：64-70）。

2）元町遺跡資料の位置

　さて岬下遺跡の資料を、以上のように編年した場合、女満別町の元町遺跡の資料（7・8）が問題となる。両例は竪穴内から出土しており、一般に「共伴」したと見做されている（大井1970：37-40ほか）。前稿でも述べたとおり、種々の点からみて、別の解釈が成り立つように思われる（柳澤1999b：84-89）。

　そこで両例をあらためて検討してみたい。7例の口端部には、鋸歯状の大波状紋がめぐる。その下には、小さな波状の貼付線が施されている。胴部のネット紋は幅広く構成され、ネットの単位もやや大きく見える。その上下は、岬下遺跡例（第51図2）と同様に2本の貼付紋（直線＋波線）で画されている。また、ボタン状の貼付紋が交互に配置されている。この手法は、トビニタイ土器群ⅡやⅠ・Ⅱの「中間的なもの」（菊池1972）で用いられているが（柳澤1999a：81-86）、ソーメン紋土器では普通に見られる。

　底部の形態を見ると、かなり強く窄まっており、「擦紋Ⅴ」に近い印象を受ける。口縁部は朝顔形に大きく外反している。これらの点は、末期の擦紋土器に一般的に認められる特徴である（佐藤1972：476-479）。これに対して2例の底部は幅広く復元されている。そのとおりならば、3・5・6例に酷似するが、むしろ両例をモデルにして底部の形態を推定しているように思われる。

　2例の口縁部はややカリパー気味であるが、これは3・6例よりも明らかに7例に似ている。ネット紋の大きさや高さは異なるが、その単位はどちらも大きく見える。したがって全体的な印象では、2例と6例の時期は接近していると考えられる。ネット紋を画す2本の貼付線の構成、口縁部の波状紋などの違いを念頭におくと、相対的に2例→7例の序列が想定される。

　このような観察を踏まえると、元町遺跡の7例と岬下遺跡の2・3〜6例は、時期的にかなり接近し、それにソーメン紋土器3が後続すると考えられる。はたして、7・8例の「共伴」認定

の検証は、これまで充分になされているであろうか。岬下遺跡の層位事実は、その点に関して、否定的な示唆を与える有効な材料になる。そこで、道東の元町遺跡と道北の元地遺跡の「共伴」認定に疑問符をつけると、斜里から知床半島の西岸域では、つぎのような編年案が仮設されることになる。

ソーメン紋土器2期
 (1) 元地遺跡の魚骨層Ⅰ(新)　　　：第50図26・27
 (2) 岬下遺跡竪穴の東3層(新)　　：第51図2（トビニタイ土器群Ⅱ）
 (3) 元町遺跡竪穴　　　　　　　　：第51図7（トビニタイ土器群Ⅱ）
ソーメン紋土器3期
 (4) 岬下遺跡竪穴の東2層(古)　　：第51図3〜5
 (5) 岬下遺跡竪穴の東2層(新)　　：第51図6

3）トビニタイ遺跡の竪穴資料

　トビニタイ遺跡は、知床半島西岸のウトロ町方面からみると反対側に立地している。この遺跡は、モヨロ貝塚と岬下遺跡に続いて1960年に調査され、大小二つの亀甲形の竪穴が重複して検出された（第52図）。大きい方は1号、小さい方は2号と呼ばれている。切り合い関係からみて、「1号竪穴→2号竪穴」の順に構築されたと指摘されている（駒井編1964：127-128）。

　1号竪穴の床面からは7個体の完形土器が発見された。その内訳は、ソーメン紋土器3が1点（15）で、他はすべてソーメン紋土器1に比定されるもの（7・8）、および素紋土器である。これに対して、2号竪穴の床面上からは16個体余りの多量の完形土器が出土したという。その大部分はトビニタイ土器群Ⅱ（9〜12）で占められ、それに「擦紋Ⅴ」（佐藤1972：478-479）の破片（14）が伴出している[註7]。

　報告書の記載や堆積土層図、それに付図や図版を参照すると、遺物と遺構の関係性については、いくつかの疑問が浮かんでくる。しかし、竪穴の新旧関係を疑わせるような手掛かりは見当たらない。宇田川洋氏は、知床半島の調査が「かなりずさんであったことは間違いありません」、と回想している（宇田川1999）。トビニタイ遺跡の場合には、具体的にどのような事情を指しているのか気になるところである。

　ここでは報告書の記述を参照して、土器類の分析を試みてみたい。竪穴の新旧関係は、「1号竪穴→2号竪穴」であるから、「7・8例→9〜12例」への変遷が想定される。しかし、1号竪穴の床面から出土したと報告された15例が問題である。これはソーメン紋土器3に比定される。岬下遺跡の資料をみると、胴部紋様の構成法は3〜5例と6例の中間的な特徴を示している。

　したがって15例は岬下遺跡の東2層に内包され、1号竪穴の床面土器（7・8）とは時期が懸け離れることになる。そのように捉えると、各資料の序列は次ぎのように編成される。

108　第2章　道東・道北を対比した広域編年の試案

―1号竪穴（床面）―

（モヨロ貝塚第1号墓）

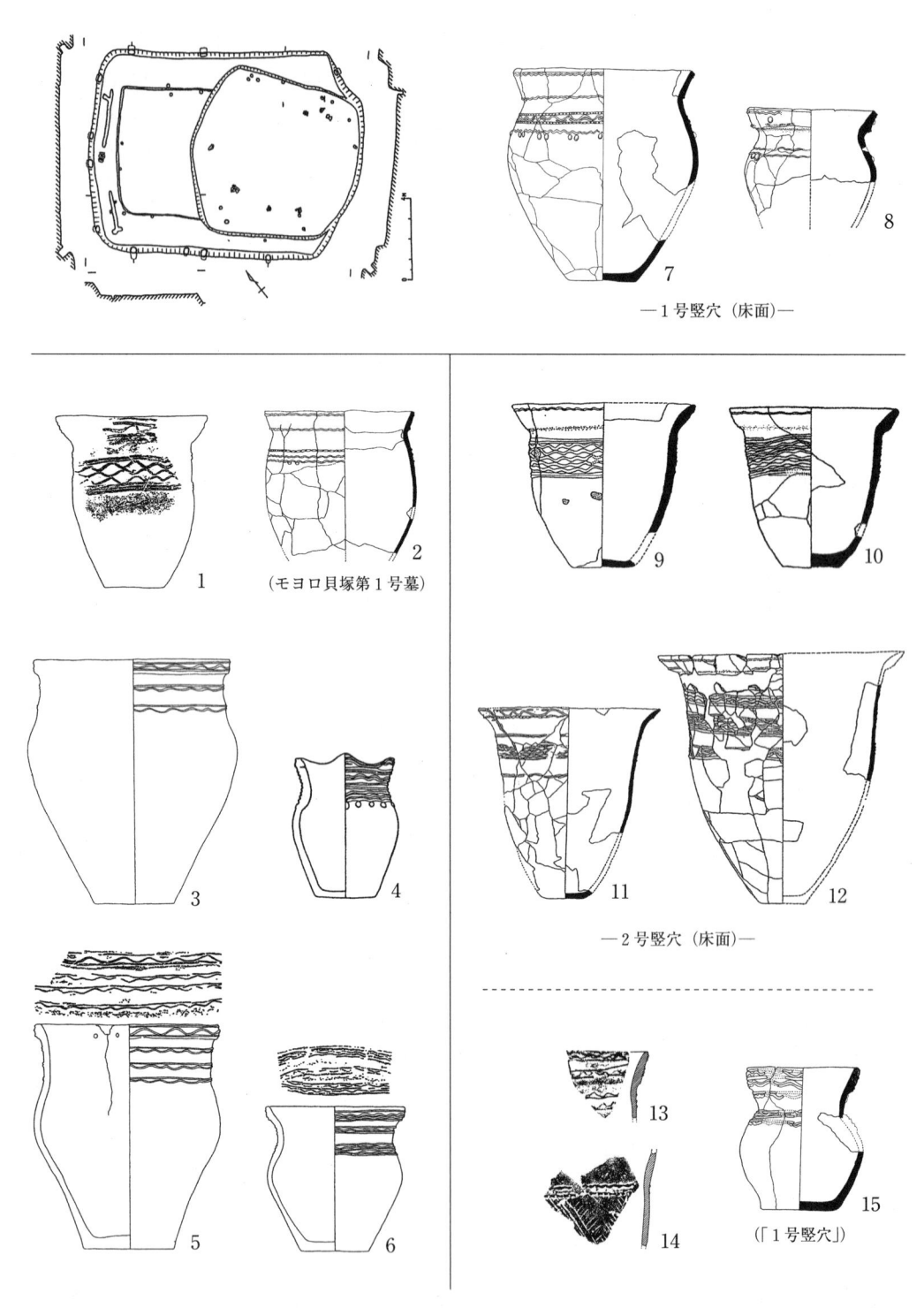

―2号竪穴（床面）―

(「1号竪穴」)

第52図　ウトロチャシコツ岬下遺跡とモヨロ貝塚・トビニタイ遺跡の資料

(1)　1号竪穴の床面土器（古：7・8）：ソーメン紋土器1
(2)　2号竪穴の床面土器（9～12）　　：トビニタイ土器群Ⅱ
(3)　1号竪穴の床面土器（新：15）　　：ソーメン紋土器3≒岬下遺跡竪穴の東3層（3～5）

　ここで注意したい点は、1号竪穴ではソーメン紋土器1が、そして2号竪穴ではトビニタイ土器群Ⅱが纏まって出土していること、また、時期を異にする若干の土器が伴出していることである。1号竪穴では15例、2号竪穴では14例が挙げられる。
　一方岬下遺跡では、ソーメン紋土器3が纏まって出土しており、先行するトビニタイ土器群Ⅱ(1)は、あたかも竪穴を清掃した際に残された大破片のように遺存している。なぜ双方の遺跡において、トビニタイ土器群Ⅱとソーメン紋土器の新旧の序列が逆転し、主体を占める土器が主客転倒しているのか。通説編年の立場からすれば、実に不可思議な現象と映るはずである。しかし、これまでに特に注意されたことはない。
　以上の観察によれば、岬下遺跡では同じ竪穴の再利用を通じて、またトビニタイ遺跡では、異系統の古い竪穴の破壊と新構築によって、トビニタイ土器群とソーメン紋土器が交替していることになる。このような現象は、いったい何を物語るのであろうか。
　岬下遺跡の竪穴は明らかに焼失している。これに対して、トビニタイ遺跡では、ソーメン紋土器を出土する竪穴が破壊され、年代的にかなり幅を有するトビニタイ土器群Ⅱが、あたかも大量に安置されたかのような状態で発見された。知床半島の東西を舞台にして、擦紋Ⅴ（「トビニタイ土器群Ⅰ」やトビニタイ土器群Ⅱ、そしてソーメン紋土器を用いる集団の間で、いったいどのような社会変動が起きたのか。その謎めいた事情を、考古学的な手法で解き明かすには、「土器は土器から」の視点で、通説の編年体系の見直しを図るほかに、しかるべき方法が無いように思われる。
　そこで、さらに資料の対比と分析を続けたい。ソーメン紋土器3に先行する岬下遺跡1例は、トビニタイ遺跡ではどれに対比されるであろうか。2号竪穴には様々な土器が含まれている。1例に酷似したネット・ソーメン紋を持つもの（9・10）、それが狭帯化したもの（11）、また分帯したもの（12）など、数種類が容易に区別される。岬下遺跡の1例は、言うまでもなく9・10例に最も近い。一方、分帯したものは岬下遺跡の6例に近似していると言えよう。
　このように観察すると、モヨロ貝塚と岬下遺跡、トビニタイ遺跡の年代的な関係は、なお暫定的ながら、つぎのように整理される。

(1)　ソーメン紋土器1期：モヨロ貝塚第1号墓資料(2)＝トビニタイ遺跡1号竪穴(古：7・
　　　　　　　　　　　　　　　　　　　　　　　　8)
(2)　ソーメン紋土器2期（＝トビニタイ土器群Ⅱ）
　　　　　　　　　　　　：岬下遺跡東3層(1)≒トビニタイ遺跡2号竪穴(古：9・10)
(3)　ソーメン紋土器3期：岬下遺跡東2層(古：3～5)

〃　：トビニタイ遺跡1号竪穴（新：15）

〃　：岬下遺跡東2層（新：6）＝トビニタイ遺跡2号竪穴（新：12）

　知床半島の近接した遺跡において、(1)～(3)期の間に、この編年案が示すような複雑な土器現象が実際に見られたのかどうか、通説編年の立場からは、とうぜん疑問が提出されるであろう。この対比案がはたして妥当であるかどうか。さらに視点を変えて検討を続けたい。

3．トビニタイ土器群Ⅱ・ソーメン紋土器と擦紋Ⅲの位置

1）トビニタイ土器群Ⅱから見たソーメン紋土器3の変容

　トビニタイ土器群Ⅱとソーメン紋土器は同時代に存在し、互いに交流していたことは、「キメラ（折衷）土器」の分析を通じて、旧稿の中で論じたとおりである（柳澤1999a：82-88, 2000：18-20）。
　先に引用した岬下遺跡の竪穴（東2層）からは、**第53図**の4・5例のほかに、6・7例のような土器も出土している。一見して、口縁部は4・5例に似ているのに、胴部の紋様が幅広く構成されており、ソーメン紋土器としては奇妙な特徴を持つことに気づくであろう。どちらも紋様帯の上端が粗雑な

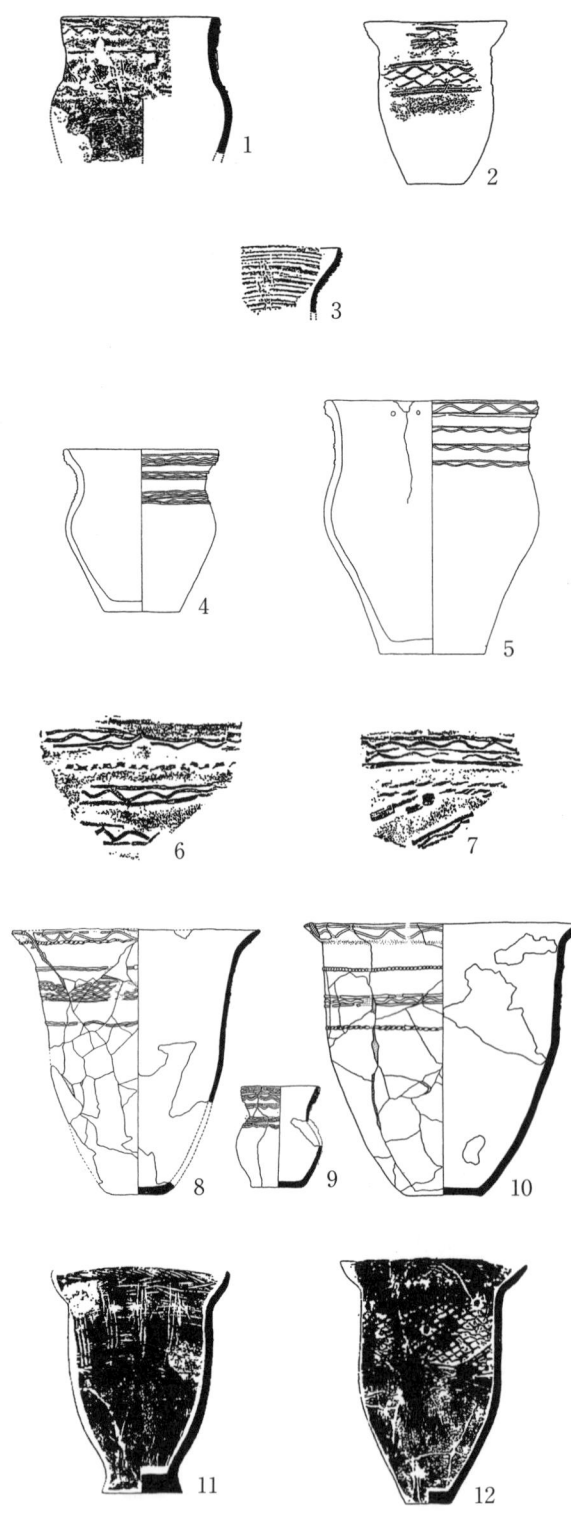

第53図　ソーメン紋土器・トビニタイ土器群Ⅱと元町遺跡資料の対比

擬縄貼付紋で画されている。下端もおそらく同じであろう。これは4例や5例にない要素として注目される。

　トコロチャシ遺跡やモヨロ貝塚の周辺でも、擬縄貼付紋を施したソーメン紋土器は決して珍しい存在ではない。しかし6・7例のように、ソーメン紋の上・下？を画すように擬縄貼付紋を用いるものは、寡聞にして類例を知らない。今のところ、知床半島の岬下遺跡に特有な土器ではないかと思われる。

　そこで、その擬縄貼付紋の由来が問題になる。ソーメン紋土器3に比定される4・6・7例とトビニタイ土器群Ⅱの8・10例を比べてみよう。まず6例である。その口縁部のソーメン紋は幅が狭く、8例に近い。7例の胴部にある擬縄貼付紋は2本仕立てになっている。これは8例の2本の貼付線に対比されよう。10例の胴部に見える狭いバンドソーメン紋は、逆に4例と6例に類似している。このように双方とも、互いの紋様要素を取り入れていることからみて、6・7例と8・10例は年代的に近接しており、相互の交流を通じて土器変容を起こしていると考えられる。

　8・10例などのトビニタイ土器群Ⅱの口縁部は、12例（ソーメン紋土器2対比）などに比べると、ずいぶん幅が狭くなっている。これはトビニタイ土器群Ⅱの側でも、ソーメン紋土器の影響を受けて、口縁部の形態が変化しているのであろう。

　つまり年代的にみると、「（ ）→5例→4例＝6，7例≒/←8・10例←（ ）←12例」という、おおまかな関係が型式学的に想定される。そのプロセスの詳細は、これから資料が増加すれば、より明解に捉えられるであろう。

2）「擦紋Ⅲ」とトビニタイ土器群Ⅱは並行するか？

　さて以上の観察から、トビニタイ土器群Ⅱとソーメン紋土器2〜3期は、あらためて時期的に並行または近接していると想定された。しかし先にも触れたように、元地遺跡の魚骨層Ⅰでは、ソーメン紋土器2の1例と、擦紋Ⅱ末〜Ⅲ(古)？段階の「共伴」（1例＝3例）が想定されている（大井1972a）。

　一方、女満別町の元町遺跡の竪穴では、擦紋Ⅲ[6]とトビニタイ土器群Ⅱの「共伴」（11例＝12例）が高く評価されている（大井1970：38-39）。だが、2例と12例は年代的に接近しており、ともにソーメン紋土器2に比定されるから、論証を省いた単純な「共伴」説では矛盾することになる。

　岬下遺跡の竪穴では、2例や4〜7例に擦紋土器は伴わない。トビニタイの2号竪穴やサシルイ北岸遺跡では、「擦紋Ⅴ」の破片資料（第52図14）が床面や埋土からトビニタイ土器群とともに発見されている。一方、オタフク岩洞窟でも、トビニタイ土器群Ⅱと同じ層から伴出した土器は、擦紋末期に限定され、擦紋Ⅲなどは1点も出土していない。

　通説では、擦紋Ⅲ期に入るとソーメン紋系土器の変容が急速に進行し、すでに擦文（土器）文化への「同化」ないし「融合」が開始されていたはずである。しかしながらトビニタイ土器群の拠点とされる知床半島において、同化・融合を促進するはずの擦紋Ⅲは、不思議なことに報告された資料がほとんど存在しない。はたして通説のとおり、擦紋Ⅲとトビニタイ土器群Ⅱは同時代に

112　第2章　道東・道北を対比した広域編年の試案

擦紋末期（トビニタイI）	
トビニタイ土器群 I-II	
トビニタイ土器群II・ソーメン紋土器 1～3	

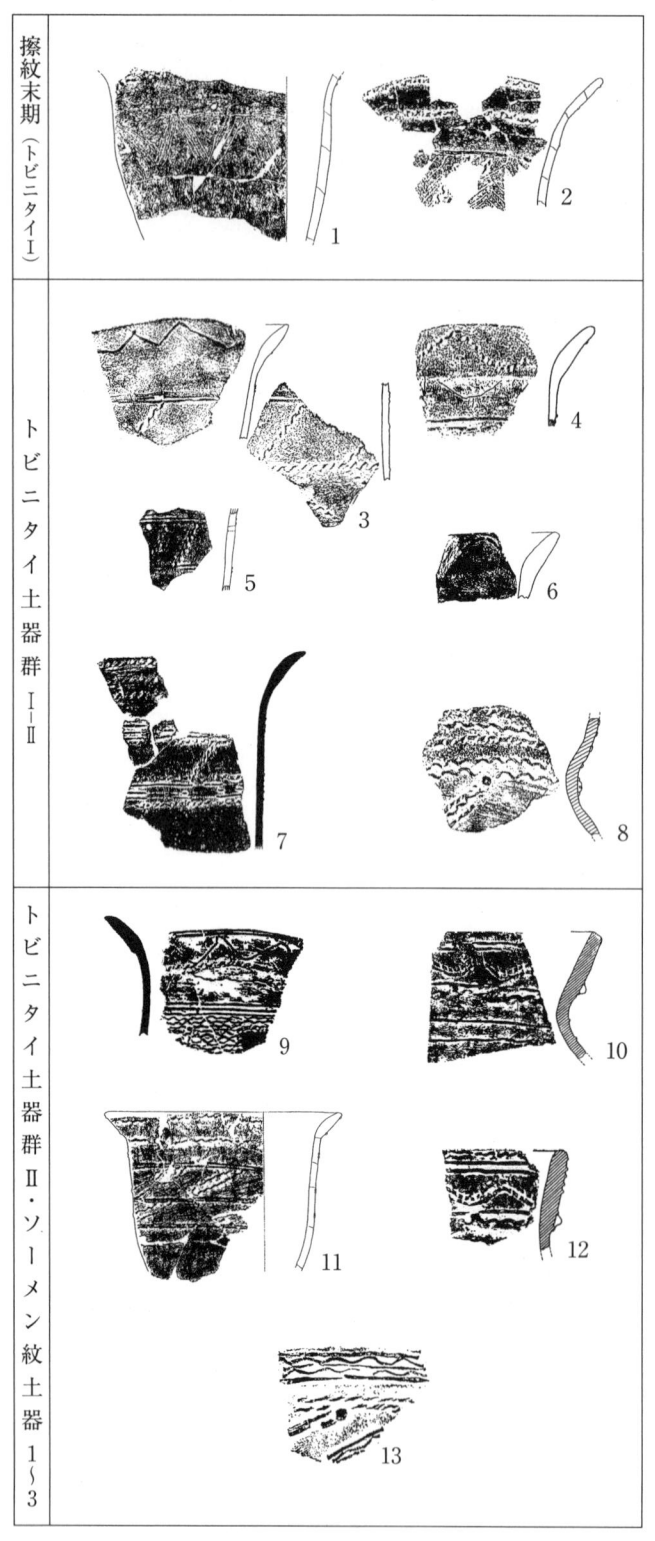

第54図　「擦紋」V（トビニタイ土器群I）からトビニタイ土器群II、ソーメン紋土器への変遷

並存し、前者が後者に強い影響を与えていたのであろうか。また一般に想定されているように、オホーツク人は擦紋人に圧迫されて、知床半島へと駆逐されたのであろうか。

　この疑問を解く方法はいろいろ考えられる。しかし小論では、以下、岬下遺跡の7例に見える「区切り斜線」に注目して、擦紋IIIとトビニタイ土器群IIの関係をさらに明確にしたいと思う。

4.「擦紋V」からトビニタイ土器群IIへ

1）オタフク岩洞窟の資料

　先にトビニタイ遺跡2号竪穴の床面から出土した「擦紋V」（第52図14）に触れたが、それに対比されるものは、オタフク岩洞窟からも豊富に出土している。第54図の1・2例はその一部である。どちらも4b・5a層から出土している。

　両層にはトビニタイ土器群IIと擦紋IV・Vが混在しているが、擦紋IIIやソーメン紋土器は見当たらない(註8)。1・2例は、誰もが擦紋末期の土器と認めるものであろう。これらは香深井1(A)遺跡の黒褐色砂質土層の擦紋IV（古：第50図21）よりも、遥かに新しい土器である。両例の特徴を比べてみよう。

2例は、朝顔形に大きく開く器形で、底部に向かって急激に窄まると推定される。口縁部には幅広い粗雑な擬縄貼付紋が施される。胴部には多条の刻線紋と、それを区切る斜線（「区切り斜線」）がある。その上部は貼付線で画されており、おそらく下半部も同じ扱いであろう。

2例に見える「区切り斜線」は2種類あるように思われる。一つは刻み目を持つもの、もう一つは皮紐状のソーメン紋である。肝心の部分が欠けており、はっきりしないが、3本1単位で紋様帯を斜めに画し、その内部には刻線を施していないと推定される。

1例は、2例に類似した土器である。一目で近い時期と認められよう。口縁部が僅かに残っており、粗雑な擬縄貼付紋が2例のように、上下に施されていたと推定される。胴部には鋸歯状の刻線紋を有し、その上下を鋭い沈線で画している。

1例と2例に見える細部の差異は、おそらく時期差に係わるであろう。擦紋Ⅰ～Ⅳ期の土器には、2例のように頸部を素紋扱いとし、貼付線を併用した紋様を持つ例は存在しない。「擦紋Ⅴ」に比定された土器群において、初めて登場することが指摘されている（佐藤1972）。

それでは、一般に12～13世紀頃に比定される「擦紋Ⅴ」の土器に、なぜ擬縄貼付紋土器もどきの貼付線が用いられたのか。はたして数世紀の時を超えて、貼付紋の手法が先祖返り的に再生したのであろうか。

この疑問を解くために、「区切り斜線」について広い範囲で比較してみたい。2例に類似した革紐タイプの実例は、道東部では知床・根室の半島域、根釧台地、釧路・厚岸などの沿岸域などで発見されている。その良好な資料として、栄浦第二遺跡の3例をはじめ、姉別川流域遺跡の5例、厚岸町下田ノ沢遺跡の7例などがあげられる。いずれも破片のため、器形についてはよく分からない。多くの例は朝顔形に外反する深鉢形を呈し、底部は7・11例のようにトビニタイ的なラインを描いて窄まると推定される。口縁部は、内面が緩い「く」の字形ないし母指状に肥厚する。

オタフク岩洞窟の1・2例と比べ、3～7例の大きな特徴は、口縁部や胴部に擦紋土器の刻線紋を欠くことである。胴部の幅広い紋様帯は、2本か3～4本の貼付線でその上下が画される。これは「擦紋Ⅴ」（第52図14）に見える擬縄貼付紋の2本線に由来するものと思われる。3・5・7例及び8例では、画線の内部が皮紐状の「区切り斜線」で分割されており、1・2例と比べると、あたかも擦紋土器の刻線紋を省いて作られたように見える。

描線の種類や扱い方には細部の違いがある。しかし、3～8例の土器は互いに特徴が良く似ており、時期的にも近いものと見做せる。先に「1例→2例」の序列を想定したが、さらに擦紋土器に特有であった刻紋の消去という操作を加えると、「1・2例→3～8例」という変遷も、別に想定することができよう。この一連の変化は、明らかに擦紋土器自身の変容（「変容擦紋土器」）を示す。刻線紋の貼付紋化、刻紋の消失は、まさに擦紋土器の変容を象徴する出来事として捉えられよう。

では、ポスト「擦紋Ⅴ」に比定された3～8例は、その後どのように変化するのであろうか。そこで口縁部の断面形や波状紋に注目してみたい。まず4例から観察したい。その大波状紋は、

粗雑な擬縄貼付紋で作られている。類似した資料は、トコロチャシ遺跡の1号の内側竪穴(12)や2号竪穴(10)からも出土している。これらはソーメン紋土器1～2期に比定される。口縁部の形態は、なぜか擦紋末期の4例に似ている。口頸部の屈曲を強め、口縁部をわずかに肥厚させると、ほとんど区別がつかないくらいである。

10・12例は、ソーメン紋土器としては、少し風変わりな例である。むしろ、9例のトビニタイ土器群Ⅱに近い特徴を持つと思われる。本例のように口縁部に大波状紋を施す土器は、図を省いた資料も参照すると、「4例→9例→第53図12例」の順に、スムーズな変遷がたどれる。胴部紋様についても、1例から2例へ、そして5・7例からオタフク岩洞窟の11例へと連続的な変化がたどれる。

そこで注目されるのが、トコロチャシ遺跡の8例である。その胴部の「区切り斜線」は、ドーナツ状の貼付紋を繋いで構成されている。岬下遺跡の東2層には、この12例に酷似した「区切り斜線」を持つ土器がある。ソーメン紋土器3の13例である。

この資料が、今のところ最も新しい区切り斜線の実例である。これはきわめて貴重な一例であって、「擦紋Ⅴ」の1・2例から、トビニタイ土器群Ⅰ-Ⅱの諸例(3，5・7)を経由して、ソーメン紋土器3の時期まで、「区切り斜線」が土器系統の違いを超えて連綿と用いられていることを示している。

このように観察すると8例は、1・2例と11例や13例を繋ぐ、まさに中間に位置する貴重な資料と認められる。その口縁部には、粗雑な擬縄貼付紋と皮紐状のソーメン紋が交互に施されており、ソーメン紋土器1直前の特徴を備えている。これは、同じトコロチャシ遺跡の10・12例と口縁部の形状や構成が近似しており、相対的には、「8例→10・12例」の序列が想定される。

オタフク岩遺跡の11例と岬下遺跡の13例では、胴部を分帯する描線や「区切斜線」の種類が異なる。しかし、先に同時期に比定したトビニタイ1号竪穴には、擬縄貼付紋を持つ土器が存在する。知床半島の峠を越えるか、あるいは海上ルートによる交流を想定すれば、岬下遺跡の13例に見える「区切り斜線」の採用は、ごく自然に理解できるであろう。

両遺跡の土器に見られるこのような繋がりは、いったい何を物語るのであろうか。13例の連繋「区切り斜線」に秘められた謎は、トビニタイ土器群Ⅱとソーメン紋土器の対立と交流の問題として、これから知床半島域における精密な資料分析が求められることになろう。

また、そのために必要な新資料の入手も課題になって来る。以上の観察を図式的に表すと、つぎのような編年案になる。

(1) 「擦紋Ⅴ」(1・2)
(2) ポスト「擦紋Ⅴ」(3～7)
(3) 擬縄貼付紋土器（新：8）
(4) ソーメン紋土器1＝トビニタイ土器群Ⅱ(10≒9)
(5) ソーメン紋土器2＝トビニタイ土器群Ⅱ(12≒11)

(6) ソーメン紋土器3＝トビニタイ土器群Ⅱ（13＝＋）

　さて、以上の編年案が妥当であるならば、元地遺跡や元町遺跡における擦紋土器とトビニタイ土器群Ⅱ、ソーメン紋土器2との「共伴」は在り得ないことになる。また、旧稿（柳澤1999a・b、2000）で述べたように、擦紋Ⅲに後続する擦紋Ⅳや「擦紋Ⅴ」は、擬縄貼付紋土器と並行することになるであろう。はたして、そのように通説を逆転させた編年案が、ほんとうに成り立つのであろうか。

5．「区切り斜線」手法の由来と変遷

　オホーツク式土器の胴部や口縁部には、それを斜めに区切る描線がしばしば用いられている。それほど珍しくないせいであろうか、これまで全く問題にされたことがない。しかし類例を集めて検討してみると、意外にその奥行きは深いように思われる。いわゆる「オホーツク式土器」（河野1955・1958）とはいったい何であるのか、という根本的な問題にも、将来的には関わって来ると予想される。ここでは、問題をごく部分的に扱うに止めておきたい。

1）モヨロ貝塚の資料より

　第55図の1〜12例はモヨロ貝塚の出土品である。8例のみ大場利夫が報告（大場1958）したもので、他は1948〜1951年の発掘品である。その報告書を参照すると、1）貝層下（1・2）、2）貝層中（6・7）の順に編年できる。第3次調査では、墳墓から別の一群に属する土器が出土している。3例と4・5例である。これは型式学的にみて、明らかに貝層下（1・2）と貝層中（6・7）の中間の時期に対応するものと思われる。

　したがって1〜7例の資料は、層位差と型式差にもとづいて、「1＋2→3〜5→6＋7」の順に編年されることになる。ここで注目されるのは、どの時期にも並行沈線の内部に刻紋を施した土器が共伴していることである。それは「2例→5例→7例」の序列で、スムーズな変化がたどれる。この時期に道北方面から、刻紋・沈線紋系土器の継続的な影響が波及したことを層位的に示す、重要な資料であると言えよう（柳澤1999b：55-58）。

　大場が報告した膨大な資料の中にも、これまで注意されていないが、刻紋・沈線紋系の土器がかなり含まれている。なかでも、8例のような道北系の鋸歯文を持つ土器が、「区切り斜線」の出自を考えるうえで特に注目される。刻紋を多用する古手の土器群には、この手の鋸歯状紋はそれほど目立たない。沈線に刻紋を加える新しい土器群では、かなり古い時期から存在するようである。やや新しい時期になると、紋別以西の地域から常呂川周辺域へと波及するように観察される。8例の時期については決め手を欠くが、2例や5例に比べると、どちらかと言えば6・7例に近い時期かと思われる。

　モヨロ貝塚の10号竪穴と貝層の土器を報告した佐藤達夫は、多数の資料の中から特に10・11例

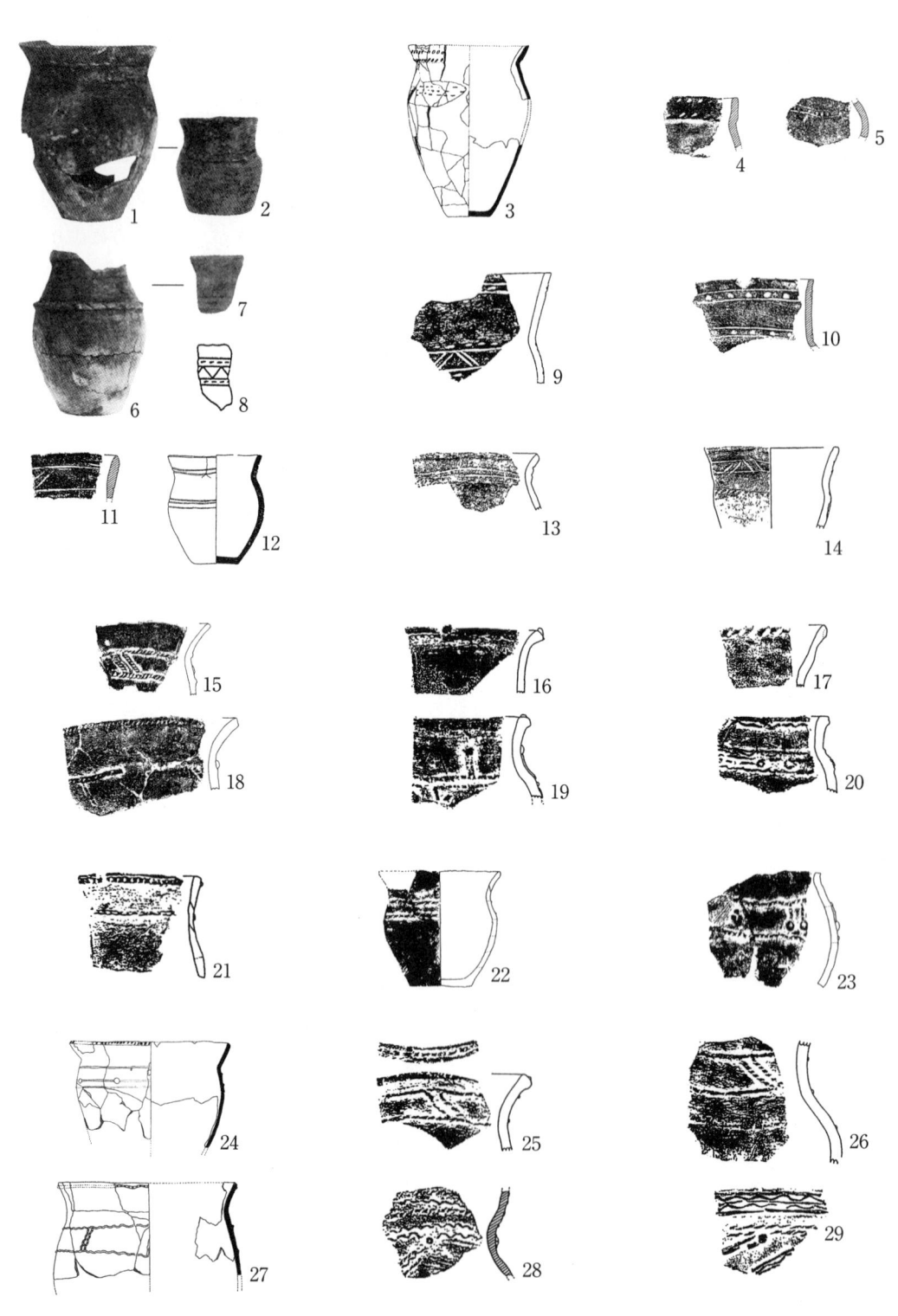

116　第2章　道東・道北を対比した広域編年の試案

第55図　「区切り斜線」手法を持つ土器と参照資料

と12例を図版に選択している（佐藤1964b）。まず10例であるが、並行する2本の沈線が上下に幅広くなり、沈線の内部には、刻紋の代わりに円形の刺突紋が施されている。時期的にみると、7例よりも新しくなるであろう。

　つぎに11例をみると、2本沈線は1本仕立てになり、その間を切る「区切り斜線」が、新たに登場している。刺突紋や刻紋は消えている。残念ながら、胴部の紋様構成は分からない。12例は墓地との関連が指摘されている。やはり刻紋を欠く。2～3本の並行沈線で幅広い紋様が描かれている。10例よりも新しい土器であろう。

　このように観察すると、「沈線＋刻紋土器」から「沈線紋土器」へ移行する過程で、問題の「区切り斜線」が誕生し、変遷を重ねたと推定される。佐藤が多数の資料の中から、特に沈線紋を主体とした土器を選び出した理由の一端は、この点に留意しての事と考えられよう。

2）宗谷岬と旧常呂町周辺の資料より

　それでは、11例に見える「区切り斜線」の出自は、どのような土器に求められるのか。その候補を探索すると、1～10例と伴出する刻紋土器には見当たらない。先にも述べたようにモヨロ貝塚の資料には、刻紋・沈線紋系の土器がかなり含まれている。しかし、その伴出関係を膨大な資料から推論することは容易でない。

　目を転じると、近年公表された栄浦第二遺跡（武田1995）には、「区切り斜線」の出自を考えるための好例がある。13例の近くで出土した14例である。本例は、「区切り斜線」と形態が酷似しているものの、山形に対向している点で、11例とは明らかに異なる。その形状から、とうぜん8例などの古い鋸歯状文との係わりが容易に推定されよう。

　そこで、さらに8例と14例を繋ぐ資料を探索すると、宗谷町の豊岩7遺跡で格好の例に遭遇する。9例であるが、まだ口端部には、並行沈線内に刻紋が施されており、胴部ではその外に加えられている。施紋の向きは横位に変化しており、8例の鋸歯状文は分離した2本の山形紋になっている。器形を比べても、中間の段階を挟み、9例から14例へのスムーズな変化が推定される。

　つまり、古手の三角紋を持つ沈線＋刻紋系土器が道北に分布しており、それが道東に波及して口頸部に転写されて14例が登場し、さらに三角紋が半裁されて、11例のごとき「区切り斜線」が誕生したと想定されるのである。その流れを図式的に示すと、8例→9例→14例→11例（「区切り斜線」
の誕生）となる。

3）栄浦第二遺跡とモヨロ貝塚の資料

　栄浦第二遺跡では、沈線紋系土器が減少する時期に並行する資料が9号竪穴から出土しており、注目される（15～20）。そのうち15・18例は、竪穴上層のオホーツク面から出土したものである。15例は、11例に見える「区切り斜線」を頸部へ下降させ、描線を沈線から太い擬縄貼付紋に置換したものと推定される。一方、18例に先行する土器は、モヨロ貝塚の貝層中で10・11例等と

伴出している。図示していないが、これは時期的にやや遡る土器と思われる。相対的な新旧関係では、「10例→11例→15例」の序列が想定される。

つぎに16・19・20例は、上層オホーツク面のより上位の表土層から採集されたものである。大きく二つの時期に分けられる。第一は16・19例である。やはり擬縄貼付紋を主体にして紋様を構成するものだが、19例に鋲状の古いモチーフが施されていることに注目したい。これは描線の種類を異にするが、香深井1(A)遺跡の黒褐色砂質土層（新：第50図16・17）と近い時期と考えられる。また20例は、同じく表土層(新)の仲間とした土器（第50図3）に近似している。

したがって香深井1(A)遺跡の層序を援用すると、栄浦第二遺跡の9号竪穴の資料は、(1)1類：15・18 →(2)類：19 →(3)類：19・20の順に編年されることになる。4号竪穴には、(2)類と(3)類の中間に入る土器がある。埋土中から採集された21〜23例である。いずれも擬縄貼付紋土器の時期に属する。直系的ではないが、擬縄貼付紋の内部に複数の要素を取り込んだ23例は、肝心な部分を欠いているが、15例と近い時期に比定される。また21例は、相当数の段階を経て18例に後続すると思われる。23例の斜行する沈線は「区切り斜線」かどうか、拓本からははっきりしないが、何らかの関連があることは疑えない。

これは稀な例であるが、下書き沈線が遺存する例とともに、擬縄貼付紋土器と沈線紋系土器との交流を示唆する資料として注目されよう（柳澤2000：12-15）。モヨロ貝塚では、今のところ11・12例の直後に現れる沈線紋系土器の資料が見当たらない。しかし21〜23例より新しいか、または並行すると思われる資料の中には、擬縄貼付紋の代わりに直線や皮紐状の浮線を用いるものがある（24・27）。

その一方では、擬縄貼付紋による「区切り斜線」を持つ土器も、後に第56図で示すように一般的に認められる。25・26例は、栄浦第二遺跡の11・12号竪穴から出土した「区切り斜線」土器の好例である。これは「区切り斜線」が上昇しており、15例より新しいと考えられるが、欠けているためによく分からない。

28例は先に引用した土器である。これは21・27例に後続するソーメン紋土器1にごく近い時期の資料であるが、「区切り斜線」にはドーナツ状の貼付紋が付けられている。それは24例の古い円形貼付紋に由来するものであろう。24・27例から数段階を経て28例が登場したと想定できよう。そして28例からさらに数段階を下ると、ソーメン紋土器3に比定される29例が知床半島の一角に登場することになる。

8例の鋸歯状文が道東一帯に出現してから、その間、どれほど年代の隔たりがあるのであろうか。それを詳らかにするには、刻紋土器から擬縄貼付紋土器が登場するまでの編年を、できる限り細密に整えなければならない。

以上は、図示した資料の範囲で推論した「区切り斜線」の由来と変遷に関する予察である。それでは、これが妥当であるかどうか、今度は広域的な視点から検証してみたい。その前に以上の仮編年を整理すると、つぎのようになる。

(1) 刻紋土器の時期（モヨロ貝塚）
　　　　a．刻紋土器に伴う刻紋・沈線土器（2・5・7）
　　　　b．鋸歯状文を持つ刻紋・沈線土器（8）
　　(2) 刻紋を省いた沈線紋土器の登場（栄浦第二遺跡）
　　　　a．並行沈線帯の土器（12＝13）や2本沈線の上昇した三角紋の登場（14）
　　　　b．三角紋から「区切り斜線」の派生（11）
　　(3) 擬縄貼付紋土器の波及、発展（モヨロ貝塚・栄浦第二遺跡）
　　　　a．皮紐状ソーメン紋土器の「区切り斜線」の登場（27）
　　　　b．並行沈線帯の擬縄貼付紋化（11→25・26）
　　　　c．擬縄貼付紋土器の時期（25・26→28：擬縄貼付紋＋皮紐状ソーメン紋土器のタイプ）
　　(4) ソーメン紋土器の広域的な拡散
　　　　a．擬縄貼付紋で画した「区切り斜線」の採用（29：直線＋ソーメン紋土器のタイプ）

6．「区切り斜線」から見た広域編年

　口縁や頸部、胴部を分帯線で画し、その内部を縦位または斜位に区切る、あるいは並行線内に鋸歯状線や貼付紋連繋線を挿入する紋様手法は、時期的にみると相当の幅があり、また地域的にもかなり広範囲に分布することが判明している。

1）モヨロ貝塚の資料

　大場利夫が分類したモヨロ貝塚資料の中には、多くの「区切り斜線」を持つ例がある。その中から、頸部と胴部に施紋された資料を選び、**第56図**に例示した。
　13例と15例は、その「古い部分」と「中位の部分」に当たる。「区切り斜線」は2本単位の擬縄貼付紋で構成されている。18例は、これに後続する「新しい部分」の資料である。肥厚した口縁部に2本単位の擬縄貼付紋が施されている。「区切り斜線」に皮紐状のソーメン紋土器を用いるトコロチャシ遺跡の19例は、これとごく近い時期のものであろう。
　20～26例は、いずれもソーメン紋土器の仲間である。口頸部にある「区切り斜線」は1本仕立てが目立つ（21・24・26）。2本仕立て（25）は少ないようである。上から順に、ソーメン紋土器1～3期へと変遷する。
　以上の例から見て、「区切り斜線」は、擬縄貼付紋から直線またはソーメン紋状の貼付線へと変化して、紋様帯を区切る手法自体が連続すること。一方、区切り線の本数は、1～2本が併用され、施紋の位置が時期と器種によって変動する様子が読み取れるであろう。その細かなプロセスについては、さらに口縁部系の「区切り斜線」資料を加えて検討する必要があり、別の機会に試みたい。
　ここでは、「区切り斜線」の発生から終末までの連続的な変化が、道東部を舞台にして追跡で

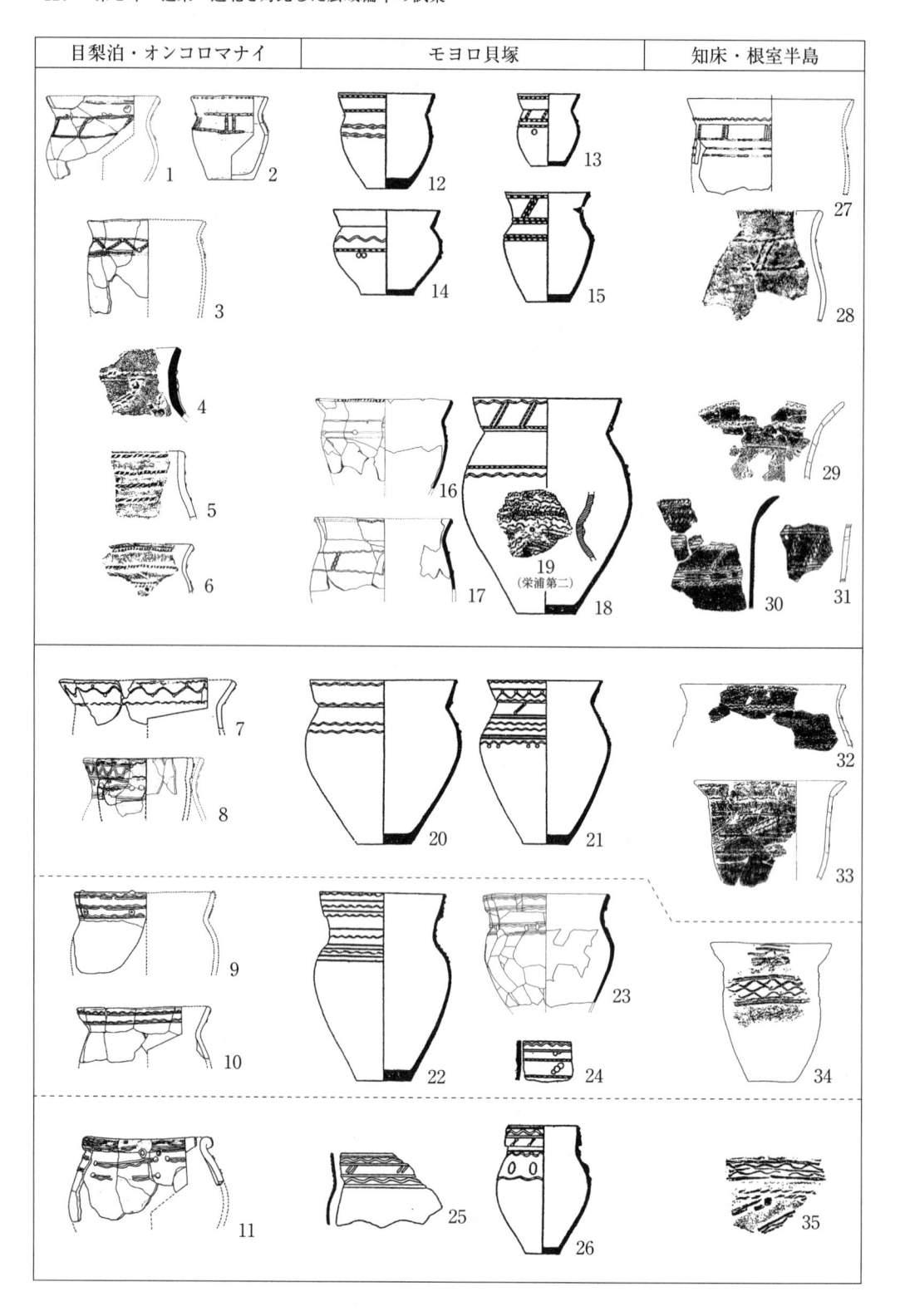

120　第2章　道東・道北を対比した広域編年の試案

| 目梨泊・オンコロマナイ | モヨロ貝塚 | 知床・根室半島 |

第56図　広域分布を示す「区切り斜線」手法の変遷

きるとことを確認するに止めておく。

2）知床半島と釧路周辺の資料

　目を転じて、知床から根室半島へと移動すると、モヨロ貝塚より数は少ないものの、重要な資料が点々と発見されている（第56図）。根室半島では、オンネモト貝塚の27・28例、釧路の周辺域では、下田ノ沢遺跡の30例や姉別川流域の31例、知床半島では、オタフク岩洞窟の29例、オタフク岩遺跡の33例、岬下遺跡の35例などが挙げられる。

　先のモヨロ貝塚の3期編年に照らすと、27・28例が「古い部分」に、そして29～31例が「中位の部分」以降に比定される。そして33例と22・24例が、さらに25・26例に並行する35例が「新しい部分」に対比されることになる。

　トビニタイ土器群Ⅱはすでに説明したように、知床半島から厚岸・釧路方面に分布する「擦紋Ⅴ」などを母体としており、29例→30・31例→33例→35例へとスムーズな変遷がたどれる。この地域では未だ資料にバラツキがあり、変遷の流れを精密にたどることは難しい。しかし、岬下遺跡やトビニタイ・モヨロ貝塚の層位事例や遺構の重複例などを参照すると、以上の3期編年を簡単に否定することは難しくなるであろう。

3）枝幸・稚内周辺の資料

　さて問題になるのは、一般に土器圏を異にするとされている道北地方である。今、その境界線がどの辺りに想定されているのかは、判然としない。ソーメン紋土器期の集落址が発見されている枝幸町の目梨泊遺跡の近傍などは、その有力な候補になるのであろう。しかしながら出土した資料の観察から境界線の位置を特定するのは容易でない。

　目梨泊遺跡の出土資料を一覧すると、モヨロ貝塚に対比される良好な資料が豊富に存在する。「古い部分」では、「区切り斜線」（1）や「区切り垂線」（2）、鋸歯状文（3）など、主要なモチーフが揃っている。遥か根室半島のオンネモト遺跡でも、まさに、これらに対比される資料が竪穴から出土している。

　つぎの時期にも関連資料は豊富に存在する。やはりオンネモト遺跡に酷似した内容を持つ土器群である。その類例は、枝幸町より北西に位置する稚内市のオンコロマナイ貝塚でも出土している。4例などは、1例と並行し、17例に近い時期に属すものであろう。

　オンネモト遺跡では、ソーメン紋土器1～3期に属す2基の竪穴が発見されており、図示した以外にも、モヨロ貝塚やトコロチャシ遺跡に酷似した良好な資料が出土している。残念ながら、「区切り斜線」の資料は見当たらない。その代わり、11例にあるような連繋型の資料がある。類例はトコロチャシ遺跡のソーメン紋土器1期（23）にもあり、目梨泊遺跡（8）にもある。さらに古い例としては、モヨロ貝塚の墳墓（16）からも採集されており、その仲間は、香深井1（A）遺跡の表土（第50図3）からも発見されている。

　向きは異なるものの、11例と35例が形態的に酷似することは、おそらく偶然でないと思われる。

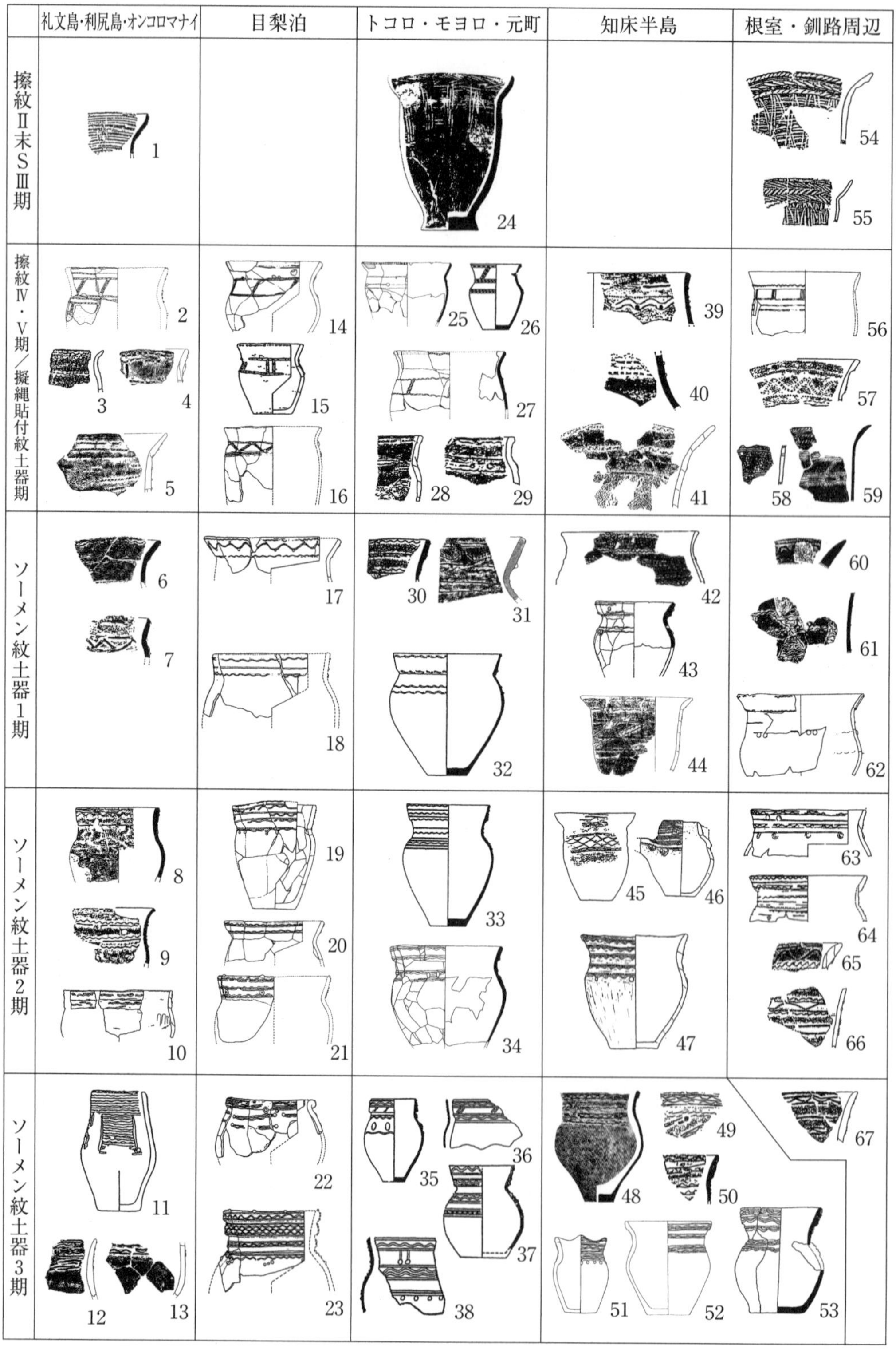

122　第2章　道東・道北を対比した広域編年の試案

	礼文島・利尻島・オンコロマナイ	目梨泊	トコロ・モヨロ・元町	知床半島	根室・釧路周辺
擦紋Ⅱ末SⅢ期	1		24		54　55
擦紋Ⅳ・Ⅴ期／擬縄貼付紋土器期	2　3　4　5	14　15　16	25　26　27　28　29	39　40　41	56　57　58　59
ソーメン紋土器1期	6　7	17　18	30　31　32	42　43　44	60　61　62
ソーメン紋土器2期	8　9　10	19　20　21	33　34	45　46　47	63　64　65　66
ソーメン紋土器3期	11　12　13	22　23	35　36　37　38	48　49　50　51　52　53	67

第57図　擦紋Ⅲ期以降における広域編年案

35例にトビニタイ土器群Ⅱの要素が見出され、一方、目梨泊の一例では、モヨロ貝塚や岬下遺跡に対比される特徴が指摘できる。この時期の紋様交流が、はなはだ活発であったことを物語るのではあるまいか。その流れは種々の資料からみて、すでに擬縄貼付紋土器の時期から始まっていたと考えられる。

先に引用した擬縄貼付紋土器（第50図1）は、まさにその一例に他ならない。この時期からソーメン紋土器3期にいたるまで、稚内以西の遺跡において、道東系貼付紋土器を出土する拠点的な遺跡は今のところ発見されていない。その理由はあれこれ推察されるが、それよりも礼文・利尻島から根室半島にいたる地域の土器変遷の流れを、大筋で正しく捉えておくことの方が大切であろう。

関係資料を補いつつ、以上の観察をまとめると、**第57図**のような編年図表となる。各地域における対比関係について、旧稿で述べた点も踏まえつつ、箇条書きに整理してみたい。

(1) ソーメン紋土器の拡散は、道東でも、道北でも、1〜3期にかけて、広域的に観察される。大まかな対比案の実例をあげると、つぎのようになる。

  1期： 6 ＝17＝32＝42・43＝62
  2期： 9 ＝20＝34＝47＝64
  3期：12＝23＝37＝48＝67

(2) ソーメン紋土器とトビニタイ土器群Ⅱは、紋様手法の共通性（柳澤1999a：81-86）や一種のキメラ（折衷）土器の存在（柳澤2000：18-20）などによって証明される。また、竪穴床面から出土した一括土器との並行関係（52・49＝53）と、岬下遺跡の層位事実（45→52）などからも追証される。

(3) トビニタイ土器群Ⅱに特徴的な大波状紋の変遷（柳澤1999b：84-89）は、知床半島から根室・釧路周辺でもスムーズにたどれる。類似の大波状紋は、トコロチャシ遺跡や目梨泊遺跡、川西遺跡など、広域的な分布が認められる。これはソーメン紋土器との並行関係を傍証する有力な資料になると考えられる（17・31＝62、19＝45＝65）。

(4) 擦紋Ⅳや「擦紋Ⅴ」とトビニタイ土器群Ⅱ末〜Ⅲ？の関係は、一般に後者から前者へ変化したとされている。しかし知床半島域においては、「区切り斜線」に注目すると逆の連続的な変化が想定される（41→58・59→44・60・61・→65・66→48＝49・52＝53）。

(5) 擦紋Ⅳ・Ⅴと擬縄貼付紋土器は、「区切り斜線」や「区切り垂線」の共通性から並行的な関係が想定される（2＝14・15＝26・27＝56）。目下のところ、中間期の好資料に乏しいが、ソーメン紋土器3期において、モヨロ貝塚と知床半島の間で「区切り斜線」が共通に認められる（35・36＝49）。

(6) 以上のような観察から、擦紋Ⅲ（24・54・55）とトビニタイ土器群Ⅱ（44・45・60・61・65〜67）やソーメン紋土器2（8〜10, 22・23, 35〜37, 48〜52）が共伴することは、土器論上あり得ないという結論が導かれる。

7．再び、道北編年の疑問点について

1）元地遺跡の「黒土層」土器

　さて駆け足ながら、利尻・礼文両島から知床・根室半島へ向かい、ようやく諸資料の比較と対比を終えた。層位差と地点差、並びに型式学的な分析を援用しての試みであった。しかし、これで通説編年の足元がにわかに揺らぎ、疑問を生じるようなことは、おそらく無いのであろう。なぜなら道北地方には、元地遺跡の不動の層位事実がそのまま残されている。概報で公表された「魚骨層Ⅰ」→「黒土層」（道北オホーツク式最終末の「接触様式」を含む）、という層序編年である。

　示された層位図をみると、「黒土層」が「魚骨層Ⅰ」より上位にあることは、誰の目にも明々白々である。疑問の余地は微塵もないように見える。両層から出土した土器群は、言うまでもなく魚骨層Ⅰのソーメン紋土器（第57図8・9）や擦紋Ⅱ末〜Ⅲ（古1）？より新しく、道東のトビニタイ土器群Ⅱ（53・65）にほぼ並行するものと考えられている（大井1981）。

　しかしながら、利尻島の亦稚貝塚第3ブロックで、ソーメン紋土器2〜3期の土器（11）に伴出したのは、刻紋・沈線紋系の土器であった（岡田ほか1978）。この事実は、明らかに元地遺跡の魚骨層Ⅰ′の「共伴」認定（8・9＋1）とは矛盾している。通説ではこの状況を、いったいどのように説明するのであろうか（柳澤2000：18-22）。最近、小野裕子氏は元地遺跡の黒土層をA〜Cに分層し、その内容は各々異なると論じている（小野1998b：371-375）。

　すでに2次調査分を含めて、詳細な資料分析を完了しているようである。氏は一部のデータを用いて、すでに礼文島におけるオホーツク式最終末期の集団動向を詳細に論じている。しかしながら具体的な資料が提示されていないため、元地遺跡における魚骨層Ⅰより上層の内容や細かな土層堆積の状況は、いぜんとして不明のままである。

　C層に包含された土器はもちろん、黒土層中に構築された竪穴の中にはどのような遺物が、どのような状態で埋存していたのか。また竪穴の構築や、その居住者の生活行動にともない、直下の魚骨層Ⅰを含めて、土層の堆積状態にいかなる撹乱現象が起きているのか。いずれにしても詳報を知りたいところである[註9]。

　はたして、「魚骨層Ⅰ」のソーメン紋土器や擬縄貼付紋を持つ土器は、魚骨層Ⅰ′と「黒土C層」の間にプライマリーに包含され、擦紋Ⅲ（古）より確実に古い年代の土器である、と確定されるのであろうか。この問題については、本報告を待って考えるべきであろうが、一点だけ「黒土層」の土器内容について、素朴な疑問を述べておきたい。

　ソーメン紋土器2を出土した「魚骨層Ⅰ」より上位の層から、クマの足跡や櫛歯の型押紋を持つ摩擦式浮紋を欠く土器が、擦紋Ⅲ（古〜新）の破片とともに採集されている。これはなぜであろうか。ちなみに香深井1(A)遺跡では、こうした型押紋を持つ土器群は、各層の混在例を除けば、魚骨層Ⅲoよりも下層から主体的に発見されている。モヨロ貝塚においても貝層中に混出して発見されているが、それは古い土器であると指摘されている（佐藤1964b）。

　型押紋の分布範囲は広い。サハリン島の南部をはじめとして、道北や道東はもちろん、南千島

にも拡散している。もちろん地方差や時期的な変遷は認められるが、型押しの手法は、どこでもソーメン紋土器より以前の古い時期の所産ということで共通している。刻紋・沈線文紋土器の最盛期になると、ほとんど姿を消すようである。擬縄貼付紋土器やソーメン紋土器の時期には、寡聞にしてその類例を知らない。

元地遺跡では、ソーメン紋土器に遅れていわゆる「接触様式」が登場したと考えられ、接触の相手は東大編年の「第2後半（擦紋Ⅲ）」と想定されている（大井1972a：27）。この場合、「黒土層」中の型押紋については、擦紋土器との接触を契機としてオホーツク式の側がソーメン紋土器2の波及後に、遥か昔の型押紋をわざわざ復活させたと解釈するのであろう。

型押紋は魚骨層Ⅰ～Ⅰ″から報告された範囲では出土していない。香深井1(A)遺跡でも、魚骨層Ⅰ・Ⅱなどには、混在例を除けば確実なものは見当たらないから、元地遺跡の事例は、孤立した不思議な土器現象を示していることになろう。

想定された接触は、はたして先史時代の事実なのであろうか？　最近、報告された浜中2遺跡では、元地遺跡の「黒土層」に伴う擦紋Ⅲと魚骨層Ⅰ′より古手の「オホーツク土器」が共伴して発見されている（前田・山浦編1992）。元地遺跡のいわゆる「接触様式」が、はたしてソーメン紋土器より新しい存在であるのかどうか。新資料においても、新たな疑問が生じて来たわけである。これは今後、注目されるべき重要な出土事例と言えよう。

そこで、元地遺跡における「魚骨層Ⅰ→黒土層」なる層序編年が、はたして単純に成り立つのかどうか。再び香深井1(A)遺跡に戻って検討してみたい。

2）香深井1(A)遺跡における刻紋系土器と擦紋土器の関係

香深井1(A)遺跡では、魚骨層Ⅳ～黒褐色砂質土層にかけて、「擦文土器」が点々と採集されており、丁寧に報告されている。層位的にみて、時期差がとうぜん予想されるが、混在も見られるので、伴出している土器もまた、それぞれに異なる。

ここでは、その一部に注目してみたい。第58図に示した15・16例と26～29、31・33～35例である。前者はⅢo層より、後者は3号竪穴の埋土と床面から出土している。

報告によれば、3号竪穴周辺には魚骨層Ⅰ・Ⅱが分布していない。埋土の大半は「黒褐色砂質土層」からなり、A・B₂層に分けられている。D-10-D-11断面図によれば、竪穴の切り込み面は、両層の境界近くに当たるようである。それより下位には、褐色砂質土層を介して、Ⅲo・Ⅲ・Ⅳの魚骨層が堆積している。層序と型式の両面からみて、3号竪穴の床面や埋土中の遺物（17～29，30～35）は、魚骨層Ⅲo～Ⅳより新しいと想定できる。

図示した資料では、層序にしたがうと、「1～2→3・4→5～10→11→12～16」となり、さらに「30・32、31～35→17～29」、という変遷がたどれる。魚骨層ⅣからⅢo/Ⅲまでの土器変化はスムーズである。しかし、魚骨層Ⅲo以上には多少の疑問点がある。

報告書で指摘されているように、3号竪穴の床面・埋土の土器が新旧逆転を起こしていることである（大井・大場1976：226-228）。床面上の31・33～35例は、明らかに擦紋Ⅳの古い段階に比定さ

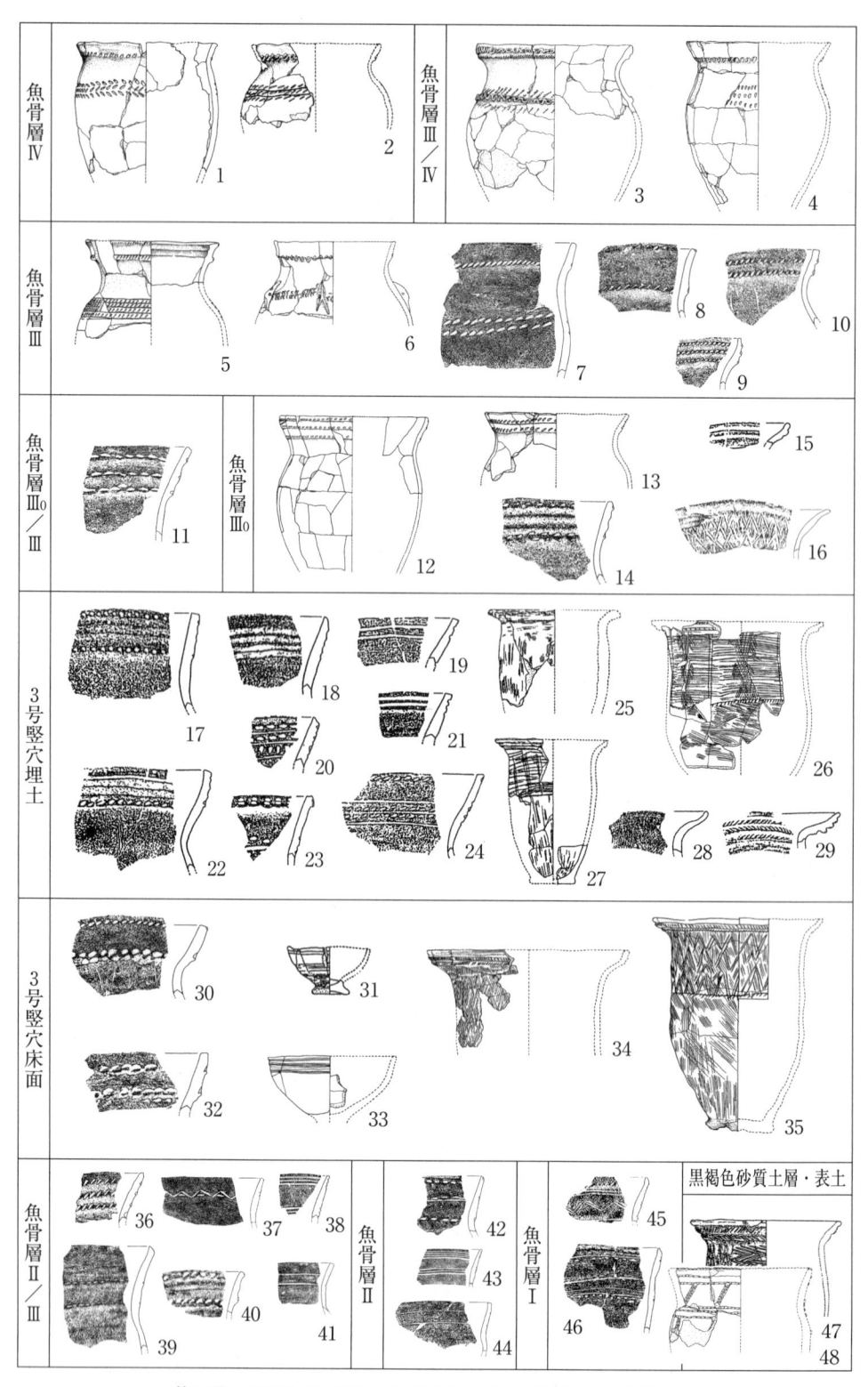

126　第2章　道東・道北を対比した広域編年の試案

第58図　香深井1(A)遺跡の魚骨層Ⅳ～表土の想定される土器変遷

れる。それに対して、上層の埋土に含まれた26・27例は、擦紋Ⅲの新しい時期に属するものである。しかし28？・29例のような、擦紋Ⅳの古い資料も含まれているから、埋土と床面では単純に年代が逆転しているわけではない。25例のような「接触様式」の土器が、擦紋Ⅲ、Ⅳのどちらに伴うのか、それも決め手に欠ける。

　しかし多少の混交はあるにしても、床面と埋土中の土器の逆転は、やはり疑う余地がないと考えるべきであろう。このような現象はなぜ起きたのであろうか。報告では、E12区の擦紋土器の中に4号竪穴と同じ個体が存在すること、また埋土の「黒褐色砂質土層A」が人為的な堆積物であることを指摘し、古い擦紋土器は他地点に由来するものであろう、と指摘している（前出）。

　そこで視点を変えて、埋土から出土したオホーツク式を観察してみよう。はたして同じように時期的な矛盾が観察されるであろうか。3号竪穴の埋土には、17～24例のような土器群が出土している。その仲間は魚骨層Ⅲoより下位にもある。例えば、17・22例の由来をどう据えるか。魚骨層Ⅲには、その祖形となる土器がある。9例や10例である。魚骨層Ⅲo/Ⅲでは11例、Ⅲo層では12や14例が挙げられる。口端部に摩擦式浮紋が目立つようになり、刻紋が斜位から水平に変化する様子が見える。

　3号竪穴の埋土例では、さらに刻紋の形態が変化してやや丸みを帯びる。一方、摩擦式の浮紋は明瞭に施紋されるようになる（14→17・22）。このように観察すると、魚骨層ⅢからⅢo層にいたる変遷はスムーズであり、Ⅲoから3号竪穴の埋土資料（17～24）への変化も、大きな時期差を想定しないで理解できよう。さらに摩擦式浮紋が消失すると推定される17例から30例への変化は、同様にスムーズにたどれる。一方、擦紋土器の場合も、27・26例→31・33～35例の序列で、やはり矛盾なく理解できる。

　17～24例と26・27例、そして30例と31・33～35例の対比が、十分に確実であるとは言い切れない。しかし、それほど大きな時期差があるとも思えない。床面上の擦紋土器が相対的に新しく、埋土の方が古いのは、同じ竪穴が間歇的に再利用されているからではなかろうか。事実、26・27例と31・33～35例の間には、なお2～3小細別の間隙が想定される。そこで、埋土資料（26・27）が示す古い3号竪穴から、床面資料（31・33～35）が示唆する新しい3号竪穴へ、という序列を暫定的に想定しておきたい[註10]。この推論を証明できるような手掛かりは、残念ながら3号竪穴の周辺には残されていない。

　そこで、Ⅲo層より上位の魚骨層Ⅱ/Ⅲ～魚骨層Ⅰ・黒褐色砂質土層などに含まれる土器を観察し、3号竪穴のオホーツク式の位置を間接的に求めてみたい。36～48例は、1号竪穴及びその周辺の各層から選択されたものを含む。総じて3号竪穴の床面土器（30・32）より新しい様相を示している。「刻紋＋摩擦式浮紋」の土器は、上層になるにつれて減少し、一方、「刻紋＋沈線」の土器や「沈線＋刻紋の土器」、沈線紋系の土器がしだいに増加し、やがて擬縄貼付紋土器（48）と擦紋Ⅳ（古：47）を含む黒褐色砂質土層・表土層に達する。

　魚骨層のⅡ/Ⅲ層には、古いもの（36・39・40）と新しいもの（37・38）が混在している[註11]。魚骨層Ⅱでは、40例に後続する42例が登場し、38例に連続する43例なども含まれている。そして魚

骨層Ⅰになると、42例に後続する46例や45例のように、元地遺跡の魚骨Ⅰ″層やⅠ層の土器に連続する、新しい様相の土器が現れて来る。

47例と3号竪穴の34・35例は、年代的にごく近い関係にある。一方、3号竪穴埋土の17〜24例と床面上の31・33〜35例、および47例の間には、少なくとも魚骨層Ⅱ/Ⅲの一部（37・38・40）〜魚骨層Ⅰ（45・46）の諸資料が介在することになろう。3号竪穴埋土の擦紋Ⅲ（26・27ほか）は、層序にしたがうと、とうぜん47例よりは下層に含まれる。その擦紋Ⅲに伴出した17・22例の位置は、先の観察によれば、魚骨層Ⅲo（12〜14）と魚骨層Ⅱ/Ⅲ（37・38・40・41）の間に、ちょうど収まる。したがって擦紋Ⅲの26・27例は、17〜24例と年代的には接近した関係にあると考えられる。

それでは、元地遺跡黒土層の擦紋Ⅲ（古〜新）は、なぜソーメン紋土器や擬縄貼付紋を持つ土器（魚骨層Ⅰ）より上層に包含されていたのであろうか。香深井1(A)遺跡における上層と下層の観察からも、また先の道東編年との照合においても、なぜ独り元地遺跡の「黒土層」の語る事実が、それらと一致しないのであろうか。一括された「黒土層」の成因を含めて、再検討が必要なことを示していると考えられよう。

3）香深井1(A)遺跡と元地遺跡−魚骨層Ⅰ・Ⅰ″の対比

香深井1(A)遺跡の下層部分では、以上のように、沈線紋を施した新しい刻紋土器と摩擦式浮紋の土器が擦紋Ⅲとともに混在し、それより上位に相当すると考えられる層には、沈線紋に刻紋を加えた土器群が包含される。さらにその上層から擦紋Ⅳや道東系の擬縄貼付紋土器が新たに登場することが観察された。

その様子を模式的に表すと、（第59図）のようになる。種々の問題を孕む擦紋土器を除いて、摩擦式浮紋を持つ土器に焦点を当てると、つぎのような変遷がたどれる。

(1) 魚骨層Ⅳ（なし）
(2) 魚骨層Ⅲ（36・37）
(3) 魚骨層Ⅲo（33・34）
(4) 3号竪穴埋土（15）

層序にしたがうと、15例や34例に後続する土器は魚骨層Ⅱに含まれている。31や32例であるが、さらに新しい土器は、4号竪穴の埋土から擦紋Ⅳ（6）と共に発見されている（9・10）。おそらくこれらの土器は、4号竪穴が古い時期の包含層を壊して構築され、それが放棄された後に再堆積したものと推定される。

9・10例に後続する断面が三角を呈する土器は、魚骨層Ⅱの中にも含まれている。29例であるが、この仲間は量的に少なく、わずか1点が図示されているに止まる。「刻紋＋沈線紋」の構成からみて、古い土器が混入している可能性があるように思われる。口縁部の刻み目を欠いており、26例や27例よりも古いと考えられる。この29例はおそらく、刻紋の施す位置が下降して、口

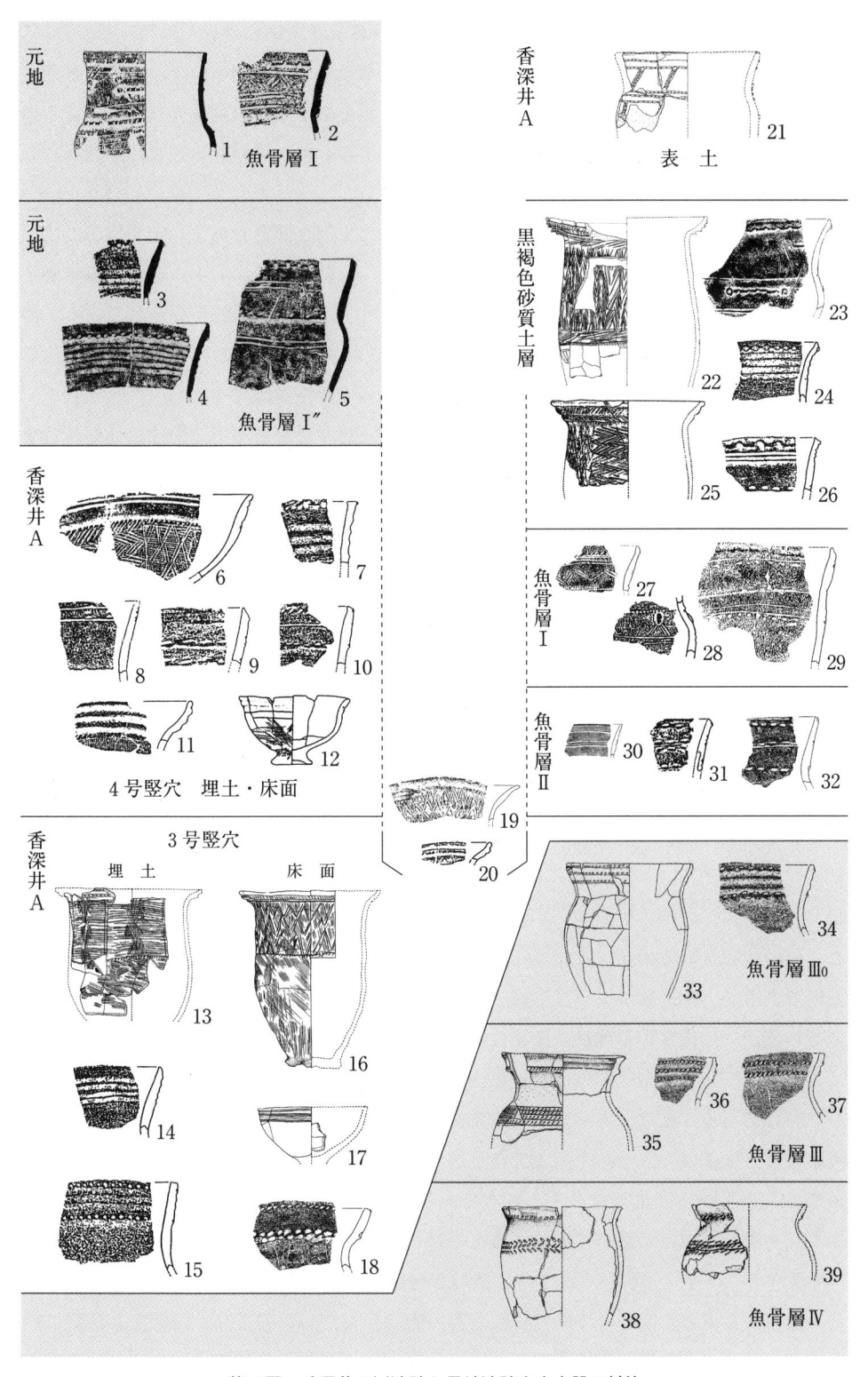

第 2 節　礼文・利尻島から知床・根室半島へ　129

第59図　香深井 1（A）遺跡と元地遺跡出土土器の対比

端部に刻み目を持つ元地遺跡の魚骨層Ⅰ″の5例に後続するのであろう。

このように観察すると、旧稿の見方は修正しなければならない（柳澤2000：23-26）。香深井1(A)遺跡の黒褐色砂質土層には、5例の刻み目が鎖状や波形を呈するの指押紋になっているものがある。24例と26例である。24例は元地遺跡の4例に後続するものと思われる。また26例は、5例に並ぶ他の土器系列から変化したものと推定される。

問題になるのは、この4例や5例より上層で出土した1例と2例である。まず後者では、三角形の口端部には、細く鋭い刻み目が施されている。その特徴は、香深井1(A)遺跡の魚骨層Ⅰの27例に求められよう。口頸部には鋸歯紋が施され、その上下に鋭い沈線紋が引かれている。型式学的には、「27例→2例」（分離した鋸歯紋）の対比が想定されから、2例を含む元地遺跡の魚骨層Ⅰは、香深井1(A)遺跡の黒褐色砂質土層と一部で並行する可能性が出てくる。

つぎに1例に移りたい。口縁部には2例と同じく細い刻み目がある。口頸部には刻み目を持つボタン連繋貼付紋と沈線紋、胴部下半には擬縄貼付紋？と沈線紋が、それぞれ施されている。刻紋は見当たらない。香深井1(A)遺跡には、胴部にボタン連繋貼付紋を持ち、三角形の口端部に波形の指押紋か貼付紋を持つ土器がある。24例や26例に見える並行沈線紋や刻紋、摩擦式浮紋などは姿を消している。これらの点からみて、23例は24・26例などより新しいものと思われる。

このように観察すると、つぎのような対比案があらためて仮設される。

(1) 香深井1(A)遺跡　魚骨層Ⅰ（古：29）
(2) 香深井1(A)遺跡　魚骨層Ⅰ（新：27）
(3) 元地遺跡　　　　魚骨層Ⅰ″（4・5）
(4) 香深井1(A)遺跡　黒褐色砂質土層（古：24・26）
(5) 元地遺跡　　　　魚骨層Ⅰ（1，2）≒ 香深井1(A)遺跡の黒褐色砂質土層（新：23）

そこで再び注目されるのが、香深井1(A)遺跡では稀な存在の擬縄貼付紋土器である。21例はその代表例であるが、沈線紋はすべて消滅し、真正の擬縄貼付紋が全面に施されている。器形は23例に似ているが、口端部の形態は丸頭状に変化している。沈線紋や口端部への刻み目、指押しの手法は姿を消している。型式学的にも層位的にも、稀な個体であるが、(5)期に比定した資料より新しい存在であることは、あらためて論証を必要としないであろう。

擬縄貼付紋の手法は、おそらく道北で自生的に登場したものではなく、目梨泊遺跡周辺の資料からみても、道東から波及したとみるべきであろう。しかし、それに後続するソーメン紋土器1～3が礼文や利尻などの離島に波及するまでは、21例の後にかなりの時期的な隔たりが想定される（柳澤1999b：70-84）。両島における、擦紋Ⅳ後半期に見られる衰退現象と呼応するように[註12]、道東から道北へ向かって貼付紋系土器の影響がしだいに強まり、21例などが新に創出されたと考えられる。その母体を解明するには、良好な層位資料の充実を待たなければならない。

以上、香深井1(A)遺跡の下層土器群について、層位と型式の両面から観察し、上層の所見とリ

ンクさせて新しい遺跡編年の見通しを立てた。その結果、香深井1(A)遺跡と元地遺跡の「黒土層」を含む層序編年案は、大きな矛盾を孕んでいる可能性がさらに強まったと言えよう。

はたして、どちらの遺跡層序が正しい土器変遷の流れを示しているのか。北海道島の編年体系に伏在する謎は、ますます深まって来た感がある。例えば、狭義の「上泊式」(佐藤1972)からいわゆる「元地式」(山浦1983ほか)と汎称される土器群へ、そしてポスト「元地式」期の土器群へと、ソーメン紋土器が登場するまでの道程を、系統的にきちんと整理して行けば、新しい道北編年体系を構築する道筋も、将来に自ずと拓けて来るように思われる。

おわりに

元地遺跡や香深井1(A)・亦稚貝塚、それに目梨泊やピラガ丘・須藤、カリカリウス等は、北方圏を代表する遺跡として広く知られている。その調査は大部分、1960～70年代の高度成長期に実施され、その結果、1972年刊行の『常呂』以前に比べて、質・量ともに遥かに前代を凌ぐ遺物群が発見された。北方考古学の世界は資料面に関して、この時代にまさに面目を一新した観がある。

現在、通説化している編年は、河野広道の学説を土台としながらも、この新資料を参照しながら、ポスト登呂世代の研究者によって新たに構築されたものと言える。

では、その通説編年の現状はどうであろうか。立場や世代によって評価は様々であろう。戦前の河野説に関しては、その評価はほぼ一致すると思われる。しかし、「擦文土器」や「オホーツク(式)土器」の範囲や年代観については、識者の見解は一部で鋭く対立するに違いない。実際、通説編年を支持する人々の意見は、多くの点で意外なほど一致していない。それでも、そうした差異は編年体系の細部に係わると、おそらく主張されるのであろう。

しかし私見によれば、その相違点は互いに相関しており、まさに北方編年体系の根幹に係わる問題を孕んでいると思われる。諸氏の見解の差異が、はたして些事であるかどうかは、先入観を離れ、「土器は土器から」の観点で、環オホーツク海域の諸資料を見直さなければ、容易に判明しないであろう。

佐藤達夫が逝去した1977年を境にして、北方編年体系の基本的な枠組みに関する議論は、にわかに低調になった。その理由は幾つか考えられる。要するに、香深井1(A)遺跡をはじめ、ピラガ丘や須藤、カリカリウス遺跡などの調査によって、もはや山内・佐藤説のどの部分に関しても、成り立つ余地が無いと考えられたからであろう。しかしながら、目を凝らして代表的な遺跡の資料を見直してみれば、大小の矛盾や疑問点が伏在していることに気づくのではあるまいか。

小論で試みた擦紋Ⅲ以後の広域編年によって、それらの矛盾や疑問点をどれほど解消できたのか、その有効性は分からない。少しでも正しい編年秩序に回帰するための手掛りに触れていれば幸いに思う。

おそらく元地遺跡の本報告が刊行された段階で、もちろん、それは何時のことになるのか全く予想できないが、この広域編年の試案も見直しが必要になるであろう。また、それまでに解決し

ておくべき課題は、道内はもちろん、遥かサハリン島や千島(クリル)列島、アムール川流域にも山積している。香深井1(A)遺跡資料の膨大かつ複雑な資料の見直しも、まだ緒についたばかりである。

註

(1) その理由はごく簡単である。「層位」は「層位」から、「型式」は「型式」から、それぞれに考察されるべきである、という単純な原理に尽きる。いわゆる旧石器「捏造事件」が発覚する遥か昔、昭和12年には、このような考え方は自明のこととして、簡潔、明瞭に論述されていた(山内1937)。

(2) 香深井1(A)遺跡では、発掘された範囲内においても、地点ごとに数世紀にわたって間欠的に居住が繰り返されていた様子が窺える。とりわけ竪穴や墓址の周辺では、人為的な営力によって遺物の混交が日常的に繰り返されていたと考えられる。

(3) 魚骨層Ⅰが分布しない地点では、「最終魚骨層の堆積以降の層」がすべて「黒褐色砂質土層」として一括扱いされている。そのため「黒褐色砂質土層」の土器は、時間幅を持つと指摘されている(小野1998b:369-370)。実測された資料は出土地点や層位データ化が示されているが、破片資料では省かれている。そのため各層準の土器群について、地点ごと細かな比較を行いうことは難しい。

(4) 擦紋土器の編年案(Ⅰ～Ⅴ)については、以下、佐藤達夫の編年案(佐藤1972)に準拠し、「Ⅴ」については、分類概念として用いる。なお、Ⅳ(古)という表記法は大まかな細分を示すものであって、Ⅳ期の1～2番目(Ⅳ$_{1\cdot2}$)に比定されるという意味合いである。後出の擦紋Ⅲ(古)などの表記もこれに準じる。

(5) 香深井1(A)遺跡との対比については、つとに天野哲也氏が、元地遺跡の魚骨層Ⅰは「香深井魚骨層Ⅰから黒褐色砂質土層の一部に時間的に対応する、」と指摘している。ただし残念ながら、資料を特定しての記述はなされていない。

(6) 駒井・吉田(1964)、柳澤(1999b:55-64)・(2000:21-22)を参照されたい。

(7) 2号竪穴のトビニタイ土器群Ⅱには、図示したほかに古手の個体も混在しているようである。同じものは1・2号竪穴の埋土中にも含まれている。その理由については、2号竪穴の床面から出土した「擦紋Ⅴ」(第52図14)とともに、ウトロチャシコツ岬下遺跡の層位事実を念頭におくと、目下のところ合理的な解釈ができない。トビニタイ遺跡にある23個の竪穴のうち、一竪穴の調査結果から踏み込んだ解釈を試みることは差し控え、今後の課題としておきたい。

(8) オタフク岩洞窟の層序については、別の機会に論じる予定であるが、例えば、「クマ送り儀礼」の痕跡が擦紋期に比定されるなど、疑問に思われる点が少なくない。

(9) 土器の出土地点や層位に関する個別的な情報は、いろいろな事情から概報では省かれることが多い。本報告における悉皆的なデータの公表を期待したい。

(10) この序列で問題になるのは、3号竪穴の床面から擦紋Ⅳ(古)とともに、ソーメン紋土器とドーナツ貼付紋を併用した擬縄貼付紋を持つ土器(報告書:第81図1)が検出されていることである。これは上層からの混入ではあるまいか。表土の擬縄貼付紋土器(第50図1)を念頭におくと、理解しやすいであろう。通説の編年では、これと擦紋Ⅲ・擦紋Ⅳの伴出をどのように捉えるか、その点が改めて問題となろう。

(11) 本層には、元地遺跡の黒土層に見えるクマ足跡の押型文を持つ資料が含まれている。香深井1(A)遺跡と元地遺跡の層序と型押紋の編年上の位置が、改めて問題になると思われる。

(12) 礼文島や利尻島における擦紋Ⅲ・Ⅳの盛衰は、サハリン島における擦紋人の活動とも密接な関連を持つと予

想される。サハリン島の通説の土器編年を見直すとともに、宗谷岬周辺や礼文・利尻島内における擦紋土器の集成と良好な共伴事例の発見を待たねばならない。

図版出典

第50図　1～25：大井・大場編（1976・1981）　26～41：大井（1972a）

第51図　1～6：宇田川編（1981）　7・8：大場（1960）

第52図　1・3～6：宇田川編（1981）　2：駒井・吉田（1964）　7～15：駒井編（1964）

第53図　1・3：大井（1972a）　2・4～7：宇田川編（1981）　8～10：駒井編（1964）　11・12：大場編（1960）

第54図　1・2：涌坂（1991）　3・6・8：東京大学文学部考古学研究室編（1972）　4・5：豊原・福士（1980）　7：澤編（1972）　9：大場・児玉（1958）　10・12：駒井編（1964）　11：涌坂（1991）　13：宇田川編（1981）

第55図　1～7：駒井編（1964）　8：大場（1956）　9～12：佐藤（1964b）　13・14：武田編（1996）　15～23・25・26・28：東京大学文学部考古学研究室編（1972）　24・27：駒井・吉田（1964）　29：宇田川編（1981）

第56図　1～3,5～11：佐藤（1994）　4：大井編（1973）　12～18・20～26：大場（1956）　19：東京大学文学部考古学研究室編（1972）　27・28：国分ほか（1974）　29・33：涌坂（1991）　30・31：澤編（1972）　32：涌坂（1999）　34・35：宇田川編（1981）

第57図　1・8：大井（1972a）　2：大井・大場編（1976）　3・9～13：岡田（1978）　4・5：前田・山浦編（1992）　6・7：大井編（1973）　14～23：佐藤（1994）　24：大場編（1960）　25・27：駒井・吉田（1964）　26・32・33・35～38：大場（1956）　28・29：東京大学文学部考古学研究室編（1972）　30・31・34・43・53：駒井編（1964）　39・40：大沼・本田（1970）　41・44：涌坂（1991）　42：涌坂（1999）　45・49～52：宇田川編（1981）　46・47：涌坂（1984）　48：松下ほか（1964）　54・55・58：豊原・福士（1980）（1977）　56・57・62～64：国分ほか（1974）　59・60・61：澤編（1972）　65～67：石川（1996）

第58図　1～48：大井・大場編（1976・1981）

第59図　1～5：大井（1972a）　6～39：大井・大場編（1976・1981）

第3節　モヨロ貝塚から内路遺跡へ
　　　− 道東・道北編年の対比（3）−

要旨

　オホーツク文化期の北方圏考古学において、道北の香深井1(A)と元地は最も重視されている遺跡と言えよう。「層位差」を示す膨大な遺物群をもとに、大井晴男氏が主張された北方編年の大綱は、通説の編年案を支える中軸をなしている。しかしながら、両遺跡における層位事実の解釈には何も問題がないのであろうか。

　特に、道東編年との対比で重要な根拠とされている、元地遺跡の層序（「魚骨層Ⅰ→黒土層」）が問題となる。礼文島・利尻島の新旧の資料を点検すると、大井氏の元地遺跡編年とは合致しない、「忘失」された二つの「層位事実」に遭遇する。それを参照すると、道東のみならず道北においても、通説編年は不成立であることが判明する。また、佐藤達夫の環オホーツク海域編年の先進的な指摘を踏まえると、北海道島とサハリン島南部の編年対比についても、これから通説の見直しが必要になるであろう。

はじめに

　道北部における最も新しい「オホーツク式土器」（河野1955・1958）は何か。通説によれば、それは10世紀に比定される「接触様式」、又はいわゆる「元地式」であると答えられるであろう[註1]。江の浦式に対比される刻文土器が、いわゆる沈線文土器に変わり、それと擦紋Ⅲが接触すると、「元地式」や「接触様式」が誕生する。それ以後、礼文島や利尻島は擦紋土器に席捲され、その結果、「元地式」などのオホーツク式系の土器群は、ついに終焉を迎えるに至る（大井1972a：27-29・註44, 1981：538-541・550, 天野2003a：128-132ほか）。

　道北や道南では1972年以来、このような住民の交代を想定した土器変遷観が、いわば不動の説として広く支持されている[註2]。だがこの説には、旧稿で広域的に論じたように、いまだ解決されていない多くの疑問点がある（柳澤1999a〜2004）。たとえば、擦紋Ⅲと接触して成立したとされるいわゆる「元地式（「接触様式」）」の母体は、オホーツク式系のいわゆる「沈線文土器」に求められるはずだが、はたして、それは妥当であろうか。

　私見によると、そのような先史時代の事実は、いまだ礼文島・利尻島内のどの遺跡においても、考古学的には証明されてはいないと思われる。そこで本稿では、その消滅したはずの「元地式（接触様式）」に後続する、オホーツク式土器（以下，オホーツク式）の変遷について、旧稿の分析（柳澤2000）を少しく修正しながら、あらためて検討してみたい。またそれを踏まえて、北海道

島とサハリン島南部を結ぶ広域編年を試案し、環オホーツク海域編年の構築へ向けて第一歩を踏み出したいと思う。

1．道東部の広域編年案

北海道の道東と道北では土器変遷のプロセスが異なり、顕著な地域差が認められると、以前から指摘されていた（大井1973：259-265・天野1979ほか）。もちろん広大な地域の資料を丁寧に比べれば、確かに地域差や遺跡レベルの細かな差異は容易に見出せる。しかしながら、同時代の土器を比べた筆者の編年案によれば、東西のオホーツク式には、

(1) 刻紋土器A
(2) 刻紋土器B・広義の刻紋土器B／刻紋・沈線紋土器、
(3) 擬縄貼付紋土器
(4) ソーメン紋土器

の順に、ほぼ共通した変遷の流れが認められる。したがって、いわゆる「沈線文土器」と「貼付文土器」が、枝幸町の周辺を境に対峙していたという棲み分け的な「地域差」編年説が、そのまま単純に成立するとは考えられない（柳澤1999a～2004）。しかしそうした意見は、いまだ市民権を得ていないから、以下、最新の資料を参照しながら、はじめに筆者の道東部編年案を明らかにしておきたい。

１）モヨロ貝塚編年の再確認

戦後に実施されたモヨロ貝塚の発掘調査では、報告書の記述によると、「貝層下の砂層→貝層→上層」の層序が指摘されてい

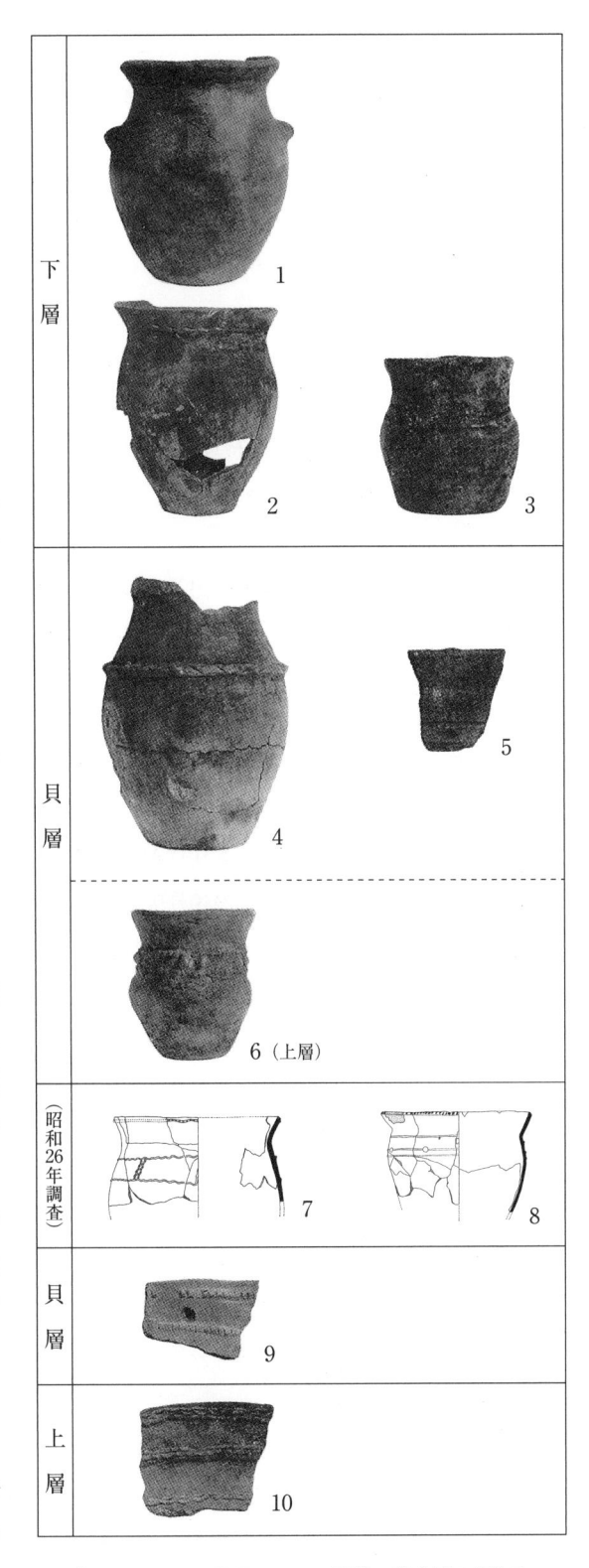

第60図　モヨロ貝塚における層位・地点別の編年案

る（名取・大場1964：42-63）。ただし貝層には、黒色土の間層が入っており（大場1949：48・名取・大場1964）、上部と下部、その中間という明確な層位差が存在していたと想定できる。

そこで、昭和23・36年の調査資料を型式学的に分類し、明らかな層序と推定した層準差に基づいて、モヨロ貝塚の土器変遷の流れをたどると、**第60図**のようになる（柳澤1999b：55-58）。

 (1) 貝層下の砂層：刻紋土器A ……………………………………………… 1・2
 (2) 貝層［下部］：刻紋土器B(中) ＋刻紋・沈線紋土器 …………………… 4＝5
 (3) 上層［貝層中部に対比］：刻紋土器B(新) ……………………………… 6
 (4) 21号竪穴：擬縄貼付紋土器(中) ………………………………………… 7・8
 (5) 貝層［上部］：擬縄貼付紋土器(新) ……………………………………… 9
 (6) 上層：ソーメン紋土器3(古) …………………………………………… 10

この編年案では、刻紋土器をA・Bの2型式に仮細分している（前出：52-62）。さらに擬縄貼付紋土器をソーメン紋土器から独立させて3細分して、オホーツク式の変遷を捉えている。型式学的に見て、大きく矛盾する点はないと思われるが、さらに別遺跡の資料で検証してみよう。

2）モヨロ貝塚とウトロ海岸砂丘遺跡の対比

以上の(1)～(6)への変遷は、モヨロ貝塚の貝塚と墳墓地点を対比した編年案であった。それでは竪穴から出土した資料は、どのように編年されるであろうか。

第61図の左列は、モヨロ貝塚の10号竪穴を代表する資料である。すでに旧稿で編年案を述べている（前出：58-59）。特に大きな変更点はないが、3～5例の位置づけを補足すると、10号竪穴の編年はつぎのようになる。

 (1) 下層の竪穴土器：刻紋土器B(古) ……………………………………… 1・2
 (2) 上層竪穴の床面上の土器：刻紋土器B(新) …………………………… 3
 (3) 同上：擬縄貼付紋土器(古・中) ……………………………… 4、5（＝6：21号竪穴）
 (4) （欠落）：擬縄貼付紋土器(新) ……………………………………（＝貝層［上部］）
 (5) 上層竪穴の床面上の土器：ソーメン紋土器1 …………………………… 7～10
 (6) （欠落）：ソーメン紋土器2 ……………………………………………（—）
 (7) 上層竪穴の床面上の土器：ソーメン紋土器3(古・中) ………………… 11（＝上層）、12

つぎに資料を個体別に観察してみたい。3例は床面上の土器のうち、佐藤達夫が「古かるべき土器」と指摘したものである（佐藤1964：78-81）。外反した口縁部には小さい米粒状の刻紋、口頸部にも小さい刻紋を施し、胴部には、ベルト状の細い擬縄貼付紋帯をめぐらせている。これは若干の刻紋を残存させた、まさに「古かるべき」土器であって、「続刻紋土器」とでも呼ぶべき特

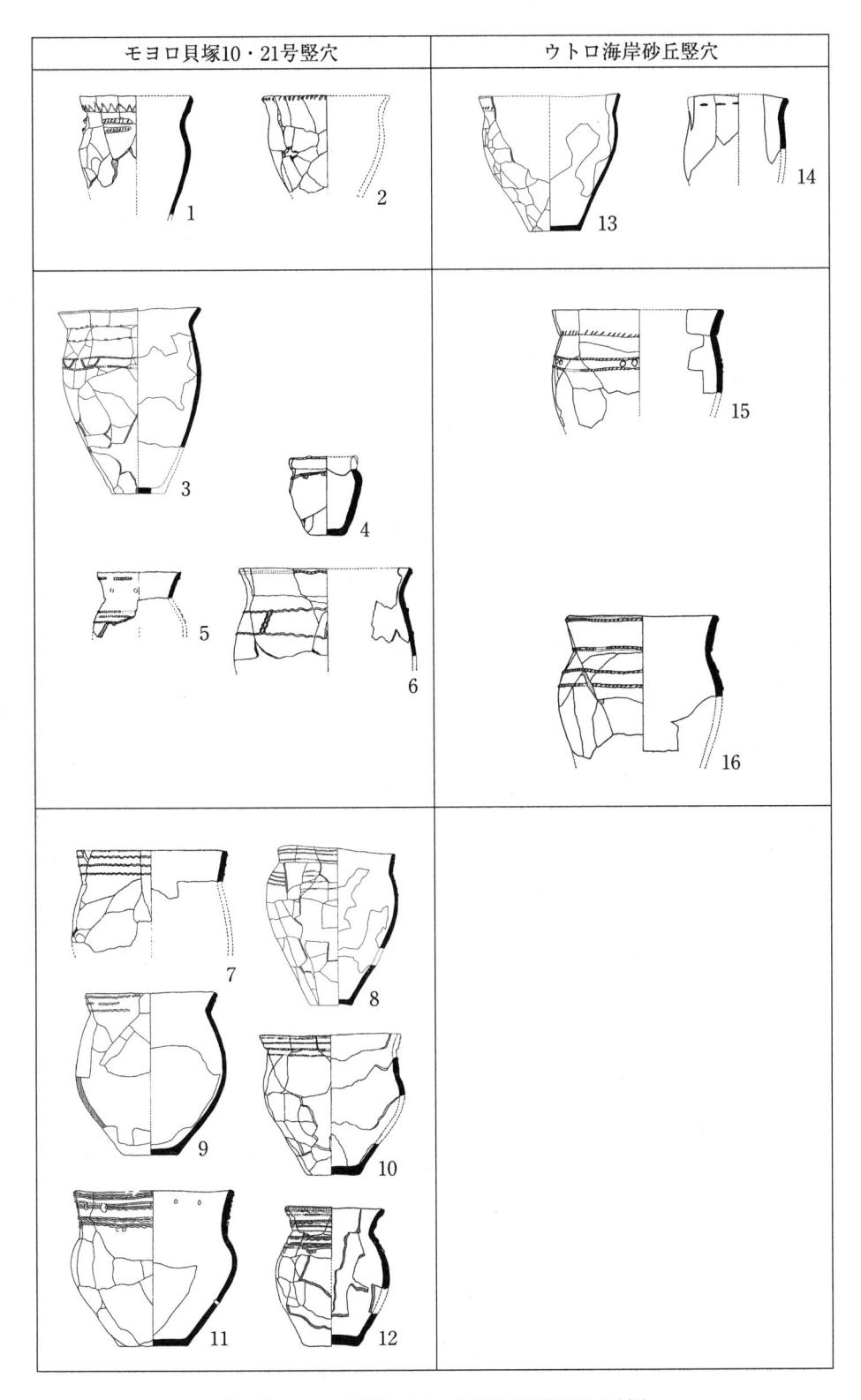

第61図　モヨロ貝塚とウトロ海岸砂丘遺跡編年の対比

徴を有している。4例もおそらく、これに伴う仲間であろう。

　これに対して、口端部に細い擬縄貼付紋を持つ21号竪穴の6例の胴部には、明瞭な「区切り斜線」(柳澤2001：88-93・2003)が施されている。この点から見て5・6例は、3例よりも明らかに新しいと考えられる。また、クマの頭骨を集積した骨塚の周辺では、大きな土器が出土したと指摘されている(佐藤1964)。おそらく3例が、それに該当するのであろう。そのとおりならば、「古い土器」を儀礼的に「送り」、骨塚の周囲に安置した事例と認められよう。後述のニツ岩遺跡2号竪穴の骨塚でも、同様の事例が確認されている(柳澤2000：23-24, 註9・2003：146-149)。

　7～10例は、ソーメン紋土器1に比定される資料である。床面上で完形品が最も多く発見されたのは、この時期である。大きさや形態は様々である。10号の上層竪穴で使用されたのは、おそらくこれらの土器群であろう。報告された資料の範囲では、ソーメン紋土器2期がまったく欠落し、3期の完形土器が2点出土している(11・12)。したがって10号竪穴の資料は、時期的に連続しないことになるから、少し奇妙に思える。これは竪穴が放棄された初期段階の「凹地」に対して、新しい時期の土器が遺棄される、あるいは送られたことを意味するのではあるまいか。

　そのように想定した場合、特に注目されるのが、10号竪穴の骨塚のあり方である。竪穴の奥壁部のみならず、両脇の壁際でも、二ケ所の骨塚が検出されている(河野1958：66-67)。西南側では、石積みの傍らに20個体のキタキツネの頭骨が、そして東南側では、積み重ねられたクマの四肢骨が、それぞれ骨塚の主体をなしている。こうした状況は、一般的な骨塚のあり方とは明らかに異なる。いわゆる「送り」儀礼の間歇性のみならず、その儀礼自体の変容をも示唆する可能性があるであろう。土器組成が複雑化する理由と骨塚儀礼の変容をめぐる、一つの解釈案として提示しておきたい。

　さて、この仮説の当否は措くとして、10号竪穴の多様な土器群を同時期と見做した場合、トビニタイ遺跡1号竪穴の土器群[註3]やトーサムポロ遺跡R-1地点竪穴(前田・山浦編2004)の多数の一括土器を、はたして合理的に説明できるであろうか。大井晴男氏の最近の発言(大井2004a)参照したとしても、その説明は困難であるように思われる。

　したがって10号竪穴のような事例の場合には、まず床面や骨塚の周囲の土器群を型式学的に弁別し、他遺跡の資料と比較し、異時期・異系統の土器が混在するに至った事情を、慎重に解釈する姿勢と操作が求められよう。「オホーツク文化」の新しい時期の竪穴においては、異時期・異系統の土器が併存または混存することは、周知のように決して珍しいことではない。古くから、多くの事例が報告されて来た。

　知床半島のウトロ海岸砂丘遺跡の竪穴も、その典型的な事例であるように思われる。上述の遺跡編年を踏まえると、つぎのような変遷が想定される。

　(1)　床面上の土器：刻紋土器A ……………………13・14 (≒モヨロ貝塚の砂層土器：第60図2)
　(2)　床面上の土器：刻紋土器B(新)　………………………………………………15 (≒3)
　(3)　(欠落)：擬縄貼付紋土器(中)　…………………………………………… (＝5, 6)

(4)　床面上の土器：擬縄貼付紋土器(新)　……………16（＝モヨロ貝塚の貝層［上部］：第60図9）
　(5)　（欠落）：ソーメン紋土器1　………………………………………………（＝7～10）
　(6)　（欠落）：ソーメン紋土器2　………………………………………………（－）
　(7)　（欠落）：ソーメン紋土器3　………………………………………………（＝11・12）

　竪穴の床面で発見された4点の土器は、このように懸け離れた年代に属している。13・14例と15例、それに16例の間には、私見によれば、小細別レベルで5～6段階の年代差があると予想される。そのように異なる時期の土器が、いつ頃に、どのような事情から、床面上で混存するに至ったのか。土器製作が廃絶した後代における「古い土器」の「送り」儀礼や、その他の活動に伴う様々な要因を考慮して、種々の可能性を検討してみる必要があろう。
　さて、モヨロ貝塚とウトロチャシコツ岬下遺跡の竪穴資料を、以上のように対比すると、「地点差」が明瞭に認められる。したがって各土器群の細別単位としての独立性は、まず疑いないと考えられよう。そこで、新旧の年代差が確定している竪穴の資料を用いて、遺跡単位の対比編年案の妥当性をさらに検証してみたい。

3）竪穴資料から見た常呂・網走・知床の対比編年

　最近、トコロチャシ遺跡の非常に良好な資料が公表された（熊木2003）。一例を示すと、**第62図**の7号竪穴の土器群が挙げられる（1～7）。かつて報告された1号竪穴（駒井編1964）と同様に、この竪穴も入れ子状に重複しており、外側が古く、内側が新しいと指摘されている（宇田川編2003）。
　骨塚では、儀礼的に扱われた続縄紋土器（1：「古い土器」）が出土しており、注目される。また、伏せ甕を含む大小の完形土器が数多く発見されている（2・3、4・5）。骨塚は内側の竪穴にも形成されている。その周辺から6例や7例が出土している。図示された資料はこの2点のみに止まる。残念ながら床面や埋土中の土器はまったく報告されていない。
　これら7号竪穴の土器編年については、別稿で述べているが[註4]、先のモヨロ貝塚・ウトロ海岸砂丘遺跡の編年案を踏まえると、つぎのように想定されることになる。

　(1)　擬縄貼付紋(新)期：続縄紋期竪穴の掘りこみ（外側の竪穴の構築）。「古い土器」の儀礼的な扱い→骨塚「祭壇」への安置（1）。擬縄貼付紋土器を骨塚へ安置（2・3）。
　(2)　ソーメン紋1期：竪穴の継続使用。骨塚へ土器を追加（4・5）。
　(3)　ソーメン紋2期(中～新)：内側竪穴の構築。骨塚へ土器を安置（6）。
　(4)　ソーメン紋3期(新)：竪穴の継続使用。骨塚へ最新の土器を安置（7）。

　このように骨塚に係わる土器を観察すると、入れ子状に利用された7号竪穴では、少なくとも4期にわたって土器類が安置されたことになる。将来、床面上や埋土の土器が公表されれば、(3)～(4)期への移行について、詳しく検討できるようになるかも知れない。その場合、先のモヨロ貝

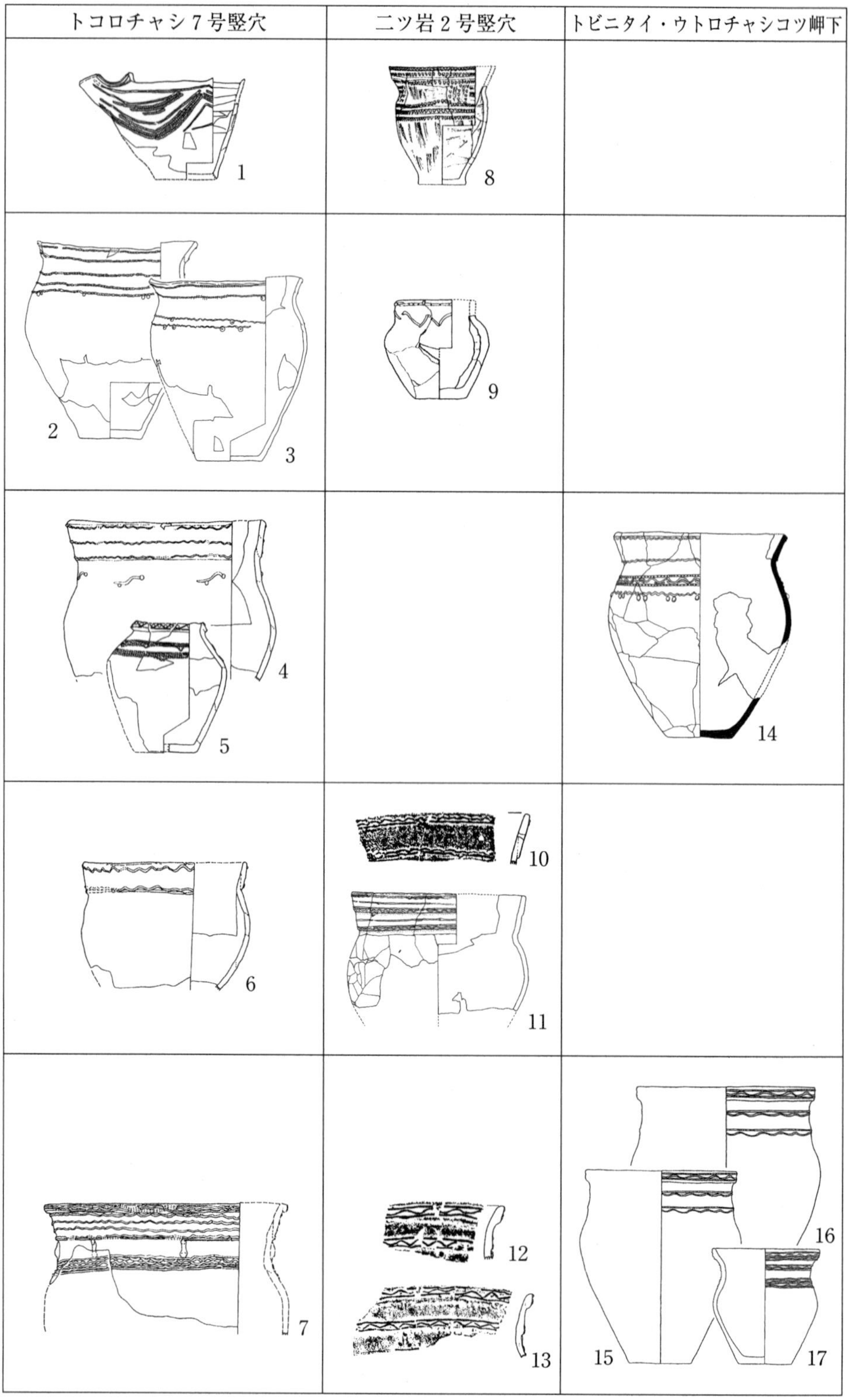

140　第2章　道東・道北を対比した広域編年の試案

トコロチャシ7号竪穴	二ツ岩2号竪穴	トビニタイ・ウトロチャシコツ岬下
1	8	
2, 3	9	
4, 5		14
6	10, 11	
7	12, 13	15, 16, 17

第62図　登呂・網走・知床における竪穴出土土器の編年案

塚10号竪穴（第61図3〜12）で観察した、年代的に連続しない擬縄貼付紋土器とソーメン紋土器のあり方が参考になるであろう[註5]。

さて、通説の北方編年を支える資料として、女満別町の元町遺跡（大場1960）やピラガ丘遺跡第Ⅲ地点（米村1976）の竪穴とともに、モヨロ貝塚に近接した二ツ岩遺跡（野村・平川編1982）の竪穴資料が、特に重視されている。その見直しについては、すでに2号竪穴をモデル例として、旧稿（柳澤2003：146-149）で触れている。「古い土器」の儀礼的な扱いは、この竪穴でも想定されるので、骨塚や床面の土器はつぎのように編年される（第62図）。

(1) 二つの「古い土器」：擦紋Ⅱ（8）と擬縄貼付紋土器（中〜新：9≒2・3）
(2) ソーメン紋土器1 ：（欠落）
(3) ソーメン紋土器2 ：骨塚への土器の安置（10・11→6）
(4) ソーメン紋土器3 ：床面上の土器（12・13＝7）

以上のモヨロ貝塚と二ツ岩遺跡の事例では、明らかに土器群の内容が人為的に複雑化しており、その解釈が求められる。これに対して、一時期の土器がほぼ単純に出土している場合もある。たとえば、羅臼町のトビニタイ遺跡1号竪穴では、「古い土器」や前代の土器を一切含まない、ソーメン紋土器1の完形土器セットが床面上から纏まって発見されている。14例は、その代表的な土器である。これがトコロチャシ遺跡の4例に略対比されることは、ここであらためて論じるまでもないであろう。紋様帯の構成、紋様の内容、貼付線などの特徴は、すべて両者がごく接近した時期に属すことを明瞭に物語っている。

つぎにトビニタイ遺跡の山向こう、斜里町のウトロチャシコツ岬下遺跡の竪穴に注目したい。この竪穴では、焼失した最上層の床面上から、ソーメン紋土器3に比定される土器（15〜17）が纏まって出土している[註6]。これらは若干の年代差があると推定される。しかし、トビニタイ遺跡1号竪穴のソーメン紋土器1の資料（14）と比べれば、ソーメン紋土器3の独立性について、ここで敢えて検討するには及ばないであろう（柳澤1999b：64-67ほか）。

このように網走から知床半島までの範囲において、竪穴出土の資料を縦横に対比すると、先のモヨロ貝塚編年案とは、特に矛盾する点は認められない。色々と解釈の余地がある土器の出土状況は、二ツ岩遺跡やトコロチャシ遺跡に共通して認められたが、そのように複雑で難解な事例は、すべからく単純な事例から理解を試みるのが、当然の順序であると思われる。

このような操作によって、複雑な出土状況を単純に理解する道筋が自ずと判明してくるであろう。しかし、「そのような考え方こそ、きわめて不合理で決して認められない」とする立場も無いわけではない。そこで観察の場を根室半島へ移動し、さらにモヨロ貝塚等の遺跡編年案の妥当性を検証してみたい。

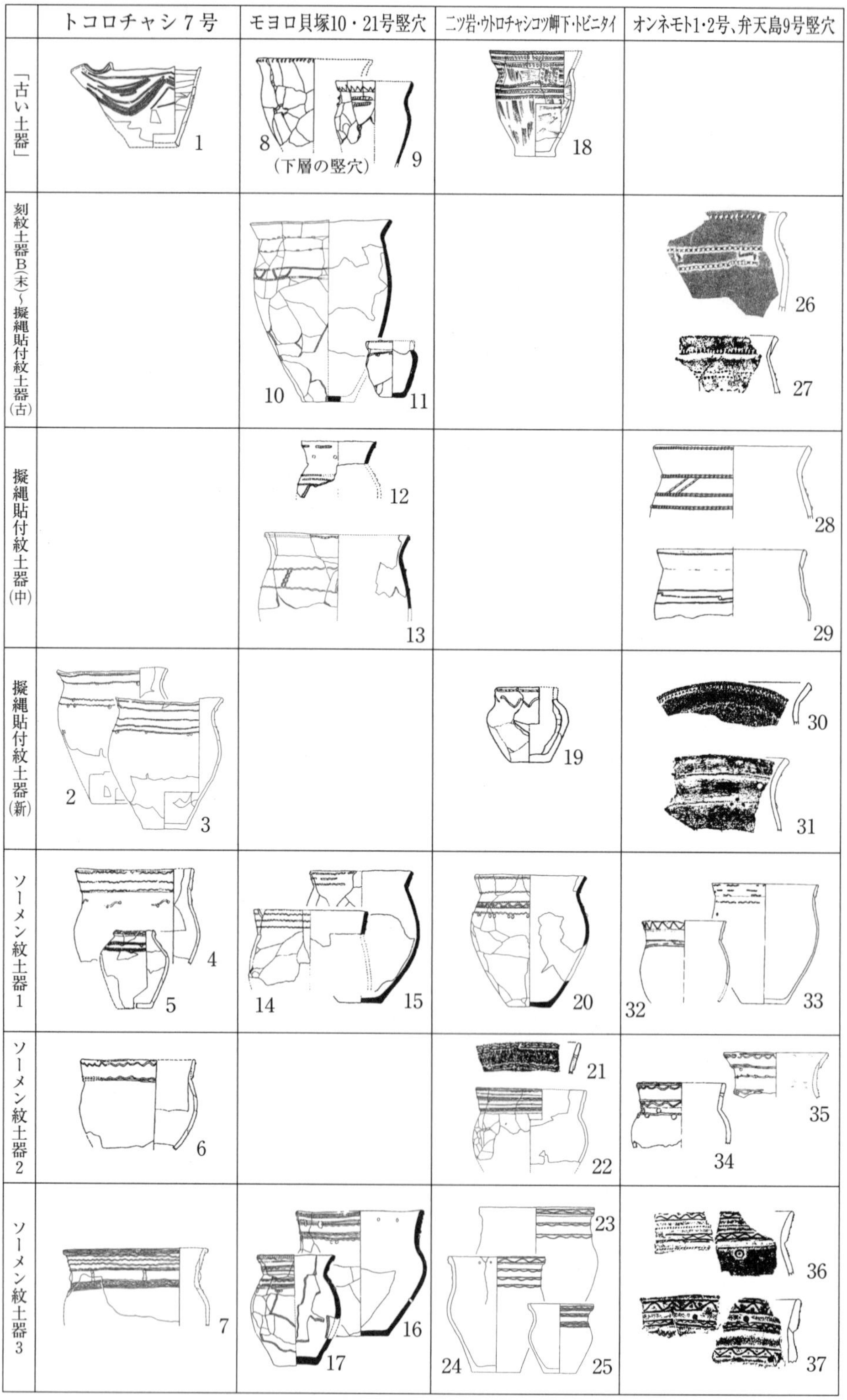

142　第2章　道東・道北を対比した広域編年の試案

	トコロチャシ7号	モヨロ貝塚10・21号竪穴	二ツ岩・ウトロチャシコツ岬下・トビニタイ	オンネモト1・2号、弁天島9号竪穴
「古い土器」	1	8　9（下層の竪穴）	18	
刻紋土器B(末)〜擬縄貼付紋土器(古)		10　11		26　27
擬縄貼付紋土器(中)		12　13		28　29
擬縄貼付紋土器(新)	2　3		19	30　31
ソーメン紋土器1	4　5	14　15	20	32　33
ソーメン紋土器2	6		21　22	34　35
ソーメン紋土器3	7	16　17	23　24　25	36　37

第63図　登呂・網走・知床・根室における竪穴出土土器の編年案

4）常呂川河口域から根室半島の広域編年案

　根室半島の編年において、まず注目されるのは、1966・1967の両年に発掘されたオンネモト遺跡のⅡ号竪穴の資料（国分ほか1974）である。この竪穴では、下層竪穴の上に数次に亘って再利用された上層竪穴が構築されており、重層化したモヨロ貝塚の10号竪穴の状況によく似ている（河野1958：66-68）。

　Ⅱ号の下層竪穴は床面上の土器に乏しい。そこで、先に引用した「地点差」と「層位差」を有する標本例と弁天島遺跡の最新資料（西本2003）を援用すると、Ⅰ・Ⅱ号竪穴の床・床面直上から出土した多様な土器群の変遷は、つぎのように捉えられる（第63図）。

(1) 　Ⅰ号竪穴の床面・床面直土　　：刻紋土器B(末)　………………27（＝10, 26？）
(2) 　　　　　〃　　　　　　　　：擬縄貼付紋土器(古・中)　………29（＝12・13）
(3) 　　　　　〃　　　　　　　　：擬縄貼付紋土器(新)　…………31（＝2・3≒19・30）
(4) 　Ⅱ号上層竪穴の床面・床面直土：ソーメン紋土器1　………32・33（≒4・5, 14・15, 20）
(5) 　　　　　〃　　　　　　　　：ソーメン紋土器2　…………34（＝35≒6, 21・22）
(6) 　　　　　〃　　　　　　　　：ソーメン紋土器3　………36・37（＝7, 16・17, 23〜25）

　このように、Ⅰ・Ⅱ号竪穴の混出した土器群を型式学的に細分し、網走―知床編年と対比すると、どこにも大きな矛盾は認められない。これはモヨロ貝塚の10号竪穴と貝塚の調査によって、昭和22・23年に報告された編年事実が、新旧の新資料を加えても不動の秩序を示していることを、端的に示していると言えよう。

　道東部における新しい「オホーツク式土器」編年の一端は、以上のごとく捉えられた。そこで観察のフィールドを道北部へ移したい。

2．内路遺跡編年の検討

　道北部では第64図に示した遺跡のうち、香深井1(A)遺跡や元地遺跡に対して特別な関心が払われている。しかしそれ以外にも、重要な遺跡の調査例はいくつもあるから、相応の目配りと注意が求められよう。私見によれば、これまで等閑に附されてきた遺跡には、通説の編年体系を見直すための格好の材料が存在する。その一例として、礼文島の内路(ナイロ)遺跡に注目したい。

1）内路遺跡の層序と編年

　この遺跡は、昭和24・25年に故大川清によって発掘された。海岸寄りのB地点遺跡では、円形刺突紋からソーメン紋まで、さまざまな土器群が「黒色腐食砂質土層」から発見されている。報告書では、それらを第2類（刻文と刻線文を持つもの）、第3類（粘土紐貼付文を持つもの）、第4類（厚手で無文土器を主体とするもの）に分類し、層位的な区別は困難であったと述べている（大川1998：23）。

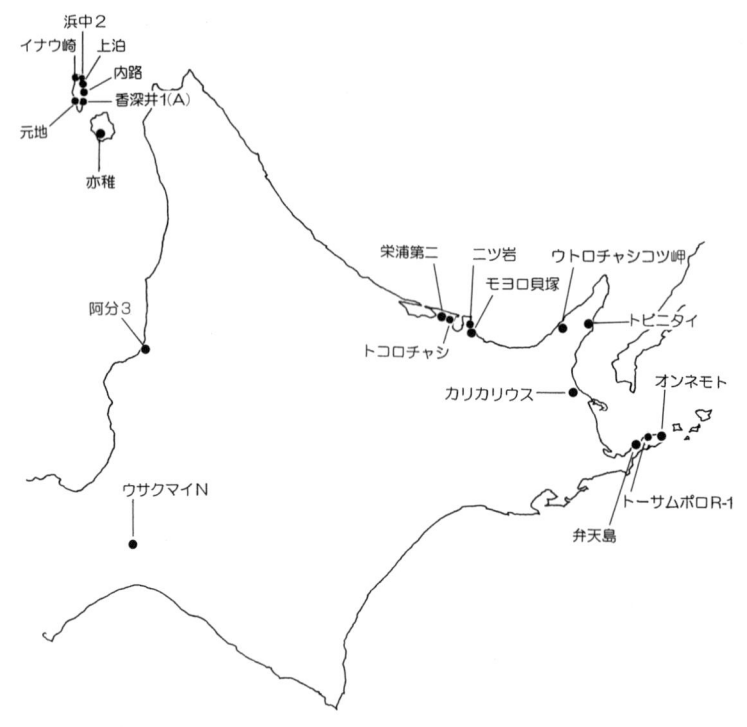

第64図　道東・道北・道央におけるオホーツク文化の関連遺跡

　しかしながら本文の記述を参照し、遺物の出土レベルを示した第65図の断面図を検討すると、これら一の土器は、つぎのように層位的に出土していたと推定される（［　］内は，図より算出した推定値）。

(1)　クマの頭部彫刻：表土下25cmの深さ（1）
(2)　細線粘土紐貼付文土器（完形）：表土下［56cm］の深さ（2）
(3)　「刻線文・刻文」を持つ土器　：表土下［91cm〜］の深さ（3）
(4)　「刻線文・刻文」を持つ土器　：表土下［91cm〜161cm］の深さ（4・5）
(5)　「刻線文・刻文」を持つ土器　：表土下［91cm〜161cm］の深さ（6）

　クマの影像は、道北部でも道東部と同じように、貼付紋系土器に伴って数箇所の遺跡で発見されている。数量的には、擬縄貼付紋土器よりもソーメン紋土器の時期の方が多いようである[註7]。内路遺跡で出土した１例は、頭部のみを彫った珍しいタイプのものである。層位の断面図から分かるように、クマの影像は明らかに最上層から発見されている。
　これに対して、「細線粘土紐貼付文」として記載された土器は、報告書の写真（第25図）を参照すると、まさに２例に該当すると思われる。この点は、まったく疑問の余地がない。多少の解釈を要するのは、「刻文」ないし「刻線文」を持つと分類された、(3)〜(5)類に該当する土器群である。

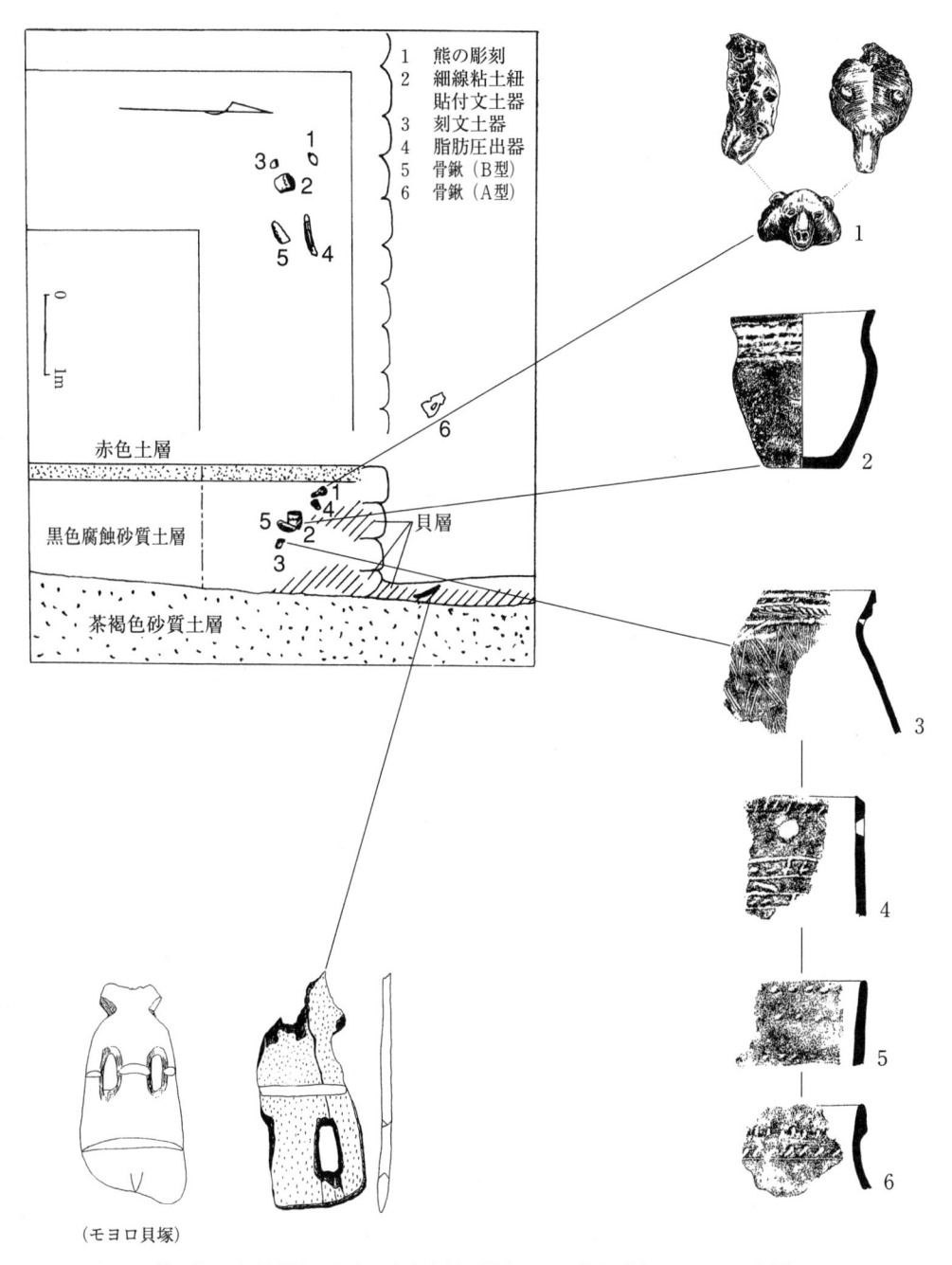

第3節　モヨロ貝塚から内路遺跡へ　145

1　熊の彫刻
2　細線粘土紐貼付文土器
3　刻文土器
4　脂肪圧出器
5　骨鍬（B型）
6　骨鍬（A型）

赤色土層
黒色腐蝕砂質土層
貝層
茶褐色砂質土層

（モヨロ貝塚）

第65図　内路遺跡の層序と出土資料の推定される位置（大川1998より改編）

　香深井1(A)遺跡（香深井1遺跡）の層位事例（大井・大場1976：168-300）をはじめ、これまでの調査成果を参照すると、ほぼ(3)〜(5)類の順序で古くなると考えられる。(5)類→(3)類への逆転した変遷を示す出土事例は、これまで報告されたことがない。したがって(3)〜(5)類の土器群は、クマの彫像や「細線粘土紐貼付文」の土器より深い位置に包含されていたと考えられる。

つまり先の出土層位の断面図と本文の記述によれば、内路遺跡の土器群は、

(1) 刻紋土器A（6）
(2) 刻紋・沈線紋土器（4・5）
(3) 擦紋Ⅳ（古：3）
(4) 擬縄貼付紋土器（新：2）：「細線粘土紐貼付紋」の土器
(5) クマの頭部彫像（1）＝ソーメン紋土器

という順で堆積していたと想定され、その順序で変遷すると考えられるのである[註8]。しかし断面図に記載されていない土器は、以上のほかに多数ある。以下、それらを含めて内路遺跡の土器分類を見直し、(1)～(5)の編年案がはたして成り立つのかどうか、細かく検討してみたい。

2）擦紋Ⅳ期より古い土器群

第66図に示した土器群は様々なものを含んでいる。先に図示した「刻文土器」（第65図17・18）と比べると、ほぼ同時期の16・19例以外は、一見して系統を異にした古い特徴を持つものと観察される。いずれも竪穴や包含層から纏まって出土した事例に乏しく、目下のところ正確に分類するのは難しい。暫定的な細分案を示すと、以下のようになる。

(1) 円形の刺突紋に「櫛目文」を持つもの（1）
(2) 口頸部に突瘤文を持つもの（2）[註9]
(3) 口縁部に円形刺突紋を持つもの（3・4）
(4) 器高の小さい厚手で素紋の土器（5・6）
(5) 古手の土師器に類似した器形をなし、頸部に2本の弱い沈線を引く。その内部には不明瞭な刻紋を施し、黒灰色または灰褐色の色調のもの（7・8）
(6) 内外に刷毛目痕を残し、口唇部が角張り、器形が古手の擦紋土器に類似するもの（9）
(7) 刷毛目痕は無く、肩部に明瞭な刻紋を施すもの（10・11）
(8) 肩部または胴部上半に刻紋帯をめぐらせ、その上部に波線・鋸歯状の紋様を施すもの。口端部がやや尖頭形をなし、肩部が強く張る特徴的な器形を呈するもの（12・13）
(9) 大きく外反した器形をなし、格子目状の刻紋に半月形の刺突紋を施すもの（14・15）[註10]
(10) 肥厚した口縁部の下端に刻紋を施したもの（16・17）
(11) 横走する2～3段の刻紋を施したもの（18・19）

「刻文」又は「刻線文」の土器に該当する(10)・(11)類は、香深井1（A）遺跡の魚骨層Ⅱにほぼ対比される。そして、これ以外の(1)～(9)類の土器群は、大まかに見ると、

(a) 円形刺突紋・突瘤紋を持つもの：(1)～(3)類（1～4）、
(b) 古手の土師器に類似した器形のもの：(4)～(7)類（5～11）、
(c) やや厚手で波線紋・鋸歯紋・窓枠紋などのモチーフを有するもの：(8)・(9)類（12～15）、

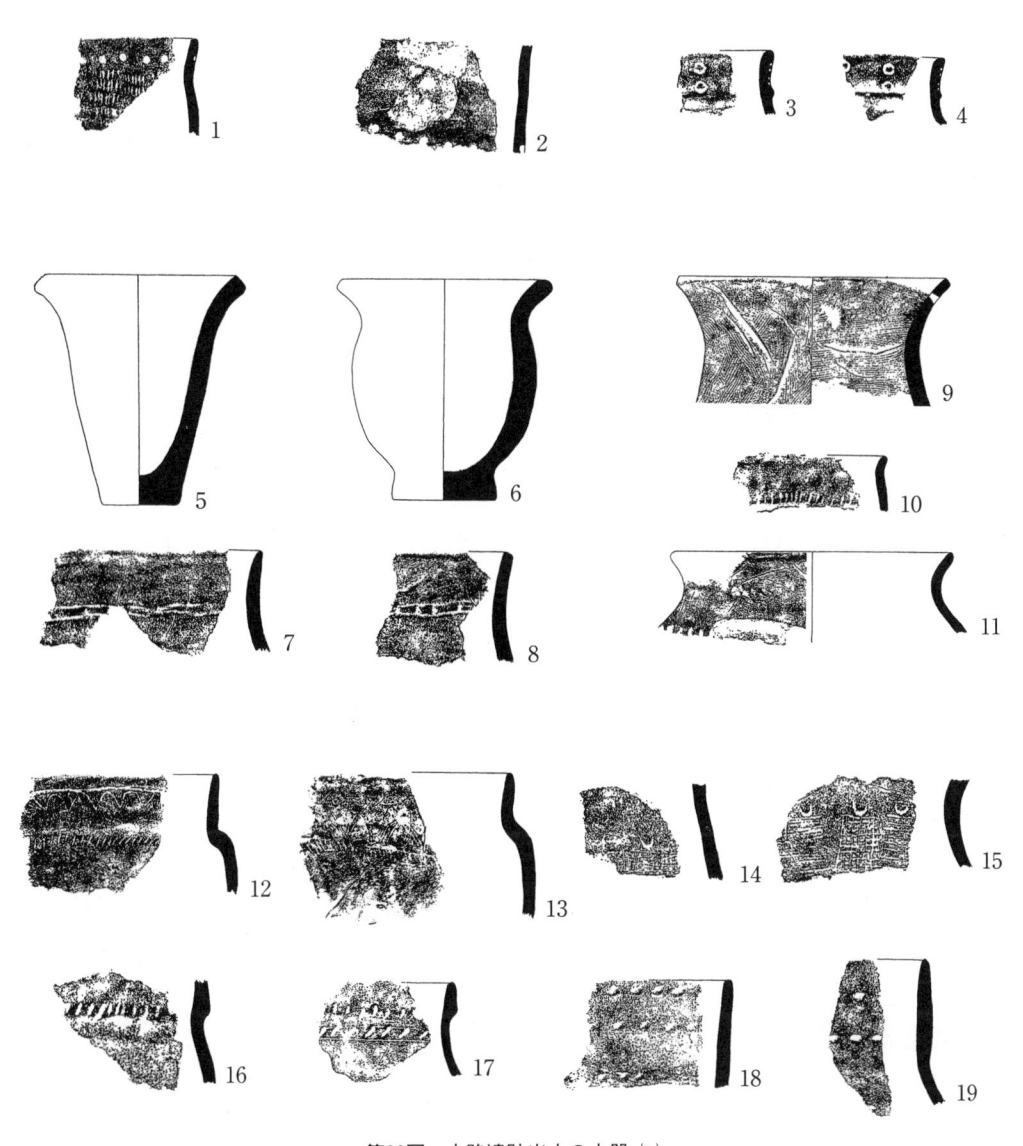

第3節　モヨロ貝塚から内路遺跡へ　147

第66図　内路遺跡出土の土器（1）

の三つのグループに分けられる。

　(a)・(b)類は型式学的に見て、(10)・(11)類の刻紋土器（16〜19）より古かるべき土器群である。包含層の下位から出土したと推定される。問題になるのは、(c)類とした(8)・(9)類の12〜15例である。大川コレクションの上泊遺跡の資料には、5・6例の仲間で、12・13例に酷似した器形の土器が含まれている（大川1998：拓図5-2）。一方、14・15例の外反した器形は、7・8例や11例に近いと推定される。また10・11例と12・13例の刻紋には、新旧の系統的な関係があるように思われる。

　これらの点を考慮すると、(c)類とした12〜15例は、(b)類に近接する土器であって、やはり16〜

19例より下層に包含されていた、と考えねばなるまい。相対的に見ると、第66図の資料は、(a)類：1〜4→(b)類：5〜11→(c)類：12〜15、→「刻紋土器」(16・17→18・19)、の順序で変遷したと推定される。では、このように捉えた場合、「刻紋土器」より新しい土器群は、どのような変遷を示すのであろうか。

　第67図の1〜9例は、主として刻紋と沈線を併用する土器群である。香深井1(A)遺跡の層序から見て、これらが「黒褐色砂質土層」の擦紋Ⅳ(古)より古いことは、まず間違いないと思われる。しかしそれ以下の、魚骨層Ⅱ・Ⅲなどの土器は明らかに様相を異にしている。類似する、あるいは酷似したものは、両層の資料の中に見当たらない。僅かながら、魚骨層Ⅰの中にやや近似した資料が見られる程度である。「黒褐色砂質土層」[註11]の中にも、1〜9例のごとき土器片は見つからない。

　つぎに例示するより新しい土器群とは、一部で組成する可能性も考えられる。しかしその判断は保留しておき、新しい資料の発見を待ちたいと思う。仮の分類案を示すと、つぎのようになる。

　⑴　香深井1(A)遺跡の魚骨層Ⅱ・Ⅲに含まれないもの（2・5）
　⑵　香深井1(A)遺跡の魚骨層Ⅰに近似のもの（6・8・9）
　⑶　⑴・⑵のどちらかに近接した時期と推定されるもの（1，3・4・7）

　これらのうち、5例の口縁部の紋様が注目される。水平に引かれた沈線に矢羽状の刻紋が施されている。断面の形態は明らかに異なるが、サハリン島の「江の浦A式」（伊東1942）に類似している。他人の空似の可能性もあるが、双方の年代的な対比を試みる際に、矢羽状の刻紋は一つの

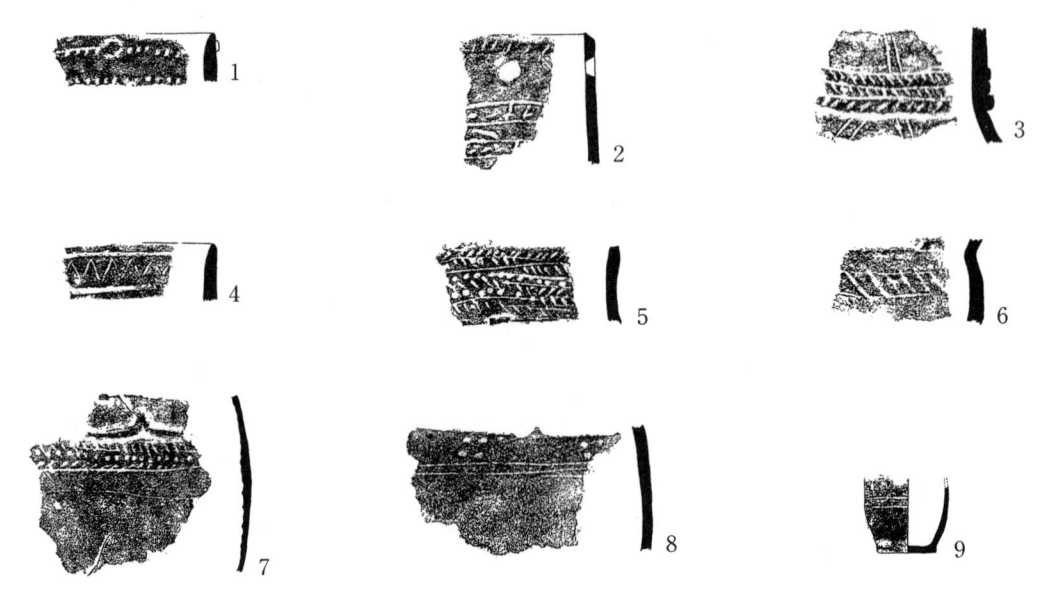

第67図　内路遺跡出土の土器 (2)

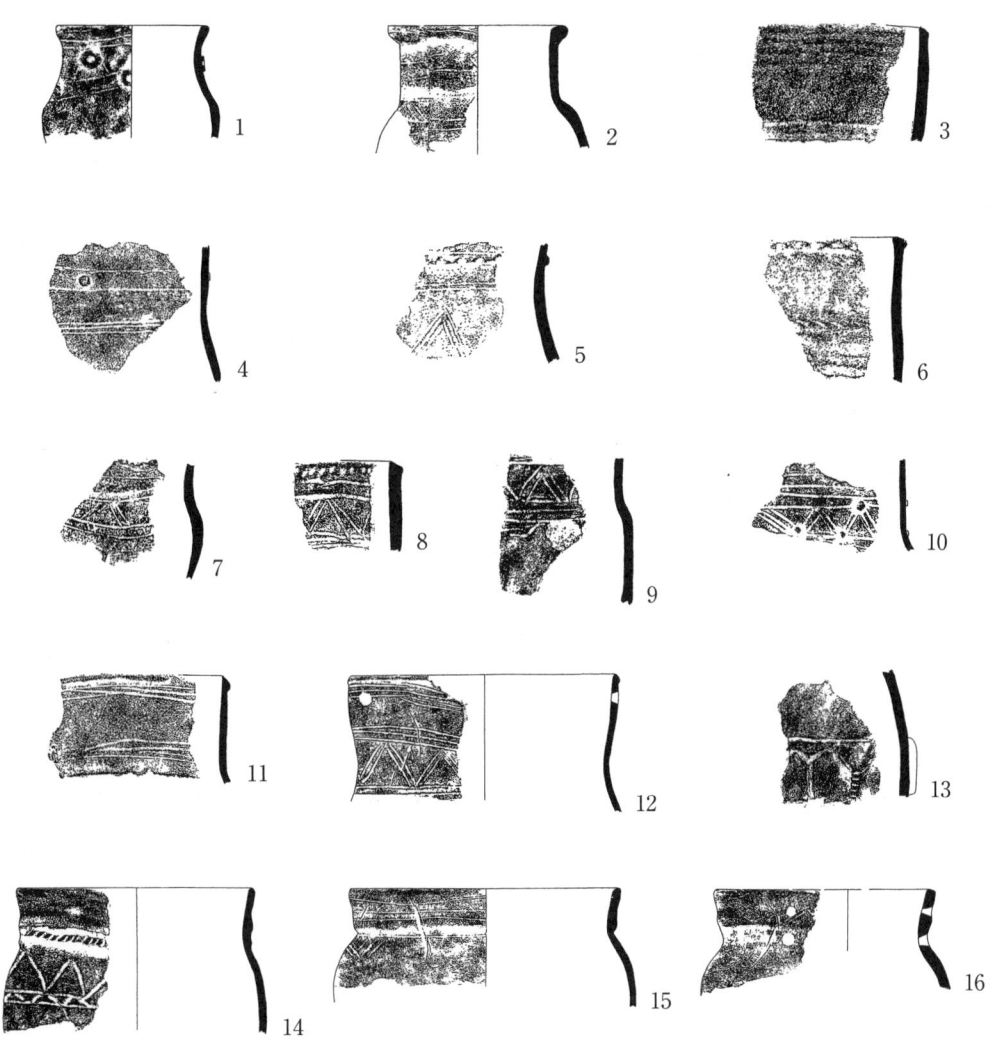

第3節　モヨロ貝塚から内路遺跡へ　149

第68図　内路遺跡出土の土器 (3)

有効な手掛りになるかも知れない。

　つぎに**第68図**の資料を観察したい。第67図よりも新しい時期、すなわち香深井1(A)遺跡の魚骨層Ⅰ以後に位置すると思われる土器群を並べてある。良好な比較材料に乏しく、適切に分類するのは難しい。年代的にはかなり幅があると思われる。

(1)　香深井1(A)遺跡の「黒褐色砂質土層土器」の一部に近似するもの（1～7）
(2)　香深井1(A)遺跡の魚骨層Ⅰにも、「黒褐色砂質土層の土器」にも、直接に対比が難しいと思われるもの
　　　a．口縁部に指押による装飾や沈線を有し、口頸部に一段の大きな鋸歯紋を有するもの（5・7）、並びにそれを欠くもの（11）(註12)。また形象紋を施すもの（13）

b．口頸部を複段構成とし、大きな鋸歯紋を施すもの（8〜10）。また、その可能性が
　　　　あるもの（12）。
　　　c．肥厚した口縁部と張り出す胴部に鋸歯紋（14）やV字状紋を持つもの（15）
　　　d．肥厚した口縁部を持つ壺形土器で、素紋仕立てのもの（16）

　これらのうち、個々のモチーフや紋様要素を取り上げると、「黒褐色砂質土層」の土器に類似するものがかなり認められる。しかし紋様構造や器形、口縁部の断面形などを比べると、いずれも酷似しているとは言いがたい。
　それでは、仮に（2）類とした多様な土器群の位置は、どこに求めればよいであろうか。

3）香深井1(A)遺跡「黒褐色砂質土層」以後の土器

　旧稿（柳澤2000：24-25, 2001：66-70, 94-99）でも述べたように、出自を異にした「黒褐色砂質土層」に含まれた土器群は、決して一様ではない。（2）類a〜dの土器は、一見して、それらにも内包されないから、より新しい時期に下る可能性を秘めている。特に注意されるのは、最後のオホーツク式土器の標式遺跡とされる元地遺跡の「黒土層」下の魚骨層Ⅰにも、報告された範囲では類例が一点も見当たらないことである。
　そこで第69図に示した、内路遺跡と香深井1(A)遺跡の資料を観察してみたい。最初に内路遺跡の5・6例の成り立ちである。直系的に祖形と見做せる資料が見当たらないので、香深井1(A)遺跡の魚骨層Ⅰから出土した1・2例と内路遺跡の3・4例で代用すると、
　　　(a)　点列状の胴部刻紋の減少（1・2→4→3）、
　　　(b)　山形の刻線紋（「𐤌」紋）の鋸歯紋化と複段化（1・2・3→5・6）、
　　　(c)　点列刻紋の口端部への転写（1・2・4→5・6）、
という変化が型式学的に想定される。とりわけ6例に見える複段化した鋸歯紋の登場は、新しい特徴として注目される。以上の観察から内路遺跡の5・6例は、3・4例よりも新しく、また香深井1(A)遺跡の魚骨層Ⅰ・「黒褐色砂質土層」のオホーツク式よりも新しい可能性が想定されよう。
　つぎに11例である。祖形とみなせる格好の資料が元地遺跡の魚骨層Ⅰで発見されている。9例と10例である。残念ながら、その口縁部の形態は分からない。胴部紋様の変化は、
　　　(a)　素紋扱いの口頸部を短縮し、胴部紋様を上昇させる（9・10→11）、
　　　(b)　胴部の小さな山形の刻線紋を大型化して、単線仕立ての鋸歯紋に変更する、
　　　(c)　肥厚させた口端部直下に擬縄貼付紋を施し、鋸歯紋下の副紋様帯の要素を小さな「ハ」
　　　　の字刻紋に取り替える、
という順序でスムーズにたどれる。
　ここで注意したい点は、香深井1(A)遺跡はもちろん、元地遺跡の「黒土層」にも、11例の仲間が見当たらないことである。これは「魚骨層Ⅰ」と「黒土層」の間に年代差があることを示唆し、

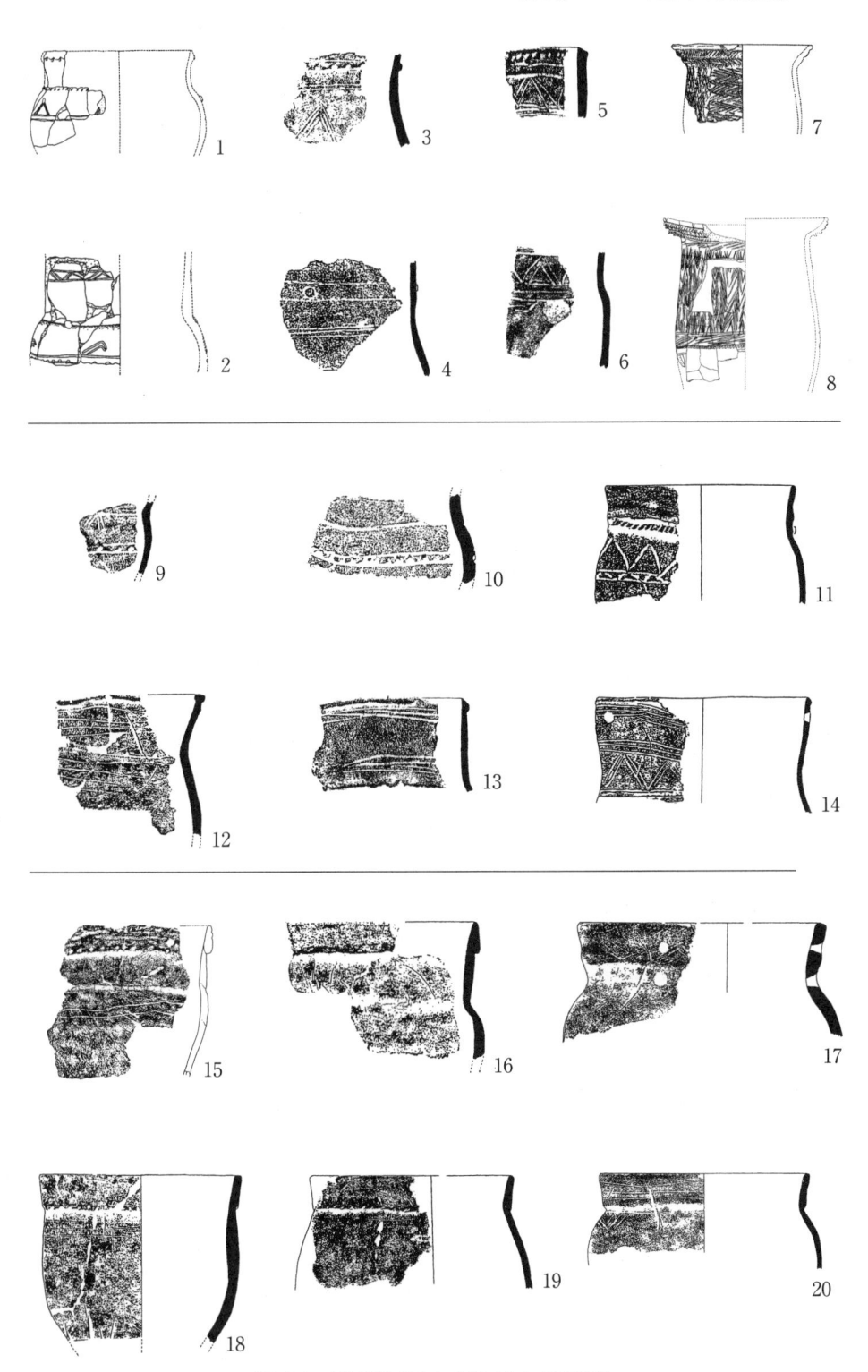

第3節　モヨロ貝塚から内路遺跡へ　151

第69図　内路遺跡出土の土器(4)と参照資料

11例が、いわゆる「元地式」の母胎の一つになる可能性を思わせる。この想定は果して妥当であろうか。さらに比較を続けよう。

つぎに14例である。内路遺跡に祖形となる資料がある。元地遺跡にもやや類似した土器（12）が認められる。香深井1(A)遺跡には見当たらない。内路遺跡の13例をモデルにすると、14例が成り立つためには、

(a) 口端部の点刻紋を省略、

(b) 口頸部を拡大し、複段化する、

(c) 他系列にある山形刻線紋ないし鋸歯紋を下段に転写する、

(d) 胴部を素紋扱いとする？

などの、大きな変形操作が必要になる。したがって14例は、13例よりも、また元地遺跡の魚骨層Ⅰの12例よりも、なお新しい土器であると想定しても、特に疑問は生じないと思われる。

さて、そこで問題になるのは、胴部紋様を欠く土器系列の17例である。その直前段階ではないが、元地遺跡には祖形に近い土器が魚骨層Ⅰから出土している。16例である。浜中2遺跡（前田・山浦編1992）では、同じ器形で口縁の下部に点刻紋、胴部に粗雑な並行沈線を持つ例がある（15）。これは刻紋・沈線紋土器に伴って出土しており、16例に先行するものと推定される。顎状の肥厚口縁を持つ15例から16例を経て、17例に至る変化は、

(a) 頸部を短縮化し、口縁部を幅広く肥厚させる、

(b) 口径よりも幅広く胴部径を拡大する、

(c) 肥厚した口縁部に擦痕状の紋様[註13]を施す、

という変形操作を想定すると、スムーズにたどれる。17例のように厚手で素紋、広口の壺形土器は、これまで刻紋・沈線紋土器に伴出した例がない。元地遺跡の魚骨層Ⅰより新しい時期に属すからと考えられよう。

このように観察した場合、17例に類似した器形を持つ20例の位置はどうなるであろうか。直接に祖形となりそうな土器は見当たらないが、元地遺跡の魚骨Ⅰから出土した18例や上泊遺跡の17例が、その候補になると思われる。前者は刻紋・沈線紋土器に確実に伴う。後者も、おそらくその可能性が高いと推定される。

どちらも口縁の下部に刻紋、胴上部に並行沈線紋を有し、紋様構成が酷似している。年代的には近いと見做せるであろう。ただし器形は明らかに異なる。18例の胴部は15例に近いラインを描く。これに対して19例の胴部ラインは、16例よりも17例や20例に似ている。年代的には、後者に接近した位置を占めるからと思われる。

このように比べると、相対的には18→19例の序列が想定されよう。そこで20例を見ると、肥厚した幅広い口縁部には、3本の細い平行線がうねるように引かれている。胴上部には、1本の水平線と、それから垂下した複線のV字マークが施されている。このような擦紋Ⅳや道南の装飾的な土師系土器に類似したモチーフを持つ肥厚口縁の壺形土器は、これまで刻紋・沈線紋土器に伴って出土した例がない。それは元地遺跡魚骨層Ⅰの18例よりも、また上泊遺跡の19例よりも、

20例が新しいからと思われる。19例から20例への変化は、

 (a) 口縁部の刻紋の省略（廃絶）、
 (b) 胴上部の沈線紋を口縁部へ転写、
 (c) 胴上部へのＶ字モチーフの施紋、

という操作を想定すると、スムーズにたどれる。

　内路遺跡の(2)類とした新しい土器群(11・14・17・20)は、以上の観察によれば、元地遺跡の魚骨層Ⅰよりも、型式学的には新しいものと考えられた。ところが、その魚骨層Ⅰでは、擦紋Ⅱ末～Ⅲ(古)とソーメン紋土器、それに刻紋・沈線紋土器が「共伴」し、その上位の「黒土層」では、擦紋Ⅲ(古～新)と「接触様式の土器群」の「共伴」が指摘されている（大井1972a：24-30）。

　これに対して、先に想定した内路遺跡の層序によれば、擦紋Ⅳ(古)よりも上層から擬縄貼付紋土器やソーメン紋土器が発見されている。これは全く正反対の層位事実である。双方がともに先史時代の事実ではあり得ないから、どちらかの層序が混乱しているのであろう。

　以上の観察によれば、香深井１(A)遺跡の方が層位的に混在している可能性が高いと判断される。したがって元地遺跡の魚骨層Ⅰより新しく、「元地式」にも含まれない未命名のオホーツク式系の土器群が、礼文島には存在すると想定されよう。このような見方は、はたして他の遺跡でも成り立つであろうか。

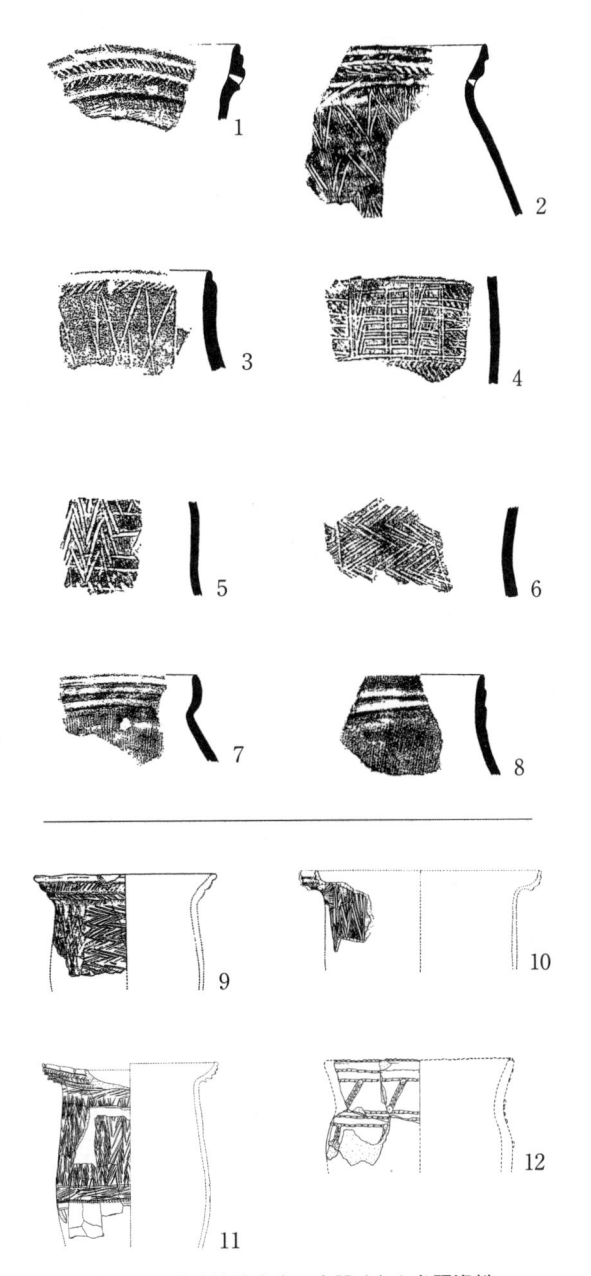

第70図　内路遺跡出土の土器(5)と参照資料

4）擦紋Ⅳ期土器とその伴出土器

　内路遺跡では擦紋土器がかなり出土している。**第70図**の２・４・６・８はその代表例であるが、いずれも擦紋Ⅳ期の「古い部分」、Ⅳ₂・Ⅳ₃期に比定されるものである。類例は、香深井１(A)

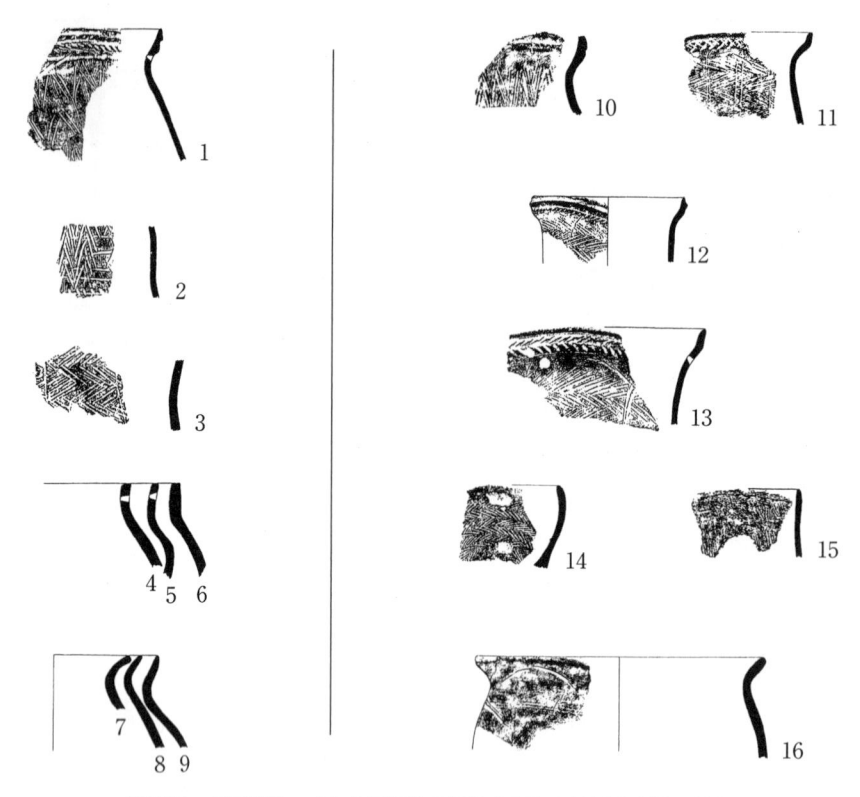

154　第2章　道東・道北を対比した広域編年の試案

第71図　内路遺跡・イナウ崎遺跡の擦紋土器と素紋厚手土器の対比

遺跡遺跡の「黒褐色砂質土層」（9〜11）をはじめ、香深井5遺跡や香深井6遺跡など多くの遺跡で発見されている。これらは礼文・利尻島において、最も多く発見されている擦紋土器である。

内路遺跡では、擦紋Ⅳより上層から擬縄貼付紋土器とソーメン紋土器が出土したと推定された。香深井1(A)遺跡でも、「黒褐色砂質土層」（9〜11）より上の表土層から、12例のような擬縄貼付紋土器が僅かに発見されている。これは図示された中で唯一の大破片であり、貴重な資料である。

この層では、その他に実に多様な土器が出土している。それらを本来の包含層に戻すと、最後に12例の擬縄貼付紋土器が残る。すなわち根拠としては弱いが、内路遺跡の層序を参照すると、香深井1(A)遺跡では、つぎのような土器変遷が層位的に想定されることになる（柳澤2001：65-70）。

(1)　香深井1(A)遺跡の擦紋Ⅳ(古：9〜11)　＝　内路遺跡の擦紋Ⅳ（1〜8）
(2)　香深井1(A)遺跡の擬縄貼付紋土器（12）　≒　内路遺跡の擬縄貼付紋土器（第65図2）

このように香深井1(A)遺跡と内路遺跡の層序を対比すると、通説の元地遺跡の編年案（大井1972a・天野1979・2004・山浦1983・熊木2000ほか）とは、まさに逆転した序列となる。しかしながら土器それ自体の変遷は、大井晴男氏が驚くべき速さで報告した元地遺跡の層序編年（「魚骨層Ⅰ」→「黒土層」）よりも、遥かにスムーズにたどることができる。以下、その説明に入る前に、礼文島北部

のイナウ崎遺跡の資料（大川1998）を観察しておきたい。

第71図の10～16例である。明らかに二種類の土器が含まれている。10～14例は、内路遺跡の1～3例に酷似しており、擦紋Ⅳ（古）に比定される。これらには15・16例が伴出しており、それ以外の土器は発見されていない。

報告によると、15・16例は刷毛状の工具で仕上げた手捏ね土器で、黒褐色・茶褐色を呈するという。この色調は、櫛目の刻線紋を持つ擦紋土器と変わりない。15例は、実見した際の印象では、図よりも外反した器形になると思われる。これは香深井1(A)遺跡の3号竪穴から出土した、いわゆる「元地式」に酷似している。

これに対して、16例には擦痕状の調整が見られ、広口で厚手の作りとなっている。香深井1(A)遺跡では表土層に類例があり、やはりいわゆる「元地式」の仲間、すなわち「接触様式の土器」として報告されている（大井・大場編1976：107-116）。

なぜ擦紋Ⅳ期の土器に、もはや消滅したはずのオホーツク式系の土器が伴うのであろうか。これは実に不思議な現象と言えよう。しかし、器形や器面の調整が15例や16例に類似する土器は、内路遺跡でもかなり纏まって出土している（「第4類土器」）(註14)。4～9例はその一部であるが、いずれも素紋、厚手の作りで、「比較的表土近くから多く出土した」、と指摘されている（大川1998：24-25）。

この「表土近く」とは、どの位の深さに相当するのであろうか。そこで第65図に戻ると、遺物を含む黒色砂質土層の厚さは約120cmあると推定される。擦紋Ⅳ（第65図3）の推定される位置は70cm位の深さであるから、「表土近く」の範囲は擦紋Ⅳよりも上位に想定しなくてはならない。そこに包含されていたのは、先述したように擬縄貼付紋土器とソーメン紋土器であったと考えられる。

それでは、以上のように内路遺跡の層序を想定した場合、土器の変遷序列には何も矛盾が生じないであろうか。

5）貼付紋系土器の変遷とクマの頭部彫像

貼付紋系土器の出土層位については、ひたすら元地遺跡の魚骨層Ⅰにおいて想定された「共伴」関係（大井1972a）のみが過大に評価され、内路遺跡や上泊遺跡、それに浜中2遺跡の事例などは、一貫して「忘失」され続けている。しかしながら、第72図に示した内路遺跡の貼付紋系土器と厚手素紋系土器（第4類）を比べると、後者が「表土近く」で出土したことは、紛れもない事実であることが容易に了解されよう。

そこでまず、擬縄貼付紋土器の観察から入りたい。いずれも擬縄貼付紋は口縁部に集約され、胴部には稀であると推定される。この点からみて、ほぼ「新しい部分」に比定され、それ以前の時期は欠けていると思われる。擬縄貼付紋の刻み目はやや太めで、その間隔も広い。道東部に比べると、作りがかなり粗雑な印象を受ける。実例を観察した1・3例では、トビニタイ土器のように指押さえで貼付線を密着させており、そのため一部の断面が平坦になっている。3例では貼

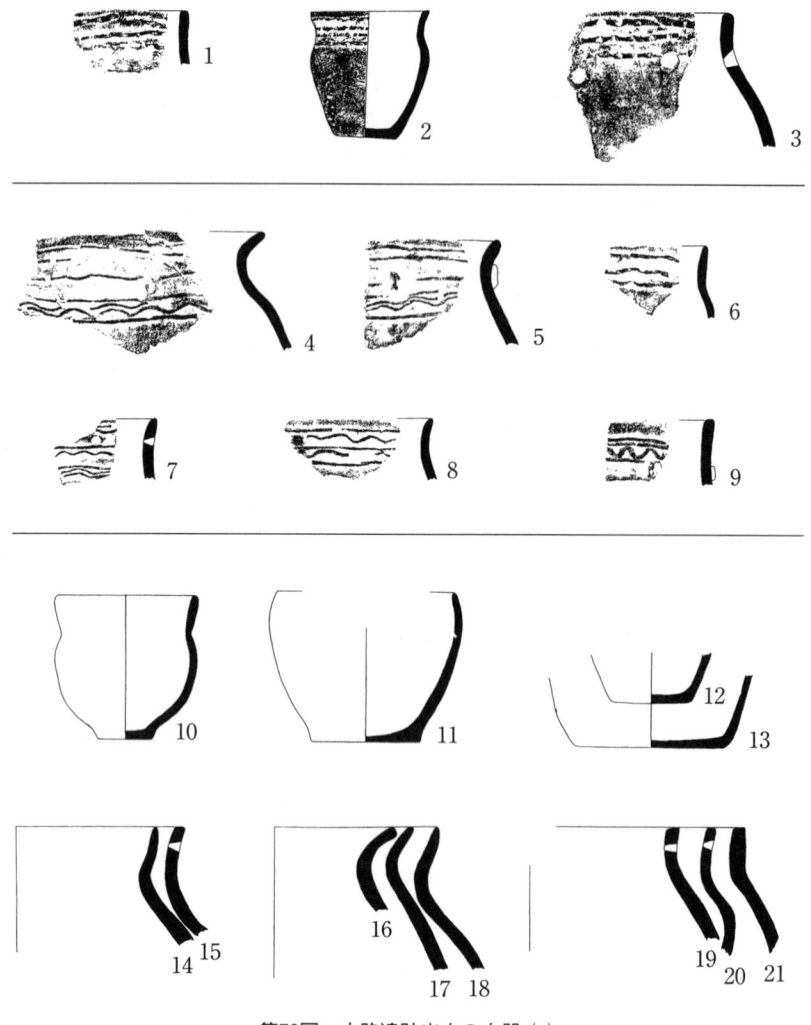

第72図　内路遺跡出土の土器 (6)

付線を懸け継いでおり、螺旋技法が用いられている。これも道東の貼付紋系土器に由来する手法といえよう。

　しかし器形の特徴は、トビニタイ土器群・擬縄貼付紋土器のいずれとも、かなり異なる。たとえば、2・3例の口縁部の断面形や立ち上がり方は、まず道東では見かけない。一方、下段に並べた厚手素紋系土器との比較では、2例と20例、3例と21例など、酷似するものが容易に見出される。これは両者が系統的にも年代的にも、ごく近い関係にある在地系の土器群だからと考えられよう。

　つぎにソーメン紋土器である。擬縄貼付紋土器よりもやや多く発見されている。4〜9例はその代表例であるが、年代的には幅がある。4〜6例はソーメン紋土器の1期に、7例は2期に、8・9例は3期にそれぞれ比定される。いずれも口縁部が直立または外反し、胴部が張り出す器形になると推定される。そうした器形上の特徴は、やはり下段の厚手素紋系土器に共通して認め

られる。たとえば 4 例と16例、 5 例と17例、 6 例と21例、それに 9 例と20例？などは、互いにソーメン紋を取り去ると、ほとんど区別できない程よく似ている。

　また、先の擬縄貼付紋土器とも、ソーメン紋土器の器形は類似している。両者は系統的に連続し、ともに第72図の厚手素紋系土器群に共伴するものと見做しても、おそらく大過ないであろう。

　また厚手素紋系の11例の器形は、イナウ崎遺跡から出土した擦紋土器の小さな鉢形土器（第71図14）にそっくりである。イナウ崎遺跡の厚手素紋系土器が擦紋Ⅳ（古）に伴うならば、内路遺跡において「表土近く」で多く発見された厚手素紋系土器は、擦紋Ⅳ（中）期以降に後続する可能性が出てくると思われる。

　はたしてそのように想定しても、年代学上の矛盾は生じないであろうか。それを検討する前に、クマの彫像に伴う土器について、ここであらためて確認しておきたい。道東部では、オホーツク文化の末期にクマの彫像が盛んに作られている。著名な例としては、トコロチャシ遺跡や栄浦第二遺跡、それにモヨロ貝塚などの資料があげられる。

　第73図の 7 例は川西遺跡（湧別町）の資料である（宇田川1989）。戦前の発掘品であるが 8 〜10例のソーメン紋土器に伴うと推定される。トコロチャシ遺跡の11例は 1 号竪穴の外側から出土しており、ソーメン紋土器 1 に伴う可能性が高い。どちらも、幼形のヒグマを丸彫りした全身像である。根室半島のトーサムポロ遺跡R－1地点（前田・山浦編2004）でも、最近ソーメン紋土器 3 （16の「トビニタィ土器群Ⅱ」に近似の土器を共伴）に伴って、18例のごとき幼形のクマ彫像とイノカに似た製品の断片が出土している。

　これに対して内路遺跡の 1 例は、在地系のソーメン紋土器に伴うと推定される。その顔立ちは、道東部の例に比べると遥かに精悍で、若獣か成獣を象ったものと思われる。これはトドの脊椎骨を加工して作られている（大川1998：22）。同じヒグマの彫像でも、道東と東北では系統及び地方的な差異があるのではなかろうか。

　さて上泊遺跡でも、貼付紋系土器に伴うと推定される「牙製のクマ像」が出土している（大場1968： 9 ）。実測図は示されていないが、おそらく内路遺跡に類似したものであろう。その点は措くとして、道東部では、擬縄貼付紋土器より以前に、クマの彫像はほとんど知られていない。道北部には古い時期の例が数多く存在するものの、刻紋・沈線紋土器の時期の例は寡聞にして知らない。利尻島の亦稚貝塚（岡田ほか1978）でも、在地系のソーメン紋土器に伴い、 4 例のごときイノカ風のヒグマを象ったトナカイの角製品が出土している。

　このように礼文島・利尻島では、貼付紋系土器の時期に入ると、ヒグマの彫像が俄かに目立ってくるようである。おそらく、これは道東部からの文化的な影響を受けて、再登場したものと推定されよう（柳澤2003：155-158）。オホーツク文化の末期における、ソーメン紋土器の広域的な展開と、ヒグマ彫像やイノカ類似品の分布圏の拡大が相関するならば、内路遺跡で推論した層序編年の妥当性も、間接的ながら傍証されることになろう。

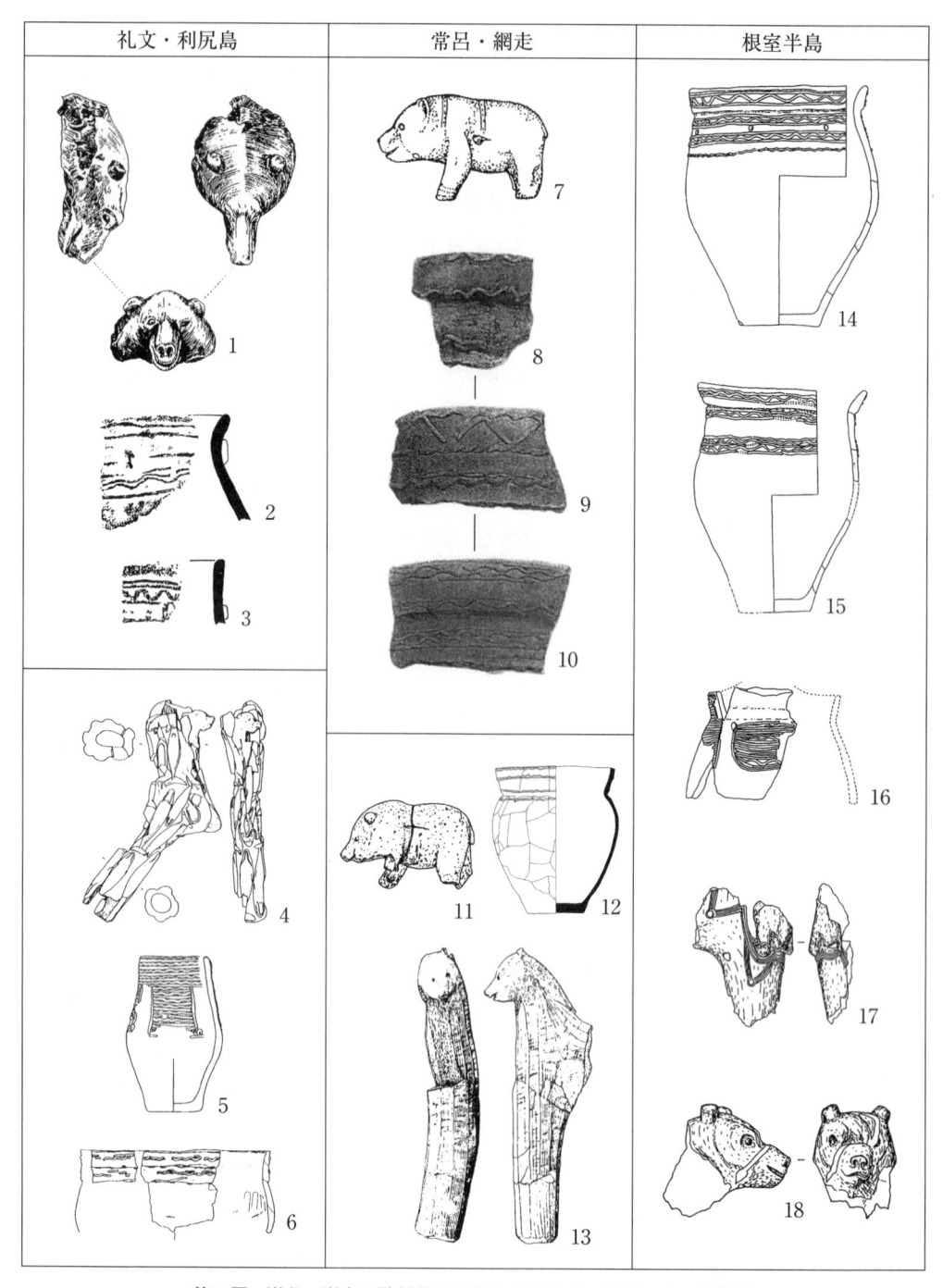

158　第 2 章　道東・道北を対比した広域編年の試案

| 礼文・利尻島 | 常呂・網走 | 根室半島 |

第73図　道北・道東の貼付紋土器期におけるクマ彫像・イノカ資料

3．擦紋Ⅲ末・Ⅳ(古)期以後の土器変遷について

1）内路(ナイロ)・イナウ崎遺跡の編年案

　さて、以上に仮設した内路遺跡の編年案が妥当であれば、道北の最後のオホーツク式とされるいわゆる「接触様式」や「元地式」より新しい、素紋又は沈線紋系の「厚手土器群」が存在することになる。まず前者に目を拘けると、紋様に乏しい厚手素紋系土器は、これまで層位的に纏まって発見された事例がきわめて少ない。そのため現状では、その誕生から消滅までのプロセスを仔細に推論することは難しい。**第74図**の資料を用いると、

- (1) 口頸部に短刻紋を持つ厚手素紋系土器（1）、いわゆる「接触様式」の土器（2）、
- (2) 擦紋Ⅳ（古：5＝6）に伴出する刷目痕のある厚手土器（7，8）、そして様々な器形の厚手素紋系土器（12～19の一部）、
- (3) 擬縄貼付紋土器(新)に伴う様々な器形の厚手素紋系土器（12～19の一部）、
- (4) ソーメン紋土器に伴う様々な器形の厚手素紋系土器（12～19の一部）

の順序で、大まかながらも変遷の流れはスムーズにたどれる。

　先に推定したとおり、1例が刻紋・沈線紋土器の古いもの（第66図15・16・17・18）に伴うのであれば、「1例→ 8例→ 12～19例の一部→ 20・21例のソーメン紋土器1」に至る序列は、型式学的にみて矛盾しない。そして、このプロセスの途中で擦紋Ⅲ・Ⅳ(古)の強い影響を受け、「2例→ 7例→ 12～19例の一部」という2次的な土器系列が誕生した、と推測される。

　こうした見方が妥当ならば、元地遺跡の魚骨層Ⅰにおける、刻紋・沈線紋土器とソーメン紋土器2・擦紋Ⅱ末～Ⅲ(古)の「共伴」認定は、これから見直しが求められることになろう[註15]。

2）亦稚貝塚・浜中2遺跡の編年

　それでは、つぎに肥厚口縁を持つ土器について観察したい。内路遺跡の25・27例と亦稚貝塚の26例である。これらは類例に乏しく、どのような土器に伴うのか、確かな情報は得られていない。しかし、先の第69図の資料分析によって、これらが刻紋・沈線紋土器に後続する新しい土器であることは、大よその見当がついている（第74図3例／4例→25例／27例＝26例）。

　これらはいずれも、口縁部に沈線紋を有する土器であって、刻紋・沈線紋土器（第68図1～11）の直後に登場した新系統の土器と考えられる。同じ系統の新しい時期の土器群は、利尻島の亦稚貝塚（28・29）や礼文島の浜中2遺跡（30～34）でも纏まって発見されている。層位差と型式差を考慮して、その変遷を想定すると、

- (1) 元地遺跡の魚骨層Ⅰ以後と推論される未命名の土器：25・27＝26
- (2) 擬縄貼付紋土器(古，中)：28、29
- (3) 擬縄貼付紋土器(新)：30＋31～34≒9 ～11＋12～19（一部）
- (4) ソーメン紋土器1（欠落）＝20・21
- (5) ソーメン紋土器2　：35＝22

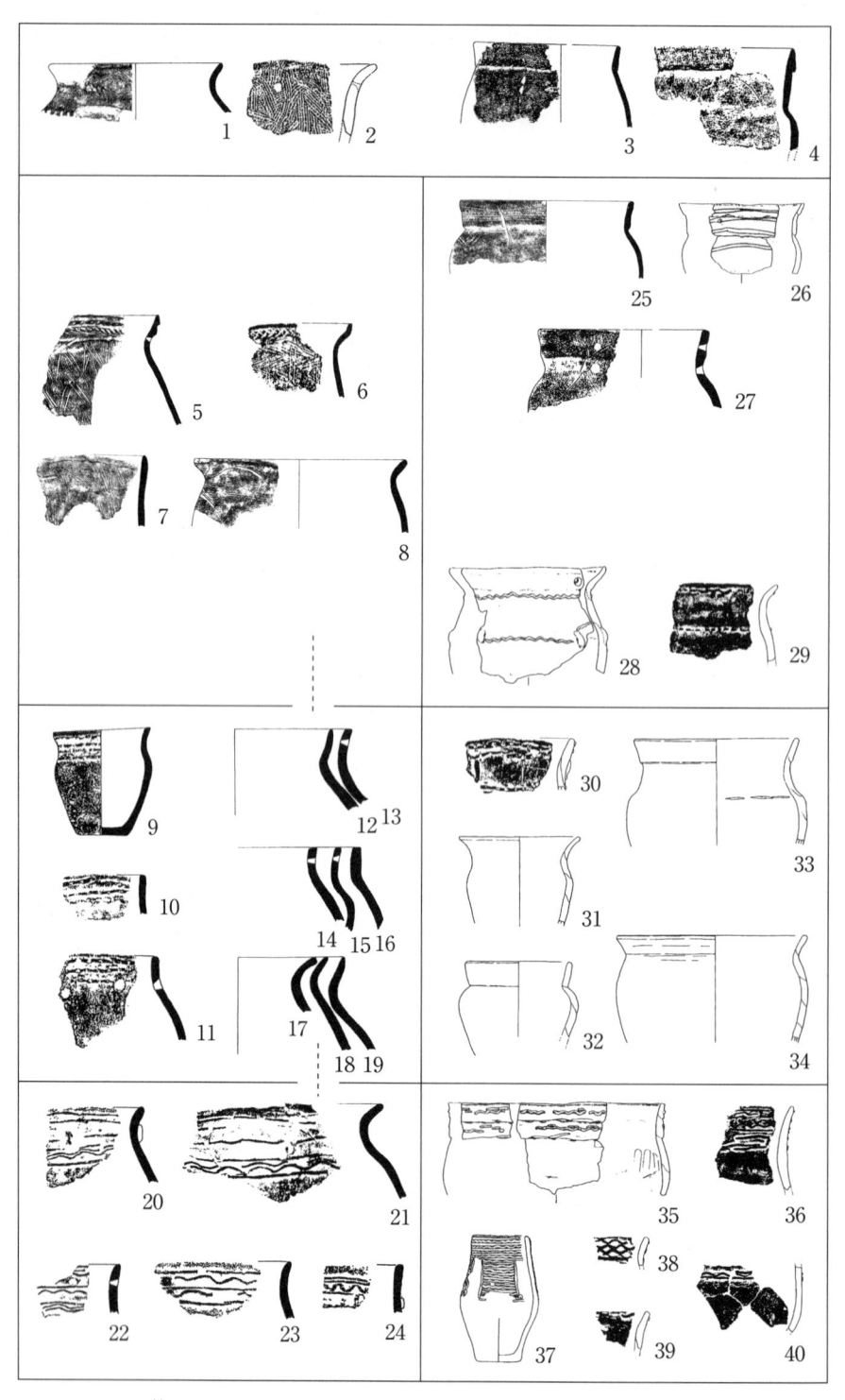

160　第2章　道東・道北を対比した広域編年の試案

第74図　擦紋Ⅲ（いわゆる「元地式」）期以後における土器変遷
（1・5・9〜24・25・27：内路　2：香深井1(A)　3：上泊　4：元地　26・28・29・35〜40：亦稚　30〜34：浜中2）

(6)　ソーメン紋土器3　：36・37・40＝24

の順序でスムーズにたどれる。器形に注目しても、破片のため制約はあるが、「25～27例→33例→35例、28例→30・34例→38例、29例―31例→39例」へと、連続的な変遷が捉えられる。そのプロセスは、大きく3期に分けられる。

　第一は、口縁部や胴部に細沈線の紋様を持つ時期である。第二は、その紋様が消滅し、それに代って一部の土器に擬縄貼付紋ないし波状の貼付線が施される時期で、新旧に2細分される（28・29，30～34）。第三は、ソーメン紋が多用される時期である。

　この変遷観では、第二期から道東部の影響がしだいに強まり、第三期になると、クマ信仰に関連した道具としてイノカの類似品（山浦1984）やクマ彫像などが波及し、最も強い影響を受けるという捉え方になる。

　それでは、こうした見方がはたして妥当であるかどうか。つぎに層位の面から、(1)～(6)に至る編年案を検討してみよう。

3）道北・道南編年の対比

　道北部の北方編年については、香深井1(A)遺跡と元地の層位事実が特に重視されている。しかし両遺跡の層位事実には、何も問題がないのであろうか。旧稿ではそうした疑問を指摘して、別の見方も成立する可能性があると述べた（柳澤2000：23-29，2001：93-91）。

　今でも、この見方は基本的に変わりないが、刻紋・沈線紋土器の「新しい部分」の変遷については、上述のとおり若干の修正を要すると思われる。礼文島内におけるオホーツク式の変遷は、内路・上泊遺跡の層位事実を援用すると、つぎのように捉えられる（第75図）。

　先ず内路遺跡では、報告された遺物の層序に基づいて（第65図）、

　(1)　刻紋・沈線紋系の土器（13～15）
　(2)　刻線紋を持つ擦紋Ⅳ(古)期の土器（16・17）
　(3)　擬縄貼付紋土器(新)の土器（18）
　(4)　クマの頭部彫刻に伴うと推定されるソーメン紋土器1～3期（19）、

に至る変遷が想定される。つぎに香深井1(A)遺跡では、魚骨層Ⅰより上位から出土した土器群に対して、

　(1)　刻紋・沈線紋系の土器（1～4）　　：魚骨層Ⅰ
　(2)　擦紋Ⅳ(古)の土器（5＝16・17例）　：黒褐色砂質土層
　(3)　擬縄貼付紋土器(中～新)の土器（6）：表土

という序列が想定される[註16]。内路遺跡で推論された層序と矛盾する点は認められない。3例と14例、4例と15例の類似性は、これらの土器群が擦紋Ⅳ(古)より古い時期であることを端的に示している。

　しかし、香深井1(A)遺跡の6例には問題がある。この資料は、様々な土器が混在した表土層から出土している。それを手掛りとして、香深井1(A)遺跡と内路遺跡の層序が整合すると述べて

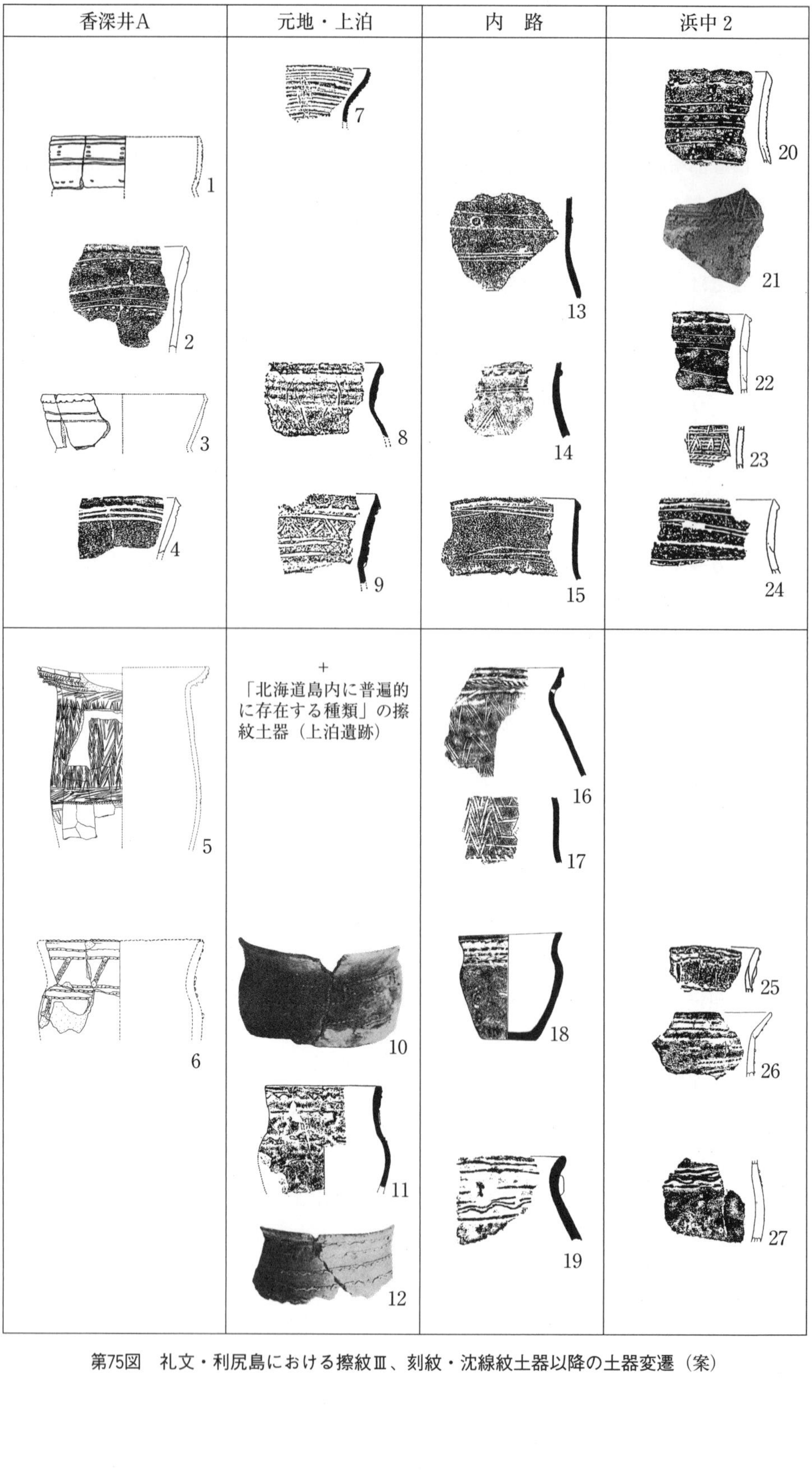

162　第2章　道東・道北を対比した広域編年の試案

香深井A	元地・上泊	内　路	浜中2
1 2 3 4	7 8 9	13 14 15	20 21 22 23 24
5 6	＋ 「北海道島内に普遍的に存在する種類」の擦紋土器（上泊遺跡） 10 11 12	16 17 18 19	25 26 27

第75図　礼文・利尻島における擦紋Ⅲ、刻紋・沈線紋土器以降の土器変遷（案）

も、容易に賛成は得られないであろう。そこで、これまで「忘失」され、まったく等閑視されてきた上泊(東上泊)遺跡の層位事実に注目したい。

この遺跡は、北海道大学の児玉作左衛門によって昭和24年に調査された。翌年に発行された『利礼郷土研究』第5輯には、児玉の教示をもとに、新岡武彦が政泊遺跡の資料と対比しつつ、つぎのような層位事実と地点差に基づく編年案を提示している（新剛1950）(註17)。

　(1)　第1層：「オホーツク土器の細線貼付文（ソーメン文土器）土器（まゝ）」
　(2)　第2層：「舟形刻文と櫛目文（各々約半数）」
　(3)　第3層：「突瘤のみの土器（政泊1層にもこれがある）」
　(4)　第4層：「突瘤文である前北式（政泊第2層に相当？）」

これら各層の資料は、つとに大場利夫によって整理され、『北方文化研究』誌上に発表された（大場1968）。その記述によると、層序は貝層を中心として、「貝層の下層」と「貝層」、「貝層の上層」の大きく三つに分かれるという。「貝層の上層」は、新岡が記載した第1層に、そして「貝層」は第2層に、「貝層の下層」は第3層に、それぞれ対比されよう。

そこで注目されるのは、この第1・2層から「オホーツク式土器と少数の擦文式土器が出土している」（前出：9）、と指摘されている点である。擦紋土器は、「北海道島内に普遍的に存在する種類」であるという。

一方、新岡の付図によれば、第1層では、「退化型式擦文（刻文）」土器が「細線貼付文（ソーメン文）」土器に伴出したと明記されている。大場の統計的な資料分析から、上泊(東上泊)遺跡の土器内容を詳細に捉えるのはむずかしい。しかし公表された土器群は、新岡が記述したように、層序に従って新旧の秩序を保ちつつ、整然と出土したことは間違いないと考えられる(註18)。

では、そのように想定しても問題はないであろうか。大場が公表した土器内容を観察すると、第4層の「前北式」に対比される土器群は、内路遺跡のA地点でも纏まって出土している。第3層の「突瘤のみの土器」も、B地点の古手の土器、すなわち刻紋・沈線紋土器以前に比定したもの（第66図3～5）に、ほぼ該当すると思われる。

さて、そこで問題になるのが、第1・2層から発見された「擦文土器」である。新岡は、第1層には「退化型式の擦文（刻文）」、第2層には「舟形刻文と櫛目文」、または「刻文と横(櫛)目文」が出土したと記載している。この「櫛目文」（の一部）は、大場の第2層の「擦文土器」に相当し、内路遺跡の「刻文土器」の一部に該当するものと思われる。すなわち、最も礼文・利尻の両島で数多く発見され、北海道島内で普遍的に見られる擦紋土器とは、Ⅲ末～Ⅳ(古)に比定されるものを指していると考えられる。

これに対して「退化型式擦文（刻文）」は、とうぜん擦紋Ⅳ(古)よりも新しいと考えられる。それに相当する可能性が最も高いのは、浜中2遺跡で発見された擦紋Ⅳ(中)に比定される土器である。そのように想定すれば、大場と新岡の記述は何の矛盾もなく、容易に理解することができる。

そこで、この擦紋Ⅳ(中)と第1層内で伴出した「細線貼付文土器」が問題になる。大場が紹介した貼付紋を持つ資料は、28点のうち僅か4例に止まる。一つは擬縄貼付紋土器(古)(10)で、もう一つはソーメン紋土器2(12)、そのほか不明の土器である。最初に示した道東部の編年案(柳澤2003・2004)によれば、また、オタフク岩洞窟の層位別資料から見ても、擦紋Ⅳ(中)期に並行するのは擬縄貼付紋土器(中)期であると考えられる[註19]。

したがって上泊(東上泊)遺跡では、

(1) 第4層「突瘤文である前北式(政泊第2層に相当?)」
(2) 第3層「突瘤のみの土器[註20](政泊1層にもこれがある)」
(3) 第2層「舟形刻文」を主体とした土器[註21](刻紋沈線紋土器)
　　　=内路「櫛目文」を主体とした土器[註22](擦紋Ⅳ(古))
(4) 第1層「細線貼付文」を主体とした土器+「退化型式擦文」
　　　:擬縄貼付紋土器(古:10)[註23]+擦紋Ⅳ(中)
　　　:ソーメン紋土器2(12)

という変遷序列が、層位差と型式差から想定される。仮に、この上泊遺跡編年が妥当であり、それが元地遺跡の公表されていない諸々の事実とも符合するならば、礼文島でも利尻島でも、

「擦紋Ⅳ(古)擬縄貼付紋土器(古)の伴出?→ 擦紋Ⅳ(中)= 擬縄貼付紋土器(中)→ 擬縄貼付紋土器(新)→ ソーメン紋土器1～3」、

という土器変遷の序列が、あらためて仮設されることになろう。

実際、モヨロ貝塚をはじめ、多くの遺跡の調査に参加していた児玉博士が、その豊富な経験にもかかわらず、上泊遺跡の発掘では、基本的な層位事実を取り違え、また土器の観察も誤り、それを新岡に教示したとは、とても想像できないことである[註24]。ここに仮設した上泊遺跡編年と、先の内路遺跡編年が矛盾なく整合することは、新岡の速報編年案の信愚性を端的に裏づけていると言えよう。

そこで、つぎに浜中2遺跡の資料に注目したい(前田・山浦編1992)。長大なトレンチから出土した土器群は膨大な数量になる。選択的に図示された資料から、本遺跡におけるオホーツク式の変遷を捉えるのは容易でない(第75図)。

そこでB区の資料に注目すると、まず1～2区では、

(1) 刻紋・沈線紋系土器(22):第9層
(2) 擬縄貼付紋土器(25)と厚手素紋系土器:第4層

という層位事実が報告されている。これは内路遺跡や香深井1(A)遺跡、上泊遺跡の状況と整合的である。2区に隣接する2A区では、22例に酷似した刻紋・沈線紋土器(20)がⅡ層(第9層)から出土しており、2B区では、同層から擦紋Ⅲの破片(21)が検出されている。擦紋Ⅲの破片は4区でも発見されている。23例であるが、これは1号竪穴の直下、第10層から24例の刻紋・沈線紋土器とともに出土したという。

複数の区で確認された、こうした擦紋土器の伴出状況は単なる混在とは考えにくい。20・22・

24例はいずれもⅡ層と一括扱いされた層準のうち、第9〜10層から発見されており、それに擦紋Ⅲの小破片が伴う。これは混在ではなく、共伴の可能性が高いと考えられよう。24例が内路遺跡の15例に酷似し、香深井1(A)遺跡の4例にも良く似ているのは、おそらく偶然ではあるまい。4・15例→擦紋Ⅳ（古：5＝16・17）であり、18＝6例（擬縄貼付紋土器）→19例（ソーメン紋土器）という、上述の層位事実を参照すると、2B区Ⅱ層出土の26例や27例を含む浜中2遺跡の資料は、つぎのように編年される。

(1) 刻紋・沈線紋系土器（20・22・24：第9〜10層）＋擦紋Ⅲ（21・23）
　　　≒香深井1(A)遺跡（1〜4）・内路（13〜15）
(2) 欠落＝擦紋Ⅳ（古）　　　　　　　：香深井1(A)遺跡（5）・内路（16・17）
(3) 欠落＝擬縄貼付紋土器：（古〜中）：香深井1(A)遺跡（6）
(4) 擬縄貼付紋土器(新)（25・26）　　≒内路（18）
(5) ソーメン紋土器（27）　　　　　　≒内路（19）

これは香深井1(A)・上泊・内路、浜中2の各遺跡で確認され、報告された層位事実にもとづいて編成した編年案である。これらの4遺跡の対比において、個々の層位事実の捉え方に大きな問題点はないと思われる。しかし唯一、一致しないのは、大井晴男氏が速報した元地遺跡の層位事例である（大井1972a）。

元地遺跡の魚骨層Ⅰでは、発見された土器はすべて「共伴」関係にあるとして、擦紋土器の7例と刻紋・沈線紋土器の9例、摩擦式浮紋土器の8例、それにソーメン紋土器の11例が、同時代の所産であると解釈されている。

そのような奇妙な一時期の土器組成が、はたして礼文島・利尻島のみならず、島外の遺跡でも実際に存在すると証明できるであろうか。以上の例証に拠れば、その可能性はきわめて低いと考えられよう。選択的に任意に例示された、黒土層の土器群を再吟味すれば、本来7例と12例が魚骨層Ⅰに由来する土器であるのかどうか、自ずと明らかになるであろう。

元地遺跡の「層位事実」が、何故に礼文島内でいつまでも孤立的であるのか。その不思議な原因について、これから資料の悉皆的な見直しと詳細な情報の公表が待望されるところである。ここで、道北の新しい編年体系を図式的に示しておきたい。狭い範囲に必要な標本例をすべて挿入するのは難しい。重点的に掲げると第76図のようになる。色々な註釈を施し、また論証すべき所見も予察として盛り込んであるが、詳細は別稿に譲りたい。

ただし、一点だけ補足しておきたい。千歳市のウサクマイN遺跡（43）や増毛町の阿分3遺跡（44）のソーメン紋土器の器形は、明らかに浜中2遺跡の擬縄貼付紋土器（40）や厚手素紋系土器（41・42）のそれを踏襲しているように見える。この事実は、いったい何を物語るのであろうか。いわゆる「元地式土器」が、はたして道北における「最後のオホーツク式」に相当するのかどうか。この類似性を型式学的にどのように読み解くか、それが道北編年を今後の左右する重要

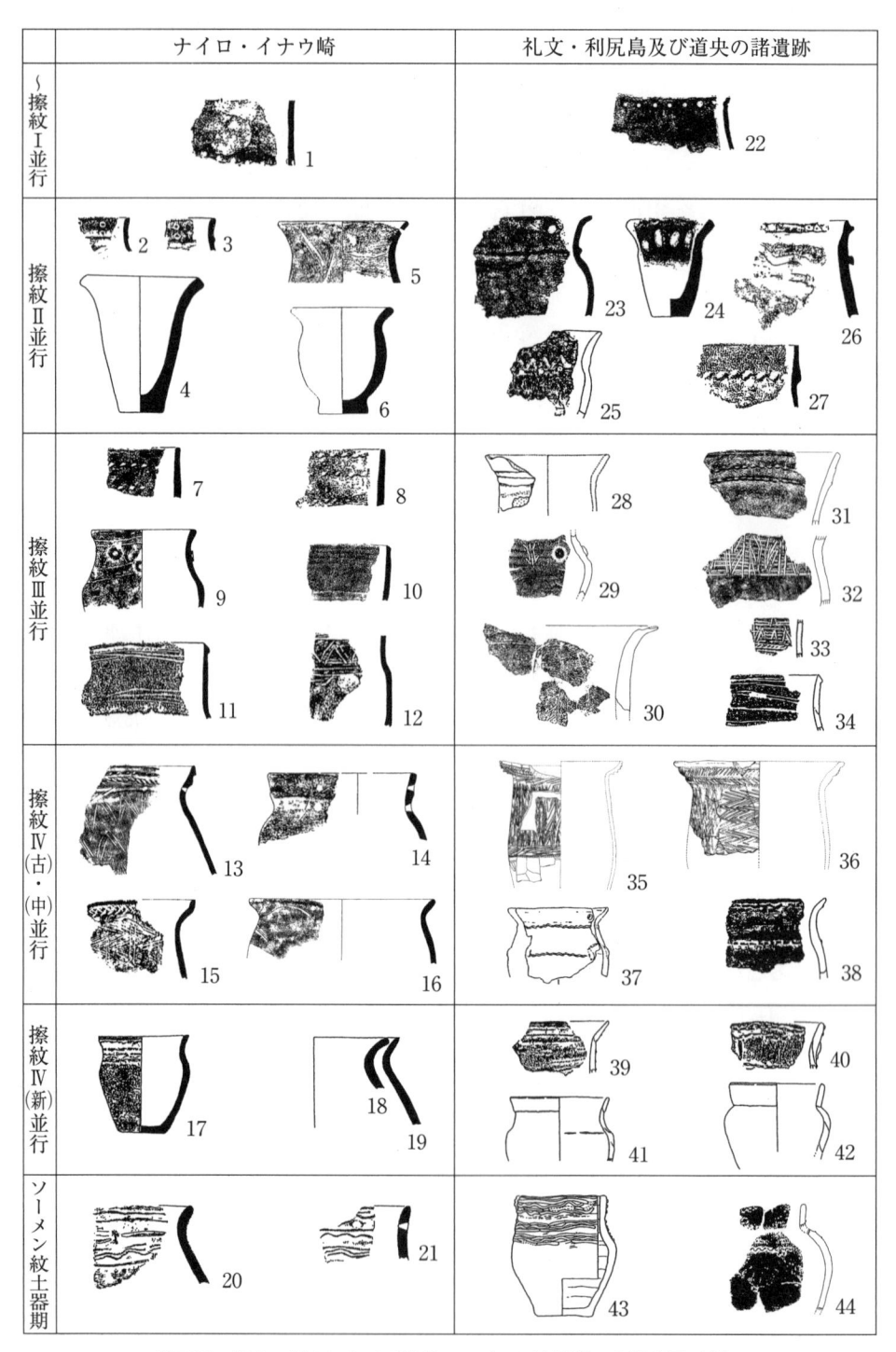

	ナイロ・イナウ崎	礼文・利尻島及び道央の諸遺跡
〜擦紋Ⅰ並行	1	22
擦紋Ⅱ並行	2, 3, 4, 5, 6	23, 24, 25, 26, 27
擦紋Ⅲ並行	7, 8, 9, 10, 11, 12	28, 29, 30, 31, 32, 33, 34
擦紋Ⅳ(古)・(中)並行	13, 14, 15, 16	35, 36, 37, 38
擦紋Ⅳ(新)並行	17, 18, 19	39, 40, 41, 42
ソーメン紋土器期	20, 21	43, 44

第76図 道北・道央における擦紋Ⅰ〜ポスト擦紋期の土器変遷（案）
（1〜14・17〜21：内路　15・16：イナウ崎　22〜24・26・27：上泊　25：香深井5　28〜30・35・36：香深井1(A)　31〜34・39〜42：浜中2　37・38：赤稚　43：ウサクマイN　44：阿分3）

な論点になるであろう。

4）道北編年とサハリン島編年との対比

　さて、礼文島・利尻島の諸遺跡の煩瑣な資料分析から、新しい道北編年の体系を試案するところまで、ようやく到達した。そこで、先に検討した道東部の編年案と対比すると、**第77図**のようになる。モヨロ貝塚等における竪穴と貝塚の調査所見を総合すると、1～14の標本例は、それぞれ大きく7期に編年される。

　この編年序列は、ウトロ海岸砂丘・ニツ岩・トビニタイ・トコロチャシ・オンネモト・トーサムポロR-1地点などの諸遺跡における竪穴資料の地点差と層位差、型式差によって証明されており、大きく揺らぐことはないと思われる。そして、それと矛盾しない確実な層位事実が、道北の香深井1(A)・内路・上泊・浜中2の諸遺跡においても、以上に述べたように、確認または推論された。

　そこで、道北と道東に見られる地方的差を認めつつ、大きな視点に立って対比すると、
　　⑴　刻紋Bの衰退、それに呼応して刻紋・沈線紋系土器が広域的に拡散する時期
　　　　：1～5、15～18、18＝34：擦紋Ⅲ（古～新）並行（32→33→37）、
　　⑵　擬縄貼付紋土器と擦紋Ⅳが登場し、擬縄貼付紋土器が道北へ拡散した時期
　　　　：6≒19・21＝20・22≒38・39→　7・8＝40→　9→　23～26の一部→　42～44、
　　⑶　ソーメン紋土器が道東で誕生し、道北方面へ向かって広域的に拡散した時期
　　　　：10・11＝27＝45・46→　12＝28＝47・48→　13・14≒30・31≒49～52

という、土器変遷の基本的な流れが認められる。

　かつてオホーツク式の変遷には、東西で顕著な地域差が認められると指摘されていた（大井1973・天野1979ほか）。しかし第77図の新しい編年案によれば、礼文島内においても、ソーメン紋土器の時代には、27～31例と45～52例に見られるような、土器系統の違いが明らかに読みとれる。

　これはおそらく、双方の母体となるべき土器群の系統差に由来するのであろう。佐藤達夫は、上泊遺跡の土器群を「上泊1」・「上泊2」に大きく二分したが、その細分の意図は、こうした土器系統の差異性にも係わっている、と推察される。また、最新の環オホーツク海編年案（右代2003・熊木2004ほか）を一覧しても、佐藤が述べた「上泊遺跡—サハリン島」編年案の構想は、その発表から30余年を経た今でも、ほとんど理解されていないように思われる。

　佐藤は「上泊1」をサハリン島のレフンケ遺跡の資料に対比している（佐藤1972：478-474）。この優れた着眼点に留意し、アムール川流域やサハリン島の新旧の資料を一覧すると、北海道島とサハリン島南部の編年は**第3表**のごとく暫定的に対比される。これは通説とまるで一致しない編年案であるが、詳細は機会をあらため述べることにしたい。

　まずは環宗谷海峡圏を視野に入れて、伊東信雄の単系的なサハリン島のオホーツク式編年案（伊東1942）を縦横に見直し、アムール川流域へ向かってしだいに議論を深めて行くことになるであろう。

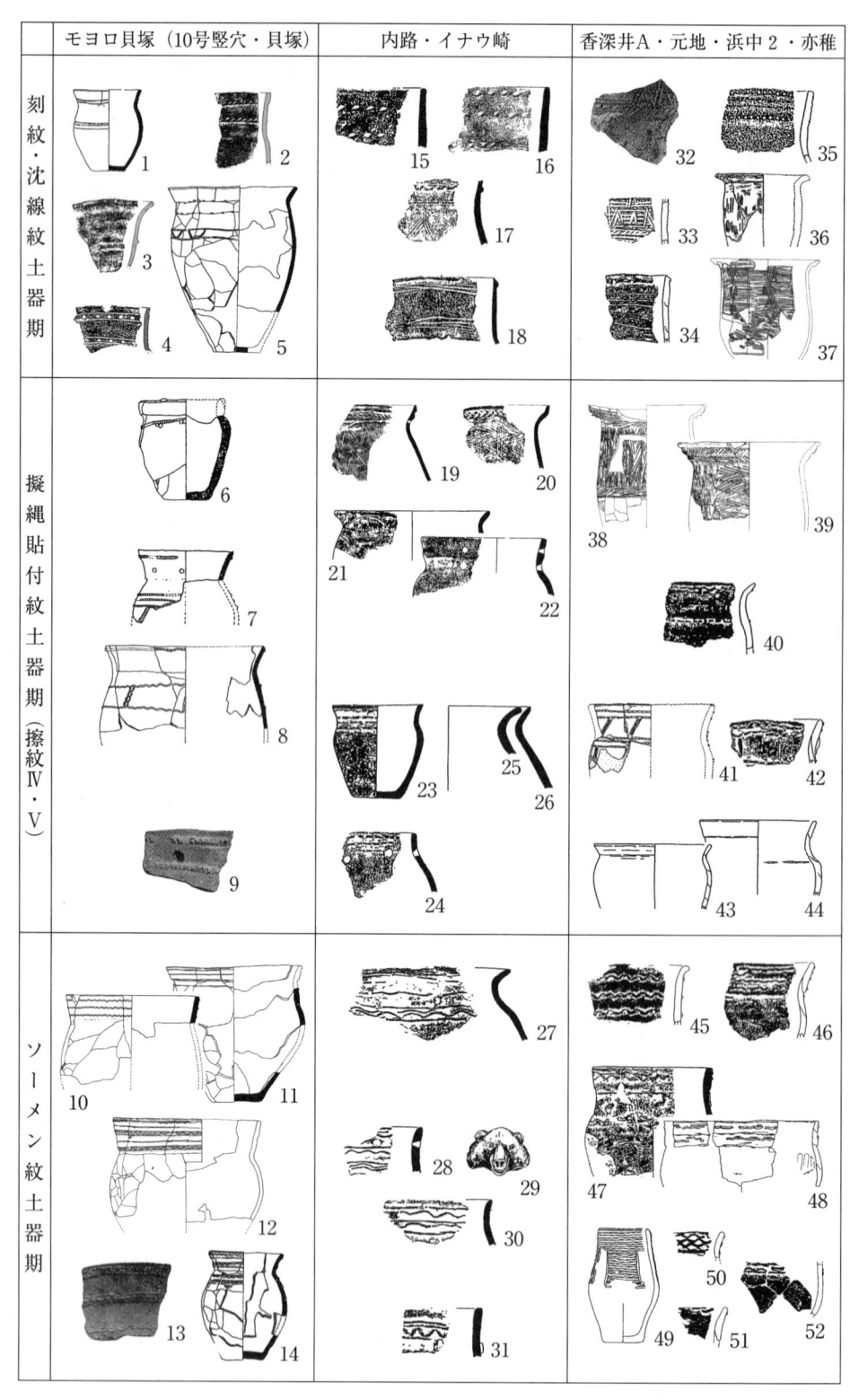

168　第2章　道東・道北を対比した広域編年の試案

	モヨロ貝塚（10号竪穴・貝塚）	内路・イナウ崎	香深井A・元地・浜中2・亦稚
刻紋・沈線紋土器期			
擬縄貼付紋土器期（擦紋Ⅳ・Ⅴ）			
ソーメン紋土器期			

第77図　擦紋Ⅲおよび刻紋・沈線紋土器期以降における道北・道東編年案の対比

第3表　北海道島とサハリン島南部編年の試案（抄録・暫定）

サハリン島南部	道北（礼文・利尻）	道東（網走・斜里）	道東（知床）	道南
	円形刺突紋土器／上泊	円形刺突紋土器	円形刺突紋土器	擦紋Ⅰ
江の浦A地点・(+)	刻紋土器A／上泊・香深井5（*擦紋Ⅱ）	刻紋土器A	刻紋土器A	擦紋Ⅱ
江の浦貝塚A・B地点・南貝塚竪穴(古) 江の浦貝塚B地点・(+) (+)・南貝塚 (+)・南貝塚竪穴(新)	刻紋・沈線紋系土器・刻紋土器B／「元地」・香深井5・上泊（*擦紋Ⅲ）	刻紋土器B・刻紋・沈線紋系土器	刻紋土器B・刻紋・沈線紋系土器	擦紋Ⅲ （古） （中） （新）
	ポスト刻紋・沈線紋系土器（内路＝イナウ崎＝上泊）擦紋Ⅳ(古)	擬縄貼付紋土器（古）	擬縄貼付紋土器（古）	擦紋Ⅳ（古）
	擬縄貼付紋土器(中)（亦稚＝上泊）擦紋Ⅳ(中)	擬縄貼付紋土器（中）トビニタイ土器群Ⅰ-Ⅱ	擬縄貼付紋土器（中）トビニタイ土器群Ⅰ-Ⅱ	擦紋Ⅳ（中）＋（渡島）
	擬縄貼付紋土器(新)（浜中2・亦稚・内路・上泊）	擬縄貼付紋土器（新）トビニタイ土器群Ⅰ・Ⅰ-Ⅱ	擬縄貼付紋土器（新）トビニタイ土器群Ⅰ・Ⅰ-Ⅱ	擦紋Ⅳ（新）＋（渡島）内耳土器
	在地系のソーメン紋土器1	ソーメン紋土器1・トビニタイ土器群Ⅱ(古)		
	在地系のソーメン紋土器2	ソーメン紋土器2・トビニタイ土器群Ⅱ(中)		
	在地系のソーメン紋土器3	ソーメン紋土器3・トビニタイ土器群Ⅱ(新)		

＊：伴出する異系統の土器、または影響を受けた土器（抄録）

おわりに

　礼文島・利尻島には、いわゆる「元地式」に後続する、オホーツク式系の土器群が存続しているのではないか。そのような仮説のもとに[註25]、本稿では、これまで「忘失」されていた内路遺跡と上泊遺跡の層位事実に注目し、香深井1(A)・元地の両遺跡を対比した通説編年の見直しをあらためて試みた。

　内路遺跡と上泊遺跡の「層位事実」が確認されたのは、今から半世紀余りも昔の1940年代であった。上泊遺跡の場合は発掘直後に、その事実が、ガリ版刷りの雑誌に公表された。しかし内路遺跡については、1998年まで、『北海二島　礼文・利尻の考古資料（手控）』の刊行を待たねばならなかった。それ以後、上述のごとく通説編年の見直しが、後学にも初めて可能になったと言えよう。

　しかしながら、この通説に反した二つの「層位事実」が識者に注意されることは無かった。イナウ崎遺跡の重要な厚手素紋系土器の存在も、浜中2遺跡の厚手素紋系土器の層位的な出土事実（前田・山浦編1992）も、同様に通説編年を見直す手掛りとはならなかった。そうした事態は、元地遺跡の「層位事実」に疑問符を付ける、香深井(5)遺跡の竪穴・包含層資料（内山編2000, 熊木2000）が発表されてからも、少しも変わる兆しが見えない。

　しかし小論で述べたように、内路遺跡や上泊遺跡の「忘失」された「層位事実」は、何ら矛盾なく、香深井1(A)遺跡や浜中2遺跡のそれぞれに符合すると思われる。さらに層位・型式の両面

から検証された、新しい道東編年体系（柳澤1999b・2001〜2004）とも、矛盾なく対応すると考えられる。諸々の問題を抱えた道北の通説編年が、はたして環宗谷海峡圏の基軸編年として、その役割を真に担えるのかどうか。環オホーツク海域レベルの交差編年の視点から、改めて問い直してみる必要があるであろう。

その結果、通説の道北編年体系には問題ありと、あらためて認められるならば、サハリン島南部からアムール川流域(北東アジア)を一望した最新の編年案にも、多くの疑問点が伏在していることが判明するであろう[註26]。第3表に暫定的に整理したサハリン島南部の編年案は、佐藤達夫の先進的な指摘を踏まえて（佐藤1964・1972）、試案として掲げたものである。これは1999年から提案している北海道島の逆転編年体系とは整合的である（柳澤1999a〜2005）。しかし、伊東編年（伊東1942）に依拠した新旧の通説的な単系編年案とは、どの部分においても一致するところが見当らない。

環オホーツク海域における新編年体系への道程は余りに遠く、その終着点は、まだ遥か彼方に見える。しかしようやく小論において、AMS C^{14}年代や火山灰の分析、文献史料などによる年来の桎梏を離れ、先史考古学本来の方法で接近し得る地点に到達したように思われる。

註

(1) 近年、元地遺跡の「黒土層」土器をめぐって、多くの論考が発表されている。学史的な流れについては、熊木俊朗氏が簡潔にまとめている（熊木2000：159）。大井晴男氏が提唱した「接触様式」なる土器群（大井1972a）は、「上泊式」（山浦1983）、「厚手土器」（前田・山浦編1992）、「元地式」（熊木2000）などの呼称で扱われているが、それぞれの内容には多少の違いが見られる。以下、必要に応じて、「厚手素紋系土器群」と便宜的に呼称し、その系統的な変遷過程を予察してみたい。

(2) この通説は、大井晴男氏によって主唱され（大井1970・1972a・1973ほか）、天野哲也（1979・2003a・b）・小野裕子（1998a・b）・右代啓視（1991・2003）・種市幸生（2001）・大沼忠春（1986・1996a・b）・瀬川拓郎（2003）、鈴木靖民（1996）・蓑島栄紀（2001）の諸氏のほか、北方考古学及び北日本の古代・中世史に関心を持つ研究者のほとんどが支持していると推察される。ここ30余年の間に、異説として認知されたものは皆無に等しいから、これはほぼ定説として定着していると言えよう。

(3) トビニタイ1号竪穴からは、纏まってソーメン紋土器1の完形土器が約6点出土しており、これにソーメン紋土器3の壺型土器が1点伴出したと報告されている（駒井編1964）。これが本来1号竪穴に属するものか、それとも2号のトビニタイ群Ⅱの竪穴に係わるものなのか、その点は明確でない。調査の精度に関する宇田川洋氏のコメント（宇田川1999：44）や竪穴の断面図、報告書の記述に留意すると、いずれとも判断しかねる。ちなみに、ソーメン紋土器3の壺形土器が、1・2号のどちらの竪穴から出土していたとしても、ソーメン紋土器の3細分案を疑問視する根拠にはならないと思われる。

(4) この竪穴から出土した土器の編年については、『(千葉大学)人文研究』34号の小論を参照されたい（柳澤2005a）。

(5) なお、この竪穴(上層)の床面下から新しい擦紋土器の破片が出土した、と佐藤達夫が指摘している（佐藤1964：92, 1972：483, 註5）。これはおそらく、「古かるべき土器」とされた土器以後の擬縄貼付紋土器に並

第3節　モヨロ貝塚から内路遺跡へ　171

行するものであろう。モヨロ貝塚で発掘・採集された擦紋土器の時期から判断しても、その可能性が高いと考えられよう。佐藤が指摘した10号竪穴床面下の「新しい擦紋土器」の破片には、北方編年体系の見直しに係わる重要なヒントが隠れているのではあるまいか（柳澤2003：139-141）。

(6)　ウトロチャシコツ岬下遺跡の15例（宇田川編1981：第99図4）は、例示された実測図と異なり「上げ底」である（2004年9月25日、斜里町立知床博物館にて見学）。ちなみに擂鉢状を呈した「上げ底」は、擦紋土器の末期やトビニタイ土器群Ⅱの類例と酷似しており、両者の年代的な近さと同時代における接触・交流の可能性を端的に示唆していると思われる（柳澤2004：206-209）。

(7)　クマの彫像等については、宇田川洋氏と青柳文吉氏によって詳細に研究されている（宇田川1989・青柳1993）。また、高畠孝宗氏が「クマ意匠の広がり」について、簡にして要を得た概説を試みている（高畠2003：176-178）。なお、道東から南千島、道北から道央への拡散については、小論を参照されたい（柳澤2003：155-158）。

(8)　黒色腐蝕質砂層の下部、貝層中から「骨製有穴鍬」が1点出土している。香深井1(A)遺跡の所見によれば、このタイプの骨鍬は魚骨層Ⅰ・Ⅱ・Ⅲで特に目立つようである。4～6例の土器は、ほぼ魚骨層Ⅱ・Ⅲ層に対比される。4～6例が、3例の擦紋Ⅳ（古）よりも下層から出土しているとの想定は、この香深井1(A)遺跡の所見とも整合し、矛盾する点は見当たらない。

(9)　拓本図は上・下が逆になると推定される。

(10)　半月状のスタンプ紋（刺突紋）は上泊遺跡に好例がある（大川1998：拓図5・6）。これは学史的に見ると、佐藤達夫が認定した「上泊1」（佐藤1972）に含まれるものと思われる。

(11)　黒褐色砂質土層は必ずしも一様の層ではないが、どこでも魚骨層Ⅰの上に堆積した文化層として報告されている（大井1976a：39, 168-171）。

(12)　第68図11例を実見したところ、口端部には間隔をあけた点列状の刻紋が施されていた。

(13)　報告書によると、口縁部には紋様があると指摘されている。しかし拓図を見ると、明瞭なモチーフではなく、擦痕状の粗雑な鋸歯紋？が施されているように見える。

(14)　第4類として報告された資料には、第71図4～9例の他に、第66図の6例や10例など、古い時期のものが含まれている。したがって、第4類が「比較的表土から多く出土した」という指摘（傍点は筆者）は、これら古い土器が、下位の層から発見されたことを傍証する材料になるであろう。

(15)　この点に関連して、かつて大井晴男氏は、亦稚貝塚（第3ブロック）の資料には、「元地の魚骨層Ⅰと黒土層の間に位置にせしめうるかと思われるものが含まれている」と指摘し、道北部における「オホーツク文化終末期の様相は、なお未解決の問題を多く残している」、と発言されている（大井・大場編1981：註47・48, 傍点は筆者）。しかし、この古くて新しい問題についての解答は、未だ正式に公表されていない。一方、小野裕子氏は、元地遺跡の非公開の情報を駆使して道北の新しい編年体系を論じている（小野1998a：371-372・1998b・c）。なかでも「元地C層」の実態がとりわけ注目される。しかしその内容は、あたかも「パンドラの箱」のように詳らかでない。いわゆる「元地式」に直続する土器内容であるのか。それとも魚骨層Ⅰや擦紋Ⅲ（新）に後続する、未知の複数の土器群が存在しているのか、様々の可能性が想定される。はたして魚骨層Ⅰよりも新しく、擦紋Ⅳ（中）の時期より古い、「オホーツク系土器群」の見えざる姿が隠されているのであろうか。「黒土層」の土器群と未発表の竪穴に関連する資料の悉皆的な情報公開が、速やかに行われることを期待したい。

(16)　魚骨層Ⅰより上位の層には、本来の土器群の他に、異なる時期の土器がかなり含まれている。それらを型式学的に弁別し、香深井1(A)遺跡の下位の土器群や古かるべき土器群を除くと、「1～4例→5例→6例」なる変遷序列が想定される（柳澤2000・2001）。

(17)　故大川清博士は、この所見を引用し、自らの上泊（東上泊）遺跡の発掘では、「細線貼付文土器」が破片すら出土しなかったので、「そのまま信じることはできない」と述べている（大川1998：10-11）。しかしながら、新

岡武彦が伝えた調査の所見は、内路遺跡で確認され、推論された層序関係（第65図）とまったく整合するから、新岡が児玉博士の所見を誤って記載しているとは考えにくい。

(18) 児玉作左衛門に代って上泊(東上泊)遺跡の資料を公表した大場利夫は、オホーツク式と擦紋土器及びオホーツク式の相互の層位関係については、「残念ながら不明である」と述べている（大場1968：9）。ただし、大場は上泊遺跡の出土状況に関して、なぜか新岡武彦が明らかにした児玉博士の調査所見を参照していないと明言しており、注目される（大場1968：4）。

(19) 『千葉大学社会文化科学研究科研究プロジェクト報告書』96、及び『（千葉大学）人文研究』34の小論を参照されたい（柳澤2005a・b）。

(20) この層には、「突瘤のみの土器」の他に、佐藤達夫が「上泊1」と分類した土器群（佐藤1972）の相当量が含まれていると推定される。

(21) 「刻紋・沈線紋土器」で主体を占めるのは、佐藤達夫が「上泊2」と分類した土器群（佐藤1972）に相当すると推定される。

(22) 「櫛目文」と分類された土器群には、擦紋土器のほかに、沈線紋の顕著な土器が含まれていた可能性がある。

(23) 第65図10例の擬縄貼付紋土器は、先に引用した香深井1(A)遺跡の表土層から出土したもの（第70図12）よりも明らかに古いものである。香深井1(A)遺跡の一例の擬縄貼付紋土器が占めるべき編年上の位置は、上泊遺跡や内路遺跡の層位事実に照らして、根本的に見直す必要があるであろう。

(24) ちなみに大場は、モヨロ貝塚の戦前の調査成果を公表した報告の中で、「上層より擦文式土器とオホーツク式土器がほぼ同時に出土している」、と指摘している（大場1961：143-144）。この所見は、そのまま上泊（東上泊）遺跡の層序観察の所見と符合し、この調査を実施した児玉博士の基本的な認識でもあったと考えられる。この点に留意すると、新岡武彦が記載した層序情報の信頼性はきわめて高いと言えよう。ちなみに、新岡が主催した利礼郷土研究会は、児玉博士と高倉信一郎の格別の配慮により、「北海道原始文化研究会」及び「北海道郷土研究会」の杳形支部として発足し、特別な活動を認められていた（新岡1949）。

(25) 柳澤（2001：99）を参照されたい。なお、ここで別件について触れておきたい。最近、福田正之氏は『考古学ジャーナル』誌上において、あたかもトコロチャシ遺跡の新発掘報告（[宇田川] 2003b）が、古い土器の「送り」儀礼に関して、最初に指摘したかのように発言している（福田2004）。しかし、それは誤解であろう。筆者が二ツ岩遺跡の2号竪穴や、トコロチャシ遺跡1号竪穴の土師器や擦紋土器について、その「共伴」認定には疑問ありとして、古い土器の「送り」儀礼の可能性について論じたのは、2003年3月刊の論文である（2002年8月31日稿）。それに先立ち、2000年に発表した論文中で同じ仮説を述べ（柳澤2000：17・18，20-24，註9）、2003年論文の内容（137-157，158-159）を明確に「予告」している。この点をあらためて指摘し、大方の注意を喚起しておきたい。ちなみにトコロチャシ遺跡の新報告の刊行は、奥付の記載（2003年3月）と異なり5月中旬頃である。また、筆者の2000年論文の反動形成として執筆された、宇田川洋氏の「威信財・ikor」に関する論文（宇田川2003a）の納入は2003年の9月下旬であり、一般への頒布は11月頃からである。なお2003年の小論に対し、福田氏より「作為的」なる妄言を頂戴しているが、1999年以降の諸般の事情に鑑み、理解に苦しむ。ここに返上しておきたい。

(26) この編年案の見通しについては、旧論（柳澤2001：97-99）の中で予察的に述べてあるので、参照されたい。

図版出典

第60図　1～10：駒井編（1964）

第61図　1～5・7～12：佐藤（1964b）　6・13～16：駒井編（1964）

第62図　1～7：熊木（2003）　8～13：野村・平川編（1982）　14：駒井編（1964）　15～17：宇田川編（1981）

第63図　1～7：熊木（2003）　8～12・14～17：佐藤（1964b）　13・20：駒井編（1964）　18・19・21～22：野村・平川編（1982）　23～25：宇田川編（1981）　26・28・30：西本編（2003）　27・29・31～37：国分ほか（1974）

第65～68図：大川（1998）

第69図　1・2・7・8：大井・大場編（1976）　3～6・11・13・14・17・19・20：大川（1998）　9・10・12・16・18：大井（1972a）　15：前田・山浦編（1992）

第70図　1～8：大川（1998）　9～12：大井・大場編（1976）

第71・72図：大川（1988）

第73図　1～3：大川（1988）　4～6：岡田ほか（1978）　7：宇田川（1989）　8～10：網走市立郷土資料館編（1980）　11～13：東京大学文学部考古学研究室編（1972）　14～18：前田・山浦編（2004）

第74図　1・3・5～25・27：大川（1998）　2：大井・大場編（1976）　4：大井（1972a）　26・28・29・35～40：岡田ほか（1978）　30～34：前田・山浦編（1992）

第75図　1～6：大井・大場編（1976）　7～9・11：大井（1972a）　10・12：大場（1968）　13～19：大川（1998）　20～27：前田・山浦編（1992）

第76図　1～21，27：大川（1998）　23・24：大場（1968）　25・26：内山編（2000）　28～30・35・36：大井・大場編（1976）　31～34・39～42：前田・山浦編（1992）　37・38：岡田ほか（1978）　43：田中・種市（2001）　44：福士（1990）

第77図　1～7・10・11・14：佐藤（1964b）　8・9・13：駒井編（1964）　12：野村・平川編（1982）　15～31：大川（1998）　32～34・42～46：前田・山浦編（1992）　35～39・41：大井・大場編（1976）　40・48～52：岡田ほか（1978）　47：大井（1972a）

第3章　道東における遺跡編年案の見直し

第1節　川西遺跡と二ツ岩遺跡における通説編年の検証
　　　　－擬似的な「共伴」事例の謎を解く－

　はじめに
　モヨロ貝塚の戦前における調査と研究を通じて、米村喜男衞翁が独力で北方考古学の礎を築いてから、はや70年余りを迎える（米村1935・1942-1943）。そのモヨロ貝塚は、静岡県の登呂遺跡とともに、敗戦直後に国費を投じて発掘され、華々しい脚光を浴びた（柳澤1990b）。それに比べ、翁がオホーツク式文化研究会のメンバーと調査した旧湧別町の川西遺跡は、ヒグマやシャチ彫像への関心を除くと、大方の注意を引くには至らなかった（渡辺1974・大塚1968ほか）。
　川西遺跡は近年、北海道立北方民族博物館の設立に伴い、網走町の二ツ岩遺跡と並ぶ重要遺跡として再び注目された。1991年から3次にわたる発掘調査が実施され、きわめて良好な「オホーツク式文化」の資料が発見された。幸い報告書は速やかに刊行され、ソーメン貼付紋の分析的な研究もいち早く発表された（青柳1995・1996）。しかしながら、本遺跡の竪穴群と出土資料に対する関心は、なおトビニタイやカリカリウス、トコロチャシや栄浦、香深井1(A)などの著名な遺跡に比べると、低いレベルに止まっている。
　そこで小論では、まず川西遺跡の新旧の資料に注目し、旧稿で述べた北方編年の試案（柳澤1999a～2001）を部分的に改訂したい。ついで、その新しい編年案を踏まえて、ソーメン紋土器と異系統・異時期の土器が、なぜ「共伴」と認められる状態で出土するのか。その理由を、あらためて土器型式論と「送り」儀礼論の観点から考察し、はたして通説の北方編年の根拠が盤石と言えるのかどうかを、詳しく検討したいと思う。

1．湧別町川西遺跡の編年
　湧別町は、サロマ湖とシブツナイ湖の間を流れる湧別川に面している。川西遺跡は、この町の東側を流れるセンサイ川の低位段丘に立地しており、北方の牧草地にはシブツナイの竪穴住居跡群（以下、竪穴）が広がっている。その大半は擦紋期であるという（大場1965）。川西遺跡でも、数百に及ぶ擦紋期の竪穴が確認されており、米村翁も1960年に調査している。その3年後には、湧別町教育委員会が北群の竪穴A・B・Cの発掘を行い、擦紋土器の完形品を得ている。

176 第3章 道東における遺跡編年案の見直し

第78図の1～3例は、その際に出土したものか、あるいは以前の採集品であるのか、はっきりと分からない。正式の報告がないので、北群竪穴のどこから出土したかも不明である。佐藤達夫の編年案（佐藤1972）に拠れば、いずれも「擦紋Ⅳ」に該当する。1例は、その中でも「中位の部分」でも古いものかと思われる。2・3例は「新しい部分」に比定されよう。「古い部分」に比定される土器は、今のところ確認できないので、川西遺跡の擦紋土器は、ほぼⅣ期の約2/3を占め、おそらくⅢ期以前には湖らないと思われる(註1)。

米村翁の調査目的は、もともと「オホーツク式文化」の解明におかれていたという（米村1961）。南群にある大小20余りの竪穴のうち、規模の大きな2軒（第1・2号）を発掘し、多量の擬縄貼付紋土器やソーメン紋土器（4・5）、石器や骨角器とともに、ヒグマとシャチの見事な丸彫り像（6・7）を掘り当てている。

この「オホーツク式土器」（河野1933a・1955）期（以下、オホーツク式）の竪穴に加えて、翁が擦紋期の竪穴を調査したのは、両者の「文化面や時代」などの新旧関係を捉えるためであった。その結論は、明瞭に記述されていないが、石器を伴う「オホーツク式」は金石併用期に編年される。しかし、その石器は擦紋期に入ると消滅するから、擦紋土器の方が「オホーツク式」よりも新しいという編年観を抱いていたようである。

しかし「石器」の有無は、必ずしも異系統文化の先後関係を考古学的に証明する証拠とはなら

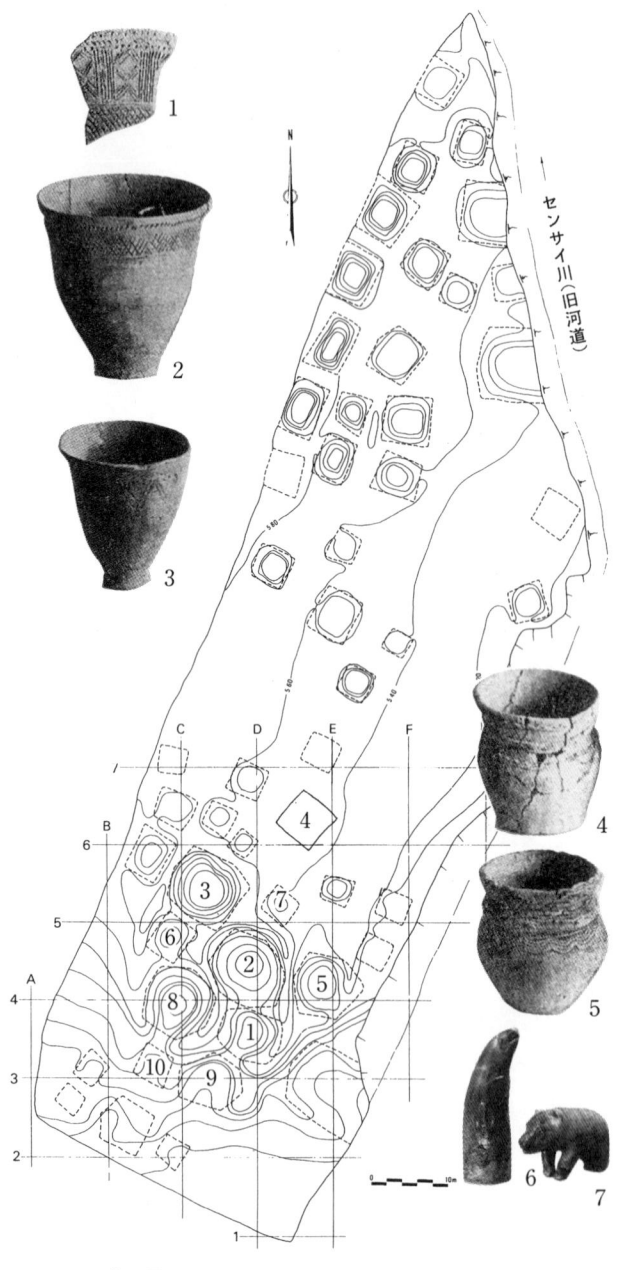

第78図 川西遺跡の竪穴分布状況と出土資料

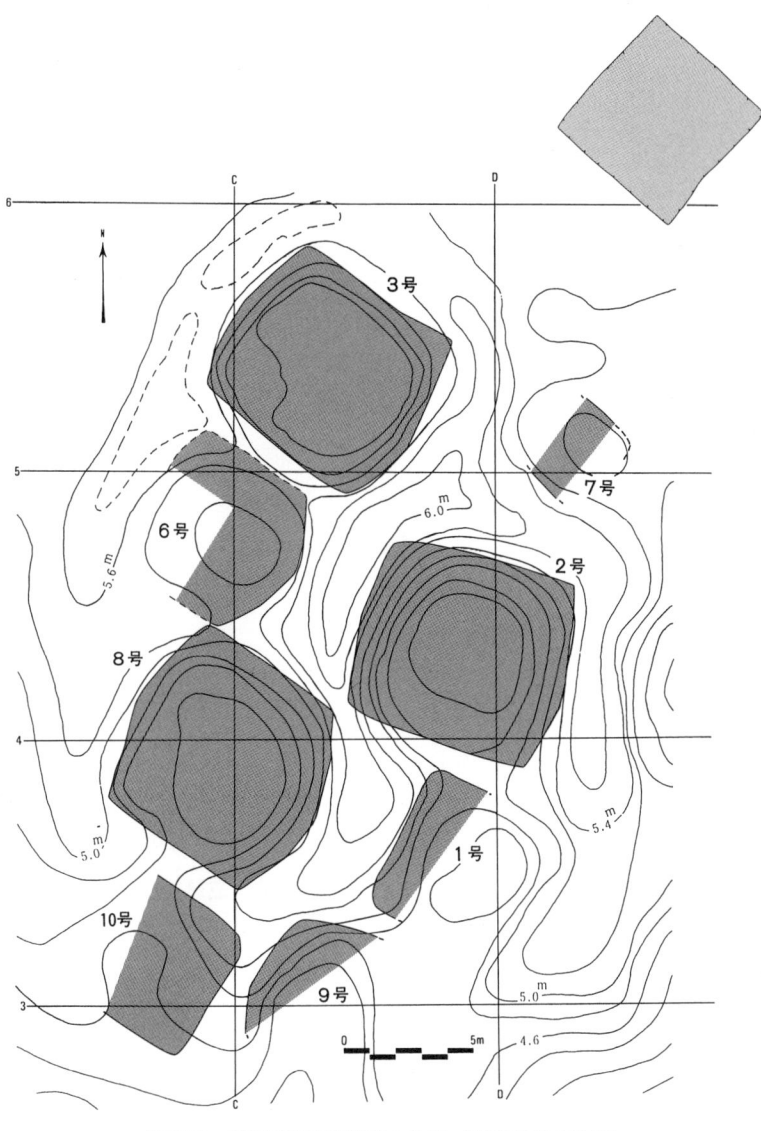

第79図　川西遺跡南群竪穴の位置（青柳1995を改編）

ない。したがって、この調査によって「オホーツク式文化」が擦紋文化より先に消滅したとの確証が得られたわけではない。はたして米村翁が見通したとおり、「オホーツク式文化 →擦紋文化」の順に竪穴群が形成され、土器もその通りに、「4・5例 →1、2・3例」の順序で変遷したのであろうか。

　以下、公表された資料をもとに、この点を初めに検討してみたい。

1）北海道立北方民族博物館の調査資料について

　川西遺跡の発掘は、北方民族博物館の最初の調査事業として1991〜1993年に実施された。その

178　第3章　道東における遺跡編年案の見直し

第80図　川西遺跡出土土器の分類標本例（a～h類）

結果、米村翁の調査した「第1・2号竪穴」は、**第79図**の「1・2号竪穴」に当ると特定された。5号を除いて、2号～10号の竪穴が精査され、「オホーツク式」期における集落址のほぼ全容を明らかにする、大きな成果が挙げられた。

　図からも分かるように、オホーツク文化系の竪穴には未発掘のものがある。しかし、集落址の大半に調査の鍬を入れたのは始めてのことであろう[註2]。それだけに、この遺跡の竪穴群の変遷をどのように捉えるかは、北方編年を見直すうえで、栄浦第二遺跡やモヨロ貝塚とともに、きわめて重要な意味を持つと考えられる。それでは、これから出土土器の検討に入ろう。米村翁の旧資料と北方民族博物館の新資料を一覧すると、**第80図**の標本例を用いてほぼ全体が捉えられる。時期別に見ると、大まかに次の3群に分けられる。

　(1)　第1群：刻紋土器の新しいもの、及び直後の土器（a・b，c類）
　(2)　第2群：擬縄貼付紋土器の新しいもの、及び沈線紋土器（d_1～d_3類，e類）
　(3)　第3群：ソーメン紋土器1～3（f～h類）

　第1群は、サハリン島と道北地方から波及した刻紋土器と擬縄貼付紋土器の中間に位置する。一括出土の事例に乏しく、これまでは前後の土器と混同され、ほとんど注意されていない。型式学的に見て、古い刻紋土器や擬縄貼付紋土器の「中位のもの」とは明確に区別される。後述のようにa～c類は、かなり年代幅を持った土器群として捉えられよう。この点は、モヨロ貝塚やトコロチャシ遺跡の資料を参照して、旧稿でも触れたとおりである（柳澤1999b：70-84）。各類について簡単に摘要しておきたい。

a類(1)：外反した口縁に細い刻み目を施したもの。後掲するモヨロ貝塚10号竪穴下層など
　　　　の資料に好例がある（佐藤1964b）。
　b類(2)：外傾した口縁部に刻み目、胴部にポッチ等の貼付紋を施したもの。この仲間は、
　　　　モヨロ貝塚10号竪穴の下層でも出土している。
　c類(3)：口頸部に断続しながら屈折部を持つ数条の鋭い沈線を施したもの。

　3の類例は、後掲のように亦稚貝塚第3ブロックの焼土層から、同時期の土器に伴って出土している（岡田ほか1978）。第2群は、河野広道博士の「C型」（河野1955・1958）に相当する。これは、かなり多くの小細別を内包すると予想される。川西遺跡では、前稿の細分案（柳澤1999b）にしたがうと、大きく3期（d_1～d_3類）に分けられる。なお、根室のオンネモト遺跡（八幡ほか1974：第91図2）や枝幸町の目梨泊遺跡（佐藤1994：第95図13）の資料を参照すると、e類の沈線紋土器は、刻紋土器やソーメン紋土器ではなく、d_1～d_3類などの擬縄貼付紋を持つ土器に伴う可能性が高いと考えられる（柳澤2000：17-18）。

　d_1類：口縁部に粗雑な2条の擬縄貼付線を施したもの（4・5）。
　d_2類：口縁部にやや粗雑な3状の擬縄貼付線を施したもの（6）。
　d_3類：口縁部に洗練された3本の擬縄貼付線を施したもの（7）。
　　　　d_1～d_3類では、擬縄貼付線の下にリード沈線を引く例がある。
　e類：肥厚した口縁部に鋭く真直ぐな沈線を引いたもの。

　第3群は、河野広道の「D型」にほぼ該当すると思われる。肥厚した口縁部に対して、直線や波線のソーメン状の貼付線を施した資料を一括する。

　f類：肥厚した口縁部に革紐状、またはソーメン紋状の貼付線を2本以上施したもの（9：
　　　　「波線/直線」）。
　g類：f類の波状貼付線に接するように、直線の貼付線を加えたもの（10：「直線＋波線」）。
　h類：g類の波状貼付線に直線を加えて、バンド状のソーメン帯、すなわち「バンド・ソー
　　　　メン紋」に仕立てたもの（11：「直線＋波線＋直線」）。

　それでは、以上の標本例の分類案をもとに、まず北方民族博物館の調査資料について、竪穴ごとに観察してみたい。

2号竪穴

　この竪穴は、米村翁が部分的に調査したものと特定された。「底面（床面）」や覆土中から多数の土器を出土しているが、その内容は一様でない（**第81図**）。大きくみると、擬縄貼付紋土器より

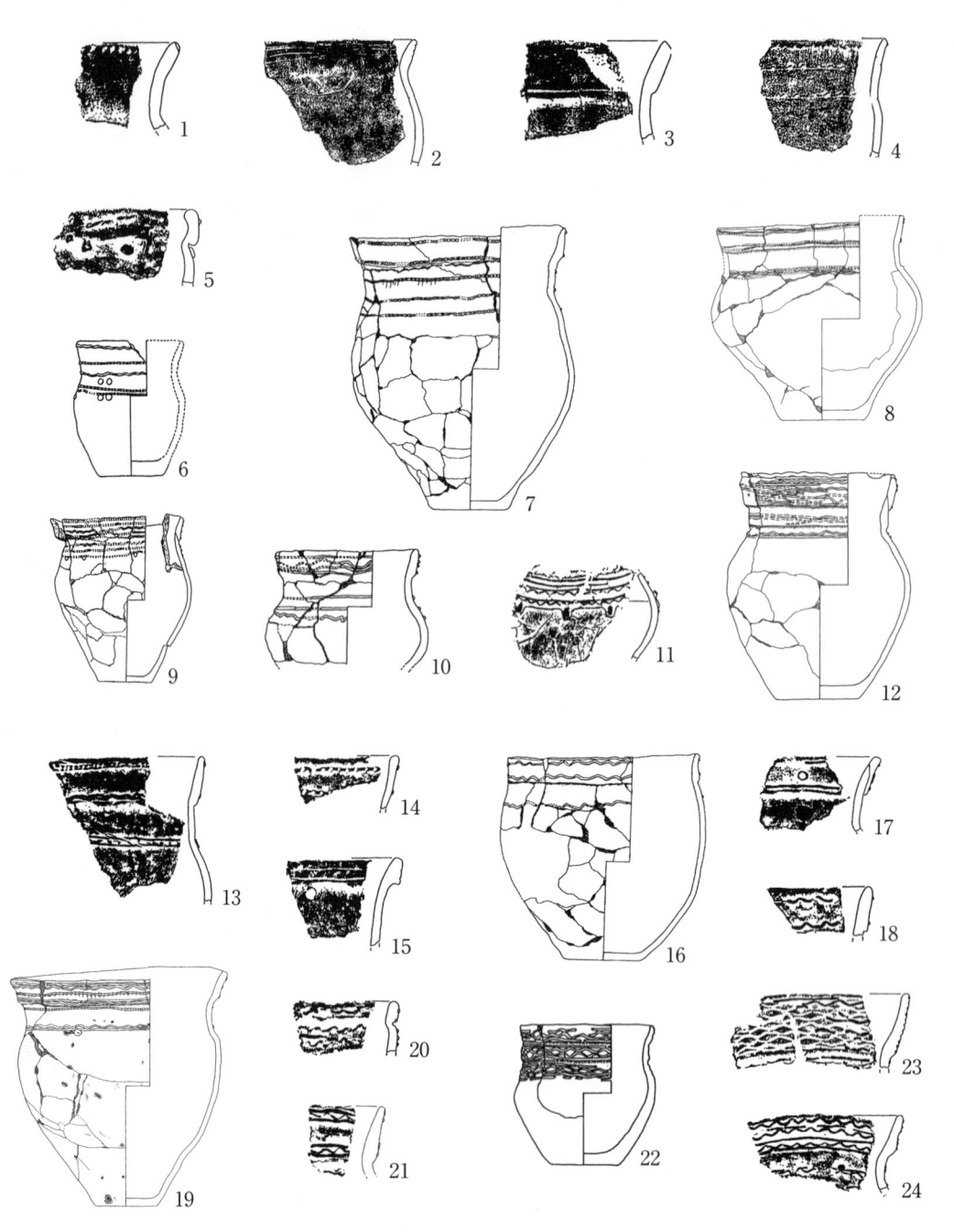

第 3 章　道東における遺跡編年案の見直し

第81図　川西遺跡（1991～1993年調査）の出土土器群 (1)

古いと思われるもの（1・4）、擬縄貼付紋土器およびソーメン紋土器（5～12）に分けられる。

　1 例は、外反した口端に刻紋を持つ a 類土器である。刻紋土器 B になると登場し、細部の変化を重ねるらしい。4 例は、口縁部が斜めに削いだような形態を示す。頸部に鋭い沈線を引き、それに沿うように点状の刻紋を施している。道北の刻紋・沈線紋系の土器である。おそらく 1 例に

伴うものであろう。広い意味でb類の仲間としておきたい。どちらも覆土から出土している。

そこで覆土中の土器を一覧すると、様々なものが含まれている。擬縄貼付紋土器のd_2～d_3類（5，7・8）とソーメン紋土器1のf類（6）、ソーメン紋土器2・3のg・h類（10・12）に分けられる（柳澤1999a：80-81・1999b）。それに加えて、肥厚した口縁部に沈線？を施したように見える土器（3）もある。これはおそらく、$d_{1～3}$類のいずれかに伴うものであろう。

一方、「底面」からは多数の完形土器が発見されている。内容的にも豊富である。擬縄貼付紋土器のd_3類（7・8）、ソーメン紋土器1のf類（9）、ソーメン紋土器2のg類（11）、ソーメン紋土器3のh類などである。明らかに時期を異にするd_3類からh類の完形土器が、何故に揃って床面付近から検出されたのであろうか。

これは、どのように理解すればよいであろうか。仮に、同時代に生活具として併用されていたとすれば、一応そのように捉えるほかない。しかし、各類を単純に出土する竪穴もあるから、同時代に製作された土器セットと認めてよいかどうか、大いに疑問があるように思える。むしろ、「古い土器」を伝世する習俗があり、何代か時期を異にした土器を併用する、あるいは「古い土器」も含めて、儀礼的に送る、あるいは日常的に用いるような、特殊な状況が想定できるのではあるまいか。

また時期的にみて、土器内容が複雑な様相を示すのは、本祉が少なくとも2回建替えられていることと密接な関係があると考えられる。それにしても、床面付近の土器が4小細別以上の年代幅を持つことは、たとえば縄紋土器や擦紋土器を出土する竪穴に比べると、いささか尋常ではない。こうした土器の混出状況は、何も川西遺跡だけに限らない。後節において、周知された遺跡の資料を用いて詳しく検討してみたい。

3号竪穴

この竪穴は火災にあっており、焼土の下（「底面」）から複数の土器群が出土している。覆土中は破片のみであった。擬縄貼付紋土器は焼土下（13）と覆土（14）の双方から出ている。底面の土器は、ソーメン紋土器1～3（g～h類）の完形品を含む（16, 19, 22）。覆土では、ソーメン紋土器1・3が目立ち、ソーメン紋土器2に乏しい。15例のような沈線紋土器は、ソーメン紋土器には存在しないので、d類の擬縄貼付紋土器に伴うものと推定される。

4号竪穴

この竪穴は3号竪穴の北側に位置している（第79図）。上面観が亀甲形であったことから、オホーツク式期の竪穴と想定して発掘されたが、土器を出土しない正方形の竪穴として報告された。柱穴や炉址・カマドなどの施設の痕跡はなく、木器・金属器なども発見されていない。見事に無遺物の竪穴である。

このような竪穴は擦紋Ⅲ～Ⅳ期には存在しない。一般に指摘されているように、それ以後に位置するものであろう。竪穴の埋没状況や埋土の火山灰を比べると、他のオホーツク期の竪穴より

も確実に新しいと思われる。その時期は特定できないが、地表下のごく浅いところに構築された竪穴の上面が、発掘前になぜ亀甲形と観察されたのであろうか。それには然るべき理由が隠れているように思われる。

6号竪穴

　この竪穴は2・3・8号に囲まれたところに位置している。竪穴の底面から1点だけミニチュアの土器（第82図1）が発見されている。口縁部にポッチを繋いだ貼付線をめぐらせ、その下に三連玉の貼付紋を付けている。ボタン状の貼付紋を連玉状に仕立てる例は、擬縄貼付紋土器には稀である。1例は、ソーメン紋土器に伴うものと推定される。波状線を欠いているので、仮にソーメン紋土器1のf類に比定しておきたい。残された土器が異常に少ないのは、2号竪穴のように多様で多すぎる竪穴と共に、何か然るべき事情があるのであろう。

7号竪穴

　この竪穴は「方形プラン」の擦紋期のものと予想され、オホーツク式系の竪穴との新旧関係を見きわめるために、部分的に調査された。土層の識別が難しく、表土と底面の土器を混在させた可能性があるという。2〜5例は、底面に伴う土器として掲載されたものである。2・4例はd_2類の擬縄貼付紋土器、3・5例はd_3類に後続するf類のソーメン紋土器1に相当するものと思われる。

　竪穴の時期を決める材料に乏しい。また、建替えの有無も不明である。完形土器も発見されていないので疑問は残るが、d類〜f類にかけて断続的に利用された可能性がある、と想定しておきたい。

8号竪穴

　この竪穴では、底面直上の焼土中と、その下から完形土器を含む遺物が出土している。破片資料は図示されていない。発見されなかったのであろうか。その点は気になるが、出土した土器に年代幅があることは疑いない。3例の擬縄貼付紋土器はd_1類に比定される。完形品が1点あるのみで、d_2・d_3類なども見当たらない。その他は底面（6〜9・11）と骨塚から発見されたソーメン紋土器に限られる。8例はソーメン紋土器1のf類、9例はソーメン紋土器2のg類に比定される。7例は、おそらく9例に伴うものであろう。骨塚から出土した10例は、8例か、もしくは9・10例に近い時期と推定される。骨塚から色々な土器が出る事情については、後に別遺跡の事例を用いて検討したい。また、ソーメン紋土器3のh類が見当たらないので、8号竪穴は、h類を出土した1・2号と3号竪穴より前に放棄されたと考えられる。

　ところで、底面の土器がソーメン紋土器1〜2の時期に跨り、それに擬縄貼付紋土器が伴出しているのは、いったい何故なのであろうか。ソーメン紋土器1・2については、竪穴の継続利用によると解釈できよう。それでは、擬縄貼付紋とソーメン紋を持つ完形土器の伴出（「共伴」）に

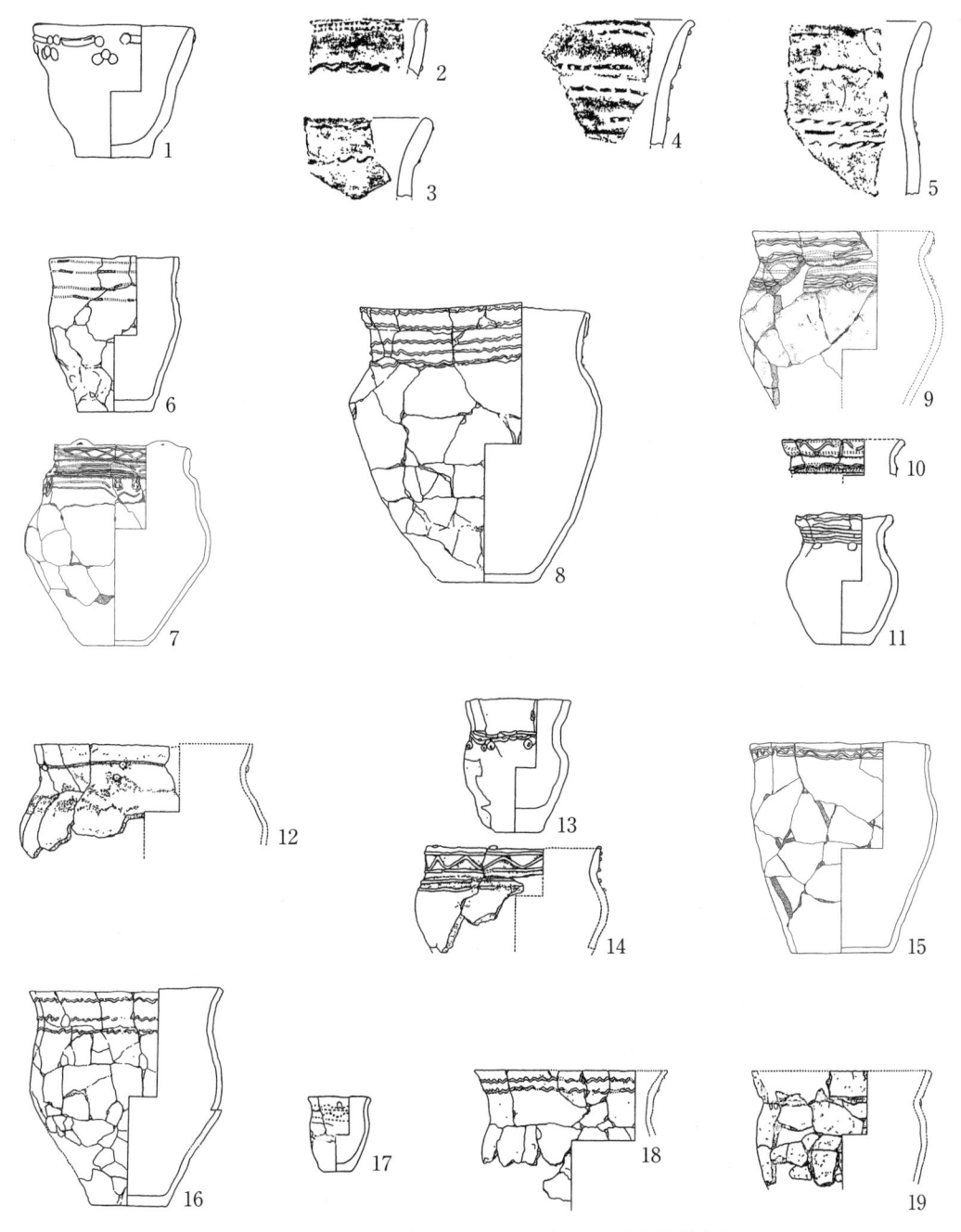

第1節　川西遺跡と二ツ岩遺跡における通説編年の検証　183

第82図　川西遺跡（1991〜1993年調査）の出土土器群（2）

ついては、どのように考えればよいであろうか。

　土器に限らず、遺物が遺構や土層中から伴って発見された場合、それらを「混在」とみなすか、時期的な「共伴」と認めるか、又は何らかの事情で「伴出」したと捉えるかは、これまで多くの事例について議論がなされて来た。この竪穴の場合は、どのように考えればよいであろうか。後

に他の事例を引用して検討したい。

9号竪穴

　この竪穴も火災を受けている。調査が行われたのはごく一部に止まる。破片資料は図示されていない。完形品の12～15例は、いずれも底面直上の焼土層下から発見されている。この出土状況からみれば、一時期のセット資料と考えられよう。しかし、その内容は決して一様はない。二ツ岩遺跡のように、焼土層にも「送り」儀礼に係わる何らかの意味があるのではあるまいか。

　12例は、時期の決め手に乏しい土器である。良好なセット資料に出会えるまでは、判断を保留しておきたい。13例はソーメン紋土器2のf類に、15例はソーメン紋土器3のh類に比定される。14例については後に触れるが、15例ではなく、13例に伴うものと思われる。

　この竪穴の建替えの有無は分からない。以上の分類が妥当ならば、竪穴も土器類の在り方についても、様々な解釈が可能であるように思われる。

10号竪穴

　この竪穴は不思議な特徴を持つ。川西遺跡で唯一、地表に近い黒色土中で底面(床面)が検出されている点が注意される。骨塚はもちろん、2・3・8号のような炉址を持たない。焼土面は2ケ所あるが、炉址と呼べるほど明確なものではない。主柱穴も見当たらず、壁際で数個のピットが検出されたに止まる。

　プランは隅丸方形と推定されている。掘り込みは旧地表から10～15cmと極めて浅く。その点でも、2・3・8号との違いは大きい。土器はいずれも焼土付近から発見された。いわゆる一括資料になるのであろうか。残念ながら、破片資料の有無は明らかでない。

　土器の時期を比定するのは少々厄介である。16例や18例の口頸部には、粗雑な皮紐状の波線が2～3条施されている。これは擬縄貼付紋土器にも見られるので、古い土器である可能性もある。口縁部は外反し、ソーメン紋土器のようには肥厚していない。しかし皮紐状の波線は、ソーメン紋土器1の波線のように見える。はたしてどちらの時期に属すのか、にわかに判断するのは難しい。

　また、17例のミニチュア土器も問題である。部分的に貼付線が剥脱しており、紋様構成は良く分からない。復元されたとおりならば、ソーメン紋土器の一員ということになる。はたしてどうであろうか。

　口縁部は肥厚しておらず、紋様が頸部に施されている点が気になる。破片資料があれば、時期を推定する参考になるが、残念である。帯状のソーメン紋は、ソーメン紋土器3に先立ち、頸部や胴部に施される例がある。17例も、それに該当すると推測されるので、ソーメン紋土器2のf類に比定されよう。

　そうすると、16・18例が擬縄貼付紋土器(新)、またはソーメン紋土器1のどちらかに属すにしても、17例の時期とは明らかに一致しないことになる。プランが亀甲形や五角形でなく、隅丸方形をなし、竪穴の深度がきわめて浅いことから、この竪穴は、南群のオホーツク式期の中でも、

最も新しい時期に属すと推測される。それにもかかわらず、出土した大形の完形土器は擬縄貼付紋～ソーメン紋土器1期に比定される。つまり、竪穴はその時期に構築されたと一般的に想定される。

こうした矛盾点は、どのように解釈すればよいであろうか。仮に17例を混在とみなしても、川西遺跡で最も掘り込みの浅い、すでに方形プラン化しつつある竪穴は、遅くとも、ソーメン紋土器1期の頃に早々と登場したと考えねばならない。では、その時期に擦紋文化の影響を受けて、亀甲形の竪穴プランが隅丸方形化したと考えられるであろうか。通説の編年では、擦紋Ⅱかそれ以前の出来事になるが、そのような土器は、今のところ川西遺跡からは全く発見されていない。また、16・18＋17例の組み合わせは、竪穴の断続的な利用に由来するのであろうか。それとも何か特殊な、寄せ集めの土器セットの存在を物語るのであろうか。

以上のように10号竪穴のプランと時期、出土土器の内容に関しては、いささか不思議に思える点が多い。ここでは単に疑問を述べるに止め、つぎに米村翁の資料を観察したい。

2）米村翁とオホーツク式文化研究会の調査資料

1960年の調査に伴う資料は三つの文献に掲載された。遺物は不鮮明な写真やガリ版刷りの図で紹介されているが、出土状況や資料の内容については、良く分からない点が多い。

第83図は最初に公表された資料である（米村1961）。1・2号いずれの竪穴から出土したものか、特定できない。遺物は「あまり変化がない」と指摘されているが、内容的には一様でない。2号竪穴の調査は中断されているので、9・10例などの完形品は、1号竪穴に由来する可能性が高い。この竪穴には骨塚が形成されており、炉跡も発見されている。

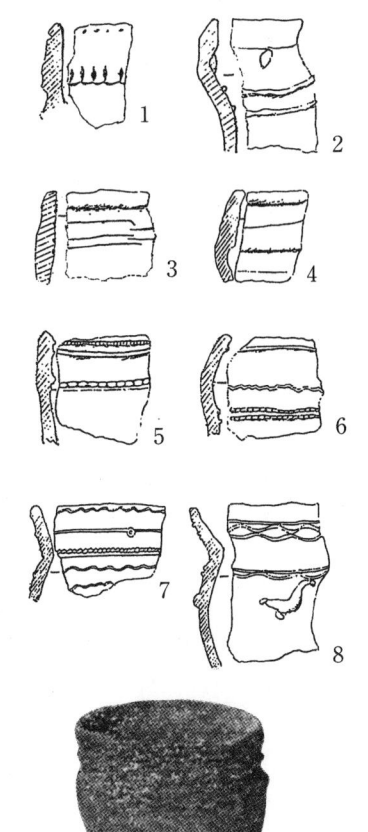

第83図　川西遺跡（1960年調査）の出土土器群（1）

1～3例は、擬縄貼付紋土器より古い時期に属す。1は類例に乏しい土器である。後掲した85図6例と同一個体ならば、頸部に2条の貼付線を持つことになる。刻紋土器でも末期に比定されるものと思われる。2例もその仲間であろう。3例のように断続する沈線を持つ土器は、モヨロ貝塚の資料集にも掲載されており、1・2例などに伴うと推定される。類例は道北の亦稚貝塚からも発見されている（第95図4）。道東では異系統の土器と言えよう。

つぎに**第84図**の資料を参照したい。これらは『湧別町史』に米村翁の調査資料として紹介され

186　第3章　道東における遺跡編年案の見直し

たものである（大場1965）。1・2号いずれの竪穴から出土したのかは、残念ながら特定されていない。写真が不鮮明なため、特徴を捉えにくいものがある。たとえば1例である。口縁部には貼付線がめぐり、その下側に荒い刻み目を施し、そこから3条の短沈線が斜めに施されているように見える。そのとおりであれば、ソーメン紋土器や擬縄貼付紋土器よりは古いものと認められる。類例かと思われる破片資料が、亦稚貝塚の第3ブロックから出土している（岡田1978ほか：第23図19）。

これ以外の資料は、いずれも新しい時期に属する。4例は、口縁部に刻み目のある2本の革紐状の貼付線が施され、その内側に擬縄貼付線を持つもの。7例も、これと近い時期に比定される完形土器である。口縁部には擬縄貼付線、胴部には太い貼付線で「大波状紋」が施されている。

あとはすべてソーメン紋土器である。8例が大波状線を持つf類のソーメン紋土器1、9～11例がソーメン紋土器2、12・13例がh類のソーメン紋土器3に、それぞれ比定される。これらの中には骨塚に由来するもの、竪穴の再利用や建替え、また、何らかの事情で伝世したものなどが含まれていると考えられる。つぎの資料を見ると、1・2号竪穴の土器内容はさらに豊富になる。

第85図は網走市立郷土博物館の目録に掲載された資料である。出土した竪穴は特定されていない。大きく見ると、1～3例と7～17例の二時期に分けられる。その他に問題となる5例と6例がある。

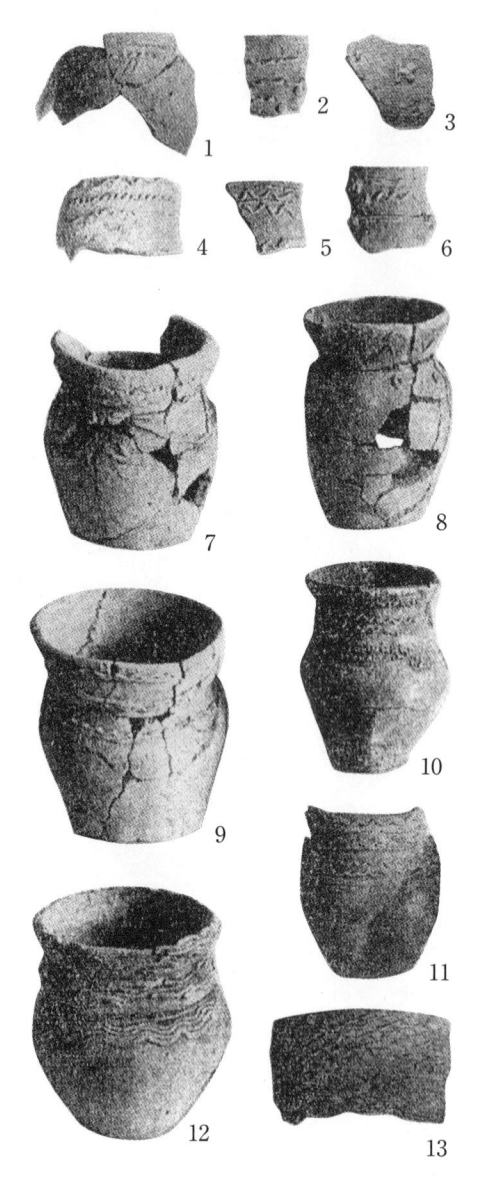

第84図　川西遺跡（1960年調査）の出土土器群（2）

少し観察すると、2・3例の沈線紋は鋭く引かれているが、断続しており、粗雑な印象を与える。刻紋を欠いており、道北の一般的な刻紋・沈線紋土器に後続するc類の仲間に相当すると思われる。おそらく目梨泊遺跡以西に由来するのであろう。1例も、これに近い時期に比定される。刻線を施す肥厚した口縁部はなく、胴部でも擬縄貼付線を欠いている。剥落した痕跡があり、刻紋土器でも新しい時期に属すと推定される。擬縄貼付紋土器に先行する土器であることは、まず疑いないであろう。

目録に掲載された資料には、d_1～d_3類に比定される明瞭な擬縄貼付紋土器が見当たらない。そ

第1節　川西遺跡と二ツ岩遺跡における通説編年の検証　187

第85図　川西遺跡（1960年調査）の出土土器群（3）

の理由は分からないが、5例や6例などの特異な特徴を持つ土器はd類に伴うものと思われる。6例の肥厚した口縁部には刻紋があるので、擬縄貼付紋土器よりは古いと認められる。胴部には古い刻紋土器にない波状線が施されており、時期的には、より新しいことを示している。しかし、擬縄貼付紋土器の時期までは下らないであろう。類例の増加を待って検討したい。

　一方、口縁部に刻み目を施し、その下に鋸歯状文を持つ5例は、目録では「オホーツク式」と記載されている。胎土や整形、焼成などが擦紋土器とは明らかに異なるのであろう。鋸歯状紋の由来と時期、所属については種々の問題を孕んでいる。これがなぜオホーツク式期の竪穴から発見されたのか、非常に興味深く思える。この点は、後にあらためて触れたい。本例は、栄浦第二

188　第3章　道東における遺跡編年案の見直し

第4表　川西遺跡の土器出土傾向と竪穴プラン及び建替えの有無

		1／2号	2号	3号	4号	6号	7号	8号	9号	10号
a				＋						
b		△	＋?	△	＋					
c		＋		△						
d₁						◎				
d₂		＋		○*				△	＋*	
d₃		△	＋*	○*						?*
e		＋		＋	△	＋				
f			＋	◎	○*	◎*	＋*?	△	△*	?*
g		＋	○*	◎*	◎*		＋	△*	○*	＋*
h		△*	＋*	○	△*	△*				
プラン		米村　大場　網走　五角形又は方形	五角形	六角形	方形	五角形?	方形	六角形	六角形?	方形
建替え		1回以上?	少くとも2回	1～2回				1又は2回		

＋：1点　△：2～3点　○：4～5点　◎：6点以上　＊完形品あり

遺跡第7号竪穴の沈線紋系土器（柳澤1999b：76-79）より新しく、米村翁や大場利夫氏が示した擬縄貼付紋土器に伴うので、e類の仲間と考えておきたい。

　以上の他は、すべてソーメン紋土器に属する。明確に「トビニタイ土器群」（菊池1972a）に比定されるものは含まれていない。9～11例のように、口縁部に大波状線を持つ土器は、一見してトビニタイ土器群かと疑われる。しかし、後述のように大波状線紋は、オホーツク式と擦紋土器の双方に存在するので、注意を要する。

直線と波状線の扱い方から、7～9例がf類のソーメン紋土器1、10・11例がそれより新しく、g類のソーメン紋土器2か、ソーメン紋土器1でも新しい時期に比定される。13～15例も微妙な土器である。ソーメン紋土器2の新しい時期からh類のソーメン紋土器3の古い時期に跨るように思われる。16・17例はソーメン紋土器3の優品である。波状線が大振りな12例も、おそらく、これと近い時期に位置するであろう。

以上の資料は、公表された1・2号竪穴資料のすべてを網羅していないが、主要なものと稀な例を選択している。分類にしたがい、それらの出土傾向を図表化すると、**第4表**のようになる。

a～c類などの格段に古い時期の資料は、1号・2号の竪穴に限定される[註3]。したがって両竪穴は、擬縄貼付紋土器の古い時期（d₁類）に再利用された可能性が想定される。最初に3号、続いてd₂類期に2号と8号の竪穴が相ついで再利用され、7号の構築も想定される。d₃類期では2号が継続して利用され、1号の再利用も推定される。ソーメン紋土器1期に入ると、竪穴の数が急増する。2・3・6～8号竪穴、それに1号も加わる可能性が高い。10号については、大まかにd類～f・g類期まで存続した可能性があると考えてきたい。

つぎのソーメン紋土器2期になると、竪穴数はやや減少する。2・3・8・9号、それに1号となる。ソーメン紋土器3期まで存続するのは2・3号の2基に止まる。あるいは1号も含まれるかも知れない。出土土器の時期からみて、3期以上にわたって断続、または継続的な利用が推定される竪穴跡は、2号・3号・8号である。可能性としては、米村翁が調査した1号もあげられる。その平面プランは、いずれも六角形ないし五角形を呈する。建替えが1～2回は行われたと指摘されており（青柳1995：77-78）、以上に述べた仮説編年案と比べても、矛盾する点は見当たらない。

3）竪穴の変遷と遺跡編年の見通し

さて川西遺跡から出土した新旧の資料は、以上のように整理された。オホーツク式の分類では、1977年以来、藤本強氏編年案（藤本1966）が専ら利用されているが、学史を踏まえ、標本例の見直しと細分の徹底が求められよう（柳澤1999b：52-64）。

第86図のモヨロ貝塚資料で見た場合、藤本氏のd群土器は、1例から8例以降の標本例を含んでおり、新旧を混同して分類されている。河野広道の「オホーツク式土器」編年（河野1955・1958）の方が、より正確に土器変遷の流れを捉えていると評価される（柳澤1999b）。1～6例の大部分は、川西遺跡で欠落しているものに相当する。

河野編年では、刻紋土器を大きくA型・B型・BC型に細分している。確かなことは分からないが、1・2例は、この内のBC型の時期に含まれるように思われる。型式学的に見ると、A型・B型とBC型は明らかに別の細別型式に属する。ここでは仮に、前者を刻紋土器A、後者を刻紋土器Bと呼び、区別しておく。各型はさらに細分されるので、別の機会に検討してみたい。

さて、1・2例と4～6例の間には、型式学的にみるとかなりの間隙がある。その間に収まる土器群は、一括資料に乏しく良く分からない。例えば3例などは、それに該当する資料になると

思われる。この他に、常呂町周辺域の刻紋・沈線紋系土器（栄浦第二遺跡など）の影響を受けて変容した土器群も、かなり含まれていると推察されるが（柳澤1999ｂ：55-64）、それも今後の課題としておきたい。

　この３例に後続する時期については、すでに編年の見通しを述べている。モヨロ貝塚の資料を利用して、より細かい編年試案を示すと、つぎのようになる。

　　⑴　Ⅰａ期：刻紋土器並行（川西遺跡ａ・ｂ類？）
　　　　　　　＝刻紋土器（「新しい部分」：Ｂ）　…………標本例：モヨロ貝塚（１，２）
　　⑵　Ⅰａ期：刻紋土器並行（川西遺跡：欠落）
　　　　　　　＝刻紋土器Ｂの「新しい部分」　…………標本例：モヨロ貝塚（３・４）
　　⑶　Ⅰｂ期：縄貼付紋土器並行（≒川西遺跡ｃ類）
　　　　　　　＝擬縄貼付紋土器（「古い部分」）　…………標本例：モヨロ貝塚第（５・６）
　　⑷　Ⅱ期：擬縄貼付紋土器（「中位の部分」：川西遺跡：欠落）
　　　　　　　　　　　　　　　　　　　…………標本例：モヨロ貝塚（７）
　　⑸　Ⅱ期：擬縄貼付紋土器（「新しい部分」：川西遺跡d_1・d_2・d_3類）
　　　　　　　　　　　　　　　　　　　…………標本例：モヨロ貝塚（８）
　　⑹　Ⅲ期：ソーメン紋土器（「古〜新」：川西遺跡ｆ〜ｈ類）
　　　　　　　　　　　　　　　　　　　…………標本例：モヨロ貝塚（省略）

　さて、以上の対比編年をもとに川西遺跡における竪穴の時期を念頭におくと、相当な間隙を以って居住活動が再開されたことが了解されよう。また、他遺跡の竪穴資料を見直すと、Ⅰａ・Ⅰｂ期とⅡ期の竪穴で原形を止める例が極めて少ないことにも、容易に気づくであろう。

　遥かな時を隔てて、なぜ川西遺跡のⅡ期（擬縄貼付紋土器の「中位の部分」）の頃からオホーツク人の居住が再開され、彼らの活動圏が道北方面へと拡大したのか、あらためて興味が持たれる。

　以上に公表された資料の範囲で検討した編年案では、まず、刻紋土器の一時期（並行期）に最初の竪穴（１・２号）が構築される。その後、若干遅れて、１号か２号のいずれかの竪穴がⅣ期初頭に再利用される。さらに空白の期間をおいて、擦紋Ⅳ期(中)期の頃になると、北方の地点に多数の擦紋人の竪穴（第78図３）が穿たれるようになる。そして擦紋Ⅳ(新)期（第78図２・３）に入ると、擬縄貼付紋土器を携えたオホーツク人が川西遺跡に登場し、古いオホーツク式系の竪穴跡を再利用するに至る。

　やがて擦紋人は土器を使用しなくなり、常呂川中流域の広瀬遺跡１号竪穴（加藤・菊池ほか1981）のように木器と金属器を専ら使用する生活へ移行し、米村翁が発掘したタイプの竪穴が北群に登場することとなる。

　一方、オホーツク人の竪穴では形態上の規制が緩み、一部の竪穴で方形プラン化の兆しが現れる。やがて４号竪穴のごとき、土器を欠いた、木器と金属器を専ら使用する正方形プランの竪穴

が、オホーツク人の居住拠点である南群にも穿たれる。その竪穴もやがて姿を消し、考古学上の物的な証拠に乏しい時代の幕開けを迎える。

これは以上の編年案を踏まえ、さらに未知の竪穴に対して推測した場合の、川西遺跡における竪穴群の大まかな変遷史である。南群の周りには、未発掘の方形の竪穴が多数残されている。また北群にも、亀甲形のオホーツク系の竪穴が残されている。それらを丹念に調べてみなければ、もちろん川西遺跡におけるの竪穴変遷の全貌は捉えられない。以上の推論は、通説編年を見直した場合の一つの仮説に止まる。

ところで、オホーツク式期の方形プランの竪穴実例としては、栄浦第二遺跡の12号竪穴がつとに知られている（菊地1972b：347-368）。このタイプの竪穴は、その後、どのように変化するのであろうか。はたして川西遺跡の4号竪穴のごとき、地表下のごく浅いところに構築された竪穴に移行するのであろうか。この問題は今後、重要な論点になるであろう。

ともかく、川西遺跡Ⅲ期に後続するオホーツク系の竪穴と住民が、その後いかなる歩みをたどるのか。その謎解きには、仮設したオホーツク式と擦紋土器の編年観が妥当であることが大前提となる。さらに視点を変えて分析を続けたい。

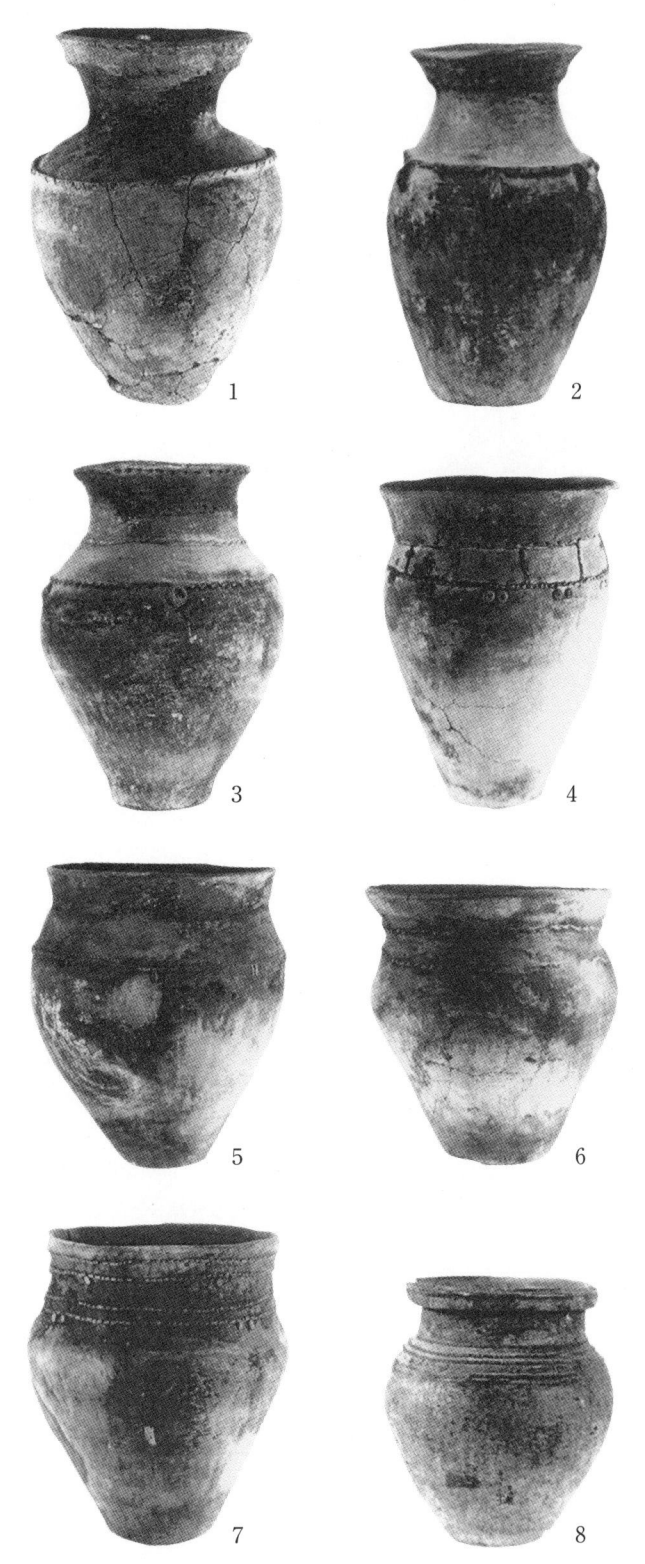

第86図　モヨロ貝塚の刻紋土器（新）〜擬縄貼付紋土器（中）の標本例

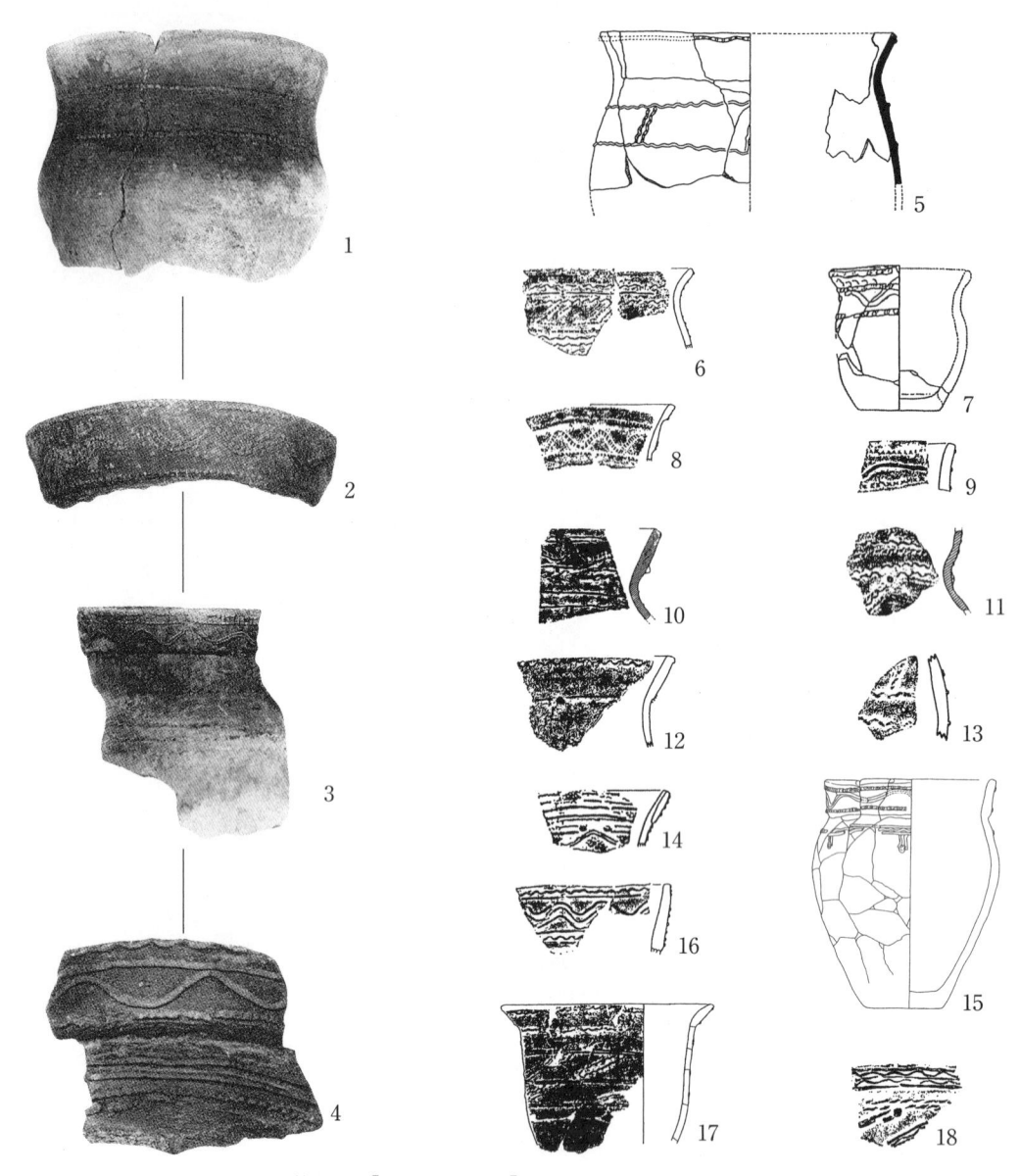

192　第3章　道東における遺跡編年案の見直し

第87図　「大波状線」と「区切り斜線」を持つ土器

2．大波状線紋土器について

1）オホーツク式の大波状線紋と区切り斜線の変遷

　川西遺跡の資料分析から、竪穴と土器の変遷は以上のように想定された。それを踏まえ、ここでは後節で女満別町元町遺跡の「共伴」事例を見直すために、まず大波状線紋を持つ土器に注目しておきたい。
　第87図の1～4例は、網走市立郷土博物館の資料目録に掲載されたモヨロ貝塚の資料である。

1例は、幅広く貼付された2本の擬縄貼付紋を括れ部に持つ土器で、「古い部分」に比定される。2例は、幅広い口縁部に並行する擬縄貼付線と大波状線紋を持つ土器である。これは「新しい部分」に属する。1例からどのようにして2例が登場したのであろうか。

そこで右列の資料に注目したい。5例もモヨロ貝塚、6例は最新のトコロチャシ遺跡の資料、7例は根室市内で採集されたものである。いずれも、胴部と括れ部には直線・波状の並行貼付線、または擬縄貼付線がある。口端部には擬縄貼付線が施されている。また5・6例には「区切り斜線」、7例には「大波状線」が加えられている。型式学的に見ると、これらは新しく登場した紋様要素であり、「1例（「中位の部分」）→5～7例（「中位の部分」の新）」の序列が想定される。さらに、括れ部の紋様帯(モチーフ)の上昇や、転写に注目すると、「1例→5例→6例」への変遷も考えられる。

つぎにオンネモト遺跡の8例である。幅狭い口縁部と、その下に3条の擬縄貼付線がある。頸部には、大波状の擬縄貼付線も加えられている。7例に比べると、8例の口縁部は明瞭に肥厚している。この点でより新しいと認められよう。「新しい部分」に比定されるものと思われる。

「7例→8例」までの流れは、以上のようにスムーズにたどれる。では、8例から2例への変化の要点は何か。まず、口縁部が著しく拡大されること、そして頸部から口縁部へ「大波状線」が転写されること、この二点があげられる。並行線間に紋様要素を欠く1例から、それを取り入れた5～7例へと変化する。さらに、それが上昇して8例へ、そして口縁部に「大波状線」が転写されると、2例が登場することになる。

このように紋様帯とモチーフの相関する動きを捉えれば、擬縄貼付紋土器からソーメン紋土器への変化は、モヨロ貝塚の資料のみを用いてもスムーズに追跡できる。つまり、「1例→5例→6・7例→8例→2例」への変遷を経て、「3例（擬縄貼付線の細線化・擬縄貼付線の追加）→4例（太い波状線・直線・大波状線＋擬縄貼付線の構成へ）」、という流れが想定されるのである。

他の資料を参照すると、「大波状線」の変化には複数の系列があるように思われる。例えば14例では、頸部の大波状線がそのままソーメン紋化している。あるいは16例のように、2例や3例に見える2本の擬縄貼線が2本、または3本のソーメン紋に変化する場合などが挙げられる。

また15例のように、古い擬縄貼付線を踏襲しつつも、口縁部ではなく、胴部に幅の狭い先駆的な帯状ソーメン紋を持つ例もある。擬縄貼付線の伝統は、ソーメン紋土器3の時期まで存続するから、その有無では単純に時期を決められない。しかし4例のごとく、大波状線の下に擬縄貼付線を持つ土器が、しだいに擬縄貼付紋土器の「中位の部分」（5～7）から変遷を重ねることは、ソーメン紋土器や「大波状線」を施したトビニタイ土器群Ⅱの年代的な位置を考えるうえで、重要な意味を持つと思われる。

この「大波状線」とともに、沈線から貼付線へ移行する「区切り斜線」（柳澤2001：84-93）についても注意を要する。従来、これは全く注意されていないが、オホーツク式のみならず、トビニタイ土器群Ⅱにも存在する。オタフク岩遺跡の17例は、その好例である。同じ知床半島に位置するウトロチャシコツ岬下遺跡には、18例のごときソーメン紋土器3に比定される例もある。擬縄

貼付紋土器の末期の例(13)もあり、その類例は知床岬遺跡(12)でも出土している。

「区切り斜線」の知床半島への登場は、モヨロ貝塚周辺における「1例→5例→6例→11例（擬縄貼付紋土器(新)）」という流れの中から、ウトロチャシコツ岬下遺跡(12)→知床岬遺跡(13)を経て、ソーメン紋土器3期の18例まで、きわめてスムーズにたどれる。型式学的に見て、オタフク岩遺跡の17例（トビニタイ土器群Ⅱ）は、12・13例と18例の間に収まると考えられる。したがって、トビニタイ土器群Ⅱとソーメン紋土器は、旧稿（柳澤1999a）でも述べたように、やはり並行関係にあることが了解されよう。

以上に述べた「大波状線」と「区切り斜線」の変遷観をもとに、図示した資料を整理すると、つぎのような編年案となる。

   (1)　擬縄貼付紋土器「古い部分」（1）
   (2)　擬縄貼付紋土器「中位の部分」の新しいもの（5→6→11・13, 7）
   (3)　擬縄貼付紋土器「新しい部分」（11・13・15, 2＝9→3）
   (4)　ソーメン紋土器1（4・14）
   (5)　ソーメン紋土器2（16＝トビニタイ土器群Ⅱ（中）：17）
   (6)　ソーメン紋土器3（18）

2）川西遺跡の大波状紋土器

さて、ここで再び川西遺跡の資料に戻りたい。大波状紋線を持つ完形品が3点発見されている（第88図）。7例は8号、8例は9号、9例は2号の竪穴から出土したものである。米村翁の資料にも、注目すべき資料が含まれている。2・3例であるが、これは一見して、先のモヨロ貝塚例（第87図4）に類似していると認められよう。

両例の紋様は、断面が平坦な波状線、大波状線、擬縄貼付線などの描線で構成されている。しかし、その細部の特徴は異なる。擬縄貼付線の刻み目の向きは、モヨロ貝塚例（第87図4）では粗雑に直立している。これに対して、川西遺跡の2～4例では斜めになっている。口縁部が幅広く、やや肥厚して見える点で、4例はモヨロ貝塚例と似ている。しかし、大波状線の下を画す貼付線の形態は明らかに異なる。川西遺跡の4例は「直線＋波状線」、モヨロ貝塚例は擬縄貼付線である。4例の紋様構成は、ソーメン紋土器2の5例と共通しており、時期的には近いと思われる。

したがって、肥厚した口縁部帯と「直線＋波状線」のソーメン紋を欠く2・3例は、先にも述べたように4・5例より先行し、ソーメン紋土器1期のモヨロ貝塚例（第87図4）にほぼ並行するものと考えられる。

つぎに7・8例である。これを出土した8号竪穴はソーメン紋土器1～2期、9号はソーメン紋土器2期に比定されるから、両例もこの時期に収まる可能性が高い。そして2例も、口縁部が明瞭に肥厚しており、大波状線の下は擬縄貼付線でなく、直線で閉じられている。肥厚しない口縁部や、擬縄貼付線は古い要素であるから、型式学的には、

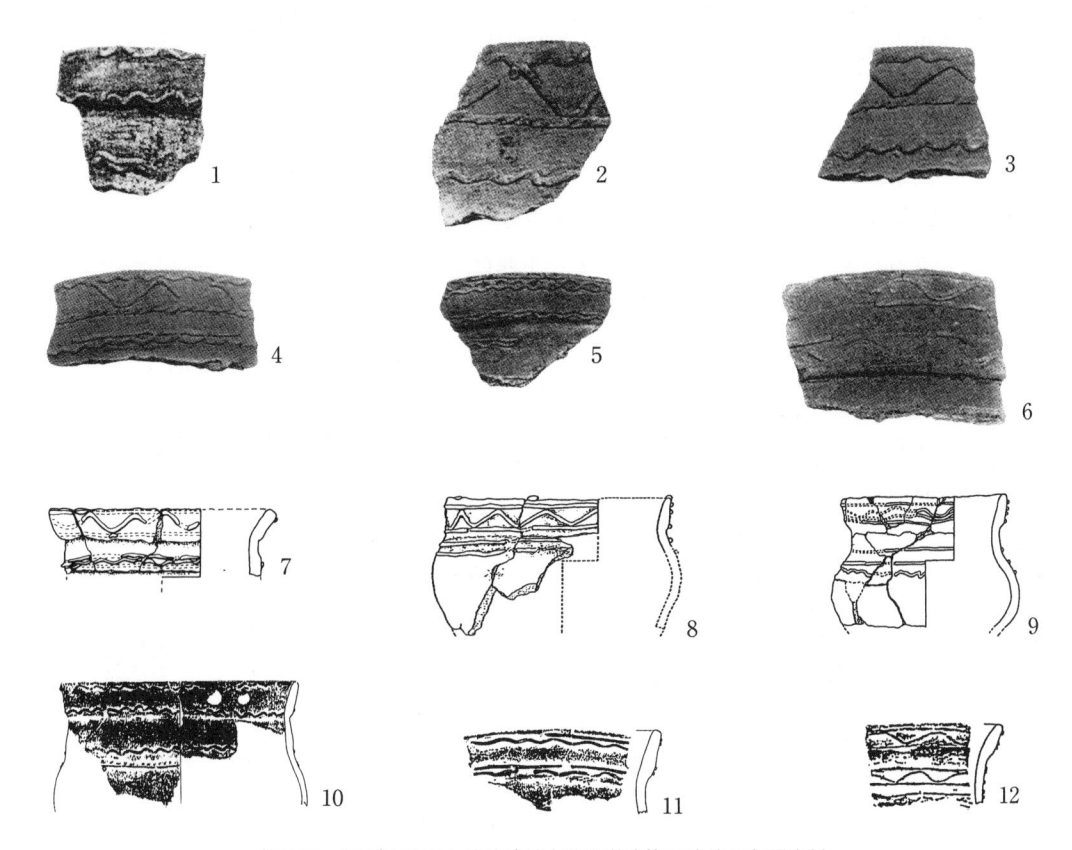

第1節　川西遺跡と二ツ岩遺跡における通説編年の検証　195

第88図　川西遺跡の大波状線紋土器と栄浦第二遺跡の参照資料

(1) ソーメン紋土器1期の1例と2・3例（＝モヨロ貝塚例：第87図4）
(2) ソーメン紋土器2期の4・5例≒7・8例、

という編年案が成り立つ。2号竪穴の9例は、2本の大波状線を持つが、7・8例との差異は小さい。この竪穴からは、ソーメン紋土器3も出ている。これは9例の大波状貼付線を見る限り、それほど新しいとは考えにくい。7・8例と同時期と見做しても大過ないであろう。

このように観察すると、多少の時間幅を含みつつ、川西遺跡における大波状線紋を持つ土器の変遷は、「2・3例→4例≒7〜9例」の順に捉えられることになる。それではソーメン紋土器の3期に入ると、大波状線紋はどのように変化するのであろうか。周辺域の資料を通覧しても、この時期に確実に比定される例は容易に見つからない。

1・2号竪穴の6例は、その有力な候補になるかも知れない。これは明らかにソーメン紋土器3に比定される。栄浦第二遺跡の11号竪穴の床面には、その6例に類似した12例の破片資料がある。これはソーメン紋土器1〜2期の土器（10・11）に伴って出土している。12例の緩やかな大波状線紋は、一見して6例に似ている。ただし口縁部の幅も異なり、また紋様構成も違う。別系列に属すからであろう。もしそうであれば、12例は6例に近い時期の土器と認められる。

いったい大波状線紋は、ソーメン紋土器の2期以降になると、どのように変化するのであろう

か。どうも川西遺跡やモヨロ貝塚の周辺では、大波状線紋それ自体が12例のごとく狭帯化し、他の帯状ソーメン紋（第85図17）に近似した形状に変化するように思われる。この点は、資料の集積を待ってあらためて検討したい。

3）「トビニタイ土器群」の大波状紋の変遷

　大波状線と似たモチーフを持つ土器は、擦紋土器にも、「トビニタイ土器群」にも存在する。それぞれの由来や、系統的な変遷については、不思議なことに問題にされたことがない。それには何か土器論上の理由があるのであろうか。

　例えば知床半島東岸のルサ遺跡には、大波状線に酷似した鋸歯状の沈線紋を持つ擦紋系の土器がある（第89図6）。これは「擦紋Ⅴ」（佐藤1972）またはトビニタイ土器群1（菊池1972）に比定される。2号竪穴の床面から出土したと報告されているが、トビニタイ土器群の「中間的なもの」(註4)に比定された4例の完形土器も伴出している。この他にも2・3例など、擦紋Ⅳの「新しい部分」と思われる大破片がある。格子目紋の5例は、3号竪穴の床面から出土した唯一の資料である。これは擦紋末期に属する。

　これらの年代的な序列は、型式学的にみると、擦紋Ⅳ（新）の2・3例→格子目紋の5例、そして擬縄貼付紋＋鋸歯状紋の6例と擬縄貼付紋＋格子目紋の7例、という順になる。これは床面土器の混在状況を想定した場合の仮の変遷案である。

　では、オホーツク式に由来するであろう粗雑な擬縄貼付線が、なぜ擦紋系の器形を持つ6・7例に施されたのか。さらに6例の鋸歯状紋の由来を、どのように想定すればよいのか。またそれが口縁部や胴部でなく、なぜ口縁部に施されたのか。一方頸部は、なぜオホーツク式の擬縄貼付紋土器のように素紋帯に仕立てられているのか。このように疑問は次々に浮かんで来る。通説の編年では、これらの問題について、型式学的にどのように説明するのであろうか。

　さて、別資料の観察に移りたい。1例は、斜里町の須藤遺跡の資料である。口縁部は、粗雑な2本の皮紐状の波状線で画されている。素紋仕立ての頸部を挟み、胴部紋様の上端は、4例のように貼付線が施される。口縁は大きく外反し、胴部は急にすぼまり、底部は上げ底になる。擦紋土器のように、底部の裾

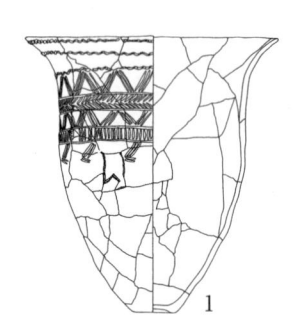

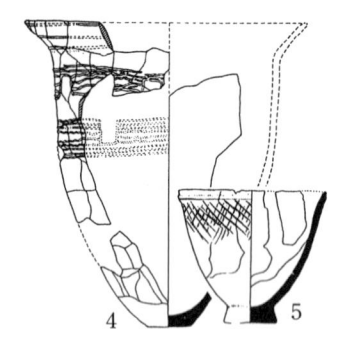

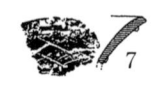

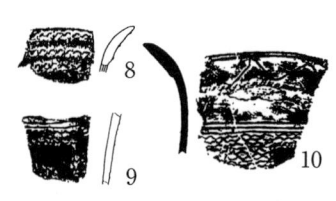

第89図　擦紋Ⅳ・Ⅴ並びにトビニタイ土器群の「中間的なもの」

は外側へ張り出さない。その形態的はむしろ、トビニタイ土器群Ⅰ・Ⅱの「中間的なもの」と分類された4例に近い。若干の中間段階を挟み、仮に1例から4例への変化を想定しても、特に問題は無さそうである。

　ともに胴部の紋様は、幅広く2段に構成されている。施紋の位置も同じである。口縁部が貼付線で画され、紋様帯が素紋仕立ての頸部を挟み横に展開される点も変わらない。擦紋土器の刻紋を断面の平坦な貼付線に置き換え、モチーフの形態を変えれば、1例の仲間から4例が登場したと想定しても型式学的には矛盾しない。

　擦紋Ⅳの1例と2・3例は、もとより近い時期と推定されるので、「1〜3例→5例→4・6・7例」という変遷が想定される。では、4・6例と類似した紋様を持つトビニタイ土器群Ⅱの10例はどのように理解すればよいか。その口縁は大きく外反し、口縁部が親指状に肥厚する独特な形態を備えている。その類例が「擦紋Ⅴ」にも存在することに注意しておきたい（佐藤1972：478-479, fig 300）。10例の器形は、頸部から下へ向かって軽く胴下半で膨らみ、4例のように急に狭まりながら、底部の裾が張り出さない形態になると推定される。

　口縁部の紋様は、直線と擬縄貼付線の間に鋸歯状の大波状線を施して構成されている。6例の鋸歯状文とは、貼付線又は沈線の違いのみで、紋様の描出法では区別しにくい。大波状線の下に粗雑な擬縄貼付紋を持つ点では、6例は、先にソーメン紋土器1に比定したモヨロ貝塚例（第87図4）や川西遺跡例（第88図2〜4）に酷似している。時期的にも近いものであろう。

　一方、10例の胴部の紋様をみると、2本の直線で上限を画し、その下に二つの窓枠？ないし逆凸字状の区画が作られる。その内部には、細かいネット状のソーメン紋が充填されている。区画の部分ははっきり見えないが、すべて擬縄貼付線で縁取られる。その角には小さなポッチが付けられている（大場・児玉1958：第58図を参照）。

　ここで4・6例と10例を再び比べてみたい。両者に類似する点をあげると、まず外反する口縁、口縁部と胴部の二帯構成の紋様、素紋仕立ての頸部、鋸歯状文と凹部ないし窓枠部を持つ横帯構成のモチーフ、擬縄貼付線、小波状の貼付線などがあげられる。オホーツク式では、「擬縄貼付紋→ソーメン紋」の序列がつとに層位的に確かめられている（柳澤1999ｂ：55-58）。これを援用すると、「4・6例→10例」という序列が導ける。描線の種類やモチーフ、紋様帯の構成、器形、いずれの点でも、4・6例と10例の間には大きな年代差を見込めない。

　通説では、擦紋Ⅲ期に登場した10例が系統的な変化を示し、擦紋Ⅳの末期に4・6例が登場したと考える。だが、そのような土器変遷が知床半島で確認できるであろうか。仮に、「ソーメン紋土器3期の土器（第85図17）→トビニタイ土器群の「中間的なもの」(10)→トビニタイ土器群の「中間的なもの」(4)→擦紋末期の5〜7例」という変遷を想定するならば、10例と6例に見える鋸歯状モチーフの長期に亘る残存現象の証明が必要になる。むしろ通説の編年観を離れ、「1例→4・6・7例→10例」の序列を想定した方が、その他の資料を含めて、知床半島域の土器変遷が無理なく捉えられるであろう。「区切り斜線」においても、同様の見方が成り立つことは、先に述べたとおりである。

なお、幸いオタフク岩洞窟には、9例のごときトビニタイ土器群（「中間的なもの」）の終末段階に比定される貴重な資料が発見されている。同じ層からは、1～3例と年代的に大差のない8例なども伴出しており、これらが年代的に近い関係にあることを示している。先の編年案に挿入すると、「1例→4・6・7例→9例→10例」という変遷が型式学的に想定される。すなわち、小さ波状線による凹みを持つ横帯紋(4)→同じ描線による入り組む凸凹の横帯紋(9)、→小振りなネット状のソーメン紋によるネガ・ポジの窓枠紋?(10)へ、という変遷である。はたして通説のように、こうした変遷を擦紋Ⅲ～Ⅳ期にわたる長期の出来事として考えられるであろうか。

ところで、以上の「擦紋土器→トビニタイ土器群」の変遷観が妥当であるならば、10例の口縁部にある大波状線は擦紋土器の系統を引くことになる。では、その由来はどのように捉えられるか。1例の胴部モチーフは、その有力な候補になるであろう。また、川西遺跡の鋸歯状文を持つ擦紋土器（第78図2）や鋸歯状沈線を持つ2号竪穴の土器（第85図5）なども、候補として可能性があるであろう。川西遺跡の後者では、2号竪穴例が最も適当であると思われる。そのとおりならば、先に述べた「大波状線」や「区切り斜線」と同様に、沈線の鋸歯状紋についても、栄浦第二遺跡の沈線紋系土器（柳澤1999b：79-79）に見られる胴部モチーフの上昇、その口縁部への転写という操作が、あらためて想定されることになろう。

さらに、その鋸歯状文の範囲をやや広く捉えると、道南の青苗遺跡群から南千島まで広域的な分布圏を形成することが分かる（柳澤2000：12-16, 26-28）。したがって、その由来については、擦紋土器編年の広域的な見直しを踏まえて、より広い北海道島の全域を視野に入れた考察を要すると思われる。この点は、将来の課題としておきたい

ここで知床半島を離れて、より南方へ移動したい。先に引用した10例は、「融合型式（大場1956）」と命名された古い資料であるが、根室半島の東梅遺跡から採集されたものである。その前後の土器群は、根室半島はもちろん釧路から十勝にかけての海岸部、河川の下流・中流域などに、かなり纏まった分布を示している。その資料の一部を**第90図**に例示した。

この地域における大波状線の変遷については、すでに旧稿（柳澤1999b：82-89, 2000：26-28）において触れている。ここでは、その変遷をより細かにたどってみたい。通説では、十勝地方に分布する12例や13例などを最も古い時期に比定し、年代的には擦紋Ⅱ期と捉えている。それから擦紋Ⅲが波及して来ると、根釧台地や根室半島では、広い範囲で土器の融合化現象が起こり、14例とともにトビニタイ土器群Ⅱとされる3・5～11例などが登場したと想定する。

そして擦紋末期、いわゆる晩期（宇田川1980a：70, 1988）に入ると1～2例などが現れ、やがて日本海交易の進展に伴い、その強い影響を受けて物質文化は大きく変容し、擦紋土器とともにトビニタイ土器群も姿を消すに至る。その間、右代啓視氏の編年案（右代1991・1995a）によると、実に400年余りが経過したとされる。だが道内のどの地域においても、このように新旧を逆転させた変遷は、型式学的にみて先史時代の事実とは認められない。

たとえば1例のごとき、口縁部がやや肥厚し、擬縄貼付線による鋸歯状の大波状線を持つ土器について、通説編年では、その出現をどのように説明するのであろうか。姉別川流域遺跡の2例

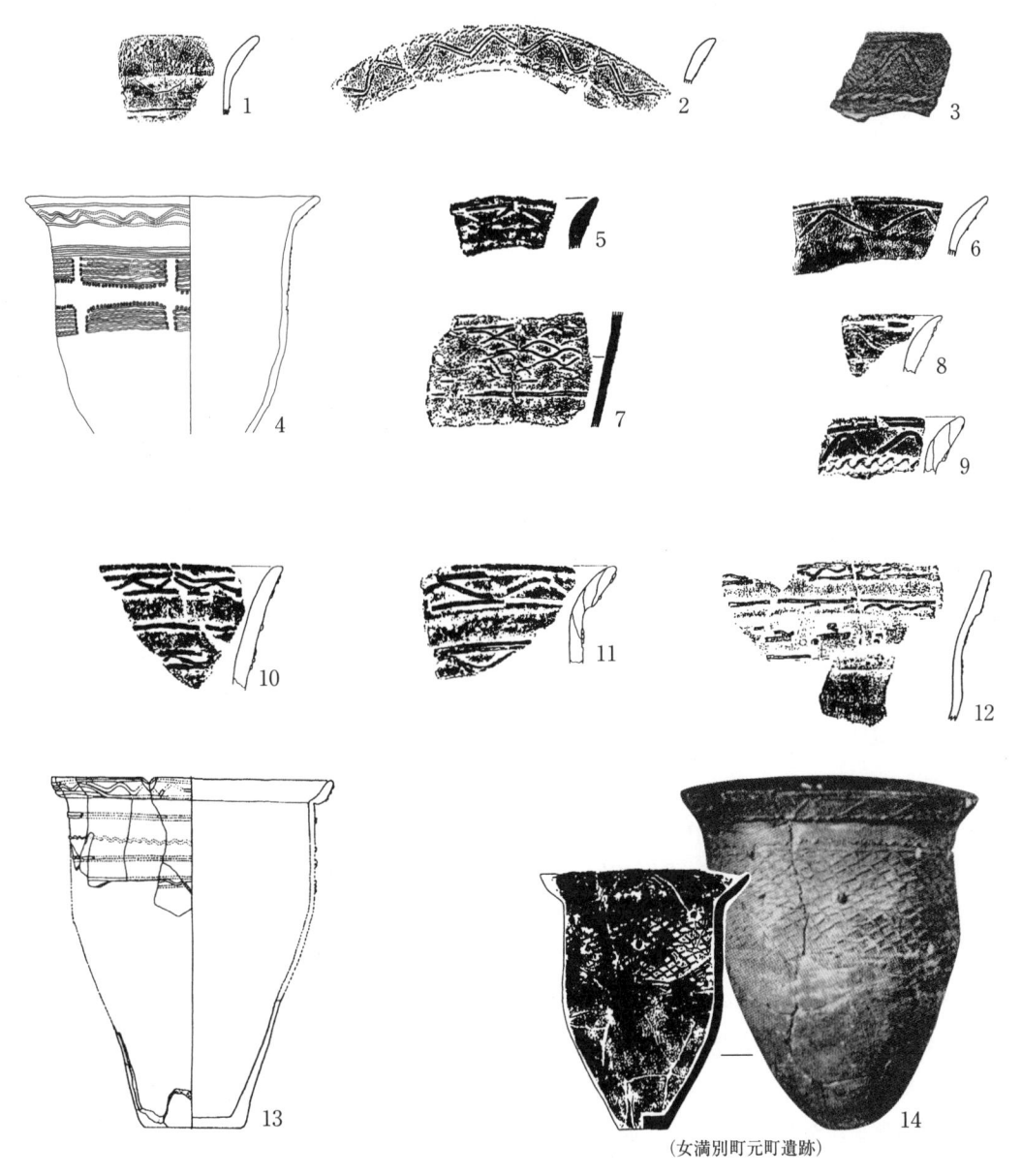

第1節　川西遺跡と二ツ岩遺跡における通説編年の検証　199

第90図　道東南部におけるトビニタイ土器群とソーメン紋土器

では、大波状線が2本の貼付線となり、その上・下を画して波状の貼付線が施され、口縁部も軽く肥厚している。これは川西遺跡例（第85図9～11）に類似した土器である。オンネトウ遺跡の3例は、下方が波紐状の波線で画され、大波状線と上の直線は扁平な貼付線を用いている。これは型式学的にみると、「1例→2例→3＝6例」という順序で、スムーズな変化がたどれる。

　いずれも大波状線が鋸歯状を呈する点が注目されよう。ここで再びモヨロ貝塚の資料を参照したい。第87図で確認した「2例→3例→4例」への変遷は、決して逆転した「4例→3例→2例→8例→7例→5例→1例」の順にはならない。それと同様に、根釧台地の「トビニタイ土器群」

とされる資料も、「第90図の12・13例→10・11例→9例→3・6例→2例→1例」という順序で変遷することは在り得ない。知床半島においても、そうした変化が想定できないことは、先に述べたとおりである。

そこで根釧台地から根室半島にかけての土器変遷を図式的に表わすと、つぎのようになる。

(1)　擦紋土器末期（＝1例）＝擬縄貼付紋土器（「新しい部分」）
(2)　トビニタイ土器群Ⅱ（古：2？，3・6）
(3)　トビニタイ土器群Ⅱ（中：5・8？・9）
　　　＝元町遺跡の14例＝川西遺跡3号竪穴例（第81図23）
(4)　変容したトビニタイ土器群Ⅱもしくはカリカリウス土器群（新：10・11，13？）
　　　＝ソーメン紋土器3期（12）

この編年案は大波状線紋の観察にもとづいている。個々の資料を検討してみたい。1例は、大きな高さのある鋸歯状の大波状線を持つ。その点は2例も変わらない。大波状線は擬縄貼付線から普通の貼付線に変化している。ここまでがモヨロ貝塚例（第87図3）と並び、擦紋末期に比定される。5例や6例になると、肥厚した口縁部の形態は変わらないが、鋸歯状の大波状線と、その上を画す線は貼付線に変わる。下限は、そのまま粗雑な擬縄貼付線ないし指痕を残す波状線となる。

こうした変化は、モヨロ貝塚例（第87図4）に共通し、やや大振りなネット状のソーメン紋を持つ14の元町遺跡例への変化もスムーズにたどれる。9例では、大波状線下の擬縄貼付紋が整った波状線に変化している。これは時期的にみると、一段階新しくなるからと思われる。口縁部はずんぐりと肥厚しており、ソーメン紋土器のそれに酷似して来る点が注目される。

ソーメン紋土器の3期に入ると、沿岸部に限定されていたソーメン紋土器は十勝方面へ分布範囲を拡大する（12）、その趨勢をうけて、根室付近のトビニタイ土器群Ⅱにも、ソーメン紋土器に似た特徴が現れて来る（13）。10例や11例に見える胴部のバンド状ソーメン紋の受容は、この想定の良い例証になるであろう。図示していないが、オホーツク式系の貼付紋を採用した破片資料があることも見逃せない。口縁部は相変わらず肥厚し、大波状線は、11例や13例に見るように断面が平坦な帯状のソーメン紋となる。一様に高さを減じ、波数を増加する傾向が現れる。標津町のカリカリウス遺跡には、11例よりやや新しいソーメン紋土器3に対比される類例（椙田1982a：第99図31）がある。

なお、知床半島・南千島や内陸部では、「3・6例→9例→11・13例」とはやや異なる変遷を示す資料が知られている。どうも道東・南千島におけるトビニタイ土器群の変遷は、系統的に見ると単純でないように思われる。

さて以上、オホーツク式と擦紋土器・トビニタイ土器群の大波状紋や鋸歯状紋の変遷をたどり、通説の北方編年[註5]が転倒しているのではないか、という疑問をあらためて述べた。しか

し、そのような議論に対しては、色々な立場から強い反論があると予想される。その根拠としては、オタフク岩洞窟や常呂川河口遺跡、オタモイ１遺跡などの出土事例が直に想起されよう。

だが、それらが先史時代のいかなる事実を物語っているかは、逐一資料に即して吟味の必要があるように思われる。それに先立ち、まず通説の北方編年を支えるオホーツク式の「共伴」事例を見直したい。なぜ異系統・異時期の土器が、遺構内やオープンサイトで擬似的な「共伴」状態で発見されるのか。その謎を、土器論上の観点から解き明かさなければならない。

3．オホーツク式・トビニタイ土器群Ⅱと伴出した土器について

1）竪穴内で「共伴」と認められた事例

女満別町元町遺跡

オホーツク式の竪穴のみならず、床面上から出土した遺物が、必ずしも同時期に限られないことは、周知の事実と言えよう。例えば土器が並び合わせで、あるいは入れ子状で出土したとしても、それが同時期であると即断するのは禁物である。遺物の同時代性は、型式学的な吟味によって検証されるのであって、伴出の事実は、あくまでもその傍証に止まることを、忘れてはならないであろう。

女満別町の元町遺跡の竪穴から出土した２点の完形土器（第91図）の場合も、その例外にはならないと思われる。佐藤達夫は、大場利夫が「融合土器」と称した１例（大場1960）を擦紋Ⅲの末期に比定し、また貼付紋を多用した２例をそれ以降の所産とみなし、この間に擦紋Ⅳ・Ⅴの土器を多数介在させ、両者が、まったく別時代のものであると認識した（佐藤1972：470-471・478）(註6)。

筆者もまた、１例と２例は明らかに時代を異にしていること、擦紋期の古い竪穴が斜立柱穴を有した新しい竪穴として改修され、再利用された可能性を想定した（柳澤1999b：84・89）。この考え方は今でも基本的に変わらない。

問題は、１・２例が竪穴内で伴出した理由である。それについては、トビニタイ人が古い竪穴にあった擦紋土器を実際に利用したか、あるいは儀礼的に扱ったことに起因するのではな

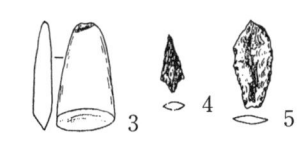

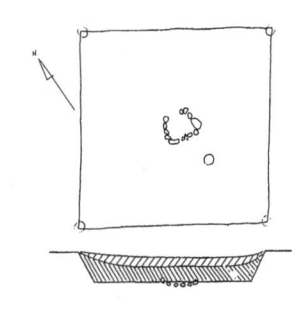

第91図　元町遺跡の竪穴と出土資料

か、また何らかの人為的な営みによって混入したものと考えている。一つの解釈案として述べておきたい。

　さて、2例の編年上の位置は、これまでの分析から、ソーメン紋土器2期に比定される。先にも引用した栄浦第二遺跡の11号竪穴は、これに前後する時期に営まれた竪穴である。骨塚は外部に形成されたらしく、粘土貼りの床面もなく、オホーツク式でも末期的な様相を示すと指摘されている（菊地1972 a：342-368）。

　この竪穴の図面を参照すると、K-K´断面の壁際にある柱穴は、元町遺跡と同じように斜めに穿たれている。斜立柱穴は、東釧路遺跡に類例（澤・宇田川1969）はあるが、擦紋Ⅳ期の中頃以前の竪穴には稀である[註7]。

　11号竪穴の時期は、ソーメン紋土器の1～2期に跨るが、古い時期の土器も若干含まれている。隣接する12号竪穴は方形のプランで骨塚を欠くものの、11号と同様に石囲いの炉祉を持つ。時期は11号とほぼ重なる。主柱穴は13ケ所で確認されているが、この東南隅の丸太は壁に斜立した状態で検出されたという。僅か1例であるが、この斜めに穿たれた柱穴は注目に値する。

　このように海岸部と内陸部において、なぜ似通ったの柱穴の形態が認められるのであろうか。ソーメン紋土器とトビニタイ土器群Ⅱが同時代ならば、こうした柱穴扱いは、両者の相互交流に伴う上屋構造の変化を物語ることになろう。斜里町の須藤遺跡では、トビニタイ土器群Ⅰや擦紋Ⅳの土器類とともに、海獣類の遺存骨が豊富に出土したと報告されている（西本1981：173-176）。そうした事実を想起すれば、擦紋末期における擦紋文化それ自体の変容、そしてトビニタイ土器群を介してのオホーツク文化の内陸への拡散、というダイナミックな文化動態が想定されることになるであろう。

　はたして主柱穴を持たない、斜立形式の柱穴を穿った竪穴を擦紋人が自ら営み、2例のトビニタイ土器群Ⅱをわざわざ入手して、擦紋Ⅲの末期に3～5例のオホーツク式系の石器[註8]を使用する生活を営んでいたと、はたして想定できるであろうか。型式学的に見て、その可能性が乏しいことは、以上に述べた編年案からみて自明であると思われる。

　むしろ通説の北方編年案を離れ、遥か後代のソーメン紋土器を使用する「オホーツク人」と交流していた「トビニタイ人」が、擦紋Ⅲ期に放棄された竪穴を改修して再利用したと想定すれば、粘土の貼り床や「コ」の字形の石囲炉、石器の組成をなどのオホーツク系の要素を無理なく理解できるであろう。1977年以降に通説化した北方編年案は、総じて1例と2例の「共伴」関係を全く疑うことなく立案されている（宇田川1980 b・2002 a・b、大沼1986・1996 a・b、右代1991ほか多数）。しかしながら「土器は土器から」分析する視点に立てば、「共伴」の認定についても自ずと見直しが必要になってくるであろう。

モヨロ貝塚

　モヨロ貝塚の調査は、1947年から1951年まで3次に亘って実施された。1964年には、簡略ながらも正式な報告が行われた（駒井編1964）。しかし発掘の主要な成果は、早くから様々な媒体を通

第1節　川西遺跡と二ツ岩遺跡における通説編年の検証　203

じて公表され、周知されていた。なかでも、新旧の竪穴が重複して発見された10号竪穴は、土器編年研究を進展させる上できわめて重要な役割を果した。

　出土した土器の大要は河野広道が紹介している（河野1955）。ついで佐藤達夫が、道東・道北の新しい編年体系を見通しながら、簡潔・明瞭に10号竪穴の資料について論じている（佐藤1964b）。10号竪穴は六角形を呈し、骨塚と石囲い炉を有する。床面上からは、大小10数個の土器が発見された。その下にも石囲い炉が検出され、第92図1・2の完形土器が採集されている。

　佐藤は、竪穴の床面上の土器をトコロチャシ1号竪穴の内側と外側の遺構に伴う土器に対比して二分し、さらに3例に注目して、これを他の床面上の土器よりも「古かるべきもの」として明確に弁別した。この3細分案は、貝塚から出土した土器の層位的な分析も拠り所にしていると思われる（柳澤1999b：55-60）。

　佐藤の編年案では、下層の竪穴から出土した土器を含めると4期案になる。古い順に示すと、「1・2例→3例：「古かるべきもの」＝4例、5例→6〜9例（＝トコロチャシ1号外側竪穴資料）→10・11（モヨロ貝塚上層＝トコロチャシ1号竪穴内側資料の一部）」となる。これは編年研究史上に「亡失」されたオホーツク式の編年案として、あらためてその意義に注目しておきたい。この編年案と川西遺跡及び先のモヨロ貝塚編年を対比すると、つぎのようになる。

(1) 10号下層竪穴資料：1・2（＝川西遺跡a・b類：第80図1〜3）・（≒モヨロ貝塚：第86図1・2）

(2) 10号上層竪穴床面土器：4：欠落・（≒モヨロ貝塚：第86図5・6）

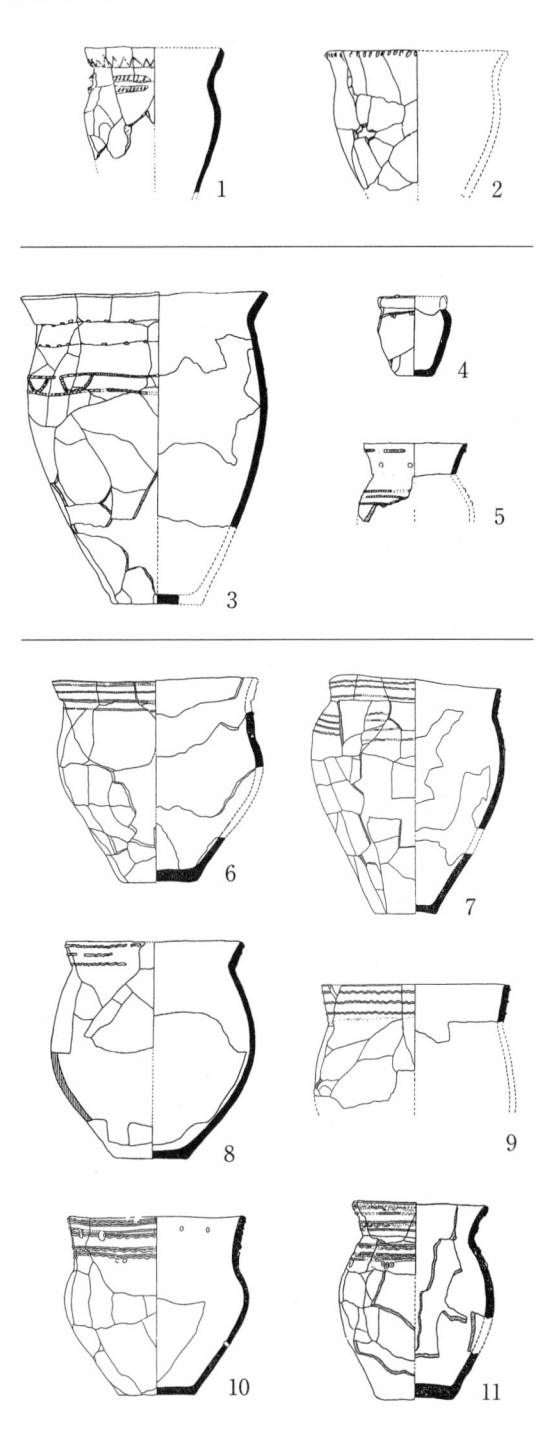

第92図　モヨロ貝塚10号竪穴の出土土器

(3)　10号上層竪穴の床面土器：5　(＝川西遺跡：欠落)
　(4)　10号上層竪穴の床面土器：6～9　(＝川西遺跡 f 類：第80図 9)
　(5)　10号上層竪穴の床面土器：10・11　(＝川西遺跡 h 類：第80図11)

　このように床面上の土器を細分すると、一般的に「共伴」と見做されている資料が、実は年代を異にした、時期的にも不連続な土器群の集合であることが、一目瞭然になる。なぜ時期の異なる土器群が、このように竪穴の床面から伴って出土するのか。一方には、一時期の土器がほとんど単純に出土する竪穴も存在するから、土器群が擬似的な「共伴」の状態で出土することには、何らかの特別な事情があると考えねばなるまい。
　ちなみに、モヨロ貝塚10号竪穴の骨塚では、大きな土器が伏せた状態で出土したと佐藤が指摘している (前出)。米村翁も、川西遺跡のおそらく 1 号竪穴において、同様の状況を観察している (米村1961)。
　10号竪穴の骨塚に伏せられていた、大きな土器とはどれなのであろうか。例示された資料のうち、頭抜けて大きいのは擬縄貼付紋を施し、刻紋を有する 3 例である。もし、これが伏甕に相当するならば、その由来が問題になる。竪穴の外部から何らかの理由で搬入されたのであろうか。それとも、旧い竪穴に遺存していた土器から特に選ばれ、代々に相伝され、ある時期まで使用されたか。あるいは「古い土器」をある時期に儀礼的に送り、骨塚の周辺に安置したものか。あれこれ想像すると、様々な可能性が考えられる。いずれの仮説が真であるのか、決め手になる証拠を示すのは難しい。しかし、床面下から出土したとされる擦紋土器片 (新しいもの) が、おそらく諸々の推論の有力な手掛かりになるであろう (佐藤1964 b：92, 1972：483)。
　ここでは、古い時代の土器が竪穴内部に併存し、何らかの形式で使用されていたか、儀礼的に扱われていた可能性がある、と想定するに止めておきたい。さて私見によれば、モヨロ貝塚の10号竪穴と元町遺跡の新しい時期の竪穴は、ほぼ同時代に存在していたと考えられる。つまり異時期である「古い土器」の併存状況は、海岸でも内陸部でも等しく認められる。これは何を意味するのであろうか。いかなる社会的な状況から、そのような土器現象が生じたのか。通説の北方編年を見直すことによって、将来、興味ある問題として議論できるようになるであろう。

トコロチャシ遺跡
　モヨロ貝塚10号竪穴の報告に際して引用されたトコロチャシ遺跡の 1 号竪穴から、**第93図**10例のような「糸切り底の土師器」が出土している。どのような状態で出土したのか、報告書の記載や図版からは分からない。内側竪穴の床面上から出土したとされている。この点は、まず確かであろう。しかし、床面からは縄紋土器や続縄紋土器、擦紋土器など、大小かなりの点数が出土しており、はたして「オホーツク式土器」と組成するのかどうかは疑わしいと指摘されている (駒井編：1964：14)。したがって糸切り底の土師器と「共伴」する相手に関しても、「ソーメン紋土器」であるとする通説には、いちおう疑問符を付けてみる必要があろう。

第 1 節　川西遺跡と二ツ岩遺跡における通説編年の検証　205

　糸切底の土師器は、道東における稀な道南系の遺物として、南チャシ尾根遺跡の「須恵器」(武田1986：9-15)とともに、オホーツク式文化末期の年代を押さえる「鍵」資料として、特に注目されて来た。研究者によって、時期の比定には多少のバラツキが見られる。ほぼ 8 世紀の後半から10世紀の中葉に比定されているが、9 世紀代に収まるとする意見が有力になっている[註9]。

　したがって、糸切り底の土師器と床面上で「共伴」したとされるソーメン紋土器(藤本編年のd・e群)の年代も、同様に 9 世紀代とする説が広く支持されている。だが、この土師器は、ソーメン紋土器と同時代に製作され、遥か道南からトコロチャシ遺跡に搬入され、後代に伝世することもなく竪穴内に放棄され、火災後に埋没したのであろうか。

　古い時代の土器が、遥かに時を隔てながらも、儀礼的に扱われたり、伝世したりする可能性があることは、先のモヨロ10号竪穴で見たとおりである。ちなみにトコロチャシの 1 号竪穴は、「外側→内側」の順に建替えられている。その建替えは、竪穴の図面を参照すると、2 回に止どまらない可能性もある。

　そうした数次に及ぶ建替えに対応すると思われる土器も、擬縄貼付紋土器の「新しい部分」からソーメン紋土器の 1 ～ 3 期まで、すべて揃って出土している。特に、ソーメン紋土器の 1 ・ 2 期に完形品が目立ち、ソーメン紋土器 3 期の個体はごく少数に止まる(柳澤1999b：70-74)。一方、擬縄貼付紋土器には良好な破片が目立つ。時期的には、外側の竪穴で川西遺跡のd3類が主体を占めるので、竪穴は、この時期にも使用されていた可能性が高いと思われる。

　このように観察すると、1 号竪穴はつぎのように変遷したと想定される。

(1)　外側竪穴：擬縄貼付紋(「新しい部分」) (3 = 9)
(2)　外側竪穴：ソーメン紋土器 1 (4 ～ 6)
(3)　外側竪穴：ソーメン紋土器 2 (7)

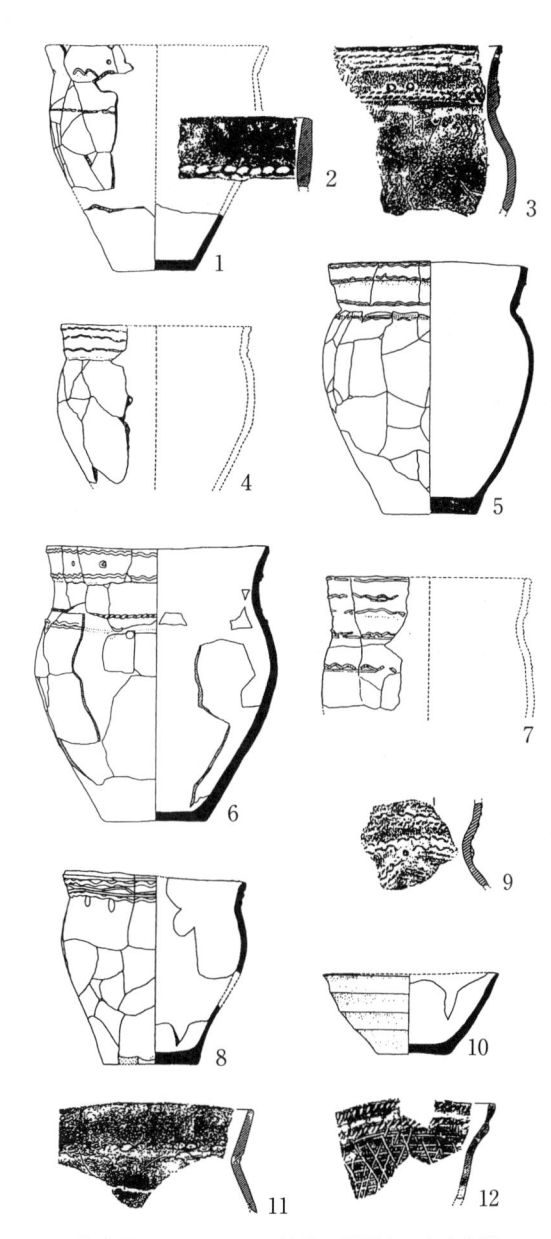

第93図　トコロチャシ遺跡 1 号竪穴の出土土器

(4)　内側竪穴：ソーメン紋土器3（8）

　それでは外側の古い竪穴は、擬縄貼付紋土器の(新)段階に始めて構築されたのであろうか。川西遺跡の1・2号竪穴やモヨロ貝塚10号竪穴などの事例を参照すると、さらに遡る時期に、最初の竪穴が構築されていた可能性が想定される。そこで、あらためて竪穴のプランを見直すと、旧稿（柳澤1999b：70-74）でも述べたように、内側と外側プランの重複以外にも、古い竪穴プランの痕跡かと思われるラインが明瞭に認められる。

　そのラインに対応すると思われる古い時期の土器片は、外側竪穴の床面上から、1例の完形土器や2例のような破片となって出土している。その量は、報告書に掲載された範囲では、ソーメン紋土器に比べ圧倒的に少ない。なぜ、1例のごとき古い時期の完形土器が、竪穴の床面に遺存していたのであろうか。これはまさに、先に伏甕と推定したモヨロ貝塚10号竪穴の「古かるべき土器」（第92図3）に該当するものではあるまいか。

　そこで、1例に係わる古い竪穴が存在したと想定したい。その遺物は内側の竪穴に見当たらないが、外側竪穴の埋土には、11例のごとき破片として含まれている。いずれも擬縄貼付紋土器の「古い部分」（第86図5・6）より古く、刻紋土器Bの「新しい部分」か、その末期に比定される土器（第86図4）と思われる。そのとおりならば、その時期は擦紋Ⅲ(新)期に相当すると考えられる。

　1号竪穴の表土層から、擦紋Ⅱや擦紋Ⅲ（12）の破片が出土している。特に後者の破片は、刻紋土器に類似した口縁部装飾を有しており、一種のキメラ(折衷)土器かと思われる（柳澤1999b：87-88）。本例から、「擦紋Ⅲ＝刻紋土器B」と対比されるので、擦紋Ⅲ期の竪穴が存在したと推定される。これを仮に(1)期とする。それから、擬縄貼付紋土器の欠落時期（第86図5～7）を経て、再びその新しい段階に1号竪穴跡が再利用されて外側竪穴が登場する、というプロセスが想定される。

　これは1号竪穴の変遷についての、現時点での暫定的な仮説である。川西遺跡における竪穴の再利用を想起すると、興味深く思える。そこで、1号竪穴の変遷を図式的に示してみたい。

(1)　擦紋Ⅲ（12≒2・11）などの古い竪穴が構築されたと推定される。
(2)　(1)期の竪穴を再利用して、刻紋土器Bの末期頃に新しい竪穴が構築される（11）。
　　　　　……　空白の期間　……
(3)　火災で焼失した(2)期の竪穴跡を継承し、擬線貼付紋土器(新)の時期に外側竪穴が新たに構築される（4～6）。
(4)　(3)期の竪穴の内部に内側竪穴が構築される（7→8）。
(5)　火災により内側竪穴が放棄され、埋没する。

　さて、両竪穴の変遷を以上のように想定すると、問題の糸切り底の土師器が、本来はどの時期

の竪穴に伴うものか、あらためて問題となろう。通説では、もちろん外側竪穴の年代幅を有するソーメン紋土器（藤本d・e群）に「共伴」すると認める。その可能性は、出土状況から見れば大方は高いと考えるであろう。

しかし、そのように単純に考えてよいであろうか。道東では、この種の土師器は非常に稀な存在である。どの時期においても、これが竪穴内で特別扱いされていたとしても、少しも不思議ではない。古い(2)期の竪穴に存在したと仮定すると、この土師器は1例の時期に竪穴内に持ち込まれたことになる。それが竪穴の放棄とともに埋没し、時を隔てて1号竪穴跡が再利用される際に、「モノ」送りされるべき「古い土器」として特別な存在となった。それ以後は代々受け継がれ、最終的に内側竪穴の床面に埋没して発見されるに至ったと想定しても、一つの仮説として成り立つのではなかろうか。

これは余りに自説に都合の良い解釈である、という批判があるかも知れない。しかし、先のモヨロ貝塚10号竪穴の事例は、この仮説にも、それなりの可能性があることを示唆している。元町遺跡の竪穴でも、遥か古い時代の異系統の土器が、トビニタイ土器群Ⅱの時期に併用されるか、儀礼的に扱われた可能性が想定された。そしてトコロチャシ遺跡においても、異系統・異時期の土器の伝世による「伴出」の可能性が推察されたわけである。常呂川河口遺跡では、ソーメン紋土器と縄紋土器の床面上での擬似的な「共伴」が報告されているから（武田1996a）、以上の解釈的な仮説の単純な否定論には、自づから無理が生じるであろう。

遠隔地から搬入された土師器の年代については、研究者によって意見が異なることは在り得る。またその意見が、発表の時期によって多少のズレを生じることも考えられる。しかしながら、土師器の年代は土師器から、須恵器の年代は須恵器から、オホーツク式の年代はオホーツク式から、それぞれに求めるべきであろう。三者の関係が並行的であるかどうかは、各々の編年案が対比できる精度で確立されていることが必須の条件となる。

さて、10例の土師器と12例や1例の年代的な近さを推論した以上の編年案は、現時点における一つの仮説である。これは今後の見直し作業に伴い、再考を必要とするかも知れない。しかしながら、ソーメン紋土器に糸切り底の土師器が「共伴」したとする通説は、いま一度、竪穴の変遷と「古い土器」の伝世や「送り」儀礼論の観点から、見直してみる必要があると言えよう。

2）骨塚・焼土層の「共伴」とされる事例

二ツ岩遺跡

モヨロ貝塚から北に小さな半島が海へ向かって伸びている。二ツ岩遺跡は、その半島内の標高45メートルの低位段丘に所在する。1975年から1978年まで北海道開拓記念館によって発掘された。3軒の竪穴から、ソーメン紋土器期の資料が豊富に発見され、すでに精細な報告書が刊行されている（野村・平川編1982）。

第94図に示した資料は2号竪穴から出土したものである。1～4例は骨塚に伴うもの。5・6

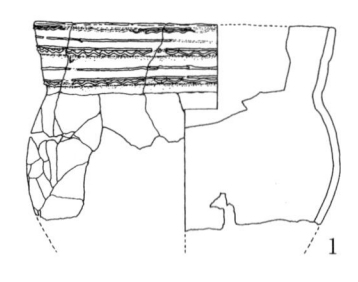

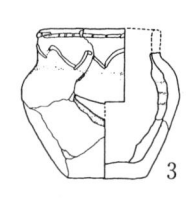

例は床面上で検出されたものである。時期的には、1・2例がソーメン紋土器2、5・6例がソーメン紋土器3に比定される。したがってこの竪穴は、ソーメン紋土器の2～3期に跨って利用されたと考えられる。問題になるのは、骨塚中から2例とともに発見された3例と、それを被う厚い焼土層の直下から出土した4例である。4例は、道東系の古い擦紋土器で、佐藤編年のⅡ期でも、おそらく中頃に比定されるものと思われる（山浦1983：165）。

1978年の発掘調査の際、この擦紋Ⅱの完形土器とソーメン紋土器が「共伴」したというニュースがいち早く広報され、研究者の通説的な編年観に再検討を迫る強いインパクトを与えた。それ以後、いわゆる東大編年（駒井編1964）が姿を消し、山内・佐藤編年の「忘失」が一方的に進行したことは、まだ記憶に新しい（註5に記載した論文を参照）。

だが、擦紋Ⅱの4例が骨塚から出土した事実と、それが藤本編年のいわゆるe群と同時代であるかどうかは別問題であるから、改めて検討してみる必要があろう。この問題については旧稿（1999a：77-80）でも触れているが、ここでは少し踏み込んで考えてみたい。

通説の編年案では、骨塚は1・2例の時期、すなわちソーメン紋土器の2期に形成され、その上部に焼土層が堆積する直前、すなわち床面上のソーメン紋土器3期の5・6例が使用されている時期に4例が儀礼的に祀られたと考えるのであろう。プロセスとしては、その可能性は確かに想定されてよいであろう。しかし、この出土状況から、ソーメン紋土器2がはたして擦紋Ⅱと同時代であると言えるのかどうか、それが問題である。

この問題を考えるヒントは、同じく骨塚中から出土した3例に求められる。これは従来の議論では全く無視されているが、4例と同じように注目すべきであろう。この土器についても、1例や2例に「共伴」するものと、はたして単純に考えられるであろうか。

少し観察してみたい。これは高さ16cm位の小型土器である。4例に比べると約半分の大きさである。直立したやや肥口する？口縁部に1本の粗雑な擬縄貼付線が巡る。その下には鋸歯状の

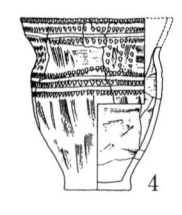

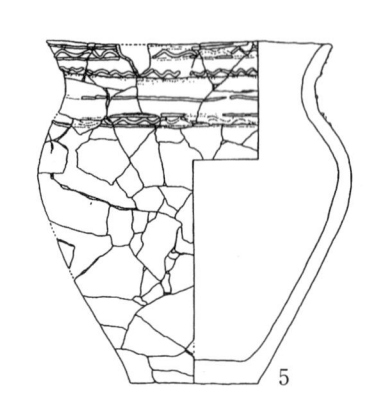

第94図　二ツ岩遺跡2号竪穴の骨塚出土土器

「大波状線」が施されている。これは明らかにソーメン紋土器より以前、擬縄貼付紋土器でも新しい段階に比定される紋様と思われる。ソーメン紋土器であるならば、鋸歯状の大波状線は波状部が丸みを帯び、その下には、川西遺跡やモヨロ貝塚の例からも分かるように、擬縄貼付線か貼付直線が施されるはずである（第85図9～12，第87図4）。

したがって、3例が1・2例より古い土器であるとすると、いずれかの古い竪穴から持ち込まれたか、あるいは、再利用した古い竪穴や骨塚に由来する可能性が考えられる。他の竪穴資料をみると、ソーメン紋土器1期のものは稀で、大半がソーメン紋の2～3期に比定されるものである。それらには、時期が微妙に異なる「土師器系土器」が埋土や床面上で伴出して発見されている（野村・平川編1982）。

1号竪穴では、少なくとも2回の建替えが想定されており、また未発掘の竪穴も残されている。2号と3号竪穴では、建替えの可能性は指摘されていない。したがって推測にならざるをえないが、擬縄貼付紋期の竪穴が単独で残されている可能性は少なそうである。擦紋Ⅱや「土師器系土器」を出す竪穴についても、同様に考えられるであろう。

仮に遺跡外から、4例や「土師器系土器」が交易や贈与によって搬入されたと仮定した場合、3例については、どのような解釈が可能であろうか。型式と系統上の差違、そして堆積の順序からいえば、「3例の搬入と伝世→1・2例と3例の骨塚への安置→4例の骨塚への安置→焼土層の堆積＝床面上の5・6例」、というプロセスが想定される。

この場合、同じ骨塚に係わる小形土器でありながら、4例に関しては、1・2例または5・6例と同時代であるとみなし、一方3例だけは、通説の編年に合致するように数世代前からの伝世品であると解釈することになろう。同じ遺構で「共伴」したと認められる状態で出土した遺物を、そのように都合よく振り分けて解釈を下して、はたしてよいのであろうか。

異系統ないし異時期の土器の「共伴」とされる現象を合理的に解釈するには、3例と4例はともに古い時代の土器であり、何らかの事情で骨塚内に持ち込まれ、儀礼的に「モノ」送りされたと考える他ないのではあるまいか。

先に言及したトコロチャシ遺跡1号竪穴やモヨロ貝塚10号竪穴における、年代の懸け離れた「古い土器」の存在は、こうした仮説の妥当性を裏づける有力な傍証となるであろう。したがって二ッ岩2号竪穴の諸資料は、以上の分析に拠ると、つぎのように編年される。

(1) 2号竪穴の構築・骨塚の形成（1・2）……ソーメン紋土器2期
(2) 骨塚への3例の「モノ」送り儀礼…………　　〃
(3) 2号竪穴の継続使用（5・6）……………ソーメン紋土器3期
(4) 骨塚上部への4例の「モノ」送り儀礼……　　〃
(5) 骨塚への焼土層の堆積………………………　　〃
(6) 竪穴の火災、放棄……………………………　　？

210 第3章 道東における遺跡編年案の見直し

　以上の編年案によると、骨塚から出土した3例と4例は、その出所は不明ながらも、1・2例や5・6例とは別の時期に属し、竪穴内へ搬入ないし伝世されたと想定されることになる。もし、この見方が妥当ならば、古い擦紋土器とオホーツク式の双方に対して、オホーツク人が「送り」儀礼的な扱いをしていたことになろう。

　旧稿において、異系統・異時期の土器の「共伴」とされる事例について検討した際に、それらが「後代アイヌにおける「送り」儀礼の起源と、その歴史的な展開を究明するうえで、きわめて重要な意義を持つことになるであろう、」と指摘したが（柳澤2000：18-24，註9）、この仮説が成立する可能性は、以上の検討によってさらに深まって来たように思われる(註10)。

　そこで、こうした儀礼の拡散を追跡するために、観察のロケーションを道北へ移して検討してみたい。

亦稚貝塚

　亦稚貝塚は利尻島の西岸に位置する遺跡である。1977年に調査され、オホーツク式に伴う古式の土師器が発見されるなど、重要な成果をあげた遺跡として知られている。この土師器は第1ブロックの出土品である。これに対して、最も新しいとされた第3ブロックでは、海獣紋土器とソーメン紋土器が隣り合わせで出土し、注目された（第95図）。その状況は、まさにお誂え向きの「共伴」関係を示しているかのように見える。しかし、そのように単純に捉えてよいのであろうか。

　旧稿（柳澤2000：20-22）では、モヨロ貝塚・常呂川河口・香深井1（A）の諸遺跡の層位事例を参照して、1例の方が古く、2例（ソーメン紋土器3期）は遥かに後代の所産と位置づけた。そして、周辺部における特殊遺物の出土状況（岡田ほか1978・西本1978）を重視して、1例の「古い土器」は、ソーメン紋土器の時代に儀礼的に扱われたものと解釈した（柳澤2000：18-25）。この見方は現在も変わらないが、1例の土器について若干補足しておきたい。

　第3ブロックには、実に多様な土器が含まれている。その中でもソーメン紋土器（2・8）に先行し、刻紋・沈線紋土器より新しいものとして、擬縄貼付紋土器（7）及び先行する刻紋・沈線紋土器がある。4・5・6はその代表例である。おそらく3例も、これらに伴うのであろう。その他に3例の器形に類似した、いわゆる「接触様式」（大井1970）の系統に属する土器が、

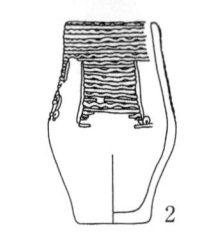

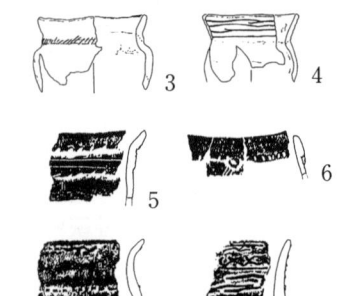

第95図　亦稚貝塚第3ブロック出土の土器

若干含まれていることも見逃せない。

　さて、問題になるのは１例の時期である。「∧」形の刻紋は、かなり古い時期に遡って登場し、道北ではそれ以降、複数の土器系列において連綿と存続する。したがって、それから単純に時期を比定するのは難しい。先の道東編年案によれば、擬縄貼付紋(古)の時期までは確実に存在する(東京大学文学部考古学研究室編1972：fig189-１)。しかし、それ以降には残存しないと思われる。それに近い時期の例としては、先のトコロチャシ１号竪穴の土器（第93図１）があげられる。その胴部には擬縄貼付線が１条巡り、口縁部には間隔をあけて「∧」形連紋が施されている。１例に類似した装飾と言えよう。

　この対比が妥当ならば、１例は擦紋Ⅲ末頃に対比されるトコロチャシ遺跡例と年代的には大差がないことになる。それに近い年代の土器は、擬縄貼付紋土器(中～新)の７例やソーメン紋土器の２・８例ではあり得ない。第３ブロックでは、４～６例の刻紋・沈線紋土器が最も年代的に近いものと考えられる。また４例や６例の仲間が、川西遺跡の資料にｃ類（第80図３）として僅かに見られることも暗示的に思われる。

　以上の観察をもとに、他の資料も加えて古い順に並べると、つぎのような編年案になる。

(1)　円孔紋を持つ、十和田式系の土器
(2)　刻紋土器の新しいものと刻紋・沈線紋土器
(3)　摩擦式浮紋を含む「融合型式」系の土器
(4)　「沈線紋土器」（４・５＝擬縄貼付紋土器(古)？）
　　　　………空白の期間………
(5)　擬縄貼付紋土器(中：７)
(6)　擬縄貼付紋土器(新)＝川西遺跡d₁類
(7)　ソーメン紋土器２・３期（２・８）

　ここで出土状況の観察に戻ると、１例と２例の隣り合わせの状態を見れば、誰もが直ちに「共伴」関係を認め、同時期であることを疑わないであろう。しかし、第３ブロックの資料を広域的に対比すると、両者が同じ年代に属すとは簡単に言えなくなる（柳澤2000：20-22)。なぜ、遥か昔の土器をわざわざ隣り合わせにして、二ツ岩遺跡の骨塚のごとく焼土層の下に安置したのであろうか。

　この層からは、トナカイの角製品とされるイノカ風の彫像も発見されており、アザラシ類やオットセイなどの海獣骨も目立つと報告されている（西本1978：81-97)。したがって、あたかも屋外の骨塚のような機能を果す、"神聖な場"であったと推定されよう。ここで古い土器や動物骨に対して、「送り」儀礼が行われたと想定しなければ、両土器の「伴出」は、必然的に「共伴」を意味することになる。しかし共伴を認めると、通説の北方編年案は、道東でも道北でも成り立たなくなるのではあるまいか。（柳澤2006ａ：18-25)。

さて、こうした亦稚貝塚における特異な出土状況は、二ツ岩遺跡2号竪穴の骨塚において、異系統、異時期の擦紋土器が、ソーメン紋土器と擬似的に共伴した事例に酷似している。常呂川河口遺跡では、先にも触れたとおり、遥かに古い続縄紋土器がソーメン紋土器と共に床面上から出土したと報じられている（武田1996 a）。

周知のように続縄紋土器は、オホーツク式の竪穴内からしばしば出土する。しかしその時期の竪穴が、オホーツク式期の竪穴と重複して検出されることは、きわめて稀である。擦紋Ⅰ・Ⅱ期の完全な竪穴が稀有であることもまた、合せて注目されよう。双方の竪穴の不在、またはごく稀であることは、まことに不思議と言う他ない現象である。擦紋期の場合、遺構の重複例は、鐺別町の下鐺別遺跡（宇田川1971 b）等が知られるのみである。発掘された擦紋期の竪穴数から見れば、これは「擦紋Ⅲ→トビニタイⅡ」の年代差を示す稀有の事例と認められる（柳澤1999 b：91-93）。

これに対して、オホーツク式やトビニタイ土器群Ⅱの側では、好んで古い竪穴跡を繰り返し再利用する傾向が、擬縄貼付紋土器の新しい時期以降では、特に著明に認められる。オホーツク式期の竪穴の床面や骨塚から出土した土器群は、はたして単純に"共時性"を示すのか。それとも、異時期・異系統の古い土器が代々に伝えられる（伝世）、あるいは儀礼的に扱われる（「送り」）。または、それらの「古い土器」が実用されることが、実際に在ったのであろうか。

この素朴な疑問を考古学的に解き明かすには、まず真の「共伴」と伝世や儀礼的な事情による疑似的な「共伴」の違いを型式学的に見きわめ、それから解釈を試みる視点が求められよう。

3）「共伴」と「伴出」のはざま

そこで第96図に、オホーツク式とトビニタイ土器群が「伴出」した周知の事例を掲げてみた。道北では亦稚貝塚（焼土層：1・14）、道東では二ツ岩遺跡の2号竪穴（骨塚：2〜4）と3号竪穴（床面上：5〜8・13）、トコロチャシ遺跡1号竪穴（床面上：9・10）、元町遺跡の竪穴（壁際：15・16）を選択してある。

通説の編年観では、特に断りがなくても、相伴って出土したものは「共伴」関係にあると認め、同時代の所産と見做しているようである。すなわち1例＝14例であり、3例や5・6・13例、そして14例も同時期である。これらに伴出した土器（4・7・8）は、オホーツク式と擦紋土器の並行関係を端的に証明する格好の物証として、特別な評価を与えている。確かに3・5・6例はソーメン紋土器2、13例はソーメン紋土器3の古いもの、14例は、そのどちらかに比定される。したがって、それらを大まかに同時代と見做しても、それほど問題にはならないとも言える。

だが、これらと「共伴」したとされる2例は明らかに型式を異にしており、数段階は古いものである。また、4例が擦紋Ⅱであるのに対して、同時期であるはずの7・8例は、特徴に乏しく正確に分からないが、それより新しい時期に属すように思われる。4例と7・8例の間には、小細別にしてやはり数段階の差があるであろう。

要するに擦紋土器の側（4・7・8）でも、オホーツク式の側でも、骨塚と床面上で発見された土器の時期は無秩序にずれている。そして、通説の編年案と上述の編年案を対照すると、以下の

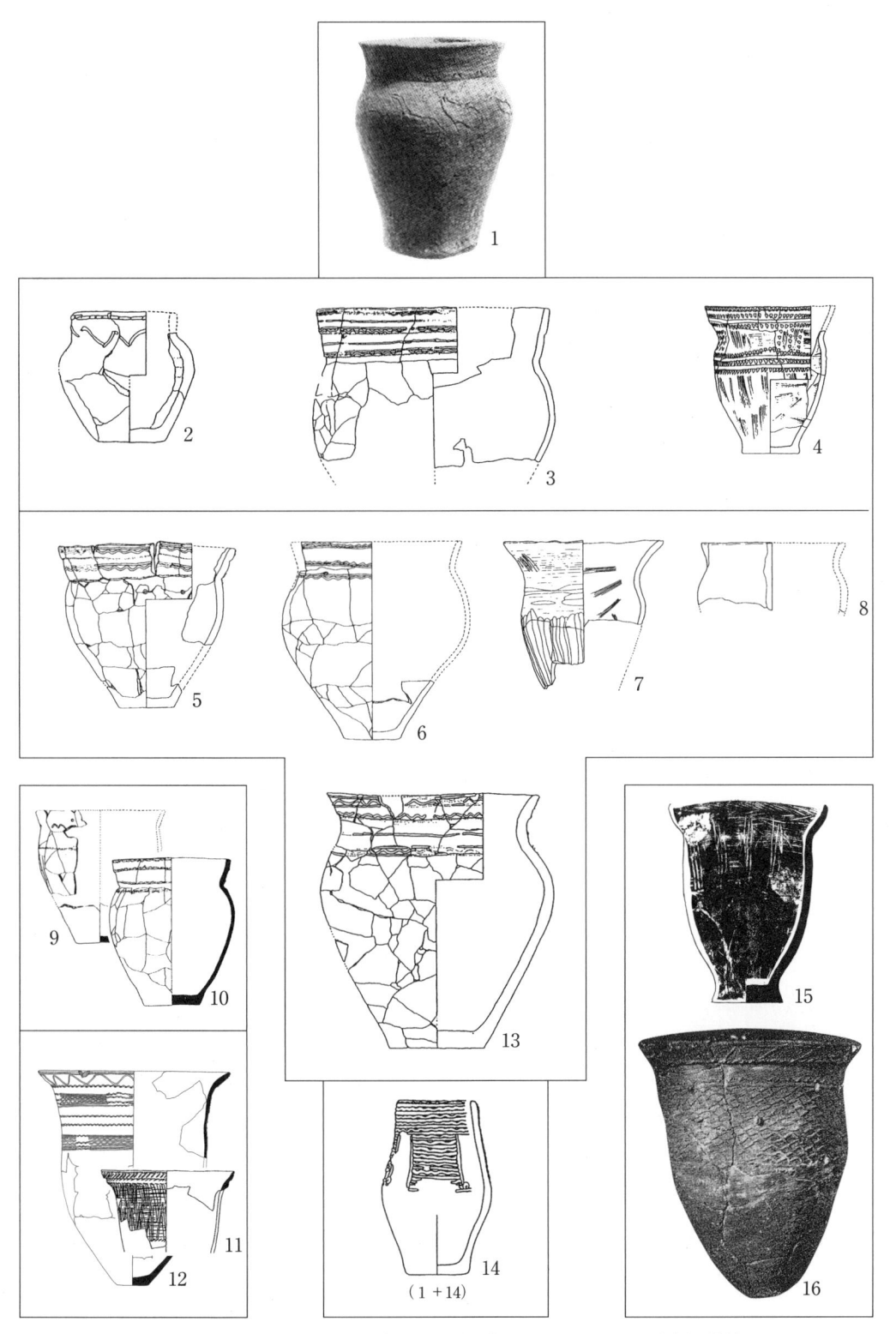

第1節　川西遺跡と二ツ岩遺跡における通説編年の検証　213

第96図　道東・道北における各種土器群の伴出（擬似的な「共伴」）事例の比較

ように大幅なずれを生じることになる。

　(1)　刻紋土器A＝二ツ岩遺跡（4，7・8）……………………………擦紋Ⅱ（並行）
　(2)　刻紋土器B：モヨロ貝塚（第86図1・2）……………………………擦紋Ⅲ
　(3)　刻紋土器B：モヨロ貝塚（第96図9）・亦稚貝塚（1）………………擦紋Ⅲ
　(4)　擬縄貼付紋土器(古)：モヨロ貝塚（第86図5・6）…………………擦紋Ⅳ（古）
　(5)　擬縄貼付紋土器(中)：モヨロ貝塚（第86図7）……………………擦紋Ⅳ（中）
　(6)　擬縄貼付紋土器(新)：モヨロ貝塚（第86図8）・二ツ岩遺跡（2）…擦紋Ⅳ（新）
　(7)　ソーメン紋土器1：（＋）
　(8)　ソーメン紋土器2：二ツ岩遺跡（3・5・6）・トコロチャシ遺跡(10) ≒ 元町遺跡(16)
　(9)　ソーメン紋土器3：二ツ岩遺跡(13) ≒ ピラガ丘遺跡(12)

　そこで問題になるのが、トビニタイ土器群Ⅱの位置である。これは通説のとおり擦紋Ⅲに並行するであろうか。16例は、大波状線の下に皮紐状の波線を持つタイプで、ソーメン紋土器の2期に対比される。ピラガ丘遺跡の12例は、その部分が複帯化しており、16例よりは新しいと思われる。一般にトビニタイ土器群では、胴部紋様を幅広く構成するものが古く、複段化した帯状のソーメン紋を持つものは新しいと考えられる。したがって、16例から12例へ変化すると想定しても、特に矛盾する点は認められない。

　ところが、これら12・16例に伴った土器を比べると、15例は擦紋Ⅲ期の末に、11例は擦紋Ⅳの中位の時期に比定される。15例と11例の間には、おそらく4～5段階の間隙があると推定される。11・12例は、カマドも炉址も、焼土も炭化物も無い「竪穴」から出土しており、その遺構の性格について再検討を要すると思われる[註11]。その点はともかく、12と16例はソーメン紋土器の2・3期に対比されるので、11・15例の年代とは明らかに齟齬する。

　しかし両者の時期をこのように考えると、おそらく大方から強い異論が出されるであろう。それに対しては、1例＝14例の観点から、他の「共伴」と認める事例を合理的に説明できるかどうか、その点が問われることになろう。亦稚貝塚の「共伴」事例（1＝14）を仮に「送り」儀礼による伴出と見做した場合、二ツ岩遺跡2号竪穴の骨塚では、擦紋Ⅱ(4)はソーメン紋土器(3)と「共伴」すると認める。一方、擬縄貼付紋土器(2)とは「混在」したと捉える。そうした相反した都合のよい解釈をしなければ、通説の北方編年は成立しないことになる。

　ともかく、以上のどの事例を「共伴」とし、また「混在」と認めればよいか。通説編年の立場から、その首尾一貫した判断を示すことは困難であるように思われる。

　さて、ここで話題を転じたい。筆者の編年案では、擦紋土器が終焉を迎える頃に、道東から道北へ、そして千島(クリル)諸島方面へ、ソーメン紋土器が広域的に拡散し、それに呼応して、在地の土器が大きく変容したと想定する。その様子については、すでに旧稿で予察を明らかにしている（柳澤2000・2001）。ここでは一つの傍証として、ソーメン紋土器に伴い拡散したと推定され

る、クマ・シャチ・シマフクロウの姿を象った骨角製品や木器に注目したい (**第97図**)。

　これらは後代のアイヌ文化に連なるトーテム的な要素として、古くから多くの研究者が関心を示し、議論の的とされて来た。近年では宇田川洋氏が網羅的に資料を集成し、研究を一段と進展させている (宇田川1989a)。それに若干の資料を補い、ソーメン紋土器に伴う可能性が高いと思われる代表例を示すと、図示のごとき大まかな分布圏が明らかになる。

　仮に、オホーツク文化末期の拠点遺跡であるモヨロ貝塚を中心において、類例の広がりを追うと矢印のような流れとなる。この流れが、先行する擬縄貼付紋土器の拡散ルートに重なることは、おそらく偶然でないと思われる。擦紋末期に生じた大きな変動の後、オホーツク文化の文物が急速かつ広域的な展開を示すのは、いったい何故なのであろうか。

　ソーメン紋土器を出す竪穴の分布範囲は、道北では今のところ限られている。しかし、土器それ自体の強い影響力は道東部では南千島(29)に達し、根室から十勝地方まで広い範囲に波及している。一方道北部では、礼文島・利尻島はもちろん、そこから道央に向って、増毛町阿分3遺跡(17)から千歳市のウサクマイN地点遺跡(23)まで、ソーメン紋土器の分布が認められる[註12]。また貼付紋土器に酷似したものは、遥かアムール川の河口に近いニコラエフスク・ナ・アムーリエ郊外の住居址やオホーツク式海北部のアダルガン遺跡でも発見されたと伝えられている (前田1994)。

　通説では、貼付紋系土器がオホーツク海の沿岸域に分布圏を拡大した時期は、ほぼ8世紀の後半から9世紀の間とされる。研究者によって年代に多少の違いはあるが、一様に古い時期と認める点では一致している。この年代観が妥当ならば、道内及びサハリン島以北のオホーツク海沿岸では、ソーメン紋土器と「擦文前期」土器及びそれに並行する在地系の土器が繰り返し「共伴」して発見されるはずであろう。

　だが今のところ、そのようなお誂え向きの出土ニュースには接していない。以上に述べた北方編年案に拠ると、そうした可能性はきわめて乏しいと考えられる。ウサクマイN地点遺跡で出土した富鋳神寶は、ソーメン紋土器と「擦文前期」土器の並行関係や年代を証明する有力な決め手になると期待されている。だが、その可能性はあるのであろうか。出土状況を観察すると、富鋳神寶と「擦文前期」の土器・ソーメン紋土器3が同時代であると言い切れるのかどうか、大いに疑問があるように思われる。いずれ機会を見て詳細に検討してみたい。

　さて、ソーメン紋土器の広域的な拡散に伴い、「クマ」に係わる文物も分布圏を拡大している。礼文島や利尻島まで速やかに到達した「クマ」彫像(14)をめぐる習俗は、その後、道南地方にも波及したのであろうか。もし、その類品が発見されたならば、ウサクマイN遺跡から国後島のポンキナシリ遺跡(29)、択捉島のウルモベツ貝塚まで、「クマ」を神聖視する北方系の信仰が、オホーツク文化の末期の頃に、渡島半島以北の世界に再び展開したことになろう。

　角骨製品や木器、土器に象られた動物には、クマをはじめ、シャチ (4・5)やフクロウ(27)など、後代アイヌ文化において、特別に神聖視されたトーテム的な動物 (河野1936・宇田川1989a)が揃っている[註13]。これはいったい何を物語るのであろうか。言うまでもなく、これらの信仰的な

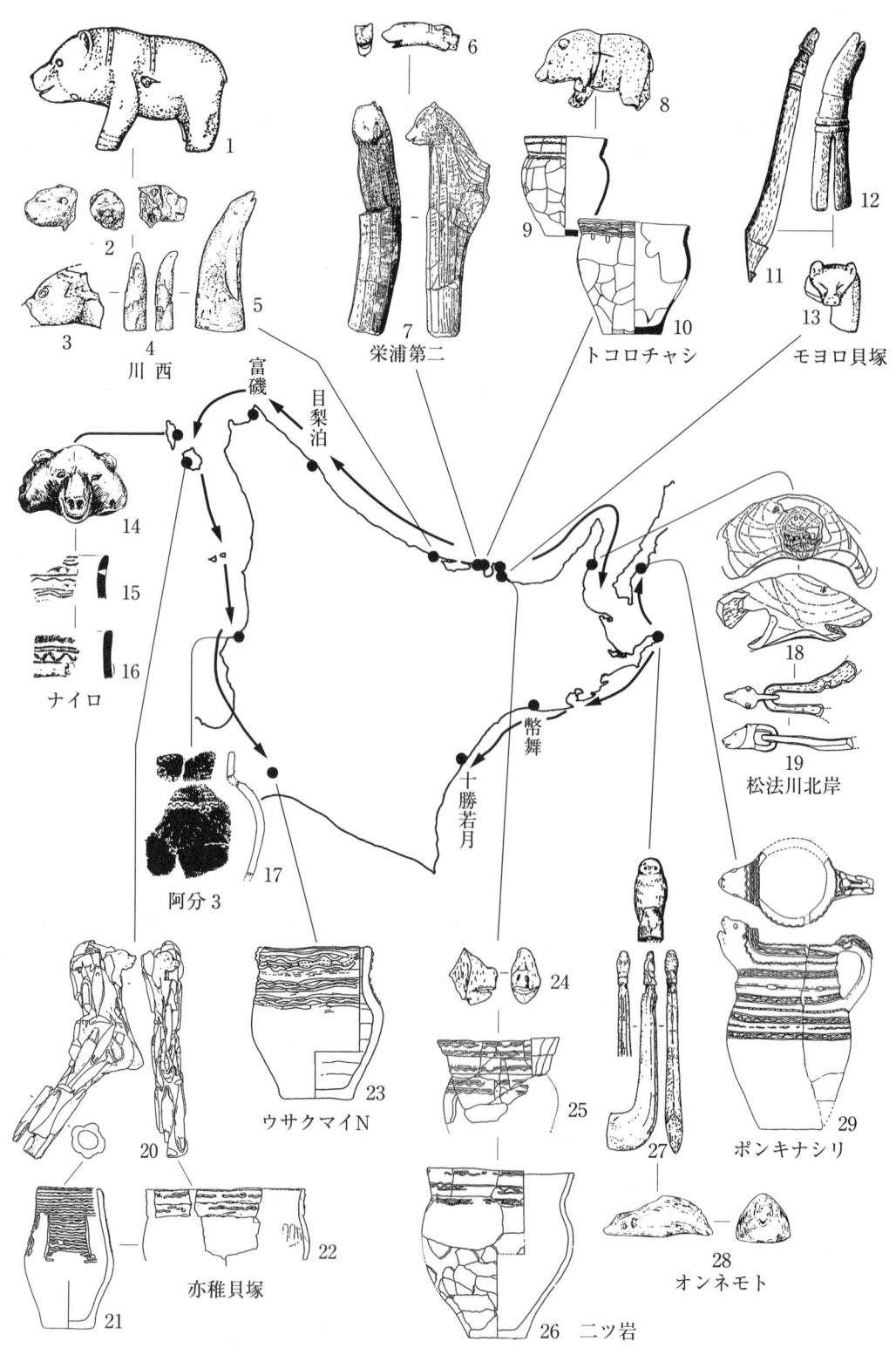

216 第3章 道東における遺跡編年案の見直し

第97図 ソーメン紋土器の拡散と動物意匠（ヒグマ・シャチ・シマフクロウ）の分布

第5表　北方編年の試案（暫定的）

オホーツク式	河野(1955)	トビニタイ土器群	擦紋土器
円形刺突紋土器			Ⅰ
刻紋土器A	A・B		Ⅱ
刻紋土器B	BC		Ⅲ
擬縄貼付紋土器(古)	C		Ⅳ(古)
擬縄貼付紋土器(中)			Ⅳ(中)
擬縄貼付紋土器(新)	C	Ⅰ（=「擦紋Ⅴの一部」）・「中間的なもの」	Ⅳ(新)・Ⅴ
ソーメン紋土器1		Ⅱ(古)・「中間的なもの」	
ソーメン紋土器2	D	Ⅱ(中)	
ソーメン紋土器3	D	Ⅱ(新)・「中間的なもの」	

要素は、絶えて擦紋文化に固有の文物として認められていない[註14]。

オホーツ式末期における、ソーメン紋土器ないしソーメン紋手法の全道的な拡散と、道東・南千島におけるトビニタイ土器群Ⅱの広域土器圏の新たな誕生は、爾後における土器を欠いた北方文化圏の動態を把握するうえで、きわめて重要な意義を持つと思われる。

『諏訪大明神絵詞』において、「渡党、日ノ本、唐子」の居住地として「蝦夷ヶ千島」と記載された北方文化圏に、やがて地方差に富むアイヌ民族が登場して来る事情を、はたして物質文化上の資料から考古学的に読み解くことができるであろうか。通説の北方編年観を見直し、大地に残された蝦夷ヶ千島人の活動の痕跡を丹念に探索して行けば、「謎の中世」とされる文物・遺構の空白期間を埋めることも、あながち不可能ではないと予想される。

幸いそうした物的な証拠は、最新の調査報告書にも、また過去のものにも、すでに姿を現れているようである。最後に、青苗砂丘遺跡の新しい諸々の新資料を参照しつつ（皆川編2002）、北方編年体系の新しい試案を掲げて締めくくりとしたい（第5表）。

おわりに

通説の北方編年を支えている考古学上の根拠は、いったい幾つあるのであろうか。土器の層位差や地点差などは勿論のこと、新旧の^{14}C年代や火山灰をも、考古学上の直接の証拠として重視する意見は、今や大多数を占めるのであろう。

何をもって、どの範囲までを、考古学上の証拠と見做すかは、もとより研究者の自由に委ねられている。しかし物的な証拠とするものには、その重要度や属性、扱うための方法などに、明らかな違いがあるはずである。小論では、専ら土器類の重要性を第一として、その型式学的な分析を重視しながら議論を進めて来た。

その結果、元町・二ツ岩・トコロチャシ・川西・赤稚貝塚などの諸遺跡で発見された、オホーツク式土器の「共伴」と見做されている出土事例は、いずれも「古い土器」の伝世や儀礼的な扱

いによる伴出の可能性があると、2000年の発言以来、再び解釈された（柳澤2000：18-24，註9）。とりわけ竪穴内外の骨塚や床面上から出土した、年代の「古い土器」については、一種の「送り」儀礼の所産であると想定された。したがって、これを特に重視して1977年以後に構築された通説の北方編年案は、これから根本に立ち戻っての見直しが求められることになるであろう。

仮に、上述の北方編年案の見通しが妥当ならば、蕨手刀や青銅製の帯飾りなど、本州島やサハリン島を経由して搬入された諸々の金属製品の「共伴」関係が想定されている出土事例についても、「イコロ」の発生とその歴史的な展開の問題として、あるいは混在事例として、あらためて編年学的に検討しなければならないと思われる。

畢竟、後代アイヌ文化に係わる諸々の物質文化および精神文化上の問題は、通説化した北方編年体系の本格的な見直しによって、はじめて先史考古学の俎上での議論が可能になることを強調して、小論の結びとしたい。

註

(1) 擦紋Ⅳ（佐藤1972）を「古・中・新」の呼称を用いて暫定的に3細分すると、宇田川洋氏の細分表記の方法（宇田川1980 a）に準拠した場合では、つぎのようになる。
　　　「古い部分（古）」：擦紋Ⅳ$_1$〜Ⅳ$_3$
　　　「中位の部分（中）」：擦紋Ⅳ$_{4〜7}$
　　　「新しい部分（新）」：擦紋Ⅳ$_{8〜10}$

(2) トビニタイ文化の遺跡では、知床半島のオタフク岩遺跡（涌坂1991）などが全掘された遺跡としてあげられる。近傍にある松法川北岸遺跡（涌坂1984）でも、オホーツク式とトビニタイ期の竪穴が広範囲に調査されているが、残念ながらその全貌は明らかにされていない。

(3) 2号竪穴では、a類のみが覆土から発見されている。米村翁の旧資料にはb・c類が豊富にある。両類は、擬縄貼付紋土器以前であるが、時期は少し異なるようである。年代的には接近しているが、b類の方が古く、c類は新しいように思われる。そうであれば、1・2号のいずれかに伴うb類は、1号竪穴に由来する可能性が高くなる。これはa類と共に川西遺跡では最も古いオホーツク式であるから、この時期の竪穴が、どこかに存在すると推測される。2号と同じように、1号竪穴も建替えられているのではなかろうか。なお青柳文吉氏は、2号竪穴に関して、竪穴上げ土の詳細な観察をもとに、3・6号よりも古い時期に構築された可能性があると指摘している（青柳1995：78）。

(4) トビニタイ土器群は、Ⅰ・Ⅱとその「中間的なもの」に分類されている（菊池1972 a：454-454）。そのうち、特に「中間的なもの」の標本例には、両者の中間の特徴を持つ土器とⅡの(古・新)段階に相当するものが含まれている。資料の充実を待って検討したい。

(5) 擦紋土器とオホーツク式土器・トビニタイ土器群に関する通説編年の成り立ちについては、宇田川洋氏の諸論文を年代順に検討すると理解し易い（宇田川1971 a 〜1980b・1988）。また近年、盛んに引用されている編年案では、右代啓視氏の論考（右代1991・1995 a b）が代表的である。これは文献史学における引用例も多い。例えば、蓑島栄紀氏の意欲的な新著（蓑島2001：226-247）があげられる。なお最近、氏は考古学上の研究成果の学際的な利用について基本姿勢を変え、すこぶる慎重な発言を示している（蓑島2002）。

(6) 1972年以前、元町遺跡の「融合土器」に「共伴」した擦紋土器については、擦紋末期とする意見が支配的であった。たとえば東大編年では「擦文土器第4」（駒井編1964：152-155）に比定しており、石附喜三男（1969）、宇田川洋、（1971a：11・16）、菊池徹夫（1972a：367, 450-457）の各氏も、これに近い見解を述べている。つまり、元町遺跡の擦紋Ⅲとトビニタイ土器群Ⅱを擦紋末期における「共伴」事例と見做し、それとトビニタイ遺跡の重複竪穴の資料（ソーメン紋土器→トビニタイ土器群Ⅱ）を結び付けて、新しい北方編年案を構想していたと考えられる。二ツ岩遺跡の2号竪穴の調査（1978年8月）以前には、「擦文より新しいオホーツク式があるに違いない」、あるいは「オホーツク式文化は、擦文文化の終末と遠からぬ時代に姿を消す」といった発言が、新進研究者の座談会や概説書に登場しても、特に疑問視されない状況があったことは、今ではすっかり「忘失」されている（日本民族学会編1961：11, 吉崎1976：181）。

(7) 斜立柱穴の実例は、知床半島のトビニタイ遺跡1号竪穴（駒井編1964）や網走川流域の美幌町元町2遺跡（美幌町教育委員会1986）などに好例があり、遥か後代の「アイヌ文化期」にも存在する。その最新の例では、千歳市オサツ2遺跡の平地式住居跡があげられる（豊田ほか2002）。近世のアイヌ絵画資料にも、斜立柱穴を持つチセが描かれており（『蝦夷島奇観』）、近代資料においても、その伝統は存続している（鷹部屋1970）。今のところ、こうした柱穴構造を持つ遺構は、オホーツク式文化・トビニタイ文化に接続する時代の明確な実例が知られていな。しかし、ケツゥンニの柱（穴）構造を想起すると、元町・トビニタイ遺跡における斜立柱穴の存在は大変興味深いものに思える（駒井編1964：166-167）。

(8) ちなみに、擦紋文化に第91図3～5のような石器は存在しない。これに対して、オホーツク式文化の類例は豊富に存在する。例えばトコロチャシ遺跡（駒井編1964）では、磨製石斧（fig33-3）、石鏃（fig56-18）、栄浦第二遺跡23号竪穴の骨塚（武田1995）では、石鏃・ポイント（第44図右上・左）などの酷似した例が容易に確認できる。

(9) 年代幅を広く想定する説では、椙田光明氏（椙田1992）の意見が代表的である。また、道内の土師器を詳しく研究した岡田淳子氏は、「9世紀後半以降のもので、10世紀末までは下らない」、と指摘している（岡田ほか1984：4）。

(10) 最近、トコロチャシ遺跡でオホーツク人による続縄紋土器の「送り」儀礼跡が発見され、宇田川洋氏によって詳しく報じられた。氏もようやく「古い土器」の「送り」儀礼の可能性に言及し、筆者が述べた仮説（柳澤2000：18-24, 註9）と同じ意見を表明されるに至った（宇田川2001［2002］：161）。ただし、年来の通説編年案（宇田川1980b）は未だ撤回されていない。

(11) トビニタイ土器群と伴出ないし「共伴」したとされる土器の組成は、遺跡や遺構によって大きく異なり、一定した年代秩序を示さない。一例として、オタフク岩遺跡とオタフク岩洞窟の例が挙げられる。前者では、擦紋土器をまったく伴わないが、後者では、トビニタイ土器群と擦紋土器が層位的に整然と「伴出」した様子が丁寧に報告されている。その状況は、同じ知床半島内のオタモイ1遺跡やウトロチャシコッ岬下遺跡、トビニタイ遺跡とは明らかに異なる。近接した諸遺跡に見られる、こうした出土状況の歴然とした差違は、いったい何を意味するのであろうか。

(12) 石狩湾周辺域への貼付紋土器の拡散については、戦前のうちに河野広道が指摘している（河野1935）。ウサクマイN遺跡で発見されたソーメン紋土器は、先学の古き知識の正しさを60余年後に証明したきわめて貴重な資料といえよう。

(13) シマフクロウの彫像は、オンネモト遺跡の他に常呂川河口遺跡の15号竪穴でも発見されている（武田1996a）。

(14) 「オホーツク文化」と後代アイヌ文化との繋がりは、多くの先学によって古くから指摘されている。擦紋土器の方がソーメン紋土器より新しいとする通説編年に立脚しながら、「オホーツク式文化」とアイヌ文化との繋がりを重視すべきであるという意見は、菊池徹夫氏によって早くから主張されている（菊池1977, 1993a・

1993b)。山浦清氏（山浦1983）、藤本強氏（藤本1986）や宇田川洋氏（宇田川1989a）ほか、かなりの人々が同じ立場を相ついで表明している。この説においては、擦紋末期（Ⅳ末・Ⅴ）の時代に、後代アイヌ文化に繋がるオホーツク文化の要素、例えばヒグマ・シャチ・シマフクロウなどの動物信仰に係わる文物や「送り」儀礼の痕跡が、道内に広く分布している状況を物証で明らかにする作業が求められよう。なお、少数派とされる山内清男（1932・1939b）と佐藤達夫（1972）の編年観では、トビニタイ土器群Ⅱや中間的なもの（一部）とオホーツク式の新しい土器が、擦紋土器が消滅した後に道内および周辺域に広く拡散するので、後代アイヌ文化との繋がりは、通説の北方編年より遥かにスムーズに説明できると思われる（第97図を参照）。

図版出典

第78図　1～3：大場（1965）　4・5：米村（1961）　6・7：青柳（1995）

第79図　青柳（1995）を一部改編

第80図　1・4～8・10：青柳（1995）　2・3・9・11：網走市立郷土博物館編（1987）

第81図　1～24：青柳（1995）

第82図　1～19：青柳（1995）

第83図　1～10：米村（1961）

第84図　1～13：大場（1965）

第85図　1～17：網走市立郷土博物館編（1990）

第86図　1～8：網走市立郷土博物館編（1986）

第87図　1～4：網走市立郷土博物館編（1986）　5：駒井編（1964）　6・9：東京大学大学院人文社会系研究科考古学研究室・常呂実習施設編（2001）　7：右代（1996）　8：八幡ほか（1974）　10・11：東京大学文学部考古学研究室編（1972）　12・13：大井（1984a）　15：武田（1996）　17：涌坂（1991）　18：宇田川編（1981）

第88図　1～6：網走市立郷土博物館編（1990）　7～9：青柳（1995）

第89図　1：金盛（1981）　2～7：駒井編（1964）　8・9：涌坂（1991）　10：大場・児玉（1958）

第90図　1・2・4・6：豊原・福士（1980）　3：清野（1969）　5・7：西（1970）　8～11：石川（1996）　12・13：吉野（1974）　14：大場（1960）

第91図　1～5：大場（1960）

第92図　1～11：佐藤（1964b）

第93図　1～12：東京大学文学部考古学研究室編（1972）

第94図　1～6：野村・平川編（1982）

第95図　1～8：岡田ほか（1978）

第96図　1・14：岡田ほか（1978）　2～8・13：野村・平川編（1982）　9・10：東京大学文学部考古学研究室編（1972）　11・12：米村（1971）　15・16：大場（1960）

第97図　1・3～5・13：大塚（1968）　2：青柳（1995）　6・7：東京大学文学部考古学研究室編（1972）　8～10：駒井編（1964）　11・12：大場（1955）　14～16：大川（1998）　17：福士（1990）　18・19：涌坂（1984）　20～22：岡田ほか（1978）　23：田中・種市（2001）　24～26：野村・平川編（1982）　27・28：八幡ほか（1974）　29：杉浦（1999）

第2節　二ツ岩遺跡編年の再検討
　－ 擦紋Ⅲ期における道東と道央の対比 －

はじめに
　通説の北方編年が確立したのは、いつ頃の事であろうか。私見によれば、1980年代の後半頃かと思われる。僅か20余年前であるから、まだ通説編年の歴史は浅いと言えよう。
　二ツ岩遺跡の報告（野村・平川編1982）の後、宇田川洋氏はごく簡略な記述を以って自説の編年案を撤回された（宇田川1988：302-309）。それを受けて右代啓視氏が、理化学的なデータを付会した体系的な北方編年案（右代1991）を発表して以来、通説は、ほぼ不動の地位を獲得したと思われる。しかしながら、その通説の編年案には、なお大方の研究者が認知していない諸々の矛盾や疑問点が、北海道島のみならず環オホーツク海の諸地域を含めて数多く伏在している。
　旧稿（柳澤2003～2005b）では、そうした問題点を根本から解消するために、通説の編年案を支える二ツ岩やカリカリウス、ピラガ丘や須藤、そしてオタフク岩洞窟などの遺跡編年案を見直し、新しい北方編年体系の可能性を探って来た。また前稿（柳澤2006b）では、北大式以降に見られるキメラ(折衷)土器を「鍵」資料として、この編年構想について通時的な観点から検証を試みた。
　今のところ、この試みについて、具体的な資料分析にも基づいた反論は現れていない。また、検証作業の結果と明らかに矛盾するような、新資料の発見も伝えられていない[註1]。そこで再び、通説の編年案を遺跡単位で広域的に見直す作業に戻りたい。
　小稿ではまず、「刻紋土器Ａ・Ｂ」（柳澤1996b：52-64）の再細分を試みる。ついで、道北・道央の資料を交差的に対比して、擦紋Ⅲ期における広域編年案を検討し、それをもとに旧稿で述べた二ツ岩遺跡の編年案（柳澤2003：146-149）を検証し、新しい北方編年体系を小細別レベルで精密化する作業に着手したいと思う。

1．刻紋土器の細分
　「刻文土器」という呼称は戦前から用いられていた。この呼称は、オホーツク式土器はもちろん、一部では擦文土器に対しても使用されていた。今では「刻文土器」といえば、まず「擦文土器」と誤解される恐れはない。専ら口縁部や胴部に点状の紋様要素を施す一群の土器を、オホーツク式土器の「刻文土器」と総称することで、一般的には通用している。

1）河野編年案の見直し
　河野広道が「オホーツク式土器」の一部に「刻紋土器」の呼称が与えてから、すでに70余年に

なる（河野1933a：161，1933b）しかし、その細分研究は意外に進んでいない。周知のように完形資料は、モヨロ貝塚において、戦前のうちに多量に発見されていた。また、オホーツク式土器の層位的な出土状況も、戦後に実施された調査で早々と確認されていた（駒井・吉田1964：64-77）。それにもかかわらず、刻紋土器等の編年研究が今日まで混沌として停滞している状況は、いささか不思議に思える。

　学史上に注目される先学のまとまった業績としては、
　　(1)　河野広道によるA型～D型の細分案（河野1955, 1958・1959）
　　(2)　大場利夫によるオホーツク式土器分類と編年案（大場1956）
　　(3)　藤本強氏による「a・b群」及び「c～e群」の編年案（藤本1966）
の三つがあげられよう。

　(3)の細分案については、藤本氏自身が大井晴男氏の批判（大井1972b：17-20，1973：260-261）を受けて、つとに「古い部分（a・b群）」に関する見解を撤回している（藤本1982b）。また「新しい部分」についても、型式学上の見逃せない問題点があるように思われる（柳澤1999b：52-64，2005a：127-註10）。一方、藤本氏より11年前に発表された大場利夫の編年案（前出）は、「器形相互関係一覧図」を見るかぎり、ほぼ妥当な変遷観を示しているように思える。しかし提示された各型式の標本例は、明らかに異なる細別単位を包括しており、大幅な修正を要する。

　そこで、この大場論文に先立って発表された、河野広道の「オホーツク式土器」の編年案（河野1955：57-60）に再び注目したい。近年に至る多くの論考を参照しても、オホーツク式土器の基本的な変遷は、河野論文において最も正確に捉えられている。また、例示された型(式)標本例も、「刻紋土器」を除いて、ほぼ的確に選択されていると認められる（柳澤1999b：52-57）。

　したがって後学に委ねられた研究の課題は、まず何よりも、刻紋土器をはじめとして、オホーツク式土器の編年体系を強化し、できる限り精密化することに求められよう。具体的には、河野のA・B型等の区分を見直し、小細別レベルの細分案を検討し、広域交差編年の観点から、その妥当性を環オホーツク海域レベルで再検証することが、当面および将来の目標になると思われる。

　そこで**第98図**の資料から分析に入りたい。河野は両「型」(細別型式)について、
　　(1)　A型土器：櫛歯や小枝、笹・茅、骨・爪、その他、一定の型に作られた施紋具を用いて「型紋」を付けたもの（「オホーツク式型紋土器」）、
　　(2)　B型土器：舟窩状刻紋や、断続又は交差する沈線紋を有するもの（「オホーツク式刻紋土器」）、
と定義している。

　しかしながら、舟窩状の刻紋と型紋を併用する土器も存在するから、両「型」の区別は、しばしば困難である。河野は、特にそうしたタイプを「中間型」として捉えている。しかし、なぜ「中間型」よりもA型の方が古く、B型が新しいと判断したのか。その肝心な点は型式学的に十分に説明されていない。また「中間型」を含む三つの「型」の区別は、口縁部と胴部のどちらを基準にするかによって、大きく揺らぐ可能性もある。

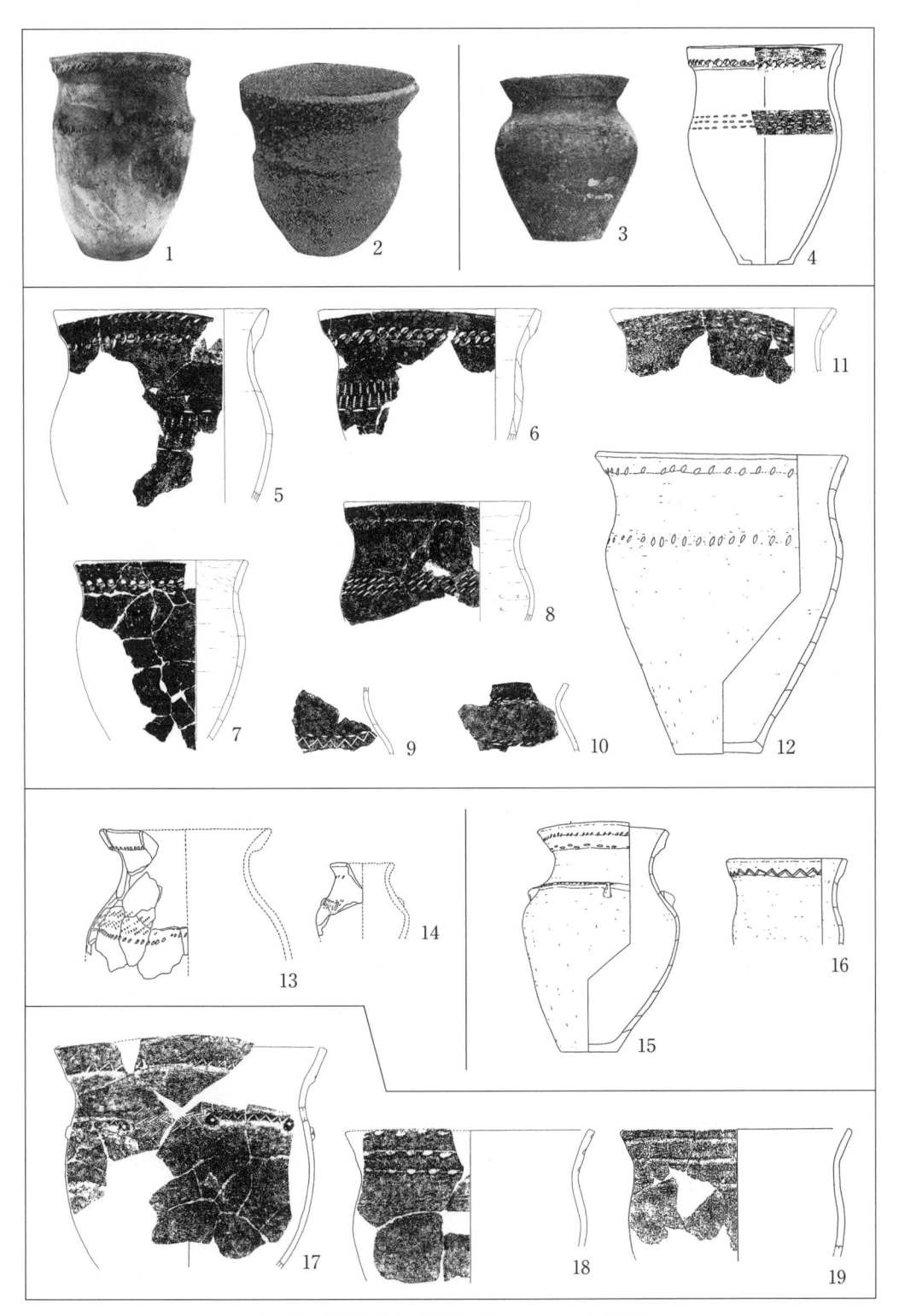

第98図　河野広道の「刻紋土器Ａ・Ｂ」と参照資料

したがって河野のA型・B型が、はたして細別型式として年代学上の単位性を有するのかどうか、その点には大きな疑問があると言わねばならない。しかし、A型・B型の見直しを試みるにしても、遺構出土の一括資料に乏しい現状では、明解な区分を示すことは容易でない。

旧稿では、型式学的な観察をもとに、相対的に古いと考えられるもの（「古い部分」）を「刻紋土器A」、新しいと見做されるもの（「新しい部分」）を「刻紋土器B」と仮称した（柳澤2003：121-124）。しかし、装飾要素が共通している場合や、明らかに残存している例もあるため、しばしば破片資料では、判断に窮することが多かった。この点は「型紋土器」や「刻紋土器」が有する一般的な特性であるから、問題点を克服することは将来においても、おそらく容易でないと想像される。

小論では、なお暫定的ではあるが、旧稿（柳澤2006a：80-84）で改訂した広義の「刻紋土器」の細別案を修正し、良好な一括資料や層位別の資料が発見されるまで、以下のように仮細分しておきたいと思う。

2）「刻紋土器」2細別案の見直し

近年の報告書を参照すると、刻紋土器の資料は少しずつ増加している。その中には、明らかに「地点差」を示すと思われる例がある。また、纏まりのある資料に見える場合でも、小細別レベルの時期差が隠れており、比較操作にもとづいて「型式差」が想定されることも多い。土器の出土状況は、いつでも何処でも千差万別である。しかしながら型式学的に弁別が不能なほど、無秩序で不規則な変遷を示すことは、本州島の土器研究において、これまで実証されたことはない。

そこで、第98図の資料を細かく観察したい。5・6例の胴部紋様は、明らかに舟窩状の刻紋と型押紋が併用されている。河野編年の基準によれば、A型であり、かつB型となる。旧稿の細別案（柳澤1999b：52-55）にしたがうと、7〜11例とともに、これらはすべて刻紋土器Aに比定されることになる。

5〜12例は、羅臼町相泊（合泊）遺跡の包含層から出土したものである。これに対して墓壙から発見された15例は、5〜11例と異なる特徴を持つ。肥厚した口縁部には、方向を異にした2条の刻紋が、胴部には、ポッチを垂下した太い貼付紋帯がめぐる。これにも小さな刻紋が施される。隣の16例は一見すると、8例に似ている。しかし連続する「∧」形紋は太く、やや大きい。胴部の紋様は省略されている。本例は包含層から出土しているが、刻紋土器Bに比定されるものと思われる。12例の完形土器も、包含層から発見されたものである。肥厚した口縁部と胴部に、やや太めの刻紋が1条施されている。これも16例に並ぶ資料と推測される。つまり包含層には、5〜11例と12・16例の2つの小細別が含まれており、9号墓壙の15例は、後者に属すと想定されるのである。

このように同じ遺跡内で出土しながらも、5〜11例と12・15・16例の型式学上の差異は、かなり判然と捉えられる。これに対して、モヨロ貝塚の21号竪穴では、異時期の土器とともに、刻紋土器Aの13例と、これにポッチを加えた14例が伴出したと報告されている。しかし14例と15例を比べると、胴部も口縁部も、その特徴は明らかに異なっている。

型式学的には、13例は5～8例に近く、14例はこれらに後続し、15・16例よりは古いように思われる。それでは、5～8例とポッチの要素だけが異なる14例は、刻紋土器A・Bの、いずれに属すと考えればよいのであろうか。

前稿では、14例の仲間を「刻紋土器A末」に比定したが (柳澤2006a：80-84)、資料に乏しく、いまだ正確な位置は判然と分からない。モヨロ貝塚(網走市)と栄浦第二遺跡(旧常呂町)の間では、この時期に土器系統がやゝ異なると推測される。またそれと関連して、いわゆる靺鞨系土器の受容の仕方にも、両者の間には大きな違いがあるようにも観察される。ポッチを持つ14例についても、隣接した地域と遥か遠方の地域との相関性を念頭において、その位置づけを考える必要がありそうである[註2]。

そこでまず、栄浦第二遺跡58号竪穴の埋土から出土した土器群に注目したい。17～19例である。このうち17例は、明らかに刻紋土器に属すものであるが、18・19例は広義の刻紋・沈線紋系土器に比定される。図を省いた資料を一覧しても、すべてその類例ばかりである。

少し細かに観察すると、17例の肥厚口縁には部分的に連続する「へ」形紋がある。そして胴部には、円形のポッチを取り付けた太い独立型の貼付帯 (変形した鎹(カスガイ)紋) が巡る。どちらも間隔をおいて施紋されている。このような施紋法は、相泊(合泊)遺跡などの資料 (涌坂1971・1996b) にはまったく見当たらない。

一方、18例の幅広い口縁部には、3条の舟窩状の刻紋が付けられている。19例では刻紋を欠いており、3条の明瞭な摩擦式浮紋が施されている。両例は、少し地方色を帯びているが、道北系の刻紋・沈線紋系土器に属するものと思われる。これは量的にも明らかに主体を占める。しかし17例の刻紋土器が、この刻紋・沈線紋土器と「共伴」するかどうかは判然としない。

香深井A遺跡 (大井・大場編1976,1981) における層位事実によると、18・19例は、刻紋土器Aよりも明らかに新しいと認められる。そこで、胴部のポッチの扱い方に注意すると、「刻紋土器Aの13例→14例→刻紋土器B：15例」への変化は、中間の段階を想定すると型式学的にスムーズに想定できる。

それでは「14例→15例」という序列を念頭におくと、両者の境界は、どのように捉えればよいのであろうか。

3）刻紋土器A末期に登場する新要素について

刻紋土器の細分において、胴部に施された瘤状のポッチや鎹(カスガイ)紋は、はたして有効な型式弁別のメルクマールになるであろうか。そこで、これまで注意されていない興味深い資料を**第99図**に集めてみた。

1～7例は、栄浦第二遺跡の資料である。そのうち1・4例は、先の58号竪穴の資料 (第98図17～19) に伴って発見されたものである。ともに「共伴」と認めれば、どちらも刻紋土器Bに並行する土器に比定される。しかし、それは妥当な見方であろうか。

そこで比較のために、包含層の資料を一覧すると、C-41区のⅡ層では3例、P34・35・37区Ⅱ

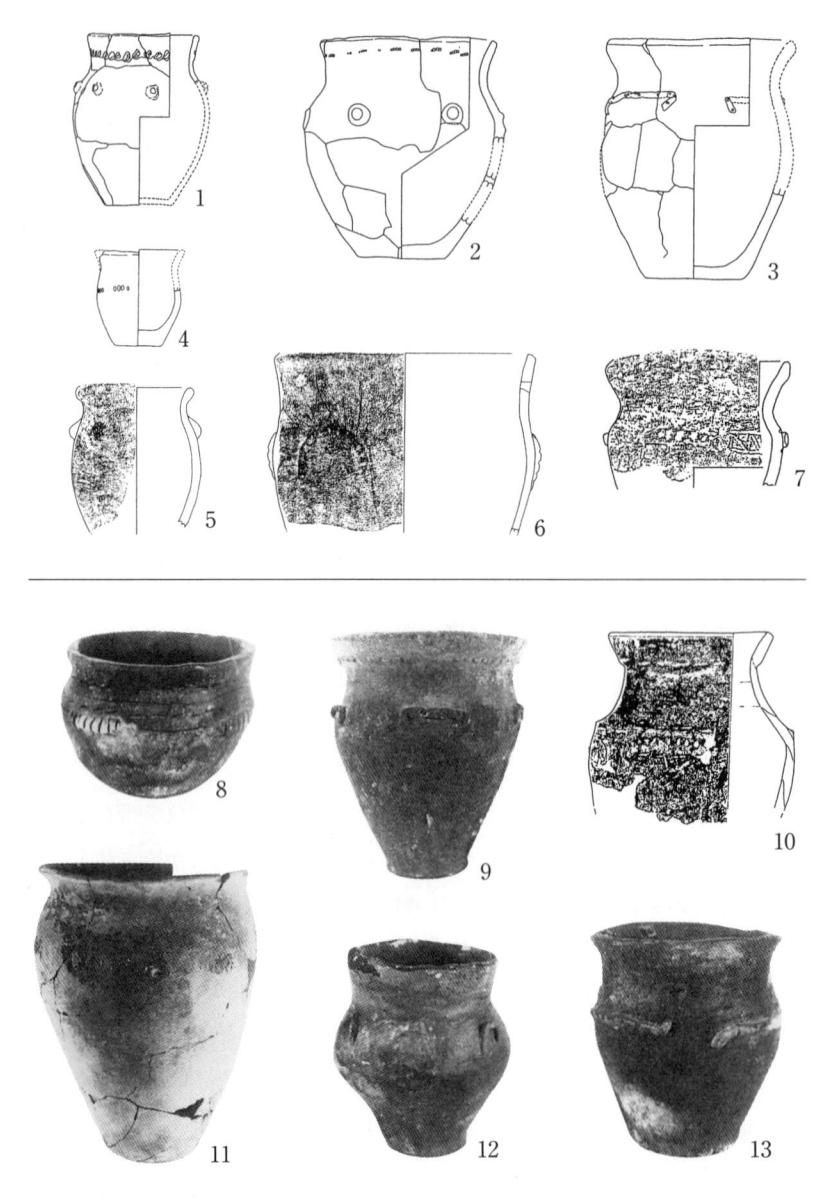

226　第3章　道東における遺跡編年案の見直し

第99図　様々な貼付紋を有する刻紋土器とその並行土器

層では5〜7例などが、特徴的な土器として目に止まる。これらと伴出した他の土器群は、明らかに懸け離れた時期に属する。したがって3例や5〜7例などは、ほぼ近接した時期と見做しても大過ないように思われる。

　少し観察すると、胴部に施された要素は、円形の小ポッチ（2・5）や鎹(カスガイ)紋（3）、馬蹄紋（6）、ナマコ状の貼付紋（7）など、様々である。しかし口縁部の装飾は、なぜか一様に乏しい。これは、相泊(合泊)遺跡などの刻紋土器（第98図5〜11）を念頭におくと、いささか奇妙に思える。両者の差異は余りに歴然としている。

ポッチからナマコ状の貼付紋まで、独立的に施された貼付紋は、相泊(合泊)遺跡には全く見当たらない。したがって2・3・5～7例の資料は、刻紋土器Aと区別される新しい土器群、すなわち刻紋土器Bの時期に下るか、あるいは刻紋土器Aに地域差が存在することになろう。

これに類似する土器群は、モヨロ貝塚(8・9・11～13)や相泊(合泊)遺跡に近いオタフク岩洞窟(10)でも発見されている。それは第99図の下段に示した資料である。独立的に施された貼付紋は、栄浦第二遺跡と同じように、一通りの実例が認められる。ナマコ状の貼付紋(8)、端部の短い鎹(カスガイ)紋(9・10)、ポッチ(11)、馬蹄紋(12)、それに変形した鎹(カスガイ)紋(13)などである。

口縁部の装飾法に注意すると、
　(1)　肥厚した口縁部の上下、又は下部端に刻紋を施すもの(9,10)
　(2)　刻紋土器に一般的な口縁部の装飾を省いたもの(12・13)
　(3)　土師器の長胴甕に類似した器形を呈するもの(11)
　(4)　道北系の刻紋・沈線紋土器にナマコ状の貼付紋を施したもの(キメラ(折衷)土器：8)
の4類に分けられる。

このように観察すると、(2)類～(4)類に関しては、相泊(合泊)遺跡の刻紋土器Aとの差異が一目瞭然に捉えられる。口縁部の装飾要素に関しては、一般に変化に乏しい面がある。しかし、胴部の装飾要素の種類やその扱い方には、これらの資料を見る限り、新しい特徴や異系統色が強く表れているように観察される。しかし、その他の資料を広く観察すると、刻紋土器A末以降の変遷において、これらの新要素は形状を変えつつ存続するものの、主導的な役割を果たしていない点が注意される。

4）刻紋土器Bの変遷

一方、刻紋土器Bの完形土器は、モヨロ貝塚から多量に発見されている。他の遺跡で、ある程度まとまって出土している例は、礼文島の香深井A遺跡を除くと見当たらない。こうした資料状況の中では、刻紋土器Bの変遷に関しては、モヨロ貝塚の資料を用いて暫定的に推論するほかない。

第100図にその大要を示してみた。最初の段には、ポッチと鎹(カスガイ)紋を持つ資料のうち、古かるべきものを集めてある。それ以下は、確実に相泊(合泊)遺跡の刻紋土器Aより新しい土器群、すなわち刻紋土器Bに比定される資料である。

刻紋土器Bの大まかな3細分のうち、特に「新しい部分」は纏まった資料に乏しく、細別内容は明確に捉えられない。今のところ断片的な資料を点綴すると、地域差を反映して、遺跡ごとに土器様相がやや異なるように思われる。また、「古い部分」に関しても、正式の標本例として提示できるような良好な一括資料に乏しい。刻紋土器AとBの境目は、最上段の資料の位置づけと関係して、今のところ混沌としており、一目瞭然には捉えられない。

図示した資料を一覧すると、口縁部の形態や要素にも、細部の変遷があるように観察される。

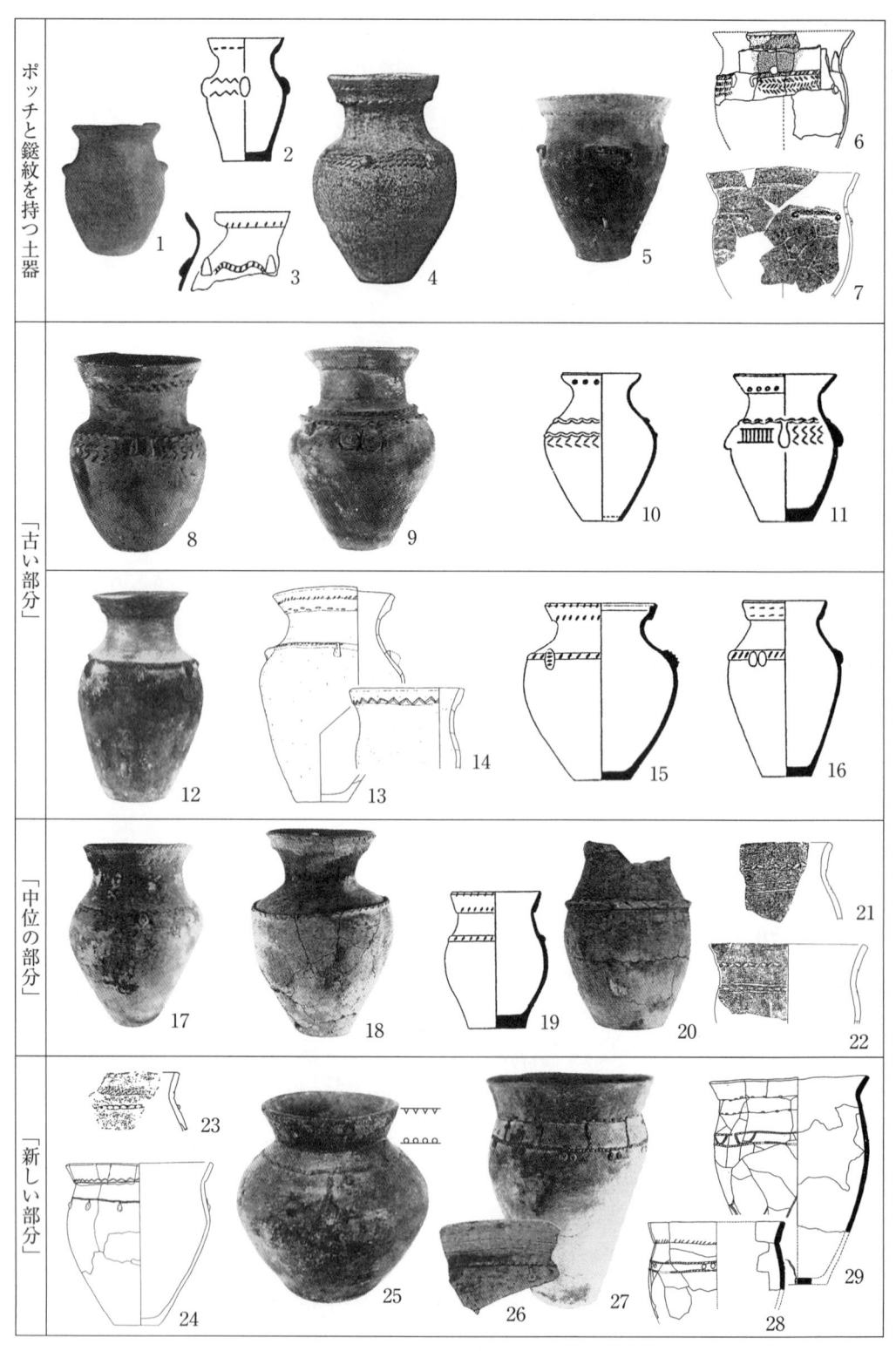

228　第3章　道東における遺跡編年案の見直し

第100図　刻紋土器A・Bおよび並行土器の編年案（暫定的）

第2節 二ツ岩遺跡編年の再検討

　その一方では、類似する形態や要素が細部の変化を伴いつつ存続するため、口縁部の特徴や要素を基準として、単純に新旧の序列を捉えるのは、現状ではかなり難しいように思われる[註3]。むしろ、胴部の紋様構成や要素の扱い方の変化に注目すると、刻紋土器Bの変遷は遥かに捉え易いと考えられる。

　そこで最初に、瘤状のポッチとその変異形態の貼付紋を観察してみたい。上段の位置づけを留保している土器群では、

　(1) 大きなポッチのみを胴部に施紋するもの (1)
　(2) 大きなポッチ間を、同一の要素で意識的に連繋するもの。例えば、「∧」形連紋 (2) や波状の貼付線 (3)、型押紋 (4) や刻紋などの例がある

の二者が区別される。これらの新旧関係は不明であるが、おそらく接近した時期であり、ほぼ並行する可能性が高い。同様にモチーフを独立的に扱う鎹(カスガイ)紋の5～7例も、これらと近い時期に位置すると推測される。しかしモチーフ自体は、その後も存続するので、刻紋土器A・Bのいずれかに単純に帰属させることは難しい。双方に跨る可能性もあるように思われる。今後の資料の増加を待ってあらためて検討したい。

　さて、これらの位置づけの難しい資料（刻紋土器A末～B初）に比べ、器体の肩部に貼付紋を巡らす土器群では、ポッチが顕著な形態上の変化を示すように観察される。

　(1) 大きな瘤状のポッチを太い波形の隆起線帯から垂下するもの (8・9・11)。ポッチを欠くもの (10) もある。図示した資料では、いずれも矢羽状の刻紋、蝸牛状の貼付紋や梯子状のモチーフなどの特徴的な要素が施され、装飾性に富む点が注意される。
　(2) 大きな瘤状のポッチを、やや細い貼付帯から垂下するもの (12, 13≒14)。
　(3) 大きな瘤状のポッチを、刻み目を持つ貼付帯上に施紋するもの (15・16)。
　(4) ボタン状の貼付紋を細い貼付帯に装着するもの (17)
　(5) （資料は僅少）
　(6)・(7) 小さな紡錘形・円形の貼付紋を細い貼付帯から垂下するもの (24・25・26)。

　以上のような流れに対して、肩部の貼付帯も瘤状ポッチの変化に対応して、スムーズな変遷を示すことが分かる。ただし、ポッチ系の貼付紋を有するのは一部の土器系列である。貼付帯それ自体の変遷を細かく正確に捉えるには、多くの材料を補って複系的な流れを追求して見直さなければならない。

　(1) 1～2帯の太い波状線ないし鎖状の貼付帯を施すもの (8～11)
　(2) やや細めの小波状・鎖状ないし棒状の貼付帯を施すもの (12・13=14)
　(3) 太目の貼付帯に斜めの刻み目を施すもの (15・16)
　(4) やや細めの鎖状・小波状の貼付帯や、棒状の貼付帯に刻み目や「∧」紋を施すもの (17,

18)
- (5) 変容した壺形の器形に刻み目や「＞」紋などを施すもの（19, 20）
- (6)・(7) 刺突や刻み目を持つ細い貼付線や擬縄線を施すもの（23～26, 27～29）

　以上は、図示した資料の範囲で想定した変遷であって、例えば貼付帯の太さの変化などは、必ずしも以上の見方に合致しない場合がある。複系列の変遷を想定する見直しの作業は、別の機会に試みるとして、ここでは暫定的な仮説として以上の細分案を示しておきたい。これで大きな流れとしては、問題になるような齟齬は見当たらないように思われる。

　将来、刻紋土器Bの確実なセットが竪穴単位で判明すれば、これまでに収集された膨大なモヨロ貝塚土器のコレクションも含めて、諸々の資料を明解に位置づけられるようになるであろう。

　さて、つぎに個別的な紋様の要素に注目したい。口縁部に比べると、やはり胴部の要素の方が顕著な変化を示すようである。例えば「∧」形紋である。これと親縁関係にあるモチーフも豊富に存在する。それらは大きく2類に分けられる。

- (a) 縦・横型のジグザグ紋。2～3単位で口縁部や胴部に施紋される。これは「∧」形紋を合体して作られたモチーフと推定される。（2・6・7・11）。
- (b) 「∧」形紋を口縁部や胴部、隆起線上に連続的に施紋するもの。これには、連接タイプ（14・18・21＝24）、断続タイプ（9）の2種がある。

　紋様要素としての「∧」形紋は、刻紋土器Aの時期に登場し、上記の標本例から分かるように、刻紋土器Bの「古い部分」から「新しい部分」まで存続する。このうち縦型・横型のジグザグ紋は、図示の範囲では(1)類（8・9・11）から(2)類（12）までであるが、それ以降の例も存在する。ただし(5)類以降の例は今のところ見当たらない。

　他方、隆起線上に「∧」形紋を施すものには、古い実例がない。ほぼ(4)類（18）と(5)類（20）の時期に限定される可能性が高いように思われる。さらに、細い貼付帯に小さい各種の貼付紋を装着する、又は垂下するものは、(6)類以降の時期において、特に発達するように観察される。

　以上のように刻紋土器Bの範囲を限定して、その変遷のながれを7段階に想定すると、5～7例の鎹（カスガイ）紋を持つ土器の位置があらためて問題となる。先に7例については、栄浦第二遺跡における伴出状況から、刻紋土器B並行の時期に下る可能性を想定した。しかし、伴出した資料の中には、古い要素を持つ刻紋土器Aも存在するから、この想定には疑問符が付くことになる。

　そこで7例の鎹（カスガイ）紋を見ると、端部にはボタン状の貼付紋が付いており、また鎹（カスガイ）紋の上には「∧」形紋が加えられ、口縁部には間隔を空けて施紋されている。貼付帯上に「∧」形紋を施す例は、先に(4)類と(5)類に比定した18例と20例に見られた。7例がそこまで下るかどうかは分からない。しかし、刻紋土器Bである可能性は高いと思われる。

　それに対して6例は、端部にボタン貼付紋を欠いており、その下に擦紋Ⅱと同期する矢羽状の

刻紋を有している。そうした特徴からみると、6例の鎹(カスガイ)紋は古い時期に比定され、刻紋土器Aの末期に位置すると思われる。

他の資料を参照すると、鎹(カスガイ)紋の形態は6例と同じでも、時期的には下る例もあるので、一筋縄では、5〜7例の系列に属する土器の変遷を見極めるのは難しい。刻紋土器Aの末期に登場して、「新しい部分」の時期まで、モチーフとして変形しながら存続するので、別の機会に検討を試みたい。

仮に6例から、8例や12・13例などが新に派生したとすれば、アムール川流域における土器変遷の流れと連動している可能性も想定されることになる（柳澤2000：21-22・註6，2006b：80-81）。この仮説は別稿で検討する予定である。

さて、ここで話題を転じると、図示した資料の中には、沈線紋の内部に米粒状の刻紋を持つ資料がある。栄浦第二遺跡の21・22例である。これらは、(2)類に比定した相泊(合泊)遺跡例(14)の土器系列を母体とし、それに刻紋・沈線紋系土器の紋様を採り入れて創出されたものと考えられる。その通りならば21・22例は、(5)類に比定されるキメラ(折衷)土器と認められる。この資料からみて、刻紋土器Bと道北系の刻紋・沈線紋土器は並行していると考えられよう。

これまで注意されていないが、モヨロ貝塚では、栄浦遺跡群の周辺域に由来する刻紋・沈線紋系土器が豊富に発見されている。そして刻紋土器Bの新しい時期、すなわち(5)類の時期に入ると、どうやら胴部に太い貼付帯を持つ19・20例（モヨロ貝塚系）と21・22例の仲間（栄浦第二遺跡系）が融合して、新たに23〜28例の如きキメラ的な新しい変容系の土器群が出現するように観察される（柳澤2003：121-124）。

それらの土器群の幅広い口縁部の下端には、横走する米粒状の刺突紋（25・27・29）や「∧」形紋などが施される。また口端部に対して、垂直又は斜めの刻線を加える例もかなり目立つようになる（25・28）。

一方胴部の紋様は、一様に細い一本又は2本の様々な貼付線で構成される。それに装飾要素が垂下されるもの（23？・24・25）、口縁部下端を「区切り垂線」で連結し、さらに円形の貼付紋を装着するもの（27）などが、折衷的な土器群の代表的な例として挙げられる。

これらの土器群の特徴は、古い時期に比べると、このように明瞭に捉えられる。しかしながら、一括資料として扱えるような良好な出土事例は、残念ながらほとんど知られていない。新資料の発見が待望されるところである。

それが予想したとおりの内容であれば、栄浦遺跡群・モヨロ貝塚両系統の土器融合によって、新系統の擬縄貼付紋土器の母体が誕生したことになる。そして、それを母体とした土器群の広域的な拡散の動きが、トビニタイ土器群Ⅱ成立への隠れた契機となっていることなどが、やがて明らかになって来るであろう。今後に検証されるべき仮説として、ここであらためて述べておきたい。

さて23〜29例には、明らかに年代幅があり、細分されると予想される。例えば21・22例に近い23・24・26例（1本貼付帯系）に対して、並行する擬縄貼付帯を施した28・29例などに見える明ら

かな違いが注目される。この差異が、仮に年代差を意味するならば、後者の28・29例は、刻紋土器Bの(7)類として細分できるであろう[註4]。この点も良好な資料の増加を待って検討したい。

2．刻紋土器A・Bの編年上の位置

　さて、以上の分析作業では、刻紋土器をA・Bに再細分し(細別レベル)、後者が6～7段階(小細別レベル)の変遷(柳澤1988：8-25)をたどると推論した。それでは、これらオホーツク式土器を代表する土器群は、擦紋土器のどの時期と対応するのであろうか。

　通説の編年案(宇田川1988・右代1991ほか)によれば、「擦文前期」とソーメン紋土器が対比される。その場合には、擬縄貼付紋土器や刻紋土器は、「擦文早期」から北大式に並行することになる(菊池・石附1982：159)。しかし、このような考え方は、土器の変遷を究極レベルまで細分し、それを広域的に対比すると、いまだ考古学的に証明された学説とは言えないように思われる。

1）刻紋土器Bと擦紋土器の対比

　この問題については、すでに旧稿(柳澤1999b：82-91,2006b：83-101)において、キメラ(折衷)土器を「鍵」資料として、検討を試みている。**第101図**の19・22・23・25・27・29例が、その「鍵」資料に当たる。これは年代的にみると明らかに幅がある。

　まず古手の土器から観察したい。19例の斜格子紋は、東広里遺跡(深川市)の21例に似ている。これは擦紋Ⅲ$_{1～3}$[註5]に比定されるキメラ風の土器である(柳澤2006b：83-88)。これに対して、刻紋土器Bの「∧」形紋を口頸部に挿入したキメラ(折衷)土器の29例は、口縁部と胴部の紋様が18例に近似している。これは擦紋Ⅲ$_6$期の標式例であって、まさに29例はこの時期に比定されるものと思われる。

　このようにキメラ(折衷)土器には、擦紋Ⅲの「古い部分」と「新しい部分」の実例が確実に存在する。そして、この間に内包される資料として、22・23・25・27例などが挙げられる。これまで注意されたことはないが、これら4例の変遷は型式学的にスムーズにたどれる。

　まず、斜里町のピラガ丘遺跡(第Ⅲ地点)の資料である。21例の斜格子紋は、22例のキメラ(折衷)土器に類似する。しかし描線の扱い方は交差する箇所で若干異なっている。道央において擦紋Ⅲ$_2$期に比定される2例の斜格子紋は、21例に酷似している。この対比にしたがうと、21例も2例に近い時期と見做せるであろう。

　これに対して22例の斜格子紋の類例は、今のところ道東では見当たらない。道央では、Ⅲ$_4$期(4)の標式とされる川下遺跡(旧浜益町)の資料の中に、斜格子紋を持つ5例の破片が含まれている。4例と5例が仮に共伴するならば、22例は21例に後続し、擦紋Ⅲ$_4$に近い時期に位置すると予想できる。一方、肥厚した口縁部も、刻紋土器Bの(4)類～(5)類(第100図16？，第101図24)に類例が存在するので、このように時期を比定しても特に矛盾しないと思われる。

　つぎに23例に移りたい。これはトコロチャシ遺跡の1号竪穴の埋土から出土した資料である。

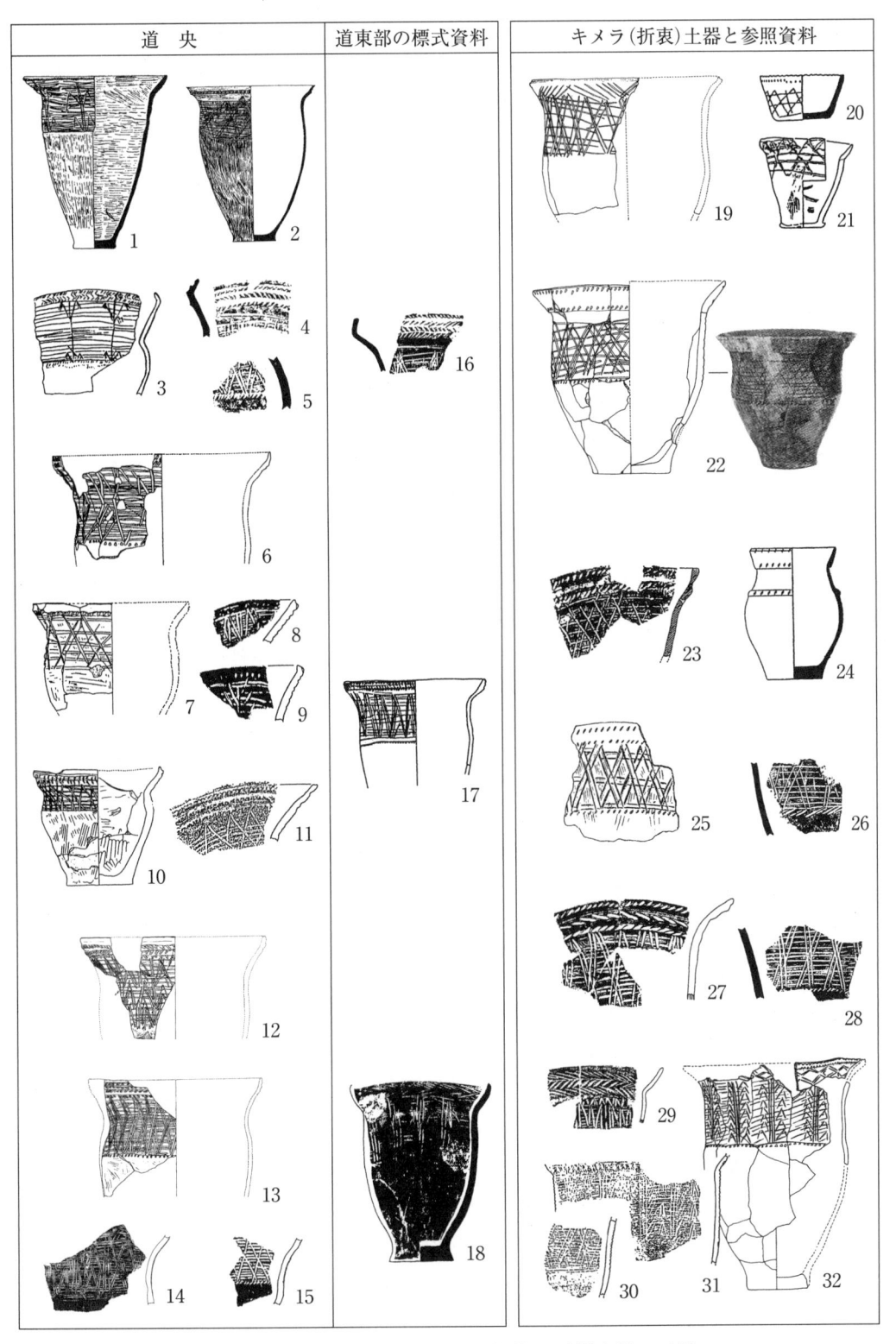

| 道　央 | 道東部の標式資料 | キメラ(折衷)土器と参照資料 |

第101図　キメラ(折衷)土器から見た擦紋Ⅲと刻紋土器Ｂの対比

斜格子紋は単線描きで、口縁部には2段の爪形の刻紋が施されている。この特徴からみて23例は、刻紋土器Bの(5)類 (24) に近い時期と推定される。道央の例では、やはり擦紋Ⅲ$_5$期に比定される末広遺跡(千歳市)のIH-24号竪穴例（6～9）やIH-97号竪穴例（10・11）例が、23例の有力な対比資料として挙げられる。

それでは、断面図を欠いたモヨロ貝塚の25例の時期はどうであろうか。これは一見して22例と酷似しているが、口縁部の形態は23例や24例の方に近いと推測される。斜格子紋は複線で構成されている。その扱い方は、擦紋Ⅲ$_{6～7}$期に比定される27例や28例、30例などに近いように見える。したがって25例は、(4)類の時期に比定した22例よりも新しく、より整った斜格子紋の27・30例よりも一時期新しいと想定される。そこで23例とともに、25例を仮に(5)類の時期に比定しておきたい。

このように観察すると、口縁部と胴部の紋様がより洗練されている27例は、先の29例とともに、必然的に(6)類の時期に比定されることになる。27例は、18例と同様に姉別川流域の資料である。モヨロ貝塚や斜里町の周辺のみならず、この地域でも両例の存在から、擦紋Ⅲの末期にキメラ化の進行したことが捉えられよう。

道央の資料を見ると、27例や29例は、末広遺跡のIH-55号竪穴例（12～15）に略対比される。それに酷似する資料は、深川市の東広里遺跡でも、竪穴から良好な資料が発見されている。30・31例である。さらに、これに酷似した資料は、キメラ(折衷)土器が検出されたピラガ丘遺跡 (32) にも存在する。またモヨロ貝塚でも、つとに30の類例が発見されている (28)。

このように、道東部のキメラ(折衷)土器と道央の擦紋Ⅲを対比すると、もはや刻紋土器Bと擦紋Ⅲ$_{1～7}$期の持続的な接触と交流を疑うことは困難になる。こうした現象は、北海道島のみならず、サハリン島南部のアニヤ湾周辺域でも一般的に観察されるから、この時期に本州の北半から遥かサハリン島南部、および以北の地域をも巻き込む大きな文化的、社会的、経済的な変動があったと推察されよう[註6]。

これは理化学的な手法のお墨付きや、何らかの歴史的な想像力によらず、文物が示す編年学的な秩序をもとにして、本邦先史考古学の立場から慎重に考究されるべき問題として、別稿においてあらためて提起したいと思う。

さて、以上に述べた諸資料の分析を編年表に近い形式で示すと、つぎのようになる。

刻紋土器B

　　(1) 類：第100図 8～11 ……………………擦紋Ⅲ$_1$（第101図1）＝21例？
　　(2) 類：第100図12～14 ……………………擦紋Ⅲ$_2$（第101図）＝19例
　　(3) 類：第100図15・16 ……………………擦紋Ⅲ$_3$（第101図3）
　　(4) 類：第100図17～18 ……………………擦紋Ⅲ$_4$（第101図4・5＝16？）＝22例
　　(5) 類：第100図19・20、21・22 …………擦紋Ⅲ$_5$（第101図6～11・26）＝23・25例
　　(6)・(7) 類：第100図23～25、26～29 ………擦紋Ⅲ$_{6・7}$（第101図12～15＝18・28・32）

2）刻紋土器Ｂと刻紋・沈線紋土器の対比

　第100・101図の資料分析から、刻紋土器Ｂと擦紋Ⅲは、ほぼ6～7段階に亘って同期すると考えられた。それでは一般に、道東の貼付紋系土器に対峙するとされて来た刻紋・沈線紋系の土器は、年代的にいかなる位置を占めるのであろうか。右代啓視氏によれば、その時期は「擦文前期」に相当し、8世紀に比定されるという（右代1991：39-43）。この年代観は、はたして妥当であろうか。

　第102図の資料をもとに検討してみよう。刻紋土器Ｂの(2)類(6・7)、(3)類(8・9)、(4)類(10)、(5)類 (11) まで、壺形土器の器形列では、先に観察したように箍状の貼付帯が施される。

　これに対して、道央や道北の擦紋Ⅲ期の資料を一覧すると、(4)・(5)類の貼付帯に類似した箍状の貼付帯が、ごく一般的に存在する状況が観察される。32例以下は、伴出土器を含めて代表的な資料を年代順に示したものである。

(1) 擦紋Ⅲ$_1$～Ⅲ$_2$に比定されるもの（32：ウサクマイＮ遺跡1-H-1号竪穴）。
(2) 擦紋Ⅲ$_3$～Ⅲ$_4$に比定されるもの（33・34：末広遺跡IH-44号竪穴）。
(3) 擦紋Ⅲ$_5$に比定されるもの（35・36：中島松7遺跡4号竪穴）。
(4) 擦紋Ⅲ$_6$～Ⅲ$_7$に比定されるもの（37・38：中島松7遺跡9号竪穴，39：同Ａ地点）。

　刻紋土器Ｂの隆起線帯の中には、「∧」形紋を連続的に施紋するものがある。「古い部分」や「新しい部分」の時期には、今のところ類例が見当たらない。「中位の部分」でも、(4)類 (10) と(5)類 (11) に並行する時期には好例がある。中島松7遺跡の36例の前後に、「∧」連接紋を胴部の隆起線帯に箍状に施す装飾法が、道南と道北の双方に存在するわけである。擦紋Ⅲと刻紋土器Ｂの同時性は、すでに先のキメラ(折衷)土器によって証明済みである。そこで両者の中間域である道北における箍状貼付帯の類例が求められる。

　深川市の東広里遺跡には、擦紋Ⅲの「中位の部分」に比定される資料がある。しかし、道南タイプに酷似する箍状の貼付帯を持つ例は、今のところ知られていない。しかし、箍状の貼付帯を施す手法が、同時代に登場した相似的な紋様現象であることは、まず疑えない。道北において、36例と10・11例などの密接な関連性を示す資料の出土を将来に期待したいと思う。

　これに代って注目されるのが、刻紋・沈線紋系土器と擦紋Ⅲか、または刻紋土器Ｂとの接触を示唆する典型的なキメラ(折衷)土器である。稚内市のオンコロマナイ貝塚から好例が発見されている。25例であるが、これは胴部が丸く張り出した広口の甕形土器である。口頸部には数条の沈線間に列点状の刻紋を施し、胴部には断面が三角になる隆起線帯を巡らせ、「∧」連接紋を施している。また、その上・下に列点状の刻紋を加え、隆起線帯から間隔をあけて鰭状のモチーフ（鰭マーク）が垂下されている[註7]。

　これと類似したモチーフを持つ土器は、礼文島の香深井6遺跡 (26～29) や旧常呂町の栄浦第二遺跡 (30・31) でも発見されている。いずれも刻紋・沈線紋系の土器に伴うものである。年代

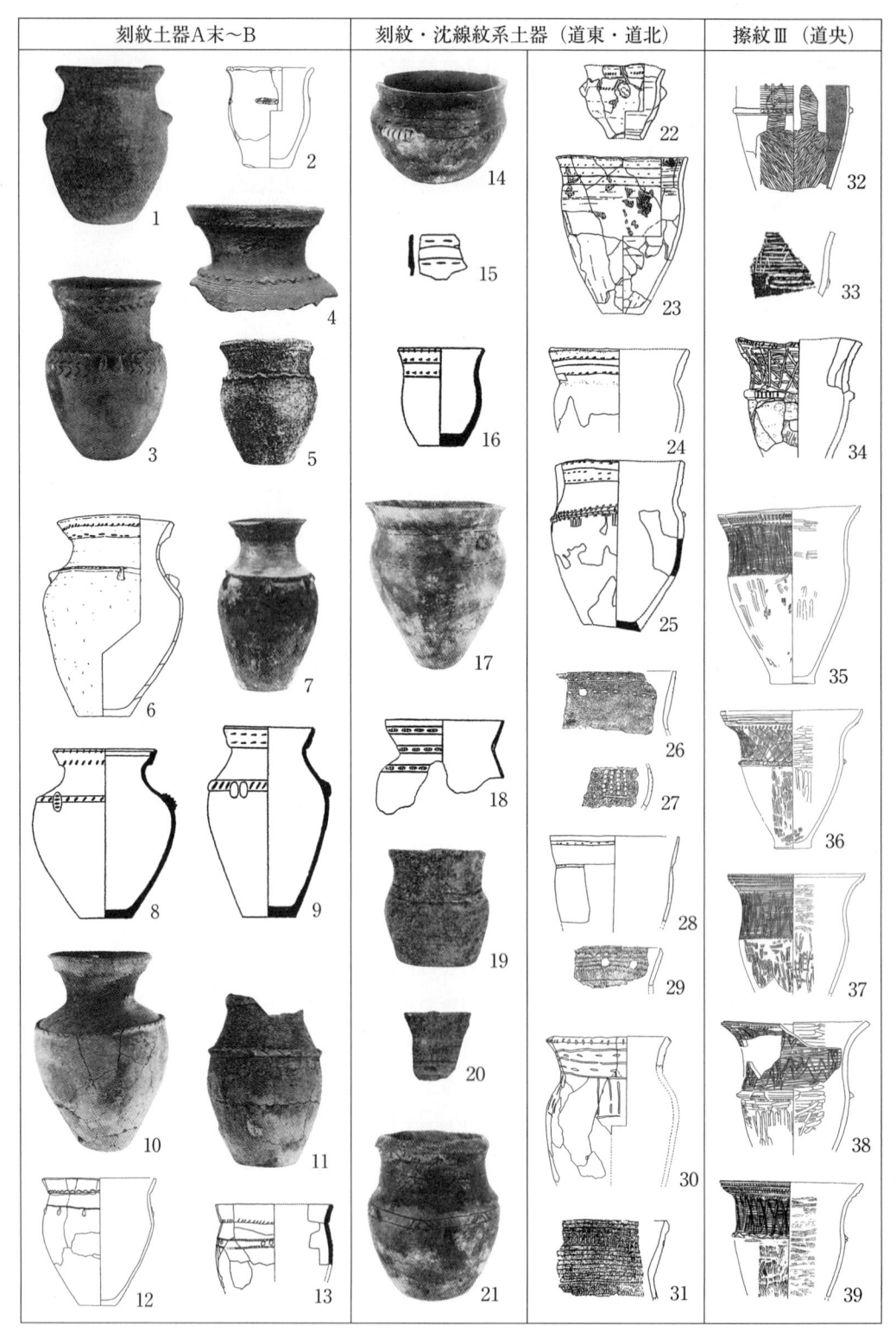

236　第3章　道東における遺跡編年案の見直し

| 刻紋土器A末〜B | 刻紋・沈線紋系土器（道東・道北） | 擦紋Ⅲ（道央） |

第102図　刻紋土器A末・Bと刻紋・沈線紋土器・擦紋Ⅲの対比

的にも細かな変遷が認められる。図示した資料の範囲では、型式学的にみて、「24・25例→26～29例→30・31例」の順に新しくなると思われる。

　最近、枝幸町の目梨泊遺跡の墓壙から、これらより古い時期の刻紋・沈線紋系土器(23)に伴って、刻紋土器の好資料(22)が発見された(前田ほか2004)。墓壙に副葬されたものであり、両例は共伴関係にあると通常は考えられるであろう。その通りに想定すれば、位置づけを保留したポッチを持つ刻紋土器(1)は、刻紋土器Bに帰属することになる。しかしそのように扱うと、道北と道東編年の対比に齟齬を生じると思われる。「古い土器」である22例を儀礼的に扱っている可能性も想定されるから、単純に22例＝23例と見做すことには、疑問符を付ける必要があるであろう。

　ポッチを持つ1例とともに、22例の正確な位置づけに関しては保留しておき、良好な一括資料の発見を待ちたいと思う。そこで暫定的ながら、以下のように刻紋・沈線文紋土器と刻紋土器Bの関係を捉えておきたい。

(1)　刻紋土器Ｂ(1)類(3・4)　　　＝刻紋・沈線紋土器(1)類(23)　　　＝擦紋Ⅲ$_1$
(2)　刻紋土器Ｂ(2)類(6・7)　　　＝刻紋・沈線紋土器(2)類　　　　　＝擦紋Ⅲ$_2$
(3)　刻紋土器Ｂ(3)類(8・9)　　　＝刻紋・沈線紋土器(3)類(24)　　　＝擦紋Ⅲ$_3$
(4)　刻紋土器Ｂ(4)類(10)　　　　＝刻紋・沈線紋土器(4)類(25・30・31)＝擦紋Ⅲ$_4$
(5)　刻紋土器Ｂ(5)類(11)　　　　＝刻紋・沈線紋土器(5)類　　　　　＝擦紋Ⅲ$_5$
(6)　刻紋土器Ｂ(6)・(7)類(12,13)　　　　　　　　　　　　　　　　＝擦紋Ⅲ$_{6・7}$

　それでは、(1)～(5)期に至る3系統の土器群の並行関係は、道東部においても追認できるであろうか。キメラ(折衷)土器を離れて、つぎに道東部へ波及した刻紋・沈線紋系土器に注目したい。

　この問題については、かつてモヨロ貝塚における刻紋・沈線紋系土器の波及に係わる問題として注意しておいた(柳澤1999b：55-57, 62-64)ここでは、それよりも踏み込んで検討を試みたい。ちなみに、これまでの研究では、モヨロ貝塚の刻紋・沈線紋土器について全く注意が払われていない。その理由は明らかでないが、そのような無関心によって、通説の編年が協同的に支えられている一面があるのではなかろうか。

　まず確認しておきたいのは、昭和23年の発掘調査で指摘された層位事実である。その簡略な報告を参照すると(名取・大場1964：42-63)、

　　(1)　貝層下の砂層土器(1)
　　(2)　貝層中の土器：刻紋土器Ｂ(11)＋刻紋・沈線紋系土器(20)、

という伴出事実が読み取れる。また、この調査資料を精査した藤本強氏の記述によると、「貝層下土層」(砂層)には、刻紋土器Ｂ(1)類の1例や2例のほかに、「2類Ａ」と分類した土器群、すなわち刻文を主体とし、隆起式浮紋を胴部に施した資料も含まれている(藤本1965：15-19)。図の標本例では9例がそれに相当する。これは先の編年案によれば、刻紋土器Ｂの(5)類に比定されるも

のである。

　モヨロ貝塚の報文によると、貝層下の砂層では、刻紋・沈線紋系土器の19例が出土している。さらに貝層中でも、(5)類に比定される11例とともに、20例のごとき、刻紋・沈線紋系土器が採集されている。この事実からモヨロ貝塚の層位序列のもとに、型式学的な対比を試みると、

　　(1)　貝層下の砂層（下部）：刻紋土器（1＝22）＝？
　　(2)　貝層下の砂層（上部）：刻紋土器B(3)類（9）＋刻紋・沈線紋系土器（19）＝擦紋Ⅲ₃
　　(3)　貝層中（下部）　　　：刻紋土器B(5)類（11）＋刻紋・沈線紋系土器（20）≒（19）

という編年案が仮設される。この観察が妥当ならば、モヨロ貝塚で豊富に出土している14～21例などの多様な刻紋・沈線紋系土器の位置づけが、あらためて問題とされよう。

　モヨロ貝塚の貝層中における刻紋土器Bと刻紋・沈線紋系土器の伴出関係については、すでに旧稿で触れているが、藤本強氏の先の論考を参照すると、貝層「貝層下土層」：砂層では、9例を標本とする「2類A」と19例が伴って出土したことが明記されている（藤本1965：15-21）。

　また、別の報文（駒井・吉田1964）によると、11例と20例の貝層（〔下層〕）中における伴出状況が確認できる。しかし後者の事例については、型式学的な検証が必要であると思われる。その結果を考慮すると、モヨロ貝塚では、

　　(1)　砂層〔下部〕：1（刻紋土器A～B（1））
　　(2)　砂層〔上部〕：9の類例（刻紋土器B（3）類）＋刻紋・沈線紋系土器（19）
　　(3)　貝層〔下層〕：11（刻紋土器B（5）類）、砂層上部に由来する刻紋・沈線紋系土器（20）

という序列が想定できる。

　そこで注意されるのが、先に引用した栄浦第二遺跡の資料（第100図21・22←13＋14）である。この土器の口縁部は刻紋土器B系で、胴部は刻紋・沈線紋土器系というキメラになっている。これも刻紋土器Bと刻紋・沈線紋系土器の並行関係を物語る有力な物証になるであろう。

　道北の刻紋・沈線紋系土器と道東の貼付紋系土器は、目梨泊遺跡の付近を境として明確な地方差を示し、棲みわけ的に対峙していたと、長年にわたって想定されて来た。しかし、第102図に掲げた諸々の資料を対比し、さらに、モヨロ貝塚の「忘失」されていた層位事実を参照すると、そうした証明されていない通説は、もはや単純に成立しないことが判明するであろう。

　以上の分析をもとに、「道東の刻紋土器B(1)～(7)類＝道北の刻紋・沈線紋系土器＝全道の擦紋Ⅲ₁~₇」、という広域編年案を仮設して、以下、二ツ岩遺跡編年を再考するための前提条件をさらに整えたい。

3）擦紋Ⅱと横走沈線の土師器、刻紋土器Aの関係

　通説の編年案によれば、オホーツク式土器の終焉を飾るソーメン文土器は、9世紀の末葉に「擦文前期」土器の強い影響を受けて変容し、カリカリウス遺跡の土器群を含むトビニタイ土器群Ⅱに変貌するとされている（宇田川1988・右代1991・澤井1992，大西1996a・bほか）。

　そこで、代表的な右代啓視氏の分類案と編年図表を参照すると、擦文土器とトビニタイ土器群

Ⅱの関係は、

(1)　a群（T-a土器群）：9世紀末—10世紀初＝宇田川編年「前期末・中期」
(2)　b群（T-b土器群）：10世紀＝宇田川編年「中期」：(佐藤編年の擦紋Ⅲ並行)
(3)　c群（T-c土器群）：11世紀＝宇田川編年「後期」：(佐藤編年の擦紋Ⅳ₂～₆並行)
(4)　d群（T-d土器群）：12世紀＝宇田川編年「晩期」：(佐藤編年の擦紋Ⅳ₆～₉並行)

になると説明されている。

　それでは道東や道北において、「擦文前期」(擦紋Ⅱ₁～₄期)の時期にソーメン紋土器と擦紋土器が接触・交流した痕跡が、はたして個々の資料に見出せるであろうか。

　そこで**第103図**を参照したい。道央から道北へ(1～4, 5・6)、そして十勝から釧路へ(15～19, 20～29)、さらに標津から網走・常呂へ(30～35, 36～42)、ほぼ道内を一周するようにして、関連する資料を並べてみた。千歳市ウサクマイN遺跡から出土した、断面形の平坦なソーメン紋を持つ地方型式を加えると、ソーメン紋土器と「擦文前期」土器の接触は、以上の範囲において至るところで起こりうるはずである。

　しかしながら、図示した資料のどれを観察しても、ソーメン紋土器はもちろん、擬縄貼付紋土器の影響を明瞭に示すような特徴は、まったく指摘できない。いったい「擦文前期」人とオホーツク人は、何処で、どのように接触したのか。その主要な舞台は、通説によれば、もちろん道東と道北が想定されるであろう。

　そこで第103図の資料を少し観察してみたい。ノトロ岬遺跡から栄浦第二遺跡までの資料を一覧すると、古い時期には北大式に由来する紋様要素が非常に目立つ。また、新しい時期になると、道央系の横走沈線を持つ変容土器の影響が、地方差や遺跡差を伴いながら明らかに強まることが一様に認められる。大まかな変遷をたどると、その流れはつぎのように捉えられる。

(1)　十勝周辺：「中位の部分」(7・8・10) →「新しい部分」(9 ?・11・12, 13 ?・14)
(2)　釧路周辺：「古い部分」(20～23) →「中位の部分」(24・25)→「新しい部分」(26～29)
(3)　標津周辺：「中位の部分」(30)　→「中位の部分～新しい部分」(31・32) →「新しい部分」
　　　(33～35)
(4)　網走・常呂：「中位の部分」(36・37)　→「新しい部分」(38～39, 41・42)

　このように観察すると、北大式に起源するモチーフがしだいに姿を消し、それに代って横走沈線が多用されるという共通した変化が指摘できる。新しい時期では、栄浦第二遺跡の38例や40例のごとく、稀ではあるが横走沈線の手法を採用し、それに北大式系のモチーフを施したキメラ(折衷)土器の存在が注目される。これは、道東へ拡散した土師器に遭遇した在地系擦紋土器の変容を明瞭に示すものと言えよう。

　また37例などは、口頸部に並行する横走沈線を施し、その間に36例に見えるような三角刻紋を施している。これは明らかに、在地の擦紋土器と横走沈線の土師器の特徴を兼備した土器と認め

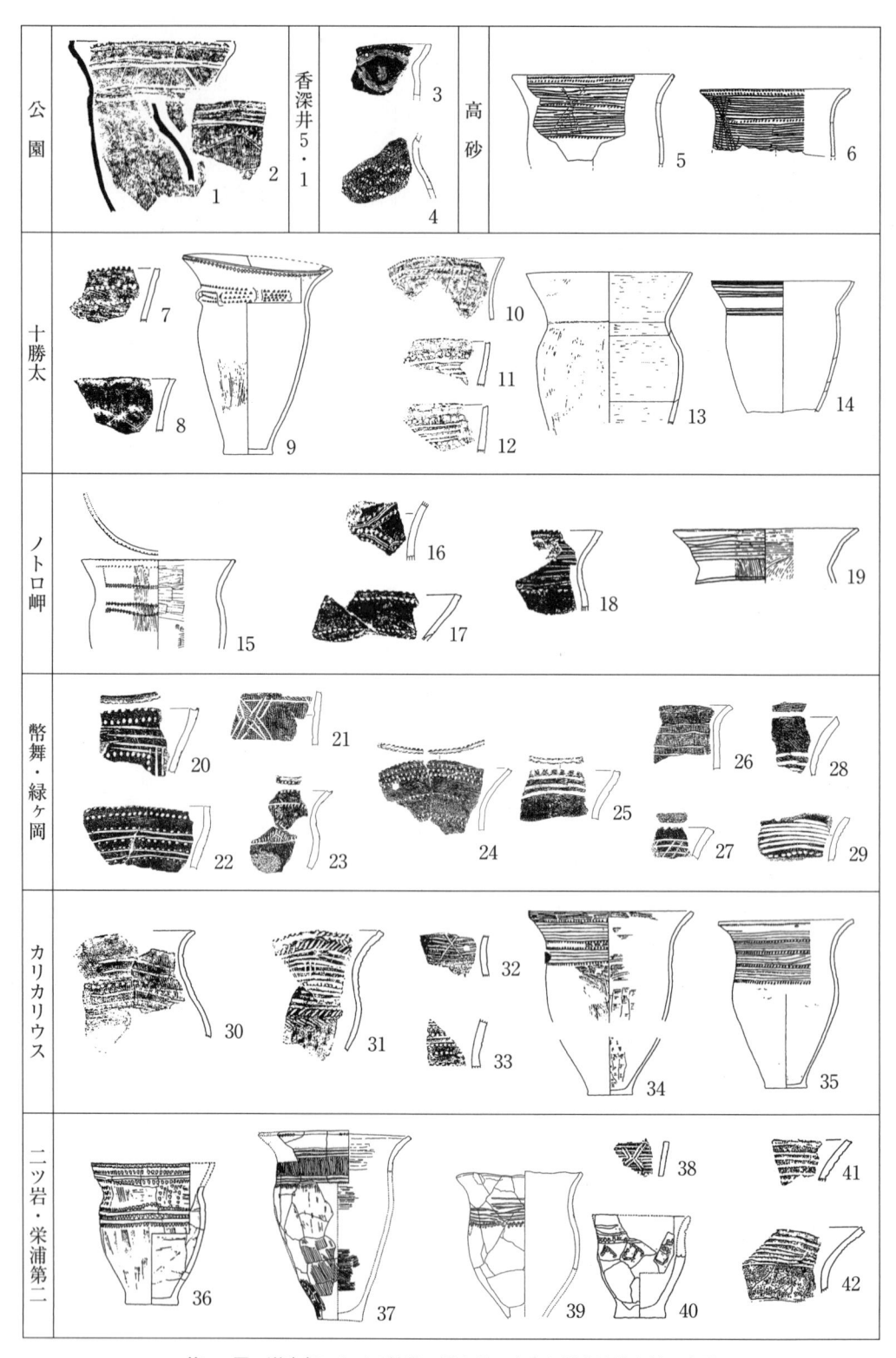

第103図　道東部における擦紋Ⅱ期土器の変容と横走沈線を持つ土器

られる。紋様の構造、器面の調整や口唇部の削いだような形状、器形や口端部の截痕など、双方の特徴が容易に見出せる。こうした土器も、やはり一種のキメラ(折衷)土器と捉えられよう。

したがって道東部において、擦紋前期に異系統の文化と接触したのは、ソーメン紋土器を使用していたオホーツク系の人々ではあり得ない。接触や交流の事実は、以上のごとき物証をもとにして、擦紋Ⅱと横走沈線を持つ変容土師器や刻紋土器を用いる人々の間で実際に証明されなければなるまい。

それでは、以上に述べた観察は他遺跡においても成り立つであろうか。

4）モヨロ貝塚の不思議な土器群の観察

モヨロ貝塚で発見された膨大な資料のうち、かなりの完形品が図化されるか、または写真に撮影され、図録に掲載されている。それらを一覧すると、先に引用した資料も含めて、奇妙な特徴を持つ一群の土器が目に止まる。

第104図の３～６例である。一見して、３例や４例の口唇部以下の形状が、なぜか土師器に類似することに驚きを覚えるであろう。モヨロ貝塚には、擦紋Ⅱ～Ⅳ期の大小の破片資料や完形品があることは、戦前のうちに知られていた。しかしながら、土師器に類似した器形の土器が存在することは、これまで注意されたことがない。

一般に、オホーツク式土器の壺形土器は、２例のように肥厚した口縁部に口径の大きい胴部が取り付けられる。擦紋土器に比べると、器高も低いものが目立つ。それに対して、３例や４例の器高はかなり高い部類に属する。さらに３例の口縁部はラッパ状に強く外反している。

口唇部は削いだような形態をなし、太く浅い凹線が引かれている可能性がある。このような特徴は、まさに土師器や変容した土師器に類似する。

一方、４例の口縁部は、２例よりも遥かに強く外反し、その上下端には爪形の刻紋が施されている。これは明らかに刻紋土器、すなわち２例にあるような口縁部を土師器の外反口縁に転写したものと思われる。つまり４例は、刻紋土器と土師器が融合した一種のキメラ(折衷)土器ではないか、と考えられる。

モヨロ貝塚から僅か６kmほど北方に位置する二ツ岩遺跡では、３例に類似した器形の土師器がソーメン紋期の竪穴内で発見されている。１例である。これは一見して、３例と近い時期に属すと認められよう。仮に、１の類例と２例に近似した土器が接触して４例が作られたとすれば、３例と４例の時期も接近していると考えねばなるまい。

つまり、刻紋土器A(新)・B(古)と年代幅を有する土師器類（１）が接触し、モヨロ貝塚において３例や４例が実際に作られたと推定されるわけである。そのように捉えると、５例や６例などの他遺跡では欠落している奇妙な土器の存在も、自ずと理解し易くなるであろう。

例えば５例の強く外反した口縁、削いだような口唇部の形状は、明らかに土師器に由来する。また、張り出す胴部の形態とポッチの貼付は、刻紋土器系と見做せる。さらに６例では、強く外反した口縁と丈の長い胴部形態が土師器的で、ポッチ状の貼付紋は刻紋土器系と認められる。

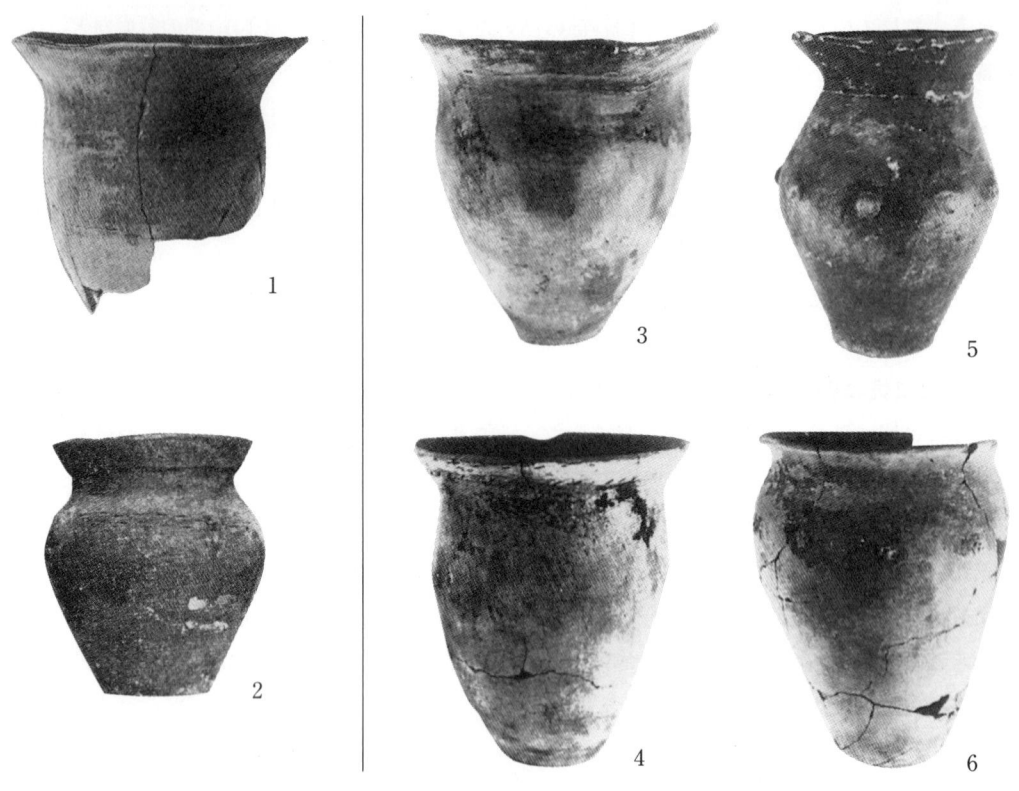

242　第3章　道東における遺跡編年案の見直し

第104図　刻紋土器と土師器およびそのキメラ(折衷)土器

　このような点に加えて、器面の調整法や焼成、色調、胎土、混和材の種類など、より細かな点を較べれば、以上のような見方が妥当であるかどうか、明確になるであろう[註8]。ここでは旧稿の編年案をもとに、帰属の明らかでない5・6例を保留して、暫定的な編年案として、つぎのように考えておきたい。

　(1)　刻紋土器A（＝3？）　≒　擦紋Ⅱ＝土師器及び横走沈線を持つ変容土師器
　(2)　刻紋土器B（4）　　　≒　擦紋Ⅲ（古）

3．二ツ岩遺跡資料の再検討

　二ツ岩遺跡の資料は、ピラガ丘遺跡群やカリカリウス遺跡ともに、通説の編年を支える要になっている。旧稿（柳澤2003：146-149, 2005a：120-124）で見直しを試みたが、以上に述べた擦紋Ⅲ期の広域編年案をもとに、より精密に検証してみたい。

　二ツ岩遺跡は、オホーツク海に面する低位段丘面に立地しており、先に触れたモヨロ貝塚から僅か6kmほどの近さに所在する。両遺跡が同時代であるならば、とうぜん何らかの接触が想定されよう。はたして物的な証拠をもとに、その時期が明確に捉えられるであろうか。

かつて竪穴(住居跡　以下、竪穴))は8～9ケ所が確認されたという。しかし道路工事などによって破壊され、6軒が遺存する状況となっていた。そのうち1～3号の竪穴が、北海道開拓記念館の手で1974年～1980年にかけて発掘され、ピラガ丘遺跡群や須藤遺跡の調査成果（金盛1976a・1981）の妥当性を裏づける精細な報告書が速やかに刊行された（野村・平川ほか1982）。それと前後して、伊茶仁カリカリウス遺跡の報告書（椙田1982a）も刊行され、通説編年の確固とした基盤が確立されたことは周知のとおりである。

それでは以下、各竪穴土器群の年代的な関係に的を絞って、遺跡形成史の観点から詳しく分析してみたい。

1）2号竪穴

竪穴の規模は6.7×6.65mで、将棋駒の底がやや膨らんだような五角形を呈する。中央部には大きな撹乱跡が認められる。床面は火災により硬化しており、多量の炭化材が検出された。コの字形の貼り床はなく、炉は完全に破壊されている。周溝は外壁沿いにほぼ一周し、側壁を中心に多数の柱穴が検出された。また、南壁の中央部には骨塚が形成され、大半はヒグマの骨で占められている。しかし、魚類・鳥類・獣類など多種類の骨片も多量に混在して発見された。

第105図に代表的な出土土器を示した。そのうち骨塚上部に「置かれた状態」で検出された擦紋土器（4）が、特に注目を集めている。これは一般に、骨塚中（1）や骨塚の上部（2・3）、焼土中（6～9）、床面（10～14）から出土した、各種のソーメン紋土器に「共伴」するものと考えられている。

しかし骨塚の内部では、5例のごとき小型の擬縄貼付紋土器も出土している。また、ソーメン紋土器には、明らかに年代幅が認められる。したがって旧稿で述べたように、個々の資料の年代的な位置とその由来について、それぞれ吟味が必要になると思われる（柳澤2003ほか）。

ちなみ骨塚や床面上から発見された土器群は、つぎのように細分される。

　　(1)　擦紋Ⅱ(中)　　　　　　：骨塚上部（4）
　　(2)　擦紋Ⅱ(新)～擦紋Ⅳ(中)：欠落
　　(3)　擬縄貼付紋土器(新)　　：骨塚中（5）
　　(4)　ソーメン紋土器1　　　 ：欠落
　　(5)　ソーメン紋土器2(古)　 ：骨塚中（1）・骨塚上部（2）
　　(6)　ソーメン紋土器2(新)　 ：欠落
　　(7)　ソーメン紋土器3(古)　 ：床面（10・11）：骨塚東側・焼土（6～8）
　　(8)　ソーメン紋土器3(新)期：焼土（9）・床面（12～14）・埋土（17・18，19）

この編年案によれば、完形土器の擦紋Ⅱ（4）と擬縄貼付紋土器（5）は、年代的に不連続となり、ソーメン紋土器との接触は想定できないことになる。一方ソーメン紋土器は、骨塚内で最

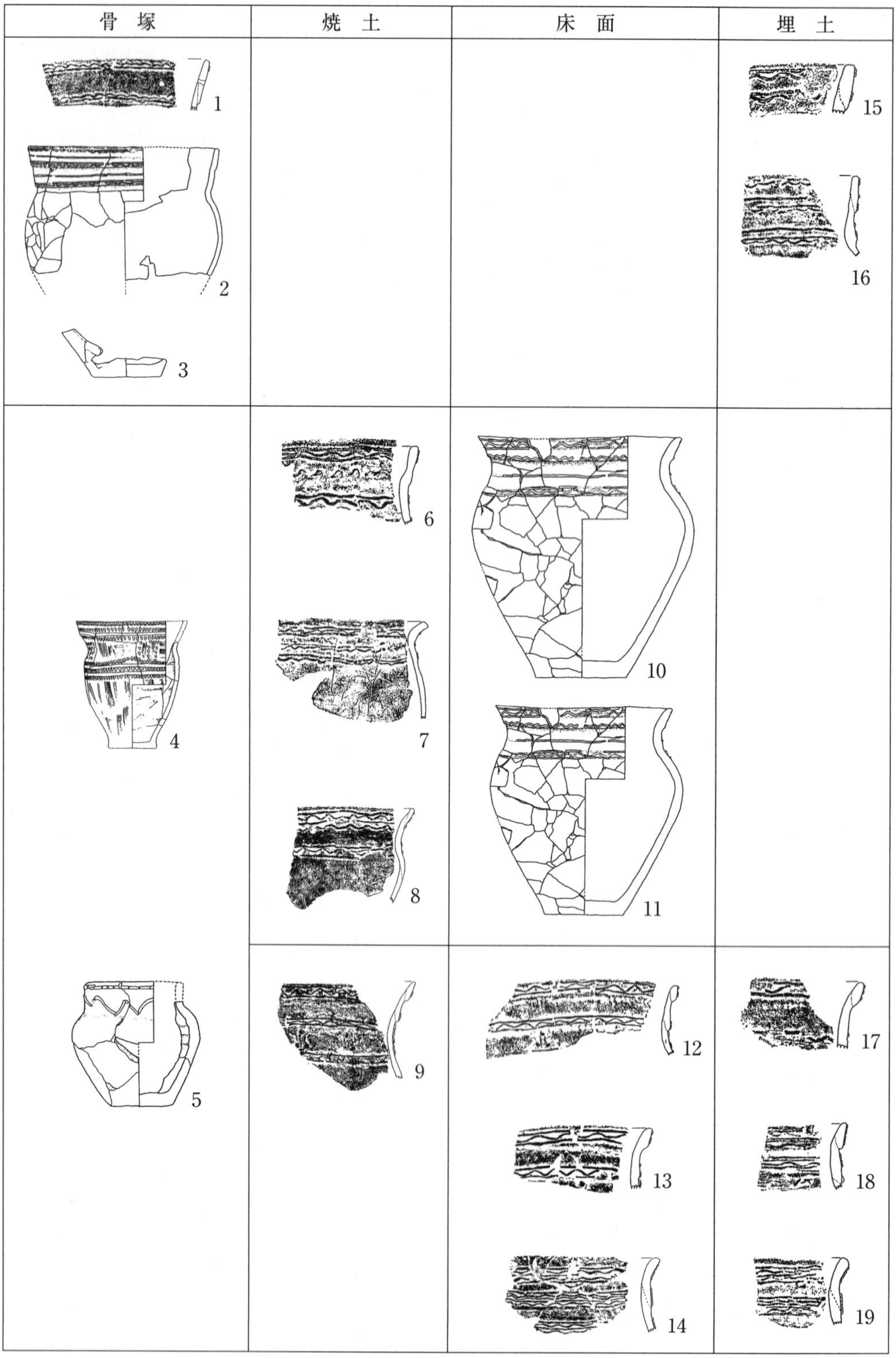

244　第3章　道東における遺跡編年案の見直し

骨　塚	焼　土	床　面	埋　土

第105図　二ツ岩遺跡2号竪穴出土の土器

も古い時期の破片や、半完形の土器が纏まって発見されている。しかしそれらは焼土にも、また床面上にも含まれていない。僅かに埋土中に、それよりやや新しい破片（15・16）が含まれているに過ぎない。

骨塚中（1）や骨塚の上部（2・3）では、ソーメン紋土器2の古いものが主体を占める。これに対して骨塚の東側では、ソーメン紋土器3でも古い部分の完形土器が2個体（10・11）、あたかも安置したような状態で発見されている。このような出土状況は「古い土器」の儀礼的な扱いや、竪穴それ自体の断続的な再利用を示唆すると考えられる。

また、床面上（12～14）や焼土（9）には、ソーメン紋土器3の「新しい部分」の土器が含まれている。いずれも大型の破片である。これらは、ソーメン紋土器3期に至る連続的な居住を示すか、もしくは竪穴跡が生活財を遺棄する、あるいは「モノ」送りの場として利用されていたか。いずれかの可能性を示唆するように思われる。

それでは、擦紋Ⅱ（4）や擬縄貼付紋土器（5）の完形品は、いったい何時、どのような理由から、わざわざ儀礼の場である骨塚に持ち込まれたのであろうか。どちらも器高が16cm以下の小型土器である。ソーメン紋土器は骨塚の内部や東側からも、完形土器や半完形の土器、大小の破片が発見されている。これに対して擦紋Ⅱ（4）や擬縄貼付紋土器（5）は、小振りの完形品として、骨塚内から発見されたに止まる。

ソーメン紋土器とこれらの小型土器の間には、このように大きさや出土状況に明らかな違いが認められる。この違いは、いかなる事情を意味するのであろうか。さらに分析を続けよう。

2）3号竪穴

この竪穴は、2号竪穴から約7mほど南側に位置している。大きさは6.9×6.5mを測り、やや細長で底面が張り出す六角形を呈している。「コ」の字形の貼り床の基部と開口部に二つの骨塚を有し、側壁に多くの柱穴が穿たれる。また壁に沿って周溝がめぐり、撹乱を受けた石囲炉が部分的に残されている。

この住居址も火災を受けており、多量の炭化材が発見されている。しかし2号竪穴と同様に、焼土や炭化物の下から出土した土器の時期は単純ではない。骨塚からも土器が出土したと記載されているが、残念ながら報告書には示されていない。おそらく小破片なのであろう。**第106図**に主要な資料を掲げた。

まず、床面上から出土した土器を細分してみると、

(1) 土師器：刷毛目の調整痕を有し、括れ部に明瞭な段状沈線を施す。骨塚下の床面上で検出された。擦紋Ⅱに並行するもの（1）。
(2) 擦紋Ⅲ～Ⅳ：欠落
(3) ソーメン紋土器1～2（古）：欠落
(4) ソーメン紋土器2（新）：2～4、5（完形土器）、6？[註9]
(5) ソーメン紋土器3（古）：欠落

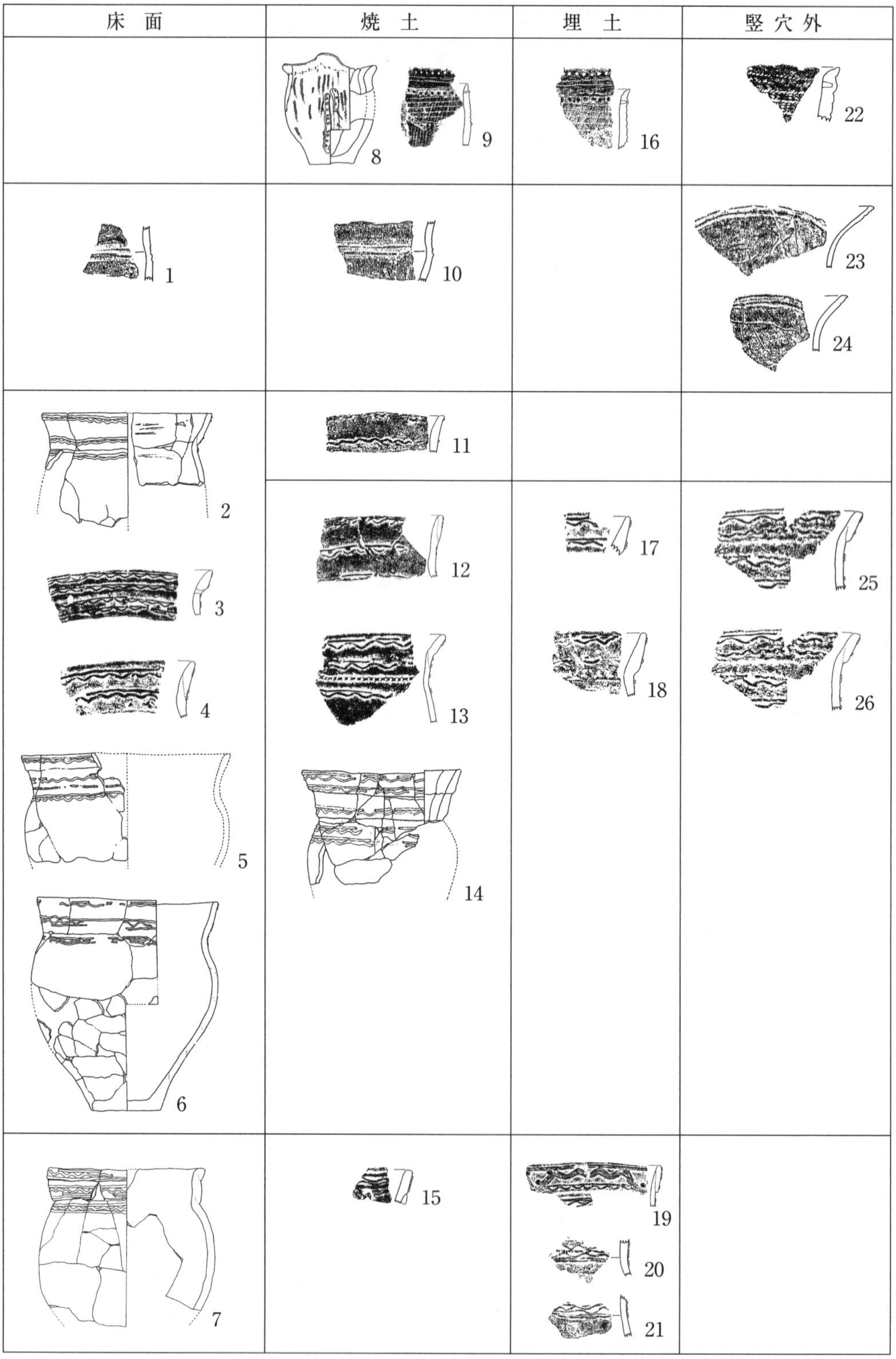

246　第3章　道東における遺跡編年案の見直し

床　面	焼　土	埋　土	竪穴外

第106図　二ツ岩遺跡3号竪穴出土の土器

(6)　ソーメン紋土器3（中）：7

となる。2号竪穴と同様に連続した変遷は認められない。それでは、焼土から出土した土器はどうであろうか。

　(1)　続縄紋時代の小型完形土器（8）と破片資料（9）
　(2)　土師器（10）：擦紋Ⅱ並行
　(3)　擦紋Ⅲ～Ⅳ：欠落
　(4)　ソーメン紋土器1（11）
　(5)　ソーメン紋土器2（古）：欠
　(6)　ソーメン紋土器2（中，新）：12、13・14（完形土器）＝床面（2～4）
　(7)　ソーメン紋土器3：15

このように様々な土器が見られるが、やはり年代的には不連続である。特に注目されるのは、僅か1点ながらも、ソーメン紋土器1の破片資料が存在することである。竪穴のプランや柱穴、周溝などは、住居の再利用の可能性を積極的に示していない。したがって、この時期の竪穴が周辺に営まれており、そこから竪穴内に破片として混入したものと推測されよう。

また、骨塚下の床面から発見された土師器（1）と同一個体と見られる破片（10）が検出されていることも、見逃せない。これに伴うであろう口縁部の破片資料は、不思議なことに竪穴の外からも、23・24例として発見されている。

埋土中には、ソーメン紋土器2・3期の資料（17・18, 19～21）が見られるので、床面・焼土・埋土のソーメン紋土器の内容は類似していると認められる。おそらく竪穴は、ソーメン紋土器2の時期に使用され、同3の時期にも何らかの営みが継続されたのであろう。床面上から発見された7例などは、その頃に遺棄されたか、竪穴の窪地へ儀礼的に送られたものと思われる。

ここで注意したいのは、焼土の上層中から発見された高さ8.1cmの小型の続縄紋土器（8）である。これは2号竪穴の擦紋土器や擬縄貼付紋土器と、いかなる関係にあるのであろうか。多量に出土したソーメン紋土器のうち、底部まで完存するものは、ごく限られた個体数に止まる。この点を考慮すると、続縄紋土器の完形品の特異性があらためて注意されよう。

また竪穴外にも、埋土中にも、そして焼土中にも、類似した続縄紋土器の破片が含まれている。これらは、「22例→16例→9例」へと繋がり、さらに9例は、8の完形土器や10例の土師器片とともに、骨塚形成前の床面上に遺存していた1例とも、密接な関係を結ぶように思われる。

こうした観察が妥当ならば、3号竪穴地点において想定される遺構の変遷をたどると、

　(1)　続縄紋期の竪穴、ないし遺構の構築（8・9）、
　(2)　土師器（1＝10）を伴う竪穴の構築（＝擦紋Ⅱ期）。「古い土器」の散乱（9・16・22）、
　(3)　空白の期間（擦紋Ⅲ～Ⅳ期・ソーメン紋土器1期）、
　(4)　ソーメン紋土器2期の竪穴構築、(2)期の方形竪穴を破壊して六角形に改修、10・23・24例の分散。小型土器の8例を伴う焼土の形成、
　(5)　ソーメン紋土器3期における土器の廃棄、ないし「土器」送りの儀礼（7，15・19～21）、

という順序になる。

　(1)・(2)については、遺構面での証拠を欠いており、推測の域を出ない。しかし、古い時代の遺構や包含層などが破壊され、あるいは攪乱されたことはまず疑いないと言えよう。もちろん、(1)〜(5)の流れと異なるプロセスも想定できるが、それでも、その大筋は変わらないであろう。

　ともかく(1)〜(5)に至るプロセスは、通説の編年観とは正反対である。はたして、このような逆転編年案が成り立つのかどうか。さらに1号竪穴についても検討してみたい。

3）1号竪穴

　この竪穴は2号の南西に隣接している。7.7×6.9mの大きさで、やや細長い六角形を呈する。骨塚や「コ」の字形の貼り床を欠く。炉は地床形式で、数個の炉石を伴う。大小2単位の周溝が竪穴内を半周する。柱穴は、その範囲で多く発見されている。竪穴のプラン、柱穴と周溝の位置は、一部で明らかにズレている。この事実は、竪穴の利用が必ずしも一時期に限らない可能性を示している。2・3号と異なり、この竪穴は焼失していない。

　第107図に示したように、床面上と埋土中からは多様な土器が発見されている。大まかに細分して、双方を対比すると、つぎのような編年案になる。

(1)　横走沈線を伴う変容土師器（1〜6）＝（21〜24）＝擦紋Ⅱ
(2)　擦紋Ⅲ〜擦紋Ⅳ(中)：欠落
(3)　擬縄貼付紋土器（欠落）＝（25〜30）＝擦紋Ⅳ(古)
(4)　ソーメン紋土器1（7・8）＝（欠落）
(5)　ソーメン紋土器2(古・新)（9〜14）＝（31〜34）
(6)　ソーメン紋土器3(中)（15・16）
(7)　ソーメン紋土器3(新)（17）＝（35〜37）＝類
(8)　トビニタイ土器群Ⅱ（38）

　このように床面上と埋土中では、主要な(1)・(5)・(7)の土器群がまったく共通している。なぜ層序にしたがって、土器相に明瞭な違いが認められないのであろうか。土師器はほとんどが小破片であって、完形に近い1例でさえ、明らかに底部を欠いている。一方ソーメン紋土器は、底部を完存する大型の完形土器が、床面・埋土の双方からまとまって発見されている。

　こうした出土状態の違いは、いったい何に起因するのであろうか。また、ソーメン紋土器1や擬縄貼付紋土器(新)が検出されていることも見逃せない。床面と埋土の土器は、本来何に伴うものなのか。2号竪穴の骨塚における擬縄貼付紋土器と擦紋Ⅱの伴出を想起すれば、単純に出土量の多寡から、本竪穴がソーメン紋土器の時期である、と即断するのは問題があろう。

　とりわけ、変容土師器の大部分が細片となり、底部が22例の出土に止まることは、大小のソーメン紋土器の底部が豊富に発見されていることに比べ、明らかに奇異な現象であると思われる。

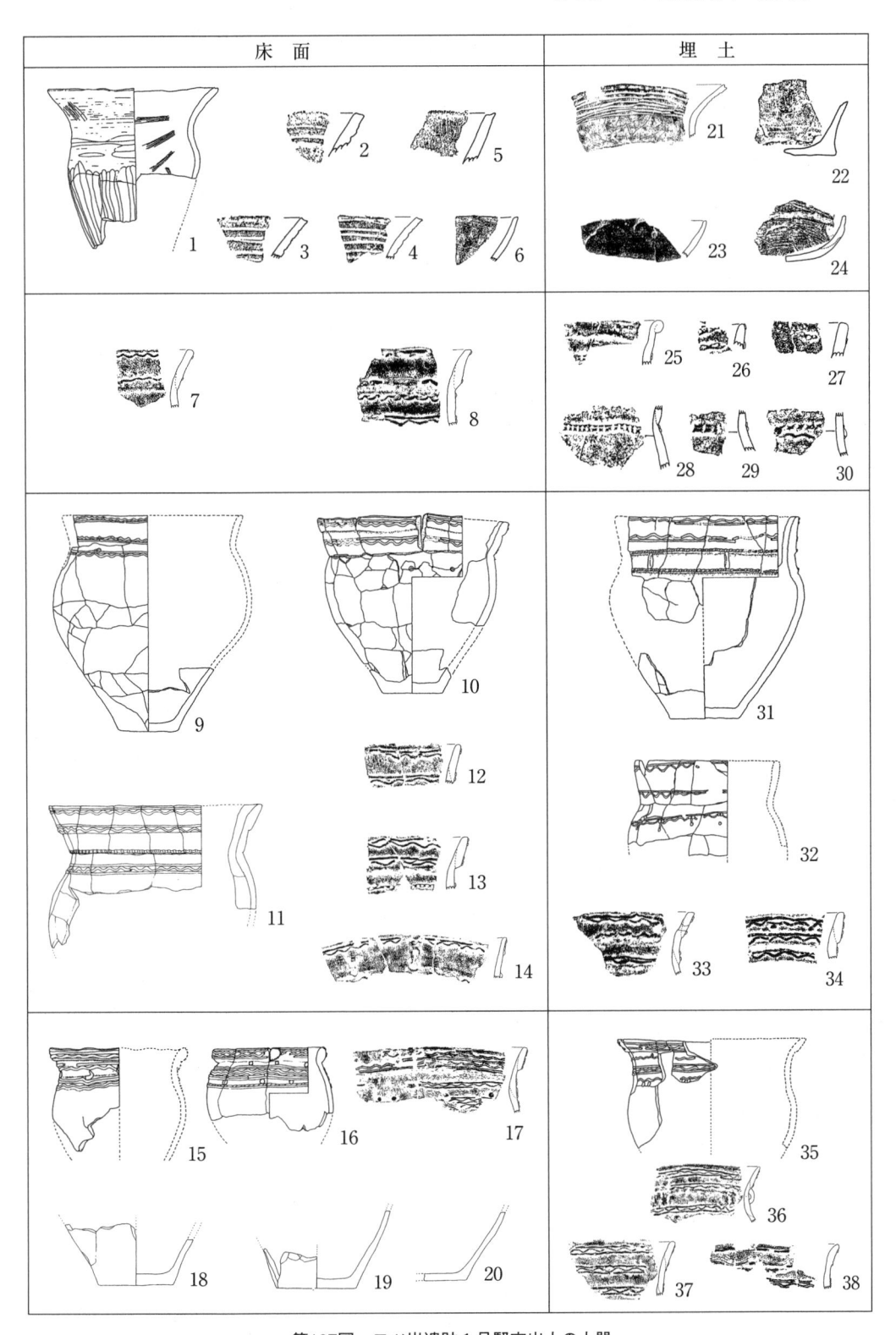

第2節 二ツ岩遺跡編年の再検討　249

| 床　面 | 埋　土 |

第107図　二ツ岩遺跡１号竪穴出土の土器

またソーメン紋土器それ自体も、床面と埋土で時期的に不連続であることを考慮すると、竪穴の間歇的な利用パターンが想定されよう。いったい変容土師器は、どの土器と同時代であるのか。2・3号竪穴と同様に、ソーメン紋土器には、まったく土師器類の影響が認められない。一方、年代差を有する土師器の側にも、ソーメン紋土器や擬縄貼付紋土器の影響は何も見当らない。

いまだかつて、両者の接触・交流を示唆する土器現象は、具体的に正しく指摘されたことはないから、土師器とソーメン紋土器の「共伴」説は、いまだ状況証拠にもとづく仮説に止まっていると言えよう。報告書では各種の土師器について、1号竪穴に「生活した人間が残したものであることは疑問の余地がないであろう、」と指摘している(野村・平川編1982：116)。しかしこの点は、あらためて2・3号竪穴資料の詳細な比較と分析を踏まえて、再検討を試みる必要があるのではなかろうか。

また視点を変えて、各竪穴におけるトビニタイ土器群Ⅱに類似した土器（仮称：類トビニタイ土器群Ⅱ）の伴出状況に注意するならば、通説編年が抱える諸々の問題点は、さらに明瞭に認識できるであろう[註10]。

(1) 1号竪穴（埋土）のソーメン紋土器3(新)：36〜37
　　＝類トビニタイ土器群Ⅱ(新)：38
(2) 2号竪穴（床面）のソーメン紋土器3(古)：第105図10・11
　　＝類トビニタイ土器群Ⅱ(新)：14
(3) 2号竪穴（埋土）のソーメン紋土器3(新)：第105図17・18
　　＝類「トビニタイ土器群Ⅱ」(新)：19
(4) 3号竪穴（床面・埋土）のソーメン紋土器3(中)：7
　　＝類「トビニタイ土器群Ⅱ」(新)：第106図19

4．通説編年案の見直し

1）二ツ岩遺跡の調査所見から

以上、刻紋土器の2細分からはじめて、擦紋Ⅱ・Ⅲ期に対比される時期の広域編年案を検討し、それを踏まえて、二ツ岩遺跡の諸資料について細かな分析を試みた。その結果、常に通説において「共伴」と見做される、土師器や変容土師器とソーメン紋土器の関係について、重ねて疑問符が付けられることとなった。

なぜ、竪穴内で共用されていたと見做されている2系統の土器に、それぞれの影響を示す特徴が全く認められないのか。その点が最大の疑問点になると思われる。しかしこの疑問点は、すでに提示し、二ツ岩遺跡の分析で援用した擦紋Ⅲ期の広域編年案を念頭におけば、容易に解決できるであろう。

すなわち、土師器及び横走沈線を持つ変容土師器とソーメン紋土器は、まったく懸け離れた時代の所産である。そのように通説の見方を修正すれば、諸々の疑問は速やかに解消されるのではあるまいか。その場合、問題になるのは土師器類を出土する古い方形プランの竪穴が検出されていないことである。

　続縄紋時代や縄紋時代の遺構としては、2号竪穴の直下から炉跡などが検出されている。また各竪穴とも、埋土を中心として、床面上においても、両時代の土器片の混入が顕著に認められる。これはオホーツク式期の竪穴が、古い包含層や竪穴などを破壊しているためと理解されよう。また両時代の土器は、大部分が底部を欠いており、小破片が目立つ。この点は、土師器・変容土師器においても、まったく変わりない。

　これらの時期の竪穴ないし遺構は、いったい何処へ消えたのか（柳澤2003：146-149）。二ツ岩遺跡の竪穴は、一般的なオホーツク文化期のものに比べ、かなり規模が小さいと指摘されている。内部の空間は、平均で35m²位になるという（平川1984：9）。これは7×7mの範囲に十分収まる規模である。発掘例の多い擦紋Ⅳ期の竪穴は、5.5×4.5m前後が大多数を占めるから、それに比べると平均で15％ほど広いことになる。一方、長軸が10mを超えることが珍しくないオホーツク文化の竪穴に比べると、二ツ岩遺跡の竪穴群の規模が著しく小さいことは否めない。

　オホーツク文化の末期（「藤本e群」）の文化現象については、
　　(1)　竪穴住居が極端に小型化する（核家族化）、
　　(2)　粘土床・石組炉などの減少、
　　(3)　骨塚の場所や内容物の変容、
　　(4)　漁撈・海獣狩猟具などの減少、陸獣狩猟具の増加、
　　(5)　栽培植物の種子出土状況の変化、
などの事象が的確に整理されている（右代1991：32-36，澤井1995：56-57ほか）。そして、そのような急激な文化変容を生じた事情は、たとえば、

　　「（藤本）e群のオホーツク文化は擦文文化の伝播とともに急激に同化されていくことになります。この結果、貼付文文化圏では、e群期の後、知床半島にのみオホーツク文化は存続することとなります」、

と説明され（澤井1995：57）、擦文文化（「擦文前期」）の道東へ波及に、その主たる要因が求められている。

　それでは、オホーツク文化が土師器や変容土師器を携えた少数の移入集団によって、文化的・社会的な圧迫を強く受けて急激に変容したという仮説は、ほんとうに成り立つのであろうか。むしろ、これらの土器を携えた人々が、最初に埋没していた続縄紋時代の二ツ岩遺跡を集落地として利用した。その後、モヨロ貝塚や旧常呂町の周辺から新たに進出して来たオホーツク人が、無人の二ツ岩遺跡に入り込み、続縄紋土器や土師器類を出す竪穴跡をやや大きく掘り込み、自らの竪穴群を構築してソーメン紋期にかけて居住したと想定した方が、矛盾が少ないのではなかろうか。

このように想定した場合、古い小規模な土師器類（＝擦紋Ⅱ）を伴う竪穴の痕跡は、ほとんど残らないことになる。また、床面上や埋土中に混在した土師器の細片が、1号と3号の竪穴に限定され、2号ではまったく検出されていないことも、続縄紋期の竪穴跡を再利用していると想定すれば、容易に説明ができるように思われる。

したがって、道東系の擦紋Ⅱや擬縄貼付紋土器などの「古い土器」が、ソーメン紋期の2号竪穴の骨塚に、あたかも安置されたような状態で出土したことも、古い竪穴跡を破壊する際に遭遇した「古い土器」を、儀礼的に扱ったものと理解すれば、十分に説明がつくであろう。

「古い土器」を儀礼的に扱う事例は、周知のように二ツ岩遺跡の他にも、多くのオホーツク文化期の竪穴で確認されている（柳澤2000：20-24, 註9, 2003：137-157, 158-159）。したがって二ツ岩遺跡の事例だけを、通説の編年にしたがい特殊な例外として扱うことは難しいと思われる。

2）二ツ岩遺跡資料の再整理

そこで、二ツ岩遺跡の資料をあらためて年代順に整理してみたい。欠落した時期のうち、前半の標本例を補うと、**第108図**のようになる。

いうまでもなく続縄紋土器（1, 6～10）は異なる時代に属す。これに対して新旧の土師器類（11～14, 17～22）と擦紋Ⅱ（2）は、ほぼ同時代の所産と見做せる。それから刻紋土器B・擦紋Ⅲの時期（23～26, 27～31＝36・37）を経て、擦紋Ⅳ（中）の頃まで、二ツ岩遺跡における居住の事実を示す物証は、今のところ発見されていない。

それ以後、擬縄貼付紋土器の新しい時期（3, 38～43）にオホーツク人の居住活動が開始され、ソーメン紋土器1～3期（4・44～52）のあいだ、連続的に二ツ岩遺跡が利用されたと考えられる。このように捉えると、擦紋Ⅱ（＝刻紋土器A）と土師器及び変容土師器の関係があらためて問題となろう。

型式学的にみると、3号竪穴の11～14例と1号竪穴の17～22例は、明らかに時期が異なる。したがって道央における横走沈線を持つ土師器の編年研究から見ても、その点はまず疑えない。「11～14例→17～22例」という序列が想定されよう。一方、先に試みた道東部における擦紋土器の観察では、2例のような立体的な紋様構成の土器は、擦紋Ⅱの「中位の部分」に比定される。18・21例の横走沈線を持つ土師器も、比較例に乏しく精確には分からないが、これに近い時期かと思われる。

つまり、「11～14例→2例＝17～22例」という序列が想定される。千歳市の中島松7遺跡の9号竪穴では、11～14例にほぼ対比される「15・16例（床面）→36・37（埋土：擦紋Ⅲ（新））」の層序が報告されている。また、礼文島の浜中2遺跡（前田・山浦編1994）では、刻紋・沈線紋系土器と擦紋Ⅲの共伴が層位的に確認されている（32＝33, 34＝35, 柳澤2006a：106-112）。

それに28・29・30例などの、擦紋Ⅲと刻紋土器Bのキメラ（折衷）土器を考慮すると、二ツ岩遺跡の土師器類と擦紋Ⅱは、道央・道北・道東の広い範囲において等しく擦紋Ⅲに先行し、とうてい擬縄貼付紋土器やソーメン紋土器と同時代には存在し得ない、という結論になる。

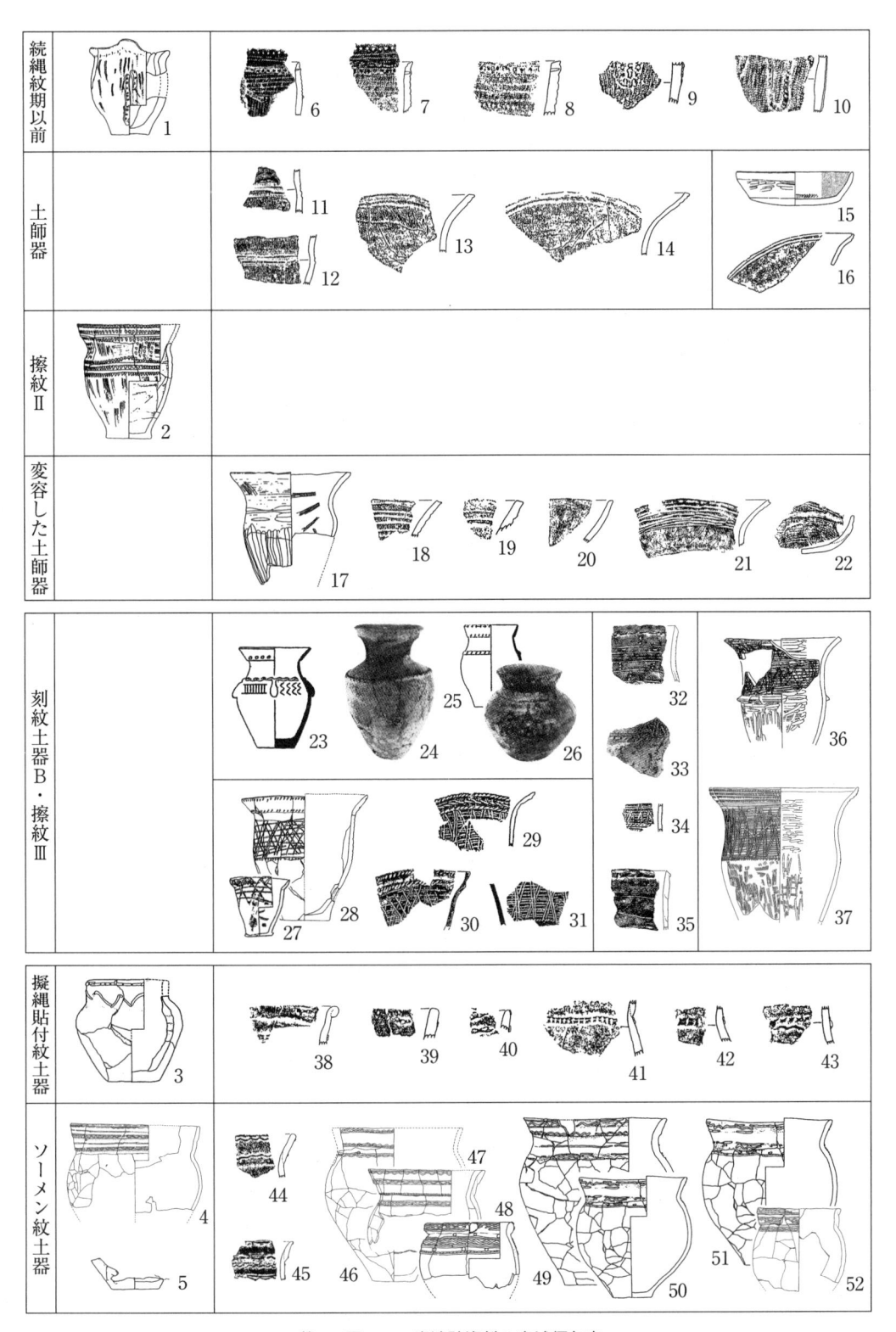

第 2 節　二ツ岩遺跡編年の再検討　253

第108図　二ツ岩遺跡資料の広域編年案

このように、通説編年の最も要になる二ツ岩遺跡編年の妥当性にあらためて疑問符がつくならば、ピラガ丘遺跡群や須藤遺跡やオタフク岩洞窟、そしてカリカリウス遺跡や常呂川河口遺跡などの編年所見についても、これから見直しが求められることになろう。

3）栄浦第二遺跡、第23号竪穴の土器群について

　それでは、二ツ岩遺跡で想定した新しい編年案にしたがうと、オホーツク文化期の大型竪穴から出土した資料についても、矛盾なく説明できるであろうか。そこで最後に、多様な土器群が骨塚や床面から出土している、栄浦第二遺跡の第23号竪穴の事例に注目したい。

　第109図にその主要な資料を示した。骨塚や埋土には、二ツ岩遺跡と同じように、続縄紋や縄紋時代の古い土器の細片（6〜8，18・19）が含まれている。埋土では小型土器（17）も発見されており、注目される。床面上にも僅か1点であるが、古手のオホーツク式の破片がある（1）。これは骨塚や埋土には見当たらない。

　床面・骨塚・埋土で主体を占めるのは、いわゆる貼付紋系の土器である。これに広義の刻紋土器Bや完形の擦紋土器が加わる。年代順に細分すると、

　　(1)　縄紋中期の土器：骨塚の上部（14）
　　(2)　刻紋土器B(中・新)に比定されるもの：骨塚（9）＝埋土（21，22）
　　(3)　擬縄貼付紋土器(古)：欠落
　　(4)　擬縄貼付紋土器(中)：骨塚（10）＝埋土（欠落）
　　(5)　擦紋Ⅳ$_6$：埋土（23）
　　(6)　擬縄貼付紋土器(新)：床面（2）＝骨塚（11・12）・骨塚の上部（15？）＝埋土（24）
　　(7)　ソーメン紋土器1：床面（3・4）＝骨塚の上部（16）＝埋土（26？）
　　(8)　ソーメン紋土器2：床面（5）＝骨塚（13）＝埋土（25？）

　(1)〜(8)のうち、骨塚の上部に安置された縄紋土器（14）の存在が、まず注目されよう。これはつとに旧稿でも指摘したように、オホーツク文化の竪穴において、「古い土器」が儀礼的に扱われていたことの、何よりも雄弁な証拠となるであろう（柳澤2000：20-24・註9，2003：137-159，宇田川編2003：39-40）。

　擬縄貼付紋土器(中)やソーメン紋土器1などは、二ツ岩遺跡において稀であるか、まったく存在しない時期に相当するものである。一方、擬縄貼付紋土器(新)の土器やソーメン紋土器2は共通するものの、後者の量は二ツ岩遺跡に比べると極端に少ない。ソーメン紋土器3や先の「類トビニタイ土器群Ⅱ」を欠くことは、さらに注目すべき差異といえよう。

　このように、二ツ岩遺跡と栄浦第二遺跡との間には、明瞭な時期のズレ、すなわち「地点差」が認められる。そのうえ、二ツ岩遺跡で注目された擦紋Ⅱや横走沈線を持つ変容土師器などは、まったく見当たらない。

　この事実は、擦紋土器や横走沈線を持つ土師器との接触を通じて、ソーメン紋土器が土器変容を起こし、「カリカリウス土器群」や「トビニタイ土器群Ⅱ」に変化したという通説の妥当性を

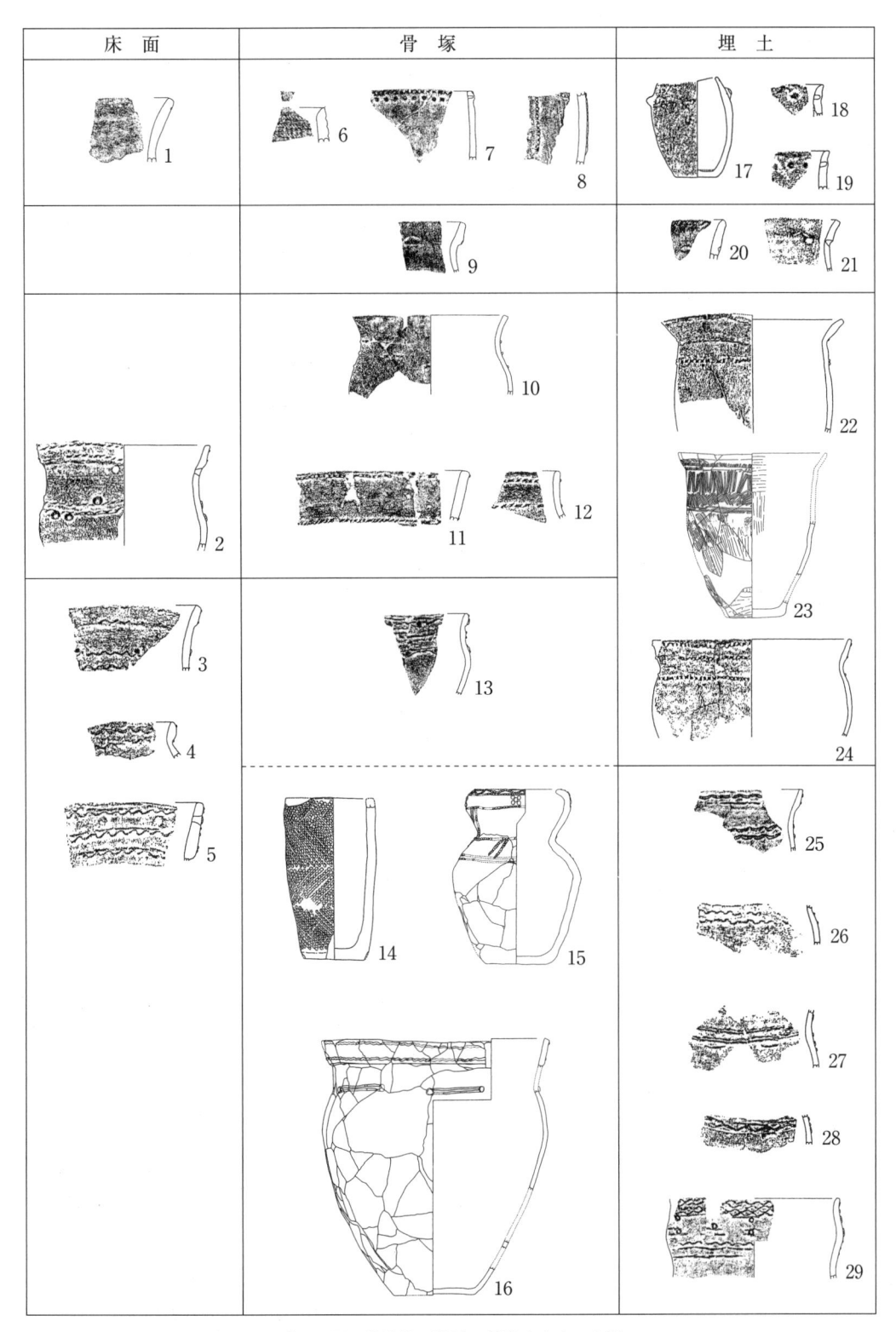

第 2 節　二ツ岩遺跡編年の再検討　255

床　面	骨　塚	埋　土

第109図　栄浦第二遺跡23号竪穴出土の土器

第6表　サハリン島南部〜南千島の北方編年案（抄録）

	サハリン島南部	道　北	道　東	南千島	道　央
続縄紋期	十和田	十和田	シュンクシタカラ（古・新）ノトロ岬(1)	？	北大(古) 北大(中) 北大(新)・土師器
擦紋期	（＋）　（＋）	円形刺突紋土器・上泊	円形刺突紋土器・擦紋Ⅰ	（＋）	擦紋Ⅰ・土師器
	江の浦貝塚A地点・（＋）	刻紋土器A・上泊・擦紋Ⅱ	刻紋土器A・擦紋Ⅱ・変容土師器	刻紋土器A	擦紋Ⅱ・変容土師器
	江の浦A・B地点・南貝塚 江の浦B地点　＋ （＋）　南貝塚 （＋）　南貝塚	刻紋土器B 刻紋・沈線紋土器 元地式・擦紋Ⅲ	刻紋土器B (古：B1・2) (中：B3〜5) (新：B6・7)	擦紋Ⅲ (古：Ⅲ1・2) (中：Ⅲ3〜5) (新：Ⅲ6・7)	刻紋土器B	擦紋Ⅲ (古：Ⅲ1・2) (中：Ⅲ3〜5) (新：Ⅲ6・7)
	（＋）　（＋）	ポスト元地式 ポスト刻紋・沈線紋土器 擬縄貼付紋土器 擦紋Ⅳ	擬縄貼付紋土器 トビニタイ土器群Ⅰ-Ⅱ 擦紋Ⅳ・擦紋Ⅴ（トビニタイ土器群Ⅰ）	擬縄貼付紋土器 トビニタイ土器群Ⅰ・Ⅰ-Ⅱ 擦紋Ⅳ	擦紋Ⅳ 大鋸歯紋土師器 内耳土器
貼付紋期		地方的なソーメン紋土器	ソーメン紋土器 カリカリウス土器群 トビニタイ土器群Ⅱ	ソーメン紋土器 トビニタイ土器群Ⅱ	（ウサクマイN地点）

疑わせる明白な証拠になるであろう。

　栄浦第二遺跡の23号竪穴において重要な点は、その所属する時期が、まさに二ツ岩遺跡で欠落していた部分に相当することである。床面や骨塚の土器を検討すると、この竪穴は、擬縄貼付紋土器の新しい時期（2・11・12・15）からソーメン紋土器1の時期（3・4・16）かけて、ほぼ連続的に利用されたと推定される。そのとおりならば、この竪穴は二ツ岩遺跡の1〜3号竪穴に先立つか、重複利用が想定される1号竪穴の(古)期（第107図7・8）に並行するものと見做せよう。

　以上、かなりの紙幅を費やし、部分的ながらも、小細別レベルで擦紋Ⅲ期における北方編年体系の精密化を試みてきた。その大要を、旧稿の編年案（柳澤2006b：100）を踏まえて示すと、**第6表**のように纏められる。

おわりに

　いわゆる「擦文前期」の土器とソーメン紋土器は年代的に並行するものであって、後者は8世紀ないし9世紀末になると、道東部へ拡散した「擦文前期」土器の影響を受けて衰退し、トビニタイ土器群Ⅱに変貌したと繰り返し説明されている。このような年代観は、二ツ岩遺跡の骨塚における両者の伴出を、単純に「共伴」と見做す立場から創成された、まったくの新説であった。

　そして、この二ツ岩遺跡の新編年観は、モヨロ貝塚や目梨泊遺跡における蕨手刀の年代観、さらにはウサクマイN遺跡と奥尻島における、B-Tm火山灰による「層位事実」の解釈と整合しており、もはや逆転編年説を唱える余地などは無いと考えられているようである[註11]。しかしなが

ら、蕨手刀の年代観（註12）やB−Tm火山灰を「鍵」として論じられた道央・道南の編年案は、二ツ岩遺跡における調査所見を傍証する真の考古学上の根拠になるのであろうか。

　小論では、こうした編年学上の根本的な疑問点を解き明かすために、まず道東部において、「土器は土器から」の視点に立脚して、オホーツク式と刻紋土器（＝擦紋Ⅱ・Ⅲ期）を対比した小細別レベルの広域編年を試みた。それを踏まえると、「共伴」と認定された二ツ岩遺跡の骨塚上で検出された複系統の文物は、明らかに年代が異なり、儀礼的な理由から竪穴内に持ち込まれたものと考えられる。したがって、それらは通説編年を支える考古学上の根拠とはなり得ないことが、あらためて確認された。

　こうした捉え方が妥当ならば、皇朝十二銭やB−Tm火山灰を用いて強化された道央編年体系の基礎が、はたして道東部の新しい細密な編年案に照らして、磐石であると言えるのかどうか、その点が疑問になって来るであろう。そこで次なる課題としては、観察のフィールドを移して道央の編年体系を見直したい。そして、その新しい編年案と年来の道東編年案を対比して小論の妥当性を細かく検証したいと思う。

　その予察によれば、皇朝十二銭やB−Tm火山灰、それに青苗砂丘遺跡の諸資料なども、通説の北方編年を支える、考古学上の根拠にはならないと考えられる。また、「江の浦式」やいわゆる靺鞨・女真系土器の年代観なども、北海道島の精密な編年秩序に依拠した交差編年法の適用によって、これから見直しが求められることになるであろう。

註

(1) 知床半島のチャシコツ岬下B遺跡では、昨年度の調査でクマの屋外「祭祀儀礼」跡が発見された。この遺構は、「オホーツク文化終末期のトビニタイ期、その中でも初期にあたる」、と指摘されたが（加藤ほか2006b：130）、はたして、そのように捉えてよいのであろうか。トビニタイ土器群Ⅱやソーメン紋土器を小細別レベルで分類すると、別の見方が成り立つように思われる。

(2) そもそもポッチの由来が不明な点が気に掛かる。なぜ、ポッチのような特徴的な要素が、忽然と網走・常呂の周辺域に集中的に出現するのか。その事情は明らかでないが、北海道島の内部だけでは解決できない問題が潜んでいるように思われる。この点は機会をあらためて考察したい。

(3) 口縁部と胴部の紋様変遷が必ずしも連動に変化しない状況は、トビニタイ土器群Ⅱやカリカリウス土器群においても、等しく観察される。その点を考慮しない分類体系では、北方圏土器群の編年秩序を正しく捉えることは、すこぶる至難の業になるであろう。熊木俊朗氏のシステマチックなソーメン紋土器の分類試案を参照されたい（熊木2001：[2002]）。

(4) 25〜27例の土器は、型押紋を持つウエンナイ遺跡の土器を介して、南貝塚式（伊東1942）に対比されるものと考えられる。この編年観の見通しについては、前稿の編年表を参照されたい（柳澤2006b：100；第1表を参照）。

(5) 以下、擦紋土器の編年については、V期を除いて佐藤達夫の1972年案（佐藤1972）に準拠し、小細別の表記法に関しては、宇田川洋氏の提案にしたがう（宇田川1980a）。

(6) こうした編年観の概要については、旧稿の編年表に抄録して表記しているので、参照されたい（柳澤2006b：

(7) 鰭状のモチーフなど、続縄紋土器や北大式に由来するモチーフの先祖返り的な変遷については、前稿の記述を参照されたい（柳澤2006b：44-100）。

(8) 第104図に掲げたモヨロ貝塚の資料の大部分は、いまだ実見する機会を得ていない。したがって以下に述べる仮説は、ごく暫定的な見方に止まることを付言しておきたい。なお、北海道立民族博物館の展示資料によれば、照明が暗くて判然としないが、第104図4例の胴部には、斜行するヘラ磨き痕があるように観察された。

(9) 床面出土の6例の紋様は、図からみる限り、「直線＋波線」、「直線＋波線＋直線×2」の3単位のモチーフで構成されている。仮に、上部の紋様単位で下の直線が剥がれているならば、描線はすべて3本構成となり、ソーメン紋土器3に比定されることになる。微妙な判断になるが、本例は仮にソーメン紋土器2の「新しい部分」に属すと捉えておきたい。

(10) 旧稿では、トビニタイ土器群・カリカリウス土器群・ソーメン紋土器について、それぞれ3細分を試みた。この試案は細部で若干の修正を要する。また、さらに究極レベルまで細分を徹底する必要があるように思われる。目下の試案では、それぞれ8〜9段階の細分が可能であるという見通しを得ている。近く、別稿で詳しく論じる予定である。

(11) 一例として、福田（2005：153）、中村・興野（2006）を参照されたい。

(12) 最近、秋田県鹿角市の物見坂遺跡の円墳から、古式の蕨手刀が発見されたと報道されている（朝日新聞—秋田版：06.05.17）。円墳は915年に降下したとされる十和田火山灰の直下に営まれており、年代差はあまりないと観察されている。鹿角に当たる「上津野」なる名称が登場するのは、文献上では878年が初出であるという（『日本三代実録』）。「上津野」は、反乱夷俘の十二村の一つに挙げられている。発見された円墳はおそらく、その前後の頃から915年までの間に営まれたのであろう。そのとおりならば、8世紀代の古手の蕨手刀が200年近くも伝世して副葬された可能性が想定されることになる。東北北部の蕨手刀の年代についても、先入観を離れて、これから見直しが必要になるであろう。

なおこの問題については、2006年9月に開催された千葉大学文学部公開講座にて、「北方圏における威信財」と題して発表した（9月30日追記）。

図版出典

第98図　1・3：河野（1958・1959）　2・4：河野（1955）　5〜12・15・16：涌坂（1996b）　13・14：駒井・吉田（1964）　17〜19：武田（1995）
　　　＊なお1・4例は、標本例の写真が不鮮明なため、網走郷土博物館編（1986）と宇田川編（1981）に掲載された写真と実測図で代用した。

第99図　1〜7：武田（1995）　8・9・11〜13：網走郷土博物館編（1986）　10：涌坂（1991）

第100図　1・20：名取・大場（1964）　2・3・10・11・15・16・19：大場（1956）　4・5・8・9・12・17・18・25・26・27：網走市郷土博物館編（1986）　6：天野（1997）　7・21・22・24：武田（1995）　13・14：涌坂（1996b）　23：駒井・吉田（1964）　28：駒井編（1964）　29：佐藤（1964b）

第101図　1：石附（1968）　2：後藤（1937）　3：大場ほか（1963）　4・5：大場・石川（1961）　6〜15：大谷・田村（1982）　16・24・26・28：大場（1956・1961）　17：駒井編（1963）　18：大場（1960）　19・22・32：金盛（1976a）　20：清野（1969）　21・30・31：中田ほか（1989）　23：駒井編（1964）　25：児玉（1948）　27・29：豊原・福士（1980）

第102図　1：名取・大場（1964）　2：武田（1995）　3・7・10・14・17・21：網走市立郷土資料館編（1986）　4：天野（2003）　5：米村（1950）　6：涌坂（1996b）　8・9・15・16・18：大場（1956）　11・19・20：駒井・吉田（1964）　12・30・31：武田（1995）　13：駒井編（1964）　22・23：高畠（2004）　24・25：大井（1973）　26〜29：前田・藤沢編（2001）　32：遠藤（1995）　33・34：大谷・田村（1982）　35〜39：松谷・上屋（1988）

第103図　1・2：大場（1966）　3：内山編（2000）　4：大井・大場編（1976）　5・6：峰山・宮塚（1983）　7〜14：石橋・後藤（1975）　15〜19：山本（1984）　20〜23・26〜29：石川（1999）　24・25：西（1992）　30〜35：椙田（1982a）　36・41・42：野村・平川編（1982）　37：武田（1995）　38・39・40：東京大学文学部考古学研究室編（1972）

第104図　1：野村・平川編（1982）　2：河野（1958）　3〜6：網走市立郷土博物館編（1986）

第105図　1〜19：野村・平川編（1982）

第106図　1〜26：野村・平川編（1982）

第107図　1〜38：野村・平川編（1982）

第108図　1〜14・17〜22・38〜52：野村・平川編（1982）　15・16・36・37：松谷・上屋（1988）　23・25：大場（1956）　24・26：網走郷土博物館編（1986）　27：清野（1969）　28：金盛（1976a）　29：豊原・福士（1980）　30：駒井編（1964）　31：大場（1961）　32〜35：前田・山浦編（1992）

第109図　1〜29：武田（1995）

第3節　チャシコツ岬遺跡群編年の再検討
　　　　－「ヒグマ祭祀遺構」土器をめぐって－

はじめに

　知床半島のチャシコツ岬下B遺跡で、トビニタイ期の「ヒグマ祭祀遺構」が発見されたというニュースが報道されたのは、2006年9月のことであった。その後、すみやかに整理作業が進められ、道内のみならず東京においても、調査の内容が速報され、多くの研究者が注目するところとなった。

　そもそも、オホーツク文化の遺跡内において、トビニタイ文化の遺物が纏まって検出されることは稀である。しかしながら今回の事例は、アイヌ文化の中核を占めるクマ送り儀礼に繋がると推定される遺構に伴うものだという。

　この画期的な発見によって、論争となっている両文化の関係も、通説どおりに証明されるという期待が、自ずと高揚したと想像される。調査は今年度も実施されている。その発表が待たれるところであるが、いまだ速報には接していない。

　そこで小論では、この「ヒグマ祭祀遺構」から発見されたトビニタイ土器群Ⅱ（菊池1972a：447-461）の重要性に鑑み、その編年上の位置について、特に検討してみたい。チャシコツ岬の遺跡群から発見された、新旧の「オホーツク式土器」（河野1955・1958）とトビニタイ土器群Ⅱの関係は、どのように捉えればよいのであろうか。

　初めに通説編年の疑問点を述べ、広域編年の視点から、その見直しを進める。ついで、旧稿のトビニタイ土器群Ⅱの3期編年案（柳澤2005a：111-114）を、さらに小細別単位で細分する作業を試みたい[註1]。そして、その細分試案をもとにして、「ヒグマ祭祀遺構」の完形土器を旧稿のチャシコツ岬遺跡編年案（柳澤1999b：64-70，2001：73-75）に挿入し、知床半島の編年体系[註2]をより精密に整えたいと思う。

1．通説編年を見直す論点について

1）チャシコツ岬下B遺跡の新資料

　知床半島の西岸に位置するウトロ町の周辺では、古くからオホーツク文化の遺跡が注目されて来た。戦後、発掘調査は早くから実施されているが、詳しく報告されたものは少ない。チャシコツ岬の遺跡群では、河野広道・佐藤達夫によるウトロチャシコツ岬下（B遺跡）・岬上遺跡の調査（宇田川編1981）やチャシコツ岬下B遺跡の資料報告（大井1984a）などがあげられる。

最近では、斜里町立知床博物館によるチャシコツ岬下Ｂ遺跡の調査が注目される（松田2002）。その後2005年から、同博物館と北海道大学が共同して調査を進めている。**第110図**にその一部を示した。
　１～３例は、Pit2・3（竪穴）の床面・床面直上の土器、４～６例は、竪穴状の窪地？(註3)に営まれた「ヒグマ祭祀遺構」の土器である。
　通説の編年案によると、１～３例は、いわゆる藤本ｅ群（藤本1966）に比定される(註4)。４～６例はトビニタイ土器群Ⅱ（菊池1972a）か、または「カリカリウス遺跡の土器群」（金盛・椙田1984：28）と捉えられるのであろう。速報によると、これらの土器群はつぎのように編年されている（加藤ほか2006a・b）。

(1)　藤本強氏の「ｅ群」（藤本1966：31-39）に比定されるもの（１～３）→
(2)　オホーツク文化終末期に当たる「トビニタイ前期」（カリカリウス型：大西1996：87-88(註5)）
　　 に比定されるもの（４～６）→
(3)　「トビニタイ土器群［Ⅱ］」に比定されるもの（＝「擦文中期」：宇田川1988）

　今のところ本年度の調査において、４～６例より下位の層からどのような土器群が発見されたのか、それを推測する手掛りはない。したがって、はたして通説に準拠した「１～３例（ソーメン紋土器）→４～６例（「カリカリウス型」）」、という遺跡編年案が成立するのかどうか。残念ながら、チャシコツ岬下Ｂ遺跡内では直接に検証できない。そこで、この遺跡を離れて知床半島の対岸に位置するオタフク岩洞窟の資料を検討してみたい。

２）オタフク岩洞窟の資料

　オタフク岩洞窟、並びにオタフク岩遺跡（第Ⅰ地点）の調査は1990年に行われた。すでにピラガ丘第Ⅲ地点（金盛1976a）や二ツ岩遺跡（野村・平川編1982）、カリカリウス遺跡（椙田1982a）の報告書は刊行されていた。そしてオタフク岩洞窟の調査においても、期待通りに通説編年を裏づける「層位事実」が確認されると（涌坂1991）、もはや誰の目にも、その妥当性は揺ぎないと意識される時代となった。
　だが、そうした認識には何も問題がないのであろうか。第110図の７～20例は、「4b層～5c層」で発見された代表的な資料である。ほぼ左から右へ、そして下へ向かって報告された層序の順に配列した。ただし、12・14・20例は複数の層から発見されている。通説編年の分類法、年代的な位置づけにしたがって、各資料を整理すると**第7表**のようになる。
　4b層から5c層の年代幅は500年に及び、ここには６種類の土器が含まれている。5c・5b層の範囲では、８～12世紀までの土器が出土している。また5a・5b層でも、10世紀から12世紀の土器が発見され、4b層では10世紀と12世紀の資料が共存している（スクリーン・トーンの部分）。
　このように4b層から5c層に至るまで、多様な資料が混存しており、土器変遷の秩序を明示す

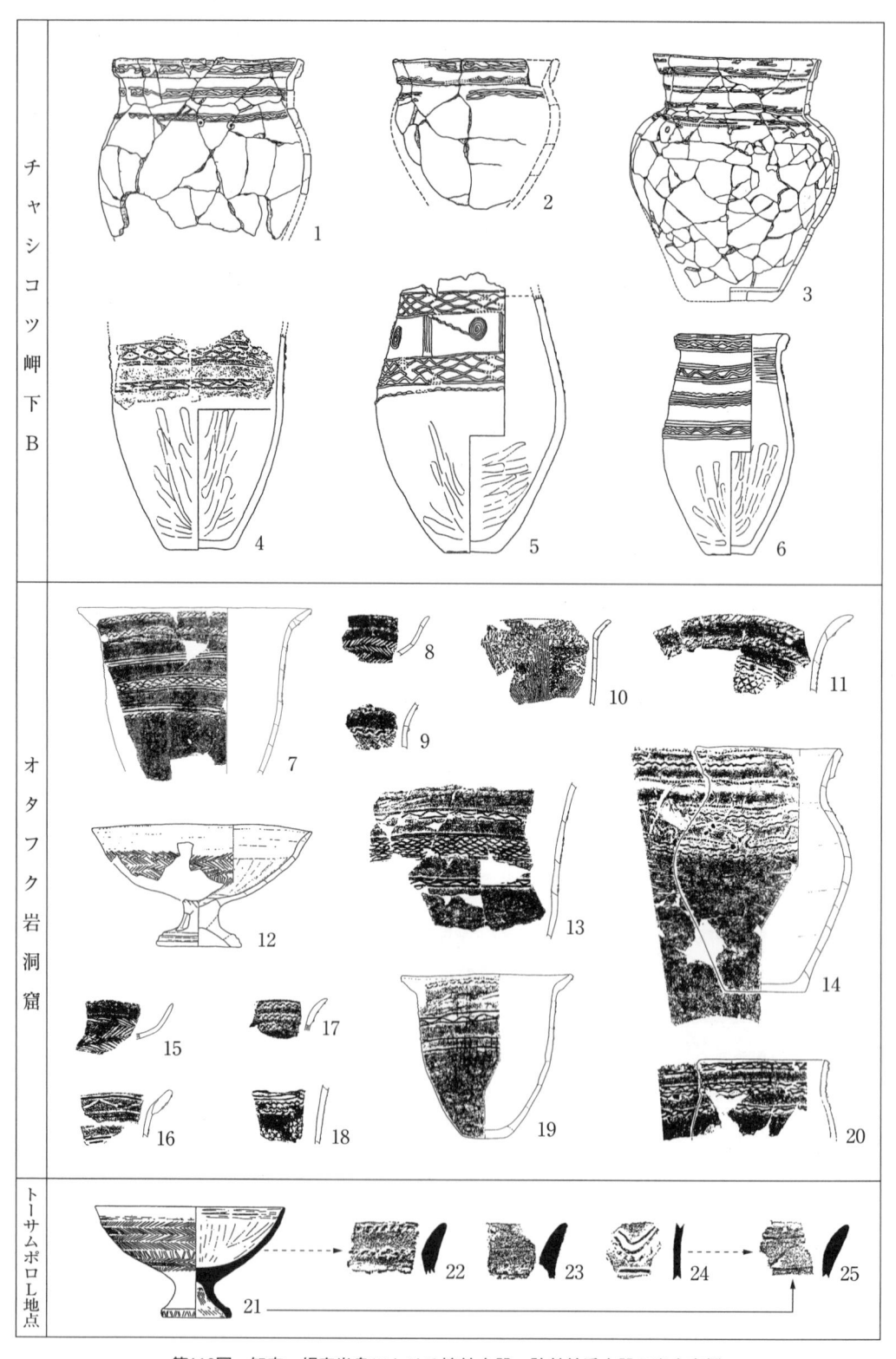

262　第3章　道東における遺跡編年案の見直し

第110図　知床・根室半島における擦紋土器・貼付紋系土器の出土事例

第7表　オタフク岩洞窟4b〜6層土器(抄録)の出土傾向と通説編年の対比

土器分類	出土層位					年代比定 (右代1991)
	6層	5c層	5b層	5a層	4b層	
擬縄貼付文土器	(14)	(14)	(14)			8世紀代
ソーメン文土器	(20)	(20)				8・9世紀代
トビニタイⅡ		(19)	(16・13)		(17)	10世紀代
トビニタイⅠ・Ⅱ（中間的なもの）		(18)	(17)	(11)		11世紀代
トビニタイⅠ				(9)		12世紀代
擦文（中・後期：Ⅳ）			(12・15)	(12・10)	(8)	11・12世紀代

（　）：第110図の資料番号を示す

るような単純な「層位事実」は認められない。なぜ、時期と系統を異にする土器群が狭い洞窟内で混存するに至ったのか。洞窟上方の台地上に営まれたオタフク岩遺跡では、擦紋土器がまったく発見されていない。それだけに、どうして擦紋土器がトビニタイ土器群やオホーツク式土器（以下、オホーツク土器）と伴出したのか。その理由を改めて考えてみる必要があろう（柳澤2005b：20-23, 29-31）。

ちなみに、4c・4dは「焼土層」と記載されている。また1号配石址は、4b層と4c層に跨っており、5a層の上面に接する。さらに「2号配石址」とされ遺構は、90×60cm規模の立派な「炉址」である。これは5c層中に設けられている。この炉址は、洞穴内がある時期に生活拠点として利用されたことを示す。また面的に広がり、灰を含む2枚の焼土層の分布も、何らかの活動を示唆するものと思われる。

これらの数次に及ぶ断続的な営みと、通説では500年に及ぶとされる土器群の混出状況には、いったいどのような関係があるのであろうか。整然とした「層位事実」、これに対する土器群の歴然たる混在状態は、型式学・堆積学の双方の観点から、改めて検討してみる必要があると言えよう（柳澤2003：162-註11）。

これに類する問題点は、さらにトビニタイ期の「クマ送り儀礼」跡（涌坂1993：40-49）が検出されたとされる上部の4a層についても認められる。これはまた別の機会に検討したいと思う。

さて、ここでオタフク岩洞窟を離れ、再び「忘失」された根室半島の層位事例に注目したい。

3）トーサムポロL遺跡の墓址資料

第110図の21〜25例は、根室半島のトーサムポロL遺跡の墓址資料である（前田1966）。旧稿の中で、その編年学上の意義について少しく触れるところがあった（柳澤2005b：3-11）。

この遺跡では、表土直下の配石址からトビニタイ土器群Ⅱの土器片（24）が発見され、それより下位の墓壙から、擦紋土器の高坏（21）が検出されている。撹乱された形跡も無いので、「21例→25例」の変遷が想定される。

また、少し離れた地点の表土直下でも、22〜24例のトビニタイ土器群Ⅰ・Ⅱの中間的なもの

(以下，Ⅰ-Ⅱと表記）が出土している。これは型式学的には、20例と24例の間に収まると考えられる。したがってトーサムポロL遺跡では、

　(1)　擦紋Ⅳ期（21）→
　(2)　トビニタイ土器群Ⅰ-Ⅱ（22～24）
　(3)　トビニタイ土器群Ⅱ（25）、

という編年案が仮設されることになる。

　これはまさに、通説とは逆転した編年案となる。この編年案に、オタフク岩洞窟の「層序」資料をそのまま挿入することは、型式学的にみて困難と思われる。はたして知床・根室両半島の、どちらの遺跡で確認された「層位事実」が、正しく土器変遷の秩序を示しているのであろうか。

　そこで試みに後者、すなわちトーサムポロL遺跡の層位事実を踏まえて、逆転編年説の立場から、オタフク岩洞窟の資料を見直すと、

　(1)　擦紋Ⅳ(中)期
　　　：8（4b層）・10（5a層）・12（5a・5b層）・15（5b層）
　(2)　トビニタイ土器群Ⅰ・Ⅰ-Ⅱ
　　　：9（5a層）、11（5a層）・17（5b層）・18（5c層）、14（5b・5c・6層）
　(3)　トビニタイ土器群Ⅱ（＝ソーメン紋土器）
　　　：7（4b層）・13（5b層）・16（5b層）・19（5c層）、20（5c・6層）、

となる。

　こうした混在的な出土状況は、洞窟や岩陰遺跡に限らない。オープンサイトでも、型式学的にみて、明らかに混在と判断されるケースは、どの地域においても、数えきれないほど多数にのぼる。はたしてオタフク岩洞窟は、その例外となり得るであろうか。

　また、チャシコツ岬の遺跡群においても、通説のとおりに、「藤本e群→カリカリウス型土器群→トビニタイ土器群Ⅱ」という編年観が、ほんとうに成り立つのであろうか。こうした疑問を解くために、つぎに網走方面へフィールドを移し、竪穴住居跡（以下，竪穴）の資料を細かく検討してみたい。

2．二ツ岩遺跡の竪穴資料から

　網走市の二ツ岩遺跡（野村・平川編1982）は、通説編年を支える最も重要な遺跡である。最近の論考においても、なお「擦文前期」とされる土師器類とソーメン紋土器の「共伴」は、疑問の余地がないと考えられているようである。しかしながら竪穴内には、旧稿（柳澤2005a：120-121, 126：追記）で指摘した資料のほかにも、「共伴」説に疑問を投げかける資料が、少なからず存在する（第111図）。

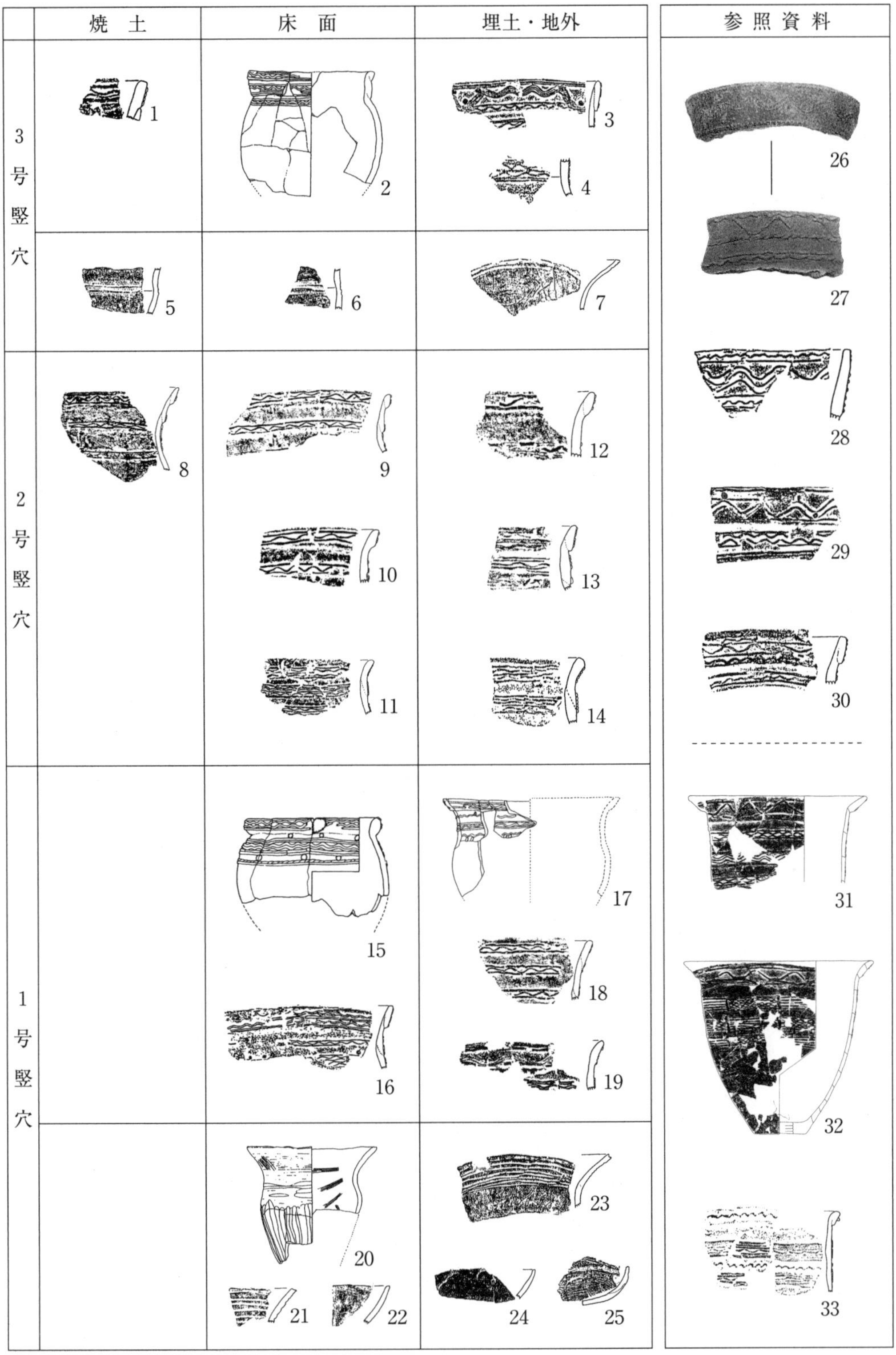

第3節　チャシコツ岬遺跡群編年の再検討　265

	焼　土	床　面	埋土・地外	参　照　資　料
3号竪穴	1　　5	2　　6	3　4　　7	26　27
2号竪穴	8	9　10　11	12　13　14	28　29　30
1号竪穴		15　16	17　18　19	31　32
		20　21　22	23　24　25	33

第111図　二ツ岩遺跡の竪穴出土土器と参照資料

1)「忘失」された特異な土器群

　1号〜3号まで、どの竪穴にも、ソーメン紋土器の新しいものが含まれている。これらは骨塚の焼土中や床面、そして埋土からも、若干の年代差を示しつつ、完形土器や破片の状態で出土している。それと共に特に注目されているのが、「擦文前期」に比定されるヘラ磨きの土師器や横走沈線を持つ地方的な土師器である。これらは竪穴の床面や埋土中、さらに竪穴外からも同一個体と推定されるものが出土している。

　このような出土状況からみて、ソーメン紋土器と土師器や変容した土師器[注6]が、生活用具としてセットで使用されたものとは、単純に考えにくい。2号竪穴から土師器類がまったく発見されていないことは、その意味できわめて暗示的であると言えよう。

　これに対して、トビニタイ土器群Ⅱに酷似した土器（「類トビニタイ土器群Ⅱ」）は、どの竪穴からも発見されている。3号竪穴では3・4例、2号竪穴では11・13例がある。それに加えて、14例も該当するように思われる。また1号竪穴では、16例と19例が挙げられる。

　11・16例は床面上より、3・13・14・19例は、埋土中から発見されたものである。なぜトビニタイ土器群Ⅱに類似した土器が、このようにソーメン紋土器と竪穴内の様々な場所で伴出しているのか。通説の編年案では、この点についての説明は困難であろう。

　こうした伴出状況は、これまで特に問題にされたことはないが、旧稿でも述べたように、各竪穴における「伴出」状態を、単純に「共伴」と見做せば、ソーメン紋土器3とトビニタイ土器群Ⅱの関係は容易に捉えられるであろう（柳澤2005a：117-124，126：追記）。

　そこで、はたしてこの仮説が成り立つのかどうか、さらに分析を続けよう。

　第111図の参照資料に注目したい。まず26〜33例である。これらは口縁部に大きな波状貼付紋を有する土器群である。この紋様の変遷については、すでに旧稿で観察を試みている（柳澤2003：124-129）。そこで新資料を加えて、より細かな変遷をたどってみたい。

　　（1）　擬縄貼付紋土器（新）
　　　　：26（直線の擬縄貼付線＋2本の大波状紋＋2本の擬縄貼付線）
　　（2）　ソーメン紋土器1
　　　　：27（波線＋大波状紋＋擬縄風の貼付線）
　　（3）　ソーメン紋土器2（古）
　　　　：28（波線・直線＋3本の大波状紋＋直線・波線）
　　（4）　ソーメン紋土器2（中）
　　　　：29（2本直線＋2本の大波状紋＋2本直線）
　　（5）　ソーメン紋土器2（新）
　　　　：30（波線・直線＋大波状紋＋直線・波線）
　　（6）　ソーメン紋土器3（古）
　　　　：3　（2本直線＋4本波状紋＋直線・波線・直線）

(7)　ソーメン紋土器3（新）
　　　：19（1本直線＋3本波状紋＋1本直線）

　これは型式学的な推論と伴出関係をもとにした小細別レベルの編年案である。その証明には、これから単純な土器組成を示す竪穴の発見を待たねばならない。しかし26例から19例に至る変遷には、ほとんど飛躍や矛盾点は見出せない。むしろ驚くほどスムーズに、ソーメン紋土器とトビニタイ土器群Ⅱに類似した土器の変化が読みとれる。

　両者の並行関係を象徴的に示す要素は、16例に見える窓枠状のモチーフである。これは旧稿で指摘したとおり、トビニタイ土器群Ⅱ以前に出自が求められる（柳澤2006b）。並行関係を捉える際に最も有効なメルクマールになるであろう（註7）。

　そこで注目したいのが、大波状紋を持つトビニタイ土器群Ⅱとカリカリウス土器群の31・32、33例である。かなり接近した時期に属すものであろう。私見によれば、トビニタイ土器群Ⅱに内包される8〜9単位の小細別の中でも末期に比定される（柳澤2004：206-209、第21図15・21・22）。

　また、口縁部や胴部のバンド・ソーメン紋、口縁部の断面形や砲弾型の器形からみて、19例と31・32例の類似性は疑えない。したがって、ソーメン紋土器にトビニタイ土器群Ⅱが後続するのではなく、両者は同時代に併存し、相互に交流していたと考えられよう。

2）通説編年案の検証

　通説の編年案を支える型式学上の根拠は、いくつ存在するのであろうか。不思議なことに、提示された標本例に則して、それが精確に論述されたことはないように思われる。

　そこで通説編年の成り立ちを検討してみたい。第112図は、周知の標本例に若干の資料を加えて作成したものである。ただし、宇田川編年（宇田川1988）の擦文「後期」の標本例は、嘉多山3遺跡の5号竪穴資料（23）を充てている。またこの操作に伴い、便宜的な理由から「晩期」の標本例は省いてある。

　通説によると変遷の流れは矢印で示したとおり、以下のようになる（＋：「共伴」関係の認定、＝：型式学的な並行関係を示す）。

(1)　藤本e群（1，2〜4）と土師器（「擦文前期」：5〜7，8〜10）が接触する（二ツ岩遺跡・カリカリウス遺跡ほか）。
(2)　その結果、藤本e群と部分的に並行しつつ、同群を母体としてカリカリウスの土器群（11・12）が誕生する（カリカリウス遺跡、チャシコツ岬下B遺跡）。
(3)　つぎに擦文「中期」土器（擦紋Ⅲ）の波及に伴い、カリカリウス土器群が変容して、トビニタイ土器群Ⅱが登場し、変遷を重ねる（8〜10→13＋14・15：床面＝16・17：覆土→18＋19・20→21＋22）。
(4)　擦文「後期」になると、トビニタイ土器群Ⅱは再び変容して、擬縄貼付線や捻りを加え

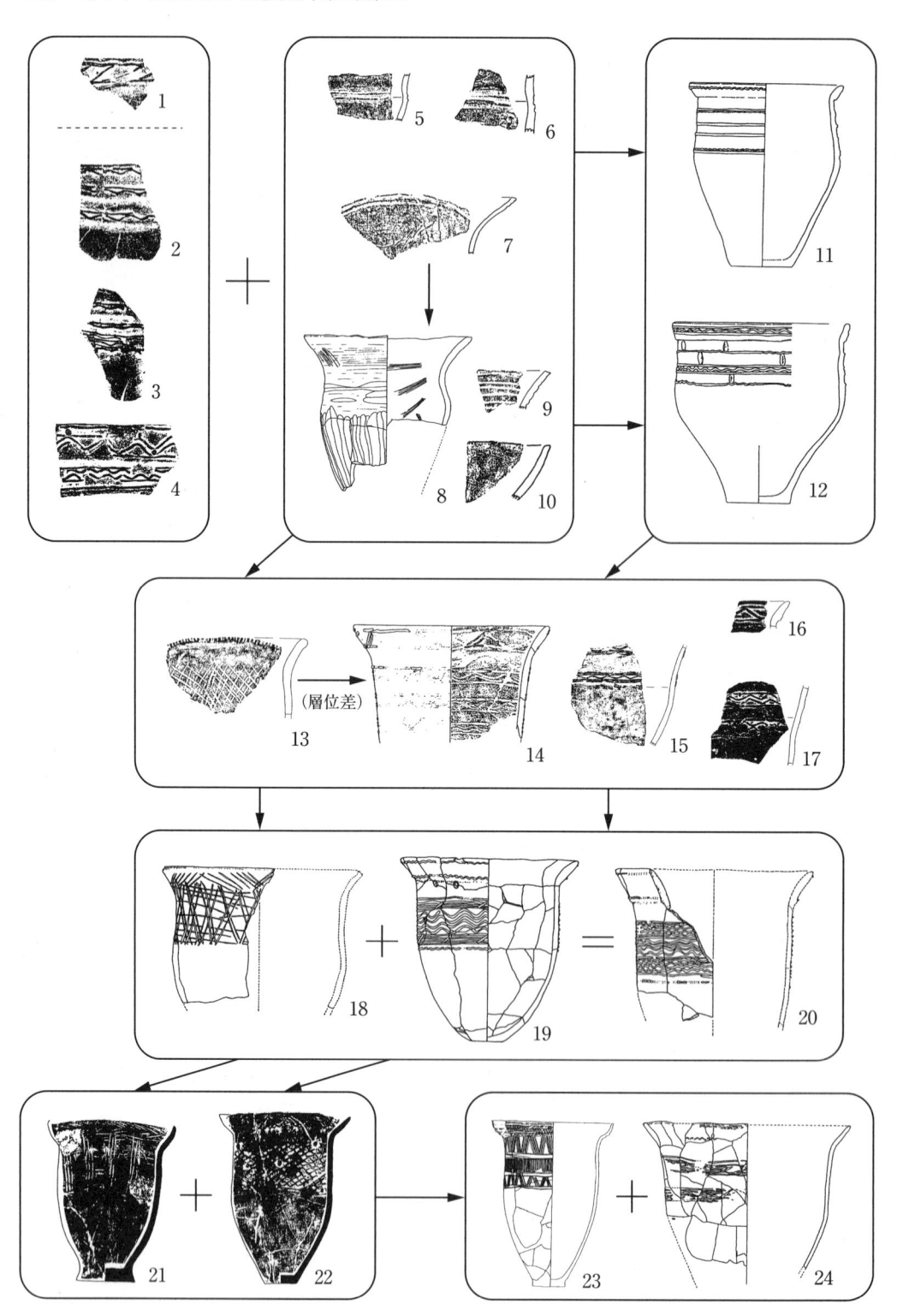

268　第3章　道東における遺跡編年案の見直し

第112図　通説編年案の標本例、並びに「忘失」された資料

た貼付線を多用するものとなる。トビニタイ土器群ⅠとⅡの中間的な土器群（Ⅰ-Ⅱ）の誕生である（図を省略，須藤遺跡・伊茶仁Ｂ遺跡など）。
(5) 擦文「晩期」に入ると、擦文土器との同化・融合が一段と進み、擦文系のモチーフと貼付紋を併用するトビニタイ土器群Ⅰに変貌する（図を省略，須藤遺跡・幌別川左岸遺跡など）。

　周知のように、カリカリウス遺跡の11・12例とピラガ丘遺跡第Ⅲ地点の18例と19・20例、それに元町遺跡の21例と22例は、トビニタイ土器群と擦文土器の並行関係を端的に証明する、重要な「共伴」資料と認められている。これに対して、弟子屈町下鐺別遺跡の13～17例、網走市の嘉多山３遺跡（５号竪穴）の23・24例などは、存在すること自体がほとんど「忘失」された状態にある。

　その理由は明らかでないが、通説編年では、両例の伴出（「共伴」）について、容易に説明できないからと推測される。しかしながら、そのような伴出事例であっても、それを分析の対象とし、先入観を排して通説の編年体系を見直せば、やがてすべての資料を矛盾なく、合理的に説明できるようになるであろう。

　そこで「忘失」された下鐺別遺跡の13～24例を、旧稿のトビニタイ土器群Ⅱの３細分案（柳澤2005ａ：111-113）をもとに同定すると、つぎのような編年案が得られる。

(1)　13（擦紋Ⅲ$_{1～2}$）→14・15＝16・17（トビニタイ土器群Ⅱ(新)）
(2)　18（擦紋Ⅲ$_3$）　＝19・20（「トビニタイ土器群Ⅱ(中)」）
(3)　21（擦紋Ⅲ$_6$）　＝22（「トビニタイ土器群Ⅱ(中)」）
(4)　23（擦紋Ⅳ$_5$）　＝24（「トビニタイ土器群Ⅱ(新)」）

(1)の変遷は、竪穴の重複関係によるものである。(2)～(4)の並行関係は、それぞれ遺構内の出土状況にもとづく。それらについても、なお検討すべき問題点があると思われる。しかし通説の編年では、いずれも単純に「共伴」関係があると認めている。そのように考えた場合、いささか奇妙な土器変遷が想定されることになる。

　まず、トビニタイ土器群Ⅱの胴部に見える幅の狭い帯状のソーメン紋（「バンド・ソーメン紋」）は、カリカリウス土器群の12例から14・15・17例へ継承される。そしてその直後には、擦紋土器の影響によって幅広い紋様帯に変更される（19・20）。さらにこの紋様帯は、擦紋Ⅲの末期（22）までは存続するが、擦紋Ⅳ期の中頃になると、再び24例のごとき、地中に埋没した遥か古のバンド・ソーメン紋へと忽然と先祖返りする（12/14・15・17→24）。

　これは、本邦先史考古学では証明されたことがない、実に不思議な変遷観と言えよう。これが通説的なトビニタイ土器群Ⅱ編年案の姿である。おそらく「12例→14例→19・20例→22例→24例」なる変遷は、未来に及んで型式学的に説明することは困難であろう。また、それを証明する層位事実や共伴事例に遭遇するには、百年河清を俟つ必要があると思われる。

　通説に関する問題点は、カリカリウス土器群についても認められる。藤本ｅ群（１～４）は、

いわゆる「擦文前期」の土器（5〜7、8〜10）に遭遇して土器変容を起し、カリカリウス土器群に変貌したと、一般に説明されている。

しかし、筆者の編年案によれば、1〜10例はつぎのように整理される。

(1) ソーメン紋土器1（1）+「土師器／擦文前期土器」（5〜7）=／→カリカリウス土器群（11・12）
(2) ソーメン紋土器2（2〜4）+「土師器／擦文前期土器」（8〜10）=／→カリカリウス土器群（11・12）

ちなみにオホーツク土器と擦文土器および土師器は、二ツ岩遺跡で接触したとされているが、双方とも何ら影響を蒙った様子が認められない。これは何故であろうか。竪穴住居の小型化、骨塚の変容、土器型式の変容、そのいずれもが、道東部に進出して来た「擦文文化」の強い影響によるものと、一般に説明されている[註8]。

では擦文土器が、それほどの深甚な影響をオホーツク文化に与えたのであれば、なぜカリカリウス土器群（11・12）にも、藤本e群の土器（1〜4）にも、「擦文前期土器／土師器」の影響が全く見出せないのであろうか。これもまた、実に不可思議な現象と言えよう。

このような疑問を根本から解消するには、両者の年代が端から異なると考えてみるほか、適当な方法が無いのではなかろうか。そこで今度は、土器個体論上の観点から諸々の疑問点を解いてみたい。

3．トビニタイ土器群Ⅱの観察

トビニタイ土器群Ⅱは、はたして通説のとおり、擦紋Ⅲ期に並行するのであろうか。すでにこの問題については、旧稿で繰り返し触れている。ここでは、トビニタイ土器群のモチーフに注目して、あらためて考えてみたい。

初めに、ソーメン紋土器とトビニタイ土器群Ⅱに関する、いくつかの基本的な事実に触れておく（**第113図**）。まず知床半島のトビニタイ遺跡である。竪穴の重複関係にもとづいて、「3例→6例」の変遷が確定されている（駒井編1964：123-140）。これは周知の年代序列であって、これまで特に疑問視されたことはない。

つぎに網走市のモヨロ貝塚であるが、1・2例は、10号竪穴の床面から纏まって出土した土器群である（佐藤1964b：78-88）。口縁部の紋様は3本の貼付線で構成されており、トビニタイ遺跡の3例とは明らかに異なる。1・2例は、3例に1本の貼付線を加えたものであり、より新しいと見做せる。ともに筆者の分類案（柳澤2003：106-124）では、ソーメン紋土器1に比定される。

これに対して、4例と斜里町（森町3遺跡）の5例の紋様は、口縁部・胴部ともかなり複雑化している。どちらも、3本貼付線（直線＋波線＋直線）のバンド・ソーメン紋を口縁部と胴部に施し

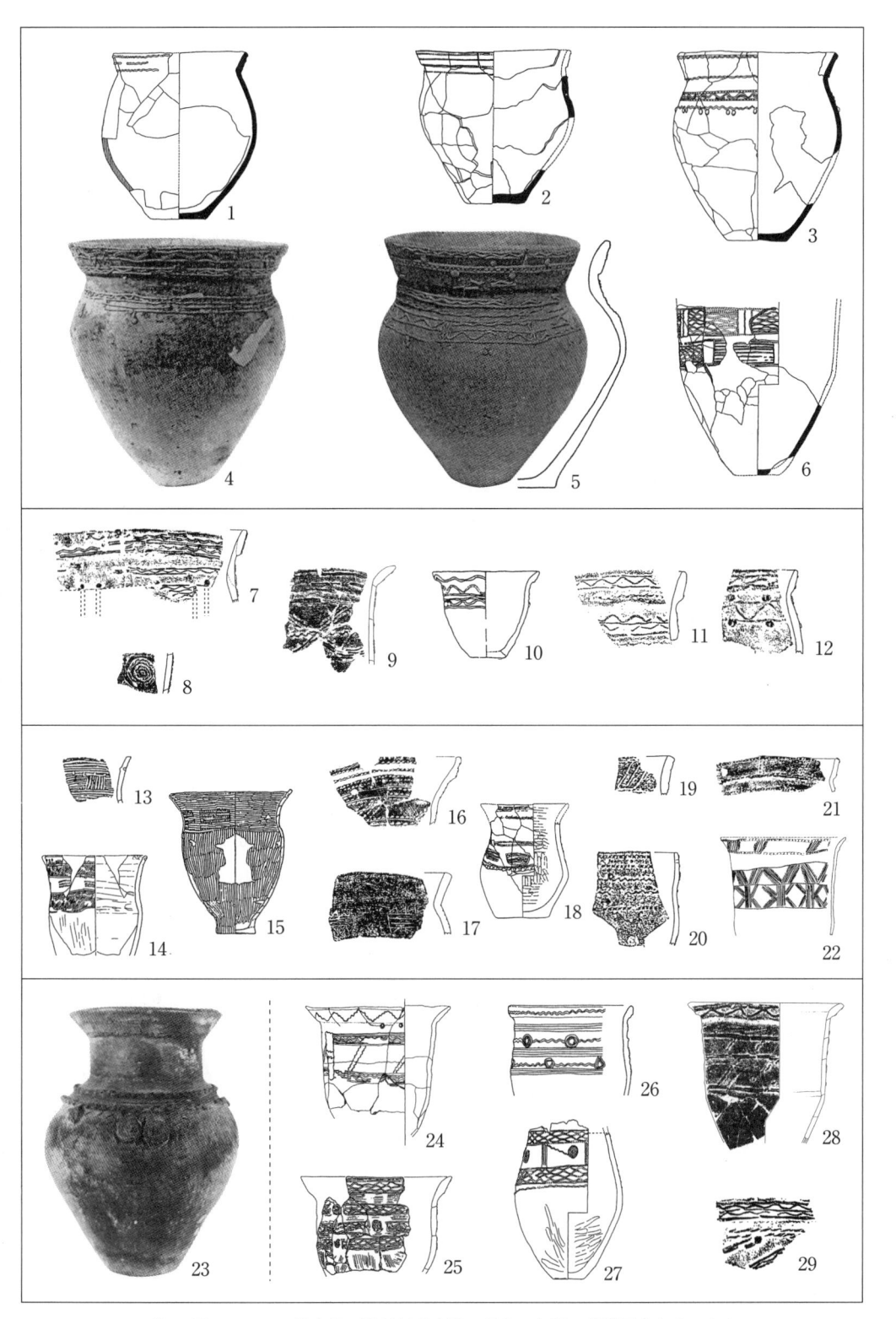

第3節　チャシコツ岬遺跡群編年の再検討　271

第113図　ソーメン紋土器・貼付紋系土器に見える各種の紋様要素とその由来

ている。この特徴からみて、より細かく分類すると、ソーメン紋土器3の「中位の部分」に比定されると思われる。

したがって、小細別レベルの型式学的な観察からは、「1・2例→4・5例」という変化が想定される。さらに3例を加えると、

(1) ソーメン紋土器1(古)：3
(2) ソーメン紋土器1(新)：1・2
(3) ソーメン紋土器2：(欠落)
(4) ソーメン紋土器3：4・6

という順序で変遷したと想定される。それではトビニタイ遺跡2号竪穴の6例は、どこに位置するのであろうか。

まず、5例の胴部紋様に注目したい。上から1帯のバンド・ソーメン紋、鎖状の貼付線、そして2段構成の窓枠紋が施されている。窓枠の内部は大小の波線で飾られており、「区切り垂線」の左右は小波線で縁取られている。また、窓枠紋は左右に連接している。この点は、6例のように分割して2段紋とし、窓枠を上下にずらして施紋（ズラシ手法）するものとは、紋様の構成法が明らかに異なる（柳澤1999a・2000：18-20、2005a：106-111）。

しかし、窓枠を基本モチーフとする点は共通しており、密接な関係があることは疑えない。「3例→5例」であり、「3例→6例」である以上、5例と6例の関係は、どのように捉えられるであろうか。通説のとおりに、「3例→5例→6例」の変遷を想定するならば、型式学上の精細な論証が改めて求められよう。

1）バンド状の窓枠紋

二ツ岩遺跡の1号竪穴には、窓枠紋を持つソーメン紋土器3の実例がある。7例であるが、口縁部の紋様は4例に酷似している。胴部の紋様は、ネット・ソーメン紋の窓枠紋と無紋部を交互に並べて構成されている。

4例との大きな違いは、この点だけであるから、両例はほぼ同時期と見做せる。4例＝7例であり、かつ7例＝5例という対比案が仮設される。一方、7例の窓枠紋の特徴は6例に酷似している。その6例では、ネット・ソーメン紋と並行線紋が交互に充填されている。

これに対して、7例は肝心な部分が欠けており、紋様構成がよく分からない。6例のごとく2段構成になるかどうかも確証はない。しかし5例を参照すると、ソーメン紋土器の窓枠紋は、1段構成が基本であると推定される。また、他のソーメン紋土器1～3の資料を見ても、2段構成の例は見当たらない。おそらく7例も、5例のように1段構成であったと推定される。さらにネット・ソーメン紋の窓枠紋が、復元したとおりの構成であるならば、6例と7例の密接な関係は疑えなくなる。

前稿（柳澤2006b：47-72）で述べたように、窓枠紋の出自は北大式に求められる。その遥かな変遷の道筋を、図示した資料の範囲でたどると、

(1)　北大式（13→14）→擦紋Ⅰ（15）
　　(2)　擦紋Ⅱ末～Ⅲ（初）（16）→擦紋Ⅲ末／擦紋Ⅳ（古）並行（17）[註9]
　　(3)　擦紋Ⅳ（中～新）並行（18）
の順序になる。
　まだ資料に乏しく、窓枠紋の連続性は明瞭に捉えられない。しかし貼付紋系土器の5・6例に先行して、酷似した窓枠状のモチーフが古くから存在することは、紛れもない事実と認められよう。これは通説の編年を見直すための、重要な手掛かりになると思われる。

2）対向する波線紋

　さて、5例と6例の関係に関しては、5例の窓枠内に施された対向型の波線紋も注目される。古い例では、トビニタイ土器群Ⅱ（古）の時期にも存在する。オタフク岩遺跡の9例である。これは大振りのタイプであるが、2本の大波状線が小波線を挟み対向するように配置されている。
　この種のモチーフは、トビニタイ土器群Ⅱ（中）の時期にも実例（10）がある。一方ソーメン紋土器では、5例と同じ新しい時期に好例が存在する。類例は多くの遺跡で発見されているが、図示した11・12例は、栄浦第二遺跡（武田1995）の7号竪穴から出土したものである。
　観察すると、12例には5例と同じ大きな波線が施されており、その形状も酷似する。また、5例の口縁部の断面形は、トビニタイ土器群Ⅱに近似している。対向する波線紋の由来も、「9例→10例→11例＝12例」の順序で、型式学的にスムーズにたどれる。したがって11・12例は、1・2例と4・5例の中間に位置すると考えられる。
　このように捉えると、ソーメン紋土器とトビニタイ土器群Ⅱが並行関係にあったことは、さらに疑えなくなるであろう。それでは他の要素に関しても、同様の見方が成り立つであろうか。

3）区切り描線と分帯紋、渦巻と同心円紋

　トビニタイ土器群Ⅱとソーメン紋土器には、共通した紋様要素が存在する。例えばその一例として、口縁部や胴部の紋様帯を斜めに区切る線、すなわち区切り斜線が注目される。私見によれば、その由来は北大式に求められ、擦紋土器のⅠ・Ⅱ期から末期まで存続し、さらにトビニタイ土器群Ⅱとソーメン紋土器にも継承されると考えられる（柳澤2003：124-127，2006b：44-50）。
　図示した資料は少ないが、その変遷は、
　　(1)　擦紋Ⅱ末期～Ⅲ（初）期（16）
　　(2)　擦紋Ⅳ（古～中）期
　　　　　＝擬縄貼付紋土器（古・中）期（目梨泊遺跡など）
　　(3)　擦紋Ⅳ（新）期（22）
　　　　　＝擬縄貼付紋土器（新）期：19＋20＝21、
の順序でたどれる。
　さらに24例や28例など、トビニタイ土器群Ⅱ（新）期、またはカリカリウス土器群（中）期にも、

貼付線による区切り斜線が用いられている。またソーメン紋土器3にも、小さなポッチを連繋した区切り斜線が知られている（29）。

　これらは注目すべき実例であろう。先に、6例と5例に見える窓枠紋の密接な関係を想定した。今度は区切り斜線の観察においても、トビニタイ土器群Ⅱ（新）の24例とソーメン紋土器3の29例の間に、明白なモチーフの共通性が指摘されたわけである。

　29例の「区切り斜線」や5例の「窓枠紋」は、トビニタイ土器群Ⅱから借用したものではなかろうか。そのとおりならば、トビニタイ土器群Ⅱとソーメン紋土器は、明らかに同時代に接触・交流していたと結論されよう。

　つぎに、カリカリウス土器群との関係についても、少し触れておきたい。26例は、カリカリウス遺跡の第7号竪穴から出土した資料である。胴部の紋様は、3分帯された条線帯と、その内部に「同心円紋＋波線」を挿入して構成されている。この同心円紋に類似したモチーフは、トビニタイ土器群Ⅱにも施されている。

　25例と27例である。25例は26例のように、胴部の紋様が3つに分帯されており、近い時期に属する。他方、27例の胴部紋様は2つに分帯され、その間を「区切り垂線」で画し、波線で連繋している。このような紋様構成は、型式学的にみて25例よりも、若干古いと見做せよう。

　このように観察すると、カリカリウス土器群の26例と、トビニタイ土器群Ⅱの25例は、同期する可能性が出てくる。そこで、同心円状の貼付紋の由来を追跡すると、著名なモヨロ貝塚の完形品（刻紋土器B）に辿りつく。23例である。その胴部には、27例の渦巻紋に酷似した蝸牛状の貼付紋が施されている。これは27例のモデルとなった「古い土器」のモチーフではなかろうか。

　そのとおりならば、刻紋土器Bの時期から遥か数世紀を経て、渦巻紋や同心円紋が先祖返り的に復活したことになろう。これは、いかにも時空を飛び越したような、不思議な現象である。しかしながら類似している事実は疑えない。ちなみに26例の同心円紋モチーフは、続縄紋土器の宇津内Ⅱ式などにも、まさに瓜二つの形状で頻繁に施されている。また、厚岸町の下田ノ沢遺跡には、トビニタイ土器群Ⅰ-ⅡないしⅡに比定される同心円状の貼付紋の実例があり、羅臼町のオタフク岩遺跡（8）、標津町のカリカリウス遺跡でも好例が出土している。

　こうした誰の目にも疑いのない類似性は、いったい何を物語るのであろうか。「先祖返り」的な紋様現象が広い範囲で見られる背景には、実は、異系統集団の接触・融合などの社会変動が関与しているように思われる（柳澤2006b：43-44）。形質人類学における、過去及び最近の観察所見は、そのような見方を積極的に支持していると思われる[註10]。

　また、そうした「先史土器社会論」に関する仮説が、佐藤達夫によって、環オホーツク海レベルの「オホーツク式土器」の編年体系に基づいて、つとに提出されていることも、これから見直されて然るべきであろう（佐藤1972：482-485，柳澤1999a：86-87）。

4．チャシコツ岬下Ｂ遺跡資料の位置

さて以上の分析によると、トビニタイ土器群Ⅱとカリカリウス土器群、それにソーメン紋土器は、それぞれ同期すると考えられる。それでは、「ヒグマ祭祀遺構」の資料についても、そのような捉え方が可能であろうか。まず広域的な視点に立って、基本的な遺跡編年案の対比を済ませておきたい。

１）トーサムポロ遺跡R-1地点資料との対比

チャシコツ岬下Ｂ遺跡の速報によれば、「ヒグマ祭祀遺構」の資料（第114図９・10）は、「カリカリウス型のトビニタイ土器群に近似する」、と捉えられている。またその類例として、オタフク岩遺跡の土器群（涌坂1991）や隧道丘陵遺跡（涌坂2002）１号竪穴の土器（８）が指摘されている（加藤ほか2006b：129-130）。

なるほど、専ら貼付紋で装飾された８例や10例の土器には、確かに類似する点が認められる。しかし、肝心のカリカリウス遺跡（椙田1982a）には、はたして９例や10例に似た土器が存在するであろうか。小破片が多いため確言できないが、酷似している例は見当たらないようである。分帯されたバンド・ソーメン紋や樽形の胴部形態に注目すると、「ヒグマ祭祀遺構」の土器は、むしろトーサムポロ遺跡R-1地点の竪穴土器群（前田・山浦編2004）と、きわめて近縁な関係にあるように思われる。

この遺跡では、ソーメン紋期を主体とした５軒の竪穴が調査されている。いずれもソーメン紋土器３期の「新しい部分」に比定されるものである。そのうち１号竪穴の資料を図に示した。１～７例である。

２例を除く土器は、最も新しいa号期竪穴の北西壁面・床面上の「土器集中部」から発見された。図版を参照すると、これらはあたかも骨塚のような状態を呈し、纏まって出土している。

一般に、骨塚とその周辺から出土する土器は、複数の時期に跨ることが多い。その点を考慮すると、この「土器集中部」で発見された土器群も、その可能性が高いと予想される。そこで型式学的に観察すると、大部分はソーメン紋土器３でも「中位の部分」（３・４）と「新しい部分」（２・５～７）に比定され、連続した変遷が想定される。

ただし貼付線に注意すると、ほとんどの資料の断面形は「板状」（平坦）である、と指摘されている（前田・山浦編2004：７）。この特徴は言うまでもなく、トビニタイ土器群Ⅱのメルクマールである（菊池1972a：453-454）。

そこで、１号竪穴資料の口縁部を観察すると、１・２例のごとく、トビニタイ土器群Ⅱに酷似したものがある。やや器高は低い。しかし両例の器形は、明らかに砲弾型を呈しており、トビニタイ土器群Ⅱに似ていることは疑えない。

それに比べると３・４・６例の器形は、胴中位で「く」の字に屈曲しており、やや異なる。このような特徴を持つ土器は、カリカリウス土器群の「古い部分」や「中位の部分」の時期に目立つようである（柳澤2004：200-202）。新しい時期の確実な例は、今のところ知られていない。

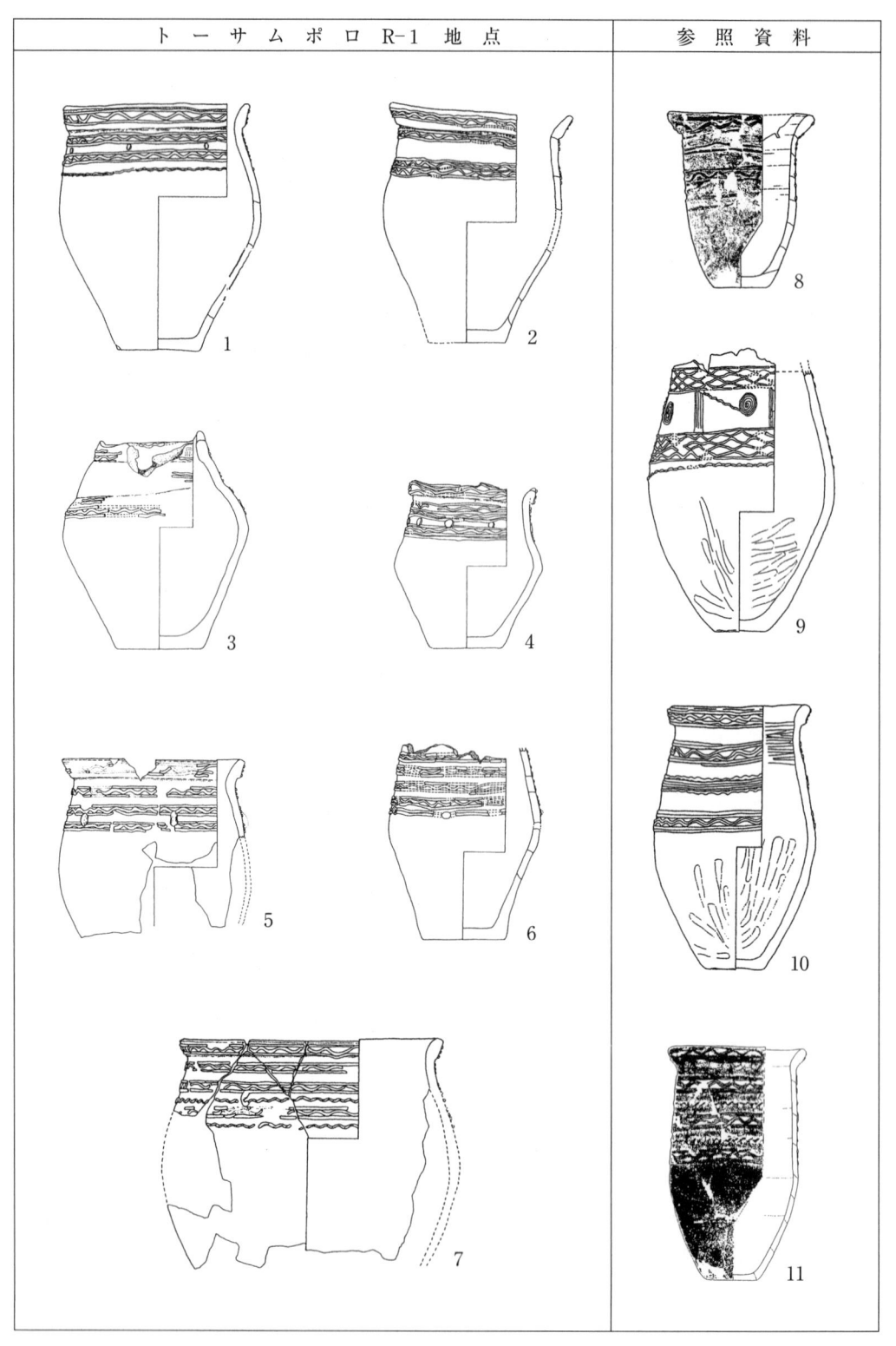

276　第3章　道東における遺跡編年案の見直し

第114図　トーサムポロR-1地点1号竪穴出土土器と参照資料

また5例や6例は、口縁部より胴部の径が大きくなる器種に属する。両例は、「中位の部分」の時期に比べると、口縁部の紋様帯幅がかなり短縮されている。そうした特徴は1・2例にも、そして6例にも共通して認められる。

　また、「新しい部分」に比定した土器（5～7）は、いずれも胴部の紋様をバンド・ソーメン紋で3～4単位に分帯して構成されている。この分帯手法は、トビニタイ土器群Ⅱとソーメン紋土器の年代的な関係を見直すための、重要な手掛りとなる（柳澤2004：202-209）。2分帯に見える2例なども、よく見ると下のネット・ソーメン紋が合体されており、3分帯型の変形バージョンとも捉えられる。したがって2例も、「新しい部分」に下る可能性があるかも知れない。

　以上のような3～4分帯型のバンド・ソーメン紋と幅狭い口縁部の紋様帯の特徴は、チャシコツ岬下B遺跡の10例や、オタフク岩遺跡の11例とも酷似している。また隧道丘陵遺跡の8例とも、かなり類似しているように見る。ただし、その胴部紋様の上下は、並行する2本の貼付線で構成されている。

　この点からみて8例は、10・11例よりやや古いものと推定される。1・2例の器形をモデルとして、それに5～7例のバンド・ソーメン紋を取り入れる。さらに小型化して、細身で胴の張る樽形の器形に整えると、10・11例と瓜二つの土器が生まれる。

　このように両者の関係を想定すると、1・2例のごときトビニタイ土器群Ⅱに酷似した系列の土器が、いつ頃に、どのようにして、ソーメン紋土器の世界に登場したのか。その点が問題となる。ちなみにトーサムポロ遺跡R-1地点では、断面形の平坦な貼付線がソーメン紋土器の2期に遡って存在する。また、トビニタイ土器群Ⅱに特徴的な螺旋技法は、新しい時期に良好な例がかなり認められる[註11]。

　こうしたオホーツク式離れした、トビニタイ土器群系の描線手法は、隣接する弁天島遺跡・弁天島西貝塚、オンネモト遺跡（八幡ほか1965・1974・北地文化研究会1979・西本編2004）などでは、特に注意されていない。付図で見る限り、断面が蒲鉾型の貼付線を専ら用いていると思われる。これらの遺跡群はおそらく、トーサムポロ遺跡のR-1地点とは集団の系統をやや異にし、頻繁に接触・交流する相手が異なっていたのではなかろうか。

　ちなみに、標津町のカリカリウス遺跡では、貼付紋の断面形は平坦なものが主体を占める。螺旋技法も確実に認められる。先に一部では器形の類似性も想定された。特に、新しい時期の資料では、完形土器が少なく判然としないが、トーサムポロ遺跡に良く似たものが存在するように思われる。

　このように観察すると、旧稿で論じたとおり、ソーメン紋土器とトビニタイ土器群Ⅱに加えて、カリカリウス土器群も、それぞれ並行関係にあると、あらためて想定されよう（柳澤1999a・2004：194-209）。はたして、トーサムポロ遺跡R-1地点の土器群（ソーメン紋土器3期）が、カリカリウス土器群やトビニタイ土器群Ⅱと密接な関係を有したソーメン紋土器の地方型式であるのかどうか、その点に関しては、なお良好な資料の増加を待って検討しなければならない。また、標津町の沿岸部における貼付紋期の竪穴の再探索も課題になるであろう。

2）釧路市の幣舞遺跡資料との比較

　トーサムポロ遺跡R-1地点の報告によると、1号竪穴の土器群は、「トビニタイ式土器」（トビニタイ土器群Ⅱ：筆者挿入）の直前の様相を示す」もの、と指摘されている（前田・山浦編2004：7）。なるほど通説編年の立場で、古い時期の土器を除いて考えれば、こうした見方も可能であろう。しかし1号竪穴は、少なくとも3期（a～c）に亘って利用されており、トビニタイ土器群Ⅱの特徴とされる、断面形を平坦にする貼付紋の技法は、先に述べたように明らかに古い時期から確実に認められる。

　では、この古い技法の由来は、どのように考えればよいであろうか。ここで、トビニタイ土器群Ⅱ期の資料が豊富に発見されている、釧路市の幣舞遺跡の資料に注目したい。

　第115図の1～12例である。これらは擦紋Ⅳ期の土器と混在して、包含層から発見されたものである。破片資料ばかりでよく分からないが、時期的には幅があるように思われる。筆者の編年案（柳澤2004：200-209）では、大まかに3類に分けられる。

　　(1)　トビニタイ土器群Ⅱ期（「古い部分」）：1、2・3？
　　(2)　トビニタイ土器群Ⅱ期（「中位の部分」）：4・5～7
　　(3)　トビニタイ土器群Ⅱ期（「新しい部分」）：8～12（カリカリウス土器群を含む）

　どの時期の資料も、貼付線の断面形はきし麺のように平坦である。中には6・7・12例のように、貼付線が平らに埋め込まれたように見えるものもある。トーサムポロ遺跡R-1地点と同様に、貼付紋を施す際に複数の技法が用いられているのであろう。貼付技法の種類や変遷などについては、小細別レベルの編年が確立しないと、詳しく検討するのは難しい。将来の課題としておきたい。

　さて、ここで特に注目したいのは、カリカリウス土器群の強い影響を受けたと推定される、(3)類（9～12）の存在である。これらを観察すると、トーサムポロ遺跡R-1地点1号竪穴の資料の中にも、類似または酷似したものが容易に見出される。しかし残念ながら、特徴的な樽形の器形の存否については、良好な資料に乏しく分からない。

　また4例や5例のように、幅広い口縁部に大波状紋を施したものも見当たらない。それに対して14・16～18・20～22例のごとく、幅狭い口縁部にやや大きな波状紋を持つものが主体を占める。胴部の紋様はいずれも分帯されており、複数のバンド・ソーメン紋で構成されている。

　以下にR-1地点に酷似する釧路方面の例をあげると、
　　(1)　幣舞遺跡の9例≒トーサムポロ遺跡 (20)
　　(2)　幣舞遺跡の10例≒トーサムポロ遺跡 (17)
　　(3)　幣舞遺跡の11例≒トーサムポロ遺跡 (18)

となる。これらはいずれも、ソーメン紋土器3の「中位の部分」に比定される。これに対して、胴部紋様を欠くため判然としないが、幣舞遺跡の9・10例は、樽型を呈する19・20例より新しい時期に下るように思われる。

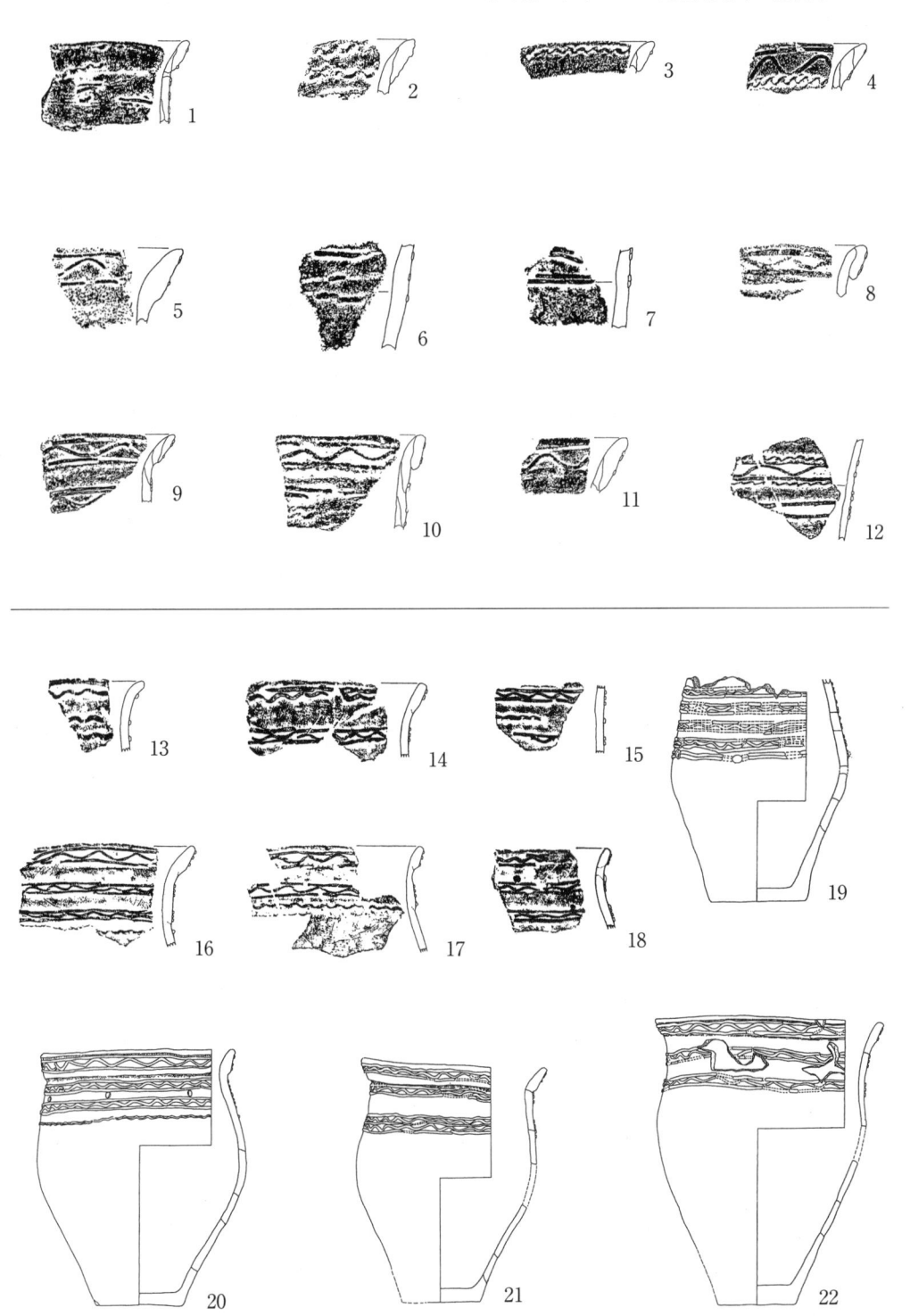

第3節　チャシコツ岬遺跡群編年の再検討　279

第115図　幣舞遺跡とトーサムポロ遺跡R-1地点1号竪穴の土器

この対比が妥当ならば、幣舞遺跡のトビニタイ土器群Ⅱとトーサムポロ遺跡R-1地点のソーメン紋土器の間にも、紋様や器形、貼付技法に関して交流があったと認められよう。
　20例や21例の器形は、明らかにトビニタイ土器群Ⅱをモデルにしていると思われる。また、分帯された胴部のバンド・ソーメン紋や胴部が張り出す器形などが、ソーメン紋土器の影響によるならば、両例は、ソーメン紋土器3とトビニタイ土器群Ⅱとの融合によって誕生した、一種のキメラ(折衷)土器と認められよう。
　この土器を「鍵」資料として考えると、トーサムポロ遺跡R-1地点の13～22例は、トビニタイ土器群Ⅱへの移行を示す、直前段階の土器ではあり得なくなる。

3）オタフク岩遺跡編年案との対比
　旧稿では、オタフク岩遺跡における竪穴の変遷序列（涌坂1991：18）を参照しつつ、トビニタイ土器群Ⅱを大きく3期に編年した。また、さらに細分される可能性があることも指摘しておいた（柳澤2004：202-208）。
　その後、細かな検討を試みたところ、オタフク岩遺跡およびオタフク岩洞窟のトビニタイ土器群Ⅱ（含むカリカリウス土器群）は、ほぼ8～9段階に細分されるという見通しを得た。第116図は、その大要を暫定的に図化したものである。
　竪穴の変遷については、若干の検討を要する部分がある。しかし、涌坂周一氏が指摘したうち、「9号→4号→7号・6号→1号」の序列については、特に問題ないと思われる。なお資料に乏しいか、または欠落する時期については、参照資料で補っている。

　　⑴　⑵類：9号竪穴（1～4）→
　　⑵　⑶類：4号竪穴（5～8）→
　　⑶　⑷類：7号竪穴（9・10）＝6号（12）→
　　⑷　⑸類：トビニタイ遺跡2号竪穴（13）
　　⑸　⑹～⑺類：洞窟内（14, 15）
　　⑹　⑻類：1号竪穴（17）＝5号竪穴（16）

　以上の編年案において、土器変遷の大筋の流れを確認するには、胴部に大きな波線紋を持つ土器系列が有効である。たとえば、「1例→5・6例→9例→13例→14、15例→17＝16例」、という変遷が想定される。また⑶類と⑷類では、かなり紋様構成に著しい変化が認められる。この変化にはおそらく、10例や12例などのカリカリウス系と思われる土器群の影響が関与しているのであろう。
　このようにオタフク岩遺跡の多様な土器群を観察すると、⑴～⑺類への変遷からやや外れる土器が残る。包含層から発見された18例である。その樽型を呈する胴部の形態や紋様構成は、16・17例に酷似しており、明らかにトビニタイ的といえよう。しかし幅が狭く、大きな波状紋を持つ

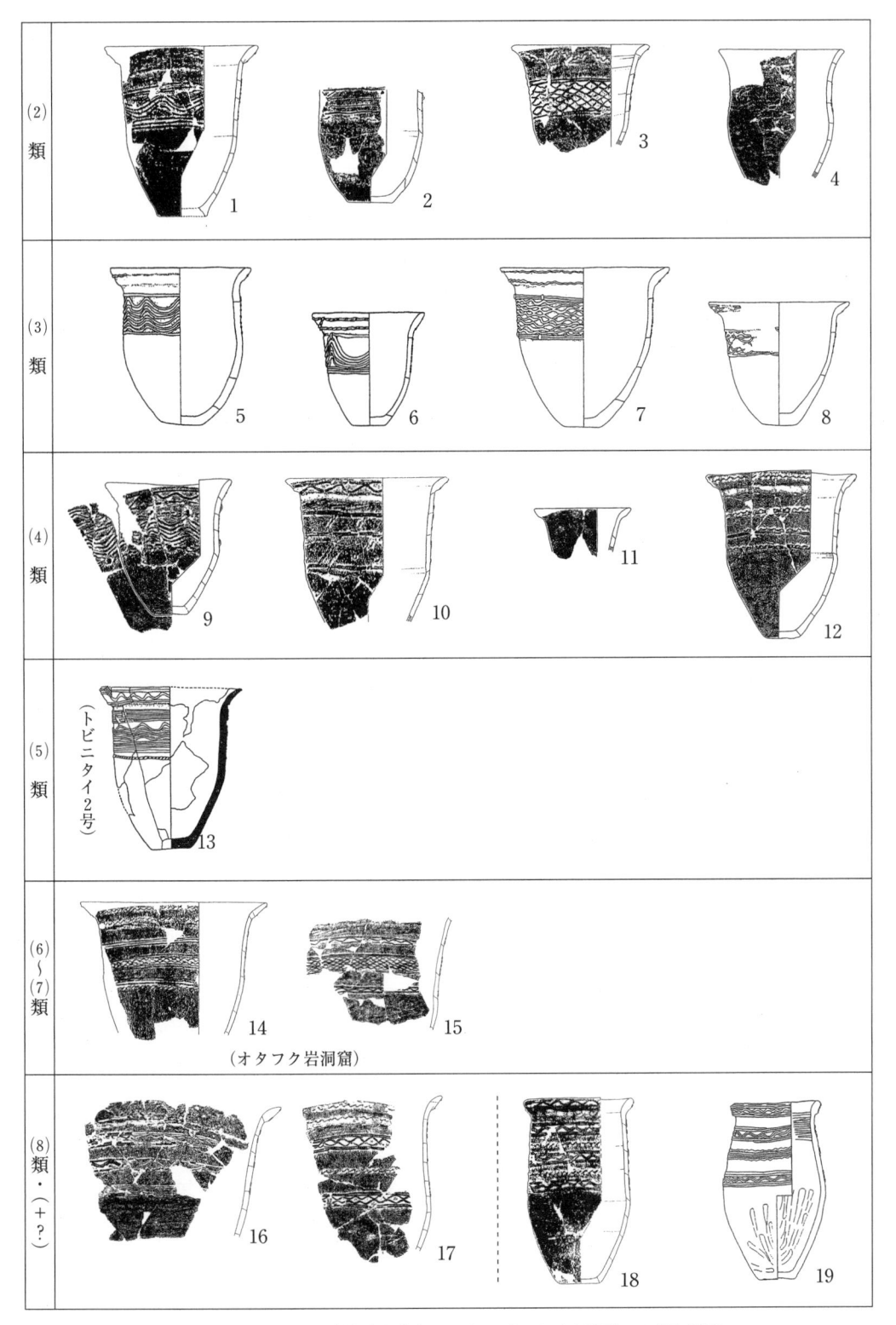

第3節 チャシコツ岬遺跡群編年の再検討　281

第116図　オタフク岩遺跡を中心としたトビニタイ土器群Ⅱの編年試案

カリカリウス土器群に似た肥厚口縁は、やや特異に見える。この特徴は、チャシコツ岬下B遺跡の19例と瓜二つである。本例の胴部紋様は3分帯され、同じ幅に構成されている。その間に挿入されたカリカリウス系の波線を除けば、18例と19例の違いは細部に限られる。

おそらく両例の時期は同じであろう。これらは型式学的にみると、(2)類から(8)類までの、どの段階にも容易に挿入できない。また、(2)類より前に置くこともできない。最も近似し、またスムーズな変化を想定し得るのは、(8)類の16・17例に限定される。したがって両例は、本例と同時期か、それに後続するものと予想されよう。この点はまた、後節で触れたいと思う。

5．知床・標津・根室における広域編年

チャシコツ岬の周辺には、オホーツク期の遺跡がいくつか分布している。岬上遺跡と岬下A・岬下B遺跡などである。以下、公表された資料をもとに、まず、各遺跡の年代的な関係について整理を行なう。ついで、その妥当性を広域的な視点から検証し、最後に「ヒグマ祭祀遺構」の土器について考えてみたい。

1）チャシコツ岬下B遺跡の新資料

近年に報告された岬下B遺跡の資料（松田2002）はそれほど多くない。しかし包含層・竪穴ともに、興味深い重要な資料が含まれている。小細別レベルで細分を試案すると、ソーメン紋土器の編年は、暫定的に、つぎのように捉えられる（**第117図**）。

(1) ソーメン紋土器1（古）
 ：トビニタイ1号竪穴の床面資料に対比されるもの（16・17）
(2) ソーメン紋土器2（中）
 ：遺構外の包含層（Ⅲ層）の土器（18〜20）＝トコロチャシ遺跡Tトレンチ竪穴床面上の土器
(3) ソーメン紋土器3（古）
 ：遺構外の包含層（Ⅲ層）の土器（21・22）
(4) ソーメン紋土器3（中）
 ：遺構外の包含層（Ⅲ層）の土器（23・24）・Pit3（3号竪穴）床面上の土器（25）

さて、(1)〜(4)類に先行するのは、言うまでもなく擬縄貼付紋土器である。知床半島では出土例に乏しかったが、チャシコツ岬下B遺跡では、かなり纏まって出土している。ただし「古い部分」の資料は乏しいようである。

(1) 擬縄貼付紋土器の「古い部分」：7・8

第3節 チャシコツ岬遺跡群編年の再検討 283

	チャシコツ岬下A	チャシコツ岬下B（竪穴・包含層）
擬縄貼付紋土器		7, 8, 9, 10, 11
	1, 2	12, 13, 14, 15
	3	16, 17
ソーメン紋土器	4	18, 19, 20
	5, 6	21, 22, 23, 24, 25

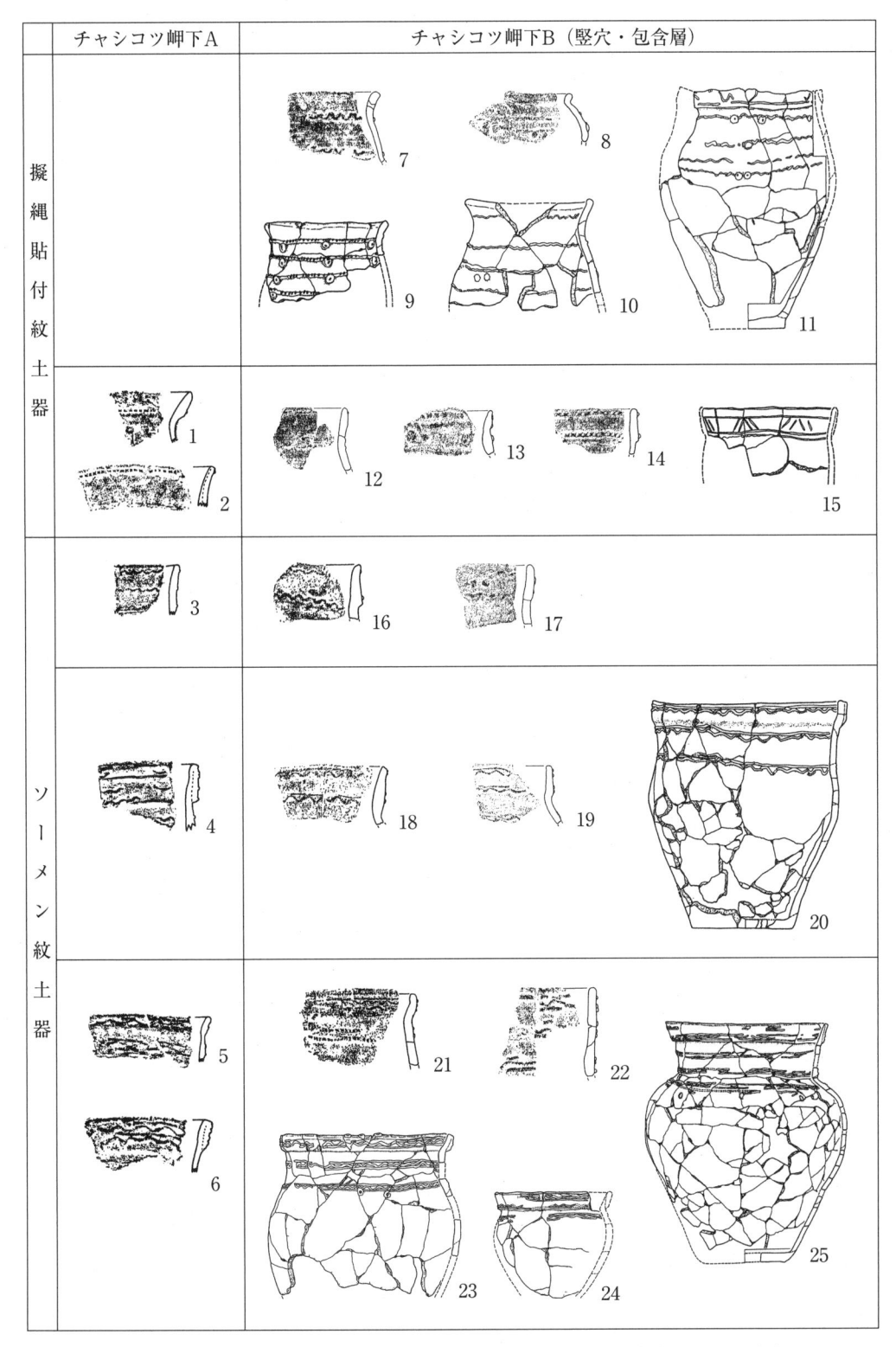

第117図 チャシコツ岬下A・B遺跡における貼付紋系土器および沈線紋土器の編年案

(2) 擬縄貼付紋土器の「中位の部分」：9～11
(3) 擬縄貼付紋土器の「新しい部分」：12～14＝沈線紋系土器 (15)(註12)

　一般にオホーツク式土器の変遷は、「刻文土器 →擬縄貼付文土器 →ソーメン文土器」、という順序で定説化している。しかし、ここで(1)・(2)類とした7～11例についてはどうであろうか。河野編年（河野1955ほか）に代って、専ら典拠とされる藤本強氏の編年案（藤本1966：36-37）では、c群の標本資料に内包されており、1単位の細別型式としては認知されていない。
　しかし型式学的にみると、胴部や頸部へ擬縄貼付紋を施紋する手法は、専ら口縁部へ施紋する(3)類とは明らかに区別される。したがって(1)・(2)類については、(3)類に先行するものと捉えるべきであろう。そのような弁別と操作によって、初めて(1)・(2)類から(3)類を経て、ソーメン紋土器へ移行するプロセスが、スムーズにたどれるようになると思われる。
　さらに(2)類の内部にも注意しておきたい。9～11例であるが、これらを比べると明らかに施紋の部位に違いがある。小細別レベルの時期差があると考えられよう。そのとおりならば、以上の岬下B遺跡の土器群は以下のように編年される。

(1) 擬縄貼付紋土器の「古い部分」に比定されるもの（7・8）
(2) 擬縄貼付紋土器の「中位の部分」に比定されるもの（9～11）
(3) 擬縄貼付紋土器の「新しい部分」（12～14）＝沈線紋系土器（15）
(4) ソーメン紋土器1（古：16・17）
(5) ソーメン紋土器2（中：18～20）
(6) ソーメン紋土器3（古：21・22）
(7) ソーメン紋土器3（中：23～25）

　本年度の新資料が公表され、また発掘調査が継続されれば、いずれ以上に欠落している時期も補填されるであろうと期待される。

2）知床半島編年と「ヒグマ祭祀遺構」の土器

　知床半島域では、遅くまでオホーツク文化の残影がトビニタイ文化（トビニタイ土器群Ⅱ期）の中に存続すると、一般に考えられている（宇田川1988・蓑島2001・塚本2002・瀬川2003・2005a・bほか）。そのとおりならば、そうした文化変容のプロセスは、貼付紋系土器の変遷としても、スムーズに追跡できるはずであろう。しかし、そうした最も基本的な分析作業が、これまで精密に試みられたことはない。
　確かに、竪穴から出土した良好な一括資料が、広い範囲でいくつも知られている。しかしそれらは、容易に先史時代の一致した事実を語らない。その一方では、断片的ながらも、年代差と地点差を示す出土事例が、広い範囲で古くから知られていた（柳澤1999b～2006b）。先にも触れたオ

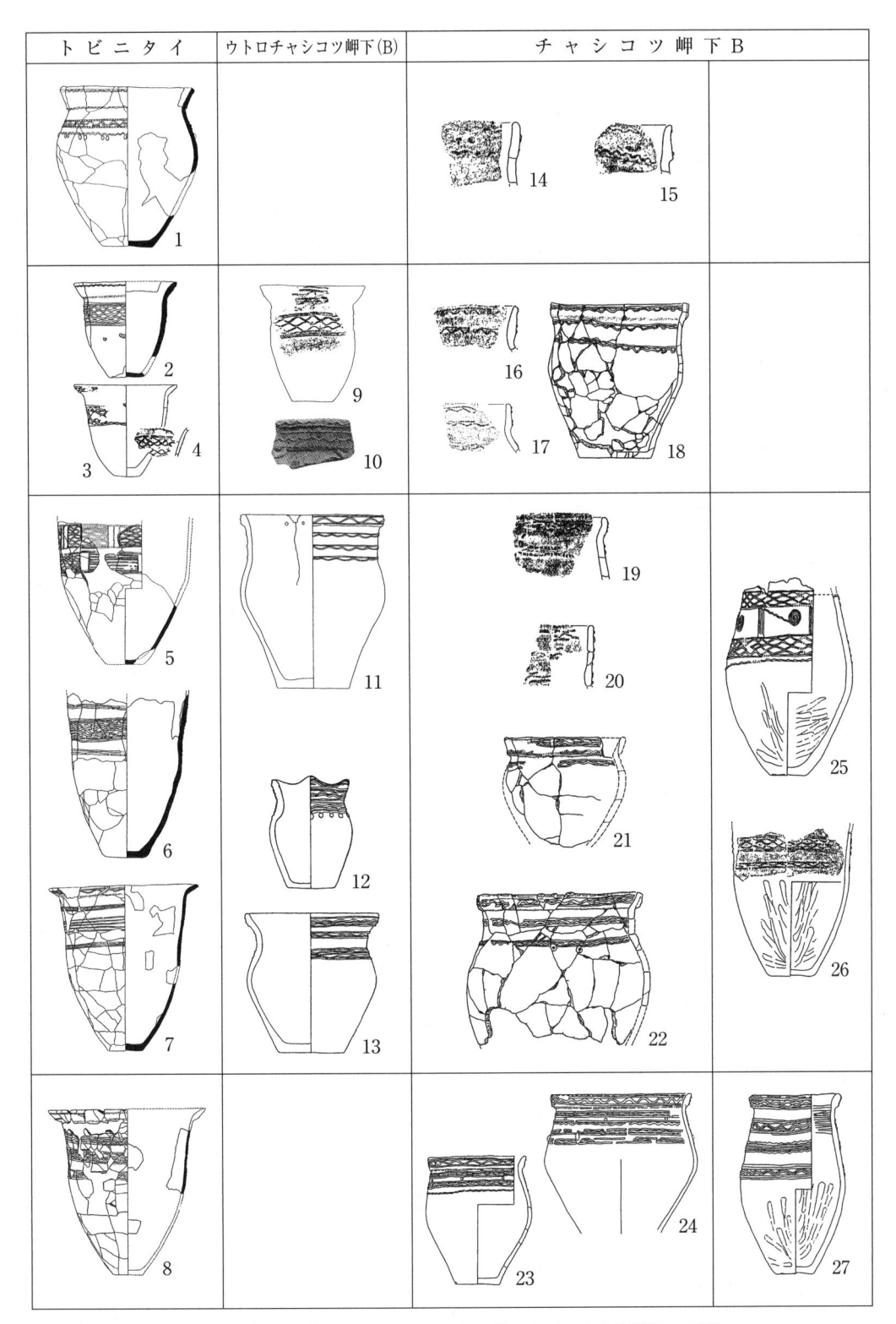

第 3 節　チャシコツ岬遺跡群編年の再検討　285

| トビニタイ | ウトロチャシコツ岬下(B) | チャシコツ岬下 B ||

第118図　知床半島におけるソーメン紋土器とトビニタイ土器群Ⅱの対比

タフク岩遺跡の竪穴序列（涌坂1991：18）などは、筆者が言及するまで、不思議なことに一貫して「忘失」されていたことが、あらためて想起されよう（柳澤2004：202-206）。

　第118図は、オタフク岩遺跡で出土したトビニタイ土器群Ⅱの小細別編年案である。これに加えて注目されるのは、これもまた「忘失」されていたウトロチャシコツ岬下(B)1号竪穴における層位事例である（宇田川編1981：157-169, 239・243・250, 柳澤1999b：64-70）。

　河野広道がつとにその概要を紹介している（河野1955：20-23）。層位事実の精密な把握と観察は、調査に参加した佐藤達夫の日誌にもとづいている。それを参照すると、岬下B遺跡の新旧の竪穴資料は、

　　⑴　東3層：トビニタイ土器群Ⅱ(3)類：9＝ソーメン紋土器2(中)：10＝16〜18
　　⑵　東2層：ソーメン紋土器3(古)　　：11＝19・20
　　⑶　東2層：ソーメン紋土器3(中)　　：12・13＝21・22

という順序で編年される。そしてトーサムポロ遺跡R-1地点の資料（第114図1〜7）は、⑶類に後続する、最も「新しい部分」に比定される。

　この両遺跡の対比編年には、特に型式学上の矛盾点は見当たらない。何よりも注意されるのは、トビニタイ遺跡の2号竪穴で多量に発見された、トビニタイ土器群Ⅱに酷似した土器（9＝4＝3）が、ソーメン紋土器3（11〜13）よりも下層の床面上から発見されていることである。

　この事実は旧稿でも指摘し、大方の注意を喚起しておいた（柳澤1999b：64-70, 84-91ほか）。残念ながら、そのような通説編年に合致しない事実の検討は、今でもほとんど等閑に付されているようである。

　しかしながら、佐藤達夫が精密に観察した「9例→11〜13例」なる層序は（宇田川編1981：前出）、大井晴男氏の懇切にして、詳細な批判（大井1984a：38-42）にも係わらず、紛れもない先史時代の事実であると考えられる。これらの資料は、トビニタイ土器群Ⅱとソーメン紋土器が同時代に存在したことを端的に証明する、有力な物証拠になることを、ここであらためて強調しておきたい。

　それでは、この点を踏まえると、チャシコツ岬遺跡群とトビニタイ遺跡の重複竪穴の関係は、どのように捉えられるであろうか。

　トビニタイ遺跡2号竪穴の土器群（駒井編1964）は、一見してかなり多様な内容を示している。これまでの議論では、それを一様に一時期の所産（いわゆる「フンド」）として扱っているが、型式学的な弁別を尽くして吟味する必要があろう。竪穴の重複状況から判断して、「1例→3〜8例」の序列には、特に問題とすべき点はない。しかしながら、明らかに後者の3〜8例は、

　　⑴　東3層に対比されるべきもの（3・4）
　　⑵　トーサムポロ遺跡R-1地点1号竪穴資料に対比されるもの（8）

の二者を含む。この細分は、ここであらためて議論するまでもなく、確実であると言えよう。それでは、5〜7例に関してはどうであろうか。

　先に第116図に示したオタフク岩遺跡の編年案では、7例をトビニタイ土器群Ⅱの(7)類に比定した。また、8例は(8)類に、そして2〜4例などは(3)類に、それぞれ該当するものと考えた。

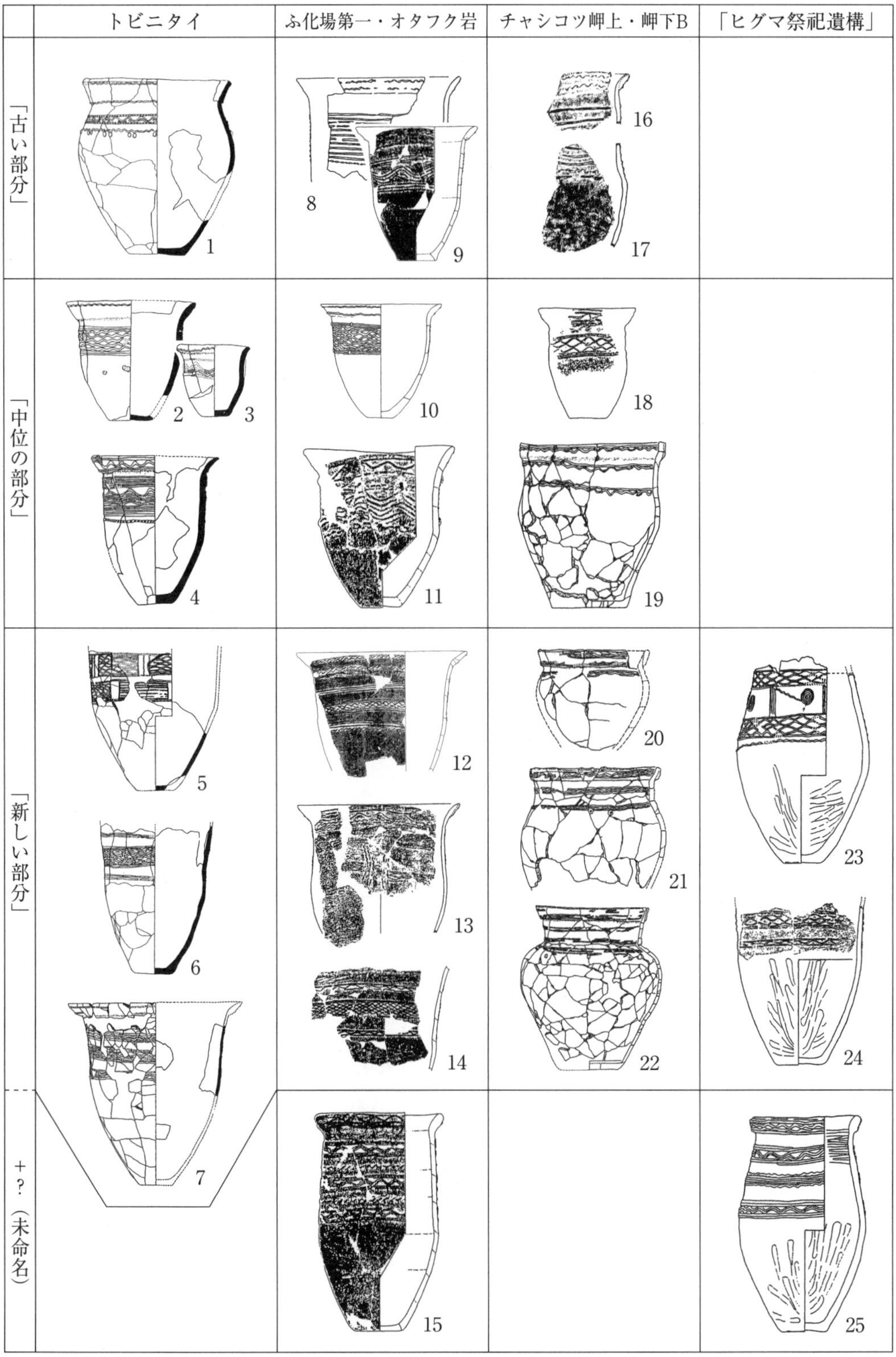

	トビニタイ	ふ化場第一・オタフク岩	チャシコツ岬上・岬下B	「ヒグマ祭祀遺構」
「古い部分」	1	8, 9	16, 17	
「中位の部分」	2, 3, 4	10, 11	18, 19	
「新しい部分」	5, 6	12, 13, 14	20, 21, 22	23, 24
+?（未命名）	7	15		25

第119図　知床半島編年案から見た「ヒグマ祭祀遺構」出土土器の位置

第8表　トビニタイ土器群・カリカリウス土器群・ソーメン紋土器の編年案

擦紋Ⅳ・Ⅴ期	擬縄貼付紋土器(古)		
	擬縄貼付紋土器(中)	トビニタイ土器群Ⅰ-Ⅱ	
	擬縄貼付紋土器(新)	トビニタイ土器群Ⅰ・Ⅰ-Ⅱ	?
貼付紋期	ソーメン紋土器(古)	トビニタイ土器群Ⅱ(古：1・2類)	カリカリウス土器群(古)
	ソーメン紋土器(中)	トビニタイ土器群Ⅱ(中：3～5類)	カリカリウス土器群(中)
	ソーメン紋土器(新)	トビニタイ土器群Ⅱ(新：6～8・8′類)	カリカリウス土器群(新)

　そこで、先に言及した窓枠紋を持つ5例が問題となる。本例が、幅広い1段構成の胴部紋様を持つ3・4例に後続することは、型式学的にみて疑いない。一方5例を、(4)類（第116図9～11)、あるいは(5類）(同図13)に対比するのは難しい。したがって確言はできないが、5例の窓枠紋を持つ土器は、(6)類か(7)類に比定される可能性が高いように思われる。

　このように2号竪穴の資料を弁別すると、(3)類～(8)類までの年代幅を持つ資料が、擦紋末期の土器群（トビニタイ土器群Ⅰ）を伴い、床面上から出土していることになる。こうした擬似的な「共伴」状況については、竪穴の窪地に対する、「古い土器」の送り儀礼的な扱いを念頭において、慎重に検討する必要があろう（柳澤2000：18-21・註9，2003：141-158)。

　さて以上のように、トビニタイ遺跡とチャシコツ岬遺跡群の資料を観察すると、「ヒグマ祭祀遺構」の完形土器の位置を検討するための準備が、ようやく整うことになる。

　そこであらためて、図示した資料の範囲で予察的な検討に入りたい。まず23例である。その紋様帯は、区切り垂線で窓枠を作り、そこに渦巻紋を繋留して構成されている。本例が5例と年代的に近い土器であることは、一目瞭然に捉えられよう。

　ただし器形は樽形を呈するから、その由来については、小細別レベルでの綿密な比較と検討を要する。他方24例は、型式学的にみると、6例に後続するものと考えられる。オタフク岩洞窟には、これと瓜二つの資料がある（第119図14)。これはトビニタイ土器群Ⅱの(7)類に比定されるので、24例の時期もその頃かと推定される。

　続いて25例である。本例が23・24例とも、また、8例とも異なる土器であることは、先に述べたとおりである。これまで竪穴から纏まって発見された実例を知らない。型式学的に細かく検討すると、(8)類に後続する未知の小細別である可能性もあるように思われる。仮に(8)′類と呼び、資料の増加を待ちたい。

　このように観察すると、「ヒグマ祭祀遺構」跡の土器群は、

(1)　トビニタイ土器群Ⅱ(6)・(7)類の、どちらかに比定されるもの（23)
(2)　トビニタイ土器群Ⅱ(7)類に比定されるもの（24)
(3)　「トビニタイ土器群Ⅱ」(8)類より新しい可能性を秘めているもの（25：(8)′類)

と編年され、この順序で変遷したと考えられる。

　先に岬上B遺跡のトビニタイ土器群Ⅱ（第118図9）を(3)類に比定した。それを念頭におくと、

チャシコツ岬の遺跡群では、早くからトビニタイ土器群Ⅱとソーメン紋土器の間で接触と交流があったこと、また、その関係が持続的であったことが、この編年案からあらためて確認されよう。

以上、通説編年案の疑問点を述べ、各種のモチーフ分析と遺跡編年の広域対比にもとづいて、その疑問を解き、チャシコツ岬遺跡群を中心として、知床半島編年の精密化を試みた。その大要は、**第119図**に示したとおりである。旧稿の編年案（柳澤2005a：第2表，2006b：第1表）に準拠すると、道東部におけるポスト擦紋時代の編年案は、**第8表**のように纏められる。

おわりに

知床半島において、擦紋土器とトビニタイ土器群、並びにオホーツク式土器は、どのような関係にあったのか。敗戦直後のモヨロ貝塚の発掘以来、この問題は、長年にわたって研究者の関心の的となり、さかんに議論されて来た。しかし、未だすべての資料を合理的に説明し得るような、明解な回答は得られていない。

それだけに、チャシコツ岬下B遺跡において、トビニタイ期の「ヒグマ祭祀遺構」が発見されたというニュースは、衝撃的であった。この発見によって、オホーツク文化を象徴するヒグマの「送り」儀礼が、チャシコツ岬下B遺跡とオタフク岩洞窟（4a層）の事例を介して、アイヌ文化のクマ送り儀礼へと、スムーズに繋がるようになる。大方の研究者がおそらく、そのような期待を寄せたと想像される。

しかしながら、その「ヒグマ祭祀遺構」跡の完形土器（トビニタイ土器群Ⅱ）は、擦紋土器（佐藤編年のⅢ期）ではなく、ソーメン紋土器やトビニタイ土器群Ⅱの新しい時期に並行すると考察された。これは現在のところ、最も型式学的に矛盾のない編年観であると考えられる。

しかし一部には、筆者の層位的な事実と様々な物証にも基づく、一連の北方編年体系の提案（柳澤1999a～2004）に対して、「作為的」と評する立場もある[註13]。この発言の意味するところは不明である。しかし、先史考古学における学説検証の必要性を、正面から否定している訳ではなかろう。

小論では、トビニタイ土器群Ⅱとソーメン紋土器の精密な細分についても、少しく予察的に触れるところがあった。その詳論は、近く別稿で展開する予定である。ポスト擦紋期における北海道島の先史社会集団の動態は、係る「貼付紋系土器群」の究極レベルの広域編年体系に立脚して、しだいに解明への道が拓かれるであろう。

北海道島からサハリン島へ、さらにアムール川・松花江・牡丹江の流域へ向けて、環オホーツク海域レベルで北方編年体系を見直す作業の終着点は、まだ遥か彼方に霞んで見える。

さしあたり知床半島域においては、チャシコツ岬遺跡群に近接するオタモイ1遺跡（松田・荻野1993）やオタフク岩洞窟の3・4層資料の検討[註14]などが、つぎの課題となるであろう。

註

(1) 土器型式の階層性、並びに小細別レベルの細分については、大木10式に関する旧論の記述を参照されたい（柳澤1980・1988：8-21・41，2006c：214-270）。

(2) 柳澤（2000：18-20，2003：129-136，2004：202-209）も参照されたい。なお以下、擦紋土器の編年に関しては、Ⅴ期を除いて佐藤達夫の編年案（佐藤1972：462-488）に準拠し、表記法については、宇田川洋氏の提案（宇田川1980a：151-177）にしたがう。

(3) 2005年9月27日付の北海道新聞（札幌版）によると、この遺構は、「竪穴住居のくぼみを利用しており、」と報道されている。しかし、その後に発表された概報（加藤ほか2006a・b）では、「ヒグマ祭祀遺構」の記述に限定されており、直下の遺構の有無については触れられていない。

(4) 通説では、「e群」の範囲が型式学的な一切の論証を省いて、任意に拡大されている。ちなみに藤本強氏の論文（藤本1966：38）で指示された「e群」の標本資料には、第110図の1～3例に該当するものは含まれていない。

(5) 先行する澤井玄氏の論考では、「カリカリウス型」は「カリカリウス・タイプ」と呼称されている（澤井1992：130-131）。

(6) これらの土器群の年代的な位置については様々な意見があって、いまだ確定していない。例えば、最も引用される右代啓視氏の論文では9世紀後半に比定されている（右代1991：36）。道南の研究者では、中田裕香氏がさらに古い年代を想定し、8世紀後半頃としている（中田2004b：176）。こうした年代観の違いは、トコロチャシ遺跡第1号竪穴やピラガ丘遺跡第Ⅲ地点のロクロ製坏の年代に関しても認められる。これは通説編年において、あまり明確に意識されていない、隠れた問題点と言えるであろう（柳澤2003：141-145）。

(7) 柳澤（1999b：82-89，2000：18-20，2005b：104-111）を参照されたい。

(8) 1988年以降では、宇田川（1988）をはじめ、右代（1991）・澤井（1992）・大西（1996a・b，2004）、蓑島（2001）・塚本（2002）・瀬川（2005a・b）・榊田（2006）・熊木（2006）ほか、多くの論考において言及され、また、代表的な博物館の図録で解説されている。

(9) 17例の年代的な位置について、前稿では擦紋Ⅲ（新）に並行するものと見たが、Ⅳ（古）期に下る可能性があると思われる。旧常呂町周辺における新資料の増加を待って再検討したい。

(10) 伊藤（1967：229-236）、石田（2006：46-49）ほか、多数の文献がある。

(11) 報告書（前田・山浦編2004）に掲載された資料のうち、断面形が平坦な貼付線の実例としては、ソーメン紋土器1期（fig32-5）、同2期（fig9-8，14-12，32-2・7・8，42-10・43-3）、また螺旋技法（青柳1996）では、ソーメン紋土器2期（fig9-19，同3期（fig10-7・11-4・14-1）などが挙げられる。なお、トーサムポロ遺跡R-1地点の資料には、爪跡を残す貼付手法が見当たらないようである。この手法の欠落は、同遺跡の資料の年代的な位置を端的に示す、有力な証拠になるであろう（柳澤2004：197-200）。

(12) 15例のような沈線紋土器は、ソーメン紋土器や刻紋土器に伴出した事例が少ない。また擬縄貼付紋土器の古い時期でも、伴出例が知られていないので、それ以降に下るものと考えられる。口縁部の大鋸歯紋は渡島半島に類例があり、根室半島や知床半島にも、そしてモヨロ貝塚でも知られている。モヨロ貝塚の例は、擬縄貼付紋土器（新）期のキメラ（折衷）土器である。渡島半島からの大鋸歯紋を持つ土師器（佐藤1972：464-469）の波及については、前稿の仮説を参照されたい（柳澤2006b：92-96）。

(13) 『考古学ジャーナル』誌上における、福田正之（2004：153）および高橋健（2005：154）両氏の記述を参照されたい。

⒁　柳澤（2003：162-註11，2006b：104-註16）を参照されたい。

図版出典

第110図　1〜3：松田（2002）　4〜6：加藤ほか（2006a・b）　7〜20：涌坂（1991）　21〜25：前田（1966）

第111図　1〜25：野村・平川編（1982）　26・27：網走市立郷土博物館編（1990）　28・30：熊木（2001）　29：藤本（1966）　31・32：涌坂（1991）　33：椙田（1982a）

第112図　1〜4：藤本（1966）　5〜10：野村・平川編（1982）　11・12：椙田（1982a）　13〜17：澤・宇田川ほか（1971）　18〜20：金盛（1976）　21・22：大場（1960）　23・24：和田・米村（1993）

第113図　1・2：佐藤（1964b）　3・6：駒井編（1964）　4：菊池（1989a）　5：斜里町立知床博物館編（2003）　7：野村・平川編（1982）　8・9：涌坂（1991）　10：宇田川（1971b）　11・12：東京大学文学部考古学研究室編（1972）　13・14：大井（2004b）　15：和泉田編（2002）　16：石川（1996）　17：武田（1995）　18：武田（1991）　19・20：武田（2002）　21：佐藤・佐藤（1986）　22：椙田（1987）　23：網走市立郷土博物館編（1986）　24：小林（2004）　25：荒生・小林（1986）　26：椙田（1982a）　27：加藤ほか（2006a・b）　28：涌坂（1991）　29：宇田川（1981）

第114図　1〜7：前田・山浦編（2004）　8：涌坂（2002）　9・10：加藤ほか（2006a・b）　11：涌坂（1991）

第115図　1〜12：石川（1996）　13〜22：前田・山浦編（2004）

第116図　1〜4，9〜12・14〜18：涌坂（1991）　5〜8：宇田川（1971b）　13：駒井編（1964）　19：加藤ほか（2006a・b）

第117図　1〜6：大井（1984a）　7〜25：松田（2002）

第118図　1・2，5〜8：駒井編（1964）　3・4：宇田川（1971b）　9〜13：宇田川（1981）　14〜22：松田（2002）　23・24：前田・山浦編（2004）　25〜27：加藤ほか（2006a・b）

第119図　1〜7：駒井編（1964）　8：椙田（1980）　9・11・12・14・15：涌坂（1991）　10：宇田川（1971b）　13：千葉大学文学部考古学研究室編（2005）　16・17：大井（1984a）　18：宇田川編（1981）　19〜22：松田（2002）　23〜25：加藤ほか（2006a・b）

第4章　トビニタイ・カリカリウス土器群と擦紋末期土器の編年

第1節　トビニタイ・カリカリウス土器群の細分試案

はじめに

　トビニタイ土器群（菊池1972a）とは、またカリカリウス土器群とは、いったい何か。その分類上の定義や細分、編年上の位置について、定説と呼びうるような見解は発表されていない。

　どちらの呼称も広く周知されている。しか、土器型式としての実態や相互の関係性については、ほとんど解明されていないように思われる。通説の編年観では、ソーメン紋土器は直接に、あるいは部分的に並行してカリカリウス土器群へ移行し、ついでトビニタイ土器群の中間的なもの（I-II）に変わり、その後、擦紋土器と接触を深めながらトビニタイ土器群Iとなり、やがてそれに同化・吸収されて消滅すると説明されている。

　この通説的な編年観は、はたして妥当であろうか。幾多の疑問点があることは、すでに旧稿で述べており、通説に代る新しい編年構想も明らかにしている（柳澤1999a〜2003）。そこで本稿では、特にオホーツク式土器（河野1955・1958）との関係に着目して、トビニタイ土器群とカリカリウス土器群を細分し、北方編年の体系をより整えたいと思う。

1．通説の編年案について

　現在、擦紋土器とオホーツク式土器（以下、オホーツク式）の年代的な対比については、宇田川洋氏と右代啓視氏の考案が広く支持されている（宇田川1988・2002a〜c，右代1991・1995aほか）。もちろん、両氏の編年案が有力視されるまでには、金盛典夫氏と椙田光明氏の提案（金盛・椙田1984）に先立つ、長い前史がある。他方最近では、トビニタイ土器をめぐる集団論や出自論が積極的に議論されており（澤井1992・1998・2003，大西1996a・b・2001・2003）、研究状況はさらに混迷の度を深めているように思われる。

　ここでは、諸氏の発言をめぐって研究史を述べることは保留し、代表的な編年案に伏在する疑問点について予め触れておきたいと思う。

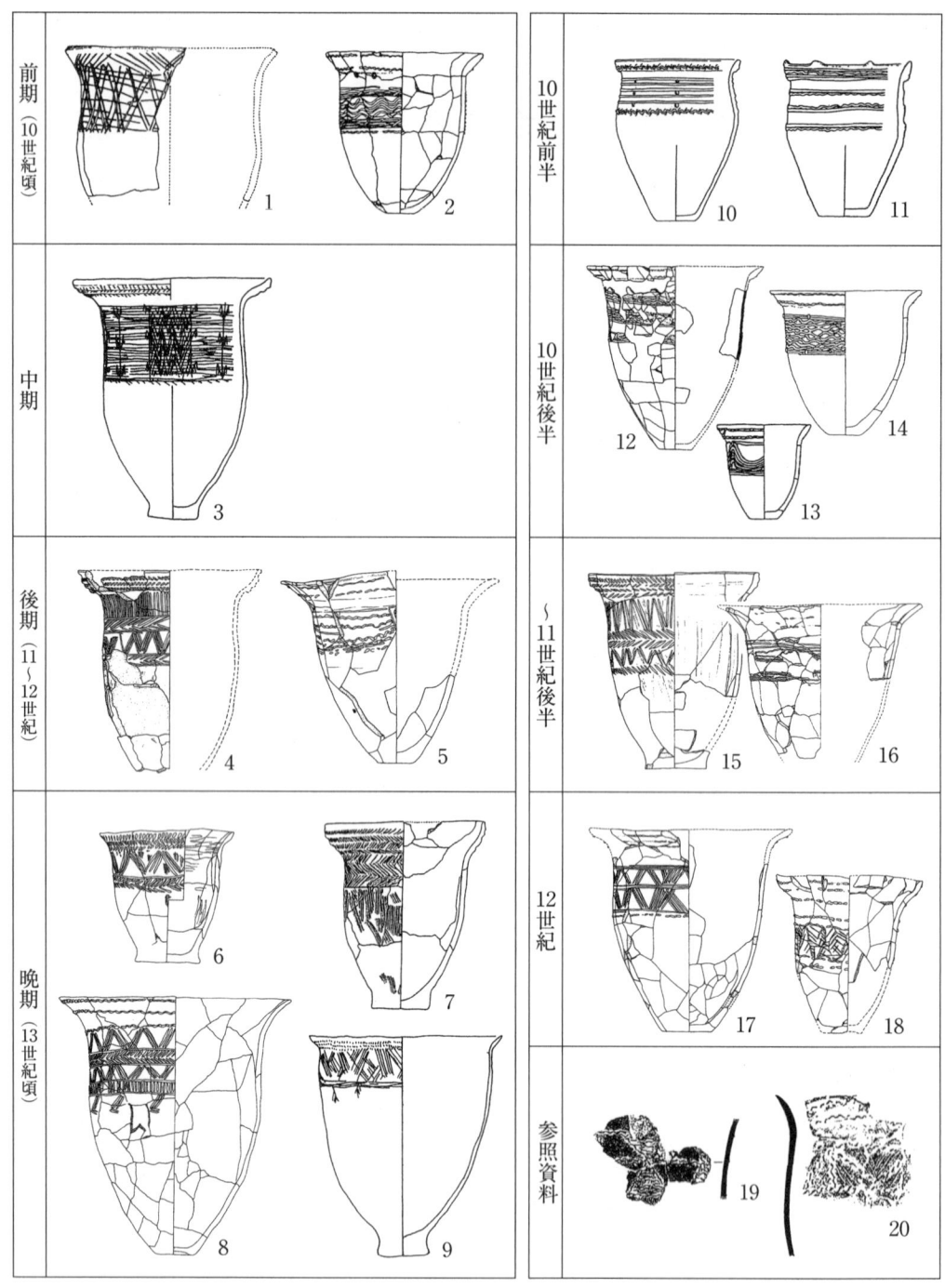

第120図　宇田川洋氏と右代啓視氏の擦文土器・トビニタイ土器群の編年案
（1～9：宇田川1988より　10～18：右代1991より）

1）宇田川洋氏の編年案について

　宇田川氏の北方編年案は、ピラガ丘遺跡第Ⅲ地点と須藤遺跡の調査（金盛1976a・b, 1981）によっ

て大きく変貌した。その経緯と新しい編年案のあらましは、1988年に刊行された『アイヌ文化成立史』の中で初めて発表された（宇田川1988：302-306）。

第120図は、その際に提示された標本例を用いて、氏の改訂編年案を示したものである[註1]。1・2例は、ピラガ丘遺跡第Ⅲ地点3号竪穴の資料である。金盛・椙田両氏は、この資料を用いてオホーツク式と擦文土器の接触現象を擦文1～2期まで古く遡らせた（金盛・椙田1984）。宇田川氏は、この新説を取り入れ自説の編年案（宇田川1971a・b，宇田川・加藤1981）を撤回し、簡略な記述ながらも、トビニタイ土器群は、

(1) 擦文前期の1例＝「トビニタイ土器群Ⅱ（2）」、
(2) 擦文後期の4例＝「トビニタイ土器群Ⅰ-Ⅱの中間的な土器群（5）」、
(3) 擦文晩期の6～7例＝「トビニタイ土器群Ⅰ（8）」、

の順序で変遷すると論じた（宇田川1988：224-228）。

佐藤達夫の編年案（佐藤1972）によると、これらの標本例は1・2例が擦紋Ⅲの(中)頃、3例が擦紋Ⅲ(末)～Ⅳ(初)?、4・6・7例が擦紋Ⅳ$_{6～8}$、9例がそれ以降の時期に比定される。宇田川氏は、このうち1例と2例の「共伴」を認める立場をとり、「擦文時代中期(10世紀ころ)にトビニタイⅡがはじめて擦文文化と接触し」たと述べている。

それでは、2例のどこに擦文「中期」(擦紋Ⅲ)の影響が認められるのであろうか。口縁部と胴部の境は無紋帯になっている。そして胴部は口頸部から直線的に窄まり、小さな底部へと繋がる。外反した口縁部は肥厚し、そこに波状の貼付紋が施される。胴部の紋様も、すべて直線と波状の貼付線で、螺旋技法を用いて幅広く3帯に構成されている。

こうした特徴は、擦紋Ⅲのどの時期においても全道的に認められない。仮に、擦紋Ⅲとトビニタイ土器群Ⅱの「接触」が先史時代の事実であるならば、その具体的な証拠がなぜ標本例に全く残されていないのであろうか。いかにも不思議な現象と言えよう。

もう一つの疑問点は8例に係わる。これは6・7例とともに、須藤遺跡(斜里町)の15号竪穴の床面から出土している。6・7例が年代的に近い関係にあることは疑いない。しかし、8例の方はどうであろうか。3本の波状貼付紋の下に施された胴部紋様は、はたして6・7例と同時代であろうか。私見によれば、この複段紋様はより古い時期、例えば4例よりも若干遡ると思われる[註2]。擦紋「晩期」(宇田川1998)として相応しいのは、むしろ17例のごとき紋様を持つ資料であろう。

この観察が妥当ならば、8例は古いモチーフを借用し、それを「先祖返り」的に編成した、一種のキメラ(折衷)土器と解釈されよう。8例の口縁部を肥厚させる。そして胴部の紋様を直線と波状の貼付線に置換すると、2例と8例の違いはきわめて小さくなる。これは偶然の類似ではあるまい。両者が年代的に接するので、このような想定できるのであろう。はたして通説のとおり、10世紀の2例から13世紀の8例まで、器形・紋様・成形・焼成・胎土など、あらゆる特徴に関して、400年に及ぶ変遷がスムーズに証明できるであろうか。

つぎにⅠ-Ⅱに比定される5例が、どうのように登場したのか。その点も大いに疑問である。

例えば5例は、2例の仲間からどのようにして生まれたのか。また8例は、はたして5例に由来するのか。宇田川氏の提示された標本例から、あるいは本文中の記述から、こうした疑問を解くことは容易でない。

Ⅰ-Ⅱに比定される土器群のうち、その「最古」と「最新」の段階に相当するのは、どのような土器なのであろうか。今まで、そのように精密に弁別された小細別レベルの標本例は一度も例示されたことがない。つまり型式学的な検討は、いまだ十分に尽されていないように思われる。

いったいソーメン紋土器のいずれの段階から、2例のごときトビニタイ土器群Ⅱが誕生するのであろうか。その移行を物語るはずの、最古のトビニタイ土器群Ⅱが、いつまでも不明のままでは、ピラガ丘遺跡の「共伴」資料（1＝2）によって、接触による土器系統の移行が証明されたとは、とうてい言えないであろう。

私見によれば、1・2例から6〜9例に至る土器変遷は非常に間隙が多く、年代的にも一部で交錯しており、型式学的には成立し得ないと思われる。ちなみに13世紀とされた8例の底部は、図からも分かるように上げ底に仕上げられている。その類例は、知床のオタフク岩洞窟やオシャマップ遺跡の擦紋末期の土器にも、また、船見町高台遺跡の10世紀とされるトビニタイ土器群Ⅱにも確実に存在する。

しかしその後は、200余年にわたって完全に姿を消し、擦紋末期に8例のごとく「先祖返り」的に再登場する。これが通説の編年案から見た場合の「上げ底」土器の変遷観となる。これが先史時代の事実であれば、重ねて不思議な現象と言わざるを得ない。仮に2例と8例が、元々年代的に近い土器であると想定すれば、この不思議さは直ぐに解消されるであろう。

2）右代啓視氏の編年案について

右代氏の編年案は、博物館の展示や図録、論文の中でさかんに引用されており、現在最も広く知られている。土器の観察はもちろん、伴出の遺物や遺跡の立地、自然環境、^{14}C年代、火山灰、動物遺存体などの自然科学的な分析データを駆使して、最も矛盾のない形で環オホーツク海レベルの広域編年体系の構築が意図されている（右代1991〜1999・右代ほか2002）。また、文献史学の研究者からの引用例が多い点も注目される。

第120図の10〜18例は、氏が1991年に発表した論文から引用したものである。それによると、藤本強氏の「e群」（藤本1966）から若干、年代的に重複しつつ「カリカリウスの土器群」（10・11）が登場し、その後は、擦文土器との接触が強まりトビニタイ土器群Ⅱ（12〜14）からⅠ-Ⅱの「中間的なもの」を生じる。さらに胴部に擦文モチーフを用いたトビニタイ土器群Ⅰ（17・18）へと変貌し、やがて擦文土器に吸収され終焉を迎えたと説いている。

なるほど^{14}C年代を参照しながら、巧みに諸情報を勘案して構成された編年案は、いかにも妥当性が高く、土器変遷は大筋で正しく捉えられているという印象を持たれるであろう。それではソーメン紋土器3（柳澤1999b・2000）が、カリカリウス土器群の10・11例と一部で並行し、トビニタイ土器群Ⅱへと変貌したと、ほんとうに考えられるであろうか。

そこで提示された標本例を細かく比べてみたい。まず、10例の口縁部には明瞭な爪跡が残されている。この手法は、はたしてソーメン紋土器3から受け継いだものであろうか。12例に見える3段構成のバンド・ソーメン紋は、ソーメン紋土器3の時期に特に発達するものである。10・11例には、それが見当たらない。これは何故であろうか。

つぎに13・14例は、オタフク岩遺跡4号竪穴から出土したトビニタイ土器群Ⅱである。幅広い胴部紋様は2例に類似しており、両例の貼付紋は螺旋技法を用いて施されている。ちなみにこの技法は、ソーメン紋土器の1～2期には見当らない。3期でも稀であって、13・14例の幅広い紋様構成と螺旋技法の由来は、トビニタイ土器群Ⅱとの同期性や細分に関連して、これから特に問題となるであろう。

つぎに15例と16例である。これらは宇田川編年の4・5例に等しく、ほぼ近いに年代とされている。その点はよいとして、15例に見える交互に対向した矩形紋は、どこから登場するのであろうか。12例や14例に由来すると想定するのであろうか。それとも擦紋土器に由来を求めるのであろうか。

また、13例の口縁部にある「区切り斜線」については、どう考えるのであろうか。これも擦紋土器に出自を求めるのか。あるいは交互対向の矩形紋とともに、10例や11例に由来すると想定するのか。これから改めて検討する必要があるであろう。

さて、つぎの問題点に移りたい。17・18例は、擦紋土器の終末期に相当する資料である。口縁部の装飾は、15例からの伝統が続いており、大きな変化は見られない。これに対して胴部紋様では変化が著しい。例えば紋様の上下端を貼付線で画し、その内部を複段または単段の刻紋で埋める。そして、ともに頸部を無紋帯扱いとしている。これは16例など、前代の一般的な擦紋土器には見られない大きな特徴である。

また、両例の口縁部がなお軽く内湾している点は、本例が16例の仲間から変化するのではなく、15例の類例から変化したことを暗示している。17例の大きな複段の鋸歯紋などは、この15例の矢羽刻線を水平線に置換して創出されたものと考えられよう。

このように観察すると、17・18例は、トビニタイ土器群Ⅰ-Ⅱの5・16例からではなく、4例や15例などの擦紋土器が変容して登場したという見方が成り立つことになろう。

それでは、これ以後17・18例はどのように変化するのであろうか。17例の胴部紋様に注目すると、19例のトビニタイ土器群Ⅱに酷似している。また18例の胴部紋様は20例に近似している。両例の紋様描線を刻線から貼付線に置換すれば、双方の胴部紋様の変化はスムーズにたどれる。

すなわち「17例→19例」であり、「18例→20例」という流れが、型式学的に想定される。しかしながら19例は、擦紋Ⅲ期：10世紀代に比定された遥か大昔の土器（1・2・10・11）である。これに対する20例は、12世紀代とされる終末期の土器である。はたして17例と19例、あるいは18例と20例の関係は、遥かに時空を隔てた他人の空似なのであろうか。

以上の疑問点に留意しながら、以下、各遺跡の資料の詳細な分析に入りたい。

2. 遺跡編年案の検討

1) 釧路周辺域の編年

　斜里町の須藤遺跡やピラガ丘遺跡群、羅臼町や標津町の諸遺跡に比べると、釧路周辺域の遺跡が検討の対象とされることは、意外に少ないように思われる。注目に値する資料や興味深い出土状況も報告されているから、これまで積極的に取りあげられないのは、いかにも不思議に思える。ここでは、沿岸域に立地した二つの遺跡を対象として、通説と異なる遺跡編年が成り立つかどうかを検討してみたい。

下田ノ沢遺跡

　オホーツク文化の典型的な遺跡が分布する根室半島から、100キロ余り離れた厚岸湖を望む地点に下田ノ沢遺跡(厚岸町)は立置している。1965年から1970年にかけて3次の発掘調査が行われ、1972年に精細な報告書が刊行された（澤ほか1972）。2軒の竪穴と貝塚から、続縄紋土器と擦紋土器・トビニタイ土器群が豊富に発見されている。

　擦紋土器とトビニタイ土器群は、6トレンチにおける出土状態や図版資料を参照すると、どこでも伴出していることが分かる。これは両者の年代の近さを端的に示している。擦紋土器には古いもの（Ⅰ～Ⅲ）が無い。Ⅳ期でも「中位の部分」以降が主体を占め、「古い部分」は見当らない[註3]。こうした出土傾向は、トビニタイ土器群の年代的な位置を探るうえで、まず留意しておきたい点である。

　貝塚の資料については別の機会に述べるとして、まず1号竪穴住居跡（以下，竪穴）の資料から

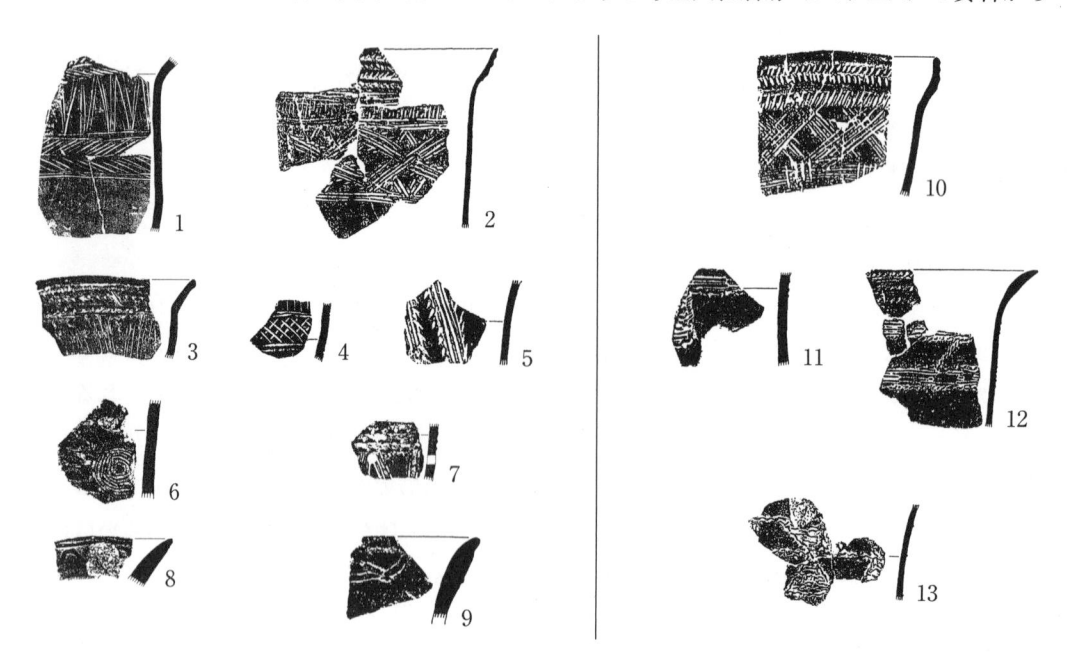

第121図　下田ノ沢遺跡第1号竪穴出土の土器

観察したい(第121図)。この竪穴は重複していると指摘されている。プランは10m²ほどの広さで、3枚の床面ないし床面と推定される面が検出されている。埋土の下位からは続縄紋土器（5層）、続いて擦紋土器と若干のオホーツク式土器（4層上部）、それにアイヌ玉や貧乏徳利を伴う焼土や丸太（1層直下）、という順序で出土したという。

重複した新しい竪穴を1号と仮称し、出土した土器を分類すると、つぎのような編年案になる。

(1) 古い1号竪穴
　　床面上：ほとんどが擦文土器で、僅かにオホーツク式を伴う。これはトビニタイ土器群Ⅰ（6・7）と推定される。
　　埋土中：擦紋土器（1・4ほか）とトビニタイ土器群Ⅱ（8・9）
(2) 新しい1A号竪穴
　　埋土中：擦紋土器(10)、トビニタイ土器群Ⅰ-Ⅱ（11・12）とトビニタイ土器群Ⅱ（13？）

トビニタイ土器群Ⅱの8・9例は、先に引用した宇田川・右代両氏の編年案によると、擦紋Ⅲの影響を受けて登場したことになる。しかしながら11世紀代の1例、12世紀ないし13世紀代とされる7例と、10世紀代の8・9例が、遺構内で「共伴」することは在り得ない。これらの関係は、とうぜん「混在」と見做されよう。

そのように考えた場合、新しい1A号の竪穴にも、トビニタイ土器群（11～13）が出土していることを、どのように捉えればよいであろうか。1～5例や10例の擦紋土器に、6・7例のトビニタイ土器群Ⅰが伴うと想定しても、須藤遺跡(斜里町)の竪穴資料を参照すると、それほど大きな

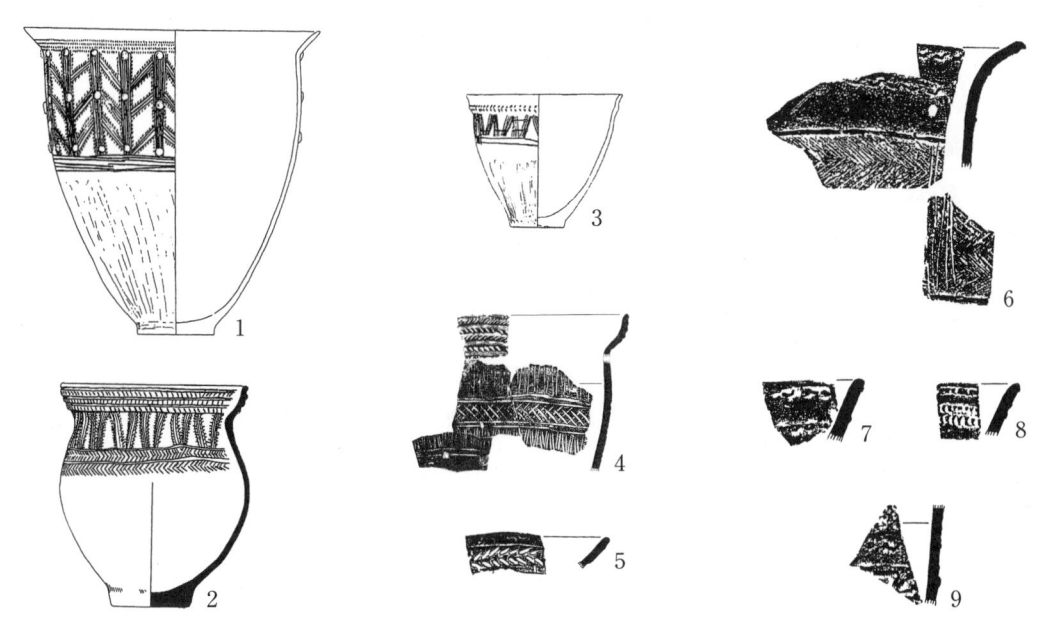

第122図　下田ノ沢遺跡第2号竪穴出土の土器

矛盾が生じるとは思えない。

　それでは、1号竪穴と1A号竪穴のトビニタイ土器群（8・9，11～13）は、擦紋Ⅳ（新）期の竪穴内で偶然に混在したと、考えるべきであろうか。そこで、2号竪穴の資料と比べてみたい（**第122図**）。この竪穴は、7×6メートル弱の大きさで、壁際には11本の柱穴がめぐり、カマドと石囲炉が検出されている。1～3例は、床面出土の土器である。トビニタイ土器群を含まず、擦紋土器だけの単純な組成を示す。この点は新旧の1号竪穴と明らかに異なっており、注目される。

　ただし、1例の外反した口縁部、そこから真っ直ぐ下る胴部のライン、小さな底部は、トビニタイ土器群によく似ている。さらに口縁部は、4例のように内湾、肥厚せず、矢羽状の刻紋帯の代りに刺突紋が施されている。この特徴は、明らかに擦紋末期土器への傾斜を示す。胴部の垂直な刻線には、3ヶ一単位のポッチがある。これは本来、擦紋土器にない異系統の要素である。2例の壺型の器形もオホーツク式的であると言えよう。底部が外に張り出さない点も注意される。

　つぎに埋土の土器を見ると、擦文「晩期」（宇田川1988）に比定される6例（トビニタイ土器群Ⅰ）や、トビニタイ土器群Ⅰ-Ⅱと推定される7・8例、それにトビニタイ土器群Ⅱの9例などが出土している。堆積又は遺棄された順序にしたがうと、(1)1～3例（擦紋Ⅳ$_{6～7}$期）→(2)6・7・8、9例（後続の時期）という編年が仮設される。

　このように2号竪穴でも、上部の層からトビニタイ土器群のⅠ（6）、Ⅰ-Ⅱ？（7・8）、Ⅱ（9）が出土している。したがって、擦紋Ⅳよりも相対的にトビニタイ土器群の方が新しい、という想定が層位的に成り立つ。ちなみに、擦文晩期とされた6例の口縁部を拇指状に肥厚させ、胴部の綾杉状の刻線紋を貼付紋に置換すると、トビニタイ土器群Ⅰ-Ⅱに酷似した土器（第121図12）が生まれる。

　これは2号竪穴の6～8例の土器が、型式学的にも、また年代にも、きわめて近い関係にあることを示唆している。貝塚においても、擦紋土器とトビニタイ土器群が伴出している。内容的にみても、1・2号竪穴埋土の土器組成とほとんど変わりない。ただしトビニタイ土器群Ⅱを欠く点が、特に注意される。これは別地点に堆積の中心を持つのであろう。明らかに「地点差」があると考えられる。

　このように観察すると、下田ノ沢遺跡の資料が通説どおりに編年できるのかどうか、とうぜん疑問が出てくる。そこで試みに、オホーツク式の資料を参照したい。先の宇田川・右代両氏の編年案では、オホーツク式の年代はすべて9世紀以前とされる。それによると、遥か大昔の土器でありながらも、擦紋土器との共通点が意外なほど容易に見つけられる。

　第123図は、下田ノ沢遺跡の資料を通説どおりの序列（「古いもの」→「新しいもの」）で並べたものである。すなわちトビニタイ土器群Ⅱ（1～3・11）から、擦紋Ⅳ期のトビニタイ土器群Ⅰ-Ⅱ（4・5，12・13）・（6～9，14～17）を経て、トビニタイ土器群Ⅰ（10，19）を以って同化・融合の最終段階を迎えるという変遷観である。

　その流れを見直す際に、まず注目されるのが、1・2例に見える拇指状の断面形と大波線のモチーフである。先に両例は4例に近似すると指摘したが、同じ断面形を持つ資料は、擦紋Ⅴ（佐

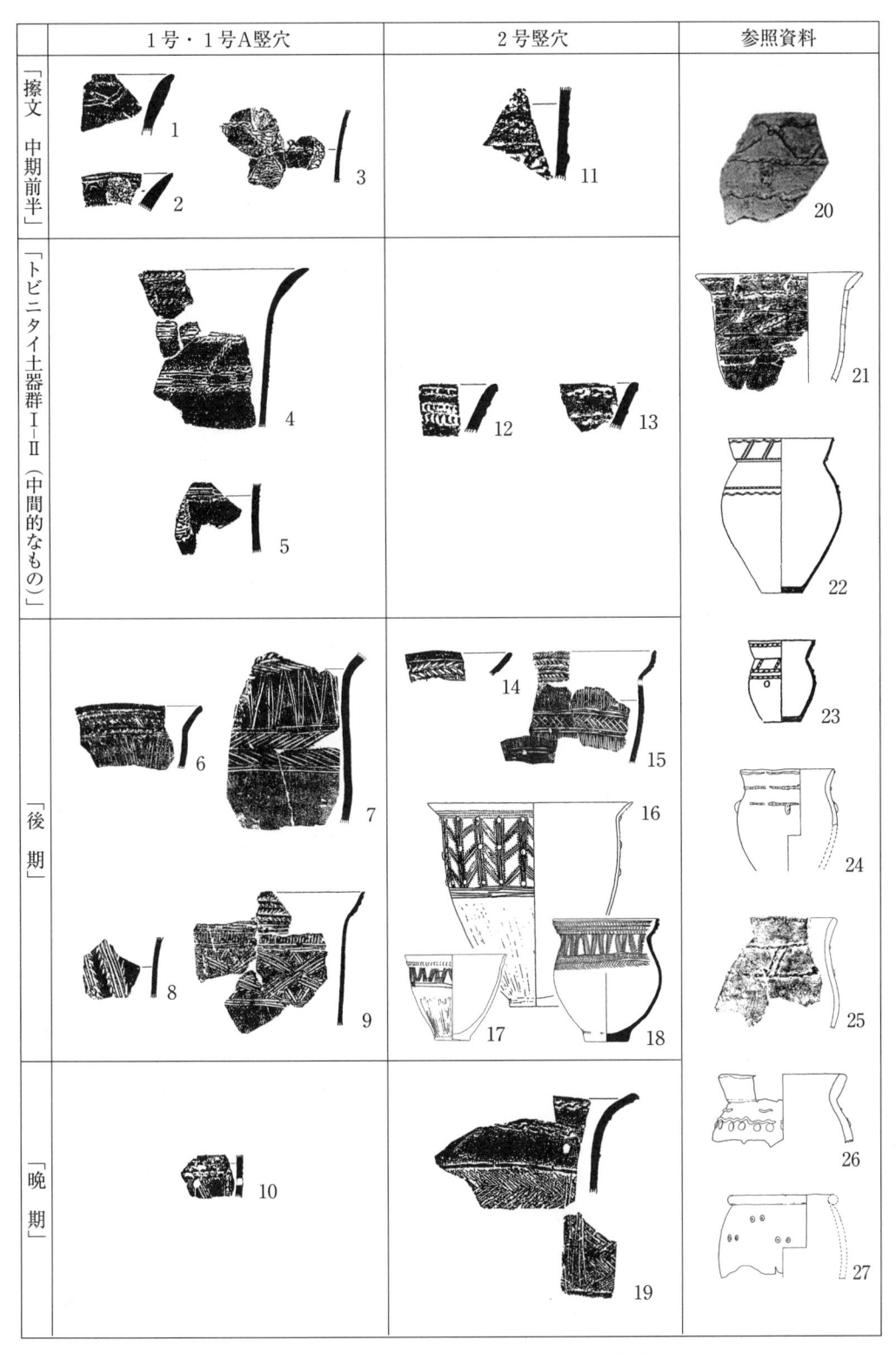

	1号・1号A竪穴	2号竪穴	参照資料
「擦文 中期前半」	1, 2, 3	11	20
「トビニタイ土器群Ⅰ-Ⅱ（中間的なもの）」	4, 5	12, 13	21, 22
「後 期」	6, 7, 8, 9	14, 15, 16, 17, 18	23, 24, 25
「晩 期」	10	19	26, 27

第123図　通説による下田ノ沢遺跡の編年案と参照資料

藤1972）にも確実に存在する。第120図20の計根別遺跡例であるが、これは周知された擦紋末期の標本例である。したがって10世紀前半の1・2例から、12〜13世紀の計根別例まで、4例を中継して拇指状の断面形を持つ土器が、通説では300年ほど存続することになる。

それでは、4例の胴部に見える「区切り斜線」(註4)に関してはどうであろうか。その類例は9世紀代とされるソーメン紋土器や、それに後続といわれるトビニタイ土器群Ⅱ（21）にも見られる。また、それより古い疑縄貼付紋土器にも確実に存在する。しかも、「古いもの」（25）から「中位のもの」（23）を経て、「新しいもの」（22）まで、連続的でスムーズな変遷がたどれる。それらは通説編年によると、ほぼ7〜8世紀代に比定される。

こうした編年観によると、革紐状の貼付線を用いた4例の「区切り斜線」は、どこから登場したと考えるのであろうか。遥か200〜300年前に盛行したこの紋様手法が、11世紀に「先祖返り」したと、はたして都合よく解釈できるであろうか。それとも「区切り斜線」の手法は、7・8世紀から11世紀まで一貫して存続した、と物証が無くとも想定するのであろうか。

この仮説を実例で見ると、「25→23→22→ソーメン紋土器（20）→トビニタイ土器群Ⅱ（21）」、という序列になる。この流れは型式学的に見た場合、何も問題は無いであろうか。この場合に、まず注意されるのは、紋様描線（貼付線・沈線など）の種類である。4・5例や12・13例のそれは、革紐状ないし疑縄風の貼付線である。それと同じものは、遥か昔の土器とされる22〜24例にも見える。古い土器の紋様描線やモチーフは、いかなる事情から、新しい土器に「先祖返り」的に採用されたのか。それがもし事実であれば、不可思議な現象と言うほかない。

そこで視点を変えて、今度は16例の胴部にあるポッチに注目したい。根室半島のオンネモト遺跡では、古い時期の竪穴から24〜27例のごとき土器群がまとまって発見されている。16例に酷似したポッチは27例にある。ドーナツ型の例（26）も一般的である。これらは疑縄貼付紋土器の「古い部分」〜「中位の部分」に比定される。16例と24・27例の年代は近いと想定されるから、ポッチ状の貼付紋の由来はスムーズにたどれる。

さらに、同時代の疑縄貼付紋土器の影響を受けて、擦紋土器の一部が土器変容を起こしたと考えれば、トビニタイ土器群Ⅰの10例や19例が、擦紋後期の土器と遺構内で伴出する、あるいは擬似的に「共伴」する事例があることも、ずいぶん理解し易くなるであろう。また双方の紋様描線が、大きな流れとして「擬縄貼付紋→ソーメン紋」の順序で移行した想定すれば、1〜3例や11例などのトビニタイ土器群Ⅱが、床面より上位の層から出土することも、合理的に説明できるように思われる。

そこで、口縁部断面の観察に戻ると、下田ノ沢遺跡の資料では、

（1）擦紋Ⅳに伴う4例（＝22）→
（2）擦紋Ⅴの一例（第120図19）→
（3）ポスト擦紋期の1〜3・11例（トビニタイ土器群Ⅱ（21）＝ソーメン紋土器1〜2：20）

という編年案が仮設される。

霧多布遺跡

下田ノ沢遺跡の編年案が、はたして妥当性を有するのかどうか。これから多くの遺跡で検証してみなければならない。そこでまず、最も近い位置に立地した霧多布遺跡(浜中町)に注目したい。

この遺跡は霧撒布半島に立地しており、貝塚を伴う。1964年に工事で破壊されているところを富永慶一氏が発見し、緊急に調査が行われた。根室半島から遥かに離れた遺跡でありながら、隠滅寸前のところで貴重なオホーツク式土器が採集され、逸早く報告されたことの意義は大きい。第124図の1〜9例がそれである。

報告によると、貝塚部分の層序は、表土と黄褐色の火山灰下に「貝塚層」があり、その下が褐色土(Ⅳ)・黒褐色土(Ⅴ)・黒色土(Ⅵ)、そしてローム層の順であったという。図示した遺物は、すべて貝層下の土層(Ⅳ〜Ⅵ)から出土したものである(富永1965)。

土器片は43点採集され、そのうち底部が5点ある。それらはすべて、「オホーツク式」と記載されている。掲載された資料は12点に止まる。紋様のあるものは、貼付浮紋と擬縄貼付紋が半ばしており、残念ながら層位との関係は把握できなかったという。12点の内訳は、擬縄貼付紋が5点、貼付浮紋が7点となっている。

それらを観察すると、大きく3群に分けられる。

(1) 粗雑な擬縄貼付紋を持つもの(1〜3)
(2) 整った擬縄貼付紋を持つもの(5)
(3) 直線や波線のソーメン状貼付紋を持つもの(6〜9)

いずれの土器も、貼り付けた粘土紐の断面は平坦で方形をなし、トビニタイ土器群Ⅱと共通している。底部は平底が多いが、上げ底もあるという。先に触れたように、上げ底はトビニタイ土器群Ⅱにも、また擦紋土器の末期にも見られる。

また、胎土は砂粒を混じ、焼成はあまり良くない。色調は、黒褐色ないし暗黒色が多い、と指摘されている。これは擦紋土器らしくない色合いである。この点でも霧多布遺跡の資料は、トビニタイ土器群Ⅱやオホーツク式土器に近いと言えよう。

さて、これら(1)〜(3)類に細分した資料は、年代的

第124図 霧多布遺跡のオホーツク式と参照資料

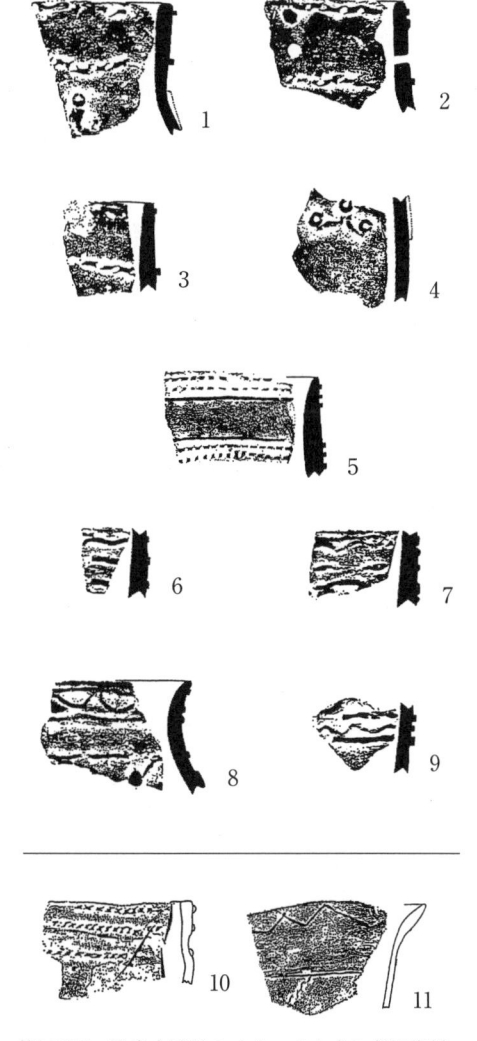

にどのような関係にあるのであろうか。(1)類の貼付紋は緩やかな波状をなし、それにヘラ状の工具で、「斜めに刻み目または垂直に刻み目を」施していると指摘されている（富永1965：83）。これは、やや古いタイプの擬縄貼付紋である。

いわゆるオホーツク式土器の編年においては、「擬縄貼付紋・皮紐状貼付紋→ソーメン紋」の序列が、モヨロ貝塚などの調査成果をもとにして、河野広道によってつとに指摘されている（河野1955）。今日、この編年案の正しさは常識に属している。そこで、モヨロ貝塚の層位事実（柳澤1999b：55-58）と霧多布遺跡の資料を対比すると、つぎのような編年が得られる。

(1) モヨロ貝塚の貝層下部
：霧多布(1)類土器（1～3）に先行する刻紋土器に後続するもの。これは擬縄貼付紋土器の「古い部分」に比定される。
(2) 霧多布(1)類（1～3）：擬縄貼付紋土器の「中位の部分」またはその直後に相当するもの。
(3) モヨロ貝塚の貝層上部：擬縄貼付紋土器の「新しい部分」＝霧多布(2)類（5）
(4) モヨロ貝塚の貝層上部：ソーメン紋土器2＝霧多布(3)類（6～9）

モヨロ貝塚の層序編年ついては、旧稿の記述（前出）に譲りたい。ここでの対比案は、主として型式学的な観点に基づいている。口縁部の粗雑な擬縄貼付紋（1～3）→整った細かい擬縄貼付紋（5）→ソーメン紋（6～9）、という貼付紋手法の変遷が、霧多布遺跡においても、「1～3→5→6～9」の流れとして、無理なくたどれるという捉え方である。このスムーズな流れが逆転することは、モヨロ貝塚や他遺跡の層位事実から見て、まず在り得ないことと思われる。

また、個々の資料の細部で注目されるのは、(2)類とした5例の断面形が拇指状を呈することである。これは(1)類には見当たらない。おそらく整った擬縄貼付紋とともに、(2)類の時期以降に入って、初めて登場したものと考えられる。

つぎに8例である。作りはやや不細工だが、ソーメン紋土器の一員と誰もが認めるものであろう。では、なぜ擦紋末期の土器のごとく、口縁部が大きく朝顔型に外反し、その断面形が軽く拇指状を呈するのであろうか。5例より新しいことは疑いないが、先行時期における擦紋土器との交流が推定されよう。

そこで他遺跡の資料を参照すると、栄浦第二遺跡（常呂町）の7号竪穴の2例が目に止まる。埋土中から色々な時期の土器に混じって、擬縄貼付紋の10例とトビニタイ土器群の11例が発見されている。時期的に共伴するという確証はない。しかしこの両者が、埋土中で伴出していることの意味は大きいと思われる。

(2)類とした5例と、栄浦第二遺跡の10例の時期差は小さいと思われる。仮に、10例と11例が同時期であると仮定すると、型式学的には、11例に後続してトビニタイ土器群Ⅱが登場した、と想定されることになる。これ対して通説の編年案では、11例の出自と編年上の位置について、はたして明解に説明できるであろうか。

第1節　トビニタイ・カリカリウス土器群の細分試案

以上の観察を踏まえると、霧多布遺跡の編年はつぎのようになる。

(1) 擬縄貼付紋土器の「中位の部分」に比定されるもの（1・2）
(2) 擬縄貼付紋を取り入れたトビニタイ土器群Ⅰ-Ⅱ（5）
　　≒栄浦第二遺跡7号竪穴の資料（10＝11）

さて、この霧多布遺跡編年を踏まえて、前節の下田ノ沢遺跡との関係を検討してみたい。**第125図**は、通説編年にしたがい下田ノ沢遺跡と霧多布遺跡の資料を対比したものである。

先に23例の土器について、擬縄貼付紋土器の「新しい部分」に対比した。常呂町のTK29（東京大学文学部考古学研究室編1972：32）では、それを傍証する貴重な土器が採集されている。18例と19例である。18例は、擬縄貼付紋土器の「新しい部分」、19例は、トビニタイ土器群の「中間的なもの」に該当するものであろう。口縁部は大きく外反し、その断面は軽く肥厚しているように見える。これは9例や24例に近い形態と認められる。

胴部に移ると、14例に酷似した擬縄貼付紋による幾何学的な紋様が施されている。非常に整った擬縄貼付紋であるが、23例のそれに似ている。つまり、18・19例と23例の擬縄貼付紋や口縁部の外反と断面形は、明らかに類似度が高いと観察される。これはなぜであろうか。

通説のオホーツク式編年では、「擬縄貼付紋土器→ソーメン紋土器」の変遷を認めるから、それに準じると、(1) 古い擬縄貼付紋土器（20〜22）→(2) 新しい擬縄貼付紋土器（18＝19＝23）、そして→(3) ソーメン紋土器（24〜26）の流れが想定される。型式学的に見れば、この変遷の序列は、どうしても逆転するとは考えにくい。通説では、口縁が外反する24例は擦紋Ⅱに、そして20〜21例の擬縄貼付紋は擦紋Ⅰに、それぞれ並行するものと考える。しかし、古い土師器を含む擦紋土器とオホーツク式が、ほんとうに接触したのであろうか。

この疑問を解く一つの手掛かりとして、下田ノ沢遺跡の10例に注目したい。その口縁部には、粗雑な2本の貼付線がめぐる。これは霧多布遺跡の20例によく似ている。色調や胎土も気になるが、外形的に類似することは疑えない。仮に両者を同時代として対比すると、霧多布遺跡と下田ノ沢遺跡の関係はどう捉えられるであろうか。

10例や11例は、トビニタイ土器群の「中間的なもの（Ⅰ-Ⅱ）」に比定される。12〜13例も、その仲間と思われる。宇田川氏の編年案（宇田川1988）では、これらは擦文「後期」に伴うとされる。15〜17例のトビニタイ土器群Ⅰは、遥か昔の擦文「中期」の前半に編年される。その貼付紋の断面は、一般に平坦で方形になるとされており、それが登場する時期は、右代説（右代1991）によると10世紀になる。

しかし霧多布遺跡の資料で、この編年観を検証すると、23例に見られるように通説より遥かに早く、8世紀に比定される土器群において貼付紋が扁平化し、口縁部の断面形が拇指状を呈することになる。これは実に不可思議な現象といえよう。そこで、通説の編年案を棚上げとして、つぎのような序列で編年案を見直せば、個々の資料を無理なく捉えられるであろう。

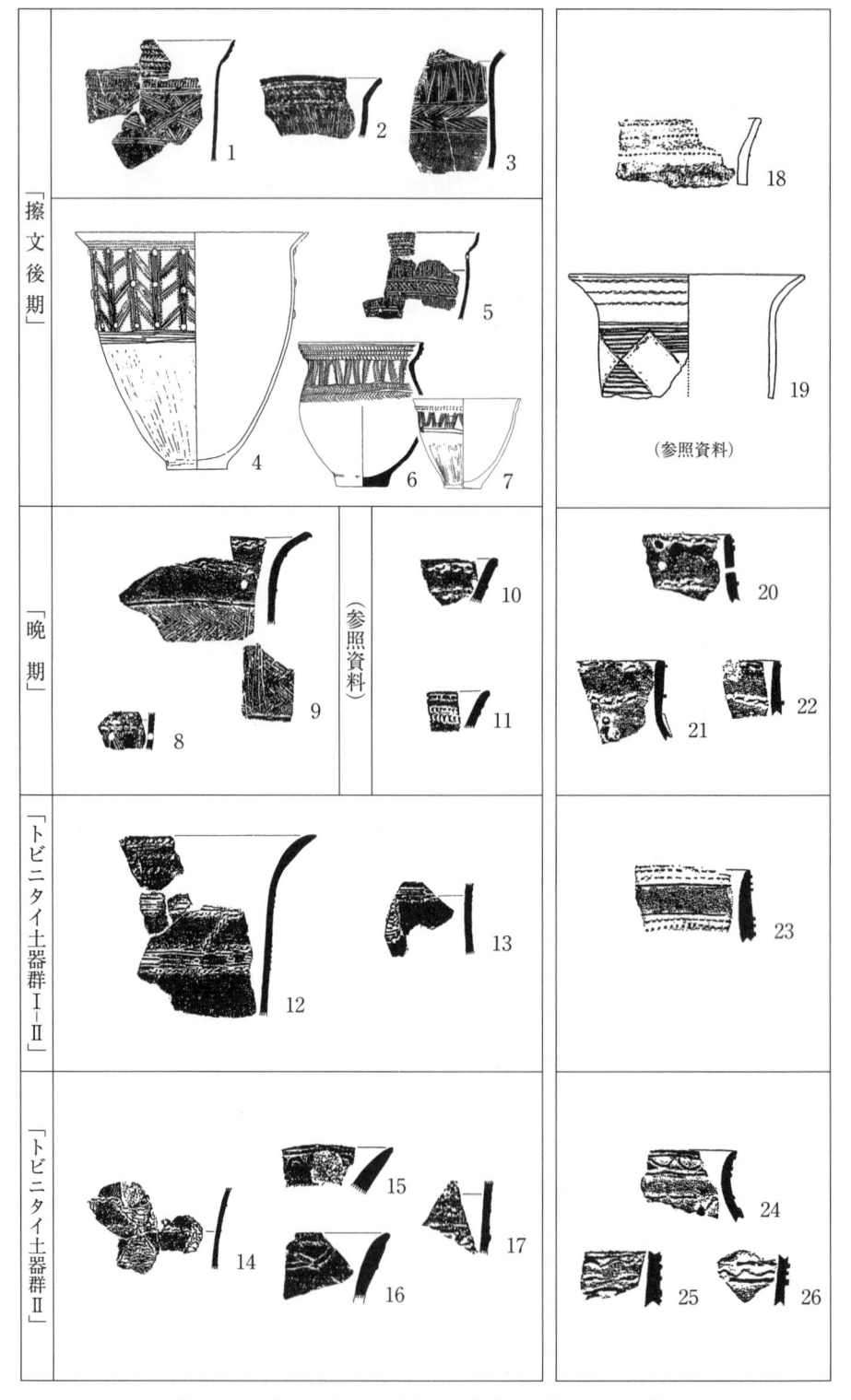

306　第4章　トビニタイ・カリカリウス土器群と擦紋末期土器の編年

第125図　下田ノ沢遺跡と霧多布・常呂TK73遺跡の参照資料

(1)　擦紋Ⅳ(中)の新しい時期（4・7）とトビニタイ土器群Ⅰ（8・9）
　　　＝霧多布遺跡（「古い部分」：20～22）
　(2)　擦紋土器Ⅳ（「新しい部分」）・Ⅴ＝擬縄貼付紋土器（新：18）＝トビニタイ土器群Ⅰ-Ⅱ（19）
　　　＝霧多布遺跡（「中位の部分」：23）
　(3)　トビニタイ土器群Ⅱ（15～17）
　　　＝霧多布遺跡（「新しい部分」：24～26）

　この編年観によると、第125図に示した諸資料は、擦紋末期からポスト擦紋期にかけて、異系統土器の接触と交流を通じて登場することになる。そして擦紋土器は、トビニタイ土器群Ⅱやソーメン紋土器より先に消滅するという見通しが妥当であると想定する。それでは、この対比編年案が、はたして他地域でも通用するかどうか、観察のフイールドを移して考えてみたい。

2）西別川流域と根室半島の編年

浜別海遺跡

　この遺跡は、別海町を南流する西別川の右岸にある小丘に立地している。北地文化研究会の手で1971年に20軒の竪穴が発掘され、翌72年に精細な報告書が刊行された（北構・岩崎編1972）。

　それによると、5件の竪穴から擦紋土器に混じってトビニタイ土器群が出土している。その大半は小破片であり、擦紋土器との関係は明確に捉えられていない。**第126図**は4号竪穴の資料である。1例から8例まで、いずれも埋土から出土している。その位置も、南東側（1・3・4）、西南側（6・8）、北西側（7）、炭化物層上の溝（2）などに散在している。したがって、同時に遺棄されたものかどうかは疑わしい。ただし型式学的には、ごく近い関係にあると思われる。擦紋Ⅳ$_6$前後に収まるであろう。

　これに対して、9～12例のトビニタイ土器群ⅠとⅠ-Ⅱも発見されている。やはり埋土中から出土している。これらは下田ノ沢遺跡とは、やや異なる特徴が見られる。たとえば10例の格子目紋や、8例に見える菱形紋？などである。下田ノ沢遺跡では、これらは貝層や包含層で発見されており、竪穴から出土していない。したがって「地点差」が認められる。これは一見、些細な相違点に思えるが、いずれの遺跡においても、トビニタイ土器群の「伴出」と「共伴」を弁別する際に、予め留意しておきたい点である。

　さて、以上の資料より上部の層から、13・14例のトビニタイ土器群Ⅱが発見されている。したがって層位的には、
　(1)　擦紋土器（1～8）・トビニタイ土器群Ⅰ-Ⅱ（9～12）
　(2)　トビニタイ土器群Ⅱ（13・14）
という序列が想定できる。この出土状況は、下田ノ沢遺跡の「1号竪穴→1号A竪穴」における、トビニタイ土器群Ⅰ-Ⅱの出土状況（第125図12～14）や、トビニタイ土器群Ⅱの混在状態（同図

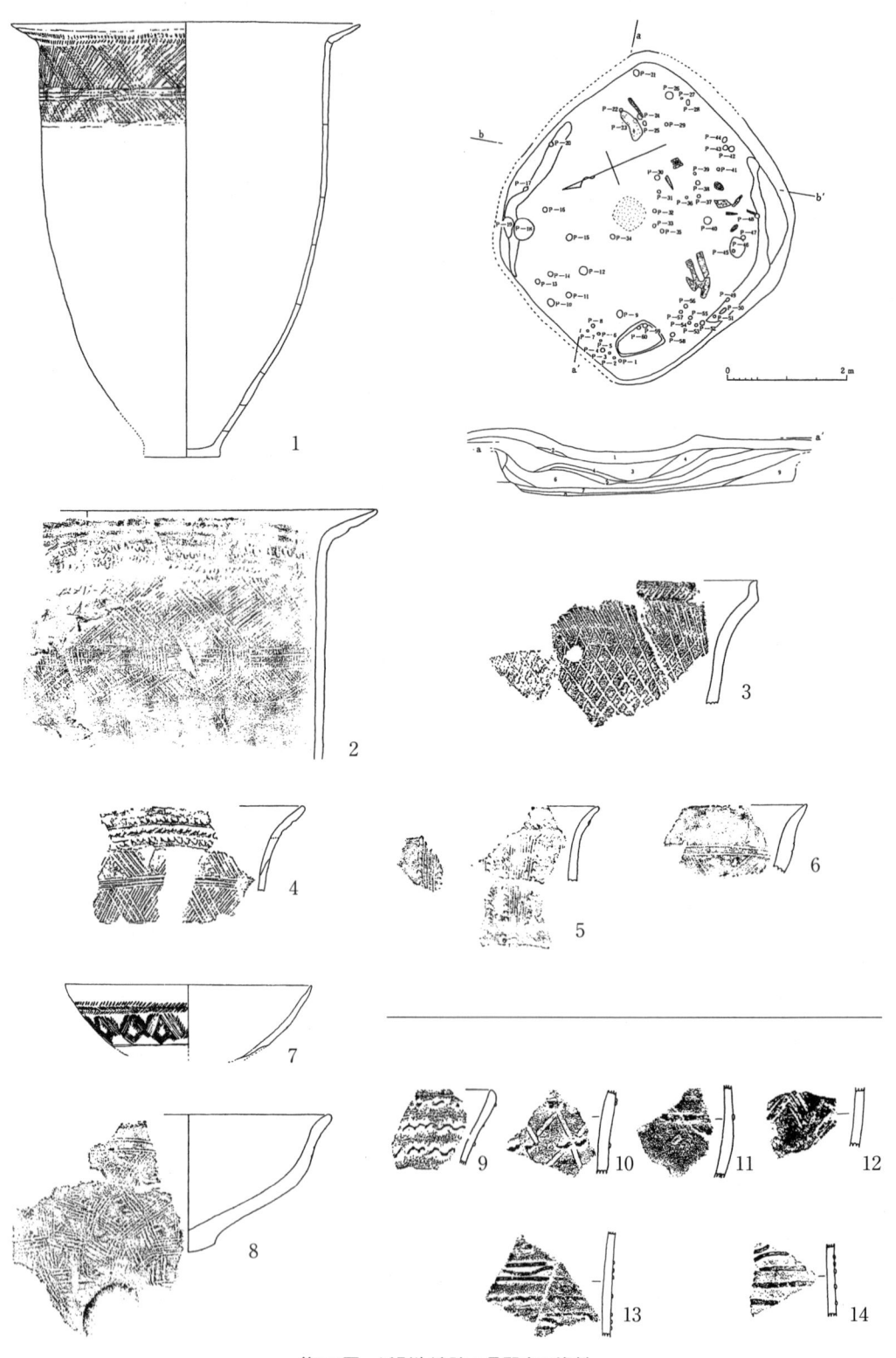

308　第4章　トビニタイ・カリカリウス土器群と擦紋末期土器の編年

第126図　浜別海遺跡4号竪穴の資料

15・16）を想起させる。零細な資料ではあるが、13・14例の出土状態は、通説の編年を見直すうえで、注目すべき実例といえよう。

つぎに第127図の資料に移りたい。上から３号・２号・９号・10号の順に、各竪穴から出土した資料を示している。擦紋土器はほぼⅣ$_{6〜8}$に比定され、伴出したトビニタイ土器群Ⅰもよく似ている。多条線の粗雑な菱形紋（２・３，13）や、単線の格子目紋（15）などの要素が注意される。また、胴部に粗雑な２本の疑縄貼付紋を施し、その中に波状の疑縄貼付紋を加える例もある（10）。さらに、その下に大波状の疑縄貼付線を付け、斜刻線を施す例もある（14・16）。９号の場合は、この大波状の貼付紋に斜刻線が伴わない。しかし、トビニタイ土器群Ⅰ－Ⅱの９例では、それが伴っている。２号のトビニタイ土器群は小片でよく分からないが、おそらくⅠ－Ⅱの仲間であろう。４・５例の擦紋土器はⅣ$_8$前後に比定されるが、６・７例が伴うのかどうかは判然としない。

このように竪穴の資料を比べると、どのトビニタイ土器群に、どの擦紋土器が本来「共伴」するのか、分からなくなる。トビニタイ土器群のⅠもⅠ－Ⅱも、それぞれ擦紋土器と伴出しているから、宇田川編年を適用して、擦文「後期」と「晩期」に截然と分けることは、頗る困難に思われる。周知された須藤遺跡の「共伴」とされる多くの事例とは、やや異なる様相を示している点が注目される。

また、下田ノ沢遺跡の重複した１号竪穴とも、出土土器の内容には微妙な差異が認められる。はたして、それはどのように考えればよいのか。擦紋Ⅳ(中)でも新しい時期から、トビニタイ土器群Ⅰが伴うようになるのか。また、ほぼ同時にトビニタイ土器群Ⅰ－Ⅱも登場するのか。各資料の出土状況からは、いずれとも判断しかねるように思われる。

仮に時期的に伴うものか、あるいは近接した時期と見做すならば、宇田川・右代両氏の擦紋土器・トビニタイ土器群の編年案は、再検討が求められることになろう。特に４号竪穴において、「擦紋Ⅳ」と「トビニタイ土器群Ⅰ」より上位層から、「トビニタイ土器群Ⅱ」（第126図13・14）が出土していることは、霧多布・下田ノ沢遺跡の層位的な出土状況を勘案すると、きわめて重要な事実を示すと考えねばないであろう。

東梅遺跡（温根沼第三遺跡）

浜別海遺跡から南へ、根室半島の付け根まで下ると、東梅遺跡に到達する。この遺跡を大場利夫が発掘したのは1954年であるから、ずいぶん昔になる。温根沼に面した台地の縁辺部に10数基の配石遺構群があり、そのうちの３基が調査された。正式の報告はなく、簡単な概報と若干の土器片が公表されている（大場・児玉1958）。

第128図の２例は、大場が「融合型式」と呼んだ最も古い資料である（大場・児玉1958）。後に石附喜三男が提出した「融合形式」論（石附1969）は、伊茶仁遺跡Ｂ地点資料の他に、大場が東梅遺跡例と共に紹介した計根別遺跡の資料（４）も参照して議論されている。僅か１点とはいえ、２例が持つ学史上の意味は大きいといえよう。

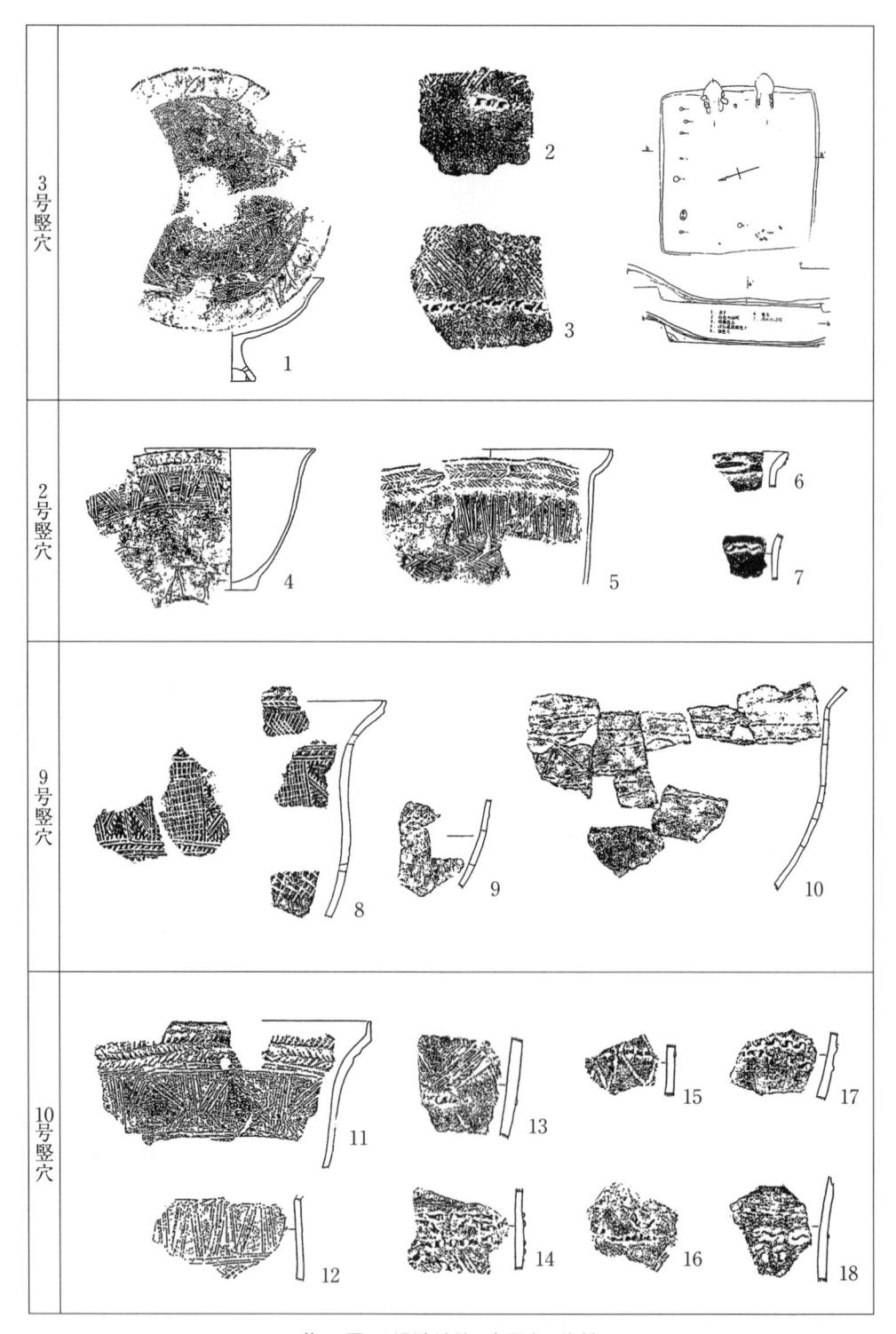

310　第4章　トビニタイ・カリカリウス土器群と擦紋末期土器の編年

第127図　浜別海遺跡の各竪穴の資料

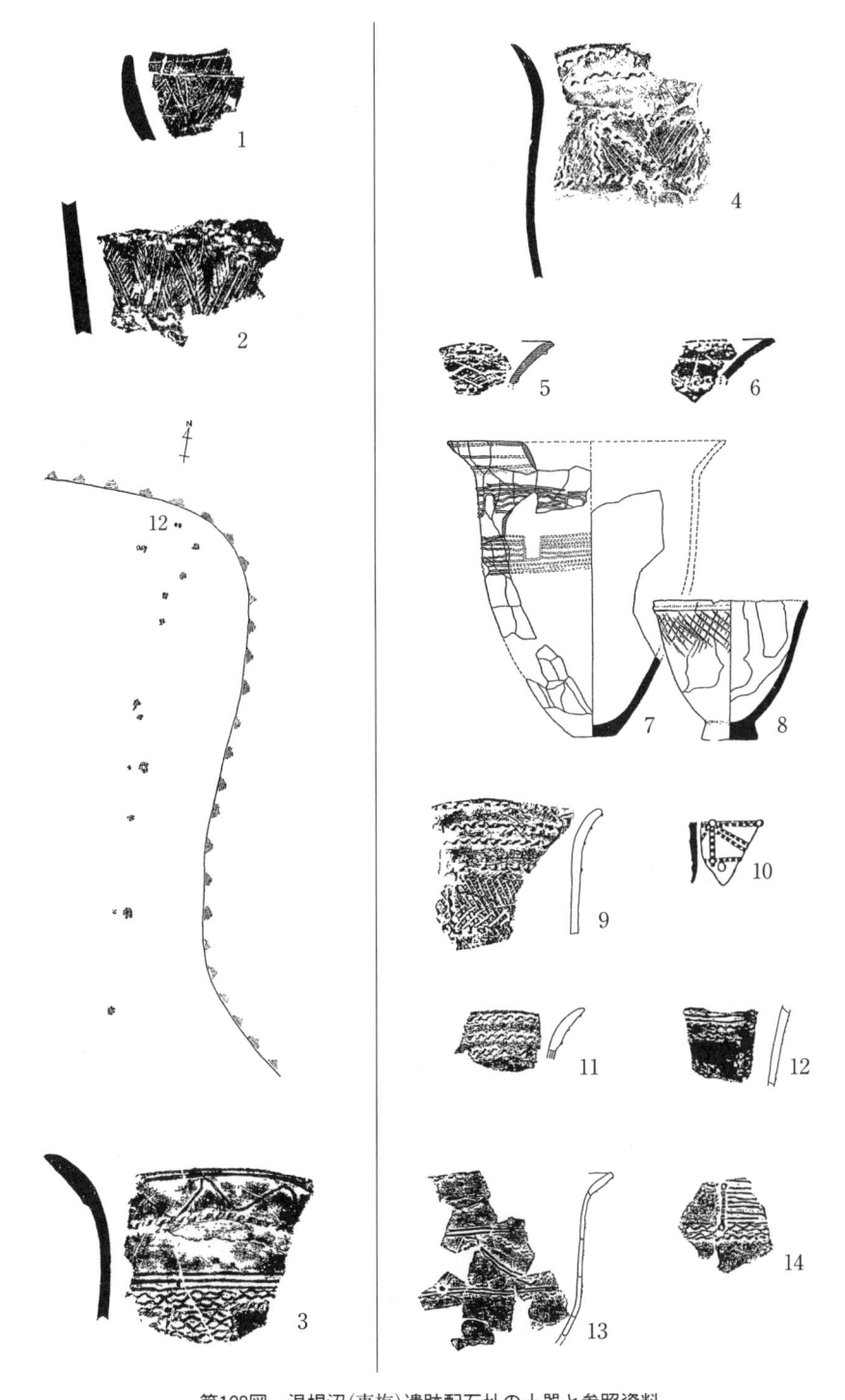

第1節　トビニタイ・カリカリウス土器群の細分試案　311

第128図　温根沼(東梅)遺跡配石址の土器と参照資料
（1〜3：東梅　4：計根別　5〜8：ルサ　9：オンネトー　10：モヨロ貝塚　11・12：オタフク岩洞窟　13：ピラガ丘Ⅲ　14：テンネル）

この遺跡で、まず注目されるのは、何といっても、オホーツク式系の列状配石址から、1・2例のごとき擦紋末期の土器とトビニタイ土器群Ⅱが出土していることである。具体的に資料を観察してみよう。3例の貼付紋の扱い方や口縁部の紋様などは、トビニタイ土器群Ⅱに近いと思われる。菊池徹夫氏は「中間的なもの」に分類している(菊地1972)。胴部の凸字状をなすモチーフに着目しての判断と思われるが、トビニタイ土器群Ⅱに含めた方が、前後の続き具合はスムーズたどれるように思われる。

その点はともかく、通説の編年によると、3例は、擦紋Ⅲの影響を受けているはずである。しかしながら配石址から出土した土器は、量的に少ないものの、なぜか擦紋末期に限られる。その理由は何であろうか。

概報には必ずしも明記されていないが、2例は北端(12号)から、3例は中央(4号?)、1例は南部(2号)から出土しているようである。このうち1・2例は、佐藤達夫の「擦紋Ⅴ」(佐藤1972)に比定される。宇田川編年によると、両例は12～13世紀に位置するという。これに対して、同じ配石址から出土した3例は、遥か昔の10世紀頃に比定される。この間、300年余にわたって、東梅遺跡では、配石墓の墓制が連綿と維持され、また土器製作では、貼付紋の使用が途切れることなく存続したことになる(3例→2例)。

そのような奇妙な文化現象が、はたして根室半島の一角で実際に見られたのであろうか。そこで、右列の資料を参照したい。4例は、先に触れた計根別遺跡の資料である。2例と酷似しており、擦紋Ⅴに比定される。両者が年代的に近いことは疑いない。4例には髭状の刻線がない。2例に見える鋸歯紋は、波状の貼付紋に置換されている。さらに、この鋸歯紋を分割する縦の波線が加えられており、浜別海例(第127図14・16)に見える粗雑な刻線も施されている(第127図14・16)。型式学的に見ると、4例は、浜別海例よりは新しい時期に属するものであろう。

この4例に類似した鋸歯状の紋様は、トビニタイ土器群Ⅱにも存在する。13例である。これは斜里町のピラガ丘遺跡(第Ⅲ地点)の資料である。2本の水平貼付紋で画された幅広い紋様帯には、鋸歯紋風の大波状紋が施されている。これも2本の貼付線で構成される。大波状紋の間には、1本の波状線が斜めに加えられ、水平線の上下にも波状線が施されている。

通説によれば、このような紋様構成は擦紋Ⅲとの接触によって、藤本「e群」(藤本1966)のソーメン紋土器を母体として誕生したはずである。しかし、この見方は成立するのであろうか。型式学的に見れば、4例の仲間から13例が登場したと考えた方が、遥かに合理的であると思われる。すなわち、擦紋Ⅴの2例から4例へ、そして13例へと、きわめてスムーズな変遷がたどれる。

それでは、東梅遺跡の3例の口縁部に見える、大振りな大波状紋はどう理解すればよいであろうか。知床半島の資料を参照すると、それも容易に説明できる。旧稿でも引用したが、ルサ遺跡の2号竪穴から5・6例や7例が出土している。7例は、トビニタイ土器群Ⅰ-Ⅱの標本例である(菊池1972)。胴部には、凸凹の矩形モチーフが対向するように施されている。その類例は、オタフク岩洞窟にもある(11+12)。根室半島のテンネル遺跡には、凸凹の矩形モチーフを分割し、バンド・ソーメン紋を多用した14例のごとき資料がある。これは新しい時期に属すものである。

この胴部紋様を分割する手法は、なぜか擦紋末期の格子目紋を充填したトビニタイ土器群Ⅰ-Ⅱの9例にも見られる。型式学的に見ると、7例と9例や12例はごく近い関係にあると思われる。それにバンド状のネット・ソーメン紋を持つ14例は、これらに後続し、最も新しい段階に比定されるものである。ネット状のソーメン紋は3例にも見られる。その口縁部の鋸歯紋は、5・6例のそれに由来し、また13例の胴部の大波状貼付紋は、4例に出自がたどれる。

　さらに型式学的に見ると、「3・13・14→2・4～7」という倒序型の編年案はとうてい成立し得ないから、正しい序列は、「7→12→14」となり、13例と凸凹の矩形対向紋の痕跡が見える3例が、12例と14例の間に収まると想定される。

　したがってこの推論によれば、3例と13例は、トビニタイ土器群Ⅱでも最古の段階に比定されることになる。そして配石墓群は、「擦紋Ⅴ」からトビニタイ土器群Ⅱの時期にかけて、代々、継続的に営まれたと結論される。したがって異文化との接触は、根室半島の基部においては、この時期に最も盛んに行われたと推定される[註5]。

弁天島貝塚

　この貝塚は根室半島の島に位置しており、河野常吉が戦前に発掘している。宇田川氏が公表した資料の中には、非常に興味深いものがある（宇田川編1981）。その中から代表的と思われる資料を、年代順に配列してみた（第129図）。1・2例は刻紋土器、8～10例はソーメン紋土器である。6例の口縁部には粗雑な疑縄貼付紋が、そして頸部には、波状のソーメン紋が施されている。

　さて、先にも言及した1947年のモヨロ貝塚の調査成果によれば、その貝塚地点では、

(1)　12（砂層：刻紋土器）
(2)　22（貝層：疑縄貼付紋土器）
(3)　27（貝層上部：ソーメン紋土器）

という、明瞭な層位的な事実が認められている。これを踏まえると弁天島貝塚の資料では、「1・2→6→8～10」という変遷序列が得られる。

　また、オンネモト遺跡のⅠ号竪穴では、口縁部の紋様が未発達な土器群がまとまって発見されている。15・17・19・20例である。その類例はモヨロ貝塚においても、土壙（16・18）や10号竪穴の床面（骨塚と推定される）上から発見されている。後者は13例に当たる。この土器を佐藤達夫は、床面上のソーメン紋土器よりも、「古かるべきもの」として正確に弁別し、重複したトコロチャシ遺跡1号竪穴の新旧資料についても、つとに言及している。つまり「13→24→26」の編年序列は、早くも1960年代に想定されていたわけである（佐藤1964b、柳澤1999b：58-60）。

　一方、オンネモト遺跡では、ソーメン紋土器はⅡ号竪穴の床面上からまとまって出土しており、15・17・19・20例を出土したⅠ号竪穴には明らかに乏しい（国分直一ほか1974）。13例を「古かるべきもの」と判断した佐藤の先進的な見解は、オンネモト遺跡で早くも竪穴の「地点差」による証明を得ていたと言えよう。それに基づくと、13例は11・12例より新しく、21・22例や23～27例よりは古いと考えることができる。

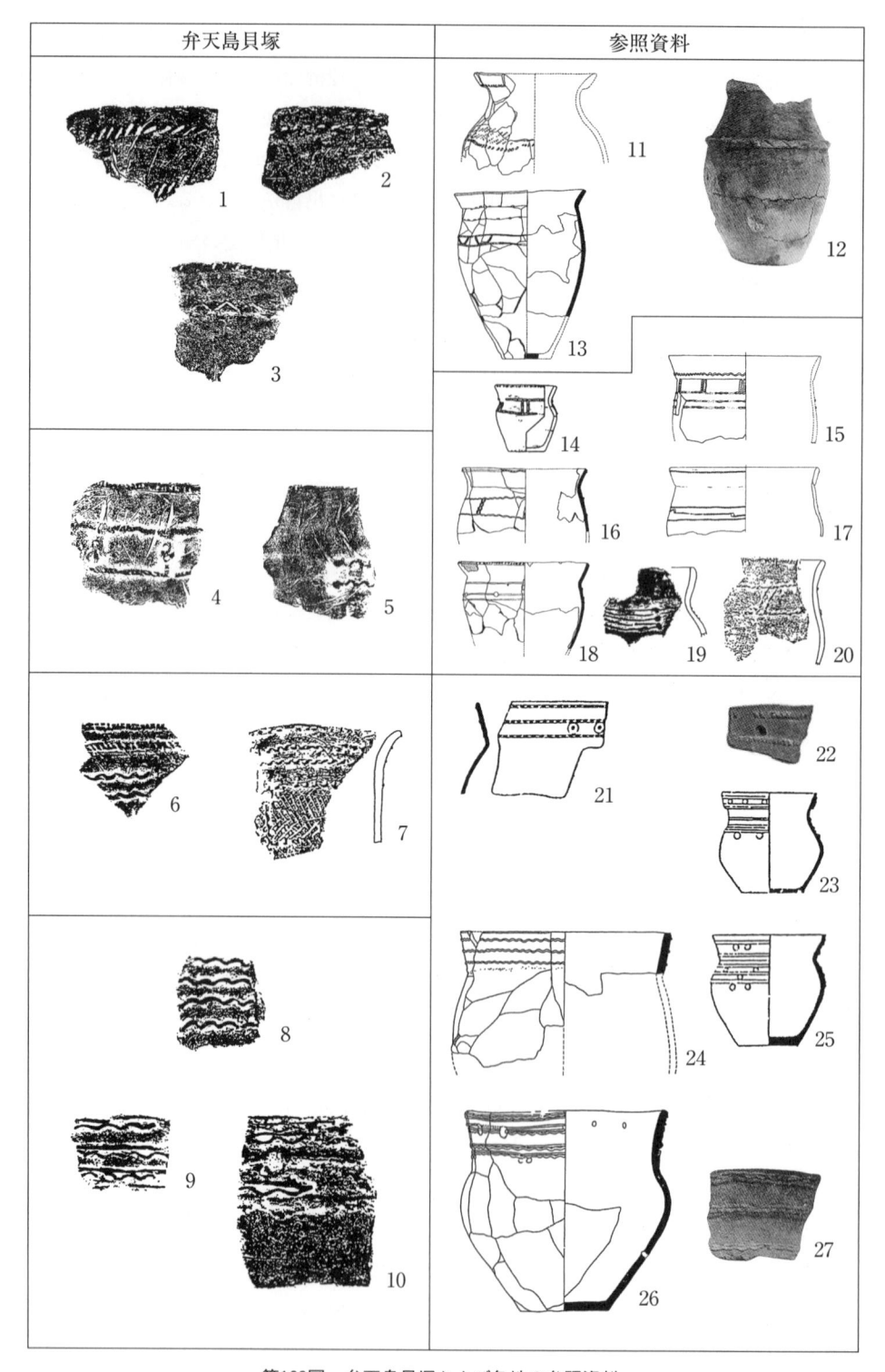

314　第4章　トビニタイ・カリカリウス土器群と擦紋末期土器の編年

第129図　弁天島貝塚および各地の参照資料
（1〜10：弁天島貝塚　11〜13・16・18・21〜27：モヨロ貝塚　14：目梨泊　15・17・19・20：オンネモト）

第1節　トビニタイ・カリカリウス土器群の細分試案　315

　それでは、以上の見方を踏まえて、弁天島貝塚の資料を少し観察してみよう。拓本がやや不鮮明であるが、3例の口縁部には疎らな刻紋があるように見える。それは4例にも、そして5例にも刻み目として施されていると思われる。類似の装飾は14・18例や20例にもある。3例の口縁部の下には、「∧」形の刻紋が加えられており、13例にもその痕跡が残っているように見える。

　また4例と5例の胴部のモチーフには、小さなボタン状の貼付紋と、それを中継する貼付線（以下、「ボタン連繋貼付紋」）が施されている。これに類似したモチーフは、モヨロ貝塚（18）やオンネモト遺跡（17）にもある。水平な貼付紋を縦位か、または斜位に分割する貼付線（「区切り垂線」）は、4例のほかに目梨泊遺跡（14）やモヨロ貝塚（16）、オンネモト遺跡（11・20）などの実例があげられる。

　このように広域的に観察すると、3～5例は、1・2例と6例のちょうど中間に収まる土器群と認められよう。刻紋土器（1・2）よりは新しく、ソーメン紋土器（8～10）よりも古い、未発達な疑縄貼付紋を胴部に用いる、一系統の変遷を示す土器群である。これらは13例などと並行しつつ、刻紋土器の末期から擬縄貼付紋土器の「古い部分」に跨ると思われる。21例や22例のごとき、新しい疑縄貼付紋土器よりは、確実に先行するものと捉えておきたい。口縁部には刻紋に似た刻み目が施されており、ある意味で「続刻紋土器」とでも呼ぶべき特徴を有している。

　この手の土器群は、オンネモト遺跡や目梨泊遺跡の他には、まだまとまった資料に乏しい。したがって、その成立とその後の変遷については、これまでほとんど議論されていない。旧稿の記述（柳澤2002：121-124）を踏まえ、**第130図**の資料を用いて予察的に検討してみたい。

　1～3例は、先に刻紋土器の末期～疑縄貼付紋土器(古)に比定した資料である。4例は、栄浦第二遺跡から出土した、やや新しい時期（「中位の部分」）に属す類例である。やはり胴部にはボタンを連繋した貼付紋が施されている。5～9例は浜別海遺跡の擦紋土器で、$Ⅳ_{6～7}$位に比定される。15～21例は、これと伴出したトビニタイ土器群Ⅰ・Ⅰ-Ⅱである。24～27例はトビニタイ土器群Ⅱである。

　通説の編年案では、擦紋Ⅲ期にトビニタイ土器群Ⅱの26～27例が登場し、擦紋Ⅳの後半になると、19例や21例などの「中間的なもの」に変わる。そして「晩期」になると15～18例へ変貌するが、最終的には擦紋土器に吸収され、消滅したと説明される（宇田川1988：224-228）。

　はたしてそうであろうか。私見によれば、オホーツク式の1～4例は、1例→2例→3例→4例の順に変化する。そして、4例とその類例の胴部紋様は、擦紋Ⅳ（中）末以降に14例のごとき窓枠状、または凸状に矩形紋化され、その内部には多数の貼付線を施すようになる。トビニタイ土器群Ⅰ-Ⅱの誕生である。それ以後は、先に触れた23例の類例を経由して、28例のごときトビニタイ土器群Ⅱへスムーズな変遷を遂げると考えられる。

　さて別の資料にも注目したい。14例は、嘉多山3遺跡(斜里町)3号竪穴の資料である。竪穴内から擦紋Ⅳ(中～新)の土器に伴って発見されている（和田・米村1993）(註6)。また常呂川河口遺跡(常呂町)では、51号竪穴の東南壁の上部から、窓枠紋を持つトビニタイ土器群Ⅰ-Ⅱが出土している（武田2003）。12例である。東南壁の上面からは、擦紋$Ⅳ_7$前後の13例が出土しており、これと近い

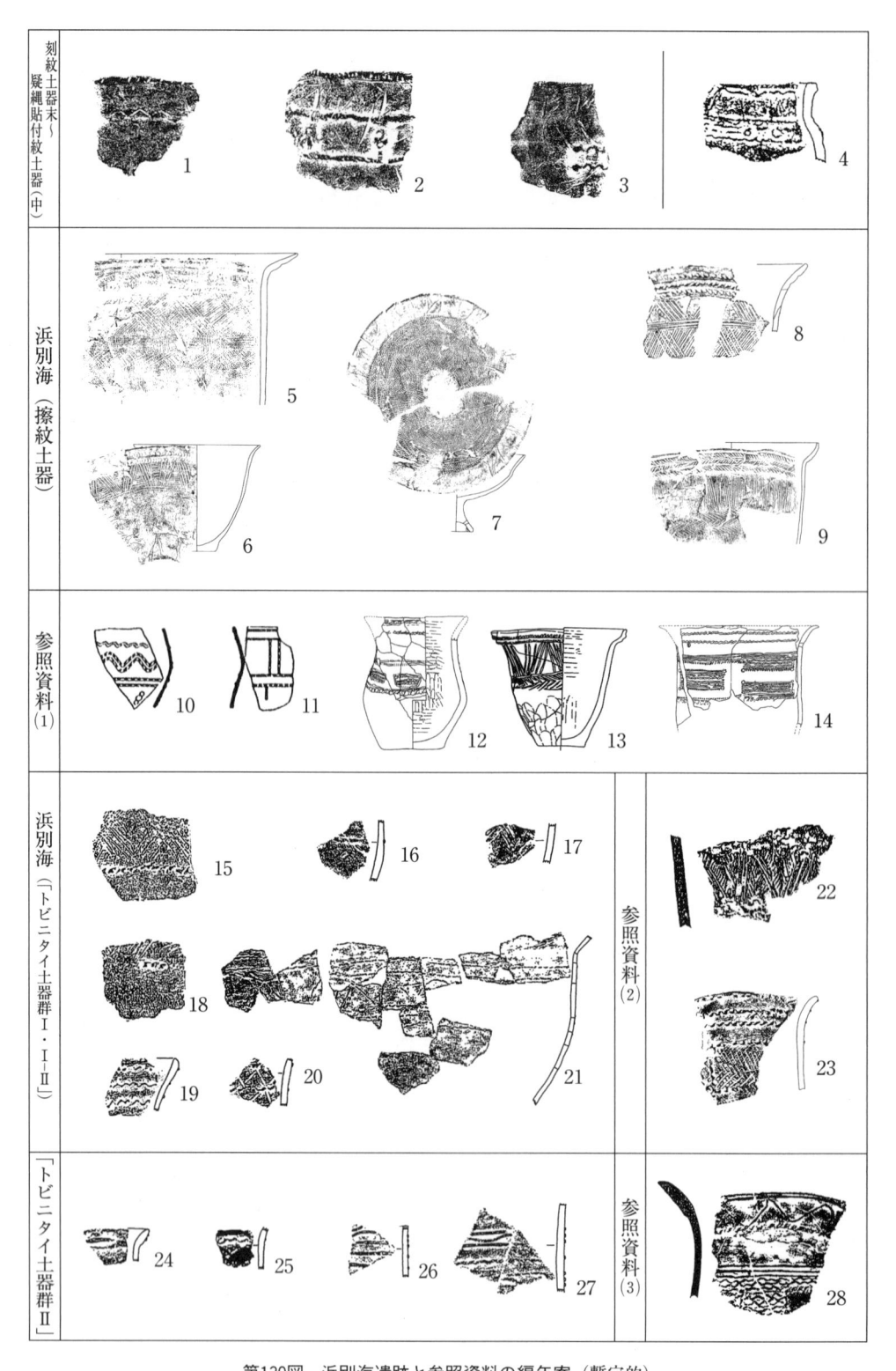

第130図　浜別海遺跡と参照資料の編年案（暫定的）
（4：栄浦第二　10・11：モヨロ貝塚　12・13：常呂川河口　14：喜多山3　他：既出）

時期に属す可能性が想定される。これは浜別海遺跡の5〜9例よりも新しい時期に属すものであろう。

このように観察すると、口縁部に刻紋を残す1・2例は、やがて3・4例へと変化し、それから12・14例などの、口縁部に粗雑な貼付線を有するトビニタイ土器群Ⅰ-Ⅱが登場する。一方、擦紋土器の側でも、トビニタイ土器群Ⅰ-Ⅱの影響を受けて土器変容を起こし、15〜18例などの「変異型の擦紋土器」（変異擦紋土器）が新たに登場したと想定される。

また、14例やモヨロ貝塚の10・11例のように、オホーツク系の胴部モチーフを採用したトビニタイ土器群Ⅰ-Ⅱも、21例や23例などを経由して、26〜28例のごときトビニタイ土器群Ⅱとして、擦紋土器の消滅後に道東部の広い範囲で一斉に登場したと推察される。

他遺跡の資料を参照し、浜別海遺跡と弁天島貝塚の資料を比べると、以上のような編年案が仮設される。このような見通しが、はたして妥当であるのかどうか。今度は、伊茶仁川流域へ移動して検証してみたい。

3）伊茶仁川流域の編年

伊茶仁B遺跡

標津町の伊茶仁川流域の遺跡群は広大であり、数千に及ぶ竪穴が確認されている。その一部は、史跡伊茶仁カリカリウス遺跡群として保存され、一般に公開されている。伊茶仁B遺跡は、その史跡指定に先立ち、浜別海遺跡に続いて北地文化研究会の手で1971年に発掘された。概報と本報告、その後の論文において石附喜三男は、土器類や竪穴の形態、上げ土などの細かな観察に基づいて、擦文文化とオホーツク文化の融合現象を詳細に論じている（石附1972、石附・北溝編1973：53-62）。

石附の説によれば、擦文末期の土器とオホーツク式土器（ソーメン紋土器）はほぼ並行し、前者が最後まで存続して後者を融合し、吸収したと考えられるという。この編年観は、1970〜1980年代に、ピラガ丘・二ツ岩両遺跡の新資料が公表されるまで広く支持されていたが、いまでは学史上に「忘失」されている。しかし、貼付紋系土器と擦紋土器の並行関係を推論した点は的を射ており、それは評価されるべきであろう。

以下、資料の観察に入りたい。第131図に示した資料は、10・6・8・7号の各竪穴から出土したものである。いずれも擦紋土器に対して、トビニタイ土器群Ⅰやトビニタイ土器群Ⅰ-Ⅱが様々な比率で伴っている。床面上から完形土器がセットで出土しているわけではないが、各々を分析すると、年代的には近いものに限定されていることが分かる。

それでも、10号の1〜4例や6号の13〜14例、および8号の23例と7号の28〜31例を比べると、明らかに新旧の差が認められる。28・29例の矢羽状の刻線は、末期の擦紋土器に特有のものであって、前3者より新しいことは疑いない。したがって擦紋土器では、「10・6・8号→7号」の序列が想定される。

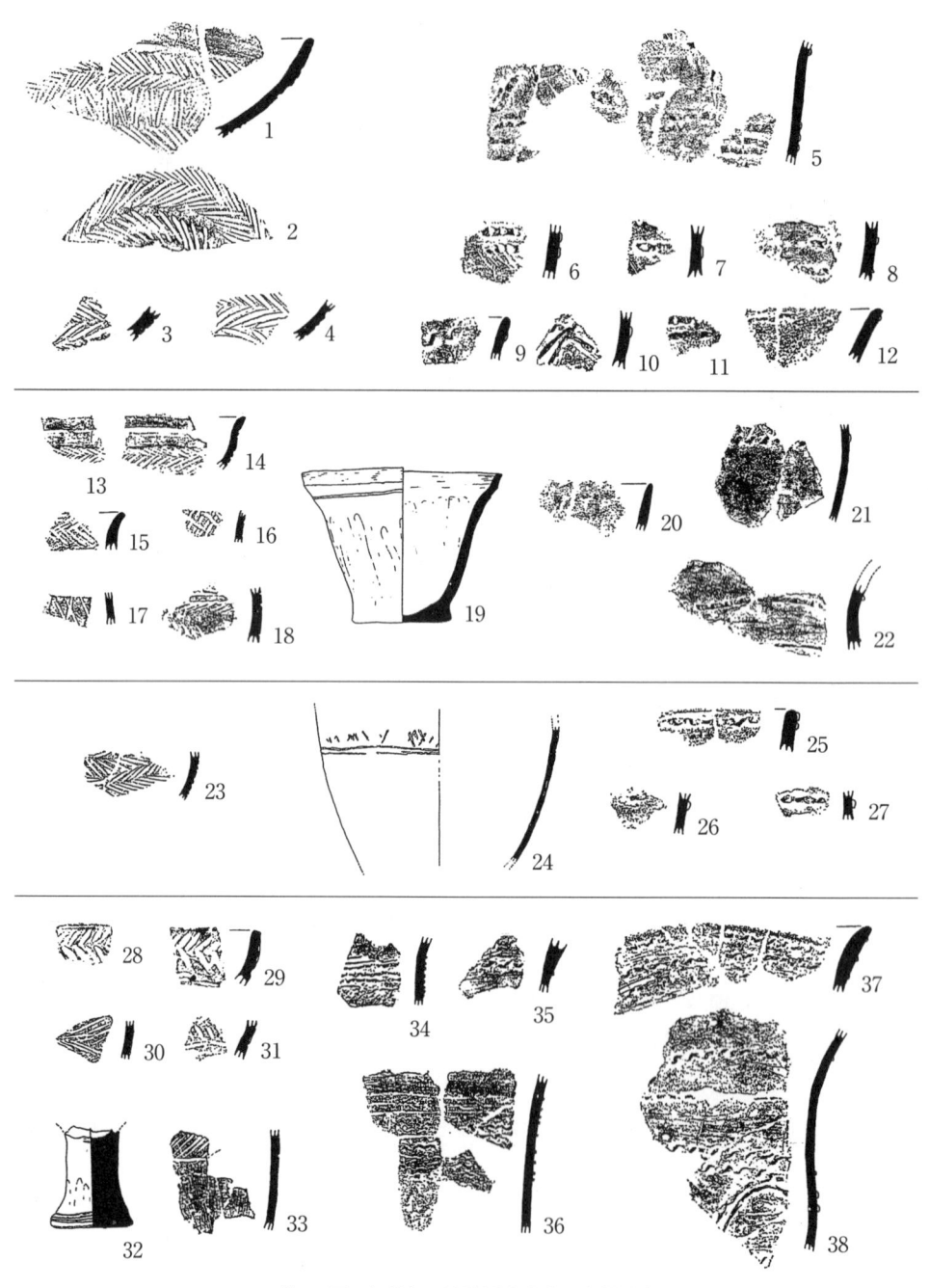

318　第4章　トビニタイ・カリカリウス土器群と擦紋末期土器の編年

第131図　伊茶仁Ｂ遺跡竪穴出土の資料 (1)
（1～12：10号　13～22：6号　23～27：8号　28～28：7号）

　つぎにトビニタイ土器群Ｉをみると、断面の平らな貼付線に刻線やなぞり沈線を施すものとしては、10号の6・7・10例と6号の22例、それに7号の38例が挙げられる。8号には見当たらないが、これは偶然の可能性が高い。おそらく伊茶仁周辺の擦紋末期の竪穴では、貼付紋と刻線を併用した土器がごく一般的に伴うのであろう。

第１節　トビニタイ・カリカリウス土器群の細分試案　319

　ただし、10・6号と「擦紋Ⅴ」(佐藤1972)に比定される7号の土器では、紋様の特徴が少し異なるように思える。すなわち貼付紋の構成や精粗の違いから、「5→37・38」への変遷が想定される。これは先の擦紋土器の観察と矛盾しない。
　それでは、20～22例や24～27例(トビニタイ土器群Ⅰ)などは、擦紋土器と「共伴」すると認められるであろうか。24～27例は、下田ノ沢遺跡や霧多布遺跡の疑縄貼付紋土器(第125図10，20・21)例に類似ており、両者の年代の近さを暗示している。しかし、それと伴出した擦紋土器は、明らかに新旧差がある23例と24例である。24例は型式学的に見ると、1～4（＝23）よりも新しいと考えられる。したがって7号竪穴では、24～27例に対して、古い23例が混在している可能性が高いことになる。
　そのとおりならば、8号竪穴で主体を占める時期は、7号の28～38例ときわめて近いと考えられよう。この結果、各竪穴の相対的な序列は、「10・6号→8・7号」と推定されることになる。
　そこで、あらためて報告書を参照すると、6・7・8号の竪穴には、炉址が2ケ所あると指摘されており、竪穴が再利用された可能性が指摘されている(註7)。いずれも石囲炉である。この点に留意して考えると、6号の13～19例と20～22例も同時期かどうか、検討の余地があるように思われる。
　実際、15例のように、外反した口縁部に矢羽状の刻線を持つ例もあるから、擦紋土器に関しても、新旧の差を予想する必要がありそうである。したがって6号竪穴の13～22例も、8号竪穴と同様に、擦紋末期とトビニタイ土器群Ⅰ・Ⅰ-Ⅱが混在している可能性を、一応は想定しておくべきであろう。
　以上、10号～7号の竪穴資料については、混在と共伴のいずれの判断が妥当であるのか、明確に弁別できない。しかしながら、「擦紋末期→トビニタイ土器群Ⅰ・Ⅰ-Ⅱ」の2段階の変遷があることは、ほぼ確実であるように思われる。なお、後者に34例のごときトビニタイ土器群Ⅰに酷似した資料が含まれていることは、今後、特に注意を要するであろう。
　さて、つぎに**第132図**に示した資料を観察したい。上段の資料は3～5号、下段は9号の各竪穴から出土したものである。まず上段である。先の竪穴資料とは明らかに内容が異なる。5号竪穴は擦紋土器（1～3）と縄文土器（4・5）、4号竪穴はトビニタイ土器群Ⅰ・Ⅰ-Ⅱ、3号竪穴はトビニタイ土器群Ⅰと擦紋土器の高坏からなる。
　15・16例のような高坏は、末期の擦紋土器（14＝13）に伴わないとされている(藤本1979)。したがって15・16例は混在か、再利用された完形品の破片ではないかと推定される。報告書の記述によると、竪穴の変遷は「5号→4号→3号」の順になるという。先の竪穴編年では、「10号→7号」の変遷を想定したが、それとは矛盾しない。
　また6号竪穴8号竪穴では、2時期に及ぶ資料の混在が推定された。6～12例の4号資料の内容を検討すると、その可能性が高いように思われる。さらにこの4号竪穴の資料（6～12）には、13・14例の3号竪穴資料が後続するから、先の7号と3号の新旧関係があらためて問題になる。どちらも新しい時期には違いないが、矢羽状の刻線紋を欠く3号竪穴の方が、一時期新しいので

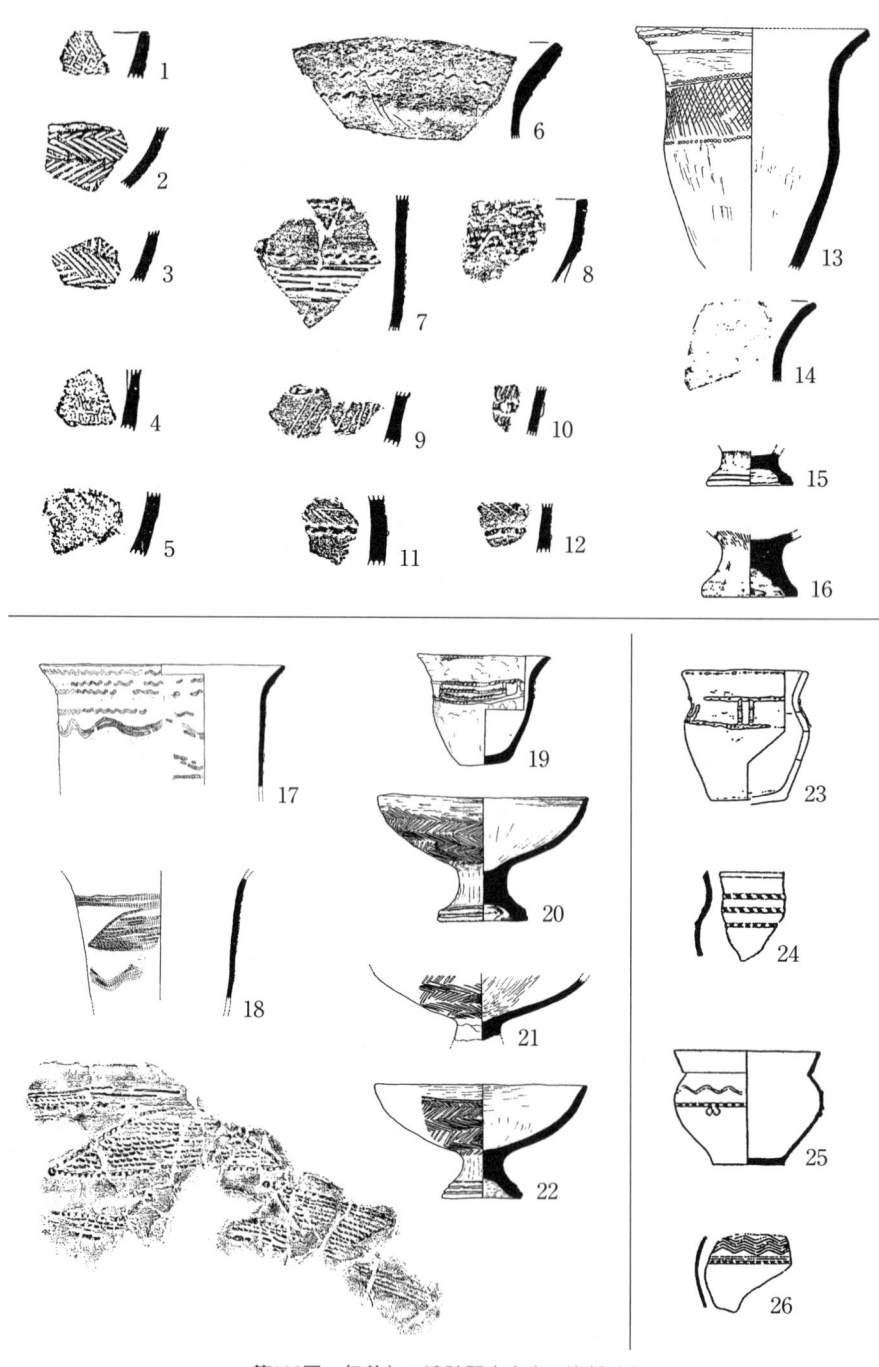

320　第4章　トビニタイ・カリカリウス土器群と擦紋末期土器の編年

第132図　伊茶仁B遺跡竪穴出土の資料 (2)
（1〜5：5号　6〜12：4号　13〜16：3号　17〜22：9号　23〜26：参照資料）

はなかろうか。新資料の発見を待って検討してみたい。
　ところで問題になるのは、多くの論文に引用されている下段の9号竪穴資料である。17・18例はトビニタイ土器群Ⅰ-Ⅱ、20〜22例は擦紋Ⅳ(中)に比定される。出土位置は17例が北東壁際、

18例が南隅、19例は西隅（単独出土）、20例は炉と北隅の中間、21例は南西壁際　22例は北西壁際であったと記載されている。これはあたかも竪穴の四隅に対して、意図的に配置したような出土状況である。レベルはいずれも、火山灰下の黒色土層の下部に相当するらしい。これより10cm下に黒褐色の土層が広がり、その上面で床面や炉が検出されている。

　17～22例は、すべて完形またはそれに近い資料である。しかしどう見ても、同時に製作され、使用された土器セットとして廃棄されたものと思えない。出土層位は同じでも床面より浮いており、その地点は余りにも散在的である。それには何か儀礼的な意味があるのではなかろうか。

　その点は保留して、20～22例に注目すると、5号竪穴の2・3例や先の10号竪穴の資料に近い時期のものと思われる。一方17～19例が、後続する4号竪穴の6・7例に近似することは、一目瞭然であろう。実際、9号竪穴の17～22例は、いつでも「共伴」したと扱われるが、はたして、そのとおりであろうか。「5号→4号→3号」の竪穴序列を念頭におくと、実は系統も時期も異なる土器群が何らかの事情で混在して発見されたという解釈も、十分に成り立つように思われる。

　その場合、4号竪穴に見えるトビニタイ土器群Ⅰ（9～12）が、まったく見当たらないことを、どう解釈すればよいのであろうか。4号より新しい3号にも、トビニタイ土器群Ⅰ（13）が含まれているので、この欠落はいかにも不思議に思える。また、なぜ擦紋土器が高坏に限定されるのか。この点も不自然であると言えよう。ともかく9号竪穴の「共伴」とされる土器組成は、擦紋期の竪穴として決して一般的ではない。

　そのように考えると、17～19例の資料の時期は、先の10号竪穴より新しい、4号竪穴の6～12例に近い時期に比定されよう。すなわち3号竪穴（13・14）に接近した時期と推定されるのである。ここで、オホーツク式土器の23～26例を参照したい。これらは、いずれも口縁部の紋様帯を有していない。26例は欠けているので分からないが、23例の口縁部には刻紋の名残のような刺突紋が見られる。これに対して胴部には、17～19例に対比される特徴的なモチーフが施されている。

　23例と19例、25・26例と17例のモチーフは、先にも指摘したように酷似しており、系統的な関係があると想定される。また23～25例は、疑縄貼付紋土器でも前半の時期に比定される。これに後続する土器群は、各地の遺跡から発見されている。それらの土器からオホーツク式系のモチーフや要素を取り出し、擦紋土器に取り入れると、17・18例のようなキメラ型の土器を容易に作り出すことができる。そうした操作が、20～22例の時期に実践されたのかどうか。その点は、9号竪穴の出土状況からは何とも言えない。

　しかしながら、以上の伊茶仁B地点の資料分析を踏まえると、トビニタイ土器群Ⅰ-Ⅱは、擦紋Ⅳ(中)期の新しい時期かそれ以降に創成され、それと同時かやや遅れてトビニタイ土器群Ⅰが登場したと推測される。資料は非常に不足しているから、これは現時点の仮説に止まることを付言しておきたい。

伊茶仁カリカリウス遺跡

　1977年のこの遺跡の調査では、擦紋時代の竪穴が1軒だけ検出されている。**第133図**1～7例

322　第4章　トビニタイ・カリカリウス土器群と擦紋末期土器の編年

がその出土土器である。1例は、カマド敷きに利用された完形品で、擦紋IV_6頃に比定される。器形は口縁部が軽く内湾し、それに頸部が直線的に連なり、外へ張り出す小さな底部に向かって急激に窄まる。この特徴的な器形ラインは、明らかにトビニタイ土器群IIへの傾斜を思わせる。浜別海遺跡4号竪穴の完形土器（第126図1）が直ぐに想起されよう。

5例は、ピット中から出土している。口縁部はラッパ状に外反し、そこに矢羽状の刻線が施されている。これは明らかに新しい特徴と見做せるので、「1→5」の序列が想定されよう。2～4例は、埋土中からの出土品である。おそらく、1例に関係するものであろう。坏部が欠損しているのは、5例の時期に竪穴に対して人為的な営力が加えられたことに、おそらく関係するのであろう。

これに対して注目されるのは、表土から発見された6・7のトビニタイ土器群IIである。下田ノ沢遺跡と浜別海遺跡に続いて、伊茶仁川の流域でも、擦紋土器より上層からトビニタイ土器群IIが出土している。

なぜ、擦紋III期に対比される土器が、擦紋IV(中)～(新)より上層から発見されるのであろうか。

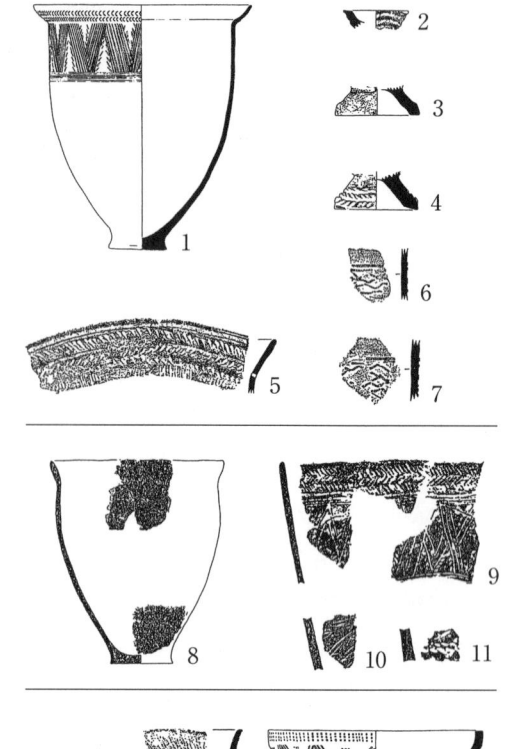

第133図　伊茶仁カリカリウス遺跡と周辺域の資料
（1～7：伊茶仁カリカリウス　8～11：温根沼
12：伊茶仁B　13：チシネ第2）

それも厚岸湾から伊茶仁川流域にいたる広大な地域において、一様に通説と逆転した層位的な出土状況が確認されるのである。「1→5→6・7」という変遷序列は、下田ノ沢遺跡や浜別海遺跡とともに、単なる偶然の出来事として、はたして無視してよいのであろうか。

ここで、佐藤達夫が「擦紋V」の標式遺跡とした温根沼(第1遺跡)の2号竪穴の資料を参照したい(佐藤1972・大場・児玉1958)。8～10例である。9例は、口縁部に矢羽状の刻線紋、その下にズラシ手法を適用した交互鋸歯紋を持つ。10例も9例の仲間であろう。これに無紋の8例とトビニタイ土器群Iの11例が伴う。伊茶仁B遺跡の9号竪穴で伴出した擦紋$IV_{6～8}$の高坏などは、1点も見当たらない。したがって、出土状況論による単純な「共伴」説には、疑問符が付くことになるであろう。

ところで伊茶仁B遺跡では、12例のような新しい土器も出土している。これは9例に対比される。器形はバケツ形で直線化しており、頸部より下の紋様は省かれている。これは擦紋土器の変

容を示す特徴と思われる。

　このように観察すると、交互鋸歯紋を持つ9例は、カリカリウス遺跡の1・2例より、明らかに新しいと考えられる。伊茶仁B遺跡の3・4・7号竪穴に近い時期に比定できるであろう。周辺に目を移すと、伊茶仁川に臨むチシネ第2遺跡では、外張りしない小さな底部を付けた風変わりな器形の擦紋土器（13）が発見されている（椙田1978）。口縁部には刻点が巡り、胴部紋様は複段化している[注8]。9例とは明らかに紋様構成が異なる。しかし、これも新しい紋様であることに疑いない。鋸歯紋を交互にずらして合成紋を作るのではなく、菱形になるように対向させて複段に仕立てたものと推測される。9例とごく近い時期に位置するものと思われる。

　そこで、つぎに複段紋様土器について観察してみたい。

幌別川左岸遺跡

　この遺跡は標津川を遡った台地の先端に位置しており、1976年に竪穴1軒の試掘が実施された。床面から出土した遺物はほとんどない（椙田1987）。**第134図**の1例は、東南のコーナーから床面より5cm浮いて出土している。5例は、炉の東から壁にかけて出土したが、6例は、床面近くからプラス10cmのレベルで散在的に発見されたという。

　この出土状況は、先の伊茶仁B遺跡の9号竪穴に類似している。しかし、幌別川左岸遺跡の方が遥かにまとまりが悪い。古い土器はなく、擦紋Ⅳでも末期に限られると思われる。矢羽状の刻線を持つ2例、粗雑な貼付線に刻紋を伴う3・4例、水平な沈線下に矢羽状の刻紋を施し、その下に交互に配置した鋸歯紋を持つ1例、という組成を示している。

　これらは、伊茶仁カリカリウス遺跡のピット土器（第133図5）よりも新しく、温根沼遺跡の資料（第134図8～11）に近いが、それよりは僅かに古いものと推定される。

　5・6例は、チシネ第2遺跡に似た複段紋様を有する。しかし口頸部と口縁部の扱い方は異なる。5例は、緩く段のついた口縁部に、向きを異にした3段の刺突紋を加えている。6例の口縁部は軽く外反し、断面形は拇指状を呈する。そこに粗雑な2本の疑縄貼付紋を施し、その間に4本一単位の区切り斜線を施し、その両側には髭状の刻線または矢羽状の刻線を付けている。頸部は、5例と異なり無紋扱いされている。

　胴部の紋様を見ると、5例では、大振りな鋸歯紋と菱形紋を並行沈線文で画して、複段の紋様を構成している。先のチシネ第2遺跡例とは異なるが、それを変形したタイプといえよう。6例も大振りな鋸歯紋を上に施し、下には、多条の垂線と菱形紋を交互に配列して、髭状の刻線を加えている。一見するとこの部分は、やや古いモチーフのように思える。しかし、菱形紋と髭状刻線を組み合わせるものは、擦紋土器の古い時期（Ⅰ・Ⅱ）には存在しない。

　このように観察すると、散漫な出土状態で発見されたが、時期的には纏まりがあると認めてよいであろう。おそらく伊茶仁B遺跡の7号竪穴と近い時期ではあるまいか。擦紋末期に位置することは、まず疑いないと思われる。

　そこで厚岸町の周辺に戻り、姉別川流域の17号遺跡（浜中町）の資料を参照したい。小さな方形

324　第4章　トビニタイ・カリカリウス土器群と擦紋末期土器の編年

第134図　幌別川左岸遺跡と姉別川17遺跡および各地の参照資料
（1～6：幌別川左岸　7～10：姉別川17　11・12：トビニタイ　13：伊茶仁カリカリウス　14・15：常呂川河口　16：豊岩7　17：雪印乳業裏　18・19：オタフク岩　20～23：船見町高台）

プランの竪穴から、7・9・10例ような土器が採集されている。石囲炉を有するが、柱穴とカマドを欠いている。これら3点の土器は、すべて床面付近から出土しており、古手の8例は、竪穴の外で発見されている。時期が異なるからであろう。

興味深いのは擦紋Ⅴに比定される7例と、トビニタイ土器群Ⅱに酷似した9例が、床面付近で伴出していることである。この点は、報告書の中でも明確に指摘されている。

9例の紋様は、やや粗雑な細い貼付線で構成されている。上から波線、多条の水平線、大波状線が擦紋土器のように整然と幅広く貼付されている。これをトビニタイ土器群Ⅱの竪穴に混入させても、おそらく誰も区別できないであろう。しかし、出土状態は明らかに7・10との共伴を示唆している。7例が擦紋末期であることは疑いない。それに9例が伴うならば、トビニタイ土器群Ⅱへ移行する直前の土器と認められよう。あるいは何らかの事情で、トビニタイ土器群Ⅱが混入したと想定することもできるだろう。残念ながら破片資料であり、全形が分からない。ここで、どちらの推定が妥当であるかは判断できないが、両者の時期が接近していることは、まず疑いないと言えよう[註9]。

そこで左列の資料を参照しながら、以上の観察を検証してみたい。まず幌別川左岸の複段紋様を持つ5・6例である。類例は、知床半島のトビニタイ遺跡2号竪穴から出土している。11・12例である。どちらも、紋様帯が口縁部と胴部に二分され、その間に無紋部が作られる。この点は6例にも共通する。6例の口縁部にある区切り斜線は、12例にも見られる。口縁部の上下は波線で、そして胴部は大きな鋸歯紋を波線で画している。11例の口縁部も同じ構成をとる。区切り斜線の有無は明らかでない。胴部は、波線＋直線で画するが、その内部は波線で鋸歯紋を構成し、それに長い刻線を加えている。

11例と12例は、このように紋様構成が酷似している。ほぼ同時期と見てよいであろう。5・6例と比べると、口縁部の外反が強まり、胴部紋様にも貼付紋を加え、やや擦紋離れした傾向を強めていると観察される。一端複段化した紋様が、11例に見るように一段に戻っている点も、見逃せない重要な変化と思われる。

一方では、口縁部の形態と装飾が、古手のソーメン紋土器に接近していることも注意を要する。6例の口縁部に見える疑縄貼付紋から、11・12例の革紐状の波線への変化は、そのままソーメン紋土器1の貼付紋の装着法に、きわめてスムーズに繋がるからである。

このように観察すると、幌別川左岸遺跡の5・6例が擦紋時代の終末に位置することは、まず疑いないと認められよう。それでは、6例や12例の口縁部に見える「区切り斜線」の由来は、どのように捉えればよいであろうか。

旧稿（柳澤2001）では、それが遥か刻紋・沈線紋土器の胴部モチーフに由来すると述べたが、今もその見方に変わりない。オホーツク式土器に由来する区切り斜線は、その後、疑縄貼付紋土器の口縁部に施され、同時代の擦紋土器に受容されたと考えられるのである。

例示した資料では、常呂川河口遺跡の焼土から伴出した14例と15例が注目される。疑縄貼付紋土器でも、15例は新しい部分に属する。14例の区切り斜線は3本仕立てになっており、6例に酷

似している。この部分が疑縄貼付紋で構成される例は、目梨泊遺跡から出土している（16）。トビニタイ土器群Ⅰ-Ⅱの例では、17例のように螺旋技法で区切り斜線を描くものもある。これは、この技法の初現例として注目されよう。いずれも擦紋Ⅳ（新）の時期に対比される。

疑縄貼付紋土器でも、「中位の部分」では、区切り斜線の施紋は胴部に限定される。ところで18～23例は、トビニタイ土器群Ⅱとされる土器である。そのうち18・20・21例の口縁部には区切り斜線が存在する。また18・20例には、貼付紋の螺旋技法も観察される。通説によれば、これらはすべて擦紋Ⅲに対比される。しかしながらその時期の擦紋土器には、区切り斜線も螺旋技法もまったく存在しない。

通説を代表する右代編年案によれば、15例に伴出した14例や16例の区切り斜線は8世紀代に比定されよう。そして17例では11世紀の後半となる。宇田川編年案でも、前者はおそらく8世紀代で、後者は11～12世紀の後半に位置づけられる。さらに、区切り斜線を持つ6例は、擦文「晩期」、すなわち13世紀頃の所産になるという。

この間、実に400～500年に亙って、オホーツク式土器に起源する区切り斜線のモチーフが、道東部で連綿と維持された事情は、いったいどのように説明されるのであろうか。火山灰編年や蕨手刀の年代観を根拠としながら、この不思議な土器変遷の事情をはたして実証できるであろうか。

さて、論点を戻して、再び伊茶仁川周辺域の資料を見直したい。**第135図**に主要な資料を再掲した。擦紋Ⅳ$_{5～6}$頃の1～8例から9例→10例へ、そして11～14例、15＋22・23例、16例、18＋19例、21例、それに26～29例などが複雑な様相を示しながら変遷し、やがてトビニタイ土器群Ⅱの30・31例が登場するに至る。そのようなプロセスが、以上の分析から想定された。

それでは、土器変容を起こした末期の擦紋土器土器（13・14・21、15・17・18・24）やオホーツク式系のモチーフを用いた貼付紋系の土器（19・25・26～29）から、どのようにしてトビニタイ土器群Ⅱ（30・31）が誕生したのか。言い換えると道東部におけるポスト擦紋時代の編年は、どのように構想されるべきなのか。知床半島にフィールドを移して、さらに資料分析を深めたい。

3．トビニタイ土器群とカリカリウス土器群の位置

1）伊茶仁ふ化場第1遺跡の編年

伊茶仁川の流域には多数の遺跡が分布しており、膨大な数の竪穴が確認されている。調査が行われているのは、そのごく一部に止まる。ふ化場第1遺跡では、昭和52年に分布調査が行われ、515軒の竪穴住居が確認された。それ以後に2軒の竪穴が試掘され、1号竪穴から**第136図**に示した資料が発見されている（椙田1978・1980）。

1・2例は床面に密着した土器。3例は柱穴内、4～6例と7～9例は、床面に近い部分から出土している。1～2例と4～6例は、器形とモチーフ、底部の形態、貼付紋の断面形など、いずれの点でもトビニタイ土器群Ⅱに比定される。これと混在して発見された7～9例は、擦紋Ⅴ

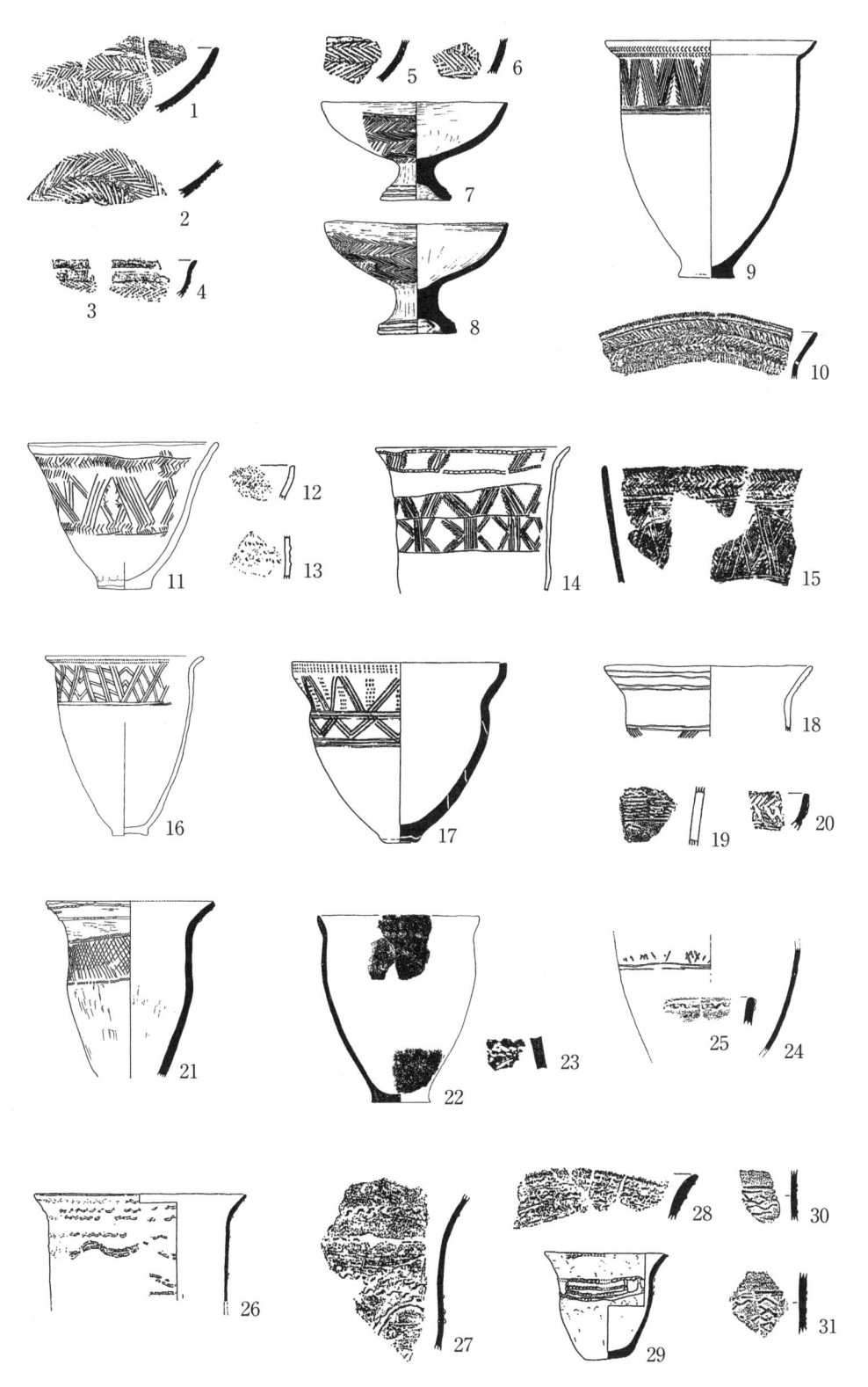

第 1 節　トビニタイ・カリカリウス土器群の細分試案　327

第135図　伊茶仁Ｂ・伊茶仁カリカリウス遺跡ほか、各遺跡の資料一覧

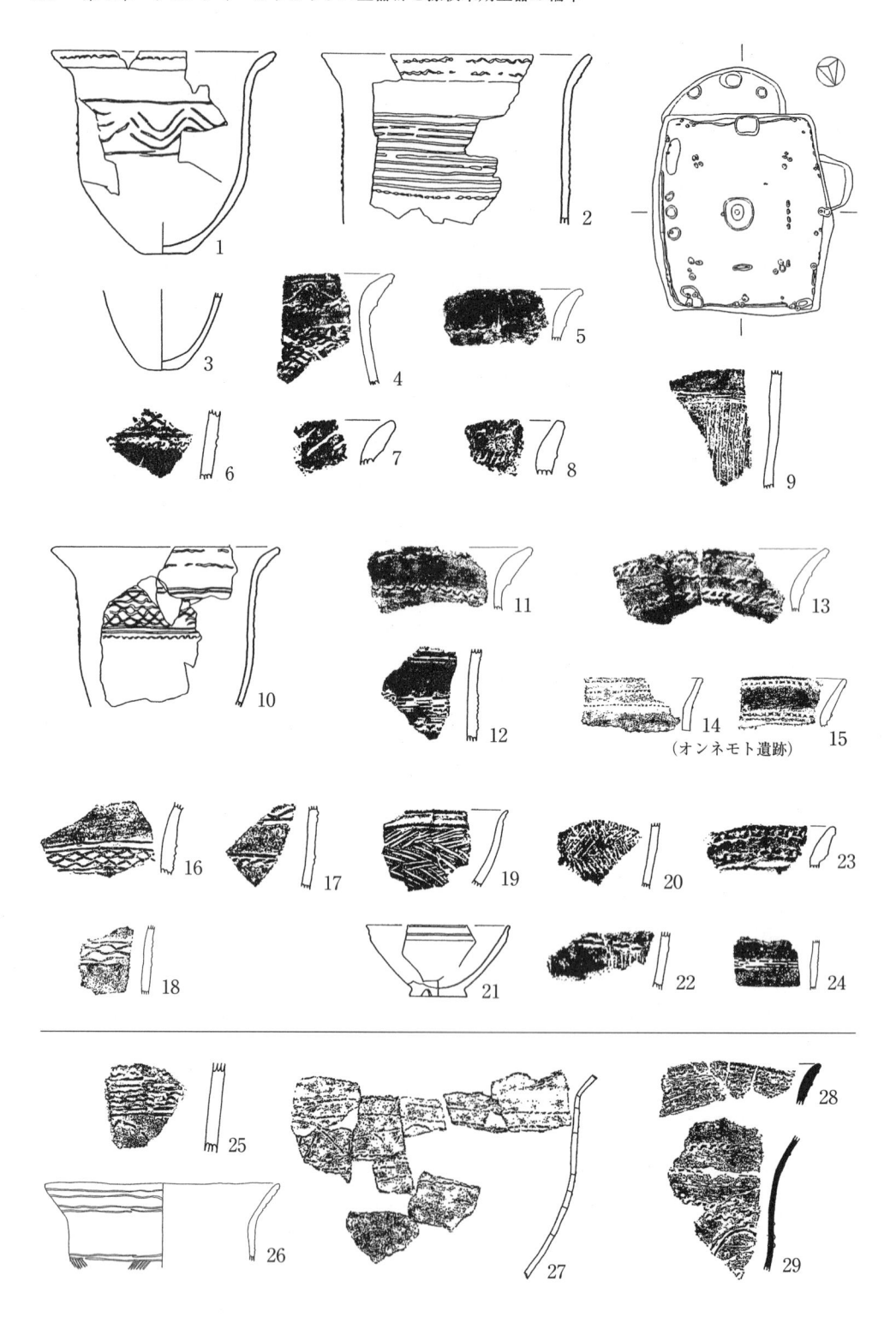

328 第4章 トビニタイ・カリカリウス土器群と擦紋末期土器の編年

第136図 ふ化場第1遺跡竪穴および参照資料
(1〜12, 16〜24：ふ化場第1　14・15：オンネモト　25・26：姉別川17　27：浜別海　28・29：伊茶仁B)

第1節　トビニタイ・カリカリウス土器群の細分試案　329

の類例と思われる。4・5例の口縁部は母指状に肥厚している。擦紋Ⅴの7・8例も、それに酷似した形態である。両者の年代の近さを示す特徴と言えるであろう。

　埋土中でも、トビニタイ土器群Ⅱと擦紋土器の二者がある。10例は4例に、そして12例は1例に酷似しており、ほぼ同時期と見做せる。これに加えて、16～18例のようにソーメン紋土器3と同じ帯状のソーメン紋（「バンド・ソーメン紋」）を持つ破片も含まれている。これは明らかに10～12例とは異なる。このバンド・ソーメン紋からみて、新しい時期に属することは疑いない。層位的にも、「1～6例→16～18例」の序列が成り立つと思われる。

　報告書の記述によると、南側の上げ土の上部から、多数の「トビニタイ式土器」の破片と焼土が検出されている（椙田1980：5）。すると、この竪穴およびその周辺では、床面から上げ土の上部まで、トビニタイ人の活動が持続していることになる。そこで型式学的な差異に留意して変遷をたどると、「1・2、3→4～6≒10～12→16～18」、という流れが想定される。

　それでは、同じ埋土中から出土した13例や19・21例と20・22例などは、どのように捉えればよいのであろうか。20・22例は、擦紋Ⅴ（トビニタイ土器群Ⅰ）に比定され、先の7～9例に近い時期と考えられる。これに対して19・21例などは、古い時期の土器と思われる。竪穴ごとに一様でない出土状況を考慮すると、何らかの事情で混出している可能性があるように思われる。

　そこで13例に注目すると、口縁部は肥厚しており、大きく外反している。この特徴は、1・2・4・10・11例に類似するので、年代的には近いと捉えられる。装飾は、革紐状の3本の貼付紋で施されている。それに類似する例は、もちろん真の擦紋土器には見出せないが、疑縄貼付紋土器では珍しくない。

　その参考例として、オンネモト遺跡Ⅱ号竪穴の14・15例を示した。どちらも口縁部が大きく外反して肥厚している。14例の装飾は、3本の波線と直線の疑縄貼付線で構成される。これは13例ときわめて似ている。この対比に拠ると、埋土中には古い13例と新しい16～18例が、明らかに混在していることになる。したがって後者は、後代に周辺の竪穴から廃棄された可能性が想定される。むしろ問題になるのは、1・2例よりも古い13例と20・22例の由来である。なぜ古い土器が、床面上の1・2例より上位の埋土層から出土しているのであろうか。

　一つの仮説として、疑縄貼付紋土器と擦紋土器を使用していた古い竪穴が再利用されていることが想定されよう。竪穴のプランを見ると、底辺がやや張り出した五角形を呈しており、いかにも知床半島のトビニタイ期の竪穴プランを思わせる。内側には小柱穴が四方にめぐっており、本来は方形プランであった古い竪穴が改修されているように思われる[註10]。「擦紋末期→トビニタイ土器群Ⅱ」の順序で、実際に竪穴が再利用されたのかどうかは、隣接する竪穴群を調査すれば、何らかの見通しが得られるであろう。

　それは将来に期待するとして、ここで視点を変えて他遺跡の遺構資料と比較してみたい。まず古い時期と推定した13例は、伊茶仁B遺跡7号竪穴の26・27例に対比される。また姉別川17遺跡の23例は、2例や12例に酷似している。両者の口縁部や胴部の装飾が類似するのは、単なる偶然のではあるまい。年代が近いだけでなく、系統的な関係があることを読み取る必要があろう。

これらふ化場第1遺跡の資料は、トビニタイ土器群Ⅰ(「擦紋Ⅴの一部」)・Ⅰ-Ⅱが年代的にほぼ並行し、それにトビニタイ土器群Ⅱが後続することを、一目瞭然ではないが、かなり明瞭に示唆していると言えよう。下田ノ沢遺跡から伊茶仁B遺跡に至る資料分析の結果も、この仮説編年の蓋然性を傍証するように思われる。

2) 螺旋技法と爪跡を残す貼付紋手法について

　オホーツク式の貼付紋手法については、古くから関心が持たれ、観察が続けられて来た。山内清男のチューブ・デコレーション説(吉崎1984)から菊池徹夫氏の貼付線の細分類(菊池1972a)を経て、青柳文吉氏の螺旋技法の分析(青柳1995・1996)から大西秀行氏の解釈的な集団論(大西1996a)まで、多くの研究成果が発表されている。

　これに対して、貼付紋の施紋の際に爪跡を残す手法については、これまで余り注意されていない。これは実物を手にして観察しないと、正確なところが分からない。拓本や写真、実測図から判断するのは少し問題であるが、一定の確かさは保てるように思われる。

　しかし、膨大な量の擦紋土器に目を通すのは容易でない。道東部に限って検索すると、爪跡を残す手法が見られるのは、どうやら擦紋末期に集中するらしく、トビニタイ土器群Ⅰ-Ⅱの例も目立つ。まだ悉皆的な調べを済ませていないが、それらの分布範囲は広く、少なくとも常呂周辺から根室半島までに及ぶ(第137図)。実例をあげると、釧路周辺では1例や6例、根室半島では5例、そして標津周辺の3例、知床半島の2・4例などである。

　ところで、この爪跡を残す手法(「爪跡施紋手法」)は、遥か昔に消滅したはずのソーメン紋土器や、それに後続するとされるトビニタイ土器群Ⅱにも存在する。たとえば常呂川の近傍では、TK73遺跡の9例が代表的である。これはソーメン紋土器3に比定される[註11]。一方、知床半島では、トビニタイ遺跡1号竪穴からソーメン紋土器1の好例(8)が出土している。これに酷似する例は、根室半島のオンネモト遺跡Ⅱ号竪穴にある(10)。これもソーメン紋土器1に比定される。さらにソーメン紋土器に並行しつつ、後続するとされるカリカリウス土器群にも、7例のごとき見事な爪跡を残す完形品がある。これは胴部の紋様構成から見て、ソーメン紋土器の古い時期に対比されるものと思われる[註12]。

　通説の編年によれば、こうした爪跡施紋手法は、擦紋Ⅱ期からⅢ期を経てⅤを含むⅣの末期に至るまで、300～400年ほど存続することになる(宇田川1988・右代1991ほか)。はたして本邦先史考古学において、このように長命な施紋手法が、これまで実在すると証明されたことがあるであろうか。

　つぎに螺旋技法について検討したい。知床半島の東岸から良好な資料が発見されている。船見町高台遺跡の11・14例とオタフク岩遺跡の12例である。型式学的に見ると11＝12例であり、これに14例が後続すると思われる。それぞれカリカリウス土器群(古～中)段階とソーメン紋土器1～2の時期に対比されよう。今のところ、これより新しい例は知られていないが、カリカリウス遺跡にも類例がある(13)。

第1節　トビニタイ・カリカリウス土器群の細分試案　331

　以上のように螺旋技法は、トビニタイ土器群Ⅱに顕著に認められ、ソーメン紋土器にも確実に存在する。かなり広い分布を示すらしく、川西遺跡の16・17例から知床半島のウトロチャシコツ岬下遺跡の15例を経て、カリカリウス遺跡の18例にまで及ぶ。いずれもソーメン紋土器3に比定される。それより古い例があるのかどうか、今のところ判然としない。

　このことは螺旋技法が、胴部紋様帯が未発達なオホーツク式に由来するのではなく、幅広い紋様帯を持つトビニタイ土器群Ⅱに由来する可能性があると思われる。爪跡施紋手法がソーメン紋土器1の時期（8・10）に登場し、また、トビニタイ土器群Ⅱの時期に盛行する螺旋技法がソーメン紋土器3の時期に採用されるのは、双方が同時代に交流していたことを、何よりも雄弁に物語るように思われる。

　通説の編年案では、爪跡施紋手法はソーメン紋土器の1〜3期（7・8・10, 9）にかけて存続し、その末期になると、トビニタイ系の螺旋技法がソーメン紋土器に採用される（15〜18）。そし

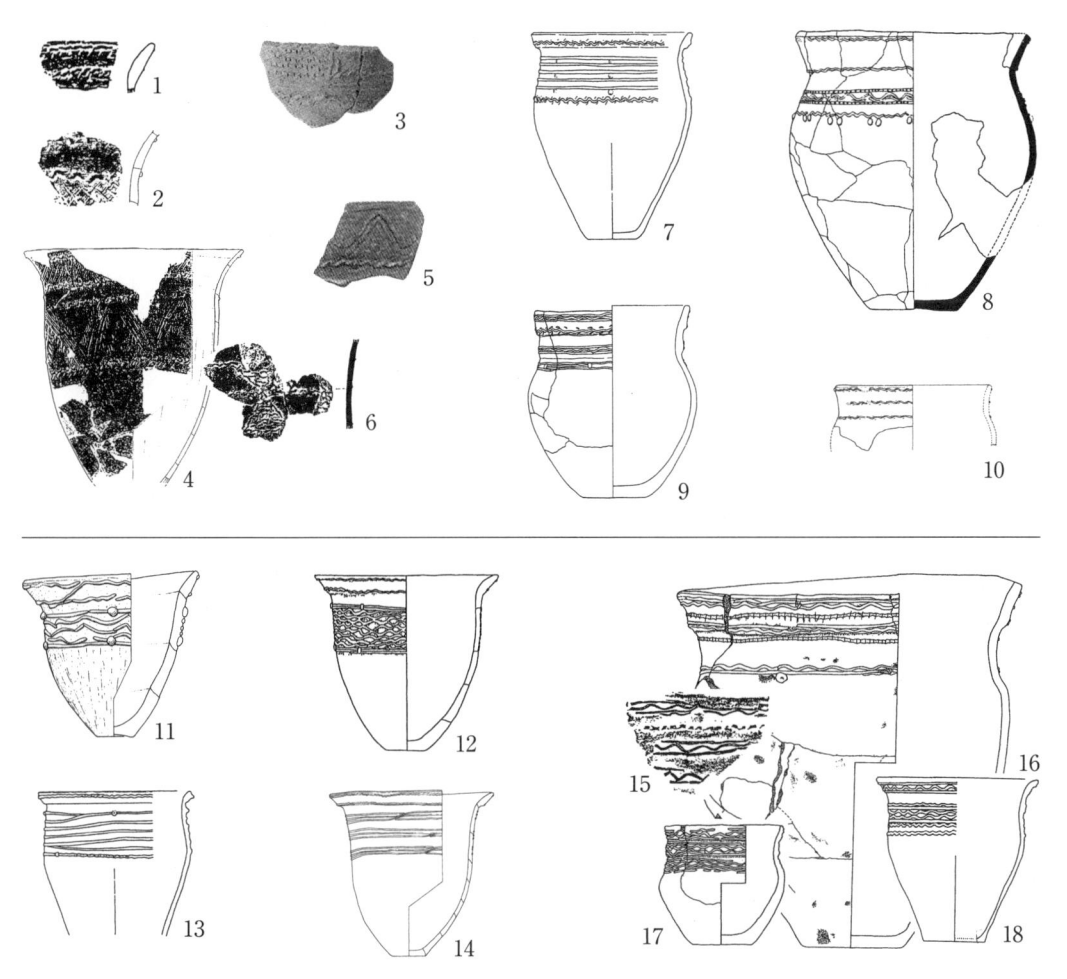

第137図　爪跡を残す手法と螺旋技法の施された貼付紋系土器
（1：姉別川流域　2・4：オタフク岩　3：当幌35線　5：オンネトー　6：下田ノ沢　7・13・18：カリカリウス　8：トビニタイ　9：TK73　10：オンネモト　11・14：船見町高台　15：ウトロチャシコツ　16・17：川西）

てソーメン紋土器は、一斉に擦紋Ⅲの影響を受けつつトビニタイ土器群Ⅱに変貌し、その後に、螺旋技法が流行するようになる（11～14）、と説明するのであろう。そして擦紋Ⅳの末期に入ると、爪跡施紋手法が「先祖返り」的にトビニタイ土器群Ⅰ-Ⅱ（1・3・5）と擦紋Ⅴ（2・4）に登場し、やがて擦紋土器に同化・吸収されて消滅するに至る。

このように複雑な、そして長期に及ぶ土器交流が道東部の広い範囲でみられたのであろうか。この疑問に側面から答えるために、つぎにカリカリウス土器群について観察してみたい。

3）伊茶仁カリカリウス遺跡の編年

さて、以上の螺旋技法と爪跡施紋手法の初歩的な観察から、トビニタイ土器群Ⅱとソーメン紋土器が並行的する可能性はかなり高いと考察された。それでは、カリカリウス遺跡の土器群に関してはどうであろうか。大井晴男氏は、ソーメン紋土器に後続すると述べている（大井1970）。金盛・椙田両氏は、部分的に並行しながら、トビニタイ土器群Ⅱへ移行すると論じている（金盛1976b, 金盛・椙田1984）。一方、澤井玄氏は、ほぼ並行説の立場をとり（澤井1992・2003）、右代啓視氏の意見は大井説とほとんど変わらない。明言はしていないが、宇田川洋氏も同じ立場を取っていると推測される（宇田川1988）。

このように通説を支持する諸氏の見解は、不思議なことに一致していない。こうした状態は、通説編年に伏在している諸々の問題点を、如実に反映しているのではなかろうか。

そのように考えた場合、カリカリウス土器群の捉え直し方があらためて問題として提起されよう。公表された資料を観察すると、確かにトコロチャシ遺跡やモヨロ貝塚ではやや異なる特徴を持つ土器が目に止まる。しかしながら、ソーメン紋土器とトビニタイ土器群Ⅱを繋ぐ中間的な土器群は容易に見出せない。それに代って、ごく普通に存在するのが**第138図**に示した土器群である。すなわち、

(1) 肥厚した口縁部に革紐状の波状貼付線を2本施すもの（2～4）、

(2) 2本の波状貼付線の上、又は下に直線を加えたもの（5～8）、

(3) さらに直線を1本加えてバンドに仕立て、これを複段に構成したもの（9～12）、

という三者である。

この3細分案のメルクマールは、ソーメン紋土器の場合と変わるところがない（柳澤1999b・2003：108）。ただし各類の紋様構成を比べると、ソーメン紋土器とはやや異なる特徴がいくつか指摘できる。たとえば「古い部分」では、口縁部が拇指状に肥厚するものがある（1・4）。これは、「擦紋Ⅴ」やトビニタイ土器群Ⅰ-Ⅱとの繋がりを示す重要な特徴と言えよう。1・3・4例の器形が、すべて朝顔形に外反することも同じように注意されよう。

「中位の部分」でも5例に見えるように、拇指状に軽く肥厚して外反する器形が存続する。「新しい部分」では、その実例として9・11が挙げられる。後者のような器形を呈するソーメン紋土器は、網走・常呂の周辺や根室半島域では知られていないので、カリカリウス遺跡において独特のものと言えよう。

胴部の紋様では、6・7例の直線と波線の扱い方や、9〜11例の波線やバンド状のネット・ソーメン紋の構成も注目される。これも今のところカリカリウス遺跡以外では、ほとんど見出せない。

このように観察すると、「ソーメン紋土器3→カリカリウス土器群→伊茶仁ふ化場第1遺跡（第126図1・2）→トビニタイ土器群Ⅱ」の順序で、通説どおりに変遷したと想定するのは頗る困難になる。はたして9〜12例から、ふ化場第1遺跡の1号竪穴の資料が登場したことを、型式学的に説明ができるであろうか。それよりもむしろ、1〜4例と1号竪穴資料が並行関係にあると想定した方が、遥かに土器変遷や並行現象を合理的に理解できるのではなかろうか。

それではつぎに、ソーメン紋土器とトビニタイ土器群Ⅱが並行関係にあるのかどうか。観察のフィールドを知床半島へ移して検討してみよう。

4. 伊茶仁周辺と知床半島の編年を結ぶ

1）オタフク岩遺跡とふ化場第1遺跡の対比

オタフク岩遺跡といえば、誰もが洞窟遺跡を思い浮かべるであろう。事実、論文や報告書で言及されるのは、圧倒的に洞窟遺跡の資料である。洞穴上の台地に立地したオタフク岩遺跡（第1地点）については、余り積極的な関心が示されない。それには何か理由があるのであろうか。洞窟遺跡と異なり、この集落遺跡からは、擦紋土器やオホーツク式土器は1点も発見されていないと報告されている。純粋にトビニタイ土器群Ⅱだけが発見されている。この点はトビニタイ遺跡とも、またウトロチャシコツ岬下遺跡とも異なる。稀有の貴重な遺跡と言えよう。

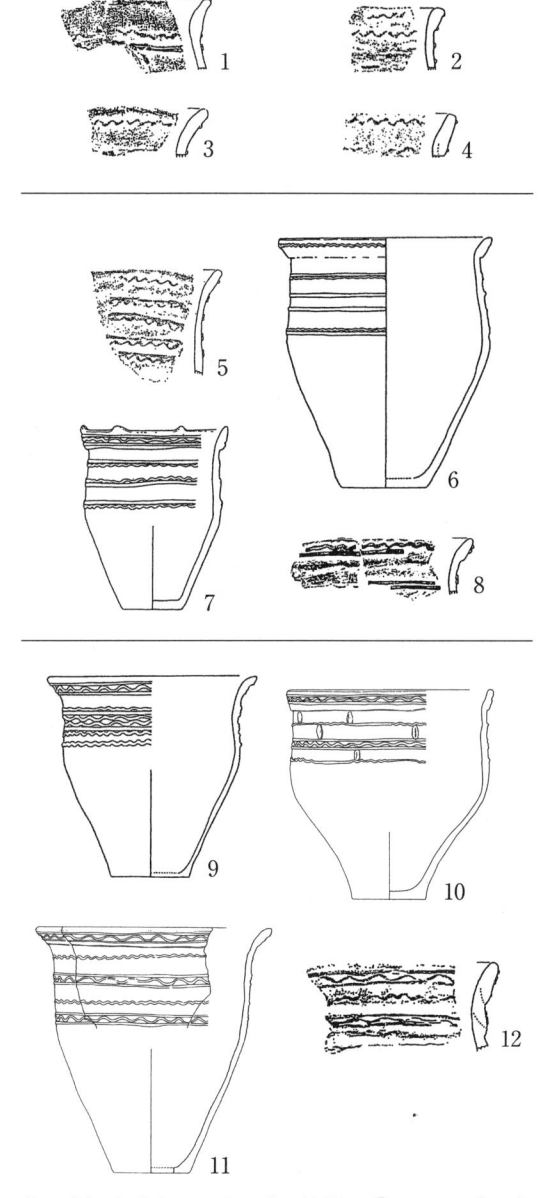

第138図　伊茶仁カリカリウス遺跡の「カリカリウス土器群」

第139図に各竪穴から出土した主要な資料を示した。報告者の涌坂周一氏は、竪穴の上げ土の堆積状態と層序の関係を詳しく観察し、その結果をもとに、竪穴群は、

(1)　9号（1～3）→ 4号（4・5）→
(2)　6号（9, 11）・7号（7・8）→ 2号→
(2)　1号（10）、

という順序で変遷した、と指摘している（涌坂1991：18・27）。埋土中の土器が、それぞれの竪穴に伴うのかどうか、その点は逐一の検討を要するであろう。しかし、床面上で出土した完形品の大半は、竪穴に伴うものとみても特に問題はないように思われる。

そこで資料の観察に入りたい。擦紋土器のように幅広い胴部紋様を構成し、バンド状のソーメン紋を持たない土器群は、9号（1～3）・4号（4・5）・7号（7・8）に限定される。一方、バンド・ソーメン紋を有する土器群は、6号（11）・1号（10）や5号（12）から検出されている。上げ土の状態から同時並存の可能性が指摘された6号（9）と7号（7・8）の資料を比べると、7号の方には4号（4・5）と9号（1～3）に近似したモチーフが豊富にある。これに対して6号（6, 11）には、それが明らかに欠けている。

したがって、竪穴の序列に型式学的な観察を加えると、まず7号（7, 8）→ 6号（9, 11）の新旧関係が想定される。ただし、双方の伴出関係の吟味は課題として残される。その点は、ここでは棚上げにしておきたい。そこで6号と時期不詳とされた5号（12）、それに1号（10）の資料を比べてみると、いずれもバンド・ソーメン紋が発達しており、時期的にはごく近いと考えられる[註13]。

それに対して、6号（9, 11）より新しく、1号（10）より古いとされた2号が問題となる。図を省いたが、床面出土の土器はいずれも小形品で、トビニタイ土器群Ⅰ-Ⅱに由来する窓枠紋や幅広いネット・ソーメン紋を持つ。これは1号（10）・5号（12）・6号（11）よりも、明らかに4号（4・5）や9号（1～3）の紋様に近いと思われる。

しかしながら、涌坂氏の上げ土の観察によれば、6号（9, 11）→ 2号（床面上の土器）→ 1号（10）の変遷序列が指摘されており、この点が大きな疑問として残る。この矛盾をどのように考えればよいか。型式学的な観点をとり、6号（9）と1号（10）の間に2号の資料を挿入した場合には、どのように妙案を捻っても、スムーズな変遷をたどることは不可能になる。2号に隣接する4号（4・5）や6号（9, 11）の上げ土の状況について、詳細な情報が分かれば、何か解決のヒントが得られるかも知れない。

この矛盾点は、新しい資料の増加を待って再考したい。何よりもここで注目されるのは、涌坂氏が明快に指摘した、「9号（1～3）→ 4号（4・5）→ 7号（7・8）→ 1号（10）」、という竪穴の序列と床面土器の変遷である。胴部の紋様で見ると、擦紋土器のごとく幅広い紋様帯（1～5）から、ソーメン紋土器3に酷似したバンド・ソーメン紋（10～12）の複段紋様への変遷が、上げ土の層序に基づいて想定されることになる。この変遷案に対して、新旧の6号資料の序列（9→11）を加えると、オタフク岩の土器群の編年は、つぎのように編成される[註14]。

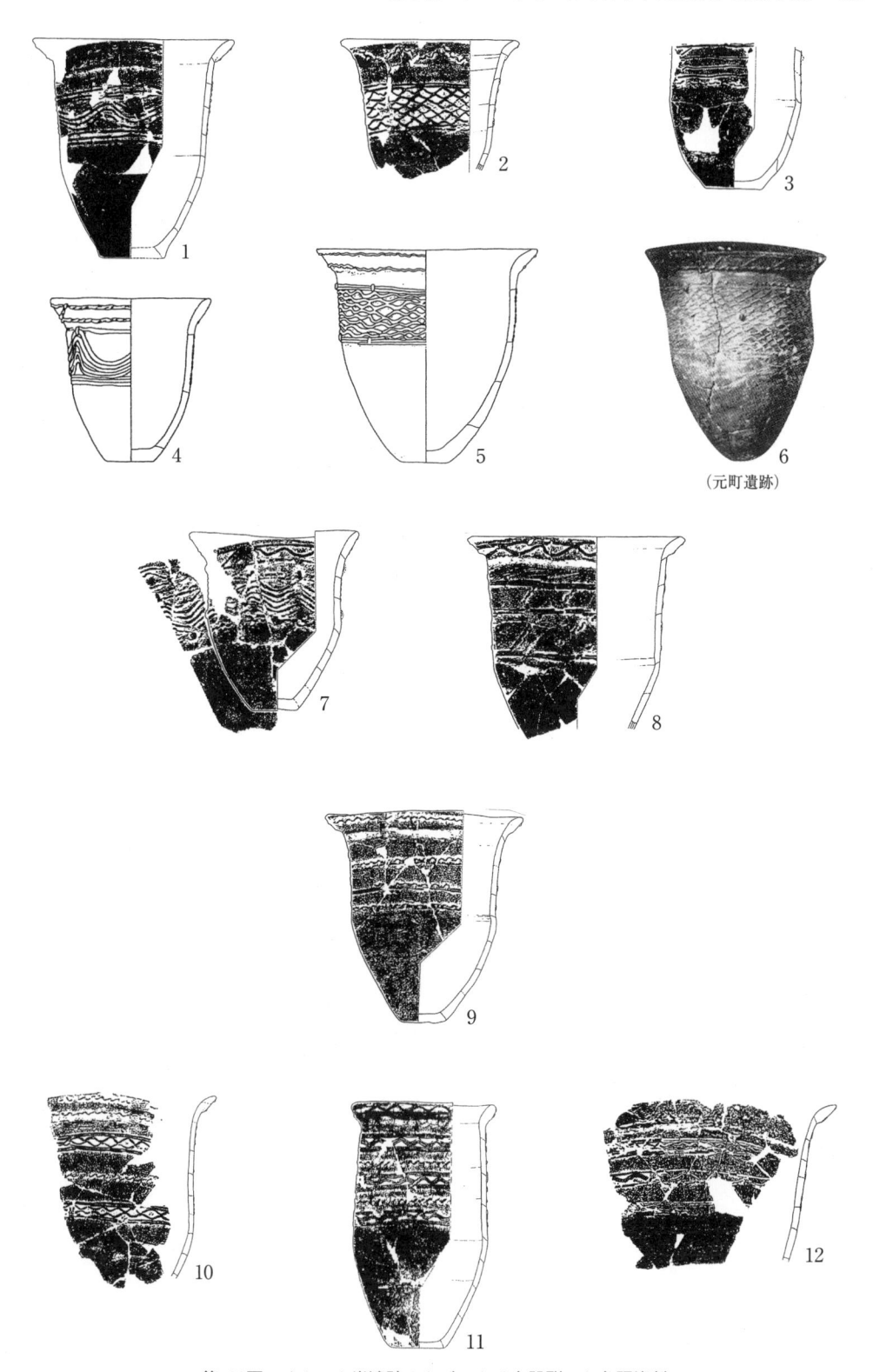

第1節　トビニタイ・カリカリウス土器群の細分試案　335

(元町遺跡)

第139図　オタフク岩遺跡のトビニタイ土器群Ⅱと参照資料

(1)「古い部分」：9号（1～3）→4号（4・5）＝ふ化場第1遺跡（第136図1・2）
(2)「中位の部分」：7号（7, 8）・6号（古：6）＝船見町高台遺跡竪穴資料の一部（床面）
(3)「新しい部分」：1号（10）・5号（12）・6号（新：11）＝トビニタイ遺跡2号竪穴資料の一部（床面）

　ここに(1)類とした土器群は、ふ化場第1遺跡の竪穴資料に酷似している。近い時期と見做しても特に問題はないであろう。また、先に細分したカリカリウス土器群の「古～新」（第138図1～12）と対比しても、(1)～(3)類の編年案には、矛盾する点は見当たらないように思える。

　さてここで、通説編年の要とされる元町遺跡（女満別町）の竪穴資料注目したい。6例であるが、その胴部の紋様には、交互に小さいなポッチ状の貼付紋が付けられている。類似の貼付紋は、オタフク岩遺跡の「古い部分」（3・5）から「中位の部分」（7）までの資料にも施されている。

　しかし「新しい部分」の資料（10～12）には見当たらない。これは6の元町例が、トビニタイ土器群Ⅱの中でも、決して新しくないことを示唆すると思われる。ネット状のソーメン紋（「ネット・ソーメン紋」）が、胴部に幅広く施紋されていることも、また、波線で画された大波状紋が口縁部に施されることも、本例が「古い土器」であることを端的に示している（柳澤1999a・1999b・2003：137-139）。

　それでは、(1)～(3)類の編年案を、通説の「ソーメン紋土器→トビニタイ土器群Ⅱ→トビニタイ土器群Ⅰ-Ⅱ」という編年案に当て嵌めると、どうなるであろうか。ソーメン紋土器はトビニタイ土器群Ⅱの母体とされている。したがってソーメン紋土器は、古い竪穴の9号（1～3）や4号（4・5）の土器よりも、とうぜん古くなければならない。

　しかし通説の編年案では、バンド・ソーメン紋を有するソーメン紋土器3から、9号や4号のトビニタイ土器群Ⅱ（1～5）が登場し、それが7号（7・8）や6号（9, 11）へ変化すると考える。そして最後に、バンド・ソーメン紋を持つ1号（10）や5号（12）のトビニタイ土器群Ⅱが、「先祖返り」的に再登場したと捉える。

　はたして、そのような不可思議な土器変遷が在り得るであろうか。また、それを型式学的に説明し、発掘調査の現場において実証できるであろうか。こうした根本的な疑問が解消されない限り、通説の編年案が磐石であるとは言えないであろう。

2）ポスト擦紋時代の広域編年案

　さて、以上かなりの紙幅を費やして、厚岸湾の周辺から根室半島を経由して伊茶仁川の流域へ、さらに知床半島まで足を伸ばして諸遺跡の資料を分析し、それを比較しながら遺跡・遺構単位の編年案を検討してみた。土器個体レベルの煩瑣な記述に終始しており、大方は理解しがたい印象を持たれたと想像される。

　そこで試みに、擦紋土器やトビニタイ土器群Ⅰの消滅後における、この地域の土器編年を試案として図表に示してみた（第140図）。もとよりこの図表は、狭いスペースに仮の標本例を配列し

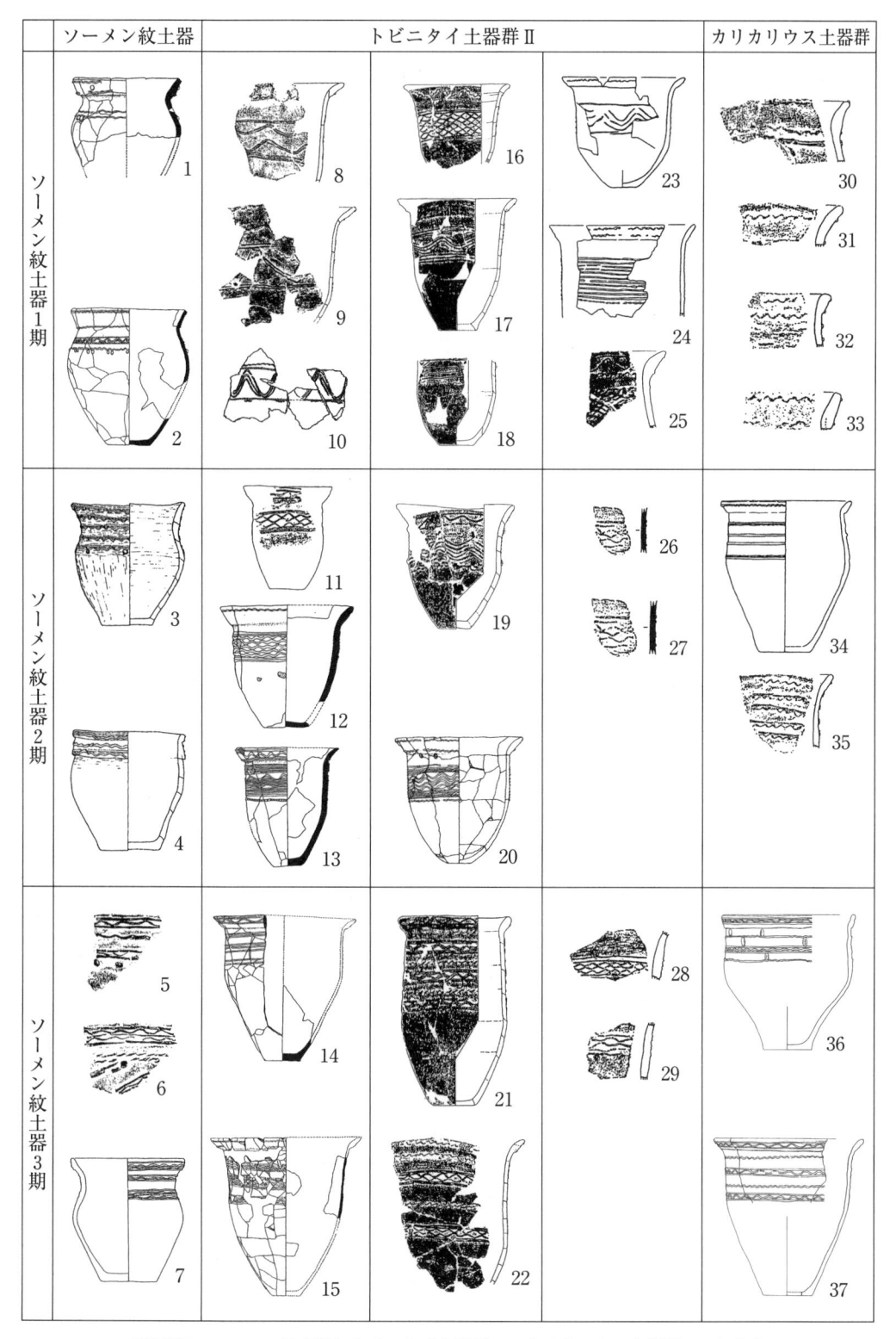

	ソーメン紋土器	トビニタイ土器群Ⅱ		カリカリウス土器群
ソーメン紋土器1期	1, 2	8, 9, 10	16, 17, 18	23, 24, 25	30, 31, 32, 33
ソーメン紋土器2期	3, 4	11, 12, 13	19, 20	26, 27	34, 35
ソーメン紋土器3期	5, 6, 7	14, 15	21, 22	28, 29	36, 37

第140図　ソーメン紋土器とトビニタイ土器群Ⅱ・カリカリウス土器群の3細分案

ているため、意を十分に尽くしていないが、道東編年案の大要はこれで捉えられるであろう。

　ソーメン紋土器の変遷は、知床半島の資料（1〜7）を用いて例示してある。この編年の根拠は、ウトロチャシコツ岬下遺跡の層位事実とトビニタイ遺跡の竪穴重複の事例に基づいている（柳澤1999b：64-70）。また、カリカリウス土器群（30〜37）については、竪穴資料の型式学的な分析とソーメン紋土器編年との対比に拠っている。トビニタイ土器群Ⅱ（8〜15，16〜22，23〜29）は、ウトロチャシコツ岬下遺跡の層序、オタフク岩遺跡の竪穴(上げ土)序列、浜別海遺跡やふ化場第1遺跡などの層位事例が細分案の支えになっている。

　これは各地域における縦の土器変遷を示している。これに対して横の関係を検証しても、大筋で型式学的に矛盾する点は見当たらない。伊茶仁周辺域から知床半島にかけての貼付紋系土器が、本図表のように対比されるならば、冒頭に引用した宇田川・右代両氏による通説の編年案は成立しないことになる。したがって、これからピラガ丘遺跡やオタフク岩洞窟、オタモイ1遺跡の不動の層位事実も、それぞれに見直しが必要になって来るであろう。

3）トビニタイ土器群の系統的な細分について

　最後にトビニタイ土器群の系統的な弁別について、予察的な整理を試みておきたい。以上の議論では、トビニタイ土器群の呼称を、一種の分類概念として適用し、
　　(1)　いわゆる刻線紋に貼付紋を加えたもの：「トビニタイ土器群Ⅰ」
　　(2)　刻線紋が消滅して、断面の平坦な貼付紋線を多用したもの：「トビニタイ土器群Ⅱ」
　　(3)　(1)類と(2)類の中間的な特徴を持つもの：「トビニタイ土器群Ⅰ-Ⅱ」
の三者に細分して、それぞれの編年的な位置について検討した。

　その結果は、なお出土状況に疑問の残る事例もあって判然としないが、(1)・(3)類の「Ⅰ・Ⅰ-Ⅱ」が先に登場し、それに後続して(2)類の「Ⅱ」が登場すると考察された。では、このような逆転した編年観に立つ場合、弁別されたトビニタイ土器群の出自はどのように捉えればよいであろうか。

　現在の見通しでは、本文中でも言及したように、トビニタイ土器群Ⅰ-Ⅱのモチーフは、オホーツク式土器に由来すると考えられる。そのルーツは、おそらく複系的であると想定され、
　　(1)　常呂川河口域や栄浦遺跡群に居住していた道北系の刻紋・沈線文系土器、
　　(2)　網走から根室半島に至る地域の刻紋系土器に後続する土器群、すなわち「続・刻紋土器」とでも呼称すべき土器群：擬縄貼付紋土器(古)、
　　(3)　ポスト刻紋・沈線紋系の土器、すなわち沈線紋系の土器
の三者に求められる。

　これに対してトビニタイ土器群Ⅰは、擦紋土器と折衷されて登場した新系統の土器（「Ⅰ-Ⅱ」）であって、それには擬縄貼付紋土器など複数の異系統土器の影響が観取される。したがってトビニタイ土器群Ⅰは、一種の変容した擦紋系の土器であり、「変異擦紋土器」とでも呼ぶべき存在であると考えられる。

第9表　道東部北方編年の試案（暫定的）

河野(1955)	道東のオホーツク式・トビニタイ土器群			擦紋土器
	円形刺突紋土器			Ⅰ
A・B	刻紋土器A			Ⅱ
BC	刻紋土器B		刻紋・沈線紋土器	Ⅲ
C	疑縄貼付紋土器(古)		（続刻紋、沈線紋系土器）	Ⅳ(古)
	疑縄貼付紋土器(中)		トビニタイ土器群Ⅰ-Ⅱ	Ⅳ(中)
C	疑縄貼付紋土器(新)		トビニタイ土器群Ⅰ・Ⅰ-Ⅱ	Ⅳ(新)・Ⅴ
	ソーメン紋土器1	カリカリウス土器群1	トビニタイ土器群Ⅱ(古)	
D	ソーメン紋土器2	カリカリウス土器群2	トビニタイ土器群Ⅱ(中)	
D	ソーメン紋土器3	カリカリウス土器群3	トビニタイ土器群Ⅱ(新)	

　さらにトビニタイ土器群Ⅱは、その成立に際して、新系統の「トビニタイ土器群Ⅰ-Ⅱ」と「変異擦紋土器」の両系統が関与しており、ソーメン紋土器の登場に触発されて変容しつつ、道東部の広い範囲で一斉に登場した、と推察されるのである。
　この編年構想は、すでに旧稿の編年図表や記述の中で示して来たものである[註15]。以上に述べたことを踏まえて、これを前稿の編年案（柳澤2003）に挿入すると**第9表**のように纏められる。

おわりに

　北方圏の編年研究が対象とする地域の範囲は広大である。北海道島だけでも東北6県を上回る広さを有する。それにサハリン島からアムール川の流域へ、そして遥かハバロフスクやマガダンの沿岸域、さらに南千島からアリューシャン列島までの空間を視界に収める。この列島考古学研究圏の北縁に連なる領域は、異系統の文化が複雑に交錯する世界としてつとに知られている。
　本州島の先史文化のように列島内部で充足し、複系統でありながらも、ある意味で相似性の強い紐帯を維持する世界とは、おのずと異なる様相を呈した『日本遠古之文化』の外延に広がる未知の研究領域である。そうした異質性に富む世界を、先史考古学の本来の方法で捉えるには、本州島以南はもちろん、北方の研究圏においても、「モノ」資料に依拠した編年体系に拠るほかはないと思われる。
　この広大な地域の通説の土器編年には、根本的な問題が伏在しているのではないか。そのような疑問を述べてから早くも5年を迎える。ここに道東部の編年について、ようやく諸系統の絡み合う姿を見通した新しい編年体系案を提出するところまで到達した。
　擦紋土器を母体として、オホーツク式土器と折衷して登場したトビニタイ土器群に象徴される考古学上の文化について、この新編年案を用いて、どこまで解明することができるのか。その将来の成果については今から予想できないが、それ以前に解決すべき厄介な問題が、道東部にはま

だいくつも残されている。

　以前にも述べたことであるが、知床半島ではオタフク岩洞窟やオタモイ1遺跡、斜里周辺では須藤遺跡やピラガ丘遺跡群、常呂周辺では常呂川河口遺跡などが、そうした問題を抱える遺跡として挙げられる。上述の編年案によれば、どの遺跡においても問題を解決できると予想されるが、これから一遺跡ごとにしだいに考察を深めて行きたい。

　それと並行してサハリン島や南千島の編年についても、乏しい資料を点綴しながら見直しを進めなければならない。ところで擦紋土器の終焉は、一般に12～13世紀頃まで下るとされているが、はたして、この通説は妥当であろうか。

　かつて佐藤達夫は、

　　　「そのはじまりをほぼ八世紀に、終末はモヨロ貝塚におけるオホーツク式の年代観、および上述の南貝塚式の年代観などから、ほぼ11世紀に求めることができよう」、

と論じた(佐藤1972：485)。この見解は、今でも最も正鵠を射ているのではあるまいか。もちろん、現在の資料状況を踏まえ、編年体系を精密に見直さなければ、擦紋土器の存続年代は正しく捉えられない。しかしながら、以上の通説編年の見直しが妥当ならば、「忘失」された佐藤説の蓋然性は必然的に高まることになろう。また、ソーメン紋土器やトビニタイ土器群Ⅱの年代な位置も、自ずと特定されて来るであろう。

　はたして、第9表に纏めた新しい編年案に基づいて、通説の北方圏史を根本から見直す日は訪れるであろうか。最近、北奥の一遺跡で発見された「馬の線刻画土器」(高杉2002)は、津軽海峡以北の環オホーツク海域編年の見直しが、ますます焦眉の課題であることを、沈黙のうちに雄弁に物語っているように思われる。

註

(1)　図86および図118の標本例に該当する。
(2)　この土器の紋様や描線の特異性については、つとに大井晴男氏が、搬入された擦文土器を「模作」と捉えて詳細な分析を試みている（大井1994）。須藤遺跡におけるトビニタイ土器群の在り方は、なかなか複雑な様相を示している。搬入された擦紋土器とトビニタイ土器群が、はたして常に同時代であるかどうかは、細かな検討を要すると思われる。
(3)　前稿(柳澤2003：註1：160)では、擦紋Ⅳを「古い部分：Ⅳ$_{1～3}$」、「中位の部分：Ⅳ$_{4～7}$」、「新しい部分：Ⅳ$_{8～10}$」に暫定的に区分したが、本稿でもこの案にしたがう。
(4)　柳澤（2001：84-93，2203：124-127）を参照されたい。
(5)　道東部では、擦紋末期やトビニタイ土器群Ⅱの竪穴から、海獣やヒグマの遺存骨や骨粉の出土が報じられている。その事例としては、須藤遺跡や伊茶仁ふ化場第1遺跡などがあげられる。西本豊弘氏は、ヒグマや海獣類に対する儀礼的な扱いを指摘している（西本1981）。これは擦紋末期及びそれ以後における、オホーツク文化人の活発な活動実態を想定するうえで示唆に富む発言といえよう。
(6)　この竪穴から出土した擦紋土器は一様でない。年代的には明らかに幅があり、出土した場所も異なる。5号

竪穴では、擦紋Ⅳ（中）期の土器とトビニタイ土器群Ⅱが伴出しており、通説の編年案と齟齬を来たしている。これは単純に「共伴」と見做せない事例であり、慎重な検討が求められよう。

(7) 古い竪穴を再利用するのは「オホーツク文化」に顕著な習俗である。擦紋土器を出土する方形プランの一般的な集落址では、竪穴の再利用はほとんど知られていない。したがって再利用されている場合には、その居住者の出自が問題になる。大西秀行氏が最新の論考でこの問題を積極的に論じている（大西2003）。まず、土器編年の見直しと再構築が当面の課題になるであろう。

(8) 擦紋土器の紋様の複段化現象については、融合現象に関連して、石附喜三男がつとに指摘しているが、その編年上の議論には首肯しかねる点が多い（石附1969）。佐藤達夫は、融合現象の議論を急がずに編年論上の観点から複段紋様の出現の意義を捉えている（佐藤1972）。これはまず編年秩序の確立を優先させる立場を明確にした発言として注目されよう。

(9) 仮に、通説のとおり9例を擦紋Ⅲ期に比定するならば、それがなぜ竪穴内に混入し、7例と伴出したのか。その点の説明が求められることになろう。

(10) 柱穴の穿たれている状態や壁上の斜面形成（入れ子状の二段掘り込み的な状況：椙田1980：10-11）を考慮すると、この竪穴が建替えられた可能性はかなり高いと考えられる。

(11) 最新刊のトコロチャシ遺跡の報告書を参照すると、8号竪穴の床面から、爪跡を残すソーメン紋土器の完形品が検出されている（熊木2003：15-19）。なお、隣接する7号竪穴は重複して構築されている。その新旧の骨塚から出土した土器は、筆者がつとに想定したとおり、「古い土器」の「モノ」送り儀礼の存在を如実に物語っており、興味深い（柳澤2000：23-24・註9，2003：146-155・註10）。機会を見て、9号竪穴資料と合わせて詳細な検討を試みたい。

(12) この手の土器の出自については良く分からないが、並行貼付線を多用する疑縄貼付紋土器の仲間から登場すると推測される。たとえば第129図23例は、その一つの候補となるであろう。

(13) 2号竪穴は6号に後続し、1号竪穴に先行するとされている。しかし、床面から出土した3点の土器は古手の特徴を有しており、9号竪穴の土器に近似するように思われる。この見方が妥当ならば、推定された竪穴の構築順と床面土器の時期は一致しないことになる。資料の増加を待って検討してみたい。

(14) 6号竪穴では、6・9の2個体の完形土器が出土している。これはソーメン紋土器2・3に対比されるので、本址の床面土器は2時期に跨ることになる。このように竪穴が継続的に使用され、土器が伝世し、儀礼的に扱われたと推定される実例は、ソーメン紋土器を出土する竪穴では一般的に認められ、非常に興味深く思われる（柳澤2000：23-24・註9，2003：137-149）。

(15) 一例として、柳澤（2000：第17図，2001：第7・8図）の資料を参照されたい。

図版出典

第120図　1～9：宇田川（1988）　10～18：右代（1991）　19：澤編（1972）　20：大場・児玉（1958）

第121図　澤編（1972）

第122図　澤編（1972）

第123図　1～19：澤編（1972）　20：網走市立郷土博物館編（1990）　21：涌坂（1991）　22・23：大場（1956）　24～27：国分ほか（1974）

第124図　1～9：富永（1965）　10・11：東京大学文学部考古学研究室編（1972）

第125図　1～17，20～26（第124図に同じ）　18・19：東京大学文学部考古学研究室編（1972）

第126・127図　北構・岩崎編（1972）
第128図　1～4：大場・児玉(1958)　5～8：東京大学文学部考古学研究室編(1972)　9・14：宇田川編（1981）　10：大場（1956）　11・12：涌坂（1991）　13：金盛（1976a）
第129図　1～10：宇田川編（1981）　11・12・16・18・22・27：駒井編（1964）　13・24・26：佐藤（1964）　21・23・25：大場（1956）　14：佐藤（1994）　15・17・19・20：国分ほか（1974）
第130図　1～3：宇田川編（1981）　4：東京大学文学部考古学研究室編（1972）　5～9・15～21：北構・岩崎編(1972)　10・11：大場（1956）　12・13：武田（2003）　14：和田・米村（1993）　22・28：大場・児玉(1958)　23：宇田川編（1981）　24～27：北溝・岩崎編（1972）
第131図　1～38：石附・北構編（1973）
第132図　1～22：石附・北構編（1973）　23：佐藤（1994）　24～26：大場（1956）
第133図　1～7：椙田（1978）　8～11：大場・児玉（1958）　12：石附・北構編（1973）・13：椙田（1978）
第134図　1～6：椙田（1987）　7～10：浜中町教育委員会（1983）　11・12：駒井編（1964）　13：椙田（1982a）　14・15：武田（2003）　16：佐藤・佐藤（1986）　17：西（1970）　18・19：宇田川（1971b）　20～23：涌坂・本田（1980）
第135図　1～8・21・24・25～29：石附・北構編(1973)　9～10・11～14・16・17・30・31：椙田(1978・1982・1987)　15・22・23：大場・児玉（1958）　18～20：福士（1983）
第136図　1～13，16～24：椙田（1978・1980）　14・15：国分ほか（1974）　25・26：浜中町教育委員会（1983）　27：北構・岩崎編（1972）　28・29：石附・北構編（1973）
第137図　1：豊原・福士（1980）　2・4：涌坂（1991）　3：北構・岩崎編（1972）　5：清野（1969）　6：澤編（1972）　7：椙田（1982a）　8：駒井編（1964）　9：武田（1991）　10：国分ほか（1974）　11・14：涌坂・本田（1980）　12：宇田川（1971b）　13・18：椙田（1987）　15：宇田川編（1981）　16・17：青柳（1995）
第138図　1～12：椙田（1982a）
第139図　1～3・7～12：涌坂（1991）　4・5：宇田川（1971b）　6：大場（1960）
第140図　1・2・12～15：駒井（1964）　3・4：涌坂（1984）　5～7・11：宇田川編（1981）　8：宇田川（1971b）　9・20：金盛（1976a）　10：米村（1972）より筆写　16～19・21・22：涌坂（1991）　23～29，30～37：椙田（1980，1982a）

第2節　斜里地方におけるトビニタイ土器群編年の予察
－ピラガ丘・須藤遺跡からオタフク岩遺跡へ－

はじめに

　斜里町のピラガ丘遺跡群や須藤遺跡は、二ツ岩遺跡や伊茶仁カリカリウス遺跡とともに、北方編年体系の要になる遺跡である。通説では、二ツ岩遺跡のソーメン紋土器が、「伊茶仁カリカリウス遺跡→ピラガ丘遺跡(第Ⅲ地点)→須藤遺跡」の順序でトビニタイ土器群(菊池1972a)に変貌し、やがて擦紋土器に同化・吸収され、終焉したと説明されている(右代1991ほか)。

　しかしながら斜里や網走・常呂方面には、未だ伊茶仁カリカリウス遺跡に酷似した土器群が発見されていない。これらの地域や知床半島には、なぜトビニタイ土器群の母体となる土器が一様に欠落するのであろうか。実に不思議な現象と思われる。

　これまで旧稿(柳澤1999a, b～2002)では、そうした通説編年の疑問点を指摘し、「忘失」された層位事実や零細な資料を用いて、新しい北方編年体系の可能性を探って来た。その作業も当初に見通したとおり、順調に進捗しつつある。そこで本稿では、前稿(柳澤2003・2004)で述べた二ツ岩遺跡と伊茶仁カリカリウス遺跡の分析を踏まえ、懸案であったピラガ丘遺跡と須藤遺跡の資料について、予察的に検討してみたい。

　ピラガ丘遺跡では、竪穴と包含層の土器を限定的に扱う。また須藤遺跡では、擦紋土器に伴うトビニタイ土器群の「中間的なもの」(Ⅰ-Ⅱ)について、その出自と変遷を推論する。さらに両遺跡の分析をもとに、斜里周辺域の編年案を編成し、これと知床・標津・根室方面の新・旧編年案を対比して、道東部の編年体系を拡充・強化したいと思う[註1]。

1. ピラガ丘遺跡第Ⅱ地点

　斜里町の海岸線には、標高10～30m、幅200～500mの砂丘列が連なる。その一部は、旧ウェンベツ川によって分断されており、独立丘をなしている。ピラガ丘の遺跡群は大小6つの独立した砂丘からなり、竪穴住居跡(以下，竪穴)は、その内の第Ⅰ～Ⅲ地点(以下，便宜的にピラガ丘Ⅰ～Ⅲ遺跡とする)に営まれている(米村1971・1972，金盛1976a, b)。遺跡としては、どの地点も複雑な形成史をたどっている。まず、第Ⅱ地点から二つの竪穴を選び、ピラガ丘遺跡編年の骨格を検討してみよう。

1) ピラガ丘Ⅱ遺跡1号竪穴における層位出土の事例

　1号竪穴は第Ⅱ地点の東端に位置している。6本の主柱穴が中央の地床炉を囲むように穿た

344　第4章　トビニタイ・カリカリウス土器群と擦紋末期土器の編年

れ、壁際に多数の小柱穴がめぐる（第141図）。プランは約4×5mの不整方形を呈し、カマドを欠いており、周溝も検出されていない。まず、これらの点に注目しておきたい。

　出土遺物としては、竪穴のC-Dラインの第9層（黒色砂層上面）から、2例の「擦文・オホーツク融合型式」が、また床面から、1例の高坏と無紋の杯形土器が発見されている。公表された資料は、この3点に止まる。

　セクション図を参照すると、層位的には、「床面の1例→壁際の覆土中の2例」への変遷が想定される。そこで「融合型式」とされた2例を見ると、口縁部には3本の革紐の貼付線（河野1955）が施され、口頸部は素紋扱いされている。胴部は、並行する2本の貼付紋線で画し、その内側に短い髭状の刻紋を加えた大波状の貼付紋を施している。

　そこで、この髭状の短刻線が注目される。道東部での登場は擦紋Ⅳ期[註2]に限定される。しかも、Ⅳ$_{1～3}$期の古い時期には存在しない。Ⅳ$_{4～7}$期の中頃でも稀らしく、Ⅳ$_7$期以降の新しい時期になると俄かに目立って来る[註3]。

　例えば厚岸町の3例から中標津町の5例へ、そして標津町の5例を経て羅臼町の6例に至るま

第141図　ピラガ丘遺跡第Ⅱ地点1号竪穴出土土器と参照資料
（1・2：ピラガ丘Ⅱ　3：伊茶仁カリカリウス　4：下田ノ沢　5：計根別　6：オタフク岩洞窟）

で、髭状の短刻線を持つ資料は道東部の広い範囲に分布している。いずれも、擦紋IV_6ないしIV_7期以後に比定されるものである。5・6例には、2例と同じ革紐状の貼付紋が施されており、頸部は素紋扱いされている。これは両者が年代に近いことを示す特徴と言えよう。

一方、1例の高坏の時期はどうであろうか。道東部では擦紋IV（古）期の竪穴が少なく、分布もごく限定されている。この時期の常呂川河口遺跡の高坏を参照すると、1例とは形態的な特徴が明らかに異なる。特に、高台の長さや断面形などに大きな違いが認められる。

高坏がほぼ消滅したとされる擦紋IV（新）期にも、1の類例は見当たらない。しかしIV（中）期では各地で酷似した例が発見されており、1例は、この頃かその直前に比定される可能性が高いと思われる。IV（新）期に下ることは無いであろう。

このように観察すると、「1例→2例」なる変遷には、矛盾する点は何も認められない。そこで、この相対序列をピラガ丘遺跡における第1の編年軸としておきたい。

2）須藤遺跡23号竪穴資料との対比

須藤遺跡は、ピラガ丘遺跡群から南東方向の台地上に立地している。大小30軒の竪穴が1978～1980年にかけて発掘され、精細な報告書が速やかに刊行された（金盛1981）。23号竪穴から出土した**第142図**の4～10例に注目したい。

6例と9例は床面上から、その他は覆土からの出土品である。4例の高坏は、IV_5期の5例と共に覆土中から発見されている。先のピラガ丘Ⅱ遺跡の1号竪穴例（1）と良く似ている。2例の高坏は、ピラガ丘遺跡の9号竪穴から出土したものである。これは$IV_{3～4}$期の3例と伴出している。型式学的に比べると、相対的な序列は次のようになる。

(1)　擦紋$IV_{3～4}$期　　：2例＝3例
(2)　擦紋IV（中）期　　：1例
(3)　擦紋IV_5期　　　：4＋5例
(4)　擦紋IV（新）期　　：10例

ただし、床面の6・9例と覆土中の7・8例、それに対する4・5例の関係をどう捉えるかが問題である。一般的には、覆土中から出土した4・5例と7・8例は「共伴」と認められよう。しかし、しばしば覆土中には古い土器が混入するから、「伴出＝共伴」であるとは一概に言えない。むしろ複段化した7・9例は、型式学的にみるとIV_7期以降に比定されるので、IV_5期の4・5例とは時期が異なると考えるべきであろう。

7・8例は、床面上の6・9例に類似しており、同時期の可能性が高いように思われる。このように遺構内で「共伴」したとされる資料を細かに弁別し、その編年上の位置を見直すことによって、通説と異なる編年体系が仮設されるはずである。

以下、そうした作業に入る前に、資料を観察する際の要点について、予め触れておきたい。

346　第4章　トビニタイ・カリカリウス土器群と擦紋末期土器の編年

第142図　ピラガ丘遺跡第Ⅱ地点・須藤遺跡竪穴出土土器の対比
（1・10：ピラガ丘Ⅱ-1号竪穴　2・3：ピラガ丘Ⅱ-9号竪穴　4〜9：須藤-23号竪穴）

3）擦紋末期における土器群の関係性について

　擦紋土器に異系統の土器が伴い、擦紋土器それ自体も大きく変容する時期は、私見によれば、擦紋Ⅳ$_6$期以降に限定される。**第143図**は、道東各地のその頃の実例である。少し観察してみたい。
　1例では、口縁部への3本貼付線の施紋と胴部の複段化が注目される。これに対して2例には、その複段紋様に革紐状の貼付線が加えられている。口縁部と胴部の貼付紋化、幅広い頸部素紋帯の形成は、1例と2例の年代的な近さを端的に示し、同時に擦紋土器と疑縄貼付紋土器の交流を示唆する重要な特徴として注目されよう。

第2節 斜里地方におけるトビニタイ土器群編年の予察 347

つぎに3例と8例である。これはTK29（栄浦第二）遺跡の採集品であるが、これまでほとんど注目されたことがない。どちらも疑縄貼付紋が施されている。3例は、誰もが認めるトビニタイ土器群（菊池1972a）の「中間的なもの」（Ⅰ-Ⅱ）であって、貼付線の断面形は平坦である。

報告書の付図には明示されていないが、8例の疑縄貼付紋土器の断面形も平坦であると推定される。通説によると、疑縄貼付紋土器の年代は8世紀に遡るという(註4)。これに対して、3例とともに採集された擦紋土器は、Ⅳ(中)～Ⅳ(新)期に及び、その時期は、11世紀後半～12世紀、または13世紀まで下ると指摘されている(註5)。

つまり通説の編年では、3例と8例の疑縄貼付紋は、250年～400年の時空を超えて、「先祖返り」したと考えるのである。本州島でも、かつて一度も証明されたことがない特異な土器現象が、はたして道東で実際に認められるであろうか。これから物的な証拠に基づいた型式学上の綿密な論証が求められよう。

ところで、根室半島のオンネモト遺跡や釧路の別保遺跡では、4・5例のごとくTK29遺跡（栄浦第二遺跡）の8例に酷似した資料が発見されている。4例は、誰もが認める「オホーツク式」の疑縄貼付紋土器である。これに対して、同様に疑縄貼付紋を有する別保遺跡の5例は、トビニタイ土器群Ⅰ-Ⅱと共に

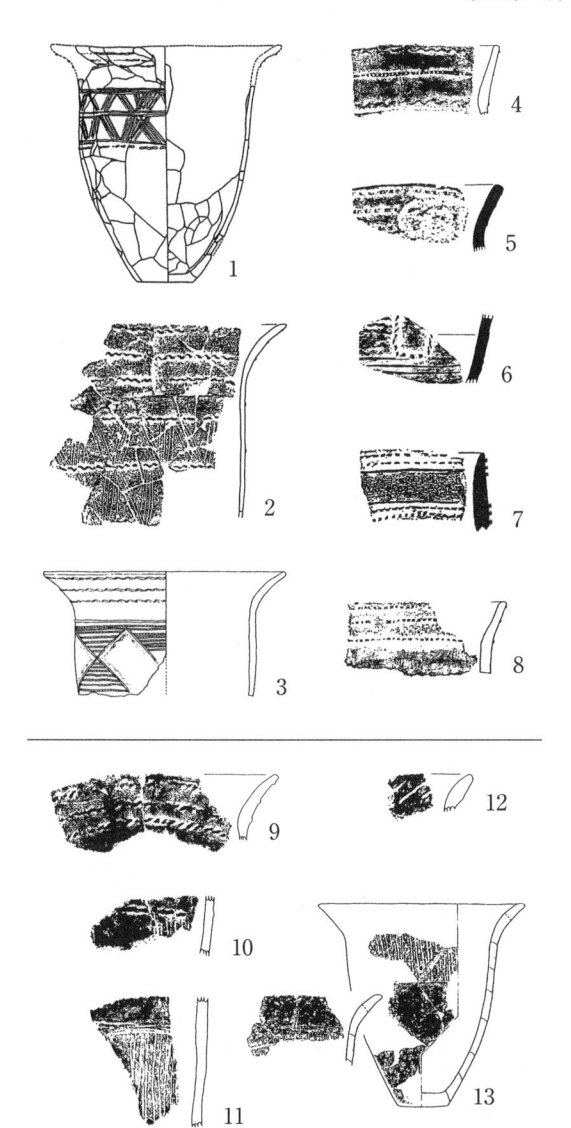

第143図 トビニタイ土器群Ⅰ：Ⅰ-Ⅱ、擦紋末期土器と擬縄貼付紋土器
（1・2：須藤 3・8：TK29（栄浦第二） 4：オンネモト 5・6：別保 7：霧多布 9～12：ふ化場第一 13：オタフク岩洞窟）

採集されている（5＋6）。これはTK29遺跡（栄浦第二遺跡）に酷似した土器様相（3＋8）として注目されよう。

厚岸町の霧多布遺跡では、器形が朝顔形で疑縄貼付紋を施し、しかも口縁部の断面形が拇指状を呈する7例のような土器片が採集されている。疑縄貼付紋の特徴は、明らかに4・5・8例に酷似しており、紋様手法の広域的な交流があったことを、端的に示している。

このように観察すると、疑縄貼付紋土器の影響を受けた1～3例の擦紋系の土器、即ち「変異

擦紋土器」(柳澤2004：206-209)と疑縄貼付紋土器の関係は、つぎのように捉えられる。

(1) 1・2例（擦紋Vまたはトビニタイ土器群I）と3例（トビニタイ土器群I-II）は年代学的に近い関係にある。
(2) 型式学的に見ると、その関係は「1→2→3」または「3→2→1」の順になる。
(3) TK29（栄浦第二）遺跡：3＝8であり、オンネモト遺跡：4＝(3＋8)である。
(4) 別保遺跡　：5＋6＝(3＋8)＝4（疑縄貼付紋土器(新)）[註6]
(5) 霧多布遺跡：7＝(4＝5＝8)＋(3＝6)

　通説では1・2例などのトビニタイ土器群I（「変異擦紋土器」）は、10世紀に盛行したトビニタイ土器群IIから変化したものと捉えられている。それでは、3・6例のトビニタイ土器群I-IIは、いったい何を母体として発場したのであろうか。このような疑問は、これまで一度も発せられたことがない。
　そこで、ふ化場第1遺跡1号竪穴の覆土中から採集された、9～12例に注目してみたい。12例の口縁部の断面は、明らかに拇指状に肥厚している。オタフク岩洞窟の13例（＝10・11・12）も同じ断面形である。2・3例と同じ3本の革紐状の貼付紋を持つ9例の口縁部も、拇指状の断面形を呈している。
　このような特有の断面形を持つ土器は、佐藤達夫が「擦紋V」とした土器(佐藤1972)にも、またトビニタイ土器群I-IIにも、共通して認められる。しかし、擦紋IV（古・中）や擦紋IIIなどの先行する古い土器群には全く存在しない。したがって、擦紋末期に比定されるトビニタイ土器群I（擦紋V）や、トビニタイ土器群I-II（1～3・7・9～13）と疑縄貼付紋土器（4・5・8）は、通説に反して、年代的に近接している可能性が高いと考えられよう。
　この通説を逆転させた編年構想は、旧稿（柳澤2003・2004）で縷々述べたとおりである。以下、1～13例の年代的な近さを念頭において、ピラガ丘遺跡群編年の検討に入りたい。

4）トビニタイ土器群I-IIからトビニタイ土器群IIへ

　北方編年の分野では、どの論考においても、二ツ岩遺跡や伊茶仁カリカリウス遺跡の「共伴」と認められた出土事例が特に重視されている。しかし、これに反する地点差や層位差を示す事例が道東の広い範囲に存在することは、不思議に思われるほど、ほとんど等閑に附されている。
　例えば、前稿（柳澤2004：168-172・186-194）で取り上げた標津町や別海町の出土事例は、その一例に他ならない。これらは断片的な資料ながら、「擦紋IV（中～新）→トビニタイ土器群II」の変遷序列を端的に証明するものと思われる（**第144図**）。

(1) 浜別海遺跡4号竪穴
　　：11・12（擦紋IV₆：覆土）→13・14（トビニタイ土器群II：北東側の上部）

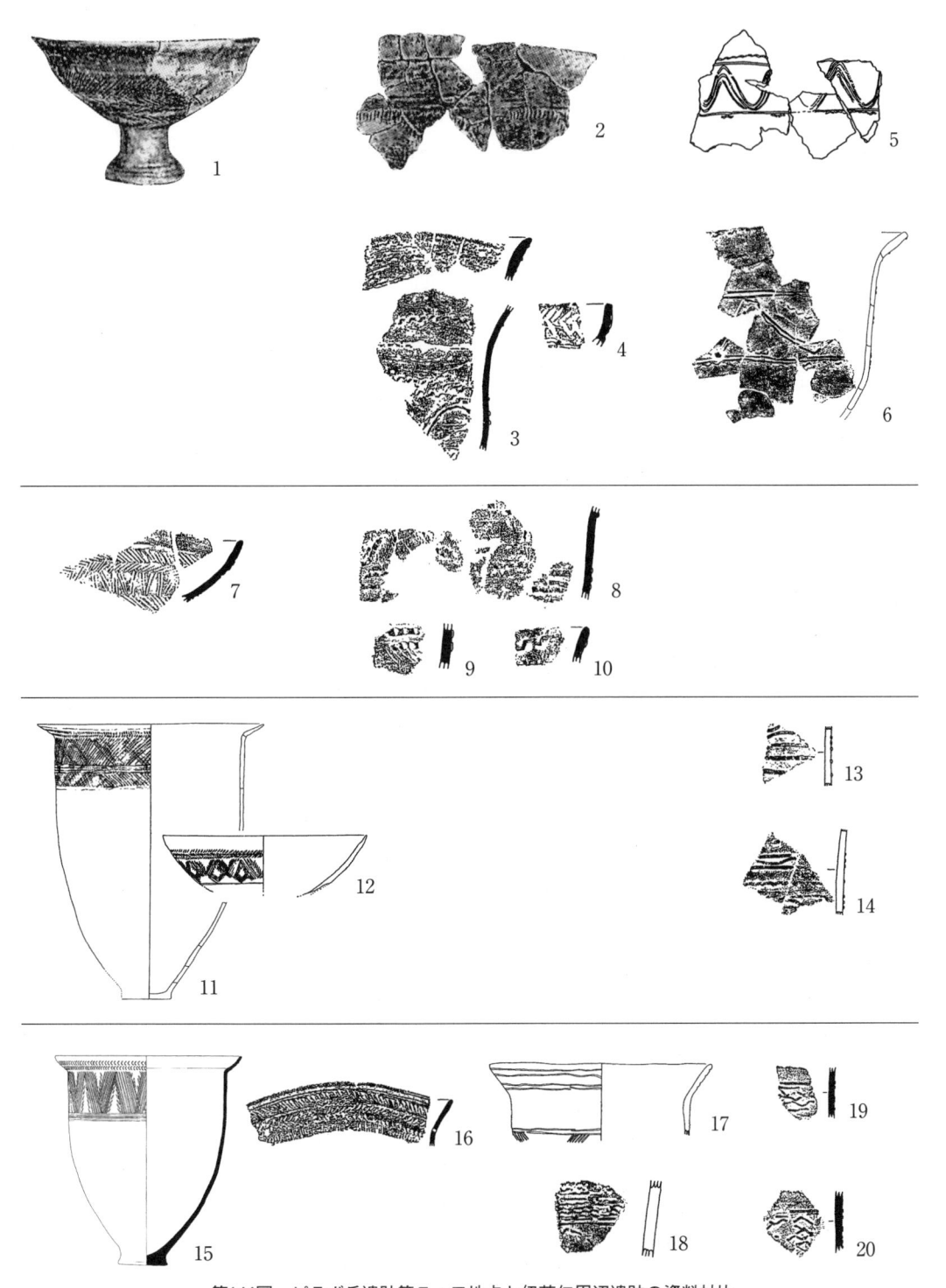

第 2 節　斜里地方におけるトビニタイ土器群編年の予察　349

第144図　ピラガ丘遺跡第Ⅱ・Ⅲ地点と伊茶仁周辺遺跡の資料対比
（1・2・5，6：ピラガ丘Ⅱ・Ⅲ　3・4：伊茶仁B-7号竪穴　7～10：伊茶仁B-10号竪穴　11～14：浜別海-4号竪穴　15・16・19・20：伊茶仁カリカリウス　17・18：姉別川17-1号竪穴）

(2)　伊茶仁カリカリウス遺跡　竪穴

　　　：15（擦紋Ⅳ（新）：カマド）→16（柱穴：擦紋Ⅳ（新））→19・20（トビニタイ土器群Ⅱ：表土）

　(3)　姉別川17遺跡竪穴

　　　：17・18（擦紋Ⅴ・トビニタイ土器群Ⅰ-Ⅱ）→19・20（トビニタイ土器群Ⅱ：表土）

　そこで試みに、先の須藤遺跡1号竪穴の編年序列（1→2）と、この伊茶仁・浜別海両遺跡の編年を対比してみたい。2例の大波状の貼付紋が、この作業の「鍵」になる。類例は、伊茶仁B遺跡の竪穴でも発見されている。7号竪穴の3例と10号竪穴の8例である。それぞれ擦紋Ⅴの4例や9例、それにⅣ（新）期の7例と伴出している。7例と1例の関係は少し微妙であるが、7例の方がやや新しいと推定される。

　7例に伴出した9例には、長い粗雑な刻線がある。同様のものは、3例の大波状貼付紋の内側にも施されている。この刻線は、おそらく2例の短刻線と年代的に近い関係にあるであろう。須藤遺跡1号竪穴の覆土土器（第142図7・8）には、この手の短刻線が見当たらない。4例に3例が伴うのかどうか、また7例に8～10例が伴うのかどうか。その点は明らかでない（柳澤2004：180-183）。しかし、粗雑な刻線を持つ2・3・9例の方が、型式学的にみて、1・7例よりも新しい可能性があるように思われる。

　このように観察すると、相対的には「1例→2例」であり、3例と8～10例のいずれかが2例と年代的に近いという大まかな新旧関係が想定される。それでは、2・3・8例の大波状貼付紋の変遷は、どのように捉えられるであろうか。

　大波状の貼付紋の原形をなす貼付紋系のモチーフは、「オホーツク式」に出自がたどれる（柳澤2003：124-136・2004：180-186）。それに加えて、17例のごとき大きな鋸歯紋を持つ擦紋Ⅴに由来する可能性もあると考えられる。時期的には、前者の方が早く出現する。しかし系統的にみると、大波状の貼付紋は、双方の交流を通じて登場するのであろう。

　この17例には、トビニタイ土器群Ⅰ-Ⅱに比定される18例が共伴している。型式学的には、「4例→17例」の序列が想定されるから、17＋18例の方が3＋4例より新しいと考えられよう。

　ピラガ丘遺跡には、5例（Ⅱ地点）や6例（Ⅲ地点）のように、大波状の貼付紋を施した土器がある。その類例は、道東部の広い範囲で発見されており、3例や8例の大波状紋との繋がりが注目される。

　ともに複数の貼付線で波状紋を描く。その上下を2本の貼付線で画し、頸部を幅広くとって、素紋扱いとしている。6例の口縁部には、2本の革紐状の貼付線が施されている。5例も同じであろう。ともにトビニタイ土器群Ⅱの「古い部分」に比定される資料である（柳澤2003：129-136）。3例の胴部の刻線紋を省き、また、8例の大波状紋を複線化すると、5・6例との差異は細部に限られる。両者が年代的に近いからであろう。仮に、「8・3→5・6」への変遷を想定しても、何ら型式学上の矛盾は生じない。

　そこで以上の観察を整理すると、次のような変遷序列が想定される。

第2節　斜里地方におけるトビニタイ土器群編年の予察　351

(1) 須藤遺跡23号竪穴の床面上の高坏（1）→覆土中のトビニタイ土器群Ⅰ-Ⅱ（2）
(2) 「トビニタイ土器群Ⅰ-Ⅱ」（2・3・8）＋「擦紋Ⅴ」（＝トビニタイ土器群Ⅰ：4・9・10）
→姉別川17の「擦紋Ⅴ」（17）・トビニタイ土器群Ⅰ-Ⅱ（18）
(3) 浜別海遺跡の擦紋Ⅳ（中）：11・12→伊茶仁カリカリウス遺跡の擦紋Ⅳ（新）：15→16→（姉別川17：17・18）→浜別海・伊茶仁カリカリウス遺跡のトビニタイ土器群Ⅱ（13・14, 19・20）
(4) 大波状貼付紋（2・3・8）・大鋸歯紋（17）→トビニタイ土器群Ⅱの大波状貼付紋（5・6）

このように諸遺跡の資料を比べると、擦紋Ⅳ(中)からトビニタイ土器群Ⅱに至る土器変遷の流れは、きわめてスムーズにたどれる。しかしながら、ピラガ丘遺跡群における出土状況を比べると、この編年案でも、また通説の編年案でも、容易に説明できない厄介な層位事実に接することになる。そこで竪穴を離れ、今度は包含層の資料について少しく検討してみよう。

2．ピラガ丘Ⅲ遺跡との対比

1）包含層の「伴出」事例について

ピラガ丘遺跡第Ⅲ地点の包含層から発見されたトビニタイ土器群Ⅱと擦紋Ⅲは、一般に「共伴」関係にあるとされている。一方、第Ⅱ地点の包含層で出土したトビニタイ土器群Ⅱに関しては、これまで注意されたことがない。それには何か理由があるのであろうか。

公表された資料は極めて少ない。**第145図**の1・2例は、1号竪穴西側に位置するG-17区から出土したものである。前者は擦紋Ⅳ(古?～中)期に、後者は典型的な「トビニタイ土器群Ⅱ(新)」[註7]に比定される。ともに白色火山灰（[第Ⅱ層]）と黄色火山灰（[第Ⅳ層]）に挟まれた、「白色火山灰混じりの暗褐色砂層」から採集された（米村1972：53）。その様子は、図版を見ると一目瞭然に確認できる。層位的に見れば、両例が「共伴」していることは、誰の目にも疑いないと映る。

しかし1例と2例は、はたして同時期の土器であろうか。通説の編年では、1例は11～12世紀ないし11世紀の後半に、そしてトビニタイ土器群Ⅱの2例は10世紀とされる。この年代観が妥当であれば、2例の胴部に見えるバンド状のネット・ソーメン紋は、9世紀代のソーメン紋土器から全く変化せずに、11～12世紀まで連綿と作られたことにな

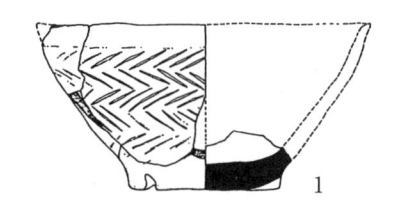

第145図　ピラガ丘遺跡第Ⅱ地点包含層出土の土器

る。通説の編年観では容易に説明できないことであろう。

　両者が時期的に同時代であるならば、実に不可思議な現象と言うほかない。むしろトビニタイ土器群Ⅱの時代に、「古い擦紋土器」が儀礼的に扱われたと考えた方が、遙かに理解し易いであろう。ちなみに同一層位における、擦紋Ⅱ〜Ⅴ期とソーメン紋土器の伴出状況は、知床半島のオタモイ１遺跡でも確認されている[註8]。また、擦紋Ⅳ期の竪穴でトビニタイ土器群Ⅱが伴出した事例としては、斜里町の嘉多山３遺跡が挙げられる（和田・米田1993）。どちらの事例も、通説編年では容易に説明ができないと思われる。

　さて、包含層の資料に戻ろう。G17区から遙かに離れた発掘区の西端（G46区）でも、トビニタイ土器群Ⅱの古い土器が発見されている。公表された資料は、**第146図**１例に止まる。伴出の土器については何も分からない。層位も記載されていないが、G-17区と同じであれば、第Ⅱ層：白色火山灰（雌阿寒ａ）の下面〜第Ⅲ層：黄褐色砂層の上面で出土したことになろう。

　さらに、G46区に隣接したF47区では、「比較的多量の擦文式土器と融合型式が出土しており」、その東側の小丘では、かつて河野広道氏が擦紋土器を主体とした竪穴を調査した、と指摘されて

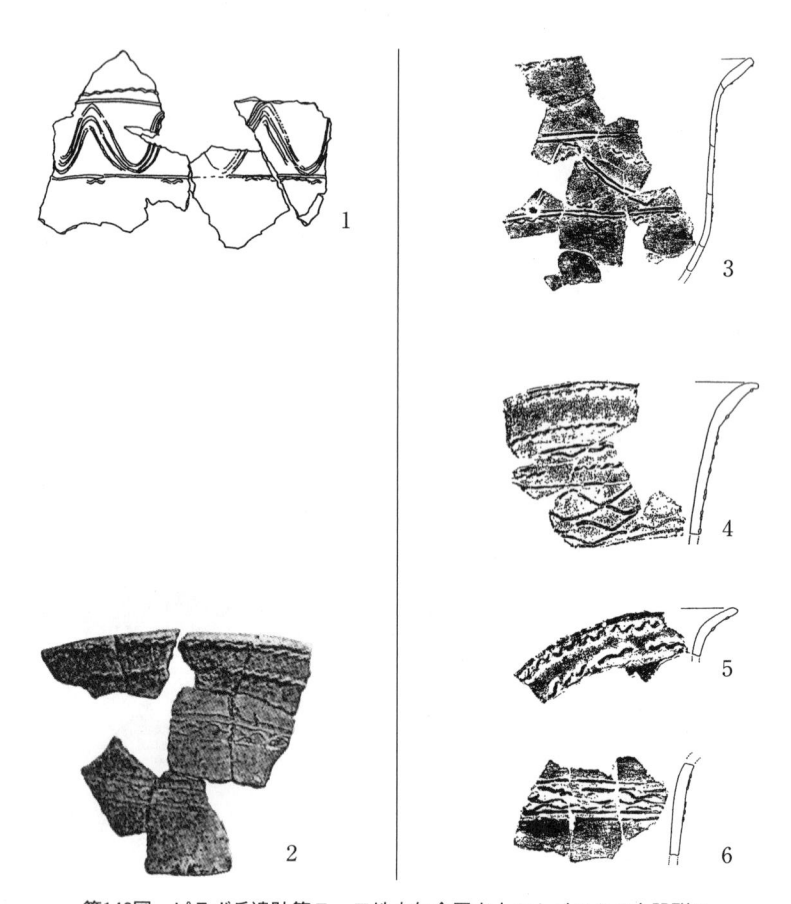

第146図　ピラガ丘遺跡第Ⅱ・Ⅲ地点包含層出土のトビニタイ土器群Ⅱ
（１・２：ピラガ丘Ⅱ　３〜６：ピラガ丘Ⅲ）

第2節　斜里地方におけるトビニタイ土器群編年の予察　353

いる（米村1972：5）。では、1例の如き「融合型式」と伴出した「擦文式土器」とは、どのようなものであろうか。先のG17区と同様の出土状態であるならば、そのパートナーは、もちろん擦紋Ⅳ(中)に比定される土器となる。はたして包含層における「伴出」状況を、単純に「共伴」と認めてよいのであろうか。

　ちなみに、ピラガ丘遺跡の第Ⅱ地点で発見された擦紋土器は、Ⅳの(古)～(中)段階が目立つ。擦紋Ⅳ(新)期やトビニタイ土器群Ⅰ-Ⅱ・Ⅱは散見する程度である。擦紋Ⅲより古い土器は、報告書の図版と記述を見るかぎり、1点も見当たらない。

　これに対して第Ⅲ地点には、不思議なことにトビニタイ土器群ⅠとⅠ-Ⅱが見当たらない。第146図に示したトビニタイ土器群Ⅱ（3～6）が、包含層をはじめ竪穴の覆土や「床面上」において、擦紋Ⅲとともに発見されている（金盛1976a）。付図には、擦紋末期の土器と思われる破片も散見するが、その量は遥かに少ない。

　第Ⅱ地点とⅢ地点では、なぜトビニタイ土器群Ⅱと伴出する土器が異なるのか。隣接する遺跡であるだけに、こうした明瞭な地点差は、いささか不思議に思える。時空を飛び越えて、異時代の文物が交流するなどと言うことが、実際に起きているのであろうか。これは「宋銭」にちなむ古き『ミネルヴァ』論争の論点を想起させるような素朴な疑問である。

　遺構の占地特性や再利用の有無に影響され易い「伴出」土器の差異は、一先ず棚上げにして、両地点のトビニタイ土器群Ⅱの変遷について、ここで型式学的な観点から検討してみたい。

　第Ⅲ地点の包含層は、黒褐色の腐食砂層（Ⅴ層）からなる。上部は黒味が強く、下部は茶褐色に近いという。また、明確に2層に分けられる地点も存在した、と指摘されている[註9]。第Ⅱ地点の2例は、Ⅱ層（白色火山灰）とⅣ層（黄色火山灰）の間、白色火山灰混じりの暗褐色砂層から出土している。この層準は、上下の関係から判断して、ほぼⅢ層の腐食砂層に近いレベルと思われる。この腐食砂層は、第Ⅲ地点ではⅤ層の上部に比定される。したがってトビニタイ土器群Ⅱは、両地点とも、腐食質の「黒色砂層」上面から出土していると考えられる。

　そこで1～6例を比べると、幅広い紋様を持つ1・3例とバンド状のネット・ソーメン紋を持つ2・6例の二者が、先ず区別される。擦紋末期の胴部紋様は、ほぼ例外なく幅広く構成される。2・6例のごとく、頸部の素紋帯を介してバンド状に複段化することは、原則としてあり得ない。したがって、胴部の紋様を幅広く構成する1・3例の方が擦紋土器に近く、バンド状のネット・ソーメン紋を有する2・6例の方が、よりソーメン紋土器に近いと考えられる。通説では、「いわゆる藤本「e群」[註10]→トビニタイ土器群Ⅱ（2・6）→幅広い紋様を持つトビニタイ土器群Ⅰ・トビニタイ土器群Ⅰ-Ⅱ」に変化して、擦文土器に吸収されると説明される。この編年案は、実例で示すと、「5・6＝2→4→3＝1」という順序になる。

　これに対して、先に述べた編年案では、擦紋Ⅳの幅広い紋様から1・3例が生まれ、それがソーメン紋土器との交流を通じてバンド状に分帯し、その結果、2・6例などが登場したと考える。すなわち、「3＝1→4→5・6＝2」という序列が想定される。

　はたして、どちらの見方が妥当であるのか。ちなみに第Ⅱ地点では、前者の編年観に合致する

層位出土の事例が報告されている。そこで、つぎにそれを検討してみたい。

2）ピラガ丘Ⅱ遺跡13号竪穴の層位出土の事例

　この竪穴は、約5×6mの不整方形をなし、中央には地床炉がある（第147図）。部分的に周溝を有する。壁際と炉を囲むように細い柱穴がめぐり、南側には太い柱穴も認められる。柱穴のあり方はやや不規則で、1号竪穴のプラン（第141図）とは明らかに異なる。再利用されている可能性があるかも知れない。

　掘り込みの時期は不明とされ、地山砂層の一部が竪穴内部に流れ込んでいるという。床面上からの出土遺物は無く、A－Bセクション図の11層下部（暗褐色砂層）から、1例のトビニタイ土器群Ⅱが出土している。また、床面に向かって擂鉢状に流れ込む8層（黒色砂層）から、2～4例の擦紋土器が発見された。

　層位的に見れば、明らかにトビニタイ土器群Ⅱ（1）が古く、擦紋土器（2～4）が新しいと判断されよう。報告書においても、両者の「同時共存」の可能性を認めつつ、そのように指摘している（米村1972：34-35）。確かに、上下の関係はその通りと言える。しかし年代的に見て、「1→2～4」という順序が正しいかどうかは、別に検討を要するであろう。

　先ず2～4例である。報告された8層出土の資料は、この坏類2点と甕類の1点に止まる。一時期の器種セットを遺棄したとすれば、これは、いかにも不自然な組成といえよう。3例の坏が粗雑な作りであることから、大井晴男氏や大西秀行氏は同時期に2例を模作しているのではない

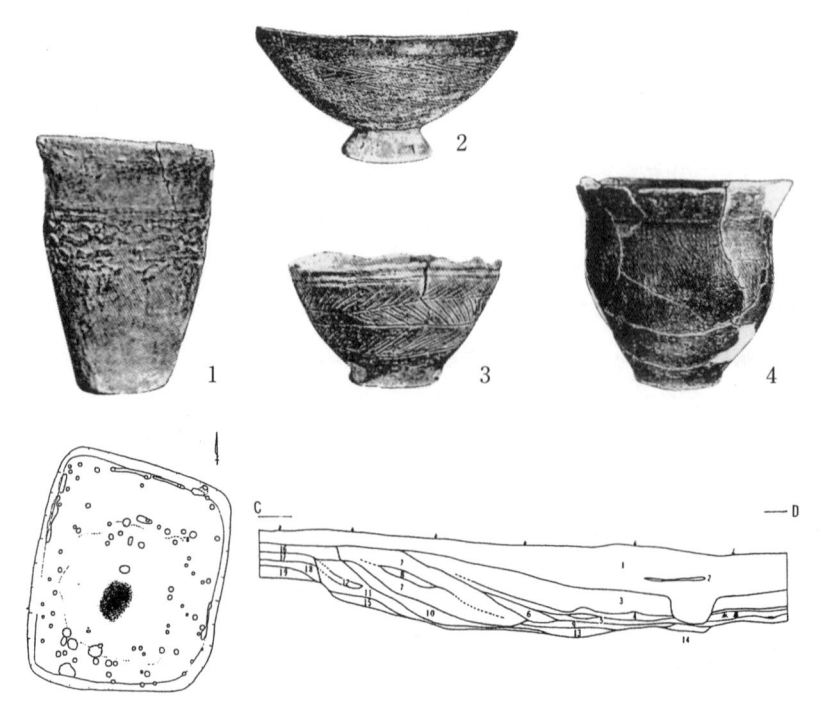

第147図　ピラガ丘遺跡第Ⅱ地点13号竪穴の出土土器

かと述べている（大井1994・大西1996a）。はたして、その可能性はあるであろうか。

2例の高台は短い。矢羽状の刻紋は急傾斜で密接に施紋されている。一見して3例との差異は歴然としている。短い高台の高坏は、擦紋Ⅳ（古）の時期に目立ち、Ⅳ（中）の例は稀であると思われる。一方、3例の粗雑な矢羽刻線は、Ⅳ（中）でも末期に登場し、Ⅳ（新）期に盛行するものと思われる。2例と3例の時期は、かなり異なるのではなかろうか。

これが第一の疑問である。第二は、4例の時期と系統である。本例は、これまで問題にされていないが、注目すべき資料ではなかろうか。幅広い口縁部には隆起線状の貼付線？がめぐり、胴部には、写真が不鮮明でよく分からないが、縦方向に粗雑な調整痕？が残されているように見える。この類例は、これまでⅣ（古・中）期では見たことがない。口縁部に隆起線状の貼付線？を施す手法は、須藤遺跡の23号竪穴例（第142図6・7）に見えるように、Ⅳ₆期頃に登場し、それ以後に発達するものと思われる。

このように観察すると、2～4例がはたして一時期に属すのかどうか。また、模作土器であるのかどうか、あらためて疑問が生じるであろう。それでは2～4例の土器群は、何時いかなる事情から、13号竪穴に遺棄されたのか。遺棄された時期それ自体は、11層下部に1例が遺存した時期より新しい可能性が大きい。しかし層位差が示すとおりに、1例より2～4例が、年代的に新しいかどうかは、改めて検討を要する。型式学的な検証を経なければ、両者の年代的な序列は、言うまでもなく正しく捉えらない。

ちなみに、先に検討したG17区の包含層では、3例に近い時期の高坏とトビニタイ土器群Ⅱが、同一層内で伴出して発見されている。この包含層と13号竪穴の「伴出」事例も、残念ながら一致しない。なぜこのように、地点によって伴出土器の内容が異なるのか。通説編年の立場でも、あらためて見直してみる必要があるであろう。ここでピラガ丘遺跡を離れ、常呂周辺の層位事例を検討してみたい。

3）擦紋土器に後続するオホーツク式土器

栄浦第二遺跡は、擦紋期とオホーツク期を含む竪穴の総数が約2000基を数える大遺跡である。擦紋土器の古い資料(擦紋Ⅰ～Ⅲ)は、長年の調査でそれなりに発見されているが、不思議なことに、その時期に属す竪穴の発見例は異常に乏しい。多くの場合、古い擦紋土器はオホーツク式の竪穴の覆土中から発見される。一方、擦紋の竪穴からオホーツク式が出土することはほとんどない。何故であろうか。その隠れた理由について、大いに興味が持たれる。

こうした出土状況の中で、**第148図**の1～4例は、擦紋土器とオホーツク式の関係を端的に示す5号竪穴の貴重な資料である。1～4例は床面から、5～7例は、竪穴周辺の表土下に営まれた「配石址」から発見されたものである。したがって層位的には、明らかに「擦紋Ⅲ（1～4）→疑縄貼付紋土器（5～7）」の序列が想定される。

つぎに岐阜第二遺跡の資料を一覧すると、トビニタイ土器群Ⅱを出土したW8号竪穴が目に止まる。貴重な出土例である。床面上から出土した8・9例は、擦紋Ⅳ9期の標本例とされた資料

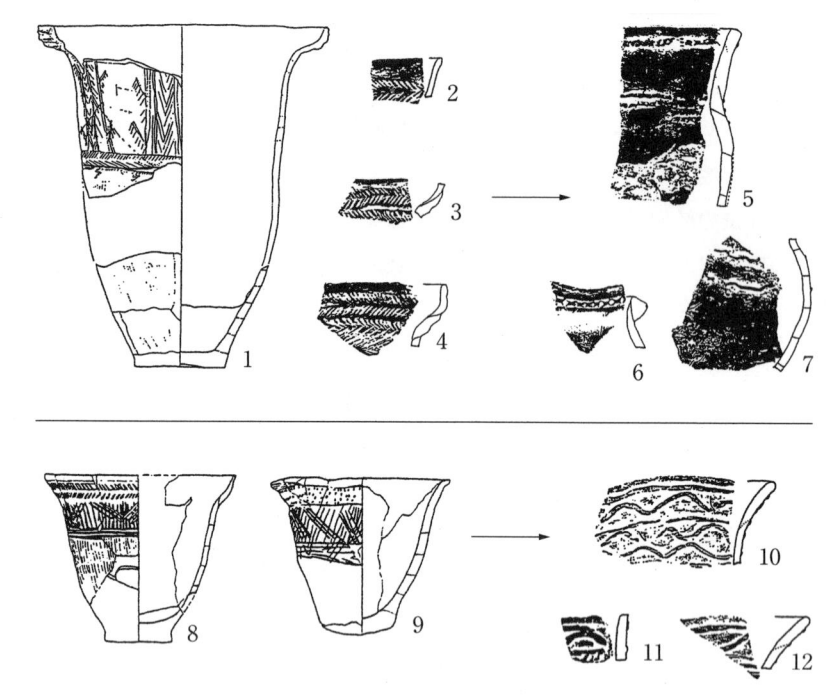

356　第4章　トビニタイ・カリカリウス土器群と擦紋末期土器の編年

第148図　擦紋土器に後続する擬縄貼付紋土器とトニニタイ土器群Ⅱ
（1～7：栄浦第二5号竪穴　8～12：岐阜第二W8号竪穴）

である。10～12例は少し風変わりだが、トビニタイ土器群Ⅱの「古い部分」に比定される。これは覆土中から出土している。したがって層位的に見ると、「擦紋Ⅳ（新：8・9）→トビニタイ土器群Ⅱ（古：10～12）」、という序列が成り立つ[註11]。

　この二つの事例を対比するには、5～7例と8・9例の新旧が問題になる。8・9例は擦紋末期に比定され、すでにトビニタイ土器群Ⅰ・Ⅰ-Ⅱを伴出する時期に当たる。これらにほぼ並行するオホーツク土器は、第143図で検討したように、疑縄貼付紋土器でも「新しい部分」（第143図4・5＋6＝3＋8）と考えられる。

　したがって、疑縄貼付紋土器の「中位の部分」～「新しい部分」の(古)？に比定される5～7例は、擦紋末期の8・9例より古いと考えねばならない。整理すると、次のような序列が想定される。

(1)　擦紋Ⅲ₇：終末期（1～4）
(2)　疑縄貼付紋土器（中～新？：5～7）
(3)　擦紋Ⅳ9（8・9）
(4)　トビニタイ土器群Ⅱ（古：10～12）

　さて、この編年案を踏まえ、さらに標津町と別海町の層位事例（第144図11・12→13・14，15→16→19・20）に留意すると、先のピラガ丘Ⅱ遺跡13号竪穴の「層位事実」が、単純に土器の新旧の序

列を示すとは言えなくなる。むしろ土器変遷の序列が、なぜ層位的に逆転した状況を呈するのか。その理由について、他遺跡の事例を視野に入れながら、詳細な検討が必要になると思われる[註12]。

さて、以上に述べた資料の分析は、ピラガ丘Ⅱ遺跡の1号・13号竪穴と第Ⅱ・Ⅲ地点の包含層土器のごく一部に止まるものであった。しかし特に矛盾する点もなく、比較できることが明らかになったと言えよう。一方、通説を強力に支える層位出土の事例については、その信頼性に疑問符の付くことが明らかになった。

そこで、両地点と伊茶仁川流域の編年案を対比すると、**第149図**のようになる。大波状の貼付紋の変化は、2例→3＝11＝16例→4例への順序で、型式学的に矛盾無くスムーズにたどれる。そしてソーメン紋土器3からネット・ソーメン紋を受容すると、古い幅広い紋様帯や大波状貼付紋（3・4・11）が姿を消し、複段化したバンド・ソーメン紋（6・13・19・20）の盛行する様子が容易に読み取れるであろう。

しかしながらピラガ丘遺跡には、この広域編年案の見通しに合致しない事例が残されている。

3．ピラガ丘Ⅰ遺跡の層位事例

1）3号竪穴

ピラガ丘遺跡の第Ⅰ地点は第Ⅱ・Ⅲ地点の西側、200mほど離れたところに位置している。わずか5軒の小さな集落址である。報告された資料の範囲では、出土した擦紋土器は、ほぼ擦紋Ⅳ(中)の時期に限定され、それにトビニタイ土器群Ⅰ-ⅡやⅡが床面上や覆土中で伴出したと指摘されている（米村1971）。

第Ⅱ・Ⅲ地点と同様に、第Ⅰ地点の報告資料は一部に止まっている。遺跡の内容については不明な点が少なくない。ここでは、しばしば引用される3号竪穴の資料に注目してみたい。この竪穴は丘頂の東部に位置しており、発掘前には直径3.5m、深さ40cmで浅い楕円形を呈していたという。調査後の大きさは明らかでない。またプランも、付図からはっきり読み取れない。炉址やカマドは無く、焼土や炭化物の出土も記述されていない。

竪穴内の層序は、表土下に第2層（白色火山灰混入の黒色砂土）、第3層（草木類を多く含む火山灰粒層）、第4層（有機質の暗褐色砂土）の順になる。第3層には硬く踏み固められた床面がある。第4層では、地山の黄褐色土を掘り込み、鍋底状にした床面を形成していたと指摘されている。この堆積状況はいささか第Ⅱ・Ⅲ地点と異なる点が注目されよう。

出土した土器をみると、**第150図**1～3例は第3層、4例は第4層から出土している。層序によると、「4→1～3」という変遷が想定される。4層では、4例の他に「オホーツク式土器」が多量に出土し、3層でも、1～3例に「オホーツク式」の破片が混入していたと報告されている。この観察によれば、貼付紋を多用するトビニタイ土器群Ⅰ-Ⅱよりも、擦紋Ⅳ(中)の1～3例の方が層位的には新しくなる。

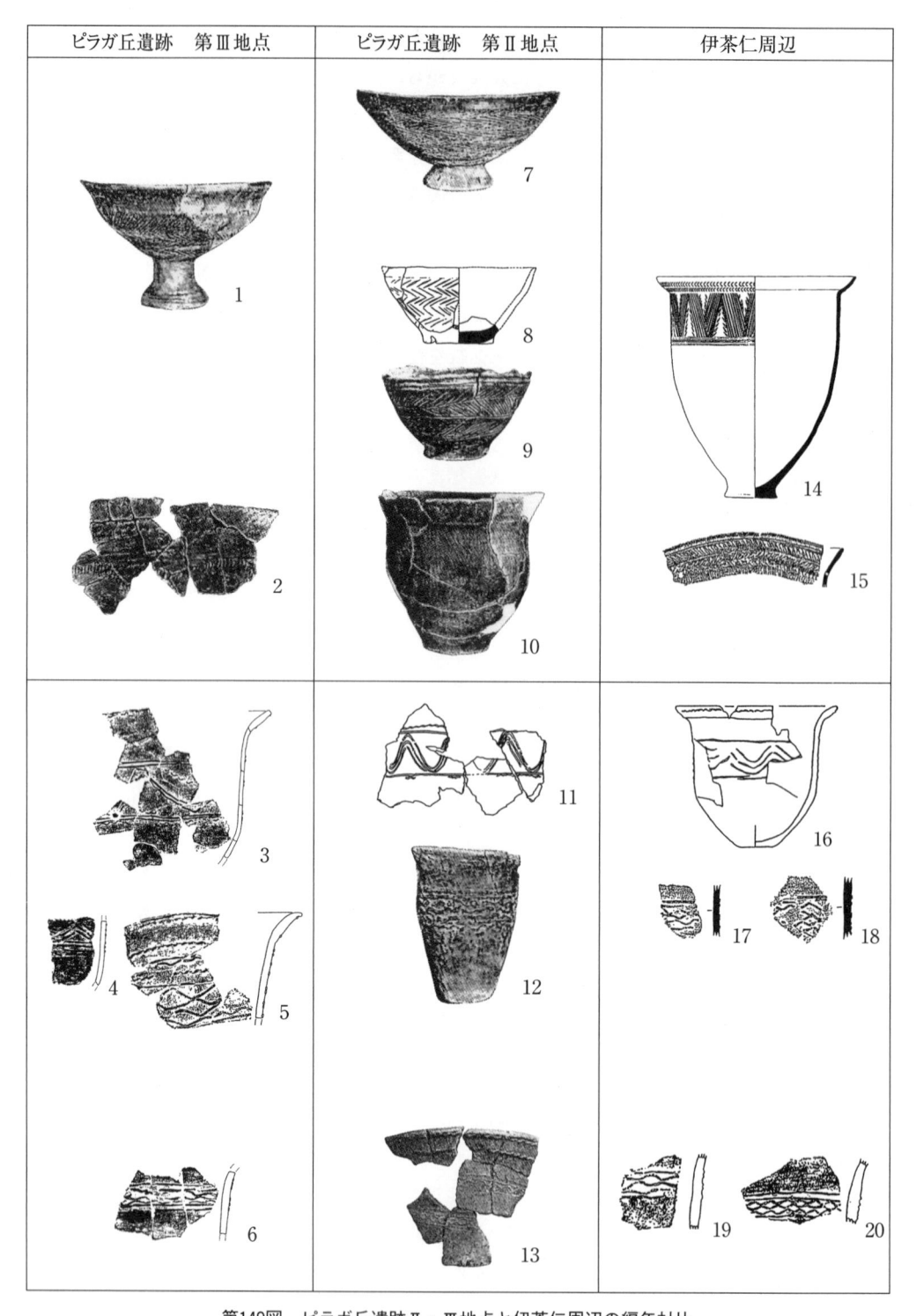

358　第4章　トビニタイ・カリカリウス土器群と擦紋末期土器の編年

ピラガ丘遺跡　第Ⅲ地点	ピラガ丘遺跡　第Ⅱ地点	伊茶仁周辺

第149図　ピラガ丘遺跡Ⅱ・Ⅲ地点と伊茶仁周辺の編年対比
（1〜2・7〜13：ピラガ丘Ⅱ　3〜6：ピラガ丘Ⅲ　14・15・17・18：伊茶仁カリカリウス　16・19・20：ふ化場第一）

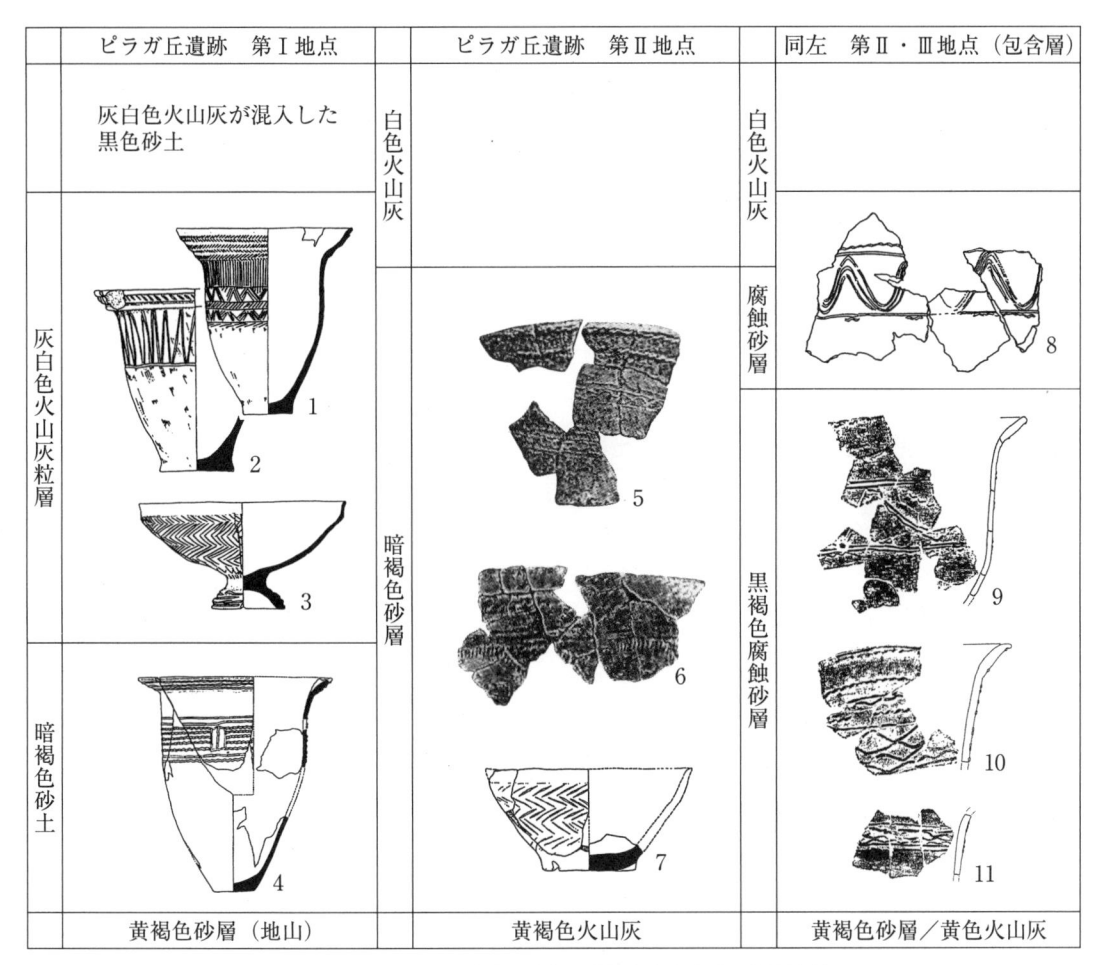

第 2 節　斜里地方におけるトビニタイ土器群編年の予察　359

| ピラガ丘遺跡　第Ⅰ地点 | ピラガ丘遺跡　第Ⅱ地点 | 同左　第Ⅱ・Ⅲ地点（包含層） |

（ピラガ丘遺跡 第Ⅰ地点）
- 灰白色火山灰が混入した黒色砂土
- 灰白色火山灰粒層：1、2、3
- 暗褐色砂土：4
- 黄褐色砂層（地山）

（ピラガ丘遺跡 第Ⅱ地点）
- 白色火山灰
- 暗褐色砂層：5、6、7
- 黄褐色火山灰

（同左 第Ⅱ・Ⅲ地点（包含層））
- 白色火山灰
- 腐蝕砂層：8
- 黒褐色腐蝕砂層：9、10、11
- 黄褐色砂層／黄色火山灰

第150図　ピラガ丘遺跡Ⅰ地点3号竪穴出土土器と参照資料
（1～4：ピラガ丘Ⅰ-3号竪穴　5～8：ピラガ丘Ⅱ　9～12：ピラガ丘Ⅲ）

しかし、近傍に位置する須藤遺跡の竪穴では、1例に4例の如きトビニタイ土器群Ⅰ-Ⅱが多数「伴出」して発見されている。この事実を考慮すると、1例と4例は、まさに同時期である可能性が生じる。はたしてプランも不明確で、炉址もカマドも欠いた凹地に形成された「床面」とは、いったい何なのであろうか。4層の床面は、なぜ、「黄褐色の地山を更に掘り込み」、「鍋底状の丸味」を以って構築されたのであろうか。両床面の性格はもちろん、その新旧序列さえ、他遺跡と比較しながら慎重な検討が必要であると思われる。

ちなみに第Ⅱ地点の暗褐色砂層では、先に触れたように、1・3例の時期に近い擦紋Ⅳの坏（7）とトビニタイ土器群Ⅱの大破片（5）が伴出している。また1号竪穴の同層からは、4例に近似した口端部の貼付紋を施したトビニタイ土器群Ⅰ-Ⅱ（6）が、擦紋Ⅳ(中)の高坏より上位の層から発見されている。

さらに、第Ⅱ・Ⅲ地点の腐食質に富む黒色砂層や暗褐色砂層では、8～11例の如きトビニタイ

土器群Ⅱが出土している。その層準は、白色火山灰（Ⅱ層）と黄褐色砂・地山/黄褐色火山灰（Ⅳ層）に挟まれた部分に相当する。

これらの事実を総合的に見ると、4～11例の土器群は、いずれも暗褐色砂層と腐食に富む黒色砂層に関係している。したがって層準の差は、それほど大きな年代差を有しないと考えられる。すなわち、擦紋土器からトビニタイ土器群への連続的な変遷の過程で、包含される層準に若干の差異を生じていると解釈できるであろう。

第Ⅰ地点の3号竪穴資料の性格は、資料の数などの制約もあるから、現時点では十分に捉えられない。そこで紋様変遷に焦点を絞り、さらに検討を続けたい。

2）変容した擦紋土器からトビニタイ土器群Ⅱへの変遷

通説では、トビニタイ土器群Ⅱは擦紋Ⅲと並行し、トビニタイ土器群Ⅰ-Ⅱからトビニタイ土器群Ⅰへ変化して擦紋土器に吸収され、消滅する説明されている（右代1991・1995a，宇田川1980b・大西1996a・b，2001，澤井1992・1998・2003ほか）。しかしながら擦紋Ⅲの直後に、Ⅳ₁₋₃期と明確に共伴して発見されたトビニタイ土器群は、まだ一例も知られていない。

これに対してトビニタイ土器群Ⅰ-Ⅱは、道東部の広い範囲で擦紋Ⅳ（中）にも、またⅣ（新）・Ⅴにも伴出している。したがって、トビニタイ土器群Ⅰ-Ⅱ→Ⅰなる通説の変遷は、どの遺跡においても、確実な証明を得ていると言えないと思われる。

最も問題になるのは、前稿で述べたようにトビニタイ土器群Ⅰ・Ⅱ、Ⅰ-Ⅱの最古と最新の標本例が不明とされながら、1977年以来30年に亘って、通説編年が踏襲されていることである（柳澤2004：149-155）。なぜ、トビニタイ土器群の基本編年の確立がいつまでも課題とされないのであろうか。いかにも不思議な研究状況と言えよう。

その理由はどこにあるのであろうか。特定するのは、それほど困難でないように思われる。想像するに通説の北方編年では、トビニタイ土器群の変遷を型式学的に説明することが困難であるからではなかろうか。

例えば、**第151図**に掲げた資料をどのように編年するかという問題を取りあげてみたい。宇田川洋氏の編年案では、右列のトビニタイ土器群Ⅱ（12～17）を10世紀とし、左列の擦紋末期の土器群（1～11）を11～13世紀に比定する（宇田川1980b：302-309）。したがって12～17例に連続する土器は、図示した資料の中には1点も存在しないことになる。

はたして、その通りであろうか。1例と12例、3例と13例、6例と14例、8例と15例、9例と15・16例、10・11例と17例（複帯化）など、いずれの比較においても、紋様や器形、その他の特徴が類似していることは、誰の目にも疑いないと映るはずである。その理由はごく単純である。これらは年代的に見て近接し、また系統的にも連続するからであろう。

そもそも10世紀の12～17例と、大半が擦紋の末期で12～13世紀に比定される1～11例が、型式学的に連続するようなことは先ず起こり得ない。しかしながら、「擦紋末期」とトビニタイ土器群Ⅱが型式学的に連接し、層位的にも新旧の序列を示すと考えれば、年代学上の矛盾などは起こ

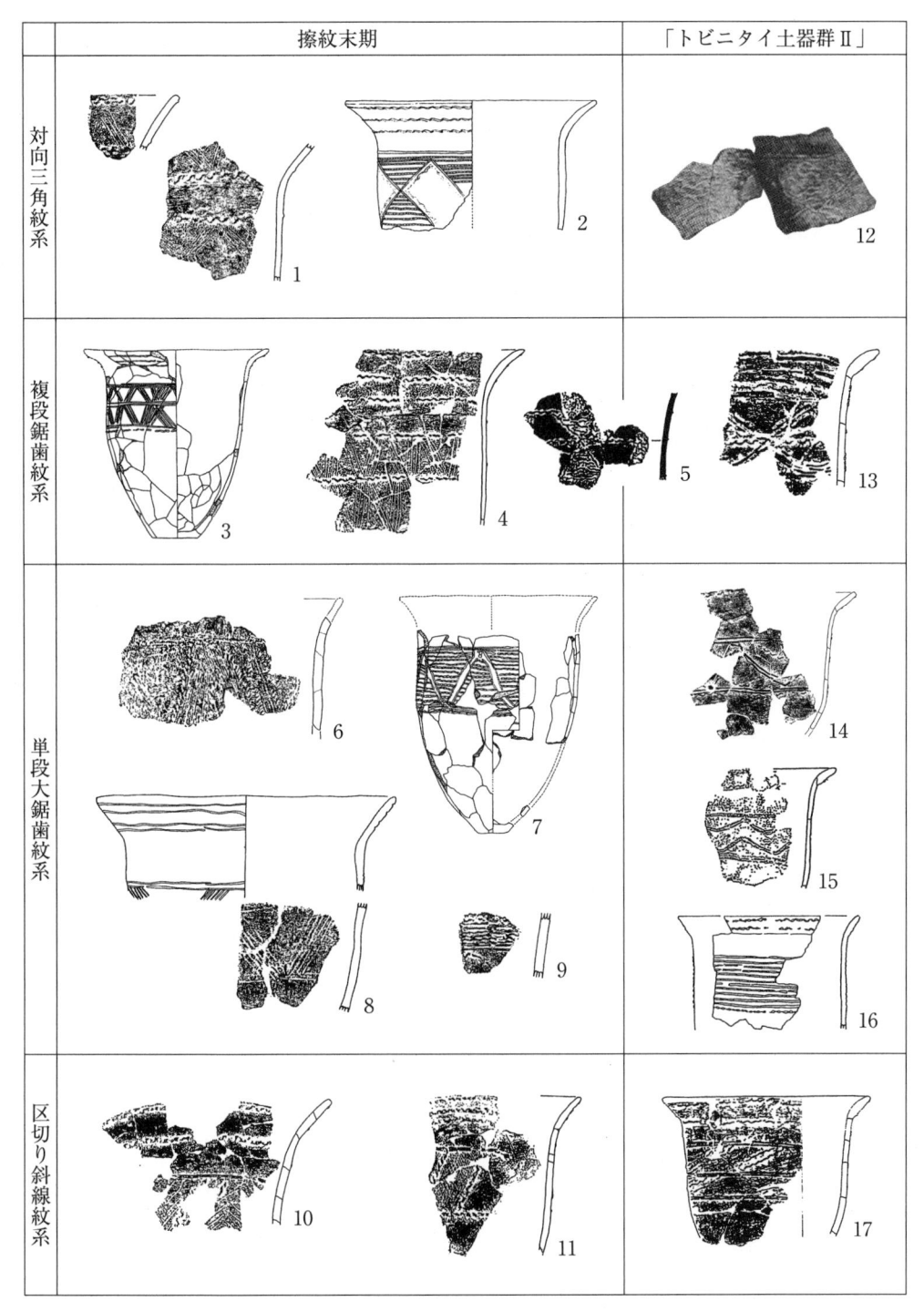

第 2 節　斜里地方におけるトビニタイ土器群編年の予察　361

	擦紋末期	「トビニタイ土器群Ⅱ」
対向三角紋系	1　2	12
複段鋸歯紋系	3　4　5	13
単段大鋸歯紋系	6　7　8　9	14　15　16
区切り斜線紋系	10　11	17

第151図　擦紋末期の土器群からトビニタイ土器群Ⅱへの移行 (1)
（1・12：サシルイ北岸　2：TK29（栄浦第二）　3・4・7・11：須藤　5：下田ノ沢　6：オタモイⅠ　8・9：姉別川17　10：オタフク岩洞窟　13・15・17：オタフク岩　14：ピラガ丘Ⅲ　16：ふ化場第一）

そこで、各紋様の変遷を細かに推論すると、つぎのような流れが想定される。

(1) 擦紋Ⅴ（トビニタイ土器群Ⅰ：1）→トビニタイ土器群Ⅰ-Ⅱ（2）→トビニタイ土器群Ⅱ（12）
(2) トビニタイ土器群Ⅰ（3）→同左（4）→トビニタイ土器群Ⅰ-Ⅱ（5？）→トビニタイ土器群Ⅱ（7）
(3) 擦紋Ⅴ（6）→トビニタイ土器群Ⅰ-Ⅱ（7）→トビニタイ土器群Ⅱ（14）
(4) 擦紋Ⅴ（8）・トビニタイ土器群Ⅰ-Ⅱ（9）→トビニタイ土器群Ⅱ（15・16）
(5) トビニタイ土器群Ⅰ（10・11）→トビニタイ土器群Ⅱ（17）

　以上の個別的な編年案では、どの紋様系列においても変遷はスムーズにたどれる。最も重要な点は、擦紋土器を象徴する刻紋が消滅することである。また、口縁部の肥厚化（13・15～17）や整ったネット・ソーメン紋の創成（12）、胴部紋様の複段化（17）なども指摘される。こうした種々の変形操作によって、擦紋土器が真に終焉を迎え、新時代の土器としてトビニタイ土器群Ⅱ（12～17）が創成されたと考えられるのである。

　少し細かく資料を観察してみよう。2例の無紋部を縁取る革紐状の波線は、14例にも施されている。そして14例の大波状紋の原形は7例にある。どちらも屈曲点には、小さなポッチないし円形の刺突紋が見られる。これはトビニタイ土器群Ⅰ-Ⅱとトビニタイ土器群Ⅱの関係が接近していることを、端的に示している[註13]。通説編年の捉え方では、「12～17例（10世紀）→1～11例（12世紀）」の変遷を示す土器群の介在を想定しなければならない。現状では、それは明らかに存在しないから、将来の発見に期待する他ないであろう。

　さて、つぎにピラガ丘Ⅰ遺跡の3号竪穴の下層床面から出土した、トビニタイ土器群Ⅰ-Ⅱの紋様について考えてみたい。**第152図**の2例である。その他は、胴部紋様を縦に分割した各遺跡の参照例である。

　1・5・7例は、いずれもモヨロ貝塚の出土品である。器形も紋様の構成も類似しているが、貼付紋は疑縄貼付線（1）と革紐状の貼付線（5・7）の差異がある。壺形の器形は、道東の擦紋土器には稀であり、オホーツク式からの影響による可能性があろう。1例の貼付紋がすべて疑縄貼付線であることも、施紋の主体者に「オホーツク人」が関与していることを暗示している。しかし、5例と7例の革紐状の貼付線は、明らかにトビニタイ土器群Ⅰ-Ⅱ（2）のそれに酷似している。その系統に属することは疑いないと思われる。

　モヨロ貝塚には、この他にもトビニタイ土器群や平坦な断面形の貼付紋を持つソーメン紋土器も発見されているから、同時代に両者が交流していたことは疑えない。5・7例の類例は、斜里町の半沢公園遺跡（6）や中標津町の当幌34線南遺跡（8）でも発見されており、道東部に広く分布すると推測される。

　知床半島のトビニタイ遺跡では、ソーメン紋土器Ⅰ期に後続するトビニタイ土器群Ⅱ期の竪穴

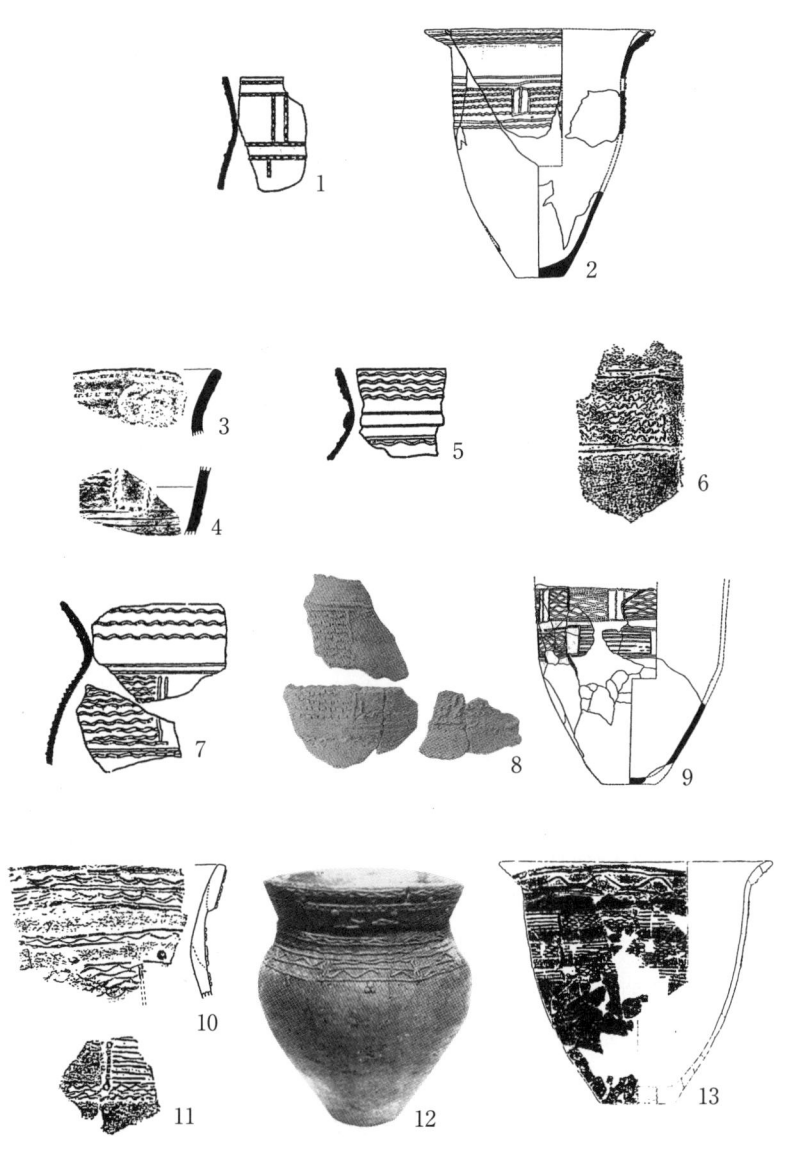

第 2 節　斜里地方におけるトビニタイ土器群編年の予察　363

第152図　擦紋末期の土器群からトビニタイ土器群Ⅱへの移行 (2)
（1・5・7：モヨロ貝塚　6：半沢公園　2：ピラガ丘Ⅰ　3・4：別保　8：当幌34線南　9：トビニタイ　10：二ツ岩　11：テンネル　12：斜里（森町3）　13：オタフク岩）

床面から、2例の紋様帯が複段化した9例の如き土器が発見されている。また、釧路市の別保遺跡では、疑縄貼付紋の3例と共に4例のようなトビニタイ土器群Ⅰ-Ⅱが採集されている。これは2例に酷似しており、9例よりも型式学的には古いと推測される。そのとおりならば、疑縄貼付紋土器の1例から5例や6〜8例が生まれ、また、2例や4例なども登場し、それらが複段化してポスト擦紋期に入り9例が登場したと推論することが出来るであろう。
　さらにソーメン紋土器3との交流が深まると、トビニタイ土器群Ⅱの中にも、13例のように矩

形とバンド状のネット・ソーメン紋を交互に3段構成で施す土器なども作られるようになる。これに対して、ソーメン紋土器の側においても、トビニタイ土器群Ⅱ（13）のモチーフを左右に分割する手法を取り入れ、10例や12例のような異色の土器を製作するに至ると考えれる。

このように紋様系統論の観点から、擦紋・オホーツク式・トビニタイ土器群の相互の関係を推論すると、図示の資料はつぎのように整理される。

(1)　疑縄貼付紋土器（中〜新）　：1
(2)　疑縄貼付紋土器（新）　　：3＝トビニタイ土器群Ⅰ-Ⅱ：4＝2
　　　トビニタイ土器群Ⅰ-Ⅱ　：5・6〜8
(3)　ソーメン紋土器1（＝トビニタイ遺跡1号竪穴の土器）
(4)　トビニタイ土器群Ⅱ（中）：9＝ソーメン紋土器2
(5)　トビニタイ土器群Ⅱ（新）：11・13＝ソーメン紋土器3：10・12

3）知床半島のトビニタイ土器群Ⅱとソーメン紋土器の編年

さて以上に述べたように、擦紋末期の土器群とトビニタイ土器群Ⅱの関係性は連続的に捉えられる。またトビニタイ土器群Ⅱとソーメン紋土器は、年代的に並行する可能性が高いと考えられた。この編年案がはたして妥当であるのかどうか、その検証は資料に乏しい斜里町の周辺では難しい。そこで観察のロケーションを知床半島へ移したい。

第153図は、知床半島の代表的な遺跡のトビニタイ土器群とソーメン紋土器を対比した編年案である。両者の関係は、一般にトビニタイ遺跡の1・2号竪穴の新旧関係から、「ソーメン紋土器→トビニタイ土器群」の序列で捉えられている（駒井編1964：123-140）。しかしながら、この土器系統の移行は、型式学的な観点から検証され、精確に捉えられているわけではない。

現在、等閑に附されている他遺跡の層位事実を参照すると、通説とは異なる土器変遷が想定される。まず羅臼町のオタフク岩遺跡では、竪穴上げ土の重複関係（涌坂1991：18）と床面土器の型式学的な対比に基づいて、トビニタイ土器群Ⅱをつぎのように細分することができる（柳澤2004：202-206）。

(1)　9号竪穴：幅広い胴部紋様を持つトビニタイ土器群Ⅱ（古）：1・2
(2)　7号竪穴：トビニタイ土器群Ⅱ（中）：3・4
(3)　1号竪穴：バンド状のネット・ソーメン紋を持つトビニタイ土器群Ⅱ（新）：5＝6

藤本編年（藤本1966）のいわゆる「e群」（10〜13）に後続するのは、トビニタイ2号竪穴の15・16例となる。オタフク岩では5・6例がほぼそれに対比されよう。擦紋Ⅱ・Ⅲの資料が欠落する知床半島において、擦紋人とオホーツク人がどのように接触し、融合を遂げた結果、5・6例や15・16例が誕生したのか。通説編年の立場から、この点については、納得の行く説明がまだ行わ

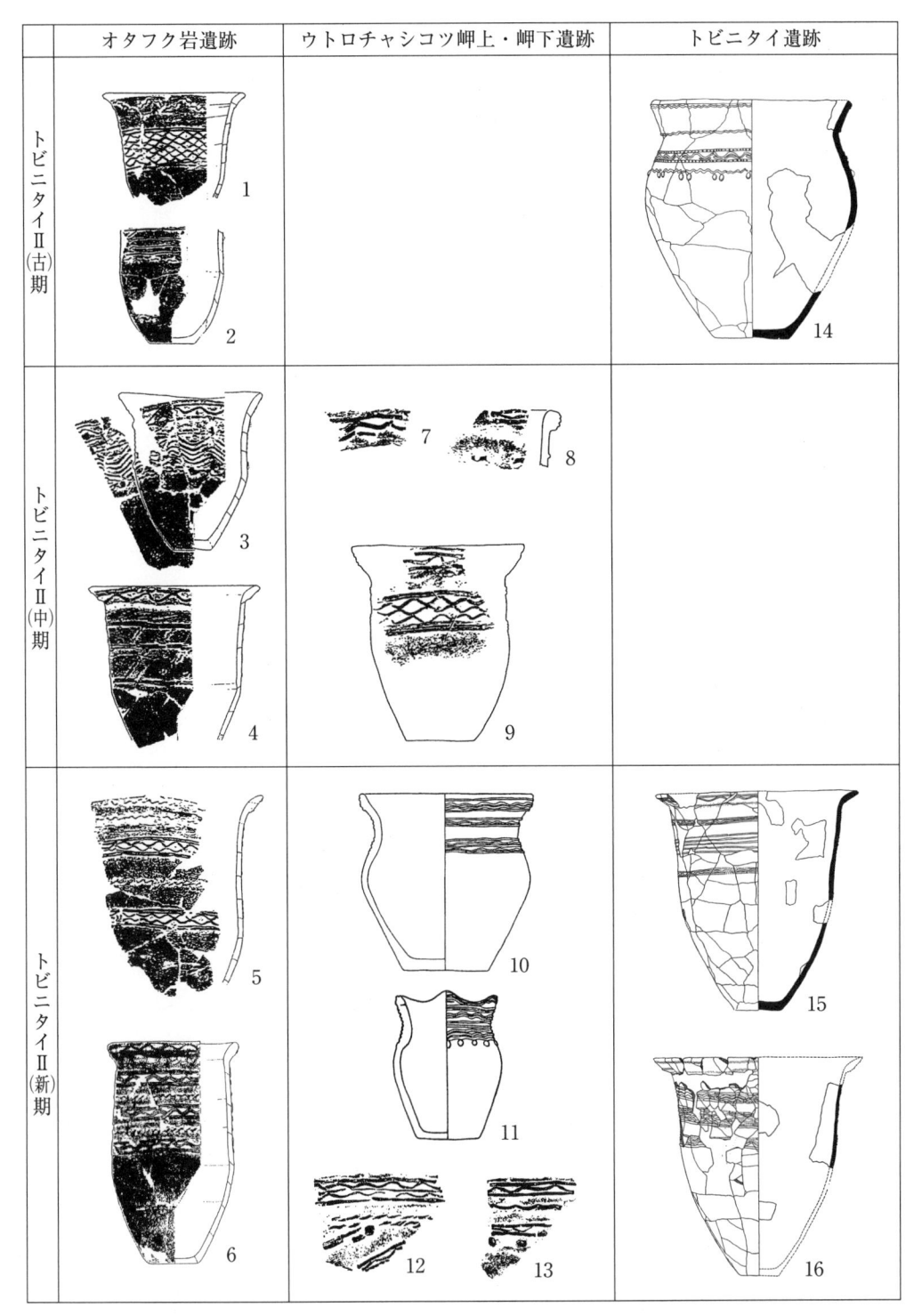

第2節 斜里地方におけるトビニタイ土器群編年の予察 365

	オタフク岩遺跡	ウトロチャシコツ岬上・岬下遺跡	トビニタイ遺跡
トビニタイⅡ(古)期	1, 2		14
トビニタイⅡ(中)期	3, 4	7, 8, 9	
トビニタイⅡ(新)期	5, 6	10, 11, 12, 13	15, 16

第153図 知床半島におけるトビニタイ土器群・ソーメン紋土器の編年案
（1～6：オタフク岩　7・8：ウトロチャシコツ岬上　9～13：同岬下　14～16：トビニタイ）

れていない。

　不思議なことであるが、むしろこの通説を離れ、涌坂周一氏が指摘した竪穴の変遷序列を尊重して、「1・2例→3・4例→5・6例」の変遷を想定し、5・6例と10～13例や15・16例が並行すると考えてみてはどうであろうか。ウトロチャシコツ岬下遺跡の層位資料は、この想定の妥当性を裏付ける有力な証拠になるであろう。

　この遺跡は知床峠を挟み、トビニタイ遺跡の反対側に位置する。岬下遺跡の1号竪穴では、7回に及ぶ竪穴の再利用が佐藤達夫の精細な観察によって記載されている（宇田川編1981：157-169）。出土資料の全貌は公表されていないが、東側の床面で重要な層位差が確認されている。そこで岬上のA号竪穴と岬下の竪穴から出土した土器を対比すると、つぎのような編年が想定される（柳澤1999b：64-70）。

　(1)　岬下遺跡1号竪穴の東3層：トビニタイ土器群Ⅱに近似した土器（9）＝岬上遺跡A号竪穴（7・8）
　(2)　岬下遺跡1号竪穴の東2層：ソーメン紋土器3（10～13）

　先のオタフク岩編年にウトロチャシコツ岬遺跡の7～9例を挿入すると、「1・2→3・4＝7・8、9：トビニタイ土器群Ⅱ→5・6＝10～13」という編年が得られる。型式学的にみて、この対比案に矛盾する点は認められない。以下に示すトビニタイ遺跡の竪穴重複例は、以上の変遷序列の妥当性を端的に証明するものと思われる（駒井編1964：123-140）。

　(1)　1号竪穴床面：ソーメン紋土器1（14＝1・2）
　(2)　2号竪穴床面：トビニタイ土器群Ⅱ（新：15・16＝5・6）

　この遺構編年にウトロチャシコツ岬下遺跡の層位事実を挿入すると、「14→9＝7・8→15・16＝10～13＝5・6」という対比案が得られる。型式学的に矛盾する点は特に認められない。

　このように擦紋土器の古い時期（Ⅰ～Ⅲ）に乏しい知床半島では、その影響を全く受けることなく、バンド状のソーメン紋が採用され（5・6, 10～13, 15・16）、トビニタイ土器群Ⅱとソーメン紋土器が同時代に交流する様子が明瞭に観察される。

　一方、ここでは詳論しないが、ピラガ丘遺跡で推論した擦紋Ⅳ(新)・Ⅴ（トビニタイ土器群Ⅰ）・Ⅰ-Ⅱからトビニタイ土器群Ⅱへの変遷も、斜里方面と同じようにスムーズにたどれる。その一端は、これまでに述べているとおりである（柳澤1999b～2003）。

4．ピラガ丘遺跡群編年と通説編年の疑問点

1）ピラガ丘遺跡群編年と知床半島編年の対比

　さて知床半島では、前稿（柳澤2004）で論じたように、トビニタイ土器群Ⅱとソーメン紋土器が同期し、(古)・(中)・(新) の3期に編年された。一方、標津・別海町の周辺域では、擦紋末期の土器群からトビニタイ土器群Ⅱへの移行が層位的に確認されている。この点は、第144図を用いて指摘したとおりである。さらに伊茶仁B遺跡では、**第154図**に示したように、擦紋末期の土器群の変遷が、竪穴上げ土の重複関係をもとに、

　(1)　5号竪穴：擦紋Ⅳ（16・17）
　(2)　4号竪穴：擦紋Ⅴ（トビニタイ土器群Ⅰ：19・20）・トビニタイ土器群Ⅰ-Ⅱ？（18）
　(3)　3号竪穴：擦紋Ⅴ（トビニタイ土器群Ⅰ：21）

と捉えられている（石附・北溝編1973：56，柳澤2004：180-186）。
　これは層位差に準じ、地点差に基づいた確実な変遷序列として、あらためて注目されよう。これとピラガ丘Ⅱ遺跡の「1例→7例」の変遷を対比すると、7例は、18〜20例か21例のどちらかに並行すると考えられる。この見方が妥当ならば、斜里方面と伊茶仁周辺における土器変遷の流れは、つぎのように捉えられることになる。

　(1)　ピラガ丘Ⅱ遺跡1号竪穴床面上の高坏（1）
　(2)　伊茶仁B遺跡5号竪穴の高坏（16・17）
　(3)　ピラガ丘Ⅱ遺跡1号竪穴覆土中のトビニタイ土器群Ⅰ-Ⅱ（7）
　　　＝伊茶仁B遺跡4号竪穴（18〜20）または3号竪穴（21）・7号竪穴（22）

　この対比案によると、ピラガ丘遺跡の2〜6例や11〜12例は、(2)〜(3)のいずれかに並行する可能性が高い。そして、それ以下のトビニタイ土器群Ⅱは、先の知床半島編年と対比すると、「8・13＝23 →14＝25・26 →10・15＝27」と編年される。
　伊茶仁のふ化場第1遺跡の竪穴における、「24（床面）→27？（覆土：古）→28・29（覆土：新）」の序列を、この編年案に挿入しても、何ら矛盾は生じない。したがって、擦紋土器からトビニタイ土器群Ⅱ（古〜新）＝ソーメン紋土器1〜3に至る編年秩序は、斜里方面を含む道東部の広い範囲で成立すると想定されよう。

2）トビニタイ土器群Ⅱに伴出する多様な土器

　さて通説では、トビニタイ土器群Ⅱと擦紋Ⅲは並行関係にあるとされている。大井晴男氏が女満別町元町遺跡の出土事例に注目して提唱したのが、この編年観の嚆矢をなしている（大井1970）。賛成できない諸々の疑問点があることは、すでに旧稿で述べたとおりである（柳澤1999b：84-89・2001：73-76）。

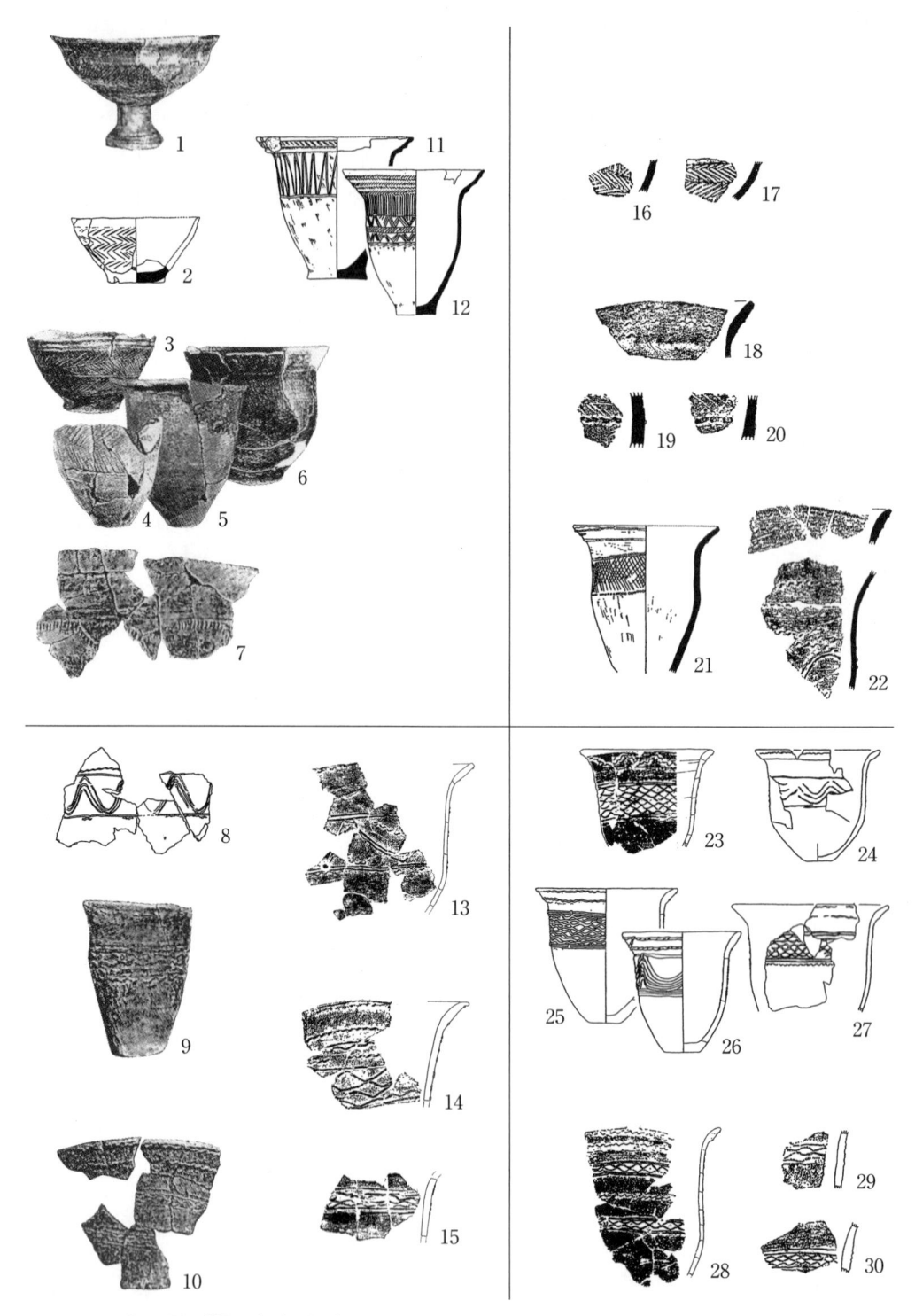

368　第4章　トビニタイ・カリカリウス土器群と擦紋末期土器の編年

第154図　斜里・知床・標津における擦紋末期〜トビニタイ土器群Ⅱ期の広域編年案
（1〜10：ピラガ丘Ⅱ　11・12：ピラガ丘Ⅰ　13〜15：ピラガ丘Ⅲ　16〜21：伊茶仁B　23・25・26・28：オタフク岩　24・27・29・30：ふ化場第一）

第2節　斜里地方におけるトビニタイ土器群編年の予察　369

　そこで第155図の様々な「共伴」とされた資料を用いて、あらためて検証してみたい。大井氏の編年案では、元町遺跡の竪穴から出土した擦紋Ⅲ₆期の16例（床面上）とトビニタイ土器群Ⅱの17例（壁際）を「共伴」と見做す。しかし、弟子屈町の下鐺別遺跡では、埋没した擦紋Ⅲ期（7）の古い竪穴をトビニタイ土器群Ⅱ（新：8＝9・10：覆土中）の竪穴が切り込んでいる事実が確認されている（澤・宇田川ほか1971）。これは大井氏の「共伴」説に対して、一つの有力な反証になるであろう（柳澤1999b：91-93）。

　先に第148図を用いて述べた、栄浦第二遺跡や岐阜遺跡の層位事例も、この下鐺別遺跡編年（7→8）の妥当性を端的に示していると思われる。さらに知床半島のオタフク岩遺跡では、擦紋土器を全く伴出することなく各時期のトビニタイ土器群Ⅱが発見されている（11・12→13・14→15→18＝19）。

　一方、ピラガ丘Ⅱ遺跡の包含層では、トビニタイ土器群Ⅱに擦紋Ⅳが伴出したと報告されている（5＋6）。隣のピラガ丘Ⅲ遺跡では、擦紋Ⅲがトビニタイ土器群Ⅱと「共伴」したと指摘されている。しかしピラガ丘Ⅰ遺跡では、擦紋Ⅳにトビニタイ土器群Ⅰ-Ⅱが伴出している、といった状況である。

　トビニタイ土器群Ⅱは、なぜ遺跡や遺構ごとに「共伴」する相手が異なるのであろうか。あたかも栄浦第二遺跡のソーメン紋土器期の竪穴から、古い刻紋土器やポスト刻紋土器、疑縄貼付紋土器、それに多量の擦紋Ⅱ〜Ⅳ期の土器が、様々な組成で混在して出土する状況を彷彿させるものがある。したがって、擦紋Ⅲとトビニタイ土器群Ⅱの「共伴」事例についても、先の層位事実を踏まえて、慎重な検討が求められよう。

　そこで最後に、ピラガ丘Ⅲ遺跡の3号竪穴の事例に注目しておきたい。報告によると、竪穴壁際の木炭層下から1・2例と4例が検出され、Ⅴ層の覆土を切って構築されたピットの底面から3例が出土したという（金盛1976a：10-15）。したがって、擦紋Ⅲ（古）の1・2例とトビニタイ土器群Ⅱの4例は、層位的に見て同時期の可能性が高く、両者が年代的に並行するのは確実であると指摘されている。元町遺跡の「共伴」説を傍証する有力な事例と評価されるのであろう。

　なるほど3号竪穴の出土状況は、何人も容易に動かせない事実のように見える。しかし、疑問点が何も無いわけではない。ここでは土器について考えてみたい。1・2例は、擦紋Ⅲの古い部分に比定される。他方、元町遺跡の17例は、擦紋Ⅲ₆に比定された標本例である（佐藤1972）。これは擦紋Ⅲの末期に属する。

　したがって、この時期比定が妥当ならば、1・2例から17例の間には5段階の時期差があることになる。それでは、「共伴」したとされるトビニタイ土器群Ⅱはどうであろうか。先の知床半島編年に照らすと、1・2例に対比される3例は、11・12例と18・19の中間に収まる特徴を有している。4例も同じことが言える。これはトビニタイ土器群Ⅱでも(中)段階に比定される。

　これに対して16例の位置はどうであろうか。14例に酷似していることは一目瞭然であり、18・19例から遠いことも明白である。したがって3・4例は、11・12例に後続し、18・19例よりも先行する。また、14例には近接するトビニタイ土器群Ⅱの(中)段階に比定されるので、「2例→14

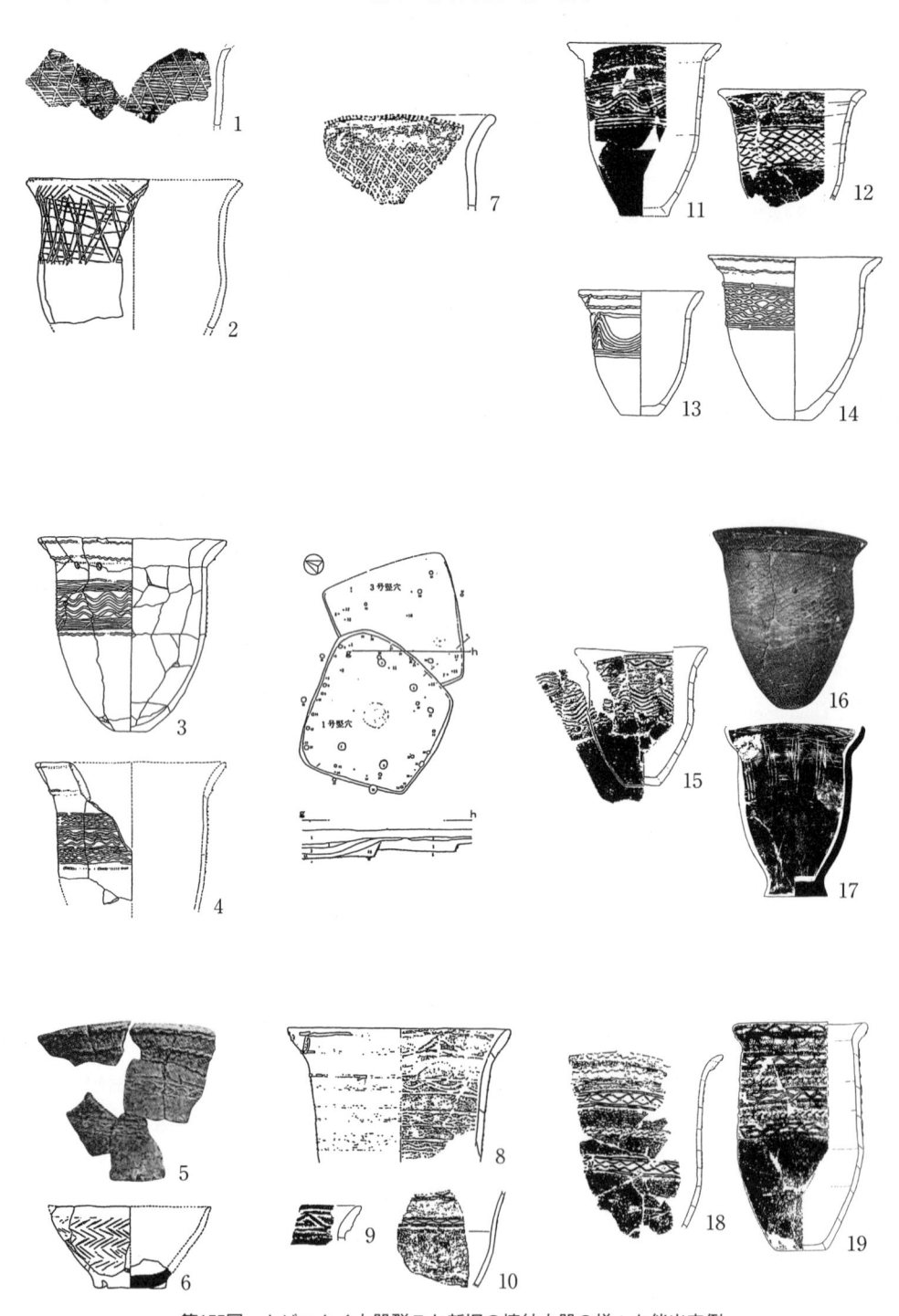

370　第4章　トビニタイ・カリカリウス土器群と擦紋末期土器の編年

第155図　トビニタイ土器群Ⅱと新旧の擦紋土器の様々な伴出事例
（1～4：ピラガ丘Ⅲ-3号竪穴　5・6：ピラガ丘Ⅱ-包含層　7・8～10：下鐺別-竪穴　11～15・18・19：オタフク岩　16・17：元町-竪穴）

例→16例」の序列が想定されることになる。

　このように観察すると、3・4例と16例と「共伴」すべき擦紋Ⅲ (17) は、そのトビニタイ土器群Ⅱの「古い部分」の1・2例でも、「新しい部分」の17例でも有り得ない。元町遺跡とピラガ丘遺跡群における擬似的な「共伴」事例に依拠した通説編年の足元は、はたして磐石と言えるのであろうか。

3）ソーメン紋土器＝擦紋Ⅱの編年案について

　「擦紋Ⅲ＝トビニタイ土器群Ⅱ」の編年案に疑問ありとすれば、「擦紋Ⅱ＝ソーメン紋土器」、「擦紋Ⅰ＝疑縄貼付紋土器」なる編年にも、同様の問題が伏在していることになろう。この点は、すでに旧稿の編年表に代替案を示している。ここでは最新の資料を用いて、論点を少し補足しておきたい（第156図）。

　まず二ツ岩遺跡2号竪穴の出土例から入りたい。1～4例は、骨塚から出土した土器である。1例は擦紋Ⅱ、2例は疑縄貼付紋土器、3・4例はソーメン紋土器2に比定される。5～7例は床面上からの出土品。6・7例はソーメン紋土器3、5例はトビニタイ土器群Ⅱに酷似した資料である。これはその(新)段階に比定されよう。類例は覆土中でも発見されている (10)。

　オタフク岩遺跡の4号竪穴でも、10例（＝5）に酷似した土器片 (11) が出土している(註14)。覆土からはソーメン紋土器3の土器片 (8・9＝6・7) も発見されており、床面上の出土状況と符合する。したがって10例や5例は、後世の混入ではなく、ソーメン紋土器3と時期的には「共伴」するものと考えられる。

　この点を踏まえると、2号竪穴資料の序列は、「古い土器」の儀礼的な扱いを想定しつつ（柳澤2000：註9, 2003：146-149）、つぎのように整理される。この編年案は、先の知床半島編年の有力な傍証になると思われる。

(1)　擦紋Ⅱ（1）
(2)　疑縄貼付紋土器（2）
(3)　ソーメン紋土器2（3・4）
(4)　ソーメン紋土器3（6・7＝8・9）＝トビニタイ土器群Ⅱ（新＝5・10）

　ここで最近、報告書が刊行されたトコロチャシ遺跡の資料を観察したい。7号竪穴から発見された12～18例である。竪穴は入れ子状に重複しており、外側が古く、内側が新しいとされている（東京大学大学院人文社会系研究科考古学研究室・常呂実習施設編［2002］）。

　外側竪穴の骨塚からは多くの土器が発見された。12例の続縄紋土器、13・14例の疑縄貼付紋土器(新)、15・16例のソーメン紋土器1である。13～16例のうち、1点は伏せた状態で発見されている。これに対して、内側竪穴の骨塚から出土した土器は少ない。ソーメン紋土器1の17例とソーメン紋土器3の18例が図示されている。残念ながら、覆土中の土器は紹介されていない。

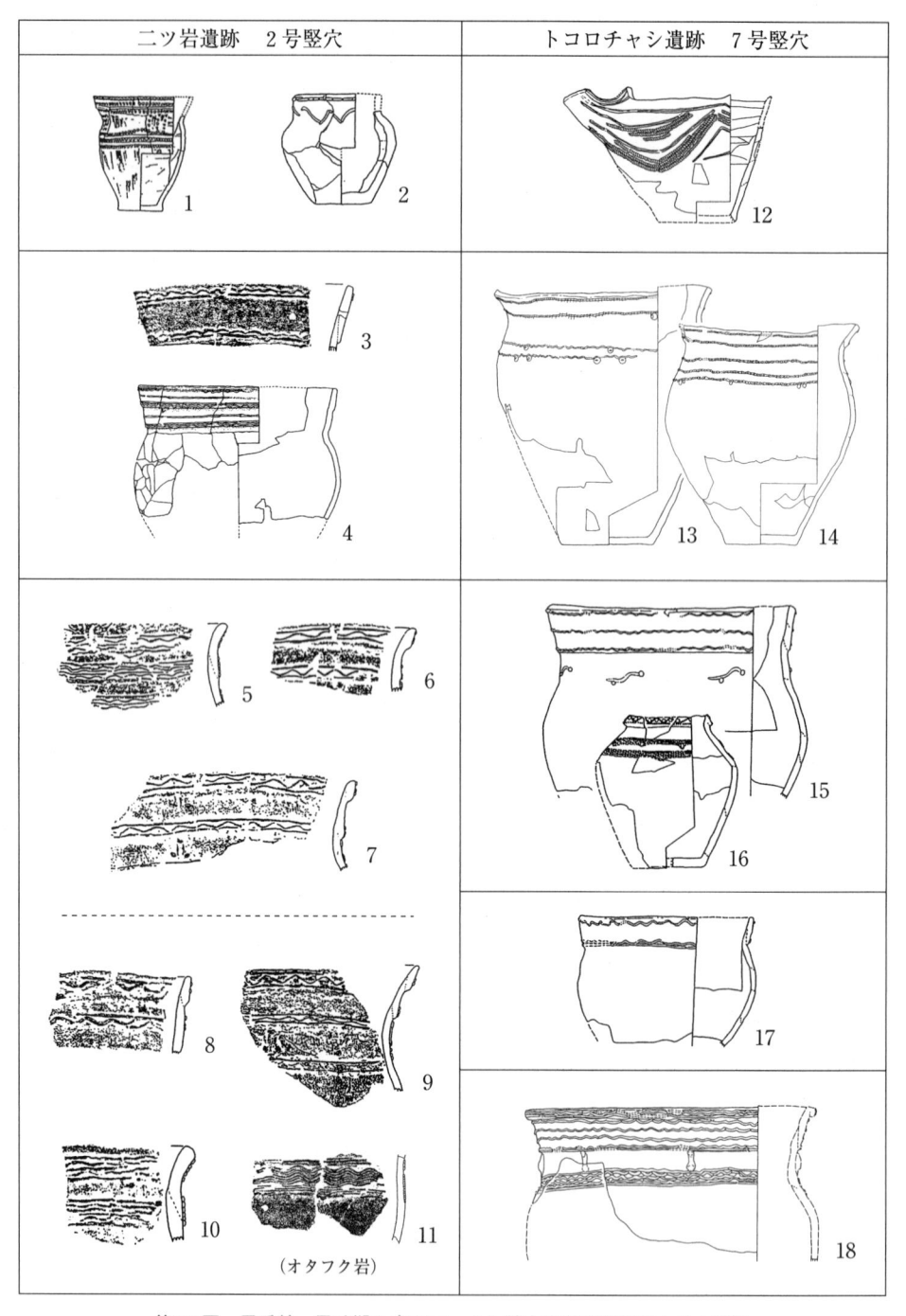

372　第4章　トビニタイ・カリカリウス土器群と擦紋末期土器の編年

| 二ツ岩遺跡　2号竪穴 | トコロチャシ遺跡　7号竪穴 |

第156図　異系統・異時期を含むソーメン紋土器期の竪穴出土の土器群

　竪穴の重複状況から見ると、土器の変遷は、「12～16例→17・18例」となる。しかし、それでは続縄紋土器と擦紋Ⅱや疑縄貼付紋土器とソーメン紋土器が、双方の竪穴において同時代の所産になってしまう。しかしながら13・14例の疑縄貼付紋土器は、型式学的には二ツ岩遺跡の2例よ

りもやや新しい。「2例→13・14例」の序列が想定されよう。12例の続縄紋土器と13・14例の疑縄貼付紋土器では時代が異なることは、改めて議論するまでもない。

また、擦紋Ⅱ（1）と疑縄貼付紋土器（2）が、3～6例のソーメン紋土器と時期を異にすることも、他遺跡の出土状況から見て疑う余地がない。7号竪穴における13・14例と15～18例の関係についても同じことが言えるであろう。

したがってこの竪穴の土器変遷は、つぎのように捉えられる。

外側竪穴
　（1）続縄紋土器（12）
　（2）疑縄貼付紋土器（新：13・14）
　（3）ソーメン紋土器1（16）

内側竪穴
　（1）ソーメン紋土器1（17）
　（2）ソーメン紋土器2（欠落）
　（3）ソーメン紋土器3（18）

15～17例のソーメン紋土器1の時期は、二ツ岩遺跡の2号竪穴に欠落している。13・14例の疑縄貼付紋土器(新)も二ツ岩遺跡には存在しない。両者の土器相の違いは、一時代における土器組成の差を単純に示すものではあるまい。以上に検討した多くの遺跡、遺構の資料分析から明らかなように、土器相の差異（「地点差」）は、単純に年代差を示すと考えるべきであろう。

第10表　網走・知床におけるソーメン紋期竪穴出土の土器群

	二ツ岩遺跡2号竪穴	トコロチャシ7号（外側竪穴）	トコロチャシ7号（内側竪穴）	ウトロチャシコツ岬下竪穴（東2・3層）	トビニタイ1号竪穴	知円別川南岸2号竪穴
続縄紋		●				
擦紋Ⅰ						
擦紋Ⅱ	●					
擦紋Ⅲ						
擦紋Ⅳ・Ⅴ						
疑縄貼付紋土器	●	●		△		
ソーメン紋土器1		●			●	●
ソーメン紋土器2	●		●			
ソーメン紋土器3	△		●	●	+	
トビニタイ土器群Ⅱ	△			●		

●/+：床面・骨塚の完形土器　△：床面の破片土器

第11表　道東部北方編年の試案

河野（1955）	道東のオホーツク式・トビニタイ土器群			擦紋土器	
	円形刺突紋土器			Ⅰ	
A・B	刻紋土器A			Ⅱ	
BC	刻紋土器B	刻紋・沈線紋土器		Ⅲ	
C	疑縄貼付紋土器(古)	（ポスト刻紋・沈線紋土器）		Ⅳ(古)	
	疑縄貼付紋土器(中)	＋		Ⅳ(中)	
C	疑縄貼付紋土器(新)	トビニタイ土器群Ⅰ・Ⅰ-Ⅱ		Ⅳ(新)・Ⅴ	Ⅳ(新)
	ソーメン紋土器1	カリカリウス土器群1	トビニタイ土器群Ⅱ(古)	
D	ソーメン紋土器2	カリカリウス土器群2	トビニタイ土器群Ⅱ(中)	
D	ソーメン紋土器3	カリカリウス土器群3	トビニタイ土器群Ⅱ(新)	

　竪穴の連続または断続的な再利用と、「古い土器」の伝世や儀礼的な扱いを考慮しなければ、以上のごとき異時期・異系統土器の擬似的な「共伴」関係の謎を解くことは困難であろう。トコロチャシ遺跡の新資料は、「古い土器」の特殊な扱いに関する筆者の仮説（柳澤2000：31, 2003：137-155）の妥当性を、まさに裏付けるものと思われる。

　試みに他遺跡の事例を加えて、ソーメン紋期の竪穴土器の違いを表にすると、**第10表**のようになる。網走周辺から知床半島まで、竪穴単位で土器群に地点差と組成差のあることが、一目瞭然に読み取れるであろう。川西遺跡や常呂川河口遺跡、松法川北岸遺跡や弁天島遺跡（西本編2003）などを加えても、竪穴の再利用や重複、土器の伝世や儀礼的な扱いに伴い複雑化した土器様相の実態は、少しも変わらないと思われる（柳澤2003：105-149）。

　このように、しばしば複数の型式が混在する状態を、型式学の立場から、どのように読み解くことが出来るか。それが、北方圏における編年学研究の要になるのではなかろうか。小論における斜里編年の検討、並びに別稿で述べた議論[注1]を踏まえると、道東部における北方編年の大要は、なお暫定的ながら**第11表**のように纏められる。

おわりに

　トビニタイ土器群Ⅱは、いったい何処で、どのように成立し、道東部に広く拡散したのか。これは未だ着手されてない、容易に解決できない難問と言えよう。小論では、この問題に接近するために、斜里町のピラガ丘遺跡と須藤遺跡の資料に焦点を当て、型式と層位の両面から初歩的な検討を試みた。

　その結果、諸氏がトビニタイ土器群Ⅱの母体と見做しているトビニタイ土器群Ⅰ-Ⅱ（「中間的なもの」）には、型式学的にきちんと説明されていない諸々の問題点が明らかとなった。また、ピラガ丘遺跡やオタフク岩洞窟の層位出土例は、通説編年を支える不動の事実と考えられている。しかしながら、それに反する層位事実は、斜里周辺のみならず、知床から標津、根室、釧路にい

たる広い地域で認められる。そして、その層位事実よって仮設される逆転編年案に拠れば、ピラガ丘遺跡や須藤遺跡に代表されるトビニタイ土器群の変遷は、型式学的に見ると通説よりも遥かに無理なく理解できると考えられた。

　この逆転編年案は、現在ごく少数の仮説に過ぎないが、そうした観点からも通説の見直しが広く行われ、1977年以後の諸説に由来する諸々の疑問点が、速やかに解決されることを期待したい。そうした編年案の見直し作業は、擦紋文化とオホーツク文化の古い時期に対しても、また道北部やサハリン島、南千島などの諸地域に対しても、自ら等しく実践することが求められよう。

　ところで北海道島では、どの時期にも擦紋人と「オホーツク人」の交流が広域的に観取される。したがって古い時期の通説編年の見直しは、是非もないと思われる。しかし、新しい時期のトビニタイ土器群の編年は、ようやく小論において、解決への端緒を見出したに過ぎない。良好な資料の発表を待って、これから再考を重ねたいと思う。

　一方、環オホーツク海域編年の現状を見ると、蕨手刀の年代観や火山灰の^{14}C年代、不確実な「共伴」例や層位出土の事例、型式学的な対比などによって年代学上の箍をはめ、各地の土器変遷を自在に当て嵌める手法で構築されている、という印象を受ける。一例として、ごく最近に発表された藤本「e群」からいわゆる「元地式」が出自したという熊木俊朗氏の編年案が注目される[註15]。これははたして、型式学的に成り立つのであろうか。土器の変遷を通説からではなく、土器それ自体から考えるならば、こうした編年案には到達しないであろう。

　畢竟、環オホーツク海をめぐる精密な新編年体系の構築には、「イコロ」の疑いのある蕨手刀などの年代観を離れ、いつでも、どこでも、土器それ自体に尋ねるのが、最も確実な方法となるであろう[註16]。その道程が、どれほど煩瑣で困難であっても、AMSによる理化学編年法や時空を超えた伝承資料の付会によって寸断される心配は、まず無いことと考えられる。

註

(1) 2005年3月に刊行される予定の姉妹論文、「擦紋末期土器とトビニタイ土器群Ⅱ　−トーサムポロ遺跡からオタフク岩洞窟・須藤遺跡へ−」『(千葉大学) 社会文化科学研究科研究プロジェクト報告書』96を参照されたい。
(2) 以下、擦紋土器の編年は佐藤達夫の細分案（1972）に準拠する。
(3) 擦紋Ⅳの細分時期（1〜10）の表記に関しては、以下、宇田川洋氏の提案にしたがう（宇田川1980a）。なお、（古・中・新）の便宜的な3区分については、旧稿の暫定案に準拠する（柳澤2003）。
(4) 宇田川（1988・2002a〜c）・右代（1991・1995a）・澤井（2003）・大西（2004）ほか、諸氏の論考が多数発表されている。
(5) 宇田川（1988：302-309, 2002：考古学の時代区分；63）。
(6) 別保遺跡の採集資料では、トビニタイ土器群Ⅰ-Ⅱが最も目立っており、トビニタイ土器群Ⅱはごく少ないようである。したがって5例の疑縄貼付紋土器に伴うのは、トビニタイ土器群Ⅰ-Ⅱの6例である可能性が高いと考えられる。後述のように、型式学的に見ても矛盾する点は見当たらない。
(7) 2例のバンド状のネット・ソーメン紋は、2本の貼付線で上下が画されている。これはソーメン紋土器には

(8)　オタモイ１遺跡では、PIT1A（竪穴）・1B（竪穴上層遺構）の重複で認められた「オホーツク土器→擦紋Ⅳ」の層位事実が丁寧に報告されている（松田・荻野1993：96-122）。しかしこの遺構編年案は、報告者が指摘したように、擦紋Ⅱ～Ⅳ・Ⅴとソーメン紋土器が同一層内で伴出した事実とは、明らかに矛盾する。このような事例を、どのように理解すればよいか。通説編年においても、また逆転編年の立場でも、避けて通れない問題点となる。「オホーツク土器」の位置づけが、この問題を解く一つの鍵になるかも知れない。

(9)　包含層には上下の差があり、明らかに分層できる場所も存在したと報告されている。しかしながら、この上層（黒色強し）と下層（茶褐色に近い）から発見された擦紋Ⅲとトビニタイ土器群Ⅱは、共に「Ⅴ層」出土と一括されている。なぜなのであろうか。ピラガ丘遺跡Ⅱ地点の包含層では、上層に対応すると思われる腐食砂層からトビニタイ土器群Ⅱが発見されている。したがって、ピラガ丘遺跡第Ⅲ地点でも上層にはトビニタイ土器群Ⅱが多く、下層では、擦紋Ⅲがより目立って出土した可能性が想定されよう。そのとおりならば、各竪穴の層序や掘り込み面の把握についても、これから見直しが必要になるであろう。

(10)　藤本強氏が提示したオホーツク土器「ｅ群」の標式資料（藤本1966：38）は、ソーメン紋土器１・２を主体としており、ソーメン紋土器３を含まない。また、「ｃ・ｄ群」にも同様の問題点があり、改めて検討を要すると思われる（柳澤1999ｂ：52-62，74-84）。

(11)　柳澤（1999ｂ：91-93）を参照されたい。なお該当の箇所では、岐阜第二遺跡を「ワッカ遺跡」と誤記している。旧稿の正誤表を参照されたい（柳澤2000：36-37）。

(12)　擦紋土器とオホーツク土器が逆転した状態で出土する様子は、栄浦第二遺跡のオホーツク期の竪穴でつとに確認されている。藤本強氏はその原因として、オホーツク人が擦紋人の竪穴を破壊したことに求めている（藤本1972ｂ：270-273）。このような解釈は、同時に発表された佐藤達夫の編年案（佐藤1972）からも必然的に導かれる。しかし両氏の北方編年観には、周知のように著しい違いが認められる。その点は、特に留意しておく必要があるであろう（柳澤1999ｂ：註10）。

(13)　須藤遺跡の16号竪穴で７例と伴出した土器としては、トビニタイ土器群Ⅰ-Ⅱと高坏の各１点が報告されている。型式学的に見ると、前者は明らかに「共伴」と認められよう。しかし、後者の場合は問題である。これは擦紋Ⅳ₃~₅期に比定されるので、トビニタイ土器群Ⅰ-Ⅱの時期とは一致しない。このように異時期の土器が床面上で伴出した事例としては、ピラガ丘第Ⅱ遺跡では13号竪穴が挙げられる。「伴出」すれば、直ちに「共伴」と言えるのかどうか。「古い土器」の再利用の可能性も含め、多くの遺跡で慎重な検討が求められよう。

(14)　４号竪穴で主体を占めるのは、トビニタイ土器群Ⅱでも古いものである。「新しい部分」の資料も若干混じっているが、これは隣接する３号竪穴に由来するのであろう。この竪穴の時期は、トビニタイ土器群Ⅱ（新）である。

(15)　熊木（2004：75）に掲載された編年表を参照されたい。なおこの編年表には、「江の浦式サハリン３類」～「テバフｂ類」と「藤本ｄ群・ｅ群」を対比するなど、数多くの疑問点がある。

(16)　柳澤（2003：152-159）を参照されたい。

図版出典

第141図　1・2：米村（1972）　3：椙田（1978）　4：澤編（1972）　5：大場・児玉（1958）　6：涌坂（1991）

第142図　1〜3・10：米村（1972）　4〜9：金盛（1981）

第143図　1・2：金盛（1981）　3・8：東京大学文学部考古学研究室編（1972）　4：国分ほか（1974）　5・6：西（1970）　7：富永（1965）　9〜12：椙田（1980）　13：涌坂（1991）

第144図　1・2・5：米村（1972）　3・4・7〜10：石附（1972）・石附・北溝編：（1973）　6：金盛（1976a）　11〜14：北溝・岩崎編（1972）　15・16・19・20：椙田（1980）　17・18：福士（1983）

第145図　1・2：米村（1972）

第146図　1・2：米村（1972）　3〜6：金盛（1976a）

第147図　1〜4：米村（1972）

第148図　1〜12：東京大学文学部考古学研究室編（1972）

第149図　1・2・7〜13：米村（1972）　3〜6：金盛（1976a）　14・15・17・18：椙田（1978）　16・19・20：椙田（1980）

第150図　1〜4：米村（1971）　5〜8：米村（1972）　9〜11：金盛（1976a）

第151図　1・12：駒井編（1964）　2：東京大学文学部考古学研究室編（1972）　3・4・7・11：金盛（1981）　5：澤編（1972）　6：松田・荻野（1993）　8・9：福士（1983）　10・13・17：涌坂（1991）　14：金盛（1976a）　15：宇田川（1971b）　16：椙田（1980）

第152図　1・5・7：大場（1956）　6・11・12：宇田川編（1981）　2：米村（1971）　3・4：西（1970）　8：北溝・岩崎編（1972）　9：駒井編（1964）　10：野村・平川編（1982）　13：涌坂（1991）

第153図　1〜6：涌坂（1991）　7〜13：宇田川編（1981）　14〜16：駒井編（1964）

第154図　1〜10：米村（1972）　11・12：米村（1971）　13〜15：金盛（1976a）　16〜22：石附（1972）・石附・北溝編（1973）　23・28：涌坂（1991）　24・27・29・30：椙田（1980）　25・26：宇田川（1971b）

第155図　1〜4：金盛（1976a）　5・6：米村（1972）　7〜10：澤・宇田川ほか（1971）　11・12・15・18・19：涌坂（1991）　13・14：宇田川（1971b）　16・17：大場（1960）

第156図　1〜10：野村・平川編（1982）　11：涌坂（1991）　12〜18：宇田川編（2003）

第3節　擦紋末期土器とトビニタイ土器群Ⅱの成立（予察）
－ 根室半島から知床半島・斜里方面へ －

はじめに

「トビニタイ土器群」はいつ頃に成立し、どのような変遷をたどり、どのように終焉を迎えたのであろうか。この土器群が提唱されてから（大沼・本田1970, 菊池1972a）、はや30余年を経た今でも、その年代的な推移の把握は混沌としており、正確には捉えられていない。型式学上の検討を本格的に進めるには、まず通説とは異なる視点に立脚し、種々の点について見直しを図る必要があると思われる。

前稿では、藤本強氏のオホーツク式「e群」（藤本1966）に後続すると言われている「トビニタイ土器群Ⅱ」のモチーフが、それより古い擬縄貼付紋土器に由来するのではないか。そのような仮説を述べ、擦紋末期土器に伴出する「トビニタイ土器群」ⅠとⅠ・Ⅱの「中間的なもの」から「トビニタイ土器群Ⅱ」（菊池1972a：447-461）への変遷について、初歩的な検討を試みた（柳澤2004）。

そこで小論では、この作業を踏まえて、根室・知床・斜里方面の資料に焦点を当て、型式差と層位差の両面から、新系統の「トビニタイ土器群Ⅱ」が登場するプロセスを分析し、道東部編年の残された空隙を充填したい。

1. 道東部における新旧の北方編年案について

トビニタイ土器群は、いったいどのように成立したのか。提唱されて以後、ステレオタイプな論述は繰り返し行われている。しかしながらそれらは、トビニタイ土器群編年の根幹に係わる問題について、未だ十分な分析と証明を済ませているとは言えない。その点は旧稿において、様々な材料を用いて縷々論じて来たところである（柳澤1999a・b～2004）。

道東部には、擦紋土器と「オホーツク式土器」が接触し、融合したと認められる土器が確かに存在する。その点は、大場利夫が最初に指摘して以来、多くの研究者が追認して来たとおりである（大場・児玉1958ほか）。しかしながら、その接触・融合はいつ、どこで、どのように、どれくらい繰り返されたのか。その実態を捉えるためには、まず諸々の解釈的な研究を試みるよりも、精密な編年体系の構築が優先されるべきであろう（第157図）。

通説では、擦紋Ⅱとソーメン紋土器、擦紋Ⅲとトビニタイ土器群Ⅱ、そして擦紋Ⅳ・Ⅴの時期（Ⅰ～Ⅴ：佐藤1972）では、トビニタイ土器群Ⅰとトビニタイ土器群Ⅰ・Ⅱの「中間的なもの」（以下，Ⅰ-Ⅱと表記）が、それぞれ並行すると考えられている。

こうした考案は、代表的な宇田川洋氏（宇田川1988・2002a・b）や右代啓視氏（右代1991・1995）の

第3節　擦紋末期土器とトビニタイ土器群Ⅱの成立（予察）　379

論考のほかに、大沼忠春氏も以前から唱えている（大沼1996a・b）。最近では塚本浩司氏や大西秀行氏が、新しい総括的な見解を発表している（塚本2002・大西2004ほか）。

　そこで本論に入る前に、**第158図**の資料を参照しながら、通説の編年案が抱える問題点について触れておきたい。大沼編年のⅠ期（前期）では、1・2例と3例を並行させ、これを7～8世紀に比定している。1・2例の対比について大きな疑問点はないが、3例がそれらと同時期であるかどうかは、いまだ十分に証明されていないのではあるまいか。

　例えば、二ツ岩遺跡や伊茶仁カリカリウス遺跡において、両者は「共伴」したと一般に理解されている。しかしその点は、慎重に再検証してみる必要があろう（柳澤2003：146-149）。とも

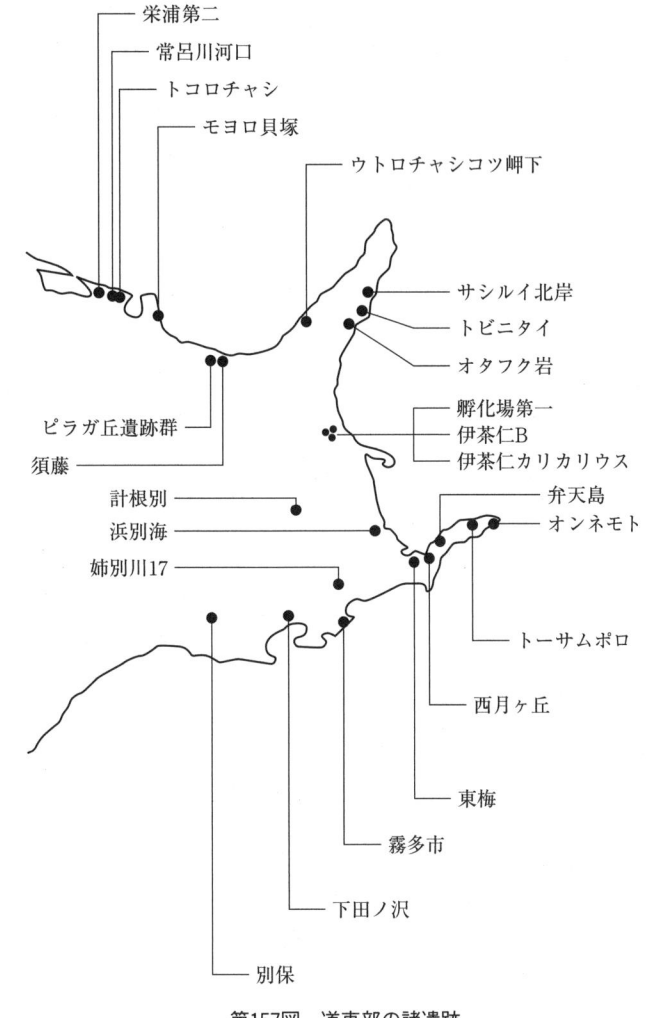

第157図　道東部の諸遺跡

かく、ソーメン紋土器の3例に並ぶ擦紋土器は道東に実在しないから、3例の年代はかなり新しくなるはずである。毛抜き型の太刀（伊東1938）や「女真文化」（パクロフ文化）に伴う青銅製品（菊池1995a、熊木2003：15・40）など、イコロ化する様々の渡来文物（柳澤2003：158-159）から推定すると、貼付紋系土器の年代は、氏が想定した7～8世紀より遥かに新しくなると考えられよう（佐藤1972：484-485、名取1948：212-214）。

　つぎにⅡ期（中期）の資料を見よう。擦紋Ⅲの4例とビニタイ土器群Ⅰ-Ⅱの5例を並行とし、その年代を10～11世紀に比定している。しかし、5例の胴部にある窓枠状のモチーフ（以下、便宜的に「窓枠紋」）にある小さな円形の刺突紋は、擦紋末期の土器に特有のものであって、本例と接触したはずの4例（擦紋Ⅲ）の時期には見当たらない。大沼氏は擦紋末期の年代を12～13世紀としているから、5例と4例の年代は明らかに懸け離れている。

　このように大沼氏の編年案には、著しい年代上の齟齬が認められる。この編年案のままでは、

擦紋Ⅲ〜Ⅳ・Ⅴ期に及ぶ「オホーツク式土器」(以下, オホーツク式) との接触や融合の事実を解き明かすことは困難であろう。それでは、多くの先行研究をもとに立案された、塚本氏の最新の編年案はどうであろうか。例示された各期の標本資料の妥当性について、少し触れてみたい。

第158図に一部を例示した。Ⅰ期の6例は、やや風変わりで稀な土器と思われる。複段構成の紋様や小さな底部の形態から見て、擦紋Ⅳ(新)ないしⅤに比定されよう (柳澤2004：186-188, 佐藤1972)。Ⅰ期に相応しい資料は、これとは別に存在するのではあるまいか。

Ⅱ期では、擦紋Ⅱの7例と筆者のカリカリウス土器群3 (柳澤2004：200-202・207) が並行するという。これは通説どおりであるが、先に述べたように再検討を要すると思われる。さらに8例を7例と同時期としている。しかし8例は、ほんとうに古い土器であろうか。擦紋Ⅲ(末)以前では、寡聞にして類例を見たことがない。適当な比較

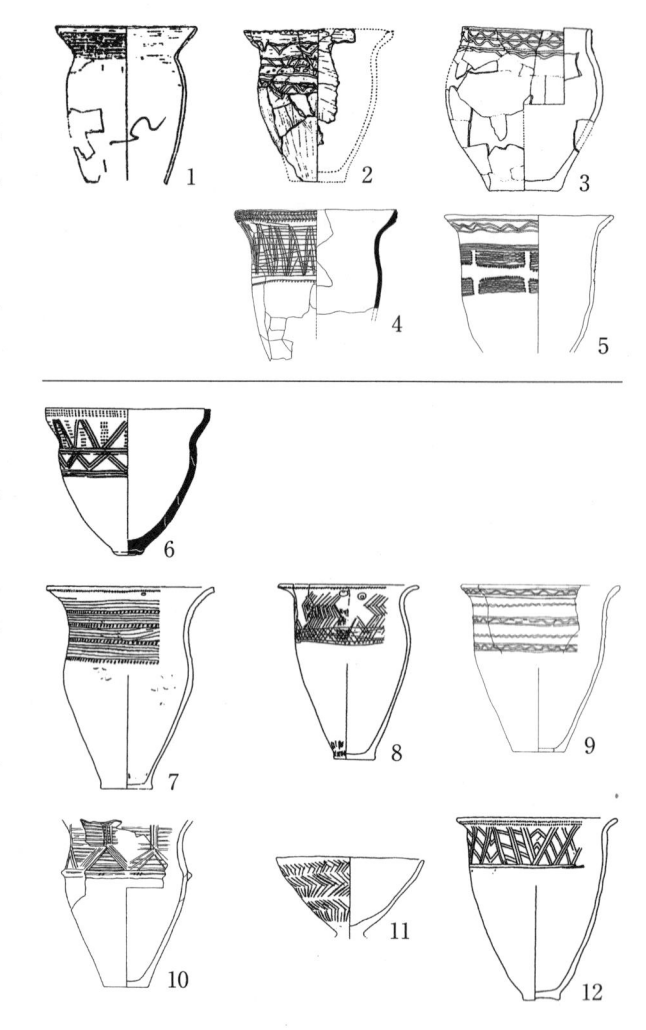

第158図　道東部における近年の編年案（大沼1996・塚本2002より編成）

資料に乏しいが、8例の時期は擦紋Ⅲ(末)〜Ⅳ(中)の間に収まるのではあるまいか[註1]。

つぎにⅢ期を見よう。10例は確かに擦紋Ⅲに対比される在地系の土器である。しかし11の高坏は、これに伴うものであろうか。余り見かけない器形である。縦方向に矢羽状の刻紋が施されており、擦紋Ⅳに下る可能性があるように思われる。そして「上げ底」を持つ12例の時期は、この高坏よりも新しく、擦紋Ⅳ(新)に比定されよう (柳澤2004：188-194)。はたして在地系の擦紋Ⅲ(10)が同時代に接触し、交流した相手は、通説の編年案 (大井1970ほか) のとおり、トビニタイ土器群Ⅱ(5)に該当するのであろうか。

以下、大沼・塚本両氏に代表される新旧の道東編年案が、はたして成立するのかどうか、個体レベルの細かな資料分析をとおして、間接的な手法で検討してみたい。

2．トーサムポロ遺跡の墓址資料

　トーサムポロ遺跡L8地点は、根室半島の台地上に立地した墓址遺跡である。1・2号の墓壙が約40年前に発掘されており、丁寧に報告されている（前田1966）。この台地の突端には、有名なオホーツク期のトーサムポロ遺跡がある。したがって、墓址とその周囲から出土した資料は、オホーツク人と擦紋人の関係を考えるうえで、格好の材料になると思われるが、不思議なことに、これまで注目されたことがない（第159図）。

1）1号墓

　1～4号の墓壙はいずれも長方形を呈し、台地の南辺にやや直列した状態で営まれている。これらの墓は、おそらくは同系統の集団によって、連続的に構築されたのであろう。3・4号はほぼ東西に、1・2号は北西に向いており、互いに時期は異なると推定される。

　1号墓の大きさは2.15×0.75cmを測る。地表から60cmの深さで、1・2の高坏があたかも骨塚周辺の土器のように伏せた状態で発見された。他に遺物はなく、人骨の出土も認められない。堆積土層の状態は分からないが、断面図によれば、掘り込み面の深さは約50cmを測る。

　また墓壙の周囲からは、北西方向に人頭大の石を並べた「配石遺構」が発見され、その表土中よりトビニタイ土器群の3例が出土している。層位的に見れば、「墓壙内（1・2）→表土（3）」という序列になり、通説（宇田川1988：302-309・2002a・b, 右　代：1991・1995ほか）とは逆転した編年案が想定されることになる。

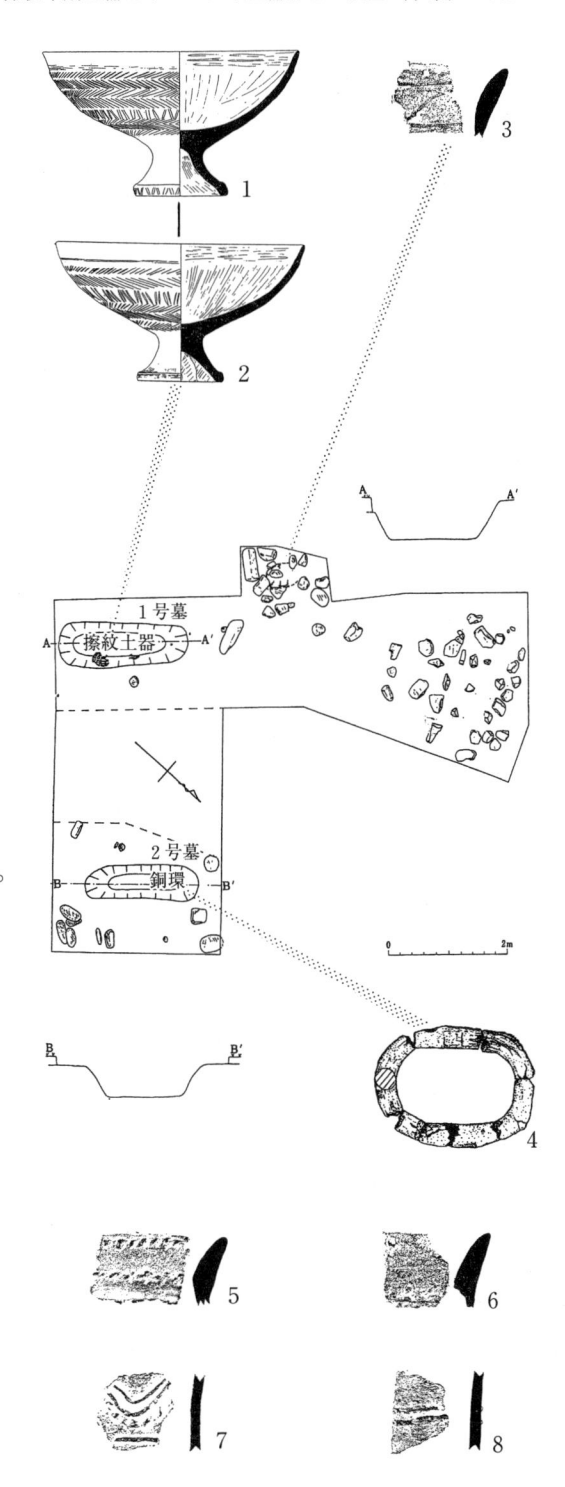

第159図　トーサムポロ遺跡L8地点の1・2号墓および周辺出土の遺物

2) 2号墓

　1号墓に続いて2号墓が調査された。この墓は、地表から略25cmの深さで掘り込まれている。形状は長方形（1.9×0.55）をなし、1号墓に酷似している。墓の周囲及び北西には、人頭大の石が並んで発見された。これは1号墓の東北にある配石址に類似している。

　遺物としては、深さ72cmで銅製環（4）、49cmで石鏃が1点発見されている。人骨の出土は認められていない。土層の堆積状況は明らかでないが、覆土の上面で炭化物が検出されている。また、墓壙の周囲及び西北の配石は、表土を剥ぐと直ぐに露出し、表土下の黒色土層の上面に並べられていたという。この配石は墓壙の上では発見されていない。また配石址の調査に伴って、「オホーツク式土器（貼付式浮文）の小破片」が数点（トビニタイ土器群：5～8）、墓壙の近くで発見された。

　このような出土状況から、1号墓の序列も踏まえると、「2号墓壙の銅製環（4）→表土（5～8）」という変遷が層位的に想定される。この序例も通説編年とは合致しない。

　なお配石址は、東梅遺跡の類例（大場・児玉1958）に酷似しているので、墓址である可能性が高いと思われる。したがって土器類が、擦紋土器（1・2）からトビニタイ土器群（3、5～8）へ変容しただけではなく、それに対応して墓制も変化していると考えられよう。

3) 遺跡編年案の検討

　それではトーサムポロ遺跡の墓址および配石址の資料は、編年上どのような位置を占めるのか。関連する資料を参照し、遺跡単位の編年案を検討してみたい（第160図）。

　まず、12・13例の高坏の位置である。道東部の広い範囲で擦紋Ⅲ期の遺跡が少なく、後続する擦紋Ⅳ(古)期[註2]（以下,「擦紋」を略す）の遺跡も、常呂川河口の周辺域にほぼ限定され、他地域では纏まった出土事例が知られていない。

　1・2例は、Ⅳ$_1$期に比定される古い資料である。2例には、12・13例の胴部と高台に見える「∧」形紋が施されている。その変遷は、Ⅳ$_5$期の5＝4例から7＝6例を経て、Ⅳ$_6$期の10・11＝8・9例へと、スムーズにたどれる。「∧」形紋は、小さな7例を除くと、どれも大振りで、胴中位から下位に施されている。12・13例は高台が肥厚しており、その特徴はⅣ$_6$期に比定した11例に酷似している。

　「∧」形紋では、7例と12・13例の形状が酷似している。口縁部の形態では、10例と12・13例がよく似ている。しかしその矢羽状の刻紋は、2・5・7・10・11例のいずれの高坏とも明らかに異なっている。

　このように観察すると、12・13例の高坏は、Ⅳ$_6$期（8～11）よりも新しい可能性が出てくる。根室半島域では、擦紋最末期（Ⅳ$_{9～10}$）まで、高坏の「共伴」が確認されている。しかし、それらは素紋仕上げであり、形態も明らかに異なっている。

　高台形態の類似性に注目し、斜里・常呂方面の資料と比べると、12・13例はⅣ$_{6～8}$期の例に近似しており、Ⅳ$_7$期頃に比定される可能性がある。あるいは道東南部の古いⅣ期に伴うものかもし

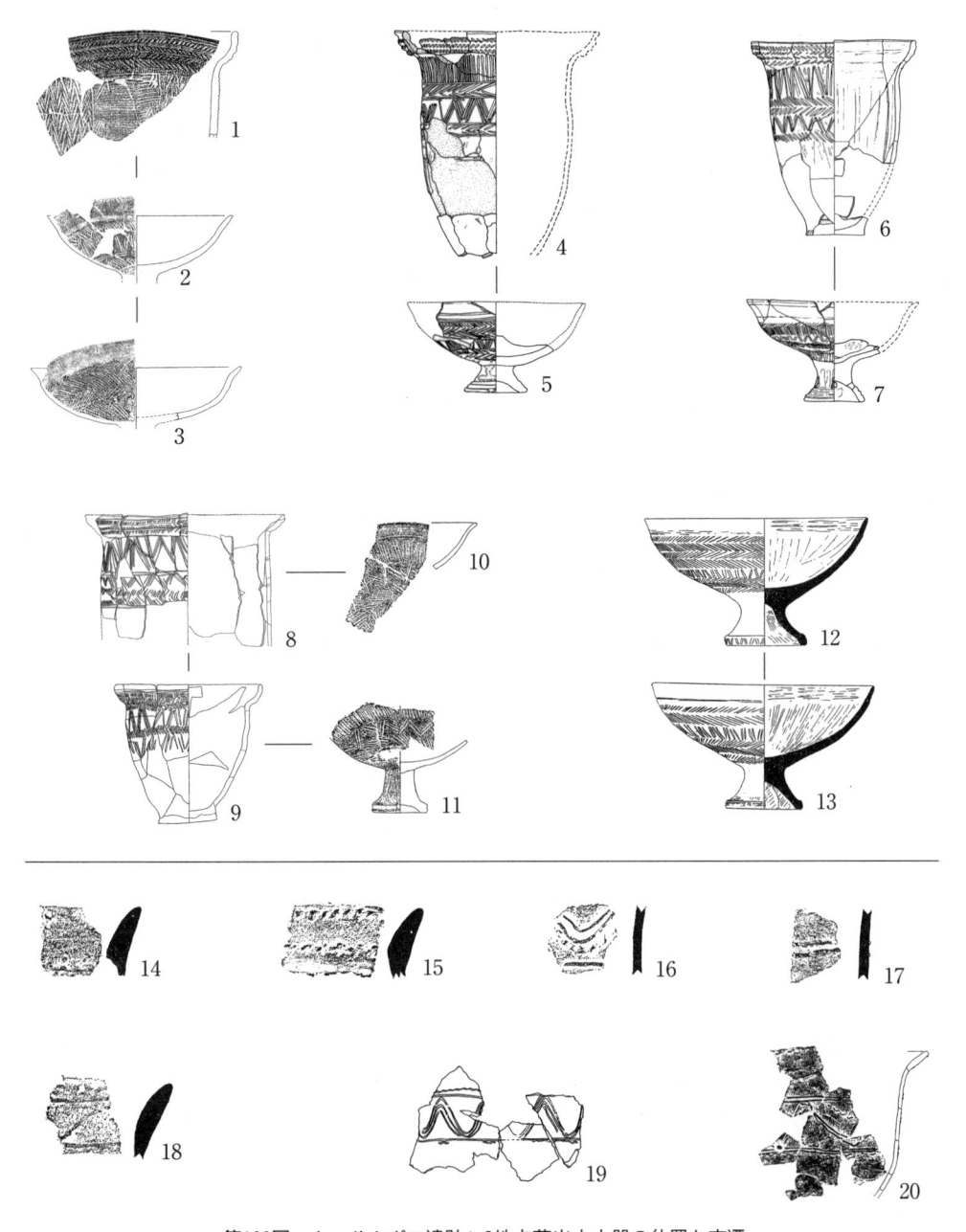

第3節　擦紋末期土器とトビニタイ土器群Ⅱの成立（予察）　383

第160図　トーサムポロ遺跡L8地点墓出土土器の位置と変遷
（1～3：常呂川河口　4～7：須藤　8～11：ライトコロ川口　12～18：トーサムポロL8
19：ピラガ丘Ⅱ　20：ピラガ丘Ⅲ）

れない(註3)。トーサムポロ遺跡の層序編年によれば、14～17例のトビニタイ土器群は、これらに後続することになる。

　それでは、14～17例やピラガ丘遺跡の19・20例（トビニタイ土器群Ⅱ）と擦紋土器の関係は、どのように捉えられるであろうか。通説の編年案では、これらは擦紋Ⅲに並行するとされる。しか

し、それではトーサムポロ遺跡で仮設された墓址・配石址の編年案とは、明らかに矛盾することになる。

そこで資料を少し観察してみたい。まず16例の大きな波状貼付紋である。これは2本の貼付線と革紐状の波状貼付線で構成されている。一方20例を見ると、3本の大波状貼付線の屈曲部にポッチを施し、波状部には、革紐状の波状貼付線を斜めに加えている。紋様の要素や構成法は、きわめて良く似ていると言えよう。

したがって16・20の両例は、一般に10世紀頃の土器とされているが、型式学的には12・13例の高坏よりも新しくなる可能性が想定されよう。すなわち土器の系統は、「12・13例→14～17例」へと転換し、1号墓址(表土)の18例が14～17例に後続する。そして、これらと19・20例はほぼ並行的に存在した想定されるのである。

これは通説と正反対の編年案である。はたして、他遺跡でも同じように成り立つのかどうか、さらに検討を進めよう。

3．周辺及び近隣遺跡との比較検討

先に触れた東梅遺跡では、トーサムポロ遺跡に類似した配石址が発見されており、量は乏しいが、興味深い土器が発見されている。前稿(柳澤2004：172-175)で述べた点を補足しながら、伊茶仁B遺跡(石附・北溝編1973)・ふ化場第1遺跡(椙田1981)の資料と対比してみたい。

1) 東梅遺跡の配石址

根室半島の付け根に当たる地域には、擦紋末期に生じた文化変容を捉えるうえで重要な遺跡が分布している。なかでも東梅遺跡(大場・児玉1958)の配石址が特に重要であると思われるが、ほとんど注意されていない。

この配石址は、温根沼の市街地から2キロほど離れた、標高15mの台地上の崖近くに立地する。第161図に示したように配石址は直列状に並んでおり、1～3の土器片が発見されている。川原石を不規則に並べた配石址は全部で12ケ所あり、そのうち2号・4号・12号の3基を発掘したという。

その調査の内容を摘要すると、以下のとおりである。

(1) 第2号：黒土層の上層から「オホーツク式」5点、「擦文式」2点、後北式3点が出土。
(2) 第4号：平石12ケを1.4mの長楕円形に配列。黒土層からオホーツク式と前北式の各5点が出土。
(3) 第12号：崖際に位置しており、半崩壊の状態。平石の下から人骨出土。「融合型式」を1片出土(1)。

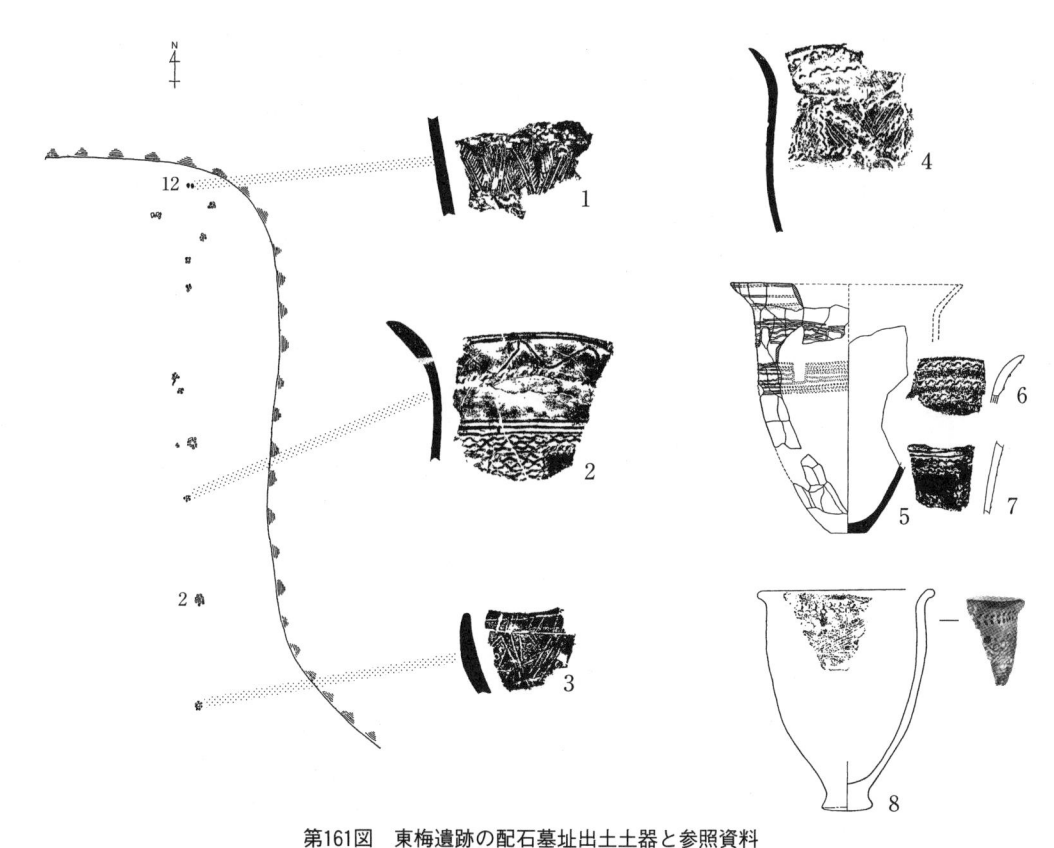

第161図　東梅遺跡の配石墓址出土土器と参照資料
（1〜3：東梅　4：計根別　5：サシルイ北岸　6・7：オタフク岩洞窟　8：伊茶仁カリカリウス）

　擦紋土器が発見されたのは第2号のみである。図示された3例が、おそらくそれに該当するのであろう。第12号の「融合型式」が1例であることは疑いない。したがって、大場利夫が記載した第4号のオホーツク式は2例になると推定される。その出土位置は残念ながら図示されていない。2号から北へ数えると、12号はちょうど12番目にあたるので、4号は、2号から一つ隔てた配石址になると考えられる。

　それでは1〜3例の土器を観察しよう。いずれもトーサムポロ遺跡の高坏とは明らかに紋様の構成が異なる。1例と3例は佐藤達夫の編年では「擦紋Ⅴ」に該当し、Ⅳ₇頃の高坏に後続するとされる（佐藤1972：472-478）。一方、菊池徹夫氏の編年案（菊池1972a）では、1例と参照資料の4例はトビニタイ土器群Ⅰに、また2例に近い参照資料の5〜7例は、トビニタイ土器群ⅠとⅡの「中間的なもの」に比定される。

　そして通説の編年案では、これらは「2例→5〜7例」の順に変化し、さらに「擦文化」（澤井2003：209ほか）を遂げて「4例＝1例」となり、擦紋末期（3＝8）に同化・吸収されたと説明する。はたして、そのとおりであろうか。5〜7例から1・4例が出自することを、型式学的に正しく説明できるであろうか。

386　第4章　トビニタイ・カリカリウス土器群と擦紋末期土器の編年

前稿では、このような通説的な捉え方は疑問であるとして、「1＝4・3例、6・7例→2例」の編年案を仮設した（柳澤2003，2004：172-175）。以上に述べた1～8例の対比が妥当ならば、この編年案には、特に問題とすべき点は認められない。通説と正反対の編年案が成り立つ可能性がある、と言うことであろう。

そこで型式学的な分析をもとに、諸資料を配列すると**第162図**のようになる。

(1)　トーサムポロ遺跡1号墓：
　　　擦紋IV₇頃？と推定される高坏(1)：
　　　長楕円形の墓壙
(2)　東梅遺跡12号配石址：
　　　擦紋V（2）＝トビニタイ土器群I：
　　　配石墓
　　東梅遺跡　2号配石址：
　　　擦紋V（3）：配石址
(3)　トーサムポロ遺跡2号墓周辺(古)：
　　　トビニタイ土器群I-II（4・5）：
　　　配石址？
(4)　トーサムポロ遺跡2号墓周辺(新)：
　　　トビニタイ土器群I-II（6・7）：
　　　配石址？
(5)　東梅遺跡［4号］配石址＝ピラガ丘II・III遺跡（第160図19・20）：
　　　トビニタイ土器群II（古）（8）：
　　　配石址
(6)　トーサムポロ遺跡1号墓の周辺：
　　　トビニタイ土器群II（古）（9）：
　　　配石址

この編年案によれば、擦紋土器は(2)の時期に変容して、オホーツク式と同様に貼付紋を多用するようになる。その時期には、刻線紋のみの

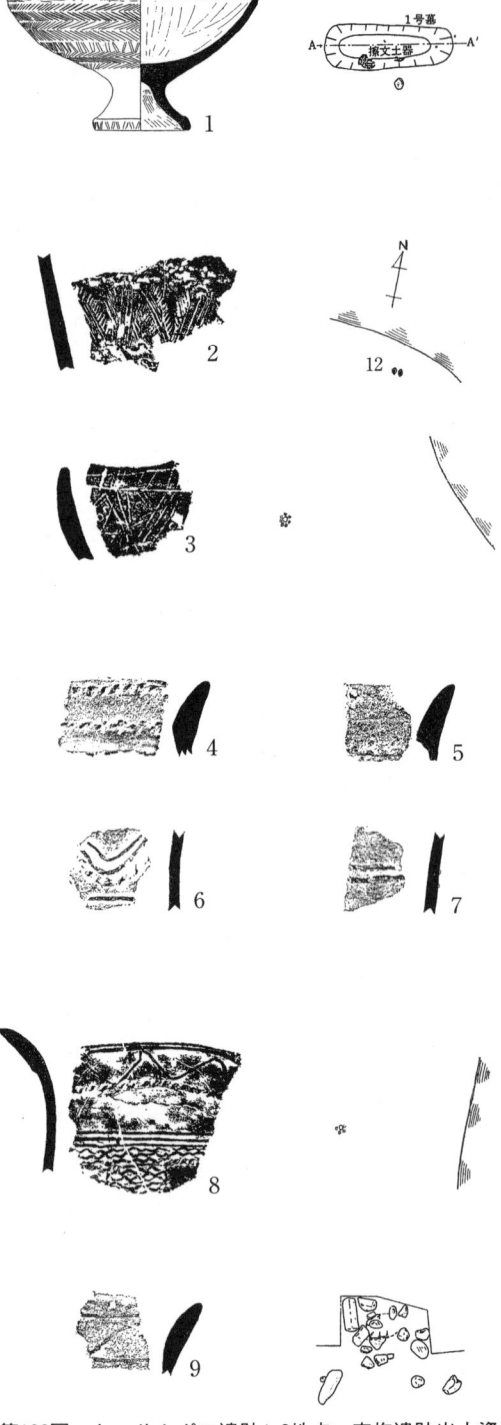

第162図　トーサムポロ遺跡L8地点・東梅遺跡出土資料の編年案
（1・4～7・9：トーサムポロL8　2・3・8：東梅）

土器（3）と貼付紋＋刻線紋の土器（2）が並存し、墓の形態は、長楕円形の墓壙から不規則な配列の配石墓に変化したと推定される。それと並行して、おそらく擦紋土器の側で土器変容が進み、「変異擦紋土器」（トビニタイ土器群Ⅰ・擦紋Ⅴ）が登場したと考えられる（柳澤2004：172-175）。

そして土器変容はさらに進行し、擦紋系の刻線紋を欠いたトビニタイ土器群Ⅱに酷似した終末期の土器が登場するに至る。4・5例や6・7例である。前者には、胴部に粗雑な刻紋が残存していた可能性がある。後者の6例に見える2本線の大波状の貼付紋や、その上・下を画す2本の1・3描線（註4）は、先のピラガ丘遺跡例（第160図19・20）やネット・ソーメン紋を持つ東梅遺跡の8例に直続する要素として注目されよう。

また、9例の口縁部の大きな波状紋については、前稿で述べたとおり、トビニタイ土器群Ⅰ-Ⅱに由来すると考えられる（柳澤2004：175-186）。口縁部の断面形態については、4・5例（トビニタイ土器群Ⅰ-Ⅱ）→8例・9例（トビニタイ土器群Ⅱ）の順序で、スムーズな変化がたどれる。なお8・9例の関係については、後節で触れたい。

さて以上に想定した、擦紋Ⅳ（1）からトビニタイ土器群Ⅱ（8・9）への変遷が追認できるかどうか、根室半島からフィールドを移して検討してみたい。

2）伊茶仁B遺跡

標津町の伊茶仁B遺跡（石附・北溝編1973）でも、「ハ」形紋を持つ高坏が10号竪穴から見されている。**第163図**の3例である。これはトーサムポロ遺跡の1・2例に酷似しており、年代的にも近いように思われる。

残念ながら高台の部分が欠けており、新旧の比較は難しい。これには4～7例の破片が伴っている。4・5例は、刻線紋を欠いたトビニタイ土器群Ⅰ-Ⅱと推定され、6・7例は、小片ながら粗雑な刻線紋を持つトビニタイ土器群Ⅰと思われる。これら3者は伴出しており、仮に同時代ならば通説の編年案（宇田川1988：224-228）が成り立たないことになろう（柳澤2004：149-153）。

つぎに14～20例の7号竪穴の資料である。14・15例は擦紋Ⅴに比定され、3例より確実に新しい土器といえる。これには4例と同じ大波状の貼付紋を持つ18例や、沈線のリード線に貼付紋を加えた19・20例などが伴っている。18例は、1本の大波状の貼付線とそれを縁取る革紐状の波線を有し、口縁部には17例が接続すると推定される。年代的には、「3例（Ⅳ₇以降）→14・15例（Ⅴ）」であるから、18例の大波状紋は4例の仲間に由来するとみて誤りないであろう。

また18例の大波状紋には、6例と同じ粗雑な刻紋が施されており、細かな年代差を捨象すれば、10号竪穴の資料（3～7）から7号竪穴資料（14～20）への変遷は、トーサムポロ遺跡2号墓（新）の土器（第162図6・7）に先立つと考えられる。つまり、なお粗雑な刻紋を持つトビニタイ土器群Ⅰ（6・18）は、擦紋Ⅳの7期頃（1・2）以降、トビニタイ土器群Ⅱが登場するまでの間に、介在すると考えられる。

それでは他の竪穴においても、この想定が成り立つであろうか。伊茶仁B遺跡では、「5号（8・9）→4号（10～13）→3号（21）」なる序列が、竪穴の堀り上げ土の重複関係から指摘され

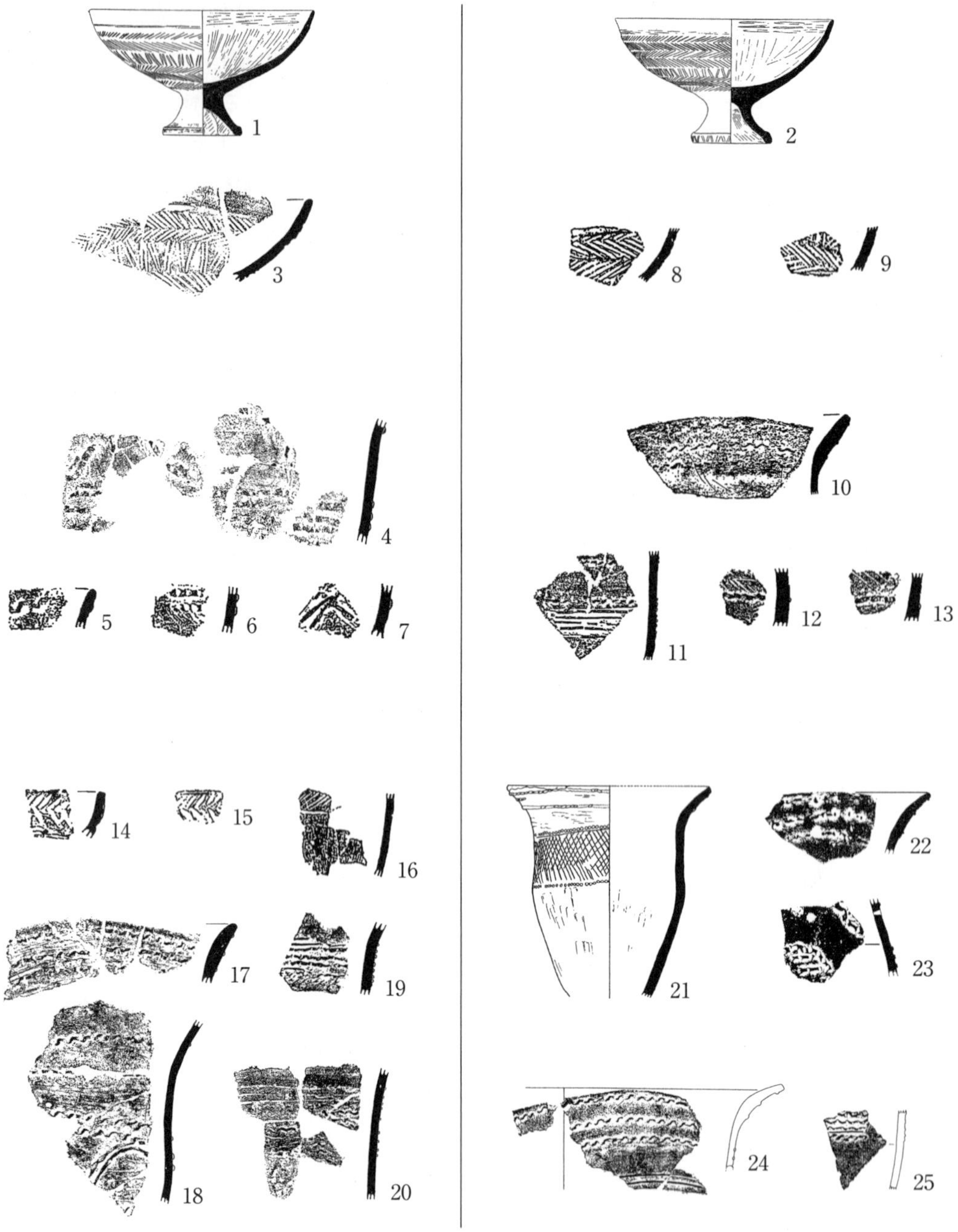

388　第4章　トビニタイ・カリカリウス土器群と擦紋末期土器の編年

第163図　トーサムポロL8地点・伊茶仁B・下田ノ沢遺跡の擦紋末期土器
（1・2：トーサムポロL8　3〜21：伊茶仁B　22〜25：下田ノ沢）

ている（石附・北溝編1973：16-23・56）。8・9例は、1・2例か3例に近い高坏と思われる。10・11例は、その8・9例より新しいトビニタイ土器群Ⅰ-Ⅱであり、12・13例は、それに伴うトビニタイ土器群Ⅰである。そして10〜12例に後続する21例もトビニタイ土器群Ⅰに比定される。

一方、10号の4〜7例と4号の10〜13例を比べると、型式学的には接近した時期と見做せる。

それらに後続する14〜20例と21例も、出土状況から見て、ごく近い時期であることは疑えない。擦紋IV$_{8\sim9}$期頃に比定されよう。

これに対して下田ノ沢遺跡の22・23例は、凸凹のモチーフを持つトビニタイ土器群 I-IIであるが、4号竪穴の11例に近似した土器と思われる。粗雑な擬縄貼付紋の特徴は、21例の口縁部に類似しており、年代的にも近いと考えられる。

これに対して、同じく下田ノ沢遺跡の24・25例は、口縁部の革紐状の波線が整って施紋されており、胴部のモチーフの形状も、貼付紋の装着もしっかりしている。もはやトビニタイ土器群IIとの差異は、ほとんど指摘できないくらいである。おそらく、その直前段階に位置するものであろう。整理すると、「8・9例（IV$_7$以降）→10〜13例→21例＝22・23例→24・25例、→トビニタイ土器群II」への変遷が想定されることになる。

24例を少し細かに観察すると、口縁部の3本波線や、胴部紋様を画す2本の描線、大きく外反したラッパ状の器形、肥厚した母指状をなす口縁部の断面形などの特徴が目につく。いずれの要素もトビニタイ土器群IIへスムーズに連絡する。この点は、これまで注意されていないが、重要な観察ポイントになるであろう。

刻線を欠いたトーサムポロ遺跡のトビニタイ土器群 I-IIと対比すると、22・23例は、その「古い部分」（第162図4・5）に、そして24・25例は、その「新しい部分」（第162図6・7）に、それぞれ並行すると思われる。この点はあらためて別遺跡の資料で検証してみたい。

3）ふ化場第1遺跡

標津町のふ化場第1遺跡（椙田1981）は、伊茶仁カリカリウス遺跡群（椙田1982a）の対岸に立地している。かつて北地文化研究会が調査した伊茶仁B遺跡は、ふ化場第1遺跡に隣接するカリカリウス遺跡群の近傍に位置する。

試掘されたふ化場第1遺跡の1号竪穴では、良好なトビニタイ土器群が纏まって出土しており、注目される。**第164図**の10例は床面、11〜15例は覆土の出土である。1〜6例は、先の伊茶仁B遺跡の竪穴資料である。これらとトーサムポロ遺跡の7〜9例の関係について、胴部の貼付紋を中心に観察してみたい。

大きな波状貼付紋の変遷は、先に「1例→6例（刻線紋あり）→8例（刻線紋無し）」の順にたどれると指摘した。ふ化場第1遺跡10例の胴部紋様は、8例に直続する土器かと思われる。大波状紋は3本の貼付紋で構成されており、その山状をなす端部は断続している。

一方8例では、波状紋を描く貼付線が連続し、これを縁取る革紐状の波線が施されている。10例ではそれが省かれ、大波状紋がすべてストレートな貼付線になっている。また、その上・下を画す描線が螺旋技法（青柳1996）で施されている点も、新しい時期の特徴として注目される（柳澤2004：197-200）。

これに対して覆土中の14・15例は、8例の大きな波状紋の空白部を密接した波線やネット・ソーメン紋で充填している。ネット・ソーメン紋の創成とその広域的な拡散は、トビニタイ土器

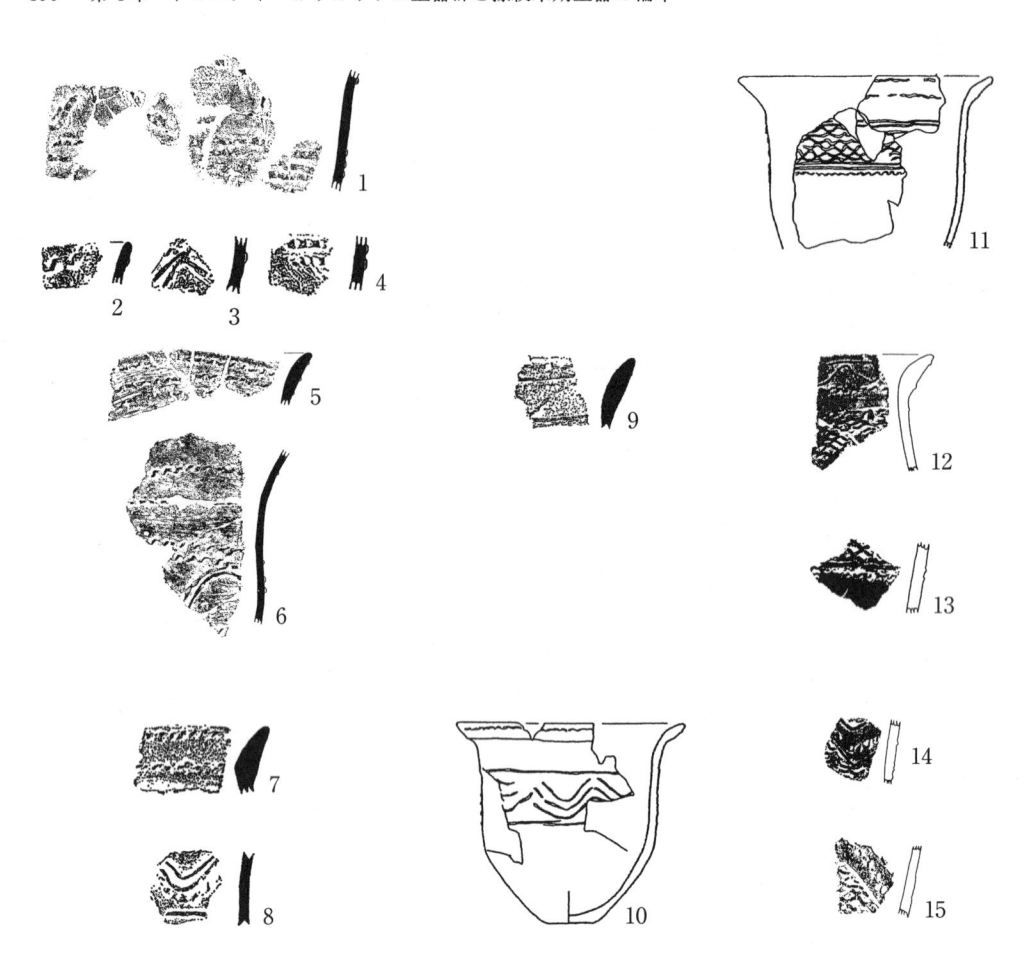

390　第4章　トビニタイ・カリカリウス土器群と擦紋末期土器の編年

第164図　伊茶仁B・トーサムポロL8地点・ふ化場第1遺跡の貼付紋を持つ土器群
（1～6：伊茶仁B　7～9：トーサムポロL8　10～15：ふ化場第1）

群Ⅱの誕生を象徴する事象である。仮に8＝10例であり、これに15＝11～13・14例が後続すると想定すると、ふ化場第1遺跡の床面と覆土から出土した10例や11～15例は、ほぼ同時期と捉えられることになる。

　そのように考えた場合、口縁部に大きな波状紋を持つトーサムポロ遺跡の9例の位置が、あらためて問題になろう。こうした土器が、トビニタイ土器群Ⅱを欠いた伊茶仁B遺跡に見当たらないことは、特に注意を要すると思われる。一方、ふ化場第1遺跡においては、覆土から出土した12例が注目される。その口縁部の断面形は拇指状に肥厚している。また大波状紋の下には、やや粗雑な革紐状の波線が施されている。その形状は鋸歯紋に近く、先の東梅遺跡例（第163図8）に最も似ていると言えよう。

　これに対して9例の大波状紋は、緩やかなカーブを描いており、その下の貼付紋は直線である。これは12例よりも新しい特徴と認められる。したがって7例に擦紋土器が伴うのかどうかは分からないが、トーサムポロ遺跡の層位事実を念頭におくと(註5)、1～15例は、つぎのように編年さ

(1)　伊茶仁Ｂ遺跡10号竪穴（1～4）　　　：擦紋Ⅳ₇頃以降
　　(2)　伊茶仁Ｂ遺跡7号竪穴（6）　　　　　：トビニタイ土器群（擦紋Ⅴと伴出）
　　　　トーサムポロ遺跡2号墓の周辺（7）　：トビニタイ土器群Ⅰ-Ⅱ
　　(3)　トーサムポロ遺跡2号墓の周辺（8）　：トビニタイ土器群Ⅰ-Ⅱ
　　(4)　ふ化場第1遺跡1号竪穴（床面：10）　：トビニタイ土器群Ⅱ（古）
　　　　　　〃　　　　　　　（覆土：11～15）：トビニタイ土器群Ⅱ（古）

　さて孵化場第一の竪穴では、以上の他にも興味深い土器が出土している。それらを含めて細かく分類すると、**第165図**のようになる。前稿の記述には若干の誤りがあったので（柳澤2004：194-197）、ここで修正しておきたい。

　覆土中の土器は多様である。まずトビニタイ土器群Ⅰ-Ⅱの3・4例、トビニタイ土器群Ⅰまたは擦紋Ⅴの5～9例である。3・5・6例の口縁部の断面は拇指状を呈しており、「トビニタイ土器群Ⅱ」に近似している。こうした特徴を持つ土器は、上げ土の中でも発見されている（11・12）。これらは、おそらく古い竪穴に伴うものであり、再利用の際に2次的に堆積したものと考えられる[註6]。

　新しい時期の竪穴内で使用されたと思われる土器は、床面上から出土している13・14例である。覆土中には、16～21例のやや新しい土器がかなりの量が含まれている。この仲間は上げ土の中にも混入しているので、竪穴が放棄された後も新しい土器が廃棄され、また新たに人為的な撹乱も加わって混在した可能性が想定される。

　22～24例も覆土中で出土した土器片である。知床半島のオタフク岩遺跡の竪穴編年（涌坂1991：18・27）によれば、3例のようなバンド状のネット・ソーメン紋を持つ土器は、トビニタイ土器群Ⅱの中では最も新しいと考えられる（柳澤2004：202-209）。その点を考慮すると、覆土中の22～24例は、16～21例などに続いて遺棄された、より新しい時期の土器片と捉えられる。

　そこで以上の観察を整理すると、つぎのような編年案になる。

　　(1)　旧竪穴の土器（3～9＋11・12）　　　：擦紋Ⅴ・トビニタイ土器群Ⅰ・Ⅰ-Ⅱ）
　　(2)　新竪穴の土器（13・14）　　　　　　：トビニタイ土器群Ⅱ（古）
　　(3)　新竪穴に遺棄された「古い土器」（16～21）：トビニタイ土器群Ⅱ（古）
　　　　上げ土に混入した「古い土器」（15）　：トビニタイ土器群Ⅱ（古）
　　(4)　竪穴に遺棄された「新しい土器」（22～24）：トビニタイ土器群Ⅱ（新）

　さて、この竪穴編年案で問題になるのは、覆土から発見された1・2例の高坏である。(1)類とした3～9例に伴って出土した事例は、これまで知られていない。特に2例に注意すると、これ

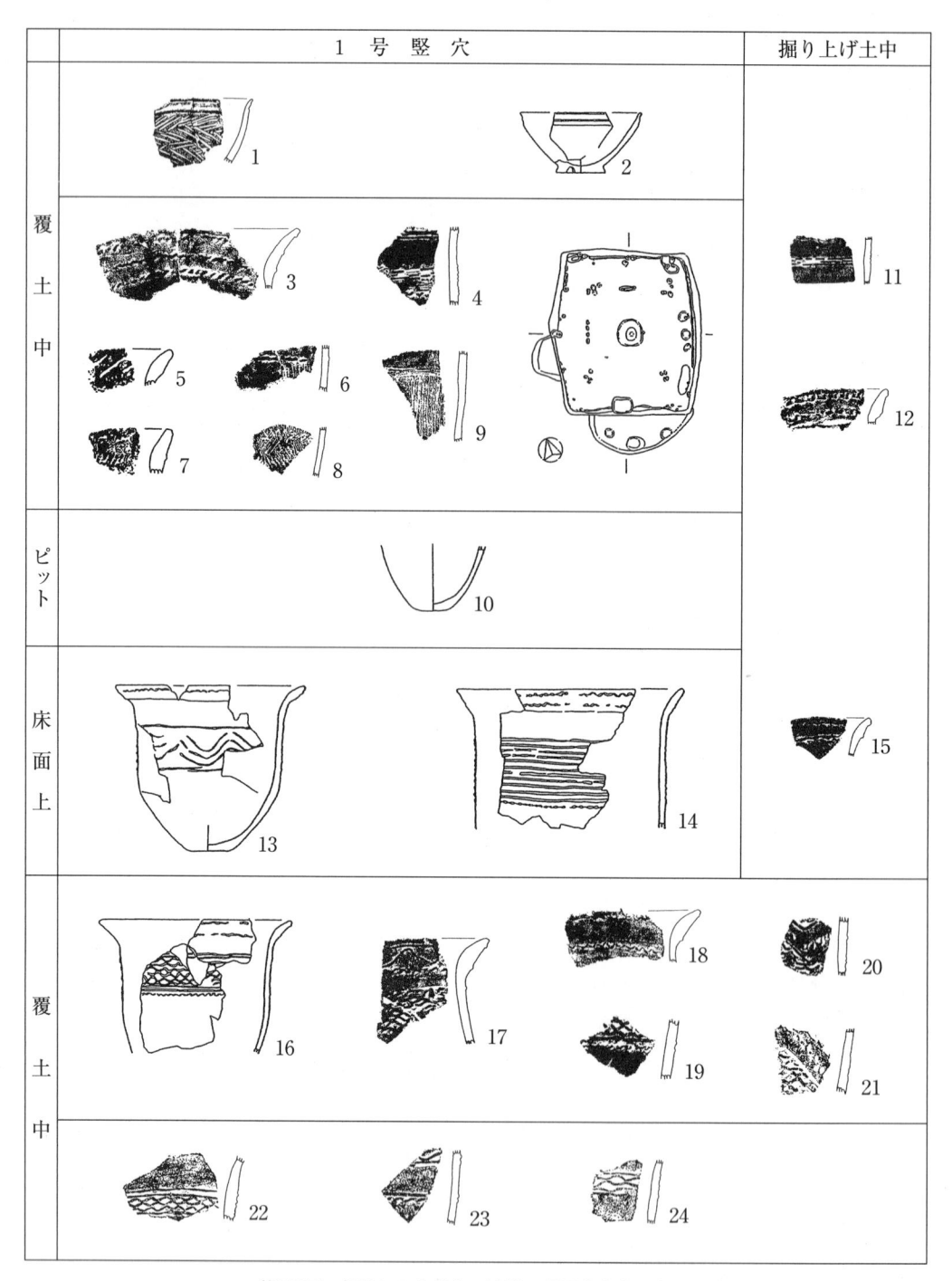

392　第4章　トビニタイ・カリカリウス土器群と擦紋末期土器の編年

第165図　伊茶仁ふ化場第1遺跡1号竪穴出土の土器

はⅣ(古)?～Ⅳ(中)の時期に類例が見当たらない。このような形態の高坏が、そもそもどこで製作されたのか、その点も疑問に思われる。道東部ではなく、道南方面を経由して搬入された可能性があるのではなかろうか。

これは推測になるが、もしその通りであれば、1・2例の高坏は3〜9例とも、それ以外のトビニタイ土器群Ⅱとも、時期的には並行しない可能性が高いと思われる。1号竪穴から出土した土器群の時期は、なぜ、このように一致しないのか。この竪穴は、通説の編年案でも一筋縄で理解するのがむずかしい典型的な事例と言えよう。

ともかく、以上に仮設した編年案が妥当であるかどうかは、竪穴の周囲を調査してみないと判明しないと思われる。予定している新地点の調査成果を踏まえて、あらためて検討してみたい。

4．弁天島遺跡の新旧資料について

弁天島遺跡は、トーサムポロ遺跡と東梅遺跡のちょうど中間に位置しており、戦前から多くの研究者に注目され、調査されて来た（八幡ほか1965・北地文化研究会1968・1979）。オホーツク文化の豊富な遺物を出土しているが、ここでは新たに発見された「擦紋土器」と1960年代に報告された「凸型紋」を持つ資料に注目したい。

1）9号竪穴出土土器の編年

弁天島遺跡の最新レポートが本年春に刊行された。奥付は2003年3月となっている。オホーツク文化期の9号竪穴の調査結果が、精細な図面と図版をもって懇切に説明されており、非常に興味深い内容となっている（西本編2003：2004）。

この竪穴はプランが複雑に重複しており、5段階に亘って断続的に使用されたと指摘されている。それを反映して、覆土中から出土した土器は実に多様であり、一見して複数の型式を含むことが明らかである（第166図）。

土器群は層位的に見ると、大きく二つに分けられる。表土では、例えば2・5例や7例などの刻紋土器、それに貼付紋系の土器など、新旧の土器が混在して出土している。その下の貝層には、擬縄貼付紋やソーメン紋を施したサハリン島にない新しい土器群（18〜26）が纏まっている。これに対して「覆土中」・「覆土一括」とされた、より下層には、貼付紋系の土器がほとんど無く、刻紋や刻紋＋沈線紋を有する土器が多数含まれている（1・3・4，14・15）。したがって貝層と下層の土器群には、明瞭な層位差があると認められよう。

そして、この上・下層が接触する部分では、貝層下面と覆土（下部）の双方から、6例のような刻紋土器の新しいものや、10例などの栄浦第二・常呂川河口遺跡の刻紋・沈線紋土器が出土している。この事実は、古い刻紋土器の1〜4例よりも、新しい刻紋土器の6例や刻紋・沈線紋土器の10例の方が、相対的に新しいことを示唆していると思われる。

一方、貝層中に顕著な擬縄貼付紋を持つ18〜20例の仲間は、「覆土」からも発見されている。16・17例である。これは貝層中の18・19例や20例よりも、型式学的には古いものであって、覆土の刻紋・沈線紋系土器の14例や15例に近い特徴を有している。

覆土及び貝層中の擬縄貼付紋土器は、型式学的に見ると、

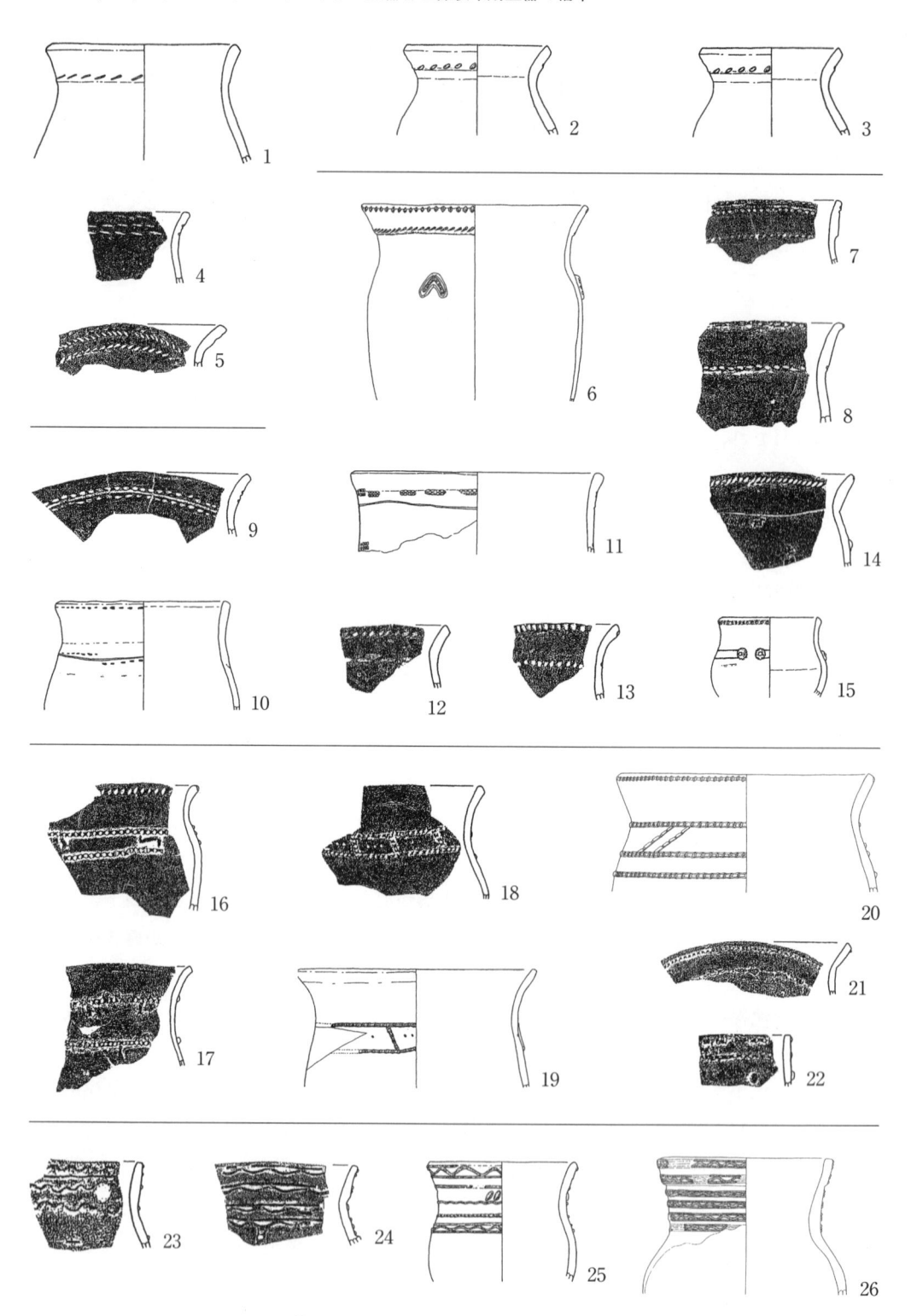

394　第4章　トビニタイ・カリカリウス土器群と擦紋末期土器の編年

第166図　弁天島遺跡9号竪穴出土の土器

第3節　擦紋末期土器とトビニタイ土器群Ⅱの成立（予察）

　(1)　「古い部分」　：17～19
　(2)　「中位の部分」：20
　(3)　「新しい部分」：21・22

に3細分することができる。

　そして(2)類の擬縄貼付紋が、真正の「ソーメン紋」に置き換えられ、それが肥厚した口縁部に施紋されると、「ソーメン紋土器」の系統へ移行したことになる（柳澤2003：105-108）。

　その変遷は、旧稿（柳澤1999b：107）で述べたとおり、

　(4)　「古い部分」　：ソーメン紋土器1（23）
　(5)　「中位の部分」：ソーメン紋土器2（24）
　(6)　「新しい部分」：ソーメン紋土器3（26）

と捉えられる。

　したがって覆土中の一部と貝層中の土器には、いわゆる貼付紋系土器のほぼ全ての細別が含まれていることなる。古い弁天島遺跡の堅穴資料（八幡ほか1965）や後掲のオンネモト遺跡の資料（国分ほか1974）等と比較すれば、さらに精密な小細別レベルの編年案が仮設できるであろう。

　さて覆土中の土器に戻ると、先に3つの土器群に分けられると述べた。

　(1)　古い刻紋土器　　　（刻紋土器A：1～5）
　(2)　新しい刻紋土器　　（刻紋土器B：6～8）
　(3)　刻紋・沈線紋系土器（9～11・12～15）

　このうち(3)類に含まれる9例や11例は、貝層中からも破片が発見されている。同じ覆土中の土器でも、やや年代が下る可能性があると思われる。6例や10例は、貝層の下面からも出土している。したがって層位的には、「6例、10例→9・11例」の相対的な序列が想定される。そこで12例と13例に注目したい。

　両例は、ともに貝層中から発見されており、9例や11例と伴出したと推定される。口縁部には刻紋が施されている。向きや形態の違いも認められるが、この刻紋は14・15例や16例に近い要素と見做せる。12例の括れ部にも米粒状の刻紋が見られる。13例では、それが小さな点列状の刺突になっている。擬縄貼付紋土器(中)に比定した貝層中の18例や19例では、この種の刻紋はすでに消滅している。したがって、12・13例などの刻紋を上・下に施した土器群は、9～11例に伴う可能性が高いと考えられよう。

　以上のように観察すると、9号堅穴の土器群は、

　(1)　古い刻紋土器　　　（刻紋土器A：1～3，4・5）
　(2)　新しい刻紋土器　　（刻紋土器B：6～8）
　(3)　刻紋・沈線紋系土器（9～15）
　(4)　「続刻紋土器」　　　（16）(註7)

(5)　擬縄貼付紋土器　　　（古：17～19）
　(6)　擬縄貼付紋土器　　　（中：20）
　(7)　擬縄貼付紋土器　　　（新：21・22）
　(8)　ソーメン紋土器1　　（23）
　(9)　ソーメン紋土器2　　（24）
　(10)　ソーメン紋土器3　　（26）

の順序で編年される。

　それでは、擬縄貼付紋を特徴とした(5)～(7)類の土器（18～22）は、同じくそれを多用するトビニタイ土器群Ⅰ-Ⅱと、年代的にどのように関係するのであろうか。この疑問を二つの方向から解いてみよう。

2）「擦文土器」と報告された新資料

　弁天島遺跡の9号竪穴では、**第167図**1のような風変わりな土器が、擬縄貼付紋土器（2～7）に伴って貝層中から発見されている。報告書では「擦文土器」と記載されているが、寡聞にして類例を知らない。

　大きくラッパ状に開く器形は、先にふ化場第1遺跡で見たⅤ期の資料の中に類似したものがある。図示した資料では、オタフク岩洞窟の8例が近いように見える。

　1例を観察すると、胴部には3本の太い刺突紋列が施されている。同じものは、頸部にも1列施されている。この刺突紋列は、3本で構成された擬縄貼付紋土器の胴部紋様に似ている。例えば3例が最も近似するものとして挙げられる。両者の年代は接近しているのであろうか。

　双方とも胴部には区切り斜線[註8]が施されている。同じ区切り斜線はオタフク岩洞窟の8例にも見られる。これは擬縄貼付線ではなく、2本一単位の革紐状の波線である。この構成は5例とも、また問題の「擦文土器」(1)と共通する。そして区切り斜線はトビニタイ土器群Ⅱの16例にも、またソーメン紋土器3の18例にも施されている。

　なぜ区切り斜線の手法が、弁天島遺跡の「擦文土器」と8世紀に比定される擬縄貼付紋土器(3)や9世紀末に比定されるソーメン紋土器3に、さらに12世紀頃とされるトビニタイ土器群Ⅰ(8)に共通するのであろうか。実に不思議な現象と言えよう。

　ウトロチャシコツ岬下遺跡の18例の区切り斜線は、円形のポッチを連繋するもので、破損部分を復元すると、「直線＋波線＋直線」の構成になると推定される。そのとおりならば、まさにソーメン紋土器3に特有の描線扱いで区切り斜線のモチーフを形づくっていることになる。

　この18例と並ぶか、やや先行すると思われる例は、内陸部の鳥里遺跡（美幌町）の竪穴から発見されている。17例であるが、前稿の編年案に拠ると（柳澤2004：第1表）、「16例→17例→／＝18例」の相対的な序列が想定される。それでは、オタフク岩洞窟の貼付紋を併用した8例はどこに位置するのであろうか。

　そこで、肥厚した口縁部に粗雑な擬縄貼付紋を施した9例に注目したい。この部分の構成は、

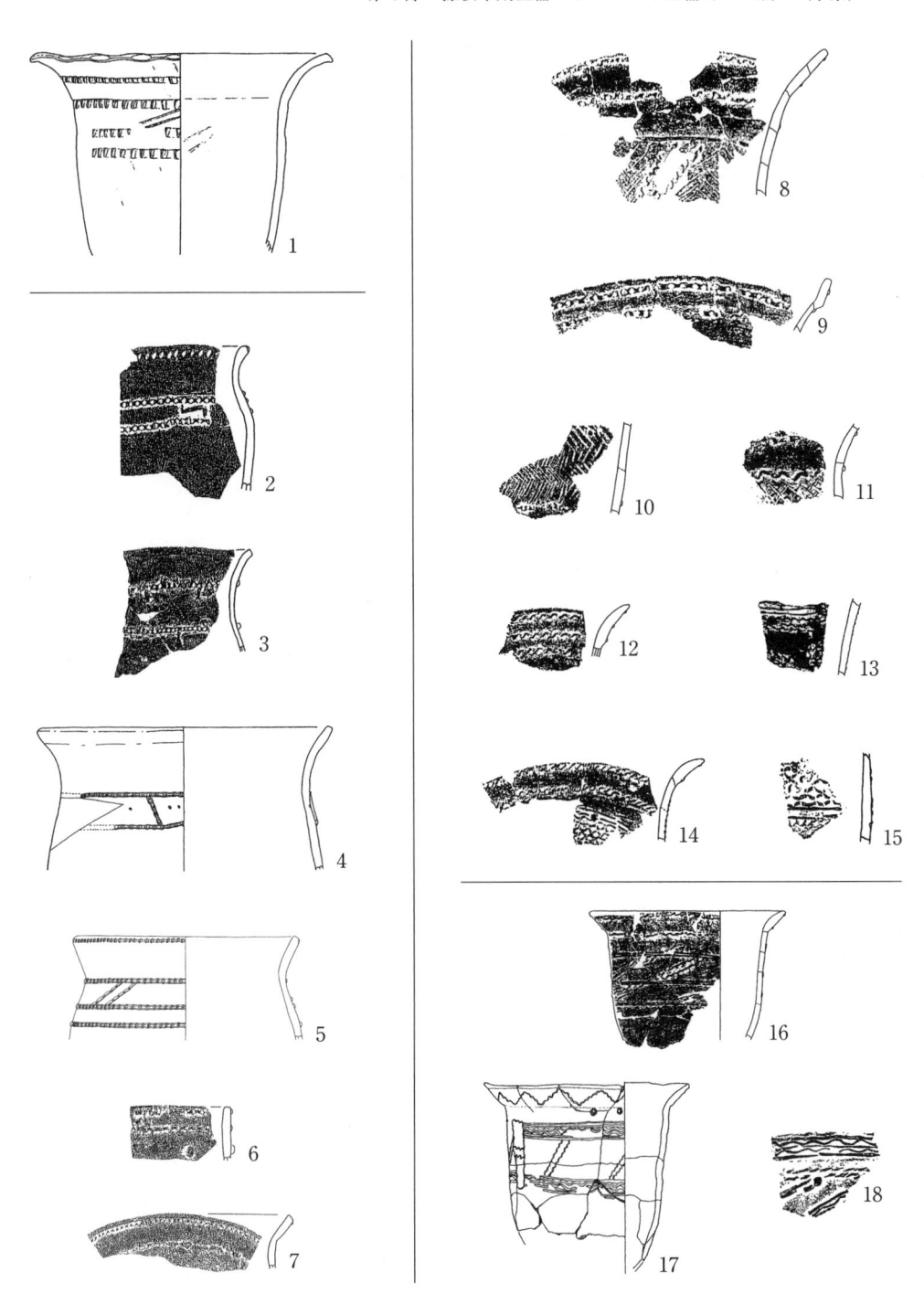

第3節 擦紋末期土器とトビニタイ土器群Ⅱの成立（予察） 397

第167図 弁天島遺跡9号竪穴出土の「擦文土器」と参照資料
（1～7：弁天島　8～14：オタフク岩洞窟　15：須藤　16：オタフク岩　17：鳥里　18：ウトロチャシコツ岬下）

7例のそれに酷似しており、ほとんど区別できない。7例の口縁部の外反度は1例の「擦文土器」に近い。しかし、7例の端部は小波頭をなし、断面は削いだように角頭状を呈している。その点では、むしろ擦紋Ⅱに似ている。したがって1例は古手の土器である可能性が高い。これに対して、3例の3本の擬縄貼付紋と区切り斜線は、確かに1例に共通しているものの、その3例よりも7例や6例の方が確実に新しく、両者の口縁部の装飾は9例に酷似している。

そして8例の口縁部には、9例と類似した貼付紋が施され、その胴部には、3例に近似した革紐状の2本の区切り斜線が施されている。層位的に見ると、8例はオタフク岩洞窟の4b・5a層から、9例は4a層から発見されている。ほぼ同じ層準から、10例や11例のトビニタイ土器群Ⅰも発見されており、擦紋末期の土器がこの層準に包含されていることは疑いないと思われる。

弁天島遺跡の6・7例とオタフク岩洞窟の8～11例が年代的に並行するならば、擬縄貼付紋土器の「古い部分」や「中位の部分」は、もちろん通説のごとく8世紀には位置しない。擦紋Ⅳのいずれかの段階と並行することになろう。

以上の観察を踏まえて、第167図の資料を整理すると、つぎのような編年案になる。

(1) 弁天島遺跡の「続刻紋土器」(2)
(2) 弁天島遺跡の擬縄貼付紋土器(古：3，4)
(3) 弁天島遺跡の擬縄貼付紋土器(新)
　　：6・7＝オタフク岩洞窟のトビニタイ土器群Ⅰ (8～11)
(4) オタフク岩遺跡のトビニタイ土器群Ⅱ (16)
(5) 鳥里遺跡のトビニタイ土器群Ⅱ (17)
(6) ウトロチャシコツ岬下遺跡のソーメン紋土器3 (18)

それでは、この編年案から漏れているトビニタイ土器群Ⅰ-Ⅱの12～15例は、どこに位置するのであろうか。

3）弁天島西貝塚の「凸型紋」土器

弁天島西貝塚の古い資料（八幡ほか1965）を一覧すると、奇妙な土器片に遭遇する。「凸型紋」を持つ**第168図**の7例である。それに類するモチーフは、オタフク岩洞窟でも発見されている。図が小さく分かりにくいが、擬縄貼付紋が花結び風に施された15例である。この種のモチーフは、擬縄貼付紋土器の中ではきわめて稀であるらしく、未だ類例を知らない。それだけに、「凸型紋」系の特殊モチーフの由来を探る意味は大きいと言えよう。

まず7例と15例の「凸型紋」系モチーフが、擬縄貼付紋土器の中でどの時期に相当するのか、その点から検討してみよう。オンネモト遺跡（1～4）と弁天島西貝塚（5～11）の資料を参照すると、弁天島西貝塚には、オンネモト遺跡に似た5・6例のような資料がある。一方、1・3・4例は弁天島西貝塚には無く、また10・11例などはオンネモト遺跡に欠けている。

第3節　擦紋末期土器とトビニタイ土器群Ⅱの成立（予察）　399

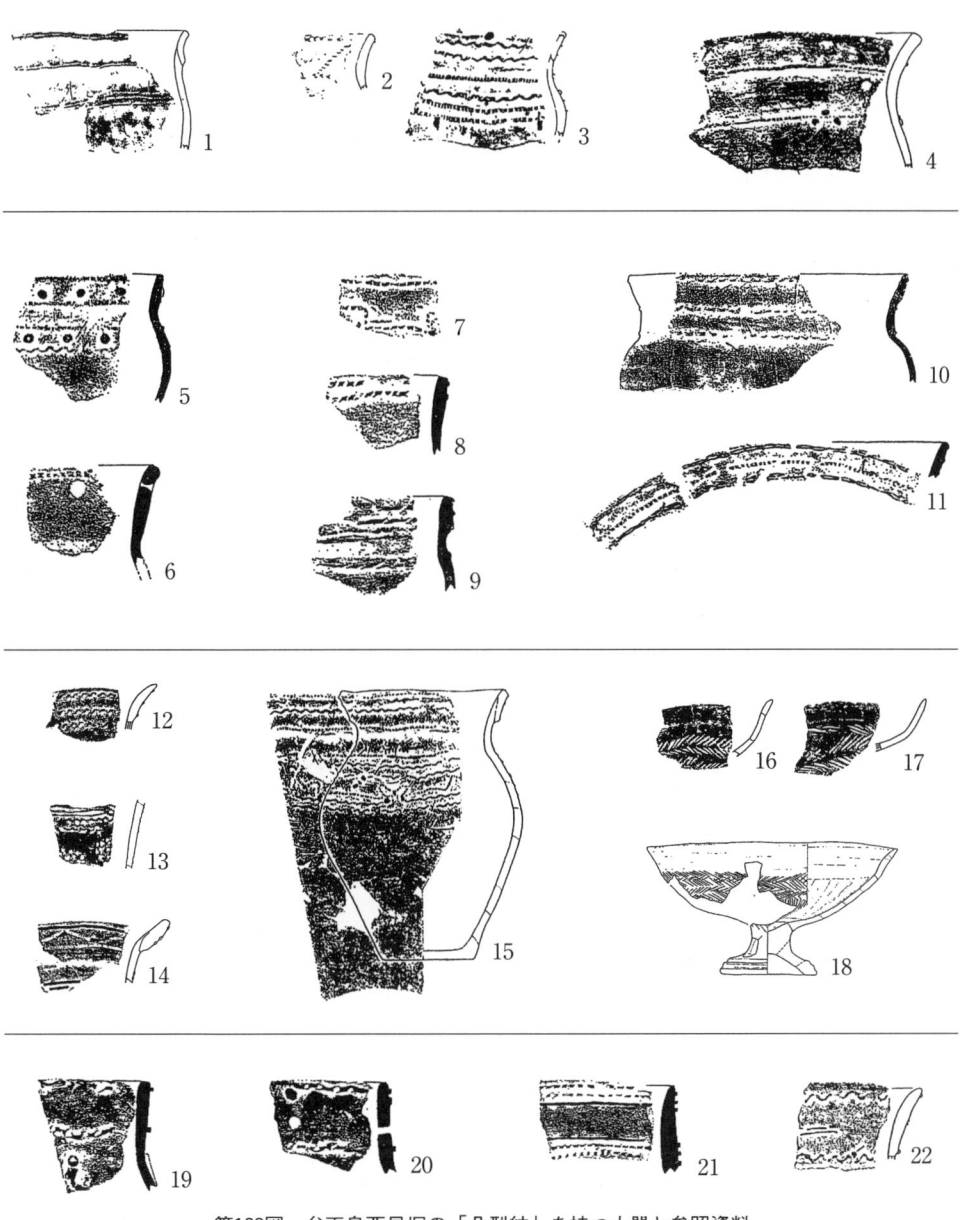

第168図　弁天島西貝塚の「凸型紋」を持つ土器と参照資料
（1～4：オンネモト　5～11：弁天島西貝塚　12～18：オタフク岩洞窟　19～21：霧多布
22：トコロチャシ）

　このような個体資料に見える地点差は、擬縄貼付紋土器における時期差の反映と見做せるであろう。両遺跡の資料は、どちらも擬縄貼付紋土器でも新期に属し、型式学的には、1～4例のオンネモト遺跡の方が古く、9～11例の弁天島西貝塚の方が新しいと思われる。それでは、「凸型紋」を持つ7例は、どちらに属すのであろうか。最も肝心な口縁部が欠けており、その判定はむずかしい。
　7例の擬縄貼付紋の特徴は、どちらかと言えば5・6・8例に近い。したがって7例は、10・

11例よりも少し古く、オンネモト遺跡の1～4例よりは新しい可能性が高い。その点はともかく、7例が擬縄貼付紋土器の(新)期に比定されることは確実と思われる。そこで、7例に見える凸型モチーフの由来に注目したい。類似の例は、先に参照したオタフク岩洞窟の一例（トビニタイ土器群Ⅰ-Ⅱ：第168図13）を除いて、知床半島の擬縄貼付紋土器には見当たらない。なぜ、一般に8世紀とされる土器の「凸型紋」のモチーフが、12世紀頃のトビニタイ土器群Ⅰ-Ⅱに先祖返り的に登場するのであろうか。これが先史時代の事実であれば、文化的な脈絡を欠いた、実に不思議な現象といえよう。

再びオタフク岩洞窟に戻り、この不思議な「謎」を解いてみよう。12～18例を参照すると、二股に変形した凸型モチーフを持つ15例は、5b・5c・6層から出土した大型の土器である。口縁部の紋様は明らかに10・11例に似ている。よりソーメン紋土器に接近しているので、15例が擬縄貼付紋土器でも「新しい部分」に属すことは疑いない。

その胴部の紋様は、まるでトビニタイ土器群Ⅰ-Ⅱのように、幅広く構成されている。擬縄貼付線と革紐状の波線を交互に施し、所々にポッチをアクセントとして付けている。口縁部の紋様は3本の貼付線で構成されており、10例に類似している。また、ふ化場第1遺跡の覆土から出土したトビニタイ土器群Ⅰ-Ⅱ（第166図3）とも類似している。こうした共通点から見て、双方の年代の近さが暗示される。

そこで、オタフク岩洞窟の第5～6層で発見された土器群を観察してみたい。ただし報告書には、この他にも重要な土器が例示されている。

(1) 擦紋Ⅳ$_5$頃に比定される高坏（16・17：5b層, 18：5a・5b層）
(2) トビニタイ土器群」Ⅰ-Ⅱ　（12：5b層, 13：5c層）
(3) トビニタイ土器群Ⅱ　　　（5b層）
(4) 擬縄貼付紋土器（新）　　　（5b層・5c層・6層）

13例を除くすべての破片は、5b層から出土している。したがって層位的に見れば、大部分の資料は年代的に近い関係にあると考えられる。通説の編年案（宇田川1988・右代1991ほか）に準拠すれば、8世紀の15例と10世紀の14例、12世紀の12・13例、そして11世紀後半の16～18例が、5b層を中心に「共伴」していることになろう。

これらをすべて同時代とするような自在な層位解釈は、とうてい認められないから、本層に限らずオタフク岩洞窟の遺物と出土層位との関係は、これからの綿密な分析による見直しが求められよう。ここでの詳論は控えるとして、なぜ15例のような大型の完形土器が、5b～6層の3層に分離して出土したのか。そうした疑問を指摘するに止め、ここでは「凸型紋」に焦点を絞りたい。

そこで、トビニタイ土器群Ⅰ-Ⅱの12・13例が注目される。13例は小さな破片であるが、明らかに入り組む「凸型紋」が認められる。これは5c層の出土であり、15例も5c層の破片を含んでい

る。両者のモチーフには、密接な関係があるのではなかろうか。15例の変形した「凸型紋」と7例の「凸型紋」はほぼ同時期である。さらに、12・13例（5b・5c層）のトビニタイ土器群Ⅰ-Ⅱが、これらと並行するならば、擬縄貼付紋土器とトビニタイ土器群Ⅰ-Ⅱの「凸型系紋」は同時代の所産となる。はたして、そのように考えてよいのであろうか。

　また、これらに伴出した擦紋土器に注目すると、16～17例は、ほぼⅣ$_5$に比定されるものである。斜里の須藤遺跡では、「凸型紋」を窓枠状に対向させる、あるいは13例のように入り組ませたトビニタイ土器群Ⅰ-Ⅱが、Ⅳ$_{5\sim6}$期の土器に伴って出土している（金盛1981）。

　こうした事実から判断すると、16～17例の高坏は、12・13例と年代的に近接するばかりでなく、「凸型紋」（窓枠状紋）を鍵として擬縄貼付紋土器に対比され、両者は並行関係にあると考えねばならなくなる。つまり大まかに対比すると、

　　(1)　擬縄貼付紋土器(新)　　：7
　　(2)　トビニタイ土器群Ⅰ-Ⅱ：(12＋13)
　　(3)　擬縄貼付紋土器(新)　　：15 ＝ 擦紋Ⅳ、

がほぼ同時期であるという見方になる。

　そこで、厚岸町の霧多布遺跡の資料を観察すると、

　　(1)　擬縄貼付紋土器(新：19・20)　→
　　(2)　擬縄貼付紋を持つトビニタイ土器群Ⅰ-Ⅱ：(21)、

という層序が想定される（柳澤2004：162-165）。また、整った擬縄貼付紋を持つ21例の口縁部は、12例のごとく明瞭に拇指状を呈している。トコロチャシ遺跡でも、同じ断面形のトビニタイ土器群Ⅱ（22）が、真正のソーメン紋土器と伴出しており、トビニタイ土器群Ⅰ-Ⅱとソーメン紋土器・トビニタイ土器群Ⅱの年代の近さを示唆している。

　このような観察をもとに、以上の資料を整理すると、

　　(1)　擬縄貼付紋土器(新)（19・20）＝オンネモト遺跡（1～4）
　　(2)　トビニタイ土器群Ⅰ-Ⅱ（21）＝弁天島遺跡（11）＝オタフク岩洞窟（15, 12・13）
　　(3)　トビニタイ土器群Ⅱ（古：22＝第165図13～17）＝ソーメン紋土器 1

という編年案になる。擦紋Ⅳ(中)期に比定される16～17例は、この編年案によると、ほぼ(2)類の時期に対比される。はたして、これは妥当な見方であろうか。

5．須藤遺跡とオタフク岩洞穴との対比

　「凸型紋」のモチーフの広域的な対比から、擦紋Ⅳと擬縄貼付紋土器が並行する可能性が以上の分析で明らかになった。弁天島西貝塚の「凸型紋」に類似した窓枠状のモチーフを持つトビニタイ土器群Ⅰ-Ⅱは、斜里町の須藤遺跡で最も豊富に発見されている。

　その「窓枠紋」を上・下に対向させる、あるいは入り組ませる紋様手法は、いったいどのようにして誕生したのであろうか。まず、その問題から検討してみたい。

1)「窓枠」状のモチーフを持つ土器

網走市の嘉多山3遺跡（和田・米村1993）には、余り注目されていないが、祖形的な「窓枠」状のモチーフを持つ良好な資料が発見されている。**第169図**の2例である。刻紋は施されていないから、分類上はトビニタイ土器群Ⅰ-Ⅱに比定されよう。

大きくラッパ状に外反し、直線的に底部へ繋がる器形、拇指状に軽く肥厚した口縁部の断面形、それに口縁部と胴部の2段構成の貼付紋、素紋扱いの頸部など特徴は、本例がまさにトビニタイ土器群の典型であることを端的に示している。

この資料は嘉多山3遺跡で唯一の石囲炉を有する第3号竪穴から、3～5例など擦紋Ⅳ(中)の土器に伴って発見された[註9]。出土状況からは、この擦紋土器と「共伴」する可能性が高いようにも見える。しかしながらⅣ(中)期に比定される多量の完形土器は、少なくともⅣ$_4$期（3・4）とⅣ$_5$期（5）の二者を含む。異常に数多い高坏も、やはり2期以上に跨るらしい。はたして「床面」から出土したとされた土器群が、単純に一時期の生活財セットを構成するのかどうか、出土状況の吟味を含めて、詳しく再検討する必要があろう。

その点は将来の課題として、2例のごときトビニタイ土器群Ⅰ-Ⅱは、これまで擦紋Ⅳ$_{1～3}$に伴って出土した例がほとんど知られていない。Ⅳ$_3$期の5号・6号竪穴でも、トビニタイ土器群Ⅰ-Ⅱは全く発見されていない[註10]。これは何故なのであろうか。

また、こうした顕著な伴出事例は、擦紋Ⅰ～Ⅲの時期においてもきわめて稀である。したがって、今のところ嘉多山3遺跡が唯一にして、最古の伴出事例（2＋3・4，5）ということになると思われる。

そこで2例の出自に注目したい。まず、胴部に施された「窓枠」状のモチーフである。かな

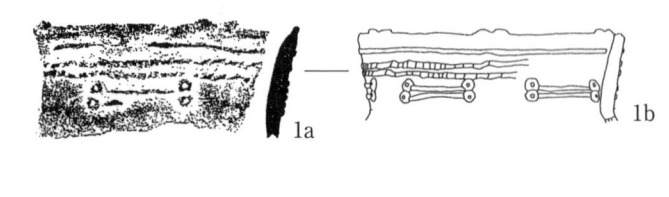

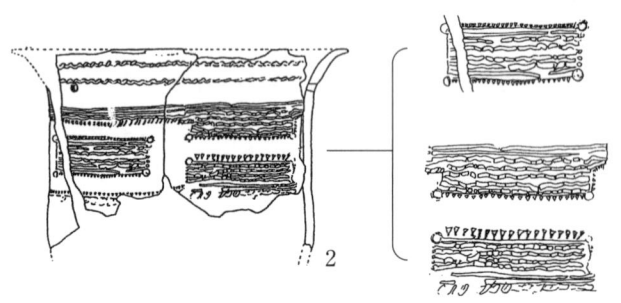

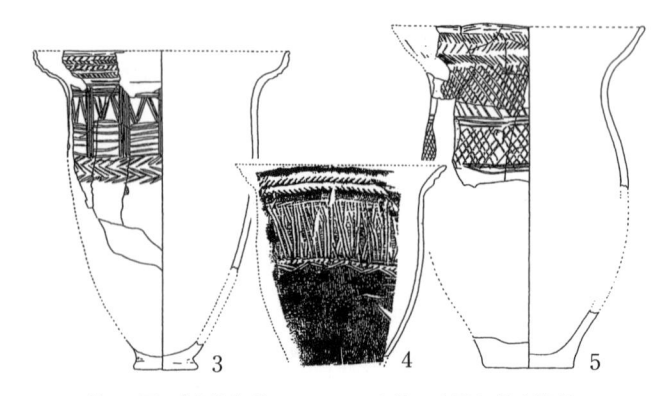

第169図　「窓枠」状のモチーフを持つ土器と伴出資料
（1a・b：ニシキロ　2～5：嘉多山3）

り複雑に見えるが、これは小さなボタン状の貼付紋を連繋した2本の粗雑な革紐状の貼付線、または、その代用としての点列の刻紋（以下、「ボタン連繋線」）の間に、同種の小波状の貼付線を密接に施紋して構成されている。

これに類似した例を調べると、モチーフを独立的に扱うもの(独立系)、上・下を画す貼付線に装着するもの(凸型系)の二者が区別される。後者は、先に弁天島遺跡の資料で観察した擬縄貼付紋土器の一例（第169図7）と、外形的に酷似している点が注意される。

前稿では、この「窓枠」状のモチーフは、基本的にオホーツク式に由来するのではないか、という仮説を述べた（柳澤2004：175-180）。1例は、国後島のニシキロ遺跡で採集されたものである（大場1971）。これは2例の祖形になるか、または年代的に近接した貴重な一例ではなかろうか。擬縄貼付紋土器でも「中位の部分」の（新）から「新しい部分」に比定される一例かと思われる。

口端には小突起を配し、軽く内側に肥厚した幅広い口縁部（1b）には、上から直線と2本の擬縄貼付線、2単位のボタン連繋線を施している。残念ながら胴下半部の様子は分からない。そこにもボタン連繋線を反復して、それを画す擬縄貼付線を施していたとすれば、非常に興味深い。

想像はともかく、残された上部の紋様を見ると、口縁部の3本の貼付線から、2例の皮紐状の貼付紋への変化は、中間の貼付線とボタン連繋線の省略という操作を想定すれば、容易にたどれる。また、省かれたであろう2本のボタン連繋線が胴部にも存在したとすれば、2例の「窓枠紋」の外枠としては、最も相応しい存在となる。こうした推論が的を射ているならば、2例の土器は、擬縄貼付紋土器の「新しい部分」に対比される可能性が出て来る。

もちろん、その場合には「床面」で伴出した多量の擦紋土器とは、時期が一致しないことになる。はたして、そのような想定が成り立つのであろうか。またその後の変遷も、はたして型式学的にスムーズに追跡できるであろうか。つぎに、主として型式学的な面から分析を続けたい。

2）「窓枠紋」系土器の変遷について

ピラガ丘遺跡群に隣接する須藤遺跡は、独立砂丘上に立地した擦紋文化の著名な集落址である。1978〜1980年の調査によって30軒の竪穴が発見された。そのうち17軒の竪穴からトビニタイ土器群が出土している（金盛1981）。それらは通説の編年体系を支える重要資料として、新世代の研究者にも盛んに引用されている（大西1996a〜2003・澤井2003ほか）。

第170図の7例と10〜15例が、「窓枠紋」を持つトビニタイ土器群Ⅰ-Ⅱの資料である。この他にも参照の資料を掲げた。それらを一覧すると、「窓枠紋」にも様々な形態があり、時期や系列上の差異が伏在していることが容易に察せられるであろう。

今のところ伴出土器から見た場合、最も古いと思われるのは、常呂川河口遺跡（武田2003）の51号竪穴の壁面近くから出土した8例である。床面上の土器は、ほぼ擦紋Ⅳ$_5$期に比定されるが、覆土の上部の土器は、それよりも新しくなるのであろう。しかし、どこまで年代的に下るのかを検討する手掛りは何も得られていない。

それでは紋様変化の流れをたどることによって、8例の「窓枠紋」の位置を考えてみよう。7

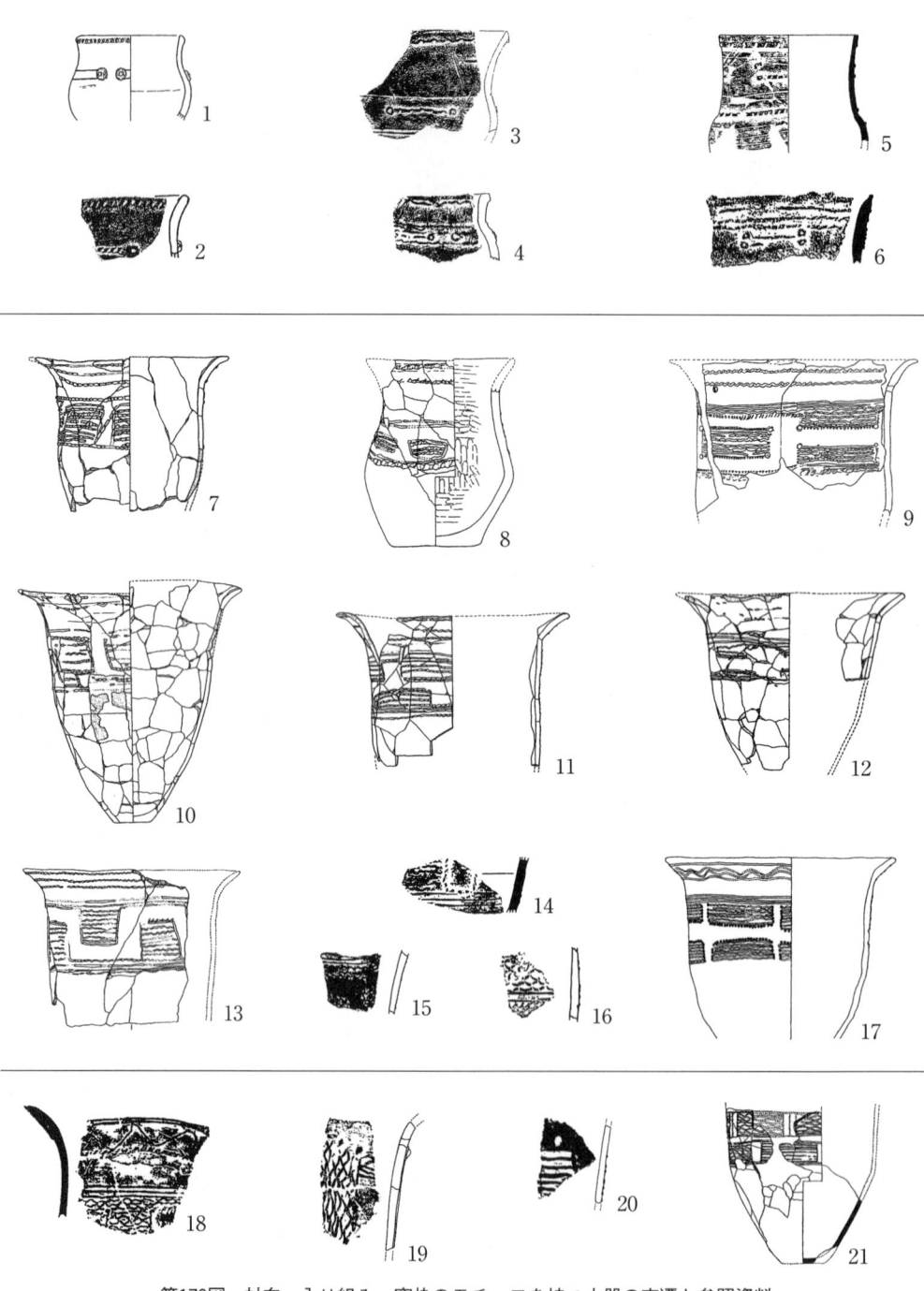

404　第4章　トビニタイ・カリカリウス土器群と擦紋末期土器の編年

第170図　対向・入り組み・窓枠のモチーフを持つ土器の変遷と参照資料
（1・2：弁天島　3・5：香深井1(A)　4：栄浦第二　5：元地　6：ニシキロ　7・10〜13・15・16：須藤　8：常呂川河口　9：嘉多山3　14：別保　15：オタフク岩洞窟　17：姉別川流域竪穴群　18：東梅　19・20：ピラガ丘Ⅲ　21：トビニタイ）

例のように、「窓枠紋」の下限を画す描線を施すものから、逆凸形に直立した10例への変遷が、まず最初に想定されよう。さらに、先述したトーサムポロ遺跡と東梅遺跡の編年案を踏まえ、10例から別保遺跡の14例を経て、トビニタイ遺跡の21例へ連続すると想定すれば、最もスムーズな変遷案になる。しかし、これは型式学的に見た場合の見方であって、出土状況の面では確証に乏しい。

ちなみに、7例に伴い13号竪穴の床面から出土した擦紋土器は、明らかにIV$_4$に比定されるものである。したがって、ここで想定した変遷観とは明らかに一致しない。8例を祖形に見立てる独立型の「窓枠紋」の変遷については、先行する「刻紋・沈線紋系土器」の新資料の発見を待って、あらためて検討の機会を持ちたいと思う[注11]。

つぎに嘉多山3遺跡の9例である。この土器は、その後どのように変遷するのであろうか。須藤24号竪穴の11例と29号竪穴の12例は、擦紋IV$_5$に伴い床面又は覆土から発見されている。これが嘉多山3遺跡の9例と同期するならば、9例から11例への胴部紋様(対向型の「窓枠紋」)への変化はスムーズにたどれる。そこで、「24号竪穴の床面の擦紋土器(IV$_5$)→覆土(11)」の層位差に留意すると、12例の対向「窓枠紋」から、11例の交互に対向する「窓枠紋」への変化が容易に想定される。

さらに、「窓枠紋」の凸字部分が上・下に入り組み、その形態が変化すると、11例から16号竪穴の13例へ、そしてオタフク岩洞窟の15例を経て、18の東梅遺跡例(トビニタイ土器群II)の誕生に至る変遷がたどれることになる。

この「9例→12例→11例→(?)→13例→15例、→18例」なる変遷は、もちろん型式学的に想定した仮説案に止まる。確実な共伴例に乏しく、とても出土状況論的にみれば、一目瞭然の編年案とはとても言えない。一方、これとは別の変遷も考えられる。17例を見ると、12例と同じ対向型の「窓枠紋」を有し、口縁部には大きな波状の貼付紋が施されている。「窓枠紋」の周囲には小さな円形の刺突紋がある。これは擦紋末期に特有な要素であって、本例がトビニタイ土器群I-IIでも、新しい時期に属すことを示している。

そこで17例については、擦紋IV$_5$期の9例から12例を経て、17例に至る別系列の変遷を想定してみたい。この見方が妥当ならば、「窓枠紋」の変遷は複系的に捉えねばならない。独立型の場合と同じように、対向型の「窓枠紋」においても、なお良好な一括資料の発見を待って、検討を重ねる必要があると思われる。

さて、以上の「窓枠紋」土器に充填されるのは、実測図では捉えにくいが、いずれも粗雑な小波状の貼付線か、または擬縄貼付線である。ところで須藤遺跡には、16例のように波状の擬縄貼付線の頂点をずらしてネット状に仕立てる、興味深い資料が発見されている。この描線の「ズラシ手法」を用いた類例は、オタフク岩洞窟でも出土している(第168図14)。

両例に見られるネット状に充填した貼付線は、明らかにトビニタイ土器群II(古)のネット・ソーメン紋(第166図16)に繋がるものである。これは13例や15例、17例と18例と21例を繋ぐ、擦紋末期に登場した重要な描線手法として、ここで特に注目しておきたい。

「窓枠紋」の変遷を以上のように仮定すると、擦紋Ⅳ$_{4～5}$期以降に登場したと推定されるトビニタイ土器群Ⅰ-Ⅱの変遷は、かなりの階梯を有することになる。ここでは当面の編年案として、「窓枠紋」系土器の変遷を暫定的につぎのように想定しておきたい。

(1) 常呂川河口遺跡・嘉多山3遺跡のトビニタイ土器群Ⅰ-Ⅱ（8・9）　………擦紋Ⅳ$_{4～5}$期以降
(2) 須藤遺跡・姉別川流域のトビニタイ土器群Ⅰ-Ⅱ（11・12, 17）　………擦紋Ⅳ（新）
(3) 須藤遺跡・オタフク岩洞窟のトビニタイ土器群Ⅰ-Ⅱ（13・15・16）　……擦紋Ⅳ（新）
(4) 東梅遺跡のトビニタイ土器群Ⅱ（古：18）
(5) トビニタイ遺跡のトビニタイ土器群Ⅱ（新：21）

さて、9例以前の土器の変化ついて、ここで前稿の仮説（柳澤2004：175-180）を補足しておきたい。ニシキロ遺跡の6例に先行するボタン連繋線を持つ資料は、かなり広域的に発見されている。道東部では、1・2と4がその代表例としてあげられる。1・2例は、先に引用した弁天島西貝塚の新資料である。前者は刻紋・沈線紋系土器、後者は擬縄貼付紋土器（中）に比定される。

道北の3例（香深井1(A)遺跡）は、型式学的に見ると1・2例より明らかに新しいと考えられる。ボタン連繋線の上・下を画して1・3描線が施されている。また口端部には疎らな刺突紋があり、刻紋・沈線紋土器の「新しい部分」に比定される。

かつて元地遺跡の5例を3例に対比したことがある（柳澤2000・2001）。しかし、5例は3例よりやや古い土器であって、刻紋・沈線紋系土器（新）に比定される。そして「1例→2例」から変化した4例は、中間的な複数の段階を経て、やがて6例へ連続すると想定されるのである。

このように「ボタン連繋線」を用いた土器は、道北でも道東でも、刻紋・沈線紋系土器の新しい土器を経由して、擬縄貼付紋土器の古い時期から新しい時期まで、ほぼ共通した変遷を示すと考えられるのである[註12]。

その流れは、前稿の編年案（柳澤2004：206-209）をもとに整理すると、つぎのように捉えられる。

(1) 道東に波及し、在地化した刻紋・沈線紋系土器（1）　………………………擦紋Ⅲ
(2) 「続刻紋土器」（2 ≒ 3, 5）　………………………………………………擦紋Ⅲ（新）
(3) 擬縄貼付紋土器（中：4）　……………………………………………………擦紋Ⅳ（中）
(4) 擬縄貼付紋土器（新：6）　……………………………………………………擦紋Ⅳ（新）

この編年案は、区切り斜線や大波状紋を例にとって検討しても、旧稿（柳澤2001・2003・2004）で述べたように十分に成り立つと思われる。したがって通説の道北編年案（大井1970・1972a・1972b，天野1979・2003a・bほか）も、道東の編年案（宇田川1988・右代1991ほか）と同様に再考が求められることになろう。

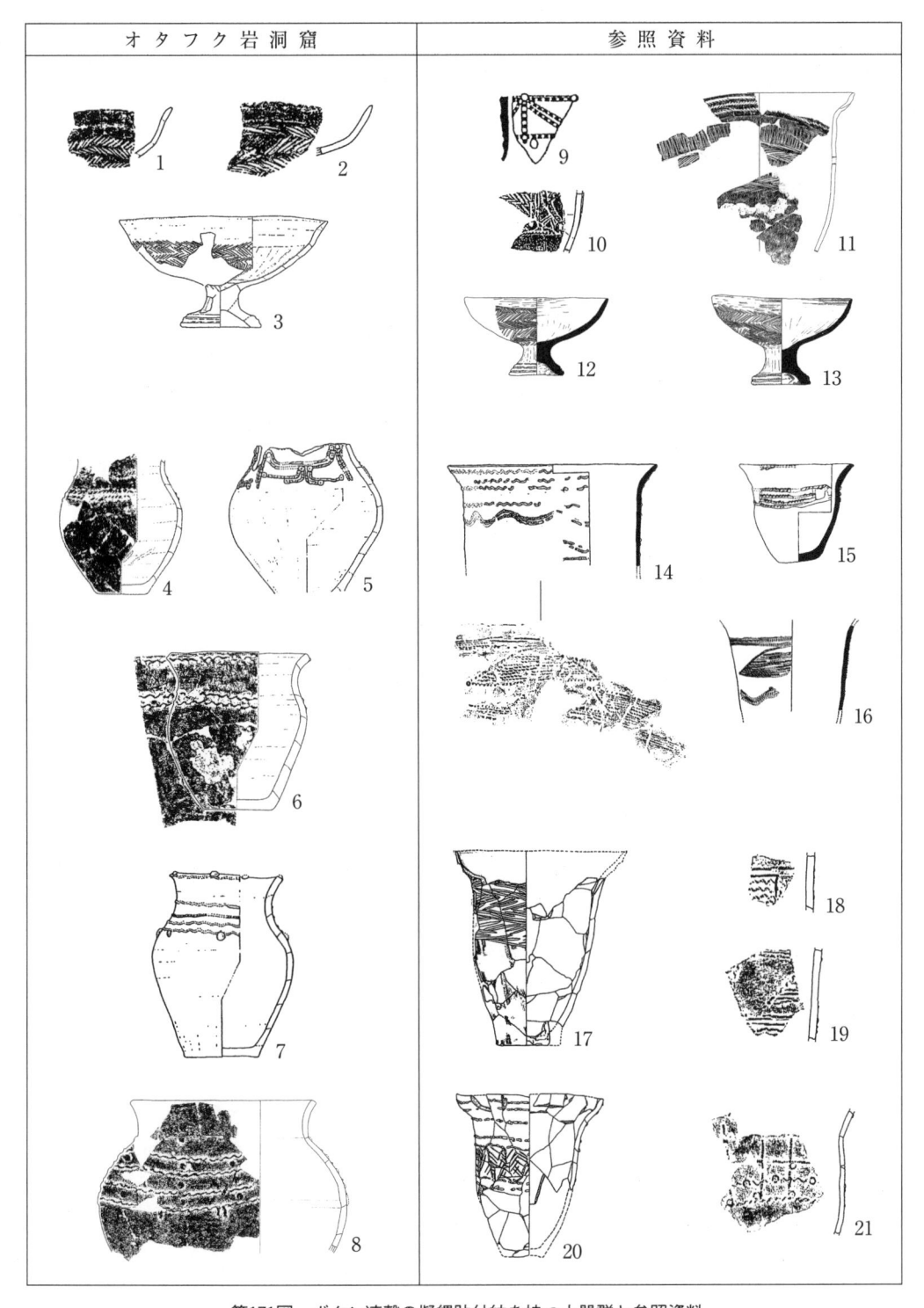

第3節　擦紋末期土器とトビニタイ土器群Ⅱの成立（予察）　407

第171図　ボタン連繋の擬縄貼付紋を持つ土器群と参照資料
（1～8：オタフク岩洞窟　9：モヨロ貝塚　10・11：下田ノ沢　12～16：伊茶仁Ｂ　17～21：須藤）

3）円形貼付紋を持つ土器

　さて、須藤遺跡の予察的な資料分析はこれ位にして、再びオタフク岩洞窟に戻り、第5・6層の土器群について、あらためて観察してみたい（第171図）。

　オタフク岩洞窟の5層には、先に述べたように多様な土器が含まれている。通説の編年によれば、その年代は8〜11世紀頃の400年間に及ぶことになる。特に注目されるのは、5a・5b層から発見された擦紋土器である。その時期はほぼⅣ$_{5〜6}$期の頃に比定される。5b・5c層では4例の擬縄貼付紋土器が、そして5c・6層でも5・6例が、層位的に跨って発見されている。

　小形で口縁が外反する6例は、一見するとソーメン紋土器の仲間に見える。しかし貼付線は、革紐状の波線をなしており、擬縄貼付紋土器の仲間と思われる。これは「中位の部分」に比定されよう。

　一方5例の方は、ボタンを連繋した擬縄貼付線で、紋様は胴部に幅広く構成されている。やはり「中位の部分」に比定される。6層の7・8例も、革紐状の波線や擬縄貼付線で紋様が幅広く施されており、5・6例と近い時期と思われる。したがって擬縄貼付紋土器の包含層は、先に引用した資料（第169図15）を含めると、5c層〜6層にかけて形成されていた可能性が高いと考えられる。

　なお4例の一部が5b層から出土している。これは撹乱で上昇したのではあるまいか。撹乱といっても頻度や時期が問題になるが、それを想定すると、上層部の資料を含めて出土層のばらつき具合を容易に解釈できる。

　そこで、図示した資料を整理すると、

　　(1)　6層　　　　　　　　：擬縄貼付紋土器(中)：7・8
　　(2)　5c・6層　　　　　　：擬縄貼付紋土器(中)：5・6
　　(3)　5b・5c層／5a・5b層：擬縄貼付紋土器(中：4)／擦紋Ⅳ$_{5〜6}$（1〜3）、
　　(4)　5b・5c・6層　　　　：擬縄貼付紋土器(新：第168図15)

という、明瞭な伴出状況が認められる。これを参照するとまず、擬縄貼付紋土器(中)と擦紋Ⅳ$_{5〜6}$の時期的な接近が想定される。そして必然的に、擬縄貼付紋土器(新)と擦紋Ⅳ(新)の並行関係も示唆される。

　そこで5例の胴部に見える曲線的なボタン連繋線に注目したい。類例は、厚岸町の下田ノ沢遺跡で擦紋Ⅳ$_4$に伴って包含層から発見されている。10例と11例である。ボタン連繋線で幾何学的な紋様を構成する例は、戦前にモヨロ貝塚から発見されていた。本来、ボタンを連繋する手法は擦紋土器には無く、オホーツク式に由来するものと思われる。それがなぜ、擦紋Ⅳ(中)期の10例に施されているのか。擦紋土器の側がオホーツク式の影響を受けて、この紋様要素を受容した可能性が考えられよう。

　伊茶仁B遺跡の9号竪穴では、16例のごとき幾何学的な構成のボタン連繋線を持つトビニタイ土器群Ⅰ-Ⅱが発見されている。これらは、トーサムポロ遺跡の高坏（第164図1・2）に酷似した12・13例や、トビニタイ土器Ⅰ-Ⅱの14・15例を伴って出土している。12・13例はⅣ$_7$期頃に比定

される可能性があるから、これに14～16例が伴うのであれば、トビニタイ土器群Ⅰ-Ⅱの16例の時期も、Ⅳ₇期頃と想定できよう。

先の須藤22号竪穴では、16例に後続すると思われる18例や、15例に14例と同系列かと推定される19例などが発見されており、伊茶仁B資料の編年的な位置を示している。同じ須藤23号竪穴の床面から、20例のトビニタイ土器群Ⅰと21例のトビニタイ土器群Ⅰ-Ⅱが発見されている。21例の紋様はオタフク岩洞窟の8例に類似している。21例が、8例よりやや新しい土器とほぼ同時代であると仮定すると、双方の類似性が型式学的に無理なく理解できるのではあるまいか。

このように「ボタン連繋線」の資料を比べると、擬縄貼付紋土器と擦紋Ⅳが同時代に並存し、交流していた状況が読みとれるであろう。その歴史的、社会的な背景に興味が持たれるところである。

4）擦紋Ⅳ（新）・Ⅴとトビニタイ土器群Ⅱの編年

さて以上、根室半島から出発して伊茶仁周辺を経由して知床半島へ、さらに斜里方面まで歩みを進め、再び知床半島へ回帰して、道東部における擦紋末期～トビニタイ土器群Ⅱにかけての広域交差編年を試みた。

その煩瑣な作業の結果をまとめると、**第172図**のようになる。根室半島では、トーサムポロ遺跡の層位序列を基本として1～7例の変遷を想定した。ついで伊茶仁・別海町の周辺では、伊茶仁B遺跡の竪穴重複例をもとにして、Ⅳ₇期頃から3段階の変遷を見込み、それに姉別川遺跡17の21・22例を後続させ、ふ化場第1遺跡の23～26例を以ってトビニタイ土器群Ⅱが成立すると考えた。

斜里・知床方面では、「窓枠紋」土器に伴う多様な土器群を弁別して、トビニタイ土器群Ⅰ-Ⅱが、擦紋Ⅳ（中～新）及び擬縄貼付紋土器と同期する可能性が高いことを、伴出土器の型式学的な対比によって推論した。また、「窓枠紋」のモチーフは、Ⅳ₄期以降に5～6段階の変遷を遂げ、35例に代表されるトビニタイ土器群Ⅱへ移行することも、型式学的な観点から推論した。

すなわち図示の資料では、「27例→28例→32例→（　）→35例」への流れとなる。オタフク岩洞窟の30・31例は、この変遷のいずれかの段階に並ぶであろう。また「ハ」の字の刻紋を持つロイドボⅠ遺跡の擬縄貼付紋（新）の土器（29）は、トーサムポロ遺跡の高坏よりやや後出するものと思われる。これも弁天島西貝塚の「凸型紋」とともに、擦紋Ⅳと擬縄貼付紋土器、それにトビニタイ土器群Ⅰ-Ⅱの並行関係を示唆する有力な材料になることを、あらためて強調しておきたい（柳澤2000：16-17）。

以上の分析と記述を整理すると**第12表**の編年表に纏められる。

おわりに

道東部における北方編年について、観察のフィールドを移動しながら通説編年の妥当性を検証

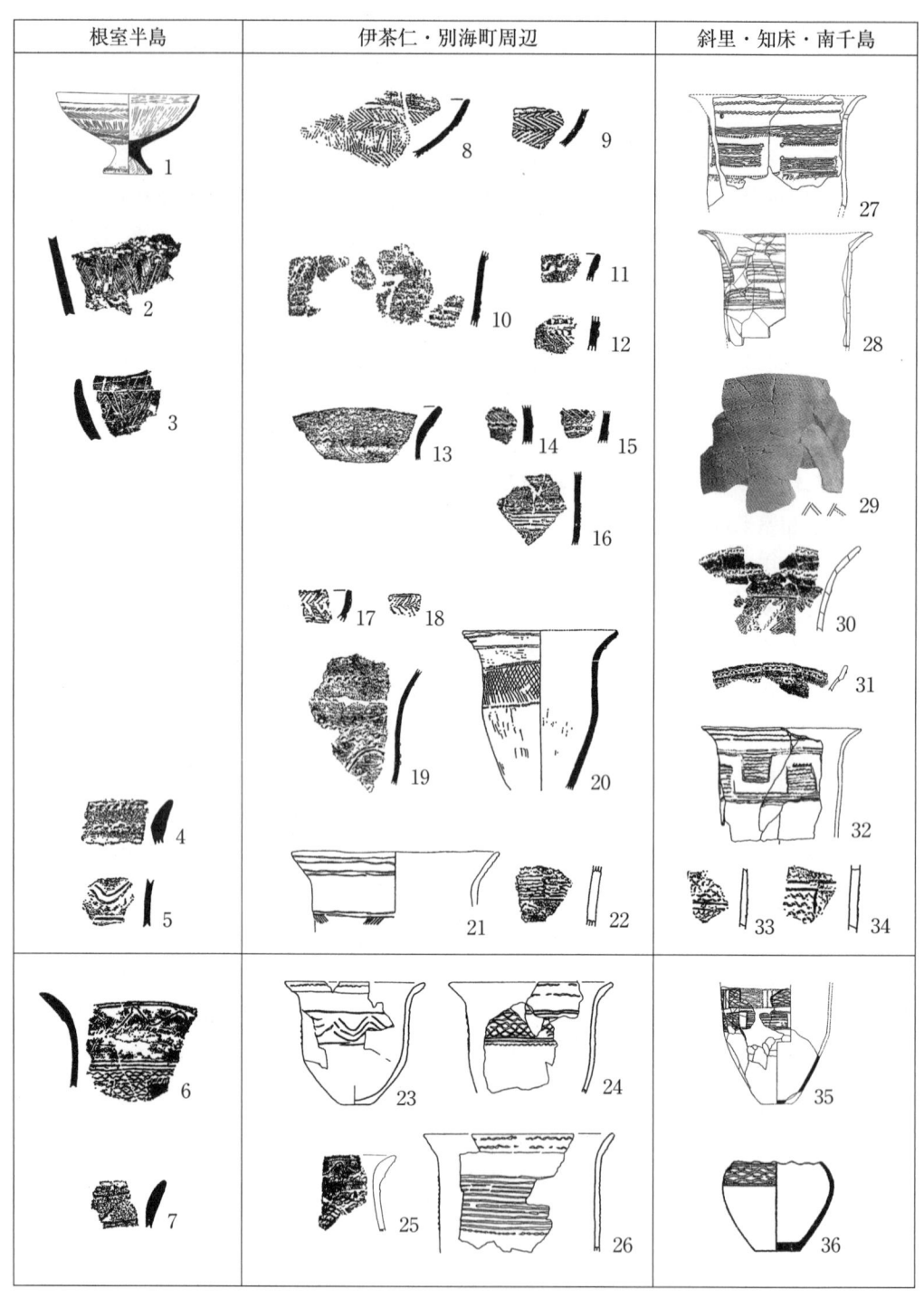

410　第4章　トビニタイ・カリカリウス土器群と擦紋末期土器の編年

根室半島	伊茶仁・別海町周辺	斜里・知床・南千島

第172図　擦紋Ⅳ(新)・Ⅴからトビニタイ土器群Ⅱへの変遷
(1・4・5・7：トーサムポロL8　2・3・6：東梅　8～20：伊茶仁B　21・22：姉別川17　27：嘉多山3　28・32・33・34：須藤　29：ロイドボⅠ　30・31：オタフク岩洞窟　35：トビニタイ　36：モヨロ貝塚)

第3節　擦紋末期土器とトビニタイ土器群Ⅱの成立（予察）　411

第12表　道東部北方編年の試案

河野(1955)	道東のオホーツク式・トビニタイ土器群			擦紋土器	
	円形刺突紋土器			Ⅰ	
A・B	刻紋土器A			Ⅱ	
BC	刻紋土器B（「縄刻紋土器」）	刻紋・沈線紋系土器		Ⅲ	
C	擬縄貼付紋土器(古)	＋		Ⅳ(古)	
	擬縄貼付紋土器(中)	トビニタイ土器群Ⅰ-Ⅱ		Ⅳ(中)	
C	擬縄貼付紋土器(新)	トビニタイ土器群Ⅰ・Ⅰ-Ⅱ		Ⅳ(新)・Ⅴ(トビニタイ土器群Ⅰ)	Ⅳ(新)
	ソーメン紋土器1	カリカリウス土器群1		トビニタイ土器群Ⅱ(古)	
D	ソーメン紋土器2	カリカリウス土器群2		トビニタイ土器群Ⅱ(中)	
D	ソーメン紋土器3	カリカリウス土器群3		トビニタイ土器群Ⅱ(新)	

し、それに代る新しい編年体系をしだいに整えて来た。懸案としていた須藤遺跡とオタフク岩洞窟の資料に関しても、今回初めて具体的な論点を示し、両者を対比しながら、やや詳しく分析を試みた。

　その作業は、もとより初歩的な段階に止まっている。今後は、分析の対象とする包含層や竪穴を拡大し、さらに精密な分析を試みなければならない。しかしながら、本稿で述べた逆転編年案は、通説編年を支える両遺跡においても、十分に成立し得ることが明らかになったと思われる。

　また、トビニタイ土器群Ⅱに関しても、擦紋末期の複系的な土器群から、どのように新系統の土器として誕生したのか。そのプロセスについても、旧稿で述べた仮説編年案のとおり、擦紋末期土器とトビニタイ土器群Ⅰ-ⅡとⅠから出自すると結論された。資料不足から不明な点を残しているが、第12表に整理した北方編年案の妥当性は、執筆を始めた1998年頃に比べると、かなり高まって来たように思われる。

　ところで冒頭でも触れたように、最近、擦紋Ⅰ・Ⅱ期の編年について、通説編年の立場から新たな見解が発表されている。しかしながら、旧稿で指摘した様々な型式学上の疑問点は、依然として不問に付されている。小論の編年案の検証作業を進めながら、古い時期についても、いずれ見直しの機会を持ちたいと思う。

註

(1) 包含層でも、8例に酷似した大きな矢羽状の刻紋を持つ、擦紋末期の土器が発見されている。それと近い時期の竪穴資料もある（12例を出土）。
(2) 擦紋土器の編年案はⅤ期を除いて佐藤達夫の編年案（佐藤1972）に準拠し、宇田川洋氏の表記法を用いる（宇田川1980a）。なおⅣ期については、以下便宜的に「古い部分：古」：1〜3、「中位の部分：中」：4〜7、「新しい部分：新」：8〜10に区分して記述を進める。
(3) 標津から根室半島にかけての地域には高坏の好例に乏しく、現状では12・13例の位置を正確に捉えられない。

(4) 「描線」、すなわち紋様を構成する沈線や貼付線（「紋様描線」）には、系統的な変遷が認められる。1・3描線とは、主紋様の上・下を画す沈線や貼付線に与えた呼称である（柳澤1977・1990a・2002：267-269）。
(5) 根室半島の近隣では、トーサムポロ遺跡以外に、下田ノ沢(厚岸町)・霧多布(厚岸町)・浜別海(別海町) などの諸遺跡が、層位差を示すか、又は想定される遺跡として挙げられる（柳澤2004：155-172）。
(6) 前稿（柳澤2004：194-197）では、竪穴資料の年代的な序列について、「上げ土」の土器を最も新しいとした。これは「上げ土」内の焼土と、それに伴う土器片（椙田1980：5）を単純に新しい時期と誤解したものであり、当面、以下の記述のように捉えておきたい。
(7) 「続刻紋土器」とは、道東部の刻紋土器B末期から擬縄貼付紋土器の「古い部分」に与えた仮称である（柳澤2004：209・第1表）。以下、前者に限定して用いる。これと常呂川河口方面の「刻紋・沈線紋系土器」が、網走周辺では、どのように組成するのか。モヨロ貝塚の最近の調査成果に期待するところが大である。弁天島遺跡9号竪穴の新資料（西本編2003）には、後掲のように「刻紋・沈線紋系土器」や「続刻紋土器」の良好な資料がかなり含まれており、注目される。
(8) 「区切り斜線」とは、胴部や口縁部の紋様を斜めに区切る描線に与えた呼称である。その編年上の意義については、旧論の記述を参照されたい（柳澤2001：84-93・2004）。
(9) これらの擦紋Ⅳの土器は、竪穴のどこから、どのように出土したのか。実測図には土層断面を示すものがなく、報告書の記述からも残念ながら出土層を特定できない。（和田・米村1993）
(10) 擦紋Ⅳの「古い部分」の時期には、なぜトビニタイ土器群Ⅰ-Ⅱを共伴する事例が欠落するのか。貼付紋を施した高坏が発見されない理由とともに、改めて見直しを試みる必要があるように思われる。
(11) 栄浦第二遺跡には、8例と同じ「窓枠紋」を持つ「刻紋・沈線紋系土器」が存在する。しかしそれと8例の間には、なお時期的な隔たりがある。広大な栄浦遺跡群の未発掘の地点に祖形となるべき土器群がおそらく埋存しているのであろう。
(12) 「ボタン連繋線」の広域対比については、旧稿で図示しているので参照されたい（柳澤2000：第17図・28-29）。
(13) 道東部、特にモヨロ貝塚で観察された「刻紋・沈線紋系土器」の波及については、つとにその可能性を指摘している（柳澤1999b：55-58, 2000）。

図版出典

第158図　1～5：大沼（1996）　6～12：塚本（2002）
第159図　1～8：前田（1966）
第160図　1～3：武田（2003）　4～7：金盛（1981）　8～11：東京大学文学部考古学研究室編（1980）　12～18：前田（1966）　19：米村（1972）　20：金盛（1976a）
第161図　1～4：大場・児玉（1958）　5：駒井編（1964）　6・7：涌坂（1991）　8：椙田（1981）
第162図　1・4～7・9：前田（1966）　2・3・8：大場・児玉（1958）
第163図　1・2：前田（1966）　3～21：石附・北溝編（1973）　22～25：澤編（1972）
第164図　1～6：石附・北溝編（1973）　7～9：前田（1966）　10～15：椙田（1980）
第165図　1～24：椙田（1980）
第166図　1～26：西本編（2003）

第167図　1〜7：西本編（2003）　8〜14・16：涌坂（1991）　15：金盛（1981）　17：小林（2004）　18：宇田川編（1981）

第168図　1〜4：国分ほか（1974）　5〜11：八幡ほか（1965）　12〜18：涌坂（1991）　19〜21：富永（1965）　22：熊木（2003）

第169図　1：大場（1971），本田・村田（1980）　2〜5：和田・米村（1993）

第170図　1・2：西本編（2003）　3：大井・大場編（1976）　4：東京大学文学部考古学研究室編（1972）　5：大井（1972a）　6：大場（1971）7・10〜13・16：金盛（1981）　8：武田（2003）　9：和田・米村（1993）　14：西（1970）　15：涌坂（1991）　17：豊原・福士（1980）　18：大場・児玉（1958）　19・20：金盛（1976a）　21：駒井編（1964）

第171図　1〜8：涌坂（1991）　9：大場（1956）　10・11：澤編（1972）　12・13：前田（1966）　14〜16：石附・北溝編（1973）　17〜21：金盛（1981）

第172図　1・4・5・7：前田（1966）　2・3・6：大場・児玉（1958）　8〜20：石附・北溝編（1973）　21・22：福士（1983）　23〜26：椙田（1980）　27：和田・米村（1993）　28・32〜34：金盛（1981）　29：ゴルブノフ（1995）　30・31：涌坂（1991）　35：駒井編（1964）　36：大場（1958）

第5章　道東における貼付紋系土器編年の検討

第1節　トビニタイ土器群Ⅱの小細別編年案について

はじめに

　菊池徹夫氏が編年研究史上に画期をなす、「トビニタイ土器群」の研究を発表したのは1972年のことであった（菊池1972a：447-461）。それ以来、多くの研究者がこの土器群について、また、その時代の文化と社会の動向について、様々な発言を試みている。しかしながら、「トビニタイ土器群Ⅱ」それ自体の捉え方は、通説の編年体系がほぼ定説化した今日においても著しく異なる。

　トビニタイ土器群Ⅱ（澤井1992）、ないしトビニタイ土器・トビニタイ式土器（大西2003・2004,塚本2002・2003,榊田2006ほか）と呼ばれる土器は、いったい何を母体として、どのように誕生したのか。一般的には、「オホーツク式(土器)」を母体とするという意見が、多数を占めるようである。しかし、「擦文(式)土器」の系統を引くと見る立場も、少数意見として存在する。

　他方、この土器群の変遷（編年序列）に関しては、ソーメン紋土器に近いものが古く、擦紋土器に似たものが新しいと、いささか単純に考えられている。それ故にトビニタイ土器群の成立から終焉に至る過程は、これまで一度も精密に捉えられたことがない。

　いったいどのような土器が、トビニタイ土器群の最古の段階に属するのか。また最新の段階は、いずれの遺跡の、どの資料をもって特定されるのか。そして、その間の変遷は、どれ位の小段階(小細別)に細分されるのか。

　提唱されてから30余年を経た現在、「トビニタイ土器群」Ⅰ・Ⅱの標本例についてさえ、新旧の弁別が不明のままに放置されていることは、ある意味で異常な事態と言わねばならない。

　その一方では、諸々の論証の手続きを省いて、「トビニタイ式土器」なる呼称が提唱され、それが無批判に引用される状況も生まれている。さらに最近では、この土器に象徴される文化を北日本の古代・中世史の脈絡上に位置づけ、その歴史的な評価を試みる論考さえ登場するに至っている（大西2007・澤井2007cほか）。

　津軽海峡以北の北方圏において、物質文化史上の秩序にもとづいて、新しい北方史像を構築するには、諸々の議論の根本に立ち返っての見直し作業が欠かせない。トビニタイ文化の場合は、菊池氏の「トビニタイ土器群」の再検討から始めるより、然るべき方法が無いように思われる（柳澤1999a：89,1999b：94）。

　そこで小論では、菊池氏が「トビニタイ土器群」の「Ⅱ」と分類した資料に焦点を絞り、旧稿

（柳澤2004・2005a・2007b，柳澤・岡本2007：57）の細分案を見直しながら、究極レベルの小細別編年について検討したい。

1．擦紋末期の土器からトビニタイ土器群Ⅱへ

1）「トビニタイ土器群」の分類と編年

　「トビニタイ土器群」とは何か。最初に「トビニタイ土器」の呼称を与え、オホーツク式土器と擦紋土器から分離したのは、大沼忠春・本田克代の両氏であった（大沼・本田1970）。その後、トビニタイ遺跡の調査が実施され、1号竪穴（ソーメン紋土器）→2号竪穴（貼付線を併用する刻紋土器とソーメン紋土器とは異なる貼付紋土器：「トビニタイ土器群」）という新旧の序列が証明され、にわかに識者の注目を集めるところとなった[註1]。

　菊池徹夫氏は、この画期的な新資料にすばやく注目し、2号竪穴土器の類例を探索して大きく3類に細分した。そして、それらとオホーツク式土器、擦紋土器との年代的な推移を考察して、新しい道東部の土器編年案を提示した。第173図は、その標本とされた資料のうちから、ソーメン状の貼付紋を多用する土器群（Ⅱ，Ⅰ・Ⅱの「中間的なもの」の一部）を選んで示したものである。

　それではこの編年図表が、どのように編成されているかを考えてみよう。編年案の中軸を担うのは、いうまでもなくトビニタイ遺跡2号竪穴の床面上から出土したとされる土器群である（5～10）。菊池氏は、まずこれらを「オホーツク式土器」（河野1955）や「擦文式土器」とは、明確に系統を異にした存在として認める。これは学史的にみると、いわゆる「東大編年」（駒井編1964）を踏まえた重要な認識の披瀝であったといえよう。

　2号竪穴の土器は、一目瞭然の基準で大きく二群に細分する。

　　(1)　擦文式土器の刻文を有し、貼付文を併用するもの（5～7：トビニタイ土器群Ⅰ）
　　(2)　刻文を欠き、専ら平坦な貼付文を用いるもの（8～10：トビニタイ土器群Ⅱ）

そして両者を、オホーツク式土器と擦文式土器の間に位置づける。それでは、これら三系統の土器群は、道東部において、いかなる関係を有していたのか。年代的な序列を基礎において、この相互関係を検討しなければならない。

　そこで菊池氏は、二つの遺構序列の交差対比を試みている。

　　(1)　トコロチャシ遺跡1号竪穴：外側の旧竪穴（2）→内側の新竪穴（3・4）
　　(2)　トビニタイ遺跡：古い1号竪穴（1）→新しい2号竪穴（8～10）

　さらに、トコロチャシ遺跡の1号外側竪穴の床面土器（2）は、型式学的に見ると、トビニタ

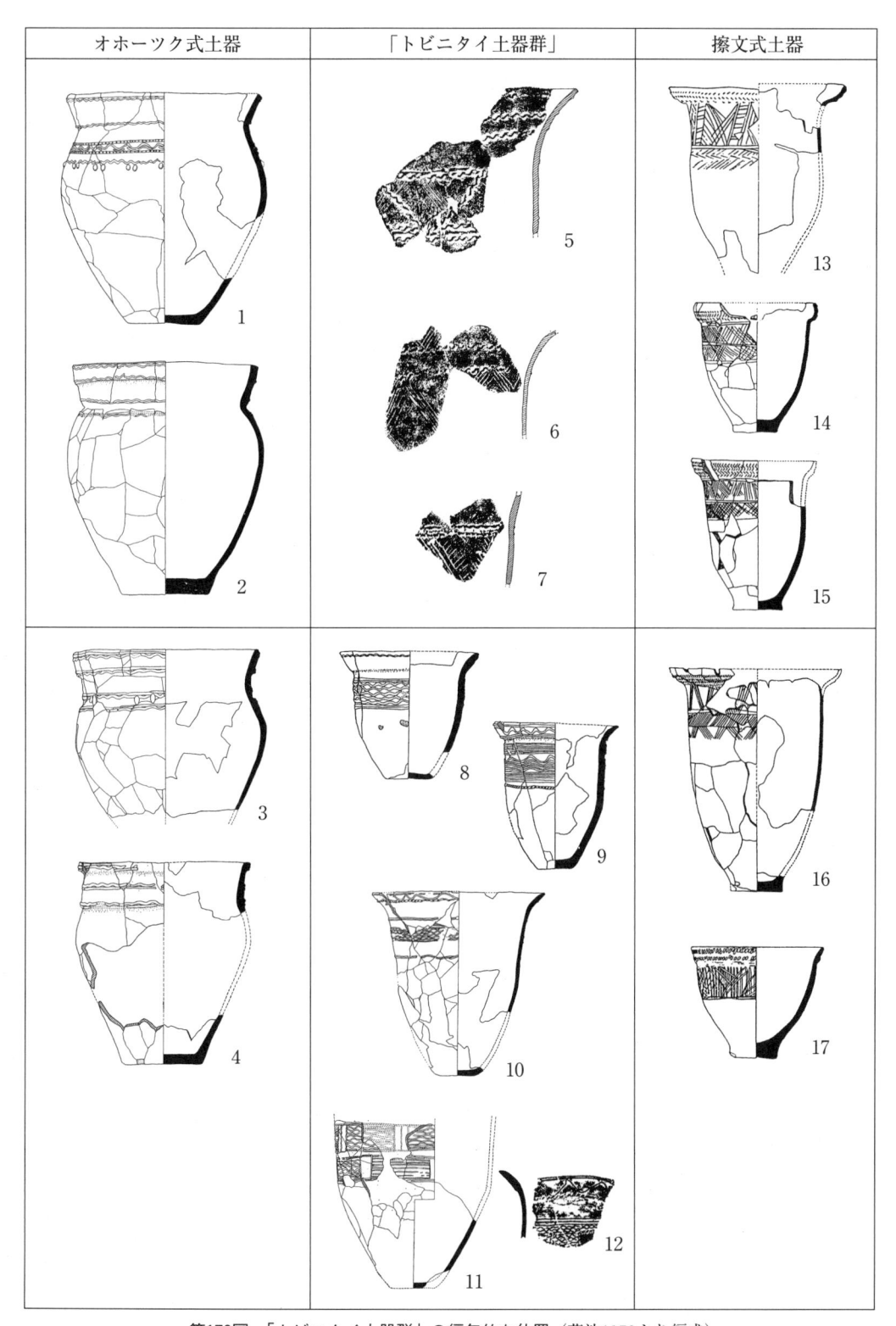

第1節　トビニタイ土器群Ⅱの小細別編年案について　417

オホーツク式土器	「トビニタイ土器群」	擦文式土器

第173図　「トビニタイ土器群」の編年的な位置（菊池1972より編成）

イ遺跡の1号竪穴床面土器（1）に、まさに対比されることが分かる。したがって両遺跡の土器変遷の序列は、「遺構の地点差」と「竪穴の切りあい」、それに型式学的な観察をもとに、次のように編成されることになる。

　（1）　ソーメン文土器（藤本d群：2＝1）≒トビニタイ土器群Ⅰ（5～7）
　（2）　ソーメン文土器（藤本e群：3・4）≒トビニタイ土器群Ⅱ（8～10）

　オホーツク式土器とトビニタイ土器群の関係は以上のように仮設される。それでは、擦文土器についてはどう捉えられるか。この問題に関しては、トビニタイ遺跡2号竪穴の床面と埋土から出土した、貼付紋を用いない擦文土器を参考にする。それらはD類（13～15）とした擦文土器のうちでも、14例や15例に近い特徴を有している。
　したがって、トビニタイ土器群ⅠはD類にほぼ並行し、トビニタイ土器群ⅡはD類の新しいものやE類（16・17）に並ぶ可能性が高いと想定されることになる。
　論文の記述を参照し、筆者の推論を加味すると、菊池氏の編年案の骨格は、以上のように構成されていると思われる。トコロチャシ・トビニタイ両遺跡の遺構序列それ自体は、不動であると認めてよいであろう。しかしながら、出土した土器群を第1図のように対比することは、実際に可能であろうか。その点に関しては、後学としての再検証が求められよう。
　試みに、菊池氏の編年構想について、いくつか疑問点をあげてみたい。

　（1）　1・2≒5～7であるならば、トコロチャシ遺跡の外側竪穴でも、トビニタイ土器群Ⅰを伴うはずである。他の遺跡でも、この土器が一様に欠落するのは、何故なのであろうか。
　（2）　竪穴の新旧序列は、トビニタイ遺跡1号竪穴（1）＝トコロチャシ1号外側竪穴（2）→トビニタイ遺跡2号竪穴床面土器（8～10，5～7）の順に捉えられている。したがって、5～7のトビニタイ土器群Ⅰは、トコロチャシ遺跡の内側竪穴に並び、それに並行するとされた擦文土器（D・E）の位置は、さらに下方にずれるのではないか？
　（3）　仮に、(2)の仮説が成立するとみなした場合、トコロチャシ遺跡1号の内側竪穴の床面上では、なぜ擦文土器のD類やE類の一部が発見されないのか？

　このような疑問点を踏まえると、3系統単位に弁別し、第1図のように対比された土器群が、はたして年代学的に並行するのかどうか、疑問が生じる。それを解く鍵は、河野広道博士によって紹介されたウトロチャシコツ岬下遺跡の竪穴土器群に求められる（河野1955・宇田川編1981）。
　この資料の細かな分析は旧稿に譲り[註2]、以下、別遺跡の資料を用いて、「トビニタイ土器群Ⅱ」の位置を前もって確認しておきたい。

2）ソーメン紋土器とトビニタイ土器群Ⅱの関係

　二ツ岩遺跡は通説の北方編年体系を支える要の遺跡である。トビニタイ土器群に関する菊池説や、いわゆる東大編年案（駒井編1964，東京大学文学部考古学研究室編1972）が不成立であることが証明されたとされ、今では大半の研究者がこの見方を支持していると思われる。

　筆者はかねてより、その二ツ岩遺跡などの通説の遺跡編年観には疑問があると述べているが、そうした意見は「作為的」であると評価されている（福田2004・2006，高橋ほか2005）。その点はともかくとして、常に先史考古学の方法に則して検証を試みるのが常道であろう。そこで根室半島のトーサムポロ遺跡R-1地点と二ツ岩遺跡の竪穴資料を比べてみたい。

　第174図に主要な資料を配列した。二ツ岩遺跡2号竪穴の1～8例のうち、通説の編年案では、ソーメン紋土器（3）とともに骨塚から発見された古手の擦紋土器（2）にのみ、特別な関心を寄せている。検証の手続きを省いて、両者は「共伴」するものと信じられているようである。それが先史時代の事実であれば、言うまでもなくオホーツク式土器の年代は、2例の時期に、すなわち道央における「擦文前期」に対比されることになろう。

　そのような考案が、様々な考古学上の理由から不成立であることは、旧稿で繰り返し述べて来たとおりである（柳澤2003・2005a・2007b）。通説の問題点をあげると、

　⑴　完形品の擬縄貼付紋土器（1）への無関心、
　⑵　トビニタイ土器群Ⅱに類似した土器（8）の見落とし、
　⑶　骨塚及び竪穴の継続または断続的な利用についての検討を怠る、

などの点に要約される。

　一方、オホーツク式土器の側では、遺跡内において、擬縄貼付紋土器（新：1）からソーメン紋土器1～3への変遷がスムーズに追跡できる。また、トビニタイ土器群Ⅱに類似した土器群も、ソーメン紋土器2・3に伴出して発見されている。その変遷も、型式学的にみてスムーズに捉えられる（柳澤2007a：62-71）。

　つまり二ツ岩遺跡の中では、出土状況からも、また型式学的な面からも、ソーメン紋土器とトビニタイ土器群Ⅱに類似した土器は、明らかに同期していると考えられるのである。そこで、図示した2号竪穴の資料をあらためて整理すると、編年序列はつぎのように想定される。

　⑴　擦紋Ⅱ期の在地系土器（2）
　⑵　擦紋Ⅲ～擦紋Ⅳ（中）：空白の時期
　⑶　擬縄貼付紋土器（新：1）＝擦紋Ⅳ（新）
　⑷　ソーメン紋土器1：欠落
　⑸　ソーメン紋土器2（古：3）→同2（中：6）
　⑹　ソーメン紋土器3（古：5）→同3（中：7）＝類「トビニタイ土器群Ⅱ」（8）

　それでは、トーサムポロ遺跡R-1地点の竪穴においても、このような編年序列が成り立つで

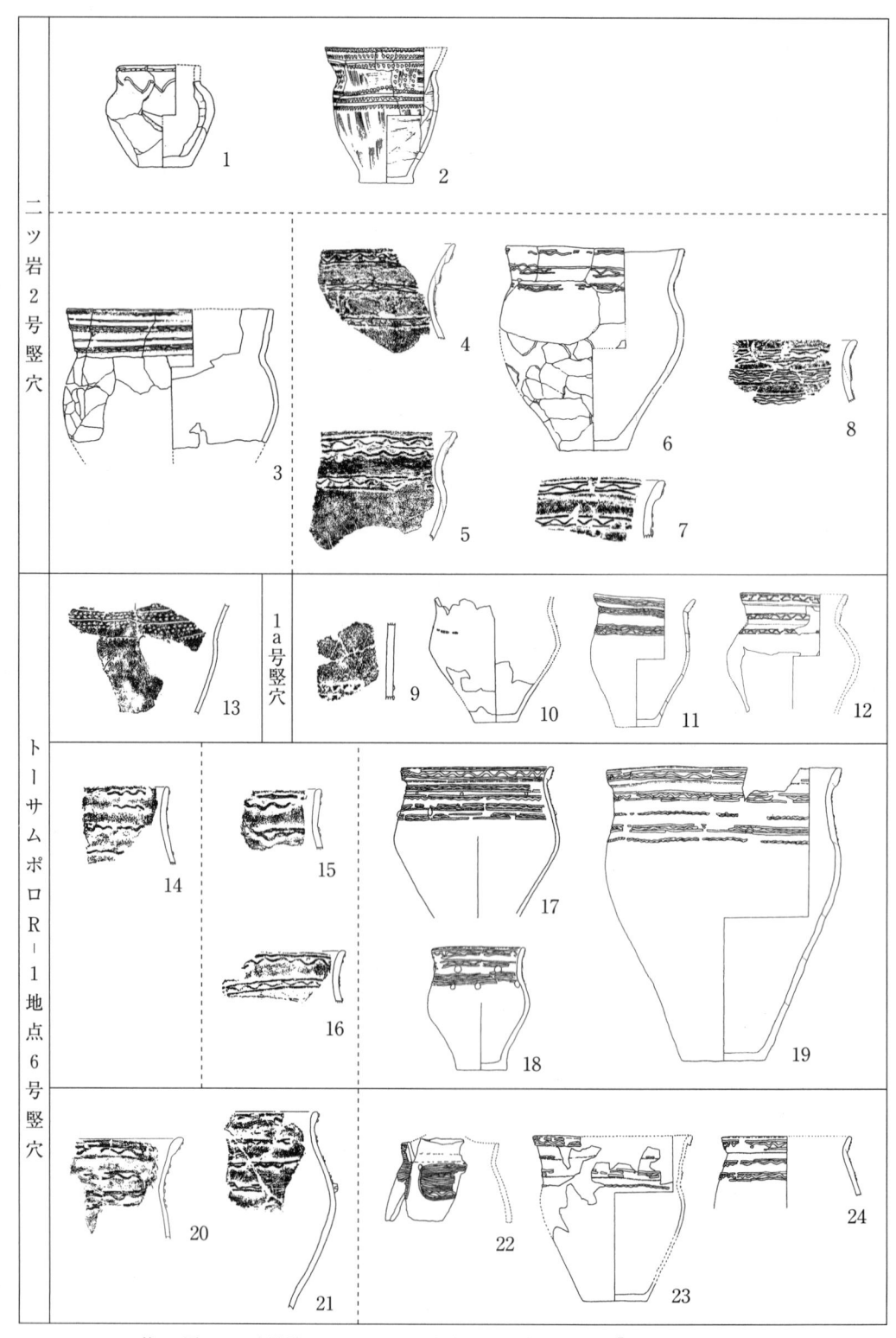

420 第5章 道東における貼付紋系土器編年の検討

第174図 二ツ岩遺跡とトーサムポロ遺跡R-1地点における「共伴」事例の検証

あろうか。第2図の下段に、1a号・6号竪穴から出土した大量の資料の中から、骨塚や床面出土の土器を中心に並べてみた。それらの編年上の位置については、旧稿で触れているので省きたい（柳澤2007b：56-59）。ここでは、諸氏の論考で特に注意されていない3点の資料を取りあげる。

　まず6号竪穴の資料である。13例は在地系の擦紋Ⅱに比定されるもので、ソーメン紋土器1（14）・同2（15・16）・同3（17～19）とともに、床面もしくはその直上から出土したと報告されている。つぎに、22例のトビニタイ土器群Ⅱに類似したモチーフを持つ土器である。これは埋土中よりソーメン紋土器2（20・21）・同3（23・24）と伴出して発見されている。レベルは異なるが、どちらもソーメン紋土器と伴出している点が注目される。

　通説の立場であれば、13例の擦紋Ⅱとソーメン紋土器の伴出こそ、真の年代秩序を示唆すると考えるであろう。それでは、22例のトビニタイ土器群Ⅱに類似した土器は、どのような事情から竪穴内に紛れ込んだのであろうか。いったい、どちらがソーメン紋土器と真の共伴関係にあるのか。

　この問いに対する答えは、貼付紋の手法に注目すれば、容易に導くことができる。13例の擦紋Ⅱには、ソーメン紋土器の影響は何も認められない。一方、22の類「トビニタイ土器群Ⅱ」の貼付紋は、トビニタイ土器群と同様に平坦な貼付線で構成されている。床面や埋土のソーメン土器にも、平坦な貼付線が盛んに用いられている。同時代に存在し、ソーメン紋土器とトビニタイ土器群Ⅱが交流しなければ、このような異系統の紋様手法の採用は起こりえない。

　したがってトビニタイ土器群Ⅱではなく、擦紋Ⅱの13例の方が何らかの事情で竪穴内に混入したと考えるのが、最も合理的であると思われる。そこで注意されるのが、1a号竪穴から発見された9例である。これは擬縄貼付線と刻紋を併用したトビニタイ土器群Ⅰに比定される土器片である。埋土中からソーメン紋土器に伴って発見されたという。

　1a号竪穴では床面上に土器塚（土器集中）が形成されており、大量の完形土器が出土している。主体を占めるのはソーメン紋土器3（12）であるが、平坦な貼付紋手法を用いた個体が数多く存在する。中には、トビニタイ的な砲弾型の器形を取り入れたものも数点含まれている。6号竪穴と同様に両者の密接な関係が想定されよう（柳澤2007b：59-62）。

　一方、僅かに1個体であるが、擬縄貼付紋を施した資料が発見されている。10例である。口縁部の紋様も擬縄貼付紋で構成されていると推定される。そのとおりならば、筆者の編年案では、9例と10例は、まさに同時代に比定されることになる。つまり、1a号竪穴では、

　　（1）　擬縄貼付紋土器（10）≒トビニタイ土器群Ⅰ（9）
　　（2）　ソーメン紋土器（12）≒トビニタイ土器群Ⅱに近似する土器（11）

となり、さらに6号竪穴では、

　　（1）　擦紋Ⅱ≒欠落
　　（2）　ソーメン紋土器2・3（20・21,23・24）≒トビニタイ土器群Ⅱに類似する土器（22）

という対比案が仮設されることになる。

　ところで通説によれば、ソーメン紋土器は8世紀ないし9世紀に消滅してカリカリウス土器群に変化し、さらに10世紀に入ると、擦紋Ⅲの影響を受けて、トビニタイ土器群Ⅱに移行すると考

えられている。22例の窓枠紋が、トビニタイ土器群Ⅱに由来するならば、未来の土器に特有なモチーフと同じものが、すでに消滅したソーメン紋土器において、前後の脈絡もなく突然変異的に創出されていたことになるであろう。

　はたして、そのような乖離的なモチーフの相関性が、先史時代に実在したと証明できるであろうか。未来から過去を操作できない以上、そのようなことは想像上の出来事になるであろう。したがって、トビニタイ系の窓枠モチーフや平坦な貼付線手法の共通性を根拠として、ソーメン紋土器とトビニタイ土器群Ⅱが、同時代の所産であると想定した方が合理的であると言えよう。

　そのような理解に立つと、複雑に見える二ツ岩遺跡とトーサムポロ遺跡R-1地点の諸資料は、つぎのように整理されることになる。

　(1)　擦紋Ⅱ（13→2）≒欠落
　(2)　擦紋Ⅲ～擦紋Ⅳ（古）：欠落
　(3)　トビニタイ土器群Ⅰ（9）≒擬縄貼付紋土器（10）→欠落　≒擬縄貼付紋土器（新：1）
　(4)　ソーメン紋土器2・3（3・7）≒トビニタイ土器群Ⅱに近似した土器（8）≒ソーメン紋土器2・3（20・21,23・24）≒トビニタイ土器群Ⅱに類似した土器（22）

　さて、ここで最初の論点に戻りたい。二ツ岩遺跡とトーサムポロ遺跡R-1地点では、菊池氏の擦紋土器C・D・Eは発見されていない。この事実からみて、C～Eの標本例を出土した遺跡と両遺跡の間には、明瞭な地点差があると認められよう。

　一方、二ツ岩・トーサムポロの両遺跡で伴出した古い擦紋土器は、上の対比案に記載したとおり、前後の脈絡を欠いた遊離的な存在と捉えられる。遺跡内における変遷も、資料に乏しくたどれない。トーサムポロ遺跡R-1地点の擦紋Ⅱの破片資料は、おそらく破壊され、片付けられた古い遺構に由来するのであろう（柳澤2007b：62-71）。

　また、どちらの遺跡においても、古い擦紋土器にはソーメン紋土器の影響がまったく認められない。これでは、通説のように両者の同時代性を想定することは、最初から無理があったのではなかろうか。

　以上の比較と検討から、菊池氏が弁別した3系統の土器のうち、同時代に交流した可能性があるのは、ソーメン紋土器とトビニタイ土器群Ⅱに限定されると考えられた。それではトビニタイ土器群Ⅱの母体は、どのように捉えればよいであろうか。

3）トビニタイ土器群Ⅱの成立事情を探る

　この問題を、ここで総括的に扱うのは難しい。複雑な矛盾した出土状況が広い範囲で報告されている。それらを整理して統一的に捉えるには、新たに単純な土器内容を示すトビニタイ土器群Ⅰ-Ⅱ（「中間的なもの」：菊池1972）の一括資料の発見を待たねばならない。

　それに先立って、矛盾する出土状況をどのように見直すと、トビニタイ土器群Ⅱの主要モチー

フの誕生が捉えられるか。その点に的を絞って、旧論（柳澤2005b：25-33）の見方を補足しておきたい。

a．根室・標津・知床の遺跡対比編年

　須藤遺跡の調査所見に合致しない擦紋末期土器とトビニタイ土器群の層位的な出土事例は、標津・根室・釧路にかけて広い範囲で報告されている。なかでも標津町の情報が最も豊富である（**第175図**）。

　まず根室半島のトーサムポロ遺跡L地点では、

　　(1)　擦紋Ⅳ（古～中）の坏（1）→
　　(2)　トビニタイ土器群Ⅰ-Ⅱ（2～4）、トビニタイ土器群Ⅱ（5）へ

の序列がつとに報告されている（前田1966）。

　この遺跡は二つの点で注目される。その第一は、一遺跡内において、擦紋土器(刻紋)からトビニタイ土器群(貼付紋)へと系統が転換すること。第二は、それに呼応するように、土壙墓(擦紋系)から配石址(オホーツク系)へと、墳墓の系統も移行していることである。

　同じような状況は、根室半島の基部に位置する東梅遺跡でも観察される（大場・児玉1958）。したがって根室半島では、擦紋末期からポスト擦紋期にかけて、穂香遺跡（川上1994）や西月ケ丘遺跡（八幡ほか1966）とトーサムポロ遺跡L地点や東梅遺跡において、系統を異にした文化変遷があったと想定される。前者の集団では土器の製作と使用が廃絶され、後者ではトビニタイ土器群が専ら使用されていたと想定されるのである（柳澤2005b：3-9）。

　これに対して標津町の周辺では、少し事情が異なるようである。層位的な序列を示す複数の遺構出土例が知られている。その中には、ふ化場第1遺跡の1号竪穴のように解釈を要する場合もあるが、まず根室半島の観察をもとに、擦紋土器（下層）→トビニタイ土器群Ⅰ-Ⅱ・Ⅱ（上層）の序列を示す出土事例を対比してみたい。

　　(1)　トーサムポロ遺跡L地点　　　………1号墓（1）：擦紋Ⅳ(古～中)
　　(2)　カリカリウス遺跡(昭和51年度)竪穴………カマド下敷きの土器（8）：擦紋Ⅳ$_{6-7}$
　　　　　　　　　　　　　　　　　　………柱穴内の土器（9）：擦紋Ⅳ$_{6-7}$
　　(3)　東梅遺跡（配石址）　　　　………伴出した土器：擦紋Ⅳ$_{8\sim10}$
　　(4)　カリカリウス遺跡(昭和52年度)竪穴………表土の土器（20）：トビニタイ土器群Ⅱ

　つぎに注目されるのは伊茶仁遺跡B地点の諸資料である。10基の竪穴が調査され、その大半に再利用された痕跡が認められている（石附・北溝1973）。したがって、埋土中や床面から出土した資料については、型式学的にそれなりの配慮が求められることになる（柳澤2004・2005b）。

　一方、各竪穴の変遷は、上げ土の詳細な観察から明確に捉えられている。特に注意されるのは、5号竪穴（6・7）→4号竪穴（10・11，12・13）→3号竪穴（19）への連続的な変遷である。

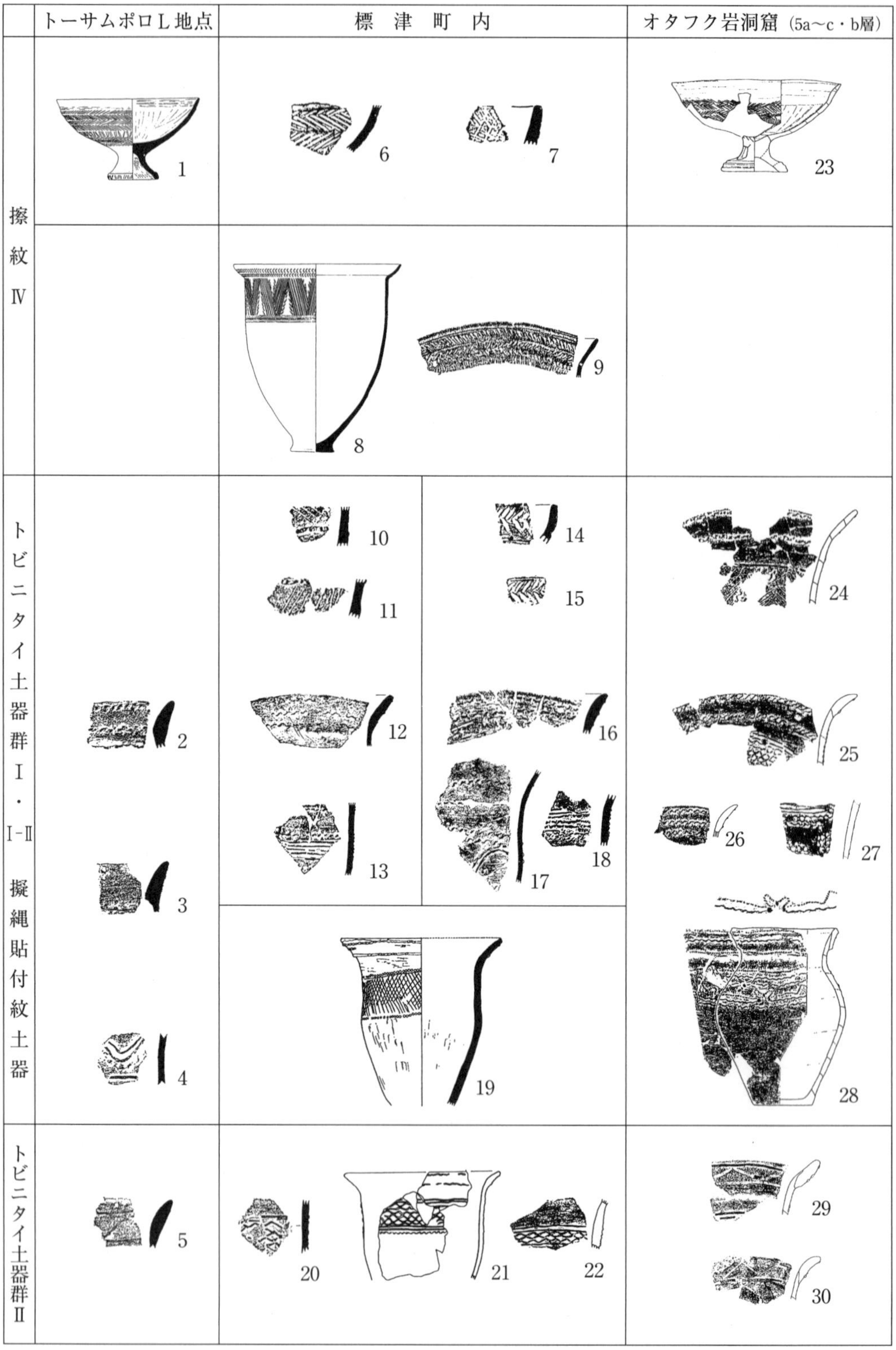

424　第5章　道東における貼付紋系土器編年の検討

	トーサムポロL地点	標津町内	オタフク岩洞窟（5a〜c・b層）
擦紋Ⅳ	1	6　7	23
		8　9	
トビニタイ土器群Ⅰ・Ⅰ-Ⅱ擬縄貼付紋土器	2　3　4	10　11　12　13　14　15　16　17　18　19	24　25　26　27　28
トビニタイ土器群Ⅱ	5	20　21　22	29　30

第175図　擦紋末期からトビニタイ土器群Ⅱへの移行（層位・伴出事例の対比）

第1節 トビニタイ土器群Ⅱの小細別編年案について 425

一見して、4号竪穴の12・13例や3号竪穴の19例がトーサムポロ遺跡L地点の2〜4例に酷似していることが分かる。ただし、トーサムポロ遺跡では、刻紋を施した10・11例のような土器は報告されていない。一方、4号竪穴に類似した土器を出土した7号竪穴では、佐藤達夫が「擦紋Ⅴ」（佐藤1972：478-479）に分類した14・15例と16〜18例のようなトビニタイ土器群が伴出している。17例には、粗雑な刻紋が大波状の貼付紋の内部に施されている。これは菊池氏の分類では、「トビニタイ土器群Ⅰ」に比定される。

これに対して18例には、沈線の上に多条の貼付線が施されるが、刻紋は見当たらない。これはトビニタイ土器群Ⅰ-Ⅱに比定されよう。一方、3号竪穴の19例は、口縁部が擬縄貼付紋で、胴部には円形刺突紋を2条施し、その内部を格子目の刻紋で埋めている。これはトビニタイ土器群Ⅰに属する。3つの竪穴で最も古い坏の破片を出土した5号竪穴では、これらの擦紋末期の土器やトビニタイ土器群Ⅰ・Ⅰ-Ⅱの資料は発見されていない。

型式学的にみると刻紋それ自体の変遷は、1例→6・7例であり、1例→8・9例→10・11例、14・15例の順にスムーズに追える。そして、その流れは、刻紋を残存させた16＋17・18例（←10・11）から、それを欠落した12・13例（＝2〜4）へとたどれる。

ただし、最も新しい3号竪穴の19例には、立派な格子目の刻紋が施されているから、刻紋それ自体の有無は、土器の新旧を見究めるメルクマールにならない可能性もある。

このように観察すると、若干の年代差を含みつつ、トーサムポロ遺跡L地点の2〜4例と伊茶仁遺跡B地点の10〜13例、16〜18例、そして19例が、ほぼ並行的に使用されていた状況が想定できるであろう。カリカリウス遺跡の8・9例→22例と、トーサムポロ遺跡の1例→5例の層位的な序列を踏まえると、根室半島から標津周辺の土器変遷は、つぎのように捉えられる。

(1) 擦紋Ⅳ（古〜中）　　　：1→6・7
(2) 擦紋Ⅳ$_{6-7}$　　　　：8・9
(3) 擦紋Ⅳ$_{8〜10}$期　　：14・15、16〜18、10・11、12・13、19 ≒ 2〜4（トビニタイ土器群Ⅰ・Ⅰ-Ⅱ）
(4) トビニタイ土器群Ⅱ：20→22、21（ふ化場第1遺跡1号竪穴埋土）

(1)〜(4)への変遷は、明らかに通説編年の考え方と異なる。しかし土器それ自体の変遷は、型式学的にきわめてスムーズに捉えられる。その流れは、基本的に擦紋土器の器形や紋様、描線手法が変容して行くプロセスに他ならない。図示した資料の範囲で、その変化をたどってみよう。

(1) 外反する砲弾形の器形の変遷（8→9→16＋17→19→20→21）
(2) 肥厚口縁の形成（8→9：口縁部の伸張→12・16：拇指状に内面が肥厚→2・3：肥厚部の増大→5・21：肥厚した口縁部の継承）
(3) 口頸部の無紋帯の形成と継承（8・9→12・16・19→20〜22）

このように擦紋末期の土器（トビニタイ土器群Ⅰ，Ⅰ-Ⅱ）とトビニタイ土器群Ⅱの間には、基本的な要素についての、明瞭な系統関係が読み取れる。通説では5・20～22例を10世紀の所産として、その後に擦紋Ⅳ$_{1～5}$を介在させ、擦紋末期になると標津町の周辺域では、先祖返り的に口縁部の肥厚化や貼付紋の盛行、そして口頸部の無紋化などの現象が、急速に進行すると説明するのであろう。その時期は研究者によって少し異なるが、大方は12～13世紀の頃と想定している。

その通説的な見方の暗黙の根拠とされているのが、知床半島のオタフク岩洞窟から出土した層位別の資料群である。そこで、その資料の一部を観察してみたい。23～30例である。複数の層位から出土している資料を含む。序列にしたがって並べると、

(1) 擬縄貼付紋土器(新)：28（6層・5b・5c層）
(2) トビニタイ土器群Ⅰ-Ⅱ／トビニタイ土器群Ⅱ（古）：25～27（5a・5b・5c層）
(3) 擦紋Ⅳの坏：23（5a・b層）
(4) トビニタイ土器群Ⅱ：29・30（5b層）
(5) トビニタイ土器群Ⅰ-Ⅱ：26（5b層）
(6) トビニタイ土器群Ⅰ：24（5b層）

となる。

以上は、一部の資料を用いた場合であるが、資料を取り替えても、先の編年序列とも通説の編年序列とも、一致しない結果が得られる。要するに、報告された個々の資料の層序からは、トーサムポロ遺跡L地点や伊茶仁遺跡B地点のようなスムーズな土器変遷がたどれない、ということである。こうした状態では、通説の編年案が層位的に証明されたことにはならないであろう。

標津と根室の対比案によれば、23例は1・6・7例に近接した位置が与えられる。ついで8・9例の土器群が登場し、その後に、広い範囲で擦紋土器の変容が始まる。やがて10～13例や14～18例、19例などが登場し、トビニタイ土器群Ⅱの成立に向けて、土器変容がさらに進行することになる。

根室方面では2～4例→5例へ、標津周辺では12・13・16～19例→22例へ、そして知床半島のオタフク岩遺跡では、24例が10・11例に略対比され、それに後続して12・13・16～19、2～4例へと接近し、さらに25～27例などが登場し、ようやく29・30例のトビニタイ土器群Ⅱが出現するに至るのである。

このようにオタフク岩洞窟の資料に関しては、出土状況を離れて型式学的に広域交差対比の観点から見直す必要があると言えよう。なお、慎重な検討を要するが、オタフク岩洞窟の層序は何らかの要因で複雑に攪乱され、二次的な層序を形成している可能性があるように思われる（柳澤2005b：20-23，2007b：45-48）。

そのとおりならば、広く引用されている須藤遺跡のトビニタイ土器群Ⅰ-Ⅱの出土状況についても、個々の事例に則して慎重に見直しを図る必要があろう。

b．斜里・標津編年の対比

　須藤遺跡は、トビニタイ土器群Ⅰ-Ⅱを豊富に出土した数少ない遺跡である。それだけに、この遺跡におけるトビニタイ土器群Ⅰ-Ⅱと擦紋Ⅳの伴出状況は、通説の編年において格別に重視され、調査の所見がそのまま利用されている。

　しかしながら、竪穴から出土した土器群を細かく見直すと、いささか不思議に思える事実に気付く。それは多量の擦紋Ⅳ期の土器が、他遺跡と同様にスムーズな変遷を示すのに対して、それと「共伴」したとされるトビニタイ土器群Ⅰ-Ⅱの変遷が、一向にスムーズにたどれないことである。

　これは何故なのであろうか。両者が同時代に存在し、交流していたのであれば、「共伴」したとされる双方の土器変遷は、同じようにスムーズにたどれるはずである。はたして、擦紋土器とトビニタイ土器群Ⅰ-Ⅱは同時代に製作され、すべての竪穴内において、併用されていたのであろうか。一例として、凸凹型の窓枠モチーフやネガの鋸歯紋を持つ16号竪穴の資料に注目したい（第176図1～4）。

　1・2例は、擦紋Ⅳでも前半の時期に比定される。須藤遺跡の中でも、比較的に古い時期に属す資料と思われる。これに対して、同じく床面から出土したとされる3・4例は、どこにも刻紋が見当たらない。口縁部も胴部もすべて、革紐状の粗雑な貼付紋と擬縄貼付紋で紋様が構成されている。

　器形は口縁部を大きく外反させ、頸部から胴部下半に向かって砲弾型にすぼまる。この種の器形では、一般に張り出しのない小さな底部が付くと推定される。口頸部に幅広く無紋帯が作られていることも、見逃せない特徴である。

　先の根室・標津の対比編年案によれば、3・4例は擦紋末期に並ぶ土器となる。しかし、これと床面上で伴出したのは、擦紋Ⅳ（中）でも古い時期に比定される1・2例である。時期的には明らかに不整合であるといえよう。何故なのであろうか。根室・標津と須藤の双方の出土事実が、同時に先史時代の事実では在りえないから、どちらか一方が、何らかの事情で混在していると考えねばならない。

　報告書によると、1例は竪穴の南隅の壁寄り、2例は南壁寄り、4例は南隅（褐色の汚れライン上）で発見されている。3例の正確な位置は分からないが、ほぼ汚れラインと同じ大きさの撹乱が認められたという。これと出土状況との係わりは特に記載されていない。

　個別的に見ると、擦紋土器は壁寄りから、一方、トビニタイ土器群Ⅰ-Ⅱは汚れライン上から発見されている点が注意される。汚れラインの外周と内周で土器系統が異なるのである。もしも3例が、このライン上から出土していたとすれば、外周と内周ですべての完形土器が系統的に分布を異にすることになるが、それは何を意味するのであろうか。

　そこで視点を移すと、1・2例のような古手の擦紋Ⅳは、伊茶仁遺跡B地点では発見されていない。一方、3・4例にほぼ対比される資料は、トーサムポロ遺跡L地点においても、また伊茶仁遺跡B地点でも、4・7号の竪穴から発見されている。この事実は、明らかに床面上でトビニ

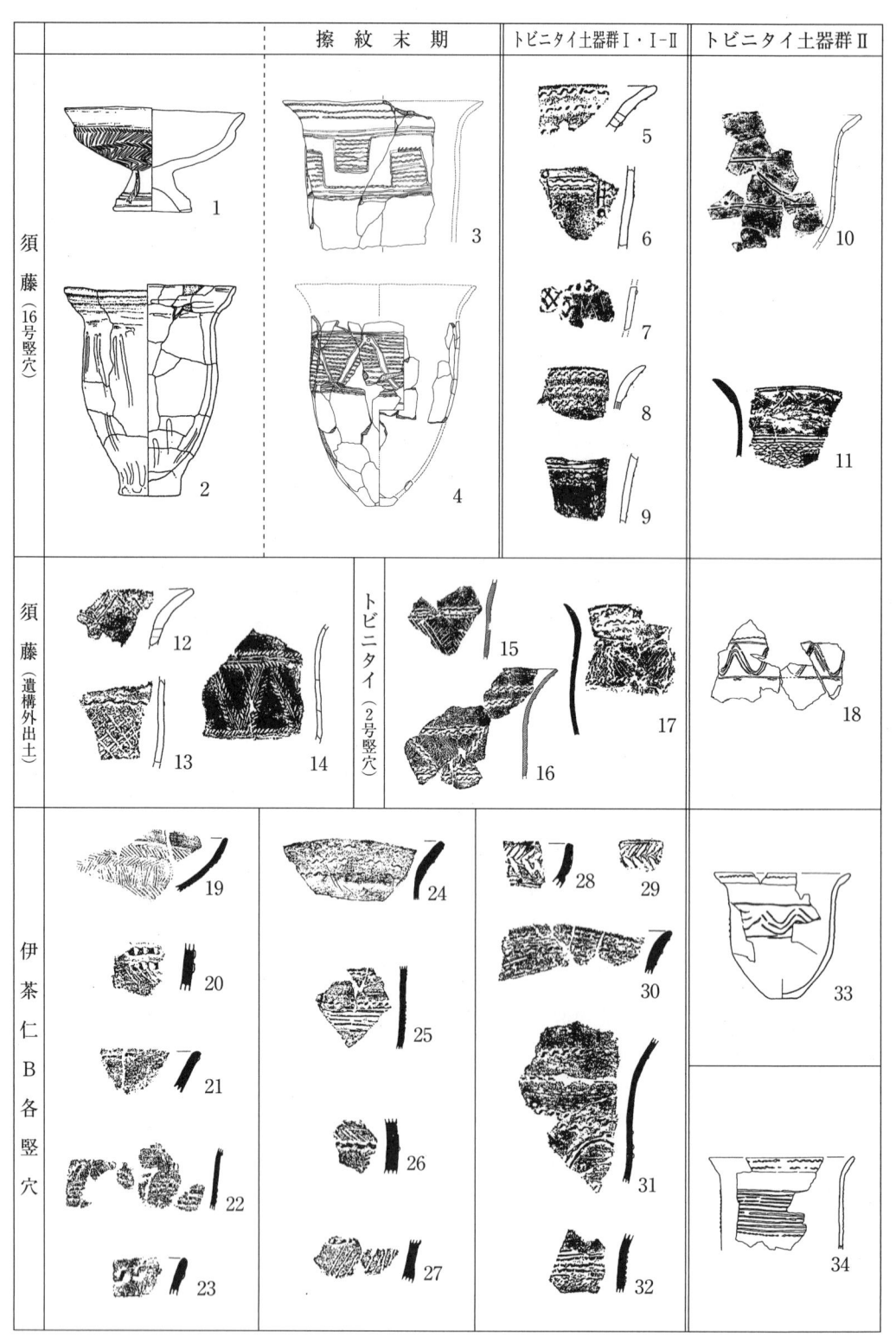

428 第5章 道東における貼付紋系土器編年の検討

第176図 紋様の系統的な変化から見たトビニタイ土器群Ⅱの成立

タイ土器群が擦紋土器と「共伴」して発見されたという須藤遺跡の観察とは矛盾する。

　それでは、この矛盾をどう解消すればよいか。そこで須藤遺跡に戻り、竪穴の埋土や遺構外から出土した土器群にも注意を向けたい。12〜14例である。これは遺構外の資料であるが、これまでまったく注意されなかったものである。いずれも頸部に無紋帯を作り出している。この特徴は3・4例と共通する。刻紋も共通する要素であるが、12例のみ貼付線の併用が確認できない。ただし、胴部には施されていた可能性があると思われる。伊茶仁遺跡B地点の20例や26・27例と12例を比べると、刻紋は遥かに明瞭に施されている。12例に近似した貼付紋を盛んに用いる例は、知床半島のトビニタイ遺跡2号竪穴から出土している。15・16例である。その類例は標茶町の計根別遺跡でも出土している（17）。

　試みに、これら15〜17例の胴部から刻紋を取り去り、その代りに革紐状の貼付紋や擬縄貼付紋を施してみよう。すると、描線を置換した15〜17例は、一見すると4例と区別がつかなくなる。両者の年代的な位置が接近していないと、こうした見方は成り立たない。したがって3列＝4例は、1・2例と並行しないと考えられる。むしろ遺構外から出土した12〜14例に近く、さらに15〜17例とも接近し、系統的に連続して変遷する土器群と捉えられよう。

　ちなみに、須藤遺跡やピラガ丘遺跡の第Ⅲ地点には、5〜7例のごときトビニタイ土器群Ⅰ・Ⅰ-Ⅱが破片ながら発見されている。7例などは、貼付紋に格子目の刻紋を併用した貴重な資料である。その横には貼付線による格子目紋も見られる。

　試みに刻紋を省き、格子目紋を細かいネット・ソーメン紋に置換すると、トビニタイ土器群Ⅱへと変化する。そうした操作が施された時期の資料と考えられよう。本例は、残存する刻紋の扱い方からみて、伊茶仁遺跡B地点7号竪穴の30・31例などに、ほぼ対比される資料と思われる。

　以上の比較と観察をもとに、「刻紋の消失」という共通の基準で須藤遺跡16号の資料を見直すと、つぎのような変遷序列が想定される。

(1)　擦紋Ⅳ(中)の古い時期　　　：1・2
(2)　擦紋Ⅳ$_6$以降の変容した土器：12〜14（トビニタイ土器群Ⅰ）
(3)　擦紋Ⅳ$_6$以降の変容した土器：トビニタイ遺跡（15・16＝17：同上）
(4)　擦紋Ⅳ$_{7〜10}$の変容した土器　：3・4（トビニタイ土器群Ⅰ-Ⅱ≒24・25・30・31）

　さて須藤遺跡においても、以上のようにトビニタイ土器群の「中間的なもの」（Ⅰ-Ⅱ）の位置は、伊茶仁遺跡B地点の出土状況と矛盾することなく、型式学的に捉えられた。トビニタイ土器群Ⅱへの道筋は、当然ごく接近していなければならない。図示した資料の範囲で、トビニタイ土器群Ⅱの主要な胴部紋様が成立するプロセスを示すと、擦紋土器から変容したトビニタイ土器群Ⅰ、並びにⅠ-Ⅱを母体として、つぎのように捉えられる。

(1)　大波状の貼付紋

　　　　　：14→15、16・17、4→10・18（ピラガ丘遺跡包含層）
　　　　　：22→31→33（ふ化場第1遺跡1号竪穴の床面）
　(2)　凸凹の入り組み紋
　　　　　：3→9→11（東梅遺跡の配石址）
　(3)　多条の平行線紋
　　　　　：25→32→34（ふ化場第1遺跡1号竪穴の床面）

2．オタフク岩（洞窟）遺跡編年の検討

　トビニタイ土器群の「中間的なもの」（Ⅰ-Ⅱ）の編年に関しては、なお不鮮明な部分を残している。他方、刻紋を消失して成立したトビニタイ土器群Ⅱについては、最近の調査成果をもとに、確実な細分を行える状況が整いつつある。

1）オタフク岩遺跡（第Ⅰ地点）とふ化場第1遺跡の対比

　トビニタイ土器群Ⅱは多くの遺跡で発見されているが、その量はどこでも少ない。一つの竪穴から出土する完形土器は、せいぜい1・2点に止まるのが普通である。破片資料の数も少ない[註3]。これは土器製作の衰退を示す現象であろう。そうした状況は、擦紋末期から顕在化している傾向と思われる。高坏の消滅ないし再利用の流れは、それを象徴するものと言えよう。
　また、トビニタイ土器群Ⅱ期の竪穴数も、擦紋Ⅳの中頃に比べると急激な減少ぶりを示している。集落址になるとさらに少ない。ほぼ完掘された事例としては、知床半島のオタフク岩遺跡が唯一かと思われる（第177図）。
　したがってトビニタイ土器群Ⅱの研究において、この遺跡の重要性は疑いのないところである。しかし、オタフク岩の洞窟遺跡に比べると、不思議に言及されることは稀である。
　オタフク岩遺跡において、まず注目されるのは、ピラガ丘遺跡や須藤遺跡のように擦紋Ⅲ・Ⅳ期の竪穴が複合していないことである。つぎに上げ土の観察から、各竪穴の変遷序列が、報告者の涌坂周一氏によって精確に把握されていることが挙げられる（涌坂1991：7・8・18）。つまりトビニタイ土器群Ⅱの時代における文化・社会の動向が、一遺跡内にパックされて保存されている、今のところ唯一の遺跡として注目されるのである。
　涌坂氏の竪穴編年の記述はごく簡略に示されている。しかし、それは北方編年体系を見直すうえで、きわめて重要な意義があると言わねばならない（柳澤2004：202-206・2007b：64-68）。氏の貢献は、きわめて大なるものがあると、あらためて特筆しておきたい。
　さて、オタフク岩遺跡で調査された8基の竪穴は、不明とされたものを除くと、
　(1)　9号竪穴（1：床面）→
　(2)　4号竪穴（2：床面）→
　(3)　7号竪穴（3：床面）＝6号竪穴（4：床面）→

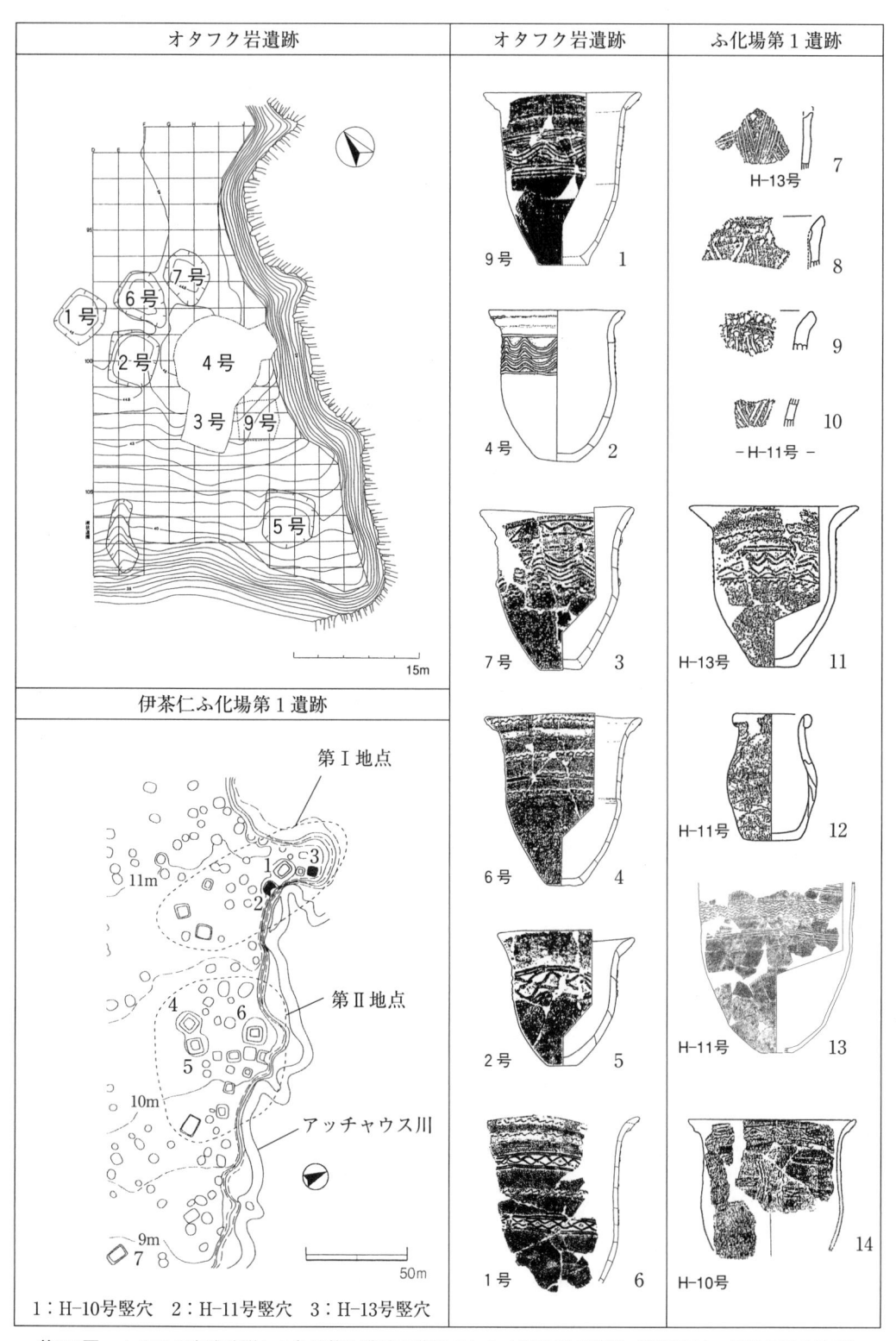

第1節　トビニタイ土器群Ⅱの小細別編年案について　431

第177図　オタフク岩遺跡群とふ化場第1遺跡で確認された土器変遷の序列（涌坂1991・椙田1980を改変）

(4)　2号竪穴（5：床面）→
　(5)　1号竪穴（6：床面）

という順序で変遷した、と指摘されている。

　各竪穴の土器群を比べると、必ずしも、一時期の土器組成を示しているとは考えられない場合もある。それでも、1例→2例→3例までの土器の変遷は、涌坂氏の指摘した竪穴の変遷序列どおりで、何ら型式学的に矛盾する点は見出せない。

　ところが、3・4例→5例→6例への変遷に関しては、いささか疑問があるように思われる。これらの紋様や器形、紋様帯や描線の扱い方など、どの点をとっても、型式学的にスムーズな変化をたどるのは難しい。変遷の途中に適当な資料を挿入しても、その結果は変わらない。

　はたして7号(3)・6号(4)竪穴とその出土土器は、涌坂氏が指摘したとおりに同期するのであろうか。また両竪穴は、2号(5)よりも、ほんとうに古いのであろうか。さらに2号竪穴(5)は、1号竪穴(6)よりも古いとしても、はたして6号(4)・7号(3)竪穴に後続するのであろうか。

　3～6例の各竪穴の標本例を比べると、そのような疑問が自然に浮かんでくる。そこで千葉大学で調査したふ化場第1遺跡の成果を参照すると、この疑問はより現実味を帯びて来る。すでに、この調査の所見については、概報や速報、研究発表の機会を利用して明らかにしている[註4]。発掘調査は継続中であるが、第1～3次調査の成果を総合すると、つぎのような編年案が仮設される[註5]。

　(1)　擦紋Ⅳ(中：7)　　　　　：カマドを持つH-13号竪穴（埋土中）
　(2)　擦紋Ⅳ(末：8～10)　　　：H-11号竪穴（Ma-b火山灰下の埋土中）
　(3)　トビニタイ土器群Ⅱ(中：11)：H-13号竪穴テラス面の上（Ma-b火山灰下）
　　　………………………… Ma-b火山灰の降下 …………………………
　(4)　トビニタイ土器群Ⅱ(新：13)＋オホーツク式系の土器(12)
　　　　　　　　　　　　　　　：H-11号上げ土マウンド上（Ma-b火山灰の直上）
　(5)　トビニタイ土器群Ⅱ(新：14)：H-10号の外周に堆積したMa-b火山灰より上位層

　以上の仮編年案は、2007年度の第4次調査において検証する予定である。目下のところは、第173～176図を参照して検討した編年序列と矛盾する点は見当たらない。標津町周辺における土器変遷の基本的な在り方を忠実に示していると思われる。また、オタフク岩遺跡の竪穴序列による編年案とも、2号竪穴の5例を除くと、問題なく整合すると考えられる。

　また、トーサムポロ遺跡L地点の編年案は、ふ化場第1遺跡においても、「7→8～10例→11例」への序列として、あらためて層位的に検証されている。11例の胴部紋様は、オタフク岩遺跡の3例に近似しており、ほぼ同時期と見做しても大過ないであろう。すると、トーサムポロ遺跡の2号墓に後続する1～14例の土器群は、疑問のある2号と6号竪穴の土器(5，4)を除くと、

第 1 節　トビニタイ土器群Ⅱの小細別編年案について　433

(1)　擦紋Ⅳ期（7 → 8 ～ 10）
(2)　トビニタイ土器群Ⅱ(古)：9 号竪穴（1）
(3)　トビニタイ土器群Ⅱ(中)：4 号竪穴（2）
(4)　トビニタイ土器群Ⅱ(中)：7 号竪穴（3）＝ H–13 号竪穴（11）
(5)　トビニタイ土器群Ⅱ(新)：　　　　　＝ H–11 号の Ma– b 火山灰直上（13 ＝ 12）
(6)　トビニタイ土器群Ⅱ(新)：1 号竪穴（6）＝ H–10 号の Ma– b 火山灰より上位の土層（14）

という順序で編年される。

　この編年案を見ると、すぐに不思議な事実に気づくであろう。最も新しい(6)類の胴部紋様（6）は、なぜ最も新しい、すでに消滅したはずのソーメン紋土器 3 の胴部紋様に酷似しているのか。通説の編年案を逆転させないかぎり、なぜ(6)類土器の 6・14 例が最新の段階になるのか、その説明は困難であろう。

2）竪穴と包含層、及び洞窟における編年案の検討

　オタフク遺跡における竪穴の序列は、以上に述べたとおりである。以下、それに準拠しつつ各竪穴の土器を型式学的に分析して、トビニタイ土器群Ⅱの変遷を小細別レベルで検討して行きたい。

a．竪穴の変遷序列　その（1）　前半の部分

　トビニタイ土器群Ⅱの資料を集めて、その紋様を分類すると、大きく三つの系列に分けられる（第178図）。これは擦紋末期に盛行する、(1)大波状紋（1 ～ 4）、(2)格子目紋（12 ～ 14）、それに(3)並行線紋（19 ～ 21）の系譜を、そのまま継承していると考えられる。

　今のところ、最も古い時期の資料に乏しい。また系列によって、標本例には著しい偏りが見られる。特に並行線紋の資料には欠落が目立つ。しかし、大波状紋系やネット・ソーメン紋系では良好な資料に恵まれており、竪穴序列の妥当性を検証するうえで十分な材料を提供している。

　涌坂氏の竪穴序列では 9 号が最も古いとされ、これに 4 号と 7 号が後続する。図示の標本例のうち大波状紋系列では、この序列にしたがうと、「6 例 → 7 ～ 9 例 → 10、11 例」の 3 段階の変遷が想定されることになる。

　この編年案はどうであろうか。どの資料も出土位置は床面と記載されている。そこで竪穴の序列に対して土器自体の変化を観察すると、

(1)　大波状紋：6 → 7 → 10
(2)　ネット・ソーメン紋：15 → 18

の順序でスムーズにたどれる。

　しかしながら、10 例とともに 7 号竪穴の床面から出土した 11 例は、口縁部の口径が大きい広口型で明らかに器形が異なる。また胴部の紋様は、10 例の大波状紋を左右に分断した V 字連接紋が施されており、明らかに構成法を異にしている。図版を参照すると、11 例は床面上から出土した

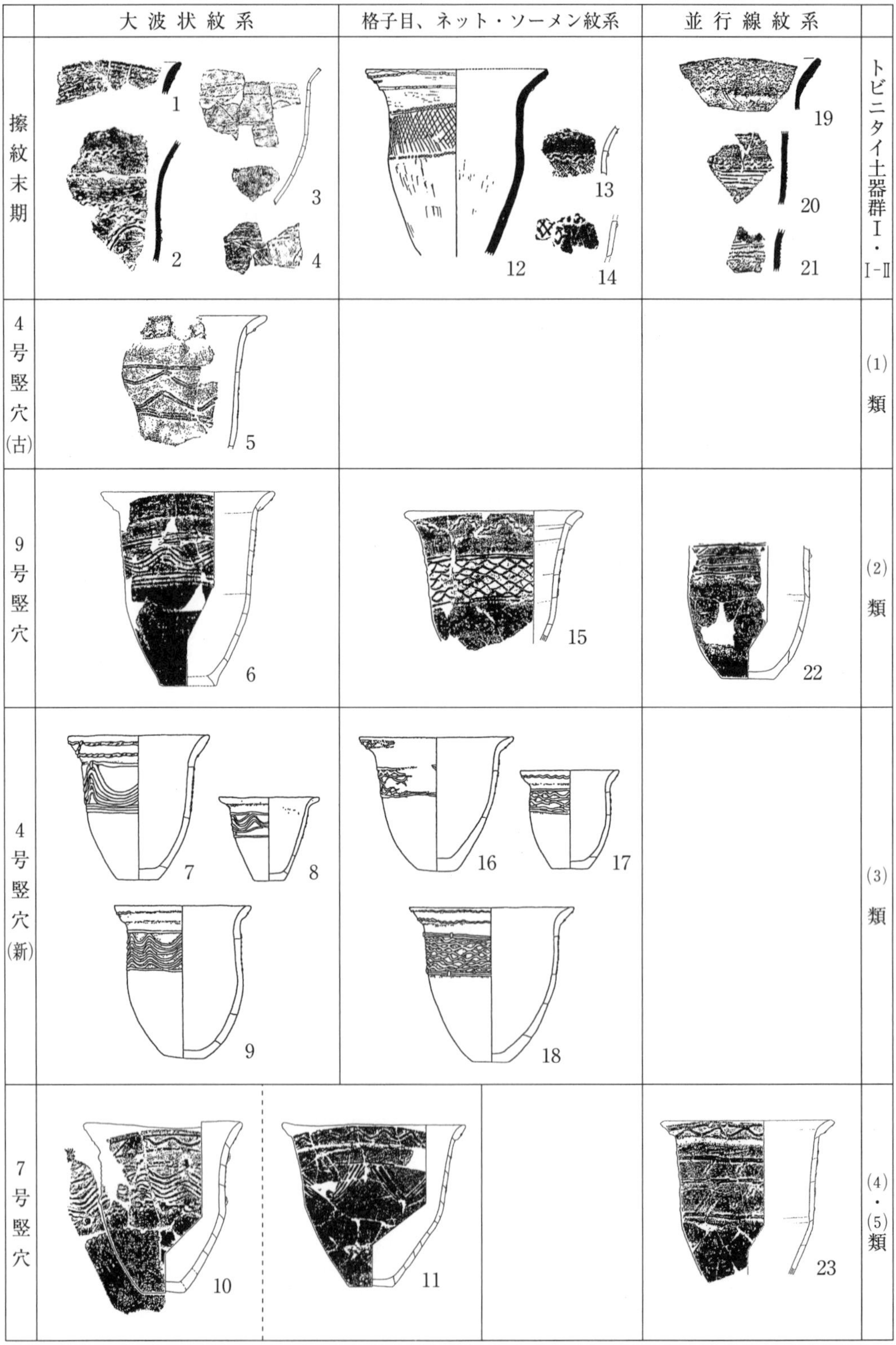

434　第5章　道東における貼付紋系土器編年の検討

	大波状紋系	格子目、ネット・ソーメン紋系	並行線紋系	
擦紋末期	1, 2, 3, 4	12, 13, 14	19, 20, 21	トビニタイ土器群Ⅰ・Ⅰ-Ⅱ
4号竪穴(古)	5			(1)類
9号竪穴	6	15	22	(2)類
4号竪穴(新)	7, 8, 9	16, 17, 18		(3)類
7号竪穴	10, 11		23	(4)・(5)類

第178図　オタフク岩遺跡群におけるトビニタイ土器群Ⅱの細分　その(1)

第1節 トビニタイ土器群Ⅱの小細別編年案について

といっても、かなり浮いた状態で検出されている。したがって、10例が真に床面上で出土しているならば、層位的にみて、それより新しい可能性があると言えよう[註6]。

23例も屈折した胴部を有する特異な土器である。22例に後続するものには違いないが、胴部の貼付線は3条化され、それに「区切り斜線」が施されている。屈折する胴部の形状は、明らかにカリカリウス遺跡の土器に酷似している。また胴部に、幅広く3条の貼付線を施す手法も、一般的に用いられている。一方トビニタイ土器群では、このような手法は観察されないから、23例は、いわゆるカリカリウス土器群に比定すべきものと思われる。

これに対して11例の胴部の紋様は、カリカリウス遺跡にも、またトビニタイ遺跡にも見られない特異なものである。しかし、その母体は大波状紋に求められるから、11例は、23例などのカリカリウス土器群の波及を受けて紋様構成法を変更した、一種のキメラ(折衷)土器かと思われる。

このように7号竪穴の土器を観察すると、とても同時期のものとは認められない。型式学的にみると、「10例→11例」の新旧関係が想定できる。また、出土した位置は11例の方が上位と推定されるので、7号の二つの「床面」土器は、新旧を異にすると考えられる。この仮説の検証には、カリカリウス土器群の細分が必要になるが、それは準備を完了した別稿に譲りたい。

さて以上の分析から、大波状紋の流れは、9号(6)→4号(9)→7号(旧：10)→7号(新：11≒23)と捉えられた。もちろん、この序列は竪穴の変遷と矛盾しない。そこで各竪穴の土器を見直すと、この変遷の中に収まらない土器が4号竪穴に見出される。出土位置は不明であるが、床面・埋土のどちらの可能性もある。

報告によると、石囲炉の北側に広がる硬砂面を30cmほど掘り下げると、古い床面が現れたという。4号には、新旧二つの竪穴が存在したようである。旧竪穴もトビニタイ土器群の時期ならば、床面や埋土の中に古い土器が混在する可能性は十分にあるであろう。

そこで5例の胴部紋様に注意すると、すべて2本一単位の貼付線で構成され、大波状紋は大きくうねり、上・下に分かれる。6～9例や10例では、大波状紋は密接しているので、5例の紋様をこの仲間に含めるのは難しい。

一方、トビニタイ土器群Ⅰをみると、2本一単位の大振りな貼付線を用いている例がある。図に示した2例と4例である。4例の場合は間隔が開いている。それぞれを2本仕立てに変更し、擬縄貼付紋を平坦な断面の貼付線に変えると、5例との差異はほとんど無くなる。口縁部の形状も、1例(内面の肥厚)から5例(外面も肥厚して外反)へと、スムーズにたどれる。したがって5例の位置は、「1～4例→5例→6例」と想定するのが、最も合理的であると思われる。

以上の観察を整理すると、(1)～(4)類、そしてキメラ(折衷)土器の(5)類の順序で細分される。

(1) 4号(下層床面の旧竪穴に由来？)：5 ……………………………トビニタイ土器群Ⅱ(1)類
(2) 9号(床面)：6・15・22………………………………………………トビニタイ土器群Ⅱ(2)類
(3) 4号(上層床面の新竪穴)：7～9・16～18……………………………トビニタイ土器群Ⅱ(3)類
(4) 7号(床面)：10 ……………………………………………………トビニタイ土器群Ⅱ(4)類

(5)　7号（床面の上位）：11（キメラ（折衷）土器）：……………………トビニタイ土器群Ⅱ(5)類
　　　　＝カリカリウス土器群（23）

b．竪穴の変遷序列　その(2)　3号竪穴の位置

　4号竪穴北側の7号と南側の9号竪穴の関係は、涌坂氏の指摘に若干の補足をすることで、小細別レベルのスムーズな変遷が捉えられた。それでは新旧が不明とされた西側の3号竪穴はどう捉えられるであろうか。

　第179図に竪穴の図面と関連する資料を並べた。3号竪穴は4号と9号に隣接する。上げ土の新旧関係は不明とされている。しかし、位置のズレを措いて層序を対比すると、上げ土の堆積状況や竪穴の切り込み面の観察から、各竪穴の構築順は十分に捉えられるように思われる。

　　(1)　9号竪穴の構築（10）→ 4号(新)竪穴の構築（上げ土の上・下関係の確認）
　　(2)　4号(新)竪穴の構築（5）（上げ土（Ⅱ層）の形成，竪穴内への流入）
　　(3)　3号竪穴の構築（1/2）（← 4号上げ土（Ⅱ層）上面からの切り込み）（← 9号の1・20層からの切り込み）

　それでは、この竪穴の序列を出土した土器から検証してみよう。3号竪穴は、斜面に構築されており、床面上の完形土器を欠いている。大半が床面上位から出土しているが、明らかに異時期の土器が混在している。胴部の紋様帯を幅広くとる2・8例と、バンド・ソーメン紋を3帯めぐらすと推定される1・6・7例である。一方4号竪穴には、双方の破片資料が混入している。3例と4例である。また9号竪穴では、バンド・ソーメン紋の9例が床面から検出されている。それ以外はすべてⅡ(4)類の完形土器（4点）で占められている。したがって9例も、何らかの事情で3号竪穴から混入したと考えられる。

　3号竪穴の1・6例は報告によると、床面から一括で発見されたという。その他には、2・3・8例に対比される小型の完形土器が1点出土している。これは埋土中からである。竪穴の保存状態が悪いため推測になるが、3号竪穴は再利用されているように思われる。

　異なる時期の土器片が混在し、周囲の竪穴にもそれが混入しているのは、その証左になるであろう。そのように想定しつつ、先に述べた竪穴の序列を踏まえると、つぎのような編年案が想定される。

　　(1)　4号(旧)竪穴の構築（第178図5）……………………トビニタイ土器群Ⅱ(1)類
　　(2)　9号竪穴の構築（第179図10）……………………トビニタイ土器群Ⅱ(2)類
　　(3)　4号(新)竪穴の構築（5）……………………トビニタイ土器群Ⅱ(3)類
　　(4)　3号(旧)竪穴の構築（2・8＝3）……………………トビニタイ土器群Ⅱ(?)類
　　(5)　3号(新)竪穴の構築（1・6＝4・9）……………………トビニタイ土器群Ⅱ(?)類

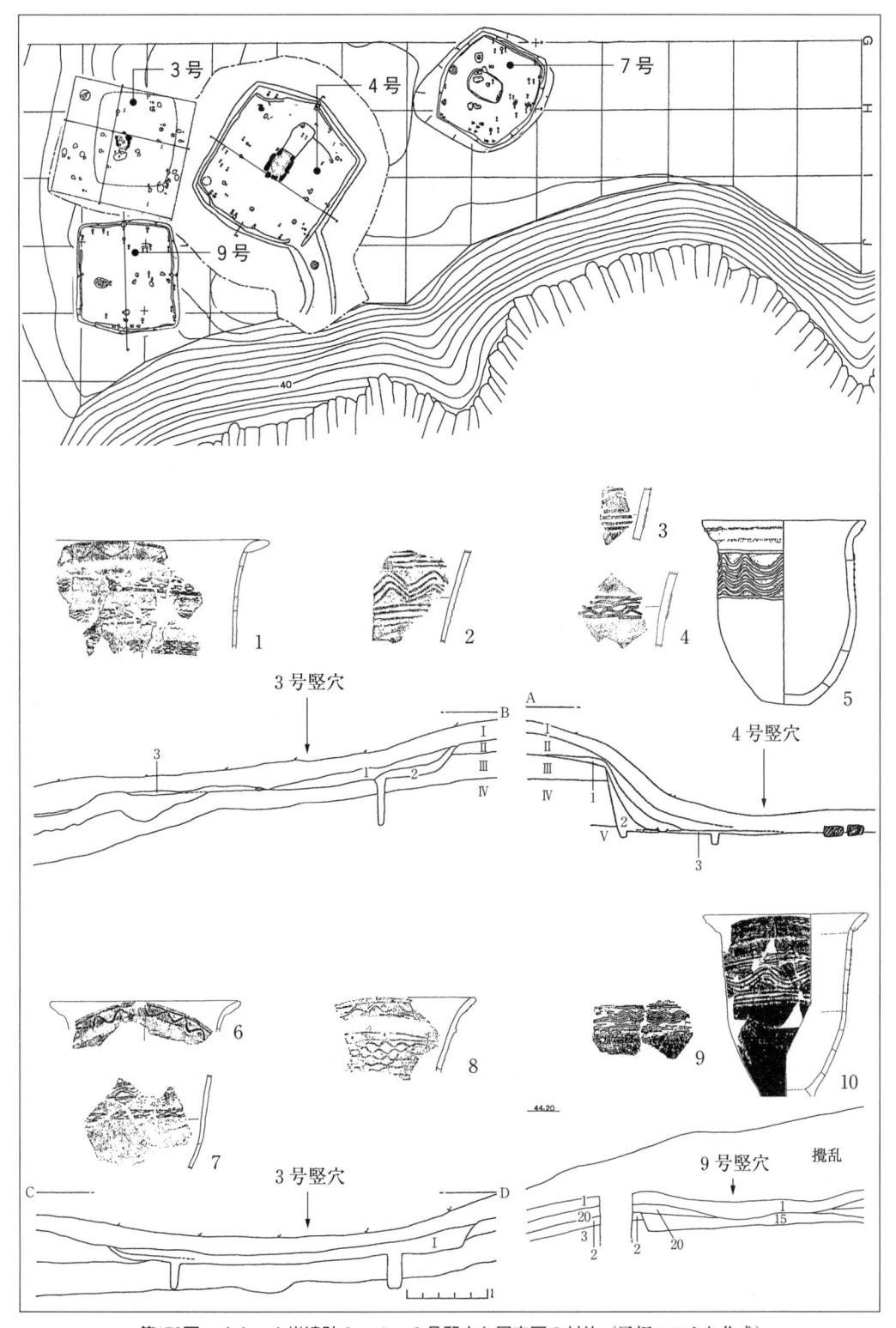

第1節　トビニタイ土器群Ⅱの小細別編年案について　437

第179図　オタフク岩遺跡3・4・9号竪穴と層序図の対比（涌坂1991より作成）

以上の観察の結果は、先に試みた土層堆積の分析と矛盾しない。したがって時期不明とされた3号竪穴は、土器の分析と土層堆積の観察からみて、4号(新)・9号竪穴に後続する可能性が高いと考えられる。

ここで(4)・(5)段階とした(?)類を比べると、型式学上の間隙があるように思われる。そこには、どのような土器が位置するのであろうか。つぎに**第180図**を参照しながら、トビニタイ土器群Ⅱの後半の変遷を検討したい。

オタフク岩遺跡群では、竪穴よりも包含層や洞窟から後半期の良好な資料が発見されている。代表的な8～10、11例を示した。いずれも胴部紋様の構成法に特徴がある。器面を一周する3本のバンド状の紋様帯を間隔をあけて施すものである。主要なモチーフは3種類ある。

　(1)　ネット・ソーメン紋（8～10）
　(2)　多条線紋（8・10）
　(3)　密接した大波状線紋（9・11）

これらのモチーフは、図示した資料では単独で用いられていない。8例では(1)・(2)類、9例：(1)・(3)類、10例：(1)類＋(2)類モチーフの交互ずらし配置になっており、11例は(1)・(3)類で構成されている。いずれも、先にⅡ(4)類（1）に後続するとした3号竪穴の5・6例とは、一目瞭然で別小細別に属すことが了解されよう。

8～11例への変遷は、型式学的に想定される小細別（+1）を介して、以下のようにスムーズにたどれる。

大波状紋系
　(1)　直線の貼付線で上・下を区画した大波状紋（1）……………………………Ⅱ(4)類
　(2)　別系列の対向大波状紋土器→対向大波状紋の変形（4）[註7]……………Ⅱ(5)類
　(3)　上・下を区画する描線の多条化、大波状紋の縮小（5）…………………Ⅱ(5)類
ネット紋、バンド・ソーメン紋系
　(1)　2本1単位の直線とネット・ソーメン紋を併用した幅広い紋様（2）………Ⅱ(4)類
　(2)　口縁部を伸張し、口径を拡大。紋様帯の上・下を区画する直線の分裂（6）……Ⅱ(5)類
　(3)　型式学的に想定される空隙 ……………………………………………………Ⅱ(+1)類
　(4)　胴部紋様の3帯化処理。大波状紋とバンド・ソーメン紋を併用した、新紋様帯への移行（8？）………………………………………………………………………………Ⅱ(+2)類
　(5)　3つの紋様帯の幅を同一化する操作 …………………………………………Ⅱ(+3)類
　(6)　口縁部を著しく外反させる器形への変更 ……………………………………Ⅱ(+3')類

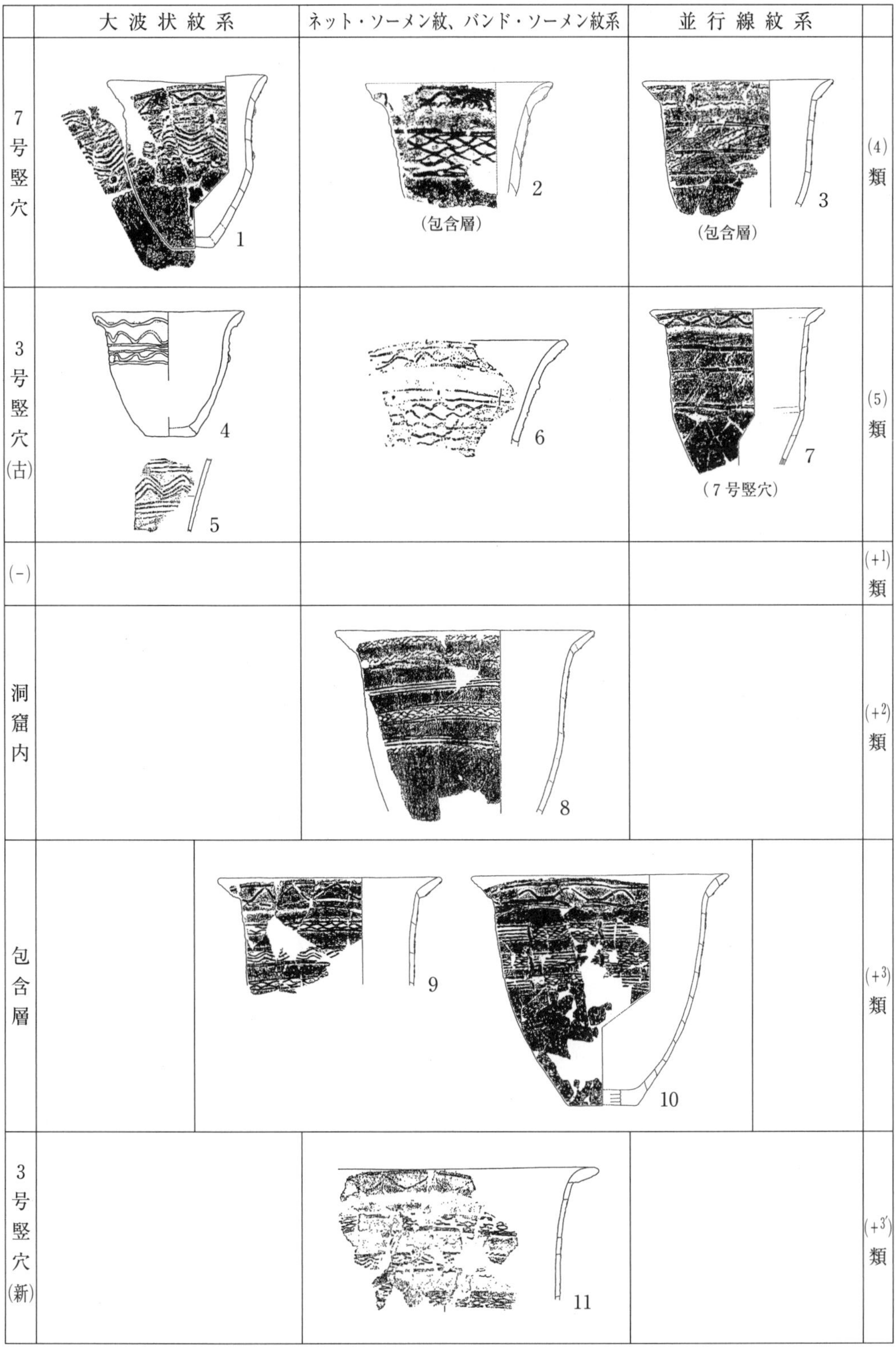

第1節　トビニタイ土器群Ⅱの小細別編年案について　439

	大波状紋系	ネット・ソーメン紋、バンド・ソーメン紋系	並行線紋系	
7号竪穴	1	2 (包含層)	3 (包含層)	(4)類
3号竪穴(古)	4 / 5	6	7 (7号竪穴)	(5)類
(-)				(+1)類
洞窟内		8		(+2)類
包含層		9	10	(+3)類
3号竪穴(新)		11		(+3)類

第180図　オタフク岩遺跡群におけるトビニタイ土器群Ⅱの細分　その(2)

それでは、洞窟内のみで発見されているⅡ(+2)類がどのように成立するのか。つぎに、他遺跡の資料を参照しながら空隙の小細別を補填し、同時に(1)～(6)に至る変遷の流れを再確認したい。

第181図は、斜里地方を代表するⅡ(5)類土器としてピラガ丘遺跡第Ⅲ地点を、そして空隙に相当する小細別として、トビニタイ遺跡とふ化場第1遺跡の資料を補填してある。またオタフク岩遺跡では、Ⅱ(4)類とⅡ(5)類に対比される資料を追加し、各土器系列の変遷が捉え易いように配列した。

胴部紋様の変化に注意すると、図示した資料の範囲では、つぎのようにスムーズに変遷がたどれる。

大波状紋系
　(1)　直線の貼付線で上・下を区画した大波状紋（1）‥‥‥‥‥‥‥‥‥‥‥‥Ⅱ(4)類
　(2)　上・下を区画する描線の多条化、大波状紋の縮小（5～7，9・11）‥‥‥Ⅱ(5)類
　(3)　5例の多条線をネット・ソーメン紋に置換（10）‥‥‥‥‥‥‥‥‥‥‥Ⅱ(5)類
　(4)　大波状線紋の狭帯化、小波状化（13，16）‥‥‥‥‥‥‥‥‥‥‥‥‥‥Ⅱ(6)類

ネット・ソーメン紋系
　(1)　ネット・ソーメン紋の下に分離した貼付線を追加（2）‥‥‥‥‥‥‥‥Ⅱ(4)類
　(2)　ネット・ソーメン紋に直線を挿入。上・下に分離した貼付線を追加（3，8，12）‥‥Ⅱ(5)類
　(3)　ネット・ソーメン紋の圧縮、粗雑化（14・15）‥‥‥‥‥‥‥‥‥‥‥Ⅱ(6)類
　(4)　ネット・ソーメン紋の圧縮化の進行、その上・下を区画する擬縄貼付線・複線のバンド・ソーメン紋への置換（17？，18・19）‥‥‥‥‥‥‥‥‥‥‥‥‥‥‥Ⅱ(7)類

17例の位置は微妙な問題を孕んでいる。上記のメルクマールによって、たとえば、「13・14例→18例」、「16例→19例」への変化は理解しやすい。しかし17例は、紋様構成と要素からみて、13例との明瞭な差異が指摘できない。ネット・ソーメン紋の幅や口径と胴径には、明らかに大小の差が認められるが、この特徴を捉えて小細別差を想定するのは、少し疑問が残る。ここでは、仮にⅡ(7)？類としておき、資料の増加を待って検討したい。

c．竪穴の変遷序列　その(3)　2号・6竪穴の位置

2号竪穴では、床面から5個体の完形土器が出土している。以上の細分案をもとに、型式学的にその位置を特定することは十分に可能であると思われる。また、先に保留した6号竪穴の位置についても、土層堆積と土器型式の両面から検討すると、新しい見方が成り立つように思われる。

それでは、**第182図**を用いて具体的に検討してみたい。はじめに、報告書で指摘された「7号＝6号→1号」の序列である。1号竪穴は20層を切り込んで構築されている。土器では、2例（床面）→1例（床面）の変遷が想定される。一方7号竪穴は、上げ土である20層下に堆積する2層

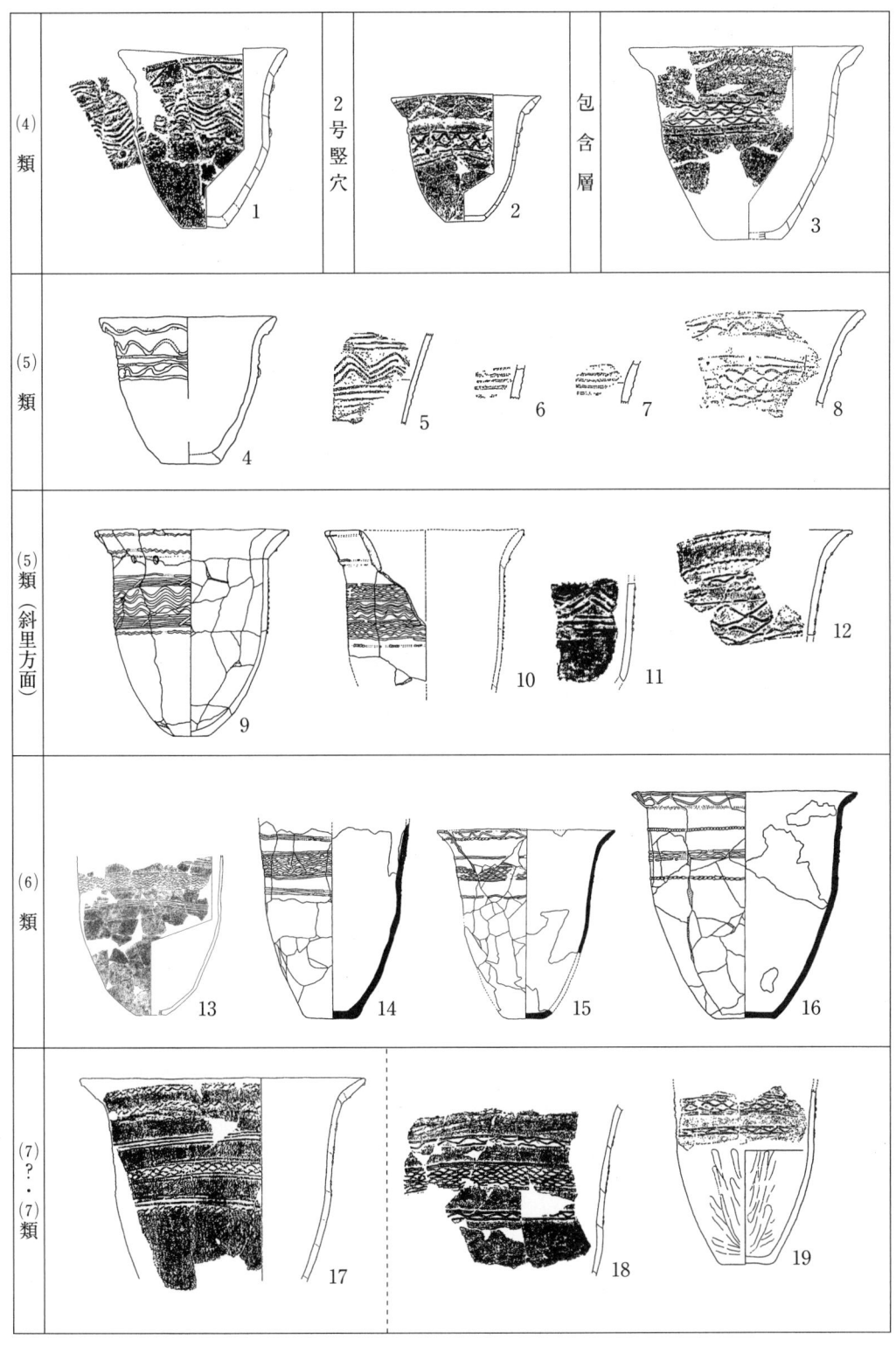

第1節　トビニタイ土器群Ⅱの小細別編年案について　441

第181図　オタフク岩遺跡群におけるトビニタイ土器群Ⅱの細分　その(3)

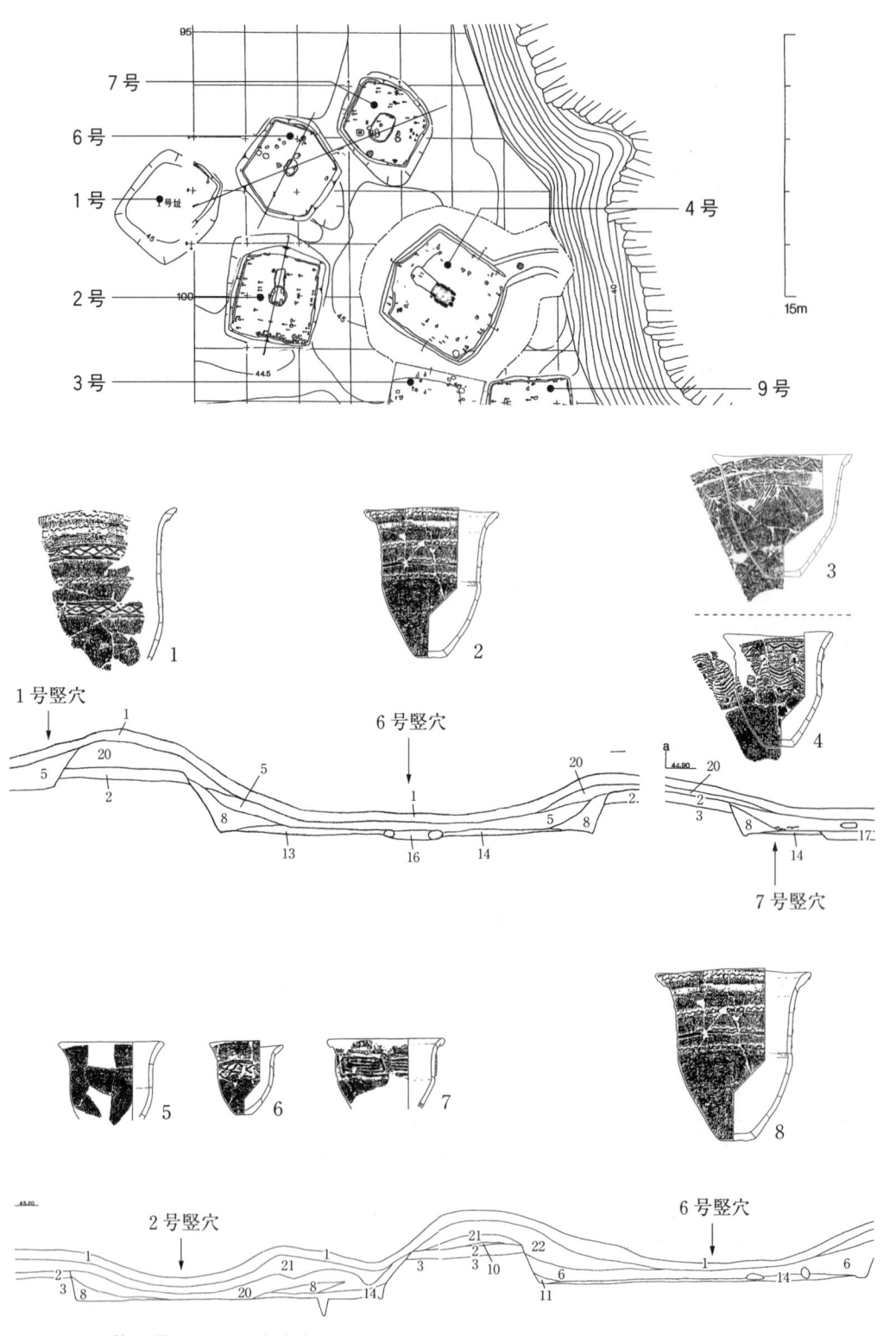

442　第5章　道東における貼付紋系土器編年の検討

第182図　オタフク岩遺跡1・2・6・7号竪穴と層序図の対比（涌坂1991より作成）

を切り込んで構築されており、明らかに１号竪穴より古いことが分かる。

　それでは、同時期とされた６号・７号竪穴の関係はどうであろうか。６号竪穴も、やはり２層を切って構築されており、７号竪穴と変わりない。しかしながら、上げ土の20層の堆積状況を比べると、６号竪穴でも１号竪穴寄りでは厚く堆積し、７号竪穴へ向かうと、しだいに薄層化していく様子が読み取れる。

　竪穴内へ向かう戻り上げ土の量は、明らかに６号竪穴に多く、７号竪穴には少ない。これは、両者が同時に構築された場合には、容易に起こらない現象であろう。したがって、上げ土の堆積状況によれば、６号竪穴の方が新しく構築されたと捉えた方が合理的と思われる。

　そのように想定すると、竪穴の序列は、「７号→６号→１号」の順になる。では、その６号竪穴と２号竪穴の新旧関係はどう捉えられるか。報告では、「６号（8：床面）→２号（5～7：床面）」と指摘されている。

　しかしながら、少し方位が異なる土層断面図を対比すると、図から読みとれるように疑問が湧いてくる。２号竪穴を埋める21層は、中間で途切れるものの、その先で６号竪穴の上げ土である22層の直下に堆積している様子が認められる。このような現象は、「６号→２号」の順に竪穴が構築された場合には起こらない。したがって、順序は逆に「２号→６号」になると考えられる。床面上の土器では、５～７例→８例の順に変遷したと想定されよう。

　それでは、６号よりも古い竪穴と考えられた２号と４号の関係はどうであろうか。残念ながら４号竪穴では、２号と対比できるような土層図は示されていない。そこで今度は、両者の関係を土器から検討してみたい。

　すでに確認するか、又は想定した土器変遷は、**第183図**を参照すると、

　　(1)　Ⅱ(3)類（４号竪穴：１～６）→
　　(2)　Ⅱ(4)類（７号竪穴：12）→
　　(3)　Ⅱ(5)類（３号竪穴：第181図４～８＝ピラガ丘遺跡第Ⅲ地点の３号竪穴：第183図15）→
　　(4)　Ⅱ(6)類（トビニタイ遺跡２号竪穴：16）→
　　(5)　Ⅱ(7)類（オタフク岩洞窟：20（5b層））→
　　(6)　Ⅱ(8)類（１号竪穴床面：21＝５号竪穴の床面土器[註8]）

となる。これは北方編年において、これまでに指摘されたことがない、きわめて細かな変遷案であろう。床面から一括して発見された２号竪穴の資料（７～11）は、このうちどこに収まるのであろうか。各類の間に未知の小細別が伏在している可能性は、ほとんど想定できない。(1)～(6)類のいずれかに伴うのであろう。

　その候補となるのは、一見してⅡ(3)類（１～６）、またはⅡ(4)類（12）に絞られる。器形の差異は、Ⅱ(4)類の標本が１例のみのため明確に捉えられない。並行線紋系土器の標本も欠けている。大波状紋やネット・ソーメン紋と比べると、かなり細部の変化を示すことが分かる。しかし、そうした細部の違いが時期差を示さない可能性もある。

　どの点を比べると時期比定が可能になるのか。８例については、先にⅡ(4)類と位置づけてみた。

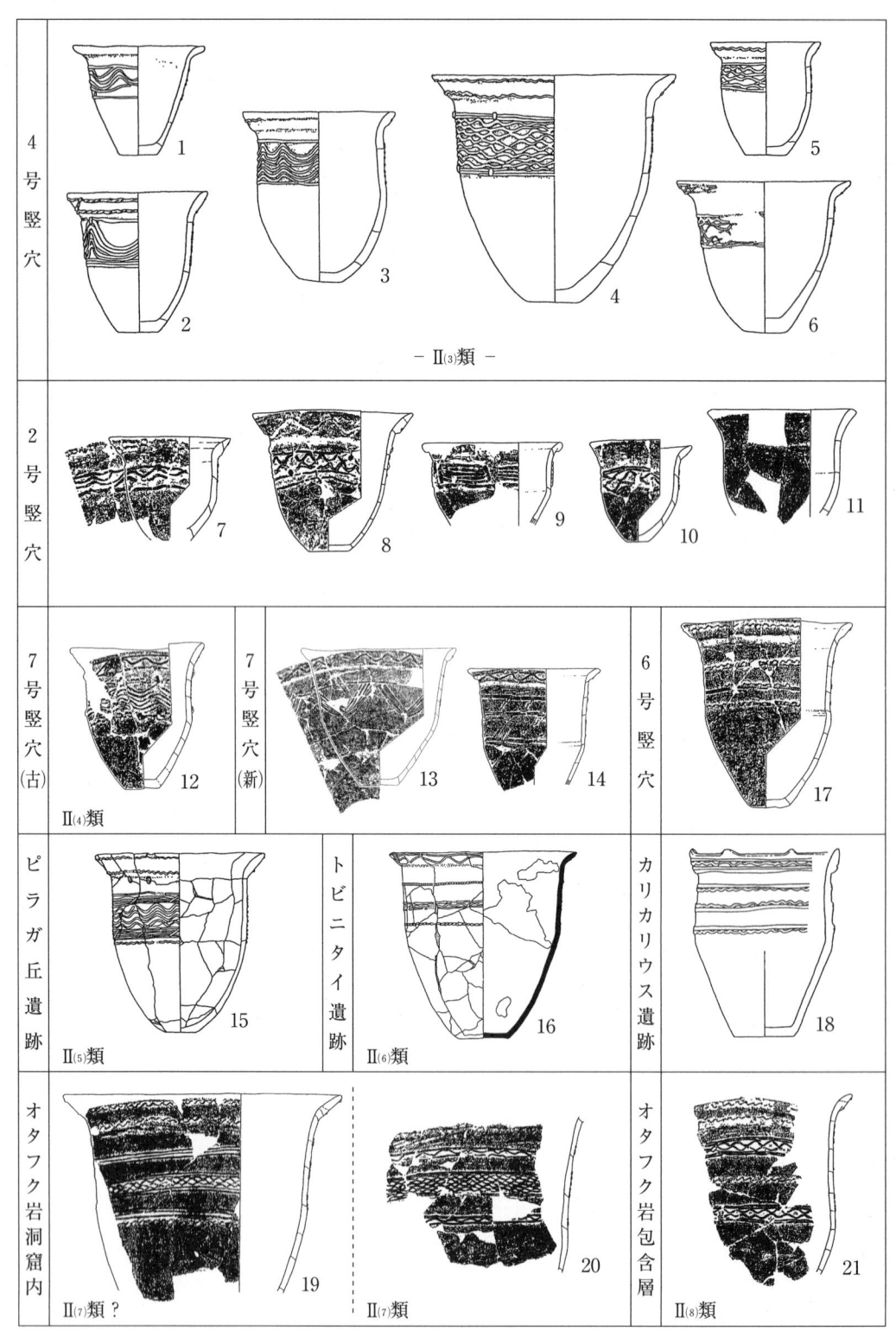

444 第5章 道東における貼付紋系土器編年の検討

第183図 オタフク岩遺跡群におけるトビニタイ土器群Ⅱの細分 その(4)

第1節　トビニタイ土器群Ⅱの小細別編年案について　445

他の床面土器ではどうか。無紋の11例を除くと、10例のネット紋は8例に酷似しており、ややネット紋が小振りな作りの4例や5・6例とは明らかに異なる。ネット紋の大きさの変化は、一つのメルクマールになるかも知れない。

また、8例の紋様帯の下には2本1単位の下限線：3描線（柳澤2006c：169-183）から分離したと思われる直線が施されている。先に、この要素の動きに着目したが、すべての個体には登場しないので注意を要する。つまり8例の弁別に関しては、a．ネット紋の大型化、b．紋様帯の下限（ないし上限）における直線の追加（分離）の順に、メルクマールの優位性が指摘できるであろう。

それでは、大波状紋の7例についてはどうか。二山1単位の波状線を横方向にずらしながら、螺旋技法を用いて施紋する例は、Ⅱ(3)類の1～3例には認められない。1例がややそれに近いが、頂点の部分を重ねる描線の数は遥かに多く見える。紋様帯それ自体の幅も広い。7例にも8例と12例にも、小さなポッチが付けられている。しかし1・3例では、それが欠けている。

9例の窓枠紋は、北大式から見え隠れしながら存続する珍しいモチーフである（柳澤2006b）。窓枠が上・下を画す描線から完全に独立しているタイプのものは、擬縄貼付紋土器の前半に見られる。その後半からトビニタイ土器群Ⅱの古い時期では、凸凹型を呈するのが普通である（第1図13、12）。この見方が妥当ならば、かなり昔のモチーフが突然に先祖返りしたことになろう。Ⅱ(1)類～(3)類では、まったく前例がないから、目下のところ9例は、2号竪穴の時期に先祖返りしたと想定しておく他ないように思われる。有名なトビニタイ土器群Ⅰ-Ⅱの標本例には、9例に後続する複段化した紋様を持つ好例が含まれている（第173図11）。

このように細かな観察を試みると、2号竪穴の床面で発見された一括資料は、やはり7号竪穴のⅡ(4)類に対比され、4号竪穴の一括資料であるⅡ(3)類（1～6）に直続するものと捉えられよう。

それでは、同じ7号竪穴で床面出土とされた13・14例は、あらためてどこに収まるのかを確認してみよう。先には、Ⅱ(4)類の12例に後続し、Ⅱ(5)類に並ぶカリカリウス土器群との折衷系の土器と解釈した。

そこでカリカリウス遺跡の資料から、13・14例と最も関連のある完形土器を示した。18例である。口縁部にはバンド・ソーメン紋が施されている。これは、すでにトビニタイ土器群ⅡではⅡ(3)類（6）の時期に登場しているものである。問題になるのは胴部の紋様構成である。これは古い多条の並行線紋に由来するが、小さな波線が付加されている。「直線＋小波線」のモチーフ構成は、ソーメン紋土器2（Ⅱ(3)～(5)類対比）の基本モチーフであって、本来カリカリウス土器群には存在しない要素である。それはソーメン紋土器の影響を示すと考えられる。

そのように捉えると、6号竪穴の17例の胴部にも同じ構成の紋様が認められる。他方、口縁部をみると、カリカリウス土器群において、最も特徴的な1本波線を施した肥厚口縁になっている。そして両例の胴部下半は、これもカリカリウス遺跡に特有な屈折形をなしている。つまり17・18例は、全体としてカリカリウス土器群的な色彩が濃厚な土器と考えられる。

7号竪穴の13・14例が折衷的であることは、先に述べたとおりであるから、ここでは繰り返さない。7号竪穴（古：12）や2号竪穴（7～11）とは異なる異系統色の強い土器群が、なぜオタフ

第13表　オタフク岩遺跡の竪穴とオタフク岩洞窟資料の編年（暫定的）

	オタフク岩遺跡	オタフク岩洞窟
擦紋末期		4層～5層
Ⅱ(1)類	4号(旧)竪穴	
Ⅱ(2)類	9号竪穴	
Ⅱ(3)類	4号(新)竪穴	
Ⅱ(4)類	7号竪穴＝2号竪穴	
Ⅱ(5)類	3号(旧?)竪穴＝6号竪穴（カリカリウス土器群と折衷系）	
Ⅱ(6)類	（－）	
Ⅱ(7)類	（－）	4b層?・5b層
Ⅱ(8)類	1号竪穴＝5号竪穴(註8)	
?	3号(新)竪穴？	

ク岩の集落址に忽然と登場したのか。ふ化場第1遺跡の第Ⅰ地点では、Ma-b火山灰の降下が確認され、その直後のⅡ(6)類の時期にカリカリウス土器群が現れている（千葉大学文学部考古学研究室編2006：11-12）。

　一方オタフク岩遺跡では、Ⅱ(6)類の時期に入ると明確な竪穴例が姿を消し、洞窟内から土器が発見されるという大きな変化が認められる。竪穴の変遷は、「9号→4号→6・7号→2号→1号」の順で、3・5号は不明と指摘されたが、以上の検討を踏まえると、**第13表**のように改訂されることになる。

3．知床半島・斜里周辺における小細別編年案

　オタフク岩遺跡の集落址には、明らかに居住の欠落した時期が認められた。一時期には1～2軒の竪穴が営まれ、洞窟遺跡も含めると、8～9期に及ぶ連続的な居住活動があったと想定される。それでは、広く道東部において、オタフク岩遺跡と同様の細かなトビニタイ土器群Ⅱの変遷が認められるであろうか。

1)「忘失」された調査成果の意義

　第184図には、根室半島から標津周辺を経由して、知床半島までの地域において、重要と思われる遺跡を選んである。各遺跡の資料が公表された年次は、周知の遺跡も加えると、つぎのようになる。

(1)　トビニタイ遺跡（1号竪穴→2号竪穴）：（駒井編1964）
(2)　トーサムポロ遺跡L地点（1・2号土壙墓→配石址）：（前田1966）
(3)　「トビニタイ土器群について」：（菊池1972）

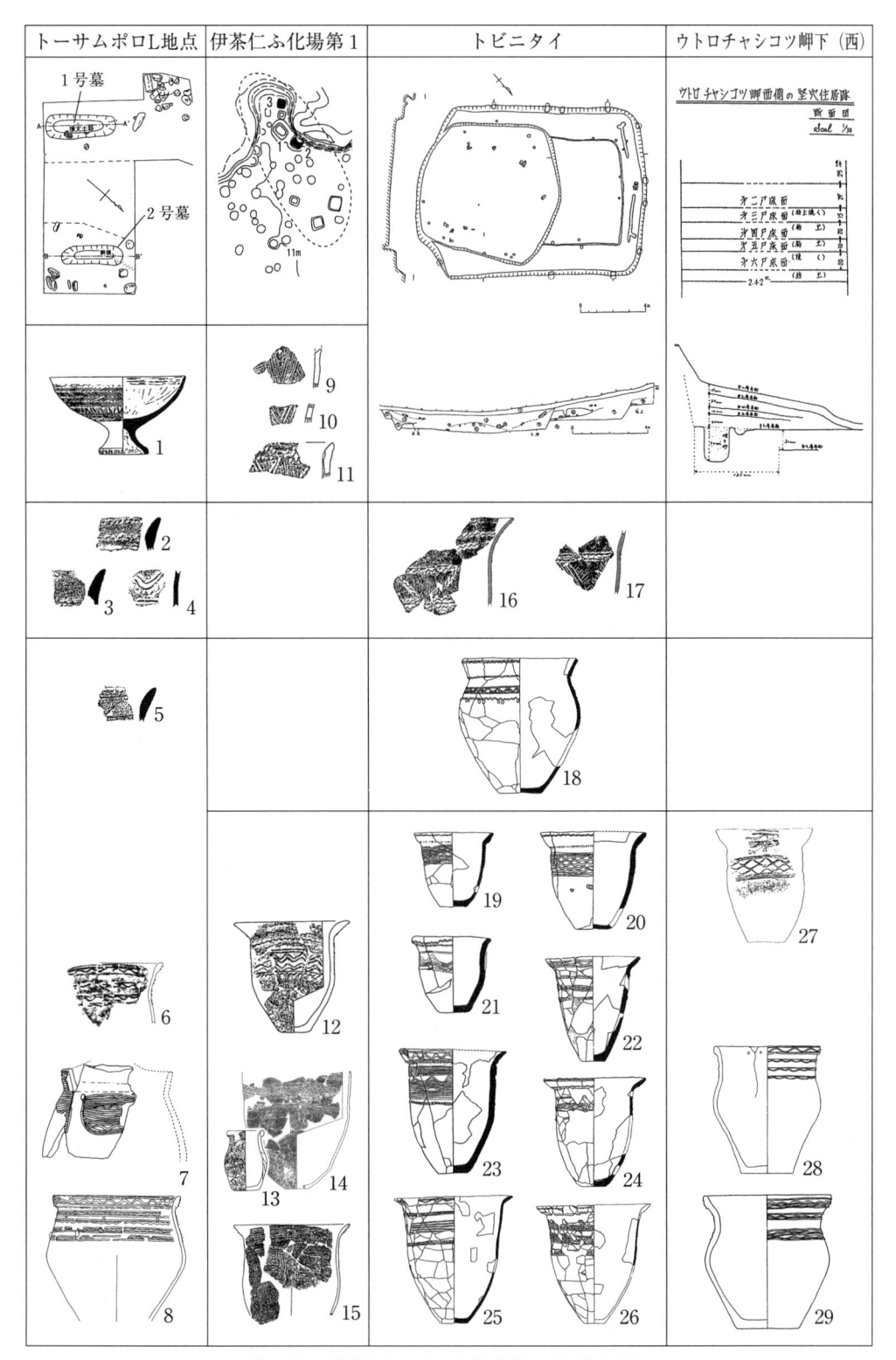

第1節　トビニタイ土器群Ⅱの小細別編年案について　447

第184図　道東部における層位事実の広域的な対比

(4)　ピラガ丘遺跡第Ⅲ地点（3号竪穴）：（金盛1976a・b）
　(5)　ウトロチャシコツ岬下遺跡の竪穴（東3層(新)：トビニタイ土器群Ⅱ→東2層：ソーメン紋土器
　　　　3）：1949年調査、公表：（宇田川編1981）
　(6)　須藤遺跡（8・13・23～27・29号竪穴ほか）：（金盛1981）
　(7)　二ツ岩遺跡（1～3号竪穴）：（野村・平川編1982）
　(8)　カリカリウス遺跡：（椙田ほか1982）
　(9)　オタフク岩洞窟：（涌坂1991）
　(10)　オタフク岩遺跡：（涌坂1991）

　通説の編年案は、(1)の調査事実を基本とする(3)の菊池論文を、(6)～(9)の新しい調査成果で批判することで構成されている。しかしながら、その通説では、一貫して関心を示さない調査成果がある。(2)・(5)・(10)である。(10)を除くと、どちらも通説編年を支える(6)～(8)の調査成果が公表される以前に発表されたものである。

　今ではすっかり「忘失」されているが、通説の編年案が一方的に否定する佐藤編年案（佐藤1972）は、自ら調査に参加した(5)の成果と(1)、並びにモヨロ貝塚10号竪穴と貝塚部分、トコロチャシ遺跡の1・2号竪穴、それに(2)の調査事実を参照し、きわめて精密な型式学的思考のもとに構成されている。

　これまでの諸氏の発言をみると、そうした点についての言及ないし関心が欠落しているのは、何故なのであろうか。佐藤がつとに成し遂げた、トビニタイ遺跡2号竪穴土器群や元町遺跡の擬似的な「共伴」状況の弁別などは、これまで型式学的な立場から一度も議論されたことがない。そうした問題を等閑に附しておく姿勢と、(2)・(5)などの明白な調査成果を「忘失」する姿勢は、実は密接に相関しているのであろう。学史を振り返る際にあらためて詳述したい。

　さて、ここで特に注意したいのは、最も新しい成果のうち、(9)のオタフク岩洞窟遺跡の情報だけが高く評価され、同時に発表された(10)の成果である竪穴変遷の序列（涌坂1991：8, 18）が一貫して無視されていることである。

　涌坂氏の指摘と以上の分析を踏まえると、胴部紋様が同一幅で3分帯されたオタフク岩遺跡の1号と5号竪穴の床面土器は、最も新しい時期に限りなく近い存在となる。3分帯の胴部紋様の構成法は、一般にトビニタイ土器群Ⅱの母胎とされているカリカリウス土器群やソーメン紋土器群でも、最も新しい時期に登場するから、通説の編年観では、オタフク岩遺跡の竪穴変遷の序列を全面的に否定せざるを得ない。

　そのようなことが、現代人に為しえないことは明らかである。したがって、オタフク岩遺跡の竪穴序列は、発表から16年を経過した今でも、暗黙のうちに「忘失」されているのであろう。その点はともかく、ここであらためて各地域の遺跡・遺構単位の編年を対比すると、つぎのような変遷序列になる。

第1節 トビニタイ土器群Ⅱの小細別編年案について

(1) 根室半島（層位差・地点差）

擦紋Ⅳ期（1）→トビニタイ土器群Ⅰ-Ⅱ末（2〜4）→ソーメン紋土器2・3（6, 8）
＝トビニタイ土器群Ⅱの影響を示す土器（7）

(2) 標津周辺（層位差・型式差・火山灰の鍵層）

擦紋Ⅳ期（9）→（10・11）→トビニタイ土器群Ⅱ(4)類（12）→灰白色の火山灰（Ma-b）
→トビニタイ土器群Ⅱ(3)〜(7)類（14）＝オホーツク式系土器（13）→トビニタイ土器群Ⅱ(7)類（15）

(3) 知床半島（層位差・系統差, 型式学的な対比）

擦紋末期（16・17）→1号竪穴（18）→2号竪穴（19〜26）トビニタイ土器群Ⅱ(6)類

　このように各地域の編年案の骨子は、不動の層位差、型式差と地点差、系統差をもって支えられており、その根本が未来に及んで揺らぐ心配はなさそうである。しかしながら、トビニタイ遺跡の2号竪穴のみが、ここで問題として残る。この竪穴では、「床面」上からトビニタイ土器群Ⅱの完形土器（19〜26）が豊富に発見された、と報告されている（駒井編1964）。

　以上の8小細別案を踏まえて、それらを一覧すると、明らかに複数の小細別が含まれていると考えられる。ある意味で異常な組成状態を示していると言えよう。これは、どのように理解すればよいであろうか。

　旧稿でも繰り返し述べたとおり、ウトロチャシコツ岬下遺跡の竪穴資料との対比が「鍵」になる（柳澤1999b・2007b：64-68）。型式学的にみると、「27例→28、29例」の層位事実に対して、2号竪穴では、前者には19例と20例が、後者には25例と26例が対比される。

　この対比は、以上に述べたオタフク岩遺跡編年の序列からも、もちろん支持される。この点は、あらためて説明を要しないであろう。古いものから新しいものまで、某所より集められ、先に[註3]で推論したように、おそらくは儀礼的な理由から、揃って2号竪穴の窪地に持ち込まれ、竪穴内の土器と混在したと解釈されよう（柳澤2007b：前出）。

2）トビニタイ遺跡2号竪穴の資料の評価

　通説の編年案では、貼付紋のみで紋様を構成する2号竪穴の土器を一括してトビニタイ土器群Ⅱと捉える。これまで、その細分を試みた例は寡聞にして知らない。

　第185図の右列に床面出土の主要な土器を配列した。複数の小細別を弁別するには、他の遺構資料と比較すればよい。まず、オタフク岩遺跡編年の標本例と対比してみよう。

(1) 4号竪穴の一括資料（1・2）＝9〜11 ：Ⅱ(3)類
(2) 3号竪穴の古い資料（3＝4）＝12・13 ：Ⅱ(5)類
(3) (2)に後続する資料＝15〜17 　　　 ：Ⅱ(6)類＝14
(4) 洞窟内の資料（5＝6）＝18・19 　　 ：Ⅱ(7)類

450　第5章　道東における貼付紋系土器編年の検討

	小細別の標本例	トビニタイ2号竪穴
Ⅱ(3)類	1　2	9　10　11
Ⅱ(5)類	3　4	12　13
Ⅱ(6)類		14（1号竪穴）　15　16　17
Ⅱ(7)類	5　6	18　19
Ⅱ(8)類	7　8	20

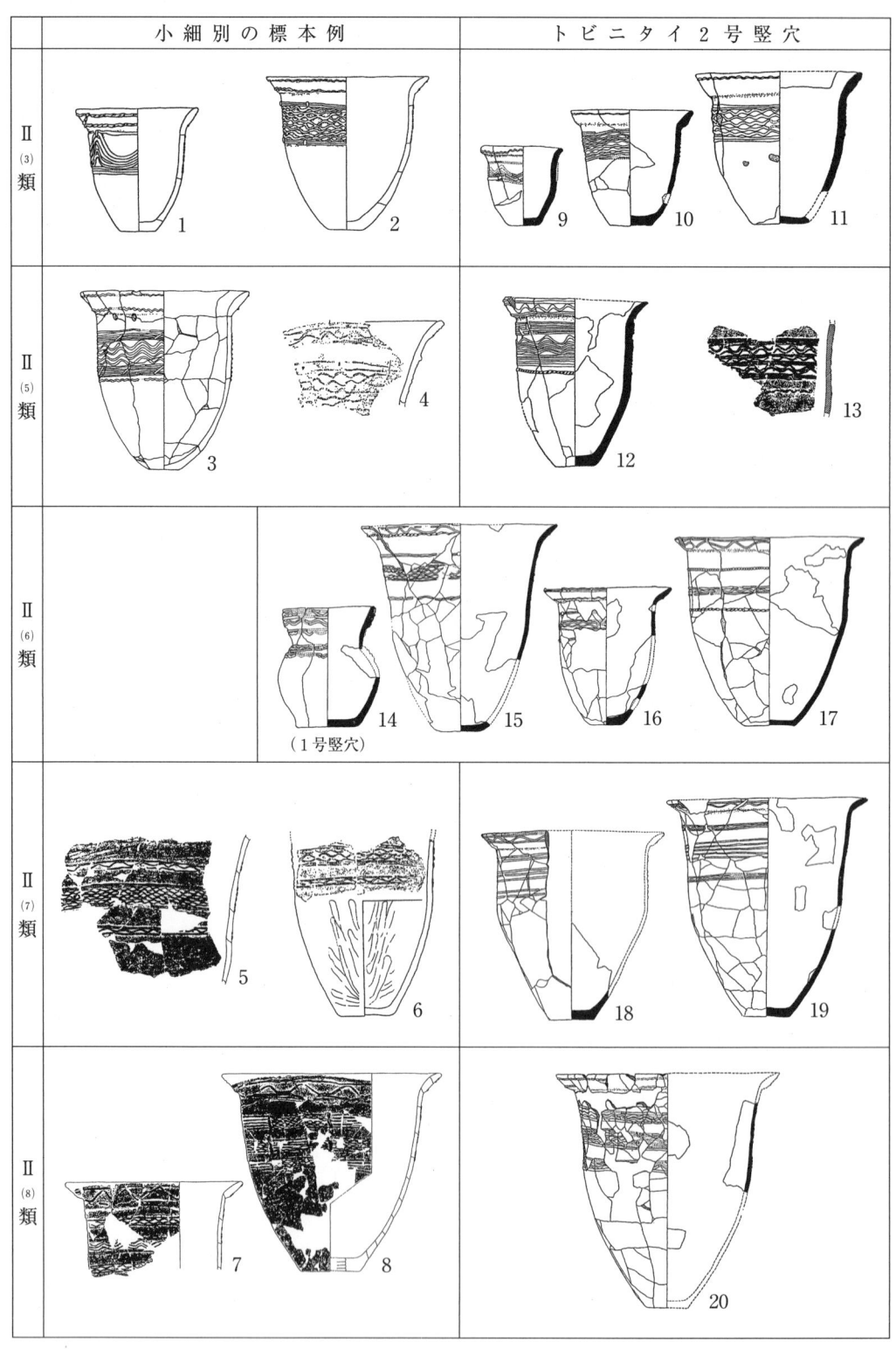

第185図　トビニタイ遺跡2号竪穴のトビニタイ土器群Ⅱの細分

(5)　1号竪穴（7＝8：包含層）＝20　　　　：Ⅱ(8)類

　このように観察すると、2号竪穴ではⅡ(4)類を欠落すること、また、オタフク岩遺跡には見当たらないⅡ(6)類土器が豊富に含まれていることに気づくであろう。この点は、先に触れたとおりである。オタフク岩遺跡とトビニタイ遺跡の双方で欠落する小細別が認められることは、その二つの小細別の独立性を示し、さらに、その前後の小細別の差異性をも間接的に示唆すると思われる。

　以上、前後6段階に及ぶ2号竪穴土器のうち、5小細別については、他遺跡における小細別の不在（「地点差」）を利用して、その存在が予想された。間接的ではあるが、このことは先のオタフク岩遺跡編年の妥当性を裏づける、有力な証左になると言えよう。

3）ピラガ丘遺跡資料の検討

　それでは知床半島を離れても、以上の細分案が成り立つであろうか。ピラガ丘遺跡のような周知の資料群は存在するものの、良好な一括資料となると、その数はきわめて少ない（**第186図** 1～27）。断片的な破片や完形土器が、しばしば系統と時期を異にした土器と擬似的に「共伴」する状態で発見されている。

　通説では、それらに対して何も疑問を示さない。しかしながら、以上の細かな編年案によると、それはいささか奇異に映る。最も著名なピラガ丘遺跡の第Ⅲ地点は、擦紋Ⅲ期とトビニタイ土器群Ⅱ期が複合した集落址である。竪穴は再利用されている疑いがあり、どの竪穴においても、トビニタイ土器群Ⅱは断片的で、とても擦紋土器と併用された生活用具セットが発見されているとは言えない状況が観察される。

　つまりオタフク岩遺跡における、2号・4号竪穴の土器組成の在り方からすると、きわめて変則的な土器組成が擬似的に残されていると考えられる。その中でも、最も引用されている3号竪穴の26例でさえ、竪穴の床面からの出土例ではない。覆土から切り込まれたピットの底面、しかも床面より浮いたレベルで獣骨（「クマ？」）とともに発見された、と報告されている（金盛1976a：10-15）。

　26例は、床面近くで出土した擦紋Ⅲの大破片と「共伴」すると一般に認められている。しかしながら、先のトビニタイ遺跡やオタフク岩遺跡における、トビニタイ土器群Ⅱの出土状況は、そのような見方を支持しない。

　オタフク岩遺跡のトビニタイ土器群Ⅱは、いかなる擦紋土器とも同時代に交流していた証拠が、土器それ自体に見い出せない。この点は、あらためて注意されて然るべきであろう。したがって、ピラガ丘遺跡のトビニタイ土器群Ⅱは、伴出した擦紋土器ではなく、知床半島の確実な竪穴序列の編年案に照して、その位置を想定する必要があると思われる。

　そこで少し資料を観察したい。21～24例は、Ⅱ(1)類に対比されるものが主体を占める。23例のように、Ⅱ(2)類に下る可能性のあるものも含まれている。しかし、Ⅱ(3)類（5～10，11～13）に対

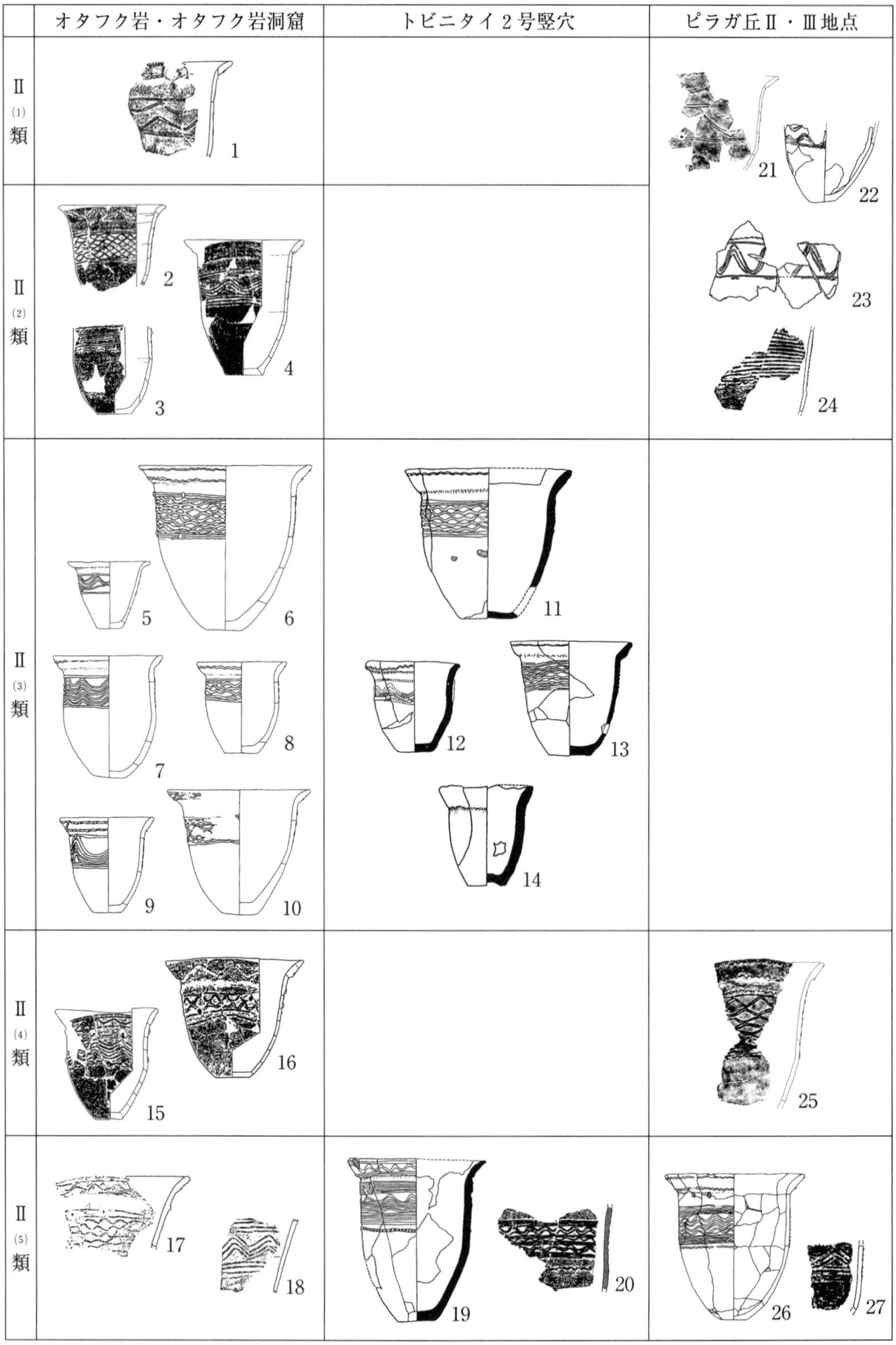

452　第5章　道東における貼付紋系土器編年の検討

	オタフク岩・オタフク岩洞窟	トビニタイ2号竪穴	ピラガ丘Ⅱ・Ⅲ地点
Ⅱ(1)類			
Ⅱ(2)類			
Ⅱ(3)類			
Ⅱ(4)類			
Ⅱ(5)類			

第186図　オタフク岩・トビニタイ・ピラガ丘遺跡におけるトビニタイ土器群Ⅱの対比

比できる資料は、小さな破片を一覧しても見当たらない。

　これに対して、Ⅱ(4)類 (25) やⅡ(5)類に酷似するものは、先に引用した26例や27例を含めて、未発表の資料の中にもかなり存在すると予想される。後続する新しい部分の土器も、破片資料ながら若干存在するようである。

　また、資料を示していないが、Ⅱ(7)・(8)類に対比されるものがある。つまりピラガ丘遺跡においても、トビニタイ遺跡やオタフク岩遺跡のように、いくつかの小細別が欠落していると認められる。この事実は間接的ではあるが、知床編年で仮設した各小細別の独立性を示唆している。

　このように観察すると、トビニタイ土器群Ⅱは斜里周辺においても、通説と逆の順序で変遷している可能性が高いと言えるであろう。

4．トビニタイ土器群Ⅱの小細別編年案

1）紋様変遷の再確認

　トビニタイ土器群Ⅱの細分案については、以上で一通りの記述を終えた。おそらく余りに煩瑣で分りにくいという印象を持たれたであろう。そこで引用する資料を限定して、大筋の変遷が捉えられように簡略なスタイルの**第187図**を作成した。

　1～14例は各小細別を代表する資料であるが、その大部分は以上に引用したものである。ここであらためて、観察の要点を補足しておきたい。まず、大波状紋土器の系列では、つぎのような点が挙げられる。

(1) 分離タイプの大波状紋の成立。描線は2本1単位で、上・下を画す1・3描線に接するように施される（1）。

(2) 大波状紋の合体（2）。本例の場合、描線は3本1単位を基本にしている。大波状紋の多条化（3）。波頂部が揃い、密接する。本例では、上・下の区画線は1本単位である。

(3) 大波状紋の小型化と上・下の区画線の多条化（5）。本例では、下の区画線に短刻線と小さな刺突紋がめぐる。

(4) 密接した小波状紋の登場（6）。本例では、上・下の区画線を4条で構成する。

(5) 小波状紋のネット紋化と上・下の区画線のバンド・ソーメン紋化（10）。これは異種モチーフの融合現象といえよう。

(6) 2種の窓枠紋を交互配置する手法の採用（14←11：多条の区画線＋細かなネット・ソーメン紋（10）に窓枠モチーフを付加したもの）。これは土器系列を交差させ、新紋様を創出する工夫と言えよう。

　つぎにⅡ(5)類以後のネット・ソーメン紋土器の系列では、

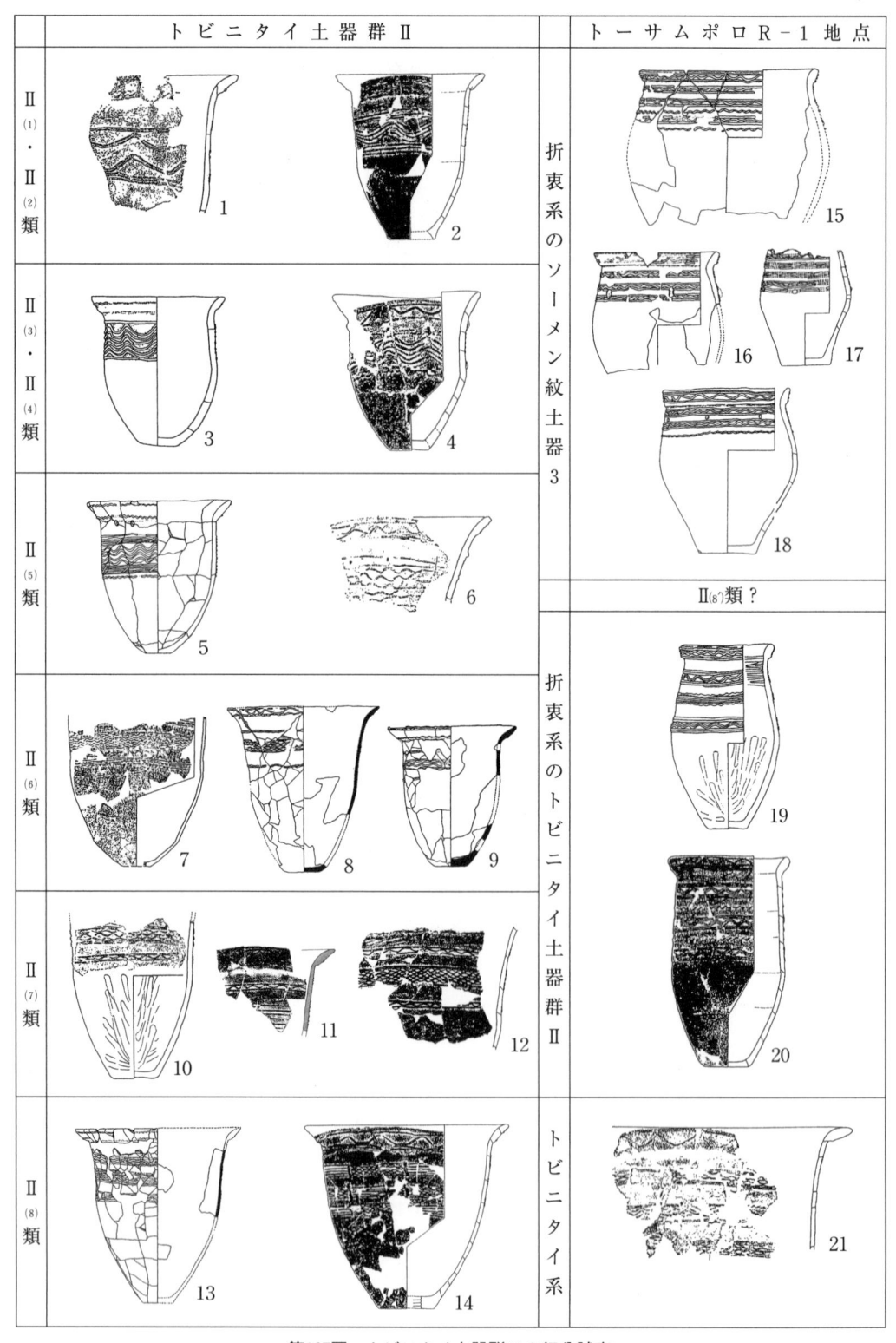

454　第5章　道東における貼付紋系土器編年の検討

第187図　トビニタイ土器群Ⅱの細分試案

(1) 幅広いネット・ソーメン紋とその上・下を区画する貼付線から、分離した直線を施す（6）。
　(2) ネット・ソーメン紋の狭帯化、1本区画線（擬縄貼付線）の登場（8＝9）
　(3) 区画線のバンド・ソーメン紋化（12）。
　(4) バンド・ソーメン紋の画線を小波状紋に置換し、3分帯の幅を同一化（13）。
の順にスムーズな変遷がたどれる。
　(3)に見える小細別を更新する操作は、土器系列を交差・収斂させるものである。これは、この段階（Ⅱ(7)・(8)類）の時期に土器系列の独立性が揺らぎ、トビニタイ土器群Ⅱの「器制」（柳澤2006c：183-204）が変容したことを示すのであろう。伝統的な土器系列と紋様の関係が揺らぐ現象は、ソーメン紋土器3やカリカリウス土器群(新)にも等しく観察される。そうした土器変容の同時進行は、貼付紋系土器の終末段階に起きた大きな社会変動と連動しているようにも思われる。
　そうした予察が的外れでなければ、この時期の土器現象を解明することは、道東部における「アイヌ文化」の成立を考古学上の立場から考察するうえで、近い将来に重要な意義を持つことになるであろう。

2）最終末の段階について

　それでは、トビニタイ土器群Ⅱの終焉は、具体的にどのように捉えられるか。残念ながらⅡ(8)類の時期の一括資料は、まだどの遺跡でも発見されていない。オタフク岩遺跡でも、若干の完形土器や大破片の資料が、他の小細別とともに検出されているに止まる。
　Ⅱ(8)類（13・14）に後続する可能性がある資料として、前稿では、オタフク岩遺跡の包含層から出土した20例と、チャシコツ岬下B遺跡の「ヒグマ祭祀遺構」で発見された19例を掲げた（柳澤2007b）。類例に乏しい資料であるが、系統的に分解してみると、両者の成り立ちは容易に理解できる。
　母体となる候補は、知床半島のⅡ(8)類（13・14）と根室半島のトーサムポロ遺跡R-1地点6号竪穴のソーメン紋土器3（15～18）である。後者の土器には、すでにトビニタイ土器群Ⅱやカリカリウス土器群の影響が認められる。平坦な貼付線の採用、両土器群に近似した樽形の器形の採用などが注意されよう。
　双方の諸要素を折衷すると、19例や20例の紋様は容易に生み出せる。また口径が縮小し、器高はかなり高くなっているが、これはトビニタイ土器群Ⅱとソーメン紋土器の特徴を折衷して創成された、新しい器形ではないかと思われる。
　これに対して、オタフク岩遺跡の3号竪穴でⅡ(5)類土器に混出した21例は、胴部に3本のバンド・ソーメン紋を有する。強く外反した口縁部には大波状紋が施されている。類例に乏しいためよく分からないが、これは13・14例のⅡ(8)類とは小細別を異にする可能性があるのではなかろうか。
　以上の観察が妥当ならば、19・20例と21例を組成する最終末の小細別が想定されることになろ

う。この点は、前稿（柳澤2007b：59-68）において少しく触れたが、これら3例を仮標本例として仮にⅡ(8)類と呼称し、トビニタイ土器群Ⅱの終焉プロセスを探るための、当面の手掛りとしておきたい。

　さてトビニタイ土器群Ⅱの細分作業は、以上でようやく予定した論証を終えた。今回も多数の資料を引用しての、煩雑な議論に終始することとなった。それでも、トビニタイ土器群Ⅱの5細分（柳澤1999a）を試案した8年前に比べると、細分案の論拠は格段に明確化し、複数の層位事実や地点差、火山灰の鍵層などによる証明もかなり充実して来たように思える。

　第188図に代表的な各小細別の標本例を並べてみた。一覧すると、竪穴単位で良好な一括資料が確認されている小細別は、Ⅱ(2)類（4・5，6，7）・Ⅱ(3)類（8～14）、それにⅡ(4)類（17）に限定される。

　最も古い時期のⅡ(1)類は、すべて埋土や包含層からの出土例であり、Ⅱ(5)類以降についても、遺構単位の実例は出土した点数が少ない場合や、異なる時期の混入品を含む。あるいは、型式学的な比較操作や解釈を要するものが少なくない。

　最後に準備を終えた別稿の分析を踏まえて、ポスト擦紋期の土器群の編年案を掲げると**第14表**のように纏められる。

おわりに

　菊池徹夫氏によって、「トビニタイ土器群」の分類と編年が提唱されてから30余年を迎え、ようやくその一部のⅡ類について、究極レベルの小細別編年を試案するところまで到達した。しかしながら細かい分析に耐える資料は、いまだ広い範囲で十分に出揃っていない。

　各小細別の内容についても、格段に資料が充実しなければ、これから本格的に「器制」や「細別体」の構造分析に入ることは難しい（柳澤2006c：169-208）。新発見の資料に期待するところは大なるものがある。そうした状況は、ソーメン紋土器やカリカリウス土器群についても言えることである。

　小論では、可能な限り細かな検討を試みたが、これらポスト擦紋期土器群の細分研究は、ようやく基礎作業を完了した段階に止まる。今後の調査において、竪穴住居跡から各段階の良好な単純資料が発見されないかぎり、小論で述べた小細別案の妥当性は容易に検証されないであろう。

　それでもこの逆転編年案が、菊池徹夫氏が主張したとおり、「トビニタイ土器群Ⅰ→トビニタイ土器群Ⅱ」の変遷を大筋で正しく捉えているならば、トビニタイ文化人の歴史的な役割を北日本史の脈絡に早々と位置づけることには、年代学的にみて、大きな疑問符が付与されることになろう[註9]。

　近年に発表された意欲的な一連の論考をみると、これに類する傾向を示すものが少なくない。大きな舞台装置の中での議論は、いかにも歴史的に興味深く、華やかであり、初学の人には最先端の魅力的な潮流と映るに違いない。しかしながら考古学における真の課題は、諸々の歴史的な

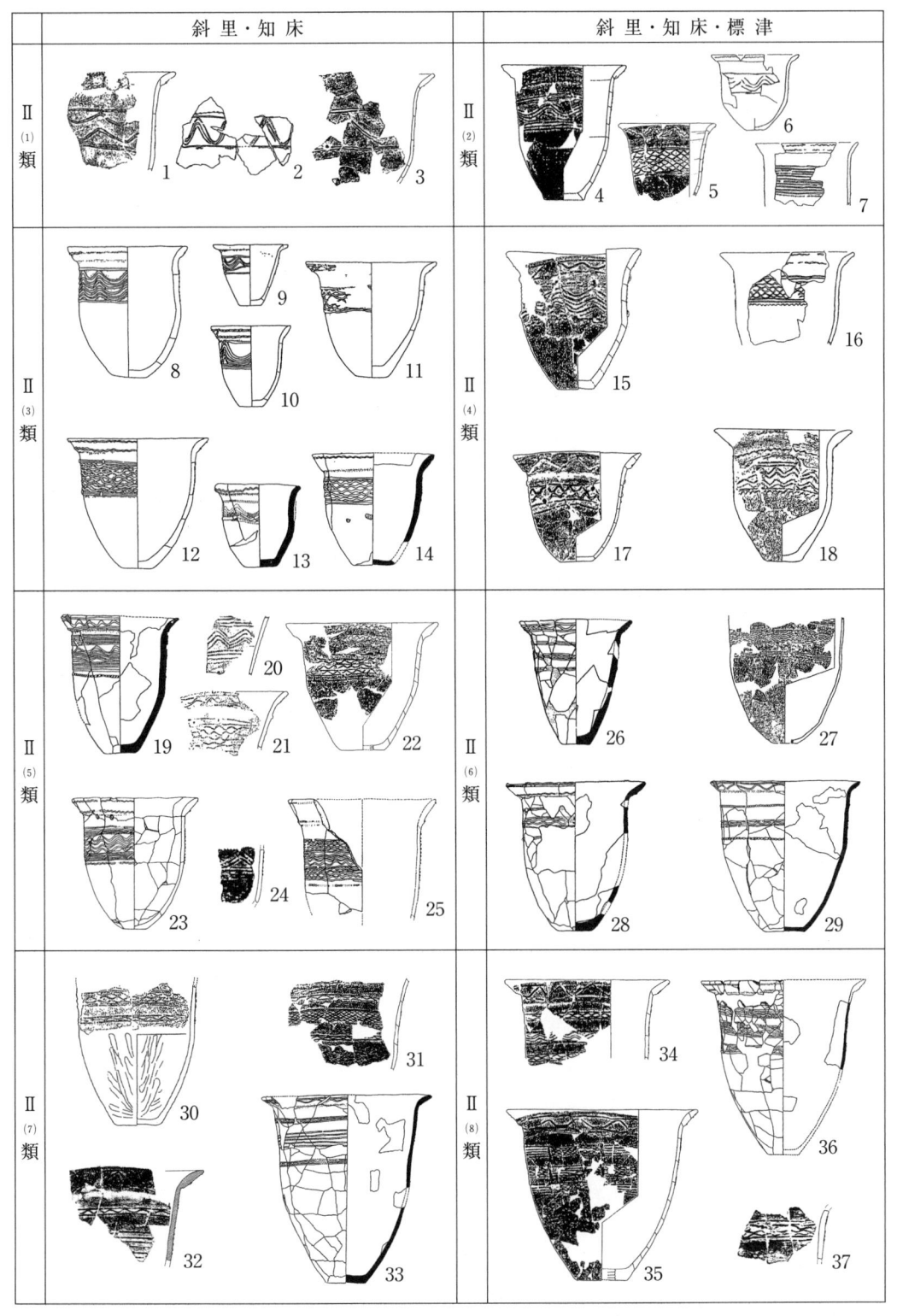

第1節 トビニタイ土器群Ⅱの小細別編年案について 457

第188図 トビニタイ土器群Ⅱの8小細別編年案の仮標本例

第14表　貼付紋系土器の小細別編年案

	ソーメン紋土器	トビニタイ土器群Ⅱ	カリカリウス土器群
ポスト擦紋期	1（古）：(1) 類	(1) 類	(1) 類
	1（新）：(2) 類	(2) 類	(2) 類
	2（古）：(3) 類	(3) 類	(3) 類
	2（中）：(4) 類	(4) 類	(4) 類
	2（新）：(5) 類	(5) 類	(5) 類
	3（古）：(6) 類	(6) 類	(6) 類
	3（中）：(7) 類	(7) 類	(7) 類
	3（新）：(8) 類	(8) 類	(8) 類
	?	(8′) 類？	?

　議論の前提となる環オホーツク海域と環津軽海峡圏を一望する精密な編年秩序を、どのように再構築するかに求めるべきであろう。

　広域的な北方圏の編年秩序は、通説のとおりに確立済みであると見做すか。それとも、通説の編年体系こそ、根本からの見直しが必要であると考えるか。そのどちらの立場をとるにしても、新・旧の学説の妥当性を検証するには、ひたすら無言の「モノ」資料に尋ねるほかに術は無い。これは今も昔も変わりない、無文字世界を自力で探索する先史考古学の宿命であると言えよう。

2007年8月20日稿

註

(1) トビニタイ土器群やオホーツク式土器をめぐる近年の研究状況については、戦前に遡って学史的に見直すべき論点が多数ある。いずれ機会をみて、他の土器群を含め詳論を試みる予定である。

(2) ウトロチャシコツ岬下遺跡の竪穴資料については、下記の小論で検討を試みている。それぞれ若干の修正や加筆を要するものの、大筋において見解を変更すべき点は見当たらない。
　　柳澤（1999b）：67-70,（2001）：73-76,（2005b）：111-114,（2007b）：62-68

(3) トビニタイ遺跡の2号竪穴では、例外的に多数の完形土器が発見されている。これは常呂川河口遺跡の第15号竪穴とともに、儀礼的な事情による特殊な擬似的「共伴」事例である可能性が想定される（柳澤2000：18-21・註9, 2003：137-159, 2006：80-89, 2007a：62-78, 2007b：64-68）。なお、トビニタイ土器群Ⅱ（古・中・新）の最も新しい細分案については、本年初めに発表した小論の記述を参照されたい（柳澤2007b）。

(4) 千葉大学文学部考古学研究室編（2005～2007），柳澤・岡本（2007）などを参照されたい。なお第2次調査の概報について、他遺跡とともに、通説編年の妥当性を裏づける成果があったと紹介されている。これは2007年5月のコメントであるが、誤解であろう（福田・笹田・榊田2007：154）。通説編年を逆転する層位事実が確認された第3次調査については、東京大学で2007年2月に開催された第8回北アジア調査研究報告会で報告している（柳澤・岡本2007）。もちろん諸氏も参加されていた。この報告と第2・3次調査の概報のどこをどのように読むと、通説の編年の妥当性を明らかにする成果が確認できるのであろうか。実に不思議なコメントと言えよう。

第1節　トビニタイ土器群Ⅱの小細別編年案について　459

(5) 2007年7月28日、北海道大学総合博物館で開催された北海道考古学会の定例研究会において、「伊茶仁ふ化場第1遺跡と北方編年体系」と題する発表を行った。以下に示す編年試案は、その際に利用したものである。

(6) ちなみに写真図版を参照すると、11例は床面出土とされているが、床面よりかなり浮いた状態で発見されている。10例や23例の出土状況を示す図版がないため判然としないが、10例と11例＝23例には層位差が伏在していると想定される。新資料の発見を待って、あらためて検討したい。

(7) 4例の母体となる土器は、オタフク岩遺跡の包含層から出土している。報告書の図版15の26例や同16の30例などが、その候補になるであろう。他の遺跡にも類例がある。

(8) 5号竪穴の床面上からは、大波状紋を持つ完形土器と3分帯のバンド・ソーメン紋を施した大破片の2個体が出土したと記載されている。残念ながら出土状況を示す写真は掲載されていない。前者は古い可能性があるように思われる。後者は、それより遥かに新しく終末段階に比定される。両者は、何らかの事情で遺棄され、近接した状態で混在したものと思われる。同時に使用された可能性は乏しいとみておきたい。

(9) 北日本史上におけるトビニタイ文化(人)の位置づけについては、かつて先史考古学の方法に則り、編年学の立場から限定的に発言した経緯がある（柳澤2003：152-159）。ポスト擦紋時代の動向については、全道的な把握が求められることは勿論であるが、具体的には、擦紋末期に環津軽海峡圏と連動していた道東部域の正確な状況把握が、当面の研究課題となるであろう（柳澤2006b：92-101）。

図版出典

第173図　1・5～11：駒井編（1964）　2～4：東京大学文学部考古学研究室編（1972）　12：大場・児玉（1958）　13～15：駒井編（1963）　16：駒井編（1964）　17：八幡ほか（1966）

第174図　1～8：野村・平川編（1982）　9～24：前田・山浦編（2004）

第175図　1～5：前田（1966）　6・7・10～19：石附・北構編（1973）　8・9・20：椙田（1978）　21・22：椙田（1980）　23～30：涌坂（1991）

第176図　1～6・12～14：金盛（1981）　7・10：金盛（1976a）　8・9：涌坂（1991）　11・17：大場・児玉（1958）　15・16：駒井編（1964）　18：米村（1972）　19～32：石附・北構編（1973）　33・34：椙田（1980）

第177図　1～6：涌坂（1991）　7～13：千葉大学文学部考古学研究室編（2007）　14：千葉大学文学部考古学研究室編（2005），柳澤・岡本（2007：図2）

第178図　1・2・12・19～21：石附・北構編（1973）　3・4：北溝・岩崎（1972）　5・7～9：宇田川（1971b）　6・10・11・13・15・22・23：涌坂（1991）　14：金盛（1976）　16～18：駒井編（1964）

第179図　1～8：宇田川（1971b）　9・10：涌坂（1991）

第180図　1～3・7・8～10：涌坂（1991）　4～6・11：宇田川（1971b）

第181図　1～3・17・18：涌坂（1991）　4～8：宇田川（1971b）　9～12：金盛（1981）　13：千葉大学文学部考古学研究室編（2007）　14～16：駒井編（1964）　19：加藤ほか（2006b）

第182図　1～8：涌坂（1991）

第183図　1～6：宇田川（1971b）　7～14・17・19～21：涌坂（1991）　15：金盛（1981）　16：駒井編（1964）　18：椙田ほか（1982）

第184図　1～5：前田（1966）　6～8：前田・山浦編（2004）　9～14・15：千葉大学文学部考古学研究室編（2005・2007）　16～26：駒井編（1964）　27～29：宇田川編（1981）

第5章　道東における貼付紋系土器編年の検討

第185図　1〜3：宇田川（1971b）　4：金盛（1981）　5・7・8：涌坂（1991）　6：加藤ほか（2006b）　9〜20：駒井編（1964）

第186図　1・5〜10・17・18：宇田川（1971b）　2〜4・15・16：涌坂（1991）　11〜14・19・20：駒井編（1964）　21・22・24〜27：金盛（1981）　23：米村（1972）

第187図　1・3・6・21：宇田川（1971b）　2・4・12・14・20：涌坂（1991）　5：金盛（1981）　7：千葉大学文学部考古学研究室編（2007）　8・9・11・13：駒井編（1964）　10・19：加藤ほか（2006b）　15〜18：前田・山浦編（2004）

第188図　1・8〜14・20・21：宇田川（1971b）　2：米村（1972）　3・23〜25：金盛（1981）　4・5・15・17・22・31・34・35・37：涌坂（1991）　6・7・16：椙田（1980）　18・27：千葉大学文学部考古学研究室編（2007）　19・26・28・29・32・33・36：駒井編（1964）　23〜25：金盛（1981）　30：加藤ほか（2006b）

第2節 ソーメン紋土器の小細別編年案について
　― 竪穴の骨塚・床面土器を中心として ―

はじめに

　ソーメン紋土器の使用された時代は、いったい何世紀に相当するのであろうか。本州島の史・資料や理化学的な測定年代を考古資料に付会して、その回答を整える前に、この土器の編年体系を細密なレベルで達成することが、先決の課題ではなかろうか。旧論（柳澤1999 a～2005 a, 2007 b）で試みた一連の準備作業を踏まえ、小論では、竪穴住居跡（以下，竪穴）の床面上や骨塚から出土した土器群を用いて、ソーメン紋土器の究極レベルの細分について検討し、8小細別案の標式資料を提示したい。

1. 問題点の所在

　通説の編年観では、「オホーツク式土器」の存続期間を短く想定する。最も引用される右代啓視氏の論考（右代1991）では、オホーツク文化は9世紀の末頃に終焉を迎えたという。中田裕香氏は、それより早く8世紀に遡る年代を想定している（中田2004）。筆者の編年案では、擦紋土器や大鋸歯紋の土師器が消滅する11世紀以後も、ソーメン紋土器・「トビニタイ土器群Ⅱ」・「カリカリウス土器群」、それに「元地式」などに後続する貼付紋系土器が存続し、ほぼ揃って終焉を迎えたと考える（柳澤2006 b）。通説との年代差は実に300年間に及ぶ。

　この終末年代観の違いもさることながら、ソーメン紋土器や擬縄貼付紋土器の細分に関しても、通説と筆者の間には著しい差異がある。通説では擬縄貼付紋土器を一時期と見做し、ソーメン紋土器を1～2時期（藤本「d群」・「e群」に対比）と捉える。これは藤本強氏の「オホーツク土器」編年案（藤本1966）を基本的に妥当とする考え方と思われる[註1]。筆者の観察によれば、ソーメン紋土器は8小細別に細分され、擬縄貼付紋土器は、それ以上の小細別を内包すると予想される。

　いったい先史時代の史実を把握し得るのは、どちらの編年案であるのか。通説編年に関する筆者の検証作業に対して、大井晴男氏は強い批判を表明している（大井2004 a）。しかしながら筆者は、本邦先史考古学の指針に則り、本州島と北海道島は、同じ方法論で研究を進めるべきだと考えている（柳澤2006c：1-151, 827-880）。したがって氏の指摘には同意できない。その点は、旧稿（柳澤2006 a：79-87）において、多少触れるところがあった[註2]。小論においても、同じ立場を堅持して、さらに分析を深めたい。

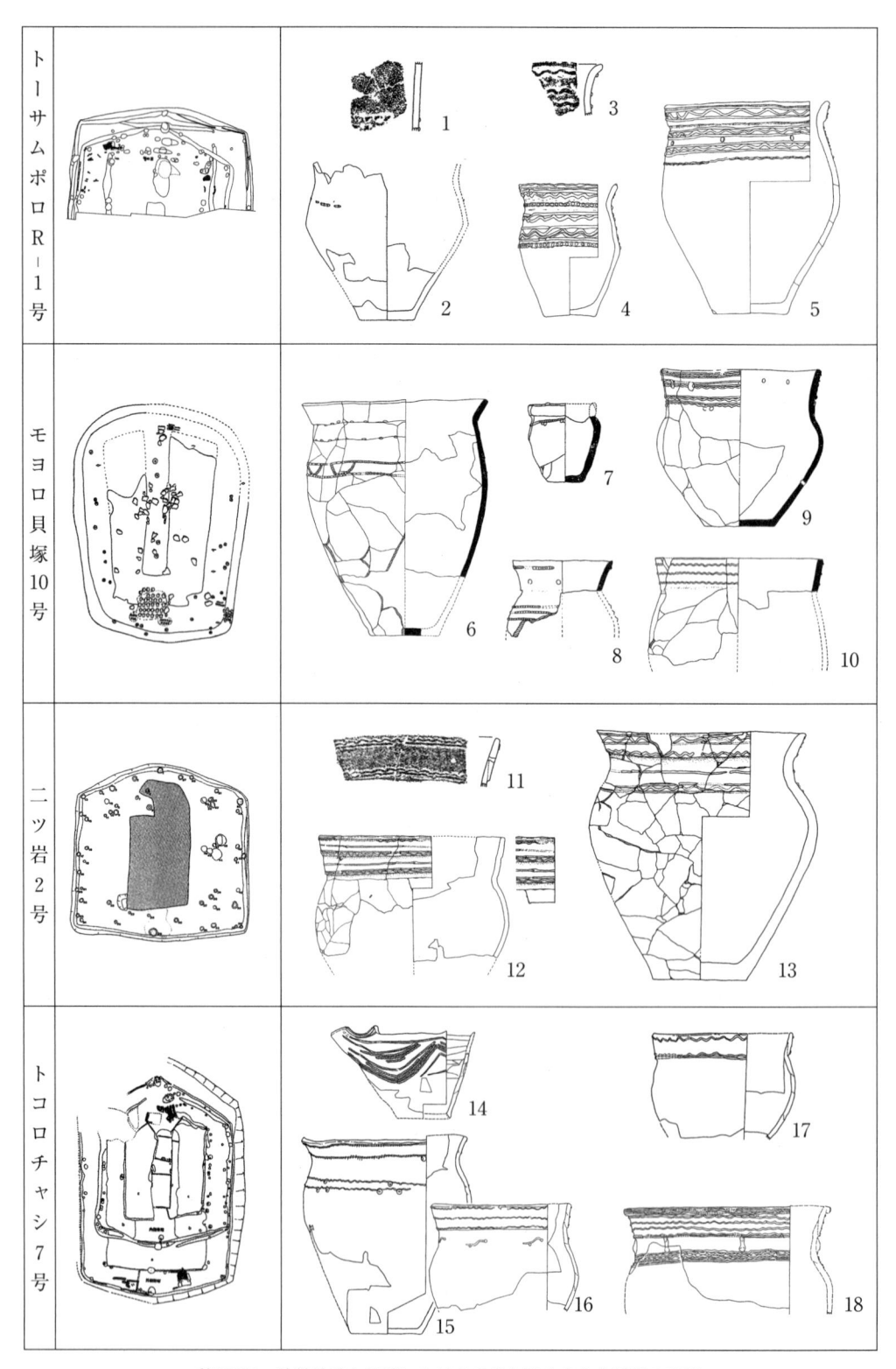

462　第5章　道東における貼付紋系土器編年の検討

第189図　貼付紋系土器期における多様な竪穴出土土器群の実例

2．竪穴出土の多様な土器群と編年法について

　オホーツク文化の場合、貝塚の「層位差」（縦の秩序）を利用して編年を構築することは、かつては十分に可能であった。今では、その大半が消滅しているから、別の方法を工夫する他ない。新しい時期では、入れ子状に重複利用（横の秩序）された竪穴が多く検出されている。内部施設においても、連続または間歇的に利用された骨塚（縦の秩序）が検出されている（柳澤2003：139-158, 2005・2007a：62-78）。それらの遺構に伴う土器を細かく比較すると、「地点差」に基づく編年序列を容易に仮設できる。そうした方法を適用するとして、まずソーメン紋土器1〜3の大筋の変遷を確認しておきたい（柳澤2003・2004・2007b：48-68，**第189図**）。

　竪穴の再利用には、(1) 入れ子型（トーサムポロ遺跡R-1地点1号・トコロチャシ遺跡7号）、(2) 継承型（モヨロ貝塚10号）、(3) 改変型（二ツ岩遺跡2号）の3パターンが区別される。(1)・(2)は大型の竪穴で長軸は約13mを測る。(3)は「擦文前期」の竪穴の再利用と推定され、7×7m以下で小さい。土器類の変遷は、トコロチャシ遺跡7号において、「外側骨塚（14→15→16）→内側骨塚（17→18）」と確認されている。二ツ岩遺跡2号では14・15例を欠く。モヨロ貝塚には、15例より古い擬縄貼付紋土器（6，7・8）がある。その類例は、トーサムポロ遺跡でも出土している（2）。

　他方、トコロチャシ遺跡の16例はモヨロ貝塚にあるが、二ツ岩遺跡には無い。後者の骨塚土器（11）に似たものはトコロチャシ遺跡の内側骨塚で出土している（17）。後続の土器はモヨロ貝塚にあり（10）、新しいものはトコロチャシ遺跡（18：内側）とトーサムポロ遺跡の土器集中（5）にある。

　以上の比較操作とモヨロ貝塚（8→19：柳澤1999：55-58）、並びに近年の目梨泊遺跡の層位事実（高畠2004：50-52）を踏まえると、擬縄貼付紋土器に後続して、

　　(1)　ソーメン紋土器1　（3＝9＝16）→
　　(2)　ソーメン紋土器2　（11, 17）→（12）
　　(3)　ソーメン紋土器3　（10→13→18≒5）

の順序で、スムーズな変遷が捉えられる。以下旧稿と同様に、肥厚した口縁部の観察を中心に細分を進める。

3．栄浦第二遺跡25号竪穴

　この竪穴では、特に再利用の痕跡は検出されていないが、骨塚周辺の大型土器は一様でない（**第190図**）。擬縄貼付紋土器（1, 2〜7）とソーメン紋土器（9〜14）の二者が区別される。入れ子状に重なり、仮にA・Bの2群に分けられる。「骨塚土器検出状況」に入れ子状に図示されたB群の下位は、2個体の擬縄貼付紋土器で、上位はソーメン紋土器である（下位（5）≒中位（1）→上位（9））。A群ではソーメン紋土器が入れ子になり、擬縄貼付紋土器も出土している。B群の序列を援用すると、A群：[？]（6）→下位（14）＝上位（13）の関係が想定される。

　このB群の出土状態を、目梨泊遺跡に準ずる「層位差」と捉えると、「擬縄貼付紋土器（5・6）

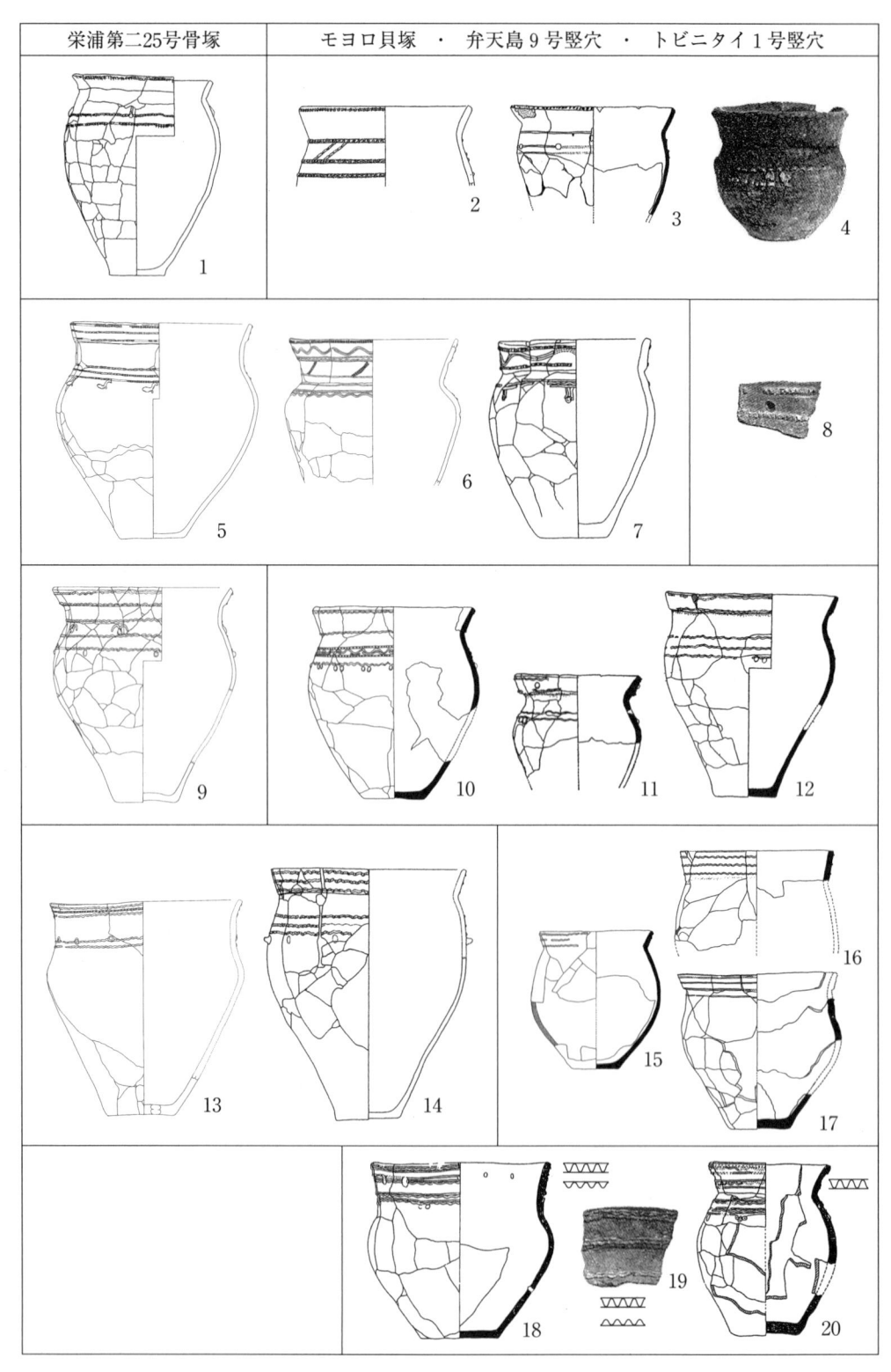

464　第5章　道東における貼付紋系土器編年の検討

| 栄浦第二25号骨塚 | モヨロ貝塚　・　弁天島9号竪穴　・　トビニタイ1号竪穴 |

第190図　栄浦第二遺跡25号竪穴の骨塚出土土器と参照資料

→ソーメン紋土器1（9・13・14）」序列が導ける。そこで、B群1例の位置が問題となる。

モヨロ貝塚の調査では、「⑴刻紋土器→⑵擬縄貼付紋土器（新：8）→⑶ソーメン紋土器3（古：19）」の層位差が認められた（駒井編1964）。また10号竪穴の床面上では、異なる時期の土器が発見されており、廃絶後における土器の儀礼的な扱いが想定される（柳澤2006a：80-84）。

それらの土器を観察すると、19例に並ぶ18例や、それに後続する20例がある。これはソーメン紋土器3(中)に比定される。つぎに「3条の貼付線」を持つ13・14・15～17例である。ソーメン紋土器1(新)に属する。これに先行する「2条の貼付線」の土器は、トビニタイ遺跡では床面上から豊富に発見されている（10～12）。これは9例のソーメン紋土器1(古)に対比される。

擬縄貼付紋の8例は5～7例に並ぶ。1例の口縁部は4例の「∧」形の刻紋を欠き、別系統の刻み目を持つ。口頚部を幅広い無紋帯とし、胴部にバンド状の擬縄貼付紋を施す類例は、モヨロ貝塚でも出土している（2・3）。これには5～20例などは伴わない。大きく捉えると、1例≒2・3例であり、序列上では、4例→1例、2・3例への変化が型式学的に想定される。

以上の観察と比較により、25号竪穴の骨塚土器はつぎのように編年される。

⑴　擬縄貼付紋土器（古：1）
⑵　擬縄貼付紋土器（新：5～7）
⑶　ソーメン紋土器1(古：9)：⑴類
⑷　ソーメン紋土器1(新：13・14)：⑵類

4．二ツ岩遺跡1～3号竪穴

栄浦第二遺跡の25号竪穴では、ソーメン紋土器1の2細分（⑴・⑵類）を試みた。これに対して網走市の二ツ岩遺跡では、ソーメン紋土器2の変遷がスムーズに捉えられる（**第191図**）。

まず2号竪穴に注目すると、a．骨塚内部の大破片（1）→b．骨塚上面の完形土器（2）→c．床面上の完形土器（4）の層位的、および型式的な序列が認められる。a．とb．は、ソーメン紋土器1の波線下に直線を補った「波線＋直線」型の紋様を持つ。ソーメン紋土器2（古：⑶類）と2（中：⑷類）に比定される。これに対してc．の4例では、さらに直線を加え、「直線＋波線＋直線」型のバンド・ソーメン紋（1帯型）を作り出している。これはソーメン紋土器3の「古い部分：(古)」：⑹類に比定される。

他方、3号と1号竪穴の土器は補完的な関係を示す。いずれも床面上から出土している。8例は上付きの波線で、⑴類の1例に対比される。5・6例は下付き波線を有し、ほぼ⑵類の2例に並ぶ。9・10例は、2号竪穴の埋土中の3例に対比される。波線が2・5・6例に比べて大きく、口縁部と口頚部が明確に分節している。これはソーメン紋土器2(新)：⑸類に比定される。

また7例では、3本のバンド・ソーメン紋が施されており、紋様帯が重なっている。これは4例よりも新しい。ソーメン紋土器3の「中位の部分：(中)」：⑺類に相当するものである。

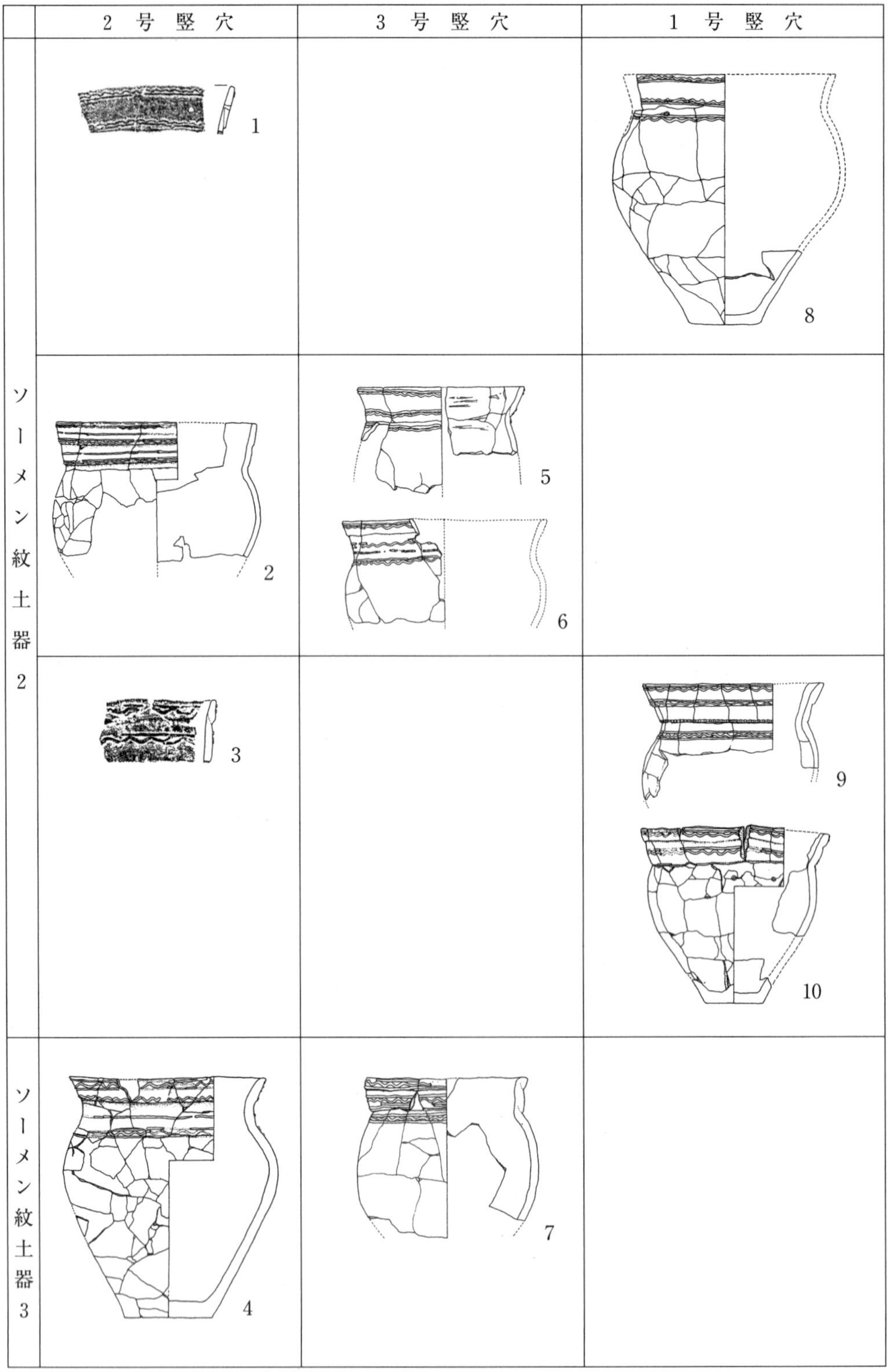

466　第5章　道東における貼付紋系土器編年の検討

	2 号 竪 穴	3 号 竪 穴	1 号 竪 穴
ソーメン紋土器2	1		8
	2	5, 6	
	3		9, 10
ソーメン紋土器3	4	7	

第191図　二ツ岩遺跡の竪穴出土土器

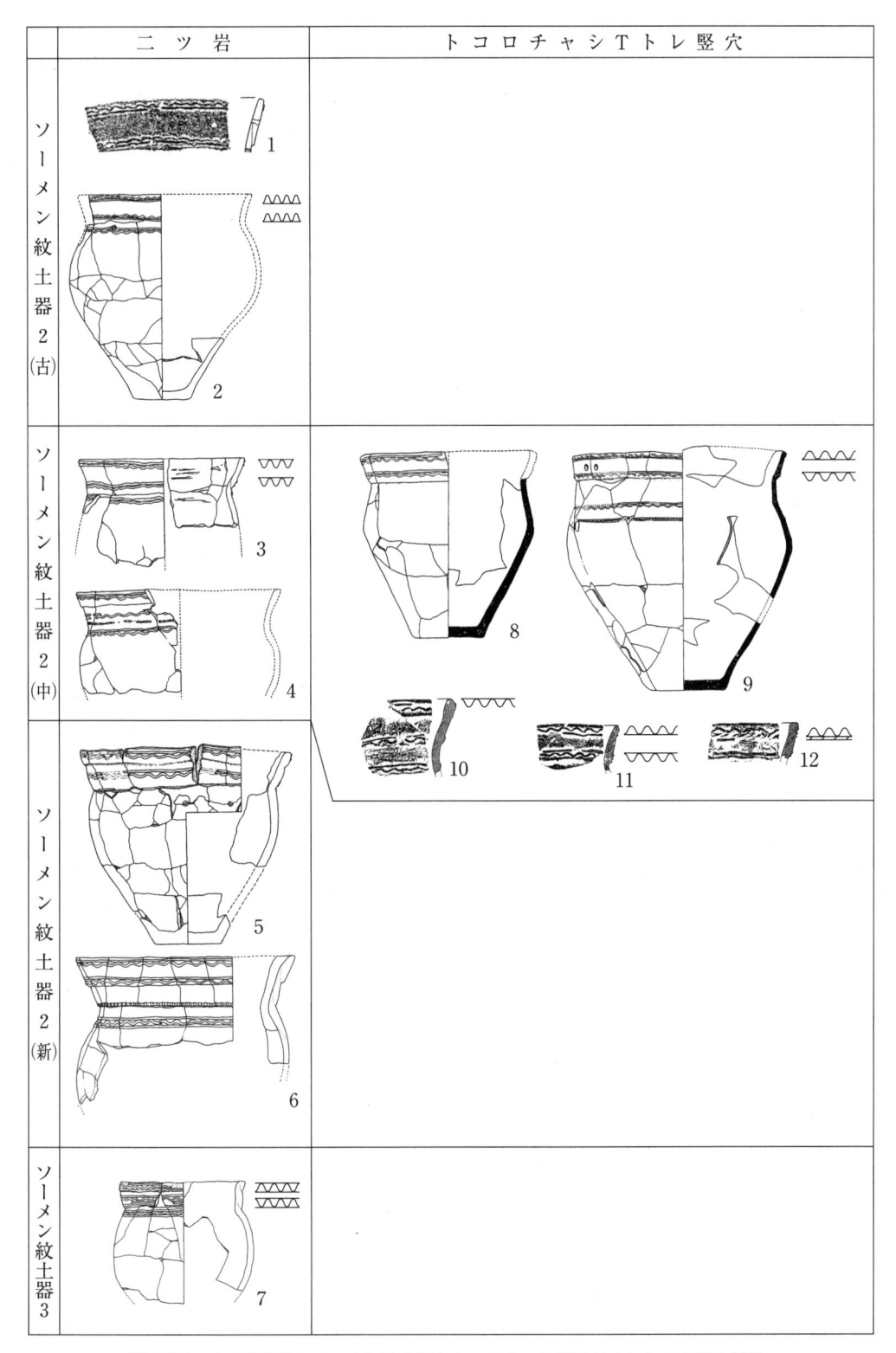

	二 ツ 岩	トコロチャシTトレ竪穴
ソーメン紋土器2(古)	1　2	
ソーメン紋土器2(中)	3　4	8　9　10　11　12
ソーメン紋土器2(新)	5　6	
ソーメン紋土器3	7	

第192図　二ツ岩遺跡のソーメン紋土器とトコロチャシ遺跡Tトレンチ土器の対比

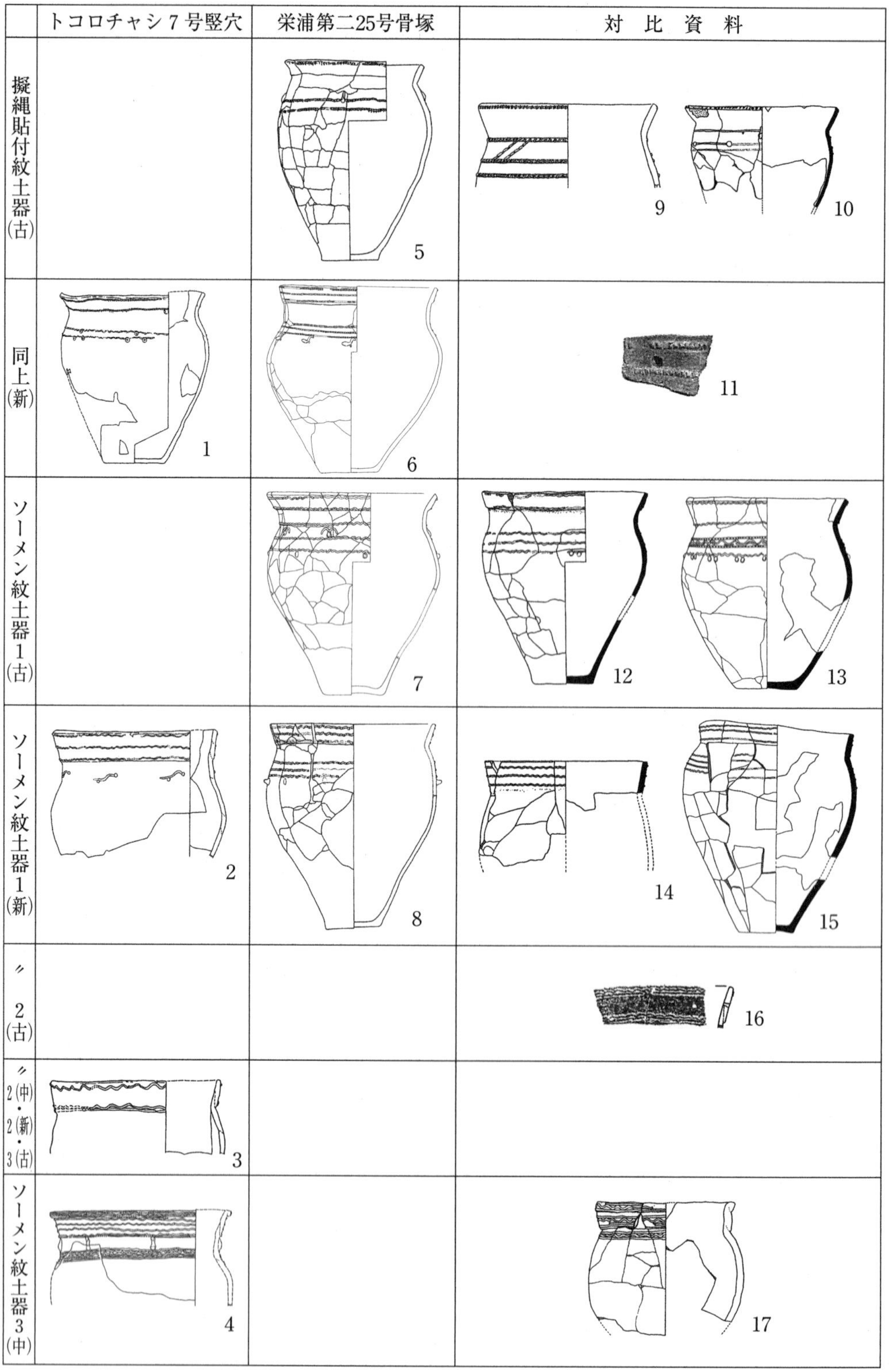

468　第5章　道東における貼付紋系土器編年の検討

	トコロチャシ7号竪穴	栄浦第二25号骨塚	対 比 資 料
擬縄貼付紋土器(古)		5	9　10
同上(新)	1	6	11
ソーメン紋土器1(古)		7	12　13
ソーメン紋土器1(新)	2	8	14　15
〃2(古)			16
〃2(中)・2(新)・3(古)	3		
ソーメン紋土器3(中)	4		17

第193図　トコロチャシ遺跡と栄浦第二遺跡の竪穴出土資料の編年案

二ツ岩遺跡の細分案を整理すると、**第192図**のようになる。トコロチャシ遺跡の1号竪穴は入れ子状に重複しており、出土土器の内容は複雑化している。これに対して、Tトレンチで検出された8・9例（竪穴の床面土器）と10〜12例の竪穴土器は非常にまとまりがよい。これはソーメン紋土器2の「中位の部分：（中）」：(4)類に比定される。その一部は、「新しい部分：（新）」に下るものがあるかも知れない。しかし、その前後の時期は含まれていない。これは、先の二ツ岩資料の細分案に対して、「地点差」の証明を与える好材料となるであろう。
　細分案が煩雑になって来たので、ここで二ツ岩資料の前後について、中間的な整理をしておく。**第193図**を参照したい。オホーツク式の貼付紋系土器では、一般に口縁部紋様への関心が高く、特に古い時期に胴部紋様帯の振るわないものがあることに気づくであろう。また各小細別は、専ら口縁に貼付線を付加する手法で更新されている。これは単純な操作だが、実に巧みな新紋様の創出法といえよう。新しい時期に入ると胴部紋様への関心が高まり、分帯化の進行する様子が読みとれる。これはトビニタイ土器群Ⅱの影響によると考えられる。

5．ウトロチャシコツ岬下B遺跡とトーサムポロ遺跡R-1地点
　これまで多くの竪穴において、ソーメン紋土器3は、床面上で古い土器と混在して発見されていた。したがって、細別単位としての独立性が検討されることはなかった。広く周知された資料を見る限り、型式学的な資料の分析が不十分であったように思われる。
　試みに、知床半島と根室半島の新旧の資料を比べてみたい（**第194図**）。前者は、「トビニタイ土器群Ⅱ（1＝2）→ソーメン紋土器3（3〜5，6〜8）」の序列を、層位的に証明するものである（柳澤1999b・2007b）。後者は、骨塚のごとき竪穴内の土器集中から検出された土器群（9〜18）で、ウトロチャシコツ岬下B遺跡の資料に対して、顕著な小細別レベルの違いを示している。
　以上の細分案を踏まえると、図中では9例が最も古い。これはソーメン紋土器1に比定される。ついで、1＝2例と10例が二ツ岩遺跡の諸例に対比される。問題になるのは、ソーメン紋土器3の3〜8例と11〜18例である。双方を比べると、共通するのは6〜8例と11〜13例である。ウトロチャシコツ岬下B遺跡には、それより古いもの（3〜5）があり、トーサムポロ遺跡R-1地点には、より新しいもの（14〜18）が多量に存在する（柳澤2007）。したがって「地点差」が認められよう。トーサムポロ遺跡では、他に11〜13例のみを出土する竪穴も存在する。
　以上の「地点差」に拠れば、口縁部にバンド・ソーメン紋を施すソーメン紋土器3は、「3〜5例（6類）→6〜8例＝11〜13例（7類）→14〜18例（8類）」の序列で、3細分されることになる。ソーメン紋土器に内包される8小細別は、これですべて指摘されたことになる。

6．常呂川河口遺跡15号竪穴
　この竪穴は多量のソーメン紋土器を出土した著名な焼失遺構である。その特異な出土状態が、

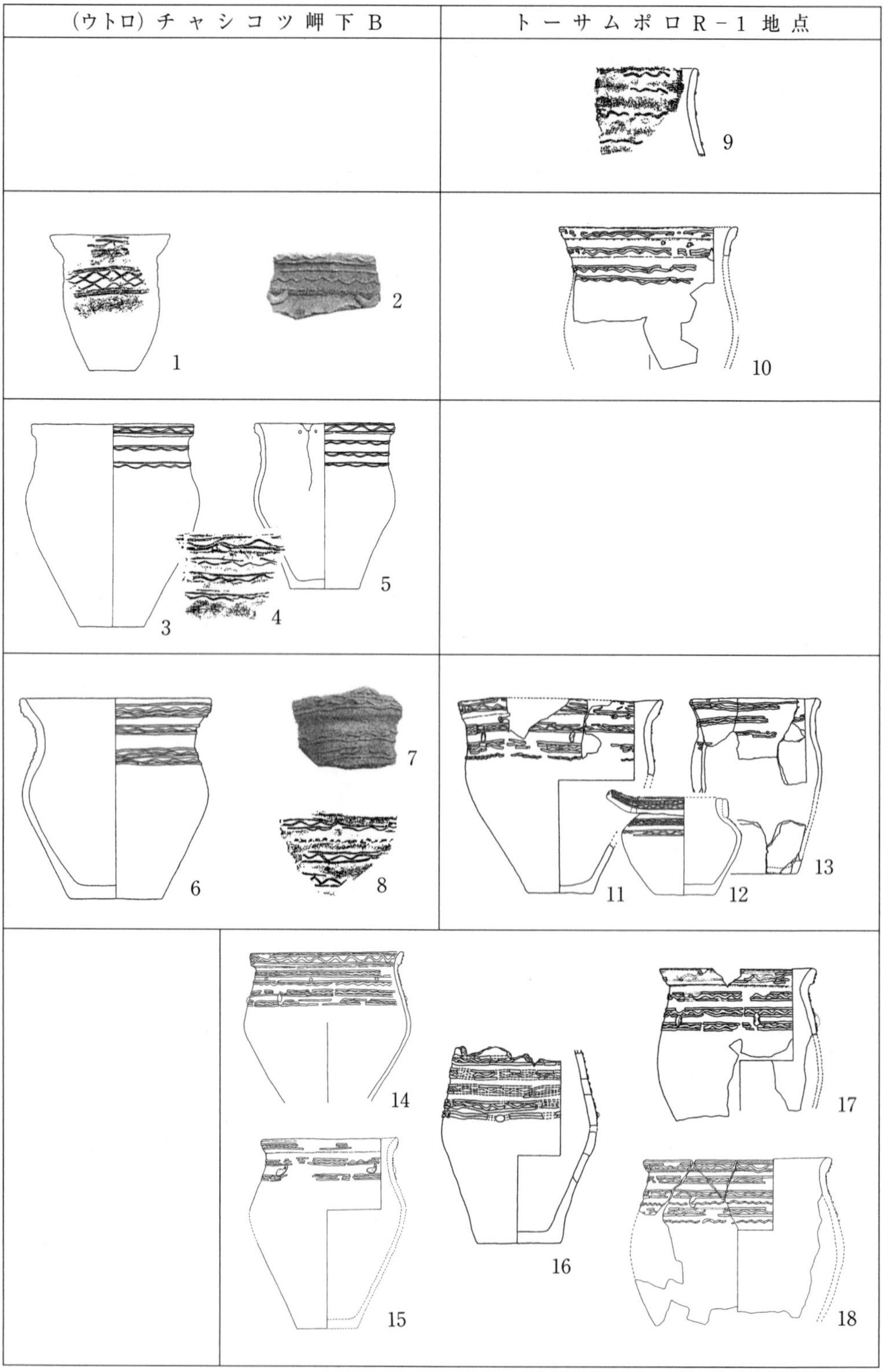

470　第5章　道東における貼付紋系土器編年の検討

（ウトロ）チャシコツ岬下B	トーサムポロR-1地点
	9
1　　2	10
3　4　5	
6　7　8	11　12　13
14　15　16	17　18

第194図　知床半島と根室半島の対比編年案

第2節　ソーメン紋土器の小細別編年案について　471

	常呂川河口 15 号竪穴		
	「Ⅰ域」	「Ⅳ域」	「Ⅴ域」
ソーメン紋土器2(古)		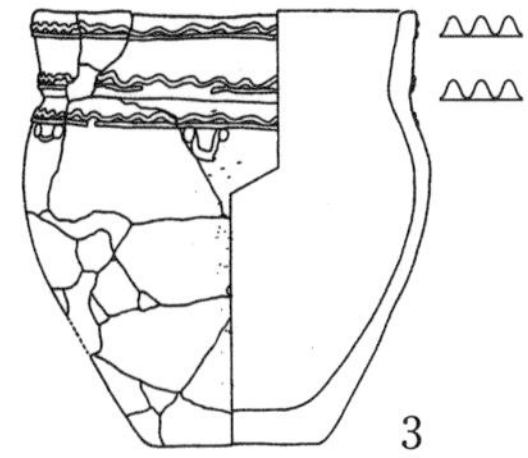 3	
同上2(中)			
同上2(新)	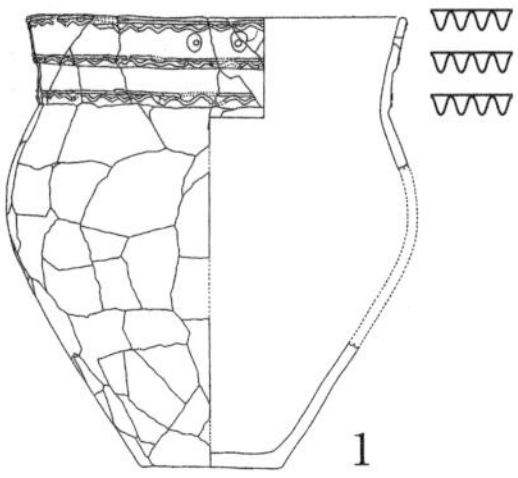 1		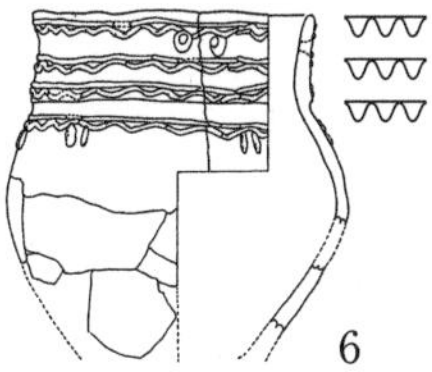 6
ソーメン紋土器3(古)		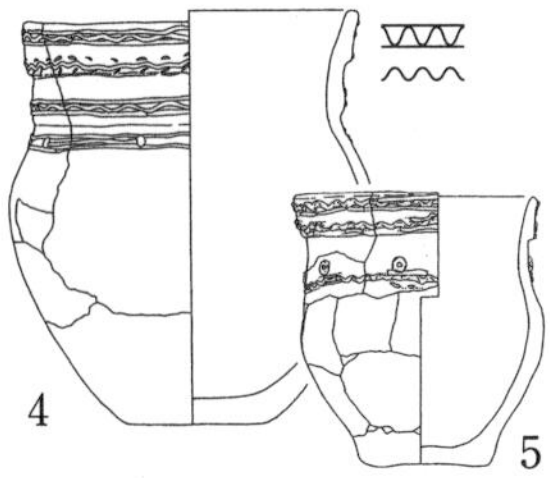 4　5	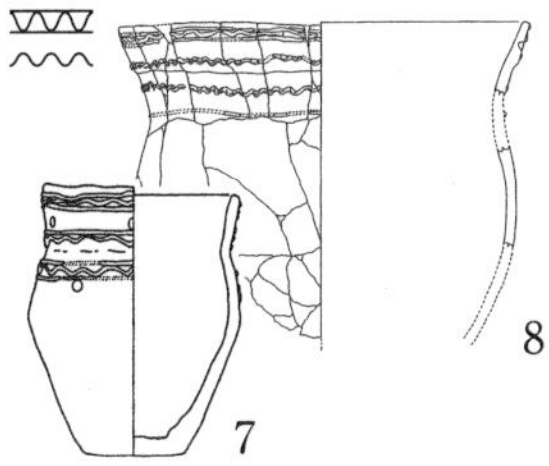 7　8
同上3(中)	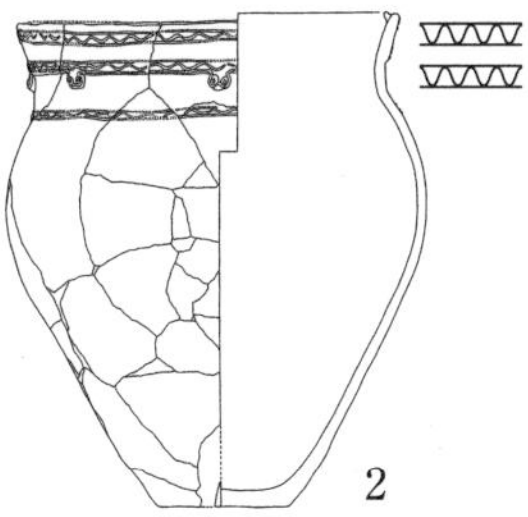 2		

第195図　トコロ川河口遺跡15号竪穴資料の小細別編年案

あたかもオホーツク人の家族構成の在り方を彷彿させることから、様々な解釈と推論が行われている（宇田川・武田1994，武田1996ｃ・大井2004ａ・犬塚2007ほか）。それらの疑問点については、小論の目的から離れるので、ここでは詳論に及ばない。

15号竪穴の床面上から、多量の完形土器が発見されたという歴然とした事実がある。それ故に、すべての土器は同時代であると単純に捉えられているようである。しかし、以上の細分作業をふまえると、たとえ床面上や骨塚の出土品であっても、型式学的な検証の作業は欠かせない。

第195図に 8 小細別案に基づいて主要な資料を配列した。竪穴内の土器群に与えられた呼称に準じて観察すると、区域によって土器組成が異なる。時期的には明らかに不連続であり、とても一時期の土器セットが遺存しているとは認められない。図示を控えた資料も加えると、むしろ他の竪穴内に遺存または安置されていた土器群を15号竪穴に持ち込み、火を放った状況が容易に想像される。そうした儀礼的な営みは、焼失竪穴跡の分布から見て常呂川河口遺跡に止まらないであろう。道東部一帯で起きた社会的な事件を反映しているのではあるまいか。

先にソーメン紋土器 3 の「新しい部分」、すなわち 8 番目の小細別（ 8 類）を仮設したが、15号竪穴ではそれが欠落している。これは何を意味しているのであろうか。オホーツク文化の土器が、ほんとうに 8 番目の小細別で終焉していたのかどうか、その点はよく分からない[注3]。この疑問を解くには、ポスト・擦紋時代の貼付紋系土器の分析を徹底するとともに、新資料の発見にも努める必要があるように思われる。

最後に 8 小細別案の標式資料を示し（**第196〜198図**）、河野広道による「オホーツク式土器」の「型」別細別論の仕事（柳澤1999ｂ：52-55）を補綴する、当面の編年ツールとして提示しておきたい

おわりに

いわゆるソーメン紋を多用する一系統の土器群に対して、どのような年代序列が仮設できるのか。これまでは藤本強氏の編年案を引用することで、道東部におけるオホーツク・擦紋時代の文化・社会の動態について、様々に議論することが常道とされて来た。

藤本氏の「ｄ・ｅ群」土器とは何か。その先史考古学における方法論、学史論上の意義について、これまで議論されたことはない。また、氏が示した標式資料の吟味に関しても、長年にわたって疎かにされている。そのためにソーメン紋土器の細分研究は停滞し、北海道島を中心とした北方圏考古学の進展を阻む、隠れた要因の一つなっているようにも思われる。

小論では、そうした問題意識のもとに、ソーメン紋土器の究極の細分を試み、 8 小細別案の標式資料を提示した。その検証と修正には、他の貼付紋系土器とともに、これから良好な一括資料の発見を待たねばならない[注4]。仮に、 8 小細別案が妥当ならば、常呂川河口遺跡の第15号竪穴をモデルとしたオホーツク人の家族構成論などは、見直しが必要になるであろう。

この竪穴では、最後の小細別が欠落していた。その事実は、何を物語るのであろうか。「ヒグ

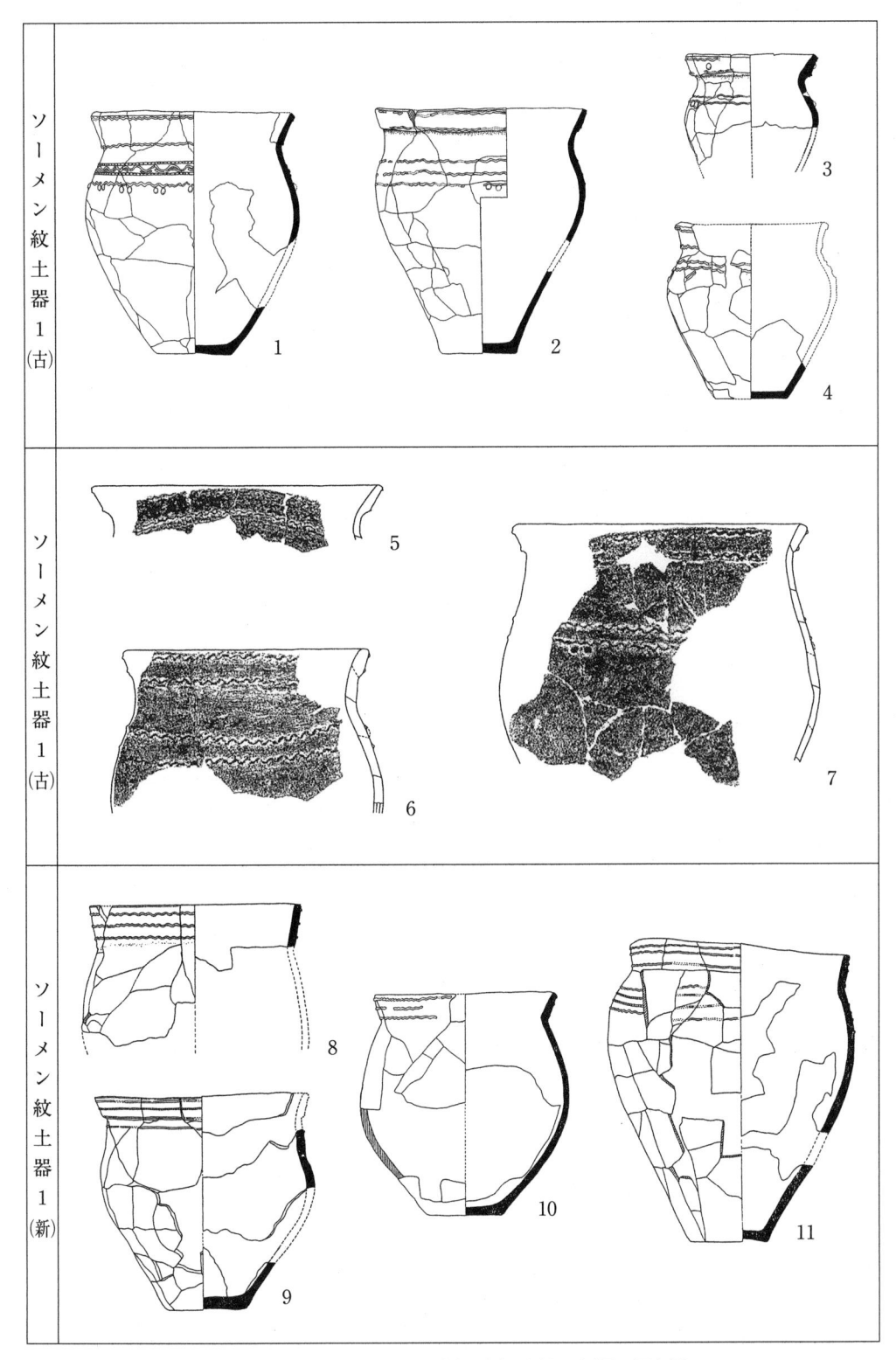

第 2 節　ソーメン紋土器の小細別編年案について　473

第196図　ソーメン紋土器1（古・新）：(1)類・(2)類の標本例

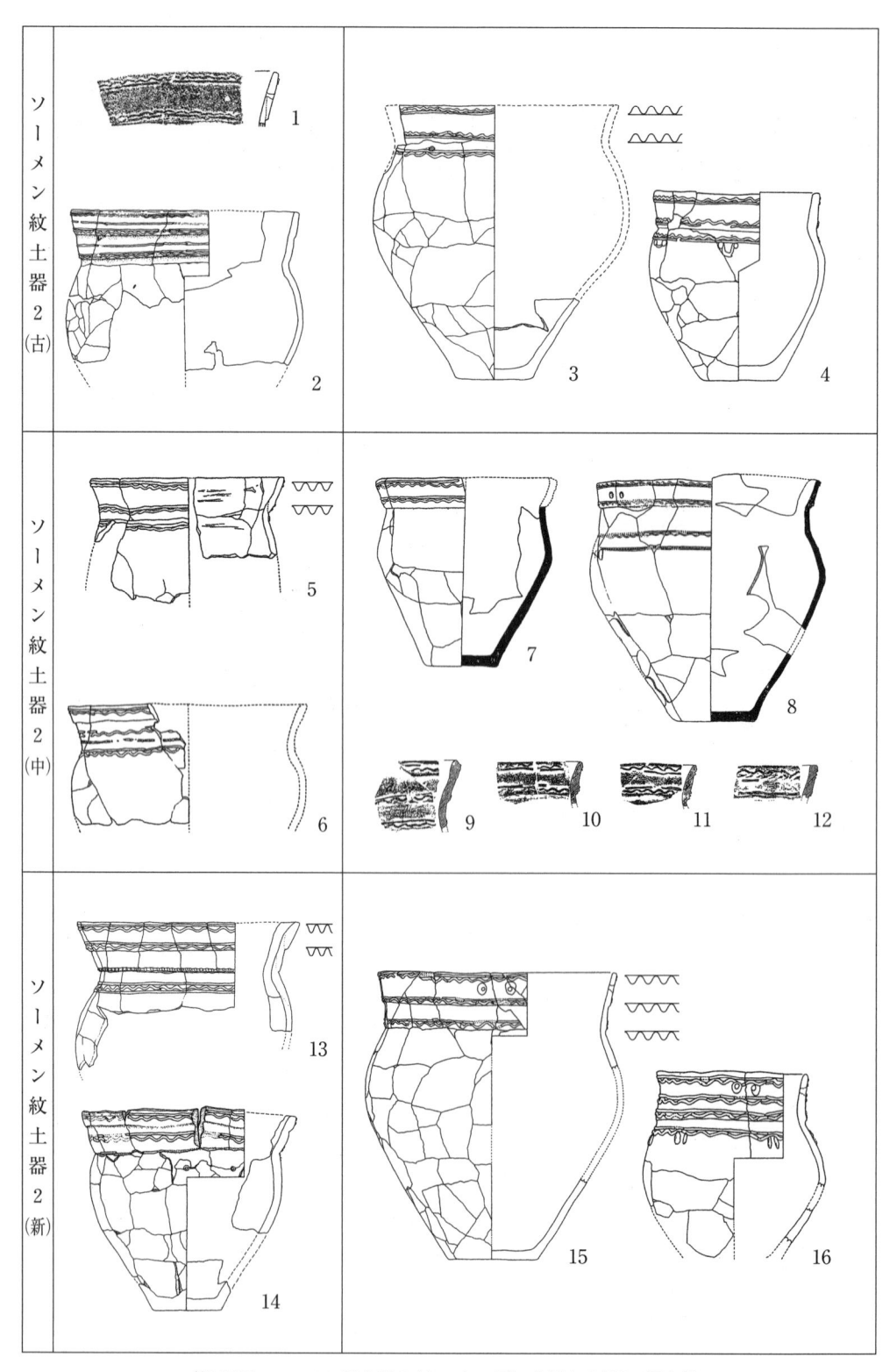

474　第 5 章　道東における貼付紋系土器編年の検討

第197図　ソーメン紋土器 2（古・中・新）：(3)類〜(5)類の標本例

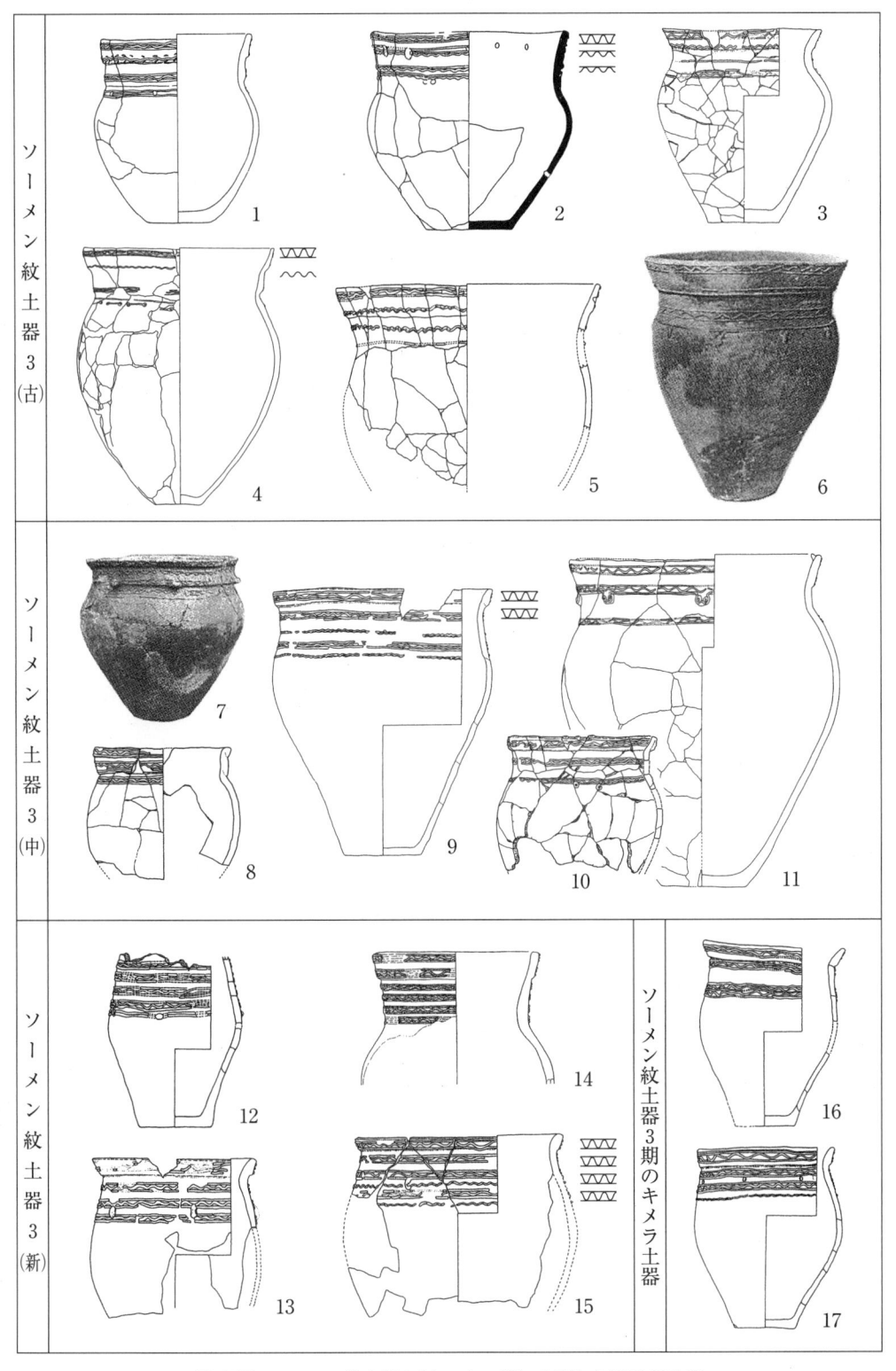

第 2 節　ソーメン紋土器の小細別編年案について　475

第198図　ソーメン紋土器 3（古・中・新）：(6)類～(8)類の標本例

476　第5章　道東における貼付紋系土器編年の検討

マ祭祀遺構」が発見されたウトロチャシコツ岬下B遺跡をはじめ、松法川右岸遺跡や川西遺跡・栄浦第二遺跡の竪穴には、この疑問を解くための重要なヒントが隠れているように思われる[註5]。

2007年12月19日稿　2008年2月22日（査読による加筆）

追記　小論は本書のために書き下ろし、『北海道考古学』44号に投稿したものである（2008年1月31日）。投稿後、査読者及び編集委員会から第193図は不要であり、第196～198図の削除等の修正を求められた。図版の削除に同意しなかったことから、修正は不十分であるとして、書き下ろし論文5本のうち、小論のみが不掲載となった。収録に際して、加筆した原稿に若干の字句を補い、表現を一部であらためた。図版は投稿時のものである。なお、本年2月の資料観察をもとに、第193図3例の時期を新しく変更した。実査に際しては、熊木俊朗先生より格別の配慮をいただいた。記して感謝の意を表します（2008年3月30日記）。

註

(1) 藤本強氏の編年案の疑問点については、旧稿（柳澤1999b：52-55ほか）を参照されたい。
(2) 小論には校正上の問題があって、修正を要する箇所が多い。近く、別の機会に補足する予定である。
(3) トビニタイ土器群Ⅱでは、8番目の小細別に後続する可能性を持つ土器が発見されている（柳澤2007b）
(4) 現在、トビニタイ・カリカリウス土器群の細分に関する論考を『（千葉大学）人文研究』37・『物質文化』85に投稿中である。
(5) この点については、旧稿でも少しく触れたことがある（柳澤2003：121-124）。

図版出典

第189図　1～5：前田・山浦編（2004）　6～10：佐藤（1964b）　11～13：野村・平川編（1982）　14～18：宇田川編（2003）

第190図　1・5～7・9・13・14：武田（1995）　2：西本編（2003）　3・4・8・10～12・15～17・18～20：駒井編（1964）

第191図　1～10：野村・平川編（1982）

第192図　1～7：野村・平川編（1982）　8～12：駒井編（1964）

第193図　1～4：宇田川編（2003）　5～8：武田（1995）　9：西本編（2003）　10, 11～13, 14・15：駒井編（1964）　16・17：野村・平川編（1982）

第194図　1～8：宇田川編（1981）　9～18：前田・山浦編（2004）

第195図　1～8：武田（1996a）

第196図　1～4、8～11：駒井編（1964）　5～7：涌坂（1999）

第197図　1・2・5・6・13・14：野村・平川編（1982）　3・4・15・16：武田（1996a）　7～12：駒井編（1964）

第198図　1・4・5・11：武田（1996a）　2：駒井編（1964）　3・8：野村・平川編（1982）　6：アイヌ文化振興・研究推進機構編（2000）　7：河野（1955）　9・12～17：前田・山浦編（2004）　10：松田（2002）

第3節 「カリカリウス土器群」の小細別編年案について

はじめに

　史跡伊茶仁カリカリウス遺跡で発見された貼付紋系土器、すなわち「カリカリウス土器群」には、ソーメン紋土器やトビニタイ土器群Ⅱと異なる特徴が随所に認められる。これら三者を比べれば、誰でも、その違いを容易に指摘できると思われる。ごく最近、「カリカリウス土器群」を抹消する意見が発表された (榊田2006)。しかし、それは何かの誤解によるのであろう。

　この土器群の分布については、いまだ明瞭に捉えられていない。類似する土器は、知床半島から標津周辺を経由して根室半島や釧路の周辺域まで、広い範囲で確認されている。しかし、標式遺跡に相当するような拠点的な集落址は、30余年を経た現在も確認されていない。それだけに、「カリカリウス土器群」は、どこか謎めいた存在と認識されているようである。

　トビニタイ土器群Ⅱやソーメン紋土器と系統を異にするならば、「カリカリウス土器群」は、いつ頃、何処で、どのようにし成立したのか。また、どのように変遷して、いつ頃、どのように終焉を迎えたのか。

　小論では、後者の問題に的を絞り、カリカリウス遺跡の標式資料を究極レベルまで細分して、ポスト擦紋期の道東編年の空隙を充填し、新しい北方編年体系をより精密に整えたいと思う。

1.「カリカリウス土器群」とは何か

1) 最初の編年案について

　1982年にカリカリウス遺跡とピラガ丘遺跡第Ⅲ地点、そして二ツ岩遺跡の報告書が相ついで刊行された。これは北方編年の研究史上に画期をなす、重要な調査成果の発表であった。

　それを踏まえて、ピラガ丘遺跡とカリカリウス遺跡の調査を担当した金盛典夫・椙田光明の両氏は、『考古学ジャーナル』誌上に北方編年体系の見直しを求める重要な論考を発表した (金盛・椙田1984)。その細部の論点については、機会をあらためるとして、新しい編年案の骨子は分かり易く図表として示された。**第199図**の左列である。この編年案については、かつて素朴な疑問点を述べたことがある (柳澤1999a)。その主旨は変わりないが、少し補足しておきたい。

　擦紋土器のいわゆる東大編年案に対比された標本例は、1982年に刊行された3遺跡から選択されている。二ツ岩遺跡 (1～4)・ピラガ丘遺跡 (8～10)、そしてカリカリウス遺跡 (5～7) である。いずれも異系統の土器が「共伴」したと一般に認められている資料である。前二者については、旧稿で疑問点を指摘しているので、詳細はそれに譲りたい。(柳澤2003, 2005a・b, 2007a)

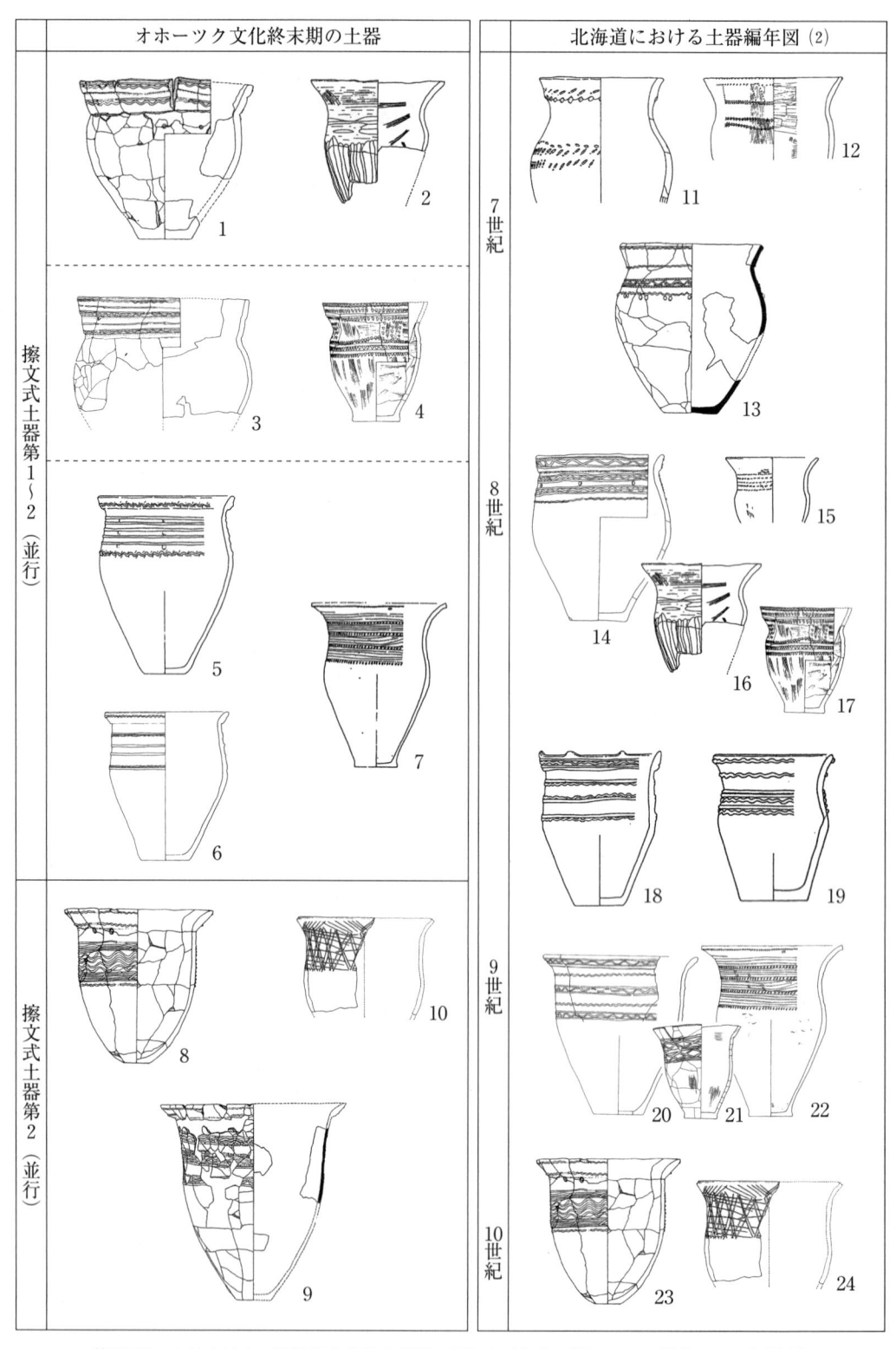

478 第5章 道東における貼付紋系土器編年の検討

第199図 カリカリウス遺跡出土土器の新旧の編年案（金盛・椙田1984，澤井2007より編成）

第3節 「カリカリウス土器群」の小細別編年案について　479

(1) 二ツ岩遺跡
　　1号竪穴の床面：1 = 2
　　2号竪穴の骨塚：3 （壁際・骨塚被覆の焼土中） = 4 （骨塚を被覆する焼土の上部）

　まずソーメン紋土器の序列は、1例→3例ではなく、その逆の3例→1例になるであろう。また、3例=4例である可能性もあるが、骨塚からは擬縄貼付紋土器の完形品も出土しているから、単純な「共伴」認定は疑問である。骨塚とその周囲では、最近の調査でも古い土器の安置が確認されており、3・4例の時期は懸け離れている可能性が高い。また、2例と4例の新旧関係は、まだどの遺跡でも確認されていない。

(2) カリカリウス遺跡
　　4号竪穴：5、13号竪穴：6、7号竪穴：7

　いずれの標本例も、並行線を特徴的に用いるものである。竪穴内の埋土や床面上では、カリカリウス系（5・6）と擦紋系（7）の土器が伴出しており、両者は、藤本編年「e群」（藤本1966）のソーメン文土器と部分的に並行しながら変遷した、と捉えられている。

　はっきり指摘されてはいないが、大方の研究者は、両者のモチーフが並行線で共通することから、異系統間の相互交流を読み取り、「共伴」の事実は疑いないと考えているようである。

　しかしながら、5例に酷似した並行線の胴部紋様は、擦紋末期のトビニタイ土器群Ⅰ-Ⅱにも存在するから、同時代と即断するのは疑問に思われる（柳澤2004：188-191）。そこで並行線の細部に注意すると、6例では「直線＋波線」の貼付線で構成されている。これはソーメン紋土器2（1・3）において、特に好まれたモチーフである。後述のように6例のそれは、ほぼ3例→1例の中間に位置する特徴を有する。したがって6例の編年上の位置は、上段に上昇することになる。

　それでは、5例と7例の対比に問題は無いのであろうか。言うまでもなく7例の胴部の横走沈線は、道央から道東へ波及したものである。系統的には、道央・道南に進入した土師器が土器変容を起こし、それが道東へ二次的に拡散したものと捉えられる。

　ただし、横走沈線の間に挿入された刻点列は、要素としては、古くから道東の擦紋Ⅱ（4）において盛んに用いられていたものである。そのように観察すると、7例の紋様帯は要素がキメラになっていると認められる。6例には、ソーメン紋土器の影響が認められ、7例には、在地系の擦紋土器の要素が取り込まれている。どちらも、それぞれ同時代の土器の影響を受けて変容しているわけである。

　したがって7例は擦紋Ⅱと並行し、6例は先の観察から、ソーメン紋土器2に対比されることになる。そこで5例に目を移すと、口端部と胴部には明瞭な爪形痕が残されている。これはもちろん、横走沈線をもつ変容した土師器（7）の影響ではありえない。ソーメン紋土器やトビニタイ土器群Ⅱの古い土器には、爪形痕を残す手法が顕著に認められる。しかし、それより新しい土器には、ごく稀にしか存在しない。したがって5例は、ポスト擦紋期の貼付紋系土器でも古手のものと考えられる（柳澤2004：197-200）。

　ちなみに胴部に縦に施紋されたポッチは、ソーメン紋土器に由来するものであって、横走沈線

を有する 7 例との係わりは認められない。5 例と 7 例の並行貼付線と 7 例の横走沈線紋の近似性は、以上の例証からみて、「他人の空似」の可能性があるように思われる。この点は以下、カリカリウス土器群を細分する作業の中で、しだいに明らかにして行きたい。

つぎにピラガ丘遺跡の資料である。3 号竪穴の 8 例と10例は、多くの論考に引用されている特別な資料である。通説の編年では、壁際から炭化物層に覆われて出土した10例と、上層から掘りこまれたピットの底面から「クマ？」の骨と共に発見された 8 例を「共伴」と認め、5・6 例のカリカリウス土器群が擦紋Ⅲ（10）の影響を受けて変容し、8 例のトビニタイ土器群Ⅱが誕生したと解釈している。

これは不思議な見方である。8 例のどこに、10例の影響が認められるのであろうか。紋様の要素や構成、器形・胎土・焼成、混和材にいたるまで、直接的な影響を示すような特徴はまったく認められない。つまり「モノ」資料としては、8 例と10例、そして 5・6 例と 8 例は、まったく無関係であると思われる。そうした点は旧稿（柳澤2005a：103-105）で触れており、ここで繰り返すことは控えたい。

以上のような疑問点を念頭におくと、1982年に提案された通説編年を支える「共伴」説は、いまだ資料の縦横の関係について、十分な検証を済ませていないと言えよう。

2）最新の編年案について

筆者は1999年以来、視点を変え、またフィールドを移動し、広域的な交差編年の観点から通説の編年案に対して、繰り返し検証を試み、疑問を述べている（柳澤1999a～2007b）。そうした経緯の中で、ごく最近、新しい編年案が相ついで発表された。

その一例を第199図の右列に示した。これは擦紋土器、トビニタイ土器群・オホーツク式を対比して、先史考古学において最も難しいとされる暦年代を与えている。年代比定の問題については、ここでは直接に触れない。筆者が気になるのは、各土器群の序列と並行関係の認定である。

それこそが、先史時代の書かれざる歴史を洞察するための、唯一の拠りどころとなるからである。疑問に思える点をいくつか挙げてみよう。

(1) 刻紋土器（11）＝擦紋Ⅱ（12）の編年は、どの遺跡で証明されているのか。「12例→4 例」（：17例）の変遷に対し、13例の位置を考慮しつつ、「11例→3 例」への変遷を、どのようにして 7 世紀代に組み込めるのか？

(2) 「13例→14例」の序列は誰もが認めるものである。「共伴」と見做されている左列の資料を参照すると、両例の間には、1 例＝2 例と 3 例＝4 例の資料が収まる。すると15例は、4 例よりも新しくなるはずであろう。しかし、4 例は17例そのものであるから、擦紋Ⅱの変遷は、「12例→15例→17例(4)≒16例(3)」の順にたどられることになる。この矛盾は、はたして型式学的に解消できるであろうか。

(3) 18例の胴部には、「直線＋波線」のモチーフが用いられている。19例の胴部にも見られ

る。これは先に述べたとおり、1・3例や6例に共通する。実際、図示された位置から見て、18・19例は6例に近い位置と想定しているかも知れない。ただし、「14例→18例→20例」という変遷観も示されている。ソーメン紋土器3の14例が、ソーメン紋土器1の13例よりも新しいのは当然として、その後、カリカリウス遺跡の18例に変容し、再びバンド・ソーメン紋を多用した20例に変化すると認めている。これは型式学的にみて、未だかつて証明されたことがない、奇妙な変遷案と言えよう。その時代は8～9世紀とされている。擦紋Ⅱ末期の21例と22例、すなわち7例を対比しているから、右列の最新の編年案は、20余年前の金盛・椙田両氏の編年案に対して、根本的な疑問を投げかけているのであろう。しかしカリカリウス遺跡では、21例と22例の共伴は必ずしも認められない。後述のように、それとは別の土器と伴出する可能性もあるように思われる。

(4) 双方の編年案において、唯一共通するのが、23例（8）＝24例（10）の部分である。それ以前の対比がすべての箇所で異なるのは、いかなる事情に拠るのであろうか。通説編年の最初の提案（金盛・椙田1984）を換骨奪胎するのであれば、しかるべく、諸々の疑問点を明確に示した論文として公表するのが順序であろう。

それでは、もう一つの編年案に移りたい（第200図）。これは最近、本誌に掲載された榊田朋広氏の論考（榊田2006）に掲載されたものである。すでに旧稿（柳澤2007a・b：45-56）において、関連する諸々の論点を明らかにしているが、あらためて疑問点を指摘しておきたい[註1]。

(1) 「擦文系統」の標本例の序列には、疑問とすべき点は少ない。ただし、3例と4例の順序は逆になるであろう。すると9例と8例の関係も、逆転することになるのであろうか。

(2) 1例と6例、2例と7例の対比は、二ツ岩遺跡とカリカリウス遺跡の「共伴」事実を根拠にしていると推測される。しかし先にも触れたように、「共伴」と認められるかどうか、再検証が求められよう。つぎに3例と8例、5例と10例の対比である。これは、どの遺跡で証明されたのであろうか。寡聞にして、そのような事例に接したことがない。

(3) 「9例（「トビニタイ2段階」）→10例（「トビニタイ3段階」）」への変遷、並びに「8例（「トビニタイ1段階」）→9例→10例」の3段階序列は、筆者が旧稿で繰り返し述べている細分案に他ならない（柳澤2004・2005：104-119）。これは何を根拠にして、どのような分析から想定したオリジナルな発案なのであろうか。10例は、トビニタイ遺跡の2号竪穴から出土したものであるが、それと伴出した他の土器群も「トビニタイ3段階」に比定されるのであろうか。そのとおりならば、「9例→10例」の序列は成り立たなくなるであろう。

(4) トビニタイ土器群Ⅱの標式資料であるトビニタイ遺跡の2号竪穴土器（床面）には、8例のカリカリウス土器群に類似する土器が1点含まれている。一方、カリカリウス遺跡では、トビニタイ土器群Ⅱに酷似したものはごく稀な存在である。つまり双方には、誰の目にも明白な遺跡単位の「地点差」が認められる。そうした差異を考慮することなく、トビ

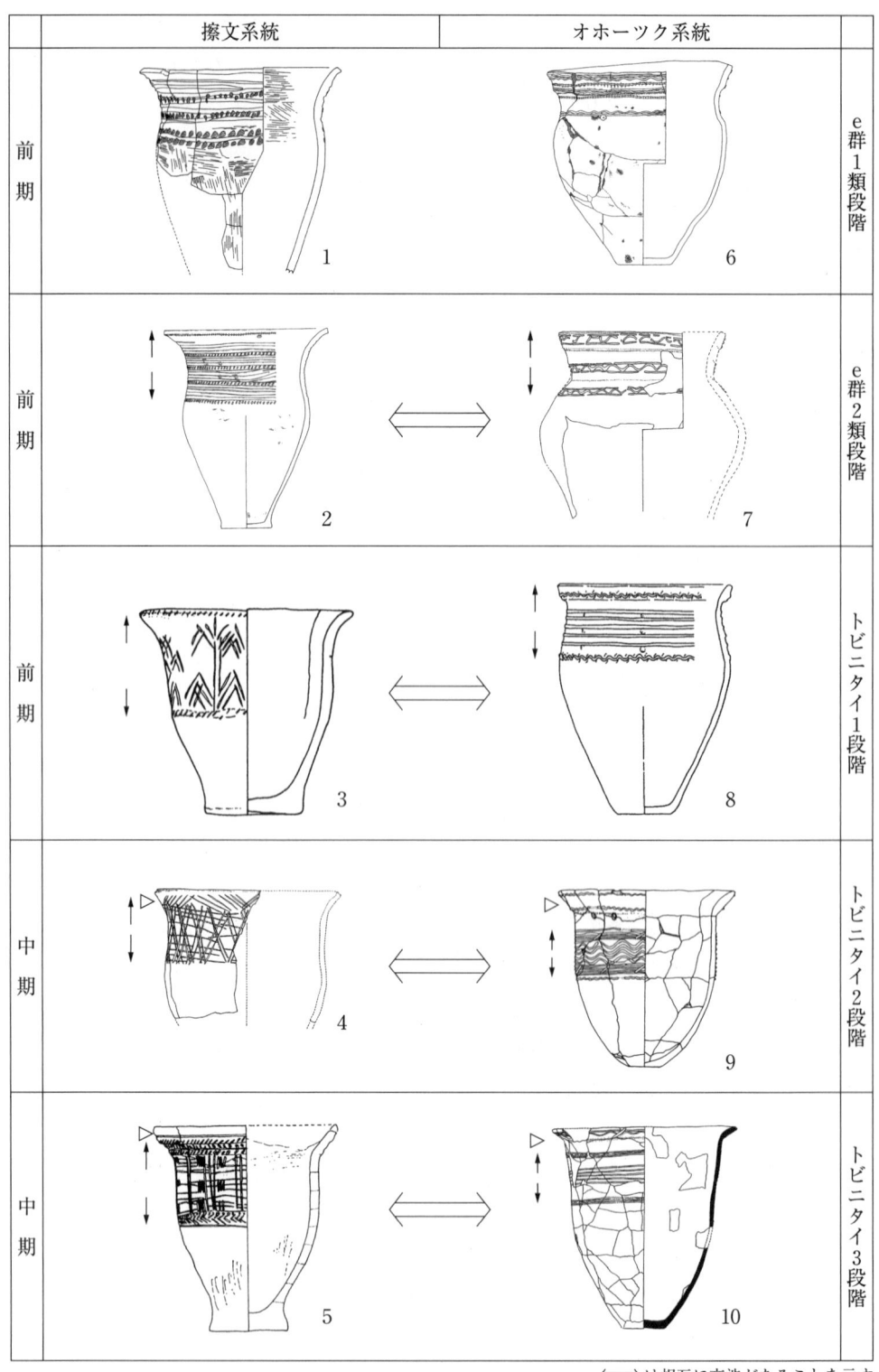

482　第5章　道東における貼付紋系土器編年の検討

	擦文系統	オホーツク系統	
前期	1	6	e群1類段階
前期	2	⇔ 7	e群2類段階
前期	3	⇔ 8	トビニタイ1段階
中期	4	⇔ 9	トビニタイ2段階
中期	5	⇔ 10	トビニタイ3段階

⇔は相互に交渉があることを示す

第200図　新しい「オホーツク・トビニタイ式土器」編年案の一例（榊田2006より編成）

ニタイ土器群にカリカリウス土器群を包括した根拠は何なのであろうか。言い換えると、椙田氏が報告したカリカリウス土器群を暗黙のうちに抹消した理由は、学史論・型式論の両面において、どのように説明されるのであろうか。

(5) 「オホーツク系統」とされた標本例では、「6例（「e群1類段階」）→7例（e群2類段階））」という序列が示されている。これは何を根拠にして、どのような思考から想定されたオリジナルな編年案なのであろうか。これは筆者が旧稿で繰り返し指摘している編年案に他ならない（柳澤1999b・2003・2004〜2006a・2007a・b）。両例の関係は、究極レベルの小細別編年案では、「ソーメン紋土器3（古：(6)類）→ソーメン紋土器3（中：(7)類）」の序列として認識される。また「7例→8例」、「8例→9例」への変遷を想定しているが、型式学的にはどのように説明されるのであろうか。7例の分帯されたバンド・ソーメン紋が、8例の1本波線と並行線紋に変わり、それが9例のごとき紋様帯に変貌するには、おそらく現代人の想像力が必要になるであろう。また、第199図左列に示した金盛・椙田氏の編年序列との諸々の相違点は、どのように説明されるのであろうか。

3）貼付紋系土器の系統的な区分

さて以上で、新旧の編年案について疑問点のあらましを述べた。そこで、カリカリウス土器群の細分作業に入る前に、この土器群の実体を視覚的に捉えておきたい。

第201図は、左に代表的なソーメン紋土器（1〜7）を、右にトビニタイ土器群Ⅱの標式資料（16〜22）を配列し、それにふ化場第1遺跡の資料（14・15）を挿入したものである。後者を除いて、すべて1964年に発表されており、研究者が周知している資料である。それらを十分に踏まえて、カリカリウス土器群の特性が捉えられ、報告書と先の論考で明確に論述されている。はたして榊田氏が暗黙のうちに処理したように、その認識は失当なのであろうか。

ところで、ソーメン紋土器に関しては、トビニタイ遺跡とモヨロ貝塚の土器群の対比によって、以下のような流れが想定される。

(1) ソーメン紋土器1(古)：1（トビニタイ遺跡1号竪穴床面（古））
(2) ソーメン紋土器1(新)：2・3（モヨロ貝塚10号竪穴床面（古））
(3) ソーメン紋土器3(古)：4・5・6（モヨロ貝塚10号床面（中），モヨロ貝塚上層，トビニタイ遺跡1号竪穴（新））
(4) ソーメン紋土器3(中)：7（モヨロ貝塚10号竪穴床面（新））

図を省いたが、これに1964年に公表されたトコロチャシ遺跡の諸資料を挿入すると、(2)と(3)の間隙は容易に充填することができる。

つまり、この時点において、ソーメン紋土器に関しては、層位差・地点差・型式差を踏まえて、相当に細かな編年案を仮設することが、何人にも、十分に可能だったわけである。

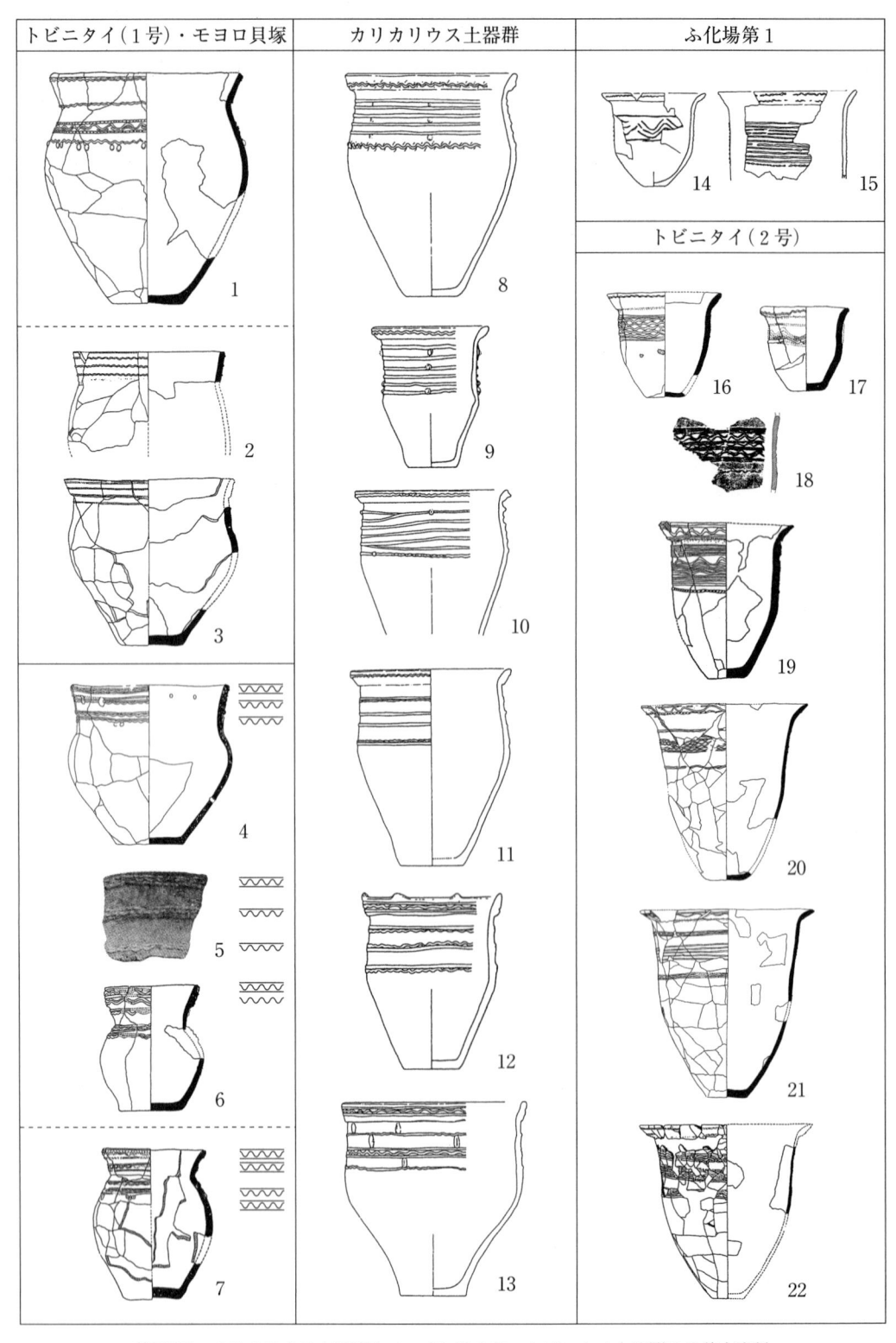

484　第5章　道東における貼付紋系土器編年の検討

トビニタイ（1号）・モヨロ貝塚	カリカリウス土器群	ふ化場第1
		トビニタイ（2号）

第201図　カリカリウス土器群とソーメン紋土器・トビニタイ土器群Ⅱの基本資料

(1)~(4)へのヘ変遷に対して、右列のトビニタイ土器群Ⅱは、トビニタイ遺跡の竪穴重複を利用して、「１例→16～22例」への変遷が一般に想定されている。そして通説の編年案によると、貼付紋系土器の変遷は、概ね

(1) ソーメン紋土器（1～3→4～7：藤本「d・e群」に対比）
(2) カリカリウス土器群（8～13）
(3) トビニタイ土器群Ⅱ（16～22）

の序列になると考えられている。

ただし、(1)と(2)は部分的に並行的な関係にあると指摘されている（金盛・椙田1984ほか）。その理由は、ソーメン紋土器とカリカリウス土器群の間には、共通する紋様や要素が認められる。それゆえ、年代差を一概には想定できないとするものである。

図示した資料でみると、「直線＋波線」のモチーフは、4～6例と11・12例に認められる。また、「直線＋波線＋直線」のバンド・ソーメン紋は、4～7例と12・13例に施されている。同じものは、なぜかトビニタイ土器群Ⅱの18・21・22例にも認められる。

「ソーメン紋土器→カリカリウス土器群」への移行が事実であるならば、4～7例の一部と11～13例が並行的に存在し、前者を母体として8～10例の並行線紋土器が作られる。そして、それに後続してトビニタイ土器群Ⅱの標式資料である16～22例が誕生した、と説明されるのであろう。

通説の編年案では、実は、このような変遷観が採用されているわけである。しかし個々の資料を比べると、ずいぶん奇妙な見方であることは、誰でも容易に気づくであろう。

たとえば、ソーメン紋土器の新しい段階に似ているものが、カリカリウス遺跡では、とうぜん最古の時期になるはずである。図示した範囲の資料では、7例≒13例であり、そこから12例→11例を経て、8・9例へと変化することになる。それでは、8・9例から擦紋土器の影響を受けつつ、どのような操作が施されると、16～22例のトビニタイ土器群Ⅱが誕生するのであろうか。

これもまた、実に不可思議な変遷案という他はない（柳澤2007b：50-53）。この疑問を解く「鍵」は、ふ化場第１遺跡の14例と15例に求められる。15例には並行線紋が施されている。口縁部の２本波線は１例に対比される。14例の大波状紋は17例へと繋がる。また、14例の口端部にある１本波線は、カリカリウス遺跡の8～11例と、まさに対比されるものである。

このように観察すると、ソーメン紋土器１の１例とカリカリウス遺跡で最古と認められた8例、そしてふ化場第１遺跡の14・15例が、型式学的に接近した位置を占めることが自然に了解されるであろう。

つまりソーメン紋土器では１例から７例へ、カリカリウス土器群では８例から13例へ、そしてふ化場第１遺跡とトビニタイ遺跡では、14・15例から16・17例を経て22例へと、それぞれ並行的に変遷したと想定されるのである。

この見通しが妥当ならば、第201図に示した諸資料を３系統の土器群として明確に区別することは、きわめて当然のことと考えられよう。

2．「カリカリウス土器群」の細分

　カリカリウス遺跡の報告書には、カリカリウス遺跡の土器変遷の考察するうえで、基本となる重要な調査所見が、簡潔・明瞭にまとめられている（椙田1982b：102-105）。しかしその記述は、先の澤井氏や榊田氏の論考に見られるように、理由は分からないが、無意識のうちに「忘失」されているようである。

1）竪穴住居跡の序列

　椙田光明氏は、竪穴住居跡（以下，竪穴）の構築の際に排出された上げ土の詳細な観察をもとにして、カリカリウス遺跡で調査した竪穴の変遷序列を表形式でまとめている（第15表）。

　これを参照すると、序列が特定できない竪穴を除いて、H-4号からH-6・9号まで5段階の変遷を想定している。これらの竪穴の周囲にも、大小の竪穴が広く群在している（第202図）。その大きさを5段階に細分して分布傾向を捉えると、5・6mクラス以上の竪穴は大きくA・B群に分けられる。

　発掘地点はちょうどB群の南端に当たる。4号・11号竪穴の辺りを境にして、B群は仮に二つの亜群（B$_1$・B$_2$）に分けられる。B$_2$群には、3・4mクラスの竪穴が2基含まれている。南側にも小さな竪穴が点在している。調査された竪穴では、1・7号や2号が5mクラス以下で、やや小振りな大きさである。これも含めるとB$_2$群の周囲には、南西側にa～e号、北東側に11・2・7・1号竪穴が営まれる。そして、その間を縫うように4号竪穴を頭にして、5～10号の竪穴が「→」印の順に構築されたように観察される。

　しかし、それは見かけ上だけの疑いもある。実は、中間の部分にもかつて古い竪穴が存在しており、それを破壊ないし改修して、新しい竪穴が構築されている可能性が想定されるからである。報告では、一部の竪穴に拡張ないし増築、再利用などの可能性が指摘され、第15表にも明記されている。

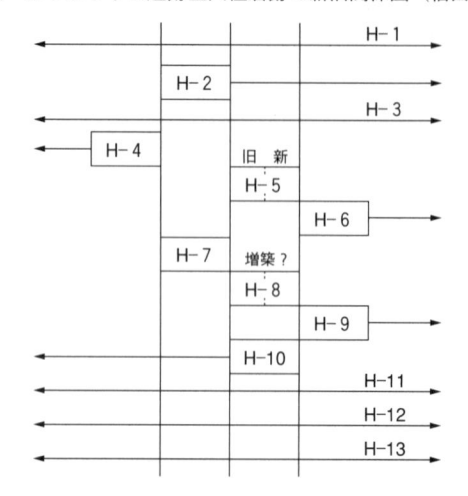

第15表　カリカリウス遺跡竪穴住居跡の新旧関係図（椙田1982b）

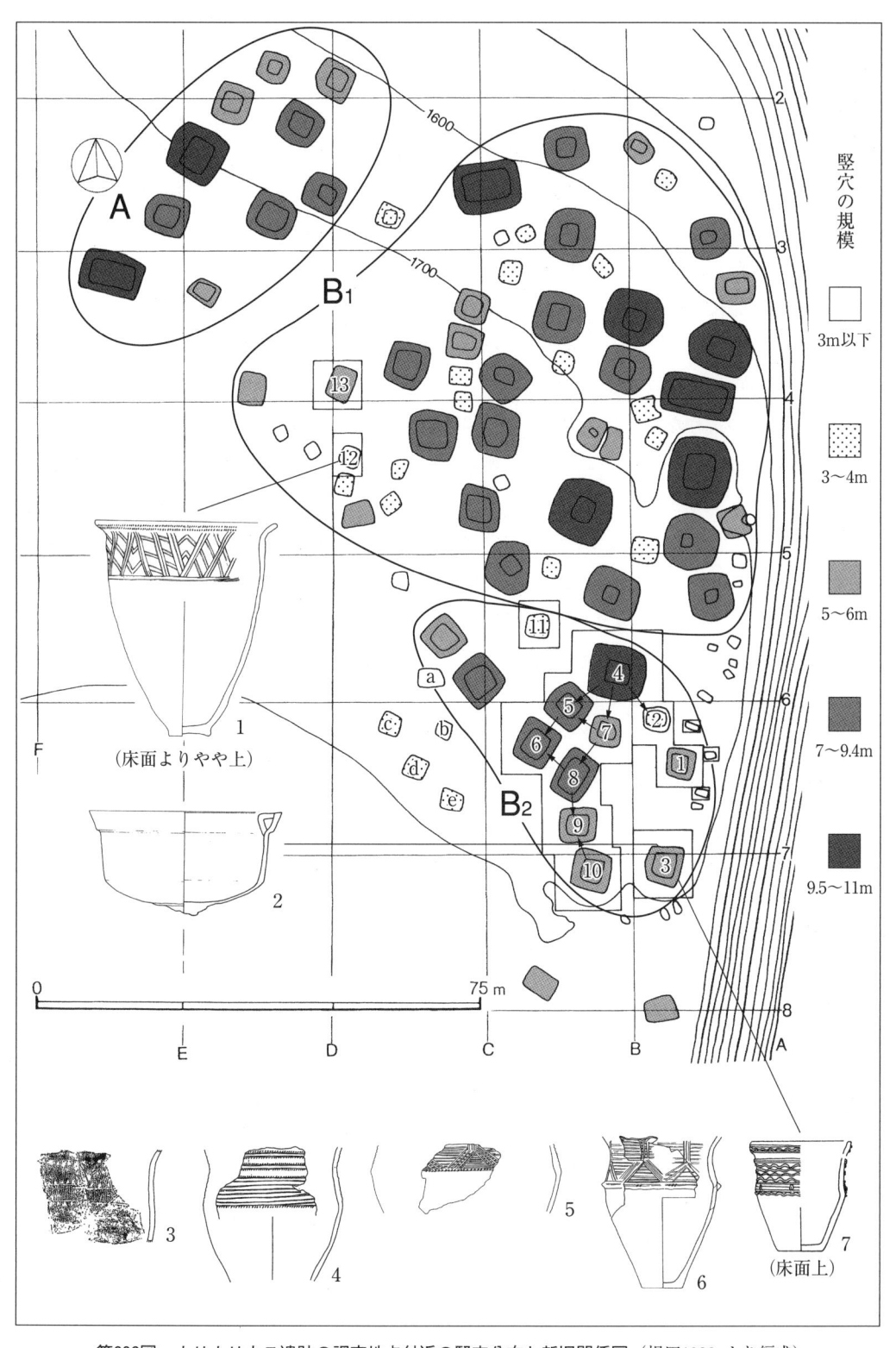

第 3 節 「カリカリウス土器群」の小細別編年案について　487

竪穴の規模

□ 3m以下
▦ 3〜4m
▩ 5〜6m
▨ 7〜9.4m
■ 9.5〜11m

第202図　カリカリウス遺跡の調査地点付近の竪穴分布と新旧関係図（椙田1982aより編成）

古い竪穴の窪地に対して、第202図 2 例の鉄鍋や13例の擦紋末期の土器を用いた後世の人々並びにその祖先達が、どのような働きかけをなしたのか。大小の土器片が離れた竪穴間で接合している事例が幾つもあるので、B₂地点における土器の出土状態を単純に「共伴」と見做すことには、慎重な姿勢が求められよう。椙田氏も、そのような観点で所見をまとめている（椙田1982b：103）。

ところで、3〜4 mクラスの竪穴プランは、擦紋期には、ごく一般的な大きさと認められる。調査地点の竪穴では、古い擦紋土器（擦紋Ⅱ・Ⅲ期）や変容し在地色を帯びた土師器（3〜6）の完形土器や破片資料が、様々なレベルで多くの竪穴から検出されている。一方、そうした土器群を単純に出土する竪穴は、不思議なことに一基も発見されていない。

これは何故であろうか。3〜6例と7例などの貼付紋を多用する土器の間には、ほとんど共通する特徴は認められない。それにも係わらず各竪穴では、様々な比率で 3〜7例のような土器片が混出する。このような状況は、どのように理解すればよいのであろうか（柳澤2006b：103-註12）。

はたして通説の編年案どおりに、3〜6例の古い土器群と「カリカリウス土器群」は同時代であると証明できるであろうか。

ちなみに「忘失」されているが、オタフク岩遺跡では、通説編年と正反対の竪穴序列が報告されている（涌坂1991）。ふ化場第 1 遺跡でも、オタフク岩遺跡と整合する事実が層位的に確認されている(註2)。したがってカリカリウス遺跡においても、椙田氏が明らかにした竪穴序列（椙田1982b）を踏まえて土器群の変遷を見直すのが、1982年以後に北方考古学を学び始めた後学が選択すべき、最も適当な方法になるであろう。

2）古い「並行線紋系土器」の変遷

報告書において、一繋がりの竪穴序列が捉えられているのは、「4 号→ 5 号→ 6 号」（西系列）と「4 号→ 7 号、8 号→ 9 号←10号」（東系列）の2群である。そして「7 号→ 5 号」であり、「8 号→ 6 号」の序列も加えると、4 号竪穴が最も古く、最も新しいのは、8 号・10号より後出の 9 号か、または 6 号になると想定される。

ただし東西 2 系列のうち、5 号・8 号竪穴では、新・旧 2 時期が想定されている。その点を念頭において、カリカリウス土器群の前半期に盛行した並行線紋土器の変遷について、最初に検討してみたい（第203図）。

第15表の竪穴の新・旧序列でも、最も古い竪穴は 4 号とされている。この竪穴では南壁の中央から、1 例の並行線紋土器が横倒しの状態で出土している。西系列の竪穴土器は、この土器を先頭にして、5 号(旧：？）→6 号（「波線＋直線」の土器）と変遷するが、並行線紋土器の変化は残念ながらたどれない。これに対して東系列では、

(1) 4 号竪穴（ 1：南壁に横倒しで竪穴に伴う）→
(2) 7 号竪穴（22：破片が床に接地し, 他は埋土中）

そして、

(1) 8 号（旧：？）→

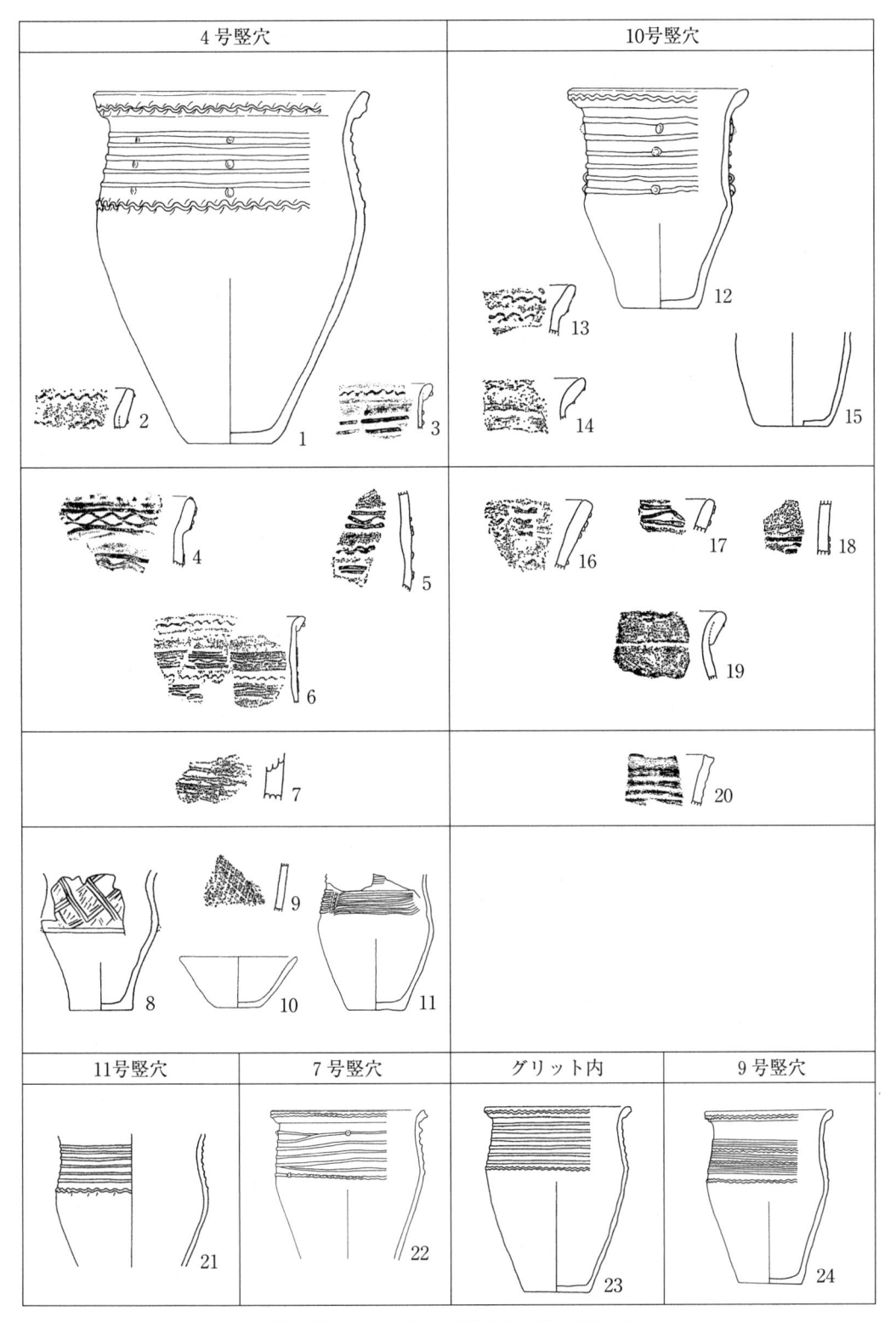

第3節 「カリカリウス土器群」の小細別編年案について　489

4号竪穴	10号竪穴

11号竪穴	7号竪穴	グリット内	9号竪穴

第203図　カリカリウス遺跡出土土器の編年(1)

(2)　9号（24：大半が床面に接地する）

という序列が想定される。それに型式学的な見方を加えると、並行線紋土器の変遷は、「1例→22例→24例」の順でかなりスムーズにたどれる。また、「10号→9号」であるから、「12例（床面より5cm上位）→24例（西壁脇で大半が床面に接地）」、という変遷も成り立つ。

そこで、10号竪穴の12例が問題になる。これに類似する土器は、11号竪穴（21）や遺構外（23）でも出土しているので、それらも加えてより細かく変遷をたどってみたい。

まず最も古い4号竪穴の1例と10号竪穴の12例を比べると、共通する要素としては、肥厚した口端部の1本波線、胴部の並行貼付紋と縦列施紋のポッチがあげられる。異なる要素としては、胴部下端の波線の有無、その波線に付く爪形痕の有無、ポッチを施紋する位置などが注意される。

器形に関しても、緩やかなラインの樽形と屈折胴という明瞭な違いが認められる。したがって「1例→12例」の序列は、型式学的にも妥当と言えるであろう。

1例と近似する特徴を持つのは11号竪穴の21例である。他方12例と類似するのは、7号竪穴の22例である。前者では爪形痕、後者では貼付線上へのポッチの施紋が注意される。細部の違いはあるが、年代的には近接していると思われる。つまり東系列の並行線紋土器は、「1例（4号）＝21例（11号）→12例（10号）＝22例（7号）」の順に変遷し、それに24例（9号）が後続すると想定されるのである。

そこで、グリッド内で検出された23例に注目したい。7号竪穴の22例と9号竪穴の24例と比べると、型式学的には両者の中間に収まるように思われる。爪形痕やポッチを欠いているので、4号・10号竪穴例よりも新しいと見做せるであろう。他方、9号竪穴の24例とはよく似ているが、並行線の集密度に大きな違いが認められる。また、口頸部の無紋部の広さも大きく異なる。胴部が屈折型を呈する点はよく似ており、口端部の形態も共通する。

このように比較すると、23例と24例は近接するものの、21・22例との親近度の違いからみて、「23例→24例」の序列が想定されよう。

以上の観察を踏まえると、並行貼付線を多用する土器系列は、

(1)　4号竪穴の横倒し土器（1）＝11号（21）
(2)　10号竪穴（12）＝7号（22）
(3)　グリッド内出土の土器（23）
(4)　9号竪穴（24）

の順に細かく編年されることになる。

以下、(1)～(4)の標本例を「カリカリウス土器群」の小細別として、(1)～(4)類と仮称することにしたい。これらは、「カリカリウス土器群」の前半期を代表する、きわめて特徴的な規範のもとに製作された一系列の土器と認められる。特に(1)類～(3)類までは、ソーメン紋土器やトビニタイ土器群Ⅱの影響を直接に示すような特徴はどこにも見当らない。

しかし(4)類とした24例には、少し異なる特徴がある。胴部の集密な貼付紋はトビニタイ土器群に特徴的であり、また「波線＋直線」の組み合わせは、ソーメン紋土器に盛行する手法である。

こうした後半期の直前に現れた変化には、重要な意味が隠されていると予想される。後節でさらに検討を深めたい。
 ここで並行線紋土器とともに、各竪穴内で検出された他の土器群にも注意を向けたい。4号と10号竪穴には、一見すると、同じような土器片が含まれている。年代が近接しているから当然のことであるが、特に2・3例と13・14例、4～6例と16～18例は、非常によく似ているように思われる。
 そこで出土した位置を比べてみたい。1・6・8・11例は地点を異にするものの、それぞれ床面に接地して出土している。2・3・4・5・9例は埋土中より、そして10例の坏も、床面から5cm浮いて出土している。11例は底部を上に向け、何故か逆位で出土したと指摘されている。
 出土した層準によると、1・6例（バンド・ソーメン紋）・8・11例→2・3・10例、4・5例、7例、9例の序列となる。つまり床面から埋土まで、カリカリウス土器群はソーメン紋土器1・3に対比され、ほぼ通説どおりに部分的な並行関係が認められることになる。
 はたして、これは妥当な見方であろうか。そこで今度は、床面に接地して検出された8例と11例を観察してみたい。
 8例の胴部の斜格子目紋は類例に乏しいが、在地系の擦紋Ⅱ（新）に由来するものと思われる。その下限は、稜線をなす箍状の貼付線で画されている。これは擦紋Ⅲや刻紋土器Bに施されるものに類似している（柳澤2007a：43-60）。床面より浮いて出土した坏（10）や埋土の格子目紋の小破片（9）も、8例とほぼ同じ時期に属すものであろう。さらに逆位で出土した11例は、カリカリウス土器群ではなく、トビニタイ土器群Ⅱの新しいものと思われる。
 最近、その類例がウトロチャシコツ岬下B遺跡の祭祀遺構から、トビニタイ土器群Ⅱの(7)・(8)′類とともに発見された。これはソーメン紋土器3に並行する特徴を有している（柳澤2007b：62-68）。
 この出土事例を念頭におくと、4・5・6例などの胴部にバンド・ソーメン紋を持つ土器は、11例の仲間と関係する可能性が高いと考えられる。一方、在地系の擦紋Ⅲに比定される8・9例は、10例の坏とともに、古い竪穴から何らかの事情で移動し、投棄・遺棄されたものと推測される。
 そのように捉えると、4号竪穴から出土した土器は、
 (1) 古い竪穴？（＝8～10？）
 (2) 4号竪穴 （1＝2・3）
 (3) 放棄され、資材が撤去された4号竪穴の窪地（4～6＝11，8～10）
の順に竪穴内に埋存したと想定される。しかし、床面に関係して検出された1例や6・8例を共伴と認めると、最も古いカリカリウス土器群の1例は、擦紋Ⅲの8例やソーメン紋土器3に酷似した6例に対比される。そうすると4号竪穴よりも新しい他の竪穴の土器は、すべて擦紋Ⅲ以降に下り、通説の編年体系とは矛盾することになる。
 ちなみにカリカリウス土器群は、いわゆる「擦文前期」の7例や20例に並行する、と一般に認められている。しかし、4号と10号竪穴で検出されたのは、ごく小さな7例と20例の破片に過ぎ

ない。出土状況からみれば、共に床面に横倒しで発見された1例・8例の方が遥かに重要であり、また意味ありげに見える。

このように竪穴内で出土した土器群は、「伴出」＝「共伴」という単純な見方では、とうてい捉えられない複雑な内容を示している。そこで、出土状況論的な捉えかたを保留して、先に見通した並行線紋土器の変遷序列を縦軸にして、後半期の土器変遷を検討してみたい。

3）変容した「新しい部分」の土器

東系列の竪穴群には、「4号→2号」の序列も付随している。それと「4号→5号（旧・新）、→7号」の序列もある。それに「5号←7号」の序列も加えて、それぞれの土器を比べてみたい。

第204図に関連する資料をまとめて示した。先の編年案をふまえ、竪穴の序列にしたがうと、

　(1)　4号（1＝2）→2号（4・5・6～8：床面，9：址外）
　(2)　4号（1＝2）→5号(新)（10：埋土，11・12：床面，13～18：埋土）
　(3)　4号（1＝2）→7号（19：埋土，20～24：埋土）

という関係が導ける。このうち確実に床面に伴うのは、2号竪穴の4・5例に限られる。10例の大半は埋土中であるが、口縁部・胴部の小片は床面に接地している。19例も、大部分は竪穴の西側埋土中から出土しており、底部は5号竪穴の床面から発見されている。また、この竪穴の埋土から検出された24例は、4号竪穴床面の3例と接合したと指摘されている。

したがって3例は、7号（埋土）の24例（≒19例）に由来する新しい土器と認められる。そこで双方の型式学的な距離を考慮すると、「1例→（中間の5小細別）→3例＝24例」の序列が想定されることになる。

また19例（埋土）の一部は、5号床面のみならず1号竪穴からも、口縁部と胴部片が発見されている。7号竪穴の床面には、29～31例の古い土器が残されているので、19～24例の土器は、周辺の某所から移動したものと考えられる。

そのように想定すると、7号竪穴では、「床面の(2)類土器（29～31：「古い部分」）→後出の「新しい部分」の土器（19～24：埋土）」、という序列が導かれる。一方、5号竪穴の床面には、隣接する7号から19例の底部が投棄されている。しかし、床面（11・12）や埋土（13～18）の土器と10例の間には、大きな差異は認められない。ごく接近した時期の組成を示しているように思われる。

そのとおりならば、「4号→5号（新炉）」の序列を利用すると、「1例→10例≒11～18例」への変遷が想定されよう。このように5号と7号の土器を比べると、「古い並行線紋土器（1＝2）→新しいバンド・ソーメン紋土器（10＝13～18，19・24＝3）」という序列が成り立つことになる。そこで2号竪穴へ移りたい。

2号竪穴の床面から出土した4・5例は、類例に乏しい土器である。4例の屈折した胴部は、先に(4)類に比定した9号竪穴の並行線紋土器（第203図24）に似ている。しかし、胴部の紋様構成は明らかに異なる。むしろ、10例の胴部紋様に類似すると思われる。10例と19例は、バンド・ソーメン紋を有し、器形は広口の甕形を呈する。

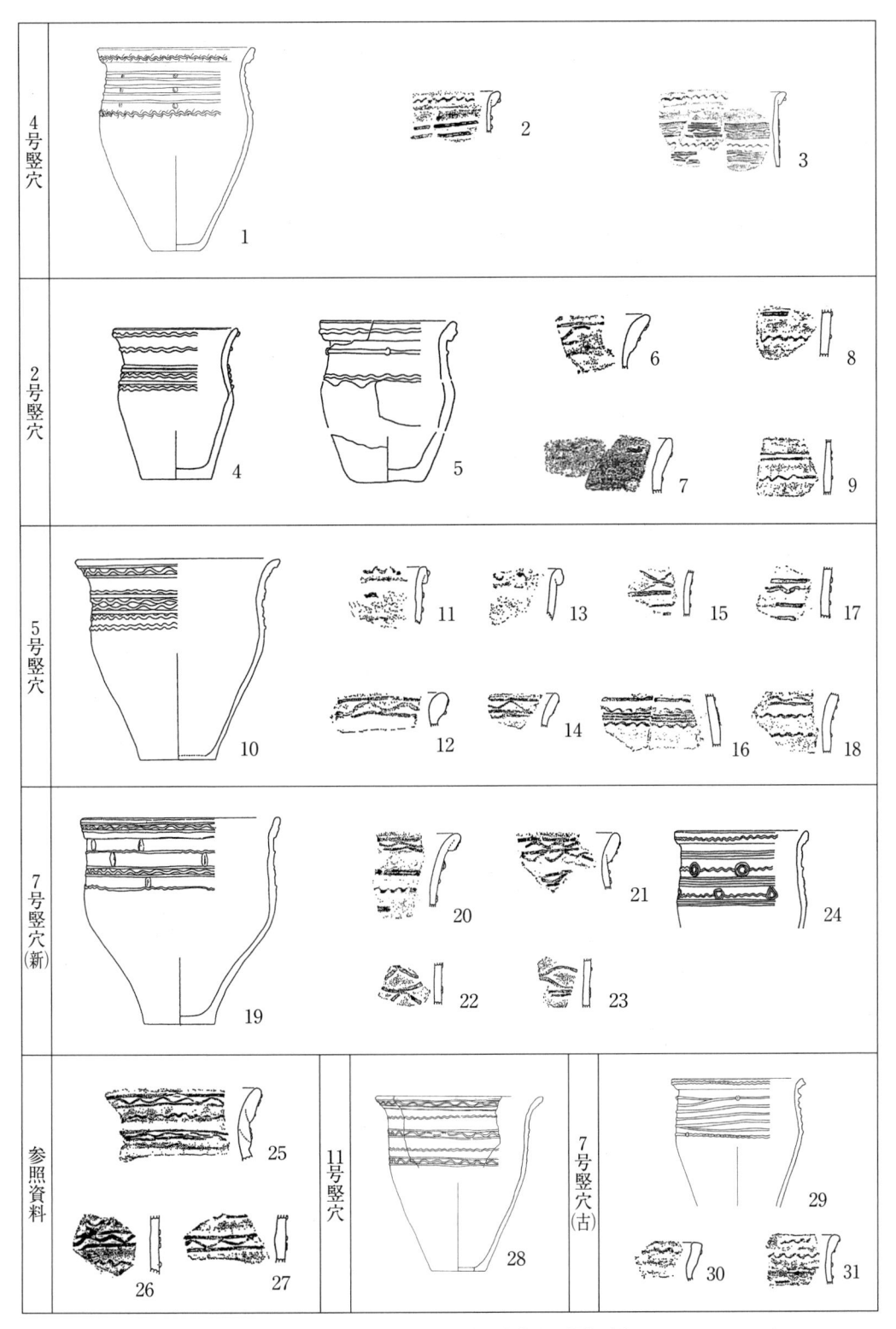

第 3 節 「カリカリウス土器群」の小細別編年案について　493

第204図　カリカリウス遺跡出土土器の編年（2）

これに対して4例の胴部紋様は、「直線＋波線」を基本としている。その構成法は9号竪穴の(4)類（第203図24）に対比される。

このように観察すると、4例は9号竪穴の(4)類と10例の中間に収まることが分かる。以上の点を整理すると、

　　(1)　4号竪穴の(1)類土器（1）
　　(2)　7号竪穴の(2)類土器（第203図22）
　　(3)　グリッド内出土の(3)類土器（第203図23）
　　(4)　9号竪穴の(4)類土器（第203図24）
　　(5)　2号竪穴の(5)類土器（4・5）
　　(6)　5号竪穴の(6)類土器（10・11～14）

という序列が導ける。胴部紋様の型式学的な変化を想定すると、さらに

　　(7)　7号竪穴の埋土の(7)類土器（19≒24）

へと繋がる。

　そこで次に、2号竪穴埋土の(5)類より新しい土器を観察したい。25～27例である。一見して、これらが7号竪穴の19例に類似していることに気づくであろう。ただ、細部には明瞭な違いが認められる。25例では口頸部にも外湾する紋様帯があり、そこにバンド・ソーメン紋が施されている。それ以下も、おそらく26・27例のようになるのであろう。19例では、その部分が「直線＋波線」の副装飾線となっている。紋様の構成法は明らかに異なる。

　25例の方がソーメン紋土器3の形制に近く、その強い影響を受けていると考えられる。並行線紋土器の細かな変遷と、変容した2号竪穴土器（4・5：(5)類）→ 5号竪穴土器（10：(6)類）→ 7号竪穴土器（19：(7)類）までの変化を踏まえると、2号竪穴の埋土土器（25～27）は、最も新しい時期に属すと認められよう。

　このように観察すると、先の編年案の末尾に、

　　(8)　2号竪穴の埋土土器（25～27：(8)類）←同床面の土器（4・5：(5)類）

の序列を追加できるであろう。

　この(8)類に酷似した完形土器は、4号竪穴の西方に位置する11号竪穴からも出土している。28例であるが、全体の紋様構成は19例に似ている。縦長のポッチを外し、「直線＋波線」の貼付線を波線のみに変更すると、両者の違いは、口頸部の扱い方と外反度の差異に限られる。年代的には、ごく近い時期に位置するであろう。先に、「19例→25～27例」と想定したので、「19例：(7)類→28例：(8)類」の序列が想定される。

　後者の28例は、11号竪穴の埋土中から出土したものである。先に(1)類に比定した完形土器（第203図21）も、11号竪穴から出土しており、ごく一部が床面に接地し、大部分は埋土中から検出されたと指摘されている。その他にも埋土中では、後掲のように様々な土器が出土している。まさに竪穴の時期を一義的に示さない混在状況が認められる。

　こうした場合には型式学的な弁別を尽くして、それぞれの編年上の位置を推論し、竪穴の時期

第3節 「カリカリウス土器群」の小細別編年案について

や混在の事情を推論する以外に、適当な方法が無いように思われる。

さて(7)・(8)類のように、ソーメン紋土器3に対比される新しい時期の完形土器 (19, 28) は、いずれも古い竪穴の埋土中か、放棄された竪穴の床面上で、その一部が接地して発見されている。これはおそらく、偶然の現象ではないであろう。そうした出土状況は、1号や2号 (25〜27)、4号(3)や7号 (19〜21)、そして11号 (28) などの竪穴において、特に顕著に認められる。

これらの新しい土器は、本来どの竪穴に由来するのであろうか。東西2系列の竪穴の中では積極的な手掛りは見出せないが、新しい時期に再利用された竪穴が存在するように思われる。また、5・6号竪穴の南側に位置する2基の竪穴が、新しい土器の供給源であった可能性も想定されよう。

さて以上で、「カリカリウス土器群」に内包される小細別として、(1)類〜(8)類を摘出し、一通り変遷序列についての論証を終えた。そこで**第205図**の資料を参照したい。これは並行線紋土器 (前半:(1)〜(4)類) が変容して、ソーメン紋土器の模倣的な土器 (後半:(5)〜(8)類) へとしだいに変貌する過程を図式的に示したものである。

- (1) 類土器 ……………… (1・2)
- (2) 類土器 ……………… (3・4)
- (3) 類土器 ……………… (5)
- (4) 類土器 ……………… (6)
- (5) 類土器 ……………… (7・8)
- (6) 類土器 ……………… (9)
- (7) 類土器 ……………… (10)
- (8) 類土器 ……………… (11)

一瞥して1例から6例への変遷が、型式学的にスムーズにたどれるのに対して、6例から7・8例、9例への移行、そして9例から10例への急激な変容ぶりが注意されるであろう。

(4)類の6例と(5)類の7・8例の間には、ふ化場第1遺跡の調査成果によると、Ma-b火山灰の降下があったと考えられる[註3]。そして、その直後の(6)類:9例の時期には、カリカリウス土器群がふ化場第1遺跡内に進出したことが確認されている[註4]。

7・8例と9例の間に想定される土器変容は、オタフク岩遺跡でも認められる[註5]。もちろんこのように土器変容が同期する現象は偶然ではあるまい。ウトロチャシコツ岬下B遺跡において、ヒグマの祭祀遺構が構築されたのは、(6)類〜(8)類にかけての時期であった (柳澤2007b:64-68)。

したがって、煩瑣な分析から導き出した以上の8小細別編年案は、貼付紋系土器を用いる3系統の集団の動静を探るツールとして、これから多岐に亘って有効性を発揮すると期待されよう。考古学的な手法に則り、佐藤達夫が予見した先史社会変動の実態を具体的に考察することも、将

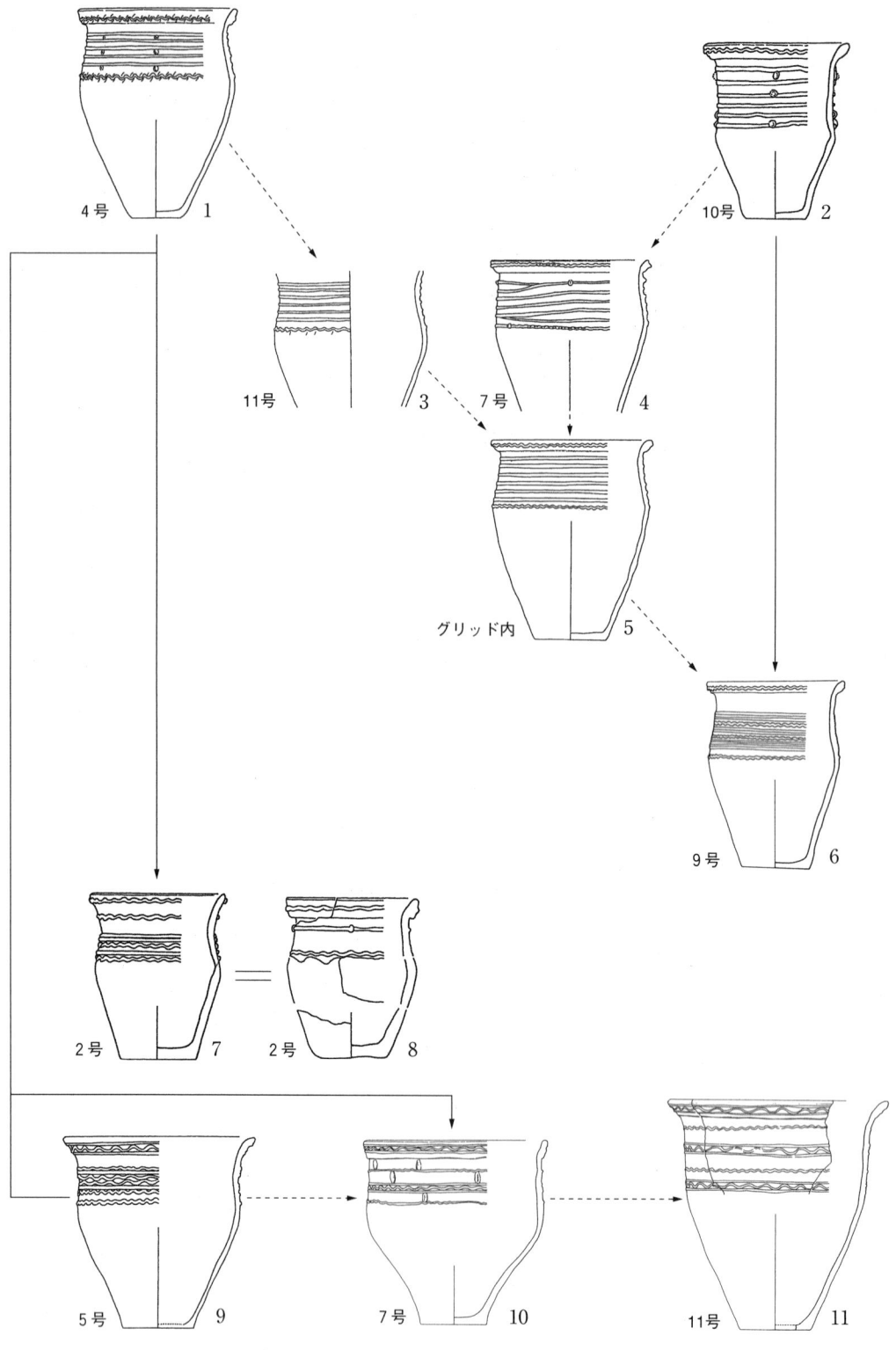

496　第5章　道東における貼付紋系土器編年の検討

第205図　カリカリウス遺跡出土土器の編年 (3)

来的には可能になると思われる（佐藤1972：482-485，柳澤1999a：86-89，91・2007b：53-56）。

　さて話題を戻すと、カリカリウス土器群の位置を明らかにするための作業は、まだ幾つか残されている。

5）他の貼付紋系土器との関係について

　ソーメン紋土器とトビニタイ土器群Ⅱについては、旧稿において何度か細分を試みている（柳澤1999b～2007b）。それを踏まえ、究極レベルの細分を試みた小論を投稿中である。その一部を示し、カリカリウス土器群の小細別編年案と対比すると、**第206図**のようになる。

　前半の(1)類から(3)類（8）にかけては、異系統土器の直接的な影響が認められないことは、すでに指摘したとおりである。また、(4)類の時期（9）になると、ソーメン紋土器の「直線＋波線」タイプの描線手法が波及し、9例の胴部紋様に採用されたことも、冒頭で触れている。

　そこで、B₁竪穴群の西端で調査された13号竪穴の10例に注目したい。器形は、(3)類の8例に酷似しているが、胴部の紋様構成は異なる。9例は、直線を集密に施すのに対して、10例では間隔を広く開けており、紋様帯の上下端に波線を加えている。9例ではその波線の位置が異なる。

　このような違いは認められるものの、「直線＋波線」のモチーフは双方に共通する。ソーメン紋土器の側では、1～5例まで3小細別にわたって、このモチーフが盛んに用いられている。9例や10例は、はたして、どの小細別に対応するのであろうか。

　そこで(5)類に比定した11～13例を観察すると、11例には5例と同じモチーフが認められる。これは、ストレートに外反したやや幅広い口縁部に1本波線を持つ土器である。その点で9・10例とは区別される。胴部では、「直線＋波線」のモチーフが3単位施されている。やや太目の大振りな波線である。この特徴は、明らかに5例に酷似している。

　5例＝11例であり、先行する(4)類の3・4例＝9・10例を考慮すると、両者の関係は並行的に捉えられる。必然的に8例は1・2例に対比され、カリカリウス土器群の(3)類～(5)類は、ソーメン紋土器の(3)類～(5)類に並行すると認められることになる。そこで、今度は14例に注目したい。

　これは8号竪穴から床面に接地して検出されたものである。この竪穴は拡張の可能性が指摘されている。つまり、改築ないし再利用が想定されるので、新旧の年代差を有すると思われる（第15表）。仮に古いものを（旧)竪穴とし、新しいものを（新)竪穴と呼びたい。

　竪穴の序列は、「8号→9号←10号」と指摘されているが、この序列をさらに細かく想定するために、各竪穴の土器を観察してみよう。

　(4)類土器に比定される9号の9例は、大半が床面に接地して出土しており、ほぼ竪穴の時期を示すと思われる。他方、10号竪穴の(2)類土器（第205図2）は埋土中から発見され、8号竪穴の埋土からも口縁部の一部が検出されている。何らかの要因で、8号・10号竪穴の双方に遺棄されたのであろう。このように解釈すると、問題は8号と9号竪穴の関係に絞られてくる。

　8号竪穴の埋土には、先の7号竪穴と同様に様々な土器が含まれている。それは後節であらためて検討するとして、床面に接地して出土した14例が問題になる。

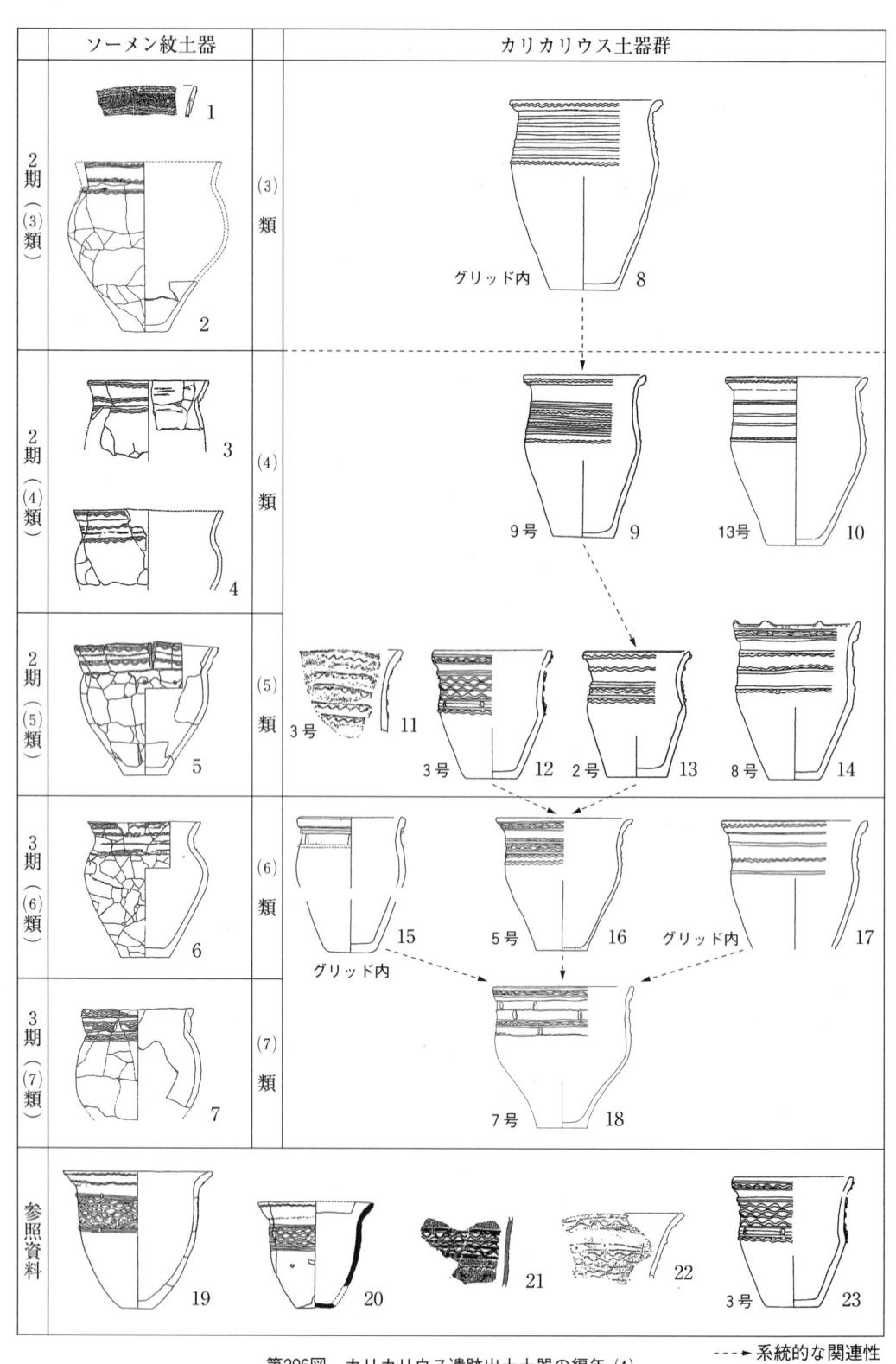

498　第5章　道東における貼付紋系土器編年の検討

第206図　カリカリウス遺跡出土土器の編年 (4)

---▶ 系統的な関連性

突起を持つ口縁部には、バンド・ソーメン紋が施されている。これは明らかに古手の並行線紋土器に無い新しい要素と認められる。胴部は、3本の直線にやや大きめの波線を加えて構成されている。その点では、明らかに(4)類の10例よりも装飾が賑やかになっている。また10例と14例を比べると、樽形の器形が変化してトビニタイ土器群Ⅱに接近していることに気づく。

トビニタイ土器群Ⅱでは、口縁部のバンド・ソーメン紋が、遅くとも(3)類の時期には登場しているので、14例は、その影響を受けていると推測される。この想定は、3号竪穴から11例（埋土）と伴出した(5)類の12例（床面）によっても傍証される[註6]。

12例の口縁部には、幅の狭いバンド・ソーメン紋が施され、胴部はトビニタイ土器群Ⅱに酷似したネット・ソーメン紋になっている。その下の副装飾帯を含めて、トビニタイ土器群Ⅱの(5)類に酷似した土器と認められる。ただし、胴部は伝統的な屈折型を呈する。実物を見ていないので確言できないが、トビニタイ土器群Ⅱを模倣して作られた土器ではないかと思われる。

(5)類の時期にソーメン紋土器やトビニタイ土器群Ⅱの影響が強まり、その結果として、11例や12・14例のようなキメラ（折衷）土器が誕生したのではなかろうか。ちなみに14例の構成要素を分解すると、

　　(1)　樽形の器形　　　：カリカリウス系（←10例）
　　(2)　口縁部の紋様　　：トビニタイ系（←12例）
　　(3)　胴部の3本直線　：カリカリウス系＋トビニタイ（←10例）、
　　(4)　胴部の下限を画する「直線＋波線」のモチーフとコブ状のポッチ
　　　　　　　　　　　　　：ソーメン紋土器系（←11例←5例）

と捉えられる。

つぎに並行線紋土器が、どのようにして(6)類に更新されたのか。そのプロセスを考えてみたい。15～17例は、(5)類と(7)類の中間に収まる特徴を持つ土器である。この類については、先に5号竪穴の16例を標本例とした。これは広口で強く外反した器形に特徴が認められる。17例は、これに酷似するグリッド内で出土した資料である。

17例の口縁部には、8～10例に見える伝統的な1本波線が施されている。胴部の紋様は上・下を直線として、その間に波線を挿入して構成されている。この紋様は、10例の系列に属すものであるが、貼付線の数は半減している（10：6本→14：6本，→17：3本）。

この変化は年代差を示すのであろう。並行線紋土器の系列では、伝統的な1本波線の口縁部紋様に固執する一方、胴部紋様の巧みな改変によって、小細別レベルの差異性を示していると考えられる。17例になると、広口で外反型の器形への変化に付随して、胴部紋様が上昇していることも注意される。

一見すると、伝統的な並行線紋土器（8・9）と17例は無関係のように思われるかも知れない。しかし型式学的にみると、胴部紋様は、「8例→9例＝10例→（？）＝14例」へ、そして17例への変化が想定される。そのように捉えれば、この流れに係わる土器は、本来は一系列の土器と認められるであろう。ここでは以上の観察から、17例を16例に並ぶ(6)類の土器と把握しておきたい。

そこで注意されるのが、17例の胴部に挿入された１本波線である。これと直線を連結したものは、(7)類に比定した18例（＝ソーメン紋土器３(中)）に用いられており、(8)類にも好例が存在する（第205図11）。

　この紋様帯の中央に挿入された１本波線は、ソーメン紋土器３の模倣的な土器に姿を変えた18例の時期においても、古き並行線紋土器の伝統を伝える要素として、カリカリウス遺跡の人々にとって象徴的な意味を持っていたと考えられる[註7]。

　口端部ないし口縁部に施される１本波線も、その意味で特に注目される要素である。４号竪穴の最古の土器（第204図１）に登場して以来、伝統的な口縁装飾の要素として用いられており、(7)・(8)類土器（第204図24＝３）まで存続している。

　また、ソーメン紋土器の強い影響を示す要素として、18例の縦長のポッチにも触れておきたい。15例にも同じものが用いられている。ソーメン紋土器では、二ツ岩遺跡の１号竪穴(床面)やトコロチャシ遺跡の１号竪穴(内側)からポッチを持つ類品が発見されている。これは(3)～(5)類に対比されるものである。

　カリカリウス遺跡では、(5)類の時期からトビニタイ土器群Ⅱとソーメン紋土器の影響が現れるので、15例や18例に見える縦長のポッチは、ソーメン紋土器の(6)類以降に出現したと考えられる。

　そこで18例を観察すると、ポッチはわざわざ位置をずらして、交互に貼付されている（柳澤1999a：82-86）。こうした手法は、オホーツク式土器に特有のものと認められる。その手法が、胴部のバンド・ソーメン紋とともに採用され、カリカリウス土器群の並行線紋と折衷されると、18例のような変容した模倣的な土器が誕生することになる。

　このような「ソーメン紋土器化」した土器の出現は、単なる紋様手法の波及によるとは考えにくい。18例に象徴される土器変容の背後には、人の移動に伴う社会的・文化的な変動を想定する必要があるであろう。将来の研究テーマとして、ここで指摘しておきたい。

3．「カリカリウス土器群」の再確認

　以上の観察と比較によって、ソーメン紋土器とトビニタイ土器群Ⅱ、そしてカリカリウス土器群の年代的な並行関係は、もはや疑いのない段階に到達したと言えよう。

１）小細別編年の試案

　そこで、以上に述べた８小細別案を図式的に示す**第207図**と**第16表**を作成してみた。狭い範囲に多くの情報を盛りこむのは難しい。これらは暫定版であって、各竪穴と各小細別の相対的な位置を年代順に配列しているに止まる。

　「カリカリウス土器群」の変遷について、これまでは大きく前半期（(1)類～(4)類）と後半期（(5)類～(8)類）に分けて説明を試みて来た。第207図を一覧して、その過程を見直すと、以下のように分期して捉えるのも、一つの見方になると思われる。

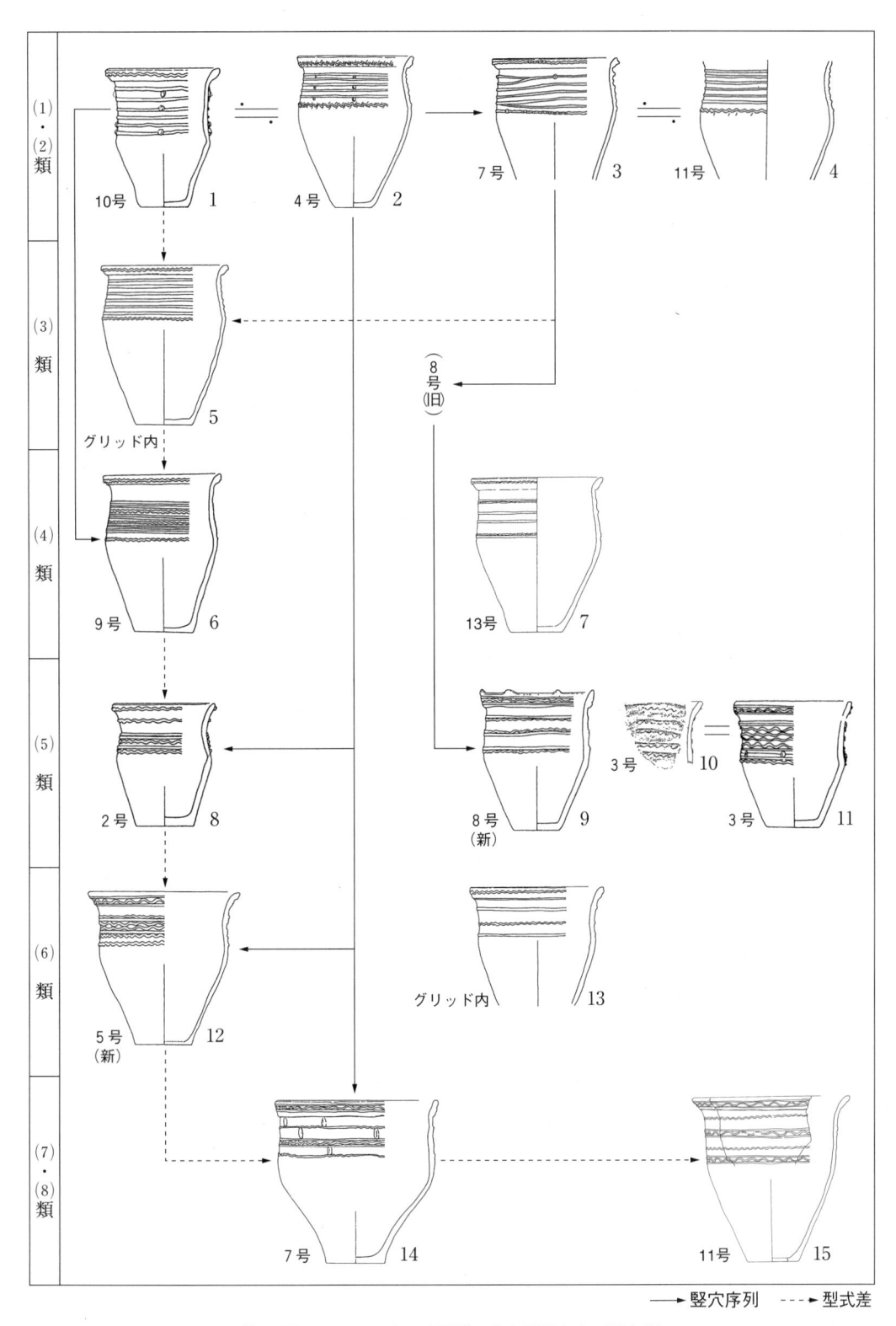

第3節 「カリカリウス土器群」の小細別編年案について　501

第207図　カリカリウス土器群の小細別編年案（暫定的）

(1) 前半期（独自期）：(1)類〜(3)類（1〜5）
(2) 中間期（変容期）：(4)類〜(6)類（6〜13）
(3) 後半期（模倣期）：(7)類・(8)類（14・15）

　変容期の(4)類の時期には、ソーメン紋土器2(古)の影響が波及する。「直線＋波線」モチーフが新たに採用され、胴部の紋様構成が変更された（6，7）。(5)類になると、ソーメン紋土器の影響に加えて（10）、トビニタイ土器群Ⅱの影響が強まり（11）、キメラ(折衷)土器（9）が登場した。
　これ以降になると、土器は常に複系的な条件下で製作されるため、しだいに変容の度合を強めて行くことになる。(6)類の時期では外反した広口の器形が創成され、胴部紋様には異系統土器に対峙するように独自色が強く現れる（12，13）。
　しかし(7)類の時期に入ると、そうした動きが寸断され、胴部紋様にソーメン紋土器の強い影響が現れる（14）。(8)類の時期には器形が砲弾形になり、ついにソーメン紋土器の模倣品として著しい変貌を遂げることになる（15）。
　小細別案の論証を省いて、駆け足でカリカリウス土器群の変遷をトレースすると、以上のような流れが捉えられる（**第16表**）。それでは、通説の編年案の根拠とされる異系統土器の「共伴」事実とは、いったい何を意味しているのであろうか。

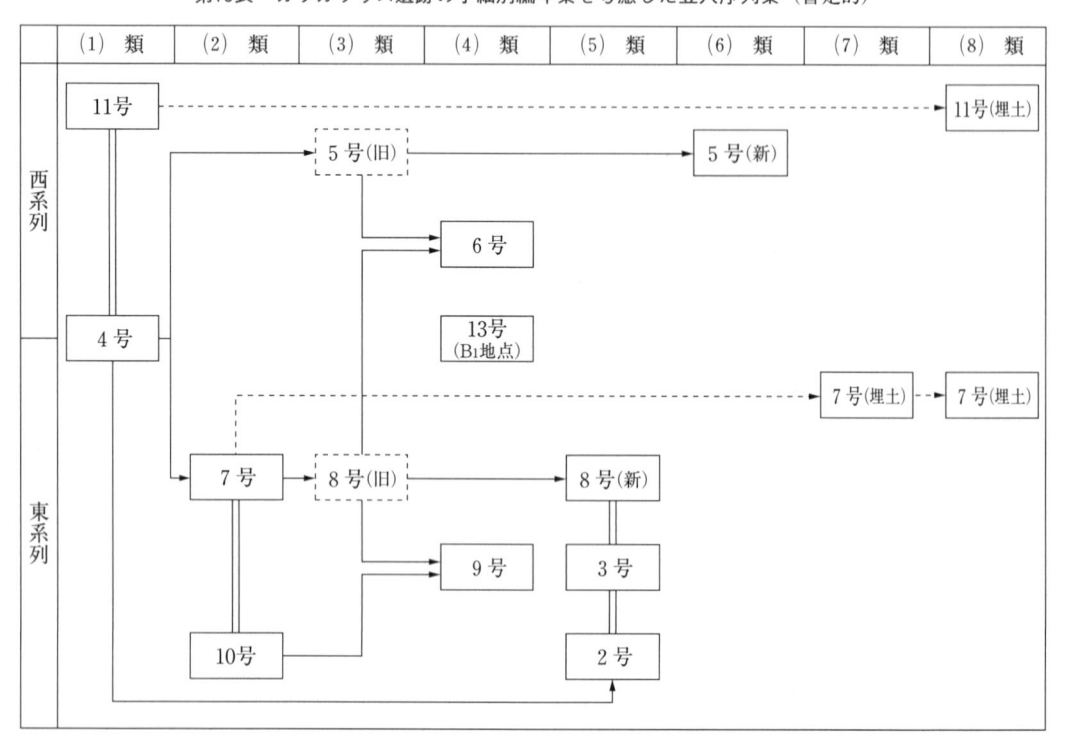

第16表　カリカリウス遺跡の小細別編年案を考慮した竪穴序列案（暫定的）

	(1)類	(2)類	(3)類	(4)類	(5)類	(6)類	(7)類	(8)類
西系列	11号		5号(旧)		5号(新)			11号(埋土)
			6号					
	4号		13号(B₁地点)					
東系列		7号	8号(旧)	8号(新)			7号(埋土)	7号(埋土)
			9号	3号				
		10号		2号				

2）異系統土器の出土状況と通説編年の検証

　通説の編年案では、カリカリウス遺跡において、いわゆる「擦文前期」の土器とカリカリウス土器群が「共伴」したと認め、その時期をソーメン紋土器が消滅する直前から、その直後に求める。年代的には、一般に9世紀から10世紀の前半頃に比定しているが、それより古いと考える意見もある（右代1991，中田2004bほか）。

　そうした説の根拠とされ、しばしばカリカリウス遺跡を代表する土器（**第208図**）として引用されるのが、まず4号竪穴（1）、そして7号竪穴（9・12）と8号竪穴（23）、そして6号竪穴（32）と11号竪穴（37）の完形土器である。最初に引用され、カリカリウス遺跡の土器として最も広く知られたのは、4号竪穴の1例と11号竪穴の37例、それに13号竪穴の土器（第207図7）であった。

　1例と在地系の擦紋Ⅲに比定される3例が同期しないことは、すでに指摘した。11号竪穴の埋土には、3例に先行する擦紋Ⅱ末の38例がある。隣の37例は、⑻類のカリカリウス土器群（39）と共伴すると見做されているが、⑴類に比定される土器も出土しているから、単純には判断できない。

　またカリカリウス土器群には、両者の中間に位置する破片も含まれている。したがって「共伴」の認定には、より慎重な姿勢での再検討が求められよう。

　他方、変容した土師器や擦紋土器の側でも、37例と38例では時期が若干異なるように思われる。図示した資料の範囲では、

　　⑴　擦紋Ⅱ＝横走沈線を持つ変容土師器（37）
　　⑵　⑴が変容したもの（32）
　　⑶　⑵に後続する土器（26＝25）
　　⑷　さらに新しい擦紋Ⅱ終末段階のもの？（38）

という変遷が想定され、竪穴の序列では、「11号→6号→8号」となる（第16表）。また、在地系の擦紋土器では、

　　⑴．擦紋Ⅲ（古：13）
　　⑵　擦紋Ⅲ（中：3）
　　⑶　擦紋Ⅲ（中：34≒6・8？）

という流れで、スムーズな変遷がたどれる。竪穴序列でみると、「11号→4号→1号」となる。

　ちなみに、カリカリウス土器群の8小細別編年では、これらの竪穴の序列は、細部で種々の注釈を要するが、「4号＝11号→8号→6号」となる。1号では、竪穴に伴う土器がないと指摘されているので除外すると、それ以外の竪穴序列は、すべて床面・埋土で伴出した土器の編年序列と一致しない。

　それでは図の資料に対して、8小細別編年を適用して配列すると、どのような結果が得られるであろうか。

　　⑴類土器（1）＝2例/3例

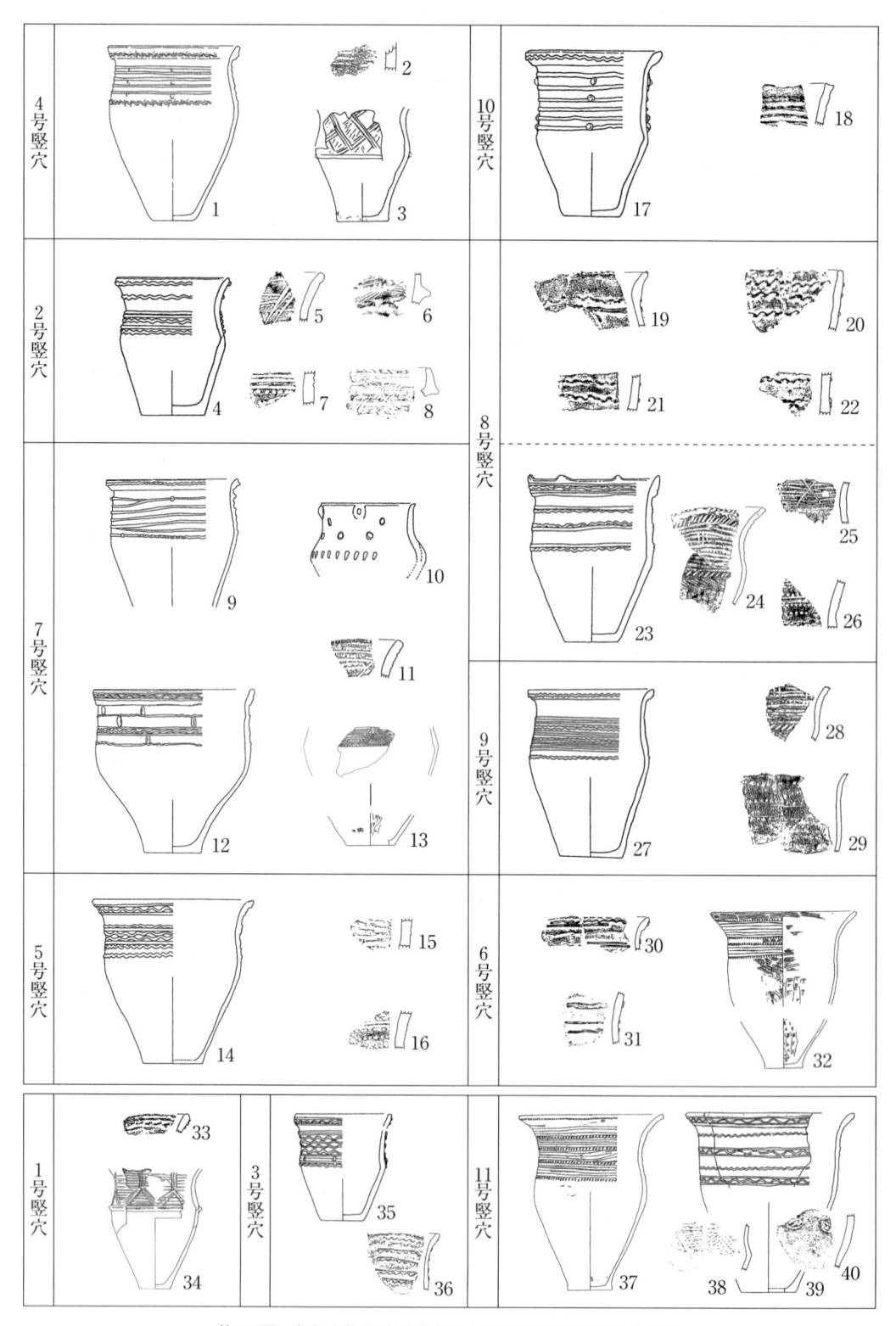

504　第5章　道東における貼付紋系土器編年の検討

第208図　各竪穴住居跡で伴出した異系統土器の実例（抄録）

(2)類土器（9）＝10・11例/13例＝17例＝18例
　(4)類土器（27）＝28・29例
　(5)類土器（4）＝5・7例/6・8例＝23例＝19～22例/24～26例＝35例＝36例
　(6)類土器（14）＝15例/16例
　(7)類土器（12）＝10例/11例/13例

　通説編年の根拠とされる標本例の出土状況を一覧すると、以上のように余りに混沌としており、個々の伴出事実に年代学的な秩序を見出すのは容易でない。
　そうした状態を生み出した要因は、おそらく一つに限られないであろう。最初に述べたように、古い竪穴の破壊、改修や改築、間歇的な再利用などが、土器類を攪乱する主要な要因になったことは、十分に推測されるところである。
　しかし、たとえ攪乱されていても、貴重な先史時代の情報がすべて失われているわけではない。諸氏が注目していない資料として、最後に2点の土器を取りあげたい。
　まず7号竪穴の10例である。これは一部が床面に接地し、他は埋土中から発見されたという。珍しい装飾を持つ土器である。口端部のコブ状のポッチや、口頸部・胴部の刺突紋は、オホーツク式系の要素とみてよいであろう[註8]。器形もやや風変わりに見えるが、オホーツク式のミニチュア土器に類品がある。時期的には、刻紋土器A末に比定される可能性が高いと思われる。
　そのとおりならば10例は、9例や12例と明らかに時期を異にする。筆者の編年案では、擦紋Ⅱ並行の11例と同期する可能性が想定される。刻紋土器Aの類品と思われるが、寡聞にしてこのような実例に接したことがない。今後の発見に期待したい。
　つぎに11号竪穴の40例を観察したい。これは小さな破片資料であり、器形もまったく分からない。沈線で楕円状の輪を描き、内部に短刻線を施しているようである。これに類似したモチーフを持つ土器は、やはりオホーツク式の刻紋土器Bに存在する。実物を観察していないので詳細は分からないが、図の上ではそのように観察される。
　そのとおりならば、40例に並行する土器として37例が挙げられる。これは38例や39例とは同期しない。
　37例や32例などの横走沈線を持つ変容土師器の完形品は、どの竪穴においても生活財として床面上から纏って出土していない。これらの土器を伴う竪穴が、ほとんど原形を止めていない理由は、どのように考えればよいであろうか。古い竪穴が後世の人々の手で破壊、または改築された事例は、二ツ岩遺跡において想定された（柳澤2007a：71-78）。
　カリカリウス遺跡の場合も、冒頭で述べたように、擦紋Ⅱ（「擦文前期」）・Ⅲの遺存状態に年代的な秩序が認められないのは、竪穴の破壊・改修・改築などに伴う二次的な遺物の攪拌作用が働いているからと解釈される。土器の接合事例や顕著な混在現象は、こうした想定を裏づける有力な物証になるであろう。
　したがって通説の編年案では、カリカリウス土器群を精密に編年したうえで、個々の伴出事例

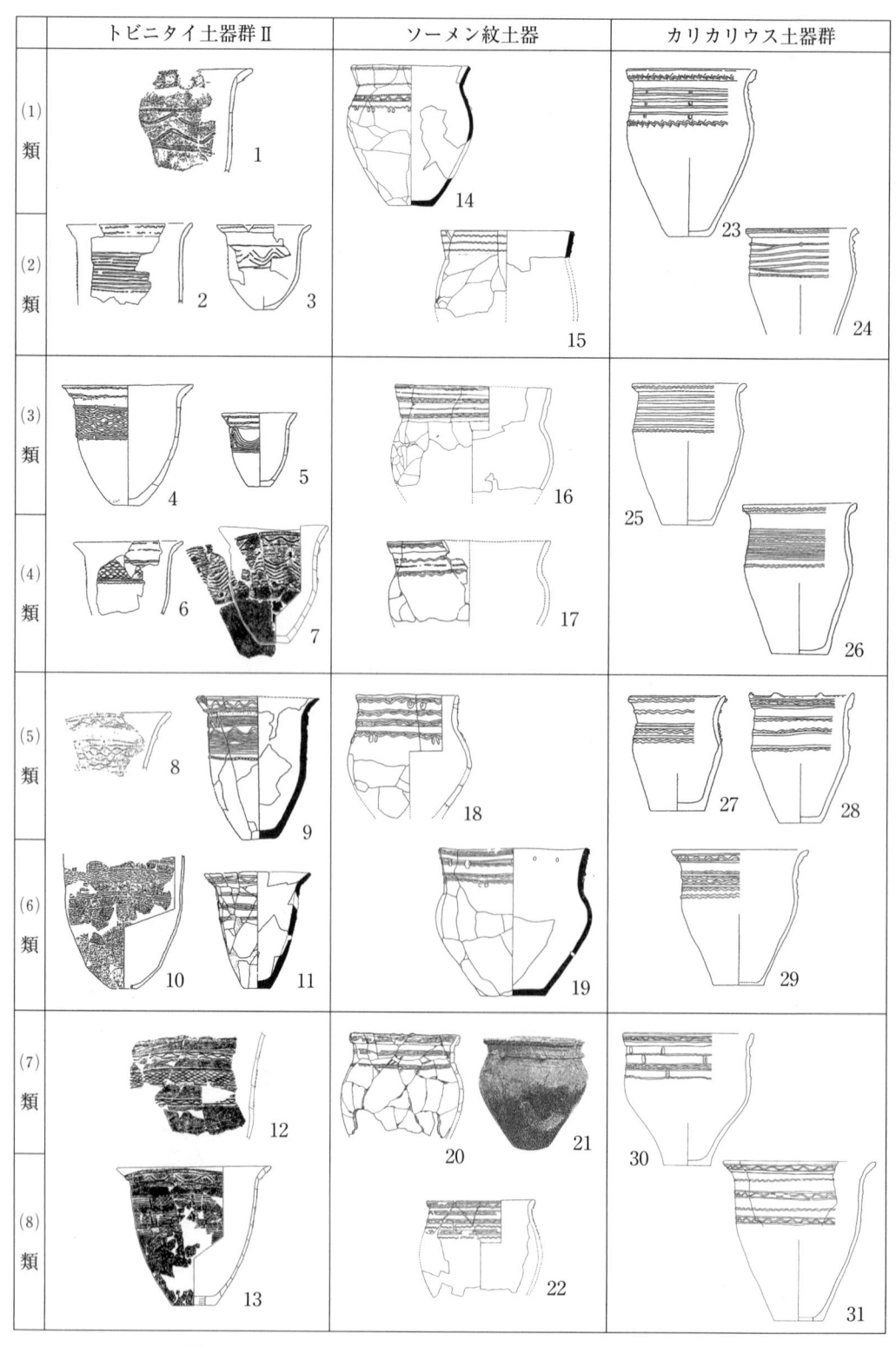

506　第5章　道東における貼付紋系土器編年の検討

	トビニタイ土器群Ⅱ	ソーメン紋土器	カリカリウス土器群
(1)類	1	14	23
(2)類	2, 3	15	24
(3)類	4, 5	16	25
(4)類	6, 7	17	26
(5)類	8, 9	18	27, 28
(6)類	10, 11	19	29
(7)類	12	20, 21	30
(8)類	13	22	31

第209図　ポスト擦紋期における貼付紋系土器の小細別対比編年案

第17表　道東部における擦紋Ⅳ期〜ポスト擦紋期の小細別編年案

擦紋期	擬縄貼付紋土器(古)		
	擬縄貼付紋土器(中)	トビニタイ土器群Ⅰ-Ⅱ	
	擬縄貼付紋土器(新)	トビニタイ土器群Ⅰ・Ⅰ-Ⅱ	
ポスト擦紋期	ソーメン紋土器1（1・2類）	トビニタイ土器群Ⅱ（1・2類）	カリカリウス土器群（1・2類）
	ソーメン紋土器2（3〜5類）	トビニタイ土器群Ⅱ（3〜5類）	カリカリウス土器群（3〜5類）
	ソーメン紋土器3（6〜8類・?）	トビニタイ土器群Ⅱ（6〜8類・8′類?）	カリカリウス土器群（6〜8類）

が、はたして真の「共伴」と認められるかどうかを、あらためて論証する作業が求められよう。なお試案の段階に止まるが、最後にポスト擦紋期の貼付紋系土器群の8小細別編年案を掲げてまとめとしたい（第209図・第17表）。

おわりに

　小論では、ソーメン紋土器とトビニタイ土器群Ⅱの小細別編年案を踏まえて、消滅されたカリカリウス土器群の細分を改めて試みた。資料は報告書が刊行された1982年から、ほとんど増加していない。

　良好な比較資料を欠いていること、さらに種々の事情で資料が混在していることから、8小細別編年の妥当性を竪穴ごとにクロス・チェックできないのは残念である。飛躍的な資料の増加も、現状ではあまり期待できそうにない。当面は、トビニタイ土器群Ⅱやソーメン紋土器との同期性を観察することによって、間接的に8小細別案の妥当性を検証する以外に、適当な方法はなさそうである。

　また小論では、言及を控えた課題が残されている。なかでも、カリカリウス土器群の成立事情の解明は最も重要なテーマである。一体どのような土器群を母体として、カリカリウス土器群は誕生したのか。その点を解明しなければ、小論の8小細別案は、いつまでも点睛を欠くことになるであろう。

　しかしながら以上の細かな検討によって、カリカリウス土器群がトビニタイ土器群Ⅱに移行するという通説の編年観が成立し得ないことは、十分明らかにし得たと思われる。

2007年12月24日稿

註

(1) 2007年7月28日、北海道考古学会の定例研究会において、「伊茶仁ふ化場第1遺跡と北方編年体系」と題する発表を行った際に、澤井玄・榊田朋広両氏の最新編年案について疑問点を明らかにした。

(2) 千葉大学文学部考古学研究室編（2006・2007）の記述を参照されたい。層位事実については、2007年7月に開催された北海道考古学会の定例研究会で資料を示して言及した。

(3) 第3次調査において、H-10号とH-13号の所見から、火山灰の降下した時期がトビニタイ土器群Ⅱの存続期間中に当たることが層位的に捉えられた（千葉大学文学部考古学研究室編2007：7-15，18-25，28）。
(4) 伊茶仁ふ化場第1遺跡では、第Ⅰ地点のH-10号竪穴とH-13号竪穴の調査において、カリカリウス土器群に酷似する破片資料が検出されている（千葉大学文学部考古学研究室編2006：図8-2～4，2007：図16-11）
(5) 現在、投稿中の論文でオタフク岩遺跡における「カリカリウス土器群」問題について触れている（『（千葉大学）人文研究』37）。
(6) トビニタイ土器群Ⅱの口縁部に施された幅の狭いバンド・ソーメン紋の実例は、知床半島のオタフク岩遺跡の3号竪穴とウトロチャシコツ岬下遺跡の竪穴（東3層）から、各1点が検出されている（宇田川1971b・宇田川編1981）。
(7) トビニタイ土器群Ⅱでは、口縁部に施された大波状紋が、土器系統の連続性を象徴するものとして特別に扱われている様子が窺える。
(8) この土器について、椙田光明氏は正しくオホーツク系の土器と認め、伴出関係については、はっきり捉えられなかったと指摘している（椙田1982b：103）。

図版出典

第199図　1～4：野村・平川編（1982）　5～7：椙田（1982a）　8・10：金盛（1976）　9：駒井編（1964）11～24：澤井（2007）

第200図　榊田（2006）より編成

第201図　1・5・6・16～22：駒井編（1964）　2～4・7：佐藤（1964）　8～13：椙田（1982a）　14・15：椙田（1980）

第202図　竪穴住居跡群実測図（椙田1982a）　1～7：（椙田1982a）

第203図　1～24：椙田（1982a）

第204図　1～31：椙田（1982a）

第205図　1～11：椙田（1982a）

第206図　1～7：野村・平川編（1982）　8～18・23：椙田（1982a）　19・22：宇田川（1971b）　20・21：駒井編（1964）

第207図　1～15：椙田（1982a）

第208図　1～40：椙田（1982a）

第209図　1・4・5・8：宇田川（1971b）　2・3・6：椙田（1980）　9・11・14・15・19：駒井編（1964）　7・12・13：涌坂（1991）　10：千葉大学文学部考古学研究室編（2006）　16・17：野村・平川編（1982）　18：武田（1996）　20：松田（2002）　21：河野（1955）　22：前田・山浦編（2004）　23～31：椙田（1982a）

終章　環オホーツク海域編年への展望

第1節　北海道島・南千島における北大式～擦紋末期の広域編年
－ 北海道島人とオホーツク人の接触を探る －

　はじめに

　北海道島における続縄紋期以降の先史土器の編年は、いつでも道央か道北を中心に議論されることが多い。発見された資料の地理的な偏りからみて、編年研究がいずれかの地域を中心に推進されるのは、ある意味で自然なことかも知れない。しかしながらそれ故に、この時期の北海道島の編年体系には、1977年以降、観察を行う地域の偏り等に由来する、ある種の歪みが現れているのではなかろうか。

　これまで筆者は、そうした研究状況を踏まえて、「オホーツク式土器」(河野1955・1958) と擦紋土器の新しい時期について、通説編年の見直しを進めてきた (柳澤1999a～2005b)。その作業は専ら道北と道東をフィールドにしているが、道央・道南の編年についても、北方編年体系の試案の中でつとに見通しを明らかにしている (柳澤2003～2005b)。そこで本稿では、道央の資料も参照して、北海道島と南千島を結ぶ北大式以後の広域編年を検討してみたい。

　ところで通説の北海道島の編年では、道北から千島(クリル)諸島方面へと拡散した「オホーツク人」は、9世紀末の頃に擦文人と接触して衰退し、12～13世紀の頃には、同化・融合を遂げたと説明されている (宇田川1988・右代1991ほか)。しかしながら、そのような編年観では、かつて菊池徹夫氏が正しく指摘したように、年代学的にみて、無視できない矛盾を抱え込むことになるであろう[註1]。

　しかもこの矛盾は、北東アジアを視野に入れた環オホーツク海域編年体系の根本を左右するほどの、大きな問題を孕んでいるように思われる。そこで試みに、擦紋土器や「オホーツク式土器」を広く通覧してみると、不思議に連綿と生命力を保つかに見える、北大式系のモチーフを持つ資料に出会う。これは明らかに、系統を異にした土器文化の接触や交流の事実を、端的に示唆するものと思われる。

　いったい北海道島における続縄紋系の住民と、いわゆる「オホーツク人」や土師器を携えた北奥からの移住民、そして広域的な拡散を遂げた道央系の擦紋人などは、いつ頃、どこで、どのように他集団と接触し、交流したのであろうか。その結果、それぞれの集団の社会や文化、そして成員の遺伝的な特徴には、どのような変化が生じたのであろうか。

また、そうした異系統集団の文化的、社会的な接触や融合に伴う諸々の変動は、後代における「アイヌ民族」の複雑な、そして長期に及ぶ広域的な成立過程を考察するうえで、いかなる意義を有するのであろうか。

小論ではそうした課題について、将来、先史考古学の立場から主体的に参与して行くための、編年学上の根拠を得るために、これまで旧論（柳澤1999b～2005b）で提案した北方編年体系を通時的に検証し、通説の編年案を見直すための要点を、総括的に明らかにしたいと思う。

1．問題の所在

日本列島内で発見された先史土器を観察すると、稀にではあるが、装飾要素やモチーフ、紋様手法などが「先祖返り」していると推測される例に出会う（柳澤1993a）。本州島の34％余りの面積を占め、縄紋土器の分布圏に内包される北海道島においても、もちろん、そうした土器現象が広く認められる。

そこで第210図の資料を参照したい。1例は、地方色を帯びたⅡ期の擦紋土器[注2]、2～5・9例は「オホーツク式土器」（以下，オホーツク式とする）で、6～8例が続縄紋土器である。それぞれの紋様は、単純なものから複雑なものまで、バラエティーに富んでいる。一瞥すると、共通性は何も無いように見える。しかしながら、実測図の傍らに示したモチーフを比べると、紋様描線（柳澤1977・2002：267-269・2006c：153-213, 526-546, 以下, 描線と表記する）の属性の違いを捨象すれば、その形状の類似性には驚きを覚えるであろう。

年代順に並べると、つぎのようになる。

(1) 続縄紋期の初頭の「フシココタン下層式（武田2002）」（6）
(2) 宇津内Ⅱb式（7）→宇津内Ⅱb式（8）
(3) 擦紋土器、オホーツク式（1，→2→3→4・5→9）

後者に見えるモチーフの原形は、不思議なことに、続縄紋土器の6～8例の中にほとんど含まれている。例えば、魚の鰭のように開く3本の描線で構成されたモチーフである。これには長短2種類のタイプがある。7(a)例は、窓枠のような短いタイプ、そして7(c)・8(d)例は、火箸のように長いタイプである。

これらを以下、便宜的に「鰭状マーク（鰭形紋）」と呼ぼう。短いタイプに類似するものは、擦紋Ⅱ期の1(b)例と沈線紋系土器の4例に、そして、窓枠状に扱うものは、オホーツク式の2例に見える(2a)。さらに、それを「区切り斜線」（柳澤2001：88-93・2003）として扱う例は、オホーツク式の3～5・9例の胴部や口縁部に共通して用いられている。先に述べたように、「2→3→4・5」例、そして9例への変遷を想定すると、この種のモチーフが断続的に見えながらも、長期に亘って存続することは疑えない。

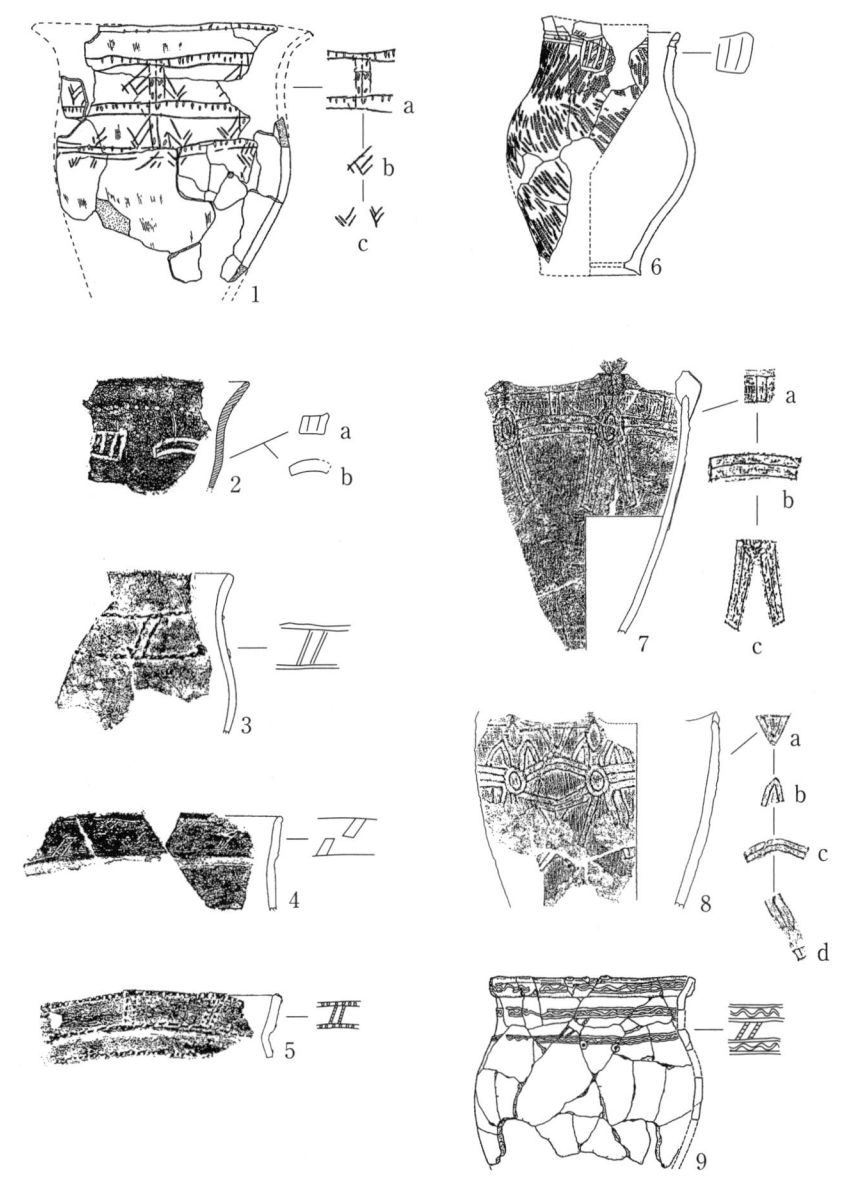

第210図　類似モチーフを持つ擦紋土器・オホーツク式土器・続縄紋土器の諸例

　また、紋様描線を縦に分割する描線（「区切り垂線」：柳澤2001：88-93）の手法も、続縄紋土器の7(a)例に用いられている。その形状は、描線の属性差を別にすれば、擦紋Ⅱ期の1(a)例に酷似している。さらにその1例に見える「Vマーク（V字紋：c）」は、8例のa・bの形状に近似している。後述のようにVマークは、しばしば北大式の「新しい部分」の時期にも用いられている。

　擦紋土器に先行する北大式には、「窓枠紋」のモチーフもある。また、短い「鰭状マーク」も用いられている。一方、区切り斜線や区切り垂線の実例は、後掲のように道東部の擦紋Ⅱ期に存在する（第214図7, 第217図12・13）。したがって、6～8例のごとき続縄紋土器に見えるモチーフ

の伝統は、北海道島の広い範囲において、見え隠れしながら、あたかも「先祖返り」的に再生し、ソーメン紋土器の末期（9）まで連綿と存続すると想定されるのである。

このような捉え方は、はたして、まったくの想像上の賜物なのであろうか。モチーフ（マーク）の類似性などは、時空を超えた単なる「他人の空似」に過ぎないのであろうか。以下、これら続縄紋土器に出自する可能性を秘めたモチーフを、広域交差編年的な視点から分析し、キメラ（折衷）土器を「鍵」資料として用いながら、通説に代る新しい北方編年体系の骨組みについて、あらためて見直してみたい。

2．いわゆる北大式から擦紋土器へ

河野広道博士が提唱した「北大式」（河野1959）の編年研究は、どのように推進すればよいのであろうか。多くの研究者が推奨するような考案は、いまだ提出されていない。いわゆる「北大式」のうち、特に「古い部分」と「新しい部分」について、早くから意見が対立しており（松下1963・斉藤1967・佐藤1972）、その論争は今も続いている。

また「北大式」の変遷についても、最近の大井晴男氏の論考（大井2004b）をはじめ、シンポジウムで発表された最新の論考[註3]を参照しても、新旧の論説に由来する見解の相違点が錯綜しており、「北大式」をめぐる議論は一向に一致する兆しが見えない。

近年、大沼忠春氏は、佐藤達夫の北海道島編年案（佐藤1972）を批判する立場から、「北大Ⅲ式」または早期の「擦文土器」（宇田川1980aほか）とされた土器群を「十勝茂寄式」と称し、Ⅰ～Ⅴ期に細分する説を提案した（大沼1996b）。現在、かなりの研究者が、この大沼説を支持しているようである。しかし、系統単位としての「十勝茂寄式」の捉え方やその自在な細分法には、何も問題が無いのであろうか。すでに大井氏が鋭く問題点を指摘し、その見直しを求めている（大井2004b：39-40）。

そもそも「北大式」の編年は、擦紋土器の成立をどのように捉えるかという問題と重なり、ここで簡単に論じることは困難である。詳細は別の機会に述べるとして、小論では、いささか議論が混迷している道央部を離れ、佐藤達夫の擦紋編年案（佐藤1972：462-488）の発表後に報告された、道東部の音別町ノトロ岬遺跡（山本1984）の資料に注目したい。

第211図の1～29例を一覧すると、すぐ分かるように、これらは佐藤が精細に分析した阿寒町のシュンクシタカラ遺跡（澤・富永1963）や、殉公碑公園遺跡（澤1963）などには見当たらない、多様な特徴を持つ土器群で占められている。報告書の分類を参照して細分すると、つぎのように3群に分けられる。

(1) シュンクシタカラ遺跡のⅢ群に後続する土器群で、多数の系列を含む。縄紋を施すもの（1～5）と素紋地の二者があり、片口土器を伴う（5）。

(2) 縄紋の施紋、片口土器を欠く。僅かに口縁部に隆起線をもつもの（6～9）を伴う可能

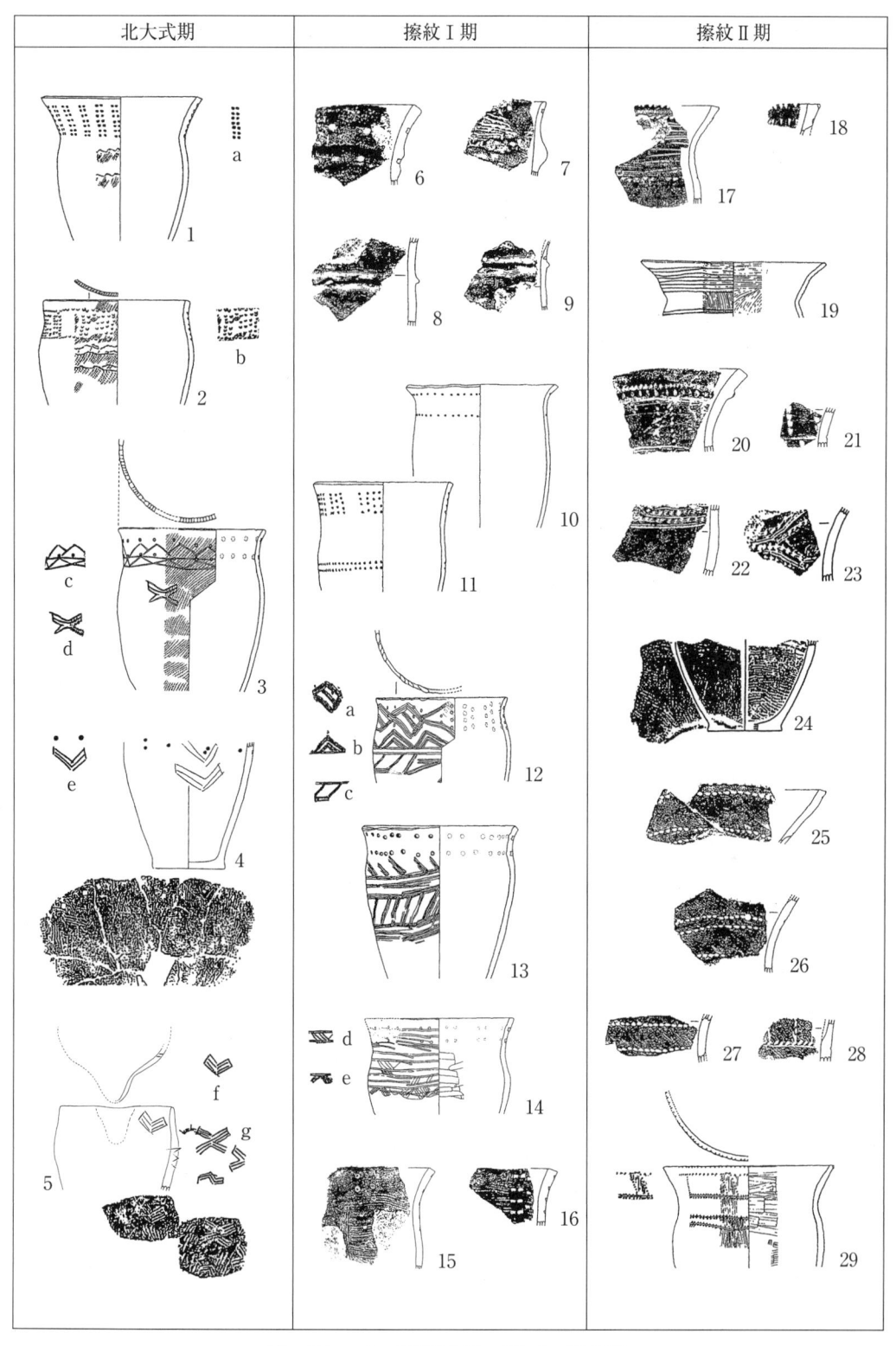

第1節　北海道島・南千島における北大式〜擦紋末期の広域編年　513

北大式期	擦紋Ⅰ期	擦紋Ⅱ期

第211図　ノトロ岬遺跡資料の編年案（暫定的）

性がある[註4]。素紋地のもの（6〜14）と、刷毛目の調整痕を残すもの（15・16）の二者がある。どちらも(1)群土器から、円形刺突紋をはじめ各種のモチーフを継承する。

(3) 円形刺突紋を欠く。刷毛目の調整痕を持つものが主体を占め、垂線と横帯をなす刻紋が多用される。横走沈線の土器を僅かに伴う（17・19）。

(1)群は、いわゆる「北大式」の新しい部分に属するものであろう。道央方面に分布する土師器の直接的な影響は明らかでない。その傾向は(2)群にも認められ、(3)群に至って、初めて横走沈線紋を持つ変容した土師器の影響が現れるようである。

さて、(1)群において注目されるのは、a（短冊状の刺突紋）、b（窓枠状の刺突紋）、c（菱形連紋）、d（変形した「Xマーク」）、e・f（Vマーク）、g（複線のXマーク）、変形した窓枠紋などの各種のモチーフである。

一方(2)群においても、a（12・15・16）、b（11）、c（12）、逆位のe（14）など、形態的にみると相関性の高いモチーフが認められる。また、Vマーク（e・f）などから派生したと推定される二重の三角紋（12-b）や、短い鰭状マーク（12-c）、また、それを複線で仕立てた区切り斜線（14-d）などが、(1)群から連続するモチーフとして注目される。

それでは北大式が終焉した後、これらのモチーフはどのように変遷するのであろうか。この点については、新たに(2)・(3)群の内容を的確に示す良好な資料が発見されないと、判然とは捉えられない。しかし、ここに示した資料の範囲で見るかぎり、しだいに変容を遂げる道央部の土師器や古式の擦紋土器の影響を反映して、(2)群土器の内容は大きく変化するように思われる。

まず、櫛状工具による擦痕から、「刷毛目」による調整痕を残す土器が目立つようになる。そして円形（34）や一種の爪形（2）の刺突紋に代って、棒状工具による三角刺突紋（20〜29）が一般的に施紋される。

口頸部と胴部は、この刺突紋によって幅広く分帯され、それを縦に区切る列点紋が多用される。これは、擦紋土器やオホーツク式に見られる、紋様帯を縦位・斜位に区切る手法のルーツと見做されるものであって、一種の区切り垂線と捉えられよう。

この種の縦位・斜位に区切る紋様手法は、道央部の強い影響を受けて登場した、横走沈線を持つ土師器を模倣したと思われる土器（17・19）には、今のところまったく見当たらない。それに対して、在地色の強い三角刺突紋を多用する土器（20・21・28・29）には、顕著に認められる。

しかしながら、これら在地色の強い土器群にも、たとえばノトロ岬遺跡の資料（山本1984）を一覧すると、(2)群土器で注意した北大式系のモチーフがほとんど見当たらない。この点は、いささか不思議に思える。しかし少し注意して観察すると、23例のごとく、伝統的な菱形のモチーフ（3-c・12a）を三角刺突紋で縁取る例が目に止まる。おそらく、こうした特徴を持つ土器の数量は、東へ行くにしたがい地理的な勾配をもって増加するのであろう。

そこで、ノトロ岬遺跡より東方へ目を移すと、在地色の強い土器群が現れてくる。道央部から遥か彼方の道東では、北大式はどのように終焉し、擦紋土器に並ぶ新系統の土器へ移行するので

あろうか。根室半島へ観察のフィールドを移動する前に、ここでノトロ岬の遺跡編年を整理しておくと、つぎのようになる。

(1)　ノトロ岬遺跡の(1)群土器（1～5）：いわゆる「北大式」の「新しい部分」に比定されるもの
(2)　ノトロ岬遺跡の(2)群土器：道東部における擦紋Ⅰ期（6・7，8？，9～16）
(3)　ノトロ岬遺跡の(3)群土器：道東部における擦紋Ⅱ期（17～29）

１）弁天島西貝塚から見た道東の編年案

　根室半島に位置する弁天島遺跡群は古くから調査されており、貴重なオホーツク系文化の資料が豊富に発見されている。その中でも、西貝塚の竪穴から採集された小さな円形刺突紋を持つ土器は、古くから道東における十和田系文化の先駆けとして注目されて来た（北地文化研究会1968・1979）。

　第212図の8例がそれである。これは竪穴の壁面近くで出土している。伊東信雄が提唱した十和田式（伊東1942）の典型的な標本例に比べると、器形はやや風変わりに見える。口径も小さい。先細る口縁部の断面形や器体の分厚さなども、いささか気になる。さらに口端と胴部の刺突紋は、突瘤状ではなく浅い刺痕となっている。胴部の刺突紋は、2本の並行沈線と横長な窓枠紋の内外に施されている。また紋様は連続せず、独立的に扱われている点が注意される。

　以上に述べた特徴からみて、十和田式の範囲をまったく任意に拡張して、8例を「十和田式」と鑑定することは疑問に思われる。円形刺突紋土器の一種と捉えておきたい(註5)。8例のようにモチーフを単独で独立的に施紋する手法は、ノトロ岬遺跡で観察した北大式の(1)群土器(23)や、後述する亦稚貝塚の諸例に認められるものと、ほとんど変わりない。伊東の「十和田式」には、こうしたモチーフ扱いを示す標本例はまったく含まれていない。この点に、特に留意しておきたいと思う。

　さて、弁天島西貝塚の竪穴資料を一覧すると、覆土中から8例に類似したモチーフ扱いの土器片がかなり採集されている。たとえば窓枠状の10例や、横向き短冊状の11・12例などである。これらは、刺突紋の形態やその施紋法から見て、8例と近い時期のものと思われる。13例などは、ノトロ岬遺跡の(2)群の一例（第211図10）と酷似している。14例もその仲間であろうか。間隔をあけて刺突紋を施紋した例と推測される。また、胴部に列点紋を有する9例は、ノトロ岬遺跡(1)群の1例に直続する土器とみて、ほぼ誤りないであろう。

　これらはいずれも櫛状工具の調整痕（6）を欠いている。ノトロ岬遺跡(1)群に顕著な垂直列点紋（6）や口縁部の隆起線なども、まったく見当たらない。しかし、8例や11・12例の短冊状の刺突紋は、垂直な列点紋を横向きにすると容易に作り出せる。したがって、両者が密接な関係にあることは疑いないように思われる。「1例→9例」の新旧関係は、この想定の有力な傍証になるであろう。

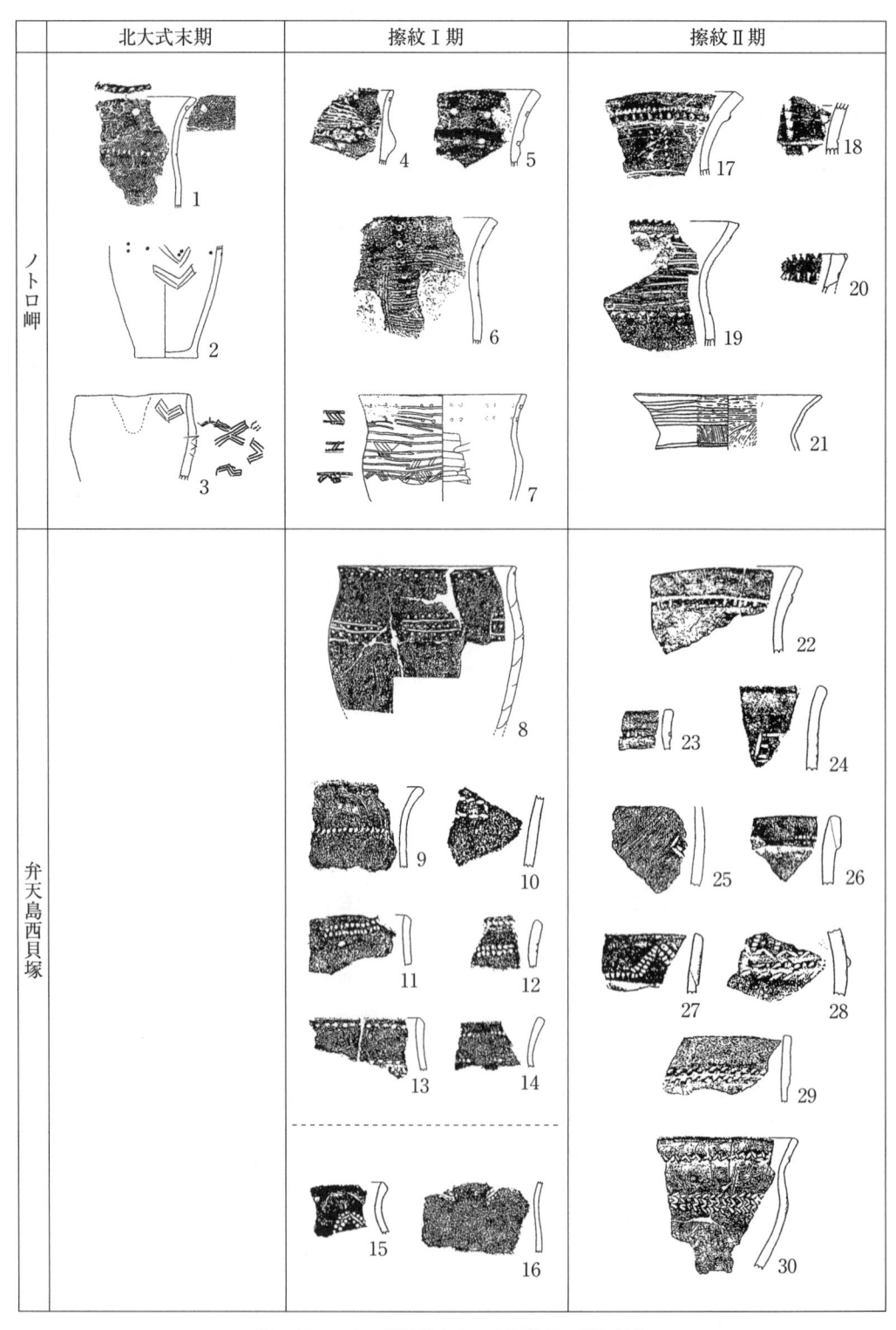

516　終章　環オホーツク海域編年への展望

	北大式末期	擦紋Ⅰ期	擦紋Ⅱ期
ノトロ岬			
弁天島西貝塚			

第212図　ノトロ岬遺跡と弁天島西貝塚の編年対比

ノトロ岬遺跡との相違点については、ひとまず措くとして、ここでは15・16例に見えるＶマークに似た新モチーフに注目したい。15例では口縁部に、16例では胴部に施されている。単独ではなく、左右に複数が施紋されていると推定される。覆土には、9〜14例の他に刻紋土器も含まれている。これは、どちらに属するものか判然としない。

　後述のように刻紋土器に伴う例は、明らかに特徴が異なる。特に15例のように、外反した口縁の直下にＶマーク系のモチーフを施す例は、8〜14例に伴う可能性があると考えられる。この竪穴の第2次調査では、肥厚した口縁部に型押紋？でＶマークを施紋した、と推定される例が発見されている。27例である。これは明らかに刻紋土器Ａ（柳澤1999b：52-62, 2003：158-第2表）に比定されるから、モチーフの変遷としては、「15例→27例」[註6]という序列が想定される。

　また、竪穴の覆土や貝層からも、様々な土器が採集されている。しかし主体を占めるのは、29・30例のような刻紋土器Ａである。それらに伴い、22〜26例のごとき土器片が発見されている。これらを一瞥すると、口縁部に隆起線を持つ22・23例と、ノトロ岬遺跡(2)群の17例の並行的な関係が注意されよう。ともに隆起線には刻み目が施されている。外反する器形も共通しているが、列点の垂線は弁天島西貝塚の諸例には見当たらない。

　では、8〜15例との関係はどうであろうか。22・23・26例の隆起線には間隔をあけて刺突紋が施されている。左右に間隔をあけてモチーフを配列し、また刺突紋を施す手法は、8・11・12・14例のごとく一般的に認められる。したがって、22・23・26例の刺突紋や型押紋？は、8〜14例のような在地系の土器群から継承されたと想定されよう。

　つぎに窓枠ないし鰭状のモチーフを持つ24・25例に注目したい。これが8例や10例の方形のモチーフに関係することは、特に説明を要しないであろう。どちらも内部に列点を有する。これも8例などの手法を継承したものと思われる。

　さらに28例の胴部片である。肝心な部分が欠けており、確言できないが、列点による斜めの区切り線が施されているように見える。そのとおりならば、17・18例の垂線を斜めにした区切り線が早くも登場していることになる。その先駆けとなるモチーフは、ノトロ岬遺跡(1)群の7例に現れているから、28例に先立つ明瞭な区切り斜線の存在を想定することができよう。

　このように新旧の弁天島西貝塚の資料を比べると、8〜14・15？＝16例がいわゆる「北大式」に後続し、肥厚口縁の22〜30例のごとき刻紋土器Ａが、それに続いて登場したと想定される。したがって、先のノトロ岬遺跡編年に対比した場合、道東部の編年はつぎのように編成される。

(1)　ノトロ岬(1)群土器　　　　　＝未発見？
(2)　ノトロ岬(2)群土器（4〜7）＝弁天島西貝塚(1)類土器（8〜14, 15＝16？）
(3)　ノトロ岬(3)群土器（17〜21）＝弁天島西貝塚(2)類土器（22〜30）

２）ノトロ岬遺跡と道央遺跡の対比

　道東南部における北大式直後の様相を物語る資料は非常に少ない。はたして弁天島西貝塚で一

襲した様相が一般的であるのかどうか、なお疑問があるように思われる。しかしこの点については、新しい資料の増加を待つほかない。

以上に引用した弁天島西貝塚の資料は、明らかにオホーツク式と北大式の双方の特徴を兼ね備えるものであった。ノトロ岬遺跡では、オホーツク式の直接的な影響はほとんど認められない。それでは、道央の北大式は、どのように擦紋土器へと移行したのであろうか。

ここでは、石附喜三男が提唱した擦文土器の「土師器母体説」（石附1965・1968）を支持する通説的な見方を離れ、北大式と擦紋土器に見られるモチーフや要素の系統関係を重視する立場から、予察的に観察してみたい[註7]。

西島松5遺跡と蘭島遺跡群

道央では、北大式末期の遺跡はどこでも規模が小さいらしい。発見された竪穴の数も、確かなものは、土師器を用いる集団に属するものに比べると、著しく少ない。墳墓を除くと、北大式期の人々の活動を端的に示す資料はあまり集積されていない。そうした中でも恵庭市や千歳市、小樽市などでは、北大式末期から擦紋土器への移行を物語る良好な資料が発見されており、多くの研究者の注目を集めている。

まず、新しい西島松5遺跡の資料から観察したい（第213図）。この遺跡は墳墓を主体としており、突出したレベルで豊富な金属製品（刀剣類）が墓壙内から発見されている。報告書では、墳墓の形態と副葬品を細かく分析して、出土した土器群を4段階に編年している（和泉田編2002：691-698）。そのうち1～3段階は「北大Ⅲ式」に比定されているが、これには北大式末期と古式の擦紋土器の双方が含まれているように思われる。

例えば、P3号墓（9・10）とP99号墓の資料である。どちらも縄紋を施紋した土器片を伴う。P2号墓でも縄紋を施紋した土器片が伴っている。いずれも共伴と混在を区別する根拠に乏しい。しかし出土土器の内容からみて、時期的にはごく接近しているように思われる。ここでは共伴の可能性が高いと考えておきたい。

9例は、丁寧にヘラ磨きされた完形土器である。肝心の口縁部が欠けている。口頸部には鋸歯紋の一部が残っているが、複段構成になるのかどうか、その点は明らかでない[註8]。P99号墓の一例は、刺突と沈線による一段の連続鋸歯紋を有し、括れ部は沈線で分帯されている。この部分が、13例に見えるような整然とした刺突紋列に置換され、モチーフも独立的に扱われるようになると、古式擦紋土器の確実な一例と見做せる（佐藤1972：467）。

P3号墓やP99号墓の資料は、共伴の認定に関連して微妙な問題を孕んでいる。過渡的な様相を示すものと思われる。これに対して、P76号墓から出土した11・12例は、確実に北大式末期に比定される資料である。ヘラ磨きの11例と大振りな連続鋸歯紋（二段構成？）を施した12例（←19）の伴出には、特に疑問とする点はない。両者は単純に共伴と認めてよいであろう。12例は、19例から縄紋を省き、連続鋸歯紋の扱い方を変更する系列に属すと推測される。これはカリンバ2遺跡（上野1987）の系統を引き、土師器の影響を受けた北大式終末期の一例と考えられる。

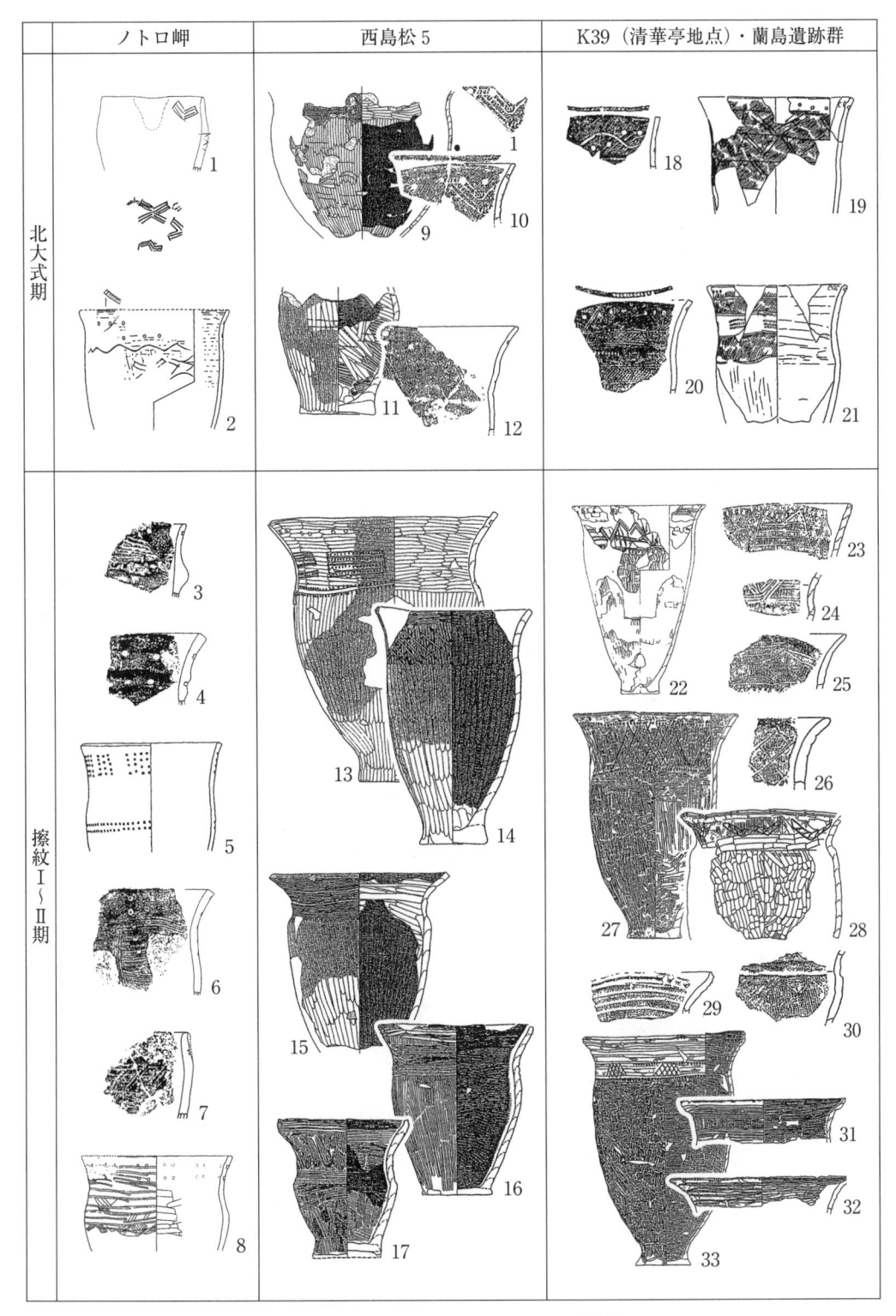

第1節　北海道島・南千島における北大式〜擦紋末期の広域編年　519

	ノトロ岬	西島松5	K39（清華亭地点）・蘭島遺跡群
北大式期			
擦紋Ⅰ〜Ⅱ期			

第213図　ノトロ岬遺跡と道央部遺跡の編年対比（1）

以上の墳墓例では、片口土器が発見されていない。しかし、これは偶然の可能性があるかも知れない。北大式の末期まで、縄紋施紋の伝統が僅かながら存続する様子からみて、口縁が波打つタイプなどの片口土器が、稀に伴う場合があるのではなかろうか。より古手と思われる墓壙からは、数例の片口土器が確認されている。こうした出土状況は、北大式末期の段階に入ると、縄紋施紋の伝統とともに、片口土器の製作が急激に衰退することを、おそらく意味するものであろう。

　北海道の在地系土器から縄紋を施紋の伝統が消え、江別式(後北式土器)の系統を引く片口土器が廃絶されると、続縄紋土器としての北大式が終焉し、擦紋土器の時代が始まる。これは佐藤達夫が30余年前に発表した編年案(佐藤1972：462-468)から示唆されることであるが、基本的には、今でもそのまま妥当する考え方であると思われる。

　それでは恵庭市の周辺域において、古式の擦紋土器はどのように登場するのであろうか。それを象徴的に示す資料として、同じ西島松5遺跡のP146号墓(13)とP11号墓(14)の土器に注目したい。どちらも口縁部に突瘤紋か、または平坦な円形刺突紋を有する。口頸部には、続縄紋土器に出自がたどれる窓枠紋や複段の短冊紋、斜格子目紋などが施されている。窓枠紋は北大式に存在するが(13←21)、斜格子目文は北大式に見当らない。このモチーフは、連続鋸歯紋(19)をずらしながら描くと容易に生み出せる。したがって広い意味において、斜格子目紋のルーツも北大式に求められよう。

　つぎに括れ部を観察すると、13例には、先に述べた刺突紋による2条の分帯線がある。これも装飾紋を持つ北大式には見当らない要素である。同じ刺突紋(列)は、北大式の新しい時期に登場している(20・21)。しかし、これを専ら用いて括れ部を分帯する手法は、擦紋土器が成立する際に登場するものである。この手法は、擦紋土器の紋様帯の下限を画する規範として、終末の段階まで連綿と継承される。この点で、きわめて重要な意味を持つと言えよう。

　さて西島松5遺跡では、9～12例や13・14例と異なる特徴を持つ土器が土壙墓から発見されている。その代表的な例を示すと、P22号墓(15)やP101号墓(16・17)の資料が挙げられる。15例は口端部が角頭状をなし、口頸部には明瞭な段状沈線がある。胴部との境には、13例に酷似した刺突紋列が施されている。しかし、窓枠紋や斜格子紋などの施紋は省かれている。これは土師器の強い影響を受けて、古式の擦紋土器(13・14)が著しく変容したことを、おそらく物語っているのであろう。

　一見すると、「13・14例→15例」の順序で推移したように思える。しかし、小樽市の蘭島遺跡D地点の81-11A土壙資料(小樽市教育委員会編1992)を参照すると、段状沈線の土師器と13例に対比される古式の擦紋土器が共伴している。段状沈線には、どうやら年代の幅があるらしく、13・14例と15例の年代差についても、即断するのは難しい。しかし仮に年代差があったとしても、その巾は僅かであろうと思われる。

　つぎに注意したいのは、16・17例のごとき、口縁部と括れ部に数条の沈線紋を施した土器である。器面は13～15例と異なり、粗い柾目痕で整形されている。一見して、両者の差異は一目瞭然である。やはり擦紋系のモチーフを欠いている。

17例は上げ底の土器である。どことなく不恰好な印象を受ける。16例もこれに似ている。どちらも、あまり見かけない器形であるが、口縁部と胴部の沈線紋の在り方を見ると、15例よりもやや新しく、土師器を模倣した土器ではないかと思われる。
　このように観察すると、15例は、13・14例に並行または後続し、16・17が若干遅れて後続する土器と推測される。これらは横走沈線が特に発達する変容土師器に先行するものであって、擦紋Ⅰ期の年代幅に収まると推定される。おそらく17例も、擦紋Ⅱ期までは下らないであろう。
　さて例示した15〜17例は、いずれも北大式系のモチーフを有しない。これは気になる特徴である。それではこの欠落現象は、道央のどの遺跡においても西島松5遺跡と同様に観察されるであろうか。そこで、札幌市より西側の地域に移動して観察を続けたい。これらの地域では、石狩町のワッカオイ遺跡（横山・石橋1975）や発足岩陰遺跡（竹田ほか1963）、天内山遺跡（峰山・竹田1971）などが、北大式期の遺跡として古くから知られている。その後、小樽市の蘭島遺跡群（大島1987・1988a・bほか）や大川遺跡（宮編2000）などで纏まった資料が発見され、この地域の土器様相もしだいに明瞭になって来た。
　なかでも最近、大井晴男氏が紹介した札幌市K39遺跡（清華亭地点）の資料（18〜21，大井2004b：70）は、恵庭市の西島松5遺跡やユカンボシE7遺跡（末光・立川1995）などに先行する、道央西部の地域色を示す好材料として注目される。
　それらを一覧すると、縄紋の施紋がごく一般的に認められ、口縁部には突瘤紋状の円形刺突紋が施される。胴部の紋様帯は2〜3段に分帯され、大振りな連続鋸歯紋（19）や刺突による窓枠紋（21）などが描かれる。また、ワッカオイ遺跡の資料に酷似した、単線の連続鋸歯紋？を口端直下に施したもの（18）もある。西島松5遺跡の遊離したVマークを持つ例（10）などは、おそらく、これらに後続するものであろう。
　さらに新しい真の擦紋土器は、小樽市蘭島遺跡群のA地点（23〜25）やB地点（26・27）、D地点（22）から豊富に発見されている（大島1987・1988a・b）。内容的には、西島松5遺跡（13・14）よりも遥かに豊富である。大きく見ると新旧3類の擦紋土器、それに土師器と段状沈線紋や横走沈線を持つ変容土師器などに分けられる。古式の擦紋土器では、

(1) 口縁部下に明瞭な円形刺突紋を持ち、西島松5遺跡の13例に対比されるもの（22）
(2) 口縁部下や胴部に柾目工具による不整形の刺突紋を持つもの（23・27）
(3) 不整形の刺突紋を欠くもの（25・26）

などが区別される。胴部片の24例も含めて、擦紋Ⅱ（佐藤1972）に先行するか、その可能性のあるものであり、古式の擦紋土器に比定される。
　格子目紋（25・26・27）を除くモチーフは、いずれも北大式に容易に出自がたどれる。たとえば、「M字の山形紋（23←22←＋←20）、Vマーク（24←＋←10）、それに短い鰭状マークなどである（大島1987：fig.7-11←第214図12）。どの資料も、柾目工具で器面は丁寧に調整されている。

恵庭市西島松5遺跡では、13〜15例に見えるように、古手の土器はほとんどヘラ磨きの手法で調整されていた。これに対して蘭島遺跡では、柾目工具による整形が卓越し、明らかに様相が異なる。しかし口頸部に施されたモチーフは、どちらも北大式に由来し、古式の擦紋土器としての特徴を明瞭に示している。両者が近い時期に属すことは、まず疑いないように思われる。

　このような調整手法の違いから見て、恵庭市(西島松5遺跡)と小樽市(蘭島遺跡)の擦紋土器の間には、明瞭な地域差が認められよう。こうした差異は、おそらく北大式期に胚胎する地域差を反映していると推測される。その点は、別稿においてあらためて検討したい。

　さて、つぎに注目されるのが、口頸部に変形したVマークを持つ28例である。器形は明らかに土師器の系統に属している。しかし口縁部の截痕(太い刻み目)は、本来、土師器には存在しないものである。擦紋土器における(斜)格子目紋(14＝＋→27→26)とともに、北大式に由来する可能性があるのではなかろうか。この截痕の出現は、ややもすると、その意義が見落とされがちである。しかし、土師器の変容を示す新要素として、爾後における、いわゆる「刻文土器」の登場に関連して、斜格子目紋とともに特に注目しておきたい。

　28例の器面は柾目工具とヘラで整形されている。器形はまったく土師器と変わりない。しかし、口頸部には北大式系の大振りなVマークが、そして口縁部には局部的に截痕が付けられている。この点から本例は、一種のキメラ(折衷)土器と見做せよう。これは型式学的に見ると、(2)類とした23・27例よりも新しく登場したと考えられる。これに対して、(3)類(25・26)と局部的な截痕を持つ土師器との関係が気になるところである。しかし、今のところ明瞭な共伴関係を示す事例に乏しい。

　つぎに変容しつつある土師器である。A地点では、口頸部に段状の沈線を持ち、口端部に截痕(刻み目)を施した段状沈線を持つ土師器(29)が纏まって発見されている。これはB地点の28例に後続するものと思われる。この他にA地点では、胴部にM字形の山形紋を施した破片が発見されている。30例であるが、これも(2)類のモチーフを転写した、一種のキメラ(折衷)土器と考えられよう。

　おそらく30例の上半部は、29例のごとく、段状沈線と局部的な截痕が施されるのであろう。そのとおりならば、(1)・(2)類よりも確実に新しいと考えられる。しかし、段状沈線の土師器と(3)類(25・26)との関係は、出土状況からみて、やはり判然とは捉えられない。推測になるが、おそらく前者の方がやや古く、後者は少し遅れて登場するのであろう。

　以上の23〜26例は、いずれもA地点の資料である。これに対してB地点では、口端部に局部的な截痕(刻み目)を有し、口頸部に密接した浅い凹線の上に、独立扱いの山形の斜格子目紋を施した完形品(33)が発見されている。この浅い凹線を31・32例のごとき明瞭な沈線に置換し、北大式系のモチーフをその上に施すと、擦紋Ⅱの新しい土器とまったく見分けがつかなくなる。31・32例の口端に見える截痕は、33例と31・32例の年代差が僅少であることを、いかにも暗示しているように思われる。

　さて、このようにA地点とB地点の資料を観察して対比すると、13〜15例と(1)・(2)類の22例、

第1節　北海道島・南千島における北大式〜擦紋末期の広域編年　523

23・27例は、ほぼ擦紋Ⅰ期の範囲に収まると考えられる。しかし(3)類の25・26例と28〜32例、それに17例ついてはどうであろうか。擦紋Ⅰの細分を徹底し、同時に土師器の変容プロセスを遺跡ごとに正確に捉えないと、それらの年代的な位置を特定するのは困難であると思われる。ここでは後者の土器群を、仮に擦紋Ⅱ期の古い時期に位置するものと捉えておきたい。

千歳・恵庭市及び札幌市周辺の遺跡

　札幌市内では、これまで多数の遺跡が調査されている。しかし、先に引用したK39遺跡の未報告地点(清華亭地点)を除くと、北大式末期の遺跡は、いささか不思議に思えるほど少ない(**第214図**)。これに対して変容土師器や、それに後続する擦紋Ⅱ期(佐藤1972)の新しい土器(28・29)、及びそれ以降の土器群は、他の地域に比べると遙かに豊富に発見されている。

　たとえば札幌市のK39遺跡の別地点(藤井1997)が、その代表例として挙げられる。5号竪穴(23)や6号竪穴(24〜27)では、擦紋Ⅱ期に比定される土器群が纏まって出土している。変容した土師器を母体として、それに擦紋Ⅰのモチーフを組み込んで創成された、新しい系統の土器群と言えよう。図示した資料に見える三角紋(23)やⅤマーク(25)(註9)、格子目紋(26)、大きなⅩ字連紋(27)などは、いずれも擦紋Ⅰのモチーフに出自が辿れるものばかりである。本来、土師器には装飾紋が施されないから、口頸部や胴部への沈線モチーフの施紋には、何らかの形で北大式に出自する擦紋土器を用いた人々や、その伝統を担う人々の存在とその関与が想定されよう。

　ところで北大式の終末期には、縄紋の施紋が著しく衰退し、円形の突瘤紋を持つ無紋土器が卓越すると先に考えられた。ところが、そうした土器を墳墓から豊富に出土した恵庭市のユカンボシE7遺跡では、10〜12例のごとく舟形紋や弧線・短い鰭状マークなどを施した、縄紋を有する完形土器も発見されている。

　縄紋を多用した土器は、石狩町のワッカオイ遺跡でも墳墓から多量に発見されている(13・14)。これらは一般に「北大Ⅱ式」(斉藤1967：77-79)とされ、かなり古いものと認められている。しかし、北大式の長い変遷の流れの中では、相対的に見ると先の清華亭地点に後続するので、「新しい部分」に属すると思われる。目下の試案によれば、北大式は大きく6期に区分され、さらに各々が複数の小細別に細分される。そのうちワッカオイ遺跡の資料は、ほぼ5期に収まり、ごく一部が6期に下る可能性を秘めている。

　ここで詳論することは控えたいが、13例に見えるように分帯線を省き、モチーフを独立的に扱う14例などは、ノトロ岬遺跡の12例に対比されよう。したがって14例が、シュンクシタカラ遺跡の「第Ⅲ群土器」より新しいことはほぼ確実と思われる。たとえば、14例の胴部に見える菱形とⅩ字形のモチーフに注意すると、これは縄紋を施した横帯内のⅤマークを取り出し、それを外向き、内向きに対向させて創出されたモチーフと考えられる。

　このようにモチーフを独立的に扱うのは、新しい時期に出現する手法であって、決して古い手法とは認められない。ユカンボシE7遺跡の無紋土器を豊富に伴う3点の縄紋を施紋する完形土器は、鰭状マークや弓形の枠紋などのモチーフが、いずれも独立的に扱われている。この手法の

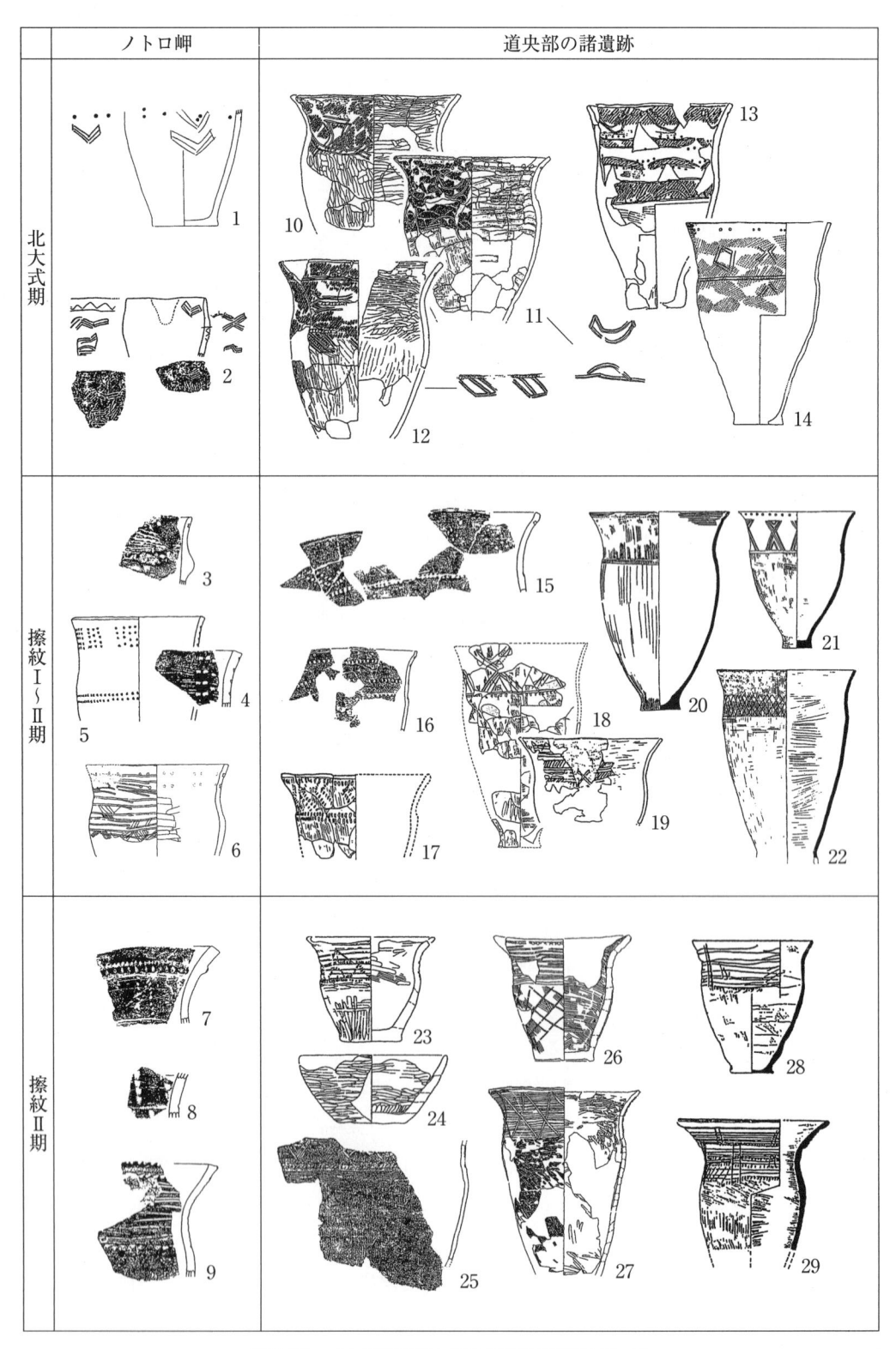

524　終章　環オホーツク海域編年への展望

	ノトロ岬	道央部の諸遺跡
北大式期		
擦紋Ⅰ〜Ⅱ期		
擦紋Ⅱ期		

第214図　ノトロ岬遺跡と道央部遺跡の編年対比 (2)

時期が末期に属すことを示唆すると思われる。

そこで、この独立的に扱われたモチーフと、後続する古式の擦紋土器の繋がりについて考えてみたい。先の西島松5遺跡に近い中島松5遺跡A地点（松谷1989）の資料（15～17）が参考になる。西島松5遺跡おいては、器面の調整はヘラ磨き中心であった。A地点では、一部にヘラ磨きも見られるものの、やや粗雑な刷毛目による調整痕が一般的である。これに対して近傍の西島松7遺跡では、ヘラ磨きが一般的に認められる（松谷・上屋1988）。この違いは、おそらく小細別レベルの時期差に由来するのであろう。

どの遺跡においても、北大式に出自がたどられるモチーフの種類は豊富である。上向きや横向きのVマーク（15・17）、複線の大きなXマーク（18）や斜格子目紋などがある。紋様帯は口頸部に幅広く構成されるが、稀に16例のごとく複段構成になる。一般に胴部との境は、1～2列の刺突紋で画される。

また、円形または柾目工具による不整形の刺突紋を持つ(1)・(2)類（15・16, 17）と、これを欠く(3)類（18）の三者が区別される。この点は先の蘭島遺跡例と変わりない。これら北大式に由来するモチーフが擦紋Ⅱの新しい土器（27）に継承され、以後、擦紋土器に見える紋様の系統母体となるのであろう。

以上の資料は、ほぼ先のノトロ岬遺跡(2)群（3～6）に対比される。しかし刺突紋を欠いた18例は、擦紋Ⅰ期ではなく、擦紋Ⅱ期でも28・29例などの古い時期に並行する可能性が高いと思われる。しかし、この見方が妥当であるかどうかは、良好な新資料が増加しないと容易に判明しないであろう。

千歳市の美々8遺跡（矢吹1982）でも、興味深い土器群が発見されている[註10]。19は、その代表例であるが、先の蘭島遺跡例（第213図23）のようにM字モチーフが独立的に描かれており、その間をXマークで埋めている。このXマークは、ノトロ岬遺跡の2例に見える3本線のXマークと密接に関連するものであろう。口縁部下の刺突紋は省かれており、蘭島遺跡の一例（第213図23）に後続すると思われる。本例は擦紋Ⅱ期でも、古い時期に比定される。

ちなみに佐藤達夫は、戦前から知られていた類似の紋様を持つ十勝茂寄遺跡（広尾町）の土器を、つとに擦紋Ⅱ期に比定している（佐藤1972：469）。小樽市のチブタシナイ遺跡（大島1987）や美々遺跡群（佐藤1994）でも類例が出土しており、注目される。

以上のように千歳市や恵庭市の周辺において、擦紋Ⅰ～Ⅱ期にかけて、北大式系のモチーフが存続する様子を一瞥してみた。横走沈線を有する変容土師器が主体を占める遺跡においても、擦紋Ⅰに由来する擦紋Ⅱ期のモチーフは、ごく少量ながらも、見え隠れしつつ広い範囲で伴出しており、以上の捉え方の妥当性を示しているように思われる。

そこで観察のロケーションを再び小樽方面へ戻すと、先の蘭島遺跡群とはやや様相を異にした、様々な資料に出会う。天内山遺跡（20・22）や発足岩陰遺跡（21）などが好例として挙げられる。器面は一般にミガキで調整され、柾目の整形痕を残す例に乏しい。

モチーフの扱い方や形態も、細部において蘭島遺跡群とも、恵庭市の西島松5遺跡や千歳市の

美々8遺跡などとも異なっている。こうした違いは、おそらく北大式末期の地域差や土師器の受容をめぐる遺跡単位の差異を反映していると推測される。将来的には、擦紋Ⅰ～Ⅱ期にかけて、地域的に分立した地方型式の設定が必要になってくるかも知れない。

3）道東・道北遺跡の対比

　道東から道央へ、少々駆け足で資料の比較を選択的に試みた。ここでは、さらに編年対比の環を広げるために、道北地方の島嶼部へ移動して、擦紋土器に並行するオホーツク式の資料に注目してみたい。

亦稚貝塚

　亦稚貝塚は1977年に調査された周知の遺跡である（岡田ほか1978）。その第1ブロックにおいて、多数のオホーツク式とともに、古式の土師器が伴出したことから非常に注目された（**第215図**）。10例の坏形土器がそれである。近年の研究によれば、この坏形土器は「住社式」に比定され、その年代は6世紀の後半～7世紀前半の頃と考証されている（小野1998a：351-357）。

　この土器の推定年代に関連して、10例のパートナーとなる土器の候補は、これまで幾通りか考えられている。たとえば19例とみる説（椙田1992）や、円形刺突紋を有する13例と見做し、これらを「6世紀初頭を前後する時期」に比定する説（小野1998a：註12，355-357）などが挙げられる。はたして、どのように考えれば良いのであろうか。

　その疑問を解くには、まず、第1ブロックから出土したオホーツク式を分類して、大まかな編年を仮設しなければならない。坏形土器に伴う可能性のある古手の土器は、図示した資料のうちのいずれと想定すべきか。その候補は大きく3群に分けられる。

(1)　伊東信雄が提示した「十和田式」の標本例（伊東1942）にほぼ該当するもの、及び後続するもので、口縁に突瘤紋を有するもの（7～12）。

(2)　口縁部に円形の刺突紋（単列・複列）を有し、胴部に横位または縦位の刺突紋帯(列)を持つもの（13・14，18？）。

(3)　「十和田式」の標本例に含まれていないが、系統的な繋がりを有する「新しい部分」の土器で、口縁に円形の刺突紋をし、その下に疎らな刻み目を施すもの（16）。

　さて、これらの土器群の位置づけである。(2)群の胴部に見える短冊状の刺突紋（13）や、垂線状の刺突紋列（18）は、十和田式の標本例には無い要素である。弁天島西貝塚に酷似した例があることは、先に述べたとおりである。1～3例と13例、そして4例と17例は、刺突紋の特徴や施紋される位置が良く似ている。遥か遠方であるにも係わらず、双方の系統的な関連性が認められよう。1～4例と13・17例が並ぶことは、型式学的にみると、ほぼ間違いないように思われる。

　1～3例などは、古くから「十和田式」に属すものと認識されて来た。しかし先にも指摘した

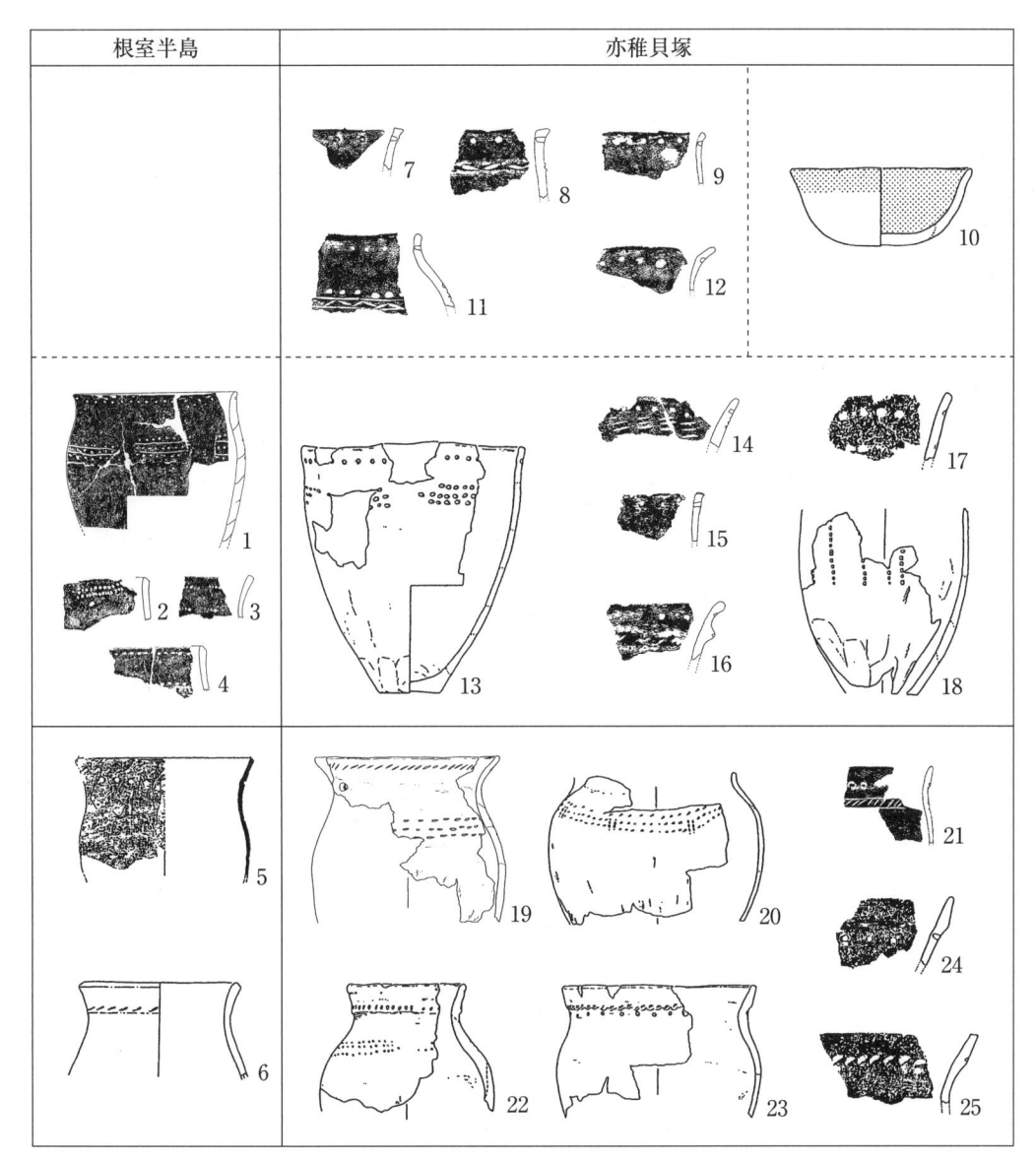

第215図　根室半島と利尻島亦稚貝塚の編年対比案（暫定的）

ように、これらは伊東が提案した「十和田式」とは明らかに特徴を異にしている。14例のごとき土器も存在するから、系統的な弁別と編年的な位置の把握が改めて求められよう。そのように考えると1～4例や17例などは、「十和田式」よりも新しい別系統の型式として捉えられる可能性があるように思われる。

その内容は良好な一括資料に乏しく、よく分からない。利尻島だけでなく、礼文島にも、そして常呂川河口域やモヨロ貝塚の周辺にも、類似の土器群が分布しているので、単なる地方型式の枠を越えた拡散性を有していると思われる。

これらの土器は、サハリン島から広義の「江の浦式」が亦稚貝塚に波及してくると、それにど

うやら吸収されるらしい。その痕跡は、たとえば20例の胴部に施された点列の「区切り垂線」や、短冊状の横位刺突紋帯を持つ22例に認められる。そのとおりならば、両例は異系統の要素を併用した、一種のキメラ(折衷)土器と認められよう。

さて、仮に(3)群に分類した土器は、どこに収まるものであろうか。

口縁部の貼付帯から見て、十和田式の系統を引くことは疑いない。その貼付帯の位置は高く、施される刺突紋も口径が小さくて浅い。胴部の紋様にも注意したいところであるが、残念ながら欠けている。香深井1(A)遺跡の報告によれば、刻紋土器の古いものに伴出しているようであるが、正確なところは分らない。型式学的にみると、明らかに時期差が認められるので、どのようなプロセスで登場し、どのように変遷を重ねたのかを解明する必要があると思われる。今後に注意すべき土器群と言えよう。

さて、以上のような初歩的な観察は、赤稚貝塚において想定されるものであって、他の遺跡では、また異なる様相が複雑に認められる。その点は稿を改めて、詳しく個別的な検討を行わなければならない。

ここで試みに、赤稚貝塚と根室半島の資料を対比すると、道北の島嶼部における編年は、つぎのように仮設される。

(1) 十和田式（7〜9） ＝北大式
(2) 十和田式（11・12） ＝北大式
(3) 十和田式と異なる異系統の土器（13・14, 17）＝擦紋Ⅰ（＝弁天島西貝塚(1)群：1〜4）
(4) 刻紋土器A（19・20・22＝21・23〜25）＝擦紋Ⅱ

さて、この広域的な対比案からみると、問題の坏形土器はどこに位置するであろうか。(1)・(2)群の土器は、共伴の候補者としてこれまで挙げられていない。しかしながら、その可能性はまったく無いのであろうか。先に引用した札幌市K39遺跡において、擦紋Ⅱに伴った坏形土器（第214図24）の時期はほぼ9世紀代と推定される。

擦紋Ⅱ期より古い(1)〜(3)群の時期は、当然それより遡るはずである。一方、(3)群から(4)への変化については、香深井1(A)遺跡などの資料を参照しても、今のところ判然とは捉えられない。それに対して(1)・(2)群は、型式学的には一系統に属するものの、それぞれに年代的な間隙があると観察される。

したがって10例の坏形土器の年代が、仮に6世紀後半〜7世紀の前半に収まるのであれば、(1)群か(2)群のどちらかに、あるいは両者の中間に収まる可能性があると想定されよう。また小野説のとおり、坏形土器が「住社式」に相当し、その年代が6世紀の初頭にまで遡るのであれば、(1)群・(2)群の年代的な位置について、あらためて精密な議論が求められることになろう。

こうした推論は、現時点では何らかの解釈を孕む水掛け論になりやすい。類例の発見を待ちつつ、まずは、十和田式の成立から終焉まで、細密な編年秩序を確立することが、先決の課題にな

るように思われる。この問題に関しては、諸々の先入観を離れて慎重に検討する必要があろう。
　ここでは暫定的な意見として、(1)群の十和田式に伴う可能性が最も近いと想定しておきたい。

モヨロ貝塚と常呂周辺の遺跡

　モヨロ貝塚の資料は、早くから図録や論文の形で公表されている（大場1956・1961ほか）。それにはオホーツク式に先行する北大式が少数ながら掲載されており、早くから注目されてきた（松下1963, 佐藤1972ほか）。しかし、北大式からオホーツク式への移行について言及した例は、型式学的な観点からの佐藤達夫の発言を除くと、ほとんど見当たらない。
　異系統の外来集団がモヨロ貝塚の周辺に登場した頃、はたしてそこは、無人の世界であったのであろうか。このような疑問を解く手掛りとなる道東部の北大式資料は、道央に比べると余りに乏しい状態にある。
　第216図にその諸例をあげたが、このうち北大式の新しい時期といえるのは、能取岬西岸遺跡で発見された16・17例に限られる（西本編1999）。胴部に幅広い紋様を持つ28例には、多条の「∧」形紋や長い鰭状マークが反復して用いられている。これは北大式の新しい時期に属すものであろう。
　これらはいずれも口縁部に円形の刺突紋か、または突瘤紋を有する。17例には縄紋が施されている。16・17例には短い鰭状マークが多用されており、16例では、それが2本の垂線に付けられている。珍しい例であるが、縦に切る垂線の存在は注目されよう。片口土器や注口土器などの有無は明らかでない。後者には素紋の例があるので、北大式の末期までは存続すると思われる。
　さて、これらに後続する土器は、通説ではオホーツク式になるが、それとは異なる特徴を持つ土器は、断片的ながら少量が発見されている。なかでもモヨロ貝塚出土の18・19例が特に注目される（佐藤1964b：Fig.2）。前者には3段の円形刺突紋が施され、直線にVマークを対向させたX字状のモチーフが施される。その一部は2本線で描かれている。これは明らかに擦紋土器の紋様と言えよう。外反し、緩やかに丸く窄まる器形は、一見すると壺形に近いように思える。道央では余り見かけない器形であり、オホーツク式の壺形土器の影響を受けていると思われる。
　19例は、外反した鉢形の土器である。口縁部には円形の刺突紋、胴部には短い鰭状マークに似た小さな窓枠紋と弓形の短冊紋が施されている。どちらも北大式に出自がたどれるモチーフである。これは弁天島西貝塚の(1)群（3・5・6）に対比されるように思われるが、20例と並ぶ可能性も考慮される。ウトロ海岸砂丘遺跡の斜格子目紋を持つ4例は、道央の擦紋Ⅰに対比される貴重な資料である（佐藤1972）(註11)。
　モヨロ貝塚には、18例に後続する異系統のモチーフを持つオホーツク式が古くから知られている。弓形状の短冊紋（20・23）や長細い短冊紋の21例、それに格子目の窓枠紋を持つ22例など、多くの類例があげられる。いずれも刻紋土器Aに比定される資料であって、小型でやや肥厚した口縁部に丸く膨らむ胴部が付く。これらは器形がオホーツク式系統、胴部のモチーフが北大式系と見做せるから、一種のキメラ(折衷)土器と認められる。

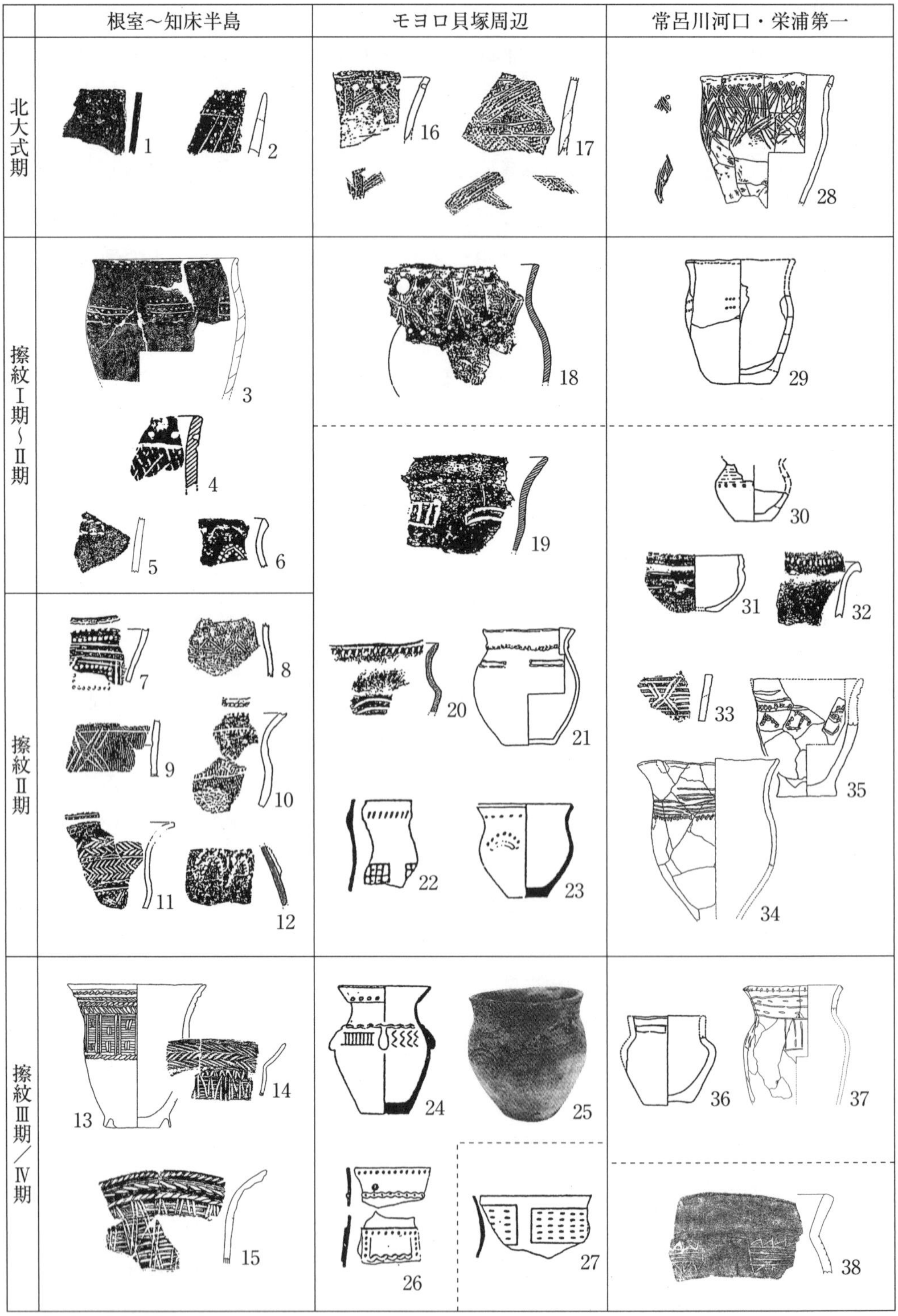

530　終章　環オホーツク海域編年への展望

第216図　道央部における北大式系モチーフを持つ諸資料の対比

これらに並行する土器群は、常呂町の栄浦第一遺跡（武田1995）の包含層から発見されている。「∧」形マークと菱形紋を持つ35例である。これは擦紋Ⅱの良好な完形品（34）とともに出土しており、その周辺からも擦紋Ⅱが纏まって発見されている。岐阜第二遺跡（東京大学文学部考古学研究室編1972）では、Vマークを横向きに対向させたXマークを持つ小片（33）が、竪穴の埋土から擦紋Ⅱや他の土器片とともに発見されている。これは18例の仲間に由来し、釧路地方では9例のごとき変形バージョンのものが登場するようである。

この地域では、刷毛目整形痕を残す土器が一様に分布しており、常呂・網走・斜里方面とは明らかに異なる地方色が認められる。7～11例はその代表例である。三角の点刻で縁取られた窓枠紋（7）、単線・複線の三角紋（8, 10）、円弧状の装飾紋（12：トビニタイ2号竪穴例）などのモチーフが注目される。いずれもノトロ岬遺跡(1)・(2)群土器に出自するモチーフと思われる。おそらく7～10例は、これら両群の土器を母体として、釧路・別海・標津方面に登場した、道央の擦紋Ⅱに並行する地方的な土器群なのであろう。

このように観察すると、根室から知床半島域の7～12例とモヨロ貝塚周辺の20～23例、それに常呂町周辺の33～35例は、ほぼ同時代に分布域を異にして併存していたと想定される。こうした状況は、擦紋Ⅲ期以降にも変わりなく続くようである。例えば、異系統のモチーフを施紋したオホーツク式の実例（≒擦紋土器Ⅲ：13～15）として、モヨロ貝塚の梯子形の窓枠紋（24）・弓形の短冊連紋（25）・大きな窓枠紋（26→27）などが挙げられる。それに旧常呂町の周辺においても、短冊紋（36）や垂下された短い鰭状マーク（37）、「∧」形紋で縁取る大きな窓枠紋（38＝38）など、数多くの類例を指摘できる。

このように遥か続縄紋時代に創出された各種のモチーフが、オホーツク文化の拠点的な地域において、その形状を余り変化させずに連綿と保持され、なぜ施紋され続けるのか。また、その実例の絶対数が少ないにしても、オホーツク式と道央・道北の影響を受けた擦紋土器の双方に対して、そうしたモチーフが施紋されるのは、いかなる事情に拠るのであろうか。同時代における持続的な接触・交流を想定しなければ、これはとうてい理解できない現象と言えよう。

ここで、栄浦第一遺跡の38例とモヨロ貝塚の27例に注目しておきたい。どちらも擦紋Ⅳ期に下ると思われる資料である。目下の考案では、これらが存続して擦紋Ⅳ期(中)以降の土器に取り込まれると、トビニタイ土器群Ⅰ-Ⅱ（菊池1972a）の胴部に施される窓枠紋が広い範囲で登場することになると考えられる。

オホーツク式とトビニタイ土器群のモチーフには、実は系統的な関係があるのではなかろうか。そのような仮説が成立するならば、遥か北大式に由来する窓枠状のモチーフが、数百年の時空を超えて道東の擦紋土器に甦ることになろう。

この先祖返り的なモチーフの再生と、その後の変遷過程については、すでに旧稿で繰り返し推論を試みているから、ここで再述することは控えておきたい（柳澤2003・2004・2005a・2005b）。

3. 擦紋Ⅱ・Ⅲ期における広域対比

　ノトロ岬遺跡から出発して、北大式から擦紋土器への移行について、各地の土器群を細かく対比しながら筆を進めてきた。ここでは、これまでと異なる資料を用いて、仮設した擦紋Ⅰ・Ⅱ期の広域編年案がはたして妥当であるかどうか。再び、右回りのルートで検証してみたい。

1）道東南部域

　最近根室半島では、良好なオホーツク文化の資料があいついで公表された。なかでも、ソーメン紋期のほぼ単純な集落遺跡として、トーサムポロ遺跡R-1地点が注目される（**第217図**）。ソーメン紋土器の1～3期に比定される竪穴が連続して営まれており、擦紋期の竪穴は全く発見されていない。

　竪穴出土の土器群の中には、トビニタイ土器に酷似した断面の平坦な貼付紋や螺旋技法（青柳1996）を用いるものがかなり目立つ。ここではその中でも、トビニタイ土器群Ⅱに類似した土器（28）が出土した6号竪穴の資料に注目したい。床面からは多数のソーメン紋土器3とともに、26・27例のごとき古い擦紋土器も発見されたと報告されている（前田・山浦編2004）。

　両例の器面は刷毛目で調整されている。やや太い2本以上の沈線を廻らせ、その間を三角の刺突紋で埋めている。これはノトロ岬遺跡の(2)群土器（第211図21～24）に近いものであろう。類似の土器は、標津町のカリカリウス遺跡（椙田1982a）の竪穴から、貼付紋を施したカリカリウス土器群とともに発見されている[注12]。

　こうしたカリカリウス遺跡やトーサムポロ遺跡R-1地点における「共伴」とされる出土状況は、二ツ岩遺跡（野村・平川編1982）の骨塚土器の「共伴」事例とともに、通説の北方編年を支える重要な根拠とされている。しかしながら、ノトロ岬遺跡からモヨロ貝塚にいたる、上述した擦紋Ⅰ・Ⅱ期編年の見通しに拠ると、通説の編年案には、なお疑問点が伏在していると考えられる。

　そこでR-1地点の26・27例の伴出事実について、ここで検討してみたい。これは逆転編年説の立場では、どのように解釈すればよいか。トーサムポロ遺跡L地点の9号竪穴では、興味深い資料が発見されている（西本編2003）。報告によると、この竪穴は少なくとも6期以上に亘って重複的に再利用され、埋土・貝層から実に多様な土器群が検出されている。前稿で述べたように（柳澤2005b）、それらは他遺跡の層位差や地点差を参照すると、

　　(1)　19～21（刻紋土器A）
　　(2)　23（刻紋土器B）、刻紋・沈線紋土器
　　(3)　24（擬縄貼付紋土器）
　　(4)　25（ソーメン紋土器）

の順序でスムーズにたどれる。

　そして先に観察した弁天島西貝塚では、刻紋土器Aの時期に北大式系のモチーフや施紋法を継承した土器が、僅かながらも伴って発見されていた。2～4＝5例であるが、これらは誰が見ても、19～21例に近似していると認められよう。さらに4例に見える小さな窓枠紋は、形態的に見

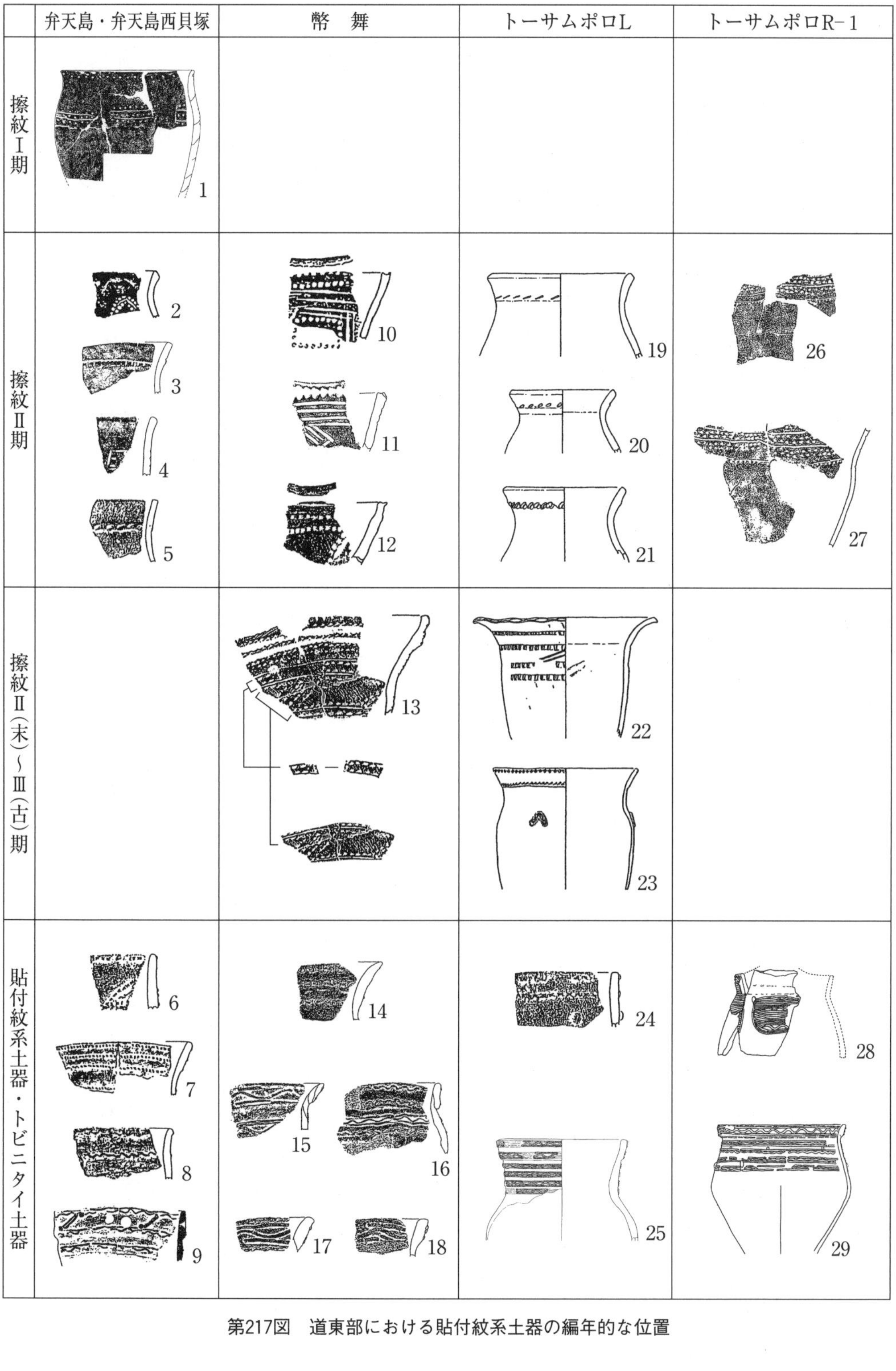

第1節　北海道島・南千島における北大式〜擦紋末期の広域編年　533

	弁天島・弁天島西貝塚	幣　舞	トーサムポロL	トーサムポロR-1
擦紋Ⅰ期	1			
擦紋Ⅱ期	2, 3, 4, 5	10, 11, 12	19, 20, 21	26, 27
擦紋Ⅱ(末)〜Ⅲ(古)期		13	22, 23	
貼付紋系土器・トビニタイ土器	6, 7, 8, 9	14, 15, 16, 17, 18	24, 25	28, 29

第217図　道東部における貼付紋系土器の編年的な位置

ると、擦紋Ⅱ期の短い鰭状マークを持つ幣舞遺跡(釧路市)の11例に類似していると思われる。大きな窓枠紋(10)や刺突による区切り斜線(12)も、ほぼ並行する時期のモチーフと見做せる。

このように観察すると、古手の擦紋Ⅱに比定される26・27例が、同じR-1地点の6号竪穴内で28・29例とともに生活用具として使用されていたのかどうか、いささか疑問になって来る。仮に、これらの同時性を認めた場合、擦紋Ⅲ期に比定される28例の共伴に関しては、どのように説明するのであろうか。これまでの分析を踏まえて、型式学的に矛盾のない捉え方をするならば、26・27例こそ、何らかの事情でソーメン紋期の竪穴内に混入したと解釈するのが、最も合理的であるように思われる(柳澤2005a：註12)。

そこで、26・27例の紋様について検討してみたい。試みに、その胴部の並行線に区切り斜線を施すと、12例に酷似した紋様が容易に生まれる。したがって、「26・27例→12例」の順序で変化したと考えられよう。幣舞遺跡(石川1996)には、この12例に後続する良好な土器がある。13例である。口縁部には2条の肥厚帯、その下に幅広い2条一単位の並行線と、それを区切る3条の刺突紋による斜線が施されている。

これは口縁部の発達ぶりから見ると、擦紋Ⅲの古い時期に比定される可能性がある。しかし、擦紋Ⅱの末期に遡る可能性も捨てきれない。幅広い胴部紋様に区切り斜線を施す例は、トーサムポロ遺跡L地点の竪穴でも発見されている。22例であるが、「へ」の字形の貼付紋を施した23例(←2)に並ぶか、むしろそれより古い時期(Ⅱ末期)に遡ると推定される(註13)。ラッパ状に開き、断面が削がれたように角頭状を呈する擦紋的な器形に留意すると、年代的には、その位置に収まるように思われる。

このように「12例→13例」へ継承された区切り斜線は、擬縄貼付紋土器(6)から、ソーメン紋土器(9，第210図9)まで連綿と継承され、土器文化が終焉を迎えるまで施紋され続ける(柳澤2003～2005b)。ノトロ岬遺跡の(1)群土器に区切り斜線(第211図14-d)が登場してから、このモチーフは、いったい何世紀に亘って道東部で存続するのであろうか。きわめて長命で、シンボリックに扱われるモチーフとして、先の窓枠紋とともにその存在が注目されよう。

2) 道東と道央・道北

さて根室半島における以上の分析から、通説編年の根拠には、型式学的な広域交差編年の観点から見た場合、大きな疑問符が付くこととなった。では、ノトロ岬遺跡から礼文・利尻島にかけての地域ではどうであろうか。

そこで第218図の資料を参照したい。ノトロ岬遺跡よりも道央に近い重要な遺跡として、十勝若月遺跡(石橋・後藤1975)がある。その資料を一覧すると、ノトロ岬遺跡(1～3)よりも、道央の影響を強く受けていることが分かる。

図には4～6例を示したが、この他に横走沈線の発達した模倣的な土器がかなり出土している。4例は、角頭状の口縁部下と頸部に三角形の刺突紋を施した土器である。これは道央には見当たらない在地色を明瞭に示す一例として注目される。

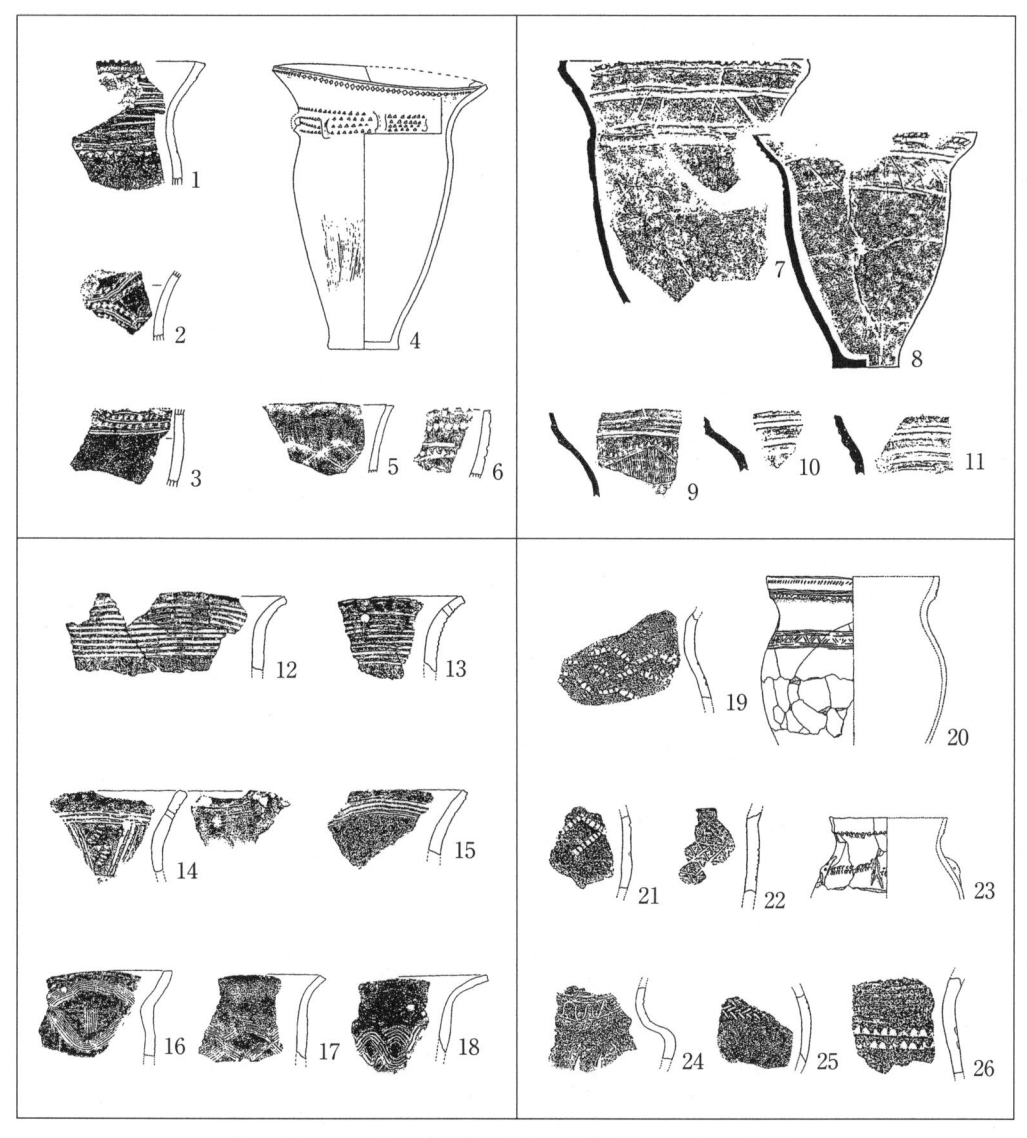

第218図　ノトロ岬・十勝若月遺跡と道央・道北遺跡の編年対比

　同じく三角形の刺突紋と並行線で紋様を構成した6例は、ノトロ岬遺跡に共通する土器と思われるが、数量的には少ないようである。5例も角頭状の口縁部を有する。口頸部には連続菱形紋が施されている。これはノトロ岬遺跡の2例に似ている。施紋具も共通するようである。地域的な差異は認められるものの、ノトロ岬の1～3例と十勝若月遺跡の4～6例は年代的に接近し、ほぼ擦紋Ⅱ期に比定される。

　菱形連紋の類例は道央でも発見されている。恵庭市公園遺跡の竪穴から出土した9例を示した。これには口縁部に連続的な截痕を有する段状沈線の7・8例や、横走沈線を持つ10・11例が伴出しており、擦紋Ⅱ期の古い時期に位置すると思われる（佐藤1972：464-469）。

　9例には、柾目工具による整形痕が残されている。大きな菱形？は、左右に連続し、それを縁

どるように柾目工具による刺突紋が施されている。モチーフの形状は、明らかにノトロ岬遺跡の23例に酷似している。年代的にも接近した位置を占めるからであろう。

このような菱形のモチーフは、ノトロ岬遺跡の(2)群土器（第211図12）やそれに先行するワッカオイ遺跡例（第214図14）などに由来すると推測される。しかし類例は非常に少ない。菱形のモチーフは、短い鰭状マークや対向Vマークを変形すると容易に作ることができる。これは広域編年上のメルクマールとなる重要なモチーフであり、新しい比較資料の増加が期待される。

さて、ここで道央から道北の島嶼部に移ると、これまで注目されていないが、連続菱形紋を持つ類例にいくつも遭遇する。まず、香深井5遺跡（内山編2000）の資料である。包含層からは様々な土器が出土している。その中でも口端部が角頭状をなし、大きく外反する器形の土器群が注目される。12～18例がそれに当たる。報告書では、積極的に共伴するとは認めてはいないが、年代的にはごく近い時期のものではなかろうか。

いずれも櫛目状か、または柾目状の工具で沈線紋を描いている。14・15例には幾何学的なモチーフ、16～18例では変形した連続菱形紋が施されている。16例の菱形には、内部に櫛描きの描線が挿入されている。これに対して14例では、櫛歯工具による型押紋が施されており、注目される。

これらは年代的に近いものの、型式学的に見ると、新旧の変遷を示すように思われる。例えば菱形連紋は、形の整った17例から18例へ、そして16例へと変化するのであろう。これに対して、横走沈線を持つ12・13例などの変容土師器は、14・15例などの櫛描き沈線紋の土器に伴うのではあるまいか。ここではそのように想定し、出土例の増加を待ちたい。

また道東の資料と比べると、17例などは、まさに十勝若月遺跡の5例に対比されるものと考えられる。先の公園遺跡例（9）を介すると、十勝若月例との広域対比も無理なく想定できるように思われる。

はたして擦紋II期に、道央を挟んでこのように広域的な紋様交流が行われたのであろうか。そこで間接的ながら、この仮説の傍証になる資料として、香深井1(A)遺跡の19～26例に注目したい。この遺跡では、竪穴が上下に重複して発見されており、その層準は、ほぼ魚骨層IIIの時期に比定される。しかし、出土した土器の内容は一様でない。明らかに年代幅が認められ、また混在も認められる。そこで、型式学的に問題があるものを省いて観察すると、土器の変遷はきわめて連続的にスムーズに捉えられる。

層序にしたがうと、土器は「魚骨層IV→1c号竪穴→魚骨層III」の順に変遷する。この中に含まれた資料では、

(1) 魚骨層IV：三角刺突紋（26＝46＝2図25～29）
(2) 1号c竪穴：菱形の連続押型紋（19）・擦紋IIの斜格子目紋を施した土器（22）・縦位の鋸歯紋を持つ土器（25＝第212図30・第216図11）
(3) 魚骨層III：菱形系の連続押型紋（21）・十和田式系の連続鋸歯紋を施紋した刻紋土器A（20）・波頭状の曲線紋（＝18）を持つ土器（24）

といった資料が注目される。

連続菱形紋を有する香深井5・香深井1(A)遺跡の5・17、19・21例は、道東と道北という遠隔地の間にも、道央を挟みつつ、広域的な土器情報の交流があったことを端的に物語るものと言えよう。それでは、後続する擦紋Ⅲ期の時代には、どのような広域交流の痕跡が認められるであろうか。

3）道央と道北

　先に道央の擦紋土器には、器面調整法やモチーフ扱いの違い、地方差ないし遺跡単位の差異があると観察された。紋様の種類が豊富な遺跡から代表的なモチーフを選ぶと、**第219図**の1～5例となる。いずれのモチーフも道央の北大式に出自がたどれるか、それを基に創出されたと考えられるものである。

　礼文島の上泊遺跡や香深井1(A)遺跡でも、また、宗谷岬から枝幸町方面においても、北大式に由来するモチーフの分布を追うことができる。まず、佐藤達夫が重視した上泊遺跡の資料に注目したい（佐藤1972）。先に引用した香深井5遺跡例（第218図14～18）に近似した沈線紋を持つ、古手の土器が注目される。代表例として6・7を図示した。これは香深井5遺跡の資料と年代的には近く、それに後続するものと思われる。

　6例には細い短冊紋、いわゆる「鞦鞴土器」に見られる小振りな鎹(カスガイ)紋が施されている。口頸部には鋭く沈線が引かれ、器形はいわゆる「元地式」に類似し、厚手のずんぐりした底部が付くと推定される。7例は口端が角頭状をなす。大きく外反した口頸部は、やはり香深井5遺跡の横走沈線を持つ土器（第218図12・13）を思わせる。そこに引かれた波形を連ねる描線は、同遺跡の連続菱形紋（第218図16～18）から派生するように思われる。その通りならば、7例の時期は擦紋Ⅲ期の古い時期か、Ⅱ期の新しい時期に比定されよう。

　8～12例は、6・7例に後続する土器群である。その大半は刻紋・沈線紋土器に属するが、明らかに年代の幅がある。擦紋Ⅲの模倣的な土器(8)や、その影響を受けてキメラ化した土器(10)などを含む。11例の口頸部には、斜線を挿入し、傾斜した窓枠紋が施されている。これは5例の鰭状マークを変形したものではなかろうか。

　このように上泊遺跡では、系統と時期を異にした土器が併存する。これは何らかの社会的な変動によって、土器系統が交替ないし融合したことを意味するのであろう。しかし、北大式に出自がたどれるモチーフは、厚手系にも、薄手系の刻紋・沈線紋土器にも、等しく認められる。

　鎹(カスガイ)紋を持つ6例に見える窓枠紋が11例の口頸部にも施されていることは、礼文島のオホーツク式に北大式系のモチーフが継承され、それを施紋する伝統が存続していることを示唆するものと思われる。その意味でも、渡来系の鎹(カスガイ)紋を施し、「元地式」の母体となる6例の存在は特に貴重である。また、新しい環オホーツク海域編年の構築に際しても、この鎹(カスガイ)紋は重要なメルクマールになると予想される（柳澤2000：註6）。

　さて厚手系の土器に比べると、刻紋・沈線文紋系の土器には、遥かに多くの北大式系のモチーフを施紋する例が認められる。例えば香深井1(A)遺跡の資料を一覧すると、特に窓枠系のモチー

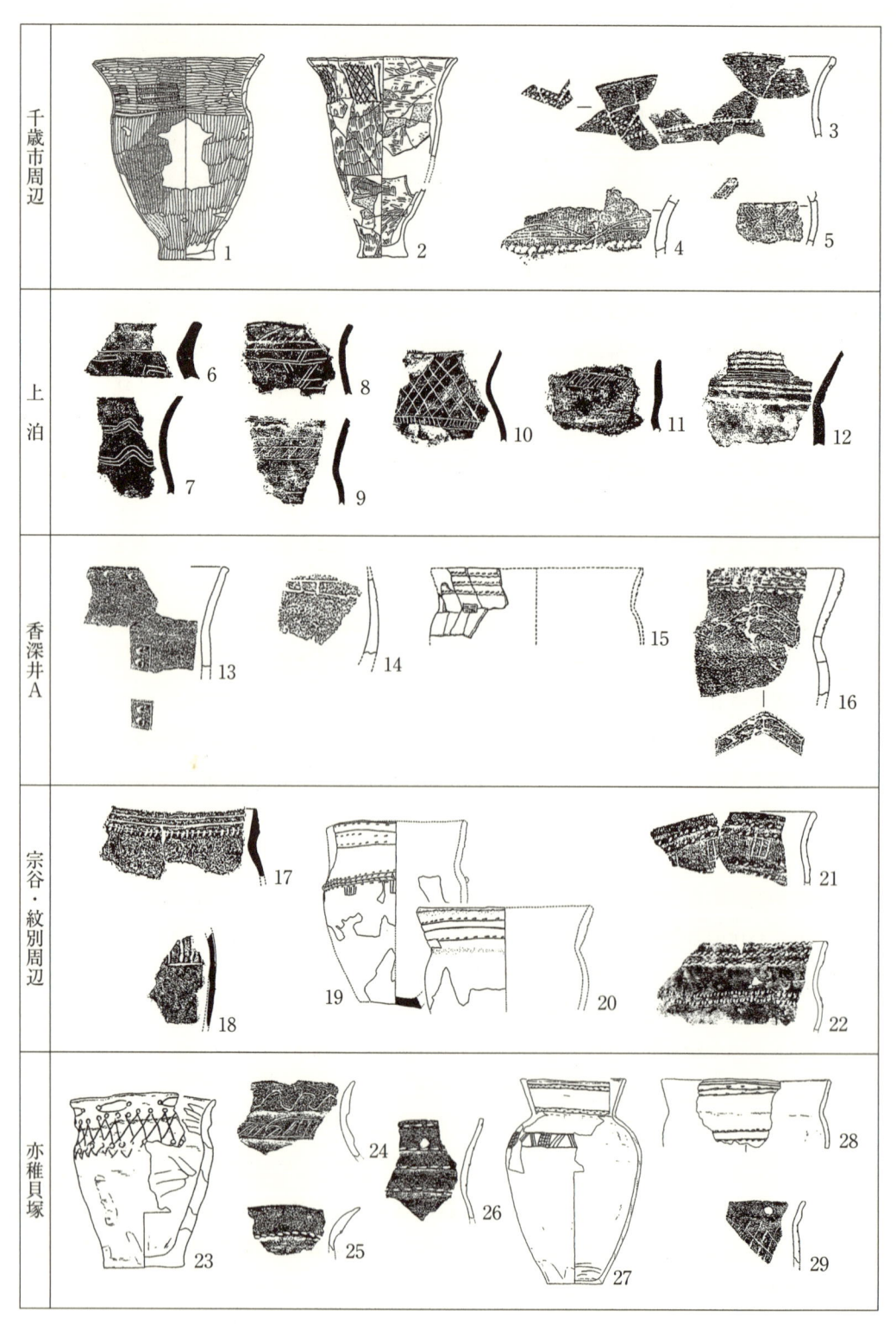

538　終章　環オホーツク海域編年への展望

第219図　道央と道北における北大式・擦紋系モチーフの対比

フ（1）が目立つ。魚骨層のⅢ（13：クマの足型紋を持つ）、Ⅲ・Ⅲ₀間層（14）、Ⅱ層（15）の順に出土しており、関連するモチーフはさらに上層に及ぶ。魚骨層のⅡでは16例のごとく、Ｖマークないし弓形の短冊紋も発見されており、モチーフは一種に限られない。

さらに、島嶼部を離れて宗谷岬方面へ移動すると、擦紋Ⅲ期に比定される刻紋土器Ｂや刻紋・沈線紋土器（17・22）とともに、窓枠紋（18）や短い鰭状マーク（19）を持つ土器に出会う。香深井1⒜遺跡で観察した状況と特に変わる点は見当たらない。さらに枝幸町方面では、刻紋土器Ｂとともに、21例のごとき口頸部に小さな窓枠紋を施した土器が発見されている。これはおそらく、刻紋土器Ｂでも古い時期に比定されるものであろう。

先にモヨロ貝塚や常呂町周辺で、擦紋Ⅲ期の古い土器のモチーフについて検討し、その標本例として第216図の24〜27や36〜38を示した。それらを観察すると、もはや枝幸町と常呂町を隔てるオホーツク式の地域差は、先験的な想像上の賜物であることが一目瞭然に了解されるであろう。さて、第219図6〜22例の資料を既成事実のように擦紋Ⅱ・Ⅲ期に対比したが、ここであらためて根拠の一端を述べておきたい。

23例は亦稚貝塚の採集品である。一目して、擦紋土器から転写された斜格子目紋を有する完形品と認められよう。やや肥厚した口縁部は拇指状に外反する。そこから頸部にかけて、円形刺突紋を連ねるように斜格子目紋が施されている。口縁部には、また円形刺突紋を繋ぐ楕円紋を描く。器形はずんぐりしており、その出自が単純でないことを暗示している。時期については、斜格子目紋の形態、香深井1⒜遺跡の1c号竪穴の類似例（第218図22）から判断して、擦紋Ⅱ期に比定しても大過はないであろう。

他の資料で観察すると、24例の口縁部（＝25）は23例に酷似しており、そこには波頭状の沈線が引かれている。その類例は、香深井1⒜遺跡の魚骨層Ⅲでも発見されている（第218図24）。双方の相関性から見て、ほぼ同時期と考えられる。したがって23例は、刻紋土器Ａと擦紋Ⅱが融合したキメラ(折衷)土器と見做せる。

さらに、23〜25例に後続する土器を探すと、同じ亦稚貝塚から豊富に発見されている。26〜28例などがその代表例である。これにも29例のような斜格子目紋を持つ土器が伴う。これは口縁部が若干膨らんでおり、23〜25例よりも28例に近い時期と思われる。そのとおりならば、29例の斜格子目紋は上泊遺跡の10例にほぼ対比され、9〜12例との関係からみて、擦紋Ⅲ期に下る可能性が高いと考えられる。胴部に格子目の窓枠紋と鋸歯紋を持つ27例も29例に対比される。これも同じ時期のキメラ(折衷)土器として注目しておきたい。

このように北海道島の二廻り目の検証によっても、通説編年の妥当性を示唆する資料はどこにも見当たらない。そこで、通説の有力な根拠とされている、礼文島元町遺跡の「共伴」事例について、旧論（柳澤1999b・2003ほか）とは異なる視野に立って再び検証してみたい。

4．キメラ（折衷）土器から見た擦紋土器とオホーツク式の接触

遥か昔に報告された資料の中にも、北方編年の体系を左右するような重要な土器が存在する。それに注目するか否かは、偶然の事情による点もあるであろう。しかしながら、実はそれに止まらない問題が伏在しているのではあるまいか。

1）モヨロ貝塚

児玉作左衛門は、戦後一般向けに執筆した著書、『モヨロ貝塚』（1948年刊）の中で、擦紋式土器は、「大體オホーツク式と同じ時代のもの」、と述べている。そしてその実例として、本文中では擦紋Ⅲ（第220図13）とⅣ（中）期に比定される土器を図示している（児玉1948：17-22）。

今ではすっかり「忘失」されているが、モヨロ貝塚の発掘調査の成果を踏まえつつ、戦前からの観察をもとに、こうした見解が述べられたことは、あらためて注目されてよいであろう。この調査に参加していた河野広道も、その有能な助手として活躍した佐藤達夫も、児玉が述べたこの観察所見と無縁であったとは想像できない（佐藤1964b・1972：483-註5）。

それでは、この児玉発言に留意すると、モヨロ貝塚における擦紋土器の存在は、どのように捉えられるであろうか。それに係わる資料や公開された情報は、今でもごく限られている。大場利夫も、モヨロ貝塚の土器を整理した論文の中で、「上層より擦文土器とオホーツク土器がほぼ同時に出土している」、と発言している（大場1961：143-144）。

しかし、この発言に係わる実物は例示されていないから、そのままに認めるのは躊躇される。とはいえ、大場が整理したモヨロ貝塚の膨大な資料について、今日的な視点で見直すことは、それなりに意味があることであろう（柳澤2003：121-127）。

公表された擦紋土器を一覧すると、**第220図**に示したように大きく３群に分けられる。

(1) 擦紋Ⅱの新しい時期に比定されるもの（1・2）
(2) 擦紋Ⅲの「中位の部分～新しい部分」に比定されるもの（3・4）
(3) 擦紋Ⅳの「中位の部分」に比定されるもの（5～7）

この時期比定が妥当ならば、擦紋Ⅱから擦紋Ⅲへ、そして擦紋Ⅲ～Ⅳの中間期の資料が欠けていることになる。ちなみに、そうした時期は周知のように、道東部の広い範囲で資料が乏しい。オホーツク文化の拠点遺跡であるモヨロ貝塚も、その例外では無かったように思われる。

とうぜんながら資料の欠落する時期には、オホーツク人と擦紋人の接触や交流は起こりにくい。交易による接触や婚姻関係、その他の事情から、実際に新たな関係が生じたのであれば、その痕跡は土器にも残されている可能性がある。

そこで、公表されたモヨロ貝塚の新旧の材料を一覧すると、先に触れた8・9例の他に10～13例が目に止まる。いずれも異系統の要素が併用された、キメラ（折衷）型の土器と思われるものである。

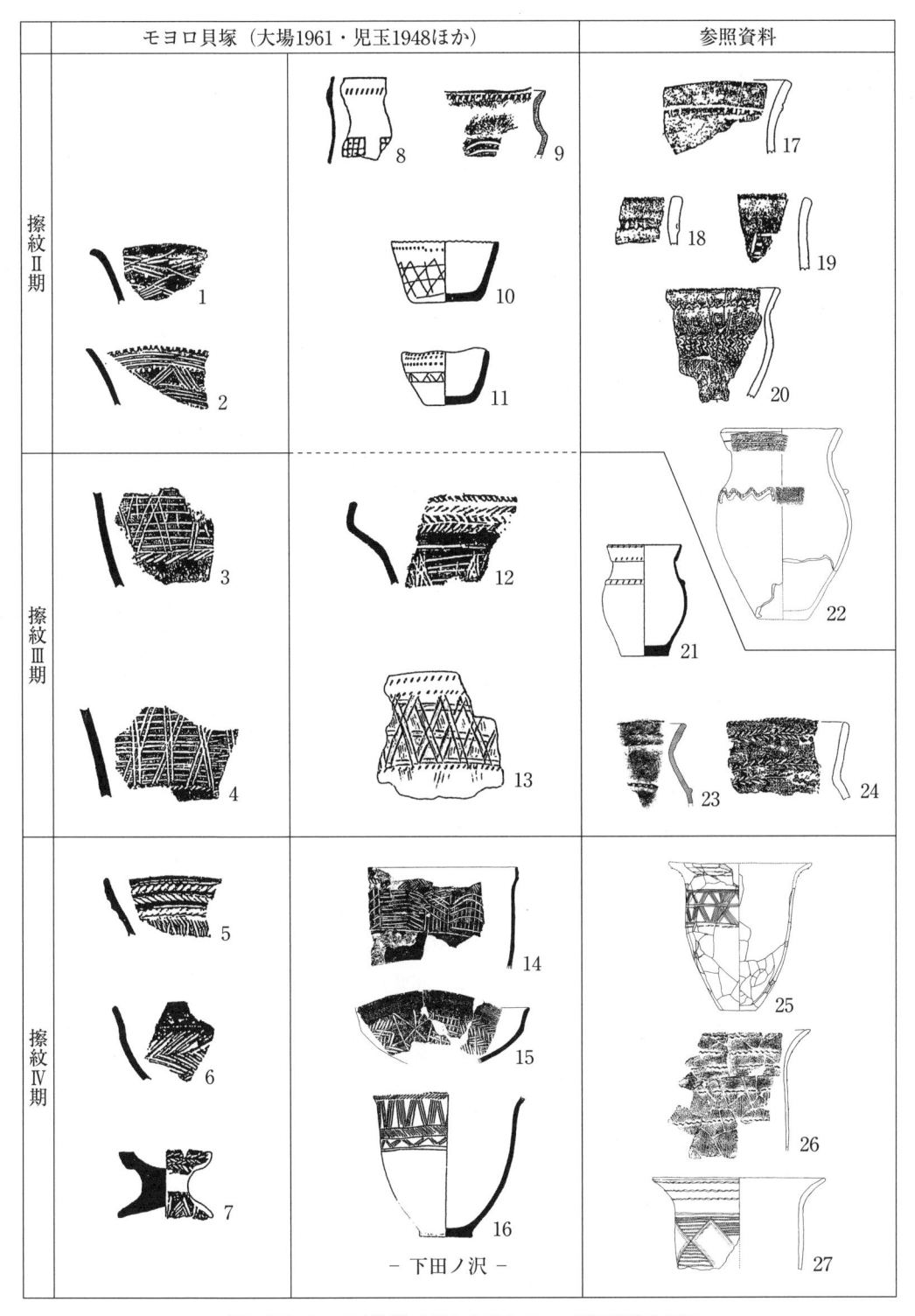

第 1 節　北海道島・南千島における北大式〜擦紋末期の広域編年　541

	モヨロ貝塚（大場1961・児玉1948ほか）	参照資料
擦紋Ⅱ期		
擦紋Ⅲ期		
擦紋Ⅳ期	－下田ノ沢－	

第220図　キメラ（折衷）土器から見たモヨロ貝塚資料の編年

少し細かく観察してみたい。まず、児玉が先の著書に紹介した13例である。これはベテランの研究者であれば、ピラガ丘遺跡の調査以前に当然知っていたと思われる資料である。河野広道も佐藤達夫も、もちろん早くから注目していたに違いない。その口縁部はおそらく顎状に肥厚していると推定される。

その上下には爪形の刻み目紋が、そして胴部には擦紋Ⅲ（4）に見られる斜格子目紋が施されている。口縁部の特徴や全体的な形状は、まさに大場利夫が公表した21例の刻紋土器Bに対比されよう。このように胴部の紋様は擦紋系で、器形はオホーツク系と見做せるから、13例は典型的なキメラ（折衷）型の土器と認められる。

これに対して12例はどうであろうか。これも大場が紹介した資料である。キャリパー形をなす口縁部には、2帯の矢羽状に見える刻み目が施されている。下方の中心には、明らかに直線が引かれている。伊東が提示した「江の浦A式」(註14)の標本（伊東1942）にも、直線を引いた矢羽状の刻紋を持つ例がある。

ちなみに類似した矢羽状の刻紋は、道央や道北の擦紋Ⅲや刻紋・沈線紋の土器にも施されている。道東でも22・24など新旧の例が挙げられる。仮に矢羽状の刻紋が、サハリン島の「江の浦A式」と北海道島の並行関係を示唆するならば、大変に興味深いことになろう。それは別の機会に検討するとして、ここでは24例の矢羽状の刻紋が、12例に略対比されると仮定しておきたい。

22例は刻紋土器A末に比定され、21例とは数段階ほど古いものである。型式学的にみると、22例の波状の鎹（カスガイ）紋よりも、21例の籠状の太い擬縄貼付紋の方が確実に新しいと考えられる。23例は、それに後続するものであり、「22例→21例→23例」の変遷序列が想定される。12例は、口縁部の装飾が発達している。これは佐藤編年によると、擦紋Ⅲでも「中位いの部分」に比定される。おそらく12例は、21例に近い時期に位置するものと思われる。

矢羽状の刻紋が、想定したとおりサハリン島の「江の浦A式」に由来するのであれば、12例も一種のキメラ（折衷）土器と見做せるのではなかろうか。

つぎに、口縁部に円形の刺突紋を持つ10・11例である。その胴部には、12・13例よりも古い形態の三角連紋が施されている。小さな土器である。年代的な位置づけに迷うところであるが、10例には間隔の空いた横走沈線が引かれている。また11例には、並行線の内側に鋸歯状の三角連紋が描かれている。これに類似する紋様は、道央の変容した横走沈線を持つ土師器や、先に引用した刻紋土器B（第218図20）なども存在する。11例の口縁部の3条の刺突紋は、刻紋土器Aの末期から刻紋・沈線紋土器の初期に存在する。

以上のような点を考慮すると、10・11例は、擦紋Ⅱの末期～擦紋Ⅲ期の初頭に対比される可能性があると思われる。類例の増加を待って検討したい。

モヨロ貝塚では、擦紋Ⅱ期でも新しい時期（12）にキメラ紋様を持つ資料が見当たらない。したがって、現在までに知られている資料の範囲では、擦紋人とオホーツク人の確かな接触・交流の痕跡は擦紋Ⅲ期、すなわち刻紋土器Bの時期に始まると推測される。それでは、それより新しい擦紋Ⅳの時期ではどうであろうか。

モヨロ貝塚で発見された5～7例には、どこにも刻紋土器B以降のオホーツク式の影響が認められない。もちろん通説では、この時期より遥か以前に、つまり9世紀の昔にソーメン紋土器は消滅したとされる。それに代って登場したトビニタイ土器群Ⅱの姿も、もちろん擦紋Ⅳ期の人々の目には映らなかったはずである。したがって、この通説が妥当ならば、擦紋Ⅳ期のやや古い部分に属する5～7例に対して、オホーツク式の影響が直接に現れることは在り得ない。

　そこでモヨロ貝塚を離れて釧路方面に移動すると、下田ノ沢遺跡（澤編1972）において奇妙な擦紋土器に遭遇する。14・15例である。これは16例などに伴出しており、擦紋Ⅳ期でも「中位の部分」に比定されるものである。しかしながら15例の胴部には、遥か昔にモヨロ貝塚に登場した放射マーク（第216図18）や格子目の窓枠紋（第216図22）が明らかに施されている。やや歪んだ格子目の窓枠紋は14例にも認められる。

　このような遥か昔の北大式に出自し、オホーツク式に受容された伝統的なモチーフが、なぜ擦紋Ⅳ（中）期の土器にわざわざ施紋されたのであろうか。実に不思議な現象と言えよう。しかしその不思議さも、同時代におけるオホーツク人と擦紋人の接触・交流を想定すれば、無理なく解釈できるであろう。

　そうした両者の係わりが、道東部の広い範囲でこの時期に生じた結果、トビニタイ土器群Ⅰ（菊池1972a）、あるいは「擦紋Ⅴ」に比定された土器（佐藤1972：478-479）が誕生し、擦紋土器の変容が根室半島の一部を除く道東部の広い範囲で急速に進んで行くのではあるまいか。

　斜里方面の具体例を示すと、25～27例のごとき、擬縄貼付紋土器の強い影響を受けた土器群の出現が挙げられる。そのプロセスは、これまで層位と型式の両面から、旧稿において縷々推論しているから、ここでは省くことにしたい（柳澤1999b～2005b）。

　そこで以上の観察を摘要すると、つぎのようになる。

(1) 稀ではあるが、刻紋土器Aの古い時期には、北大式に由来するモチーフを受容したオホーツク式が作られる（8・9＝17～19）。

(2) 刻紋土器Aの新しい時期にも、そのモチーフが存続すると推定される。一方、擦紋Ⅱとオホーツク式の接触を示す資料としては、10・11例にその可能性が認められる。特に10例はその貴重な物証となる一例と思われる。11例については今のところ確証に欠ける。

(3) 擦紋Ⅲ期に入ると、にわかにオホーツク人と擦紋人の接触・交流が活発化する。その結果、12・13例などのキメラ（折衷）型の土器が連続的に製作された様子が観察される。

(4) 擦紋Ⅳ期でも古い段階には、今のところ両者の接触・交流を示す有力な物証は発見されていない。しかし、その中頃以降になると、擦紋人の急激な流入に呼応して接触・交流の機会も増加し、その直後、擦紋土器の側に大きな変容が顕在化するようになる（25～27）。いわゆるトビニタイ土器群Ⅰ-Ⅱ・Ⅰ（「擦紋Ⅴ」）の誕生である。

2）トコロチャシ・ピラガ丘遺跡

　さて以上の観察は、モヨロ貝塚以外の遺跡でも妥当するであろう。さらに検証してみたい。キメラ風の特徴を有する折衷的な土器は、モヨロ貝塚以外でも道東部の広い範囲で発見されている（**第221図**）。

　著名なトコロチャシ遺跡（11：駒井編1964）やピラガ丘遺跡（16：米村1976）、姉別川流域の竪穴遺跡群（20・21：豊原・福士1980）などである（柳澤1999b：82-91）。それらはいずれも、口縁部に刻紋土器Ｂ（第220図21・23）に類似した装飾を持つ。

　細かく見ると、その特徴はそれぞれ異なる。11例は、3例よりも知床半島の12・13例に類似している。これらには、14例（←第212図30）のごとく、口縁部下に小さな「∧」形紋を施す土器が伴うと思われる。このモチーフは刻紋土器Ａの新しい時期に現れ、刻紋土器Ｂの末期まで盛んに用いられる。トコロチャシ遺跡の1号竪穴から11例とともに発見された8・10（＝9）は、新しい時期に比定される代表例である。

　このように観察すると、11例の口縁部は刻紋土器Ｂ系（←12・13＝3）であり、胴部は擦紋Ⅲ（←45）と捉えられる。胴部の斜格子目紋は上下が水平線で画されているらしい。この特徴は、古い時期には見当たらない。モチーフとしては大振りで、やや雑な印象を受けるので、新しい時期に属す5例より古いと思われる。擦紋Ⅲの中位の時期に比定しておきたい。

　また9～10例は、刻紋土器Ｂの新しい時期に登場した異系統色の強い土器群である。これは旧常呂町周辺域の刻紋・沈線紋系土器と関係する土器であって、11例よりは新しい可能性がある。先に引用した資料では、モヨロ貝塚の一例（第220図23）に対比されるものと思われる。そのとおりに、8～10例が11例に後続して登場したとすれば、モヨロ貝塚の10号竪穴から出土した大形の土器（佐藤1964b）の出自も容易に見当が付くであろう。

　つぎにピラガ丘遺跡第Ⅲ地点の資料を検討したい（米村：前出）。15例は、3号竪穴から出土した擦紋Ⅲ期の古い土器である。通説の編年案を支える重要資料として、処々に引用されている。これに対して16例は、山浦清氏の論考を除くと、不思議に引用されることが少ない土器である（山浦1983）。旧稿（柳澤1999b）では、まさに擦紋Ⅲと刻紋土器Ｂの並行関係を、最も端的に証明するキメラ（折衷）土器として取り上げた。しかし、それについての反応はまだ現れていない。

　16例の口縁部は、実測図によると3例に酷似しているように見える。それでも写真図版（16a）を参照すると、爪形状の刻み目は円形の深い刺突痕になっている。また口縁部は、実測図と異なり、顎状に肥厚している。斜里町の博物館で実見した際にも、ガラス越しではあったが同じ所見が得られた。

　刻紋土器において、明瞭な円形の刺突紋が登場するのは、確言はできないが刻紋土器Ｂの時期からと思われる。2例の肥厚した口縁部にある刺突紋は、実測図が不明瞭で疑問を残すが、16例に似た円形の刺突痕と推定される。

　16例では、それが2段に施されているから、時期は2例より少し下ると推定される。胴部にある斜格子目紋の特徴は11例に酷似している。したがって、15例（＝2）→16例（＝11）→5例、と

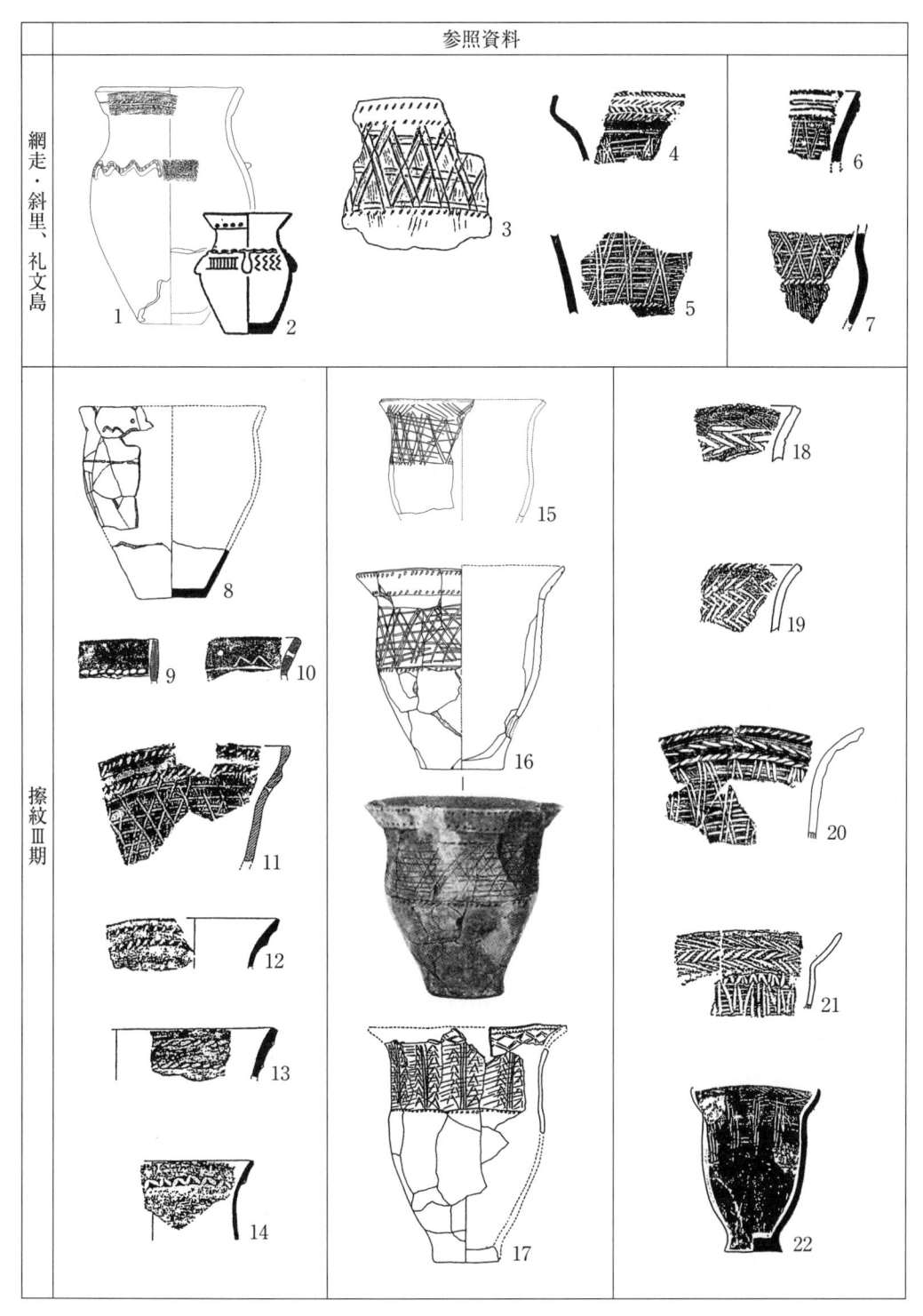

第1節　北海道島・南千島における北大式～擦紋末期の広域編年　545

第221図　キメラ（折衷）土器から見た擦紋Ⅲ期の道東編年案

いう変遷が想定される。ところで、最後の5例の紋様にも注目しておきたい。この紋様の土器は、元地遺跡において、ソーメン紋土器より新しい「黒土層」でいわゆる「元地式」(接触土器)と共伴したとされる擦紋Ⅲ（6・7）とよく似ている。

モヨロ貝塚でも、また亦稚貝塚でも、キメラ(折衷)土器によって擦紋Ⅲは刻紋土器Bに並行するものと結論された。それでは元地遺跡で主張された層位による「共伴」事実（大井1972）は、いったい何を物語るのであろうか。ここで蛇足ながら疑問を述べておきたい。

3）姉別川流域遺跡と元町遺跡

さて、常呂・斜里方面から離れて根室半島の基部へ観察のフィールドを移したい。この地域には、刷毛目の調整痕を明瞭に残す在地系の擦紋土器が分布している。その一端は、すでに引用した資料で見たとおりである（第216図7・9・10，第217図10～13）。後続する土器としては、第221図の18～22例があげられる。いずれも姉別川流域の竪穴遺跡群で発見された擦紋Ⅲに比定される資料である。

少し観察すると、20例の口縁部の特徴は11例に酷似している。胴部は11・16例よりも、むしろ5例に近い。新しい時期に属すからであろう。口縁部は刻紋土器B系であるが、胴部は擦紋Ⅲ（新）系と捉えられる。明らかにキメラ(折衷)土器の一例と思われる。型式学的にみて、「11＝16→20＝5」の順に変遷したと想定しておきたい（柳澤1999b）。

つぎに21例と22例である。後者は佐藤達夫の編年案（佐藤1972）において、擦紋Ⅲ6期の標式資料とされた土器である。21例と22例は、一見して近い時期と思われよう。21例の口縁部は薄く、軽く内湾しながら外反している。そこには、先に注意した矢羽状の刻線が施され、その中央には浅く沈線が引かれている。22例にはそれが見当たらない。

胴部の紋様は、ともに縦に分割して構成されており、その類似性は疑いない。矢羽状の刻紋は、先に「江の浦A式」との係わりを想定し、また刻紋土器Bとの関係も想定した。それに拠ると、21例と刻紋・沈線紋土器（第220図24）の矢羽状の刻紋との関係性が想定される。そのように捉えると、同じ遺跡から採集された20例と21例の時期はきわめて近く、それに22例（≒17例）が後続することになろう。

また、21例の口縁部直下の連続的に施された「∧」形紋は、14例や8・10例のそれと密接に関係すると思われる。そのとおりならば、「∧」形紋も、オホーツク式の刻紋土器Bから受容した異系統の要素と認められよう。これは小さな紋様要素であるが、道東部におけるオホーツク式と新来の擦紋Ⅲとの接触を示唆する、有力なメルクマールになる可能性を秘めている。

以上、モヨロ貝塚以外の地域においても、刻紋土器Bと擦紋Ⅲの接触・交流する様子が観察された。それでは擦紋Ⅳの時期ではどうであろうか。今度は道東を離れて、南千島へフィールドを移して検討してみたい。

5．道東・南千島における擦紋Ⅳ期の接触現象

　南千島には知られている限り、北大式やⅠ～Ⅲ期の古い擦紋土器が発見されていない。トビニタイ土器群Ⅱはごく一般的に存在するが、トビニタイ土器群Ⅰ-Ⅱの実例は今のところ乏しいようである。

　南千島において、トビニタイ土器群Ⅱはどのように成立したのか。その問題については別稿で述べるとして、ここでは擦紋末期における異系統土器の在り方について、旧稿で述べた点を補足しながら検討してみたい。

1）南千島のキメラ（折衷）土器

　南千島には、異系統のモチーフを施紋した異色のオホーツク式が、現在のところ2例知られている。**第222図**の12例である。ともに南千島の出土品である。1例は戦前から周知されていた土器（河野1933b）である。しかし、頸部モチーフの特異性については、これまで注意されたことがない。

　旧稿（柳澤2000：12-18）で述べたとおり、このモチーフは2本の沈線で独立的に描かれており（独立鋸歯紋）、左右に短線の角が付けられている。これは一見すると、擦紋Ⅰ期の古いモチーフを想像させる。しかし、その上下は沈線で画されており、モチーフの扱い方は擦紋Ⅰと明らかに異なっている。

　軽く肥厚した口縁部には、革紐状の貼付線と沈線が施されている。その下には横長の刺突紋がめぐるようである。また胴部には、四つのボタン状の貼付紋が付けられている。このような特徴は、明らかにソーメン紋土器に先行するものであって、1例が擬縄貼付紋土器の仲間に属することは疑いないと思われる。

　「∧」形紋を複線にした独立鋸歯紋を施すオホーツク式は、モヨロ貝塚でも数例が発見されている。小ぶりな独立鋸歯紋の3例と大きな独立鋸歯紋の4例である。どちらも1例のような短線の角は付けられていないが、4例では、独立鋸歯紋の脇に部分的に刺突紋が加えられている。

　34例はともに、幅広の口縁部に区切り斜線を持つ5・6例（=12・13）に対比され、擬縄貼付紋土器の仲間と考えられる。そこで6例を細かく観察すると、頸部には1例と4例に共通した横長の刺突紋が施されている。また胴部には、1例に類似した三つ玉の貼付紋も付けられており、これらの土器群の時期が近いことを示している。

　右代啓視氏や宇田川洋氏の通説的な編年観では、1例や3～6例は8世紀頃に比定され、「擦文早期」または「北大Ⅲ式」に並行するという（右代1991・宇田川1988・2002a・b）。なるほど、この時期には各種の鋸歯紋が多用されているから、8世紀説にもそれなりに型式学上の根拠があると考えられよう。

　しかし、1例と3～6例のいずれにも、並行するとされた擦紋土器や北大式の影響がまったく認められない。これはいかにも不思議なことであるが、比定すべき時代が誤っていると考えれば、この疑問は速やかに解消する。

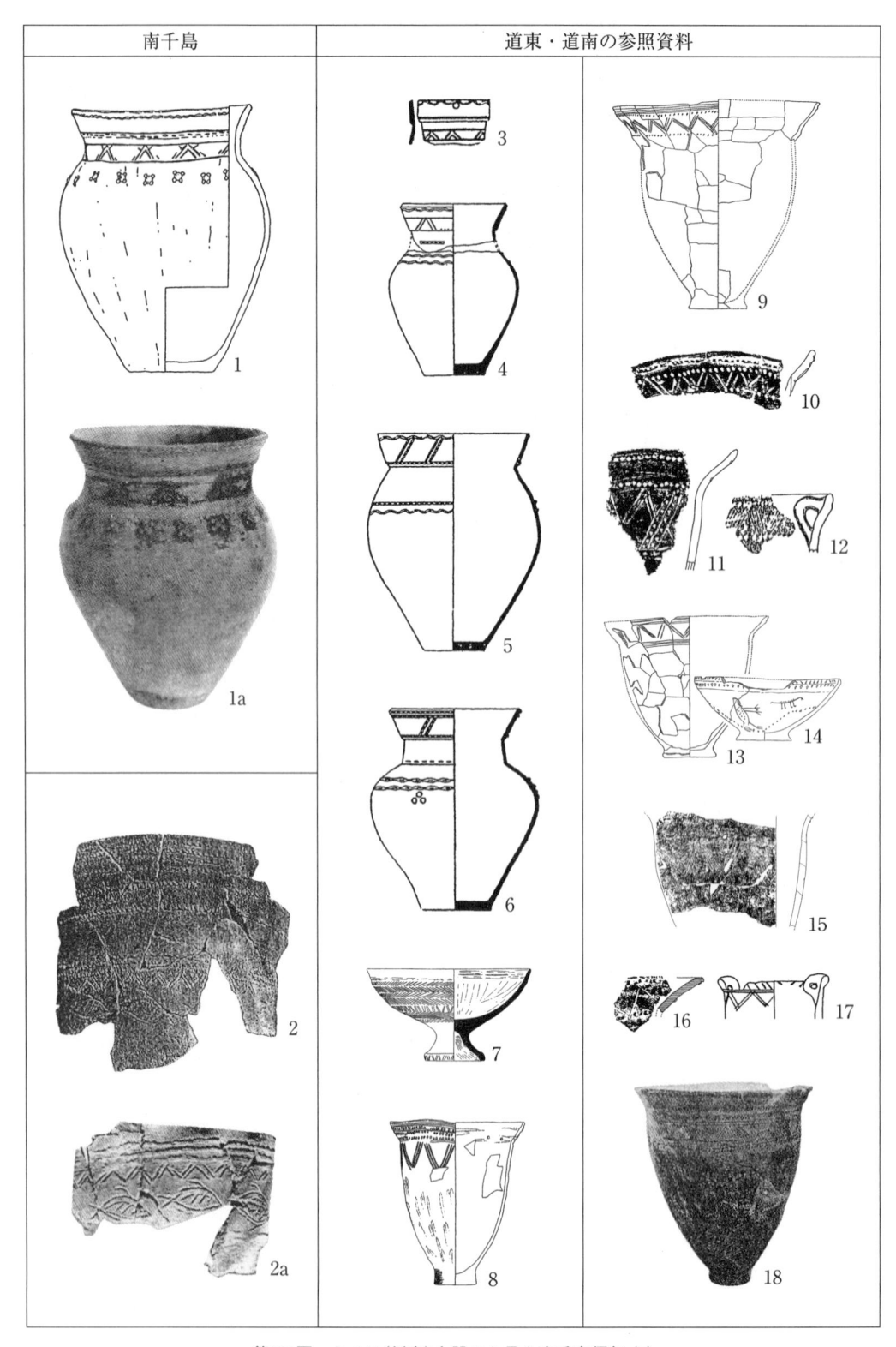

548　終章　環オホーツク海域編年への展望

南千島	道東・道南の参照資料

第222図　キメラ(折衷)土器から見た南千島編年 (1)

そこで5・6例に用いられた擬縄貼付線に注目したい。道東部の擦紋土器においても、また、トビニタイ土器群においても、擦紋Ⅳ期の中頃から末期にかけて擬縄貼付線が盛んに用いられている。しかもそれらの中には、鋭い沈線で描かれた大小の鋸歯紋を持つものが含まれている。

例えば、トーサムポロ遺跡（前田1966）の7例をはじめ、知床半島の船見町高台遺跡の10例（豊原・本田1980）やオタフク岩洞窟（涌坂1991）の15例、それにルサ遺跡（駒井編1964）の16例などである。

7例を除く資料の口縁部や胴部には、いずれも粗雑な擬縄貼付線が施されており、その内部には、1～2本の沈線で大きな鋸歯紋が連続的に描かれている。根室半島で発見された18例なども、この仲間近いものと思われる。いずれも擦紋Ⅳ期の中頃～末期に比定される土器である。

通説の編年では、これらは11世紀後半～12世紀頃に比定する。それに対して、オホーツク式の13～6例は8世紀の所産と見做される。この間、400年余りの年代差を超越して、疑縄貼付線を用いる手法は、どのような事情から忽然と先祖返りしたのであろうか。それが事実であれば、実に不可思議な現象と言えよう。

いったい擬縄貼付紋土器と擦紋土器に大きな鋸歯状のモチーフが共通して用いられるのは何故なのであろうか。通説の編年案では、この点を型式学的にどのように説明するのであろうか。試みに、10例や16例に見える鋸歯紋を独立させ、6例の口頸部へ転写してみよう。すると独立鋸歯紋を有する1・3・4例と、変形操作を加えた6例は、ほとんど区別できなくなるであろう。これは両者の親縁関係を端的に示し、同時代における交流を示唆すると考えられよう[註15]。

それでは擦紋Ⅳの中頃～末期にかけて、どのような事情から連続鋸歯紋やそれと近縁な独立鋸歯紋が道東部に登場したのか。不思議なことに連続的な鋸歯紋を多用する土器は、遥か渡島半島の南部や青森県の津軽地方から実に豊富に発見されている。その出自と所属については、古くから議論の的になっている。最近では、大井晴男氏が佐藤達夫（佐藤1972）の指摘に賛意を表明し、また独自の議論を展開している（鈴木1979，大井2004bほか）。

少し例示した資料を観察したい。7例は、根室半島のトーサムポロ遺跡で出土した高坏である。胴部に小さな連続鋸歯紋が施されている。類例は道東の各地で発見されている。それぞれ大きさが異なり、出自も同じであるかどうか不明である。これに類似するモチーフを持つ土器は、渡島半島や奥尻島の青苗貝塚等で発見されている。その中でも8例は、擦紋Ⅳのやや古い時期に比定されるものである。こうしたモチーフを小形にしたものが、器高の低い高坏に取り入れられ、7例のような独特な紋様パターンが道東で盛行したのではあるまいか。一つの仮説として触れておきたい。

また青苗貝塚では、8例よりも新しい時期の資料が豊富に発見されている。9例や13＝14例は、その代表的な資料である（佐藤1979）。両例の幅広い口頸部には、15・16・18例に酷似した鋸歯紋が連続的に施されている。これに酷似するのは、船見町高台遺跡（羅臼町）の10・11例である。これは擦紋Ⅳ$_{7～8}$期頃に比定される。

筆者の編年案では、両例とも13～6例とは年代的に近い存在となる。10・11例の口縁部に見える小さな二段の刺突紋列は、青苗貝塚の鋸歯紋土器（9）をはじめ、瀬棚町内遺跡の内耳土器（12）

や甕形土器にも豊富に認められる（加藤1981）。青森県では、新発見の馬の線刻画土器（高杉2001ほか）に施されており、その出自や年代的な関連性の有無が注意される。

仮に、渡島半島の大鋸歯紋を持つ土師器と、遥か道東の擦紋土器と擬縄貼付紋土器の間で、土器紋様の広域的な接触が想定されるならば、きわめて興味深いことになろう（柳澤2000：16）。この点は稿を改めることにして、さらに観察を進めたい。

2）エトロフ島のキメラ（折衷）土器

南千島のエトロフ島にも、興味深い土器がいくつか知られている。その一つは、旧稿（柳澤2000）で引用したレイドボI遺跡の資料である（2）。これは『博物館交流』に紹介されたものであるが（ゴルブノフ1995）、『考古学の世界』1（ぎょうせい1993）において、鮮明な写真資料（2a）が公開されるまでは、ほとんど知られていなかったと思われる。幅広い口縁部と口頸部、それに胴部にも、多数の擬縄貼付線または革紐状の貼付線が施されている。

ただし写真に見えるように、胴部の貼付線の断面形はトビニタイ土器群のごとく平坦になっている。これは明らかに、トビニタイ土器群（I・I－II）との交流を端的に示す特徴といえよう。さらにその下には、2本線の連続鋸歯紋と動物紋が描かれている。鋸歯紋の単位モチーフは、一見すると7例の高坏に施された小さな鋸歯紋を想起させる。

しかし3例に見える独立扱いの三角紋、道南・道央に見られる大きな鋸歯紋を持つ8例（札幌市K501遺跡：出穂1999）や9・13例（青苗貝塚：佐藤1979）、それにやや大きな鋸歯紋を持つ知床半島の10例（船見町高台遺跡，涌坂1989）との類似性も、同時に注目されよう。年代的には7例と8例が近く、これは擦紋IV（中）期頃に近い時期に比定される。9・13例はこれらに後続し、IV期でも新しい時期に下る可能性があると思われる。

このように観察すると、レイドボI遺跡の連続鋸歯紋は、擦紋末期に近い頃に知床半島の擦紋土器との交流を通じて採用されたものと考えられよう。たとえば、船見町高台遺跡の10例に見える鋸歯紋をレイドボI遺跡例の胴部に転写してみよう。すると、擬縄貼付紋土器に擦紋系のモチーフがキメラの如く出現した事情が容易に理解されるであろう。

それでは、海獣を模したと推定される動物紋についてはどうであろうか。動物のモチーフは、一般にオホーツク式に発達する。したがって動物紋は、とうぜんながら擬縄貼付紋土器にもごく普通に存在する。しかし、2aに酷似した沈線による線刻画を持つ例は、今のところ道東部では知られていない。

それに対して、大きな鋸歯紋を持つ土師器（佐藤1972・472-476, 9・13）が主体を占める青苗貝塚（佐藤1979）では、沈線で坏形土器に動物紋を描いた土器が発見されている（14）。その一例は陸獣（馬）？のように見えるが、他の一例は海獣かと推定される。この点で、レイドボI遺跡の一例と同一視はできない。しかし先にも述べたとおり、青苗貝塚と道東部の擦紋末期に対比される土器は同期する可能性があると考えられる。

したがって、青苗貝塚例に見られる沈線で動物紋を描く習俗がエトロフ島方面に波及し、2例

のごとき海棲動物の紋様が登場したことは、十分にあり得ると言えよう。その出来事の時期は、もちろん通説のごとく8世紀では在りえない。知床半島の擦紋土器やトビニタイ土器群と2例の擬縄貼付紋土器の時期から判断すると、擬縄貼付紋土器と擦紋土器が接触したのは、擦紋Ⅳ期でも中頃以降の末期になると想定される。

　ところで、オタフク岩洞窟の第4層から興味深い骨角器が発見されている。図を省いているが、これは15例など擦紋Ⅳ期後半の土器に「共伴」したと見做されている。しかもその骨角器は、青苗貝塚のそれと密接な系統関係を有する、と指摘されている。この意見が妥当ならば、オタフク岩洞窟の骨角器も、道東部における鋸歯状紋の出自をめぐる以上の仮説を支持する有力な傍証になるであろう (註16)。

　渡島半島や津軽方面における大鋸歯紋を持つ土師器の拡散と消滅が、道東における大鋸歯紋の出現や擦紋土器の消滅と連動するならば、擦紋土器の終末年代は通説よりも相当早くなると想定される。1970年代に佐藤達夫が先学の業績を踏まえて述べたとおり、その考古学上の推定年代は、おそらく11世紀代の末に求められることになろう (佐藤1972：485)。

3) エトロフ島とクナシリ島のトビニタイ土器群Ⅰ

　エトロフ島では、トビニタイ土器群Ⅰ(擦紋Ⅴ)に比定される貴重な土器が1例発見されている (第223図)。戦前に斉藤忠氏が別飛遺跡で採集した20例 (斎藤1933) である。この資料も、これまで不思議なことに注意されたことがない。

　その口縁部を見ると、革紐状ないし擬縄貼付線が付けられている。貼付線はほとんど剥落しているが、口縁部の上下に2本施されていた可能性がある。頸部は素紋扱いされ、その下には、横位に圧縮された刻線紋が施されている。これは明らかに擦紋土器のモチーフと思われる。

　その由来は、エトロフ島内の零細な資料からは追跡できないが、根室半島の穂香遺跡 (川上1994) に格好の材料がある。19例とともに3号竪穴から発見された18例である。その胴部の紋様は、上下に引いた平行線に区切り斜線を施し、その間を短い刻線で埋めて構成されている。佐藤編年では、擦紋Ⅳ$_{8\sim9}$期の頃に比定されよう。

　この胴部の紋様を左右に圧縮すると、20例の密接した紋様が容易にできあがる。区切り斜線の向きは逆であるが、18例の紋様それ自体の構成は20例に酷似している。そこで18例の成り立ちを図示した資料でたどってみたい。必ずしも直系的ではないが、「12例→13例 (擦紋Ⅳ$_8$期の標式資料)・15例→16・17例→18・19例」の順に、その変遷はほぼスムーズに追える。

　クナシリ島では20例の他にも、興味深い資料が発見されている。戦前から知られているポンキナシリ遺跡 (平光1929) の9例と、ロシア側で公表されたタンコーヴァエ遺跡の11例 (Прокофьев1990) である。

　まず9例を見ると、口縁部を欠いているが、胴部を革紐状の貼付線で幅広く画し、その内部を3本1単位の三角紋で埋めている。三角紋は独立的に扱われている。このモチーフ扱いは、先に観察したモヨロ貝塚例 (第222図34) に最もよく対比されよう。9例は、7例や8例と年代的にほ

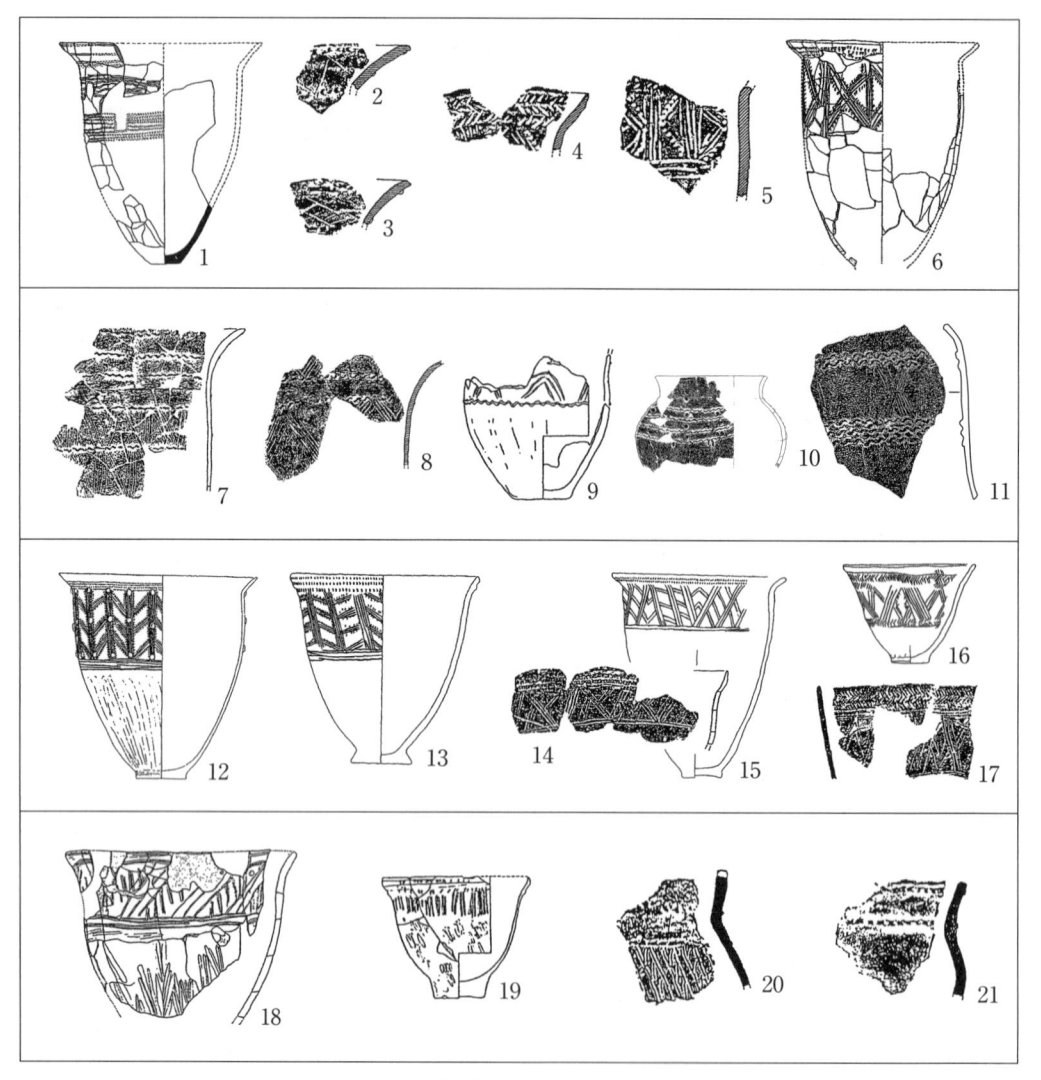

552　終章　環オホーツク海域編年への展望

第223図　キメラ（折衷）土器から見た南千島編年 (2)

ぼ並行し、擬縄貼付紋土器に伴うものと思われる。トビニタイ土器群の仲間とされているが、オホーツク式に擦紋系のモチーフを施した、一種のキメラ（折衷）土器と認められよう。

　これに対してタンコーヴァエ遺跡の11例は、9例よりも古風な擦紋系のモチーフを有する。ルサ遺跡（羅臼町）の5例や、ウトロ町のオタモイ1遺跡（松田・荻野1993）の6例の胴部紋様は、11例と酷似しているように見える。どちらも擦紋Ⅳ$_{7～8}$期頃に比定されるので、11例の時期もこれに近いと推定される。

　その胴部に施された2～4本の波状貼付線は、ソーメン紋土器のそれに似ている。類例は、オタフク岩洞窟の10例のごとく、擬縄貼付紋土器の時期にすでに登場している。したがって、11例の時期を擦紋Ⅳ$_{7～8}$期頃に比定しても、特に大きな矛盾は生じないと思われる。

　残念ながら11例は底部を欠いている。仮に11例の底部が、トビニタイ土器群Ⅰ-Ⅱの9例と同

第1節 北海道島・南千島における北大式〜擦紋末期の広域編年 553

じ形態ならば、オホーツク式に擦紋土器のモチーフを取り入れた、キメラ(折衷)土器の一例と認められる。

このように南千島で発見されたキメラ的な土器を観察すると、擬縄貼付紋土器の「新しい部分」と擦紋Ⅳ末期の土器は、年代的にほぼ同期すると考えられる。それではその後、擦紋土器が消滅してからの土器変遷はどのようになるのであろうか。その点は、旧稿（柳澤1998〜2005b）において、トビニタイ土器群Ⅱとソーメン紋土器・カリカリウス土器群の変遷として、繰り返し述べているから、ここで再述することは控えたい。

さて以上、多くの紙幅をさいて、北大式から擦紋Ⅳ・Ⅴ期にいたる北海道島と南千島の土器変遷について、広域的な視点から細密な対比を試み、編年学上の整理を進めてきた。年代的には、500年余りに達するであろう長期間の土器変遷を、いわば駆け足で見通してみたわけである。これを別稿で述べた所見[註17]を踏まえて編年表に示すと、**第18表**のように纏められる。

第18表 サハリン島南部・北海道島・南千島の北方編年案（抄録・暫定）

	サハリン島南部	道 北	道 東	南 千 島	道央・道南
続縄紋土器並行	十和田	十和田	シュンクシタカラ（古・新） ノトロ岬(1)	?	北大(古) 北大(中) 北大(新)・土師器
擦紋土器並行	(＋)（＋）	円形刺突紋土器 上泊	円形刺突紋土器 弁天島西貝(1) ノトロ岬(2) モヨロ貝塚 栄浦第一	(＋)	擦紋Ⅰ・土師器
	江の浦A地点（＋）	刻紋土器A・上泊・擦紋Ⅱ	刻紋土器A・擦紋Ⅱ（緑ヶ岡）	刻紋土器A	擦紋Ⅱ・変容土師器
	江の浦A・B地点・南貝塚 江の浦B地点（＋） （＋）南貝塚 （＋）南貝塚	刻紋土器B 「元地式」 刻紋・沈線紋土器 擦紋Ⅲ	刻紋土器B 刻紋・沈線紋土器 擦紋Ⅲ	刻紋土器B	擦紋Ⅲ
	（＋）（＋）	ポスト「元地式」・ポスト刻紋・沈線紋土器 擦紋Ⅳ・擬縄貼付紋土器	擬縄貼付紋土器 トビニタイ土器群Ⅰ・Ⅰ-Ⅱ 擦紋Ⅳ・Ⅴ 内耳土器	擬縄貼付紋土器 トビニタイ土器群Ⅰ・Ⅰ-Ⅱ 擦紋Ⅳ	擦紋Ⅳ 大鋸歯紋の土師器 内耳土器
貼付紋系土器		ソーメン紋土器 (ポスト「元地式」系, ポスト刻紋・沈線紋系)	ソーメン紋土器 カリカリウス土器群 トビニタイ土器群Ⅱ	ソーメン紋土器 トビニタイ土器群Ⅱ	（ウサクマイN地点）

おわりに

　北大式からソーメン紋土器とトビニタイ土器群Ⅱが登場するまで、北海道島や南千島において、本州系、在地系、渡来系、そしてそれらの融合系を内包した複系的な土器群は、互いにどのように関係しながら、いかなる変遷を遂げたのか。そして、これら煮炊き具としての諸系統の土器群が、どのような事情から、北海道島や千島（クリル）諸島において、またサハリン島においても、消滅するに到ったのか。

　もとより、そうした物質文化史上の大きな出来事を、考古学上の立場から考察するには、地域及び広域の編年体系が、できる限り究極のレベルまで、精密に確立されていることが望まれる。しかしながら津軽・宗谷海峡以北の北方圏の編年体系は、旧稿において繰り返し述べてきたように、また、熊木俊朗氏による最新の環オホーツク海編年（熊木2004）に象徴されるように、多くの混乱と数多くの未解決の問題を抱えている。

　小論では、そうした通説編年に係わる諸々の疑問点を解決するために、これまで「忘失」されていた多くの資料を用いて、1999年から提案している逆転編年案が、北海道島と南千島において矛盾なく成立することを、通時的な視点から明らかにした。もちろん小論で再説した北方編年の新しい体系は、それぞれの地域や時期において、いまだ荒削りなデッサンの段階に止まっている。

　なお、今後に残された課題はつきないが、北大式を含む各時期の土器様相を精密に比較しながら、北東アジアを視野に入れた究極レベルの環オホーツク海域編年体系の構築へ向けて、地道に作業を進めて行かなければならない。将来、津軽・宗谷海峡より以北を一望した広域編年網が、**第18表**に示した編年案の見通しのとおりに達成されるならば、「アイヌ民族」を含む国家を形成しない北方圏の諸集団の歴史を縦横に考察する、先史考古学の新領域を開拓することも、やがては可能になるであろうと期待される。

註

(1) 菊池徹夫氏はつとに、「トビニタイ土器群」編年の自説について、『シンポジウム　オホーツク文化の諸問題』をめぐる対談の席上において、ピラガ丘遺跡群などの調査結果を踏まえながら、

　「まあ少なくとも修正を余儀なくされるわけですが…。ただ、もし擦文のAないしBという古い段階にオホーツクe群が並行するとすれば、オホーツク土器のaからdまでのものは、全体として、北大式とか十和田式とかいわれるものに並行してしまうことになりかねない。この辺はちょっと問題が残るので、」

と疑問を表明されている（菊池・石附1982：159）。

(2) 以下、擦文土器の編年は、佐藤達夫のⅠ～Ⅳ期案（佐藤1972）基本的にしたがい、Ⅴ期についてはⅣの末期として扱う。また細分時期については、宇田川洋氏が提案した表記法を便宜的に用いる（宇田川1980a）。

(3) 天野編（2004）の冊子に所収された「北大式」に係わる、石井淳平・鈴木信・田才雅彦氏の論考を参照されたい。なお、佐藤達夫の1972年論文の存在は、いずれの論考においても「忘失」されているようである。

(4) ちなみに8例の頸部には、僅かながら縄紋が施されている。なお道東において、縄の施紋手法が擦文Ⅰ期

(5) 口縁部に刺突紋を有する土器は、ほぼ同時期に系統を異にしたものが複数ある。刺突紋の形状も、円形や矩形に近い不整形のものなど違いがあり、大きさにも大小がある。それらの系統的な弁別と細分、名称の付与などは今後の課題である。ここでは最も広義の呼称として、便宜的に「円形刺突紋土器」と呼んでおく。

(6) 本例のように、肥厚した口縁部に逆Vマークを連続的に施すものは、寡聞にして他に例を知らない。これは刻紋土器を用いる人々が、十和田式及び北大式の伝統を継承する人々と接触した結果、創出された特異な例ではなかろうか。ちなみに22・23・26例に後続する土器も、他遺跡で出土した事例は知られていない。

(7) このような立場は、今ではすっかり影を潜めており、その意義が「忘失」されている。しかし、北方編年研究における重要性は、少しも変化していないのではあるまいか。『常呂』に所収された佐藤達夫の論考を参照されたい（佐藤1972：478-484）。

(8) 9例の紋様が仮に一段構成の鋸歯紋であるならば、P99号墓の一例（報告書：図Ⅳ153-1）と同様に、古式の擦紋土器に属す可能性も、いちおう考慮しておく必要があると思われる。新しい類例の発見を待って、あらためて検討してみたい。

(9) 擦紋Ⅱに比定されるVマークの実例としては、札幌市のNo.162遺跡（上野1974b）、青森県下北半島の1例（鈴木1979：図2-15）などがあげられる。

(10) 報告書（矢吹1982）の図28-25・26・27例などである。これらの出土地点はかなり近接しており、時期的には近いものと推測される。

(11) 第216図4例に酷似した紋様を持つ土器は、恵庭市の中島松7遺跡で出土している。報告書の図68-25例がそれに該当する（松谷・上屋1988）

(12) 報告書の第69図12や第99図12などが挙げられる（椙田1982a）。しかし、両例に伴出した土器の内容は必ずしも一致しない。カリカリウス遺跡の各竪穴では、擦紋Ⅱ・Ⅲに比定される土器が様々な比率で混出しており、安定した共伴関係を認めにくい状況が観察される。火山灰の堆積状況や竪穴プランの多様性とともに、いろいろ検討すべき問題が残されているように思われる。

(13) 前稿（柳澤2005b：15-20）では、22例を擬縄貼付紋土器の時期に比定した。ここでは仮に、それより古い時期と考えてみたが、類似資料の増加を待ってあらためて検討したい。

(14) 伊東信雄が提案した「江の浦A式・B式」標本例の図版キャプションと本文の記述は一致しない（伊東1942）。後者を尊重すると、「江の浦A式」と「江の浦B式」の呼称は逆転することになる。これまで両式は、しばしば逆転した呼称のまま引用されてきた。しかし伊東の晩年の論文（伊東1982）を参照すると、1942年論文の本文の記述と図版が一致するように、「江の浦A・B式」のキャプションは修正されている。大方の注意を喚起しておきたい。

(15) 二ツ岩遺跡2号竪穴の骨塚からは、擬縄貼付紋で大振りな鋸歯状紋を施した小型の土器が発見されている。これは擦紋末期の土器と擬縄貼付紋土器の間を繋ぎ、両者が実は同時代に属すことを示唆する、きわめて重要な土器であると考えられる（柳澤2003：146-149、2005a：120-124）。

(16) オタフク岩洞窟の4層には、青苗貝塚に類似した骨角器が含まれている（北海道立民族博物館編1996：47における西本豊弘氏の発言）。これらが実際、どの層のどの土器に伴うのか、出土状況から単純に推測するのは難しい。オタフク岩洞窟で報告された整然とした層序と複数層に亘る各時期の遺物の相関性については、道東部の編年体系の見直し作業（柳澤2005a：124・2005b：33）を踏まえて、これから綿密に分析する必要があると思われる（柳澤2005b：23-31）。その作業が進展すれば、骨角器の出自やその時期について、あるいは擦紋時代における「クマ」送り儀礼の存否（北海道立民族博物館編1996：前出）などに関しても、矛盾のない

(17) 『古代』119号に投稿した論文（「道北における北方編年の再検討その(1) – モヨロ貝塚から内路・上泊遺跡へ –」）において編年対比を試みているので、参照されたい。

図版出典

第210図　1：石井（1998）　2：佐藤（1964b）　3・4：八幡ほか（1974）　5：佐藤・佐藤（1986）　6～8：武田（1996, 2002）　9：松田（2002）

第211図　1～29：山本（1984）

第212図　1～7　17～21：山本（1984）　8～16：北地文化研究会（1968）　22～30：北地文化研究会（1979）

第213図　1～8：山本（1984）　9～17：和泉田（2002）　18～21：大井（2004b）　22：小樽市教育委員会編（1992）　23～33：大島（1987・1988a）

第214図　1～9：山本（1984）　10～12：末光・立川（1995）　13・14：横山・石橋（1975）　15・16：松谷・上屋（1998）　17・18：上屋・稲垣・松谷（1988）　19：矢吹（1982）　20・22：峰山・竹田（1971）　21：竹田ほか（1963）　23～27：上野（1974b）　28・29：石附（1968）

第215図　1～4：北地文化研究会（1968）　5：八幡ほか（1965）　6：西本編（2003）　7～25：岡田ほか（1978）

第216図　1：大沼・本田（1970）　2：涌坂（1989）　3・5・6：北地文化研究会（1968）　4・12：駒井編（1964）　7・9～11：石川（1996・1999）　8：大井（1984a）　13～15：豊原・福士（1980）　16・17：西本編（1999）　18～20：佐藤（1964b）　21：宇田川ほか（2002）　22～24・26・27：大場（1956）　25：米村（1950）　28：武田（2002）　29～33：東京大学文学部考古学研究室編（1972）　34～38：武田（1995）

第217図　1・2，3～8：北地文化研究会（1968, 1979）　9：八幡ほか（1965）　10～18：石川（1996・1999）　19～25：西本編（2003）　26～29：前田・山浦編（2004）

第218図　1～3：山本（1984）　4～6：石橋・後藤（1975）　7～11：大場（1966）　12～18：内山編（2000）　19～26：大井・大場編（1976・1981）

第219図　1：和泉田編（2002）　2～5：上屋・稲垣・松谷（1988）　6～12：大場（1968）　13～16：大井・大場編（1976）　17～20：大井編（1973）　21・22：佐藤・佐藤（1986）　23～29：岡田ほか（1978）

第220図　1～7・12：大場（1961）　8・21：大場（1956）　9：佐藤（1964b）　10・11：清野（1969）　13：児玉（1948）　14～16：澤編（1972）　17～20：北地文化研究会（1979）　22・24：宇田川編（1981）　23：駒井・吉田（1964）　25・26：金盛（1981）　27：東京大学文学部考古学研究室編（1972）

第221図　1：宇田川編（1981）　2・4・5：大場（1956・1961）　3：児玉（1948）　6・7：大井（1972a）　8～11：駒井編（1964）　12～14：大沼・本田（1970）　15～17：金盛（1976a）　18・19：石川（1996）　20・21：豊原・福士（1980）　22：大場（1960）

第222図　1：五十嵐（1989）　1a：河野（1933b）　2：ゴルブノフ（1995）　2a：野村（1993）　3～6：大場（1956）　7：前田（1966）　8：出穂（1999）　9・13・14：佐藤（1979）　10・11：豊原・本田（1980）　12：加藤（1981）　15：涌坂（1991）　16：駒井編（1964）　17：前田（1976a）　18：大井編（1982）

第223図　1～5・8：駒井編（1964）　6・14：松田・荻野（1993）　7：金盛（1981）　9：平光（1929）・五十嵐（1989）　10：涌坂（1991）　11：Прокофьев（1990）　12：澤編（1972）　13：澤（1972b）　15：椙田（1982a）　16：椙田（1987）　17：大場・児玉（1958）　18・19：川上（1994）　20・21：斉藤（1933a）

第2節　新しい青苗砂丘遺跡編年と北方古代史研究
－ 交差対比編年から見た「粛慎」とは －

要旨

　阿倍比羅夫の北征と「粛慎」をめぐる『日本書紀』の記述は、「征夷」とともに古くから北方古代史上における重要な論点とされて来た。はたして「粛慎」とは、いかなる存在であったのか。戦闘が行われた大河のほとりとは、いったい何処に当たるのか。奥尻島の青苗砂丘遺跡におけるオホーツク文化の発見は、そうした問題を解決に導く有力な物証をもたらしたと理解されている。「粛慎」とは「江の浦式」（刻文土器）に象徴されるオホーツク人に他ならない。そうした考古学上の仮説が、この遺跡の発見によって、まさに証明されたという受け止め方かと思われる。しかしながら、青苗砂丘遺跡の資料を交差編年の観点から見直すと、そうした理解とは異なる仮説を導くことができる。著者の提示する新しい編年案によると、『日本書紀』に記された「粛慎」とは、考古学上の十和田式の文化を担った人々に他ならない、という結論になる。

はじめに

　「六六〇年三月に朝廷の命で阿倍比羅夫が討ったという「粛慎（みしはせ）」が、「オホーツク文化の集団ではないか。」そして、一戦を交えたと言われる「大河のほとり」は石狩川河口という説もあり、」「もし奥尻島までオホーツク文化が広がっていたのなら、日本書紀の記述とつじつまが合う」と指摘する。」[註1]。
　これは、青苗砂丘遺跡の第２次調査の終了した直後に報道された記事（「もっと知りたい」）の１節を抄録したものである。記者のインタビュー取材によるものであるが、現地説明会に参加した研究者の率直な感想を示している（右代啓視氏談）。その後、菊池俊彦氏はある講演会でコーディネーターの質問に答えて、青苗砂丘遺跡からオホーツク文化の住居址が発見されたが、「これこそ阿倍比羅夫の遠征記録に記された蝦夷とは異なる粛慎の遺跡ではないかと、今、北海道では侃侃諤諤の議論が起きています」と語り、「この遺跡の資料から、阿倍比羅夫が北海道まで行ったという証明はできない」、という主旨の見解を披瀝されている[註2]。
　実際、この遺跡が発見される以前から、かなりの考古学研究者は、比羅夫の活動が道南・道央にまで到達しており、「粛慎」とは、サハリン島から渡来したオホーツク人、すなわち「江の浦式」（刻文土器）を用いる人々に他ならない、という仮説を支持していた。その仮説を、まさに証明するかのような物的な証拠が、奥尻島内の遺跡から発見されたのであるから、侃侃諤諤の議論が沸騰したのも、当然であったと言えよう。
　青苗砂丘遺跡の整理作業は迅速に行われ、調査の成果は報告書として相ついで刊行された。そ

れから5年を経過する現在、その内容について特に疑問は表明されていない。大部分の研究者が、通説の北方編年体系を踏まえて作成された報告書の編年案を、そのまま是認していると理解してよいであろう。

はたして青苗砂丘遺跡の資料は、その通説のとおりに捉えられるであろうか。筆者は1999年から北方圏の通説的な先史時代編年[註3]には疑問ありとして、逆転編年説の立場から周知の資料を見直し、検証作業を続けている（柳澤1999a〜2007c）。青苗砂丘遺跡の新資料は、その過程で公表された（皆川2002・越田編2003）が、報告書を一読して、通説の北方編年体系への疑問はさらに深まった（柳澤2007a：78-80）。

その疑問の一端は、すでに間接的なテーマの検討を通じて論じている。小論では、青苗砂丘遺跡の資料を交差編年の観点から見直し、B-Tm火山灰を「鍵」として、「粛慎」をめぐる通説的な北方史像の転換を図るための、確かな編年学上の根拠を得たいと思う。

1．青苗砂丘遺跡編年の疑問点

2次にわたる重点遺跡調査で得られた資料や情報は精細に分析され、報告書に丁寧に記載されている。それをもとに報告者は、通説の北方編年体系を踏まえつつ、北方古代史に関する重要な所見を付表として提示した（第19表）。またその所見が、視覚的に捉えられるように編成された編

第19表　青苗砂丘遺跡の編年案（皆川2003より）

年代	ステージNo.	土器	遺構
〜5世紀	第1ステージ	恵山式	
	第2ステージ	鈴谷式	
6世紀	第3ステージ	十和田式（a）	
	第4ステージ	十和田式（b）	H-1 貝塚（E14-N13） 仮）H-6 H-4・H-5?
7世紀	第5ステージ	刻文（a・b）	H-2 貝塚（E14-N13）
	第6ステージ	刻文（c）	H-3 墓-2
	第7ステージ	沈線・浮線文系	墓-1? ↓
8世紀 9世紀	第8ステージ	甕・坏	住居?　墓?
10世紀		B-Tm（白頭山-苫小牧火山灰）降下	
11世紀	「青苗貝塚」		

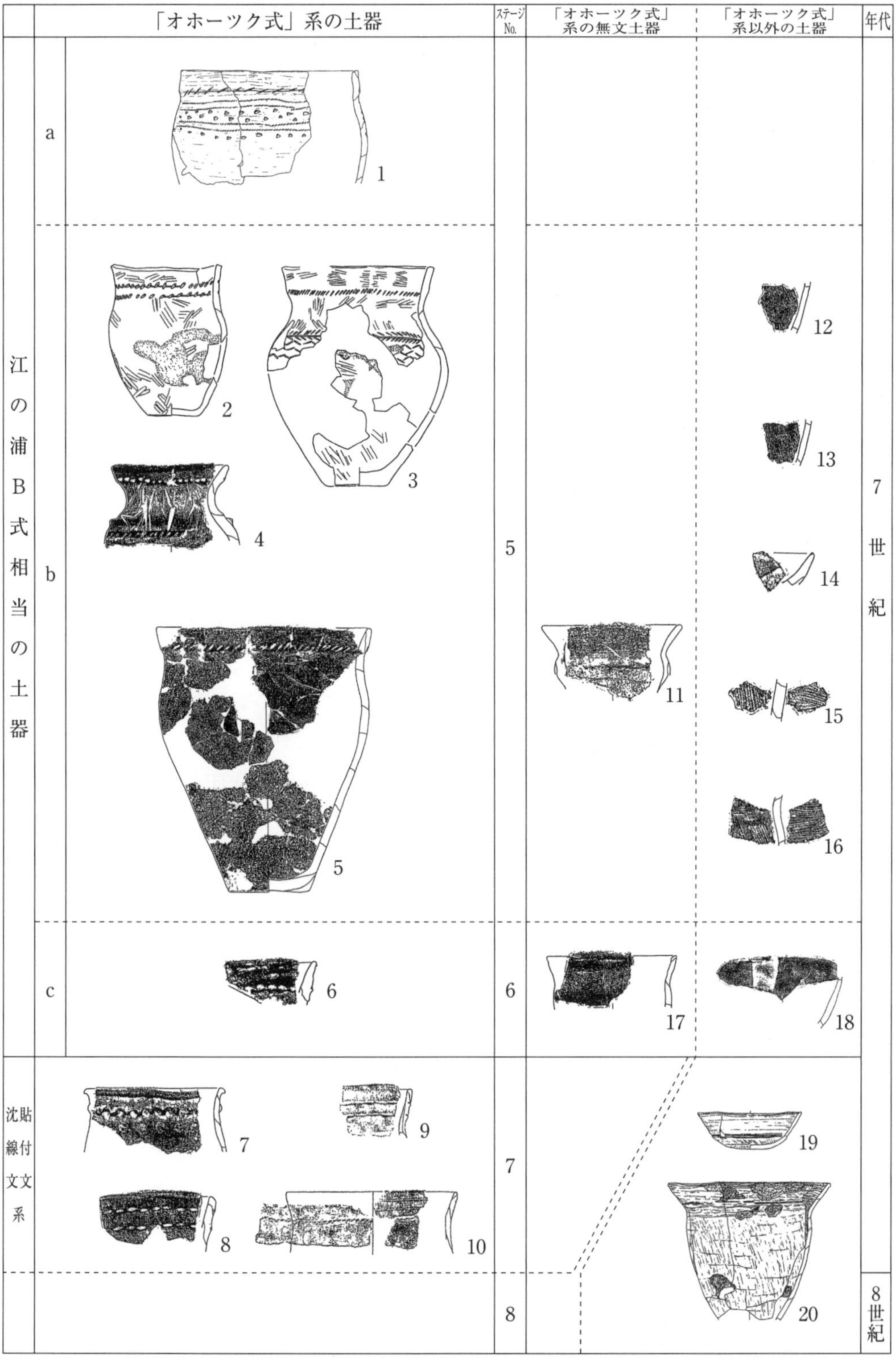

第2節 新しい青苗砂丘遺跡編年と北方古代史研究 559

	「オホーツク式」系の土器	ステージNo.	「オホーツク式」系の無文土器	「オホーツク式」系以外の土器	年代
江の浦B式相当の土器 a	1	5		12, 13, 14, 11, 15, 16	7世紀
b	2, 3, 4, 5				
c	6	6	17	18	
沈線文貼付文系	7, 9, 8, 10	7		19, 20	8世紀
		8			

第224図 『奥尻町青苗砂丘遺跡2』掲載の編年表（皆川2003より抜粋・改編）

年図表も掲げられた (**第224図**)。

　両表に示された所見については、特に疑問は表明されていない。おそらく、大方の研究者が賛意を示しているものと推測される (中村・興野2006ほか, 福田2006)。しかしながら、筆者の新しい北方編年案と比べると、疑問に思える点が少なくない。

　そこで**第19表**の記載に注目したい。青苗砂丘遺跡で出土あるいは採集された資料を、恵山式から土師器までの6単位の土器型式に区分し、十和田式と刻紋土器 (江の浦式) を数段階に細分している。そして、それぞれを文化段階として認めて、第1～8ステージと呼ぶ。さらに、10世紀前半に比定されるB-Tm (白頭山-苫小牧) 火山灰 (以下、B-Tmと表記) を鍵層として、それ以前の堆積層から出土した土器群に対して、5～9世紀の年代を与えている。

　もちろんこの年代比定には、これまでに蓄積された様々な考古学上のデータや所見が用いられていると推測される。それはあらためて指摘するまでもないが、7世紀という年代比定に関してはいささか事情が異なるようである。『日本書紀』には、7世紀の中頃に阿倍比羅夫が北征し (A.D.658-660)、粛慎 (アシハセ) と戦闘したことが記されている。この粛慎とは、通説の北方編年においては、サハリン島の「江の浦式相当の土器」、すなわち「刻文土器」を使用した人々である、という仮説が広く支持されている。

　したがって、この通説に疑問を抱いていなければ、香深井A遺跡 (以下, 香深井1(A)遺跡と表記) の調査成果 (大井・大場編1976・1981) をもとに、「十和田式→刻文土器 (江の浦式) →「沈線・浮線文系土器」、土師器 (8世紀)」の順に土器が推移したという第19表の編年案が、ほぼ自動的に仮設される。これらの土器群が、B-Tm火山灰より下層から出土したことは、紛れも無い事実である。したがって通説の編年体系は、青苗砂丘遺跡において確実な層位証明を得たという評価が同時に下される。

　だが、そのような考え方の背後には、十分に検証されていない問題が隠れているのではなかろうか (柳澤2007a:78-80)。そこで**第224図**を参照すると、第1～8ステージでは、土器標本を「オホーツク式系」と「非オホーツク式系」に大別し、出土地点や層位差に基づいて変遷の序列を示している。上から順に疑問点を挙げてみよう。

(1)　E14-N13の調査区で検出された貝層土器を2細分して、古いものを「十和田式」とし、新しいものを「江の浦式」相当のa類 (1) としている。しかし後者の1例は、はたして単純に「進入型式」として捉えるべきものなのであろうか。

(2)　H-2 (以下、「号 (竪穴)」を補う) の床面で出土した土器群は、すべて「江の浦B式」相当のb類に比定され、「共伴」関係が認められている。しかしながら2～5例と11～16例は、はたして竪穴内で同時に使用されていたものであろうか。またその年代は、はたして7世紀代であろうか。

(3)　「江の浦B式」相当のc類に比定された土器は、H-3号竪穴の炉 (6)・床面 (17)、埋土 (18) から出土したものである。先の2～5例よりも新しいという報告者による見方は

妥当と思われる。しかし骨塚との関係を考慮すると、最初の竪穴が、「江の浦B式」相当のc類の時期に属すかどうかは、検討の余地があるであろう。

(4) 第7ステージの「沈線文・貼付文系」と認められた土器は、H-5号竪穴の7例とH-4号竪穴の8例、並びにE16-N14区出土の9例と10例である。いずれも10世紀前半とされるB-Tm火山灰より古いとされている。7例は、いわゆる「ソーメン文土器」(初頭段階)とされているが、はたしてそのとおりであろうか。

(5) 図の表示によると、7～10例は、一般に8世紀初頭に比定される19・20例の土師器[註4]より古いことになるが、この捉え方は妥当であろうか。「江の浦式」相当の土器を含めて、その順序が逆転する可能性があるのではなかろうか。

以上の予察によると、青苗砂丘遺跡の編年案には、かなりの問題点が伏在していることになる。その問題点を解き明かして行くと、どのような編年案が仮設されることになるのか。以下、土器資料の分析を新しいステージから順に進めたい。

2．「沈線文」系の土器の位置

E14・N13（テストピット）の周囲では、H-2～H-5号（竪穴）をはじめ、墓-1・2や貝塚（E14-N13）など、多くの遺構や文化層（埋土・貝層などの包含層）などが検出されている（第225図）。さながら青苗砂丘遺跡において中心的な機能を有する一地点かと思われる。遺構や文化層は試掘調査のため部分的な検出に止まるが、それでも興味深い資料や情報を入手できる。

1）H-4号（竪穴）出土の土器

初めにH-4号（第225図）から出土した資料を観察したい。この竪穴住居跡（以下，竪穴）は、H-2号の北東へ延びるトレンチ端で検出された。土層の断面図に見えるように、下層に古い竪穴（[床面-2]：筆者）があると想定されている。それを(旧)竪穴とし、上層の「床面-1」を(新)竪穴と呼びたい。下層の竪穴は未調査であり、時期は不明である。4層と4?層はかなり深いレベルであるから[註5]、H-4号竪穴は、青苗砂丘遺跡の中では古い時期に属すと考えられよう。

上層の(新)竪穴でも、床面で検出された底部片はあるものの、時期を特定できない。埋土から出土した土器は様々である（第226図）。「十和田式」の1例、「刻文・貼付文系」の5例のほかに、刻紋土器の3例、それに土師器の坏片(内黒)の2例に分けられる。H-2号の埋土から同一個体の坏片[註6]が、また床面からも、同一個体の底部片が発見されており、注目される。

これら1～5例の土器は、いずれも竪穴の壁に接する4a・4b層から出土している。なぜ、このように多様な土器が小破片となって包含され、その一部が、H-2号の竪穴内で発見されるのか。その事情は、新旧の竪穴序列を念頭において、あらためて後節で検討してみたい。

土層断面図から見て、かなり古い時期の(旧)竪穴が存在したことは確かである。そして、それを破壊しながら、一部では壁面を充填(貼り壁)して(新)竪穴が構築された。この竪穴の放棄後に

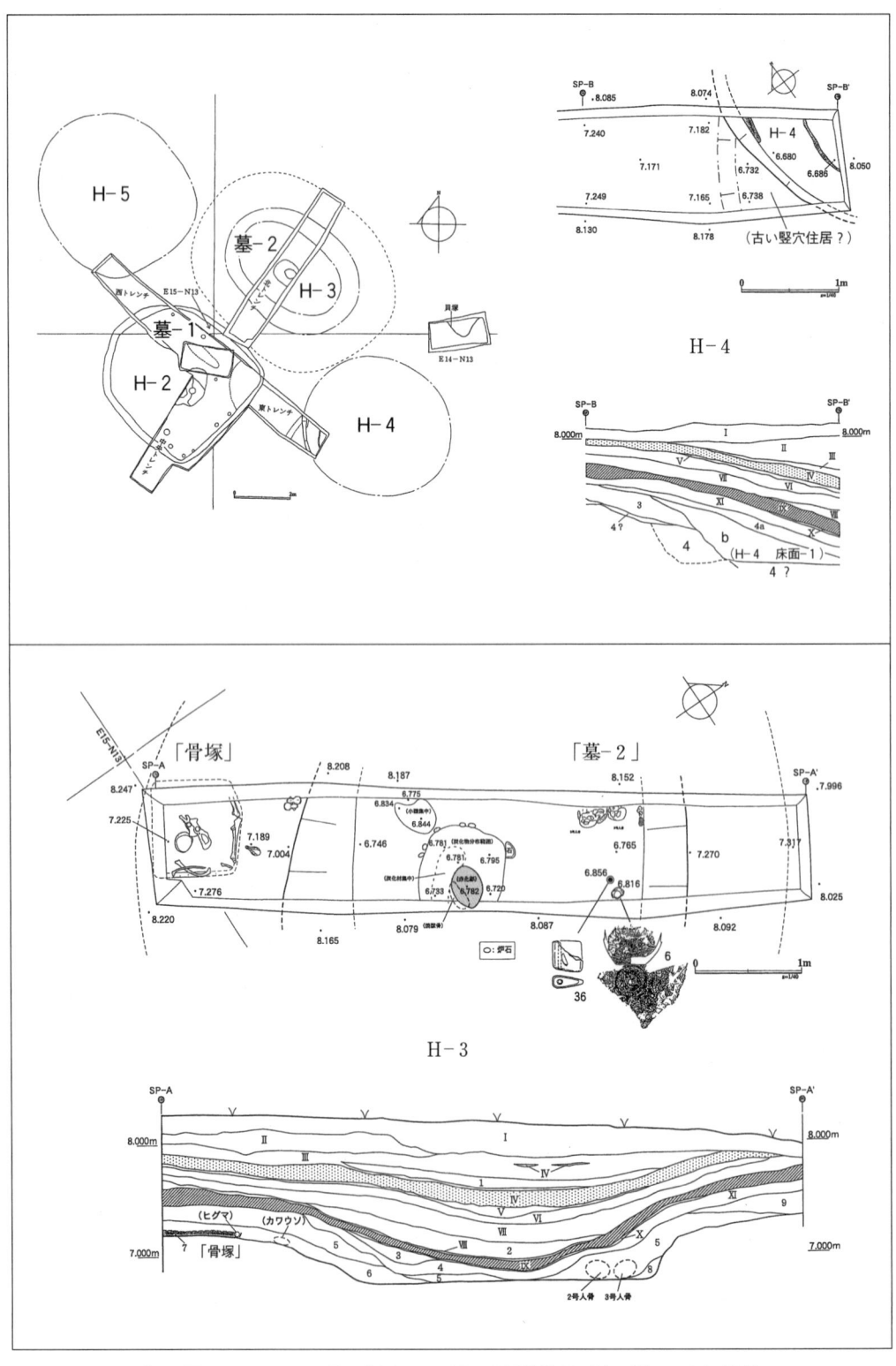

562　終章　環オホーツク海域編年への展望

第225図　H-2〜H-5号の位置と平面図、土層堆積図（越田編2003より編成）

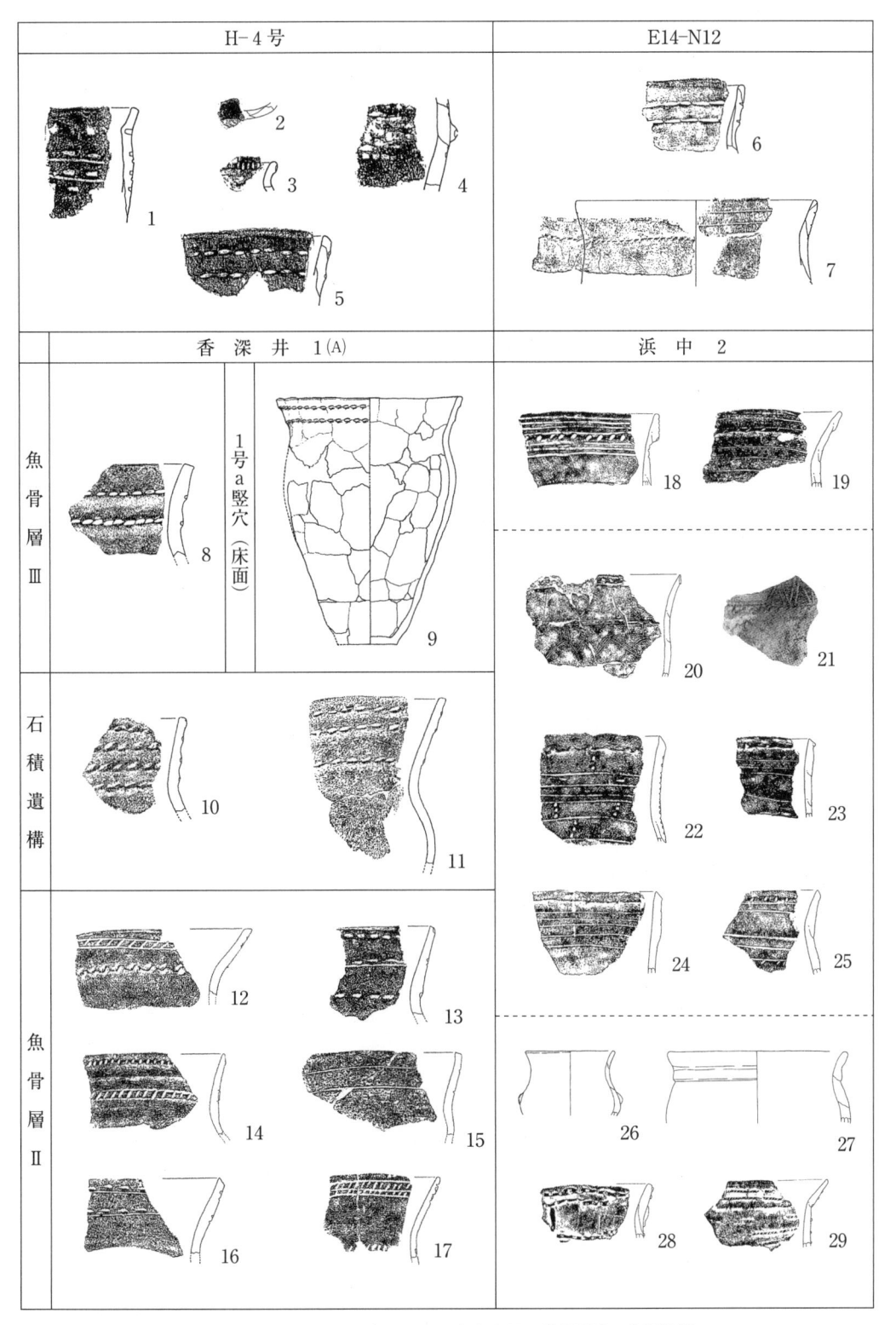

第2節　新しい青苗砂丘遺跡編年と北方古代史研究　563

第226図　H-4号及びE14-N12出土土器と道北遺跡の参照資料

堆積ないし再堆積した埋土には、a.十和田式（1）、b.土師器の坏片（3点）や土師器又は擦紋土器（6点）、c.古手の刻紋土器（3，4?）、d.刻紋・沈線紋土器（5）などが包含されている。

　埋土中の多様な土器が、一時期に属さないことは明白であるから、当然その由来が無くてはならない。その候補は言うまでもなく、新・旧の竪穴とその外周からの3者が想定される。年代の古いものは(旧)竪穴に、それより新しいものは(新)竪穴に、そして最も新しいものが、H-2号の放棄後に遺棄された可能性がある、と捉えるのが合理的であろう。

　そのように考えると、埋土中の土器は以下のように編年される。

　(1)　H-4号の(旧)竪穴に由来する古い土器
　　　　：1（十和田式）、2（古手の土師器＝H-2号床面上の土師器、内黒の坏片）
　(2)　H-4号の(新)竪穴に近接する新しい土器　：3、4?（刻紋土器A）
　(3)　竪穴放棄後に遺棄された最も新しい土器：5（刻紋・沈線紋土器）

　報告書では1例を第6ステージ(6世紀)に、そして5例を、第7ステージの末期(7世紀末)に比定している。型式学的な細分のもとに、「1例→5例」の序列を想定するのはよいとして、この年代比定には、何も問題が無いのであろうか。

　そこでE14-N12（テストピット）出土の土器を参照すると、5例に酷似した6例が目に止まる。年代的にもごく近いものであることは、まず疑いないように思われる。さらに香深井1(A)遺跡の層位事実を参照すると、7例の沈線紋土器がより新しい存在であることが、一目瞭然に了解される。

　この調査区からは土器片が163点出土している。その大部分は、B-Tm火山灰（Ⅸ層）以下に位置する。記載によると、Ⅱ層・Ⅳ層からも遺物が検出されている。Ⅱ層の土器片はサンプリング・エラーと指摘されている。この破片が報告書に図示されているかどうかは、残念ながら不明である。

　H-4号竪穴の断面図によると、5例が出土した層の上にはB-Tm火山灰のⅨ層が被覆する。そしてその遥か上にⅡ層とⅣ層が堆積している。そこで、埋土土器の編年案（H-4）を縦軸にとり、それにE14-N12区とH-2号の同一個体資料を対比すると、

　(1)　十和田式（1）、古手の土師器（2）　＝H-2号床面上の土師器（第224図11～16）
　(2)　刻紋土器A（3，4）　　　　　　　　≒H-2号床面上の土器（第224図2・3・5）
　(3)　刻紋・沈線紋土器（5）　　　　　　＝E14-N12の刻紋・沈線紋土器（6）
　(4)　刻紋・沈線紋土器　　　　　　　　　＝E14-N12の刻紋・沈線紋土器（7）
──────────────── B-Tm火山灰 ────────────────
という編年が得られる。

　この編年案によると、青苗砂丘遺跡にはB-Tm火山灰の降下以後、第19表の編年案に記載されたとおり、オホーツク式土器（以下、オホーツク式）が存在しないことになる。しかし奥尻島を離

れると、いささか事情は異なるように思われる。そこで礼文島の資料と比べてみたい。

2）香深井1(A)遺跡と浜中2遺跡資料との対比

　香深井1(A)遺跡では、青苗砂丘遺跡H-4号竪穴の5例に似た土器が魚骨層Ⅲ（8）に入って初めて登場する。その上位の石積み遺構になると目立つようになり（10・11）、魚骨層Ⅰでは、米粒状の刻紋を載せる稜線が消え、鋭い沈線を引くものに変化する（13←11）。

　そこで5例を観察すると、その口端部はやや斜傾しており、平口縁の8例や10・11例とは異なる。むしろ13例や16例の方に似ているように見える。他方、米粒状の刻紋が2段なのか、それとも3段構成であるのかは、残念ながら分からない。成形上の技法についても、細かな比較に耐える資料が少なく、よく分からない。大まかな見方になるが、5例や6例の位置は、石積み遺構（10・11）と魚骨層Ⅱの諸例（12～17）の中間に位置する可能性が高いように思われる。

　それでは、浜中2遺跡の資料（18～29）と比べた場合は、どこに位置するであろうか。この遺跡の情報は断片的に公表されており、2種類の層位表記が用いられているため、明瞭に捉えられない点がある。それでも各区の情報を層位・型式差の対比によって繋ぎ合わせると、

　(1)　刻紋・沈線紋土器（古）：18・19例 → 香深井1(A)遺跡の魚骨層Ⅱ（12～17）
　(2)　刻紋・沈線紋土器：20・22～25 ≒ 擦紋Ⅲ（古）：21 ← 香深井1(A)遺跡魚骨層Ⅱ（12～17）
　(3)　摩擦式浮紋を伴わない厚手素紋系土器、擬縄貼付紋土器：26・27、28・29

という序列が確認される（柳澤2006a：106-112）。

　この編年案は、つぎのような操作によって導かれる。

　(a)　B-2a区　：Ⅲ層（18）　　　→Ⅱ層（古：22）
　(b)　B-2b区　：Ⅲ層（19＝18）→Ⅱ層（古：20・24＝21）→Ⅱ層（新：26）
　(c)　A-1・2区：9層（23・25＝20・22・24）→ 4層（27，28・29＝26）

　先に5例の位置を、10・11例と13例（魚骨層Ⅱ）の間に求めた。以上の対比案が妥当ならば、5例に対比される、6例より新しい7例は、浜中2遺跡では(a)～(c)類の範囲内に収まる。

　そこで、7例の口端部の形態に注目したい。(b)類とした浜中2遺跡の20例や22～25例は、図からは分かりにくいが、いずれも断面が三角形に削いだような形態である。これに対して、香深井1(A)遺跡の魚骨層Ⅱの13・14・16例などは、端部が斜傾した口縁ではあるが、22～24例のように外側には迫り出さない。

　こうした口端部の特徴は、香深井1(A)遺跡において、層位的な事実から年代差に係わることが判明している。したがって、「魚骨層Ⅱ（12～17）→浜中2遺跡の20例＝21例、魚骨層Ⅰの22～25例」、という序列が想定される。

　つぎに、7例の口頸部の下端に施された刻み目に注目したい。やや細部の違いはあるが、類似するモチーフは、魚骨層Ⅱの12・14・17例などに施されている。7例と瓜二つの土器は、膨大な

香深井1(A)遺跡の資料を通覧しても、容易に見出せない。しかしながら、口端部の形態と刻み目モチーフの観察によると、7例の位置は、魚骨層Ⅱに最も近いように思われる。

そのとおりならば7例は、浜中2遺跡の擦紋Ⅲ (21) より少し古い時期か、同時期に比定されることになる。そこで以上の観察を整理すると、つぎのような編年案が想定される。

(1) 十和田式 (1)、古手の土師器 (2) ＝ H-2号床面上の土師器 (第224図11～16)
(2) 刻紋土器A (3, 4) ≒ H-2号床面上の土器 (第224図2・3・5)
(3) 刻紋・沈線紋土器 (5) ＝ E14-N12の刻紋・沈線紋土器 (6)
(4) 香深井1(A)遺跡の刻紋・沈線紋土器 (12～17) ≒ E14-N12の刻紋・沈線紋土器 (7)
(5) 浜中2遺跡の刻紋・沈線紋土器 (20・22～25) ＝ 擦紋Ⅲ (古：21)
(6) 浜中2遺跡の素紋厚手系土器、擬縄貼付紋土器 (26・27, 28・29)

このように奥尻島と礼文島の編年案を対比すると、B-Tm火山灰の降下が7例の登場後、いつ頃になるかが重要な問題になる。後節であらためて検討したい。

3．「貼付文」系と「江の浦B式」相当のa～c類

青苗砂丘遺跡のオホーツク式の中で最も新しい段階 (第224図参照) と認められたのは、H-5号竪穴の埋土中から発見された土器である。それは**第227図**の1例であるが、一見して、かなり風変わりな土器と認められよう。報告書では、口縁部の波状の装飾帯を「貼付紋」と捉え、いわゆるソーメン紋土器の初頭段階に比定している (皆川2003：106)。はたして1例は、ソーメン紋土器の一例なのであろうか。

1）「貼付文」系統土器とは何か？

図からも分かるように、1例の口縁部には確かに粘土紐が貼付され、それを指押して波形の紋様が整えられている。しかし、このような紋様ないし手法は、刻紋土器Aでも後半期に登場するものであって、図示した例では、8・10に類例を求めるべきであろう。1例に類似した完形土器は、香深井1(A)遺跡の下層で検出されている[註7]。また間層Ⅲ/Ⅳでは、口縁部と胴部に1例に酷似した装飾を持つ完形土器 (20) が出土している。

頸部に施された円形のスタンプ紋も、香深井1(A)遺跡の魚骨層Ⅳの刻紋土器A (14) に実例がある。これはやや小さなタイプであるが、大きなものでは、十和田式系の土器に用いられている例がある (13・17)。しかし、上位の魚骨層Ⅰ～Ⅲでは、1例のごとき円形のスタンプ紋(矢印)を持つ土器は見当たらない。

一方、指押による波状のモチーフは、魚骨層Ⅳでは、10・12などが一般的な例として挙げられる。この他に、貼付線の真上から刺突するタイプのものも、僅かながら伴出している。11例であ

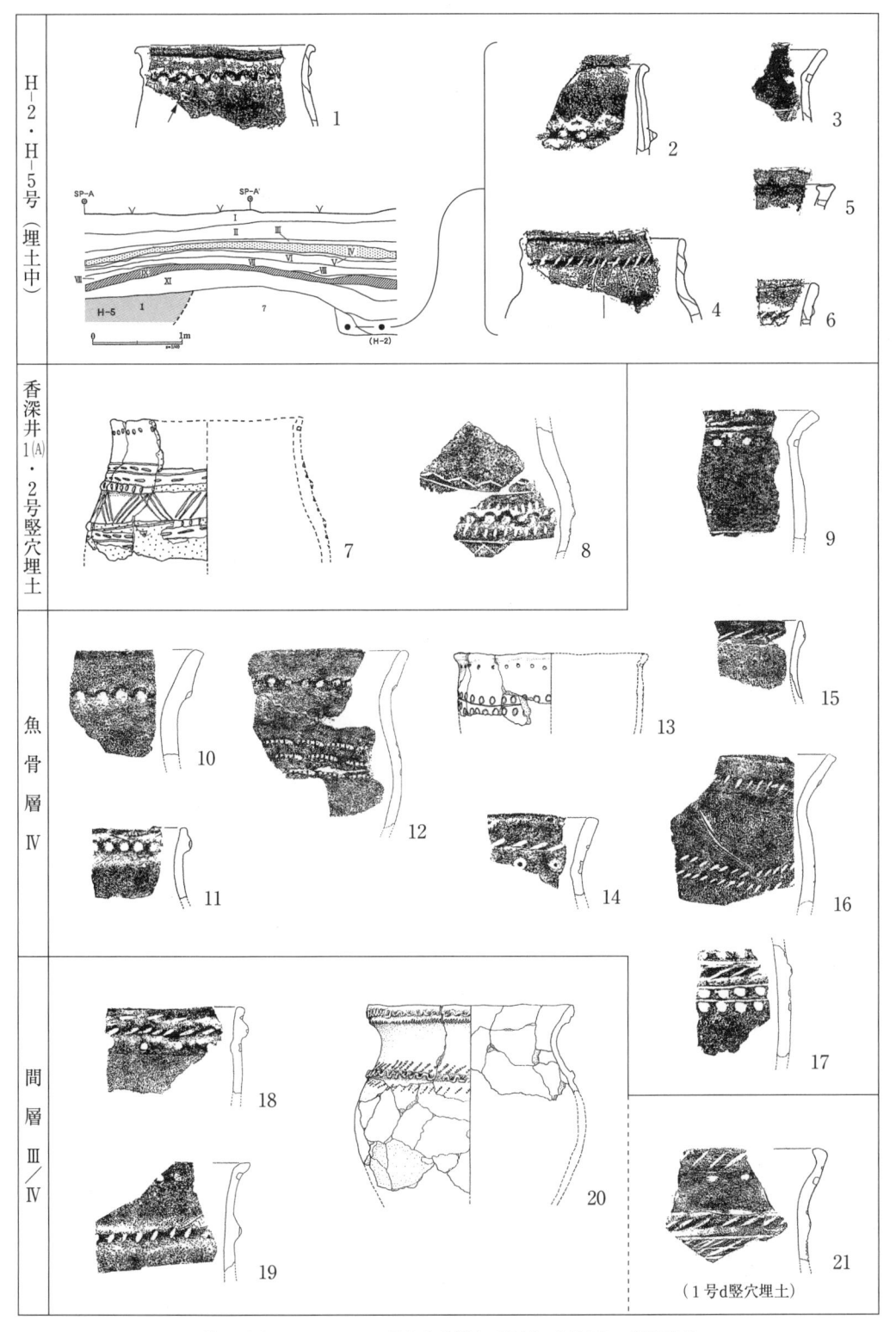

第227図　H-2・H-5号出土土器と香深井1(A)遺跡の参照資料

るが、その器形に特徴がある。口頸部から胴部にかけて内傾しており、一般的な刻紋土器である10・12～16例や19例とは明らかに異なる。

内傾する壺形の器形は、魚骨層Ⅳより下位のH-2号竪穴の埋土中からも発見されている。7例である。これは一見すると、小さな円形刺突紋と刻み目・刻紋を施した2条の貼付帯、その間に大きな鋸歯紋を描出しており、1例とは非常に異なる土器に思える。しかし、なぜか器形の酷似している点が注意されよう。

そこで7例と伴出した8例を見ると、1例に酷似した波形の指押紋が胴部に施されている。口縁部を欠損しているが、器形はおそらく似ていると推測される。隣接するH-2号(竪穴)の埋土でも、やや内傾する器形と推定される刻紋土器A（4）が検出されている。これに対して2例は、口端部が内傾しながら外反しており、この方が遥かに1例に似ていると思われる。また、1例の口縁部に施された指押による円形紋を持つ土器もある（5）。4例に酷似した細く鋭い爪形紋は、魚骨層Ⅳの中に含まれており（15・16）、より上位層にも散見する。

以上の観察によると、H-5号の1例は報告者の所見のように、ソーメン紋土器の一員であり、同時に青苗砂丘遺跡で最も新しい土器であるとは考えにくい。十和田式系の器形や装飾要素を継承する、やや風変わりな刻紋土器Aの一例として捉えるべきであろう。

香深井1(A)遺跡では、魚骨層Ⅳやそれより上位層において、量的な変動はあるものの、十和田式の伝統を受け継ぐ土器がかなり見出される。これらの土器群の細密な編年はまだ確立されていない。したがって、魚骨層Ⅴ・2号竪穴の埋土から魚骨層Ⅲの間において、十和田式系土器の混在と共伴を見極めるのは容易でない。ここでは、1例を十和田式系の刻紋土器Aと捉え、魚骨層Ⅳの9～17例と並行する可能性があると指摘するに止めておきたい。

以上の資料を大まかに編年すると、以下のような序列になる。

(1)　「十和田式」（伊東1942）に後続する土器（7）
(2)　H-2号竪穴の埋土土器（4・5）≒ 香深井1(A)遺跡の魚骨層Ⅳ（15・16）≒ 13～16
(3)　刻紋土器A ≒ 香深井A遺跡の魚骨層Ⅳ（10・12）
(4)　刻紋土器A ≒ 香深井1(A)遺跡の間層Ⅲ/Ⅳ（20）≒ H-5号（1）

この対比案が妥当ならば、7世紀の末葉に比定された第7ステージの標本例（第224図7～10）の位置は、すべて小細別レベルの見直しが必要になるであろう。

2）「江の浦B式」相当のb類の位置

それでは、つぎに「江の浦B式」相当のc類を後にして、H-2号のb類土器について検討したい。まず、**第228図**1～5例の完形土器であるが、いずれも床面から出土したものである。先に触れたように、これは隣接するH-4号竪穴の埋土土器と接合している。したがって、床面上で検出された完形土器であっても、それが時期的な「共伴」と認められるかどうか、あらためて検証

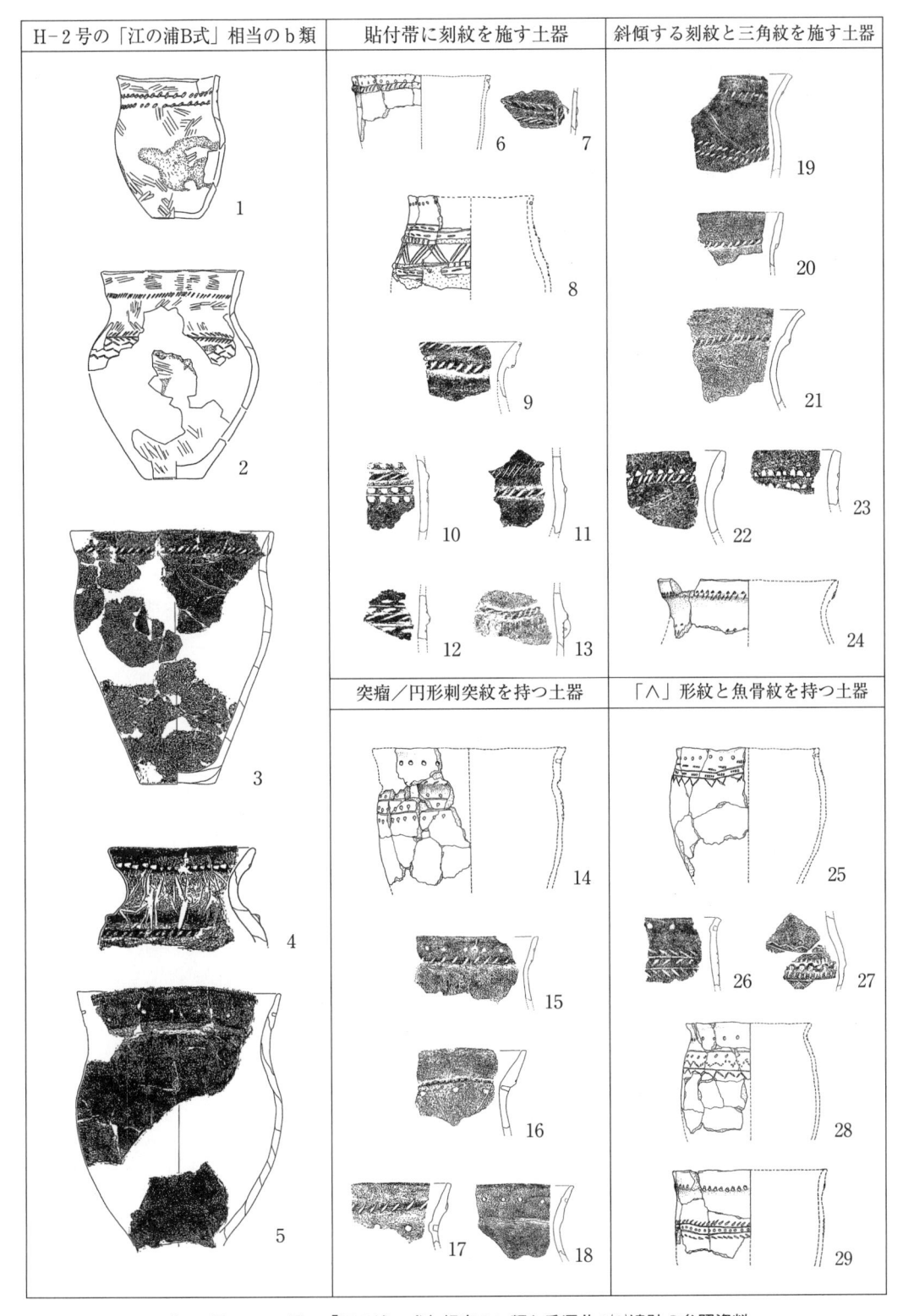

第2節 新しい青苗砂丘遺跡編年と北方古代史研究 569

H-2号の「江の浦B式」相当のb類	貼付帯に刻紋を施す土器	斜傾する刻紋と三角紋を施す土器
	突瘤／円形刺突紋を持つ土器	「∧」形紋と魚骨紋を持つ土器

第228図　H-2号の「江の浦B式」相当のb類と香深井1(A)遺跡の参照資料

してみなければならない[註8]。

　そこで資料を少し観察してみたい。口縁部の紋様は１～３例が爪形紋、４例が三角刻紋、５例が小さな円形刺突紋である。前者は一目瞭然で近似していると認められるが、後二者は異なるように思われる。土器系列の違いばかりではなく、年代差があると予想されよう。

　そこで香深井１(A)遺跡の資料を調べると、斜傾する刻紋を口縁部に持つ土器は、魚骨層Ⅳ（19）、間層Ⅲ/Ⅳ（20）、間層Ⅲ/Ⅳ（21）に目立つ。これより上層には稀ではあるが、円形刺突紋や突瘤紋を伴うものがある（17：魚骨層Ⅲ）。総じて、１～３例に酷似した口縁部紋様を持つ土器は、魚骨層Ⅳ～Ⅲ/Ⅳに対比される。

　これに対して、かなり幅広い口縁部に小さな刺突紋を持つ５例のような土器は、魚骨層Ⅳには見当たらない。間層Ⅲ/Ⅳには登場するが（15）、口縁部の幅は５例に比べるとやや狭い。酷似する例は、その上の魚骨層Ⅲに存在する（18）。したがって、「江の浦式」相当のｂ類とされた床面上の土器は、香深井１(A)遺跡の層序に照らすと、「１～３例（＝魚骨層Ⅳ）→５例（＝間層Ⅲ/Ⅳ）」の序列で編年される。

　それでは、４例の壺形土器はどちらの資料に伴うのであろうか。口縁部に三角形の刻紋を施す刻紋土器は、香深井１(A)遺跡では魚骨層Ⅳ（22＝23、29）に登場し、間層Ⅲ/Ⅳ（24）でも好例が出土している。しかし、魚骨層Ⅲより上位では姿を消すようである。他方、肩部に刻み目を持つ貼付紋（隆帯・突帯）は、２号竪穴の埋土（６～８）で豊富に検出されている。これらは先に述べたように、いずれも十和田式の伝統を継いでいると思われる。類似の装飾は、間層Ⅲ/Ⅳの刻紋土器Ａ（９）にも施されており、胴部への貼付例では魚骨層Ⅳ（10・11）や間層Ⅲ/Ⅳ（12・13）にも存在する。

　このように２号竪穴の埋土～魚骨層Ⅲにおける紋様の変遷を考慮すると、口縁部や胴部に整形上の擦痕を残す１・２例と、それを欠く３・４例に加えて５例とでは、小細別レベルの差が伏在していると推察されよう。また型式学的にみても、「１・２例→３・４例→５例」という序列が想定できるように思われる。

　４例のように刻紋土器Ａに属しながら、刻み目貼付帯の上下に装飾を施さない例は稀である。魚骨層Ⅲ以上では、４例や10～13例の仲間がほとんど姿を消すので、４例は、ほぼ魚骨層Ⅳ～間層Ⅲ/Ⅳに対比されると考えられる。したがって、Ｈ-２号床面上の刻紋土器Ａに関しては、つぎのような変遷が想定されることになる。

　　(1)　１・２例：刻紋土器Ａ＝香深井１(A)遺跡の魚骨層Ⅳ
　　(2)　３・４例：刻紋土器Ａ＝香深井１(A)遺跡の魚骨層Ⅳ～間層Ⅲ/Ⅳ
　　(3)　５例　　：刻紋土器Ａ＝香深井１(A)遺跡の魚骨層Ⅲ（18）

　(1)～(3)と床面上で伴出した土師器類（第224図11～16）については、後節であらためて検討することにしたい。

3）「江の浦B式」相当のa類・c類について

　この類に比定された資料は少ない。**第229図**に関係する資料をまとめた。E14-N13のテストピットは、ちょうどH-3・H-4号竪穴に挟まれたところに位置する。B-Tm火山灰のIX層よりもかなり深いレベルで、強く傾斜堆積した貝層が検出されている。この層からは、「十和田式」（1）と刻紋土器Aに比定される資料（2・3）が出土した、と指摘されている。

　貝層を明瞭に分離するような間層は検出されていない。しかし貝種の違いに注意すると、2～3層に細分されるように見える。土器は残念ながら貝層出土で一括されており、その新旧関係は分からない。しかし報告書では型式差を認め、1例を6世紀の「十和田式」、3例を7世紀の「江の浦B式」相当のa類に比定している。2例は、先のH-2号の「江の浦B式」相当のb類に酷似しているので、貝層の土器は3細分されていることになろう（1例→3例→2例）。

　筆者もこの細分案には賛意を表したい。しかし、型式の認定と年代比定については少し疑問に思われる。1例は、はたして「十和田式」と認定すべきものであろうか。口端部と胴部に見える鎖状の貼付帯は、もちろん「十和田式」（伊東1942）に出自がたどれるであろう。しかし十和田式の標式資料には、1例のような位置に貼付帯を巾広く並行に施すような土器は見当たらない。これは今のところサハリン島に類例が認められない土器と言えよう。

　また記載によると、この貝層から1例のほかに「十和田式」は出土していない。それにもかかわらず、「十和田式」の完形土器が、単独で出土するのは少し奇妙に思われる。これは「十和田式」系の土器には違いない。これまで纏まった資料が知られていない。系統単位としての「十和田式」の「新しい部分」を構成する、未知の土器群ではないかと思われる。そこで、この仮説について少し検討しておきたい。

　そもそも「十和田式」は、いつ頃に終焉を迎えたのか。言い換えると、進入型式とされる「江の浦式（刻紋土器）」へ、何処で、どのようにして移行したのか。その詳細なプロセスは、香深井1(A)遺跡において、また他の遺跡においても、未だ明瞭には捉えられていない（柳澤2007c：11-12）。

　したがって1例の位置については、通説の編年観を離れて検討してみる必要があろう。そこで、H-3号竪穴の外周で検出された骨塚の土器に注目したい（15・16）。15例は一見して、先のH-2号竪穴の「江の浦B式」相当のb類と異なることが分かる。一方16例は、「十和田式」系の「へ」形紋（第228図25・28）を有するが、それは「江の浦B式」相当のb類の胴部（第224図3）にも施されている。両者はごく近い時期に位置すると見做してよいであろう。

　続いて15例に注目すると、口唇部には指押による皿状の円形紋が付けられている。これは先にH-4号で観察した破片にも施されていた（第227図5）。短い口端部には円形刺突紋を、その下の貼付帯には点列のスタンプ紋を加え、同じ施紋具で口頸部に菱形紋を構成している。報告書では、15例を第3ステージ（6世紀）の「十和田式」に比定している。しかしながら、15例は「十和田式」と明らかに特徴を異にする。また刻紋土器Aの規範にも容易に収まらない、ある意味で異形の土器と言えよう。その点では先の1例と異ならない。むしろ1例の仲間から、どのようにして15例などが登場するのか。そのプロセスを精細に捉えることが、重要な問題であるように思われる。

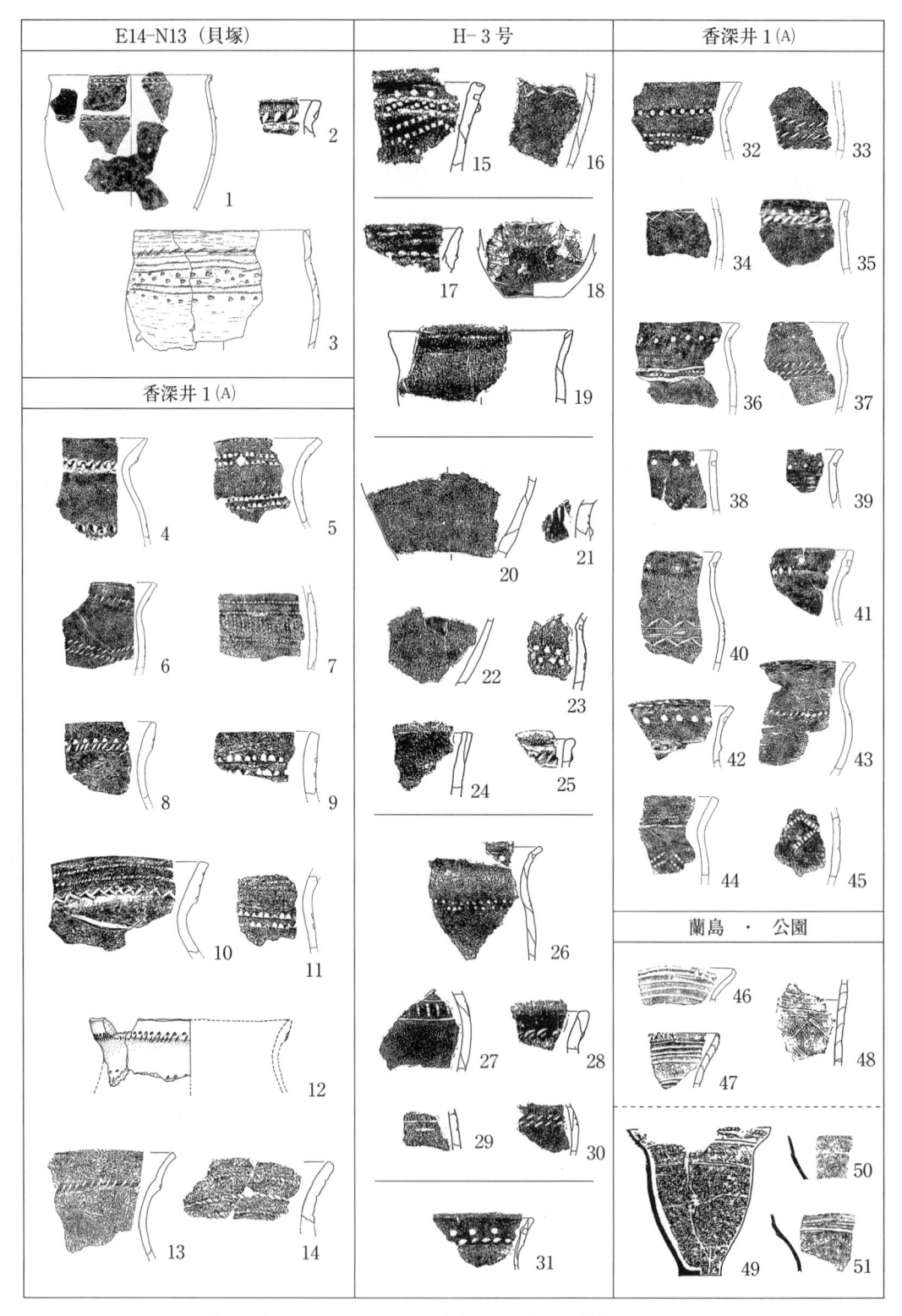

572　終章　環オホーツク海域編年への展望

第229図　E14-N13・H-3号出土土器と道北・道央の参照資料

さて、ここで骨塚を離れて他の土器を観察したい。17例は、「江の浦B式」相当のc類の標本例とされたものである。これは炉跡から出土した唯一の土器である。報告書では、「ソーメン文をイメージさせる極めて細い粘土紐が、上下二段に貼り付けられている」と指摘され、「刻文土器の最末期、あるいは古手のソーメン文土器」で、「H-3の時期を示す土器」と見做されている（皆川2003：41-42）。

はたして、そのとおりであろうか。図版や拓本を見るかぎり、また、伴出した他の土器片を参照すると、どうも疑問に思われる。刻紋土器の口縁部には、粘土紐の貼り付けに見えるような装飾を時々見かける。事実、貼り付けているものも存在するが、多くは爪先で捻りを加えながら、波状の装飾帯を作出するものと観察される。図版を見るかぎり、17もその一例ではないかと思われる。これは横向きの連接爪形紋を施した土器であって、H-2号竪穴の「江の浦B式」相当のc類の新しいもの（第228図5）と並行するか、それより下るものと考えられる。

仮に、骨塚の15例と炉跡の17例に年代差があるならば、貝塚から出土した1〜3例との対比が問題になる。3例の口縁部だけを見ると、誰もが刻紋土器の典型例と思うであろう。しかし、口頸部は明らかに内傾している。そこには並行する4条の撚糸圧痕が施され、横走する三角刻紋がその上下に充填されている。

内傾する器形は、「十和田式」に由来するものである。先にも香深井1(A)遺跡2号竪穴の埋土中から出土した古い時期の例（第227図7）を観察した。魚骨層Ⅴ（同図25）や魚骨層Ⅳ（同図28）には、内傾する十和田式系土器の好例が存在する。3例も、その系統を引き継ぐ土器なのであろう。先に古い「江の浦B式」相当のb類と見做した2個体の土器（第228図1・2）には、器面の全体に顕著な擦痕が認められる。3例と同時期の整形手法なのであろう。この擦痕は何に由来するのであろうか。「十和田式」や普通の刻紋土器には、この種の擦痕は存在しない。この問題は後節であらためて検討したい。

そこで、つぎに口頸部の三角刻紋に注意すると、先にも触れたが、香深井1(A)遺跡の2号竪穴の埋土の土器（5）を初めとして、魚骨層Ⅳ（8＝9＝11）ではかなり目立ち、間層Ⅲ/Ⅳ（12）を経て魚骨層Ⅲにもごく稀に含まれる。また、口頸部を並行線で区画する手法や撚糸圧痕紋も、やはり魚骨層Ⅳ（7，10）に存在し、その一部は魚骨層Ⅲ₀層に及ぶ（14）。斜傾する口縁部の爪形紋（6）は魚骨層Ⅳに主体的に認められる。したがって3例の土器は、ほぼH-2号竪穴埋土〜魚骨層Ⅳに対比され、間層Ⅲ/Ⅳや魚骨層Ⅲ₀層（12，13・14）まで下ることは、まず在り得ないと考えられる。

他方、H-3号の埋土中の土器を見ると、15例に近似する25例や捻りながら施紋する爪形紋を持つ28例、それに突瘤紋を施す31例など、年代幅のあるものが含まれている。また、一部の土器は炉跡の土器と接合し、それはH-2号やH-3号の埋土土器と同一個体のものである、と指摘されている。この点からみて、埋土中の土器には新しい時期のものが含まれていると思われる。

このように観察すると、E14-N13の土器では「1例→3例→2例」の序列が想定される。先のH-2号編年案と対比すると、

(1)　十和田式系の未命名土器？　E14-N13の貝塚（1）
　(2)　刻紋土器A　H-2号床面土器(古)：第228図1・2（調整に伴う擦痕）≒ E14-N13の貝塚（3）
　(3)　刻紋土器A　H-2号床面土器(中)：第228図3・4＝E14-N13の貝塚（2）
　(4)　刻紋土器A　H-2号床面土器(新)：第228図5 ≒ H-3号の炉跡土器（17）≒ 埋土（28・31）

という序列が想定される。
　そこで今度は、6世紀に比定された15例の年代について、交差編年の観点から検討してみよう。すでに旧稿で触れているが、15例の口頸部にある菱形紋に注目したい（柳澤2006b：76-83）。数量的には稀であるが、魚骨層Ⅲで菱形紋の類例（44・45）が検出されている。これは櫛歯状のスタンプ紋である。これに類似するモチーフは、道央の遺跡からも横走沈線を持つ土師器（変容土師器）とともに発見されている。

　(1)　札幌市公園遺跡　：49・50＝51（刺突紋を伴う口頸部の菱形連紋）
　(2)　小樽市蘭島遺跡群：46→47≒48（胴部の菱形連紋）

　15例と刻紋土器Aの44・45例が酷似することは疑いない。これに対して、「51例→48例」との類似性については、「他人の空似」であるという意見があるかも知れない。しかし両例には新旧の差が認められる。それぞれ段状沈線・横走沈線を持つ土師器と擦紋Ⅱが折衷されて、新たに誕生した土器と考えられよう。その土器のモチーフが刻紋土器Aに対比されることになると、もはや通説の編年案、すなわち第19表と第224図に示された青苗砂丘遺跡の編年案は成り立たなくなるであろう（柳澤2006b：76-79）。
　そこで、前稿の記述を少し補足しておきたい。香深井1(A)遺跡の魚骨層Ⅳの土器（35～41）を通覧すると、稀ではあるが特徴的な装飾を施した土器に遭遇する。口縁部に突瘤紋を持つ41例である。口端部には局部的な截痕が施されている。類似の装飾は、道央の段状沈線や横走沈線を持つ土師器にかなり散見する（蘭島遺跡A・B地点、中島松7遺跡・中島松6遺跡・K435遺跡・末広遺跡など）。図示した例では46・47例があげられる。この要素は在地系の擦紋Ⅱの古い土器に由来する可能性が想定され（柳澤2006b：60）、ある程度の年代幅が認められる。
　このような類似性を偶然と見做すことは、通説の立場では当然のこととされよう。しかしこの他にも、ここでは触れないが、刻紋土器Aと横走沈線を持つ土師器の間には、相互の交流を物語る様々な要素が存在する。
　そこで再び15例に戻ると、その菱形のスタンプ紋は、51の公園遺跡例に最も近似しており、古いものと認められる。そのように捉えると、骨塚出土の15例と炉跡から検出された17例には、やはり時期差があると想定されることになる（第229図）。
E14-N13の資料と対比すると
　(1)　十和田式系の新しい土器（1）
　(2)　十和田式と刻紋土器Aを折衷した土器（3）≒ H-3号骨塚の土器（15）

(3) H-2号床面上の土器（第228図3・4）
　(4) H-3号炉跡の土器（17）≒香深井1(A)遺跡の魚骨層Ⅳの土器（44・45）
という対比案が導かれる。
　菱形のモチーフは、描出する工具の違いを捨象すると、オホーツク式の側では15例（＝魚骨層Ⅳ）が古く、それに44・45例（＝42・43：魚骨層Ⅲ）が後続すると認められる。これに対して、土師器と擦紋土器の側では、「51例→48例」への変遷がスムーズにたどれた。したがって、この範囲で擦紋土器と土師器、それに刻紋土器Aの間で相互の交流があったと想定されよう。
　その時期は、道央の一般的な年代観に拠ると、ほぼ9世紀の前半に比定される。すると、貝塚やH-2・H-3号の刻紋土器Aの年代は、通説の7世紀ではなく、それから200年ほど下ることになろう。しかし、長年に亘って支持されてきたオホーツク式の年代比定に関して、それほど大きなズレが隠れているとは俄かに考えにくい。地点を移動してさらに検討を続けよう。

4．テストピット・竪穴出土の土師器について

　第224図の編年図表では、「オホーツク式」系の「無文土器」と土師器もしくは「擦文土器」に比定された標本例が配列されている。その序列は、「H-2号（11～16）→H-3号（17・18）→E16-N15のテストピット（19・20）」とされ、それぞれ左列の「オホーツク式」に対比されている。はたして、そのとおりに対比され、示された順序で7世紀に変遷するのであろうか。

1）E16-N15区出土の土師器

　このテストピットは、H-2号から南へかなり離れた地点に位置する。地表から1m近く掘り下げるとB-Tm火山灰（Ⅸ層）に達し、その下のⅩⅠ層（直上）で土師器の甕と坏が検出された（第230図7・8）。甕の器面には意図的に打ち欠いた痕跡があり、底部を欠いている。Ⅷ～Ⅸ層が傾斜堆積していることから、報告書では、付近に墓などの遺構の存在を推定している。また67点の遺物には、明確なオホーツク式は含まれていない、と指摘されている。
　このような出土状況では、オホーツク式と甕・坏の新旧関係は捉えられない。そこで、東北北部と道央の資料を参照して、甕・坏の時期を大まかに捉えたい。7・8例に近似する資料は、八戸市の根城遺跡から好例が発見されている。SI-111竪穴（1～3）とSI-118竪穴（5～6）の資料を示した。報告書によると、前者は8世紀初頭（700～720）に、そして後者は8世紀の前半（700～750）に比定されている（宇部・高島・藤田1983）。
　そこで実際に標本例を観察すると、E16-N15の坏（8）は、細部の違いはあるものの、形態的には3例と6例によく似ている。大きさは余り変わりないが、段の位置や形状、整形痕の特徴などは異なる。
　これに対して、恵庭市の末広遺跡でも8例に似た坏が出土している。ⅠH-11竪穴の11・12例である。段の位置や形状、底部の形態、口頸部と底部の比率など、どの点でも酷似している。これ

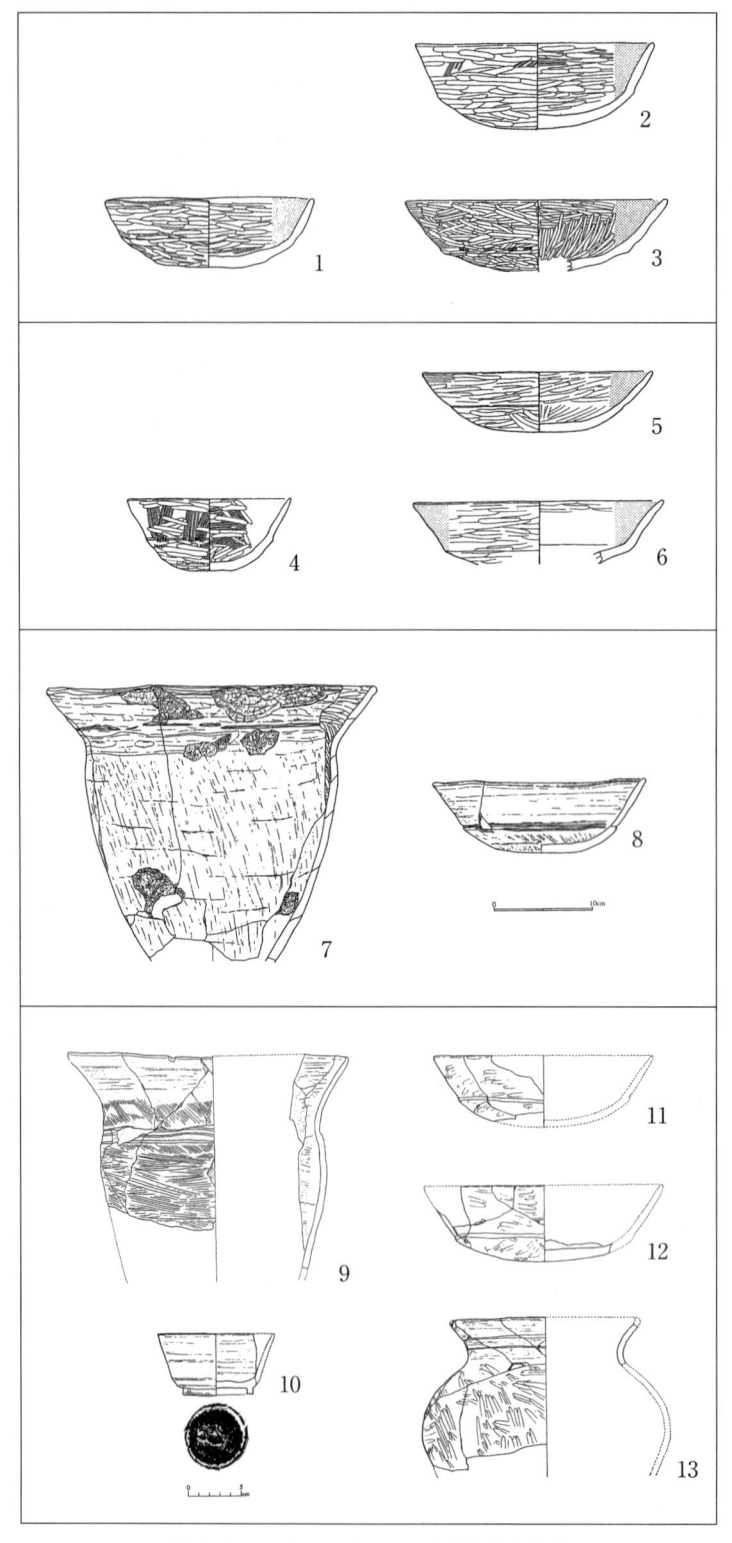

576　終章　環オホーツク海域編年への展望

第230図　E16-N15出土の土師器と参照資料

と共伴した9例の甕は大きく朝顔形に外反し、口端部と口頸部に数条の横走沈線を持つ。一見して、7例とは明らかに異なると認められる。これと共伴した10例は、ヘラ切り高台付須恵器の坏であり、13例は、口頸部に並行沈線を持つ壺形土器である。豊田宏良氏の見解を引用して鈴木信氏は、これらの土器セットを8世紀の中頃に比定している（鈴木1998：337-339）。

一方、一般に認められた甕形土器の変遷によると、「7例→9例」の序列が想定される。また、8例の坏は、諸々の特徴からみて3例と11・12例の中間に収まるが、より後者に接近しているように思われる。そこで以上の所見と比較をもとに、E16-N15の甕と坏はほぼ8世紀の初頭に位置すると考えておきたい。先には、H-2・H-3号の刻紋土器Aについて、交差編年法を適用して9世紀の年代を想定した。はたして、甕・坏の土師器と刻紋土器Aの年代は、ほんとうに逆転するのであろうか。

そこであらためて甕と坏の観察に戻ると、双方とも器面には整形の際の擦痕が顕著に残されている。この特徴は、そのままH-2号竪穴の床面土器（第228図1・2）に当て嵌まる。つまり、整形技法上の繋がりを利用すると、「土師器の甕・坏（7・8：8世紀初頭）→H-2号の古相の刻紋土器A（9世紀の前半）」、という序列が想定されることになる。

しかし、両者の間には年代上の空白があるから、この想定には、なお欠落した時期の資料があると推測されよう。その点は後節で検討したい。

2）H-2号竪穴出土の土師器とその模倣土器

この竪穴の土師器については、先にH-4号竪穴の埋土土器の分析に関連して触れた。**第231図**の9～14例である。点数としては最も多く検出されている。12・13例は床面上より、9～11・14例は埋土からの出土品である。12例を除くといずれも小破片である。突瘤紋を持つ十和田式と同様に、非常に硬質な土器でありながら細かく破断されていることに注意して、報告者は「古い竪穴を再利用していた可能性もある」、と重要な指摘をしている（皆川2003：36）。

H-4号は、新旧の竪穴が少しずれながら重複しており、断面図によると古い2基の竪穴？が存在する可能性も想定される（第225図）（註9）。埋土中には、その古い竪穴に由来する土器片が混入しており、それと接合または同一個体と認められた破片が、H-2号の埋土（9）や床面から発見されている。そしてH-2号の土層断面図をみると、第5・8層が明らかにH-4号側から流入している様子が読みとれる。まずH-2号の竪穴(旧竪穴)が遺棄され、刻紋土器Aの時期に再利用された(新竪穴)。その後、H-4号竪穴で旧竪穴が破壊された際に、古い土器片とともに第5・8層がH-2号側へ流入したのであろう。

このように想定すると、

　(1)　H-2号(旧)竪穴 ≒ H-4号(旧)竪穴：十和田式期
　(2)　空白の期間
　(3)　H-2号(新)竪穴：刻紋土器A(古～新：第228図1・2，3・4，5)
　(4)　H-4号(新)竪穴：刻紋土器A？(床面上の資料無し)

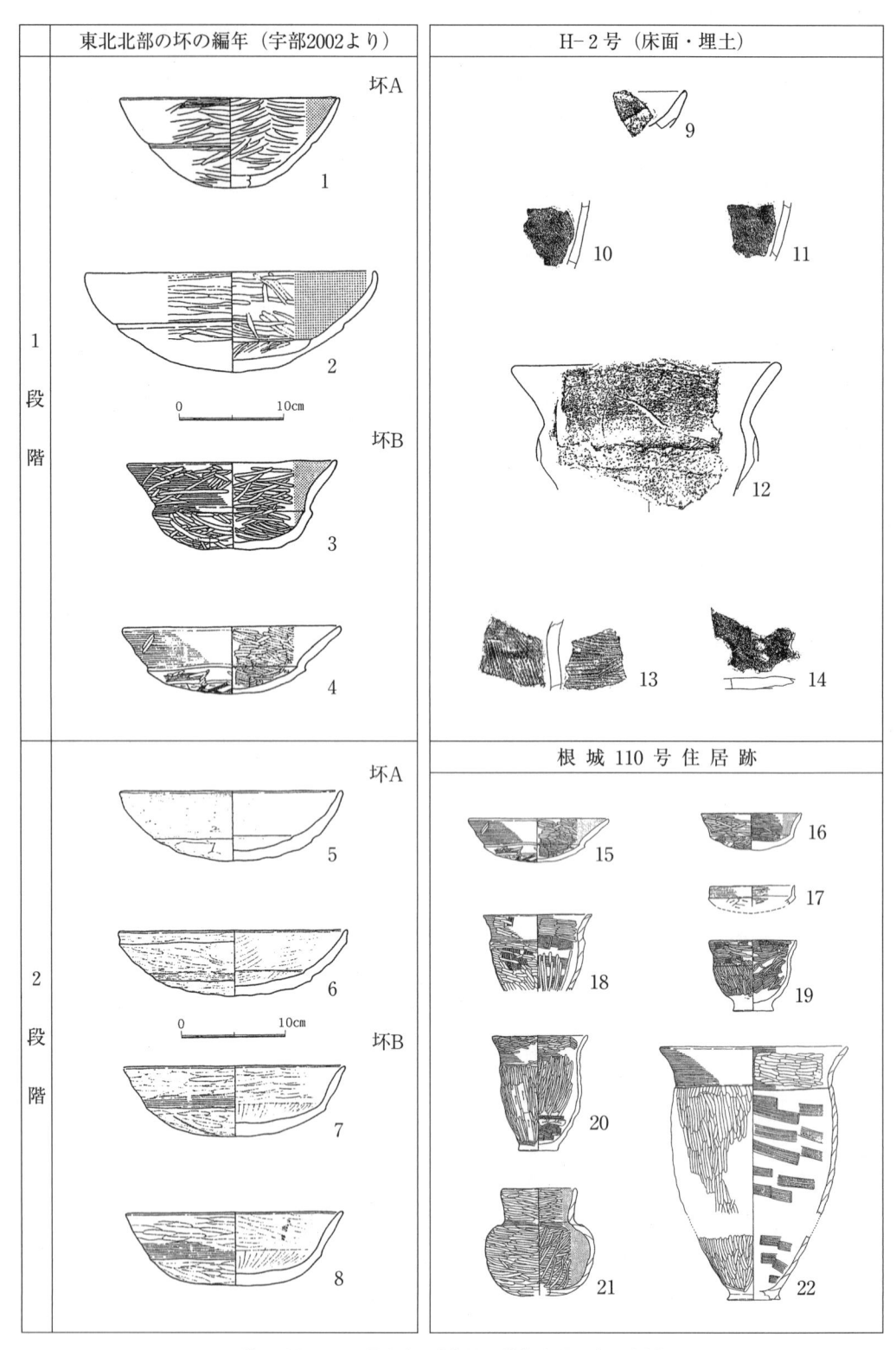

578　終章　環オホーツク海域編年への展望

東北北部の坏の編年（宇部2002より）	H-2号（床面・埋土）
1段階 坏A 1, 2 坏B 3, 4	9, 10, 11, 12, 13, 14
2段階 坏A 5, 6 坏B 7, 8	根城110号住居跡 15, 16, 17, 18, 19, 20, 21, 22

第231図　H-2号出土の土師器・模倣土器と参照資料

という序列が想定されることになる。

　このように編年すると、当然ながらH-2号の土師器の時期が問題になる。器形が分かるのは12例が唯一である。これは坏には違いないが、形態的には風変わりなものである。段の作り、器面の調整、口頸部の断面形など、東北北部のものとは明らかに特徴が異なる。報告書では、胎土はオホーツク式のものであり、双方の文化が接触して作られたものと指摘されている(皆川2003：36)。

　皆川氏の観察のとおり、本例は土師器を模倣したものであり、一種のキメラ(折衷)土器と認められよう。注意すべき点は、床面上の刻紋土器と土師器が同時代に接触した痕跡が、どちらの側にも見当たらないことである。両者が時期を異にするからであろう。十和田式と土師器が接触したならば、12例のような土器が作られても、少しも不自然ではない。土器の特徴から見て、両者は同時代に存在したと想定したほうが、遥かに合理的であるように思われる。

　そこで、12例の年代を具体的に検討してみたい。一見して栗囲式の坏に似ていることは、あらためて説明を要しない。これに近似する形態の坏は、宇部則保氏の編年案(宇部2002)を参照すると、6世紀後半とされた1段階の坏B(3)に近似すると思われる。7世紀後半～8世紀前葉とされる坏B(7・8)とは、明らかに形態的な特徴が異なる。また、7世紀前半の1段階の坏B(4)と比べても形態的な差は大きい。

　4例は、宇部編年案で採用された根城遺跡のSI-110竪穴(15～22)の標本例である。旧編年案(宇部・高島・藤田1983)では、これらを7世紀後半から8世紀初頭に比定していた[註10]。4例すなわち15例は、12例に比べると口縁の外反度が強く、底部の形態も異なると推定される。坏の形態は、同時期でも細部の差異を示すものが数種類あるから、比較する際には注意を要する。しかし図示した標本例の範囲では、そのように捉えられる。12例は模倣土器であるから、必ずしもモデルとした坏の形状をそのまま写しているという保証はない。この点も、とうぜん留意しておかなければならない。

　とは言え、顕著な形態的な類似性を軽く扱う根拠もないから、3例と12例の対比を軸にして観察するのが筋であろう。宇部氏の新しい見解によると、3例は馬渕川流域における住社式に相当する資料であるという(宇部2002：250)。筆者は、その点を検証する知識を有しないが、宮城県山王遺跡(宮城県教育委員会2001)の膨大な住社式と栗囲式の資料を通覧すると、3例は、「栗囲式」でも古い時期に相当するように思われる。報告書では、その時期の坏(第5層)を7世紀前葉に比定しており、それに準拠したいと思う。

　ちなみに、より新しい第4層の資料も7世紀前葉とされている。その層の坏には、4例に酷似したものが含まれている。また、住社式に比定された第6層の坏は、3例に比べると、段差を作り出す部分の扱いが異なる。これは6世紀後半に比定されている。第7層も住社式で、6世紀後半とされているが、この層に含まれる坏の形態は3例と懸け離れている。さらに、H-2号の埋土から検出された坏片(9)は、山王遺跡の2A・2B層に類似する例が見られる。この層も「栗囲式」で7世紀前半に比定されている。

　したがって、遠隔地域における一遺跡の観察データではあるが、以上は「栗囲式」の本場の所

見であるだけに、十分に留意しなければならないと思われる。年代の比定は常に難しい問題を孕むから、とうぜん報告後の修正や見解の揺らぎが想定される。今のところは山王遺跡における観察に準拠して、3例の時期を宇部氏のかつての判断どおりに、7世紀前葉の所産と捉えておきたい。

これに酷似する坏は、いまだ道南・道央ではほとんど発見されていないようである。「3例≒12例」の対比をもとに、その年代をほぼ7世紀前葉と捉えると、

　　(1)　宇部編年の1段階：坏B（3：根城遺跡SI-122）　………………7世紀前葉
　　　　　H-2号床面の模倣された坏（12＝13・14）≒内黒の坏片（埋土：9）
　　(2)　宇部編年の1段階：坏B（4：根城遺跡SI-110）　………………7世紀前葉
　　(3)　宇部編年の2段階：坏B（7・8）　………………………………7世紀後半〜8世紀前葉

という大まかな序列を導くことができる。

この編年案によると、H-2号の非「オホーツク系」の土器（9〜14）と床面上の刻紋土器A（第228図1〜5）は懸け離れた年代に属すから、もちろん同期しないことになる。

5．B-Tm火山灰と「オホーツク式土器」・土師器の編年

報告書によると青苗砂丘遺跡では、すべての「オホーツク式土器」が消滅してから土師器が登場したとされている。しかし、この遺跡に残された考古学上の文化の展開は、墳墓から検出された続縄紋人系とされる人骨所見（松村2003：51-58、越田編2003：46-47,108-109）に象徴されるように、もっと複雑な様相を呈する可能性があると考えられる。そこでB-Tm火山灰を鍵としつつ、以上の編年案について、推論される実年代の面から検証してみたい。

1）E18-N16テストピット出土の土師器とB-Tm火山灰

青苗砂丘遺跡では、遺構に伴う土器が刻紋土器Aに限定される。古手の土師器は完形土器であっても遺構に伴わずに、すべて原位置から移動した状態で出土している。古い竪穴に関連する十和田式も大半が小破片で出土しており、確実に遺構に伴うものは無いと観察される。

土師器の完形土器は、E18-N16トレンチから単独で発見された（皆川2003：14-18）。**第232図**の4例であるが、これは口頸部に横走沈線を持たない甕形土器である。器形や整形の特徴からみて、E16-N15の甕形土器（第230図7）よりも、時期が下ると思われる。

図に示したように本例は、器体がB-Tm火山灰上に突き出した状態で検出されている。報告書では、その時期をB-Tm火山灰が降下する少し前と推定している。しかし断面図をみると、器体の下半分はXI層中にあり、底部付近は明らかにXII層の上面に乗っている。この層については残念ながら報告書に記載がなく、その特徴は分からないが、「オホーツク式」文化層のXI層より下位であることは、まず疑いないと思われる。

したがって4例は、比較材料がないので推論になるが、刻紋土器Aよりも下層で出土している可能性が高いと考えられる。少し観察すると、器形は先のE16-N15で検出された甕形土器（第230

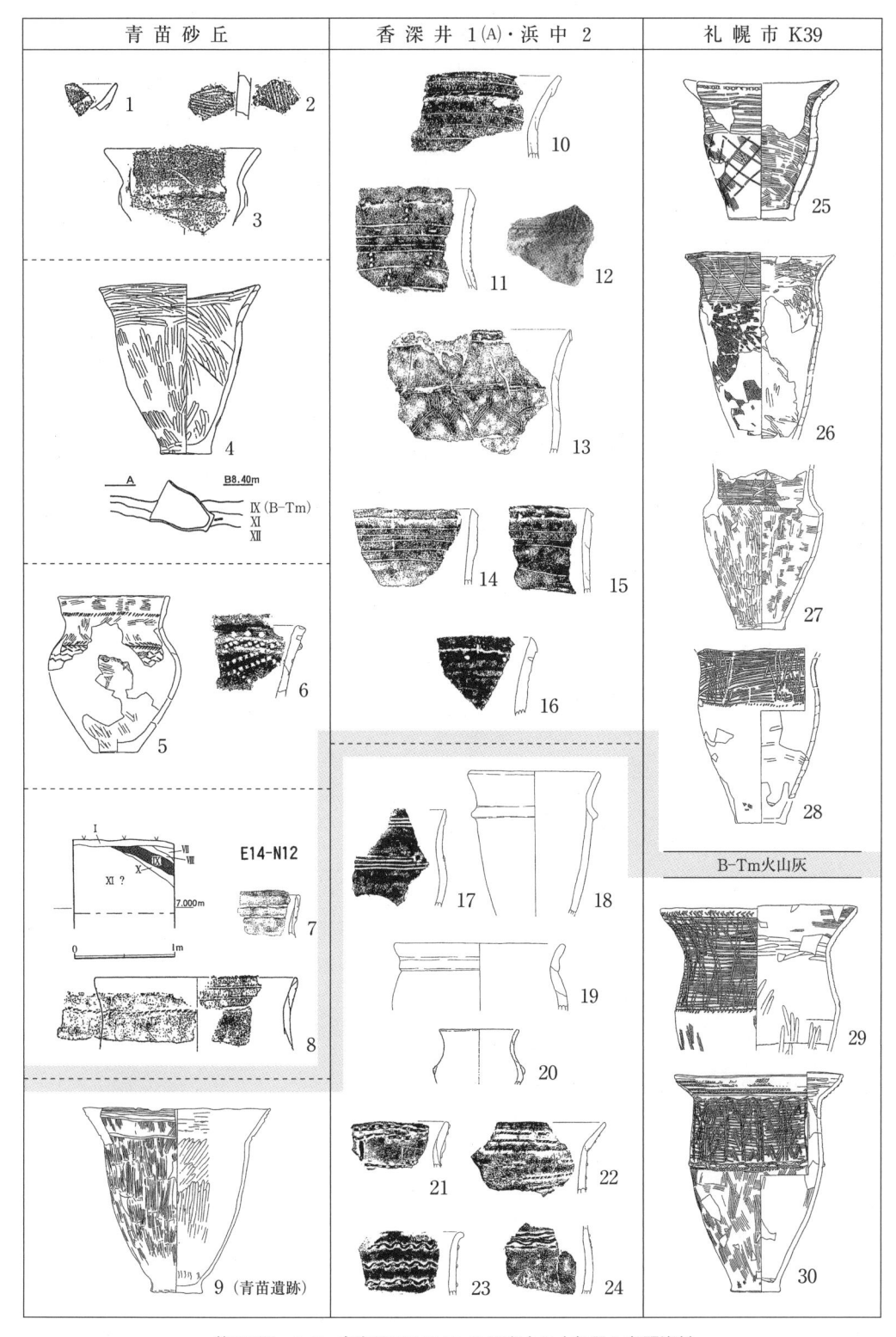

第2節　新しい青苗砂丘遺跡編年と北方古代史研究　581

| 青苗砂丘 | 香深井1(A)・浜中2 | 札幌市K39 |

第232図　B-Tm火山灰下のE18-N16出土の土師器と参照資料

図7）に類似している。口縁部は外反して大きく開き、そこから胴下半に向かって急速にすぼまる形態である。器面調整の際の擦痕はなく、縦横のヘラナデ痕が残されている。口頸部に横走沈線を持たないので、E16-N15の甕形土器に並ぶか、それに後続する一例かと推測される。

さて、青苗砂丘遺跡で発見された土師器は、以上の範囲に止まるが、隣接する青苗遺跡のⅠ-7区でも土師器の完形土器が出土している（9）。器形は、口縁が外反する甕形を呈する。4例とは一見すると似ているようにも思える。しかし外反の度合いはより強よく、口径も大きくなっている。口頸部には上下に横走する並行沈線がめぐり、頸部から胴部にかけて縦位のハケメ状の擦痕が見られる。内面は口縁部が横位、それ以下では縦位のミガキが施されている（木村2003：9）。横走する並行沈線を持つことからみて、4例より新しいことは疑いない（4例→9例）。ただし、その時期はずっと下り、大鋸歯紋を持つ土師器の母体となる土器の一例ではないかと推測される。

本例とB-Tm火山灰の関係は明らかでないが、以上のような観察をもとに、9例を先の青苗砂丘遺跡の編年案に挿入すると、つぎのような序列が想定される。

(1) 十和田式に並行する土師器とその模倣土器（1・2、3）≒7世紀前葉
(2) （未検討の時期）
(3) E16-N15出土の土師器（甕・坏：第230図7・8）……………8世紀初頭
(4) (2)に並行するか、後続するE18-N16の土師器（甕：4）…………8世紀代
(5) H-2号床面上の刻紋土器A（古：5）…………………………9世紀前半
　　H-3号骨塚の十和田式系の刻紋土器A（6）　　　　　　　〃
(6) E14-N12の刻紋・沈線紋土器（古：7、8）………………10世紀前半以前
(7) B-Tm火山灰の降下………………………………………10世紀前半
(8) 大鋸歯紋を持つ土師器に先行する土器（9）……………………11世紀代

さて、以上のように青苗砂丘遺跡と青苗遺跡の資料を見直すと、冒頭で引用した編年案（第19表・第224図）とは全く異なる編年案が仮設されることになる。この編年案の妥当性について、今度はB-Tm火山灰を「鍵」として検証してみたい。

2）浜中2遺跡編年と札幌市K39遺跡編年の対比

浜中2遺跡の編年については先に触れている。ここであらためて、別区の資料を挿入して再編成してみたい。（第232図）

(1) 刻紋・沈線紋土器（＝刻紋土器B）の初頭（B-2b区Ⅲ層：10）
(2) (1)に後続する刻紋・沈線紋土器（B-2a・b区Ⅱ層：11、13・14）＝擦紋Ⅲ（古：12）
　　＝（A-1・2区9層：15）＝（A-3区19層：16）
(3) 刻紋・沈線紋土器と厚手素紋系土器（3・4区16～18層：17・18）

第2節　新しい青苗砂丘遺跡編年と北方古代史研究　583

　(4)　擬縄貼付紋土器と厚手素紋系土器（2b区Ⅱ層（新）：19，1・2区4層：20，21・22）
　(5)　ソーメン紋土器1・3（2b区Ⅱ層（新）：23，3区3・4層：24）

　この編年案によると、刻紋土器から刻紋・沈線紋土器（(1)〜(3)期）を経て、擬縄貼付紋土器（(4)期）からソーメン紋土器（(5)期）へと、層位的な変遷がスムーズにたどれる。香深井1(A)遺跡の調査所見によれば、擬縄貼付紋土器やソーメン紋土器の文化層は把握されていない。また、擦紋Ⅲ₅期に比定される3号竪穴は、広義の黒褐色砂質土層のいずれかのレベルから切り込まれ、魚骨層Ⅳ・Ⅲ・Ⅲ₀を掘り込んで構築されている、と指摘されている（大井・大場1976：214）。ちなみに浜中2遺跡3・4区の16〜18層から出土した17例の土器は、香深井1(A)遺跡では判然とは捉えられないが、概ね黒褐色砂質土層ないし表土層に対比されるものと思われる。

　そのとおりならば、浜中2遺跡におけるB-Tm火山灰の位置は、当然ながら(3)期の3・4区出土土器（17・18）よりも古い時期に想定されよう。問題になるのは、2b区Ⅱ層から出土した12例の擦紋Ⅲである。そこで、B-Tm火山灰の降下時期と擦紋Ⅲの年代的な関係を、小細別レベルで特定する作業が求められることになる。

　幸い道央の諸遺跡では、この火山灰と擦紋Ⅲの関係が精細な調査で明らかにされている。例えば札幌市K39遺跡の2地点のデータを対比すると、

　(1)　K39遺跡長谷工地点　　5g層（6号竪穴：25・26）……………………………擦紋Ⅱ（新）
　(2)　K39遺跡（6次調査）　　6d〜e層から掘りこまれた1号竪穴（27）　…………擦紋Ⅲ₁
　(3)　K39長谷工地点　　　　5g層（28）………………………………………………擦紋Ⅲ₃
　(4)　────────────B-Tm火山灰の降下────────────
　(5)　K39遺跡（6次調査）　　6a層（29）………………………………………………擦紋Ⅲ₄
　(6)　K39遺跡（6次調査）　　6a層（30）………………………………………………擦紋Ⅲ₆〜₇

という層位的な序列が導ける。

　この擦紋土器と火山灰の編年案は、もちろん他遺跡で検証される必要がある。しかし目下のところ、最も精密にB-Tm火山灰の降下時期を特定できるのはこの遺跡である。そのデータによれば降下の時期は、擦紋Ⅲ₃とⅢ₄の間に求められることになる。

　そこで、浜中2遺跡の2a・b区Ⅱ層から出土した12例の時期が問題になる。これと同一層で伴出した土器（11・13〜15）は魚骨層Ⅰに対比される。その上に堆積する黒褐色砂質土層を切り込む擦紋土器の時期は、ほぼ擦紋Ⅲ₅に比定される。この観察を踏まえると、魚骨層Ⅰの時期は擦紋Ⅲ₄以前に求められることになろう。

　一方、K39遺跡では、B-Tm火山灰より上位で出土した29例が擦紋Ⅲ₄に比定される。12例のモチーフは独立的に扱われているから、29例よりも確実に古いものと認められる。並行する候補としては27例か28例になるが、12例は、擦紋Ⅲ₃に比定される後者に似ているように思われる。

　この対比が妥当であれば、浜中2遺跡におけるB-Tm火山灰降下の時期は、12例＝13・14〜16例より新しく、かつ17・18例より古い位置に求められる。推定された火山灰の降下時期は、ほぼ

スクリーン・トーンのラインで押さえられるであろう。B-Tm火山灰の年代に関しては、A.D. 923～924年（町田・福沢1996）ないし937～938年（福沢ほか1998）、946～947年（早川・小山1998）の3説がある。いずれも10世紀前半で一致しているから、図のラインを年代学上の一つの基準線として用いることができよう。

　以上、火山灰と土器類の広域的な交差対比と年代比定によって、ようやく通説に代わる新しい青苗砂丘遺跡編年案を仮設するところまで到達した。

6．新しい青苗砂丘遺跡編年の提案

　ここでもう一度、冒頭の青苗砂丘遺跡の編年案に戻りたい。第224図の編年案では、オホーツク式がすべて消滅してから、8世紀の土師器が青苗砂丘遺跡に登場すると認めている。しかし筆者のこれまでの分析によると、土師器と刻紋土器Aの序列は、まさに逆転することになる。はたしてこの編年観は、そのとおりに成立するであろうか。

1）「江の浦B式」相当の土器ないし「貼付紋土器」の年代的な位置

　先の第224図の編年案に拠れば、「江の浦B式」相当のa～c類は、もちろん阿倍比羅夫の北征が行われた7世紀中頃（A.D. 658～660）に存在していなければならない。これは通説の編年案が暗黙のうちに前提としている見方であろう。しかしながら、そうした考案には確かな考古学上の根拠があるのであろうか。

　そこで**第233図**の資料を参照したい。左列は青苗砂丘遺跡を代表する資料である。それぞれの編年上の位置については、すでに細かい検討を済ませている。これらのオホーツク式に対して、前節では擦紋土器と土師器との対比を試みた。

　筆者の新しい北方編年案では、北大式を母体として成立した擦紋土器と東北北部から進入した土師器の両者は、いわゆる「オホーツク式土器」（河野1955・1958）の一部と並行的に存在していたと考える（註11）。この編年案は、通説の検証を通じて精密化を図っているが、その作業を作為的と評する意見もある（福田2004・高橋ほか2005）。しかし、そのように確言し得る物的な証拠は何処にも実在しないであろう。

　そこで、「忘失」されている札幌市のN162遺跡の資料に注目したい。1号竪穴から出土した16～19例である。この竪穴は改築されており、新しい方をA号竪穴、古い方をB号竪穴として区別している。図示した資料は、すべてA号竪穴の出土品である。坏は埋土中より、甕は床面上で検出されている（上野1974b）。

　まず、横走沈線を持つ甕形土器を観察すると、横走沈線はやや粗雑に引かれている。いわゆる段状沈線ではなく、真正の横走沈線と認められる。モチーフを欠くようであるが、佐藤達夫の擦紋土器編年によると、擦紋Ⅱに並行する土器の中では、新しい時期に比定されるものと思われる（佐藤1972：464-469）。

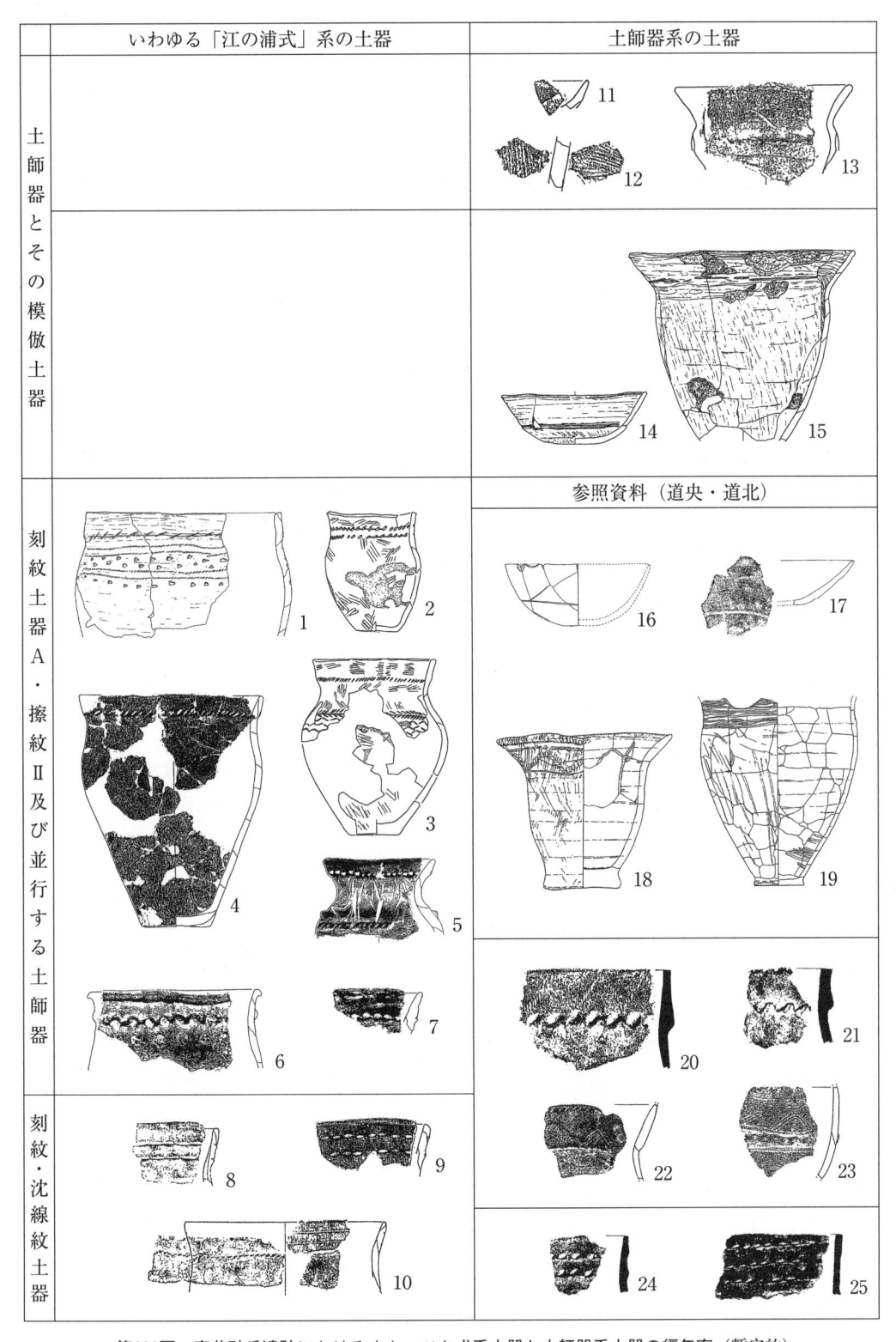

第2節　新しい青苗砂丘遺跡編年と北方古代史研究　585

	いわゆる「江の浦式」系の土器	土師器系の土器
土師器とその模倣土器		11　12　13 14　15
刻紋土器A・擦紋Ⅱ及び並行する土師器	1　2　3　4　5　6　7	参照資料（道央・道北） 16　17　18　19 20　21　22　23
刻紋・沈線紋土器	8　9　10	24　25

第233図　青苗砂丘遺跡におけるオホーツク式系土器と土師器系土器の編年案（暫定的）

つぎに16例の坏である。丸底で器体の下半に細い沈線が施されている。宇部編年の坏Ａの系統を引くものであろう。第231図に示した１・２段階（６ｃ後半～８ｃ前葉）のどれとも似ていない。それより年代は下ると思われるが、良好な比較資料に乏しい。先の鈴木信氏の編年案を参照すると、８世紀中葉～９世紀前葉に比定された標本例の中には、16例と17例に酷似したものが見当たらない。

16例に酷似した坏は、札幌市のC424遺跡において、８世紀後半に比定された３号竪穴から出土している。一方、17例のように器体の下部に沈線を引くものは、その部分が軽い段になるタイプに後続するものと思われる。鈴木氏の編年案によると、そうしたタイプは８世紀の後葉～末葉に比定されている。そして、９世紀前葉とされた末広遺跡のIH-62号竪穴の坏には、依然として段状の沈線が施されている。したがって17例のような沈線タイプは、９世紀の前半に下る可能性が高いと考えられよう[註12]。

佐藤達夫は、横走沈線に紋様を施す土器群について、今日からみればきわめて零細な資料的制約のもとに精細な編年を試みている。そこでは、「公園」(「擦紋Ⅱ₁」並行) → 「中島松」(「擦紋Ⅱ₃」並行) → 「西島松南Ｂ」(「擦紋Ⅱ₄」)[註13]、という編年案が示されている（佐藤：前出）。後者の西島松南Ｂ遺跡の資料は、２号竪穴の土器が標本例とされている。報告書では、出土状況に関する記述は省かれている。２号竪穴は、１号を破壊して構築されており、埋土には古い竪穴に由来する遺物が含まれている。

例示された坏には、器体の下端に段差があるものが１点、沈線のみのものが３点、それに丸底の破片が１点ある。主体を占めるのは沈線タイプであり、これが甕形土器とセットになると思われる。このタイプの坏はN162遺跡の17例に類似しているが、器形や断面形には細部の違いが認められる。甕形土器の横走沈線はいわゆる段状沈線（大島1989b）の面影を残しており、より公園遺跡の資料に近い様相を示している。この点を考慮すると、N162遺跡例は、擦紋Ⅱ₄期の西島松南Ｂ遺跡例よりも時期が下ると考えられる。

さて、以上の観察と想定が妥当ならば、N162遺跡の埋土中の坏には新旧２種類が含まれていることになる。量的には、新しいものが主体を占めるので、古い坏は、旧竪穴のＢ号に由来する可能性が想定されよう[註14]。

坏に関する検討は、十分な比較資料が無いのでこれ位にしておきたい。それよりもむしろ、床面上の土器の方が遥かに重要であると思われる。特に、特異な紋様を持つ18例が注目される。横走沈線を持つ19例の土師器と共伴したことは疑いない。しかし器体には厚みがあり、底部も分厚く、外反した口縁部は肥厚している。推定復元した場合の19例とは、かなり特徴を異にしていると言えよう。

また、口端部には矢羽状の刻線紋を施し、その下を刻紋と鋭い沈線で区画し、その内部は、「篦状工具で連続刺突文が鋸歯状に施され」ているという（上野1974b：13-15）。これは異形の紋様である。道央の古い擦紋土器を一覧しても、この種のモチーフを持つ土器はまず見当たらない。しかし、きわめて稀なモチーフの方が、広域的な交差編年による対比には好都合である場合が多

い。

2）鋸歯紋を持つ土器の交差対比

　鋸歯紋ないし大波状紋のモチーフは、古くは北大式に盛行する。後続する擦紋Ⅰ・Ⅱには、このモチーフを左右に連描するような例はほとんど見かけない。そこで探索の範囲を広げると、オホーツク式の中にも鋸歯紋や大ぶりな波状紋の類例が見出される[註15]。

　その中でも、最も18例の鋸歯紋に酷似しているのが、礼文島の上泊遺跡から出土した20例である（大川1998：拓図8-6）。実物は残念ながら実見していないので、施紋具は分からない。細い縦位の刺突紋を密接して、左右に鋸歯紋を連続的に描いているように見える。口縁部はやや幅広く肥厚しており、その下端は、大きな爪形紋を連ねて波状に構成されている。

　このような特徴からみて、21例と同様に20例は、刻紋土器Aでも新しい時期に比定される。18例と比べると、矢羽状の刻紋や上・下を区画する刺突紋や沈線文を欠くものの、モチーフの形態と施紋手法は酷似していると認められる。距離は離れるが、口端部に刻紋を施し、その下に鋸歯紋状のモチーフを持つ刻紋土器Aの破片が、枝幸町の目梨泊遺跡から出土している（22≒23）。これは刻紋土器Aの中でも、やはり新しい時期に比定される。18例に対比される貴重なオホーツク海沿岸の資料として注目されよう。20例や18例とほぼ同時期と見做しても、特に問題は無いように思われる。

　そこで「18・19例≒20例」と想定すると、19例の横走沈線を持つ土師器の年代観から、刻紋土器Aの年代は9世紀代という見方が導かれることになる[註16]。

　それでは、札幌市N162遺跡1A号竪穴の床面資料は、青苗砂丘遺跡編年のどこに位置づければよいであろうか。先に、図示した資料の序列を、⑴1、2・3例→⑵4・5例→⑶6・7例→⑷8・9例→⑸10例→⑹B-Tm火山灰の降下、の順に想定した。20例（=21例）の位置は口縁部の装飾からみて、7例（≒6例）に最も近いと思われる。

　そこで、6・7例≒20・21例≒16〜19例」の対比を認めると、あらためて18・19例の位置が問題になる。先に横走沈線を持つ土師器の19例について、その年代を9世紀代と想定した。それでは、同じく床面上で出土した18例の年代はどうであろうか。

　そのずんぐりした器形に注目すると、これに酷似した資料は、先に引用した札幌C424遺跡の2号竪穴から出土している。18例から口頸部の紋様を除くと、ほとんど区別できないほど形態的な特徴が酷似している。これは報告書の記述によると、9世紀の前半に比定されるという（柏木2003：463-466）。諸々の操作をもとにして、すでにH-2号床面上の刻紋土器Aの古い部分（2・3）の年代は9世紀前半に比定された。それにこのC424遺跡の所見を補うと、H-2号の2・3例とN162遺跡の18・19例は、ほぼ並行すると認められることになろう。

　そこで、N162遺跡と上泊遺跡の資料を挿入すると、先に示した編年案はつぎのように編成される。

(1) 十和田式に並行する土師器とその模倣土器（第233図11～13）≒ 7世紀前葉
(2) （未検討の時期）
(3) E16-N15出土の土師器（甕・坏：第230図7・8） ……………………………… 8世紀初頭
(4) (3)に並行するか、後続するE18-N16の土師器（甕：第232図4） ……………… 8世紀代
(5) H-2号床面上の刻紋土器A（古：第233図2・3＝1）≒ 9世紀代（N162遺跡：同図18・19）
　　≒ 目梨泊遺跡の刻紋土器A（22≒23）
(6) H-5号の土器（第233図6，7）≒ 上泊遺跡（20・21） ……………………………… 9世紀代
(7) 上泊遺跡の刻紋土器A末期？の土器（第233図24） ……………………………… 9世紀代
(8) E14-N12の刻紋・沈線紋土器（古：第233図8・9，10≒上泊遺跡：25）…10世紀前半以前
(9) B-Tm火山灰の降下 ………………………………………………10世紀前半（A.D.923～947）

　さて最後に(2)期について検討したい。青苗砂丘遺跡では、H-2～H-5号の竪穴の他にH-1号も調査されている。H-2～H-5号の地点より西方の崖際に位置するE16-N13・E16-N14付近で、3箇所のトレンチが設けられ、H-1号の貼り床面が部分的に検出された。
　そのうち北トレンチでは、大部分の床面土器が検出され、各トレンチとも埋土1層からは、十和田式系の土器や刻紋土器Aの破片が出土している（**第234図**）。層位差と型式差に基づいて編年すると、

(1) 床面上：突瘤紋を持つ十和田式、それと共伴したハケメないしヘラの調整痕を持つ無紋土器（13～15）
(2) 埋土1層(古)：突瘤紋を持つ十和田式
(3) 埋土1層(中)：十和田式系の新しい土器
(4) 埋土1層(新)：H-2号床面上の新しい刻紋土器A（第233図4・5）

という編年案が仮設される。
　報告書において、1例は十和田式の古手の土器と認められ（皆川2002：43-44）、E14-N13の貝塚土器（第229図1）とともに、第4ステージ（6世紀）に編年されている（第224図・第19表）。十和田式の年代については、続縄紋土器と北大式の通説的な編年案が、この年代比定の拠りどころになっていると思われる。しかし、その時期はもう少し下るのではなかろうか。
　先に、H-2号竪穴（第230図5・6）とH-4号竪穴（10）の古い土師器や模倣土師器について、宇部氏の旧編年案を参照して7世紀前半に位置づけた。両竪穴では、これらとともに十和田式の小破片も検出されている（7・8，11・12）。これらは、いずれも緻密な胎土で硬く焼成されているが、H-1号の床面土器（13～15）と異なり、非常に細かく割れている。こうした状態からみて、皆川洋氏が想定したように、やはり古い竪穴に伴う可能性が高いと考えられる。十和田式の小破片は、おそらく古手の土師器に伴うのであろう。
　そのように想定すると、H-1号を初めとして、竪穴の存在が推定されるE15-N13出土の十和田式（1～4）を含めて、H-2・H-4号の年代が7世紀に下る可能性が出て来る。H-1号では14・15

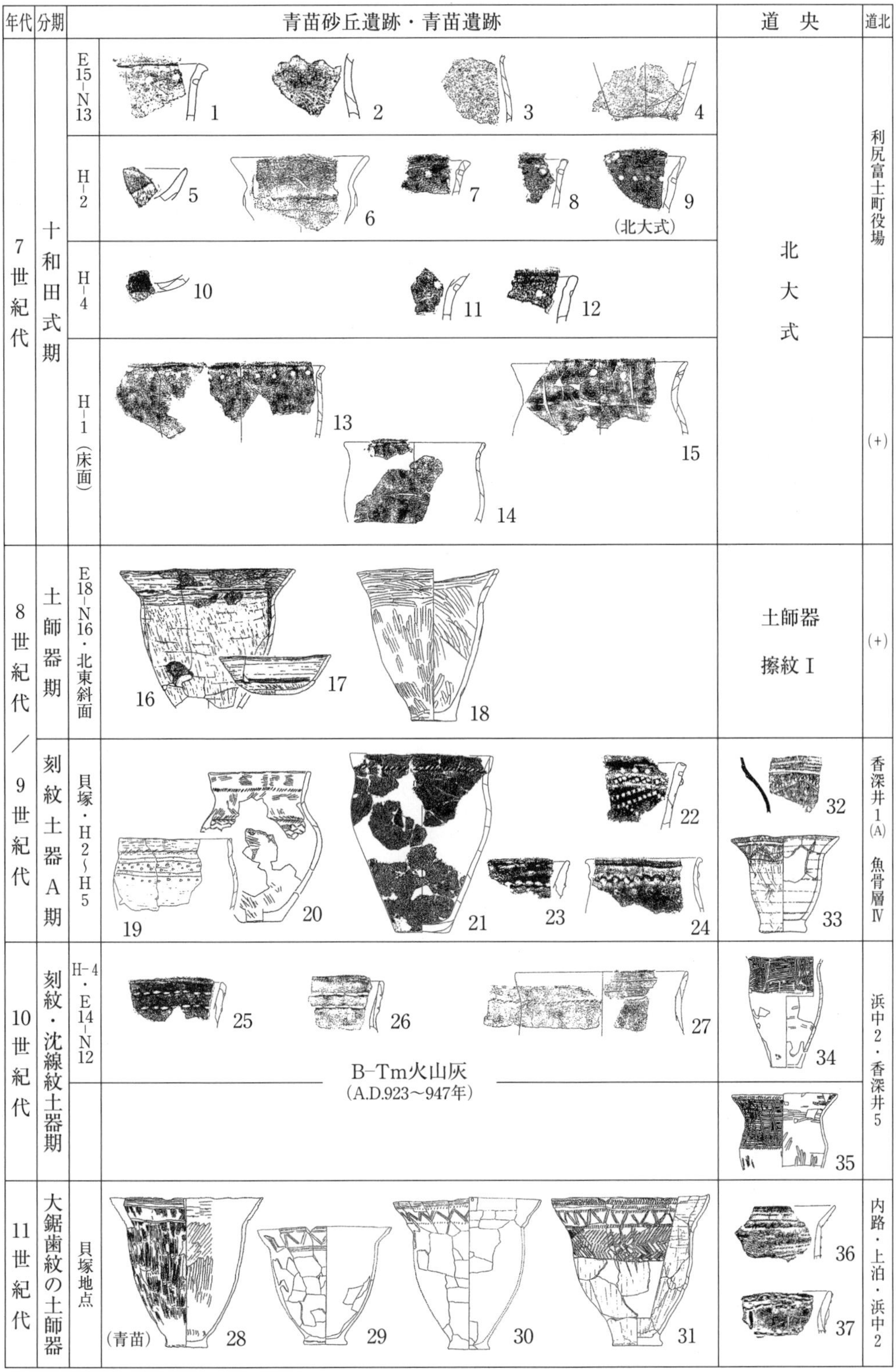

第2節　新しい青苗砂丘遺跡編年と北方古代史研究

年代	分期	青苗砂丘遺跡・青苗遺跡	道央	道北
7世紀代	十和田式期	E15-N13: 1, 2, 3, 4 H-2: 5, 6, 7, 8, 9 (北大式) H-4: 10, 11, 12 H-1 (床面): 13, 14, 15	北大式	利尻富士町役場 (+)
8世紀代／9世紀代	土師器期	E18-N16・北東斜面: 16, 17, 18	土師器 擦紋Ⅰ	(+)
	刻紋土器A期	貝塚・H2～H5: 19, 20, 21, 22, 23, 24		香深井1(A) 魚骨層Ⅳ 32, 33
10世紀代	刻紋・沈線紋土器期	H-4・E14-N12: 25, 26, 27 B-Tm火山灰 (A.D.923～947年)		浜中2・香深井5 34, 35
11世紀代	大鋸歯紋の土師器	貝塚地点 (青苗): 28, 29, 30, 31		内路・上泊・浜中2 36, 37

第234図　新しい青苗砂丘・青苗遺跡編年案（暫定的）

例のごとく、一見して十和田式らしくない器形の土器が出土している。その器面には、ハケメやヘラによる調整痕が残されており、土師器の整形手法の影響を受けて土器変容していると考えられる。

道南・道央において栗囲式期の土師器が流入したのは、一般に7世紀の後半頃からとされている。H-1号の床面土器も、その頃に使用されていたのではあるまいか。これは交差編年上の直接的な証拠に拠らない推定であるが、十和田式の年代的な位置は、栗囲式の坏を模倣した6例の存在から見て、ほぼ7世紀代の前半に位置する可能性がかなり高いように思われる。

以上のように、H-1号竪穴と十和田式の時期を想定すると、青苗砂丘遺跡と青苗遺跡を包括した青苗遺跡群の改訂編年案は**第234図**のように編成される。これは暫定的なものであって、敲き台としての編年試案に止まる。この編年図表では、想定した土器変遷の序列に対して、推定される実年代を記載し、紙幅の範囲で可能な限り道央と道北の対比資料と層位データを示している。

以下、これをもとに「粛慎」をめぐって予察を試みたい。

3）先史考古学から見た「粛慎」問題について

『日本書紀』に記載された阿倍比羅夫の北征、粛慎との戦闘については、戦前から多くの研究と議論が行われて来た。とりわけ、比羅夫が粛慎と戦闘を交えた大河のほとりが、東北北部であるのか、それとも北海道の某所であるのか。その議論は、何度も繰り返されて来た。近年は、札幌低地帯における新しい考古資料の蓄積を踏まえて、石狩川の河口説が特に有力視されているようである。

そうした状況の中で、岩木川と石狩川を結ぶ航征の中間地点に当たる奥尻島内で青苗砂丘遺跡が発見された。すみやかに重点調査が実施され、オホーツク文化の文物が予想を超える密度で発見されたことは記憶に新しい。とりわけ7世紀に比定されていた「江の浦式」、すなわち刻紋土器を出土する竪穴が発見されたことから、まさに本州島へ南下する「粛慎」の拠点遺跡と推定する仮説が登場したことも、ある意味で当然のことであったと思われる。

しかしながら、あらためて青苗砂丘遺跡の資料を交差編年の観点から見直すと、そのような見方は、必ずしも確固とした考古学上の物証に支えられたものではないと考えられる。「粛慎＝オホーツク人」であり、「オホーツク人＝江の浦式（刻紋土器）」を使用した人々という前提に対して、疑問符が付けられたわけである。そうした仮説は、青苗砂丘遺跡が発見される遥か以前から存在しており、ある意味で北方考古学において、暗黙の常識に属する見解であったと思われる。問題はそのような仮説が、どのような根拠から組み立てられていたのかである。そしてその根拠について、これまで先学は、どのように検証作業を行って来たのか。その点があらためて問われよう。

北海道島の先史時代の土器には、これは何世紀のものであるという考古学上の明確な指標が欠けている。年代の比定には、本州島や大陸の文物とのクロスチェックによる検証が欠かせない。すなわち、離れた地域間における同時代の交渉を、繰り返し確認する作業が求められる。以上に

第20表　文献史料に記載された「粛慎」・「靺鞨」・「渡嶋狄」と土器編年の対比

分期	編年	六　国　史　ほ　か　史　料　の　記　載　事　項
第Ⅰ期	(十和田式期)	658（斉明4）阿倍（闕名）率船師一百八十艘伐蝦夷国。（中略）遂於有間浜召聚渡嶋蝦夷等大饗応而帰。越国守阿倍引田臣比羅夫。討粛慎。献生羆二。羆皮七十枚。 659（斉明5）遣阿倍臣。（欠名）率船師一百八十艘討蝦夷国。 660（斉明6）遣阿倍臣。（闕名）率船師二百艘伐粛慎国。阿倍臣以陸奥蝦夷令乗己船到大河側。 　　　　　阿倍引田臣。（欠名）獻夷五十余。又於石上池辺作須弥山。高如廟塔。以饗粛慎卅七人。 676（天武5）粛慎七人。従清平等至之。 696（持統10）賜越度嶋蝦夷伊奈理武志。与粛慎志良守叡草。錦袍袴。緋紺絁斧等。
第Ⅱ期	(土師器期)	720（養老4）遣渡嶋津津司従七位上諸君鞍男等六人於靺鞨国。観其風俗。 780（宝亀11）勅出羽国曰。渡嶋蝦狄早効丹心。来朝貢献。為日積久。
第Ⅲ期	(刻紋土器A期)	802（延暦21）禁断私交易狄土物事　渡嶋狄等来朝之日。所貢方物。例以雑皮。而王臣諸家競買好皮。 810（弘仁元）陸奥国言。渡嶋狄二百余人来着下気仙郡。 875（貞観元）出羽国言。渡嶋荒狄反叛。水軍八十艘。殺略秋田飽海両郡百姓廿一人。 878（元慶2）元慶の乱 893（寛平5）出羽国渡嶋狄与奥地俘囚等依欲致戦闘之奏状。

試みたのは、その作業を精密に行うための基本的な準備作業に他ならない。その結果、報告書に示された青苗砂丘遺跡の編年案に比べると、実年代にしてほぼ200年のズレを生じることとなった。

それでは、いったいどちらの編年案が、6世紀〜10世紀における環津軽海峡圏の動向を、より正しく捉えているのか。それに答えるには、暗黙の前提とされる通説の編年観を、改めて物的な証拠をもとに検証しなければならないであろう。第234図の編年図表には、なお挿入を保留した青苗砂丘遺跡の資料が残されている。したがって、この通説に代わる新しい編年案が未完成であることは論を待たない[註17]。しかし、大筋で妥当性を有するならば、最近における諸々の北方古代史をめぐる意欲的な論述は、根本からの見直しが必要になって来るであろう。そこで、六国史等の史料に記載された北方関係の記事（**第20表**）と第234図の編年案を試みに対比してみたい[註18]。

第Ⅰ期は、突瘤紋を持つ十和田式の時期で、阿倍比羅夫の3回の北征から696年の朝貢記事までに該当する。出土した土器の序列と内容からみると、660〜696年の記事は、H-1号竪穴の床面土器と何らかの関係を有するように思われる。

第Ⅱ期は、青苗砂丘遺跡に土師器を持つ人々が進出した時期と想定される。696年の蝦夷・粛慎の朝貢を経て、720年に靺鞨国への遺使が行われる。そうした時代の始まりが、まさに土師器を携えた集団が奥尻島へ進出した時期と重なる可能性がある。この遺跡はおそらく、本州島から道北の島嶼世界へ渡航する際の中継地点として、一時的に機能していたのであろう。そうした動勢に関しては、礼文島や利尻島に波及した文物からみて、もちろん第Ⅰ期おいても想定されよう。

一方、第Ⅱ期の途中において、多賀城の修築を記念して恵美朝狩の手によって多賀城碑が建てられた（762年）。その碑文に「去靺鞨国界三千里」と刻まれていることは、きわめて重要な北辺・対外認識の表れとして注目されよう。

奥尻島以北の北方世界では、その時代に刻紋土器Aが盛行し、サハリン島やアムール川流域と関係しながら、活発な交易活動が展開されていたと推擦される。その意味で、北日本における律令体制の要であった多賀城の碑文において、靺鞨国への遣使（720年）後に「靺鞨」系とされる諸集団についての新たな認識が刻印されたことの意味は、すこぶる大きいと思われる。

　第Ⅲ期は渡嶋狄の朝貢と私交易の禁止、そして荒ぶる狄の諸活動が活発化し、その記載が諸史料から一端姿を消すまでの期間に相当する。この時期は青苗砂丘遺跡において、「江の浦式」すなわち刻紋土器A及び刻紋・沈線文紋土器（前半）が盛行する時期に一致する。ほぼ893年の記載を最後として、狄の活動は沈静化したようである。それに代って礼文・利尻島への擦紋文化（擦紋Ⅲ1~7）の進出が急激に拡大し、さらにサハリン島南部へと波及する（柳澤2006：第1表）[註19]。これは第Ⅱ期に記載された「靺鞨国」の拠点の一つが、文化的・社会的に大きく変容するプロセスに一致すると考えられる（柳澤2007c：10-13）[註20]。

　上述の想定によれば、阿倍比羅夫が北征した時代における奥尻島の住民は、考古学上の十和田式土器を用いる人々であった、という仮説が導かれることになる。そして、その十和田式が、奥尻島で変容した時期に相当するH-1号の年代は、先に推論したように、まさに比羅夫の北征が行われた直後の7世紀後半に比定される可能性が高いように思われる。

　以上は、通説と異なる青苗砂丘遺跡の新編年案に照らした場合の、文献史料の記載と考古学的な事象との対応関係を、推論を加えてごく簡略に摘要したものである。このように北方圏における考古学上の諸集団の動きと、文献史上に記された事項が符合して理解できる面があることは、はたして単なる偶然の一致によるのであろうか。

　こうした試みは、決して小論が初めて行うものではない。考古学界においては、石附喜三男の先駆的な発言に始まる（石附1977b・1979）。それを受けて菊池徹夫氏は、細部の修正を加えながら総括的な編年図表を纏めている（菊池1984b：107-111）。それには、十和田式と粛慎の動向が対比されており、筆者と同じ編年観が示されていることを、最後に明記しておきたい。

おわりに

　『日本書紀』に記された「粛慎」とは、十和田式を用いる人々に他ならない。小論ではそのような旧仮説が、青苗砂丘・青苗遺跡の新しい編年案から再び導かれた。これは通説の北方編年案から見れば、奇想の仮説と受け取られるかも知れない。しかしながら小論の本来の主旨は、「粛慎」の考古学的な解明にあるわけではない。その目的は、諸系統の文化が交錯する奥尻島の青苗遺跡群の成り立ちを、編年学の立場から、いかに精確に読みとるかという点に置かれている。

　「粛慎」とは何か、という問いかけは、そもそも『日本書紀』の記載がなければ成立しない。これは中国史書に卑弥呼についての記載がなければ、邪馬台国問題が古代史学の積年のテーマにならないことと、少しも変わりない。北方圏における先史考古学のテーマは、諸集団の歴史を解明するための基軸装置として、精密な「モノ」資料の体系、すなわち土器編年体系を整えること

に、あらためて求めなければならないと私考する（柳澤2006c：Ⅰ・ⅱ）。

　言うまでもないことであるが、「粛慎」をめぐる諸々の議論に関しては[註21]、先史考古学と文献史学が、それぞれに担うべき固有の課題がある。小論の分析によれば、1977年以後に通説化した考古学上の仮説編年案は、双方の課題をある意味で混交させている面があり、学説としての検証作業が十分でなかったように思われる。

　これから先史考古学の原点に戻っての見直し作業が進められ、新しい北方古代史像の再構築に向けて、広く議論が展開される日が到来すれば、予察として小論を起草した目的は達せられたことになる。

2008年1月19日稿

　追記　脱稿後に、青苗砂丘遺跡の十和田式系の人々が、阿倍比羅夫の北征の際に戦闘を交えた「粛慎」ではないかという仮説を、菊池徹夫氏とは別に前田潮氏が提案されていることを偶然の機会に知った。刊行直後の第1次調査報告を踏まえて、奥尻島における出土事例は、7世紀中葉の十和田式期に関わる出来事であった可能性を支持するかも知れない、と述べている。この見解の主たる材料は、H-1号竪穴の床面資料であるから、その捉え方は小論の分析とほとんど変わりない。前田氏の見解に心から賛意を表したい（前田潮2002「オホーツク文化の形成過程について」『オホーツクの考古学』, 203-205頁, 同成社）。

註

(1) 北海道新聞（縮刷版：2002年11月9日夕刊）
(2) 2004年12月に開催された「パネルディスカッション「万葉の時代と国際環境」」において講演した際の発言である（菊池俊彦「7世紀の北方地域の情勢」『万葉の時代と国際環境』日本海学推進機構。
(3) ここに言う通説的な先史時代編年（通説編年案）とは、道東部で発見された1980年代の新資料をもとに形成された新しい学説を指している。右代啓視氏の見解に代表され、「江の浦式」や刻紋土器の年代を7世紀中頃～8世紀中頃に比定する（右代1991・1995a・b・2003, 大沼忠春1996a・b, 大沼・工藤・中田2004）。北海道埋蔵文化財センターの調査年報に長年に亘って掲載されている「北海道史略年表」も、両氏の見解に近いものと思われる。また、先行研究を総括的に編成した熊木俊朗氏の編年案でも、本来の「江の浦式」を7世紀前葉～中葉に位置づけており、通説編年の最新例となっている（熊木2004, 2007a・b）。
(4) 19・20例の甕と坏は、図表の配置からすると、7～8世紀に比定されているように見える。しかし、7世紀は第7ステージの7～10例までであり、両例は、第8ステージの8世紀代と位置づけられている（第19表）。
(5) H-4号竪穴の土層断面図（第225図上段）を参照すると、4層（点線の旧竪穴の壁ライン）・4b層（新竪穴の埋土）・4?（旧竪穴の壁ライン）という表記がなされている。壁ラインが図示のように3箇所で区別されるのであれば、竪穴は3期に亘って同一地点で営まれたことになるであろう。この想定は、報告書からは確かめられないので、以下、新・旧2期の竪穴を区別するに止めておきたい。
(6) この坏片は、報告書の図17では「床面出土」とされているが、本文中では「覆土」（埋土）から出土したと記載されている（皆川2003：36）。以下、小論では埋土から出土した土器として扱う。
(7) 香深井1(A)遺跡（大井・大場編1976・1981）の図版56-8と図版351-10などの口縁部の装飾は、「貼付文系土

(8)　オホーツク式期の竪穴において、床面が被覆されるまでにはどれ位の年月を要するのであろうか。もとよりその竪穴がそのままの姿で放棄されるか、あるいは様々な資材が撤去され、解体された場合とでは、とうぜん埋土が形成される速度には遅速が生じるであろう。また、放棄後に様々な人為的な干渉や営みがあると、床面上や埋土中の遺物の在り方にも、大きな違いが現れると推測される。「古い土器」の遺棄や「送り」儀礼的な扱いがなされれば、床面上であっても時期的な混交現象は容易に起こるはずである（柳澤2000：20-24・31，2003・2007a：62-78）。

(9)　註(5)に同じ。

(10)　その後、丹後平古墳の調査成果を踏まえて、この年代観は若干の修正が施されているようである。羽柴直人氏によると、宇部氏のⅢ群の年代は8世紀前半に変更されており、それに伴いⅡ群は「概ね7世紀後半に納まり、8世紀前葉は含まないと思われる」と解説されている（羽柴1995：44）。

(11)　そのような編年構想は、終末期における貼付紋系土器の時期までを含めて、早くから編年表の形式で公表し、その部分的な改訂と精密化を試みている（柳澤1999b：93，2003：第2表，2004：第1表，2005a：第2表，2005b：第1表，2006b：第1表，2007a：第1表）。

(12)　大島秀俊氏は、蘭島遺跡群で出土した坏を精細に分類し、器体の下部に沈線を持つ坏を「Ⅲ$_3$類」と呼び、国分寺下層式の「古段階」に比定している（大島1989b：90-91）。なお、大谷敏三氏の新しい編年案によると、国分寺下層式は7世紀の前半に比定されている（大谷2004：189）。

(13)　佐藤達夫の擦紋土器編年における小細別の表記法については、宇田川洋氏の提案に準拠している（宇田川：1980a）。なお、個々の小細別の標本例については、現在の膨大な資料からより適当と思われるものを選び出し、究極レベルの小細別編年をあらためて検討しなければならないと思われる。これには、諸々の難しい問題が伏在しているので、機会を待って別稿で展開したい。

(14)　埋土中の土器には、突瘤紋を持つ北大式の破片が含まれている。1号竪穴に近い時期の2号竪穴には見当らないが、包含層ではかなりの点数が検出されている。したがって北大式は、竪穴を構築した際に上げ土とともに排出され、それが2次的に竪穴内に流入したものと考えられよう。

(15)　このモチーフについては、『先史考古学研究』11に投稿中の小論において、広域編年の観点から詳しく述べている。

(16)　上泊遺跡から出土した20例の編年上の位置については、すでに旧稿の中で触れているので、参照されたい（柳澤2006a：106-112・第17図：27，2007c：12-13）。

(17)　その位置づけには、道北の島嶼域における十和田式の精細な編年秩序の確立が前提になるので、別稿を予定したい。

(18)　この表は関口明氏の著作を参照して作成した（関口1992）。

(19)　この編年表のうち、擦紋Ⅲに対比されるサハリン島南部の編年に関しては、細部で見直すべき点があると思われる。後日、修正を試みる予定である。

(20)　児玉恭子氏は、つとに「粛慎」と「靺鞨」の訓が同じであることの意義を論じている（児玉1984）。この指摘を考古学的な材料で捉え直すと、十和田式と「江の浦式」、すなわち刻紋土器Aとの関係を、土器型式の系統論上の観点からどのように読み解くか、という課題になる（柳澤2007c）。小論において、青苗砂丘遺跡の古い刻紋土器Aに十和田式の要素を指摘したのは、この問題に係わっていることを付言しておきたい。

(21)　「粛慎」とオホーツク人の活動をめぐる問題に関しては、考古学・文献史学（日本史・東洋史）・民族学など、幅広い分野の研究者が古くから様々な議論を展開している。その歩みをトレースするだけでも、膨大な量の文献と接することとなる。考古学の分野に限っても、諸氏の発言を整理するには相当の紙数を要する。最近

第2節　新しい青苗砂丘遺跡編年と北方古代史研究

の北方圏交易活動をめぐる活発な研究と発言には、注目すべきものが少なくない（大西2007，澤井2007c，瀬川2006・2007ほか）。しかし、小論の主旨の範囲に限定して、以上の記述では言及しないこととした。新しい編年案の精度が高まった時点で、テーマに沿いながら、あらためて諸氏の見解について触れる機会を持ちたい。

図版出典

第224図　1〜20：皆川（2003）

第225図　越田編（2003）

第226図　1〜5，6・7：皆川（2002）・（2003）　8〜17：大井・大場編（1976）　18〜29：前田・山浦編（1992）

第227図　1〜6：皆川（2003）　7〜21：大井・大場編（1981）

第228図　1〜5：皆川（2003）　6〜29：大井・大場編（1981）

第229図　1〜3・15〜31：皆川（2003）　4〜14・32〜45：大井・大場編（1981）　46〜48：大島（1989a）　49〜51：大場（1966）

第230図　1〜6：宇部・高島・藤田（1983）　7・8：皆川編（2002）　9〜13：大谷・田村（1982）

第231図　1〜8：宇部（2002）　9〜14：越田編（2003）　15〜22：宇部・高島・藤田（1983）

第232図　1〜4・5・6：越田編（2003）　7・8：皆川編（2002）　9：木村（2003）　10〜24：前田・山浦編（1992）　25・26・28：藤井（1997）　27・29・30：藤井編（2001）

第233図　1〜7・9・11〜13：越田編（2003）　8・10・14・15：皆川編（2002）　16〜19：上野（1974b）　20・21・24・25：大川（1998）　22・23：高畠（2004）

第234図　1〜18・19〜27：皆川編（2002）・越田編（2003）　28：木村（2003）　29・30：佐藤（1979）　31：奥尻町教育委員会（1981）　32：大場（1966）　33：上野（1974b）　34：藤井（1997）　35：藤井編（2001）　36・37：前田・山浦（1992）

第3節　道北・道央から見た環オホーツク海域編年の予察
　－北海道島とサハリン島、アムール川・松花江流域を結ぶ－

はじめに

　日本列島を視座とする北方圏考古学のフィールドは、どれ位の広さを有するのであろうか。北海道島でさえ手に余る程の広さであるから、北東アジアを視野に入れた津軽海峡以北の環オホーツク海域を一望する北方圏となると、もはや果てしない広がりという他はない。

　その広大な空間において、古代から近世にかけて諸民族の盛んな交易活動が繰り広げられ、それが列島の歴史展開に対しても少なからぬ影響を与えていたことは、いまや周知の知識になっている。その点は、近年における列島史研究の新しい潮流が示すように、北日本史研究と北方圏考古学研究の飛躍的な進展に拠るところが大きいと思われる。

　北日本を含む北方圏における古代史上の出来事として、まず筆頭に挙げられるのは、『日本書紀』に記された阿倍比羅夫の北征であり、「粛慎」との戦闘であろう。「粛慎」とは何ぞや、という問いかけは、実に古くからなされて来た。青苗砂丘遺跡が発掘された2001年よりかなり前、1980年代以降に入ると、北方圏の考古学に携わる大方の研究者が、「江の浦式」(「刻文土器」) を用いるオホーツク人こそ、『日本書紀』に記載された「粛慎」に他ならないという仮説を、積極的に支持するようになった。

　この仮説は、通説の北方編年案と密接に結びついており、ほとんど今では定説化した観がある。しかしながら、その通説の編年案は、はたして環オホーツク海域を舞台にして展開した北方系諸民族の歴史を、年代学的に正しく捉えているのであろうか。

　筆者は1999年以来、北方圏における先史時代編年には様々な疑問点があるとして、通説を逆転させた新しい編年体系の可能性を探ってきた（柳澤1999a～2007c）。その試みが大筋で妥当であるならば、北東アジアを視野に入れた環オホーツク海の諸地域においても、この新編年案が矛盾なく成立しなくてはならない。

　そこで小論では、最初に「江の浦式」より新しいとされている道央・道北の擦紋Ⅱ期、及びⅠ・Ⅲ期の通説編年案を見直したい。そしてそれを踏まえて、この時期の北海道島の土器群とアムール川流域のいわゆる靺鞨・女真系土器群との交差対比を行う。さらに観察のフィールドを松花江・牡丹江流域からサハリン島へ広げて、旧稿の編年試案（柳澤2006a・2007a：第1表）を見直し、環オホーツク海域編年体系の構築に向けて予察を試みたいと思う。

1．擦紋ⅠからⅡ期へ

　続縄紋土器の伝統を継承しつつ、新たに波及した土師器の影響を受けて一次的、二次的に創成された北海道島在地の土器系統を「擦紋土器」と捉える立場では、**第235図**に掲げた諸資料のうち、1から10例までが、最も古い時期、すなわち「擦紋Ⅰ」と位置づけられる。これは、いわゆる東大編年案（駒井編1964）と石附喜三男の「擦文土器」編年の疑問点を踏まえて論じられた、故佐藤達夫の基本的な編年観である（佐藤1972：462-469）。

1）佐藤編年から見た道央の擦紋Ⅰの細分

　佐藤達夫の見解とその意義は、今日では何故かほとんど「忘失」されている。道央では、3例〜17例の土器を専ら「十勝茂寄式」（大沼1996a・b）と呼称するか、「北大Ⅲ式」と見做すか、あるいは両者を併記する事例が一般的にみられる。だが、そのような見方では、北海道島の土器変遷を系統的に捉えることが困難になるであろう（柳澤2006b：44-65）。道央を中心とした地域には、本州北部の土師器の影響を受けて擦紋土器が成立する。そしてその動向に呼応して北海道島の各地には、佐藤が論じたとおりに、続縄紋土器から擦紋土器へと横並びに系統移行する様子が窺える。したがって年来の通説を離れて、土器型式を正しく系統単位別に把握する作業が求められることになろう。その作業を進める指針は、佐藤論文に余すところ無く明確に語られており、特に変更の必要は認められない（佐藤1972：前出）。

　そのような理解によれば、少なくとも3〜8の標本例は、「北大Ⅲ式」や「十勝茂寄式」ではなく、道央において地方的に成立した擦紋土器の代表例と言わねばならない。そして、その内の8例に酷似する知床半島のウトロ海岸砂丘遺跡の10例は、道東における古式の擦紋土器の貴重な代表例と認められよう。

　そこで、仮想的に道央の擦紋土器を中心において、同時代の在地系の土器群を眺めると、道央から離れるにしたがい、地方色が強く現れる。特に初期の段階には、続縄紋的な色彩やいわゆる十和田式系の要素が濃厚に存続する様子が、顕著に捉えられる（柳澤2006b：前出）。

　さらに視野を広げて、全道の複系的な擦紋土器群を俯瞰して観察すれば、津軽海峡を挟んで本州側の土師器の文化圏と、続縄紋土器を母体として新たに誕生した擦紋土器群、それに広義の十和田式系土器群の三者が地方差を伴いつつ鼎立する様子が、あらためて確認できるであろう。そして道央の処々には、それぞれ系統差と時期差を孕んだ土師器系集団の拠点が、間歇的に、あるいは持続的に展開する状況が、あたかもモザイクを嵌め込んだような光景として見えてくるであろう。

　そのような資料の読み取り方を踏まえて、図に示した標本例を型式学的に細分すると、

　　(1)　擦紋Ⅰ(古)：1・2？、3
　　(2)　擦紋Ⅰ(中)：4〜6
　　(3)　擦紋Ⅰ(新)：7〜9＝10（知床半島）

という序列で、大まかな変遷が捉えられる

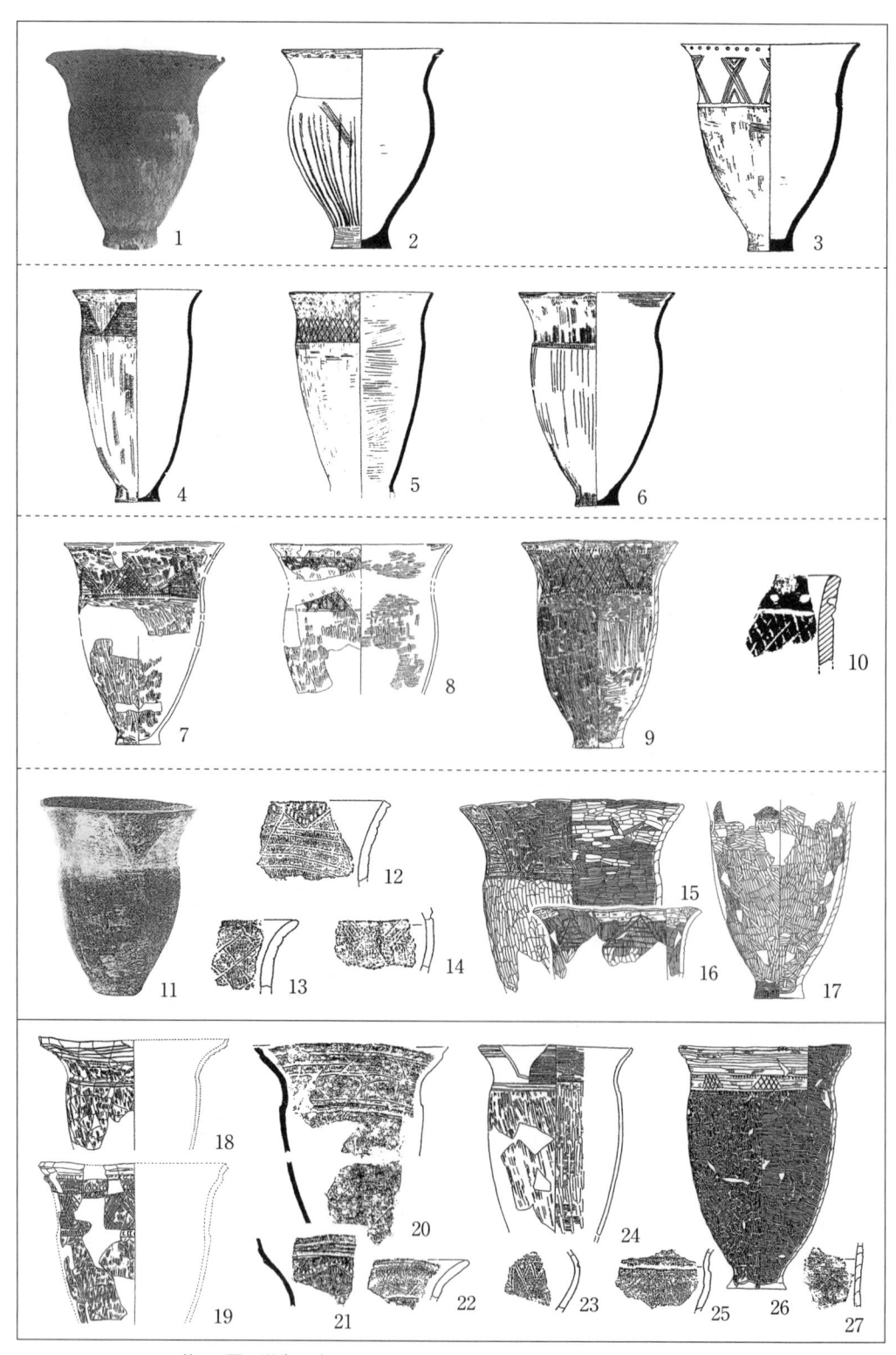

598　終章　環オホーツク海域編年への展望

第235図　道央を中心とした地域の擦紋Ⅰ・Ⅱ期に比定される土器群

この細分案を口縁部の要素でみると、(1)類の時期には突瘤紋が目立つ。(2)類では、円形刺突紋が中心的となり、(3)類になると、円形刺突紋から柾目工具による刺突紋へと変化する。そして、この流れに呼応するように、口頸部の紋様や整形技法、器形にも、細部の変化が加えられる。

以上に示した資料は、擦紋Ⅰの変遷を細かくたどるには不足している。ここでは大まかに3細分（「古い部分」・「中位の部分」・「新しい部分」）したが、実際には、それぞれが幾つかの小細別（柳澤1980・2006c：871-879）を内包しており、かなり長期に亘って変遷したと考えられる。江別式（「後北C₂・D式」）から「北大式」を経て、擦紋Ⅰまで継承された口縁部の突瘤紋や刺突紋が消滅すると、擦紋Ⅱの土器系統に移行することになる。

図の資料では11例から17例までがこの間を代表する標本例となる。11例は十勝市の茂寄遺跡（佐藤編年：擦紋Ⅱの標本例）、その他は、小樽市の蘭島遺跡の資料である。少なくともこの地理的な範囲において、擦紋土器の伝統を明確に保持した土器群の分布することが、容易に了解されよう。そして、その外縁部の広大な空間には、道央に進出した土師器の影響などは、微弱であるか、又はほとんど波及していない。かつての続縄紋土器の分布圏は、そのまま在地の擦紋土器群の分布圏として、相互に交流しながら存続している。

ところが、つぎの時期に入ると、まず道央において事情が一変する。東北北部域からの土師器の波及ないし、集団的な進出が本格化し、在地の地方的な擦紋土器の変容が道央部において急激に進行する。その時期を代表する一例が、恵庭市中島松6遺跡の18・19例を組成する土器群である。

前者は、いわゆる段状沈線紋を口頸部に持つ土師器である。後者は、それを模倣して製作された変容系の擦紋土器（Ⅱ）と認められる。その口端部の形状は、18例のように角状に作出されている。しかし器体の外反度は弱く、括れ部の段を欠いている。全体的な形状は、先行する土器の姿をなお留めており、胴部の紋様帯の下限には、擦紋Ⅰ（6）以来の細かな刺突紋が連続的に施される。上限にも2条が加えられ、その間には、菱形に変形された斜格子紋が鋭く沈線で描かれている。したがって胴部の紋様は、なお伝統的な規範に則って作られていると認められる。これは進入して来た新しい土師器を意識して作られた、一種のキメラ（折衷）型の土器と言えよう。

このような土器が製作される前に、擦紋Ⅰの変容は、種々の材料から見て徐々に進行している様子が窺える。しかし、擦紋土器から段状沈線を持つ土器への移行は、資料が非常に不足しており、よく分からない点が多い。良好な資料の増加を待って別の機会に検討したいと思う。

さて、一端道央部で成立した擦紋Ⅱが、ほどなく急激な変容を蒙った後に、どのような変遷を示すのか。その点についても、解明作業はほとんど進展していない。きわめて難しい問題であるが、以下、後節への準備を兼ねて予察を試みたい。

18例から27例を比べると、口頸部の整形技法のあり方と、装飾的なモチーフの形態に細部の変化が認められる。まず、口頸部の整形については、

　(1)　口端部直下の幅狭い段状沈線紋（18）→
　(2)　段状沈線紋の下降（20）→
　(3)　段状沈線紋の集密化（26）→横走沈線紋への移行（27）

という流れで、スムーズな変遷が捉えられる。

しかしカリンバ2遺跡の24例は、この変遷の中にうまく収まらない。そうした状況は、進入して来た土師器が変容して在地化するプロセスが一系統に限られない、つまり小地域差が伏在していることを示すのであろう。

つぎにモチーフを観察すると、口頸部（21・22・26）に施紋するものと、胴部（23・25・27）に施紋するものの二者が区別される。また、器面にハケメの調整痕を残すもの（21・25・26）と、それを欠くもの（22・23）がある。19例の紋様は、口頸部に幅広く構成されている。こうした特徴を持つものが古く、それから隔たるものが新しいと仮定すると、

(1) 菱形に変形した斜格子紋・柾目刺突紋（19）→
(2) 菱形紋の扁平化と刺突紋の一体化（21）→
(3) 段状沈線紋の集密化と口頸部の分帯化、独立斜格子紋の施紋（26）→
(4) 横走沈線への移行、口頸部から胴部への菱形紋の転写（27）

という変遷が想定される。

土師器の影響に乏しい擦紋Ⅱの「古い部分」に当る土器（11～17）が、どれ位の変遷過程を示すのかは、図示した資料の範囲では良く分からない。しかし主要なモチーフは、(1)～(4)までの流れの中で消滅することなく、見え隠れしながらも確実に存続している。

例えば、代表的なM字形のモチーフ（11・12）の頂部は22例の鋸歯状紋へ、モチーフの全形は23例や25例へと繋がる。また13例の斜格子紋などは、26例の口頸部へ折衷的に転写されたと想定される。

このように観察すると、11例～17例と18例から26・27例に至る二つの土器系統は、並行的に変遷しながら徐々に接木され、やがて土師器の系統に同化・融合される流れがあると想定されよう。

先のモチーフと口頸部の整形技法の観察からみて、横走沈線を専ら用いる変容土師器へ移行するまで、その間に少なくとも、ほぼ4段階以上の小細別が想定される。その範囲が佐藤編年における「擦紋Ⅱ」の前半期にほぼ相当するわけである。そして、横走沈線の発達する後半の時期が、擦紋Ⅱ₁～Ⅱ₄の標本例の時期に対応すると考えられる。

この編年案を図式的に示すと、擦紋Ⅱ期における複系的な土器変遷の一端は、

　a．擦紋Ⅱの系統
　　　：11～17（変遷の序列は不明、他の資料も加えると、年代差を有する可能性が大きい）
　b．土師器の系統
　（1）段状沈線紋を持つ土師器（18）・擦紋系のモチーフを施紋したキメラ（折衷）土器（19）
　　　：中島松6遺跡
　（2）段状沈線紋を持つ土師器（20）・擦紋系のモチーフを持つキメラ（折衷）土器
　　　：恵庭市公園遺跡
　（3）集密な段状沈線紋を持つ土師器と擦紋Ⅱのキメラ（折衷）土器（26）
　　　：小樽市蘭島遺跡

(4) 横走沈線を持つ変容土師器に擦紋系モチーフを施したキメラ(折衷)土器（27：擦紋II$_1$）
　　　：小樽市蘭島遺跡
　(5) 横走沈線を持つ変容土師器の3段階：擦紋II$_{2～4}$

という流れで捉えられる。これはまだ、ごく限られた資料の観察をもとにした予察に止まる。後節であらためて検討したい。

2）擦紋I・II期における広域編年の確認

　通説によると、擦紋I・IIは擬縄貼付紋土器とソーメン紋土器に並行すると考えられている（右代1991・1995a、大沼1996a・b、熊木2004ほか）。そしてソーメン紋土器は、「擦文前期」の土器と接触してカリカリウス土器群へ変わり、さらに擦紋IIIとの接触を通じてトビニタイ土器群IIに変貌すると、新世代の研究者によって繰り返し論じられている（大西1996a・b，2003・2004，瀬川2005a・b，榊田2006ほか）。

　しかしながら筆者の編年観では、ソーメン紋土器とカリカリウス土器群、そしてトビニタイ土器群IIは歩調を合わせ、並行的に8段階の変遷を重ねて、煮炊き土器の消滅した時代へ移行すると捉える（柳澤2007b）。

　これら3系統の貼付紋系土器の8小細別編年については、別稿において再論しているので、ここでは詳細に及ばない[註1]。これらの編年案が妥当ならば、擦紋I・IIの時期に並存したオホーツク式土器は、もちろん別に存在しなければならない。そして、そのオホーツク式土器は、土師器や擦紋土器(II)と同時代に交流した証拠が、当然ながら土器に残されていると予想される。

　第236図に道内各地の関係資料を示した。擦紋I・II期における編年問題については、すでに旧稿において論じており（柳澤2006b：47-65，76-83）、若干の資料を加えて補足しておきたい。

　上段の資料は、擦紋I期に比定される資料である。道北の島嶼域では、口縁部に突瘤紋と円形刺突紋を持つ十和田式系の土器が分布する。これに対して道央には突瘤紋が少なく、円形刺突紋が主体を占める。一方、道東の十勝方面では、在地の北大式から誕生した地方色に富む土器が分布する。円形刺突紋を持つもの、それを欠くものの二者がある。そして根室半島に至ると、そうした土器群は姿を消し、円形刺突紋を施す広義の十和田式系土器が現れる。

　このように擦紋I期の土器群を広域的に比べると、基本的にいわゆる「十和田式」と北大式の系統を受け継ぐ土器群が展開しており、土師器が進出した道央の世界だけが、異系統土器がモザイク状に交錯しており、複雑な様相を呈していることが容易に理解されるであろう。

　いわゆる「十和田式」系と北大式系の土器には、刺突紋による窓枠型のモチーフ(窓枠紋)が共通して認められる。1例と30例、それに41・42例である。いずれも胴部に施されている。施紋法や施紋工具は異なるが、モチーフを独立的に扱う点では共通した特徴を示している。

　図示していないが、そうした窓枠状のモチーフは、道央の擦紋I(18)の別資料にも存在するので、この時期には、独り道央に進出した土師器系集団のみが、全道的な土器交流の世界からいわば疎外された特異な存在であったことが認められよう。

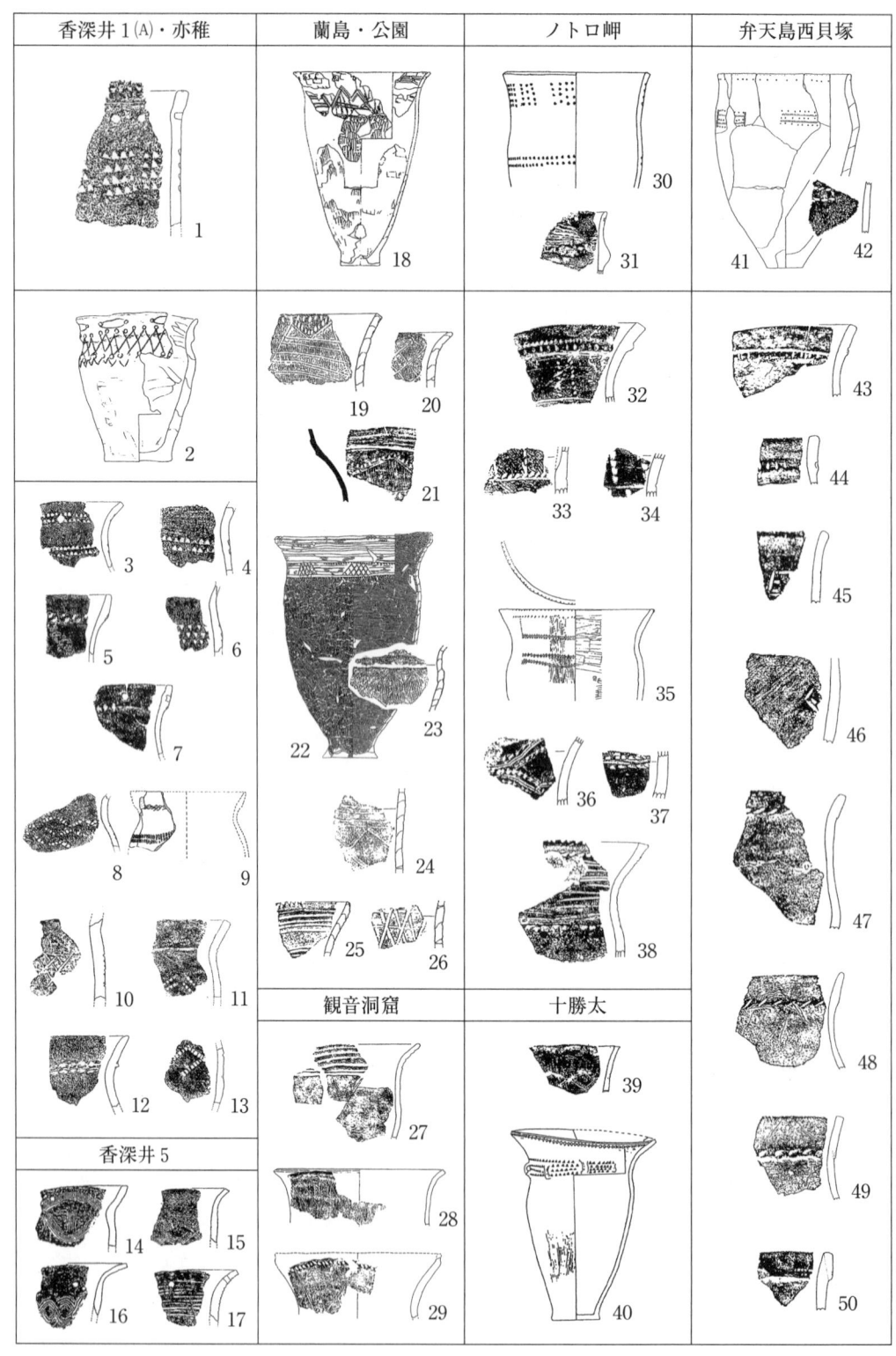

| 香深井1(A)・亦稚 | 蘭島・公園 | ノトロ岬 | 弁天島西貝塚 |

第236図　擦紋Ⅰ・Ⅱ期における紋様の要素、手法の広域的な対比

第3節　道北・道央から見た環オホーツク海域編年の予察

　つぎの擦紋Ⅱ期に入ると、擦紋土器と新たに進出して来た土師器の接触・変容が急激に進行する。やがて、刻紋土器が道北・道東の世界に広く浸透すると、その刻紋土器と変容した土師器との接触と交流が新たに展開されることになる。

　そこで、この間の推移を実際の資料でたどってみたい。擦紋Ⅱ期のすべての小細別を、限られたスペースに収めることは難しい。前半と後半に分けて、擦紋Ⅱの複系的な変遷にも留意しつつ図式的に整理すると、

　　(1)　擦紋Ⅱ期の前半：「古い部分」(19：M字の山形紋・20：斜格子紋←18：双子山紋)
　　(2)　擦紋Ⅱ期の前半：「中位の部分」(21)
　　(3)　擦紋Ⅱ期の前半：「新しい部分」(22：斜格子紋・23：M字の山形紋)
　　(4)　擦紋Ⅱ期の後半：「古い部分」～「中位の部分」(24：菱形連紋，25＝26：横走沈線を持たない複段の斜格子紋)
　　(5)　擦紋Ⅱ期の後半：「新しい部分」(28・29：斜格子紋)・(横走沈線を持たない大振りの斜格子紋)

という序列が想定される。

　佐藤編年の擦紋Ⅱ₁～₄の標本例は、道東の例を参照すると、ほぼ(4)・(5)期に相当すると思われる。また以上のように、北大式以来の紋様要素を施した土器に注意すると、その伝統が、本場の「擦文前期」土器の世界においても、消えることなく脈々と受け継がれていることが、あらためて認められよう。

　それでは他の地域において、在地の擦紋Ⅰの伝統は、どのように存続するであろうか。また、異系統土器との接触や交流が、はたして一般的に認められるであろうか。道央における(1)～(5)期の序列を念頭において検証してみたい。

　まず道北の島嶼域では、刻紋土器Aと擦紋Ⅱのキメラ(折衷)土器が礼文島の亦稚貝塚から出土している(2)。刻紋土器Aはいわば北からの侵入者であり、南から進出して来た土師器系の集団と対峙する関係にある。その土師器から刻紋土器Aに対する影響を直接に示す特徴は、今のところ明確に指摘されたことがない[註2]。

　一方、胴部に施された斜格子紋は土師器でなく、在地系の擦紋Ⅱに由来するものと認められる。図示した資料では20例や22例、26例や28・29例などが、その候補となる。それでは、斜格子紋はどのような例に由来するのか。その答えを求める前に資料の比較を続けたい。

　香深井1(A)遺跡には複雑な内容ではあるが、層位的に摘出された良好な資料が豊富に存在する。概括的にまとめられた層序に従って資料を示すと、

　　(1)　2号竪穴埋土………3・4・6 (三角刺突紋)　　　＝5 (刻紋土器A)
　　(2)　魚骨層Ⅳ……………7 (口縁部に局部的な截痕を持つ刻紋土器A)　≒23/25
　　(3)　1号c竪穴埋土……8 (スタンプの菱形連紋)　　　＝9 (刻紋土器A)
　　(4)　魚骨層Ⅲ……………11・13 (スタンプの菱形連紋)
　　　　＝横走沈線を持たない擦紋Ⅱの複段の斜格子紋を持つ模倣的な土器 (10)
　　　　＝刻紋土器A (12)

という序列が捉えられる。
　しかしながら、刻紋土器Aの5・9・12例に大きな差異は見出せない。したがって、これらはきわめて近接した時期の資料群であると認められる。そこで気になるのが、菱形のスタンプ紋を持つ11例と13例である。これは擦紋Ⅱ期後半の「古い部分」に比定した24例に類似している。斜格子紋を3本の並行線で切る複段紋を持つ10例と26例も、層位的にみて近接した時期に属すと思われる。それらの細かな年代上の位置については、後節であらためて触れたい。
　以上のように香深井1(A)遺跡の資料には、明らかに擦紋土器との接触・交流を通じて、異系統のモチーフが取り入れられていると観察される。したがって擦紋Ⅱを模倣した10例の時期は、2号竪穴埋土と魚骨層Ⅲの間に収まり、その口縁部の特徴から、5例や9例よりも古いと推定される。おそらく26例よりは古い時期に位置するであろう。まさにその時期には、刻紋土器Aと変容土師器、そして擦紋Ⅱが、道北・道央において鼎立的に存在したと考えられる。
　ところで、いわゆる「接触様式」ないし「元地式」と呼ばれる土器群は、一般に刻紋・沈線紋土器よりも新しいとされている（大井1972a、熊木2007a・bほか多数）。しかしながら旧稿（柳澤2006b：前出）でも述べたように、それらと同じ系統に属す古い土器には、なぜか様々な菱形系紋が施されている（14～16）。それらに伴い、横走沈線紋を持つ土器（17）とその模倣的な土器も発見されている。上で述べた分析と対比に基づき、これらの異系統モチーフを取り入れて変容した土器も、擦紋Ⅱと刻紋土器Aに並行することを、ここで確認しておきたい。
　さて本題に戻ると、先に触れた道東の地域では、どのような土器変遷が見られるであろうか。太平洋側に限定して観察すると、十勝地方の擦紋Ⅱ期に比定される土器は、大きく3群に分けられる。

(1) 「古い部分」（32～34）
　：擦紋Ⅰの口縁部の隆起帯（31）と窓枠モチーフの点列紋（30）を継承した土器。窓枠紋を構成する点列紋の本数を減らして2本一単位の「区切り垂線」に更新。以後、このモチーフはトビニタイ土器群Ⅱ期に至るまで、シンボリックに扱われる。
(2) 「中位の部分」（35～37）
　：胴部紋様の分帯化（＝22）の進行。「区切り垂線」から「区切り斜線」が分岐（35）。これもトビニタイ土器群Ⅱ期まで存続するシンボリックなモチーフとなる。道央の擦紋Ⅱの影響を受けた土器が登場し（36←21）、この時期に変容が始まる。
(3) 「新しい部分」（38～40）
　：道東へ横走沈線を持つ土器（変容土師器）の影響が波及し、在地の擦紋Ⅱは土器変容を起して大きく変貌する（38←25）。それに先立ち、在地系の土器から古い列点紋が姿を消す（39≒11・13・15・24←36）。終末の時期になると、三角形の刻紋や刻み目紋を口唇部と口頸部に持つ土器が登場する（40）。口頸部の把手状の突起と三角刻紋の組み合わせは、刻紋土器A（ポッチ＋各種の刺突紋やスタンプ紋）の影響によると思われる（刻

紋土器A＝擦紋Ⅱ期）。

このように十勝地方においても、道央や道北に対応した土器変遷が確認される。そこで根室半島の資料を観察すると、つぎの3群に分けられる。

(1)「古い部分」(43～46)
：いわゆる「十和田式」系の41・42例を母体として、ノトロ岬遺跡系の擦紋Ⅱの影響を受けた土器が成立する(43・44← 32, 45・46← 41・42)。
(2)「中位の部分」(46～50)
：刻紋土器Aの波及を受けて、(1) 群が土器変容を起す (50←43, 47～49の波及)。
(3)「新しい部分」（資料を省略）
：刻紋土器Aに吸収され、独自の系統展開を示す土器個体が姿を消す。

以上の根室半島の資料で注意されるのは、43例や44例に見える刻み目の局部的な施紋である。これがもし、道央の擦紋Ⅱや変容土師器に施される局部的な截痕(22・25など)と関連するならば、43～45例の年代的な位置は若干下ることになる (柳澤2006b：60)。資料の充実を待ちたいと思う。

2．擦紋Ⅱ期における諸系統の相関性

層位差や地点差を利用して、諸資料を型式学的な観点から交差対比すると、以上のように通説とは異なる編年体系への扉が拓かれる。それでは、この新しい編年観が妥当性を有するのかどうか、今度は紋様の要素に注目して検証してみたい。

1）波状線紋の系譜と対比

縄紋土器には稀ではあるが、古い時代の紋様要素やモチーフが先祖返りしている例がある。オホーツク式土器も、古き続縄紋土器の文化圏内に登場した先史土器であるから、その例外ではないと思われる (柳澤2006b：43-83, 2007b：53-56)。またある地域の紋様が、交易や人の移動を通じて接触・交流が想定される遠隔地域のモチーフと、相似ないし相同的に関係する場合もあるように思われる（第237図）。

その一例として、口頸部や口縁部に施される波状紋に注目したい。香深井1(A)・2(B)遺跡の諸資料を参照すると、続縄紋土器からオホーツク式の刻紋土器Aまで、間歇的に見えながらも、系統的な繋がりを維持して変遷する様子が窺える。

(1) 鈴谷式：1・2（撚糸圧痕による波状紋・連弧紋・馬蹄紋：B地点遺跡）。
(2) 十和田式系の新しい土器：3～5（撚糸圧痕・沈線紋による波状紋・馬蹄紋？）

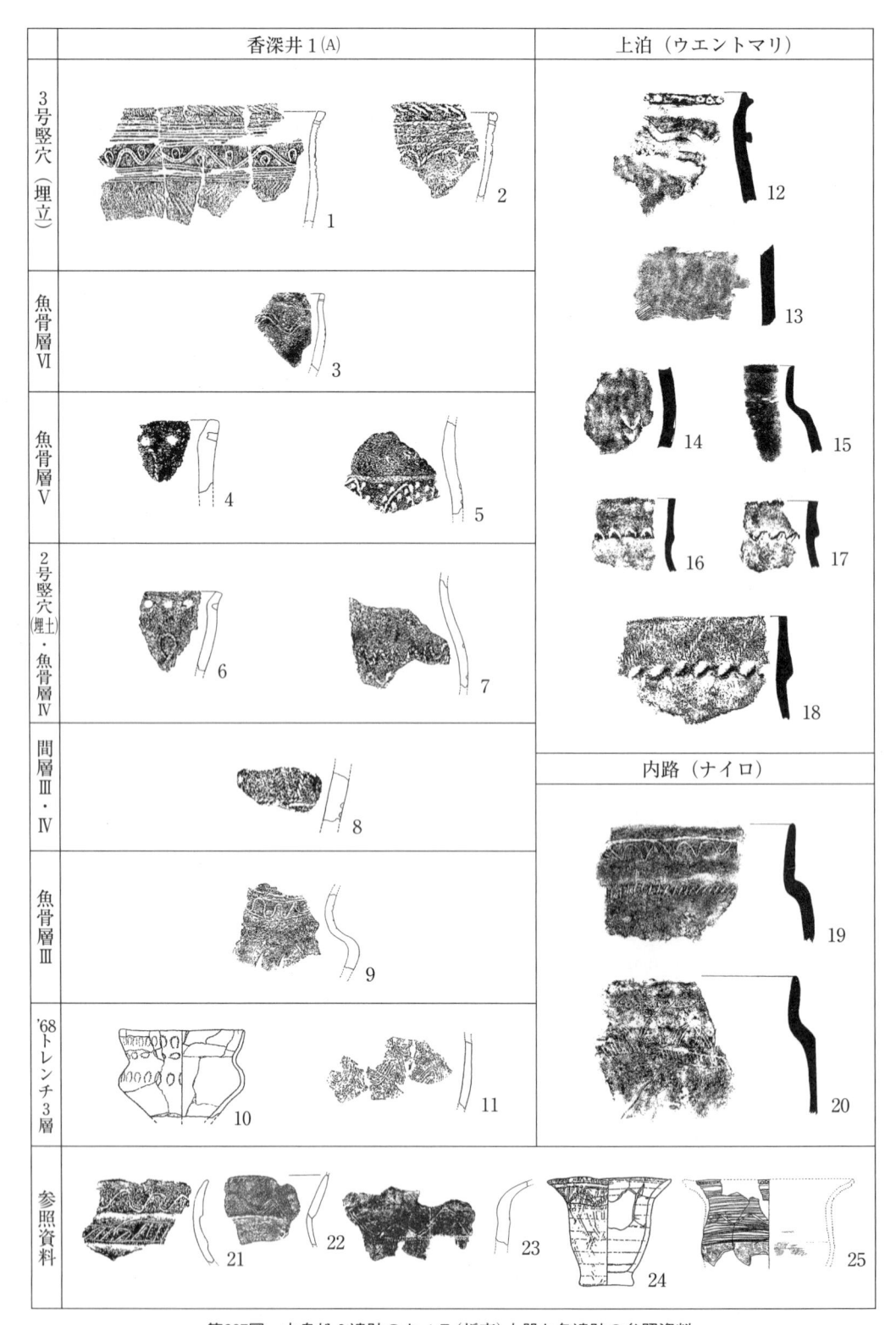

606　終章　環オホーツク海域編年への展望

第237図　中島松6遺跡のキメラ（折衷）土器と各遺跡の参照資料

(3) 十和田式系の新しい土器・刻紋土器Ａ：6〜9（撚糸圧痕による波状紋・変形馬蹄紋・鋸歯状紋）。

　類似する資料は、1968年の調査でも検出されている（10・11）。まず、施紋手法とモチーフの形状から見て、以上の事例は、遥かに時代を異にした鈴谷式の主要モチーフを先祖返りさせたものと考えられる。また、沈線タイプの5例や櫛歯状工具による太い波状紋の11例などは、鈴谷式系のモチーフに対する、一種のバリエーションと捉えられよう。

　いずれも年代的には、十和田式の末期ないし、それに後続する土器の時期から、刻紋土器Ａの時期までに限定される。道東には稀であり、またサハリン島では見かけないので、今のところ分布の範囲は狭いと考えられる。

　ところが意外なことに、類似するモチーフは擦紋土器（Ⅱ：24）にも、また、それと並行する変容土師器（25）にも施されている。これらは波状紋というよりは、鋸歯状紋の類例と言えよう。さらに、それに類似したものは、刻紋・沈線紋土器（「沈線文土器」）よりも層位的に新しいと見做されている、いわゆる「接触様式」・「元地式」にも存在する（23）。これは香深井5遺跡の資料であるが、器形は土師器や擦紋Ⅱに類似しており、波状紋の下端には、24例のように細かな刺突紋で分帯線が施されている。23例と24例は、時期的にも近いものと考えられる。

　別稿で述べたように[註3]、24例は、25例とほぼ並行する土器と捉えられるから、いわゆる「元地式」の一端は、旧稿で述べたとおり擦紋Ⅱ（「擦文前期」土器並行）の時期に比定されよう（柳澤2006ａ：106-115）。

　先に亦稚貝塚のキメラ(折衷)土器を取り上げ、刻紋土器Ａの古いものとした（第236図2）。それをあらためて観察すると、口端部の形状や推定される器形が21例と酷似していることに気づく。その21例の口縁部には、9例に類似した小振りの波状紋が施されている。それが鋸歯状を呈する例は、目梨泊遺跡から発見されている（22）。これは21例に比べると、時期が下るものであろう。

　さらに類似資料の探索を続けると、礼文島内の内路遺跡や上泊遺跡において、香深井1(A)遺跡や道央の諸例に近似したモチーフを持つ土器に遭遇する。まず、亦稚貝塚例に酷似した内路遺跡の19例を観察したい。肩部が強く屈曲する器形に特色がある。19例の小振りな波状紋は21例に酷似している。また、20例の鋸歯状紋は、目梨泊遺跡の22例や香深井5遺跡の23例と同類と見做せる。どちらもモチーフの下方を刻み目状の短刻線で画する。この特徴は23例や24例に共通する。また、モチーフの上端を画す点では、19例が20例に対比される。

　このように観察すると、厚手でずんぐりした作りの内路遺跡の19例は、刻紋土器Ａと並行する、別系統の土器と認められよう。口頸部が強く「く」の字状に屈曲する器形の土器は、上泊遺跡でも出土している。15例であるが、残念ながらこの資料には紋様が施されていない。これと異なる器形の資料として12例がある。

　その口唇部には小さな円形の刺突紋、口頸部には、断面形が矩形になる突帯状の貼付帯が施され、そこに局部的に截痕が加えられている。先にこの手法は、刻紋土器Ａや擦紋Ⅱに対比される変容土師器に類例があると指摘した（第236図7≒22・25≒43・44, 50？）。

12例も厚手で重く、ずんぐりした土器であると推定される。器形的には、15例や19・20例の祖形をなすと観察される。仮に、口頸部の貼付帯に施された局部的な截痕が、変容土師器から借用したものならば、截痕それ自体も古い要素である可能性が出て来るであろう（柳澤2006b：60）。

　また、貼付帯にスタンプ紋や刺突紋を施す手法は、香深井1(A)遺跡の下層において、刻紋土器Aや十和田式系の土器に普通に認められる。したがって12例は、刻紋土器Aの古い時期に位置するものと考えられる。そこであらためて注意されるのが、口頸部に施された波状紋である。棒状の工具で太く引かれている。波状のうねり具合は、香深井1(A)遺跡の9例や11例に比べると緩やかである。形態的には、Ⅵ層から出土した3例に最も近似している。この点からも間接的に12例の古さが窺える。

　12例のごとき、いわゆる「元地式」の祖形となる土器（狭義の上泊式：柳澤2001：99）に後続して、内路遺跡にも刻紋土器Aが登場する。16～18例はその実例であるが、前代の紋様要素を継承する姿を明らかに留めている。

　まず16例に注意すると、口縁部には三日月状のスタンプ紋（刺突紋）が施されている。これは刻紋土器Aの爪形紋を模倣した要素と思われる。厚手で、ずんぐりとした破片資料にも、同類の要素が施紋されている。14例の胴部に見えるものである。これらに酷似したものは、遥かサハリン島のアンフェルツェフォⅡ遺跡から出土した南貝塚式にも存在する（シュービン1993：2-3-12）。これは摩擦式浮紋が施された資料である。したがって三日月状のスタンプ紋は、双方の年代的な近さを髣髴させ、また、佐藤達夫による上泊遺跡資料の分析（上泊1・2，佐藤1972：480-481）の正しさを裏づける、きわめて重要な紋様要素であると認められよう。

　このような観察をもとに、仮に14例≒16例と想定すると、仮称「プロト元地式（元地(古)）」（狭義の上泊式）の年代的な位置は、ほぼ刻紋土器A並行と捉えても大過ないであろう（柳澤2007c：12-13）。そこで、16例との関連で注意されるのが18例である。本例については、すでに別稿で論じているので、簡単に触れておきたい[註3]。

　18例の口頸部には、箆状工具によると推定される鋸歯状のモチーフが施されている。一見して、横走沈線を持つ変容土師器と共伴した札幌市N162遺跡の24例を思い浮かべるであろう。まったく系統を異にした土器でありながら、双方の施紋具とモチーフの形状は、余りにも酷似している。年代的な並行関係を疑うべき理由は、これまでの分析からも見い出せない。

　「16例≒17例」であり、かつ「24例≒25例」と観察し、さらに23例もほぼ同時期と見做すと、

(1)　十和田式系の新しい土器　≒「プロト元地式（元地(古)）」（12）≒刻紋土器A（古）
(2)　刻紋土器A（21・22）　≒変容した「プロト元地式（元地(古)）」（16・17≒18≒14・15≒19・20≒23）≒擦紋Ⅱ期の道央土器（24・25）

という編年案が導かれる。このように、擦紋Ⅱ期の道央と道北のモチーフを細かに比較した結果、この時代における諸系統の接触と交流は、通説とは全く異なる実態を持つことが明らかになったと思われる。

　ここで特に注意しておきたいのは、9例の壺形土器の形態と口頸部に施された小振りの波状紋

である。壺形の器形は、遥かアムール川の流域を経由して、さらに奥地の松花江流域において、ごく一般的に存在する。整った小振りの波状紋も、後掲する査里巴遺跡例（第239図30）に見られるように、装飾的なモチーフとして普通に施されている。

はたして、遥か遠方の地域に盛行するモチーフが、北海道島の先史土器と相関するようなことがあるのであろうか。後節で観察をすることにして、さらに北海道島の小細別編年案を整えたい。

2）斜格子紋の広域対比と擦紋Ⅱ期の細分

これまで擦紋Ⅰ～Ⅱ期における斜格子紋の変遷と、その広域的な対比について分析して来た。ここではその作業を継続し、さらに擦紋Ⅱ期の細分を試みたいと思う（第238図）。再び香深井1(A)遺跡の資料に注目すると、

(1) 間層Ⅲ/Ⅳ　：刻紋土器A（新）：1
(2) 1号d竪穴：刻紋土器A：2
(3) 1号c竪穴：刻紋土器A（中）：3
　　　　　　　：刻紋土器A（新）：5 ≒ 複段の斜格子紋土器：4
(4) 魚骨層Ⅲ　：刻紋土器A（新）：6～8
(5) 1号a竪穴：刻紋土器A（新）：10 ≒ 複段の斜格子紋土器：9

という序列が得られる。間層Ⅲ/Ⅳから1号c竪穴までの同一層として扱われた層準には、様々な土器がそれぞれの比率で含まれている。内容的には、どの層準も決して一様ではないが、(1)～(5)の層準内では、4例と9例の擦紋的なモチーフを持つ土器が検出されている。

報告書でも、もちろん注意されているが、こうした土器は、胎土・焼成・器質からみて、「オホーツク式土器に加えられるべき資料であろう」と指摘され、擦紋土器との関係は否定的に扱われている（大井・大場編1976：436-437, 688）。それに対して、「オホーツク式土器」と伴出した土師器類に対しては、年代比定に関連して格別な注意が払われている（大井・大場編1976：746, 1981：551-552）。

そこで、あらためて4例と9例の編年上の位置を考えてみたい。これらはすべて、古い刻紋土器Aを豊富に出土した魚骨層Ⅳより上位層から出土している。その点を踏まえると、3例などの仲間は、より古いⅣ層土器との関係において、捉えるべき資料かと思われる。3例を除くと、図示した資料の範囲では、複段の斜格子紋を持つ土器（4・9）は、刻紋土器A（新）の1例（間層Ⅲ/Ⅳ）から10例（1号a竪穴）までの資料と共伴する可能性が高いと考えられる。つまり、「刻紋土器A（新）＝複段の斜格子紋を持つ擦紋Ⅱの模倣土器」、という対比案が想定される。

そこで今度は道央の資料を用いて、この対比案を交差的に検証してみたい。まず、道北の島嶼域との交易拠点である小樽市蘭島遺跡の資料を観察したい。

(1) 擦紋Ⅱ前半：11（段状沈線紋を持つ器体に単段の紋様帯を設け，小振りの斜格子紋を施したもの）
(2) 擦紋Ⅱ後半：13・14（大振りの斜格子紋に鋭い疎な横走沈線を加えたもの）

610 終章 環オホーツク海域編年への展望

| 香深井1(A) | 蘭島・K435 | 末広('85) | 道央周辺域 |

亦稚貝塚

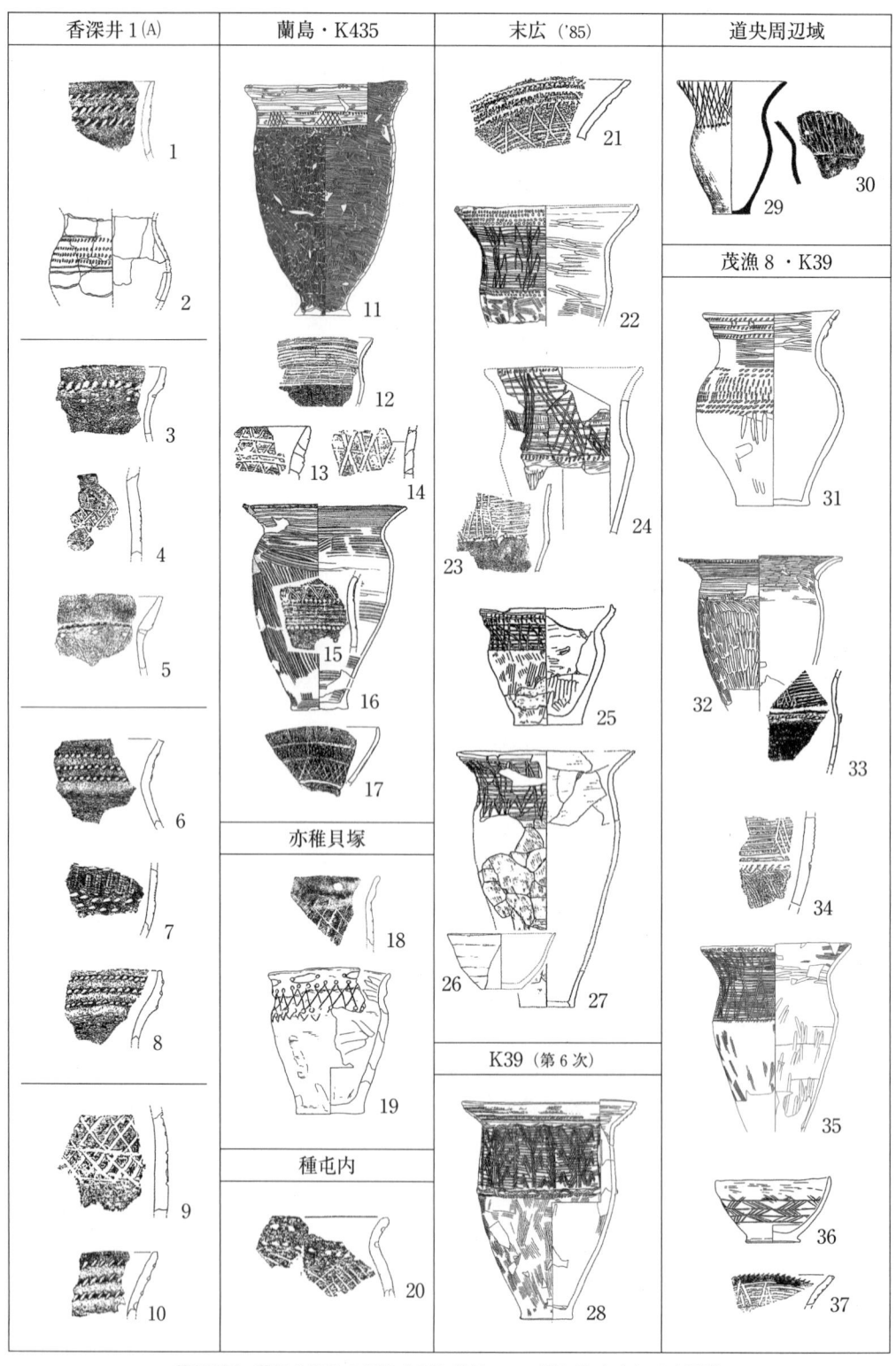

種屯内

K39（第6次）

茂漁8・K39

第238図 茂漁8遺跡の刻紋土器と擦紋Ⅱ・Ⅲ期に比定される土器群

(3)　擦紋Ⅱ後半：15（器体を並行線で分帯し，その下半に単段の斜格子紋を挿入したもの）

　(4)　擦紋Ⅱ後半：12、16（横走・並行沈線を持つ変容土師器に擦紋Ⅱの大小の斜格子紋を取り入れたもの）

　先にも触れたとおり、大きな流れとしては(1)類が最も古く、(2)～(4)類の方が新しいと考えられる。こうした見方は、段状沈線紋が古く、横走沈線へ移行するという一般的な理解から、特に問題なく認められるであろう。

　さらに観察の視野を広げると、札幌市とその周辺域では、29例や30例のごとき横走沈線を欠く、大振りな斜格子紋を持つ土器が古くから知られている。これは公園遺跡やカリンバ2遺跡などの擦紋Ⅱ期前半に比定される土器（第235図20・24）とは、明らかに器形を異にする。また、蘭島遺跡の11例とも歴然とした差異があるから、29・30例の方が新しいことは疑いないと思われる。

　29・30例と最も近似しているのは、やや粗雑に鋭い横走沈線を引く蘭島遺跡の13・14例である。横走沈線の有無を基準すると、「29＝30例→13・14例」の相対序列が想定される。14例は、括れ部に中位の大きさの斜格子紋を持つ。この資料を11例に後続すると想定すると、スムーズな変遷が捉えられる。

　したがって、佐藤編年で擦紋Ⅱに比定された十勝茂寄遺跡例（第235図11）からⅡ$_4$期の栄浦第二遺跡8号竪穴例に至る間には、型式学的に見ると、つぎのような小細別が存在すると想定される[註4]。

　(1)　擦紋Ⅱ期前半(1)～(2)類？：茂寄遺跡・蘭島遺跡など（第235図11, 12～17）
　(2)　擦紋Ⅱ期前半(3)？～(5)類：中島松6遺跡・公園遺跡・蘭島遺跡、カリンバ2遺跡（第235
　　　　　図19・21・22・23・25・27）
　(3)　擦紋Ⅱ期後半(1)類：恵庭村遺跡（29）・（厚真町）厚間内遺跡（30）≒K435遺跡（12）
　(4)　擦紋Ⅱ期後半(2)類：蘭島遺跡（13・14）≒亦稚貝塚（18・19）・種屯内遺跡（20）：擦紋Ⅱ
　　　　　と刻紋土器A（古）のキメラ（折衷）土器
　(5)　擦紋Ⅱ期後半(3～4)類？：K435遺跡（15・16）≒（神恵村）観音洞窟（第236図28・29）
　(6)　擦紋Ⅱ期後半(5)類？：K435遺跡（17）

　(1)～(6)まで、斜格子紋を持つ土器群の変遷を細かに想定したが、明確に複段の斜格子紋を持つ土器は見当たらない。しかし紋様帯を複段化し、そこに斜格子紋をはめ込む手法は、(6)段階に比定したK435遺跡の17例に見られる。これは擦紋Ⅱ期の終末段階に比定される。これまでの観察からすると、それに先行する複段の紋様帯を持つ15例を母体とし、17例のごとく沈線で分帯する甕形土器が存在すれば、まさに香深井1(A)遺跡の9例に合致する資料になると思われる。

　以上の観察を踏まえて、つぎに擦紋Ⅱ・Ⅲの境界と推定される実年代をめぐって予察を試みたい。

3）茂漁8遺跡のオホーツク式土器と末広遺跡のキメラ(折衷)土器

　平成15年の試掘調査で、恵庭市の茂漁8遺跡から、オホーツク式に酷似した興味深い資料が出土した。第238図の31例である。これは一見すると、まさに刻紋土器A(新)に比定される土器と思われるが、報告書では、「オホーツク式土器のうち刻紋期の土器を模したものではないか、」との教示をもとに8世紀代の年代を与えている（森編2004：147）。

　この土器の詳しい所見がないので、写真と実測図から推察すると、香深井1(A)遺跡の間層Ⅲ/Ⅳの1例や魚骨層Ⅲの6・7例、そして1号a竪穴の10例に酷似しているという印象を受ける。おそらく4例や9例のごとき模倣土器ではなく、道北の島嶼域や奥尻島などからの搬入品の可能性があるであろう。

　型式学的にみて、刻紋土器A(新)に属することは疑いないから、間層Ⅲ/Ⅳ～1号c竪穴の時期に対比される。したがって先の編年案に照らすと、擦紋Ⅱの末期に並行することになる。

　ちなみに、31例が出土した付近の包含層の調査では、多くの横走沈線紋を持つ変容土師器や擦紋Ⅲ$_2$～Ⅲ$_7$期の良好な資料が豊富に出土している。これまでの分析を踏まえると、31例は、この内の横走沈線を持つ変容土師器に伴うと考えられる。報告書では、通説の編年観に従って実年代を8世紀と推定しているが、文物の比較からは、そのような年代観を導き出すのは難しい。

　それでは、31例を擦紋Ⅱの末期に比定した場合、その後、どのような変遷をたどるのであろうか。単なる偶発的な搬入土器として終始したのかどうか、その点が問題となる。

　そこで、茂漁8遺跡に近接する千歳市末広遺跡の資料に注目したい。第238図の21～28例である。末広遺跡で調査された多数の竪穴群には、ほとんど重複する例が見当たらない。その中でも、IH97号竪穴では貴重な層位事実が確認されている（大谷・田村・西蓮寺ほか1985：42-50）。

　竪穴の掘りこみ面から21例が出土し、竪穴内からは25例(火床上)、27例(カマド)、26例が検出されたという。層位的には、21例→25～27例の序列が想定される。そこで末広遺跡内で出土した近い時期の資料を集めて型式学的に分類すると、

　　（1）　擦紋Ⅲ$_1$：IH94号竪穴：21
　　（2）　擦紋Ⅲ$_2$：IH98号竪穴（Ⅰ層）：23
　　（3）　擦紋Ⅲ$_3$：IH98号竪穴（床・埋土Ⅱ層）：24
　　（4）　擦紋Ⅲ$_4$：IH97号竪穴（火床・カマド）：25、27≒26

の順にスムーズな変遷がたどれる。

　(4)類の25・27例は、層位的に見て21例より新しいから、21例の位置づけが問題になる。その口縁部には3本の隆起線がめぐり、そこに刻み目が細かく施されている。この特徴は、明らかに茂漁8遺跡の31例や香深井1(A)遺跡の1・6・7・10例に類似している。ただし、刻み目の形状や隆起線の作り出し方は微妙に異なる。詳細は実物を観察しないと分からないが、明確な違いがあると推測される。

　他方、これらが系統的な関連を有することは疑いないから、搬入されたオホーツク式土器（刻紋土器A）は、これ1点に止まらないと考えられよう。それなりの量が、小樽方面から道央一帯

に搬入され、土器製作にも一定の影響を与えたと想定される。そうした兆候は多くの遺跡で認められるが、特に、擦紋土器の口縁部帯の創出に関与しているように思われる。

終末段階の28例に至るまで、擦紋Ⅲ期の口縁部装飾の変遷はまだ解明されていない。蓄積された資料からみて、28例のごとき整った装飾帯がしだいに現れて来ることは、容易に推察されるところである。その最初の段階に、31例の口縁部装飾を継承した21例のようなキメラ（折衷）土器が製作されたとすれば、まことに興味深く思える。

そのように想定すると、21例の土器は(1)類とした22例に並行し、擦紋Ⅲの最古段階に比定されよう。したがって31例は、8世紀代ではなく擦紋Ⅲ₁期に比定される21例の直前、すなわち9世紀の後葉に位置すると推定されることになる。

この年代観は、擦紋Ⅱ期の後半に並行する「擦文前期」土器に共伴した多くの須恵器や土師器類から見て、特に問題は無いように思われる。香深井1(A)遺跡の刻紋土器Aは、一般に7世紀ないし8世紀の所産と想定されている。しかし、それよりも年代は100年～200年ほど下るのではあるまいか。

また、こうした見方は、先の波状紋や鋸歯状紋の観察とも何ら矛盾点は見出されない。香深井5遺跡における多様な土器群の出土状況からも、この編年観を支持するデータが得られる[註5]。したがって狭義の「上泊式」（柳澤2001：99）を擦紋Ⅱ₁~₄に対比した旧稿の編年案（柳澤2006a：106-112）は、以上に試みた道央資料の分析からも再確認されたと考えておきたい。

さて、ここで年代比定に関連してB-Tm火山灰を取りあげる。この火山灰の降下年代については諸説が対立しており、いまだ定説化していない（町田・福沢1996・福沢ほか1998・早川・小山1998）。しかし、概ねA.D. 923～947年の間に収まるという点では、意見の一致を見ているようである。この年代観は、考古学と様々な理化学、そして諸史料との交差チェックに依拠しているから、目下のところ、その信頼度はかなり高いと評価してよいであろう。

その年代を以上の編年案に挿入すると、第238図の第1・2列と4列の大半の資料は、B-Tm火山灰の降下以前に位置することになる。別稿で述べたように、B-Tm火山灰は、考古学上の相対編年秩序の中では、擦紋Ⅲ₃とⅢ₄の間に位置すると考えられる[註6]。図の資料では、24例（Ⅲ₃）と25・35例（Ⅲ₄）の間に降下したと想定される。ここに擦紋Ⅱ・Ⅲ間の境界面に加えて、自然史・人文史上に有効な実年代の境界面が新たに仮設されたわけである。

それでは、以上に検討した逆転編年観がほんとうに成り立つのかどうか。観察のフィールドを遥か北東アジア地域へ移し、北海道島における新しい北方編年体系の妥当性をあらためて検証してみたい。

3．北海道島とアムール川・松花江流域を結ぶ

北海道島とアムール川流域から松花江・牡丹江流域まで、先史土器の編年体系を対比するには、双方の地域に共通する文物を用いる他ない。そうしたものとして、これまでは様々な金属製

品が伝統的に取りあげられて来た（菊池1976a・1990，天野1994，山田ほか1995）。

　モヨロ貝塚や目梨泊遺跡から出土した金属製品の由来をアムール川流域に求め、双方の大まかな年代秩序の対比を試みたわけである。通説の北海道島の編年案は、もちろん、その研究成果と整合的に編成されており、熊木俊朗氏の「オホーツク土器編年表」が、最も新しい成果として発表されている（熊木2004・2007a・b）。

　熊木編年は、金属製品の年代観を踏まえたうえで、環オホーツク海の細かな先史土器の編年体系を構築した、おそらく最初の事例と言えるであろう。しかしながら、通説化した北海道島の編年案を、サハリン島からアムール川河口域まで、そのまま延長した編年構想には、旧稿でも触れたように、種々の点で疑問符が付けられる（柳澤2006b：101-102，2007c：11-13）。筆者とは視点や方法を異にするが、小野裕子氏が興味深いコメントを試みている（小野2007：201-209）。

　さて論点を戻すと、主として渡来した金属製品などの文物で求められて来た編年秩序を、熊木氏とは異なる視点から再検証すると、どのような編年秩序が見出せるであろうか。

1）鎹（カスガイ）紋を持つ土器をめぐって

　ここに言う鎹（カスガイ）紋とは、第239図に示した土器群の胴部に施紋されたものである（8～14）。このモチーフを持つ土器は、これまで《ひげ》付き土器と称せられていた。ザバイカル地方のブルホトゥイ文化の土器との近似性が指摘され、一方、オホーツク式土器との関係性は乏しいと指摘されている（菊池1987・1990，1995a：283-290）。

　それでも双方のモチーフの類似性は、無関係とするには余りに際だっているように見える。かつて駒井和愛は、ホロンバイル地方のハイラルから発見した「《ひげ》付きの土器群」（駒井・江上1934）とモヨロ貝塚土器との類似性を指摘した（駒井1952：37-44）。米村喜男衛も、ハイラルの土器を念頭におきながら、同様の意見を表明している（米村1935）。こうした見解は、あらためて見直されてよいのではなかろうか（柳澤2000：31，2007a：46）。

　駒井の1952年発言に先立って刊行された『モヨロ貝塚資料集』（米村1950）には、21例の他にも《ひげ》付き系土器の類品が何点か掲載されている。したがって、ハイラルの土器とモロヨ貝塚土器の類似性は、1948・1951両年の発掘調査で得た新しい資料に加えて、この図集をも参照して、あらためて指摘されていると考えられよう[註7]。

　膨大なモヨロ貝塚の土器コレクションを整理した大場利夫の図版にも、多くの《ひげ》付き、すなわち鎹（カスガイ）紋系ないしポッチ連結系の土器が掲載されている（大場1956）。図に示した資料では、10・22～26・28例などが、それに該当する。また、網走市立郷土博物館の目録（同館1986）には、11・27例などの良好な資料が収録されている。

　北海道島に分布する鎹（カスガイ）紋の作り方をみると、貼付紋系（9・10～12・14）と沈線紋系（8）に大別されるが、前者の資料が圧倒的に多数を占める。また分布に関しては、道北の例（8）は稀であり、目梨泊遺跡を除くと、今のところ道東部に著しく偏っているように見える。ハイラルの15例のごとく、鎹（カスガイ）紋を連結したように見える新タイプ（連結鎹紋ないしポッチ連結紋）の

例も、やはり道北の島嶼域には稀であり、目梨泊遺跡より東方の地域に分布が偏る（21～24）。

さらにそれらが変形され、貼付帯から垂下したポッチを、その上に載せたようなタイプのもの（25・26）は、今のところモヨロ貝塚に限定されている。こうした分布の偏在現象は、大陸からの渡来が説かれる様々な金属製品（青銅製の帯飾り・曲手刀子・鉄鉾など，菊池1976a・1990，1995a：31-131）、そして木槨墓などに関しても、同じように指摘されることである（藤本1965）。

2）北海道島の鎹（カスガイ）紋系土器の編年

アムール川流域の鎹（カスガイ）紋土器を観察する前に、まず北海道島側の資料について、できるかぎり変遷の秩序を細かく捉えておかなければならない。

道東部の擦紋土器には、キメラ（折衷）土器と思われる資料が存在する（第239図の第1列）。最も古い例は擦紋Ⅰ期の末葉に遡るが、目立つのは擦紋Ⅱ期末～Ⅲ期初頭に入ってからと思われる（1・2）[註8]。これに後続する新しい資料が、戦後のモヨロ貝塚の調査で発見されている（6）。

その後の調査でも、キメラ（折衷）土器の類例が増加しており、その変遷は、「4例（Ⅲ$_3$）→5例（Ⅲ$_4$）→6例（Ⅲ$_5$）→7例（Ⅲ$_6$）」の順にスムーズに捉えられる。一方、刻紋土器Bの側でも、胴部に施された箍状貼付帯の変化をたどると、

(1)　21例→22例→23・24例：「古い部分」
(2)　25・26例→27・28例　：「中位の部分」
(3)　「新しい部分」　　　　：（省略）

という順序で、河野広道が想定したとおりの変遷が捉えられる（河野1955・1958，柳澤1999b：52-64）。

擦紋Ⅲと刻紋土器Bの並行関係は、肥厚した口縁部の紋様と胴部の箍状貼付帯の共通性から、4例≒25例と5・6例≒27・28例≒道央の擦紋Ⅲ（中）期（標本例は省略）という対比によって、容易に捉えられる（柳澤2006b：43-61）。

そこで注目されるのが、カリカリウス遺跡で出土した3例である。これは4～7例などと紋様構成を異にしており、在地の擦紋Ⅱの伝統を継承するものと思われる。その胴部には、刻紋土器Bに類似した断面が三角形の箍状の貼付帯が巡らされている。これは擦紋Ⅲ$_{1～2}$ないし、それ以降に比定されるが、その箍状貼付帯の位置づけが問題となる。

装着される部位の類似性からみて、胴部に貼付紋や貼付帯をめぐらす刻紋土器との関係が注意される。刻紋土器Aの末期の鎹（カスガイ）紋は独立的に扱うのが原則であるから、その対象外となる[註9]。これに対して、刻紋土器Bの連結鎹（カスガイ）紋ないしポッチ連結紋は、胴部を一周するように施される。したがって前後の関係から見て3例の箍状貼付帯は、それらの要素を用いる土器と年代的に近い関係にあると思われる。そのように捉えると、つぎのような対比案が仮設される。

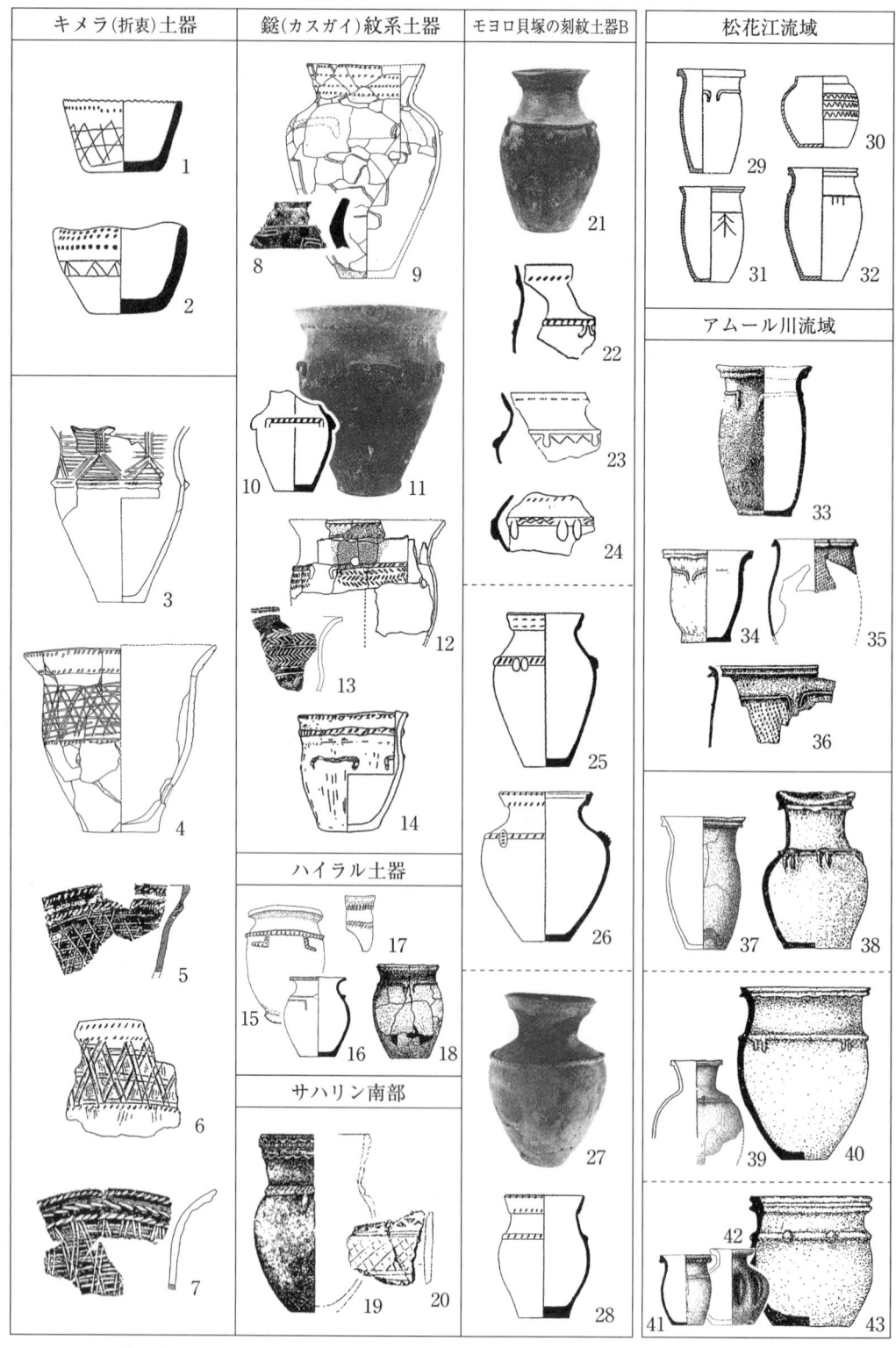

616　終章　環オホーツク海域編年への展望

| キメラ(折衷)土器 | 鎹(カスガイ)紋系土器 | モヨロ貝塚の刻紋土器B | 松花江流域 |

ハイラル土器

サハリン南部

アムール川流域

第239図　キメラ(折衷)土器と鎹(カスガイ)紋系のモチーフを持つ土器群の遠隔対比

(1)	擦紋Ⅱ(末期)	キメラ(折衷)土器（1・2）	刻紋土器A(末)期	上泊遺跡（8）・モヨロ貝塚ほか（10〜12）
(2)	擦紋Ⅲ$_{1〜2}$期	カリカリウス遺跡（3）	刻紋土器B(古$_{1〜2}$)期	モヨロ貝塚（21・22, 23・24）
(3)	擦紋Ⅲ$_3$期		刻紋土器B(古$_3$)期	モヨロ貝塚（25・26）
(4)	擦紋Ⅲ$_{4〜5}$期	トコロチャシ遺跡（5） モヨロ貝塚（6）	刻紋土器B(中$_{1〜2}$)期	モヨロ貝塚（27・28）

　さて、この編年案の妥当性については、道東部における刻紋土器の精細な編年が確立されないと、直接に検証するのは難しい。そこでトーサムポロ遺跡の12例を用いて、型式学的な観点から検討してみたい。

　この資料の胴部には、縦の矢羽状の刻紋が施されている。同じモチーフは、幣舞遺跡の擦紋Ⅱや香深井A遺跡の刻紋土器Aにも見られる（柳澤2006bの第3・7・9：擦紋Ⅱ→第12図18・19：擦紋Ⅲ）。またサハリン島の「江の浦A」（伊東1942）には、ごく普通に見られる。いずれも刻紋土器Aの新しいものに対比される資料である。この矢羽状の刻紋は、21例の錣(カスガイ)紋の下にも施されており、「∧」状のモチーフに姿を変えて、刻紋土器Bの終末段階まで盛んに用いられる。

　その点はともかく、道東部の擦紋Ⅱ(末)の13例は12例と並行し、同時に擦紋Ⅲ$_{1〜2}$(3)≒刻紋土器B(古$_1$：21・22)と想定すると、錣(カスガイ)紋の時期を擦紋Ⅱの末期に、そして連結錣(カスガイ)紋およびポッチ連結紋の時期を擦紋Ⅲ$_1$期にほぼ比定できるであろう。それ以後の変遷は、キメラ(折衷)土器の観察を通じて並行的な変遷が捉えられるから、特に大きな問題は無いように思われる。

3）アムール川・松花江流域における靺鞨系土器の編年

　北海道道東部とアムール・松花江流域の錣(カスガイ)紋土器は、はたして系統的な関連を有するのであろうか（第239図の第4列）。

　すでに、両地域の錣(カスガイ)紋それ自体が酷似していることは、誰の目にも明らかと言えよう。アムール川流域の資料を通覧すると、錣(カスガイ)紋土器を出土している遺跡の中では、特にトロイツコエ遺跡とコルサコフ遺跡が注目される。ただし、両遺跡は同じアムール川流域でも、地理的にはかなり離れており、また土器内容には、明らかに年代的な重なりとズレが認められる。

　トロイツコエ遺跡をはじめ、コルサコフ遺跡・ナイフェリト遺跡、そして両遺跡に近接するドゥボーヴォエ遺跡（アムール川中流域）には、いわゆる「靺鞨土器」と一般に呼称される土器群が墓地から纏まって発見されている。これに対してコルサコフ遺跡には、トロイツコエ遺跡やドゥボーヴォエ遺跡と共通する古い「靺鞨土器」に加えて、遼代文化の影響を強く受容して変容した、いわゆるパクローフカ文化の土器（シャフクーノフ，ワシーリェフ1993）、すなわち一般に「女真土器」と呼ばれるものが多量に墓址から発見されている。それらには、当然ながら墳墓単位で顕著な「地点差」が認められる。これを利用して、コルサコフ遺跡周辺（アムール川中流域）の墳墓から出土した土器を型式学的に整理すると、

(1) トロイツコエ土器→
(2) 続トロイツコエ土器→
(3) コルサコフ土器→

という3系統単位の序列が想定される[註10]。具体的な資料で示すと、以下の通りである。

(1) トロイツコエ土器(古)
　：ドゥボーヴォエ・トロイツコエ遺跡の墳墓から出土した「靺鞨土器」
(2) トロイツコエ土器(新)
　：鎹(カスガイ)紋を有する「靺鞨土器」－ドゥボーヴォエ遺跡(35・36)・トロイツコエ遺跡(33・34)
(3) 続トロイツコエ土器
　：鎹(カスガイ)連結紋とポッチ連繋紋を持つ「靺鞨土器」－コルサコフ遺跡：(1)類(37・38)、(2)類(39・40)類、(3)類(41～43)

それぞれの墳墓の土器には、明らかに組成上の偏りが見られる。時代による推移をはじめ、被葬者の身分や性別などに関連して、副葬品の種類や数量にも大きな違いが認められる。それらの点を考慮しても、コルサコフ遺跡におけるいわゆる靺鞨系土器の細分は、「地点差」と「型式差」を勘案すれば、十分に証明が可能であると思われる。

そのような理解を前提にして、北海道島の東部域とアムール川流域並びに松花江流域の資料を対比すると、つぎのような編年案が想定される。

(1) 刻紋土器B(古1)：21・22……続トロイツコエ土器(1)類：38＝37
　　　　　　　　　＝査里巴遺跡(中)：29≒30[註11]
(2) 刻紋土器B(古2)：23・24……続トロイツコエ土器(2)類：39＝40＝査里巴遺跡(新)：31
(3) 刻紋土器B(古3)：25・26……続トロイツコエ土器(3)類：43＝41・42
　　　　　　　　　≒査里巴遺跡(新々)：32

このように三者の間には、非常に類似した変遷過程が想定される。これは偶然の一致では起こらない現象と言えよう。しかしながら北海道島において、サハリン島に最も近い鎹(カスガイ)紋土器の出土例は、礼文島の上泊遺跡と枝幸町の目梨泊遺跡に止まる。しかも、コルサコフ遺跡に見える鎹(カスガイ)連結紋は、先にも述べたように今のところ道北には稀である。遥かに離れたモヨロ貝塚や知床半島、根室半島域などに僅かな分布が認められるのみである。

余りに形態が酷似していながらも、分布には異常な隔たりと偏りが認められる。その背後にある隠れた事情とは、いったい何なのであろうか。双方のモチーフに系統的な繋がりがあるとすれば、いわゆる「オホーツク文化」それ自体の驚くべき拡散力と密接に関係することは、まず疑い

ないと考えられる。しかし、これは土器論を超えた大きな問題に係わるから、ここで踏み込んで議論することは適当でない。

それよりも、両地域の中間に当たるサハリン島に類例が存在しなければ、鎹（カスガイ）紋土器の渡来説は想定しにくい。幸い、熊木氏が発表した編年案の引用資料として、サハリン島南部から出土した19例が紹介されている（熊木2004・2007a）。

その括れ部には、刻み目を施した連結鎹（カスガイ）紋ないしポッチ連結紋が施されている。これは、モヨロ貝塚の21・22例やコルサコフ遺跡の38例にほぼ対比される。時期的には、刻紋土器Bの最も古い時期に比定されるものと思われる。

僅か一例の連結タイプでは、説得力に欠けるという意見があるかも知れない。しかしサハリン島において、一般に「江の浦A式」に比定された土器に対して、わざわざ異系統モチーフの鎹（カスガイ）系紋ないしポッチの連結紋を施している意義は無視できないであろう。それぞれの地域でこの紋様を偶々発明した作り手がいた、というような想像力を膨らませることは、余り適切であるとは思えない。むしろ、そうしたモチーフを携えた人々が広大な海上ルートを移動し、その余波がサハリン島にも波及した。その結果として19例などの土器が製作された、もしくは搬入されたと想定した方が、遥かに合理的であるように思われる。

すなわち具体的な資料では、擦紋III$_1$期において、アムール川流域・サハリン島南部、そして網走周辺域の人々の間に接触と交流があった。その結果として、「続トロイツコエ土器」(38) ＝「江の浦A式」(19) ＝「刻紋土器B」(古$_1$：21・22)、という同時代の土器交流ネットワークが、サハリン島の南部においても形成されるに至った、と想定されるわけである。

もし、この仮説が妥当ならば、今後の調査において、サハリン島の西海岸やアニワ湾内の遺跡から、鎹（カスガイ）紋土器や連結型の鎹（カスガイ）紋、ないしポッチ連結紋を持つ土器が、とうぜん発見されることになるであろう。

以上の資料の比較をもとに、北海道島とアムール川流域を細密な編年秩序で結びつける、第一の広域編年軸の仮設を終えた。この対比軸は、僅か１本では不安定で揺らぐ恐れもある。そこで、鎹（カスガイ）紋系土器の変遷を、さらにアムール川流域方面でたどりたい。

４）いわゆる「女真土器」の編年

「女真土器」とは何か、また「パクローフカ文化」とは何か。ここでは、そうした議論には立ち入らない。コルサコフ遺跡から発見された先史土器の変遷を、型式学的にどのように捉えればよいか。そうした編年学上の論点に絞って、予察的な検討を試みたい。

コルサコフ遺跡の多量の土器群（第240図の右列）を通覧すると、最後まで「靺鞨罐」と呼ばれる器種が存続するように観察される。一方、続トロイツコエ土器の(3)類（第239図41～43）の直後に、土器内容が大きく変容した様子が窺える。また、そうした兆候は、すでに(3)類以前に胚胎しているようにも思われる。

まだ確証を得ていないが、どうやら(3)類の時期に、急激な土器変容を引き起す社会変動があ

り、いわゆる靺鞨系土器の世界に別系統の土器が侵入した可能性が想定される。その後、その新しい土器系統が古い靺鞨系の土器を併呑する形で土器融合が急速に進行する。しかし、最後までいわゆる靺鞨系の土器(罐)は消滅せず、複系統の土器が併存したと考えられる。

仮に、続トロイツコエ土器としたコルサコフ遺跡の(1)～(3)類（第239図37～43）までを「古い部分」とすれば、それ以降の土器群は、コルサコフ墓地の「新しい部分」の土器群、すなわち「コルサコフ土器」として区別することができる。また遼代、契丹に特有な瓜稜罐の装飾手法の影響を受けて登場した(3)類：壺形土器の新器種（第239図42）は、靺鞨系とされるトロイツコエ土器から新系統のコルサコフ土器への移行的な状況を示唆する資料かと思われる。

以上は、ごく大まかな観察から導いた仮説としての編年案である。そこで、具体的な資料に則して変遷の流れをたどってみたい。**第240図**にコルサコフ遺跡(4)類から(7)類までの標本例を示した（29～42）。それぞれ１～３基の墳墓から発見された土器を選択的に例示している。

先にも触れたように、各墳墓には資料の偏りが認められる。しかし型式学的な差異性は、擦紋土器よりも遥かに捉えやすい。墳墓単位で明瞭な「地点差」を示す状況は、(3)類までの時期と比べて少しも変わりない。器形や装飾、土器組成などの点で、各墳墓の内容を点検すると、(3)類に最も近接するものから、最も隔たるものまで、４小細別の連続的な推移を容易に想定することができる[註12]。

試みに壺形土器をモデルとして、変遷の流れをたどってみたい。

(1)　コルサコフ(4)類 (30)
：頸部端の隆起線から瓜稜線を施し、胴部を縦に分割する。30例と共伴した29例には、(3)類土器の一部に見える「隆起線＋ポッチ」の装飾法（第239図42）が用いられている。これは、いわゆる靺鞨系土器から「コルサコフ土器」へ推移する過程を捉える要点として注目されよう。

(2)　コルサコフ(5)類 (34)
：32例の器形を採用。頸部に鋭い縦の刻線紋を施す。その下方に新たに隆起線を加えて肩部を分節させる。その下に瓜稜線を垂下して、分割面にシンボリックな「Ψ」系のマーク[註13]を施す。このマークは、早くも(4)類の時期に出現した兆候が見られる。

(3)　コルサコフ(5)類 (36)
：32例の直系と推定される。新たに隆起線（？）を加えて肩部を分節させる。そこから瓜稜線を垂下して、分割面に「Ψ」系のマークを施す。細頸の壺形土器では、新設した肩部に「Ψ」系のマークを挿入して、新たな装飾帯（肩部紋様帯の新生）が創出される。

(4)　コルサコフ(6)類 (38)
：頸部の縦刻線紋の存続。肩部に第３番目の沈線を施して、紋様帯を複段構成とする（肩部紋様帯の複帯化）。この類では最も装飾が華やかに施される。その大半が、擦紋

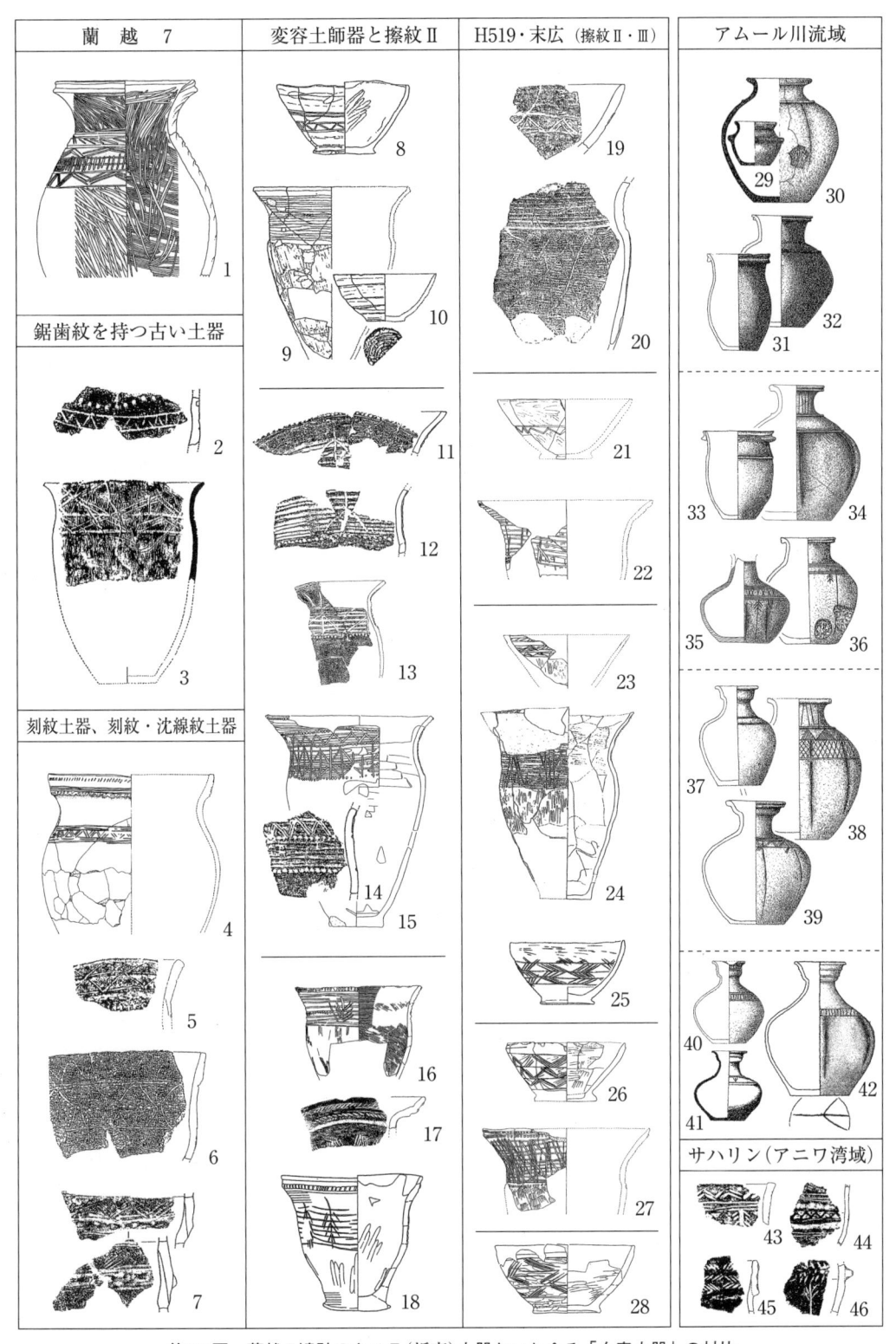

第3節　道北・道央から見た環オホーツク海域編年の予察　621

第240図　蘭越7遺跡のキメラ（折衷）土器といわゆる「女真土器」の対比

土器に一般的な鋸歯紋や斜格子紋などモチーフであることは、特に注意される。紋様帯の複段化が見られる点も共通している。また器形に関しては、34・36例に見える顕著な複合口縁が非靺鞨系列の土器において衰退することが、大きな変化として注目される。ただしこの現象には、遺跡差ないし地方差があると推察される。

(5) コルサコフ(7)類 (40)

：(6)類まで存続した壺形の器種は、ここに至って消滅ないし衰退したと推定される。頸部の縦刻線紋は、別系列である細頸壺形土器に転写される (40)。これは器種の収斂現象と考えられる。38例に見える肩部の複段紋様は、やはり細頸壺形土器に転写される。胴部にも紋様帯が新設され、複々段 (3段)化する。また、この器形列では、最後まで「Ｙ」系のマークがシンボル的に扱われる。なお、(7)類において顕著になる要素は、口顎部の膨らみに見える細い稜線である。これは37例の口顎部を分節する境界線として創出されたものと思われる。胴部における紋様帯の新設と口顎部における分節線の盛行が、(7)類土器を区別するメルクマールとなる (41・42)。

以上、まだ初歩的な観察に止まるが、「女真土器」と総称されるコルサコフ遺跡の新しい土器を対象として、7小細別の編年案を仮設した。先に北海道島内においても、擦紋Ⅲと刻紋土器Ｂを7小細別に細分して広域編年の対比を試みている。

その結果、環オホーツク海域編年の内容はかなり煩雑なものになって来た。ここで以下のように、アムール川流域と北海道島の編年案を中間的に整理しておきたい。

	北　海　道　島		ア　ム　ー　ル　川　流　域	
(1)	擦紋Ⅲ₁	刻紋土器Ｂ(古₁)：第239図21・22	コルサコフ(1)類：第239図37, 38	続トロイツコエ土器
(2)	擦紋Ⅲ₂	刻紋土器Ｂ(古₂)：第239図23・24	コルサコフ(2)類：第239図39・40	
(3)	擦紋Ⅲ₃	刻紋土器Ｂ(古₃)：第239図25・26	コルサコフ(3)類：第239図41・42, 43	
(4)	擦紋Ⅲ₄	刻紋土器Ｂ(中₁)：第239図27	コルサコフ(4)類：第240図29・30, 31・32	コルサコフ土器
(5)	擦紋Ⅲ₅：第239図6	刻紋土器Ｂ(中₂)	コルサコフ(5)類：第240図33・34, 35・36	
(6)	擦紋Ⅲ₆：第239図7	刻紋土器Ｂ(新₁)	コルサコフ(6)類：第240図37, 38, 39	
(7)	擦紋Ⅲ₇	刻紋土器Ｂ(新₂)	コルサコフ(7)類：第240図40, 41, 42	

コルサコフ(1)類～(3)類は、先に続「トロイツコエ土器」と仮称したものであるが、モヨロ貝塚から出土した刻紋土器Ｂ(古₁～古₃)と最もよく対比される。これは、アムール川流域とオホーツク海沿岸から南千島・根室半島域にかけて、広大な土器文化の交流圏(ネットワーク)が出現したことの反映と捉えられよう。

大陸起源とされる様々な金属器のある部分は、この時期に海上ルートを通じて招来されたものと思われる。それには、とうぜん人の移動も伴うわけで、モヨロ貝塚における古い時期の特異な墓制の在り方も、そうした動きに係わる事象と考えられる。

つぎの時代に入ると、アムール川流域では土器の「器制」（柳澤2006c：153-213）が刷新され、新たな土器系統が創始される。コルサコフ遺跡の(4)類〜(7)類、すなわち「コルサコフ土器」の登場である。トロイツコエ系の土器と「コルサコフ土器」を比べれば、誰の目にも系統単位を異にすることが容易に認められよう。

そこで、それらを別単位の細別型式として区別すると、アムール川中流域では基本的に、「擦紋Ⅱ→擦紋Ⅲ」の推移に対応して、「トロイツコエ式」→「続トロイツコエ式→コルサコフ式」の順序で変遷したと想定される。そして「トロイツコエ式」に先行し、擦紋Ⅰ以前に並行するのが、著名なナイフェリト遺跡系の土器群、すなわち「ナイフェリト式」（標式遺跡・標式資料：ナイフェリト遺跡）に相当すると推測される。

「トロイツコエ式」と「続トロイツコエ式」は、これまで多くの史・資料を参照して命々された、いわゆる「靺鞨土器」に相当し、「コルサコフ式」は、いわゆる「女真土器」ないし「パクローフ文化の土器」として区別されていたものに、ほぼ該当する。本邦先史考古学では、基本となる文物の年代的な推移単位を捉えて細別型式を設定するのが、方法論上の規範とされている（山内1935・1937ほか）。したがって、系統単位を異にした土器群に対して固有の名称を付与することは、研究を遂行するうえで必須の手続きとなる。

そのような観点から、ここで、アムール川流域の先史土器群に対して、「続トロイツコエ式」の(1)〜(3)類（コルサコフ(1)〜(3)類）と「コルサコフ式」の(1)〜(4)類（コルサコフ(4)〜(7)類）を仮設しておきたいと思う。それでは、コルサコフ式の7小細別編年案が成り立つのかどうか、つぎに視点を変えて検証してみたい。

4．アムール川流域編年の交差検証

1）サハリン島の南部域の「￥」系マークを持つ土器

サハリン島の南部を中心とした地域の先史土器編年については、今でも伊東信雄による単系編年案（伊東1942）が基本的に尊重されている（柳澤2006a：114-115）。先に引用した熊木俊朗氏の最新の編年案（熊木2004・2007a）もその例外ではない。北海道島の通説編年を踏まえて、伊東の編年体系の拡充と強化が図られているが、疑問とすべき点が少なくない（第240図）。

サハリン島の編年を精細に検討する作業は別の機会に試みるとして、ここでは、アニワ湾の東岸に近接する東長浜遺跡（43・44：竪穴住居跡）とアジョールスクⅠ遺跡（45・46：採集品）の小さな破片資料に注目したい。

観察すると、東長浜遺跡の43・44例は南貝塚式に比定されるものである。43例の胴部紋様は、普通の南貝塚式と少し異なる。三角スタンプ紋の隣にコルサコフ式と同じ「￥」系のマーク（￥）が施されている。これは極めて珍しい事例と言えよう[註14]。おそらく三角スタンプ紋と「￥」マークが交互に繰り返されるのであろう。そのとおりならば、矩形を呈する三角スタンプ面が瓜稜線

で分割された部分に相当し、「￥」マークが瓜稜線ないし分割垂線の役割を担うという見方ができよう。

そのような紋様要素の構成法は、いうまでもなくコルサコフ式に共通するものであり、とりわけ(2)類に比定した35・36例（コルサコフ(5)類）に類似すると認められる。(1)類（コルサコフ(4)類：29～32）と(3)類（同(6)類：37～39）が並行する可能性は乏しいから、東長浜遺跡の南貝塚式は、コルサコフ式の(2)類（33～36）に対比されると考えられる。

南貝塚式の標式資料（伊東1942）には、東長浜遺跡に類似するものもあるが、型式学的に見ると、それよりも古い土器群が豊富に含まれている。これに対して、43・44例よりも新しい土器群は欠落している。トロイツコエ式に対応する土器群を仮に「古い部分」とすると、それに後続する「新しい部分」、即ち続トロイツコエ式とコルサコフ式に並行する土器が主体を占めていると思われる。その時期の良好な資料は、ベロカーメンナヤ遺跡（第239図20）やセディフ遺跡（熊木2007c）などで豊富に発見されている。

つまり、コルサコフ式との対比を基軸として、系統単位としての南貝塚式の細かな変遷を予察的に整理すると、つぎのような編年案が仮設される。

(1) トロイツコエ式＝南貝塚式（「古い部分」）＝刻紋土器A＝擦紋Ⅱ
(2) 続トロイツコエ式(1)～(3)類＝南貝塚式（「中位の部分」）＝刻紋土器B（古$_{1～3}$）＝擦紋Ⅲ$_{1～3}$
(3) コルサコフ式(1)類
　　＝南貝塚式（「中位の部分」）＝刻紋土器B（中$_1$）＝擦紋Ⅲ$_4$
(4) コルサコフ式(2)類（33～36）
　　＝南貝塚式（「中位の部分」：43・44）＝刻紋土器B（中$_2$）＝擦紋Ⅲ$_5$
(5) コルサコフ式(3)類（37～39）
　　＝変容した南貝塚式（「新しい部分」：第239図20）＝刻紋土器B（新$_1$）＝擦紋Ⅲ$_6$
(6) コルサコフ式(4)類（40～42）
　　＝変容した南貝塚式（「新しい部分」）＝刻紋土器B（新$_2$）＝擦紋Ⅲ$_7$

それでは、つぎにアジョールスクⅠ遺跡の45例と46例に移りたい。45例は、幅広い肥厚した口縁部に矢羽状の刻紋を施している。おそらく胴部にも、矢羽状のモチーフが付けられていると推定され、同遺跡内で豊富に発見されている。それらは年代的にも幅があり、かなりの小細別に分けられると推察される。伊東信雄はその一部を「江の浦A式」と呼び、独立した細別単位として認めているが、これについては再考が必要であろう。

45例に酷似する資料は、伊東の「江の浦A式」には含まれていない。種々の点から見て、それより新しい個体と捉えられる。「江の浦A式」は、ある時期から系統的に分岐したと考えられ、アジョールスクⅠ遺跡の45・46例は、「江の浦式」の本流を継承した土器系統に属すると思われる。しかし45例の直後には、この系統の土器も変容し始めるようである。時期的には、同じよう

に変容の兆しが紋様に現れている43例と並行すると考えられる。46例の胴部にはポッチが施され、その下に「Ψ」系のマークが施されている。本例も、43例と時期的に近い資料と見て、ほぼ誤りはないであろう。

このような観察によると、様々に議論されている「江の浦A式」系の土器群は、**第21表**のように整理されることになる。さて以上の操作によって、なお、暫定的ながら、サハリン島とアムール川流域の編年案は、小細別レベルで同期することが想定された。それでは北海道島でも同じ見通しが得られるであろうか。

第21表　いわゆる靺鞨土器と江の浦式、その他の土器の位置づけ

アムール川流域	サハリン島	オホーツク式	擦紋土器
トロイツコエ式	江の浦貝塚A地点（「古い部分」）	刻紋土器A	擦紋II（前半・後半）
続トロイツコエ式	江の浦貝塚A地点（「新しい部分」）・B地点	刻紋土器B（古1〜3）	擦紋III$_{1\sim3}$
コルサコフ式(1)類(29〜32)	アジョールスクI遺跡（「古い部分」）	刻紋土器B（中1）	擦紋III$_4$
コルサコフ式(2)類(33〜36)	アジョールスクI遺跡（「古い部分」）：45・46　南貝塚式（「中位の部分」）：43・44	刻紋土器B（中2）	擦紋III$_5$
コルサコフ式(3)類(37〜39)	アジョールスクI遺跡（「新しい部分」）	刻紋土器B（新1）	擦紋III$_6$
コルサコフ式(4)類(40〜42)	アジョールスクI遺跡（「新しい部分」）	刻紋土器B（新2）	擦紋III$_7$

2）北海道島の道央部のキメラ(折衷)土器

北海道島では、大陸から伝来した様々な文物として、金属器に加えて土器類にも注意が払われている。なかでも一般に渤海系とされる黒色磨研土器について、早くから議論が展開されて来た（小嶋1993・2001，臼杵2005ほか）。また靺鞨系文化の影響が古くから指摘され、長年に亘って注意されているが、大陸からの確実な渡来土器は容易に発見されない。しかし土器文化の交流は、ほんとうに希薄なのであろうか。

大陸と北海道島の文物を比較するための、精密な編年秩序ができあがれば、意外な交流の実態が浮かび上がって来るように、筆者には推察される。その一端を示す材料として、小樽市の蘭越7遺跡から出土した壺形土器に注目したい。

第240図の１例である。一見して、形態がコルサコフ式の壺形土器（第240図32・34・36・38）に類似していると認められよう。しかし胴部の紋様は、いかにも擦紋的な様相を示している。外面と内面の整形技法、複段構成の鋸歯紋に注目して、報告書では、岩手県水沢市の膳性遺跡などの土器と対比を試みている（豊田1995：30）。なるほど整形の技法は、いかにも古めかしく見える。また複段の鋸歯紋も、指摘されたとおり根城遺跡（青森県八戸市）SI95竪穴の甕に良く似ている。したがって、その資料と並行する可能性は想定されてよいであろう。しかし、それ以外の可能性は無いのであろうか。まず根城遺跡例とは、器形が大きく異なる点が気になる。

器形の類似性では、遥かにコルサコフ式(2)・(3)類の32例や34・36例の方が高いと言えよう。複段構成の胴部の紋様帯にしても、コルサコフ式の(3)類（38）において発達している。また、鋸歯

紋の間には並行線が3本引かれ、そこに縦の短刻線が施されている。この要素も、コルサコフ式の口頸部に施された長い縦刻線と類似しているように思われる。

　そこで、このような観察をもとに、蘭越7遺跡の1例とコルサコフ式(2)類の並行関係を仮に想定すると、つぎのような編年案が仮設される。

　　(1)　コルサコフ式(1)類（29〜32）＝　擦紋Ⅲ$_4$
　　(2)　コルサコフ式(2)類（33〜36）＝　東長浜遺跡の南貝塚式（43・44＝45・46）
　　　　　＝蘭越7遺跡の壺形土器(1)　＝　擦紋Ⅲ$_5$
　　(3)　コルサコフ式(3)類（37〜39）＝　刻紋土器B（新1）＝　擦紋Ⅲ$_6$
　　(4)　コルサコフ式(4)類（40〜42）＝　擦紋Ⅲ$_7$

　それでは蘭越7遺跡の1例と擦紋土器との関係は、どのように捉えられるであろうか。そこで注目したいのは、擦紋土器における「Ψ」系マークの存在である。膨大な「擦文前期」及び擦紋土器の資料を通覧しても、酷似した例は簡単には見つからない。札幌市のK39遺跡では、16例と18例の好資料が発見されている。16例は、B-Tm火山灰より下位層から出土しており、伴出した資料から見ても、擦紋Ⅲの古い時期に対比されると思われる。上に示した対比案によれば、コルサコフ式の(1)類よりも先行する可能性が高いことになる。

　「Ψ」系マークの実例が、いったいどこまで遡るのかは、今のところよく分からない。古い実例は、先に引用した松花江流域の査里巴遺跡で発見されている（第239図31）。これは「続トロイツコエ式」の(2)類（＝擦紋Ⅲ$_2$）に略対比されるから、K39遺跡の16例とは、ほぼ並行すると想定される。

　これに対して18例は、17例とともに45号竪穴から出土したものである。この竪穴はB-Tm火山灰を切り込んで構築されている、と指摘されている。筆者の案では、火山灰の降下した時期は、別稿で述べたように擦紋Ⅲ$_3$とⅢ$_4$の間に想定される[註15]。また型式学的に見ると、17・18例はⅢ$_5$に対比されるので、その頃に比定しても大過は無いと考えられる。

　したがって18例に見える「Ψ」系マークは、サハリン島における東長浜遺跡の43例とアジョールスクⅠ遺跡の46例を介して、アムール川流域のコルサコフ式(2)類（33〜36）に略対比されるものと考えられる。このように遥か大陸の土器と酷似したモチーフが、中間のサハリン島を経由して、古くからの交易拠点である小樽周辺に近接したK39遺跡から出土している意味は、すこぶる大きいのではなかろうか。

　そこであらためて、小樽市蘭越7遺跡の1例を検討したい。先に器形と紋様の要素、紋様構成から見て、コルサコフ式の(2)類（34・36）との関係を想定した。1例の口縁部は複合化している。その特徴はコルサコフ式の(3)類（37〜39）に無く、(2)類（32）には存在する。したがって、型式学的に見た場合に最も並行する可能性が高いのは、やはりコルサコフ式の(2)類（34・36）に絞られることになる。

しかし、その(2)類の胴部紋様には複段化は認められない。むしろ、それは38例の(3)類において発達する紋様手法である。1例の壺形土器の器形、肩部の分節化、そして短い縦刻線は、コルサコフ式系と認められる。それでは、複段化した鋸歯紋は何に由来するのか。その候補はいちおう二つ想定できる。

一つは、擦紋Ⅱの末期に発達する鋸歯紋や菱形紋を持つ土器群（4〜7，8〜14）に由来するという仮説である。しかし先に仮設した編年案によれば、これらの土器はコルサコフ式以前であり、トロイツコエ式の末期に対比されことが判明している。その時期には、幾何学的な複段紋様は出現していない。また、土器に「Ψ」系のマークを施す実例も、今のところ知られていない。

そこで、もう一つの仮説が導かれる。擦紋Ⅲに発達する坏形土器に見られる菱形紋ないし鋸歯紋に由来を求める、という考案である（第240図3列）。それらの変遷を編年案の形式で示すと、

(1)　擦紋Ⅱ(新)期　：H519遺跡4a層（19・20）
(2)　擦紋Ⅱ(末期)　：末広遺跡IH83（21・22）
(3)　擦紋Ⅲ$_{1・2}$
(4)　擦紋Ⅲ$_3$　：末広遺跡IH6（23・24）
――――――　B-Tm火山灰の降下　――――――
(5)　擦紋Ⅲ$_4$？　：茂漁8遺跡H-8（25）
(6)　擦紋Ⅲ$_5$　：末広遺跡IH（26・27）
(7)　擦紋Ⅲ$_6$　：K39遺跡50号竪穴（28）

という流れで捉えられる。

分帯された紋様帯の一部に、格子目紋などの幾何学的なモチーフを施す土器は、擦紋Ⅰの末期に登場している（中島松6遺跡など）。しかし、その後の変化は明瞭に捉えられない。一方、胴部の紋様帯の下部に鋸歯紋を施し、それを複段構成する例は、おそらく23例の時期に始まると推定される。25例を経て26例から27例へと、漸進的に以下のように変遷すると思われる。

(1)　23例（2段の狭帯紋）→
(2)　25例（2段の菱形ずらし紋様）→
(3)　26例（3段の菱形ずらし紋）→
(4)　28例（3段の菱形ずらし紋）

この変化に呼応するように、器形にも細部の変更が加えられる。蘭越7遺跡の1例の胴部紋様は、括れ部を除くと3帯で構成されている。この特徴は、26例と28例に最も近似している。したがって1例の紋様帯は、コルサコフ式(2)類の34例や36例を母体として、分節化した肩部や縦刻線紋を残しつつ、それらと擦紋Ⅲ$_5$の坏形土器の菱形ずらし紋（26）を合体して生み出されたもの、と考えられよう。

そのとおりならば、1例はまさに、擦紋土器とコルサコフ式を融合させたキメラ(折衷)土器と

認められよう。新たな類例の発見を待ちながら、さらに検討を重ねたい。ここでは暫定的ながら、1例を擦紋Ⅲ期の時期、すなわち10世紀代の所産と考えておきたいと思う。そのように捉えると、アムール川流域や松江花流域とサハリン島、そして北海道島の間には、擦紋Ⅱ～Ⅲ期にかけて、

(1) 鎹(カスガイ)紋の共通性 （擦紋Ⅱ期の後半以降）
(2) 「Ψ」系マークの共通性とキメラ(折衷)土器の存在 （擦紋Ⅱ期後半～Ⅲ期）
(3) サハリン島と北海道島における摩擦式浮紋・三日月状のスタンプ紋の共時性 （擦紋Ⅲ期）
(4) コルサコフ式と擦紋Ⅲを融合したキメラ(折衷)土器の存在 （擦紋Ⅲ$_5$期）

という、小細別レベルの4本の編年軸によって精密な対応関係が想定されることになる。

それでは、擦紋Ⅱの末期に出現した双頭型の「Ψ」系のマーク（仐・Ж：11・12, 13）は、何処から登場したのであろうか。図に示した範囲の資料では、そのようなモチーフは擦紋Ⅱの後半期に初めて登場する。その変遷は、

(1) 末広遺跡IH29号竪穴（8～10）　：擦紋Ⅱ$_1$並行
(2) K435遺跡3a～3c層（11・12）　：擦紋Ⅱ$_2$並行
(3) H519遺跡4e層（13）　　　　 ：擦紋Ⅱ$_3$並行
(4) H519遺跡HP02（15）　　　　 ：擦紋Ⅱ$_4$並行

の順にスムーズにたどれる。さらに、このマークに多少の変形を加えると、いわゆる擦紋土器の基本的な紋様や「刻印」符号などが容易に出来あがる。これも上の序列と歩調を合わせて変遷することが、道央部を中心とした遺跡の多くの資料から捉えられる。

これら擦紋Ⅱ期の後半に見られる刻印風のマークないしモチーフは、アムール川流域や松花江・牡丹江流域の「Ψ」系マークと、いかなる関係にあるのであろうか。いわゆる「靺鞨土器」を一覧すると、このマークを土器に施した例は見当たらない。しかし、トロイツコエ式に伴う骨製品には、「↑」や十字紋、それに並行線内に垂線や斜格子紋を彫り込んだもの、単独の斜格子紋など、多様なマークないしモチーフが存在する。

垂線と斜格子紋はかなり目立つが、「↑」や十字紋は稀である。一方、擦紋Ⅱにおいても、斜格子紋はごく普通に見られる。また「↑」ないし、それを変形したものは多くの実例が知られている。遥かに離れた地域間に在って、このように共通した紋様ないし記号的な要素が認められることは、きわめて興味深い。トロイツコエ式に比定される渡来土器やキメラ(折衷)土器などは、今のところ道北や道央では確認されていない。

しかしながら、菊池俊彦氏が総括的に指摘したように、道北から道東にかけての沿海地域には、大陸から渡来した多くの金属製品・石製品・ガラス製品などが存在する（菊池1976a・1990：36-45）。したがって、古式の擦紋土器に見える斜格子紋や鋸歯紋、「Ψ」系のマークなども、そうした文物を将来した諸集団の活動と、何らかの関係を有すると想定することは、とうぜん許されてよいであろう。

少なくとも、擦紋Ⅱとトロイツコエ式の双方のモチーフの特徴が酷似しているのであるから、

同時代における文化的な並行現象として捉えておく必要があると思われる。後続するコルサコフ式の時代とは異なり、キメラ(折衷)土器などが製作されにくい、何らかの事情や背景が存在したのかも知れない。新資料の発見を待って、あらためて検討の機会を持ちたい。

一方、コルサコフ式に見られる擦紋土器に酷似した幾何学紋などは、本来、大陸側に起源があるのではなく、サハリン島に進出した擦紋人の活動を介して、あるいは、それらの人々が直接にアムール川流域に活動域を広めた結果、交易拠点であるコルサコフ遺跡の周辺域に集中的に見られるのではないかと推察される。そのような仮説のもとに、あらためてアムール川流域や松花江流域の土器を見直すと、不思議なことに北大式に由来する窓枠状のモチーフ(柳澤2006b：47-72)なども、ごく稀ではあるが、確実な実例がいくつか見出される。

これは、いったい何を物語るのであろうか。文献史料には記載されていない、擦紋系の集団や北海道島のオホーツク系集団のダイナミックな活動の痕跡が、遥かアムール川流域の10世紀代の先史土器に刻印されているのではなかろうか。

その隠れた事情を解き明かすには、通説の編年観を前提として様々な推論や解釈を試みる前に、アムール川流域から津軽海峡に至る広大な地域の編年秩序を見直し、それに立脚してあらためて歴史的な省察に赴くのが順序であろうと思われる。確かに、歴史的な想像力を逞しくすれば、上記の土器分析と新しい編年体系から、実に様々な歴史的な推論や解釈が可能になる。しかしそうした試みは、北東アジアを視野に入れた環オホーツク海域レベルの精密な編年体系の妥当性が検証されてからでも、遅きに過ぎるということは無いであろう。

3）北東アジアを視野に入れた環オホーツク海域編年の試案

これまでの資料分析のまとめとして暫定的な編年案を示し、予察としての小論のまとめとしたい。**第22表**には、別稿で検討したB-Tm火山灰の降下推定年代と考古編年との対比案を示してある(註16)。これは言うまでもなく、考古学上のモノ資料による編年軸ではない。しかし、「モノ」資料の精密な相対秩序に組み込まれ、文献史料とのクロスチェックを経た自然・人文史上の強力な対比軸として、目下のところ、最も有効に活用し得る唯一の年代指標であると思われる。これを第5の広域対比軸として提示しておきたい。

また、蓄積された研究成果からみて、広義の擦紋Ⅱ期後半、すなわち佐藤編年のⅡ$_{1～4}$期の年代が9世紀の後半に相当し、擦紋Ⅲ$_{1～7}$期がほぼ10世代に相当することは、確かであろうと考えられる。そして擦紋Ⅳ・Ⅴ期の年代も、種々の証拠からみて、筆者の試案では10世紀末葉～11世紀末葉に収まると想定される。

したがって、第22表の土器型式による相対編年秩序に対して、B-Tm火山灰が示唆する年代観を挿入すると、まったく矛盾なく整合するわけである。そのような年代観に立脚すると、30年前に佐藤達夫が精緻な考察のもとに提出した、

「擦紋土器の年代に関しては、そのはじまりをほぼ8世紀に、終末はモヨロ貝塚におけるオホーツク式土器の年代観(中略)から、ほぼ11世紀に求めることができよう」

という見解が、まさに正鵠を得ていたとあらためて認められよう（柳澤2004：210-211）。

氏の仕事については、1977年の逝去を境として、北方考古学の世界では完全に「忘失」された扱いがなされている。しかし、その学説に見られる考古学的思考の精緻さと先進性は、現在でも些かもその意義を失っていないと思われる。佐藤の擦紋土器やオホーツク式土器の年代観は、当然ながら、サハリン島やアムール川流域における文物と相関的に吟味されている（佐藤1964b：81, 1972：478-485）。したがって、オホーツク式土器の編年秩序に関しても、通説と異なる編年体系の可能性を模索していたことは、提出された編年案からみて疑いのないところである。

事実、サハリン島における単系的な伊東編年を独自に見直し、摩擦式浮紋の共通性などを踏まえて、礼文島の上泊遺跡の土器群（上泊1・上泊2）を細分して、いわゆる「元地式（「接触様式」）」や刻紋・沈線紋土器との正確な対比案を示している（佐藤1972：479-485，柳澤2006a：112-115）。

その考案は、通説の環オホーツク海編年案や北海道島の編年案では、まったく無視された状態におかれている。しかしながら、小論で述べた「Ψ」系のマークや摩擦式浮紋、三日月状のスタ

第22表　北東アジアを視野に入れた環オホーツク海域先史土器の編年案（第1版）

2008. 1. 23

	松花江牡丹江流域	アムール川流域	サハリン南部	道北	道央	道南	道東	
Ⅰ期（〜8世紀代）	渡口 西石崗 揚屯（第1次） 査里巴（古）	ナイフェリト式	円形刺突紋土器	円形刺突紋土器	擦紋Ⅰ 土師器	擦紋Ⅰ 土師器	擦紋Ⅰ 円形刺突紋土器	
Ⅱ期（9世紀代）	石場溝 虹鱒漁場 査里巴（中） 揚屯（第3次）	トロイツコエ式	モネロン島 江の浦 アンフェルツ エッフォⅡ？	刻紋土器A 続十和田式 擦紋Ⅱ 元地（古）	擦紋Ⅱ 土師器 変容土師器	擦紋Ⅱ 土師器 変容土師器	刻紋土器A 擦紋Ⅱ 変容土師器	
Ⅲ期（〜10世紀代）	虹鱒漁場 査里巴（新） 綏濱3号 永生墓地	続トロイツコエ式(1)類 (2)類 (3)類 コルサコフ式(1)類 (2)類 コルサコフ式(3)類 (4)類	江の浦・南貝塚 江の浦・南貝塚 アジョールスクⅠ セディフ	擦紋Ⅲ₁ 〃Ⅲ₂ 〃Ⅲ₃ 〃Ⅲ₄ 〃Ⅲ₅ 〃Ⅲ₆ 〃Ⅲ₇	元地（中）	擦紋Ⅲ₁ 〃Ⅲ₂ 〃Ⅲ₃ 〃Ⅲ₄ 〃Ⅲ₅ 〃Ⅲ₆ 〃Ⅲ₇	擦紋Ⅲ₁ 〃Ⅲ₂ 〃Ⅲ₃ 〃Ⅲ₄ 〃Ⅲ₅ 〃Ⅲ₆ 〃Ⅲ₇	擦紋Ⅲ₁ 〃Ⅲ₂ 〃Ⅲ₃ 〃Ⅲ₄ 〃Ⅲ₅ 〃Ⅲ₆ 〃Ⅲ₇	刻紋土器B	刻紋・沈線紋土器
Ⅳ期（10末〜11世紀代）	＋	＋	＋	擦紋Ⅳ（古・中） 元地（新） 擬縄貼付紋土器（中・新）	擦紋Ⅳ（古・中・新）	土師器系土器 大鋸歯紋土師器 内耳土器	擦紋Ⅳ（古・中・新）・擦紋Ⅴ 擬縄貼付紋土器（古・中・新） トビニタイ土器群Ⅰ・Ⅰ-Ⅱ	
Ⅴ期（11末〜12世紀代）	＋	＋		ソーメン紋土器1〜3	（ポスト擦紋：自製土器の消滅）		ソーメン紋土器1〜3 トビニタイ土器群Ⅱ（古・中・新） カリカリウス土器群（古・中・新）	

：B-Tm火山灰の降下推定年代（A.D. 923〜947年）

ンプ紋の交差編年によっても、それが正しい指摘であったことが明らかとなった。佐藤が試みた本州島北部域と津軽海峡圏を視野に入れた環オホーツク海域編年案は、もちろん大小の修正を必要としている。小論においても、擦紋Ⅱ期の小細別編年に関連して言及するところがあった。

　しかし、そうした修正点や疑問点、つまり当時の資料的な制約と解釈の困難さに由来する問題点を、ことさら云々するよりも、北海道島と本州島の間に精緻な編年秩序を整えたことに注意したい。またアムール川流域の文物を念頭において、伊東信雄のサハリン島・北海道島編年観を見直し、宗谷海峡圏における広域編年秩序の一端を、摩擦式浮紋を「鍵」として正しく捉えていた点を特筆すべきではなかろうか。さらに、「オホーツク式土器」と「オホーツク文化」の系統性に留意し、地方差に富むアイヌ系集団の考古学上の位置づけを、きわめて厳密な方法論をもって解明しようと試みていた点において、環オホーク海域考古学の創設に貢献した先駆者として、正しく評価されなければならないと思われる。

　第22表に示した新しい編年案の有効性が判明すれば、佐藤達夫の精緻にして体系的な研究業績の重要性が、あらためて学史上に問われることになるであろう（柳澤1999a：77, 89-91, 1999b：93-94）。

おわりに

　文献史料に乏しい北方圏の歴史を本州島と結びつけて考察するには、どのような史・資料の操作が求められるか。小論で試みた手続きは、ひたすら「モノ」資料である土器の究極の小細別編年秩序をもって、北方圏史研究の基盤を精密に整える方向を目指すというものであった。

　そうした目的を持つ煩瑣な作業が、どれほどの妥当性を有するのか。その評価は、今後に発見されるであろう諸々の新資料に待つほかはない。しかしながら、遥か数千キロも離れた地域の編年秩序を、本州島と同様に小細別レベルで研究することが、実践的に可能であることは[註17]、ある程度まで示せたのではないかと思われる。

　これまで環オホーツク海をめぐる地域考古学は、それぞれ固有の事情に制約され、思うように本邦先史考古学の方法で研究することが困難であった[註18]。しかしながら、小論で活用した数々のキメラ(折衷)土器は、各地域の通説編年案の妥当性を交差的に検証し、それを新しい編年体系に再編する作業において、これから最も信頼性の高い拠りどころになると期待されよう。

　かつては、大陸側の文物研究からオホーツク文化の年代的な位置が推論された。そして、それと本州島の史・資料の研究成果を整合させ、北海道島を含む北日本と北方圏の歴史を語る基本的な枠組みが整えられて来た。小論で検討した、北東アジアを視野に入れた新しい環オホーツク海域編年案が、北海道島の逆転編年説とともに、将来においても有効性を発揮するならば、1977年以後に構築された通説の北方史像並びに北日本史像は、根本からの見直しが求められることになろう。

　小論では、専ら土器を用いて議論を進めて来た。しかし、環オホーツク海域へ偏在的に拡散した青銅製の帯飾りや鐸などの材料を用いて検証しても、上述の新しい編年案は、ほぼ矛盾なく整

合することが予察から判明している。今後、そうした研究を展開するとともに、編年案の空隙を充填し、さらに精密化する作業に取り組まなければならない。

その道程は遥かに遠く、これから様々な修正が必要になると予想される。しかし土器型式の究極レベルの編年作業は、AMS^{14}C 年代測定では未来永劫に成就し得ない、先史考古学が担うべき最も基礎的な課題である。今さら通説編年案の検証を等閑に付して、理化学の他力本願によって北方圏の先史考古学や古代・中世史学の研究を進展させることは、自づから困難であるように思われる。

2008年1月31日稿

謝辞　本稿で使用した文献の一部については、北海道大学文学部・大学院北方文化論講座・同校地埋蔵文化財調査室の蔵書を利用させていただいた。筆者の内地留学中の資料見学と諸活動については、北海道大学総合博物館の天野哲也氏と小野裕子氏より、格別のご配慮とご教示、ご支援をいただき、また、北方文化論講座の加藤博文氏と小杉康氏のご配慮により、知床および校地内の貴重な資料を見学させていただいた。皆様のご厚意に心からお礼を申し上げます。なお、小論の通読と校正については、他の4編の書き下ろし論文と同様に、千葉大学大学院人文社会科学研究科博士後期課程の長山明弘君にお願いしたことを明記し、感謝の意を表します。

追記　脱稿後の2月下旬に、小論で述べた新しい環オホーツク海域編年案（第18表）に関連して、在外研究員として北海道大学総合博物館に滞在されていた吉林大学文学院の王培新先生より懇切なご教示をいただいた。王先生の格別なるご厚意に、心から感謝いたします。

2008年2月26日記

註

(1) トビニタイ土器群Ⅱ・カリカリウス土器群・ソーメン紋土器の小細別編年に関する小論を、『（千葉大学）人文研究』37・『物質文化』85・『北海道考古学』44に投稿中である。
(2) 刻紋土器と土師器系土器との接触と交流の問題については、後節であらためて言及するが、それ以外にも、議論されていない問題点が残されている。後日、順を追って稿を起す予定である。
(3) 現在、奥尻島青苗砂丘遺跡の編年に関して『古代』122に投稿中の小論において、この問題に触れている。
(4) この編年案によると、佐藤編年（佐藤1972）の一部において、標本例の入れ替えや土師器との対比案に修正を要することになる。今後の検証をふまえて、後日の試みとしておきたい。
(5) 2007年の8月と10月に香深井5遺跡の調査資料を精査する機会を持った。礼文町教育委員会の藤沢隆史氏には、その際、格別のご配慮とご教示をいただいた。記して感謝の意を表したい。
(6) 註(3)に同じ。
(7) 菊池俊彦氏は、この点に関連して、「モヨロ貝塚の発掘の際に、駒井は上述の見解（駒井1952：筆者）を発掘参加者に感慨を込めて語ったであろうと想像される」、と推測している（菊池1990：38）
(8) 旧稿では、第239図1・2例を擦紋Ⅲの古い時期に比定したが、擦紋Ⅱの終末段階に遡る可能性があると思わ

(9) 鎹(カスガイ)紋それ自体が、どの程度連結系へと推移するかはよく分からない。モチーフとしては、独立系の紋様要素として存続する（柳澤2007a：45-46）。なお目梨泊遺跡の9例は、擦紋Ⅲ(古)期に比定される可能性がある。

(10) アムール川流域の先史土器の分類と編年については、様々な考案がロシア・中国、そして日本で発表されている。ここでは、その詳細についての言及は控えておきたい。本邦先史考古学の方法から見ると、ロシア・中国の研究は種々の問題を孕んでいるように思われる。その点に関しては、臼杵勲氏が示唆に富む詳細な論評を行っている（臼杵1996：286-296）。ごく最近の土器研究としては、喬（2007）・臼杵（2007a・b）・木山（2006・2007）氏の論考があげられる。木山克彦氏の2つの仕事が最も精細である。なお後節で述べる編年試案とは、一部で重なる部分もあるが、異なる点が多い。詳細は、個々の論点に則して別の機会に触れたい。なお、ここで述べた土器分類に関しては、重要な先行研究が発表されている。ジャーコヴァによる「靺鞨土器」の5細分編年である（ジャーコヴァ1984）。その内の前半は、「第1群：ナイフェリト群、第2群：トロイツコエ群、第3群：ミハイロフカ城砦の土器」に分類されている（菊池1987：121-124）。土器変遷の序列としては、そのとおりであるが、年代学上の単位としての細別型式編年の観点からみると、「ナイフェリト式→トロイツコエ式→コルサコフ式」の順に捉える方が、変遷の実態に合致しており、サハリン島や北海道島の新しい編年体系とも整合するように思われる。なお、ジャーコヴァの研究を踏まえて、臼杵氏は「ナイフェリト型(土器群)・トロイツコエ型(土器群)」の呼称を用いている（臼杵1994：348）。

(11) 査里巴遺跡の30例には、小振りな波状紋が3段に亘って施されている。類似したモチーフは、牡丹江流域の虹鱒漁場遺跡にも見られる。査里巴遺跡の波状紋モチーフには年代差が認められるが、先に第2節で検討した道北・道央における波状紋の一部に近似したものと認められる。年代的にも、後述するように査里巴遺跡の29・30例は、刻紋土器A・擦紋Ⅱ・変容土師器と並行ないし近接するので、双方の波状紋が一部で系統的に関連する可能性もあると考えられる。第237図に示した9例や21例などを参照されたい。

(12) ごく狭いスペースに必要十分な標本例を配列するのは難しい。また小論の性格上、アムール川流域に分布する土器群の地方差についても、図示するのは困難である。土器論上の詳論に関しては、機会をあらため稿を起す予定である。

(13) 「Ψ」に類似する「刻印記号」（宇田川1994）風のマークには、いくつかの変異型がある。以下、それらを含めて便宜的に「Ψ」系マークと総称する。

(14) 伊東信雄が発掘した南貝塚資料には、東長浜例に酷似した「Ψ」系のモチーフを持つ土器が含まれている（2005年4月実査）。

(15) B-Tm火山灰の降下年代と北海道島における逆転編年体系との対比は、投稿中の別稿（『古代』122）において、詳細に言及しているので参照されたい。

(16) 註(15)に同じ。

(17)・(18) 柳澤（2006c：ⅰ-ⅱ、1-60、78-270、827-880）を参照されたい。

図版出典

第235図　1：名取・峰山（1962）　2・3：竹田ほか（1963）　4〜6：峰山・武田（1971），宇部（2002）　7・8・18・19：上屋・稲垣・松谷（1988）　9・12〜14・15〜17・18〜21・24・27：大島（1987・1988a・1989a）　10：駒井編（1964）　11：犀川会編（1933）　22・23：大場（1966）　25・26：恵庭市教育委員

終章　環オホーツク海域編年への展望

会（2003）

第236図　1～13：大井・大場編（1981）　14～17：内山編（2000）　18：小樽市教育委員会編（1992）　19・20・22・23：大島（1987）　24～26：大島（1988a）　21：大場（1966）　27～29：宇田川・河野（1984）　30～38：山本（1984）　39・40：石橋・後藤（1975）　41～50：北地文化研究会（1979）

第237図　1～11：大井・大場編（1976・1981）　12～18・19・20：大川（1998）　21：岡田ほか（1978）　22：高畠（2004）　23：内山編（2000）　24：上野（1974b）　25：上屋・稲垣・松谷（1988）

第238図　1～10：大井・大場編（1981）　11～13：大島（1989a）　14～17：上野・仙波（1993）　18・19：岡田ほか（1978）　20：種屯内遺跡調査団（1998）　21～27：大谷・田村・西連寺（1985）　28・31・34・35：藤井編（2001）　29：後藤・曽根原（1934）　30：佐藤・亀井（1956）　32・33・36・37：森編（2004）

第239図　1・2・10・22～26・28：大場（1956）　3：椙田（1982a）　4：金盛（1976a）　5：駒井編（1964）　6：児玉（1948）　7：豊原・福士（1980）　8：大場（1968）　9：佐藤（隆広）（1994）　11・21・27：網走市立郷土博物館編（1986）　12：天野（1997）　13：石川（1999）　14：五十嵐（1989）　15・17：駒井（1952），菊池（1995a）　16：駒井・江上（1934）　18：АссеВ et. (1995)　19：熊木（2004）　20：平川（1996）　29・30：尹（1990）　31・32：足立（2000）　33～36：Деревянко（1977）　37・39・41・42：Медведев（1982）　38・40・43：Медведев（1986）

第240図　1：豊田（1995）　2・4・5：大井・大場編（1981）　3：北大解剖学教室調査団（1963）　6：五十嵐（1989）　7：高畠（2004）　8～10：大谷・田村（1981）　11・12・14・19・20：上野・仙波（1993）　13・15：石井（2006）　16：藤井（1997）　17・18・28：藤井（2001）　21～25：大谷・田村（1982）　26・27：大谷・田村・西連寺（1985）　29～40・42：Медведев（1982）　41：臼杵（2004）　43・44：新岡・宇田川編（1992）　45・46：新岡・宇田川編（1992）

引用・参考文献

アイヌ文化振興・研究推進機構編　2000『馬場・児玉コレクションにみる北の民アイヌの世界』

青柳文吉　1993「研究ノート　オホーツク文化のクマ意匠遺物」『北海道立北方民族博物館研究紀要』2

青柳文吉　1995『湧別町川西遺跡』北海道立北方民族博物館

青柳文吉　1996「オホーツク文化の貼付文について」『古代文化』48-5

足立卓朗　2000「渤海前期の「靺鞨系土器」について」『青山考古』17

厚真村郷土研究会　1956『厚真村古代史 – 村内に存在する先住民族の遺跡 –』厚真村教育委員会

網走市教育委員会編　2003『モヨロ貝塚試掘調査概報　平成14年度』

網走市立郷土博物館編　1986「網走市モヨロ貝塚」『網走市立郷土博物館収蔵考古資料目録』1

網走市立郷土博物館編　1990「湧別川西」『網走市立郷土博物館収蔵考古資料目録』4

阿部義平　1999『蝦夷（えみし）と倭人』青木書店

天野哲也　1977a「極東民族史におけるオホーツク文化の位置（上）」『考古学研究』23-4

天野哲也　1977b「討論」『シンポジウム　オホーツク文化の諸問題発表要旨』北海道大学文学部附属北方文化研究施設

天野哲也　1978「極東民族史におけるオホーツク文化の位置（下）」『考古学研究』25-1

天野哲也　1979「オホーツク文化の展開と地域差」『北方文化研究』12

天野哲也　1981「土器・土製品について（土器群の型式的変化）」『香深井遺跡（下）』東京大学出版会

天野哲也　1994「オホーツク文化期　北海道島にもたらされた帯飾板の背景」『北方史の新視座 – 対外政策と文化 –』雄山閣

天野哲也　1995「アイヌ文化の形成」『展望考古学』考古学研究会

天野哲也　1997「7-8世紀北海道を中心にみた諸集団の関係」『第6回　東日本埋蔵文化財研究会　遺物からみた律令国家と蝦夷　講演・発表要旨集』南北海道考古学情報交換会

天野哲也　1998「オホーツク文化の形成と鈴谷式との関係 – 礼文島香深井遺跡群を中心として –」『野村崇先生還暦記念論集　北方の考古学』野村崇先生還暦記念論集刊行会

天野哲也　2003a「オホーツク文化とはなにか」『新北海道の古代』2（続縄文・オホーツク文化）北海道新聞社

天野哲也　2003b「オホーツク文化の形成過程」『クマ祭りの起源』雄山閣

天野哲也編　2004『シンポジウム　蝦夷からアイヌへ』北海道大学総合博物館

天野哲也・小野裕子　2007「擦文文化の時間軸の検討 – 道央、北部日本海沿岸と東北北部の関係 –」『北東アジア交流史研究』塙書房

荒生健志・小林　敬　1986「元町2遺跡」『美幌町文化財調査報告』2　美幌町教育委員会

荒川暢雄編　1997『北海道礼文町香深井5遺跡発掘調査報告書』礼文町教育委員会

五十嵐国宏　1989「千島列島出土のオホーツク式」『根室市博物館開設準備室紀要』3

石井　淳　1998「三笠市桂沢の擦文土器」『北海道考古学』34

石井　淳　2006「H519遺跡」『札幌市文化財調査報告書』80

石井淳平　2004「第Ⅰ部会A検討会：「北大式土器」の型式論的処理に関する問題 – 土器群の実態をどう捉えるべきか、その方法論的検討 –」に対する見解 –」『シンポジウム　蝦夷からアイヌへ』北海道大学総合博物館

石川　朗　1996『釧路市幣舞遺跡調査報告書Ⅲ』釧路市埋蔵文化財調査センター

石川　朗　1999『釧路市幣舞遺跡調査報告書Ⅳ』釧路市埋蔵文化財調査センター

石田　肇　2006「オホーツク文化人骨群に地域性は存在するか」『骨から探るオホーツク人の生活とルーツ – 形

質人類学・遺伝学による研究 -』 北海道大学総合博物館
石附喜三男　1965「北海道における土師器の諸問題」『先史学研究』5
石附喜三男　1967「アイヌ文化における古代日本的要素伝播の時期に関する一私見」『古代文化』19-5
石附喜三男　1968「擦文式土器の初現形態に関する研究」『札幌大学紀要教養部研究論集』1
石附喜三男　1969「擦文文化とオホーツク式土器の融合・接触関係」『北海道考古学』5
石附喜三男　1972『伊茶仁B地点　第一次発掘調査』標津町教育委員会
石附喜三男　1974「エミシ・エゾ、アイヌの文化」『北方の古代文化』毎日新聞社
石附喜三男　1975『ウサクマイ遺跡 - N地点発掘調査報告書 -』千歳市教育委員会
石附喜三男　1977a「擦文式文化の終末年代に関する諸問題」『江上波夫教授古希記念論文集』山川出版社
石附喜三男　1977b「鈴谷式土器の南下と江別式土器」『北海道考古学』12
石附喜三男　1979「考古学からみた〝粛慎（みしはせ）″」『蝦夷』社会思想社
石附喜三男・北溝保男編　1973『伊茶仁遺跡B地点発掘報告書　1972～1973』北地文化研究会
石橋次雄・後藤秀彦　1975『十勝太若月遺跡 - 第3次発掘調査 -』浦幌町教育委員会
出穂正実　1999「K499遺跡　K500遺跡　K501遺跡　K502遺跡　K503遺跡」『札幌市文化財調査報告』61
泉　靖一・曽野寿彦　1967「オンコロマナイ」『東京大学教養学部人文科学科研究紀要』42
和泉田　毅編　2002「西島松5遺跡 - 柏木川改修工事用地内埋蔵文化財発掘調査報告書 -」『北海道埋蔵文化財センター調査報告書』178
伊藤昌一　1967「アイヌ頭蓋の地方的差異」『北方文化研究』2
伊東信雄　1938「北見国出土の蕨手刀について」『考古学雑誌』28-7
伊東信雄　1942「樺太先史時代土器編年試論」『喜田博士追悼記念国史論集』
伊東信雄　1982「樺太の土器文化」『縄文土器大成』5（続縄文）講談社
今野春樹　2002「遼代契丹墓出土陶器の研究」『物質文化』72
上野秀一　1974a「(N162遺跡) 考察　土器群について」『札幌市文化財調査報告書』5
上野秀一　1974b「N162遺跡」『札幌市文化財調査報告書』5
上野秀一　1979「K446遺跡 - 編年的な位置について -」『札幌市文化財調査報告書』20
上野秀一　1994「北海道続縄文文化の諸問題」『第5回　縄文文化検討会シンポジウム「北日本続縄文文化の実像」』縄文文化検討会
上野秀一・仙波伸久　1993「K435遺跡」『札幌市文化財調査報告書』17
上屋真一　1987『カリンバ2遺跡』恵庭市教育委員会
上屋真一　1994『ユカンボシE5遺跡 - 低湿地における調査 -』恵庭市教育委員会
上屋真一・稲垣和幸・松谷純一　1988『中島松6・7遺跡』恵庭市教育委員会
氏家敏文　1995「「南貝塚式土器」に関するメモ」『北海道考古学』31
右代啓視　1990「北海道常呂町出土のオホーツク式土器」『北海道開拓記念館調査報告』29
右代啓視　1991「オホーツク文化の年代学的諸問題」『北海道開拓記念館年報』19
右代啓視　1995「オホーツク文化にかかわる編年的対比」『北の歴史・文化交流事業研究報告』北海道開拓記念館
右代啓視　1999「擦文文化の拡散と地域戦略」『北海道開拓記念館研究紀要』27
右代啓視　2003「オホーツク文化の土器・石器・骨角器」『新北海道の古代』2（続縄文・オホーツク文化）北海道新聞社
右代啓視・赤松守雄　2005「オホーツク文化遺跡の分布とその特性」『北の歴史・文化交流事業研究報告』北海道開拓記念館

右代啓視ほか　1997『北の古代史を探る－擦文文化－』　北海道開拓記念館
右代啓視ほか　1998「サハリン州ベロカーメンナヤチャシの考古学的調査」『「北の文化交流研究事業」中間報告』　北海道開拓記念館
右代啓視ほか　2002『洞窟遺跡を残した人々』　北海道開拓記念館
右代啓視ほか　2003『北海道の基層文化を探る』　北海道開拓記念館
臼杵　勲　1994「靺鞨文化の年代と地域性」『日本と世界の考古学－現代考古学の展開－岩崎卓也先生退官記念論文集』　雄山閣
臼杵　勲　1996「ロシア極東の中世考古学における「文化」」『考古学雑渉　西野元先生退官記念論文集』　西野元先生退官記念会
臼杵　勲　2000「靺鞨－女真系帯飾について－」『大塚初重先生頌寿記念論集』　東京堂出版
臼杵　勲　2004『鉄器時代の東北アジア』　同成社
臼杵　勲　2005「香深井Ａ遺跡出土陶質土器の再考」『海と考古学』　六一書房
臼杵　勲　2007a「北東アジアの中世土器地域圏」『北東アジア交流史研究』　塙書房
臼杵　勲　2007b「アムール川・松花江流域・沿海地方の土器編年図」『北東アジア交流史研究』　塙書房
宇田川　洋　1971a「5．結語」『弟子屈町下鐺別遺跡発掘調査報告書』　弟子屈町教育委員会
宇田川　洋　1971b「オタフク岩遺跡」『羅臼町文化財報告』1
宇田川　洋　1975「サシルイ北岸遺跡の調査」『羅臼町文化財報告』2（幾田）
宇田川　洋　1977a「擦文期」『北海道史研究』13
宇田川　洋　1977b『北海道の考古学』2　北海道出版企画センター
宇田川　洋　1979「'70年代擦文文化研究」『季刊どるめん』22
宇田川　洋　1980a「擦文文化」『北海道考古学講座』　みやま書房
宇田川　洋　1980b『アイヌ考古学』　教育社
宇田川　洋　1988『アイヌ文化成立史』　北海道出版企画センター
宇田川　洋　1989「動物意匠とアイヌの動物信仰」『東京大学文学部考古学研究室紀要』8
宇田川　洋　1994「北方地域の土器底部の刻印記号論」『日本考古学』1
宇田川　洋　1999「基調講演　オホーツク海沿岸の発掘調査の足どりと考古学上の到達点」『しゃり歴史考』　斜里町立知床博物館
宇田川　洋　2002a「もう一つの日本列島史」『北の異界－古代オホーツク文化と氷民文化－』　東京大学出版部
宇田川　洋　2002b「オホーツク人のゆくえ」『北の異界－古代オホーツク文化と氷民文化－』　東京大学出版部
宇田川　洋　2002c「アイヌ文化の形成」『北の異界－古代オホーツク文化と氷民文化－』　東京大学出版部
宇田川　洋　2002d「オホーツク式土器・擦文土器」『日本考古学事典』　三省堂
宇田川　洋　2003a「アイヌ文化の形成過程をめぐる一試論」『国立歴史民俗博物館研究報告』107
［宇田川　洋］　2003b「第5章　まとめ」『居住形態と集落構造から見たオホーツク文化の考古学的研究』　東京大学大学院人文科学研究科
宇田川　洋編　1981『河野広道ノート　考古篇1』　北海道出版企画センター
宇田川　洋編　2003『居住形態と集落構造から見たオホーツク文化の考古学的研究』　東京大学大学院人文科学研究科
宇田川　洋ほか　2002『モヨロ貝塚試掘調査概報－平成13年度－』　網走市教育委員会
宇田川　洋・加藤晋平　1981「小括と問題点」『広瀬遺跡』　常呂川流域史研究会
宇田川　洋・河野本道　1984「神恵内村観音洞窟遺跡の遺物－1960年度北海道学芸大学考古学研究会調査分－」

『河野広道博士没後20年記念論文集』 同論文集刊行会
宇田川　洋・武田　修　1994「常呂川河口遺跡15号住居跡出土の土器群」『考古学ジャーナル』371
内山真澄編　2000『香深井5遺跡発掘調査報告書』　礼文町教育委員会
宇部則保　1989「青森県における7・8世紀の土師器」『北海道考古学』25
宇部則保　2000「古代東北地方北部の沈線文のある土師器」『考古学ジャーナル』462
宇部則保　2002「東北北部型土師器にみる地域性」『海と考古学とロマン − 市川金丸先生古稀記念献呈論文集 −』
宇部則保　2004「第Ⅱ部会C検討会：擦文文化成立にかかわる東北北部地域の様相　報告Ⅰ」『シンポジウム　蝦夷からアイヌへ』　北海道大学総合博物館
宇部則保・高島芳弘・藤田俊雄　1983「史跡根城跡発掘調査報告書　Ⅴ」『八戸市埋蔵文化財調査報告書』11
恵庭市教育委員会　2003『カリンバ3遺跡』
遠藤龍畝　1995「ウサクマイN・蘭越7遺跡における考古学的調査」『千歳市文化財調査報告書』20
大井晴男　1970「擦文文化とオホーツク文化の関係について」『北方文化研究』4
大井晴男　1972a「礼文島元地遺跡のオホーツク式土器について − 擦文文化とオホーツク文化の関係について補論2 −」『北方文化研究』6
大井晴男　1972b「土器群の型式論的変遷について」『考古学雑誌』67-3・4
大井晴男　1972c「北海道東部における古式の擦文土器について − 擦文文化とオホーツク文化の関係について補論1 −」『常呂』　東京大学文学部
大井晴男　1973「附　オホーツク式土器について」『オンコロマナイ貝塚』　東京大学出版会
大井晴男　1975「枝幸町目梨泊遺跡の調査について」『枝幸教育』9
大井晴男　1978「オホーツク文化の社会組織」『北方文化研究』12
大井晴男　1981「香深井A遺跡の考古学的位置」『香深井遺跡（下）』　東京大学出版会
大井晴男　1982「オホーツク文化の諸問題 − その研究史的回顧 −」『シンポジウム　オホーツク文化の諸問題』　学生社
大井晴男　1984「斜里町のオホーツク文化遺跡について」『知床博物館研究報告』6
大井晴男　1985「サハリン・アイヌの形成過程」『北方文化研究』17
大井晴男　1994「搬入土器と模作土器と − 「型式論」のためのノート (2) −」『弥生』23
大井晴男　2004a「貼付文系'オホーツク式土器群'の'型式論'的変遷を考える −「型式論」のためのノート (3) −」『北海道考古学』40
大井晴男　2004b「いわゆる北大式土器の研究」『アイヌ前史の研究』　吉川弘文館
大井晴男編　1973『オンコロマナイ貝塚』　東京大学出版会
大井晴男編　1982『シンポジウム　オホーツク文化の諸問題 − その起源・展開・社会・変容 −』　学生社
大井晴男・大場利夫編　1976『香深井遺跡（上）』　東京大学出版会
大井晴男・大場利夫編　1981『香深井遺跡（下）』　東京大学出版会
大川　清　1998「ウエントマリ（上泊）遺跡」・「内路（ナイロ）遺跡」・「イナウ崎遺跡」『北海二島　礼文・利尻島の考古資料(手控・拓図)』　窯業史博物館
大川　清ほか編　1996「古墳時代 北海道」『日本土器事典』　雄山閣出版
大島秀俊　1987『蘭島遺跡　チブタシナイ遺跡 − 昭和62年度 −』　小樽市教育委員会
大島秀俊　1988a『蘭島遺跡　チブタシナイ遺跡 − 昭和63年度 −』　小樽市教育委員会
大島秀俊　1988b「北大〜擦文式土器における整形技法について − 小樽市蘭島遺跡群出土土器を中心として −」『北海道考古学』24

大島秀俊　1989a「蘭島遺跡」『小樽市埋蔵文化財発掘調査報告』1
大島秀俊　1989b「北海道小樽市蘭島遺跡群における土師器供膳形態の様相について」『北海道考古学』25
大谷敏三　1978「祝梅三角山D地点の考古学的調査」『千歳市文化財調査報告』3
大谷敏三　2004「「擦文文化期」という時代 − 続縄文社会で何がおこり、どう変わったか −」『北方世界からの視点』 北海道出版企画センター
大谷敏三・田村俊之　1981『末広遺跡における考古学的調査（上）』 千歳市教育委員会
大谷敏三・田村俊之　1982『末広遺跡における考古学的調査（下）』 千歳市教育委員会
大谷敏三・田村俊之・西蓮寺健　1985「末広遺跡における考古学的調査（上）」『千歳市文化財調査報告書』7
大塚和義　1992「アイヌ文化のダイナミズム（土器が消えた時）」『古代史を語る』 朝日新聞社
大塚和義　1995「アイヌの歴史（概略）」『アイヌ　海浜と水辺の民』 新宿書房
大西秀行　1996a「トビニタイ土器分布圏における〝擦文式土器〟製作者」『古代文化』48-5
大西秀行　1996b「トビニタイ土器分布の諸相」『北海道考古学』32
大西秀行　2001「〝トビニタイ文化〟なる現象の追求」『物質文化』71
大西秀行　2003「境界の村の居住者 −〝トビニタイ文化〟集落における居住者の出自と世帯構成 −」『日本考古学』16
大西秀行　2004「擦文文化の展開と〝トビニタイ文化〟の成立 − オホーツク文化と擦文文化の接触・融合に関する一考察 −」『古代』115
大西秀之　2007「北海道東部における「中世アイヌ」社会形成前夜の動向」『アイヌ文化の成立と変容 − 交易と交流を中心として −』 法政大学国際日本学研究所
大沼忠春　1968「北海道東部の北大式土器」『若木考古』92
大沼忠春　1977「続縄文期」『北海道史研究』12
大沼忠春　1979「北海道中央部の擦文文化」『季刊どるめん』22
大沼忠春　1986「北海道の文化」『古代史復原』9（古代の都と村）　平凡社
大沼忠春　1996a「擦文・オホーツク文化と北方社会」『考古学ジャーナル』411
大沼忠春　1996b「北海道の古代社会と文化 − 7〜9世紀 −」『古代王権と交流』1（古代蝦夷の世界と交流）　名著出版
大沼忠春・本田克代　1970「羅臼町出土のオホーツク式土器」『北海道考古学』6
大沼忠春・工藤研治・中田裕香　2004「総説　続縄文・オホーツク・擦文文化」『考古資料大観』11（続縄文・オホーツク・擦文文化）　小学館
大場利夫　1949「貝塚と骨角器」『北海道先史学十二講』　北方書院
大場利夫　1956「モヨロ貝塚出土のオホーツク式土器」『北方文化研究報告』11
大場利夫　1960「元町遺跡」・「湖南遺跡」『女満別遺跡』 女満別町教育委員会
大場利夫　1961「モヨロ貝塚出土の土器　2」『北方文化研究報告』16
大場利夫　1966『恵庭遺跡』 恵庭町教育委員会
大場利夫　1968「北海道周辺地域に見られるオホーツク文化 − Ⅱ　礼文島・利尻島 −」『北方文化研究』3
大場利夫　1971「北海道周辺に見られるオホーツク文化 − Ⅳ　千島 −」『北方文化研究』5
大場利夫ほか　1963『寿都遺跡』 寿都町教育委員会
大場利夫ほか　1967「オロンコ岩洞穴」『北海道文化財シリーズ』9（知床半島の遺跡）　北海道教育委員会
大場利夫・石川　徹　1961『浜益遺跡』 浜益村教育委員会
大場利夫・石川　徹　1965「湧別町古代史」『湧別町史』 湧別町

大場利夫・児玉作左衛門　1958「根室国温根沼遺跡の発掘について」『北方文化研究報告』11

岡田淳子　1984「特集・オホーツク文化　特集によせて」『考古学ジャーナル』235

岡田淳子ほか　1978『亦稚貝塚』　利尻町教育委員会

奥尻町教育委員会編　1981『奥尻島青苗遺跡』

小口雅史・澤登寛聡編　2007『アイヌ文化の成立と変容 - 交易と交流を中心として -』　法政大学国際日本学研究所

小樽市教育委員会　1982「蘭島D地点」『小樽市埋蔵文化財発掘調査報告書』5

小野裕子　1996a「道北オホーツク海岸の『地域集団』をめぐる問題（上）」『古代文化』48-5

小野裕子　1996b「道北オホーツク海岸の『地域集団』をめぐる問題（下）」『古代文化』48-6

小野裕子　1998a「利尻島亦稚貝塚と礼文島香深井A遺跡の時間的関係について」『野村崇先生還暦記念論集　北方の考古学』　野村崇先生還暦記念論集刊行会

小野裕子　1998b「礼文島オホーツク文化「地域集団」の最終末期に関して - 遺跡間の関係を中心に -」『道を辿る』　石附喜三男先生を偲ぶ本刊行委員会

小野裕子　1998c「道北オホーツク文化の『地域集団』の動態に関する考察 - 礼文島浜中2遺跡と香深井A遺跡の関係から -」『物質文化』66

小野裕子　2004「サハリンの様相 - 熊木俊朗氏報告：に対するコメント -」『北東アジアシンポジウム　サハリンから北東日本海域における古代・中世交流史の考古学的研究』　中央大学文学部史学科

小野裕子　2007「「サハリンの様相 - 熊木俊朗報告に対するコメント -」『北東アジア交流史研究』　塙書房

柏木大延　2003「C424・C507遺跡」『札幌市文化財調査報告書』71

加藤邦雄　1981「瀬棚町発見の火葬墓について」『北海道考古学』17

加藤博文ほか　2005「斜里町チャシコツ岬下B遺跡」『北海道考古学会 2005年度遺跡調査報告会資料集』

加藤博文ほか　2006a「斜里町チャシコツ岬下B遺跡の調査」『第7回 北アジア調査研究報告会要旨集』

加藤博文ほか　2006b「知床半島チャシコツ岬下B遺跡で確認したオホーツク文化終末期のヒグマ祭祀遺構について」『北海道考古学』42

金子浩昌　2003「青苗貝塚の動物遺存体の特徴と擦文人の経済活動について」『青苗貝塚における骨角器と動物遺存体』　奥尻町教育委員会

金盛典夫　1976a『ピラガ丘遺跡 - 第Ⅲ地点調査報告 -』　斜里町教育委員会

金盛典夫　1976b「トビニタイ土器群の編年的位置について」『ピラガ丘遺跡 - 第Ⅲ地点調査報告 -』　斜里町教育委員会

金盛典夫　1981「須藤遺跡・内藤遺跡発掘調査報告」『斜里町文化財調査報告』1

金盛典夫・椙田光明　1984「オホーツク文化の終末と擦文文化の関係」『考古学ジャーナル』235

川上　淳　1994『穂香竪穴群発掘調査報告書』　根室市教育委員会

菊池勇夫編　2003「蝦夷島と北方世界」『日本の時代史』19　吉川弘文館

菊池徹夫　1970「擦文土器の形態分類と編年についての一考察」『物質文化』15

菊池徹夫　1972a「トビニタイ土器群について」『常呂』　東京大学文学部

菊池徹夫　1972b「11号・12号およびその発掘に伴って発見された遺構群について」『常呂』　東京大学文学部

菊池徹夫　1972c「擦文土器基本形態の形成」『北海道考古学』8

菊池徹夫　1977「オホーツク文化と擦文文化・アイヌ文化の関係」『シンポジウム　オホーツク文化の諸問題発表要旨』　北海道大学文学部附属北方文化研究施設

菊池徹夫　1978「オホーツク文化の住居について」『北方文化研究』12

菊池徹夫　1979「靺鞨とオホーツク文化」『三上次男博士頌寿記念　東洋史・考古学論集』　朋友書店
菊池徹夫　1980「擦文文化の終末年代」『古代探叢　滝口宏先生古稀記念考古学論集』　早稲田大学出版部
菊池徹夫　1982「オホーツク文化と擦文文化・アイヌ文化の関係報告」『シンポジウム　オホーツク文化の諸問題』　学生社
菊池徹夫　1984「蝦夷の考古学」『歴史公論』109
菊池徹夫　1988「北の民　蝦夷とアイヌ」『図説検証　原像日本』1（人間と生業　列島の遠き祖先たち）　旺文社
菊池徹夫　1989a「オホーツク文化」『よみがえる中世』4（北の中世　津軽・北海道）　平凡社
菊池徹夫　1989b「中世蝦夷地と考古学」『よみがえる中世』4　平凡社
菊池徹夫　1992「北の海の考古学」『海と列島文化』10　小学館
菊池徹夫　1993a「土器文化からアイヌ文化へ － 上ノ国シンポジウムでのご質問にこたえて －」『海峡をつなぐ日本史』　三省堂
菊池徹夫　1993b「擦文文化はアイヌ文化の前身か」『別冊宝島　アイヌの本』　宝島社
菊池徹夫　1996「「擦文以後」をめぐって」『博物館フォーラム　アイヌ文化の成立を考える』　北海道立北方民族博物館
菊池徹夫　1997「オホーツク文化・擦文文化とアイヌ文化」『環オホーツク海文化のつどい報告書』5　紋別市立郷土博物館
菊池徹夫・石附喜三男　1982「オホーツク文化と擦文文化・アイヌ文化の関係」『シンポジウム　オホーツク文化の諸問題』　学生社
菊池俊彦　1976a「オホーツク文化に見られる靺鞨・女真系遺物」『北方文化研究』10
菊池俊彦　1976b「ソ連邦におけるカラフト・千島の考古学研究動向」『考古学ジャーナル』124
菊池俊彦　1987「オーリガ＝ヴァシーリエヴナ＝ヂャーコヴァ『ソ連邦極東の中世初期の土器 － 4～10世紀の歴史資料として －』」『考古学研究』34-1
菊池俊彦　1990「オホーツク文化と同仁文化」『古代文化』42-10
菊池俊彦　1993「アイヌ文化の起源と系統をめぐつて － 菊池徹夫報告へのコメント －」『海峡をつなぐ日本史』　三省堂
菊池俊彦　1995a『北東アジア古代文化の研究』　北海道大学図書刊行会
菊池俊彦　1995b「オホーツク文化の小鐸に寄せて」『近藤義郎古希記念考古論文集』　同論文集刊行会
北構保男　1939「北海道稚内町附近の先史時代遺跡調査概報」『上代文化』17
北構保男・岩崎卓也編　1972『浜別海遺跡』　北地文化研究会
木村哲朗　2003『青苗遺跡 － 貝塚台地北東斜面 －』　奥尻町教育委員会
木山克彦　2006「アムール女真文化の土器に関する基礎的整理と編年について」『北東アジア中世遺跡の考古学的研究　平成17年度研究成果報告書』
木山克彦　2007「渤海土器の編年と地域差について」『北方圏の考古学』1
喬　梁　2007「靺鞨陶器の地域区分・時期区分および相関する問題の研究」『北東アジア文化交流史研究』　塙書房
清野謙次　1969「北見国網走郡網走町モヨロ貝塚」・「根室国根室郡和田村オンネトウの竪穴」『日本貝塚の研究』　岩波書店
久保　泰　1983「静浦D遺跡と道南地方の擦文文化」『考古学ジャーナル』213
熊木俊朗　2000「香深井5遺跡出土「元地式」土器について」『香深井5遺跡発掘調査報告書 (2)』　礼文町教育委員会
熊木俊朗　2001：[2002]「オホーツク文化期以前の遺物」『トコロチャシ遺跡』　東京大学大学院人文社会系研究

科考古学研究室

熊木俊朗　2003「トコロチャシ遺跡オホーツク地点の調査」『居住形態と集落構造から見たオホーツク文化の考古学的研究』　東京大学大学院人文社会系研究科

熊木俊朗　2004「サハリンの様相」『北東アジアシンポジウム　サハリンから北東日本海域における古代・中世交流史の考古学的研究』　中央大学文学部史学科

熊木俊朗　2005「江の浦式土器編年の再検討 − アムール河口部ニコラエフスク空港第1遺跡の成果をもとに −」『間宮海峡先史文化の復元と日本列島への文化的影響』　東京大学常呂実習施設

熊木俊朗　2006「オホーツク土器と擦文土器の出会い − まったく異なる系統の出会いと融合 −」『異系統土器の出会い − 土器研究の新しい可能性を求めて −』

熊木俊朗　2007a「サハリン出土オホーツク土器の編年 − 伊東信雄氏編年の再検討を中心に −」『北東アジア交流史研究』　塙書房

熊木俊朗　2007b「オホーツク海北西海岸・アムール河口部・サハリンの土器編年図」『北東アジア交流史研究』　塙書房

熊木俊朗　2007c「サハリン州コルサコフ地区「セディフ1遺跡」の調査研究」『第8回　北アジア調査研究報告会要旨集』

河野広道　1931　「墓標の型式より見たるアイヌの諸系統」『蝦夷往来』4

河野広道　1933a「樺太の旅　Ⅰ・Ⅱ」『人類学雑誌』48−3・5

河野広道　1933b『北海道原始文化聚英』　民俗工芸研究会

河野広道　1935「北海道の石器時代概要」『ドルメン』4−7

河野広道　1955「先史時代史」『斜里町史　第1編』　斜里町

河野広道　1958「先史時代篇・原史時代篇」『網走市史』　網走市役所

河野広道　1959「北海道の土器」『郷土の科学』23

河野広道・名取武光　1940「北海道の先史時代」『人類学・先史学講座』6　雄山閣

越田賢一郎編　2003『奥尻町青苗砂丘　2』(重要遺跡確認調査報告書　3)　北海道埋蔵文化財センター

小嶋芳孝　1993「中国東北地方の渤海土器について − 大川遺跡出土の黒色壺を考える −」『大川遺跡発掘調査概報 − 余市川改修事業に伴う埋蔵文化財発掘調査の概要　5 (1993年度)』　余市町教育委員会

小嶋芳孝　2001「黒色土器の再検討」『余市町大川遺跡における考古学的調査』4　余市町教育委員会

小嶋芳孝　2002「古代日本海世界北部の交流」『北の環日本海世界』　山川出版社

小嶋芳孝　2004「環日本海の様相」『北東アジアシンポジウム　サハリンから北東日本海域における古代・中世交流史の考古学的研究』　中央大学文学部史学科

児玉恭子　1984「エミシ・エゾ・蝦夷、毛人の意味」『律令制と古代社会』　東京堂出版

児玉作左衛門　1948『モヨロ貝塚』　北海道原始文化研究会出版部

後藤寿一　1934「北海道の先史時代についての私見」『考古学雑誌』24-11

後藤寿一　1937「札幌市及其付近の遺跡・遺物の二三に就いて」『考古学雑誌』27−9

後藤寿一・曽根原武保　1934「胆振国千歳郡恵庭村の遺跡について」『考古学雑誌』24-2

小林　敬　2004「網走川流域におけるトビニタイ土器群の出土する遺跡」『宇田川洋先生華甲記念論文集』　北海道出版企画センター

駒井和愛　1948「オホーツク式遺跡と大陸文物」『歴史』1-2

駒井和愛　1952「北満州発見の土器二、三に就いて」『中国考古学研究』　世界社

駒井和愛編　1963『オホーツク海沿岸・知床半島の遺跡(上巻)』　東京大学文学部

駒井和愛編　1964『オホーツク海沿岸・知床半島の遺跡(下巻)』　東京大学文学部
駒井和愛・江上波夫　1934「東亜考古学」『世界歴史大系』2（東洋考古学）　平凡社
駒井和愛・吉田章一郎　1964「モヨロ貝塚の発掘(続)」『オホーツク海沿岸・知床半島の遺跡(下巻)』　東京大学文学部
ゴルブノフ　1995「近年発見のサハリンの遺跡と遺物」(21　択捉島レイドボⅠ遺跡の土器」)『北方博物館交流』8
犀川会編　1933『北海道原始文化聚英』　民俗工芸研究会
斎藤　淳　2001「津軽海峡領域における古代土器の変遷について」『青森大学考古学研究所紀要』4
斎藤　淳　2002「本州における擦文土器の変遷と分布について」『海と考古学とロマン－市川金丸先生古稀記念献呈論文集－』　市川金丸先生古稀を祝う会
斉藤　忠　1933「千島択捉島出土の土器及石器」『考古学雑誌』23-6
斉藤　傑　1967「擦文文化初頭の問題」『古代文化』19-5
斉藤　傑　1983「擦文土器の成立をめぐる問題」『北海道考古学』19
西蓮寺　健　1979「ウサクマイ遺跡群とその周辺における考古学的調査」『千歳市文化財調査報告書』4
榊田朋広　2006「トビニタイ式土器における文様構成の系統と変遷」『物質文化』81
櫻井清彦　1958「北海道奥尻島青苗貝塚について」『古代』27
佐藤和雄　1994「美々3遺跡　美々8遺跡」『美沢川流域の遺跡群 17』　北海道埋蔵文化財センター
佐藤孝雄　1993「「クマ送り」の系統：羅臼町オタフク岩洞窟におけるヒグマ儀礼の検討」『国立歴史民俗博物館研究報告』48
佐藤隆広　1994『目梨泊遺跡』　枝幸町教育委員会
佐藤隆広・佐藤利和　1986『豊岩5遺跡・豊岩7遺跡』　稚内市教育委員会
佐藤忠雄　1979「北海道南西部の擦文文化－青苗貝塚にみる終末期の資料－」『季刊どるめん』22
佐藤忠雄ほか　1964『稚内・宗谷の遺跡』　稚内市教育委員会
佐藤達夫　1963「朝鮮有紋土器の変遷」『考古学雑誌』48-3
佐藤達夫　1964a「モヨロ貝塚の縄文・続縄文及び擦文土器について」『オホーツク海沿岸・知床半島の遺跡(下巻)』　東京大学文学部
佐藤達夫　1964b「オホーツク遺物の特色（駒井和愛と共著）」『オホーツク海沿岸・知床半島の遺跡(下巻)』　東京大学文学部
佐藤達夫　1972「擦紋土器の変遷について」『常呂』　東京大学文学部
佐藤達夫　1974「土器型式の実態－五領ヶ台式と勝坂式の間－」『日本考古学の現状と課題』　吉川弘文館
佐藤達夫　1978『日本の先史文化－その系統と年代－』　河出書房新社
佐藤達夫　1983『東アジアの先史文化』　六興出版
佐藤友治・亀井喜久太郎　1956『厚真村古代史』
澤　四郎　1963「北海道阿寒町殉公碑公園遺跡発掘報告」『北海道阿寒町の文化財(先史文化篇)』1　阿寒町教育委員会
澤　四郎・富永慶一　1963「北海道阿寒町シュンクシタカラ遺跡発掘報告」『北海道阿寒町の文化財(先史文化篇)』1　阿寒町教育委員会
澤　四郎ほか　1972「釧路市緑ヶ岡STV遺跡発掘報告」『釧路市博物館紀要』1
澤　四郎・宇田川　洋ほか　1971『弟子屈町下鐺別遺跡発調査報告書』　弟子屈町教育委員会
澤井　玄　1992「「トビニタイ土器群」の分布とその意義」『古代』93
澤井　玄　1995「北海道内のオホーツク文化の変容について」『環オホーツク』3

澤井　玄　1998「北海道東部における擦文文化の拡散と終末」『野村崇先生還暦記念論集　北方の考古学』　野村崇先生還暦記念論文集刊行会
澤井　玄　2003「トビニタイ文化」『新北海道の古代』2（続縄文・オホーツク文化）　北海道新聞社
澤井　玄　2007a「北東日本海域の古代・中世土器編年 − 北海道内の7〜13世紀の土器編年について −」『北東アジア交流史研究』　塙書房
澤井　玄　2007b「北海道内における擦文土器の終末時期について − 天野・小野報告へのコメント −」『北東アジア交流史研究』　塙書房
澤井　玄　2007c「十一〜十二世紀の擦文人は何をめざしたか − 擦文文化の分布域拡大の要因について −」『アイヌ文化の成立と変容 − 交易と交流を中心として −』　法政大学国際日本学研究所
シャフクーノフ，E. V. ワシーリェフ，Yu. M. 1993「アムール流域のパクローフカ文化：年代推定と民族解釈の問題（天野哲也訳）」『北海道考古学』29
斜里町立知床博物館編　2003「ウトロに眠る巨大遺跡」『博物館のひろば』88
市立函館博物館編　1973『函館志海苔古銭 − 北海道中世備蓄銭の報告書 −』
市立函館博物館編　1983『児玉コレクション目録』1（先史・考古学資料編）
末光貞卓・立川トマス　1995「恵庭市ユカンボシE7遺跡」『北海道埋蔵文化財センター調査報告書』132
杉浦重信　1999「続縄文からアイヌへ　報告1　千島・カムチャッカの様相」『シンポジウム海峡と北の考古学 − 文化の接点を探る資料集 −』　日本考古学協会
椙田光明　1978「伊茶仁カリカリウス遺跡の遺物・伊茶仁チシネ第2遺跡の遺物」『標津の竪穴　昭和52年度標津町内遺跡分布調査事業発掘調査報告書』　標津町教育委員会
椙田光明　1980「（ふ化場第一遺跡）試掘調査」『標津の竪穴』3　標津町教育委員会
椙田光明　1981「伊茶仁ふ化場第1遺跡」『標津の竪穴』4　標津町教育委員会
椙田光明　1982a『伊茶仁カリカリウス遺跡発掘調査報告書』　標津町教育委員会
椙田光明　1982b「発掘調査のまとめ」『伊茶仁カリカリウス遺跡発掘調査報告書』　標津町教育委員会
椙田光明　1987「幌別川左岸竪穴群遺跡」『標津の竪穴』10　標津町教育委員会
椙田光明　1992「オホーツクの狩猟民」『新版　古代の日本』9（東北・北海道）　角川書店
椙田光明　1996「トビニタイ文化と擦文文化の様相」『博物館フォーラム　アイヌ文化の成立を考える』　北海道立北方民族博物館
杉山寿栄男　1932「熊の模様のある土器」『人類学雑誌』48-3・4
鈴木克彦　1979「青森県の擦文文化 − 擦文文化の外縁における一様相 −」『季刊どるめん』22
鈴木　信　1998「成果と問題点(7)　土杭墓等出土の土器」『千歳市ユカンボシC15遺跡(1)』　北海道埋蔵文化財センター
鈴木　信　1999「北大式以降の墓制について − 北海道中央部の様相を中心として −」『シンポジウム　海峡と北の考古学 − 文化の接点を探る −』　日本考古学協会釧路大会実行委員会
鈴木　信　2004a「「第Ⅱ部会C検討会：擦文文化成立にかかわる東北北部地域の様相」に対する見解」『シンポジウム　蝦夷からアイヌへ』　北海道大学総合博物館
鈴木　信　2004b「第Ⅰ部会A検討会：「北大式土器」の型式論的処理に関する問題 −「土器群の実態をどう捉えるべきか、その方法論的検討 −」に対する見解」『シンポジウム　蝦夷からアイヌへ』　北海道大学総合博物館
鈴木靖民　1996「古代蝦夷の世界と交流」『古代王権と交流』1　名著出版
瀬川拓郎　2003「擦文時代の交易体制」『歴史評論』639
瀬川拓郎　2005a『アイヌ・エコシステムの考古学』　北海道出版企画センター

瀬川拓郎　2005b「同化・変容・残存 - 住居にみるアイヌ文化の成立過程 -」『海と考古学』　六一書房
瀬川拓郎　2006「異文化・商品・共生」『考古学研究』53-2
瀬川拓郎　2007『アイヌの歴史 - 海と宝のノマド -』　講談社
瀬川拓郎　2008「サハリン・アイヌの成立」『中世の東北アジアとアイヌ』　高志書院
関口　明　1992『蝦夷と古代国家』　吉川弘文館
高杉博章　2001「擦文時代の祭りとその系譜 - 道西南部と道東部の様相の比較から -」『渡島半島の考古学 - 南北海道考古学情報交換会20周年記念論集 -』　同論集刊行会
高橋　理編　1996「末広遺跡における考古学的調査　4」『千歳市文化財調査報告書』21
高橋　健ほか　2005「北海道　続縄文・擦文・オホーツク文化以降」『考古学ジャーナル』530
高畠孝宗　2003『オホーツク文化の信仰と儀礼』『新北海道の古代』2（続縄文・オホーツク文化）　北海道新聞社
高畠孝宗　2004『目梨泊遺跡 - 目梨泊遺跡における埋蔵文化財発掘調査報告書 -』　枝幸町教育委員会
竹石健二・澤田大太郎　2002「本学所蔵の樺太の土器」『史叢』66
武田　修　1986『トコロチャシ南尾根遺跡』　常呂町教育委員会
武田　修　1991『TK73遺跡』　常呂町教育委員会
武田　修　1992「オホーツク文化期の土壙墓」『月刊文化財』343
武田　修　1995『栄浦第二・第一遺跡』　常呂町教育委員会
武田　修　1996a『常呂川河口遺跡(1)』　常呂町教育委員会
武田　修　1996b「オホーツク文化にみるアイヌ的要素」『博物館フォーラム　アイヌ文化の成立を考える』　北海道立北方民族博物館
武田　修　1996c「オホーツク文化竪穴住居内の遺物出土パターンについて」『古代文化』48-6
武田　修　2002『常呂川河口遺跡 - 常呂川河口右岸掘削護岸工事に係る発掘調査報告書 -』　常呂町教育委員会
武田　修　2003『常呂川河口遺跡(3)』　常呂町教育委員会
竹田輝雄ほか　1963「発足岩陰遺跡」『小樽市博物館紀要』2
田才雅彦　2004「第Ⅰ部会A検討会：「北大式土器」の型式論的処理に関する問題 -「土器群の実態をどう捉えるべきか、その方法論的検討 -」に関する見解」『シンポジウム　蝦夷からアイヌへ』　北海道大学総合博物館
田中哲郎・種市幸生　2001「ウサクマイN遺跡」『北海道埋蔵文化財センター調査報告書』156
種市幸生　1980「オホーツク文化」『北海道考古学講座』　みやま書房
種市幸生　2001「ウサクマイN遺跡の性格について」『北海道埋蔵文化財センター調査報告書』156
種屯内遺跡調査団編　1998「種屯内遺跡第2次発掘調査概要(1996年)」『利尻研究』17
種屯内遺跡調査団編　1999「種屯内遺跡第3次発掘調査概要(1977年)」『利尻研究』18
田村俊之編　1985「末広遺跡における考古学的調査(続)」『千歳市文化財調査報告書』11
千葉大学文学部考古学研究室編　2005『北海道標津町　伊茶仁ふ化場第1遺跡　第1次発掘調査概報』
千葉大学文学部考古学研究室編　2006『北海道標津町　伊茶仁ふ化場第1遺跡　第2次発掘調査概報』
千葉大学文学部考古学研究室編　2007『北海道標津町　伊茶仁ふ化場第1遺跡　第3次発掘調査概報』
塚本浩司　2002「擦文土器の編年と地域差」『東京大学大学院人文社会系研究科・文学部考古学研究室紀要』17
塚本浩司　2003「擦紋土器時代遺跡分布の変遷について」『東京大学考古学研究室研究紀要』18
塚本浩司　2004「第Ⅰ部会A検討会：「北大式土器」の型式論的処理に関する問題 -「土器群の実態をどう捉えるべきか、その方法論的検討 -」に対する見解」『シンポジウム　蝦夷からアイヌへ』　北海道大学総合博物館
デリューギン, V. A.　2003「テバフ式土器の発展の問題について」『北海道大学総合博物館研究報告』1
東京大学大学院人文社会系研究科考古学研究室・常呂実習施設編　2001：[2002]『トコロチャシ遺跡』

東京大学文学部考古学研究室編　1972『常呂』　東京大学文学部
東京大学文学部考古学研究室編　1980『ライトコロ川口遺跡』　東京大学文学部
富永慶一　1965「浜中村霧多布出土のオホーツク式土器」『北海道考古学』1
豊田宏良　1995『ウサクマイN・蘭越7遺跡における考古学的調査』千歳市教育委員会
豊原熙司・福士広志　1980「浜中町内の遺物」『浜中町埋蔵文化財分布調査報告(第3次)』浜中教育委員会
豊原熙司・本田克代　1980「船見町高台遺跡(遺物)」『羅臼町文化財報告』4
仲田茂司　2000「東北・北海道における古墳時代中・後期土器様式の編年」『日本考古学』4
中田裕香　1996「北海道の古代社会の展開と交流」『古代王権と交流』1　名著出版
中田裕香　2004a「擦文文化の土器」『新北海道の古代』2(続縄文・オホーツク文化)　北海道新聞社
中田裕香　2004b「オホーツク・擦文文化の土器」『考古資料大観』11(続縄文・オホーツク・擦文文化)　小学館
中田裕香ほか　1989「深川市東広里遺跡」『北海道埋蔵文化財センター調査報告書』57
中村五郎・興野義一　2006「いわゆる交互刺突文土器と前一千年紀以後の北陸・東北・北海道」『北奥の考古学』葛西勵先生還暦記念論文集刊行会
名取武光　1939「北海道の土器」『人類学・先史学講座』10　雄山閣
名取武光　1948「昭和23年度　モヨロ遺跡発掘の新事実と考察」『モヨロ貝塚と考古学』札幌講談社
名取武光　1974「南千島の発掘旅行記 - 四十年前の南千島紀行 -」『名取武光著作集　アイヌと考古学(2)』北海道出版企画センター
名取武光・大場利夫　1964「モヨロ貝塚出土の文化遺物」『オホーツク海沿岸・知床半島の遺跡(下巻)』東京大学文学部
名取武光・峰山　巌　1962「アヨロ遺跡」『北方文化研究報告』17
新岡武彦　1949「利礼郷土研究会発足」『利礼郷土研究』創刊号
新岡武彦　1950「北海道利尻郡仙法志村政泊先史時代遺跡調査概報」『利礼郷土研究』5
新岡武彦・宇田川　洋編　1992『サハリン南部の考古資料』北海道出版企画センター
西　幸隆　1970「釧路地方のオホーツク式土器について」『釧路博物館報』207
西　幸隆　1992『北海道釧路市　東釧路第3遺跡・緑ケ岡1遺跡 - 下水道工事に伴う立会い調査報告書 -』釧路考古学研究会
西本豊弘　1978「動物遺存体」『亦稚貝塚』利尻町教育委員会
西本豊弘　1981「須藤遺跡出土の動物遺存体」『須藤遺跡・内藤遺跡発掘調査報告書』(斜里町文化財調査報告 1)
西本豊弘編　1999「能取岬周辺の遺跡」『北方民族博物館調査報告』2　北海道立北方民族博物館
西本豊弘編　2003「根室市弁天島遺跡発掘調査報告」『国立歴史民俗博物館研究報告』107
根本直樹　1985「火山灰を視点とする擦文式土器編年の一試案」『北海道考古学』21
野村　崇　1993「1800～1000年前の南千島の考古学」『考古学の世界』1(北海道・東北)　ぎょうせい
野村　崇・平川善祥編　1982「二ツ岩」『北海道開拓記念館研究報告』7
羽柴直人　1995「岩手県九戸地方のロクロ使用以前の土師器」『紀要』15(岩手県文化振興事業団埋蔵文化財センター)
馬場　脩　1936「北千島占守島の第二回考古学的調査報告」『人類学雑誌』51-3
早川由紀夫・小山真人　1998「日本海をはさんで10世紀に相次いで起こった二つの大噴火の年月日 - 十和田湖と白頭山 -」『火山』43-5
平川善祥　1984「竪穴住居址」『考古学ジャーナル』544
平川善祥　1995「サハリン・オホーツク文化末期の様相」『「北の歴史・文化交流研究事業」研究報告』北海道開

拓記念館
平川善祥　1996「北方地域からみたアイヌ文化の成立 – 近年のサハリンでの発掘調査から –」『博物館フォーラム　アイヌ文化の成立を考える』　北海道道立北方民族博物館
平光吾一　1929「千島及び弁天島出土器破片に就いて」『人類学雑誌』44-5
福沢仁之ほか　1998「年縞堆積物を用いた白頭山-苫小牧火山灰(B-Tm)の降灰年代の推定」『汽水域研究』5
福士廣志　1983「姉別川17遺跡発掘調査報告」『浜中町文化財調査報告』2
福士廣志　1990「増毛阿分3遺跡出土のオホーツク式土器」『潮騒』創刊号
福田正宏　2004「北海道　続縄文・擦文・オホーツク文化以降」『考古学ジャーナル』516
福田正宏　2006「北海道　続縄文・擦文・オホーツク文化以降」『考古学ジャーナル』544
福田正宏・笹田朋孝・榊田朋広　2007「北海道　続縄文・擦文・オホーツク文化以降」『考古学ジャーナル』558
藤井誠二　1997「K39遺跡　長谷工地点」『札幌市文化財調査報告書』55
藤井誠二　2001「K39遺跡　第6次調査 – 環状通整備事業に伴う発掘調査 –」『札幌市文化財調査報告書』65
藤本　強　1965「オホーツク文化の葬制について」『物質文化』6
藤本　強　1966「オホーツク土器について」『考古学雑誌』51-4
藤本　強　1972a「常呂川下流域の擦文土器について」『常呂』　東京大学文学部
藤本　強　1972b「調査の経過と問題点の摘出」『常呂』　東京大学文学部
藤本　強　1979a「トビニタイ文化と遺跡立地」『北海道考古学』15
藤本　強　1979b『北辺の遺跡』　教育社
藤本　強　1982a『擦文文化』　教育社
藤本　強　1982b「書評　大場利夫・大井晴男編『香深井遺跡（上・下）』」『考古学雑誌』68-2
藤本　強　1988『もう二つの日本文化』　東京大学出版会
プロコフィエフ　1993「南千島の擦文文化遺跡」『考古学の世界』1（北海道・東北）　ぎょうせい
北大解剖教室調査団　1963「小幌洞窟遺跡」『北方文化研究報告』18
北地文化研究会　1968「根室市弁天島西貝塚調査概報 – 1968年度 –」『考古学雑誌』54-2
北地文化研究会　1979「根室市弁天島西貝塚竪穴調査報告」『北海道考古学』15
北海道立民族博物館編　1996『博物館フォーラム　アイヌ文化の成立を考える』
本田克代・村田吾一　1980「国後島の遺物」『羅臼町文化財報告』5
前川　要編　2007『北東アジア交流史研究 – 古代と中世 –』　塙書房
前田　潮　1966「墓壙の発掘調査」『北海道根室の先史遺跡』　東京教育大学文学部
前田　潮　1976a「北海道の内耳土鍋について」『古代・中世の社会と民俗文化 – 和歌森太郎先生還暦記念 –』　雄山閣
前田　潮　1976b「オホーツク文化の確立過程について」『史学研究』106
前田　潮　1977「オホーツク文化の展開と地域性」『シンポジウム　オホーツク文化の諸問題』　学生社
前田　潮　1980「擦文時代住居の火処について」『北方科学調査報告』1　筑波大学
前田　潮　1985「道東地方における擦文文化終末期住居様式の諸形態」『日本史の黎明　八幡一郎先生頌寿記念考古学論集』　六興出版
前田　潮　1994「オホーツク海沿岸地域の考古学」『月刊文化財』134
前田　潮　2002『オホーツクの考古学』　同成社
前田　潮編　2006「座談会(1994)：オホーツク文化の形成をめぐる諸問題 – 浜中2遺跡の調査(1991-1993)を終えて –」『貝塚』61

前田　潮ほか　2004『目梨泊遺跡 - 目梨泊遺跡における埋蔵文化財学術発掘調査報告書 -』　枝幸町教育委員会

前田　潮・藤沢隆史編　2001『香深井6遺跡発掘調査報告書　1998・1999』　礼文町教育委員会

前田　潮・山浦　清編　1992『北海道礼文町　浜中2遺跡の発掘調査』　礼文町教育委員会

前田　潮・山浦　清編　2002「礼文島浜中遺跡第2～4次発掘調査報告」『筑波大学　先史学・考古学研究』13

前田　潮・山浦　清編　2004『根室市トーサムポロ遺跡R-1地点の発掘調査報告書 - オホーツク文化末期の竪穴群 -』　北地文化研究会

桝本　哲　1987「I.V.アセーエフ、I.I.キリーロフ、E.V.ガヴィーチェフ著『中世ザバイカリエの遊牧民』」『考古学研究』34-3

町田　洋ほか　1981「日本海を渡ってきたテフラ」『科学』51

町田　洋・福沢仁之　1996「湖底堆積物からみた10世紀白頭山大噴火の発生年代」『日本第四紀学会講演要旨集26』日本第四紀学会

松下　亘　1963「いわゆる北大式についての一考察 - 続縄文文化の終末と擦文文化の初現の問題点 -」『北海道地方史研究』46

松下　亘ほか　1964『知床岬』　網走市立郷土博物館

松田　功　2002「チャシコツ岬下B遺跡発掘調査報告書」『斜里町文化財調査報告』16

松田　功・荻野幸男　1993「オショコマナイ河口東遺跡・オタモイ1遺跡」『斜里町文化財報告』5

松田宏介　2002「小幌洞窟遺跡出土擦文土器の再検討」『北大史学』42

松田　猛　2004「北海道東部太平洋岸における擦文土器について」『宇田川洋先生華甲記念論文集』　北海道出版企画センター

松谷純一　1988「中島松6遺跡」『中島松6・7遺跡』　恵庭市教育委員会

松谷純一　1989「中島松遺跡5A地点」『北海道恵庭市発掘調査報告書』　恵庭市教育委員会

松村博文　2003「奥尻島青苗砂丘遺跡より出土した人骨について」『奥尻町青苗砂丘遺跡　2』（重要遺跡確認調査報告書　3）　北海道埋蔵文化財センター

間山良治　2000「浪岡町の古代遺跡」『浪岡町史』1　浪岡町

三浦圭介　1991「本州の擦文文化」『考古学ジャーナル』341

三浦圭介　1994「考古学的に見た奥州藤原氏と津軽地方の関係」『年報　市史ひろさき』3

三浦圭介　2000「土器の編年」『浪岡町史』1　浪岡町

三浦圭介　2004「本州北部の古代・中世社会から見た「アイヌ文化成立期」について」『シンポジウム　蝦夷からアイヌへ』　北海道大学総合博物館

皆川洋一編　2002『奥尻町青苗砂丘遺跡』（重要遺跡確認調査報告書　2）　北海道埋蔵文化財センター

皆川洋一　2003「青苗砂丘遺跡の調査」・「奥尻町青苗砂丘遺跡にみられるオホーツク文化の諸段階」『奥尻町青苗砂丘　2』（重要遺跡確認調査報告書　3）　北海道埋蔵文化財センター

峰山　巌・竹田輝雄　1971「天内山 - 続縄文・擦文・アイヌ文化の遺跡 -」『北海道発掘調査シリーズ』　北海道企画出版センター

峰山　巌・宮塚義人　1983「おびらたかさご - 擦文時代の集落跡 -」『小平町文化財調査報告』1・2

蓑島栄紀　2001『古代国家と北方社会』　吉川弘文館

蓑島栄紀　2004「文献史から見た青苗砂丘遺跡の提起するもの」『第5回　北アジア調査研究会要旨集』

宮　宏明編　2000『大川遺跡における考古学的調査Ⅰ - 余市川河川改修工事に伴う1989～1994年度　大川遺跡発掘調査報告書（第一分冊　総説・竪穴状建物址篇）-』　余市町教育委員会

宮城県教育委員会　2001「山王遺跡八幡地区の調査　2」『宮城県文化財調査報告書』186

森　秀之編　2004「茂漁7遺跡・茂漁8遺跡」『北海道恵庭市発掘調査報告書』

柳澤清一　1977「称名寺式土器論(前編)」『古代』63

柳澤清一　1980「大木10式土器論」『古代探叢』　早稲田大学出版部

柳澤清一　1985「加曽利E式の細別と呼称(前編)」『古代』80

柳澤清一　1986「加曽利E式の細別と呼称(中編)」『古代』82

柳澤清一　1988「「大木10式土器論」続考」『北奥古代文化』19

柳澤清一　1990a「大木9-10式土器論(上)」『先史考古学研究』3

柳澤清一　1990b「杉原荘介と"登呂"肇国の考古学」『土曜考古』15

柳澤清一　1993a「北奥「大木10式併行土器」の編年－富沢(2)遺跡C地区の新資料を中心として－」『櫻井清彦先生古稀記念論文集』　雄山閣

柳澤清一　1993b「大木9-10式土器論(下)」『先史考古学研究』4

柳澤清一　1995「「日本古代文化学会」と歴史教科書の編纂」『古代』99

柳澤清一　1999a「北方編年小考－ソーメン紋土器とトビニタイ・カリカリウス土器群の位置－」『茨城県考古学協会誌』11

柳澤清一　1999b「北方編年研究ノート－道東「オホーツク式」の編年とその周辺－」『先史考古学研究』7

柳澤清一　2000「南千島から利尻島へ－道東編年と道東編年の対比－」『東邦考古』24

柳澤清一　2001「礼文・利尻島から知床・根室半島へ－道北・道東「オホーツク式」・トビニタイ・擦紋土器編年の対比－」『先史考古学研究』8

柳澤清一　2002「西日本における縄紋後期初頭編年の検討」『犬飼徹夫先生古稀記念論文集』　同論文集刊行会

柳澤清一　2003「北方編年再考　その(1)　川西遺跡編年と「オホーツク式」伴出事例の謎」『(千葉大学)人文研究』32

柳澤清一　2004「北方編年再考　その(2)　トビニタイ・「カリカリウス土器群」の細分について」『(千葉大学)人文研究』33

柳澤清一　2005a「北方編年再考　その(3)　斜里地方における「トビニタイ土器」編年の予察－ピラガ丘・須藤遺跡からオタフク岩遺跡へ－」『(千葉大学)人文研究』34

柳澤清一　2005b「擦紋末期土器と「トビニタイ土器群Ⅱ」の成立－根室半島から知床半島・斜里方面へ－」『社会文化科学研究科研究プロジェクト報告書』96(北方文化の中のアイヌ)　千葉大学大学院社会文化科学研究科

柳澤清一　2006a「道北における北方編年の再検討　その(1)　モヨロ貝塚から内路・上泊遺跡へ」『古代』119

柳澤清一　2006b「北方編年再考　その(4)　北海道島・南千島における北大式～擦紋Ⅳ期の広域編年－北海道島人と「オホーツク人」の接触を探る－」『(千葉大学)人文研究』35

柳澤清一　2006c『縄紋時代中・後期の編年学研究－列島における小細別編年網の構築をめざして－』　平電子印刷所

柳澤清一　2007a「北方編年再考　その(5)　二ツ岩遺跡編年の再検討－擦紋Ⅲ期における道東と道央の対比－」『(千葉大学)人文研究』36

柳澤清一　2007b「「ヒグマ祭祀遺構」出土の「トビニタイ土器群Ⅱ」の位置－チャシコツ岬遺跡群編年の再検討－」『物質文化研究』83

柳澤清一　2007c「北方島嶼の先史考古学」『北海道大学総合博物館ニュース』15

柳澤清一・岡本東三　2007「北海道標津町　伊茶仁ふ化場第1遺跡　第3次発掘調査の概要」『第8回　北アジア調査研究報告会要旨集』

矢吹俊男　1982「(美々8遺跡)第Ⅰ黒色土層上面の遺構と遺物」『美沢川流域の遺跡群』5　北海道埋蔵文化財

センター
山浦　清　1982「オホーツク文化の骨斧・骨篦・骨鍬」『東京大学文学部考古学研究室紀要』1
山浦　清　1983「オホーツク文化の終焉と擦文文化」『東京大学文学部考古学研究室研究紀要』2
山浦　清　1984「オホーツク文化の動物彫刻 – 特にイノカと思われるものを中心として –」『考古学ジャーナル』235
山浦　清　1993「「環オホーツク文化」という視点」『北海道考古学』29
山田悟郎ほか　1995「オホーツク文化から出土した大陸系遺物」『「北の歴史文化研究交流事業」研究報告』
山内清男　1930「所謂亀ケ岡式土器の分布と縄紋式土器の終末」『考古学』1-3
山内清男　1932-1933「日本遠古之文化 (1)～(7)」『ドルメン』1-4～9・2-2
山内清男　1933「日本遠古之文化 7（4 縄紋式以後）」『ドルメン』2-2
山内清男　1935「縄紋式文化」『ドルメン』4-6
山内清男　1937「縄紋土器型式の細別と大別」『先史考古学』1-1
山内清男　1939a～1941『日本先史土器図譜』1-12　先史考古学会
山内清男　1939b『日本遠古之文化』(補註付新版)　先史考古学会
山内清男　1964「日本先史時代概説　I（V 縄紋式以後の文化）」『日本原始美術』」講談社
山内清男　1969「縄紋時代研究の現段階」『日本と世界の歴史』1　学習研究社
山本文男　1984『ノトロ岬 – 昭和58年度　音別町ノトロ岬遺跡発掘調査報告書 –』　音別町教育委員会
八幡一郎ほか　1966『北海道根室の先史遺跡』(『東京教育大学文学部考古学研究報告』Ⅰ)　東京教育大学
八幡一郎ほか　1974「オンネモト」『東京教育大学文学部考古学研究報告』Ⅳ　東京教育大学
横山英介　1988「擦文時代の開始年代の修正について」『考古学ジャーナル』292
横山英介　1998「擦文文化にみる政治的陰翳」『道を辿る』　石附喜三男先生を偲ぶ本刊行委員会
横山英介・石橋孝夫　1975『Wakkaoi　石狩・八幡遺跡ワッカオイ地点緊急発掘調査報告書』　石狩町教育委員会
横山英介・直井孝一・石橋孝夫　1975「北海道の土師器 –「擦文土器」の母体をめぐっての試論 –」『考古学研究』22-2
吉崎昌一　1984「ソーメン文と山内清男」『考古学ジャーナル』235
米村喜男衛　1935「北海道網走町モヨリ貝塚中の人骨埋葬に就いて」『人類学雑誌』50-2
米村喜男衛　1950『モヨロ貝塚資料集』　網走郷土博物館
米村哲英ほか　1964『知床岬』　網走郷土博物館
米村哲英　1971『ピラガ丘遺跡』　斜里町教育委員会
米村哲英　1972『ピラガ丘遺跡　第Ⅱ地点発掘調査概報』　斜里町教育委員会
利尻富士町教育委員会　1995『利尻富士町役場遺跡発掘調査報告書』
立正大学文学部考古学研究室編　2002『久保常晴先生収集樺太考古資料』(立正考古 8)
涌坂周一　1971「羅臼（オタフク岩遺跡・合泊遺跡）」『羅臼町文化財報告』1
涌坂周一　1984「松法川北岸遺跡」『羅臼町文化財報告』8
涌坂周一　1989「幾田遺跡 (2)」『羅臼町文化財報告』13
涌坂周一　1991「オタフク岩遺跡」『羅臼町文化財報告』14
涌坂周一　1993「知床半島における熊送り儀礼の痕跡 – 羅臼町オタフク岩洞窟の一例 –」『古代文化』45-4
涌坂周一　1996a「オタフク岩洞窟におけるクマ送り儀礼の痕跡」『博物館フォーラム　アイヌ文化の成立を考える』　北海道立北方民族博物館
涌坂周一　1996b「相泊遺跡 (2)」『羅臼町文化財報告』16

涌坂周一　1999「知円別川南岸遺跡」『羅臼町文化財報告』17
涌坂周一　2002「隧道丘陵遺跡」『羅臼町文化財報告』18
涌坂周一・本田克代　1980「船見町高台遺跡」『羅臼町文化財報告』4
和田英昭・米村衛　1993『嘉多山3遺跡・嘉多山4遺跡』　網走市教育委員会
渡辺俊一　1981「石狩低地帯の土師器 － その受容と展開をめぐる素描 －」『北海道考古学』17

中文

尹　郁山　1990「吉林永吉省県査里巴村発現二座渤海墓」『考古』1990-6
王　培新　1997「靺鞨 － 女真系銅帯飾及相関問題」『北方文物』1997-1
吉林省博物館　1987「吉林永吉揚屯大海猛遺址」『考古学集刊』5
吉林省文物考古研究所「吉林永吉査理巴靺鞨墓地」『文物』1995-9
吉林省文物考古研究所・吉林省博物館・永吉県文化局　1991「吉林永吉揚屯遺址第三次発掘」『考古学集刊』7
喬　梁　1994「靺鞨陶器分期初探」『北方文物』1994-4
黒龍江省文物考古研究所　1989「黒龍江夢北県団結墓葬発掘」『考古』1989-8
黒龍江省文物考古研究所　1991「黒龍江省牡丹江樺林石場墓地」『北方文物』1991-4
黒龍江省文物考古研究所　1996「黒龍江海林市河口遺址発掘簡報」『考古』1996-2
黒龍江省文物考古研究所　1997「黒龍寧安市虹鱒漁場墓地の発掘」『考古』1997-9
西北大学歴史系考古専業　1987「@西扶風県案板遺址第二次発掘」『考古』1987-10
孫　秀仁・干　志耿　1982「論遼代五国部及其物質文化特徴 － 遼代五国部文化類型的提出与研究 －」『東北考古与歴史』1
譚　英杰・趣　虹光　1990「靺鞨故地上的探索 － 試論黒水靺鞨与粟末靺鞨物質文化的区別 －」『北方文物』1990-2
譚　英杰・趣　虹光　1993「再論黒龍江中游鉄器時代文化分期浅論」『考古与文物』1993-4
趣　虹光・譚　英譚　2000「黒龍江中游鉄器時代文化晩期遺存的分期 － 科薩科沃墓地試論 －」『北方文物』2000-2
田　華・胡　秀傑・張　泰湘　1991「黒龍江省娞永墓群原貌」『北方文物』1992-3

露文

Асеев, И.В., И.И. Кириллов, Е.В. Ковычев 1984 Кочевники Забайкалья в эпоху средневековья, Новосибирск.

Деревянко, Е.И. 1975　Мохэские памятники среднего Амура, Новосибирск.

Деревянко, Е.И. 1977　Троицкий могильник, Новосибирск.

Дьякова, О.В. 1993　Происхождение формирование и развитие средневековых культур дальнего Востока, Владивосток.

Медведев, В.Е. 1982　Средневековые памятники острова Уссурйското, Новосибирск.

Медведев, В.Е. 1986　Приамурье в конце I-начале II тысячелетия (чжурчжэньская эпоха), Новосибирск.

索 引

あ行

相泊(合泊)遺跡　224, 225, 226, 227, 231
アイヌ文化　17, 31, 215, 218, 219, 260, 289, 295, 455, 476
『アイヌ文化成立史』　295
「アイヌ文化」の成立　455
アイヌ民族　16, 17, 217, 510, 554
青苗貝塚　76, 549, 550, 551, 555, 558
青苗砂丘遺跡　217, 257, 557, 558, 559, 560, 561, 564, 565, 566, 568, 574, 580, 582, 584, 585, 587, 588, 590, 591, 592, 593, 594, 596, 632
青苗砂丘遺跡編年　557, 558, 584, 587
青柳文吉　69, 171, 218, 330
上げ底　171, 196, 296, 303, 380, 521
上げ土　218, 317, 329, 334, 338, 364, 367, 387, 391, 412, 423, 430, 432, 436, 440, 443, 486, 594
アジョールスクⅠ遺跡　623, 624, 625, 626
新しい青苗砂丘遺跡編年　557, 584
新しい道北編年体系　131
新しい北方古代史像　593
新しい北方史像　415
新しい北方編年体系　221, 343, 477, 512, 613
アダルガン遺跡　215
厚手素紋系土器　155, 156, 157, 159, 164, 165, 169, 170, 565, 582, 583
厚手土器　154, 159, 170
姉別川流域遺跡　113, 198, 546
『網走市史』　17, 18, 69
阿分3遺跡　165, 215
阿倍比羅夫　557, 560, 584, 590, 591, 592, 593, 596
天内山遺跡　521, 525
天野哲也　94, 132, 170, 632
アムール川(の)流域　93, 132, 167, 170, 231, 339, 592, 596, 609, 613, 614, 615, 617, 618, 619, 622, 623, 625, 626, 628, 629, 630, 631, 633
アムール川流域編年　623
異系統・異時期の土器　138, 175, 201, 207, 210
異系統(の)土器　23, 31, 45, 138, 169, 175, 185, 207, 307, 338, 346, 374, 477, 497, 502, 503, 504, 528, 547, 601, 603
異系統の文化　241, 339

異系統モチーフ　604, 619
イコロ　218, 375, 379
イコロ化　379
異時期　138, 175, 201, 204, 207, 209, 210, 212, 224, 372, 374, 376, 436
石附喜三男　76, 219, 309, 317, 341, 518, 592, 597
移住民　15, 509
移住民の土着化・混交　15
異種モチーフの融合現象　453
威信財　172, 258
遺跡・遺構単位の編年　21, 336, 448
遺跡・遺構単位の編年案　336
遺跡形成史　69, 243
遺跡(単位の)対比編年　54, 139, 423
遺跡単位の編年　77, 382
伊茶仁B遺跡　269, 317, 318, 320, 322, 323, 329, 330, 350, 367, 384, 387, 389, 390, 391, 408, 409
伊茶仁遺跡B地点　309, 423, 425, 426, 427, 429
伊茶仁カリカリウス遺跡　1, 243, 317, 321, 322, 323, 327, 332, 333, 343, 348, 350, 351, 379, 389, 477
伊茶仁カリカリウス遺跡の編年　332
伊茶仁ふ化場第1遺跡の編年　326
一帯型　5, 7, 8, 11, 79
移動　9, 67, 93, 104, 121, 141, 198, 317, 409, 480, 491, 492, 500, 515, 521, 526, 539, 543, 575, 580, 605, 619, 622
伊東信雄　167, 515, 526, 555, 623, 624, 631, 633
伊東編年　170, 630
糸切り底の土師器　204, 205, 206, 207
イナウ崎遺跡　154, 155, 157, 159, 169
イノカ　86, 157, 158, 161, 211
入れ子　38, 39, 139, 201, 341, 371, 463, 469
上泊1　167, 171, 172, 608, 630
上泊2　167, 172, 630
上泊遺跡　147, 152, 155, 157, 161, 164, 167, 169, 171, 172, 537, 539, 556, 587, 588, 594, 607, 608, 617, 618, 630
上泊遺跡編年　164
上泊式　131, 170, 608, 613
ウエンナイ遺跡　257
ウサクマイN遺跡　71, 93, 96, 165, 215, 219, 235, 239, 256
右代説　305
右代啓視　1, 170, 198, 218, 221, 235, 238, 290, 293, 294, 296, 332, 378, 461,

547, 557, 593
右代(啓視氏の)編年案 1, 198, 296, 326
臼杵 勲 633
宇田川洋 1, 15, 33, 65, 70, 107, 170, 171, 172, 215, 218, 219, 220, 221, 257, 290, 293, 294, 332, 360, 375, 378, 411, 547, 554, 594
宇田川洋氏の編年案 294, 360
宇田川編年(案) 239, 267, 297, 309, 312, 326
器制 455, 456, 623
ウトロ海岸砂丘遺跡 69, 136, 137, 138, 139, 529, 597
ウトロチャシコツ岬遺跡群 17, 31
ウトロチャシコツ岬下B遺跡 469, 476, 491, 495
ウトロチャシコツ岬下遺跡 18, 32, 34, 66, 69, 91, 104, 105, 108, 132, 139, 141, 171, 193, 194, 331, 333, 338, 366, 396, 398, 418, 448, 449, 458, 508
宇部則保 579
馬の線刻画土器 340, 550
瓜稜罐 620
瓜稜線 620, 623
ウルモベツ貝塚 215
蝦夷ヶ千島 217
『蝦夷島奇観』 219
エトロフ島 75, 76, 80, 550, 551
江の浦A(式) 47, 148, 169, 256, 542, 546, 553, 555, 617, 619, 624, 625
江の浦B(式) 555, 560, 566, 568, 569, 571, 573, 584
江の浦式 31, 134, 257, 376, 527, 557, 560, 561, 570, 571, 590, 592, 593, 594, 596, 624, 625
江別式 520, 599
恵美朝狩 591
円形刺突紋 143, 146, 169, 217, 256, 339, 374, 411, 425, 514, 515, 520, 521, 526, 529, 539, 553, 555, 568, 570, 571, 599, 601, 630
円形刺突紋土器 169, 217, 256, 339, 374, 411, 515, 553, 555, 630
横走沈線(紋) 60, 62, 238, 239, 240, 241, 242, 248, 251, 252, 254, 266, 479, 480, 503, 505, 514, 521, 525, 534, 535, 536, 537, 542, 574, 577, 580, 582, 584, 586, 587, 599, 600, 601, 603, 604, 608, 609, 611, 612
横走沈線の土師器 238, 239
大井晴男 33, 134, 138, 154, 165, 170, 171, 222, 286, 332, 340, 354, 367, 461, 512, 521, 549
大川遺跡 521
大川 清 143, 171
大島秀俊 594
大谷敏三 594
大西秀行 330, 341, 354, 379
大沼忠春 170, 379, 416, 512, 593
大波状線紋土器 192, 195
大波状紋 4, 10, 50, 106, 113, 114, 123, 186, 194, 196, 200, 266, 267, 278, 312, 336, 350, 362, 387, 389, 390, 406, 433, 435, 438, 440, 443, 445, 453, 455, 459, 485, 508, 587
大波状紋土器 194, 438, 453
大場利夫 56, 69, 95, 115, 119, 163, 172, 188, 201, 222, 309, 378, 385, 540, 542, 614
岡田淳子 219
屋外の骨塚 211
「送り」儀礼 94, 132, 138, 139, 172, 175, 184, 207, 209, 210, 211, 214, 218, 219, 220, 260, 263, 288, 289, 341, 555, 594
「送り」儀礼の起源 94, 210
「送り」儀礼論 175, 207
オサツ2遺跡 219
オシャマップ遺跡 296
オタフク岩遺跡 33, 35, 37, 38, 57, 59, 114, 121, 193, 194, 218, 219, 261, 263, 273, 274, 275, 277, 280, 281, 284, 286, 297, 330, 333, 335, 336, 338, 343, 364, 369, 371, 391, 398, 426, 430, 431, 432, 434, 437, 438, 439, 440, 441, 442, 444, 446, 448, 449, 451, 453, 455, 459, 488, 495, 508
オタフク岩遺跡編年案 280
オタフク岩洞窟 64, 111, 112, 113, 114, 121, 132, 164, 198, 201, 219, 221, 227, 254, 261, 263, 264, 280, 288, 289, 311, 338, 340, 344, 347, 348, 361, 374, 375, 385, 396, 397, 398, 399, 400, 401, 404, 405, 406, 407, 408, 409, 410, 411, 426, 443, 446, 448, 549, 551, 552, 555
オタフク岩(洞窟)遺跡編年 430
オタモイ1遺跡 64, 77, 201, 219, 289, 338, 340, 352, 376, 552
小野裕子 94, 124, 170, 171, 614, 632
帯飾り 218, 615, 631

索引　655

『オホーツク海沿岸・知床半島の遺跡』　21, 69
オホーツク式土器　1, 2, 4, 14, 16, 17, 18, 19, 20, 21, 24, 31, 48, 68, 69, 72, 75, 76, 93, 96, 115, 134, 143, 150, 163, 172, 176, 189, 204, 217, 218, 221, 222, 232, 238, 241, 260, 263, 274, 284, 289, 293, 299, 303, 304, 317, 321, 325, 326, 333, 338, 339, 355, 357, 378, 380, 382, 416, 418, 419, 458, 461, 472, 500, 509, 510, 511, 564, 580, 584, 601, 605, 609, 612, 614, 629, 630, 631
オホーツク式の地域差　539
オホーツク人　112, 190, 202, 210, 219, 239, 251, 252, 362, 364, 375, 376, 381, 472, 509, 540, 542, 543, 557, 590, 594, 596
オホーツク人の家族構成論　472
『オホーツクの考古学』　593
「オホーツク文化私考」　69
オロンコ岩洞窟　83
オロンコ岩洞穴　72
オンコロマナイ貝塚　121, 235
オンネトウ遺跡　199
温根沼(第1遺跡)　322
オンネモト遺跡　69, 72, 73, 121, 143, 179, 193, 219, 277, 302, 313, 315, 329, 330, 347, 348, 395, 398, 399, 400, 401

か行

(竪穴の)改修　41, 201, 202, 247, 329, 486, 505
開成9遺跡　2
(竪穴の)改築　41, 497, 505, 584
拡散　10, 31, 68, 72, 75, 119, 123, 125, 167, 171, 202, 210, 214, 215, 216, 217, 219, 220, 231, 239, 256, 374, 389, 479, 509, 527, 551, 618, 631
学史論　472, 483
学説検証　289
(竪穴の)拡張　486, 497, 515
火山灰　56, 170, 181, 217, 256, 257, 258, 296, 303, 321, 326, 351, 352, 353, 357, 360, 375, 432, 433, 446, 449, 456, 495, 508, 555, 558, 560, 561, 564, 566, 571, 575, 580, 581, 582, 583, 584, 587, 588, 613, 626, 627, 629, 630, 633
火山灰の鍵層　449, 456

火山灰編年　326
橿原神宮遺跡　16
鎹(カスガイ)紋　52, 100, 225, 226, 227, 229, 230, 231, 537, 542, 614, 615, 616, 617, 618, 619, 628, 633
鎹(カスガイ)紋系土器　615, 619
鎹(カスガイ)連結紋　618
「型」(細別型式)　222
肩部紋様帯の新生　620
「型」別細別論　472
「型」別編年案　72
嘉多山3遺跡　267, 269, 315, 352, 402, 405, 406
金盛典夫　1, 69, 293, 477
香深井1(A)遺跡　121, 567, 569
香深井5遺跡　154, 536, 537, 607, 613, 632
香深井6遺跡　154, 235
ガラス製品　628
カリカリウス遺跡　1, 6, 7, 9, 35, 131, 200, 238, 242, 243, 254, 261, 267, 269, 274, 275, 277, 317, 321, 322, 323, 327, 330, 331, 332, 333, 343, 348, 350, 351, 379, 389, 423, 425, 435, 445, 448, 477, 478, 479, 481, 485, 486, 487, 488, 489, 493, 496, 498, 500, 502, 503, 505, 532, 555, 615, 617
カリカリウス型　261, 264, 275, 290
カリカリウス土器群　1, 6, 7, 8, 9, 10, 11, 13, 14, 15, 60, 68, 200, 254, 256, 257, 258, 267, 269, 270, 273, 274, 275, 277, 278, 280, 282, 288, 293, 296, 326, 330, 332, 333, 336, 337, 338, 339, 374, 380, 411, 421, 435, 436, 445, 446, 448, 455, 456, 458, 461, 476, 477, 480, 481, 483, 484, 485, 486, 488, 490, 491, 495, 497, 500, 501, 502, 503, 505, 507, 508, 532, 553, 601, 630, 632
カリカリウス土器群の再確認　500
カリカリウス土器群の細分　486
カリンバ2遺跡　518, 600, 611
川下遺跡　232
川西遺跡　69, 72, 73, 123, 157, 175, 176, 177, 178, 179, 180, 181, 183, 184, 185, 186, 187, 188, 189, 190, 191, 192, 194, 195, 196, 197, 198, 199, 200, 203, 204, 205, 206, 209, 211, 218, 331, 374, 476
環オホーツク海域　1, 17, 24, 68, 69, 93, 94,

131, 134, 135, 170, 222, 289, 340, 375, 458, 509, 537, 554, 596, 622, 629, 630, 631, 632
環オホーツク海域編年(案) 17, 24, 68, 69, 94, 134, 135, 340, 375, 509, 537, 554, 596, 622, 629, 631, 632
環オホーツク海編年(案) 167, 554, 630
環宗谷海峡圏 167, 170
環津軽海峡圏 458, 459, 591
『記紀』 16
菊池徹夫 14, 35, 68, 94, 219, 312, 330, 385, 415, 416, 456, 509, 554, 592, 593
菊池俊彦 94, 557, 593, 628, 632
擬似的(な)「共伴」 175, 201, 204, 207, 213, 288, 371, 374, 448, 458
器種の収斂現象 622
擬縄貼付紋土器 9, 12, 18, 21, 25, 27, 41, 44, 47, 48, 49, 50, 51, 52, 54, 56, 59, 60, 64, 72, 73, 74, 75, 76, 77, 80, 84, 89, 91, 93, 96, 99, 100, 101, 106, 113, 114, 115, 118, 119, 123, 125, 127, 128, 130, 132, 135, 136, 138, 139, 141, 143, 144, 146, 153, 154, 155, 156, 157, 159, 161, 164, 165, 167, 169, 170, 172, 176, 178, 179, 181, 182, 184, 185, 186, 188, 189, 190, 191, 193, 194, 196, 200, 205, 206, 209, 210, 211, 212, 214, 215, 217, 218, 231, 232, 239, 243, 245, 247, 248, 250, 252, 254, 256, 266, 273, 282, 284, 288, 290, 304, 305, 307, 315, 338, 347, 356, 378, 393, 395, 396, 398, 399, 400, 401, 403, 406, 408, 409, 411, 412, 419, 421, 422, 426, 445, 461, 463, 465, 479, 507, 532, 534, 543, 547, 549, 550, 551, 552, 553, 555, 565, 566, 583, 601, 630
器制 455, 456, 623
契丹 620
岐阜第二遺跡 64, 65, 66, 67, 355, 376, 531
キメラ 7, 9, 12, 62, 64, 66, 67, 75, 77, 78, 80, 110, 123, 206, 221, 227, 231, 232, 233, 234, 235, 237, 238, 239, 241, 242, 252, 280, 290, 295, 321, 435, 436, 479, 499, 502, 512, 522, 528, 529, 537, 539, 540, 541, 542, 543, 544, 545, 546, 547, 548, 550, 552, 553, 579, 599, 600, 601, 603, 606, 607, 611, 612, 613, 615, 616, 617, 621, 625, 627, 628, 629, 631
キメラ化 234, 537
キメラ(折衷)型の土器 321, 540, 542, 543, 599
キメラ(折衷)土器 12, 62, 64, 67, 75, 77, 78, 80, 110, 123, 206, 221, 227, 231, 232, 233, 234, 235, 237, 239, 241, 242, 252, 280, 290, 295, 435, 436, 499, 502, 512, 522, 528, 529, 539, 540, 541, 542, 544, 545, 546, 547, 548, 550, 552, 553, 579, 600, 601, 603, 606, 607, 611, 612, 613, 615, 616, 617, 621, 625, 627, 628, 629, 631
キメラ的な紋様手法 7, 9
逆転編年案(観) 248, 375, 411, 456, 554, 613
逆転編年説 54, 68, 69, 256, 264, 532, 558, 631
逆転編年体系 170, 633
木山克彦 633
究極(の)レベル 68, 232, 258, 289, 416, 456, 461, 477, 483, 497, 554, 594, 632
究極レベルの細分 461, 497
狭義の上泊式 131, 608, 613
共伴 2, 4, 7, 39, 47, 56, 57, 78, 81, 82, 90, 103, 106, 111, 115, 123, 124, 125, 133, 153, 155, 157, 159, 165, 172, 175, 182, 183, 192, 201, 202, 204, 205, 207, 208, 209, 210, 211, 212, 213, 214, 215, 217, 218, 219, 225, 232, 237, 243, 250, 252, 256, 257, 264, 266, 267, 269, 288, 295, 296, 299, 302, 304, 307, 309, 319, 321, 322, 325, 341, 345, 348, 350, 351, 353, 360, 369, 371, 374, 375, 376, 379, 382, 400, 402, 405, 412, 419, 420, 421, 427, 429, 448, 451, 458, 477, 479, 480, 481, 488, 491, 492, 502, 503, 507, 518, 520, 522, 528, 532, 534, 536, 539, 546, 551, 555, 560, 568, 577, 586, 588, 608, 609, 613, 620
「共伴」説 56, 111, 250, 264, 322, 369, 480
局部的な截痕 522, 574, 603, 605, 608
霧多布遺跡 303, 304, 305, 307, 319, 347, 348, 401
金属器 181, 190, 622, 625
金属製品 218, 518, 613, 614, 615, 628
区切り斜線 27, 31, 102, 112, 113, 114, 115, 116, 117, 118, 119, 120, 121, 123,

索引　657

138, 192, 193, 194, 197, 198, 273, 274, 297, 302, 323, 325, 326, 396, 398, 406, 412, 435, 510, 511, 514, 517, 534, 547, 551, 604
区切り斜線手法　115, 116, 120
区切り垂線　121, 123, 231, 272, 274, 288, 315, 511, 514, 528, 604
区切り描線　273
クナシリ島　551
クマ意匠の広がり　171
クマ送り儀礼　132, 260, 263, 289
「クマ」送り儀礼　555
熊木俊朗　170, 257, 375, 476, 554, 593, 614, 623
クマ(の)彫像　144, 145, 157, 158, 161, 171
栗囲式　579, 590
型式差　5, 77, 89, 91, 103, 115, 159, 164, 167, 224, 378, 449, 483, 565, 571, 588, 618
型式差と層位差　103, 378
型式論　25, 56, 67, 175, 483
形質人類学　274
形制　494
系統単位　418, 512, 571, 597, 618, 623, 624
ケツゥンニ　219
毛抜き型の太刀　379
計根別遺跡　302, 309, 312, 429
広域交差(対比)編年　67, 222, 409, 426, 512, 534
広域的な接触　550
広域的な紋様交流　536
広域土器圏　217
広域編年案　122, 135, 143, 221, 238, 242, 250, 253, 336, 357, 368, 532
交易　93, 198, 209, 540, 591, 592, 595, 596, 605, 609, 626, 629
公園遺跡　362, 512, 535, 536, 574, 586, 600, 611
交互ずらし配置法　9
交差対比　416, 426, 557, 584, 587, 596, 605
交差編年　67, 93, 170, 222, 257, 409, 480, 512, 534, 557, 558, 574, 577, 586, 590, 631
交差編年法　257, 577
後代アイヌ(文化)　94, 210, 215, 218, 219
皇朝十二銭　71, 257
河野常吉　313
河野広道　4, 16, 68, 69, 72, 104, 131, 179, 189, 203, 219, 221, 222, 223, 260, 286, 304, 352, 418, 472, 512, 540, 542, 615
『河野広道ノート　考古篇１』　69, 104
河野編年　23, 24, 27, 189, 221, 224, 284
ゴールベフ　75
小型土器　208, 245, 247, 254
刻印記号　633
黒色磨研土器　625
国体史学　16
黒土層　21, 23, 88, 89, 101, 124, 125, 128, 131, 132, 134, 150, 153, 154, 165, 170, 171, 384, 546
刻紋・沈線紋系土器　47, 50, 54, 83, 89, 103, 104, 115, 164, 165, 167, 169, 190, 225, 231, 235, 237, 238, 252, 393, 395, 405, 406, 411, 412, 544
刻紋・沈線紋系土器の波及　237, 412
刻紋・沈線紋土器　23, 27, 50, 52, 88, 89, 102, 135, 136, 146, 152, 153, 157, 159, 161, 162, 163, 164, 165, 168, 172, 186, 210, 211, 225, 227, 231, 235, 236, 237, 238, 256, 325, 339, 374, 393, 406, 532, 537, 539, 542, 546, 553, 564, 565, 566, 582, 583, 588, 604, 607, 630
刻紋土器Ａ　135, 136, 138, 146, 169, 189, 214, 217, 221, 223, 224, 225, 227, 228, 229, 230, 231, 232, 236, 238, 241, 242, 252, 256, 339, 374, 395, 411, 505, 517, 528, 529, 532, 536, 539, 542, 543, 544, 553, 564, 566, 568, 570, 571, 574, 575, 577, 580, 582, 584, 587, 588, 591, 592, 594, 603, 604, 605, 607, 608, 609, 611, 612, 613, 615, 617, 624, 625, 630, 633
刻紋土器Ａ末　225, 227, 229, 236, 505, 542, 588
刻紋土器Ｂ　135, 136, 138, 143, 169, 180, 189, 190, 206, 214, 217, 224, 225, 227, 229, 230, 231, 232, 233, 234, 235, 237, 238, 242, 252, 254, 256, 274, 339, 374, 395, 411, 412, 491, 505, 532, 539, 542, 543, 544, 546, 553, 582, 615, 617, 618, 619, 622, 624, 625, 626, 630
刻紋土器の細分　221, 225
刻文土器の登場　522
刻紋の消失　113, 429
古式擦紋土器　518
児玉恭子　594

児玉作左衛門　69, 163, 172, 540
黒褐色砂質土層　48, 86, 87, 88, 89, 94, 97, 99, 100, 101, 102, 103, 104, 112, 118, 125, 127, 130, 132, 148, 149, 150, 154, 161, 171, 583
骨塚　2, 4, 24, 39, 54, 78, 94, 105, 138, 139, 141, 182, 184, 185, 186, 202, 203, 204, 207, 208, 209, 210, 211, 212, 214, 218, 219, 243, 245, 247, 248, 251, 252, 254, 256, 257, 266, 270, 275, 313, 341, 371, 373, 381, 419, 421, 461, 463, 464, 465, 469, 472, 479, 532, 555, 561, 571, 573, 574, 582
骨塚儀礼の変容　138
湖南遺跡　57
駒井和愛　69, 614
コルサコフ遺跡　617, 618, 619, 620, 622, 623, 629
コルサコフ式　623, 624, 625, 626, 627, 628, 629, 630, 633
コルサコフ土器　618, 620, 622, 623
混在　6, 37, 39, 41, 43, 44, 46, 48, 56, 57, 65, 82, 85, 97, 99, 105, 112, 124, 125, 127, 128, 132, 138, 153, 161, 164, 182, 183, 185, 196, 214, 218, 243, 252, 263, 264, 278, 299, 300, 307, 319, 321, 326, 329, 369, 374, 391, 393, 427, 435, 436, 449, 459, 469, 494, 495, 505, 507, 518, 536, 568
混入　57, 65, 82, 85, 88, 103, 128, 132, 202, 247, 251, 325, 341, 345, 357, 371, 391, 421, 436, 456, 534, 577

さ行

犀川会　16, 95, 633
最後のオホーツク式　14, 150, 159, 165
最後の土器　1, 16, 17, 93, 101
斉藤　忠　551
細別型式　18, 20, 25, 189, 222, 224, 284, 623, 633
細別体　456
細別単位　5, 25, 54, 139, 222, 260, 469, 624
(竪穴の)再利用　35, 38, 39, 41, 57, 69, 109, 127, 143, 186, 189, 190, 201, 202, 206, 207, 209, 212, 245, 247, 252, 319, 329, 341, 353, 354, 366, 374, 376, 391, 423, 430, 436, 451, 463, 486, 495, 497, 505, 532, 577

栄浦第一遺跡　73, 531
栄浦第二遺跡　43, 45, 46, 49, 51, 52, 53, 54, 57, 59, 64, 67, 69, 73, 74, 81, 82, 86, 88, 90, 91, 94, 113, 117, 118, 119, 157, 178, 187, 190, 191, 195, 198, 202, 219, 225, 227, 230, 231, 235, 238, 239, 254, 255, 256, 273, 304, 305, 315, 347, 355, 369, 376, 412, 463, 464, 465, 468, 476, 611
榊田朋広　481, 507
作為的　172, 289, 419, 584
サシルイ北岸遺跡　11, 111
擦文第1・2　4, 56
擦紋Ⅰ　15, 113, 166, 169, 212, 256, 273, 305, 355, 371, 373, 402, 411, 515, 521, 523, 525, 526, 528, 529, 532, 547, 553, 554, 587, 597, 598, 599, 601, 602, 603, 604, 609, 615, 623, 627, 630
擦紋Ⅰ・Ⅱ　212, 411, 532, 587, 598, 601, 602
擦紋Ⅰの細分　597
擦紋Ⅱ　2, 64, 88, 102, 103, 104, 111, 124, 141, 153, 159, 169, 185, 198, 206, 208, 209, 212, 214, 230, 238, 239, 240, 241, 242, 243, 245, 247, 248, 250, 252, 254, 256, 257, 273, 305, 330, 352, 364, 369, 371, 372, 373, 376, 378, 380, 398, 419, 421, 422, 479, 480, 481, 488, 491, 503, 505, 510, 511, 515, 521, 522, 523, 525, 528, 531, 532, 534, 535, 536, 539, 540, 542, 543, 553, 555, 574, 583, 584, 586, 596, 599, 600, 601, 603, 604, 605, 607, 608, 609, 610, 611, 612, 613, 615, 617, 623, 624, 625, 627, 628, 629, 630, 631, 632, 633
擦紋Ⅱ期の細分　609
擦紋Ⅲ　2, 7, 44, 45, 56, 57, 60, 62, 64, 65, 66, 67, 89, 102, 103, 110, 111, 112, 115, 122, 123, 124, 125, 127, 128, 131, 132, 134, 153, 159, 160, 162, 164, 165, 167, 168, 169, 171, 181, 197, 198, 201, 202, 206, 211, 212, 214, 219, 221, 232, 233, 234, 235, 236, 237, 238, 239, 242, 245, 247, 248, 250, 252, 256, 267, 269, 270, 273, 290, 295, 297, 299, 312, 315, 322, 326, 332, 341, 348, 351, 353, 355, 356, 360, 367, 369, 371, 373,

　　　　　　376, 378, 379, 380, 382, 383, 406,
　　　　　　419, 421, 422, 430, 451, 480, 491,
　　　　　　503, 531, 534, 537, 539, 540, 542,
　　　　　　543, 544, 545, 546, 553, 565, 566,
　　　　　　582, 583, 592, 594, 601, 612, 613,
　　　　　　615, 617, 619, 622, 623, 624, 625,
　　　　　　626, 627, 628, 629, 630, 632, 633
擦紋Ⅳ　2, 15, 57, 64, 65, 66, 67, 75, 77,
　　　　82, 86, 87, 88, 97, 99, 101, 103,
　　　　104, 112, 115, 123, 125, 127, 128,
　　　　130, 132, 146, 148, 152, 153, 154,
　　　　155, 157, 159, 161, 163, 164, 165,
　　　　167, 169, 171, 176, 190, 196, 197,
　　　　201, 202, 214, 218, 239, 243, 248,
　　　　251, 252, 254, 256, 264, 269, 273,
　　　　278, 288, 295, 300, 302, 307, 309,
　　　　315, 320, 321, 322, 323, 326, 332,
　　　　340, 341, 344, 345, 346, 348, 350,
　　　　351, 352, 353, 355, 356, 357, 359,
　　　　360, 366, 367, 369, 373, 375, 376,
　　　　378, 380, 382, 386, 387, 389, 391,
　　　　398, 400, 401, 402, 403, 405, 406,
　　　　408, 409, 410, 412, 419, 422, 423,
　　　　425, 426, 427, 429, 430, 432, 433,
　　　　449, 507, 531, 540, 542, 543, 546,
　　　　547, 549, 550, 551, 552, 553, 629,
　　　　630
擦紋Ⅴ　74, 75, 77, 106, 107, 109, 111, 112,
　　　　113, 114, 115, 121, 123, 132, 196,
　　　　197, 217, 256, 300, 302, 312, 313,
　　　　319, 322, 325, 326, 329, 330, 332,
　　　　348, 350, 351, 362, 367, 385, 386,
　　　　387, 391, 425, 543, 551, 630
擦文化　385
擦紋人　15, 112, 132, 190, 202, 364, 375,
　　　　376, 381, 509, 540, 542, 543, 629
擦文前期　215, 232, 235, 238, 239, 251, 256,
　　　　　264, 266, 267, 270, 295, 419, 463,
　　　　　491, 503, 505, 601, 603, 607, 613,
　　　　　626
擦文早期　232, 547
擦紋第1・2　4, 56, 78
擦紋土器自身の変容　75, 113
擦紋土器の終焉　340
擦紋土器の終末年代　551
佐藤説　1, 56, 68, 131, 340
佐藤達夫　14, 15, 17, 23, 24, 31, 56, 60, 67,
　　　　　68, 69, 74, 104, 115, 131, 132, 134,
　　　　　136, 167, 170, 171, 172, 176, 201,
　　　　　203, 220, 257, 260, 274, 286, 290,

　　　　　295, 312, 313, 322, 340, 341, 348,
　　　　　366, 375, 376, 385, 411, 425, 495,
　　　　　512, 520, 525, 529, 537, 540, 542,
　　　　　546, 549, 551, 554, 555, 584, 586,
　　　　　594, 597, 608, 629, 631
佐藤編年　70, 208, 239, 289, 448, 542, 551,
　　　　　597, 599, 600, 603, 611, 629, 632
サハリン島　31, 47, 54, 62, 68, 92, 93, 124,
　　　　　　132, 134, 135, 148, 167, 169, 170,
　　　　　　178, 215, 218, 234, 256, 289, 339,
　　　　　　340, 375, 393, 527, 542, 553, 554,
　　　　　　557, 560, 571, 592, 594, 596, 607,
　　　　　　608, 614, 617, 618, 619, 623, 625,
　　　　　　626, 628, 629, 630, 631, 633
サハリン島編年　167
細別レベル　37, 105, 139, 221, 222, 224, 232,
　　　　　　256, 257, 267, 272, 278, 282, 284,
　　　　　　288, 290, 296, 395, 433, 436, 469,
　　　　　　499, 525, 568, 570, 583, 625, 628,
　　　　　　631
査里巴遺跡　609, 618, 626, 633
澤井 玄　290, 332, 507
山王遺跡　579, 580
実年代　580, 590, 591, 611, 612, 613
下田ノ沢遺跡　113, 121, 274, 298, 299, 300,
　　　　　　　301, 302, 303, 305, 306, 307, 309,
　　　　　　　319, 322, 330, 388, 389, 408, 543
下鐺別遺跡　12, 64, 65, 66, 67, 212, 269,
　　　　　　369
ジャーコヴァ　633
社会的な事件　472
社会的な変動　54, 537
社会的・文化的な変動　500
社会変動　109, 274, 455, 495, 619
シャフクーノフ　617
『斜里町史』　17, 18, 21, 31, 32, 33
斜立柱穴　201, 202, 219
重複利用　256, 463
粛慎　557, 558, 560, 590, 591, 592, 593,
　　　594, 596
シュンクシタカラ遺跡　512, 523
殉公碑公園遺跡　512
松花江流域　596, 609, 613, 617, 618, 626,
　　　　　　629
小細別　6, 20, 25, 29, 37, 68, 105, 127, 139,
　　　　179, 181, 212, 221, 222, 224, 232,
　　　　256, 257, 260, 267, 272, 278, 282,
　　　　284, 286, 288, 290, 296, 395, 415,
　　　　416, 433, 436, 438, 440, 443, 446,
　　　　449, 451, 453, 455, 456, 457, 458,

461, 469, 471, 472, 476, 477, 483,
490, 492, 495, 497, 499, 500, 501,
502, 503, 506, 507, 523, 525, 568,
570, 583, 594, 599, 600, 601, 603,
609, 611, 620, 622, 623, 624, 625,
628, 631, 632
小細別単位　260
小細別の独立性　451, 453
小細別の不在　451
小細別編年(案)　68, 286, 415, 416, 446, 453,
456, 457, 458, 461, 471, 477, 483,
495, 497, 500, 501, 502, 503, 507,
594, 601, 609, 623, 631, 632
小細別編年網　68
小細別レベル　37, 105, 139, 221, 222, 224,
232, 256, 257, 267, 272, 278, 282,
284, 288, 290, 296, 395, 433, 436,
469, 499, 525, 568, 570, 583, 625,
628, 631
焼失竪穴跡　472
小地域差　600
焼土層　79, 81, 86, 179, 184, 207, 208, 209,
211, 212, 263
消滅されたカリカリウス土器群　507
女真土器　617, 619, 621, 622, 623
女真文化　379
知床半島編年　104, 284, 287, 289, 367, 369,
371
知床岬遺跡　194
新系統の擬縄貼付紋土器　231
進入型式　560, 571
『シンポジウム　オホーツク文化の諸問題』　554
神武東征伝承　16
須恵器　205, 207, 577, 613
末広遺跡　234, 235, 574, 575, 586, 612, 627,
628
椙田光明　1, 69, 219, 293, 477, 486, 508
杉山寿栄男　68
鈴木　信　554, 577, 586
鈴木靖民　170
鈴谷式　558, 605, 607
須藤遺跡　80, 196, 202, 243, 254, 269, 294,
295, 298, 299, 309, 340, 343, 345,
346, 350, 351, 355, 359, 374, 375,
376, 401, 403, 405, 406, 408, 411,
423, 426, 427, 429, 430, 448
住式社　526, 528, 579
ズラシ手法　272, 322, 405
『諏訪大明神絵詞』　217
青銅製の帯飾り　218, 615, 631

青銅製品　379
青苗遺跡群　198, 590, 592
青苗砂丘遺跡　217, 257, 557, 558, 559, 560,
561, 564, 565, 566, 568, 574, 580,
582, 584, 585, 587, 588, 590, 591,
592, 593, 594, 596, 632
瀬川拓郎　170
瀬棚町内遺跡　549
截痕　241, 522, 535, 574, 603, 605, 607,
608
截痕の出現　522
接触　62, 75, 89, 97, 101, 102, 124, 125,
127, 134, 153, 155, 159, 170, 171,
210, 234, 235, 239, 241, 242, 243,
250, 254, 267, 270, 274, 277, 289,
293, 295, 296, 305, 307, 312, 313,
364, 378, 379, 380, 393, 509, 510,
531, 540, 542, 543, 546, 547, 550,
551, 555, 579, 601, 603, 604, 605,
607, 608, 619, 630, 632
接触・交流　171, 239, 250, 274, 277, 531,
542, 543, 546, 604, 605
接触式土器　89
接触と交流　234, 289, 307, 603, 608, 619,
632
接触や交流　241, 509, 540, 603
接触・融合　274, 378
接触様式(土器)　97, 101, 102, 124, 125, 127,
134, 153, 155, 159, 170, 210, 604,
607, 630
折衷系の土器　445
折衷的な土器群　231
セディフ遺跡　624
セリエーション編年案　84, 96
先史考古学　15, 170, 218, 234, 269, 289, 330,
339, 419, 458, 459, 461, 472, 480,
510, 554, 590, 592, 593, 594, 623,
631, 632, 633
先史考古学の宿命　458
先史考古学の新領域　554
先史考古学の方法　419, 459, 631, 633
先史社会集団　67, 93, 289
先史社会変動　495
先史土器社会論　274
先住異族　16
膳性遺跡　625
先祖返り(的)　2, 85, 113, 258, 269, 274, 295,
296, 302, 332, 336, 347, 400, 426,
445, 510, 512, 531, 549, 605, 607
層位差　5, 21, 35, 37, 56, 60, 66, 77, 89,

91, 94, 103, 104, 115, 124, 134, 136,
　　　143, 159, 164, 167, 217, 348, 355,
　　　366, 367, 378, 393, 405, 412, 449,
　　　459, 463, 465, 483, 532, 560, 588,
　　　605
層位差と型式差　89, 115, 159, 164, 588
層位差・地点差　5, 449, 483
層位差や地点差　217, 532, 605
層位事実　17, 59, 66, 69, 74, 81, 96, 103,
　　　107, 123, 124, 132, 134, 153, 161,
　　　163, 164, 165, 167, 169, 172, 225,
　　　237, 238, 256, 261, 263, 264, 269,
　　　286, 304, 338, 343, 351, 356, 364,
　　　366, 369, 374, 376, 390, 447, 449,
　　　456, 458, 463, 507, 564, 612
層位証明　560
層位は型式に優先する　97
装飾的な土師系土器　152
相対編年秩序　613, 629
ソーメン紋土器1　37, 38, 39, 41, 44, 46, 48,
　　　50, 51, 59, 67, 73, 77, 78, 80, 81,
　　　82, 107, 109, 114, 118, 119, 121,
　　　130, 136, 138, 139, 141, 143, 157,
　　　159, 161, 164, 169, 170, 178, 181,
　　　182, 184, 185, 186, 189, 194, 195,
　　　197, 205, 209, 214, 217, 243, 245,
　　　247, 248, 252, 254, 256, 266, 270,
　　　272, 282, 284, 290, 302, 325, 330,
　　　331, 339, 364, 366, 367, 371, 373,
　　　374, 376, 395, 396, 401, 411, 419,
　　　421, 463, 465, 469, 473, 481, 483,
　　　485, 491, 507, 583, 630
ソーメン紋土器2　37, 38, 39, 41, 47, 48, 51,
　　　56, 60, 80, 81, 107, 109, 111, 114,
　　　115, 123, 124, 125, 136, 138, 139,
　　　141, 143, 159, 164, 169, 181, 182,
　　　184, 186, 189, 194, 195, 202, 205,
　　　208, 209, 211, 212, 214, 217, 243,
　　　245, 247, 248, 254, 266, 270, 272,
　　　282, 284, 286, 290, 304, 339, 341,
　　　364, 371, 373, 374, 395, 396, 411,
　　　419, 421, 422, 445, 449, 463, 465,
　　　469, 474, 479, 502, 507
ソーメン紋土器3　37, 38, 39, 43, 50, 51, 56,
　　　59, 66, 73, 77, 79, 80, 81, 82, 105,
　　　106, 107, 109, 110, 111, 114, 115,
　　　118, 123, 136, 139, 141, 143, 157,
　　　161, 169, 170, 181, 182, 184, 186,
　　　189, 193, 194, 195, 197, 200, 205,
　　　206, 208, 209, 210, 212, 214, 215,

　　　217, 243, 245, 247, 248, 250, 254,
　　　258, 266, 267, 272, 274, 275, 277,
　　　278, 280, 282, 284, 286, 296, 297,
　　　329, 330, 331, 333, 334, 336, 339,
　　　357, 363, 364, 366, 371, 373, 374,
　　　376, 395, 396, 398, 411, 419, 421,
　　　433, 448, 455, 463, 465, 469, 472,
　　　475, 481, 483, 491, 494, 495, 500,
　　　507, 532
ソーメン紋土器化　500
ソーメン紋土器の3細分案　170
贈与　209
続刻紋土器　136, 315, 395, 398, 406, 412
続トロイツコエ式　623, 624
続トロイツコエ土器　619, 622
測定年代　461

た行

大鋸歯紋　256, 290, 351, 461, 550, 551, 553,
　　　582, 630
大鋸歯紋を持つ土師器　290, 550, 551, 582
対向する波線紋　273
多賀城　591, 592
籠状貼付帯　235, 615
多賀城碑　591
高坏　263, 319, 321, 322, 344, 345, 351,
　　　355, 359, 367, 376, 380, 381, 382,
　　　384, 385, 386, 387, 388, 391, 393,
　　　400, 401, 402, 408, 409, 411, 412,
　　　430, 549, 550
高坏の消滅　430
高橋　健　290
高畠孝宗　171
肩部紋様帯の複帯化　620
武田　修　94
建替え　181, 182, 184, 186, 188, 189, 205,
　　　209, 218, 341
種市幸生　170
単系編年案　170, 623
タンコーヴァエ遺跡　551, 552
段状沈線(紋)　245, 520, 521, 522, 535, 574,
　　　584, 586, 599, 600, 609, 611
地域考古学　631
地域差　24, 92, 96, 135, 167, 227, 522, 526,
　　　539, 600
チシネ第2遺跡　323
千島(クリル)列島　132
地点差　5, 77, 91, 97, 102, 124, 139, 143,
　　　163, 167, 217, 224, 254, 284, 300,
　　　307, 313, 348, 353, 367, 373, 374,

399, 418, 422, 449, 451, 456, 463, 469, 481, 483, 532, 605, 617, 618, 620
チブタシナイ遺跡　525
地方型式　239, 277, 526, 527
地方差　93, 125, 217, 238, 239, 412, 537, 597, 622, 631, 633
地方的な土師器　266
チャシコツ岬遺跡群　17, 31, 260, 286, 288, 289
チャシコツ岬下B遺跡　257, 260, 261, 267, 275, 277, 282, 289, 455, 469, 476, 491, 495
中間型　27, 29, 31, 49, 222
沈線紋系(の)土器　24, 31, 44, 47, 48, 49, 50, 51, 52, 54, 59, 72, 73, 74, 75, 77, 80, 83, 84, 89, 90, 99, 103, 104, 115, 117, 118, 124, 127, 161, 164, 165, 167, 169, 180, 188, 190, 198, 225, 231, 235, 237, 238, 252, 284, 338, 339, 393, 395, 405, 406, 411, 412, 510, 544
沈線紋土器　23, 27, 47, 49, 50, 52, 72, 73, 88, 89, 102, 117, 119, 135, 136, 146, 152, 153, 157, 159, 161, 162, 163, 164, 165, 168, 172, 178, 179, 181, 186, 210, 211, 225, 227, 231, 235, 236, 237, 238, 256, 283, 290, 325, 339, 374, 393, 406, 532, 537, 539, 542, 546, 553, 564, 565, 566, 582, 583, 588, 604, 607, 630
通説的な先史時代編年　558, 593
通説的な編年観　208, 293, 547
通説の編年(案)　1, 4, 15, 17, 38, 54, 56, 91, 95, 109, 132, 134, 143, 185, 196, 197, 208, 209, 212, 221, 232, 237, 238, 242, 248, 252, 261, 266, 267, 269, 273, 293, 296, 304, 305, 309, 312, 315, 330, 331, 336, 338, 341, 347, 351, 379, 380, 383, 385, 387, 393, 400, 403, 408, 415, 419, 426, 427, 433, 448, 449, 458, 461, 480, 485, 488, 491, 502, 503, 505, 507, 510, 532, 544, 549, 560, 571, 574, 584, 591, 596, 612, 629
通説の編年観　15, 197, 212, 248, 293, 352, 448, 461, 507, 571, 591, 612, 629
通説の北方圏史　340
通説の北方編年(案)　35, 71, 141, 175, 200, 201, 202, 204, 211, 214, 217, 218, 220, 221, 257, 360, 419, 532, 558, 560, 592, 596
通説編年(案)　2, 56, 64, 66, 67, 68, 69, 93, 101, 109, 110, 124, 131, 134, 169, 170, 175, 191, 198, 214, 218, 219, 221, 243, 250, 254, 257, 260, 261, 263, 264, 267, 268, 269, 278, 286, 289, 290, 302, 305, 332, 336, 340, 343, 352, 355, 360, 362, 364, 367, 371, 374, 375, 376, 382, 409, 411, 425, 448, 458, 461, 480, 481, 488, 503, 505, 509, 534, 539, 554, 593, 596, 623, 631, 632
通説編年(案)の検証　175, 267, 503, 632
通説編年案の見直し　250
通説編年の成り立ち　218, 267
塚本浩司　379
爪跡を残す(貼付紋)手法　290, 330, 331, 479
常呂川河口遺跡　64, 90, 94, 201, 207, 212, 219, 254, 315, 325, 340, 345, 374, 393, 403, 406, 458, 469, 472
鉄鉾　615
転写　6, 62, 64, 90, 91, 99, 117, 150, 152, 153, 193, 198, 241, 522, 539, 549, 550, 600, 622
伝世　181, 186, 205, 207, 209, 210, 212, 217, 258, 341, 374
伝世品　209
テンネル遺跡　312
貼付紋系土器　4, 6, 8, 12, 72, 90, 93, 96, 130, 144, 155, 156, 157, 215, 235, 238, 262, 271, 273, 283, 284, 289, 317, 331, 338, 379, 395, 415, 455, 458, 461, 462, 469, 472, 477, 479, 483, 485, 495, 497, 506, 507, 533, 553, 594, 601
貼付紋系土器群　4, 12, 289, 507
道央編年　257
同化・吸収　14, 293, 332, 343, 385
同化・融合　2, 111, 269, 300, 509, 600
東大編年(案)　21, 78, 125, 208, 219, 416, 419, 477, 597
道東編年　1, 2, 71, 78, 85, 89, 91, 92, 128, 134, 168, 170, 211, 237, 257, 338, 380, 477, 545
動物紋　550
道北編年　47, 71, 79, 80, 81, 84, 91, 92, 93, 96, 103, 124, 131, 134, 165, 167, 170, 406
当幌34線南遺跡　362

トーサムポロ遺跡　138, 157, 275, 277, 278, 279, 280, 286, 290, 375, 381, 382, 383, 384, 385, 386, 387, 389, 390, 391, 393, 405, 408, 409, 412, 419, 420, 422, 423, 425, 426, 427, 432, 446, 455, 463, 469, 532, 534, 549, 617
トーサムポロ遺跡R-1地点　138, 157, 275, 277, 278, 279, 280, 286, 290, 419, 420, 422, 455, 463, 469, 532
トーサムポロ遺跡L地点　83, 263, 423, 425, 426, 427, 432, 446, 532, 534
トーテム　215
十勝若月遺跡　534, 535, 536
土器送りの儀礼　247
土器型式の階層性　290
土器系統の移行　106, 296, 364
土器交流ネットワーク　619
土器個体論　270
土器情報の交流　537
土器の儀礼的な扱い　465
土器は土器から　109, 131, 202, 257
土器文化の交流圏　622
土器変容　111, 254, 270, 302, 317, 326, 387, 426, 455, 479, 495, 500, 590, 604, 605, 619
土器融合　231, 620
土壙墓　423, 446, 520
『常呂』　17, 43, 96, 131, 555
常呂川河口遺跡　64, 90, 94, 201, 207, 212, 219, 254, 315, 325, 340, 345, 374, 393, 403, 406, 458, 469, 472
トコロチャシ遺跡　9, 24, 25, 38, 39, 40, 41, 42, 46, 51, 59, 60, 61, 73, 90, 91, 105, 111, 114, 119, 121, 123, 139, 141, 157, 172, 178, 193, 204, 205, 207, 209, 211, 212, 214, 219, 232, 282, 290, 313, 332, 341, 371, 374, 401, 416, 418, 448, 463, 467, 468, 469, 483, 500, 544, 617
凸型紋　393, 398, 399, 400, 401, 409
トビニタイ遺跡　33, 35, 69, 104, 106, 107, 108, 109, 110, 112, 132, 138, 141, 219, 270, 272, 280, 286, 288, 325, 330, 333, 336, 338, 362, 364, 366, 405, 406, 416, 418, 429, 435, 440, 443, 446, 448, 449, 450, 451, 453, 458, 465, 481, 483, 485
トビニタイ遺跡(の)2号竪穴　33, 35, 109, 110, 112, 272, 280, 286, 325, 336, 416, 418, 429, 443, 448, 449, 450, 458, 481
トビニタイ式土器　278, 329, 415, 482
トビニタイ土器群　2, 3, 4, 6, 7, 8, 9, 10, 11, 12, 14, 15, 33, 35, 37, 38, 41, 43, 47, 50, 54, 56, 57, 59, 60, 62, 64, 65, 66, 67, 68, 71, 74, 78, 79, 80, 91, 93, 96, 104, 105, 106, 107, 109, 110, 111, 112, 114, 115, 121, 123, 124, 132, 156, 169, 171, 188, 193, 194, 196, 197, 198, 199, 200, 201, 202, 207, 212, 214, 217, 218, 219, 220, 231, 238, 248, 250, 254, 256, 257, 258, 260, 261, 263, 264, 266, 267, 269, 270, 273, 274, 275, 277, 278, 280, 281, 284, 285, 286, 288, 289, 293, 294, 295, 296, 297, 298, 299, 300, 302, 303, 304, 305, 307, 309, 312, 313, 315, 317, 318, 319, 320, 321, 322, 325, 326, 329, 330, 331, 332, 333, 334, 335, 336, 337, 338, 339, 340, 341, 343, 347, 348, 350, 351, 352, 353, 354, 355, 356, 357, 359, 360, 361, 362, 363, 364, 365, 366, 367, 368, 369, 370, 371, 373, 374, 375, 376, 378, 380, 381, 382, 383, 385, 386, 387, 388, 389, 390, 391, 393, 396, 398, 400, 401, 402, 403, 405, 406, 408, 409, 410, 411, 412, 415, 416, 417, 418, 419, 421, 422, 423, 424, 425, 426, 427, 428, 429, 430, 432, 433, 434, 435, 436, 438, 439, 441, 444, 445, 446, 448, 449, 450, 451, 452, 453, 454, 455, 456, 457, 458, 461, 469, 476, 477, 479, 480, 481, 483, 484, 485, 490, 491, 497, 499, 500, 502, 507, 508, 531, 532, 543, 547, 549, 550, 551, 552, 553, 554, 601, 604, 630, 632
トビニタイ土器群Ⅰ　14, 50, 54, 64, 74, 80, 109, 112, 114, 197, 202, 256, 263, 264, 269, 274, 288, 293, 295, 296, 297, 299, 300, 302, 305, 307, 309, 312, 313, 315, 317, 318, 319, 320, 321, 322, 326, 329, 330, 332, 334, 336, 338, 339, 347, 348, 350, 351, 353, 356, 357, 359, 360, 362, 363, 364, 366, 367, 369, 374, 375, 376, 378, 385, 386, 387, 388, 389, 391,

396, 398, 400, 401, 402, 403, 405, 406, 408, 409, 411, 412, 416, 418, 421, 422, 423, 425, 426, 427, 429, 435, 445, 449, 456, 479, 507, 531, 543, 547, 551, 552, 553, 630
トビニタイ土器群Ⅰ-Ⅱ　50, 54, 64, 80, 114, 169, 256, 264, 274, 288, 295, 297, 299, 300, 305, 307, 309, 312, 313, 315, 317, 320, 321, 326, 330, 332, 334, 336, 338, 339, 347, 348, 350, 351, 353, 357, 359, 360, 362, 363, 364, 367, 369, 374, 375, 376, 386, 387, 388, 389, 391, 396, 398, 400, 401, 402, 403, 405, 406, 408, 409, 411, 412, 422, 423, 425, 426, 427, 429, 445, 449, 479, 507, 531, 543, 547, 552
トビニタイ土器群Ⅱ　4, 6, 7, 8, 10, 11, 12, 14, 15, 33, 35, 37, 38, 41, 43, 50, 54, 56, 57, 59, 60, 62, 64, 65, 66, 67, 71, 74, 78, 79, 80, 93, 105, 106, 107, 109, 110, 111, 112, 114, 115, 121, 123, 124, 132, 169, 171, 193, 194, 197, 198, 200, 201, 202, 207, 212, 214, 217, 219, 220, 231, 238, 248, 250, 254, 256, 257, 260, 261, 263, 264, 266, 267, 269, 270, 273, 274, 275, 277, 278, 280, 281, 284, 285, 286, 288, 289, 295, 296, 297, 299, 300, 302, 303, 304, 307, 309, 312, 313, 315, 317, 322, 325, 326, 329, 330, 331, 332, 333, 335, 336, 337, 338, 339, 340, 341, 348, 350, 351, 352, 353, 354, 355, 356, 359, 360, 361, 362, 363, 364, 366, 367, 368, 369, 370, 371, 373, 374, 375, 376, 378, 380, 383, 386, 387, 389, 390, 391, 393, 396, 398, 400, 401, 405, 406, 409, 410, 411, 415, 416, 418, 419, 421, 422, 423, 424, 425, 426, 428, 429, 430, 432, 433, 434, 435, 436, 438, 439, 441, 444, 445, 446, 448, 449, 450, 451, 452, 453, 454, 455, 456, 457, 458, 461, 469, 476, 477, 479, 480, 481, 483, 484, 485, 490, 491, 497, 499, 500, 502, 507, 508, 532, 543, 547, 553, 554, 601, 604, 630, 632
トビニタイ土器群Ⅱの母体　336, 374, 422
トビニタイ土器群の「中間的なもの」　196, 197,

305, 343, 429, 430
「トビニタイ土器群」の分類　416, 456
トビニタイ文化　2, 218, 219, 260, 284, 415, 456, 459
富磯貝塚　100
富永慶一　303
豊岩7遺跡　117
豊田宏良　577
渡来土器　625, 628
渡来文物　379
取り上げ層位　97
登呂遺跡　21, 175
トロイツコエ遺跡　94, 617, 618
トロイツコエ群　633
トロイツコエ式　623, 628
トロイツコエ土器　620, 622
十和田式（系）　211, 515, 526, 528, 529, 536, 554, 555, 557, 558, 560, 561, 564, 566, 568, 570, 571, 573, 574, 577, 579, 580, 582, 588, 590, 591, 592, 593, 594, 597, 601, 605, 607, 608, 630

な行

ナイフェリト遺跡　617, 623
ナイフェリト群　633
ナイフェリト式　623
内路遺跡　134, 143, 144, 145, 146, 147, 148, 149, 150, 151, 152, 153, 154, 155, 156, 157, 159, 161, 163, 164, 165, 169, 172, 607, 608
中島松5遺跡A地点　525
中島松6遺跡　574, 599, 600, 606, 611, 627
中島松7遺跡　235, 252, 555, 574
中田裕香　290, 461
謎の中世　217
名取武光　69
斜格子（目）紋　60, 232, 234, 491, 520, 522, 525, 529, 536, 539, 542, 544, 599, 600, 603, 604, 609, 611, 622, 628
新岡武彦　163, 171, 172
西島松南B遺跡　586
西島松5遺跡　518, 520, 521, 522, 525
西島松7遺跡　525
西月ケ丘遺跡　423
虹鱒漁場遺跡　633
西本豊弘　340, 555
『日本遠古之文化』　16, 339
日本海交易　198
『日本書紀』　557, 560, 590, 592, 596

『日本先史土器図譜』 5, 20
幣舞遺跡 75, 278, 279, 280, 534, 617
根城遺跡 575, 579, 580, 625
ネット状のソーメン紋 7, 11, 12, 197, 198, 200, 313, 336
年代学上の単位 224, 633
年代学的な秩序 1, 505
年代差 4, 14, 38, 65, 104, 105, 139, 141, 150, 197, 212, 232, 250, 258, 266, 284, 360, 373, 387, 425, 461, 485, 497, 499, 520, 522, 549, 565, 570, 573, 600, 633
年代秩序 219, 421, 614
年代比定 263, 480, 560, 564, 571, 575, 584, 588, 609, 613
鋸歯紋を持つ土師器 290, 550, 551, 582
能取岬西岸遺跡 529
ノトロ岬遺跡 239, 512, 513, 514, 515, 516, 517, 518, 519, 523, 524, 525, 531, 532, 534, 535, 536, 605

は行

配石遺構 309, 381
配石址 45, 94, 263, 311, 312, 355, 382, 384, 385, 386, 423, 430, 446
配石墓 312, 313, 385, 386, 387
ハイラル 614
パクローフカ文化 617, 619
土師器 78, 146, 172, 204, 205, 206, 207, 209, 210, 219, 227, 238, 239, 241, 242, 245, 247, 248, 250, 251, 252, 254, 256, 264, 266, 267, 270, 290, 305, 461, 479, 488, 503, 505, 509, 514, 518, 520, 521, 522, 523, 525, 526, 536, 542, 550, 551, 553, 560, 561, 564, 566, 570, 574, 575, 576, 577, 578, 579, 580, 581, 582, 584, 585, 586, 587, 588, 590, 591, 597, 599, 600, 601, 603, 604, 605, 607, 608, 609, 611, 612, 613, 630, 632, 633
土師器系集団 597, 601
土師器系土器 209, 585, 630, 632
土師器の年代 207, 587
土師器の文化圏 597
土師器の変容 522, 523
土師器母体説 518
羽柴直人 594
波状紋 4, 10, 50, 105, 106, 113, 114, 123, 186, 194, 196, 200, 266, 267, 278, 280, 312, 336, 350, 362, 387, 389, 390, 406, 433, 435, 438, 440, 443, 445, 453, 455, 459, 485, 508, 587, 605, 607, 608, 613, 633
発足岩陰遺跡 521, 525
馬場 脩 16
浜中2遺跡 125, 152, 155, 159, 163, 164, 165, 169, 252, 565, 566, 582, 583
浜別海遺跡 307, 308, 309, 310, 315, 316, 317, 322, 338, 348, 351
半月状のスタンプ紋 171
半沢公園遺跡 362
バンド状の窓枠紋 272
バンド・ソーメン紋 4, 5, 6, 9, 31, 35, 93, 179, 267, 269, 270, 272, 275, 277, 278, 280, 297, 312, 329, 334, 336, 357, 436, 438, 440, 445, 453, 455, 459, 465, 469, 481, 483, 485, 491, 492, 494, 499, 500, 508
バンド・ソーメン紋化 453, 455
搬入品 612
隧道丘陵遺跡 275, 277
東梅遺跡 198, 309, 312, 382, 384, 385, 386, 387, 390, 393, 405, 406, 423, 430
東釧路遺跡 202
東長浜遺跡 623, 624, 626
ヒグマ祭祀遺構 260, 261, 275, 282, 284, 287, 288, 289, 290, 455, 472
ヒグマ彫像 157
《ひげ》付き土器 94, 614
菱形(系)紋 307, 309, 323, 531, 535, 536, 537, 571, 574, 600, 604, 627
菱形連紋 514, 535, 536, 574, 603
人の移動 500, 605, 622
美々8遺跡 525, 526
美々遺跡群 525
標式遺跡 150, 322, 477, 623
標式資料 35, 39, 56, 60, 376, 461, 472, 477, 481, 483, 485, 546, 551, 571, 623, 624
ピラガ丘Ⅰ遺跡 357, 362, 369
ピラガ丘Ⅱ遺跡 343, 345, 354, 356, 357, 367, 369
ピラガ丘Ⅲ遺跡 351, 369
ピラガ丘遺跡 56, 60, 62, 63, 141, 214, 232, 234, 242, 243, 254, 269, 290, 294, 295, 296, 298, 312, 338, 340, 343, 344, 345, 346, 348, 349, 350, 351, 352, 353, 354, 355, 357, 358, 359, 366, 367, 371, 374, 376, 383, 387,

666　索引

　　　　　　403, 429, 430, 440, 443, 448, 451,
　　　　　　452, 453, 477, 480, 542, 544, 554
ピラガ丘遺跡群　242, 243, 254, 298, 340, 343,
　　　　　　345, 348, 351, 367, 371, 403, 554
ピラガ丘遺跡(群)編年　343, 348, 367
鰭状のモチーフ　235, 258, 517
鰭(状)マーク　235, 510, 511, 514, 521, 523,
　　　　　　529, 531, 534, 536, 537, 539
広瀬遺跡　190
ふ化場第1遺跡　326, 328, 330, 333, 336, 338,
　　　　　　340, 348, 367, 384, 389, 390, 391,
　　　　　　392, 396, 400, 409, 423, 425, 430,
　　　　　　431, 432, 440, 446, 459, 483, 485,
　　　　　　488, 495, 507, 508
複系的　229, 338, 405, 411, 502, 554, 597,
　　　　　　600, 603
複系統の土器　101, 257, 339, 620
複系列の変遷　230
副装飾帯　499
福田正之　172, 290
複段化　74, 150, 152, 214, 323, 325, 341,
　　　　　　345, 346, 353, 357, 362, 363, 445,
　　　　　　611, 622, 627
複段構成　150, 380, 518, 525, 620, 625, 627
複段紋様　295, 323, 325, 334, 341, 346, 622,
　　　　　　627
藤沢隆史　632
藤本d群・e群　39, 376, 461
藤本e群　7, 251, 261, 264, 267, 269, 270,
　　　　　　312, 353, 375, 418
藤本強　4, 17, 20, 32, 69, 84, 189, 220, 222,
　　　　　　237, 238, 261, 284, 290, 296, 376,
　　　　　　378, 461, 472, 476
藤本編年　21, 38, 39, 205, 208, 364, 479
伏甕　204, 206
二ツ岩遺跡　12, 37, 38, 56, 78, 79, 94, 141,
　　　　　　172, 175, 184, 207, 208, 211, 212,
　　　　　　214, 219, 221, 238, 241, 242, 244,
　　　　　　246, 249, 250, 251, 252, 253, 254,
　　　　　　256, 257, 261, 264, 265, 267, 270,
　　　　　　272, 343, 348, 371, 372, 373, 379,
　　　　　　419, 420, 422, 448, 463, 465, 466,
　　　　　　467, 469, 477, 479, 481, 500, 505,
　　　　　　532, 555
二ツ岩遺跡編年　221, 238, 254
富鑄神寶　71, 215
船見町高台遺跡　296, 330, 336, 549, 550
浮紋化　72, 75, 86
古い土器　39, 47, 89, 94, 124, 128, 138, 139,
　　　　　　141, 146, 171, 172, 181, 184, 204,

　　　　　　207, 209, 210, 211, 212, 217, 219,
　　　　　　237, 245, 247, 252, 254, 274, 288,
　　　　　　302, 323, 329, 336, 341, 345, 348,
　　　　　　352, 353, 371, 374, 376, 380, 391,
　　　　　　406, 435, 469, 479, 488, 492, 539,
　　　　　　544, 564, 574, 577, 594, 604, 624
ブルホトゥイ文化　94, 614
プロト元地式　608
文化変容　251, 284, 384
文献史学　218, 296, 593, 594
文献史料　170, 591, 592, 629, 631
分節化　627
分節線　622
分帯化　5, 469, 600, 604
分帯型　7, 79, 277
分帯手法　277
分帯線　119, 520, 523, 607
分帯紋　273
フンド　286
並行線紋系土器　443, 488
別飛遺跡　551
ベロカーメンナヤ遺跡　624
変異擦紋土器　317, 338, 339, 347, 348, 387
弁天島遺跡　143, 277, 374, 393, 394, 395,
　　　　　　396, 397, 398, 401, 403, 412, 515
弁天島貝塚　313, 314, 315, 317
弁天島西貝塚　76, 277, 398, 399, 401, 406,
　　　　　　409, 515, 516, 517, 518, 526, 528,
　　　　　　529, 532
編年学　218, 234, 257, 263, 374, 459, 510,
　　　　　　553, 558, 592, 619
編年ツール　472
変容系の擦紋土器　599
変容擦紋土器　113
変容したトビニタイ土器群Ⅱ　200
変容した土師器　78, 241, 266, 479, 503, 514,
　　　　　　523, 603
変容した南貝塚式　624
変容土師器　239, 241, 242, 248, 250, 251,
　　　　　　252, 254, 256, 505, 521, 523, 525,
　　　　　　536, 553, 574, 600, 601, 604, 605,
　　　　　　607, 608, 611, 612, 630, 633
忘失　1, 15, 21, 56, 64, 66, 68, 134, 155,
　　　　　　163, 169, 208, 219, 238, 263, 266,
　　　　　　268, 269, 286, 317, 340, 343, 446,
　　　　　　448, 486, 488, 540, 554, 555, 584,
　　　　　　597, 630
方法論　461, 472, 623, 631
北大式　78, 221, 232, 239, 258, 272, 273,
　　　　　　445, 509, 511, 512, 514, 515, 517,

　　　　　518, 520, 521, 522, 523, 525, 526,
　　　　　528, 529, 530, 531, 532, 537, 538,
　　　　　543, 547, 553, 554, 555, 584, 587,
　　　　　588, 594, 599, 601, 603, 629
北大Ⅱ式　523
北大Ⅲ式　512, 518, 547, 597
北大式(の)終末期　518, 523
北大式末期　518, 520, 523, 526
ポスト擦紋期　1, 67, 166, 289, 302, 307, 363,
　　　　　423, 456, 458, 477, 479, 506, 507
ポスト擦紋時代　289, 326, 336, 459
ポスト「元地式」　131, 553
墓制　312, 382, 622
渤海系　625
『北海道原始文化聚英』　16, 72
『北海二島　礼文・利尻の考古資料(手控)』　169
ポッチ　57, 73, 179, 182, 197, 224, 225, 226,
　　　　　227, 229, 237, 241, 257, 274, 300,
　　　　　302, 336, 362, 384, 396, 400, 445,
　　　　　479, 490, 494, 499, 500, 505, 604,
　　　　　614, 615, 617, 618, 619, 620, 625
ポッチ連結紋　614, 615, 617, 619
北方圏史研究　631
北方圏の編年体系　554
北方古代史研究　557
北方史像　415, 558, 631
『北方文化研究』　163
北方文化圏の動態　217
北方編年案　68, 71, 202, 211, 215, 218, 219,
　　　　　221, 256, 294, 378, 411, 553, 560,
　　　　　584, 592, 596
北方編年体系　1, 17, 131, 171, 217, 218, 221,
　　　　　256, 289, 343, 419, 430, 459, 477,
　　　　　507, 509, 510, 512, 558, 613
穂香遺跡　423, 551
幌別川左岸遺跡　269, 323, 324, 325
ポンキナシリ遺跡　215, 551
本田克代　416
本邦先史考古学　15, 234, 269, 330, 461, 623,
　　　　　631, 633
本邦先史考古学の指針　461

ま行

前田　潮　593
曲手刀子　615
摩擦式浮紋　88, 97, 99, 101, 102, 124, 127,
　　　　　128, 130, 165, 211, 225, 565, 608,
　　　　　628, 630, 631
政泊遺跡　163
赤稚貝塚　79, 80, 81, 82, 84, 85, 91, 93, 94,
　　　　　101, 124, 131, 157, 159, 171, 179,
　　　　　185, 186, 210, 212, 214, 217, 515,
　　　　　526, 527, 528, 539, 546, 603, 607,
　　　　　611
鞨䩂罐　619
鞨䩂系土器　225, 617, 618, 620
鞨䩂系土器の編年　617
鞨䩂系文化　625
鞨䩂・女真系土器(群)　257, 596
鞨䩂土器　537, 617, 618, 623, 625, 628, 633
鞨䩂国　591, 592
松法川右岸遺跡　476
窓枠(状の)モチーフ　267, 273, 379, 401, 422,
　　　　　427, 453, 531, 601, 604, 629
窓枠紋　79, 80, 81, 91, 93, 99, 146, 198,
　　　　　272, 273, 274, 288, 315, 334, 379,
　　　　　401, 403, 405, 406, 409, 412, 422,
　　　　　445, 453, 511, 514, 515, 520, 521,
　　　　　529, 531, 532, 534, 537, 539, 543,
　　　　　601, 604
三日月状のスタンプ紋　171, 608, 628, 630
岬上遺跡　17, 31, 35, 36, 37, 38, 260, 282,
　　　　　366
岬下B遺跡　257, 260, 261, 267, 275, 277,
　　　　　282, 284, 286, 289, 455, 469, 476,
　　　　　491, 495
岬下遺跡　17, 18, 20, 24, 31, 32, 33, 34, 35,
　　　　　37, 38, 56, 59, 66, 69, 91, 104, 105,
　　　　　106, 107, 108, 109, 110, 111, 112,
　　　　　114, 121, 123, 132, 139, 141, 171,
　　　　　193, 194, 219, 331, 333, 338, 366,
　　　　　396, 398, 418, 448, 449, 458, 508
未知の小細別　288, 443
皆川洋一　588
南貝塚式　257, 340, 608, 623, 624, 625, 626
ミニチュア土器　184, 505
『ミネルヴァ』論争　14, 353
蓑島栄紀　170, 218
ミハイロフカ城砦の土器　633
宮滝遺跡　16
目梨泊遺跡　72, 83, 90, 94, 121, 123, 130,
　　　　　179, 186, 237, 238, 256, 273, 315,
　　　　　326, 463, 587, 588, 607, 614, 618,
　　　　　633
茂漁8遺跡　610, 612, 627
モチーフずらし(の)手法　9
モチーフの交互ずらし　438
モチーフの再生　531
木槨墓　615
元地遺跡　71, 84, 87, 88, 89, 90, 91, 96, 97,

98, 101, 102, 103, 104, 107, 111, 115, 124, 125, 128, 129, 130, 131, 132, 134, 143, 150, 152, 153, 154, 155, 159, 164, 165, 169, 170, 171, 406, 546
元地遺跡編年　84, 96, 134
元地式　89, 131, 134, 152, 153, 155, 159, 160, 165, 169, 170, 171, 256, 375, 461, 537, 546, 553, 604, 607, 608, 630
元町2遺跡　219
元町遺跡　7, 56, 57, 58, 59, 60, 61, 78, 105, 106, 107, 110, 111, 115, 141, 192, 200, 201, 202, 204, 207, 212, 214, 219, 269, 336, 367, 369, 371, 448, 539, 546
「モノ」送り(儀礼)　207, 209, 245, 341
「モノ」資料　339, 458, 480, 592, 629, 631
模倣　495, 499, 500, 502, 514, 521, 534, 537, 577, 578, 579, 580, 582, 588, 590, 599, 603, 604, 608, 609, 612
模倣(的な)土器　495, 500, 534, 537, 577, 578, 579, 582, 588, 603, 604, 609, 612
模倣土師器　588
モヨロ貝塚　1, 16, 17, 21, 22, 23, 24, 26, 27, 28, 29, 30, 31, 33, 35, 37, 38, 39, 43, 44, 45, 46, 47, 49, 50, 52, 60, 62, 67, 69, 73, 75, 76, 77, 78, 82, 83, 84, 85, 86, 89, 90, 91, 94, 102, 103, 104, 105, 107, 108, 109, 111, 115, 117, 118, 119, 121, 123, 124, 134, 135, 136, 137, 138, 139, 141, 143, 157, 164, 167, 171, 172, 175, 178, 179, 185, 189, 190, 191, 192, 193, 194, 195, 196, 197, 199, 200, 202, 203, 204, 206, 207, 209, 210, 214, 215, 222, 224, 225, 227, 230, 231, 234, 237, 238, 241, 242, 251, 256, 258, 270, 274, 289, 290, 304, 311, 313, 314, 315, 316, 317, 332, 340, 362, 363, 407, 408, 410, 412, 448, 463, 465, 483, 527, 529, 531, 532, 539, 540, 541, 542, 543, 544, 546, 547, 551, 553, 556, 614, 615, 617, 618, 619, 622, 629, 632
モヨロ貝塚10号竪穴　45, 69, 77, 139, 179, 203, 204, 206, 207, 209, 448, 483
『モヨロ貝塚資料集』　614
モヨロ貝塚編年　21, 29, 35, 77, 78, 82, 84, 86, 135, 141, 203

森町3遺跡　9, 270
紋様描線　75, 297, 302, 412, 510, 511

や行
矢羽状の刻紋　148, 229, 230, 300, 323, 355, 380, 382, 411, 542, 546, 587, 617, 624
山浦　清　220, 544
山内・佐藤説　1, 131
山内・佐藤編年　208
山内清男　16, 69, 220, 330
融合　1, 2, 12, 14, 16, 35, 62, 72, 111, 198, 201, 211, 219, 231, 241, 269, 274, 280, 300, 309, 317, 341, 344, 352, 364, 378, 380, 384, 385, 453, 509, 510, 537, 539, 554, 600, 620, 627, 628
融合型式　1, 198, 211, 309, 344, 352, 384, 385
融合形式　72, 309
融合土器　201, 219
『湧別町史』　185
ユカンボシE7遺跡　521, 523
弓形の短冊紋　529, 539
米村喜男衛　16, 69, 175, 614

ら行
螺旋技法　105, 156, 277, 290, 295, 297, 326, 330, 331, 332, 389, 445, 532
蘭越7遺跡　621, 625, 626, 627
蘭島遺跡　518, 520, 521, 522, 525, 574, 594, 599, 600, 601, 609, 611
蘭島遺跡群　518, 521, 525, 574, 594
理化学編年法　375
六国史　591
遼代　617, 620
『利礼郷土研究』　163
類トビニタイ土器群Ⅱ　250, 254, 266
ルサ遺跡　196, 312, 549, 552
留別周辺遺跡　76, 77
レイドボⅠ遺跡　75, 76, 77, 78, 550
暦年代　480
レフンケ遺跡　167
連結鋲(カスガイ)紋　615, 617, 619
ロクロ製坏　290

わ行
涌坂周一　280, 334, 366, 430
ワシーリェフ　617
鷲泊遺跡　91

渡嶋狄　591, 592
渡党、日ノ本、唐子　217
ワッカオイ遺跡　521, 523, 536
蕨手刀　94, 218, 256, 258, 326, 375
蕨手刀の年代観　256, 326, 375

アルファベットほか
ＡＭＳ ^{14}Ｃ年代　170
B-Tm火山灰　256, 257, 558, 560, 561, 564, 566, 571, 575, 580, 581, 582, 583, 584, 587, 588, 613, 626, 627, 629, 630, 633
^{14}C年代　217, 296, 375, 632
Ｃ424遺跡　586, 587
Ｋ39遺跡　521, 523, 528, 582, 583, 626, 627
Ma-b火山灰　432
Ｎ162遺跡　584, 586, 587, 588, 608
ＴＫ29遺跡　347
ＴＫ73遺跡　306, 330
Ｖマーク　511, 514, 517, 521, 522, 523, 525, 529, 531, 536, 539, 555
Ｘマーク　514, 525, 531
「Ｙ」系(の)マーク　620, 622, 623, 624, 625, 626, 627, 628, 630, 633

初 出 一 覧

第1章 北方編年体系の疑問点を探る
　第1節 「北方編年小考 － ソーメン紋土器とトビニタイ・カリカリウス土器群の位置 － 」『茨城県考古学協会誌』11、1999年、77-92頁------------------------------(1999年4月20日稿)
　第2節 「北方編年研究ノート － 道東「オホーツク式」の編年とその周辺 － 」『先史考古学研究』7、1999年、51-99頁------------------------------(1999年3月31日稿)

第2章 道東・道北を対比した広域編年の試案
　第1節 「南千島から利尻島へ － 道東編年と道北編年の対比 － 」『東邦考古』24、2000年、12-37頁------------------------------(2000年1月7日稿)
　第2節 「礼文・利尻島から知床・根室半島へ － 道北・道東「オホーツク式」・トビニタイ・擦紋土器編年の対比 － 」『先史考古学研究』8、2001年、65-105頁
　　------------------------------(2001年7月8日稿)
　第3節 「道北における北方編年の再検討　その(1)　モヨロ貝塚から内路・上泊遺跡へ」『古代』119、2006年、79-122頁------------------------------(2004年12月18日稿, 2005年1月20日加筆)

第3章 道東における遺跡編年案の見直し
　第1節 「北方編年再考　その(1)　川西遺跡編年と「オホーツク式土器」伴出事例の謎」『(千葉大学)人文研究』32、2003年、103-171頁------------------------------(2002年8月31日稿)
　第2節 「北方編年再考　その(5)　二ツ岩遺跡編年の再検討 － 擦紋Ⅲ期における道東と道央の対比 － 」『(千葉大学)人文研究』36、2007年、35-89頁------------------------------(2006年8月6日稿)
　第3節 「「ヒグマ祭祀遺構」出土の「トビニタイ土器群Ⅱ」の位置 － チャシコツ岬遺跡群編年の再検討 － 」『物質文化』83、2007年、45-72頁------------------------------(2006年11月30日稿)

第4章 トビニタイ・カリカリウス土器群と擦紋末期土器の編年
　第1節 「北方編年再考　その(2)　「トビニタイ・カリカリウス土器群」の細分について」『(千葉大学)人文研究』33、2004年、149-218頁------------------------------(2003年10月25日稿)
　第2節 「北方編年再考　その(3)　斜里地方における「トビニタイ土器群」編年の予察 － ピラガ丘・須藤遺跡からオタフク岩遺跡へ － 」『(千葉大学)人文研究』34, 2005年、83-132頁
　　------------------------------(2004年9月17日稿)
　第3節 「擦紋末期土器と「トビニタイ土器群Ⅱ」の成立 － 根室半島から知床半島・斜里方面へ － 」『社会文化科学研究科研究プロジェクト報告書』96（北方文化の中のアイヌ）、2005年、1-38頁------------------------------(2004年9月28日稿)

第5章　道東における貼付紋系土器編年の検討

第1節　「トビニタイ土器群Ⅱの小細別編年について」『(千葉大学)人文研究』37、2008年、1-60頁

---(2007年8月20日稿)

第2節　「ソーメン紋土器の小細別編年案について－竪穴の骨塚・床面土器を中心として－」：『北海道考古学』44に投稿。求められた標式資料図版等の削除要求を拒否したことから、「修正不備」との事由で不掲載となる。

-----------------------------------(2007年12月19日稿・2008年2月22日、査読による加筆)

第3節　「「カリカリウス土器群」の小細別編年について」『物質文化』85、2003年、65-91頁

---(2007年12月24日稿)

終章　環オホーツク海域編年への展望

第1節　「北方編年再考　その(4)　北海道島・南千島における北大式～擦紋Ⅳ期の広域編年－北海道島人と「オホーツク人」の接触を探る－」『(千葉大学)人文研究』35、2006年、43-115頁

---(2005年8月18日稿)

第2節　「道北における北方編年の再検討　その(2)「新しい青苗砂丘遺跡編年と北方古代史研究」『古代』122（校正中）-------------------------------------(2008年1月19日稿)

第3節　「道北・道央から見た環オホーツク海域編年の予察－北海道島とサハリン島、アムール川・松花江流域を結ぶ－」『先史考古学研究』11（編集中）

---(2008年1月31日稿)

あとがき

　北方圏の文物に触れたのは、北大の旧北方文化研究施設に先輩の西本豊弘氏を訪ねたのが最初であった。就職してまもない1982年であったと記憶する。1週間ほど厚かましく下宿に居候して、施設内の資料や文献を自由に見せてもらった。余りに膨大な香深井1(A)遺跡の遺物に驚き、また感動したものの、オホーツク文化の人工遺物群は、動物考古学徒であった自分には遥かに遠い未知の世界であった。文献複写をしていて、いきなり大井晴男先生から伝説の「雷」を頂戴したことなどは、今では懐かしい思い出となっている。

　その後、考えるところがあって、動物遺存体から土器編年の研究に転進した。1989年5月、岩手県滝沢村の遺物整理事務所で、偶然に北大式土器に出会ったことから、北方考古学への関心を強く持つようになった。しかし、まずは列島考古学の基盤となる縄紋土器編年の精密な秩序見直しを優先し、その中軸をなす中・後期を対象として、広域的な小細別編年網の構築を当面の目標とした。この作業は、思いのほか長年月を要したが、桜井清彦先生の古稀記念論文集(1993年)において、北方圏における考古学的な種族論への関心に触れ、少しく展望を述べたことがあった。

　　「北方世界の蝦夷・夷、蝦狄・狄と東西日本の縄紋人・弥生人を同時に見据えた、考古学
　　的な種族論、民族論の地平は、小論で試みた細別−小細別編年の列島レベルの通時的な達成
　　によって、なお今後に開拓される面があるであろう。」

それから本書において、新に津軽海峡以北の「粛慎」・「靺鞨」と「オホーツク人」、そして後代のアイヌ民族を補うまでに、約20年を要したことになる。北方考古学に関する所見を初めて発表したのは1999年である。それから約10年間に発表・執筆した論考を、こうして一書にまとめる地点まで何とか到達することができた。

　この間、実に多くの方々のお世話になった。とりわけ本書の編年構想の実証、確認、修正の作業において、以下の皆様から格別のご配慮とご教示を賜った。心から厚くお礼を申し上げます。

　　天野哲也・小野裕子（北海道大学総合博物館）・岡本東三（千葉大学文学部）・加藤博文（北海道大学文学部）・熊木俊朗（東京大学北海文化研究常呂実習施設）・小杉　康（北海道大学文学部）・椙田光明（標津町ポー川史跡自然公園）・城地民義（標津町教育委員会）・福田裕二（函館市北方民族資料館）・藤沢隆史（礼文町教育委員会）・松田　功（斜里町立知床博物館）・米村　衛・故和田英昭（網走市立郷土博物館）・涌坂周一（羅臼町郷土資料室）・王培新（吉林大学文学院）

　また、タイトル・凡例・文献目録の校正とカバーデザイン、並びに5本の書き下ろし論文の通読・校正等に関しては、前著から引き続いて多忙の中、千葉大学大学院博士後期課程の長山明弘君に尽力をお願いした。ここに記して、心から感謝の意を表します。また札幌においては、息子昂允に編集上のサポートを依頼した。最後に、著者の札幌での内地留学を快く受け入れ、北海道島での研究活動を支えてくれた妻弘子に小著を献呈したい（2008年5月1日）。

著者紹介

柳澤 清一（やなぎさわ せいいち）

　東京都出身。1949年9月生。1979年、早稲田大学大学院文学研究科博士前期課程史学(考古学)専攻修了。早稲田大学図書館司書を経て、2001年より千葉大学文学部史学科教授。文学博士(2005年取得)。

　主な著作・論文として、「称名寺式土器論（前・中・後・結）」（『古代』63・65・66・68，1977-1980年）、「加曽利E3-4(中間)式考」（『古代探叢』Ⅲ　早稲田大学出版部　1991年）、「「日本古代文化学会」と歴史教科書の編纂」（『古代』99　1995年）、『縄紋時代中・後期の編年学研究』（平電子印刷所　2006年）などがある。

北方考古学の新地平
―北海道島・環オホーツク海域における編年体系の見直し―

2008年8月25日　初版発行

著　者　柳　澤　清　一

発行者　八　木　環　一

発行所　株式会社　六一書房
　　　　〒101-0051　東京都千代田区神田神保町2-2-22
　　　　TEL　03-5213-6161　　FAX　03-5213-6160
　　　　http://www.book61.co.jp　　E-mail　info@book61.co.jp
　　　　振替　00160-7-35346

印刷所　勝美印刷株式会社

ISBN 978-4-947743-68-8 C3021　ⒸSeiichi Yanagisawa 2008 Printed in Japan